Springer NachschlageWissen

Springer NachschlageWissen – das Pendant zu Springer Reference in deutscher Sprache – bietet zielführendes Fachwissen in aktueller, kompakter und verständlicher Form. Während traditionelle Fachbücher ihre Inhalte bislang lediglich gebündelt und statisch in einer Printausgabe präsentiert haben, bietet Springer NachschlageWissen um dynamische Komponenten erweiterte Online-Publikationen an: ständige digitale Verfügbarkeit, frühes Erscheinen online first und fortlaufende Aktualisierung von Beiträgen.

Weitere Informationen zu dieser Reihe finden Sie auf http://www.springer.com/series/13096

Oliver Schwedes · Weert Canzler
Andreas Knie
Herausgeber

Handbuch Verkehrspolitik

2. Auflage

mit 84 Abbildungen und 26 Tabellen

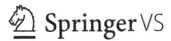

Herausgeber
Oliver Schwedes
Technische Universität Berlin
Berlin, Deutschland

Andreas Knie
Innovationszentrum für Mobilität und
gesellschaftlichen Wandel
Berlin, Deutschland

Weert Canzler
Wissenschaftszentrum Berlin für
Sozialforschung
Berlin, Deutschland

ISBN 978-3-658-04692-7   ISBN 978-3-658-04693-4 (eBook)
ISBN 978-3-658-05591-2 (Bundle)
DOI 10.1007/978-3-658-04693-4

Die Deutsche Nationalbibliothek verzeichnet diese Publikation in der Deutschen Nationalbibliografie; detaillierte bibliografische Daten sind im Internet über http://dnb.d-nb.de abrufbar.

Springer VS
© Springer Fachmedien Wiesbaden 2007, 2016
Das Werk einschließlich aller seiner Teile ist urheberrechtlich geschützt. Jede Verwertung, die nicht ausdrücklich vom Urheberrechtsgesetz zugelassen ist, bedarf der vorherigen Zustimmung des Verlags. Das gilt insbesondere für Vervielfältigungen, Bearbeitungen, Übersetzungen, Mikroverfilmungen und die Einspeicherung und Verarbeitung in elektronischen Systemen.
Die Wiedergabe von Gebrauchsnamen, Handelsnamen, Warenbezeichnungen usw. in diesem werk berechtigt auch ohne besondere Kennzeichnung nicht zu der Annahme, dass solche Namen im Sinne der Warenzeichen- und Markenschutz-Gesetzgebung als frei zu betrachten wären und daher von jedermann benutzt werden dürften.
Der Verlag, die Autoren und die Herausgeber gehen davon aus, dass die Angaben und Informationen in diesem Werk zum Zeitpunkt der Veröffentlichung vollständig und korrekt sind. Weder der Verlag noch die Autoren oder die Herausgeber übernehmen, ausdrücklich oder implizit, Gewähr für den Inhalt des Werkes, etwaige Fehler oder Äußerungen.

Lektorat: Jan Treibel, Daniel Hawig

Gedruckt auf saürefreiem und chlorfrei gebleichtem Papier

Springer Fachmedien Wiesbaden GmbH ist Teil der Fachverlagsgruppe Springer Science+Business Media (www.springer.com)

Vorwort

Bis heute wird der wechselseitige Zusammenhang von Verkehrs- und Wirtschaftswachstum betont. Die Verkehrsleistung gilt als Erfolgsindikator ökonomischer Dynamik, und Investitionen in die Verkehrsinfrastruktur werden als treibende Kräfte für Prosperität und Wohlstand gesehen. Oftmals wird die Verkehrspolitik als Teil der Volkswirtschaftslehre und als Zuarbeiter der Wirtschaftspolitik betrachtet. Vor diesem Hintergrund ist es nicht überraschend, dass die Mehrzahl der Lehrbücher zur Verkehrspolitik von Wirtschaftswissenschaftlern geschrieben wurden. Verkehr musste aber auch immer bewältigt und organisiert, d. h. planerisch und baulich ermöglicht werden. Viele Abhandlungen zum Thema Verkehr entstammen daher auch planungs- und ingenieurwissenschaftlichen Kontexten.

Diese ökonomische und planerische Prägung der Verkehrswissenschaften erklärt sich aus einer Zeit, als Verkehr tatsächlich in erster Linie als eine wirtschaftliche Outputgröße behandelt wurde, während gesellschaftliche und ökologische Belange, wenn überhaupt, nur eine untergeordnete Rolle spielten. Das ist heute anders: Neben der nach wie vor zweifellos zentralen ökonomischen Bedeutung des Verkehrs sind zunehmend umwelt- und gesellschaftspolitische Dimensionen erkennbar, die sich auch politisch artikulieren. In modernen Gesellschaften sind Transportabläufe weit mehr als ein Wirtschaftsfaktor. Sie sind in vielfacher Weise mit den gesellschaftlichen Entwicklungsdynamiken verkoppelt und gleichermaßen Ursache und Folge sozialer Praktiken. Pulsierte der Kollektivverkehr seinerzeit im Takt der industriellen Produktionsstätten, hat er sich heute im dominierenden Individualverkehr emanzipiert. Zweifellos haben sich auch die subjektiven Möglichkeitsräume mit der Massenmotorisierung vergrößert, die Aktionsradien der meisten Menschen erweitert und den Zugang zu den gesellschaftlichen Angeboten generell verbessert. Neue Optionen für individuelle Siedlungsentscheidungen taten sich auf, Suburbanisierung wurde zum richtungsweisenden Siedlungstrend. Der Traum vom „Häuschen im Grünen" ließ sich verwirklichen, ohne auf die Nähe zur Stadt verzichten zu müssen, dezentrale Konsum- und Freizeitmuster traten an die Stelle der nahräumlichen Versorgung.

Mit zunehmender Funktionstrennung wurden jedoch auch die Umwelteffekte der vom Automobil geprägten Verkehrsentwicklung immer spürbarer. Den von den Wirtschaftswissenschaften herausgearbeiteten ökonomischen Vorteilen des

Verkehrs mussten mehr und mehr die sozialen und ökologischen Kosten gegenüber gestellt werden und provozierten Fragen nach einer kurzfristigen Veränderbarkeit der eingeübten Verkehrspraxis. Seit mehr als zwei Jahrzehnten gehört daher die Forderung nach der Stärkung des öffentlichen Verkehrs zum festen Bestandteil der Verkehrspolitik. Man hofft bis heute, dass sich mit einer Attraktivitätssteigerung kollektiver Beförderungsmittel eine Entlastung der verkehrlichen Situation einstellt.

Allerdings fehlte diesen Wünschen nach Veränderungen im Verkehrsverhalten offenkundig die Substanz oder aber es mangelte an der Identifizierung entsprechender Stellschrauben. Denn der Erfolg blieb aus und zwar gleichermaßen bei der Personenbeförderung wie beim Gütertransport. Die Wahl eines Verkehrsmittels folgt offenkundig nicht allein rationalen Kriterien wie Kosten, Reisezeiten und Informationen. „Weiche" oder „subjektive" Faktoren haben daher mehr und mehr Geltung erhalten. An diesem Punkt hat seit Anfang der 1990er-Jahre eine sozialwissenschaftlich orientierte Forschungsperspektive an Bedeutung gewonnen, die sich mit den Motiven, Wünschen und Befindlichkeiten der Menschen beschäftigte und die damit begann, das Verhalten der Menschen in den Kontext gesellschaftlicher Modernisierung zu stellen. In den wissenschaftlichen Disziplinen der Politikwissenschaften, der Soziologie, der Geografie und der Psychologie werden seither in empirischen.

Projekten die Menschen im Verkehr beobachtet und ihre Verhaltensformen systematisiert. Mit der Einführung des Begriffs der „Mobilität" sollte die Mehrdeutigkeit, die Vielfältigkeit und die Eigenwilligkeit von persönlichen Entscheidungen und Handlungsweisen im Verkehr kenntlich gemacht werden. Mobilität ist ein Grundprinzip moderner Gesellschaft mit ihren ehrgeizigen individuellen Gestaltungsansprüchen und ihren komplexen Alltagsanforderungen. Das langfristig angelegte Projekt der Moderne mit dem Versprechen auf individuelle Lebensräume galt und gilt gerade auch für den Verkehr und kann nicht durch planerische Eingriffe zurückgeschraubt werden.

Dass Menschen eigenwillig und mitunter entgegen der politischen Absicht handeln, zeigt sich gerade im wieder vereinten Deutschland. Die aus der westdeutschen Erfahrung entwickelten Konzepte der infrastrukturellen Raumerschließung wollen für den ostdeutschen Raum nicht so recht greifen. Trotz intensivem Ausbau der Verkehrswege stellt sich kein selbst tragender Wirtschaftsaufschwung ein. Im Gegenteil: die modernen Straßen- und Schienenverkehre senken die Widerständigkeit des Raumes ab und motivieren zur Mobilität mit der Folge, dass die Unterschiede zwischen den Regionen größer werden. Die ökonomisch prosperierenden Zentren im Westen, Südwesten und Süden der Republik ziehen vor allen Dingen junge Frauen an, die sich dann langfristig auch dort binden. Zum allseits reklamierten demografischen Wandel gesellt sich mehr und mehr eine wirtschaftsstrukturelle Verschiebung. Die bundesrepublikanische Ordnung scheint auf dieses gleichzeitige Wachsen und Schrumpfen der Räume nicht vorbereitet. Die gesamte „Governance des Verkehrs" ist auf die Gleichwertigkeit der Lebensbedingungen ausgerichtet und versucht, den föderalen Proporzgedanken mit fiskalischen Mitteln zu retten. Dennoch verschärfen sich die Unterschiede zwischen armen und reichen Regionen zunehmend und schaffen damit eine für das „Modell Deutschland" völlig neue Lage. Ergebnisse der sozialwissenschaftlichen Mobilitätsforschung zeigen, dass der Verkehr wie kaum ein anderes Politikfeld in ein föderales Geflecht von Kompetenzen, Interessen und Besitzstandswahrung eingebunden ist, das dringend und grundlegend renoviert werden muss, um für die Aufgaben der nächsten Jahrzehnte gerüstet zu sein.

Zwar werden diese Sachverhalte mittlerweile anerkannt und Verkehr und Mobilität stärker als ein komplexes und gesamtgesellschaftliches, durchaus auch interessengeleitetes Phänomen verstanden. Gleichwohl existiert bis heute keine umfassende Darstellung der Verkehrspolitik aus dieser sozialwissenschaftlichen Perspektive. Dies ist vor allen Dingen auch deshalb bedauerlich, weil dazu mittlerweile eine Reihe von empirischen Untersuchungen vorliegt, deren Ergebnisse und Erkenntnisse allerdings nicht gebündelt worden sind. Es mangelte an zusammenfassenden Überblicksdarstellungen. Diese Lücke will das „Handbuch der Verkehrspolitik" schließen. Verfolgt wird dabei ausdrücklich ein interdisziplinärer und offener Ansatz, wobei jedoch alle Beiträge auf die zentrale Frage der Politik fokussiert sind, nämlich die nach den möglichen Veränderungen, Modifikationen und letztlich nach den Chancen von Steuerung im Verkehr. Ziel und Anliegen des Handbuches ist es dabei, die verschiedenen und durchaus auch widersprüchlichen Phänomene des Verkehrs wieder auf ihren Ursprung zurückzuführen, also auf die gesellschaftliche Verfasstheit. Verkehrspolitik ist und bleibt ein Teil der Gesellschaftspolitik und sollte als solche auch verstanden werden, um auf diese Weise eine erste Voraussetzung für die Dimension der Gestaltbarkeit der Verhältnisse zu schaffen.

Die Herausgeber

Vorwort zur Zweitauflage

Seit der Veröffentlichung der Erstauflage des Handbuchs hat es im Verkehr eine Reihe neuer Entwicklungen gegeben. Damit stieg auch die Nachfrage nach Analysen und Hintergrundberichten. Das unerwartet große Interesse an den Handbuchbeiträgen hat uns dazu motiviert, eine Zweitauflage vorzulegen. Dabei bestand das Ziel in einer gründlichen Überarbeitung der Beiträge, um den aktuellen Forschungsstand abzubilden und auf die neuen Entwicklungstendenzen einzugehen. Etwa die Hälfte der rund vierzig Beiträge ist völlig neu geschrieben worden, die bewährte inhaltliche Gliederung haben wir aber beibehalten.

Neben der gedruckten Ausgabe wird das Handbuch auch online verfügbar sein. Auf diese Weise werden die Recherche und der Zugriff noch einmal deutlich vereinfacht und die Inhalte auch einem breiteren Publikum schnell und unkompliziert zugänglich gemacht.

Trotz der Online-Version bleibt aber das grundsätzliche Dilemma eines Handbuchs bestehen. Gerade im Personenverkehr erleben wir eine extrem dynamische Entwicklung, deren Ergebnisse und Wirkungen heute noch überhaupt nicht absehbar sind. Welchen Beitrag wird die Elektromobilität für eine nachhaltige Verkehrsentwicklung leisten? Welche Bedeutung kommt dem Carsharing und den intermodalen Diensten in der Zukunft zu? Erleben wir – zumindest in den Städten – endlich den lange Jahre angekündigten Durchbruch und eine langsame Ablösung des privaten Autos als dominantes Verkehrsmittel? Wie entwickelt sich die Digitalisierung im Verkehr weiter? Entscheidet zukünftig nur noch die digitale Signatur, welches Verkehrsmittel genutzt wird? Wir wissen es nicht!

Die genannten Entwicklungstrends – Elektromobilität, Carsharing und intermodale Dienste, IKT – standen in der Vergangenheit schon oft für eine grundlegende Verkehrswende, ohne dass sich die mit ihnen verbundenen Hoffnungen erfüllt haben. Bei aller Unsicherheit über die zukünftige Entwicklung im Verkehrssektor, eins ist klar, es handelt sich auch heute nicht um Selbstläufer. Welche Entwicklungsrichtung die technischen und konzeptionellen Neuerungen einschlagen werden und ob sie Teil einer nachhaltigen Verkehrsentwicklungsstrategie werden, wird auch in Zukunft von politischen Entscheidungen abhängen.

Womöglich werden wir im Rahmen einer dritten Auflage des Handbuchs Verkehrspolitik zu einer Bilanzierung der heute noch unabsehbaren Entwicklungstrends in der Lage sein. Dann werden wir Aussagen darüber machen können, inwieweit die Verkehrspolitik die aktuellen Entwicklungsdynamiken im Sinne einer nachhaltigen Verkehrsentwicklung unterstützt hat – oder nicht.

Die Herausgeber

Inhaltsverzeichnis

Teil I Rahmenschreibung 1

Verkehrspolitik: Ein problemorientierter Überblick 3
Oliver Schwedes

Sozialwissenschaftliche Mobilitäts- und Verkehrsforschung:
Ergebnisse und Probleme 33
Andreas Knie

Teil II Verkehrspolitik als Verkehrsgeschichte 53

Zum kulturellen Bedeutungswandel des Verkehrs in der
Menschheitsgeschichte 55
Hermann Glaser

Zur historischen Genese der Verkehrsträger 77
Benedikt Meyer

Entwicklungslinien deutscher Verkehrspolitik im 19. und 20. Jahrhundert 97
Ueli Haefeli

Teil III Verkehrspolitik als Verkehrspolitik 117

Die politikwissenschaftliche Auseinandersetzung mit
Verkehrspolitik: Eine Einführung 119
Fritz Sager

Akteure, Ziele und Instrumente in der Verkehrspolitik 137
Frank Fichert und Hans-Helmut Grandjot

Governance im Politikfeld Verkehr: Steuerungsmuster und
Handlungsmodi in der Verkehrspolitik 165
Nils C. Bandelow, Kirstin Lindloff, und Sven Sikatzki

Mehrebenenregieren in der europäischen Verkehrspolitik 189
Detlef Sack

Siedlungsstruktur und Verkehr: Zum Verständnis von
Sachzwängen und individueller Verkehrserreichbarkeit
in Stadtregionen 211
Eckhard Kutter

Die Bundesverkehrswegeplanung: Anforderungen an die zukünftige
Verkehrsinfrastrukturpolitik des Bundes 237
Tilmann Heuser und Werner Reh

Fahrrad- und Fußverkehr: Strukturen und Potentiale 265
Tilman Bracher

Teil IV   Verkehrspolitik als Wirtschaftspolitik 293

Personenwirtschaftsverkehr: Die empirische Analyse eines
unterschätzten Teils des Straßenverkehrs 295
Manfred Wermuth

Güterverkehr und Logistik: Zielkonflikte nachhaltigen
Wachstums im Straßen- und Schienenverkehr 323
Dieter Plehwe

Verkehrsinfrastruktur: Volkswirtschaftliche und ordnungspolitische
Aspekte 351
Bernhard Wieland

Lobbying: Zum Verhältnis von Wirtschaftsinteressen und
Verkehrspolitik 381
Benjamin Sternkopf und Felix Nowack

Die externen Kosten des Verkehrs 401
Andreas Brenck, Kay Mitusch, und Martin Winter

Teil V   Verkehrspolitik als Politik des Sozialen 431

Mobilitätsarmut: Die Bedeutung der sozialen Frage im
Forschungs- und Politikfeld Verkehr 433
Stephan Daubitz

Öffentlicher Verkehr und Gemeinwirtschaftlichkeit:
Im Spannungsfeld von Eigenwirtschaftlichkeit, Wettbewerb
und Regulierung 449
Gerold Ambrosius

Verringerung der sozialen Kosten des Verkehrs: Stressfreie Mobilität
inmitten eines sozial- und umweltverträglichen Verkehrs 473
Antje Flade

Die soziale Aufgabe von Verkehrsinfrastrukturpolitik 495
Weert Canzler

Raumzeitpolitik: Zeitliche Dimensionen der Verkehrspolitik 521
Dietrich Henckel

**Alltagsmobilität: Eine soziale Herausforderung für die
Verkehrspolitik** 543
Wolf Rosenbaum

Teil VI Verkehrspolitik als Technologiepolitik 569

**Verkehrstechnik und Gesellschaft: Techniksoziologische
Perspektiven auf das Wechselverhältnis von sozialen und
technischen Entwicklungen** 571
Ulrich Kirchner und Lisa Ruhrort

**Forschungsförderung, Verkehrspolitik und Legitimität: Die Folgen
heterogener Rationalitäten in politischen Prozessen** 601
Uli Meyer

**Ingenieurswissenschaft und Verkehrstechnologie: Analyse eines
Herrschaftszusammenhangs** 625
Hermann Knoflacher

**Umweltinnovation im Pkw-Bereich: Kann die Politik
Technologiesprünge erzwingen?** 649
Julius Jöhrens und Julia Hildermeier

Teil VII Verkehrspolitik als Mobilitätsforschung 677

Verkehrsgeneseforschung: Wie entsteht Verkehr? 679
Joachim Scheiner

**Erhebungsmethoden: Probleme und Lösungen bei der empirischen
Analyse des Verkehrsverhaltens** 701
Gerd Sammer

**Verkehrspolitik und Mobilitätsforschung: Die angebotsorientierte
Perspektive** 725
Klaus J. Beckmann

**Mobilitätsforschung aus nachfrageorientierter Perspektive:
Theorien, Erkenntnisse und Dynamiken des Verkehrshandelns** 755
Annika Busch-Geertsema, Martin Lanzendorf, Hannah Müggenburg, und
Mathias Wilde

Mobilitätsstile und Mobilitätskulturen – Erklärungspotentiale,
Rezeption und Kritik 781
Konrad Götz, Jutta Deffner, und Thomas Klinger

Teil VIII Verkehrspolitik als Zukunftspolitik **805**

Verkehrtes Wachstum: Zur Verkehrsentwicklung im Rahmen der
kapitalistischen Verwertungslogik 807
Elmar Altvater

Beschleunigung versus Entschleunigung: Zwei konträre Leitbilder
der Verkehrspolitik 827
Fritz Reheis

Globaler Verkehr I: Entwicklung des globalen Personenverkehrs
und verkehrspolitische Implikationen 853
Tobias Kuhnimhof und Barbara Lenz

Globaler Verkehr II: Entwicklung der globalen Güterverkehre
und verkehrspolitische Implikationen 875
Gernot Liedtke und Elisa Weiss

Nachhaltige Mobilität: Gestaltungsszenarien und Zukunftsbilder 899
Stephan Rammler

Strategische Zukunftsplanung: Der Beitrag der Zukunftsforschung
für eine nutzerorientierte Verkehrsentwicklung 919
Ingo Kollosche

Verzeichnis der Beitragsautoren

Elmar Altvater Associate Fellow des Institute for International Political Economy der Hochschule für Wirtschaft und Recht Berlin, Berlin, Deutschland

Gerold Ambrosius Fachgebiet 1/Geschichte, Universität Siegen, Siegen, Deutschland

Nils C. Bandelow Lehrstuhl für Innenpolitik, Institut für Sozialwissenschaften, Technische Universität Braunschweig, Braunschweig, Deutschland

Klaus J. Beckmann KJB.Kom Prof. Dr. Klaus J. Beckmann Kommunalforschung, Beratung, Moderation und Kommunikation, Berlin, Deutschland

Tilman Bracher Bereich Mobilität und Infrastruktur, Deutsches Institut für Urbanistik gGmbH, Berlin, Deutschland

Andreas Brenck IGES Institut GmbH, Berlin, Deutschland

Annika Busch-Geertsema Institut für Humangeographie, Goethe-Universität Frankfurt, Frankfurt am Main, Deutschland

Weert Canzler Wissenschaftszentrum Berlin für Sozialforschung gGmbH, Berlin, Deutschland

Stephan Daubitz Institut für Land- und Seeverkehr, Technische Universität Berlin, Berlin, Deutschland

Jutta Deffner Institut für sozial-ökologische Forschung (ISOE), Frankfurt am Main, Deutschland

Frank Fichert Fachbereich Touristik/Verkehrswesen, Hochschule Worms, Worms, Deutschland

Antje Flade Angewandte Wohn- und Mobilitätsforschung, Hamburg, Deutschland

Hermann Glaser Roßtal, Deutschland

Konrad Götz Institut für sozial-ökologische Forschung (ISOE), Frankfurt am Main, Deutschland

Hans-Helmut Grandjot Untergruppenbach, Deutschland

Ueli Haefeli Interface Politikstudien Forschung Beratung, Luzern, Schweiz

Dietrich Henckel Institut für Stadt- und Regionalplanung, Technische Universität Berlin, Berlin, Deutschland

Tilmann Heuser Stellv. verkehrspolitischer Sprecher des BUND, BUND Berlin e.V., Berlin, Deutschland

Julia Hildermeier Ecole Normale Superieure Cachan, Frankreich und Humboldt-Universität Berlin, Berlin, Deutschland

Julius Jöhrens ifeu – Institut für Energie- und Umweltforschung, Heidelberg, Deutschland

Ulrich Kirchner Duisburg, Deutschland

Thomas Klinger Institut für Humangeographie, Goethe-Universität Frankfurt, Arbeitsgruppe Mobilitätsforschung, Frankfurt am Main, Deutschland

Andreas Knie Innovationszentrum für Mobilität und gesellschaftlichen Wandel (InnoZ) GmbH, Berlin, Deutschland

Hermann Knoflacher Fachbereich Verkehrsplanung und Verkehrstechnik, Institut für Verkehrswissenschaften, Wien, Österreich

Ingo Kollosche Fakultät Verkehrs- und Maschinensysteme, Technische Universität Berlin, Institut für Land- und Seeverkehr, Berlin, Deutschland

Tobias Kuhnimhof Institut für Verkehrsforschung, Deutsches Zentrum für Luft- und Raumfahrt e.V. (DLR), Berlin, Deutschland

Eckhard Kutter Berlin-Lichterfelde, Deutschland

Martin Lanzendorf Institut für Humangeographie, Goethe-Universität Frankfurt, Frankfurt am Main, Deutschland

Barbara Lenz Institut für Verkehrsforschung, Deutsches Zentrum für Luft- und Raumfahrt e.V. (DLR), Berlin, Deutschland

Gernot Liedtke Institut für Verkehrsforschung, Deutsches Zentrum für Luft- und Raumfahrt e.V., Berlin, Deutschland

Kirstin Lindloff Lehrstuhl für Innenpolitik, Institut für Sozialwissenschaften, Technische Universität Braunschweig, Braunschweig, Deutschland

Benedikt Meyer Historisches Institut, Universität Bern, Bern, Schweiz

Uli Meyer Organisationssoziologie, Technische Universität Berlin, Berlin, Deutschland

Kay Mitusch Institut für Volkswirtschaftslehre (ECON), Karlsruher Institut für Technologie (KIT), Karlsruhe, Deutschland

Hannah Müggenburg Institut für Humangeographie, Goethe-Universität Frankfurt, Frankfurt am Main, Deutschland

Felix Nowack Berlin, Deutschland

Dieter Plehwe Projektgruppe Modes of Economic Governance, Wissenschaftszentrum Berlin für Sozialforschung gGmbH, Berlin, Deutschland

Stephan Rammler Institut für Transportation Design (ITD), Hochschule für Bildende Künste Braunschweig, Braunschweig, Deutschland

Werner Reh Bund für Umwelt und Naturschutz Deutschland e.V. (BUND), Berlin, Deutschland

Fritz Reheis Lehrstuhl für Politische Theorie, Otto-Friedrich-Universität, Bamberg, Deutschland

Wolf Rosenbaum Institut für Soziologie der Sozialwissenschaftlichen Fakultät, Georg-August-Universität Göttingen, Göttingen, Deutschland

Lisa Ruhrort InnoZ – Innovationszentrum für Mobilität und gesellschaftlichen Wandel GmbH, Berlin, Deutschland

Detlef Sack Fakultät für Soziologie, Universität Bielefeld, Bielefeld, Deutschland

Fritz Sager Kompetenzzentrum für Public Management der Universität Bern, Bern, Schweiz

Gerd Sammer Department für Raum, Landschaft und Infrastruktur, Institut für Verkehrswesen, Universität für Bodenkultur, Wien, Österreich

Joachim Scheiner Fakultät Raumplanung Verkehrswesen und Verkehrsplanung, Technische Universität Dortmund, Dortmund, Deutschland

Oliver Schwedes Fachgebiet Integrierte Verkehrsplanung, Institut für Land- und Seeverkehr, Technische Universität Berlin, Berlin, Deutschland

Sven Sikatzki Lehrstuhl für Innenpolitik, Institut für Sozialwissenschaften, Technische Universität Braunschweig, Braunschweig, Deutschland

Benjamin Sternkopf Fachgebiet Integrierte Verkehrsplanung, Technische Universität Berlin, Berlin, Deutschland

Elisa Weiss Lehrstuhl für Netzwerkökonomie, Karlsruher Institut für Technologie (KIT) Institut für Volkswirtschaftslehre (ECON), Karlsruhe, Deutschland

Manfred Wermuth WVI Prof. Dr. Wermuth Verkehrsforschung und Infrastrukturplanung GmbH, Braunschweig, Deutschland

Bernhard Wieland Lehrstuhl für Verkehrswirtschaft und internationale Verkehrspolitik, Technische Universität Dresden, Dresden, Deutschland

Mathias Wilde Institut für Humangeographie, Goethe-Universität Frankfurt, Frankfurt am Main, Deutschland

Martin Winter Technische Universität Berlin, Berlin, Deutschland

Teil I
Rahmenschreibung

Verkehrspolitik: Ein problemorientierter Überblick

Oliver Schwedes

Zusammenfassung

Die Verkehrspolitik zeichnet sich durch eine ungewöhnlich ausgeprägte Diskrepanz zwischen programmatischem Anspruch und tatsächlicher Verkehrsentwicklung aus. Diese Besonderheit erklärt sich teilweise durch die spezifische Verfassung des Politikfelds Verkehr, das viele andere Politikfelder durchzieht und von diesen beeinflusst wird. Hinzu kommt, dass die Verkehrswissenschaft, anders als andere Disziplinen, die sich immer weiter ausdifferenziert haben, eine disziplinäre Engführung vollzogen hat. Speziell die Politikwissenschaft hat noch kaum Anschluss gefunden und das Politikfeld Verkehr für sich erschlossen. Vor diesem Hintergrund und in Anbetracht der sich abzeichnenden Herausforderungen der globalen Verkehrsentwicklung, werden die Gestaltungsmöglichkeiten einer eigenständigen Verkehrspolitik diskutiert.

Schlüsselwörter

Verkehr • Politik • Integration • Macht • Herrschaft

1   Einleitung

Es gibt wohl kaum ein Politikfeld, das sich durch eine größere Diskrepanz zwischen programmatischem Anspruch und realer Umsetzung auszeichnet. So besteht einerseits ein weit reichender gesellschaftlicher Konsens darüber, dass der Verkehr in Deutschland und den anderen entwickelten Industrieländern einen Grad erreicht hat, der den Kriterien einer nachhaltigen Entwicklung widerspricht. Einhellig problematisiert wird neben dem in jüngster Zeit rasant anwachsenden Flug- vor

O. Schwedes (✉)
Fachgebiet Integrierte Verkehrsplanung, Institut für Land- und Seeverkehr,
Technische Universität Berlin, Berlin, Deutschland
E-Mail: oliver.schwedes@tu-berlin.de

allem der motorisierte Individualverkehr (MIV). Seit Jahrzehnten reagiert die Politik immer wieder mit umfangreichen Programmen, um den negativen Effekten der Massenmotorisierung zu begegnen. Dabei wird sie von wissenschaftlicher Seite bei dem Entwurf eines nachhaltigen verkehrspolitischen Leitbildes („integrierte Verkehrspolitik") durch vielfältige konzeptionelle Überlegungen und daraus abgeleitete Handlungsempfehlungen unterstützt. Kurz, es gibt sowohl überzeugende, allgemein akzeptierte Konzepte einer nachhaltigen Verkehrsentwicklung wie auch konkrete Handlungsstrategien für ihre Umsetzungen.

Demgegenüber verläuft die reale Entwicklung quantitativ und qualitativ in eine diametral entgegengesetzte Richtung. Das wird besonders mit Blick auf die zukünftige internationale Entwicklung deutlich, wo mit einem drastischen Anstieg des Verkehrsaufkommens gerechnet wird. Insbesondere die Anzahl der Pkw wird sich von weltweit 870 Millionen im Jahr 2011 auf voraussichtlich 1.700 Millionen im Jahr 2035 mehr als verdoppeln (vgl. OECD 2012a). Während sich die Zahl der Automobile in der OECD im selben Zeitraum von rund 600 Millionen auf 800 Millionen eher moderat erhöhen wird, findet in der restlichen Welt ein rasanter Anstieg von 270 Millionen auf über 900 Millionen Pkw statt. Den Vorreiter bildet China, wo heute noch zwölf Autos auf 1.000 Einwohner kommen, verglichen mit rund 550 in Deutschland und 800 in den USA. Sollte sich dort auf der Grundlage einer weiterhin prosperierenden Wirtschaft diese Tendenz der nachholenden Motorisierung fortsetzen, muss mit einem Anstieg der Automobile von 60 Millionen im Jahr 2011 auf 400 Millionen im Jahr 2035 allein in China gerechnet werden. Da der gesamte Verkehrssektor zu über 90 Prozent vom Erdöl abhängig ist und heute schon 50 Prozent des weltweiten Ölverbrauchs beansprucht, hat diese Entwicklung weitreichende Konsequenzen auf den Energieverbrauch: „The transport sector accounts for well over half of global oil consumption today and this share is expected to rise further in the coming decades. In the New Policies Scenario, total transport oil demand rises from an estimated 46 mb/d in 2011 to about 60 mb/d in 2035, its share of total oil demand reaching 60 %. Growth in demand for transport services – especially in the non-OECD countries, where the level of car ownership is still much lower than in OECD countries – is expected to outweigh the effect of large improvements in fuel economy and the growing penetration of alternative fuels, such as biofuels, natural gas and electricity/in battery electric vehicles and trains" (IEA 2012: 88). Die Konsequenz ist, dass unter diesen Bedingungen die Klimaziele nicht erreicht werden (OECD 2012b). Gleichzeitig wird immer wieder festgestellt, dass die verkehrspolitischen Maßnahmen gemessen an der Bedeutung des Verkehrssektors bisher ungenügend sind (OECD 2010: 231; Van Wee et al. 2013).

Vor dem Hintergrund der hier antizipierten wachsenden Entwicklungsdynamik stellt sich die Frage, ob die aktuelle Verkehrspolitik auf die damit verbundenen Herausforderungen vorbereitet ist. Betrachtet man die dort bis heute immer wieder zu verzeichnenden politischen Umsetzungsdefizite, erscheint dies zweifelhaft. Tatsächlich gibt es ein breites Spektrum von Auffassungen über die Reichweite verkehrspolitischer Maßnahmen, das von völliger Einflusslosigkeit bis hin zu einem umfassenden Steuerungsoptimismus reicht (vgl. Schwedes 2011a). Während die einzelnen Handbuchbeiträge, indem sie aus jeweils unterschiedlichen Perspektiven den Möglichkeiten und Grenzen verkehrspolitischer Gestaltungsmacht nachspüren, in ihrer Summe den Ausschlag in die eine oder andere Richtung geben, unternimmt der vorliegende einführende Beitrag den Versuch einer systematischen Bestimmung des Themenfeldes.

Dabei wird zunächst auf das traditionelle Verständnis von Verkehrspolitik eingegangen, das von den Wirtschaftswissenschaften geprägt wurde. In dem Maße, wie diese sich zunehmend an naturwissenschaftlichen Standards orientierten, um sich als „exakte Wissenschaft" zu etablieren, haben sie sich den Sozialwissenschaften gegenüber zunehmend distanziert. Dadurch reduzierten sie insbesondere den Verkehr auf ein ökonomisches Phänomen. Diese eingeschränkte Sichtweise wird im Weiteren durch eine explizit sozialwissenschaftliche Perspektive problematisiert. Mit Rückgriff auf eine wirtschaftswissenschaftliche Traditionslinie, deren Vertreter sich selbst noch als Sozialwissenschaftler verstanden, wird versucht, eine Disziplin übergreifende Anschlussfähigkeit herzustellen.

Verkehrspolitik stellt, gemessen an ihrer Gestaltungsmacht, offenbar bis heute kein prominentes und eigenständiges Politikfeld dar. Ob es eine realistische Option ist, sie dazu zu entwickeln, ist eine in den einzelnen Beiträgen dieses Handbuches immer wieder aufgenommene Leitfrage. Oder war dies immer schon eine Illusion und sollte in Zukunft redlicher Weise nicht mehr von Verkehrs*politik* gesprochen werden, wenn es um die Aktivitäten in diesem Sektor geht, sondern stellt Verkehrs*management* unter Umständen eine bessere Beschreibung dar? Damit wird implizit die eingangs gestellte Frage, inwieweit die aktuelle Verkehrspolitik den Herausforderungen der zukünftigen Entwicklungen gewachsen ist, abschließend wieder aufgegriffen. Es wird gezeigt, dass die zukünftige Handlungsfähigkeit in diesem Politikbereich vor allem davon abhängen wird, ob es gelingt, jene Probleme zu bearbeiten, die mit den vier zentralen Themenfeldern Globalisierung, Wachstum, Beschleunigung und Nachhaltigkeit heute schon auf der politischen Agenda stehen.

2   Systematische Bestimmung des Themenfeldes

2.1   Offizielle versus heimliche Verkehrspolitik

Die offizielle Verkehrspolitik, repräsentiert durch ein Ministerium, das über einen der größten Investitionsetats aller Ressorts des Bundes verfügt, erweckt zunächst den Eindruck, als handele es sich um ein bedeutendes Politikfeld, in dem entsprechend wirkungsmächtige Entscheidungen gefällt werden. In der Vergangenheit wurde jedoch immer wieder konstatiert, dass in kaum einem anderen Politikbereich Anspruch und Wirklichkeit so weit auseinander klaffen wie in der Verkehrspolitik (vgl. Hesse 1993).

Nach wie vor weicht die programmatische Zielbestimmung, den motorisierten Individualverkehr auf den öffentlichen Verkehr (ÖV) zu verlagern, weit von der Realität ab, in der der erste auf Kosten des zweiten ständig zunimmt. Eine wesentliche Ursache für diese Diskrepanz wird darin gesehen, dass die Entwicklung im

Transportbereich von anderen gesellschaftlichen Wirkungsfeldern beeinflusst wird, auf die die Verkehrspolitik umgekehrt kaum oder gar nicht einwirken kann. Zu dieser „heimlichen Verkehrspolitik" zählen sowohl die Raum- und Siedlungspolitik, die Wirtschaftspolitik, die Arbeits- und Unternehmenspolitik, die Forschungs- und Technologiepolitik wie auch die Sozial- und Finanzpolitik. Als ein Beispiel für die enge Verwobenheit dieser Politikfelder kann der von der Raum- und Siedlungspolitik forcierte Suburbanisierungsprozess angeführt werden.

Es sind primär wirtschaftspolitische, aber auch arbeits- und unternehmenspolitische Überlegungen, die bei den kommunalen Förderungen von Gewerbeansiedlungen, ‚auf der grünen Wiese' eine Rolle spielen. Um sie zu errichten, verkaufen die politischen Entscheidungsträger ihre günstigsten, von den Zentren weit entfernten Grundstücke, die dann durch eine umfangreiche Infrastruktur erschlossen werden müssen und tendenziell zusätzlichen Verkehr provozieren. Dasselbe gilt für den Bau von Wohnsiedlungen in relativ preiswerter Stadtrandlage für neue Arbeitskräfte, die in der Gemeinde gehalten werden sollen, um von deren Steuern zu profitieren. Steuerliche Anreize wie die familien-, sozial- und wirtschaftspolitisch begründete Eigenheimzulage sowie die Entfernungspauschale, haben diese Entwicklung nach dem Zweiten Weltkrieg lange Zeit unterstützt.[1]

Die Verkehrspolitik begegnete diesem vermeintlich naturwüchsigen Prozess erzwungener Mobilität, der sich in Wirklichkeit aus einer Vielzahl politischer Entscheidungen speiste, traditionell mit einer technisch fixierten Anpassungsplanung, die ihre Aufgabe darin sah, den reibungslosen *Verkehrsfluss* zu gewährleisten (vgl. Schmucki 2001). In dem Maße, wie diese einseitige Praxis in Konflikt mit den sozialen und ökologischen Dimensionen einer nachhaltigen Verkehrsentwicklung geriet, stand ihre Gemeinwohlorientierung zur Disposition, womit zugleich ihre Legitimitätsgrundlage tangiert war. Als Reaktion auf diese unbefriedigende Situation, die aus der Konkurrenz der verschiedenen gesellschaftlichen Teilsysteme resultiert, wird seit Anfang der 1990er-Jahre von offizieller Seite programmatisch das Konzept einer „integrierten Verkehrspolitik" verfolgt. Dennoch bleibt bis heute der Eindruck bestehen, Verkehrspolitik wirke als abhängige Variable in einem komplexen Gravitationsfeld.

2.2 Segmentierte versus integrierte Verkehrspolitik

Die bis heute überwiegend praktizierte segmentierte Verkehrspolitik stellt sich über die sektorale Konkurrenz von Partikularinteressen in verschiedenen Politikarenen her und richtet sich zumeist an einzelnen Verkehrsträgern aus. Die integrierte Verkehrspolitik zielt im Gegensatz dazu auf eine gesamtgesellschaftliche Perspektive und soll nicht mehr als abgeleitete Variable fungieren, sondern systematisch in anderen Politikfeldern mitberücksichtigt werden, um zu einem kohärenten und wirkungsvollen Ansatz zu gelangen. Im Kern handelt es sich um den Versuch,

---

[1] Die Eigenheimzulage wurde 2006 abgeschafft, die Pendlerpauschale gekürzt.

die *wissenschaftliche* Verkehrspolitik, die sich an den Funktionslogiken des über den Markt vermittelten Wettbewerbs *(competition)* orientiert, mit der *praktischen* Verkehrspolitik, die auf politische Kooperation *(cooperation)* angewiesen ist, zusammenzuführen, was durch den Kunstbegriff „*cooptition*" zum Ausdruck gebracht wird (vgl. Beckmann und Baum 2002: 314).

Im Rahmen dieses Ansatzes können analytisch sechs Integrationsstrategien unterschieden werden: Erstens wird eine *technische* Integration angestrebt, deren Ziel es ist, dass die Verkehrsträger nicht mehr für sich allein, sondern jeweils als Teil des Gesamtsystems Verkehr betrachtet werden. Dabei soll eine systematische Verknüpfung Reibungsverluste an den Schnittstellen beseitigen und es ermöglichen, dass sich die Vor- und Nachteile jedes einzelnen Beförderungsmittels im Kontext des Gesamtsystems ausgleichen und im Ergebnis positive Synergieeffekte bewirken. Vor allem die beiden bis heute weitgehend unabhängig voneinander existierenden Systeme des öffentlichen Kollektivverkehrs und des privaten Individualverkehrs sollen stärker miteinander verzahnt werden.

Zweitens wird eine *soziale* Integration verfolgt, die darauf gerichtet ist, die verschiedenen gesellschaftlichen Akteure, die auf unterschiedliche Weise von der Verkehrsentwicklung tangiert sind, frühzeitig in den Entscheidungsprozess einzubeziehen. Damit sollen die partikularen und zum Teil einander widersprechenden gesellschaftlichen Interessen nicht nur berücksichtigt, sondern durch ein klärendes Verfahren in einer Kompromissformel versöhnt werden. So soll etwa durch die Einbindung wichtiger Interessenverbände ein Ausgleich zwischen wirtschafts-, umwelt- und sozialpolitischen Zielen erfolgen und im Ergebnis zu einer nachhaltigen Verkehrsentwicklung führen.

Drittens ist mit dem Konzept auch das Ziel der *politischen* Integration verbunden. Demnach sollen jene Politikressorts, die durch ihren Einfluss auf verkehrspolitische Entscheidungen zu einer „heimlichen Verkehrspolitik" beitragen, in eine übergeordnete Gesamtstrategie eingebunden werden. Damit sind auch institutionelle Arrangements berührt, die bis heute eine enge Zusammenarbeit behindern. Ein prominentes Beispiel hierfür ist die 1998 auf Bundesebene durchgeführte Zusammenlegung des Verkehrsministeriums mit dem Ministerium für Raumordnung, Bauwesen und Städtebau.[2] Dem lag die Einsicht in den nun schon mehrmals aufgezeigten Zusammenhang von Stadt- und Verkehrsentwicklung zugrunde. Ähnliche institutionelle Reformen gab es auch in den administrativen Einrichtungen der Länder und Kommunen. Allerdings wird die beschriebene horizontale Integration oftmals durch Konfliktlinien konterkariert, die sich vertikal durch das politische Mehrebenensystem des föderalen Bundesstaats ziehen. Deshalb wird eine in beide Richtungen erfolgende politische Integration als notwendig erachtet.

Während es sich bei der technischen, politischen und auch der sozialen Integration um relativ etablierte verkehrspolitische Themen handelt, erfährt die *ökologische* Integration erst in jüngerer Zeit wachsende Aufmerksamkeit. Demnach sollen

---

[2]Mit Antritt der großen Koalition im Jahr 2013, wurden die Ministerien aus politischen Opportunitätsgründen nach fünfzehn Jahren wieder getrennt.

bei verkehrspolitischen Entscheidungen systematisch die Konsequenzen für die Umwelt berücksichtigt werden. Die Umwelt tritt gleichsam als neuer Akteur auf die verkehrspolitische Agenda, dem bestimmte Rechte zugebilligt werden und die in Konkurrenz zu den Rechten anderer Akteure treten. Vertreten durch Anwälte sitzt die Umwelt demzufolge als gleichberechtigter Interessensvertreter mit am Verhandlungstisch und nicht mehr nur als Anhängsel relativ schwacher Umweltverbände mit entsprechend bescheidener Vetomacht.

Die fünfte Integrationsstrategie zielt auf eine zeitliche Abstimmung verkehrspolitischer Entscheidungsprozesse. Demnach sollen kurz-, mittel- und langfristige Entscheidungen stärker als bisher aufeinander bezogen werden. Das Ziel ist es, systematisch die Folgen kurz- und mittelfristiger Entscheidungen für langfristige verkehrspolitische Strategien zu reflektieren. Auf diese Weise sollen die bisher immer wieder durch kurzfristige Opportunitäten konterkarierten politischen Strategien im Sinne der langfristigen politischen Ziele justiert werden.

Im Gegensatz zur technischen, sozialen, politisch, ökologischen und zeitlichen Integration, die jeweils Formen der Kooperation anstreben, liegt der sechste Integrationsmodus, die ökonomische bzw. Marktintegration, quer dazu. Da das Prinzip der über den Markt vermittelten ökonomischen Integration auf dem Wettbewerb und der Konkurrenz der Marktteilnehmer beruht, wird es auch als negative Integration bezeichnet. Demnach konkurrieren die Verkehrsträger miteinander um Marktanteile. Das heißt, der Einsatz von bestimmten Verkehrsträgern richtet sich nach einem strikten Kosten-Nutzen-Kalkül und dem daraus resultierenden Verhältnis von Angebot und Nachfrage. Die in diesem Zusammenhang zu beantwortende entscheidende Frage, wie die durch den Verkehr erzeugten Kosten bzw. Nutzen berechnet werden können, ist jedoch bis heute heftig umstritten (vgl. Becker et al. 2012).

Durch die Bündelung aller sechs Integrationsmodi (technisch, sozial, politisch, ökologisch, zeitlich und ökonomisch) versprechen sich die Vertreterinnen und Vertreter dieses Konzepts eine Stärkung des Politikfelds Verkehr und damit einhergehend die Möglichkeit, besser als in der Vergangenheit auf eine nachhaltige Entwicklung im Transportsektor hinzuwirken. Angestrebt wird mithin eine mit Gestaltungskraft ausgestattete Verkehrspolitik, die sich von Gesichtspunkten ökonomischer Effizienz leiten lässt und diese mit ökologischen und sozialen Standards verbindet.

2.3 Programmatische versus reale Verkehrspolitik

Programmatisch gilt eine integrierte Verkehrspolitik auch auf EU-Ebene als verkehrspolitisches Leitbild (vgl. KOM 2011). Manche Mitgliedsländer, wie Deutschland und Großbritannien, haben das Konzept sogar zur offiziellen Grundlage staatlicher Verkehrspolitik gemacht (vgl. BMVBW 2000; DETR 1998). Allerdings entsprechen bis heute weder auf EU- noch auf nationalstaatlicher Ebene überzeugende Umsetzungsmaßnahmen der offensichtlich starken Leuchtkraft des progressiven Leitbildes (vgl. Givoni und Banister 2010). Zu diesem Ergebnis kommt auch die Europäische Kommission, die verkehrspolitischen Erfolge der letzten zehn Jahre seit Erscheinen ihres ersten Weißbuchs Verkehr resümierend. Die Verkehrsentwicklung in Europa befinde sich bis heute nicht auf einem nachhaltigen Entwicklungspfad. Die Folgen ausbleibender tiefgreifender politischer Veränderungen werden dort drastisch beschrieben: „Geht alles seinen bisherigen Gang, dürfte die Ölabhängigkeit des Verkehrs weiterhin nur geringfügig weniger als 90 % betragen, und erneuerbare Energiequellen werden das Ziel von 10 % für 2020 nur unwesentlich überschreiten. Der CO_2-Ausstoß des Verkehrs würde bis 2050 ein Drittel höher ausfallen als nach dem Stand von 1990. Die überlastungsbedingten Kosten werden bis 2050 um rund 50 % steigen. Die Schere zwischen zentralen Regionen und Randgebieten wird sich weiter öffnen, was die Zugänglichkeit angeht. Die gesellschaftlichen Kosten von Unfällen und Lärmbelastung würden weiter steigen" (KOM 2011: 5).

Demnach vollzieht sich im Schatten der Leuchtkraft des Leitbilds einer integrierten Verkehrspolitik weiterhin eine zumeist konservative Entwicklung, die weitgehend entlang systemimmanenter Optimierungsleistungen der einzelnen Verkehrsträger verläuft. Darüber hinaus kann nach wie vor kaum von Nachhaltigkeit im Sinne einer gleichwertigen Berücksichtigung wirtschaftlicher, ökologischer und sozialer Gesichtspunkte gesprochen werden. Vielmehr richten sich verkehrspolitische Überlegungen auch weiterhin und in jüngster Zeit zunehmend vor allem nach wirtschaftlichen Effizienzkriterien, von denen die umwelt- und sozialpolitischen Maßnahmen lediglich abgeleitet werden.

Die aktuelle verkehrspolitische und -wissenschaftliche Situation zeichnet sich mithin immer noch durch einen deutlichen Widerspruch zwischen Anspruch und Wirklichkeit aus. Diesem Einwand könnte mit dem Hinweis begegnet werden, dass ein Leitbild Zeit benötigt, um eine kritische Masse von Anhängern zu generieren, bevor es umgesetzt werden kann. Dass dies gelingt, erscheint jedoch unwahrscheinlich angesichts einer langen historischen Traditionslinie, in deren Verlauf es immer wieder zu einer Renaissance integrierter Verkehrskonzepte kam, die gleichwohl niemals realisiert wurden (vgl. Schöller-Schwedes 2010).

Vor dem Hintergrund einer solchen Genealogie des Scheiterns, die bis in die 1920er-Jahre zurückreicht, als mit dem Erscheinen des Automobils die Konkurrenz der Verkehrsträger begann, kommt der Frage, warum verkehrspolitische Integrationsstrategien so wenig Erfolgsaussichten haben, eine besondere Bedeutung zu. Es erscheint wissenschaftlich unredlich, heute noch für eine integrierte Verkehrspolitik einzustehen, ohne vorher geklärt zu haben, warum sie bis in die Gegenwart immer wieder Schiffbruch erleidet. Stattdessen müsste in einem *ersten* Schritt zunächst systematisch den Ursachen für die Blockaden nachgespürt und diese vollständig offengelegt werden. In einem *zweiten* Schritt wären dann jene gesellschaftlichen Rahmenbedingungen zu bestimmen, innerhalb derer eine wirkungsmächtige integrierte Verkehrspolitik denkbar wäre. Ob wir sie dann tatsächlich noch wollen können, wäre in einem *dritten* und abschließenden Schritt zu erörtern.

2.4 Wissenschaftliche versus praktische Verkehrspolitik

Eine thematische Verortung des Politikfeldes wird durch die Trennung in *wissenschaftliche* und *praktische* Verkehrspolitik und das eigentümliche Verhältnis beider zueinander erschwert. Dabei erscheint die inhaltliche Aufgabenstellung der wissenschaftlichen Verkehrspolitik auf den ersten Blick eindeutig. Als Teil der *Verkehrswissenschaft*, die traditionell eng mit den *Wirtschaftswissenschaften* verbunden ist, richtet sich ihr Erkenntnisinteresse vor allem auf ökonomische Funktionszusammenhänge (vgl. Thomson 1978; Körberlein 1997). Während die Verkehrswissenschaft insgesamt den Beitrag des Verkehrs für eine positive Wirtschaftsentwicklung diskutiert, stellt die wissenschaftliche Verkehrspolitik die Frage nach den Rahmenbedingungen, die gewährleisten, dass Verkehr und Ökonomie reibungslos ineinander greifen (vgl. Grandjot 2002; Grandjot und Bernecker 2014).

Als wesentlicher Maßstab für ein gelungenes Zusammenwirken beider dient die an quantitativen Eckgrößen gemessene Wachstumsdynamik. Dabei wird traditionell eine Korrelation unterstellt: Zum einen sei zu beobachten, dass regelmäßig Wirtschafts- mit Verkehrswachstum einhergehe. Zum anderen wird aus dieser Einsicht oftmals der Umkehrschluss gezogen, Wachstum des Verkehrs stelle für das der Wirtschaft eine notwendige Voraussetzung dar. Von dieser Prämisse ausgehend sieht die wissenschaftliche Verkehrspolitik ihre Aufgabe vor allem darin, diesen Wirkungsmechanismus durch ordnungspolitische Maßnahmen bestmöglich zu unterstützen (vgl. van Suntum 1986; Aberle 2009).

Neben der Verkehrsökonomie kommt dabei der Verkehrsplanung eine besondere Bedeutung zu. Nachdem Verkehrsprognosen bis Ende der 1960er-Jahre nahezu ausschließlich von Ingenieuren erstellt wurden, haben sich seitdem die Wirtschaftswissenschaftler dieser Aufgabe angenommen und sie durch neue methodische Verfahren bereichert (vgl. Aberle 1985: 21). Während die Ökonomen aus ihrer wissenschaftlichen Perspektive begründen, dass für eine positive volkswirtschaftliche Entwicklung ein ungestörter Verkehrsfluss notwendig sei, entwickeln die Verkehrsingenieure die mathematischen Methoden, technischen Verfahren und handwerklichen Instrumente, um das vorgegebene Ziel zu erreichen (vgl. Schnabel und Lohse 2011; Höfler 2006). Dem entsprechend sind beide Disziplinen eine enge arbeitsteilige Verbindung eingegangen (vgl. SRU 2005). So besteht bis heute eine wichtige Legitimationsfunktion zwischen dem wirtschaftswissenschaftlich prognostizierten Verkehrswachstum und der daraufhin einsetzenden Planung und Realisierung zusätzlicher Kapazitäten im Bereich der Verkehrsinfrastruktur.[3]

Anders als die *wissenschaftliche* Verkehrspolitik, die sich als Teildisziplin der speziellen Volkswirtschaftslehre mit der Beschreibung und Erklärung transportwirtschaftlicher Prozesse befasst, um Aussagen über zukünftige Entwicklungen abzuleiten, zielt die *praktische* Verkehrspolitik ihrem Selbstverständnis nach auf ein gesellschaftlich ausgehandeltes und politisch definiertes Gemeinwohlinteresse.

---

[3]Eine frühe Kritik dieser „Anpassungsplanung" formulierte Downs (1962).

Sie konkretisiert sich in der Leistungsverwaltung, die im Rahmen der so genannten staatlichen Daseinsvorsorge erbracht wird. Ein dafür relevantes Beispiel ist die verfassungsrechtlich geforderte Herstellung bundesweit „gleichwertiger Lebensbedingungen" (GG Art. 72, 2). Daraus wird das verkehrspolitische Ziel abgeleitet, ein für die gesamte Bevölkerung ausreichendes Mobilitätsangebot zu gewährleisten. Dem entsprechend sorgte der Staat im Eisenbahnzeitalter zunächst für ein dichtes Schienennetz mit Gleisanschlüssen auch in entlegenen Landesteilen. Mit der Automobilisierung der Gesellschaft wandelte sich der verkehrspolitische Anspruch dahin, dass für jeden Bundesbürger ein dichtes Straßennetz sowie ein möglichst schnell erreichbarer Autobahnanschluss bereitgestellt werden sollte. Heute wird erneut darüber diskutiert, welches staatlich garantierte Mobilitätsangebot gleichwertige Lebensbedingungen im Sinne des Gemeinwohls erfüllt. So steht etwa zur Disposition, ob es weiterhin im allgemeinen Interesse ist, die voranschreitende Suburbanisierung durch öffentlich subventionierte Verkehrsinfrastrukturmaßnahmen zu unterstützen. Mit Blick auf den Flächenverbrauch und die verkehrlichen Erschließungskosten werden sowohl ökologische wie ökonomische Argumente dagegen angeführt (vgl. Groth et al. 2006).

Da auf diese Weise der abstrakte Gemeinwohlbegriff in unterschiedlichen historischen Kontexten immer wieder neu konkretisiert werden muss, sind auch die Ziele der praktischen Verkehrspolitik einem ständigen Wandel unterworfen (vgl. Gegner und Schwedes 2014). Während sich in den Anfängen der modernen Industriegesellschaften die verkehrspolitischen Entscheidungsträger neben machtpolitischen bzw. militärischen vor allem an wirtschaftlichen Gesichtspunkten orientierten, sind heute auch soziale und ökologische Überlegungen dazugekommen. Anders als in benachbarten Themenfeldern, wie z. B. der Stadtforschung, die mittlerweile von so unterschiedlichen wissenschaftlichen Disziplinen wie der Stadtökonomie, -soziologie und -ökologie sowie den Ingenieurs-, Politik- und Verwaltungswissenschaften begleitet wird, um nur einige zu nennen, haben die Verkehrswissenschaften jedoch keinen vergleichbaren disziplinären Differenzierungsprozess vollzogen, sieht man von der durchaus etablierten Verkehrsgeografie ab (vgl. Maier und Atzkern 1992; Nuhn und Hesse 2006). Auch auf den zunehmenden Einfluss von Fakultäten wie der Psychologie (Verkehrspsychologie), den Rechtswissenschaften (Verkehrsrecht) und der Medizin (Verkehrsmedizin) wird von Verkehrsökonomen mittlerweile hingewiesen und festgestellt, „dass eine Zuordnung der Verkehrswissenschaften allein zu den Wirtschaftswissenschaften nicht (mehr) adäquat sein dürfte" (Körberlein 1997: 2). Gleichwohl ist der faktische Einfluss der Verkehrsgeografie wie auch der anderen Disziplinen immer noch marginal. Ganz zu schweigen von Sozialwissenschaften wie der Soziologie oder der Politologie, die dort keine Erwähnung finden.

Im Ergebnis wird auch die praktische Verkehrspolitik – beeinflusst von der wissenschaftlichen, die sich bis heute einseitig an den Wirtschaftswissenschaften ausrichtet – maßgeblich von ökonomischen Strategieperspektiven dominiert, die auf den erwähnten Zusammenhang von Verkehrs- und Wirtschaftswachstum rekurrieren und in erster Linie auf eine angebotsorientierte Verkehrsmengenbewältigung zielen (vgl. BMVBW 2003).

Damit wird die scheinbar so klare Bestimmung, welche inhaltlichen Aufgaben die an verkehrswirtschaftlichen Zusammenhängen interessierte wissenschaftliche Verkehrspolitik hat, durch das Spannungsverhältnis zur praktischen Verkehrspolitik getrübt, die sich an einem normativ bestimmten Gemeinwohlinteresse orientiert (vgl. Seidenfus 1984, 1989).

3 Verkehr in der kapitalistischen Gesellschaft

Angesichts der Diskrepanz von wissenschaftlicher und praktischer Verkehrspolitik hatte schon in den 1960er-Jahren der Verkehrswissenschaftler Andreas Predöhl die Frage aufgeworfen, „ob es überhaupt einen Sinn hat, auf dem Boden der Wissenschaft rationale Wirtschaftspolitik zu betreiben, wo doch die praktische Wirtschaftspolitik und nicht zum wenigsten die praktische Verkehrspolitik nichts anderes ist als die Resultante der unterschiedlichsten Kräfte in Wirtschaft und Politik" (Predöhl 1964: 274).

Wie gezeigt wurde, war es gerade diese Einsicht, auf die auch in jüngster Zeit wieder mit dem Leitbild einer integrierten Verkehrspolitik reagiert wurde, die eine kohärente Gestaltung ermöglichen soll. Allerdings, so Predöhl, reiche es nicht aus, wissenschaftlich überzeugende Konzepte zu entwickeln, schließlich müssten diese auch politisch durchgesetzt werden. Leisten müsste dies die praktische Verkehrspolitik, die sich aber nicht an theoretischen Lehrsätzen orientiert, sondern einer eigenen Systemlogik folgt, die oftmals im Widerspruch zu wissenschaftlichen Erkenntnissen steht, was zu einer prinzipiell unüberbrückbaren Kluft führe. „Wir müssen uns nur darüber klar sein, dass das rationale Leitbild als solches niemals verwirklicht wird und dass der praktischen Wirtschaftspolitik (bzw. Verkehrspolitik, O. Sch.) nicht zufällig und gelegentlich, sondern essentiell ein Element der Irrationalität eigen ist. Es ausschalten zu wollen, würde aller soziologischen Erfahrung widersprechen und nichts anderes sein als Utopie" (ebd.: 275). Demnach handelt es sich bei der Vorstellung, die Asymmetrie der beiden Zweige der Verkehrspolitik aufheben zu können, indem wissenschaftliche Einsichten durch eine konsistente Politikstrategie realisiert werden, wie es das Leitbild der integrierten Verkehrspolitik suggeriert, um ein Luftschloss. Aber während die Verkehrspolitik damit zunächst nur das Schicksal jeglicher Politik in demokratischen Gesellschaften teilt, wenn sie den ihnen eigentümlichen Prozess der Kompromissfindung durchlaufen, erklärt dies im Falle des Politikfeldes Verkehr nicht die dort besonders ausgeprägte Abweichung der realen Verkehrsentwicklung von den programmatischen Zielen.

Im Folgenden wird der Frage nachgegangen, welchen Beitrag die Verkehrswissenschaft in diesem Zusammenhang leistet. Dabei wird von der These ausgegangen, dass die bis heute vorherrschende disziplinäre Verengung auf die ökonomischen Aspekte des Verkehrs ein Grund für den geringen Erfolg dieses Politikressorts ist. Umgekehrt wäre dann die Frage zu beantworten, ob ein breiterer, über die Wirtschaftswissenschaften hinaus reichender Ansatz sozialwissenschaftlicher Mobilitätsforschung, wie er diesem Handbuch zugrunde liegt, zu einem besseren Verständnis des gesellschaftlichen Phänomens Verkehr beitragen könnte und damit zu einer Aufwertung des Politikfelds führen würde.

3.1 Der interdisziplinäre Zugang

Der zeitliche Rückblick auf eine Kette von missglückten Versuchen, integrierte Verkehrspolitik umzusetzen, zeigt, dass ein historischer Zugang wichtige Einsichten ermöglicht, die die aktuelle Debatte bereichern. Noch bis in die 1970er-Jahre gab es in der deutschen Verkehrswissenschaft eine Forschungsrichtung, die sich der analytischen Bedeutung geschichtlicher Zusammenhänge bewusst war. Zu ihren bekanntesten Vertretern gehörte neben dem schon erwähnten Andreas Predöhl vor allem Fritz Voigt. Die beiden Wirtschaftswissenschaftler sahen sich in der Tradition der historischen Schule der Ökonomie, wie sie u. a. von Gustav von Schmoller, Max Weber und Werner Sombart repräsentiert wurde. Einen besonderen Bezugspunkt bildeten die Arbeiten von Joseph Schumpeter (1961), in denen sie eine geistige Wahlverwandtschaft sahen.[4] Dementsprechend betteten sie ihre Untersuchungen in weitreichende historische Studien der internationalen Entwicklung des Verkehrs ein (vgl. Predöhl 1971; Voigt 1973). Auf diese Weise gelang es ihnen, langfristige Trends aufzuzeigen, für die Beurteilung der Verkehrssituation ihrer Zeit fruchtbar zu machen und zukünftige Entwicklungsrichtungen, wie wir heute sehen, zu antizipieren.

Zwei der zentralen Einsichten der beiden historisch-analytisch arbeitenden Verkehrswissenschaftler sind von prinzipieller Natur und daher auch noch für die heutigen verkehrspolitischen Debatten von Relevanz. Zum einen wandten sich beide Ökonomen gegen dogmatische Ansätze in ihrer Zunft. Die historische Vielfalt wirtschaftspolitischer Praxis im Allgemeinen und verkehrspolitischer Strategien im Besonderen machten sie skeptisch gegenüber absoluten Geltungsansprüchen einzelner theoretischer Strömungen. Deshalb wandte sich Predöhl mit seiner „pragmatischen Verkehrspolitik", in der er auf die Notwendigkeit verwies, historisch-spezifische Voraussetzungen zu berücksichtigen, explizit gegen das neoliberale Wettbewerbsdogma. „Es hängt ganz von den Bedingungen ab, die die Wirtschaftspolitik vorfindet, ob sie dem Grundsatz des Laissez-faire folgt, sei es, dass sie den Wettbewerb, sei es, dass sie das Monopol gewähren lässt, oder ob sie sich zu Eingriffen entschließt, sei es, dass sie das Monopol kontrolliert, sei es, dass sie dem Wettbewerb Normen setzt" (Predöhl 1964: 276).

Aus dieser undogmatischen Haltung gegenüber dem Wettbewerbsprinzip resultiert zugleich die zweite grundlegende Einsicht, die beide Wissenschaftler vor dem Hintergrund der historischen Forschungen teilten und die die Rolle des Staates betrifft. Anders als die marktliberalen Ansätze betrachteten sie staatliche Aktivitä-

---

[4] Auch wenn Schumpeter selbst sich nicht in dieser Tradition sah, sind die methodischen und theoretischen Anleihen doch so offensichtlich, dass der Bezug von Predöhl und Voigt sachlich gut begründet erscheint (vgl. Kesting 1997).

ten in Wirtschaft und Verkehr, die sich nicht auf wirtschaftskonforme Maßnahmen beschränkten, nicht vor allem als störend. Vielmehr käme der staatlichen Verkehrspolitik die Aufgabe zu, Fehlentwicklungen im Sinne des Allgemeinwohls vorzubeugen. Der jeweils notwendige Umfang dieser Einflussnahme sei wiederum nur im konkreten gesellschaftspolitischen Kontext zu beurteilen. So betont Voigt am Ende seiner Ausführungen zur nationalökonomischen Bedeutung des Verkehrssystems zwar die Werte marktwirtschaftlicher Prinzipien und besonders des Wettbewerbs, räumt aber ein: „Das ändert aber nichts daran, dass eine reine marktwirtschaftliche Verkehrswirtschaft über Generationen hinweg zu krasse Differenzierungen ursprünglich gleicher Entwicklungschancen zur Folge haben muss. Auf die Dauer kann eine derartige Marktwirtschaft jedem Volk und jedem Staat teuer zu stehen kommen" (Voigt 1960: 314).

In dem Maße wie Predöhl und Voigt im Verlauf ihrer Studien zur Verkehrsgeschichte zu der Einsicht in die Kontingenz historischer Entwicklungen gelangten, zogen sie die methodische Konsequenz eines nach allen Seiten hin offenen Ansatzes.[5] Das gelte nicht nur für die ökonomische Disziplin, sondern prinzipiell für alle Sozialwissenschaften. Die Wirtschaftswissenschaften könnten sich, so Predöhl, bei der Analyse des Verkehrs nicht allein auf ihre abstrakten Theorien verlassen. „Das gilt nun allerdings für alle Probleme der Wirtschaft und tritt beim Verkehr mit seinen raumgreifenden Problemen nur besonders deutlich in Erscheinung. In jedem Fall müssen wir die konkrete Situation, die wir mit Hilfe der exakten Theorie erklären, ihrerseits in ihren historisch-soziologischen Zusammenhängen zu begreifen suchen. Dabei dürfen wir uns mit einer bloßen Beschreibung nicht begnügen, wenn wir zu einer umfassenden Erklärung vordringen wollen. Wir bedürfen vielmehr einer *Theorie der wirtschaftlichen Entwicklung*, die uns die Daten der exakten Theorie als Glieder eines geschlossenen Systems verständlich macht" (Predöhl 1964: 15, Hervor. i. Orig.).

Die von Predöhl und Voigt repräsentierte wirtschaftswissenschaftliche Traditionslinie des historischen Institutionalismus ist in den 1980er-Jahren von neoliberalen Strömungen abgelöst worden (vgl. van Suntum 1986: 112 ff.).[6] In der Tradition des Ordoliberalismus stehende und von der Österreichischen Schule

---

[5]Die Einwände gegen den Neoliberalismus galten in gleichem Maße für den Keynesianismus. Auch daran wird beanstandet, dass Keynes von einem historischen Sonderfall (Weltwirtschaftskrise) eine allgemeine Theorie abgeleitet habe. Es fehle die Einbettung in eine übergreifende Konjunkturtheorie, wie sie vor allem Schumpeter geliefert habe (vgl. Predöhl 1950).

[6]Dieser Paradigmenwechsel lässt sich eindrücklich an dem zwölfbändigen „Handbuch der Sozialwissenschaften" aus dem Jahre 1961 demonstrieren. Damals fanden sich die Wirtschaftswissenschaften noch als eine Sozialwissenschaft unter anderen und den einschlägigen Artikel über Verkehrspolitik schrieb seinerzeit Andreas Predöhl. Eine Neuauflage des Handbuchs erfolgte 1980, wobei zugleich eine Namensänderung zum „Handbuch der Wirtschaftswissenschaften" erfolgte. Den Artikel über Verkehrspolitik schrieb nun Walter Hamm. Zugleich wandelte sich im Laufe der Nachkriegszeit das Selbstverständnis der Wirtschaftswissenschaften, die sich immer weniger als historische Sozialwissenschaften verstanden, sondern zunehmend auf eine abstrakte Modell- und Theoriebildung setzten und mit der Mathematisierung (Ökonometrie) dahin streben, sich als „exakte Wissenschaft" zu etablieren.

sowie der Chicago School stark beeinflusste Wirtschaftswissenschaftler wie Herbert Baum, Gerd Aberle und Rainer Willeke setzten sich vor allem für die Liberalisierung und Privatisierung der Verkehrsmärkte ein, um mehr Wettbewerb und weniger staatliche Regulierung zu erreichen. Anders als Predöhl und Voigt, die den Stellenwert und die Notwendigkeit politischer Integrationskonzepte im Verkehrssektor betonen, um „gesellschaftliche Effizienz" zu sichern und zu steigern, rekurrieren sie auf eine ökonomische Integrationsvorstellung, die auf die – auch grenzüberschreitende – Erweiterung des privaten Unternehmenswettbewerbs fokussiert ist, wodurch die betriebswirtschaftliche und erst auf dieser Basis die gesamtwirtschaftliche Effizienz gesteigert werden soll (vgl. Machlup 1977).

Sie knüpfen damit an erste konzeptionelle Überlegungen zur ökonomischen Integration im Verkehrssektor an, die schon in den 1960er-Jahren angestellt worden waren (vgl. Hamm 1964; Walters 1968). Demnach müssten Wirtschafts- und Verkehrspolitik sich darauf beschränken, die Bedingungen für eine wettbewerbsförmige Marktintegration zu schaffen bzw. zu erweitern. Die am Verkehrsmarkt Teilnehmenden sollten in erster Linie über die freie Preisbildung vermittelt zueinander in Kontakt treten („negative Integration"). Weitergehende sozialpolitisch oder ökologisch motivierte staatliche Aktivitäten („positive Integration") seien zu vermeiden, da sie in der Regel zu Fehlallokationen führen würden. Unter dieser Maßgabe konstatiert der Kieler Philosophieprofessor Wolfgang Kersting (2000: 1), dass „selbst die maßvollste sozialstaatliche Umverteilung eine Einschränkung der bürgerrechtlichen Verfügungsfreiheit über den Ertrag der eigenen Leistungen" bedeuten kann.[7]

Wie schon Predöhl und Voigt bemerkten, schränken die neoliberalen wirtschaftstheoretischen Prämissen verkehrspolitische Handlungsspielräume stark ein, da sie sich auf die ökonomischen Effekte konzentrieren und soziale oder ökologische Aspekte nachrangig behandeln. Das bedeutet jedoch nicht, dass die staatliche Regelungsdichte im Verkehrssektor insgesamt zurückgedrängt wurde.[8] Vielmehr sollten sich die staatlichen Aktivitäten darauf konzentrieren, die freie Entfaltung privater Marktinteressen zu gewährleisten.[9] Der Verkehrspolitik kommt in dieser Perspektive ausschließlich eine moderierende, den dominanten wirtschaftlichen Prozessen folgende Funktion zu. Die Möglichkeit, eigenständig gestaltend und die Entwicklung unter politischen Gesichtspunkten steuernd einzugreifen, wird ihr jedoch abgesprochen, ja als kontraproduktiv erachtet (vgl. Aberle 1993).

Der heute in den Verkehrswissenschaften vorherrschenden neoliberalen Theoriebildung mit dem Anspruch einer „exakten Wissenschaft" hatten Predöhl und Voigt zwar einen historisch-soziologischen Erklärungsansatz gegenübergestellt.

---

[7] Zur internationalen Herausbildung der ökonomischen Integrationsphilosophie im Verkehrssektor vgl. Plehwe 2000.

[8] Die Vorstellung eines Rückzugs des Staates widerspricht der realen Entwicklung einer in vielen gesellschaftlichen Bereichen sogar zunehmenden staatlichen Regelungsdichte (vgl. Bahle 2003; Vogel 2004). Stattdessen ist die aktuelle Entwicklung wahrscheinlich besser als eine Neuordnung der *governance of welfare* zu beschreiben (vgl. Bode 2005).

[9] Zur differenzierten Betrachtung der neoliberalen Philosophie vgl. Mirowski/Plehwe 2009.

Doch während sich diese Perspektive vorwiegend auf die wirtschaftliche Funktion des Verkehrs konzentrierte, wendeten sich Vertreter einer gemeinwirtschaftlichen Traditionslinie, als deren bedeutendste Repräsentanten Helmuth Seidenfus (1958) und Karl Oettle (1967) zu nennen sind, stärker den sozialen, politischen, kulturellen, technologischen und nicht zuletzt ökologischen Dimensionen zu. Seidenfus, der sich mit den methodischen Grundlagen der Wirtschaftswissenschaften am Beispiel der Verkehrswirtschaft beschäftigte, machte schon frühzeitig auf deren eingeschränkte Sichtweise aufmerksam (vgl. Seidenfus 1958). Wie Predöhl und Voigt problematisierte auch er seinerzeit, dass die Nationalökonomie immer mehr dazu tendiere, die Maximierung von Individual- und Allgemeinnutzen anhand quantifizierbarer Größen mathematisch berechnen zu wollen. Er war vor allem skeptisch, ob ein Ansatz, der die Rationalität der Menschen auf ein ökonomisches Kalkül reduziert, deren vielschichtigen Bedürfnisstrukturen gerecht werde. „Die wirtschaftlichen Bedürfnisse des Menschen, mit deren Befriedigung sich die Nationalökonomie herkömmlicher Weise befasst, sind nicht autonom in dem Sinn, dass sie nicht von Bedürfnissen, die nicht mehr mit wirtschaftlichen Kategorien erklärt werden können, mitbestimmt würden. Das bedeutet aber, dass die Nationalökonomie sich letztlich nicht auf die triviale Bastion des Maximierungsprinzips zurückziehen und sich auf die Erklärung beschränken kann, wie ein (wie immer geartetes) wirtschaftliches Ziel am besten ‚erwirtschaftet' werden könne. Es gibt andere Bedürfnisse im menschlichen Dasein, die mit den wirtschaftlichen ‚in Konkurrenz' stehen, durch sie bedroht oder gefördert werden können. Bedürfnisse nach Freiheit, Gerechtigkeit, Sicherheit und Liebe haben mit dem Bedürfnis nach Brot nur das Wort gemeinsam; und wir wollen sie daher zur Unterscheidung von letzterem als Anliegen bezeichnen" (ebd.: 5).

Hier knüpft auch Karl Oettle in seiner „Verkehrspolitik" an, wenn er gegenüber „ökonomistischen Lösungen" im Verkehrssektor „humanitäre Werte" geltend macht (Oettle 1967: 82; 1996a). Auch er sieht zwischen betriebswirtschaftlichen Partikularinteressen und gemeinwirtschaftlichen Zielen einen grundsätzlich nicht aufzuhebenden Widerspruch.[10] Dieser Konflikt müsse immer wieder von neuem öffentlich ausgetragen und einer politischen Entscheidung zugeführt werden (vgl. Oettle 1976). So sei die vornehmste Aufgabe der Wissenschaft von der Verkehrspolitik, „die Praxis über die gedanklichen Schwierigkeiten der von ihr wahrzunehmenden Aufgabe zu unterrichten, ihr Vorstellungen über die Chancen und Risiken der jeweils gegebenen Alternativen zu verschaffen und ihr darzulegen, dass die letzten Entscheidungen, nämlich diejenigen über die zu verfolgenden Oberziele, meta-ökonomischer Natur sind und daher wertgebunden sein müssen" (Oettle 1967: 89).

---

[10]Die neuere Wohlfahrtsökonomie meint diesen Widerspruch in ihrem Sinne auflösen zu können, indem sie die Möglichkeit einräumt, auftretendes Marktversagen mit staatlicher Intervention zu korrigieren. Aus Sicht der Gemeinwirtschaftslehre ist damit der grundsätzliche Widerspruch aber nicht aufgehoben. Vielmehr wurde er im Augenblick seiner Manifestation nachträglich bearbeitet. Wie er bearbeitet wird, muss politisch immer wieder neu entschieden werden und ist das Ergebnis gesellschaftlicher Aushandlungsprozesse.

Dementsprechend wendet sich Oettle gegen den Trugschluss des Ökonomismus, die Wirtschafts- bzw. Verkehrswissenschaft könne die Axiome einer wissenschaftlichen Lehre von der Wirtschaftspolitik aus sich selbst schöpfen (vgl. Oettle 1996b: 11). Dieser Dogmatismus verdecke gerade die sich immer wieder von Neuem stellende Aufgabe, eine politische Entscheidung zu treffen, die partikulare Wirtschaftsinteressen und gemeinwirtschaftliche Ziele auf jeweils historisch-spezifische Weise zusammenführt. Stattdessen überwiege heute in den Wirtschaftswissenschaften eine unzulängliche Differenzierungsbereitschaft. „Im Falle des Ökonomismus wird nicht nur in der Wissenschaft, sondern auch in der betrieblichen und insbesondere in der politischen Praxis der wirtschaftlichen Seite des Lebens eine dominierende Rolle zugewiesen, die ihr nicht zusteht, da der Mensch nicht lebt, um zu wirtschaften, sondern wirtschaftet, um (besser) leben zu können" (ebd.).

Damit insbesondere die Verkehrswissenschaft zu präziseren Ergebnissen gelangen könne, müsse sich die Volkswirtschaft folglich stärker an den konkreten Anliegen der Menschen orientieren. Deshalb plädierte Seidenfus schon damals für eine „Integration der Wissenschaften vom Menschen aus Sicht der Nationalökonomie" (Seidenfus 1958: 172 f.).

Anknüpfend an diese heute ebenfalls marginalisierte Traditionslinie der Gemeinwirtschaftslehre, möchten die Herausgeber dieses Handbuchs noch einen Schritt weiter gehen. Um die gesamtgesellschaftliche Bedeutung des Verkehrs und seiner Politik in möglichst vielen Facetten zu erfassen, sollte Verkehrspolitik nicht mehr ausschließlich als Teil der Wirtschaftswissenschaft thematisiert, sondern als Gesellschaftspolitik begriffen werden. Dazu muss freilich das Analysefeld entsprechend erweitert werden.

3.2 Verkehr und Gesellschaft – Die Frage nach den Strukturen

Wenn Verkehr nicht mehr ausschließlich als Wirtschaftsfaktor betrachtet werden soll bzw. kann, sondern als eigenständiges soziales Phänomen zu begreifen ist, muss er im gesamtgesellschaftlichen Kontext analysiert werden. Dem entsprechend haben Andreas Predöhl (1971) und Fritz Voigt (1973) die Verkehrsentwicklung im Rahmen der kapitalistischen Entwicklungsdynamik thematisiert.[11] Predöhl (1964) unterscheidet dabei drei Phasen, die sich insbesondere auf die Gestalt und Reichweite der jeweiligen Verkehrspolitik unterschiedlich auswirkten. Die erste, mit dem Beginn der industriellen Revolution zusammenfallende sogenannte *Integrationsphase*, reichte etwa von 1780 bis 1840. In dieser Zeit verbanden sich, ausgehend von Großbritannien, das die ökonomische Entwicklung anführte, die einzelnen europäischen Wirtschaftsstandorte zu einem großen Gravitationsfeld (vgl. ebd: 20). Die damit verbundenen wachsenden

---

[11] Ihre historische Beschreibung der kapitalistischen Wirtschaftsentwicklung wurde von der jüngeren Sozialgeschichte in den wesentlichen Zügen bestätigt (vgl. Braudel 1986a, b).

Handelsbeziehungen bewirken auch eine gesteigerte Verkehrsentwicklung, die sich allerdings zunächst noch auf die konventionellen Transportmittel der vorindustriellen Epoche stützte.

Überlagert von der Herausbildung der europäischen Wirtschaftszone, erfolgte zwischen 1840 und 1900 die von Predöhl so genannte *Expansionsphase*. Sie zeichnete sich zum einen durch ein starkes Wirtschafts- und Bevölkerungswachstum in Europa aus und zum anderen durch die Ausbreitung nach Übersee, wobei sich beide Entwicklungsprozesse wechselseitig bedingten. Die ökonomische Wachstumsdynamik in Europa griff schnell auf die Vereinigten Staaten über, wo sich ein zweites Kerngebiet industrieller Entwicklung herausbildete, das wie ein Transmissionsriemen potenzierend auf die Alte Welt zurückwirkte. Dabei wären jene für die dichte binneneuropäische Vernetzung der Produktionsstätten notwendigen Verkehrsleistungen ohne die Innovation Eisenbahn nicht denkbar gewesen. Sie ermöglichte als das Rückgrat des damaligen Landverkehrs erstmals die Erschließung des Hinterlandes, abseits der etablierten Schifffahrtswege. Ebenso zwingend bedurfte es für den immer stärker werdenden Überseetransport in die Vereinigten Staaten der Dampfschifffahrt. „Was sich in der Periode der Expansion der Weltwirtschaft entwickelt hat, nennen wir im Gegensatz zur konzentrischen Weltwirtschaft der Integrationsperiode eine bi-zentrische Weltwirtschaft, nämlich eine um zwei industrielle Gravitationsfelder gruppierte Weltwirtschaft, das europäische und das amerikanische" (ebd.: 28 f.).

Während in den Phasen der Integration und der Expansion die innovative Triebkraft im Verkehrssektor vor allem auf privatwirtschaftlichem Engagement beruhte, erkennt Predöhl im Übergang zur dritten Entwicklungsperiode, der der *Intensivierung*, eine entscheidende Zäsur. Ihm zufolge wurden in dieser Epoche, die etwa von 1900 bis 1960 reichte, die entscheidenden Neuerungen von Seiten der öffentlichen Hand erbracht. Da die Verkehrswirtschaft nach der Expansion in die neue Wachstumsregion USA und später auch Japan kaum noch Ausweichmöglichkeiten hatte, konzentrierte sich die weitere Entwicklung auf die Binnennachfrage. Dabei spielte der Staat, der seine Aktivitäten zunehmend ausbaute und schließlich auch als Unternehmer agierte, insbesondere im Verkehrssektor eine bedeutende Rolle (vgl. Ambrosius 1984).

Vielfältige staatliche Leistungen hatten in diesem Zeitraum das ökonomische Lohngesetz partiell stillgelegt und eine allgemeine Einkommenssteigerung ermöglicht. Dadurch konnte sich nach dem Zweiten Weltkrieg eine bis dahin unvorstellbare Prosperitätsphase kapitalistischer Entwicklung vollziehen. Diese speiste sich im Kern aus einer staatlich geförderten und regulierten Binnennachfrage, wodurch von der öffentlichen Hand eine Spirale von Massenproduktion und -konsumtion in Gang gesetzt und gehalten wurde. Auf diese Weise konnten gleichsam durch eine ‚innere Landnahme' binnenwirtschaftliche Wachstumspotenziale erschlossen werden. Der neue Stellenwert staatlicher Einflussnahme führte auch im Verkehrsbereich zu einer politischen Neujustierung des Verhältnisses von Verkehrs- und Wirtschaftsentwicklung. Dementsprechend interpretiert Predöhl die staatliche Korrektur der Weltwirtschaftskrise der 1930er-Jahre auch als den deutlichen Ausdruck einer zwingenden und irreversiblen Veränderung: „Die staatliche Wirtschaftspolitik ist nicht in einen intakten Mechanismus eingebrochen, sondern sie ist die Reaktion auf einen Zusammenbruch" (Predöhl 1964: 38).[12]

Die Periode der staatlich regulierten Intensivierung äußert sich in einer starken Verdichtung der Verkehrsrelationen. So ermöglicht der aus der technologischen Innovation des Verbrennungsmotors hervorgegangene Kraftwagen einen Verkehr von Haustür zu Haustür, der freilich erst durch massive staatliche Infrastrukturleistungen realisiert werden konnte. Indem er auf diese Weise die großen Zwischenräume des Schienennetzes erschließt, löst der Kraftwagen die Eisenbahn in ihrer verkehrlichen Bedeutung zunehmend ab. „Was sich hinter den Verschiebungen verbirgt, ist eine Entwicklungsgesetzlichkeit, die in der ständigen Ergänzung des Verkehrs durch neue Verkehrsmittel und neue Abarten alter Verkehrsmittel besteht. Die Verkehrsmittel fächern sich gewissermaßen auseinander und tragen durch die zunehmende Spezialisierung zur Produktivitätssteigerung der Wirtschaft bei. Wir können diese Ausfächerung in allen Bereichen des Verkehrs verfolgen, sowohl im Nahverkehr als auch im regionalen Fernverkehr bis hin zum interkontinentalen Weltverkehr, und wir finden sie bei allen Verkehrsmitteln, bei der Binnenschifffahrt so gut wie bei der Seeschifffahrt, bei der Eisenbahn nicht minder als beim Straßenverkehr, im Luft- und im Leitungsverkehr" (ebd.: 33; vgl. auch Kill 1991).

Heute besteht ein weitreichender Konsens darüber, dass spätestens seit Mitte der 1970er-Jahre wiederum eine neue, im Anschluss an Predöhl vierte, kapitalistische Entwicklungsstufe zu verzeichnen ist. Zum einen hat die nachlassende Wirtschaftsdynamik das Aufwachen aus dem „kurzen Traum immerwährender Prosperität" (Lutz 1989) provoziert und die Einsicht in einen gesellschaftlichen Transformationsprozess eröffnet, der insbesondere das Verhältnis von Ökonomie und Politik berührt. Zum anderen sind offensichtlich die Blockaden der Kapitalmobilität, die Predöhl noch für die Periode der Intensivierung aufgrund der fehlenden internationalen Ausweichmöglichkeiten attestierte, im Zuge des Globalisierungsprozesses dadurch gesprengt worden, dass neue Anlagesphären erschlossen werden (vgl. Altvater und Mahnkopf 2007).[13] Sowohl die endogene Krise wie auch die wieder gewonnene externe Entwicklungsdynamik bewirken im Kontext eines globalen Transformationsprozesses die Re-Artikulation der Beziehungen von Staat, Wirtschaft und Gesellschaft (vgl. von Beyme und Offe 1996). Indem die institutionelle Verfasstheit des Einzelstaats aufgrund der zunehmenden Bedeutung grenzüberschreitender Aktivitäten vermeintlich an Einfluss verliert, wird die Perspektive

---

[12]Diese These der Entwicklung eines so genannten „Organisierten Kapitalismus" wurde erstmals 1915 von Rudolf Hilferding entwickelt und in den 1960er und 1970er Jahren, im Zuge der Herausbildung immer weiter reichender sozialstaatlicher Aktivitäten, zur breiten Diskussionsgrundlage unterschiedlichster politischer Strömungen (vgl. Dobb 1966; Winkler 1974; IMSF 1981).

[13]Allerdings hatte Predöhl die Möglichkeit der Herausbildung weiterer Gravitationsfelder wirtschaftlicher Entwicklung schon thematisiert, und wie wir heute sehen, realistisch eingeschätzt: „Die Voraussetzungen für zusätzliche Kraftfelder sind aber nur in Gebieten dichtester Besiedlung gegeben, also in China oder, wenn die klimatischen und soziologischen Voraussetzungen ausreichen sollten (...) in Indien" (Predöhl 1964: 35 f.).

des Nationalismus tendenziell durch einen neuen „Kosmopolitismus" ersetzt (vgl. Benhabib 2008). Allerdings sind die Vorstellungen über die konkreten Formen zukünftiger kapitalistischer Vergesellschaftung noch unklar beziehungsweise umstritten (vgl. Dörre et al. 2009).

Für unser Thema ist die Folgerung aus dieser Zeitdiagnose: Wenn die aktuelle Verkehrswissenschaft Möglichkeiten und Grenzen verkehrspolitischer Maßnahmen aufzeigen will, muss sie zunächst die strukturellen Bedingungen sozialer Entwicklung neu bestimmen, um eine realistische Einschätzung des Verkehrs und der ihn gestaltenden Politik in kapitalistischen Gesellschaften zu gewährleisten. Darüber hinaus sind aber auch jene sozialen Verhältnisse zu reflektieren, in und an denen die Menschen ihr Handeln ausrichten.

3.3 Verkehr und Mensch – Die Frage nach den Handlungen

Mit der Thematisierung von Handlungen innerhalb der gesellschaftlichen Strukturen ist ein zentraler Problemkomplex sozialwissenschaftlicher Theoriebildung angesprochen. Dabei geht es vor allem um die Frage, inwieweit menschliches Verhalten durch strukturelle Vorgaben bestimmt wird, oder ob vielmehr Menschen, indem sie auf ihr soziales Umfeld einwirken, durch ihre Aktivitäten gesellschaftliche Verhältnisse strukturieren (vgl. Giddens 1984). Die Antwort darauf ist für die Verkehrspolitik, wie auch für jedes andere Politikfeld, im doppelten Wortsinn von *entscheidender* Bedeutung. Denn wenn von Verkehrs*politik* die Rede ist, wird eine politische Arena vorausgesetzt, in der denkbare Handlungsoptionen bestehen. Dabei verstehen wir unter *Politik* jene Ausschnitte des gesellschaftlichen Lebens, in denen durch die Wahl zwischen mehreren Handlungsoptionen allgemein verbindliche Entscheidungen hervorgebracht werden: „Immer wenn es darum geht, unterschiedliche Gestaltungsmöglichkeiten zu bewerten und sich zwischen (zumindest teilweise) einander ausschließenden Alternativen zu entscheiden, findet Politik statt" (Nassmacher und Nassmacher 1999: 14 f.).

Die sozialwissenschaftliche Verkehrswissenschaft ist der Frage nach verkehrspolitischen Handlungsspielräumen bis heute nur selten nachgegangen (vgl. Schwedes 2011b). Insbesondere bei soziologischen Ansätzen dominieren bis in die Gegenwart hinein system- und modernisierungstheoretisch angeleitete Untersuchungen. Während in den 1970er-Jahren die Genese des Automobilismus aus den systembedingten Verwertungsinteressen einer übermächtigen Industrie erklärt wurde (vgl. Krämer-Badoni et al. 1971), leiten heute zum Teil dieselben Vertreter die ungebrochene Dynamik des Motorisierten Individualverkehrs aus den Zwängen des technischen Großsystems ab (vgl. Krämer-Badoni und Kuhm 2000; Kuhm 1997). Modernisierungstheoretisch gewendet wird eine Wahlverwandtschaft von Moderne und Mobilität attestiert (vgl. Rammler 2001), die zwingend in einem immer weiter sich steigernden Verkehrsaufkommen bei gleichzeitiger Ausdifferenzierung von Mobilitätsbedürfnissen zum Ausdruck kommt (vgl. Buhr et al. 1999). Der MIV erscheint vor dieser theoretischen Referenzfolie vor allem als adäquates Movens moderner Gesellschaften.

Aus dieser (Makro-)Perspektive resultierten damals wie heute freilich keine wirklichen Handlungsoptionen. Politik konnte oder wollte man sich nur als Ausnahmezustand vorstellen. Erschien in den 1970er-Jahren eine alternative Verkehrsentwicklung allenfalls als Ergebnis eines (revolutionären) gesellschaftlichen Systemwechsels denkbar, wirkt heute das sich selbst immer wieder erneuernde Subsystem des MIV als übermächtiges, alternativloses Faktum, dessen man sich allenfalls dadurch entledigen kann, dass es durch ein anderes technisches Großsystem ersetzt wird (vgl. Krämer-Badoni und Kuhm 2000).

Demgegenüber wagten sich Wissenschaftler nur vereinzelt in die Niederungen der Politikfeldanalyse, wobei das besondere Augenmerk der kommunalen Verkehrspolitik galt (vgl. Apel et al. 1997; Teschner und Retzko 1997; Bratzel 1999; Klein 1999; Rogge 1999; Schäfer-Klug 1999; Flämig et al. 2001). Die Ergebnisse dieser wenigen Lokalstudien bleiben darüber hinaus insofern unbefriedigend, als sie widersprüchlicher kaum sein könnten. Während die einen auf nationale und internationale Beispiele lokaler Verkehrsentwicklung verweisen, die von den system- und modernisierungstheoretisch begründeten Megatrends abweichen, und dies auf individuelles oder kollektives Akteurshandeln vor Ort zurückführen (Apel et al. 1997; Bratzel 1999; Rogge 1999; Flämig et al. 2001), weisen die anderen Untersuchungen nach, dass auf kommunaler Ebene keine relevanten verkehrspolitischen Handlungsalternativen existieren (vgl. Teschner und Retzko 1997; Klein 1999; Schäfer-Klug 1999[14]).

Vor diesem Hintergrund ist es allerdings nicht mehr erstaunlich, dass die Einschätzung verkehrspolitischer Gestaltungsmöglichkeiten innerhalb der Verkehrswissenschaften, wie eingangs formuliert wurde, bis heute vom euphorischen Steuerungsoptimismus im Rahmen einer integrierten Verkehrspolitik bis zum ökonomischen Funktionalismus neoklassischer Verkehrskonzeptionen reicht (vgl. Eckey und Stock 2000). Beide stehen sich wissenschaftlich gleichermaßen unbegründet wie unvermittelt gegenüber. Während sich das Leitbild einer integrierten Verkehrspolitik aus einem, trotz aller realen Enttäuschungen, unerschütterlichen politischen Voluntarismus speist, fußt die neoliberale Vorstellung auf einem abstrakten, weitgehend realitätsfernen Theoriegebäude. Die Vertreterinnen und Vertreter beider Überzeugungsmuster zeichnen sich durch eine bemerkenswerte Enttäuschungsresistenz aus, sind doch beide Modelle bis heute nicht in ihrem Sinne umgesetzt worden. Diese Tatsache wenden die Repräsentanten beider Seiten, wenn sie auf die Realitätstüchtigkeit ihrer Konzepte angesprochen werden, jeweils zum schlagenden Argument für ihre Sache: Gerade weil weder die integrierte Verkehrspolitik noch die neoliberale Vergesellschaftungsphilosophie wirklich im Sinne ihrer jeweiligen Protagonisten umgesetzt wurden, konnten sie sich auch noch nicht bewähren.

---

[14]Schäfer-Klug stellt hier insofern eine Ausnahme dar, als er zwar unter den gegebenen gesellschaftspolitischen Rahmenbedingungen kaum kommunale Handlungsspielräume ausmachen kann. Allerdings zeigt er zugleich auf, dass auch diese auf kommunaler Ebene politisch definiert wurden und damit prinzipiell revidierbar sind, womit der Kommunalpolitik durchaus eine Bedeutung zukommt.

Das Handbuch der Verkehrspolitik stellt den Versuch dar, diesen normativ geprägten Disput zu unterlaufen. Es tritt mit seiner Herangehensweise gleichsam noch einmal einen Schritt zurück und lässt sich von der Frage nach den Möglichkeiten und Grenzen verkehrspolitischer Einflussnahme leiten, ohne vorher ein bestimmtes Dogma als Referenzfolie zu wählen – ganz im Sinne einer „pragmatischen Verkehrspolitik" (Predöhl), die sich durch eine prinzipielle Offenheit gegenüber unterschiedlichen verkehrspolitischen Zugängen auszeichnet und sich primär auf die Analyse der konkreten gesellschaftlichen Verhältnisse konzentriert. So könnte das Ergebnis zugespitzt lauten, dass es im aktuellen Kräftefeld globaler Entwicklungsdynamiken kaum noch gerechtfertigt erscheint, von Verkehrs*politik* im oben genannten Sinn zu sprechen, da sie weitgehend durch ökonomische Integration ersetzt wurde. Ein solches Resultat könnte auf den gesamten Disput klärend wirken, weil es die Vertreter einer politischen Integration so irritieren müsste, dass sie sich veranlasst sähen, sich der notwendigen gesellschaftlichen Voraussetzungen ihrer Strategie neu zu vergewissern. Immer vorausgesetzt, es wird überhaupt ein gesellschaftliches Bedürfnis artikuliert über die *politische* Gestaltung der Verkehrsentwicklung nachzudenken.

Ein insbesondere für den Verkehrssektor traditionell zentraler Akteur, dessen Handeln in einem solchen Verständigungsprozesses reflektiert werden müsste, ist der Staat. Seine Funktionsweise scheint sich – angestoßen durch globale Entwicklungstendenzen – im Zuge gesamtgesellschaftlicher Transformationsprozesse zu wandeln (vgl. Cerutti 2007). Für Vertreter einer politischen Integrationsstrategie steht vor diesem Hintergrund zur Disposition, welche Rolle nationale Verkehrspolitik überhaupt noch spielen kann und welche neuen/alten Instrumente ihr zur Verfügung stehen. Diese Frage ist zugleich von allgemeiner Bedeutung, da das optimale Ausmaß staatlicher Aktivitäten offenbar nicht wissenschaftlich bestimmt werden kann. „Genauer gesagt: Wir können die Antwort nicht in Form eines zwingenden ökonomischen oder philosophischen Argumentes geben. Wir können diese nur durch einen Prozess und als Ergebnis eines gut informierten öffentlichen Diskurses innerhalb der Zivilgesellschaft finden. So bleibt die Antwort letztlich eine Sache der Debatte, nicht irgendeines objektiv-rationalen Beweises. Die Beziehung und die Trennungslinie zwischen Markt, Staat und Gemeinschaft ist selbst eine politische Angelegenheit" (Offe 2000: 116 f.).

So gesehen könnte das Handbuch der Verkehrspolitik, über den reinen Informationswert hinaus, indem es das Verhältnis von Ökonomie und Politik im Verkehrssektor auslotet und eine öffentliche Debatte darüber anregt, auch einen Beitrag zur Re-Politisierung der Verkehrswissenschaft leisten.

Bleibt als drittes Handlungsfeld, neben Markt *(invisible hand)* und Staat *(visible hand)*, die (Zivil-)Gesellschaft. Ihr Akteur ist der moderne Mensch *(individual hand)*. Nachdem die Verkehrswissenschaften insgesamt lange Zeit mit stark aggregierten Ansätzen gearbeitet haben, um von einer entsprechenden Makroperspektive aus auf den Habitus der Menschen zu schließen, hat sich spätestens seit den 1990er-Jahren in der sozialwissenschaftlichen Verkehrsforschung die Einsicht durchgesetzt, dass das Verhalten von Menschen in modernen kapitalistischen Gesellschaften durch einen gewissen Eigensinn geprägt ist (vgl. Scheiner 2009).

Auf einer vergleichsweise sicheren materiellen Basis konnten sich breite Bevölkerungsschichten bis dahin nicht gekannte Handlungsoptionen erschließen. Es war ihnen möglich, individuelle Mobilitätsbedürfnisse zu entwickeln, mit denen sie sich auch von ökonomischen Konjunkturzyklen emanzipierten. Auch wenn der Wirtschaftsaufschwung nachließ, die Menschen bewegten sich weiter, ja mehr noch, sie schichteten die Hierarchie ihrer Anliegen zugunsten von mehr Mobilität um. Das eigenständige Setzen von konsumtiven Prioritäten – die ökonomische Grundlage immer vorausgesetzt – macht das individuelle Verhalten in modernen Gesellschaften immer weniger berechenbar.

Aus der daraus resultierenden Komplexität menschlicher Handlungsmuster ergab sich aus verkehrspolitischer Perspektive ein Steuerungsproblem. Die ursprüngliche Strategie der direkten Einflussnahme, die aus der Planungseuphorie der 1960er-/1970er-Jahre hervorging und durchaus mit Zwang verbunden sein konnte (Push-Maßnahmen), wich zunehmend der Überzeugung, die Menschen könnten allenfalls noch durch positive Anreize zu einem bestimmten ‚vernünftigen' Verhalten bewegt werden (Pull-Maßnahmen).

Seitdem stehen die traditionell hierarchisch strukturierten und zentral organisierten staatlichen Entscheidungsverfahren, wie sie etwa durch das Bundesverkehrsministerium repräsentiert werden, zunehmend zur Disposition. Diskutiert wird stattdessen der Übergang von der traditionellen Regierungsweise des *Government* zu neuen Formen der Entscheidungsfindung einer *Governance* (vgl. Benz 2004; Lange und Schimank 2004). Dabei tritt der Staat als ehemals übermächtiger, heute aber vor allem überforderter Akteur zurück und eröffnet damit anderen zivilgesellschaftlichen Akteuren Freiräume zur Artikulation ihrer spezifischen Interessen. Politische Entscheidungsfindung verlagert sich mithin immer mehr in dezentrale, netzförmige Beziehungsgeflechte, die sich weitgehend unabhängig von den traditionellen Formen staatlicher Einflussnahme in enger Kooperation selbst organisieren.

Diese im Rahmen politischer Theoriebildung entwickelte Vorstellung staatsfernerer, weitgehend konfliktfreier Entscheidungsfindung wird seit längerem in mehrfacher Hinsicht problematisiert (vgl. Voigt 1993). So wird etwa mit Blick auf die Geschichte der Zivilgesellschaft darauf hingewiesen, dass sich deren Aktivitäten überhaupt erst in einem ambivalenten Verhältnis zum (Rechts-)Staat etablieren konnten (vgl. Acemoglu und Robinson 2013). Erst unter seinem Schutz konnte sich bürgerliches Engagement entfalten, das sich freilich zugleich immer wieder mit staatlicher Kontrolle konfrontiert sah. Dem entsprechend werden gegenüber einer einseitigen Staatskritik und der Fixierung auf zivilgesellschaftliches Engagement die zivilisatorischen Leistungen staatlicher Aktivitäten betont (vgl. Vogel 2007).

In enger Verbindung mit der Staatsvergessenheit wird in jüngster Zeit auch das weitgehende Fehlen von Macht- und Herrschaftsdimensionen im Rahmen der Governance-Forschung gesehen (vgl. Aden 2004; Walters 2004). Diese zentralen Kategorien politikwissenschaftlicher Forschung werden vor allem dem Staat zugeschrieben und finden im Kontext zivilgesellschaftlicher Aktivitäten kaum noch Erwähnung, geschweige denn eine systematische Berücksichtigung. Damit werden aber Interessenskonflikte nichtstaatlicher Akteure, die bei einem Wandel der Staatstätigkeit tatsächlich an Bedeutung gewinnen, ausgeblendet (vgl. Schwedes 2013).

Gerade dieser Mangel wird in der aktuellen verkehrswissenschaftlichen Debatte verstärkt wahrgenommen. So kommen Lanzendorf und Scheiner, die Verkehrsgeneseforschung bilanzierend, zu dem Ergebnis, dass die bis heute entwickelten vielfältigen Handlungsansätze vor allem an Umsetzungsdefiziten scheitern, was dringend einer Änderung bedarf. „Dafür könnte eine konflikt- und akteursorientierte Politikforschung des Verkehrssektors und der damit verbundenen Sektoren entscheidende Beiträge leisten" (Lanzendorf und Scheiner 2004: 34).

4 Fazit

Vergegenwärtigen wir uns noch einmal die eingangs skizzierten dramatischen Vorhersagen weltweiter Verkehrsentwicklung sowie die damit voraussichtlich verbundenen sozialen und ökologischen Folgeprobleme und widmen uns der Frage, ob die aktuelle Verkehrspolitik diesen Herausforderungen gewachsen ist. Schon in Anbetracht der Verkehrsprognosen selbst muss dies in mehrfacher Hinsicht bezweifelt werden. Zum einen liegt diesen traditionellen verkehrswissenschaftlichen Erhebungen die dargelegte Prämisse zugrunde, dass Wirtschafts- und Verkehrswachstum direkt zusammenhängen. Ausgehend von einem zu erwartenden durchschnittlichen Wirtschaftswachstum weltweit, wird dann auf die entsprechende Zunahme des Verkehrsaufkommens geschlossen. Originär verkehrspolitische Überlegungen nach den Ursachen der Entstehung des Verkehrs, um auf dessen Entwicklung politisch gestaltend Einfluss zu nehmen, kommen hier nicht zum Tragen. Damit ist der Handlungsrahmen so eng gesteckt, dass von Politik im Sinne einer bewussten Entscheidung zwischen sich zumindest partiell ausschließenden Alternativen kaum gesprochen werden kann. Vielmehr reduziert sich Verkehrspolitik damit erneut auf die bekannte nachträgliche Anpassungsplanung.

Vor dem Hintergrund der weltweiten Verkehrsdynamik stellt sich aus verkehrspolitischer Sicht zum einen die Frage nach politischen Gestaltungsmöglichkeiten der Entwicklung dieses Sektors unter Bedingungen der Globalisierung. Nachdem in den 1990er-Jahren die Aufmerksamkeit für nationale Politiken hinter die Betrachtung globaler Entwicklungsprozesse zurückgetreten war, deutet sich in jüngster Zeit eine Renaissance des Nationalstaats an, gleichsam eine „Wiedergeburt aus dem Geiste der Politik" (vgl. Voigt 2003). Diese Neuorientierung basiert insbesondere auf der weltweit zu beobachtenden Vielfalt nationaler Entwicklungspfade (vgl. Hall und Soskice 2001). Zwar sei die Dynamik des Kapitalismus übergreifend und global; es werden aber vermehrt regionale und nationale Variationen ausgemacht, auf die verwiesen wird, um politische Handlungsoptionen zu begründen. Die Aufgabe der Verkehrspolitik wird zunehmend darin bestehen, ihre Spielräume im Spannungsfeld zwischen der Prägkraft globaler ökonomischer Evolutionsmuster und der Eigenwilligkeit nationaler politischer Entwicklungswege auszuloten.

Im Zusammenhang mit der politischen Gestaltung der weltweiten Verkehrsentwicklung ist außerdem zu prüfen, ob das einseitig an ökonomischem Wachstum orientierte Fortschrittsmodell der westlichen Industriestaaten, das den Prognosen zugrunde liegt, auf die sich entwickelnden Länder überhaupt realistisch übertragbar ist. Zu Beginn der 1970er-Jahre bewirkte der Bericht an den Club of Rome über die „Grenzen des Wachstums", dass das dem Kapitalismus eigentümliche Wachstumsparadigma kritisch thematisiert wurde (vgl. Meadows und Meadows 1972). Nach dem Ende der Ölkrise ging dieses Problembewusstsein allerdings weitgehend verloren.[15] Die *Suffizienzstrategie*, die darauf zielt, die durch Produktion und Konsumtion sich wechselseitig aufschaukelnde Wachstumsspirale stillzulegen, wurde durch die *Effizienzstrategie* ersetzt, die sich im Wesentlichen auf eine durch technische Innovationen verbesserte Ausbeutung der Energieressourcen konzentriert, und durch die sich eine grenzenlose Wachstumsperspektive zu eröffnen scheint (vgl. Weizsäcker et al. 2010). Erst in jüngster Zeit zeichnen sich Ansätze eines neuen, globalen Problembewusstseins ab, wobei die kritischen Hinweise immer häufiger von Vertretern aus den Ländern der ‚Emerging Markets' kommen (vgl. Nair 2011). Im Gefolge der weltweit zunehmenden Naturkatastrophen und der erneuten Debatte über die Endlichkeit der fossilen Brennstoffe, stehen das Wirtschafts- wie das daran geknüpfte Verkehrswachstum erneut zur Disposition (vgl. Scheer 2010). Allerdings sind die verkehrspolitischen Konsequenzen einer möglichen Neuorientierung, abseits des ausgetretenen Pfads, noch kaum absehbar. Umso mehr sollte das Thema zukünftig einen festen Bestandteil verkehrspolitischer Überlegungen bilden.

Dies gilt in gleichem Maße für das mit dem Wachstumsparadigma eng verknüpfte Phänomen der Beschleunigung. Dadurch dass sich ökonomisches Wachstum und die Beschleunigung der Produktions- und Konsumptionsprozesse wechselseitig bedingen, fungiert der seinerseits zunehmende und immer schneller werdende Verkehr gleichsam als Katalysator. Der Soziologe Hartmut Rosa zeichnet den Zusammenhang zwischen der Entwicklung moderner Gesellschaften und der damit einhergehenden steigenden Beschleunigung der sozialen Beziehungen nach und verweist dabei insbesondere auf die schwindenden Möglichkeiten, politisch handlungsfähig zu bleiben. „Die selbstbestimmte Gestaltung individuellen und/oder kollektiven Lebens setzt voraus, dass der Optionsraum über eine gewisse Zeit hinweg stabil bleibt (begründete Entscheidungen werden unmöglich, wenn sich ihr Nutzen, ihre (Opportunitäts-)Kosten und Folgewirkungen nicht mit einer gewissen minimalen Zeitstabilität vorhersagen lassen), dass die Handlungsbedingungen so dauerhaft sind, dass sich Veränderungsprozesse noch *verstehen* und zumindest teilweise kontrollieren lassen, und schließlich dass ausreichend Zeit zur Verfügung steht, um durch die planmäßige Einwirkung auf den Handlungsraum Leben und Gesellschaft tatsächlich zu *gestalten*" (Rosa 2005: 454, Herv. i. Orig.). Rosa zeigt auf, dass diese Voraussetzungen als Folge flüchtiger sozialer Beziehungen, die von

---

[15]Dementsprechend wurde der zu Beginn der 1990er Jahre erschienene zweite Bericht kaum noch zur Kenntnis genommen, geschweige denn öffentlich diskutiert (vgl. Meadows et al. 1992). Demgegenüber haben sowohl der letzte Bericht von Meadows (2006) wie auch der seines Kollegen Randers (2012) wieder mehr Aufmerksamkeit erregt.

ihm als wesentliches Charakteristikum moderner Gesellschaften ausgewiesen werden, weitgehend unterminiert sind.[16]

Allerdings stößt der Trend zur Beschleunigung mittlerweile auf den wachsenden Widerstand von Menschen, die den damit verbundenen Zumutungen mit der Forderung nach „Entschleunigung" begegnen und sich an Konzepten räumlicher Nahbeziehungen orientieren (vgl. Mückenberger 2004). Im Zuge der erwarteten demografischen Entwicklung, die sich insbesondere in einem kontinuierlichen Anstieg der Zahl alter Menschen niederschlägt, wächst die Klientel derjenigen, denen in besonderem Maße Erreichbarkeit und Sicherheit wichtiger sind als Geschwindigkeit (vgl. Holz-Rau und Scheiner 2004). Hier deuten sich, zumindest in den entwickelten Industrienationen, gegenläufige Tendenzen an, die eine dialektische, auf die Ambivalenzen moderner kapitalistischer Gesellschaften gerichtete Theoriebildung angemessener erscheinen lassen (vgl. Wagner 2009), als die von Rosa skizzierte eindimensionale Entwicklungsperspektive. Denn erst wenn Zwischentöne wahrgenommen werden, können auch Handlungsoptionen erkannt werden und ist Politik überhaupt denkbar. Daher wird vom Ausgang dieser Debatte abhängen, ob Verkehrspolitik als eigenständige wissenschaftliche Disziplin wie auch als autonomes politisches Handlungsfeld in modernen kapitalistischen Gesellschaften zukünftig bestehen wird.

In allen drei Themenfeldern, Globalisierung, Wachstum und Beschleunigung, mehren sich inzwischen die Beiträge, die eine Wende hin zur Nachhaltigkeit für unumgänglich halten, die auch als Leitthema aller zukünftigen verkehrspolitischen Überlegungen gelten kann. Daher haben wir an den Schluss des Handbuchs Verkehrspolitik eine Bestandsaufnahme der Nachhaltigkeitsdebatte gestellt. Da der Begriff durch seine inflationäre Verwendung deutlich an Tiefenschärfe eingebüßt hat, erscheint eine Selbstvergewisserung über eine „zeitgemäße Dimension eines politischen Begriffs" (Richter 2005) von Nachhaltigkeit insbesondere für eine zukünftige verkehrspolitische Debatte besonders dringend. Ein solchermaßen politisch begründeter Nachhaltigkeitsbegriff muss so belastbar sein, dass er die gesamtgesellschaftliche Aufgabe der Transformation von einer fossilen zu einer postfossilen Mobilitätskultur zu begründen vermag.

Jeder der hier angesprochenen, die Verkehrspolitik mehr oder weniger stark tangierenden Problemkreise, kann auf einen Grundwiderspruch zugespitzt werden: Lokalisierung opponiert der Globalisierung, Schrumpfung dem Wachstum, Entschleunigung der Beschleunigung und schließlich Nachhaltigkeit der Kurzfristigkeit. Wie gezeigt wurde, bewegt sich die Debatte in allen Fällen letztendlich zwischen Politik und Nichtpolitik (vgl. Münch 1994). Das Handbuch der Verkehrspolitik hat sich zur Aufgabe gemacht, innerhalb dieses Spannungsverhältnisses die Möglichkeiten und Grenzen verkehrspolitischer Einflussnahme zu sondieren. Von den Ergebnissen wird die Beantwortung der eingangs gestellten Frage abhängen, ob die Verkehrspolitik den künftigen Herausforderungen der weltweiten Verkehrsentwicklung gewachsen ist.

---

[16]Ein aktuelles Beispiel ist etwa die Beschleunigung der Planungsverfahren beim Bau von Verkehrsinfrastrukturen, bei gleichzeitiger Einschränkung zivilgesellschaftlicher Interventionsmöglichkeiten.

Literatur

Aberle, Gerd. 1985. Verkehrswissenschaft als Beispielfall dynamischer, interdisziplinärer wirtschaftswissenschaftlicher Forschungsentwicklung. In *Perspektiven verkehrswissenschaftlicher Forschung*, Hrsg. Sigurt Klatt, Festschrift für Fritz Voigt zum 75. Geburtstag, 14–27. Berlin.

Aberle, Gerd. 1993. Überforderte Verkehrspolitik. Das Phänomen Mobilität – beherrschbarer Fortschritt oder zwangsläufige Entwicklung? *Internationales Verkehrswesen* 45(7/8): 405–410.

Aberle, Gerd. 2009. *Transportwirtschaft*. München/Wien.

Acemoglu, Daron, und James A. Robinson. 2013. *Warum Nationen scheitern. Die Ursprünge von Macht, Wohlstand und Armut*. Frankfurt a. M.

Aden, Hartmut. 2004. Herrschaftstheorien und Herrschaftsphänomene – Governance und Herrschaftskritik. In *Herrschaftstheorien und Herrschaftsphänomene*, Hrsg. Hartmut Aden. Wiesbaden.

Altvater, Elmar. 2005. *Das Ende des Kapitalismus wie wir ihn kennen. Eine radikale Kapitalismuskritik*. Münster.

Altvater, Elmar, und Birgit Mahnkopf. 2007. *Grenzen der Globalisierung. Ökonomie, Ökologie und Politik in der Weltgesellschaft*. 7. Aufl. Münster.

Ambrosius, Gerold. 1984. *Der Staat als Unternehmer. Öffentliche Wirtschaft und Kapitalismus seit dem 19. Jahrhundert*. Göttingen.

Apel, Dieter, Michael Lehmbrock, Tim Pharoah, und Jörg Thiemann-Linden. 1997. *Kompakt, mobil, urban: Stadtentwicklungskonzepte zur Verkehrsvermeidung im internationalen Vergleich*. Berlin.

Bahle, Thomas. 2003. The changing institutionalization of social services in England and Wales, France and Germany: Is the welfare state on the retreat? *Journal of European Social Policy*, 13 (1), 5–20.

Becker, Udo, Thilo Becker, und Julia Gerlach. 2012. *Externe Autokosten in der EU-27. Überblick über existierende Studien*. Dresden.

Beckmann, Klaus J. und Herbert Baum. 2002: *Bericht Integrierte Verkehrspolitik, im Auftrag des Bundesministeriums für Verkehr, Bau- und Wohnungswesen*. Aachen/Köln.

Benhabib, Seyla, Hrsg. 2008. *Kosmopolitismus und Demokratie. Eine Debatte*. New York/Frankfurt a. M.

Benz, Arthur. 2004. *Governance – Regieren in komplexen Regelsystemen. Eine Einführung*. Wiesbaden.

Beyme, Klaus von, und Claus Offe, Hrsg. 1996. *Politische Theorien in der Ära der Transformation*, PVS Sonderheft 26. Opladen.

BMVBW – Bundesministerium für Verkehr, Bau und Wohnungswesen. 2000. Mobilitätsbericht 2000. *Unser Konzept für eine mobile Zukunft*. Bonn.

BMVBW – Bundesministerium für Verkehr, Bau und Wohnungswesen. 2003. Bundesverkehrswegeplan 2003. *Grundlagen für die Zukunft der Mobilität in Deutschland*. Berlin.

Bode, Ingo. 2005. Desorganisation mit System. Die Neuordnung der ‚governance of welfare' in Westeuropa. *Berliner Journal für Soziologie*, 15(2), 219–239.

Bratzel, Stefan. 1999. *Erfolgsbedingungen umweltorientierter Verkehrspolitik in Städten. Analysen zum Policy-Wandel in den ‚relativen Erfolgsfällen' Amsterdam, Groningen, Zürich und Freiburg i. Brg.* Basel/Boston/Berlin.

Braudel, Fernand. 1986a. *Sozialgeschichte des 15. bis 18. Jahrhunderts. Der Handel* Frankfurt a. M.

Braudel, Fernand. 1986b. *Sozialgeschichte des 15. bis 18. Jahrhunderts. Aufbruch zur Weltwirtschaft*. Frankfurt a. M.

Buhr, Regina, Weert Canzler, und Andreas Knie. 1999. *Bewegende Moderne. Fahrzeugverkehr als soziale Praxis*. Berlin.

Cerutti, Furio. 2007. *Global challenges for leviathan. A political philosophy of nuclear weapons and global warming*. Lanham: Lexington Books.

DETR – Department of Environment, Transport and Regions. 1998. *A new deal for transport: Better for everyone*, Cm 3950. London: HMSO.
Dobb, Maurice. 1966. *Organisierter Kapitalismus*. Frankfurt a. M.
Dörre, Klaus, Stephan Lessenich, und Hartmut Rosa. 2009. *Soziologie – Kapitalismus – Kritik. Eine Debatte*. Frankfurt a. M.
Downs, Andrew. 1962. The law of peak hour expressway congestion. *Traffic Quarterly*, Heft 16 (3), 393–409.
Eckey, Hans-Friedrich und Wilfried Stock. 2000. *Verkehrsökonomie. Eine empirisch orientierte Einführung in die Verkehrswissenschaften*. Wiesbaden.
Flämig, Heike, Stefan Bratzel, Wulf-Holger Arndt, und Markus Hesse. 2001. Politikstrategien im Handlungsfeld Mobilität. Politikanalyse von lokalen, regionalen und betrieblichen Fallbeispielen und Beurteilung der Praxis im Handlungsfeld Mobilität, Schriftenreihe des Instituts für ökologische Wirtschaftsforschung (IÖW) 156/01. Berlin.
Gegner, Martin, und Oliver Schwedes. 2014. Der Verkehr des Leviathan – Zur Genese des städtischen Verkehrs im Rahmen der Daseinsvorsorge. In *Öffentliche Mobilität. Perspektiven für eine nachhaltige Entwicklung*, 2. ergänzte und erweiterte Aufl., Hrsg. Oliver Schwedes. Wiesbaden.
Giddens, Anthony. 1984. *The constitution of society. Outline of the theory of structuration*. Berkely/Los Angeles: University of California Press.
Givoni, Moshe, und David Banister. 2010. *Integrated transport. From policy to practice*. London/New York: Routledge.
Grandjot, Hans-Helmut. 2002. *Verkehrspolitik. Grundlagen, Funktionen und Perspektiven für Wissenschaft und Praxis*. Hamburg.
Grandjot, Hans-Helmut, und Tobisa Bernecker. 2014. Verkehrspolitik. Grundlagen, Herausforderungen, Perspektiven. Hamburg.
Groth, Klaus-Martin, Ilse Helbrecht, und Thomas Rommelspacher. 2006. Von der Disparität zur Differenz. Die Zukunft der „Gleichwertigkeit der Lebensverhältnisse." In *Das neue Gesicht der Stadt. Strategien für die Urbane Zukunft im 21. Jahrhundert*, Hrsg. Heinrich-Böll-Stiftung, 37–53. Berlin.
Hall, Peter A., und David Soskice. 2001. *Varieties of capitalism. The institutional foundation of comparative advantage*. Oxford: Oxford University Press.
Hamm, Walter. 1964. *Preise als verkehrspolitisches Ordnungsinstrument*. Heidelberg.
Hamm, Walter. 1980. Verkehrspolitik. In *Handwörterbuch der Wirtschaftswissenschaften*, Bd. 8. 249–257. Stuttgart/New York/Tübingen/Göttingen/Zürich.
Heinrich-Böll-Stiftung, Hrsg. *Das neue Gesicht der Stadt. Strategien für die Urbane Zukunft im 21. Jahrhundert*. Berlin.
Hesse, Markus. 1993. *Verkehrswende. Ökologisch-ökonomische Perspektiven für Stadt und Region*. Marburg.
Höfler, Frank. 2006. Verkehrswesen-Praxis, Bd. I: Verkehrsplanung; Verkehrswesen-Praxis, Bd. II: *Verkehrstechnik*. Berlin.
Holz-Rau, Christian, und Joachim Scheiner. 2004. Folgerungen aus der demographischen Entwicklung für die Verkehrsplanung. In *Raum und Verkehr gestalten*, Hrsg. Carsten Gertz und Axel Stein. Berlin.
IEA – International Energy Agency. 2012. *World energy outlook 2012*. Paris: OECD/IEA.
IMF – International Monetary Fund. 2005. *World Economic Outlook April 2005 – Globalization and external imbalances*. Washington, DC: International Monetary Fund.
IMSF – Institut für Marxistische Studien und Forschungen. 1981. *Der Staat im staatsmonopolistischen Kapitalismus der Bundesrepublik. Staatsdiskussion und Staatstheorie*. Frankfurt a. M.
Kersting, Wolfgang. 2000. *Theorie der sozialen Gerechtigkeit*. Stuttgart.
Kesting, Peter. 1997. *Zwischen Neoklassik und Historismus. Das ökonomische Werk Josef A. Schumpeters aus methodologischer und theoriegeschichtlicher Perspektive*. Marburg.
Kill, Heinrich H. 1991. *Erfolgsstrategien von Verkehrssystemen. Eine evolutionsorientierte Analyse der europäischen Verkehrsentwicklung*. Berlin.

Klein, Stefan. 1999. *Beeinflussung der Verkehrsmittelwahl im Personenverkehr. Ermittlung des kommunalen Handlungsspielraums im Städtevergleich*. Bielefeld.
KOM – Kommission der Europäischen Gemeinschaften. 2001. Weißbuch. *Die europäische Verkehrspolitik bis 2010: Weichenstellungen für die Zukunft*. Luxemburg.
KOM – Kommission der Europäischen Gemeinschaften. 2011. Weißbuch. *Fahrplan zu einem einheitlichen europäischen Verkehrsraum – Hin zu einem wettbewerbsorientierten und ressourcenschonenden Verkehrssystem*. Brüssel.
Körberlein, Christian. 1997. *Kompendium der Verkehrspolitik*. München/Wien.
Krämer-Badoni, Thomas, und Klaus Kuhm. 2000. Mobilität. In *Großstadt. Soziologische Stichworte*, Hrsg. Hartmut Häußermann, 162–173. Opladen.
Krämer-Badoni, Thomas, Herbert Grymer, und Marianne Rodenstein. 1971. *Zur sozio-ökonomischen Bedeutung des Automobils*. Frankfurt am Main.
Kuhm, Klaus. 1997. *Moderne und Asphalt. Die Automobilisierung als Prozeß technologischer und sozialer Vernetzung*. Pfaffenweiler.
Lange, Stefan, und Uwe Schimank, Hrsg. 2004. *Governance und gesellschaftliche Integration*. Wiesbaden.
Lanzendorf, Martin, und Joachim Scheiner. 2004. Verkehrsgenese als Herausforderung für Transdisziplinarität – Stand und Perspektiven der Forschung. In *Verkehrsgenese. Entstehung von Verkehr sowie Potenziale und Grenzen der Gestaltung einer nachhaltigen Mobilität*, Hrsg. Holger Dalkmann, Martin Lanzendorf und Joachim Scheiner, 11–38. Mannheim.
Lutz, Burkart. 1989. *Der kurze Traum immerwährender Prosperität. Eine Neuinterpretation der industriell-kapitalistischen Entwicklung im Europa des 20. Jahrhunderts*. Frankfurt/New York.
Machlup, Fritz. 1977. *A history of thought on economic integration*. London.
Maier, Jörg, und Heinz-Dieter Atzkern. 1992. *Verkehrsgeographie. Verkehrsstrukturen, Verkehrspolitik, Verkehrsplanung*. Stuttgart.
Meadows, Donella H. 2006. *Grenzen des Wachstums – Das 30-Jahre-Update. Signal zum Kurswechsel*. Stuttgart.
Meadows, Donella H., und Dennis L. Meadows. 1972. *Die Grenzen des Wachstums*. Stuttgart.
Meadows, Donella H., Dennis L. Meadows, und Jorgen Randers. 1992. *Die neuen Grenzen des Wachstums*. Stuttgart.
Mirowski, Philip, und Dieter Plehwe. Hrsg. 2009. *The road from Mont Pelerin. The making of the neoliberal thought collective*. Cambridge/London: Harvard University Press.
Mückenberger, Ulrich. 2004. *Metronome des Alltags. Betriebliche Zeitpolitiken, lokale Effekte, soziale Regulierung*. Berlin.
Münch, Richard. 1994. Politik und Nichtpolitik. Politische Steuerung als schöpferischer Prozeß. *Kölner Zeitschrift für Soziologie und Sozialpsychologie*, 46(3), 381–405.
Nair, Chandran. 2011. *Der große Verbrauch: Warum das Überleben unseres Planeten von den Wirtschaftsmächten Asiens abhängt*. München.
Nassmacher, Hiltrud, und Karl H. Nassmacher. 1999. *Kommunalpolitik in Deutschland*. Opladen.
Nuhn, Helmut, und Markus Hesse. 2006. *Verkehrsgeographie*. Wiesbaden.
OECD – Organisation of Economic Co-operation and Development. 2010. *Globalisation, transport and the environment*. Paris: OECD.
OECD – Organisation of Economic Co-operation and Development/ITF – International Transport Forum. 2012a. *Transport outlook. Seamless transport for greener growth*. Paris.
OECD – Organisation of Economic Co-operation and Development. 2012b. *OECD environmental outlook to 2050. The consequences of inaction*. Paris.
Oettle, Karl. 1967. *Verkehrspolitik*. Stuttgart.
Oettle, Karl. 1976. *Grundfragen öffentlicher Betriebe I. Ausgewählte Aufsätze zur Zielsetzung, Führung und Organisation öffentlicher Betriebe*. Baden-Baden.
Oettle, Karl. 1996a. Verkehrspolitik. In *Raumordnung und Raumordnungspolitik*, Hrsg. Helmut W. Jenkis, 242–258. Oldenburg.

Oettle, Karl. 1996b. Wohnungswirtschaft – in den deutschen Wirtschafts- und Sozialwissenschaften vernachlässigt. In *Kompendium der Wohnungswirtschaft*, Hrsg. Helmut W. Jenkis, 3–22. Oldenburg.
Offe, Claus. 2000. Staat, Markt und Gemeinschaft. Gestaltungsoptionen im Spannungsfeld dreier politischer Ordnungsprinzipien. In *Die Wirtschaft in der Gesellschaft*, Hrsg. Peter Ulrich, und Thomas Maak. Bern.
Plehwe, Dieter. 2000. *Deregulierung und transnationale Integration der Transportwirtschaft in Nordamerika*. Münster.
Predöhl, Andreas. 1950. Gesetz und Gestalt. Methodologische Bemerkungen zu Schumpeters „Business Cycles". In *Jahrbuch für Sozialwissenschaften*, Bd. 1, 12–29.
Predöhl, Andreas. 1961. Verkehrspolitik. In *Handwörterbuch der Sozialwissenschaften*, Bd. 11, 130–136. Stuttgart/Tübingen/Göttingen.
Predöhl, Andreas. 1964 [1957]. *Verkehrspolitik*. Göttingen.
Predöhl, Andreas. 1971 [1949]. *Außenwirtschaft*. Göttingen.
Rammler, Stephan, Hrsg. 2001. *Mobilität in der Moderne. Geschichte und Theorie der Verkehrssoziologie*. Berlin.
Randers, Jorgen. 2012. *2052. Der neue Bericht an den Club of Rome. Eine globale Prognose für die nächsten 40 Jahre*. München.
Richter, Emanuel. 2005. Nachhaltigkeit – zeitgemäße Dimension eines politischen Begriffs. In *Leviathan*, 33(2), 257–272.
Rogge, Ludger. 1999. *Erfolgsbedingungen und Handlungsblockaden umweltorientierter kommunaler Verkehrspolitik. Handlungsansätze der Städte Hamm/Deutschland und Besançon/Frankreich im Vergleich*, Schriftenreihe des Instituts für ökologische Wirtschaftsforschung (IÖW) 140/99. Berlin.
Rosa, Hartmut. 2005. *Beschleunigung. Die Veränderung der Zeitstruktur in der Moderne*. Frankfurt a. M.
Schäfer-Klug, Wolfgang. 1999. *De-Thematisierung und symbolische Politik. Grenzen der Durchsetzung einer umweltorientierten Verkehrspolitik auf lokaler Ebene*. Münster.
Scheer, Hermann. 2010. *Der Energetische Imperativ. 100 % jetzt: Wie der vollständige Wechsel zu erneuerbaren Energien zu realisieren ist*. München.
Scheiner, Joachim. 2009. *Sozialer Wandel, Raum und Mobilität: Empirische Untersuchungen zur Subjektivierung der Verkehrsnachfrage*. Wiesbaden.
Schmucki, Barbara. 2001. *Der Traum vom Verkehrsfluss. Städtische Verkehrsplanung seit 1945 im deutsch-deutschen Vergleich*. Frankfurt a. M./New York.
Schnabel, Werner, und Dieter Lohse. 2011. Grundlagen der Straßenverkehrstechnik und Verkehrsplanung, Bd. I: Verkehrstechnik, Bd. II: *Verkehrsplanung*. Berlin.
Schöller-Schwedes, Oliver. 2010. The failure of integrated transport policy in Germany: A historical perspective. *Journal of Transport Geography*, 18(1): 85–96.
Schumpeter, Joseph A. 1961. *Konjunkturzyklen. Eine theoretische, historische und statistische Analyse des kapitalistischen Prozesses*. Göttingen.
Schwedes, Oliver. 2011a. Möglichkeiten und Grenzen kommunaler Verkehrspolitik. In *Handbuch der kommunalen Verkehrsplanung, Grundlagen der Verkehrspolitik 3.1.2.1.*, 1–26. Berlin/Offenbach.
Schwedes, Oliver. 2011b. The field of transport policy: An initial approach. *German Policy Studies*, 7(2): 7–41.
Schwedes, Oliver. 2013. Politik in der Zweiten Moderne. In *Räumliche Mobilität in der Zweiten Moderne. Freiheit und Zwang bei Standortwahl und Verkehrsverhalten*, Hrsg. Oliver Schwedes, 21–35. Berlin.
Seidenfus, Hellmuth. 1958. *Verkehrsmärkte. Marktform, Marktbeziehung, Marktverhalten*. Basel/Tübingen.
Seidenfus, Hellmuth St., Hrsg. 1984. *Verkehr zwischen wirtschaftlicher und sozialer Verantwortung*. Göttingen.

Seidenfus, Hellmuth, Hrsg. 1989. *Deregulierung – eine Herausforderung an die Wirtschafts- und Sozialpolitik in der Marktwirtschaft*. Berlin.

SRU – Sachverständigenrat für Umweltfragen. 2005. *Umwelt und Straßenverkehr. Hohe Mobilität – Umweltverträglicher Verkehr*. Baden-Baden.

Teschner, Manfred, und Hans-Georg Retzko, Hrsg. 1997. *Klimaschutz und Verkehrspolitik. Eine Fallanalyse der Stadtverträglichkeit und kommunalen Handlungsblockaden*. Basel/Boston/Berlin.

Thomson, Michael J. 1978. *Grundlagen der Verkehrspolitik*. Bern/Stuttgart.

van Suntum, Ulrich. 1986. *Verkehrspolitik*. München.

van Wee, Bert, Jan Anne Annema, und David Banister, Hrsg. 2013. *The transport system and transport policy: An introduction*. London.

Vogel, Berthold. 2004. Neue Ungleichheiten im Wohlfahrtsstaat. Die politische Ordnung sozialer Verwundbarkeit im prekären Wohlstand. *Zeitschrift für Sozialreform*, 50(1/2), 174–188.

Vogel, Berthold. 2007. *Die Staatsbedürftigkeit der Gesellschaft*. Hamburg.

Voigt, Fritz. 1960. *Die volkswirtschaftliche Bedeutung des Verkehrssystems*. Berlin.

Voigt, Fritz. 1973. *Verkehr*, 2 Bde., Berlin.

Voigt, Rüdiger, Hrsg. 1993. *Abschied vom Staat – Rückkehr zum Staat?* Baden-Baden.

Voigt, Rüdiger, Hrsg. 2003. *Phönix aus der Asche. Die Geburt des Staates aus dem Geiste der Politik*. Baden-Baden.

Wagner, Peter. 2009. *Moderne als Erfahrung und Interpretation: Eine neue Soziologie der Moderne*. Konstanz.

Walters, Alan A. 1968. *Integration in freight transport*. London: Institute of Economic Affairs.

Walters, William. 2004. Some critical notes on „governance". *Studies in Political Economy*, 73: 27–46.

Weizsäcker, Ernst Ulrich von, Karlson Hargroves, und Michael Smith. 2010. *Faktor Fünf. Die Formel für nachhaltiges Wachstum*. München.

Winkler, Heinrich August, Hrsg. 1974. *Organisierter Kapitalismus*. Göttingen.

Sozialwissenschaftliche Mobilitäts- und Verkehrsforschung: Ergebnisse und Probleme

Andreas Knie

Zusammenfassung

Auf den ersten Blick scheint sich in der Verkehrswelt eine Menge getan zu haben. Städte berichten von einer steigenden Nutzung des öffentlichen Nahverkehrs, die Zahl der Fahrradfahrenden ist ebenfalls enorm gestiegen und Carsharing wird nach vielen Jahren des Nischendaseins zu einer öffentlich sichtbaren Verkehrspraxis. In diesem Beitrag werden diese Phänomene in einen gesellschaftlichen Kontext eingeordnet und stark relativiert. Mit Hilfe der sozialwissenschaftlichen Mobilitäts- und Verkehrsforschung kann nämlich auf die weiterhin bestehenden autoaffinen Lebensentwürfe hingewiesen werden und die tatsächlich sichtbaren Verhaltensänderungen im Verkehr auf große Stadtbereiche lokalisiert werden. Mit der Vorstellung von ausgewählten inhaltlichen und methodischen Ergebnissen lässt sich erkennen, wie tiefgreifend das private Automobil die gesellschaftlichen Realitäten strukturiert hat, aber auch wie notwendig – gerade im globalen Kontext - weitere Reformen sind und wie diese Maßnahmen angelegt sein müssten, um Erfolg zu haben.

Schlüsselwörter
Verkehrsverhalten • Verkehrspolitik • Forschung- und Entwicklung • Carsharing

---

A. Knie (✉)
Innovationszentrum für Mobilität und gesellschaftlichen Wandel (InnoZ) GmbH, Berlin, Deutschland
E-Mail: andreas.knie@innoz.de

1 Einleitung: Rückschau auf 20 Jahre Mobilitätsforschungsinitiative

Im Dezember 1996 traf sich im Wissenschaftszentrum Berlin (WZB) eine bunte Mischung aus deutschsprachigen Experten der Verkehrsforschung. Initiiert hatte das Zusammentreffen das Bundesforschungsministerium. Denn in der letzten Legislaturperiode der damaligen „Regierung Kohl" war der Bundesregierung die Verabschiedung einer „Zukunftsinitiative Mobilitätsforschungsprogramm" gelungen, die unter dem Leitmotiv „Mobilität dauerhaft erhalten, unerwünschte Verkehrsfolgen spürbar verringern" stand und die Verkehrsforschung in Deutschland neu beleben sollte. Im Unterschied zu den zahlreichen Vorgängerprogrammen zur Förderung der Verkehrstechnologie sollten wesentliche Neuerungen greifen, insbesondere waren erstmals die Sozialwissenschaften ganz explizit zur Teilnahme aufgefordert (vgl. Hautzinger et al. 1997).

Fast 20 Jahre nach diesem Treffen bietet dies die Chance für eine doppelte Reflexion: Einmal lässt sich aus heutiger Sicht die damalige Förderinitiative besser einordnen und zum anderen kann bilanziert werden, welche Beiträge die sozialwissenschaftlichen Disziplinen zur Erreichung der Programmziele leisten konnten und wie praxisrelevant sozialwissenschaftliche Forschung tatsächlich ist. Hinzu gesellt sich noch ein weiterer Anreiz zur Bestandsaufnahme: Denn auf den ersten Blick scheint sich in der Verkehrslandschaft in der Zwischenzeit Bemerkenswertes getan zu haben. Von einer Abkehr der Jugendlichen vom Auto wird allerorten gesprochen und das Carsharing beispielsweise, jahrelang immer wieder gefordert, scheint plötzlich zum Alltag zu gehören. Ist dem wirklich so? Grund genug, die damaligen Ansätze neu zu betrachten und die aktuellen Phänomene über ihre tagespolitische Bedeutsamkeit hinaus in einem umfassenderen Kontext zu bewerten.

2 Programmatische Ziele bundesdeutscher Mobilitätsforschung im Jahre 1996

Motive und Ziele der Aktivität der Bundesregierung im Dezember 1996 sind auch heute noch aller Erinnerung wert, denn weder unter Rot-Grün noch unter Schwarz-Gelb oder während einer der Großen Koalitionen findet man einen vergleichbaren Ansatz. Seit den 1990er-Jahren hat keine Bundesregierung mehr proklamiert, aktiv auf das Verkehrsgeschehen Einfluss zu nehmen (vgl. BMBF 2000), um die Qualität der Angebote zu steigern und die damit verbundenen Belastungen für Mensch und Umwelt zu verringern. Es gab niemals wieder einen ähnlich angelegten Versuch, Verkehrsverhalten systematisch im Kontext gesellschaftlicher Entwicklung zu untersuchen und auch zielgerichtet steuern zu wollen. Alle späteren Programme sind (wieder) zu Technologiefördermaßnahmen zurückgestuft worden, wie das Beispiel Elektromobilität zeigt (NPE 2014), oder sie werden, wie die „Mobilitäts- und Kraftstoffstrategie" (MKS) dokumentiert, als eine Art Rahmenhandlung möglicher Interventionen gedacht (BMVBS 2013). Es lohnt sich aus heutiger Sicht daher, nochmals an die früheren programmatischen Ansprüche zu erinnern.

Dabei standen damals bereits die Erfahrungen mit der Energiewirtschaft Pate, denn hier war es durch den Einsatz neuer, effizienterer Techniken, aber auch durch Änderungen im alltäglichen Umgang mit Energie gelungen, die Zunahme des Energieverbrauchs (gemeint ist hier die umgangssprachliche Bedeutung, denn thermodynamisch gesehen, kann Energie ja nie verbraucht, sondern nur in verschiedene Aggregatzustände verwandelt werden) deutlich unter dem des allgemeinen Wirtschaftswachstums zu halten (vgl. Axt et al. 1996). Analog ging man daher auch bei der Verabschiedung der Mobilitätsforschungsinitiative zu Werke, indem man vorwiegend auf drei Arbeitsebenen ansetzte:

- Vermeidung von unnötigem Verkehr,
- Verbesserung des Verhältnisses von Aufwand und Nutzen sowie
- Reduzierung unerwünschter Folgen (vgl. Hautzinger et al. 1997: 4 ff.).

Damit waren im Grunde zwei „Stellschrauben" definiert, an denen weitere Forschung ansetzen sollte: Zum einen beinhaltete dies, eine effizientere Verkehrstechnik bereitzustellen, die den Transport von Gütern und Menschen unter gegebenen Umständen mit weniger Aufwand bewerkstelligen kann. Zum anderen sollten aber eben auch diese Gegebenheiten, also die gesellschaftlichen Bedingungen des Verkehrs, thematisiert werden. Die Kardinalfrage war hier, ob letztlich über eine Veränderung von Einstellungen und Verhaltensweisen weitere Einsparungen beim Verkehr wirksam werden könnten, ohne dass damit eine Einbuße an Lebensqualität verbunden wäre (vgl. Rifkin 2000). Gedacht war natürlich an einen Umstieg vom Auto auf Bus oder Bahn, die über eine wesentlich bessere Wirkungsbilanz verfügen. Auf Letzteres soll im Folgenden schwerpunktmäßig eingegangen werden, weil damit der Kernbereich sozialwissenschaftlicher Analysearbeit tangiert ist.

Verbesserte Informationen über verschiedene Angebote und Nutzungsmöglichkeiten in der Verkehrslandschaft bereitzustellen, galt lange Zeit als tauglicher Hebel für eine Modifikation des Verkehrsverhaltens. Man vermutete, dass der stetige Rückgang des öffentlichen Verkehrs in den 1960er- und 1970er-Jahren zurückzudrehen sei, wenn dessen mittlerweile verbesserte Qualität publik würde und eine entsprechende *awareness* entstände (vgl. Brög und Erl 1996). Den Autoren des Programms war klar, dass, wenn man hier erfolgreich sein wollte, noch tiefere Einsichten in die eigentlichen Ursachen und in das Bedingungsgefüge des Verkehrs benötigt würden. Damit war die Einladung an die Sozialwissenschaften, vorzugsweise an die Soziologie, Politikwissenschaften, Geografie und Psychologie, verbunden, sich mehr als bisher an der Untersuchung von Mobilität und Verkehr zu beteiligen. „Verkehr als unmittelbare Folge der sozialen und wirtschaftlichen Aktivitäten der Menschen wird von sich wandelnden gesellschaftlichen, ökonomischen und technologischen Faktoren beeinflusst. Je besser diese Zusammenhänge bekannt sind, umso konsistenter können künftig Maßnahmen der Verkehrsplanung begründet und von der Bevölkerung beurteilt werden. Für diese Zielstellung ist eine integrierte verkehrs-, sozial- und wirtschaftswissenschaftliche Forschung eine unverzichtbare Voraussetzung" (Hautzinger et al. 1997: 10).

Es war darüber hinaus bereits damals klar, dass beide Weichenstellungen nur in enger Abstimmung gemeinsam wirksam werden konnten und deshalb in interdisziplinären Netzwerken unter Beteiligung von staatlicher Politik und Unternehmenspraxis geforscht werden sollte. Damit betrat die Initiative also nicht nur programmatisches Neuland, sondern versuchte auch Realisierungsstrategien im Verkehrsbereich durchzusetzen, die man aus anderen Feldern schon kannte: die Etablierung von umsetzungsorientierten Verbundnetzwerken, gebildet aus einer Vielzahl von Akteuren staatlicher Politik, Wissenschaft und Forschung sowie Unternehmen (vgl. Häberli et al. 2000).

Bei der Zieldefinition ging man keineswegs naiv von einer Vielzahl von Gestaltungsmöglichkeiten aus. Der motorisierte Individualverkehr (MIV) war in den letzten Jahrzehnten beständig gestiegen und verursachte vielerlei verkehrs- und umweltpolitische Probleme. Doch war man sich im Forschungsministerium bereits damals bewusst, dass diese Entwicklung eben auch einen Ausdruck persönlicher Freiheit darstellt, die man in der bestehenden Gesellschaftsordnung nicht ohne Weiteres antasten konnte. Die Handlungsspielräume würden, das war allen Teilnehmer/innen der Berliner Veranstaltung klar, eng gesteckt sein. Dennoch erhoffte man sich durch Forschungskooperationen, an denen auch bislang wenig berücksichtigte Disziplinen beteiligt sein sollten, noch nicht wahrgenommene Perspektiven zur Verbesserung der verkehrlichen Verhältnisse unter den gegebenen gesellschaftlichen Bedingungen auszuloten, um neue Gestaltungsspielräume identifizieren zu können. Organisatorisch sollte sich die Initiative in mehreren thematisch unterschiedlich ausgeprägten Ausschreibungsrunden niederschlagen.

Die mit diesen Programmzielen konfrontierten Expert/innen – die damalige Runde reichte von Werner Brög bis zu Antje Flade, von Klaus Beckmann zu Eckhard Kutter, von Uwe Kunert zu Stefan Rommerskirchen und von Heinz Hautzinger bis zu Manfred Wermuth – zeigten sich von dieser Initiative sehr angetan, weil erstmals verkehrswissenschaftliche Kompetenz von einem Ministerium nachgefragt wurde, das dafür nicht bekannt war. Bislang waren vom Forschungsministerium vorwiegend verkehrstechnologische Großprojekte wie der Transrapid gefördert worden, während sich die Forschungen des eigentlich zuständigen Verkehrsministeriums finanziell und thematisch dem Diktat der Ressortaufteilung unterzuordnen hatten und daher vorwiegend auf operative Problembereiche des Tagesgeschäfts ausgerichtet waren (vgl. Schüller und Hinricher 2002).

Die Debatte entzündete sich unter den beteiligten Wissenschaftlern naturgemäß an fehlenden terminologischen Präzisierungen. Besonders kontrovers wurden die verschiedenen Begriffsbestimmungen von Mobilität und Verkehr diskutiert. Es gelang zwar nicht, sich auf gemeinsame Arbeitsdefinitionen zu einigen. Dennoch schälte sich der Konsens heraus, dass mit „Verkehr" die mit den klassischen Messgrößen beschreibbare Bewegung von Gütern und Menschen gemeint war. Mit „Mobilität" dagegen sei ein abstrakterer Problemkreis der generellen Teilhabe am gesellschaftlichen Leben zu adressieren (vgl. Hautzinger et al. 1997: 18 ff.). Dieser komplexe Sachverhalt konnte aber begrifflich nicht genau gefasst werden, er blieb auch in den folgenden Jahren definitorisch unscharf und wird bis heute in den verschiedenen Disziplinen sehr unterschiedlich benutzt. Es lässt sich daher immer noch nicht vermeiden, dass „Verkehr" und „Mobilität" synonym verwendet werden, obwohl gerade in ihrer dialektischen Spannung viel Erklärungskraft liegt (vgl. Canzler und Knie 1998).

Generell notierte man damals gemeinsam eine extrem schwierige Datengrundlage zum Verkehrsverhalten. Dem westdeutschen Erhebungsdesign „KONTIV" (Kontinuierliche Erhebung des Verkehrsverhaltens) und dem ostdeutschen Pendant „SrV" (System repräsentativer Verkehrsbefragung) lagen zwar ähnliche Befragungsformate zugrunde, doch waren beide in den 1990er-Jahren nicht synthetisiert und aktualisiert worden und standen darüber hinaus in der Kritik, maßgebliche Gruppen der Gesellschaft in ihren verkehrlichen Aktivitäten nicht ausreichend zu berücksichtigen. Das neu vereinte Deutschland wusste somit über seine eigenen Bewegungsmuster so gut wie nichts. Die Zahl der Wege, die Wegezwecke und Wegelängen waren genauso unklar wie die tatsächliche Aufteilung der einzelnen Verkehrsmittel (vgl. z. B. Schultz 1998). Interessanterweise ist dieses Desiderat bis heute geblieben und immer noch gibt es keine – dem digitalen Zeitalter entsprechende – bundesweiten, regelmäßig stattfindenden Verkehrsverhaltenserhebungen.

Was waren damals, in der zweiten Hälfte der 1990er-Jahre die brisanten Themen und welchen Erkenntnisstand gab es? Einig waren sich interessanterweise nahezu alle beteiligten Forscher, dass die entscheidenden Handlungen im Verkehr durch Routinen geprägt werden. Gewohnheitsmäßige Alltagshandlungen haben im Verkehr eine zentrale Funktion: Vor allen Dingen bei der täglichen Verkehrspraxis möchte man die Anteile an bewusst zu treffenden Entscheidungen möglichst minimieren und über die Wahl des Verkehrsmittels nicht nachdenken; man speichert eine einmal getroffene Entscheidung ab und hat sie weder für sich selbst noch für eventuelle Nachfragen präsent (vgl. Gorr 1997; Harms 2003). Von diesem Befund ist naturgemäß die oben bereits angedeutete Frage nach den angemessenen Erhebungsmethoden berührt. Während objektive Strukturdaten im Verkehr, also beispielsweise die Menge zugelassener Automobile oder die Zahl der Führerscheinbesitzenden, relativ robust sind, müssen die Daten zum Verkehrsverhalten als noch nicht genügend valide bezeichnet werden. Dies hängt, hier waren sich die Forscher einig, von der oben geschilderten Art und Weise des weitgehend routinisierten Verhaltens ab. Denn was Probanden nicht präsent ist, können sie auch keinem Interviewer mitteilen. Bei Großerhebungen mit Fallzahlen weit über 10.000 kann man sich auch kein hinterlistiges Fragedesign leisten, sondern ist – egal ob auf postalischem Weg oder in direkter Weise – auf kurze Frage-Antwort-Sequenzen angewiesen (vgl. Canzler und Knie 1998: 39 ff.). Die im Jahre 2015 geplante, dritte Erhebungsrunde „Mobilität in Deutschland" (MiD) – die Nachfolgebefragung zu den KONTIV- Erhebungen – unternimmt immer noch den Versuch, mit konventionellen Erhebungsmethoden das Verhalten zu vermessen. Im Jahre 2008/2009 (sind) etwa 50.000 Haushalte und über 100.000 Personen befragt (worden), die über mehr als 300.000 Wege berichteten. Die Befragungen fanden in einem Methodenmix aus schriftlichen und vor allem telefonischen Interviews statt. Erstmalig bestand für einzelne Interviewpassagen auch die optionale Möglichkeit, den Fragebogen online auszufüllen (BMVBS 2012). Erst langsam bricht sich die Erkenntnis Bahn, dass mit dem massenhaft verbreiteten Smartphone ein objektiv wie subjektiv überaus geeignetes Erhebungsinstrument zur Verfügung steht, das Analysen schnell, präzise und vor allen Dingen mit einer beinahe beliebig großen Fallzahl ermöglicht. Die über lange Jahre verschleppte Debatte um die Erhebungsmethoden und das Verharren auf einem wissenschaftlich nicht mehr zeitgemäßen Standard, nämlich mit Papier und Bleistift vorzugehen, gehören sicherlich nicht zu den Ruhmesblättern der sozialwissenschaftlichen Mobilitätsforschung (vgl. Schelewsky et al. 2014).

Schließlich stimmten die beteiligten Experten damals darin überein, dass beim bisherigen Stand des Wissens in der Verkehrsforschung die eigentlichen Treiber, nämlich die verkehrsinduzierenden Raumstrukturen, noch immer viel zu wenig beachtet würden (vgl. Kutter 1978). Die Wahl der Familienresidenz hat gravierende Auswirkung nicht nur auf den Verkehrsaufwand, sondern auch auf die Wahl der Verkehrsmittel. Das von vielen gewünschte und vor allen Dingen mit einer Reihe von Fördermaßnahmen auch politisch protegierte Haus im Grünen trägt mit der notwendigerweise gegenüber dem verdichteten Raum schlechteren Anbindung an den öffentlichen Verkehr (ÖV) zur Affinität der Menschen zum MIV bei. Hier mangelt es an einer Politik aus einem Guss, denn die einzelnen Ministerien folgen völlig unterschiedlichen Handlungslogiken: Während in einem Ministerium der hohe Verbrauch der Flächen beklagt wird, betreibt das andere großangelegte Flächenerschließungsprogramme, um die räumlichen Entfernungen abzumildern. Dabei wandeln sich zwar die Namen und die Zuschnitte der verschiedenen Häuser, das Kernproblem eines hochgradig selektiven Zugriffs bleibt aber bis heute bestehen (vgl. Wehling und Jahn 1997).

Als weitere, ebenfalls bisher vernachlässigte Themen wurden darüber hinaus noch zwei Transportsegmente benannt, die in den letzten Jahren immens gewachsen waren und von denen man relativ wenig wusste: der Wirtschafts- sowie der Freizeitverkehr. Hier war die Erkenntnislage zwar noch sehr dünn und noch nicht wirklich geeignet, Angaben über eventuelle Verlagerungs- oder Einsparpotentiale machen zu können, dennoch deuteten die bereits vorliegenden Untersuchungen an, dass man auch in diesen beiden Bereichen Gestaltungschancen für eine veränderte Verkehrspraxis erhoffen konnte (vgl. Hesse 1993; Axhausen et al. 1998).

Als letzten Punkt einer Forschungsagenda, die das gewünschte Ziel der Zukunftsinitiative unterstützen sollte, benannten die Verkehrsexperten, dass die weitgehend „Vergessenen" in der Mobilitäts- und Verkehrsforschung mehr Beachtung erfahren. Kinder, Jugendliche, Frauen und Ältere tauchen weder in den Statistiken angemessen auf, noch weiß man genug über Motivlagen und Befindlichkeiten dieser Gruppen. Insbesondere, wenn man an Umsetzungsprogramme heranrückt und angemessene Angebote entwickeln möchte, fehlen zielgruppenspezifische Ansprachformen (vgl. Flade 1993, 2013).

Wie wohl selten vorher in der bundesrepublikanischen Geschichte der Forschungspolitik wurde die auf der Basis der Zukunftsinitiative entwickelte Forschungsagenda konsequent in verschiedene Themenbereiche aufgegliedert und im Rahmen von Förderprogrammen allgemein ausgeschrieben. So wurden im Zeitraum von 1998 und 2004 die folgenden Zielfelder definiert und einzeln bekannt gegeben:

- Mobilität in Ballungsräumen
- Intelligenter Verkehr und nutzergerechte Technik
- Freizeitverkehr
- Kreislaufwirtschaft
- Mobilität und Verkehr besser verstehen
- Leiser Verkehr
- Mobilitäts-Informations-Dienstleistungen
- Personnahverkehr für die Region
- Mobilität behinderter Menschen
- Flexible Transportketten
- Schiene 2010
- Verkehrsmanagement 2010 (vgl. BMBF 2000: 7 ff.).

In allen Ausschreibungsrunden hatten Antragsteller auf eine enge Verknüpfung von Forschung und Praxis zu achten, die sich im Idealfall in Konsortien aus beispielsweise umsetzungszuständigen Kommunalbehörden, Unternehmen der Verkehrsbranche sowie den einschlägigen Forschungseinrichtungen ausdrücken sollten. Damit hoffte man, Grundlagenwissen auch in Anwendungskontexten, beispielsweise in Form von Demonstratoren, also von prototypischen Versuchsanordnungen entwickeln zu können. In ausgewählten Feldern, beispielsweise bei der volumenträchtigsten Ausschreibung „Mobilität in Ballungsräumen", war zudem noch die Evaluation der Projektergebnisse insbesondere hinsichtlich der angegebenen Einsparziele vorgesehen und die Mitarbeit der Projekte hierzu festgeschrieben worden. Zwischen 1998 und 2004 sind alleine aus dem Haushalt des BMBF mehrere hundert Millionen Euro für die Forschungen der „Zukunftsinitiative Verkehr und Mobilität" bereitgestellt worden (vgl. www.tuvpt.de; 20.09.2014). Eine Gesamtevaluation über alle Ziele kam – sicherlich auch aufgrund der verschiedenen Regierungswechsel – dann doch nicht zustande.

2.1 Zwischenresümee: Veränderte verkehrliche Praxis?

Schaut man sich heute die Verkehrslandschaft an, dann scheint sich auf den ersten Blick doch einiges getan zu haben. Möglicherweise haben die Forschungsergebnisse aus den 1990er- sowie den 2000er-Jahren doch Wunder bewirkt und das Verhalten verändert: Nimmt man einmal an einem beliebigen Tag im Sommer 2014 einen beliebigen Platz in der Berliner Innenstadt als Beobachtungspunkt ein, dann erscheint Erstaunliches: Auf den ersten Blick fällt die große Zahl von fahrradfahrenden Menschen auf. In Berlin hat sich die Zahl der Radfahrenden tatsächlich in den letzten 10 Jahren mehr als verdoppelt. Gemessen an der Zahl der Wege sind es über das ganze Jahr verteilt bereits knapp 20 Prozent, die in den Innenstadtbezirken mit dem Fahrrad absolviert werden. Verharrt man länger als 10 Minuten an diesem Ort, dann sind auch die vielen Carsharing-Autos nicht mehr zu übersehen, die in Berlin Teil einer gelebten sozialen Praxis sind. Mehr als 3.500 Fahrzeuge sind mittlerweile unterwegs, weit über 100.000 Nutzer haben sich alleine in Berlin registrieren lassen. Absolut gesehen ist dies weltweit ein Spitzenwert, auch wenn in Relation zur Bevölkerungszahl, schon seit Jahren Karlsruhe die Carsharing-Stadt Nummer Eins ist und, nationenweit gesehen, die Schweiz immer noch den höchsten Anteil an Carsharing-Fahrzeugen aufweist (vgl. BCS 2014). Dennoch sind die Berliner Werte beachtlich, wenn man zusätzlich bedenkt, dass die Zahl der Wege mit dem Auto insgesamt auf unter 50 Prozent gesunken ist. Bei Umfragen bezeugen die Berliner und Berlinerinnen, dass mehr als zwei Drittel von ihnen im alltäglichen Verkehr nicht mehr auf ein „Hauptverkehrsmittel" zurückgreifen, sondern sich multimodal bewegen. Nimmt man die steigenden Fahrgastzahlen des Berliner Nahverkehrs dazu, BVG und S-Bahn sowie DB Regio, die im Jahre 2014 mehr als 1 Mrd. Menschen transportiert haben, dann scheint tatsächlich eine Art Verkehrswende eingetreten zu sein. Hinzu kommt, dass sich - allerdings deutschlandweit – die Zahl der männlichen Jugendlichen zwischen 18 und 28 Jahren, die sich ein Auto gekauft oder eines geleast haben, in den letzten 10 Jahren praktisch halbiert hat. Vergleichbare Tendenzen – mehr Rad, tendenziell steigende Nutzung des Nahverkehrs, stark steigende Carsharing-Nutzung sowie eine abflachende private Autonutzung – werden auch aus anderen Städten berichtet (vgl. InnoZ 2014). Allerdings handelt es sich dabei mit wenigen Ausnahmen wie beispielsweise Karlsruhe, Münster oder Freiburg i. B. um die wirklich großen Städte. Die oftmals beschriebene „Verkehrswende" findet also statt, aber sie ist auf ganz wenige exklusive Orte begrenzt. Schaut man dagegen auf Deutschland im Ganzen, dann zeigt sich, dass die Ergebnisse der 1990er-Jahre auch heute noch die Realität bestimmen: Der Anteil des Autos steigt, und die Gesamtzahl der teilnehmenden Carsharer fällt mit knapp 1 Mio. Mitglieder und weniger als 100.000 gemeinschaftlich genutzten Fahrzeugen gemessen an 44 Mio. zugelassenen Pkws praktisch auch heute noch nicht ins Gewicht.

Der Ergebnisüberblick untermauert die Aussagen: Die Verkehrsleistungen steigen beständig an und der Trend zur Automobilnutzung ist ungebrochen, während die öffentlichen Verkehrsmittel auch trotz großer finanzieller Anstrengungen in Summe keine Marktanteile gewinnen konnten (vgl. Tab. 1 und 2). Man ist aus heutiger Sicht fast wieder geneigt, den Grad der Modernisierung im Sinne hoher sozialer Mobilität auch an den zurückgelegten Verkehrsmengen festzumachen. Denn der bereits genannte Zusammenhang zwischen individueller Einkommens-

Tab. 1 Verkehrsleistung 2007 bis 2013 insgesamt

Verkehrsleistung in Mrd. PKM	2007	2008	2009	2010	2011	2012	2013
Eisenbahnen	79,1	82,5	82,3	84	85,4	88,8	88,6
Öffentlicher Straßenpersonenverkehr	81,3	79,6	78,6	78,1	78	76,0	75,9
Innerdeutscher Luftverkehr	10,6	11,0	10,6	10,7	10,7	10,4	10,0
Motorisierter Individualverkehr	883,4	888,5	898,7	902,4	912,4	913,2	925,1
Verkehr insgesamt	**1054,4**	**1061,6**	**1070,2**	**1075,2**	**1086,5**	**1088,4**	**1099,6**

Tab. 2 Entwicklung der Verkehrsleistung 2007 bis 2013

Entwicklung der Verkehrsleistung	Veränderung zum Vorjahr in %						Veränderung p.a. in %	
	2008	2009	2010	2011	2012	2013	2007–2013	2008–2013
Eisenbahnen	4,3	−0,2	2,1	1,7	4,0	−0,2	1,9	1,4
Öffentlicher Straßenpersonenverkehr	−2,1	−1,3	−0,6	−0,1	−2,6	−0,1	−1,1	−0,9
Innerdeutscher Luftverkehr	3,8	−3,6	0,9	−0,9	−2,8	−3,8	−1,0	−1,9
Motorisierter Individualverkehr	0,6	1,1	0,4	1,1	0,1	1,3	0,7	0,8
Verkehr insgesamt	**0,7**	**0,8**	**0,5**	**1,0**	**0,2**	**1,0**	**0,7**	**0,7**

Quelle: InnoZ 2013

höhe, Verkehrsleistungen und -mittel ist weiterhin empirisch nachweisbar. Im historischen Kontext sind mit dem Übergang von der „formierten" zur „postmodernen Gesellschaft" die Kilometerleistungen erheblich gestiegen: von rund 3.000 Jahreskilometer im Jahre 1950 pro Jahr und Person auf über 12.000 Jahreskilometer im Jahre 2012. Man kann weitere beeindruckende Zahlen zur Illustration dieser entfernungsintensiven Lebensformen heranziehen. Im Jahre 1928 transportierte die Deutsche Reichsbahn etwa 1,3 Milliarden Reisende, die rund 32 Milliarden Personenkilometer zurücklegten. Die Reichsbahn verfügte zu dieser Zeit im Nah- und Fernverkehr nahezu über eine Monopolstellung. Im Jahre 2012 fuhren mit der Deutsche Bahn AG rund 2 Milliarden Reisende, die mehr als 88 Mrd. Kilometer an Verkehrsleistungen absolvierten. Dazu sind aber noch mehr als 925 Milliarden Personenkilometer zu addieren, die alleine mit dem motorisierten Individualverkehr zurückgelegt wurden. Hinzu kommen noch die 10 Milliarden Personenkilometer des innerdeutschen Flugverkehrs (BMVI 2014; InnoZ 2013).

Man kann das Verkehrswachstum weiter qualifizieren: Je höher das Einkommen, desto länger die Wege und umso dominanter wird das Automobil genutzt. Es ist daher auch eine bittere Erkenntnis, dass man durchaus eine enge Korrelation zwischen einer wirtschaftlichen Prosperität und einem wachsenden Individualverkehr behaupten kann. Zwar ist in den 1980er- und 1990er-Jahren im Kontext der aufkommenden Umweltbewegung viel und kritisch über den Verkehr und seine sozialen Kosten reflektiert worden. Den Verkehr von einem Leistungsindikator zu einem Aufwandsparameter umzudeuten und einzelnen Verkehrsträgern unterschiedliche Belastungsgrade zuzuordnen, bleibt auch gerade für die politische Debatte hoch aktuell. Dennoch muss man eingestehen, dass es analytisch gesehen so falsch nicht war, die Zahl der zugelassenen Pkw als Merkmal für Wohlstand zu unterstellen. Denn der Zusammenhang zwischen sich im Raum ausdifferenzierenden Gesellschaften und verkehrlichen Aktivitäten mit ausgeprägter Affinität zum Individualverkehr ist eindeutig (vgl. Bonß et al. 2004). Die geplante „Entkopplung" von Wirtschaftswachstum und Verkehrsmenge konnte so ebenfalls nicht erreicht werden bzw. findet im Bereich des Personenverkehrs nur aufgrund von demographischen Verschiebungen statt. Bei einem angenommenen Wirtschaftswachstum von 1 Prozent kann in Deutschland ein Verkehrswachstum beim Personenverkehr von nur noch 0,8 Prozent ausgegangen werden. Beim Güterverkehr ist aufgrund des „Güterstruktureffektes" dagegen mit deutlich mehr als 1,2 Prozent zu kalkulieren (InnoZ 2013).

Die Frage, inwieweit diese Verkehrsdynamik in mehr gemeinschaftlichen Verkehr „gelenkt" werden kann, bleibt daher auch nicht wirklich offen. Der oben bereits angesprochene Bedarf nach eigenzeitlichen und eigenräumlichen Nutzungsprofilen ist dominant geblieben und wird in aller Regel vom Individualverkehr abgedeckt. Selbst die EU, die noch in ihrem Weißbuch über Verkehr im Jahre 2001 optimistische Prognosen über die zukünftige Bedeutung des ÖV bekannt gegeben hatte, musste gezwungenermaßen ihre Einschätzung bereits 2006 revidieren und geht nunmehr von einem fallenden Anteil der Schiene im Güterverkehr auf nur noch acht Prozent im Jahre 2020 aus. Im Personenverkehr wird die Eisenbahn ihren Anteil von sechs Prozent im Jahre 2000 ebenfalls nicht halten können und bis 2020 auf fünf Prozent absinken. Der übrige öffentliche Verkehr (Busse, Straßenbahnen und U-Bahnen) geht ebenfalls von zehn Prozent (2000) auf sieben Prozent im Jahr 2020 zurück (vgl. KOM 2006: 32).

Eine für die Sozialwissenschaften zentrale erkenntnisleitende Frage ist dabei: Was ist Ursache und was ist Folge der massenhaften Automobilnutzung? Dies ist ebenfalls eine in der Forschungsinitiative bereits gestellte und vom Grundsatz her auch schon beantwortete Frage (vgl. Kay 1997; Flink 1988). Es handelt sich hierbei um einen politisch willentlich gestalteten Prozess, der zeitlich weit zurückliegt. Wer sich die Verkehrsplanungen beispielsweise in Berlin zwischen 1920 und 1950 anschaut, kann feststellen, dass unabhängig vom jeweiligen politischen System die Planer in einer Grundüberzeugung völlig einig waren: Die Zahl der Automobile wird erheblich zunehmen und der MIV wird alle anderen Verkehrsarten übertreffen. Als Referenz wurden immer – in Ost und West – die USA herangezogen. Ob es die langen und quälenden Debatten um die Durchbrüche der Ministergärten und der Neugestaltung des Potsdamer Platzes Ende der 1920er-Jahre waren oder die Entscheidung des Berliner Senats, Anfang der 1960er-Jahre die Straßenbahn in Westberlin einfach abzuschaffen, obwohl mit diesem Verkehrsmittel damals mehr Menschen als mit allen anderen Transportmittel zusammen befördert wurden: Ein nennenswerter privater Kraftverkehr war zu dieser Zeit noch überhaupt nicht existent. Aber alle diese politischen Diskussionen und Beschlüsse wurden vom Glauben an eine gigantische Automobilisierungswelle geprägt. Und man hat auch in vielen anderen Städten Deutschlands, Europas, Nordamerikas bekanntermaßen alles dafür getan, dass sich diese Erwartungen auch erfüllen konnten. Systemübergreifend war der Traum vom guten Leben immer auch mit der Verfügung über ein privates Kraftfahrzeug verbunden und entsprechend mussten die Städte im wahrsten Sinne des Wortes dafür zugerichtet werden, eine Erkenntnis, die auch die Reformfähigkeit einer „Verkehrswende" deutlich einschränkt (vgl. Das neue Berlin 1929–31, 1988; Düwel et al. 1995; Durth und Gutschow 1993).

3 Deutungen und Erkenntnisgewinne verkehrlicher Praxis

In der Rückschau auf die Entwicklung ist also festzustellen, dass in unserer Gesellschaftsordnung in der Tat zum motorisierten Individualverkehr – soziologisch gesehen – keine Alternative dauerhaft zu etablieren ist, solange wir keine andere „Moderne" haben. Ob es die Erste oder die Zweite Moderne ist, Referenzpunkt bleibt die bürgerliche Gesellschaft mit dem Versprechen auf ein eigenes Haus, einen eigenen Garten und ein eigenes Fahrzeug, eingebettet in ein sehr individuell ausgerichtetes Gesamtprogramm (vgl. Wagner 1995). Es werden immer auch andere Verkehrsmittel existieren und darüber, wie hoch dieser Anteil liegen könnte, wird man streiten können. Aber es scheint keine grundlegende Umkehrung der Entwicklung zu geben. Die Verschiebung der Wertpräferenzen bei Jugendlichen oder die jüngste Entwicklung in den Großstädten ist mit Blick auf eine multimodale Verkehrslandschaft ermutigend, aber insgesamt fallen diese Tendenzen mengenmäßig noch nicht weiter ins Gewicht. Es gibt, um ein viel zitiertes Wort von Theodor W. Adorno aufzugreifen, immer noch kein „richtiges Leben im falschen" (Adorno 1951: 59). Die Zurückdrängung des Autoverkehrs, die Verbesserung der Angebotslandschaft im öffentlichen Verkehr sind alles dominanzrelativierende Aktivitäten, aber man muss sich über ihre Reichweite klar sein. Die weiter wachsende Flut privater Automobile bleibt ein großes gesellschaftliches Ärgernis. Das Zitat Adornos ist der Schlusssatz einer Passage, die auch für das heutige Dilemma der Verkehrspolitik stehen könnte und die eine mögliche Reformperspektive vorsichtig andeutet: „Die Kunst bestünde darin, in Evidenz zu halten und auszudrücken, dass das Privateigentum einem nicht mehr gehört, in dem Sinn, dass die Fülle der Konsumgüter potentiell so groß geworden ist, dass kein Individuum mehr das Recht hat, an dem Prinzip ihrer Beschränkung sich zu klammern; dass man aber dennoch Eigentum haben muss, wenn man nicht in die Abhängigkeit und Not geraten will, die dem blinden Fortbestand des Besitzverhältnisses zugutekommt. Aber die Thesis dieser Paradoxie führt zur Destruktion, einer lieblosen Nichtachtung für die Dinge, die notwendig auch gegen die Menschen sich kehrt" (ebd.: 58).

Wer in der Verkehrsplanung den Individualisierungstrend nicht beachtet, verliert an sozialer Relevanz. Die Möglichkeiten der Verkehrspolitik unter den bestehenden Umständen sollten daher nicht von Illusionen genährt, sondern – und dies scheint eine Erkenntnis aus den Erfahrungen der Mobilitätsforschungsinitiative zu sein – realistisch vermessen werden. Bei der Definition der normativen Grundlagen könnten daher die Sozialwissenschaften die Ergebnisse ihrer Gesellschaftsanalyse zukünftig besser zur Geltung bringen (vgl. Buhr et al. 1999; InnoZ 2013, 2014).

In einer erweiterten Interpretation Adornos könnte man vielmehr die gesellschaftliche Entwicklung so ausdeuten, dass ab dem Zeitpunkt, wo das gewünschte Gut seine Knappheit verliert und gleichsam zu einer Commodity wird wie: „Gas, Wasser, Strom, Auto", die Reformen um veränderte Verwendungsformen im Rahmen neuer Mobilitätskonzepte greifen könnten. Aber eben auch erst dann! Es ist daher auch kein Zufall, dass keines der Projekte der „Zukunftsinitiative", die sich explizit mit dem Wandel des Verkehrsverhaltens beschäftigt haben, tatsächlich

Erfolg hatte. Das Auto war Ende der 1990er- Jahre einfach noch zu „knapp", die Wirksamkeit des gesellschaftspolitischen Versprechens, eines oder gar mehrere zu bekommen, noch sehr mächtig und daher die Lebensentwürfe noch sehr autoaffin. Aus den fünf großen Projektverbünden der Initiative „Mobilität in Ballungsräumen", die zwischen 1998 und 2004 alleine vom BMBF mit knapp 100 Millionen Euro gefördert wurden, ist unmittelbar nichts Zählbares herausgekommen. Kleinen, räumlich und zeitlich begrenzten Vorhaben mit einem experimentellen Design gelang es immer nur kurzfristig Akzente zu setzen. Ob es das Berliner ‚Cash Car' war, die Stuttgarter Dienste ‚Mobi-AS' oder ‚Dyna-Maz', das Dresdner E-Ticketing Angebot ‚Alfa' – sie alle erreichten eine hohe Aufmerksamkeit, konnten sich aber nicht dauerhaft etablieren. Verkehrslenkende oder gar substituierende Wirkungen sind von keinem der Vorhaben unmittelbar erreicht worden. Es gibt keinen Dienst, der unmittelbar aus dem Förderschwerpunkt heraus eine der ursprünglich gedachten entlastenden Wirkungen erzielt hätte. Dabei soll nicht verschwiegen werden, dass durchaus von einer Vielzahl indirekter Wirkungen ausgegangen werden kann und aktuelle Umsetzungsprojekte bei der Etablierung intermodaler Angebote in Kommunen und Unternehmen von den Erfahrungen dieser Projekte profitieren konnten (vgl. Maertins 2006).

Neben der ungenügenden Beachtung der Autodominanz gab und gibt es aber auch eigene, sozusagen, „hausgemachte" Gründe, warum die Demonstratoren und andere Reformvorschläge so wenig unmittelbare Wirkungen erzielten. Es stellte sich heraus, dass eine der wesentlichen Grundannahmen, die fast alle Projekte durchzogen haben, nicht wirklich greifen konnte: Mit einer verbesserten Informationsaufbereitung sind keine Verkehrsmittelwahlentscheidungen zu beeinflussen. Für solche reinen Infodienste gibt es darüber hinaus in Deutschland keine Zahlungsbereitschaft. Damit sind alle Vorhaben, die im weitesten Sinne mit „Mobilitätsmanagement" zu tun haben, ihres eigentlichen Stellhebels beraubt worden (vgl. Stadt Münster/KOM 2000). Der Verkehrsteilnehmer lässt sich seine Entscheidungskompetenz nicht nehmen. Die eigenzeitlichen und -räumlichen Motive dominieren und werden nach eigensinnigen Nutzungsinteressen optimiert. Verkehrsmittel werden unter den gegebenen Umständen und außerhalb von Großstädten nicht situativ gewählt. Zusammengefasst bedeutet dies, dass die überwiegende Mehrzahl der verkehrspolitischen Maßnahmen auf eine Entscheidungssituation referenziert, die es so gar nicht gibt. Verkehrshandeln ist ein Teil sozialer Praxis, deren Entwicklung vielschichtig, mehrdimensional und zeitlich überlagernd verläuft, jedenfalls sich immer aus einer Vielzahl von rationalen und emotionalen, von langfristig-strategischen und kurzfristig-taktischen Kalkülen leiten lässt. Akute Anreize sind jedenfalls nicht geeignet, eine routinisierte verkehrliche Praxis zu ändern und dauerhaft zu stabilisieren (vgl. Beckmann et al. 2006; Götz und Schubert 2004; Heine et al. 2001).

Dass die Wirkungen der sozialwissenschaftlichen Mobilitätsforschung nicht unmittelbar sichtbar werden konnten, lag schließlich auch an einem simplen machtpolitischen Problem. Mit den Instrumenten der Forschungspolitik können in Deutschland nur sehr schwer die strategischen Räume der Entscheidungen adressiert werden, weil Forschungs- und-Entwicklungs-Themen bei Vorstands- und

Geschäftsleitungsbesprechungen deutlich nachrangig behandelt werden. Forschungsarbeiten dienen der Optionserweiterung, d. h. sie vergrößern den unternehmerischen Handlungsraum und liegen weit vor der Frage möglicher Markteinführungen (vgl. Weingart 2001; Braun-Thürmann 2005). Oftmals haben Forschungsvorhaben – gerade auch unter Beteiligung von Unternehmen – daher keine Reduktion auf Umsetzung zur Folge, sondern eröffnen noch mehr Fragestellungen, denn am Ende solcher Vorhaben soll nicht die Definition „Allgemeiner Geschäftsbedingungen" stehen, sondern die Begründung einer Idee für ein Anschlussprojekt. Eine Erkenntnis, die sich im Übrigen auch wieder bei der „Nationalen Plattform Elektromobilität" (NPE) zeigt (vgl. den Beitrag von Sternkopf und Nowack „▶ Lobbying: Zum Verhältnis von Wirtschaftsinteressen und Verkehrspolitik" dieses Bandes). Das ambitionierte Programm der Bundesregierung, bis zum Jahre 2020 eine Millionen E-Autos auf Deutschlands Straßen zu realisieren, ist im Grund wiederum ein rein forschungspolitischer Versuch, in die Entscheidungswelten von Unternehmen und staatlicher Politik einzugreifen (NPE 2014). Darüber hinaus wiederholen sich die bereits beschriebenen Defizite, primär auf ein Technologieförderprogramm zu setzen und sich weniger um die gesellschaftspolitischen Umstände zu kümmern, die einen Wechsel der Antriebsart in einem Automobil praktisch nicht erlauben (Canzler und Knie 2011). Sicherlich hat sich in der Innovationsforschung der letzten Jahre sehr viel getan, dennoch bleibt die Forschungsförderlogik noch in alten Formaten verhaftet, die immer noch einem Kaskadenmodell folgt, also eines Innovationsprozesses, bei dem die Grundlagenerkenntnisse langsam in die Anwendungsbereiche „hinunterfließen". Grundlagenforschung und Anwendung verlaufen dagegen heute zeitlich oft gleichzeitig und mit wechselseitigen Bezügen. Forschung wird auf diese Weise von Beginn einer Projektphase in allen elementaren definitorischen Parametern auf eine unternehmerische Realisierung ausgerichtet. Forschungsprojekte und Demonstratoren erhalten unter den heute geltenden Bedingungen nur dann eine realistische Umsetzungschance, wenn sie dementsprechend auch als unternehmerische Aufgabe definiert werden. Eine weitere Erkenntnis sozialwissenschaftlicher Forschung ist daher, die Verzahnung von Industrieforschung mit akademischen Wissenschaftspartnern auch und gerade in öffentlichen Forschungskooperationen einerseits flexibler, aber eben auch verbindlicher zu organisieren und Unternehmen und Institute trotz unterschiedlicher Denk- und Handlungslogiken in eine gemeinsame Haftung zu integrieren (vgl. Knie und Simon 2006; Wissenschaftsrat 2003).

4 Zur Neujustierung der Forschungsagenda

Man kann behaupten, dass sich einer der Leitgedanken der Verkehrsforschung, nämlich auf eine Entscheidungssituation der Verkehrsteilnehmer zu setzen, als nicht brauchbar herausgestellt hat, weil eine solche isoliert gar nicht existiert. Alle Forschungsprogramme, die unterstellen, Verkehrsteilnehmer würden sich bei jeder Gelegenheit neu entscheiden, können daher im Allgemeinen nicht wirksam werden. Allerdings hat sich hier in jüngster Zeit eine bemerkenswerte technisch induzierte Neuentwicklung ergeben: Die massenhafte Verbreitung von Smartphones ändert zumindest in Städten und auch nur für einen Ausschnitt der Verkehrswahl vermutlich sehr viel (Schelewsky et al. 2014). Auch die Alternativen zum privaten Auto, vor allem aber eine effiziente Verknüpfung verschiedener Verkehrsmittel werden über Apps attraktiver und die Multimodalität routinefähig. Das gilt nicht nur für die Digital Natives, die es gewohnt sind, permanent online zu sein und so ihre sozialen Aktivitäten zu organisieren, sondern für einen immer größer werdenden Anteil der Gesamtbevölkerung.

Der zweite Grund, warum die Wirkung der bisherigen Verkehrsprogramme nachhaltig beeinträchtigt wurde, liegt darin, dass es an der notwendigen „Zugriffsqualität" mangelt. Denn wenn man die tiefe gesellschaftspolitische Verankerung des Automobils bedenkt, ist eine Änderung der verkehrlichen Realitäten ohne grundlegende ordnungspolitische Verschiebungen nicht möglich. Zu der oben schon markierten fehlenden modernisierungstheoretischen Begründung von sozialer und räumlicher Bewegung kommt die ebenfalls noch ausstehende Analyse der „Governance" der Verkehrslandschaft, also die politische Strukturierung der gesamten Angebotslandschaft hinzu. In welchen politischen und rechtlichen Beziehungen stehen die einzelnen Verkehrsträger zueinander? Die Qualität der Angebote und damit auch die Attraktivität der Nutzungen hängen ja entscheidend von den tatsächlichen Möglichkeiten der einzelnen Anbieter ab, ihre Produkte zu entwickeln und zu vermarkten. Wenn man den motorisierten Individualverkehr durch einen attraktiven öffentlichen Verkehr in seinen Zuwächsen begrenzen möchte, benötigt dieses Ziel eine angemessene Problembeschreibung in dem Sinne, dass die Betreiber des ÖV überhaupt in der Lage sind, diese hohe Angebotsqualität unter den gegebenen Bedingungen zu erfüllen (vgl. Karl 2005; Berndt und Blümel 2003; Canzler und Knie 2011).

Für die Lösung verkehrlicher Probleme sollte man die oben genannten gesellschaftlichen Trends beachten und über die Funktionen und Aufgaben des öffentlichen Verkehrs grundsätzlich neu nachdenken (vgl. Projektgruppe Mobilität 2001). Denn diese stellen sich heute völlig anders dar als noch zu Zeiten der Erfindung von Bussen und Bahnen. Es gibt in Deutschland wohl kaum noch einen Erwachsenen, der sich keinen Zugang zu einem Automobil verschaffen kann. Diese Erkenntnis ist keineswegs banal, sondern von großer politischer Tragweite, weil damit die Begründungsmuster und auch die Produktionslogiken des ÖV völlig in Frage gestellt werden. Denn bislang wird verkehrspolitisch immer noch unterstellt, dass eine angemessene Versorgung der Bevölkerung mit Verkehrsleistungen alleine durch eine öffentliche Betreibertätigkeit gewährt werden kann. Der öffentliche Nah- und Fernverkehr untersteht daher der besonderen staatlichen Aufsicht. Das Personenbeförderungsgesetz und die verschiedenen ÖPNV-Gesetze der Länder stellen dieses Verkehrsmittel unter ihren besonderen Schutz, weil nur dadurch die gewünschte „ausreichende Verkehrsbedienung" gewährleistet werden kann. Auch die begleitenden Finanzierungsgesetze wie beispielsweise das „Regionalisierungsgesetz" betonen das besondere Interesse des Staates und legitimieren damit natürlich auch die beträchtlichen öffentlichen Zuzahlungen (vgl. Cox 2000). Dieses besondere Interesse des Staates schafft auf Betreiberebene eine unübersichtliche ordnungspolitische Gemengelage, die es im Ergebnis dem ÖV nicht erlaubt, ein eigenständiges, wettbewerbsfähiges Angebotsprofil zu entwickeln. Denn durch dessen besondere Rolle kann der Staat nicht nur durch seine formalen Eigentümerrechte, sondern auch noch durch seine Rolle als Aufgabenträger direkt in die Angebotsplanung eingreifen, weil alle Produkteigenschaften, also Preis, Verfügbarkeit und Qualität, genehmigungspflichtig sind. Dafür garantiert der staatliche Durchgriff auch die Betriebspflicht. Hat ein Unternehmen die notwendige Konzession erhalten, muss dieser Dienst auch entsprechend der beantragten und genehmigten Angebotsform abgeleistet werden.

Wer als Betreiber Dienstleistungen anbietet, die zu dieser Art von Daseinsvorsorge gerechnet werden, hat Anspruch auf Ausgleichszahlungen und die sind im Falle des öffentlichen Verkehrs von existentieller Bedeutung. Alleine durch die Fahrgeldeinnahmen konnte der ÖPNV im Jahre 2003 lediglich 42,3 Prozent seiner Kosten decken, im Regionalverkehr betrug dieser Anteil sogar nur 35,4 Prozent. Hinzu kommen noch Ausgleichszahlungen für verbilligte Fahrscheine, insbesondere für Schüler und Auszubildende; das verbleibende Defizit wird in aller Regel durch die Kommunen oder durch den Querverbund mit anderen Geschäftsfeldern der kommunalen Stadtwerke getragen (vgl. VDV 2005: 4 ff.). Mittlerweile konnte der Kostendeckungsgrade zwar deutlich erhöht werden, der Branchenverband VDV gibt rund 77 Prozent an, bei diesen Angaben sind aber in aller Regel die Pensionslasten sowie weitere Sonderbedingungen herausgerechnet (vgl. VDV 2012).

Problematisch an dieser Struktur ist vor allen Dingen die systematische Vermeidung jedweder Eigeninitiative. Anreize, das Betriebsergebnis zu verbessern, gibt es nicht; daher sind auch alle Aktivitäten in Richtung neuer, attraktiver Produkte ohne Rückhalt im Unternehmen, weil ÖV-Betreiber strukturell und auch kulturell nicht risikofreudig sind. Jeder Euro an neuen Einnahmen muss mit den erhaltenden Zuwendungen gegengerechnet werden. Eine substantielle betriebswirtschaftliche Ergebnisverbesserung wird damit also auf Jahre hinaus nicht erreicht. Dagegen ist der Aufwand zu rechnen, den jedes neue Projekt verursacht. Unterm Strich lohnt sich daher eine Produktinnovation unter den gegebenen Verhältnissen nicht. Es ist daher auch ein Ergebnis der sozialwissenschaftlichen Verkehrsforschung, dass ohne eine Strukturreform des ÖV keine Veränderung in der Angebotswelt eintreten wird (vgl. Schwedes 2014). Angesichts der herrschenden Realitäten kann die Konsequenz nur heißen, dass ein öffentliches Interesse am Nahverkehr völlig neu definiert werden muss. Da die Grundversorgung durch den motorisierten Individualverkehr gesichert ist, könnte auch der ÖV eine neue Produktqualität entwickeln, wenn die entsprechenden Anreizsysteme eingeführt wären. Der Transport von Schülern und Auszubildenden kann genauso ein lukratives Geschäft wie der Massentransport in den Metropolen sein, wenn die Rahmenbedingungen entsprechend neu definiert sind. Angesichts der föderalen Politikstruktur der Bundesrepublik kommt dies allerdings einer Herkulesaufgabe gleich.

Die Governance des öffentlichen Verkehrs ist wiederum nur ein Teil der gesamten Angebotslandschaft. Die Debatte um eine angemessene und gerechte Beteiligung der Nutzerinnen und Nutzer an der Finanzierung von Bau und Betrieb aller Verkehrsinfrastrukturen wird zukünftig intensiv geführt werden. Neue technische Optionen, die Diskussion um private Betreiberkonzepte sowie die immer stärker sichtbaren Folgen der strukturellen Probleme der öffentlichen Haushalte im Rahmen der „Schuldenbremse" zwingen zu diesen Diskussionen (vgl. den Beitrag von Wieland „› Verkehrsinfrastruktur. volkswirtschaftliche und ordnungspolitische Aspekte" dieses Bandes).

Eine Neuausrichtung der Infrastrukturfinanzierung wird aber noch durch einen weiteren Umstand vorangetrieben. Die bisherige Legitimation für den Ausbau speiste sich ja primär aus der unterstellten strukturpolitischen Wirkung. Durch Investitionen in den Straßen- und Schienenbau konnte man zu Recht auf eine raumerschließende Wirkung hoffen und sie damit begründen, dass sie wirtschaftlichen Aufschwung und einen besseren Zugang zu gesellschaftlicher Teilhabe ermöglichten. Mittlerweile sind hier Zweifel angebracht, weil die strukturpolitische Wirkung in den neuen Bundesländern offenkundig nicht eintreten will. Im Gegenteil: Mehr und mehr zeigt sich, dass eine sehr gute Verkehrsanbindung „Rutschbahn-Effekte" auslöst, weil eine gut ausgebaute Verkehrsinfrastruktur die Widerständigkeit des Raumes weiter absenkt und vorwiegend junge und mobile Menschen zusätzlich dazu motiviert, die neuen Länder zu verlassen, um in den ökonomisch prosperierenden Zentren des Westens bzw. des Südens Arbeit zu suchen (vgl. Knie 2005: 59–69; BBR 2006). Die demografischen und wirtschaftsstrukturellen Probleme, die insbesondere in den ländlichen Teilen Ostdeutschland bedrohliche Ausmaße annehmen, stellen ein weiteres Problem zukünftiger Infrastrukturplanung dar (vgl. Berlin-Institut 2006; BBR 2006).

5 Fazit

Die letzten 20 Jahre sozialwissenschaftliche Mobilitätsforschung haben sicherlich eine Fülle von Erkenntnissen darüber erbracht, unter welchen gesellschaftlichen Konstellationen Menschen ihre verkehrliche Praxis entwickeln und stabilisieren. Spektakuläre Ergebnisse über gelungene Experimente, die Verkehrsmittelwahl grundlegend und dauerhaft zu verändern, sind dabei bislang ausgeblieben. Die Entwicklung in den Großstädten zeigt zwar neue Verhaltensweisen und eine deutliche Abkehr vom privaten Automobil. Die große Verbreitung mobiler Gerätschaften mit Informations-, Buchungs- und Zugangsoptionen wird sicherlich in Zukunft die multimodale Welt noch deutlich verändern (Knie 2014). Eine „Verkehrswende" und damit eine Umkehrung, oder jedenfalls eine zeitliche Außerkraftsetzung der gesellschaftlichen Megatrends und die Etablierung einer Verkehrspraxis jenseits der massenhaften Automobilnutzung sind aus sozialwissenschaftlicher Sicht für eine Volkswirtschaft wie Deutschland immer nur schwer denkbar. Die enge und strukturell gegebene Verflechtung zwischen wirtschaftlicher Entwicklung und Verkehrsmengenwachstum ist empirisch und analytisch belegt. Wer das redliche Ziel verfolgen will, den Verkehrsaufwand zu reduzieren, der muss dies innerhalb der gesellschaftlich akzeptierten und legitimierten sozialen Rahmen versuchen. Es gibt sicherlich noch weiteren Spielraum für technische Effizienzgewinne, aber auch die hebeln die Affinität zwischen gesellschaftlicher Teilhabe und verkehrlicher Bewegung nicht strukturell aus.

Zum Zweiten bleibt die ernüchternde Erkenntnis, dass die Anspruchs- und Erwartungsprofile eine klare Individualisierung auch im Verkehrsverhalten zeigen. Die Beschreibung als eigenzeitliche und -räumliche Ansprüche, die sich zu einer generellen Eigensinnigkeit im Verkehr synthetisieren, ist sicherlich noch keine abschließende Analyse, aber sie soll andeuten, dass die Wahl des Verkehrsmittels aus einer komplexen Gemengelage heraus geschieht und keinesfalls mit Maßnahmen zu verändern ist, die auf spontane Entscheidungen reflektieren. Und wenn – wie in Städten heute mit Smartphones schon möglich – dann wird der Trend zur Individualisierung der Nutzung auch in der digitalen Welt nur noch größer.

Schließlich bleibt als dritte Ebene die Erkenntnis, dass die eigentlichen Fragen, nämlich die nach Möglichkeiten und Grenzen, neue, attraktive Angebotswelten zu entwickeln, bisher nicht wirklich gestellt wurden. Ohne eine substantielle Reform im Verständnis von dem, was wir gemeinhin „öffentlicher Verkehr" nennen, kann auch keine Produktreform greifen. Die Forderung nach integrierten Verkehrskonzepten bleibt daher Rhetorik, weil allen Beteiligten klar ist, dass unter den gegebenen Angebotsstrukturen keine substantielle Veränderung möglich ist. Verschiebungen der Verkehrsanteile sind erst dann zu erwarten, wenn die Entscheidungen über die zukünftige Finanzierung und Planung der Infrastruktur und die Auswahl entsprechender Betreibermodelle getroffen sind, weil sich dies unmittelbar auf die Nutzerpreise und die Qualitätsmerkmale der Verkehrsträger auswirken wird.

Die sozialwissenschaftliche Mobilitäts- und Verkehrsforschung kann also durchaus Ergebnisse vorweisen. Einige soziologische Erkenntnisse und empirische Ergebnisse konnten erreicht werden, die Wirkungen der Reformen sind jedoch bescheiden geblieben. Sollte es nochmals zu einer Neuauflage eines interdisziplinären Verkehrs- und Mobilitätsforschungsprogramms kommen, würden die Sozialwissenschaften vermutlich nicht mehr so prominent zur Mitarbeit gebeten. Die seit 2009 in verschiedenen Förderprogrammen unterstützte „Elektromobilität" ist trotz einiger Beiträge der Sozialwissenschaften im Kern ein sehr technologisch ausgerichtetes Förderprogramm geblieben.

Die analytischen Beiträge der Soziologie waren sicherlich hilfreich, insbesondere weil sie sich komplementär zu den technischen und ökonomischen Erklärungsparametern mit kausalen Begründungsmustern intellektuell behaupten konnten. Aber diese Erkenntnisse sind nicht wirklich kanonisiert und disziplinär synthetisiert worden; eine akademisch ausgewiesene Verkehrssoziologie, die eine gesellschaftswissenschaftliche Theorie verkehrlichen Handelns hervorgebracht hätte, ist jedenfalls bis heute in Deutschland nicht entstanden, die Erkenntnisse stehen nicht abrufbar zur Verfügung. Da ist man anderenorts schon weiter, so hat sich in Großbritannien mittlerweile eine verkehrssoziologische Community herausgebildet, die auch technologiebezogene Themen wie die Verbreitung individueller Informations- und Kommunikationsendgeräte aufgegriffen hat (vgl. Urry 2007). Aus dem Graubereich der verschiedenen Verwendungskontexte die notwendigen Extrakte für eine theoretisch reflektierte und empirisch ausgewiesene Soziologie herauszuziehen, um die akademische Leistungsfähigkeit zu beweisen und den gesellschaftlichen Gebrauchswert dokumentieren zu können, diese Aufgabe bleibt auch 20

Jahre nach dem Start der Mobilitätsforschungsinitiative in Deutschland jedenfalls weiterhin bestehen (vgl. Canzler et. al. 2014).

Dabei hat sich der „Problemhintergrund" für die Verkehrs- und Mobilitätsforschung keineswegs verbessert: Die vom Verkehr verursachten CO_2-Emissionen sinken sowohl in Deutschland als auch global betrachtet nicht wie nötig. Im Verhältnis zu anderen Sektoren verschlechtert sich die Situation im Verkehrsbereich sogar noch deutlich. „Rebound- und nachlassende Effizienzeffekte der reifen Verbrennungsmotortechnik sind eine Ursache. Zugleich gerät der Verkehr angesichts der fortschreitenden Energiewende stärker unter Druck, er kann - und muss -künftig stärker elektrifiziert werden und zudem eine Speicher- und Pufferaufgabe für den wachsenden Anteil überschüssigen erneuerbaren Stroms übernehmen. Schließlich zeichnen sich die Grenzen der Motorisierung in den bisherigen Wachstumsregionen der BRIC-Welt zunehmend ab. Neue Mobilitätskonzepte sind gefragt, um den drohenden Stillstand des motorisierten Individualverkehrs aufzuhalten. Das Versprechen der Moderne auf unbegrenzten Zugang zum Automobil ist daher im globalen Maßstab gesehen grundsätzlich neu auszuhandeln.

Literatur

Adorno, Theodor W. 1951. *Minima Moralia. Reflexionen aus dem beschädigten Leben*. Berlin/Frankfurt a.M.
Axhausen, Kai, Ulrich Brannolte, Hans-Luidger Dienel, und Andreas Rade, Hrsg. 1998. *Freizeitverkehr: Innovative Analysen und Lösungsansätze in einem multidisziplinären Handlungsfeld*. Berlin.
Axt, Philipp, Thomas Höfer, und Klaus Vestner, Hrsg. 1996. *Ökologische Gesellschaftsvisionen*. Basel.
BBR – Bundesamt für Bauwesen und Raumordnung. 2006. *Raumordnungsbericht 2005*. Bonn.
BCS – Bundesverband CarSharing, Hrsg. 2014. *25 Jahre Carsharing*. Köln.
Berlin-Institut für Bevölkerung und Entwicklung. 2006. *Die demografische Lage der Nation*. München.
Berndt, Falk, und Hermann Blümel. 2003. *ÖPNV quo vadis? Aufforderung zu verkehrspolitischen Weichenstellungen im ÖPNV*. WZB dp SP III 2003–106. Berlin.
BMBF – Bundesministerium für Bildung und Forschung. 2000. *Mobilität und Verkehr. Nachhaltigkeit, Sicherheit und Wettbewerbsfähigkeit durch intelligenten Verkehr*. Berlin.
BMVBS – Bundesministerium für Verkehr, Bau- und Stadtentwicklung. 2012. *Mobilität in Deutschland*. Bonn/Berlin.
BMVBS – Bundesministerium für Verkehr, Bau- und Stadtentwicklung. 2013. *Mobilität- und Kraftstoffstrategie*. Bonn und Berlin.
BMVI – Bundesministerium für Verkehr und digitale Infrastruktur. 2014. *Verkehr in Zahlen*. Berlin.
Bonß, Wolfgang, Sven Kesselring, und Andrea Weiß. 2004. Society on the Move. In *Entscheidung und Entgrenzung. Perspektiven reflexiver Modernisierung*, München, Hrsg. Ulrich Beck und Christoph Lau, 258–280.
Braun-Thürmann, Holger. 2005. *Zur Soziologie der Innovation*. Bielefeld.
Brög, Werner, und Erhard Erl. 1996. *Can Daily Mobility Be Reduced or Transferred to Other Modes?* München.
Buhr, Regina, Weert Canzler, Andreas Knie, und Stephan Rammler. 1999. *Bewegende Moderne. Fahrzeugverkehr als soziale Praxis*. Berlin.
Canzler, Weert, und Andreas Knie. 1998. *Möglichkeitsräume. Grundrisse einer Mobilitäts- und Verkehrspolitik*. Wien/Köln/Weimar.

Canzler, Weert, Andreas Knie. 2011. *Einfach Aufladen! Mit Elektromobilität in eine saubere Zukunft.* München.
Canzler, Weert, Andreas Knie, Thomas Klinger, Martin Lanzendorf, Robert Schönduwe, und Georg Wilke. 2014. *Mobilität in digitalisierten Lebenswelten.* Berlin.
Cox, Helmut, Hrsg. 2000. *Daseinsvorsorge und öffentliche Dienstleistungen in der Europäischen Gemeinschaft.* Baden-Baden.
Düwel, Jens, Werner Durth, Niels Gutschow, und Jochem Schneider. 1995. *1945. Krieg, Zerstörung, Aufbau.* Berlin.
Durth, Werner, und Niels Gutschow. 1993. *Träume in Trümmern. Stadtplanung 1940–1950.* München.
Flade, Antje, Hrsg. 1993. *Mobilitätsverhalten. Bedingungen und Veränderungsmöglichkeiten aus umweltpsychologischer Sicht.* Weinheim.
Flade, Antje. 2013. *Der rastlose Mensch.* Wiesbaden
Flink, James J. 1988. *The Automobile Age.* Cambridge.
Gorr, Harald. 1997. *Die Logik der individuellen Verkehrsmittelwahl.* Gießen.
Götz, Konrad, und Steffi Schubert. 2004. Mobilitätsstile: Ein sozial-ökologisches Analyse- Integrations- und Zielgruppenkonzept. In *Bleibt das Auto mobil?* Hrsg. Cornelia Zanger, 224–238. Frankfurt a.M.
Häberli, Rudolf, Julie Thompson Klein, und Walter Grossenbacher-Mansuy, Hrsg. 2000. *Transdiciplinarity: Joint Problems – Solving Among Science, Technology and Society.* Zürich.
Harms, Sylvia. 2003. *Besitzen oder Teilen. Sozialwissenschaftliche Analyse des Carsharings.* Zürich.
Hautzinger, Heinz, Andreas Knie, und Manfred Wermuth, Hrsg. 1997. *Mobilität und Verkehr besser verstehen*, WZB dp FS II 97–101. Berlin.
Heine Hartwig, Rüdiger Mautz, und Wolf Rosenbaum. 2001. *Mobilität im Alltag. Warum wir nicht vom Auto lassen.* Frankfurt a. M.
Hesse, Markus. 1993. *Verkehrswende. Ökologisch-ökonomische Perspektiven für Stadt und Region.* Marburg.
InnoZ - Innovationszentrum für Mobilität und gesellschaftlichen Wandel. 2013. *Verkehrsmonitor.* Berlin
InnoZ - Innovationszentrum für Mobilität und gesellschaftlichen Wandel. 2014. *Verkehrsprognose. Berlin 2030.* Berlin
Karl, Astrid. 2005. Strukturelle Reformblockaden im öffentlichen Verkehr. In *Öffentliche Mobilität. Perspektiven für eine nachhaltige Verkehrsentwicklung*, Hrsg. Oliver Schöller, 70–95. Wiesbaden
Kay, Jane Holz. 1997. *Asphalt nation. How the automobile took over America.* New York: Crown Publisher.
Klaus J. Beckmann, Bastian Chlond, Tobias Kuhnimhof, Stefan von der Ruhren, und Dirk Zumkeller. 2006. Multimodale Verkehrsmittelnutzer im Alltagsverkehr. *Internationales Verkehrswesen*, 4: 138–145.
Knie, Andreas. 2005. Das Auto im Kopf. Die Auswirkungen moderner Verkehrsinfrastruktur auf die Mobilität der Bevölkerung im ländlichen Raum. *Zeitschrift für Agrarsoziologie und Agrargeschichte*, 1: 59–69.
Knie, Andreas. 2014. *Nimm mich mit! Die Digitalisierung wird den Verkehr radikal verändern*, Berliner Zeitung, 15.10.2014, 19.
Knie, Andreas, und Dagmar Simon. 2006. *Forschungen in Cross-Over Modus: Wissenschaftliche Ausgründungen in neuen Arrangements der Wissensproduktion*, WZB dp-P-101. Berlin.
KOM – Kommission der Europäischen Union. 2006. *Für ein mobiles Europa – Nachhaltige Mobilität für unseren Kontinent.* Halbzeitbilanz zum Verkehrsweißbuch der Europäischen Kommission von 2001. Brüssel.
Kutter, Eckhard. 1978. Grundlagen der Verkehrsursachenforschung. In *Beiträge zur Verkehrswissenschaft*, Veröffentlichung des Instituts für Verkehrsplanung und Verkehrswegebau, Heft 1. Berlin.

Maertins, Christian. 2006. *Die Intermodalen Dienste der Bahn*, WZB dp SP II 2006–101, Berlin.
NPE – Nationale Plattform Elektromobilität, Hrsg. 2014. *Dritter Fortschrittsbericht*. Berlin
Projektgruppe Mobilität. 2001. *Kurswechsel im öffentlichen Verkehr. Mit automobilen Angeboten in den Wettbewerb*. Berlin.
Rifkin, James. 2000. *Access. Das Verschwinden des Eigentums*, Frankfurt a.M.
Schelewsky, Marc, Helga Jonuschat, Benno Bock, und Korinna Stepan, Hrsg. 2014. *Smartphones unterstützen die Mobilitätsforschung*. Wiesbaden.
Schüller, Ulrich, und Martina Hinricher. 2002. Integrierte Verkehrspolitik. *Internationales Verkehrswesen*, 11: 589–593.
Schultz, Irmgard. 1998. *Probleme bei der Erfassung des Verkehrsverhaltens*. Frankfurt a.M.
Schwedes, Oliver, Hrsg. 2014. *Öffentliche Mobilität, Perspektiven für eine nachhaltige Verkehrsentwicklung*. Wiesbaden.
Stadt Münster/KOM – Kommission der Europäischen Union, Hrsg. 2000. *Schnittstellen im Mobilitätsmanagement*. Dortmund.
Urry, John. 2007. *Mobilities*. Cambridge: Polity Press.
VDV – Verband der Deutschen Verkehrsunternehmen. 2005. *Nutzerfinanzierte Tarifstrategien*, VDV- Mitteilungen 9715. Köln.
VDV – Verband der Deutschen Verkehrsunternehmen. 2012. *Jahresbericht*. Köln.
Wagner, Martin, Adolf Behne, Hrsg. 1929. Das neue Berlin. Großstadtprobleme. Reprint Basel/Berlin/Boston 1988. [Quelle: https://www.baufachinformation.de/literatur/1988009503096].
Wagner, Peter. 1995. *Soziologie der Moderne*. Frankfurt.
Wehling Peter, und Thomas Jahn. 1997. *Verkehrsgeneseforschung. Ein innovativer Ansatz zur Untersuchung der Verkehrsursachen, ISOE Forschungsberichte*. Frankfurt a.M.
Weingart, Peter. 2001. *Die Stunde der Wahrheit. Zum Verhältnis der Wissenschaft zu Politik, Wirtschaft und Medien in der Wissensgesellschaft*. Weilerswist.
Wissenschaftsrat. 2003. *Strategische Forschungsförderung. Empfehlungen zu Kommunikation, Kooperation und Wettbewerb im Wissenschaftssystem*. Essen.

Teil II

Verkehrspolitik als Verkehrsgeschichte

Zum kulturellen Bedeutungswandel des Verkehrs in der Menschheitsgeschichte

Hermann Glaser

Zusammenfassung
Die Art und Weise wie Menschen miteinander „verkehren" hat sich im Laufe der Menschheitsgeschichte immer wieder grundlegend gewandelt. Von einer echten „Verkehrskultur" lässt sich gleichwohl erst mit Beginn der Neuzeit sprechen, wobei die Industrialisierung eine bis dahin unbekannte Beschleunigung mit sich brachte. Diese Entwicklung gipfelte in eine Kultur der massenhaften Automobilisierung, die durch starke Beharrungskräfte gekennzeichnet ist. Bei einem politisch initiierten Wechsel von einer fossilen zu einer postfossilen Mobilitätskultur gilt es, diese kulturelle Dimension zu berücksichtigen.

Schlüsselwörter
Verkehr • Kultur • Beschleunigung • Raum • Zeit

1   Einleitung

Das Wort „Verkehr" in der Bedeutung von Handelsverkehr und Warenaustausch ist vor allem aus dem 18. Jahrhundert bezeugt und wurde dann auf andere Gebiete übertragen; „die moderne bürgerliche Gesellschaft habe gewaltige Produktions- und Verkehrsmittel hervorgezaubert", heißt es etwa 1848 im „Manifest der Kommunistischen Partei" (Paul 2002: 1089). Doch verweist „verkehren" im Sinn von „miteinander umgehen" auf eine mit der menschlichen Sozialisation beziehungsweise dem Prozess der Enkulturation und Zivilisation gegebene anthropologische Konstante. Kultur, lat. *cultura*, zu *colere* (pflegen, bebauen) wiederum betont in seiner etymologischen Wurzel die mit der Sesshaftigkeit verbundenen Möglichkeiten geistiger und seelischer Verfeinerung, wobei der Garten als Topos für

H. Glaser (✉)
Roßtal, Deutschland
E-Mail: hermannglaser@gmx.de

© Springer Fachmedien Wiesbaden 2016
O. Schwedes et al. (Hrsg.), *Handbuch Verkehrspolitik*, Springer NachschlageWissen, DOI 10.1007/978-3-658-04693-4_3

Domestikation eine besondere Rolle spielt. Zugleich ist Kultur ein Transzendieren immanent: ein Hinausgreifen über eingegrenzte Erfahrung; durch Aufbruch und Bewegung wird die Neugier auf das Ferne, Fremde, Andere befriedigt. „Verkehrskultur" stellt somit ein Kompositum dar, das wichtige Aufschlüsse über die Statik wie Dynamik von Kultur wie Kulturen zu geben vermag – im Besonderen seit der Neuzeit den Drang nach der Überwindung von Raum und Zeit charakterisierend.

Die einzelnen Gegenstände, Ereignisse, Erfindungen und Protagonisten der Verkehrsgeschichte können emblematisch verstanden werden: als Schlüssel, welche die geistig-seelischen Erfahrungsräume der jeweiligen kulturgeschichtlichen Epochen zu öffnen vermögen; die Verdinglichungen der Verkehrsgeschichte wiederum haben einen kultur-essentiellen Ursprungsgrund. Das Bedürfnis der Menschen miteinander zu kommunizieren, sich kennen zu lernen, Gefühle, Gedanken und Güter auszutauschen, ist elementar, hat somit in allen Kulturen eine Ur- und Vorgeschichte. Analog zur relativ spät entwickelten Semantik des Begriffs „Verkehr" kann man jedoch den eigentlichen Beginn einer weltanschaulich begründeten und logistisch realisierten, uns bis heute bestimmenden modernen „Verkehrskultur" mit der kolumbianischen Wende zu Ende des 15. Jahrhunderts, also mit dem Beginn der Neuzeit ansetzen.

2 Der neuzeitliche Paradigmenwechsel: Die Sehnsucht nach der Überwindung von Raum und Zeit

Das Zeitalter der Entdecker und Entdeckungen, dessen Phänomenologie hier nicht zu beschreiben ist, ging zurück auf einen kulturellen Paradigmenwechsel, der die Hinwendung zu Raum und Zeit erst ermöglichte: Der Mensch sah zunehmend in der beschleunigten Überwindung von Entfernung seine eigentliche Vervollkommnung gegeben. In Ablösung mittelalterlicher Vertikalität wird die Horizontale zur entscheidenden Dimension des Denkens und Handelns, einhergehend mit der Entdeckung der Perspektive. Der Mensch, bisher in dumpfer, andächtiger Gebundenheit den Geheimnissen Gottes, der Ewigkeit und seiner eigenen Seele hingegeben, schlägt die Augen auf und sieht um sich. Er blickt nicht mehr über sich, verloren in die heiligen Mysterien des Himmels, nicht mehr unter sich, erschauernd vor den feurigen Schrecknissen der Hölle, nicht mehr in sich, vergrübelt in die Schicksalsfragen seiner dunklen Herkunft und noch dunkleren Bestimmung, sondern geradeaus, die Erde umspannend und erkennend, dass sie sein Eigentum ist. „Die Erde gehört ihm, die Erde gefällt ihm; zum erstenmal seit den seligen Tagen der Griechen" (Friedell 1930: 229).

Wie die Person des Christoph Kolumbus, der gleichermaßen mittelalterlicher Gottsucher wie neuzeitlicher Goldsucher war – am 12. Oktober 1492 erreichte er, in spanischen Diensten stehend, auf der Westroute eine karibische Insel und leitete damit die Entdeckung des amerikanischen Kontinents ein –, war die nun anbrechende Renaissance noch von mittelalterlichen Strömungen bestimmt. Mit dem Verlust des einheitlichen religiösen Weltbildes ging die Angst vor dem Neuen einher; Unsicherheit und Zerrissenheit bewirkten oder förderten die Flucht in Wahnideen;

dem Drang zur Hybris entsprach der Sturz ins Abgründige. Die Epoche war rückwärts wie vorwärts gewandt, geprägt durch den Zwiespalt von Höllenfahrt und Sehnsucht nach dem Paradies, korrupter Kirche und Aufstand des Gewissens, Hinwendung zum Stadtkosmos und dem Streben nach offenen Horizonten.

„Offene Horizonte" ist das Charakteristikum der sich nun entfaltenden Verkehrskultur, deren mentaler Ursprung, die perspektivische Raumerfassung, sich langsam herausbildete und in ihren Ursprüngen früh angesetzt werden muss. 1336 – der große Schweizer Historiker Jakob Burckhardt hat in seinem Werk „Die Kultur der Renaissance in Italien" darauf hingewiesen (vgl. Burckhardt 1913: 19 ff.) – bestieg der italienische Dichter Francesco Petrarca den in der Provence gelegenen, 1.912 Meter hohen Mont Ventoux und berichtete darüber am gleichen Abend seinem geistlichen Mentor, dem Augustiner Francesco Diongi in einem Brief. Als Künstler zwischen Mittelalter und Neuzeit empfand Petrarca den Gipfelblick als Faszination *und* Versuchung. „Ich war wie betäubt, ich gestehe es." Die gewaltige Aussicht von den Alpen bis nach Marseille und zur Rhône, ja fast bis zu den Pyrenäen, zeigte ihm die Schönheit des Irdischen; doch regte sich beim Dichter auch „schlechtes Gewissen": Eigentlich sei nichts bewundernswert, außer der auf Gott ausgerichteten inneren Welt. Durch Meditation versuchte Petrarca, sein Gleichgewicht wieder zu finden. Dabei schlug er schuldbewusst den mitgenommenen „Gottesstaat" des Augustinus auf, in dem es heißt, dass der Mensch sich schämen müsse, wenn er die Gipfel der Berge, die ungeheuren Fluten des Meeres, die weit dahin fließenden Ströme, den Saum des Ozeans und die Kreisbahnen der Gestirne statt der menschlichen Seele bestaune (vgl. Petrarca 1980). (Heute weiß man, dass der Brief erst 17 Jahre später entstand – der vorgegebene Adressat war bereits zehn Jahre tot; fraglich ist auch, ob Petrarca überhaupt auf dem Berg war: ein frühes Beispiel für virtuelle Wirklichkeit! (vgl. Groh und Groh 1992: 290 ff.)).

Petrarca war insofern spirituell ein Vorläufer der Renaissance-Befindlichkeit, da nun – das zeigt die Schlüsselszene des „Gipfelblicks" – bei allen augustinischen Skrupeln die Natur für den Menschen immer faszinierender und vertrauter wird: sei es als Landschaft (einschließlich der von kühnen Seefahrern neu erschlossenen Kontinente); sei es als Anatomie, die den Blick ins Innere des Körpers freigab; sei es als Astronomie, die den Blick in den Kosmos schweifen ließ; oder sei es als Malerei, die aus dem religiösen Innenraum heraus den Blick auf die Weite der Welt richtete.

Ehe die Vorstöße der Seefahrer, Kaufleute, Wissenschaftler und Künstler in die Weite und Tiefe des Raums und in den Bereich der irdischen Geheimnisse erfolgten, hatte sich eben ein Bewusstsein ausgebildet, das sich nicht mehr wie bei der mittelalterlichen Leitfigur Hiob, der stets die Strafen Gottes erwartet, aus dem Diesseits ins Jenseits als Erlösung *hinweg*sehnte, oder, wie bei Adam und Eva, in den Garten Eden *zurück*sehnte (wobei dieser mit der himmlischen Stadt Jerusalem verschmolz), sondern das *irdische* Paradies mit Hilfe eigener Kraft, Macht und Schlauheit schaffen wollte. Solchem Bewusstsein war zudem eine bis zur Besessenheit reichende Neugier (*Curiositas*) zu eigen; man erkannte, was man machen, beherrschen, erleben, erfahren konnte, wenn man sich als Subjekt, als ich-starkes Individuum begriff. Die Welt erwies sich dann als ein Bauplatz: ein Bauplatz für alles erdenklich Nützliche, Wohltätige und Lebensfördernde, für Werkstätten der Heilkunst, der Messkunst, der Scheidekunst, für Institute und Apparate zur Verfeinerung, Erleichterung und Erhöhung des Daseins, für babylonische Türme, die sich zum Himmel recken, um ihm sein Geheimnis zu entreißen, ein unermesslich weites, unerschöpflich reiches Operationsfeld für die Betätigung und Steigerung der Kräfte des reinen Verstandes, des Verstandes, der sich ganz auf sich selbst stellt, sich alles zutraut, vor nichts zurückschreckt, durch nichts zu enttäuschen ist (vgl. Friedell 1930: 230).

Philosophisch kann man von einem *experimentum medietatis* sprechen, vom Versuch des Menschen, sich selbst an die Stelle Gottes in den Mittelpunkt des irdischen Geschehens zu rücken; dieses wird nun nicht mehr erlitten, sondern gestaltet. In seiner Abhandlung „De dignitate hominis" („Über die Würde des Menschen", 1486) lässt der Humanist Giovanni Pico della Mirandola, ein von der offiziellen Lehre der Kirche abweichender Ketzer, der von Papst Innozenz VIII. verfolgt wurde und mit 31 Jahren starb, Gott zu Adam sagen: „In die Mitte der Welt habe ich dich gestellt, damit du von da aus leichter betrachten kannst, was in der Welt geschaffen ist. Weder himmlisch noch irdisch, weder sterblich noch unsterblich haben wir dich gemacht, damit du gleichsam mit eigenem Verständnis und zu eigener Ehre dein Schöpfer und Bildner seiest, in welcher Form immer du dich ausgestaltest. Du kannst zu den niedersten Geschöpfen der Tierwelt entarten. Du kannst dich aus eigenem Willensentschluß in die höheren, das heißt die göttlichen Regionen wiedergebären" (zit. nach Killy 1975: 514).

Der Prototyp des neuen Menschen, das souveräne Ich, erfährt 1587 in der „Historia von D. Johann Fausten" eine Personifikation, die bis heute für das Grenzen überschreitende irdische Stürmen und Drängen des Menschen steht. Faust wollt „alle Gründ' am Himmel und Erden erforschen" (vgl. Füssel 1988). Er fand gerade deshalb Sympathie, weil er die *elementa*, die Urstoffe der Schöpfung, zu „spekulieren", also die Suche nach den letzten Wurzeln des Lebens und der Welt wagte, und vor allem auch, weil er (und das lässt ihn als geistigen Wegbereiter für Verkehrskultur erscheinen) in der Überwindung von Raum und Zeit die Erfüllung seiner nun ganz auf die Diesseitigkeit ausgerichteten Existenz sah. In der nur wenige Jahre nach dem Faustbuch erschienenen Geschichte des Faust-Schülers Christoph Wagner wird dies noch deutlicher (wobei die Weltsucht damals gerne „epikureisch" genannt wurde – stand doch der Philosoph Epikur für die Emanzipation des Menschen). Wagner unternimmt Reisen nach Amerika; er strebt nach einem Wissen, das ihm Reichtum bringen kann; das macht ihn nun zu einer Symbolfigur des in der Renaissance einen ersten Höhepunkt seiner Entwicklung erreichenden Homo oeconomicus und Homo faber. Man reist und treibt Handel zu Lande und zu Wasser, bewegt sich zum Beispiel von Florenz nach Brügge, von Brügge nach Nowgorod, von Nürnberg nach Venedig, von Trondheim nach Rom, von Genua nach Istanbul, von Sevilla nach Antwerpen, von Wien nach Moskau. Die Intensivierung des Güterbedarfs und des Güteraustausches, bewirkt durch eine Steigerung der weltlichen Bedürfnisse, macht die Städte zum Umschlagplatz von Waren und Menschen und zu multikulturellen Zentren.

3 Holpriger Fortschritt der Post

Die Post erwies sich in dieser Zeit als das bedeutsamste Vehikel des veränderten Raum- und Zeitgefühls; mit und in ihr findet der Traum von der Vernetzung, die der Verkehrskultur zugrunde liegt, eine erste Realisierung (vgl. Glaser und Werner 1990). Die Einrichtung eines regelmäßigen Botendienstes durch Maximilian I. (1468–1519), der diesen der Familie der Tassis aus Bergamo in Norditalien (in der die deutschen Thurn & Taxis ihren Ursprung hatten) übertrug, wurde schon früh mit der Tat des Kolumbus verglichen (so Johann Jakob Moser, Staatsrechtler im 18. Jahrhundert). Die Tassis hatten bereits Botendienste für verschiedene Höfe und die römische Kurie durchgeführt und reiche Erfahrung auf diesem Gebiet gesammelt. Im Jahr 1490 nun „fingen die Posten an bestellt zu werden aus Befehl Maximilians I. des Römischen Königs, von Österreich bis in Niederland, in Frankreich und bis nacher Rom" (zit. nach Piendl 1967: 6).

Mit der nun einsetzenden Systematik bei der Festlegung der Routen (Kurse), einschließlich Zwischenstationen, und der Zeitabläufe, zunächst für Botenläufer, dann Pferdeboten, schließlich Postkutschen, verbunden mit dem Ausbau der Wege und Straßen wird das Verkehrsleben des Altertums und Mittelalters insofern abgelöst, als die schon damals vorhandenen Wesensmerkmale der Kommunikation eine erhebliche quantitative und qualitative Steigerung erfuhren. Ein kurzer Rückblick kann diese Wesensmerkmale verdeutlichen: Die Übermittlung von Nachrichten mit Hilfe des Transportes von Papyrusblättern ist bereits aus dem alten Ägypten überliefert; ein Postwesen, als Stafettenkurs, das selbst nachts in Betrieb war, gab es in Persien. Während in Griechenland ein einheitlicher Botendienst wegen der geringen räumlichen Ausdehnung, der Zersplitterung in kleine Staaten und der schlechten Straßen sowie der erheblichen Geländeschwierigkeiten unterentwickelt blieb, bestand im Römischen Reich mit seiner großen Flächenausdehnung ein gut organisiertes, freilich Privatleuten kaum zugängliches Nachrichtenwesen; als gewöhnlichen Transportwagen verwendete man den *carrus*; als Reisepostwagen (auch Schnellpostwagen) die *rheda*; das vierrädrige Gefährt wurde mit zwei oder vier Pferden bespannt. Die Strecken des *cursus publicus* waren in feste Stationen (*posita statio*) und *mansiones* (Quartiere im Abstand von etwa einer Tagesreise) unterteilt; zwischen diesen gab es fünf bis acht *mutationes* (Wechselpunkte). Das Mittelalter unterschied sich von den Großreichen des Altertums unter anderem dadurch, dass kein geregeltes Postwesen für Staatsbedürfnisse mehr bestand; doch fanden sich bereits Vorstufen allgemeiner (privater) Nutzung. So gab es die Klosterboten, die Universitätsboten, einen Botendienst des Deutschen Ordens, einen Nachrichtenverkehr der Kaufleute, vor allem auch Amts- und Städteboten. Eine süddeutsche Besonderheit bestand in den Metzgerboten; da die Metzger oft mit Pferd und Wagen unterwegs waren, wurde dieser Zunft der Nachrichtendienst übertragen.

Kulturpsychologisch gesehen machte der mit dem Jahr 1490 einsetzende systematische Ausbau des Postbetriebs das veränderte Zeitgefühl manifest: Der für das Mittelalter typische, auf Introversion angelegte Umgang mit der Zeit erfuhr einen Wandel zur Extraversion und Expansion. Aus der persönlichen Zeit, *tempus proprium*, die vor allem auch der Vorbereitung auf das Jenseits diente, also in sich gekehrt war, entwickelte sich nun das Bewusstsein von einer gesellschaftsbezogenen, für die praktischen Bedürfnisse (freilich zunächst nur für die Herrschenden gedachten) nützlichen Zeit, *tempus commune* (vgl. Schreiner 1987: 384). Die Bedeutung des Ewig-Unvergänglichen tritt gegenüber dem Transistorisch-Augenblicklichen zurück – als Folge der Säkularisierung, der Loslösung des Einzelnen, der gesellschaftlichen Gruppen und des Staates aus den Bindungen der Kirche. Im Rahmen einer anfangs noch zögerlichen, dann immer mehr um sich greifenden Verweltlichung wird „Horizontalität" zum Wert. Schon die anfängliche postalische Entwicklung tendierte auf ein Ziel, das freilich erst im 20. Jahrhundert erreicht wird: nämlich jede Nachricht unverzüglich ohne großen Aufwand und ohne jede Veränderung zu beliebigen Orten transportieren zu können.

Da das Mittelalter vorwiegend auf die göttliche Offenbarung bezogen war, galt Fortschritt im Sinne des Fortschreitens als unwichtig. Abgeschiedenheit ermöglichte meditative Versenkung; diese bedurfte keiner vernetzten Kommunikation. Der Fortschrittsbegriff der Neuzeit rückte den Aufbruch, die Erfahrung (eben die Überwindung von Raum und Zeit) in den Mittelpunkt. Mentalitätsgeschichtlich gesehen trat bei der Ordinari-Post an die Stelle „notgedrungener" Bewegung die zunehmend lustvolle Hingabe an Beweglichkeit (Mobilität), die sich später als Reiselust manifestierte. Die 1490 einsetzende Postgeschichte ist dabei durch zwei Phasen strukturiert. In der ersten bezieht sich der Vernetzungstraum vorwiegend auf die Überwindung des Raumes, in der zweiten im besonderen Maße auf die Überwindung der Zeit. Ubiquität und Synchronizität erweisen sich so als die großen Themen abendländisch-neuzeitlicher Verkehrskultur.

Transponiert man das neuzeitliche Überbaubewusstsein von Ausbruch, Aufbruch und der Freude an Beweglichkeit auf die „ebene Erde", betrachtet man seine Folgen also *par-terre*, dann zeigt sich, dass die Straßen, häufig in Erweiterung und Erneuerung des aus der römischen Zeit stammenden Staatsstraßensystems, aber auch der mittelalterlichen Pfade und Fuhrwege, zu Lebensadern des neuen Informations- und Kommunikationsflusses werden – insgesamt freilich eine langsame, „holprige" Entwicklung. Die Karten mit den Postverbindungen bzw. Postlinien, die den Straßen folgten oder deren Bau initiierten, zeigen Jahrzehnt um Jahrzehnt (vor allem im 18. und 19. Jahrhundert) die jeweilige Zuwachsrate an. Dementsprechend nehmen mit jeder neuen Linie, jeder neuen Postverbindung, jeder neuen Straße und der Mehrung der Beförderungs- wie Transportfahrzeuge auch die Poststationen zu; die jeweiligen Postordnungen berichten stolz von den entsprechenden Erweiterungen. 1634 wird zum Beispiel in einem Frankfurter Verzeichnis – „wie alle Tage in der Wochen die Posten in deß Heil. Reichs Statt Franckfurt am Mayn abgefertiget werden und wie solche wider ankommen sampt darbey vermeldeten Brieff-Tax" – als Novität (Innovation) vermerkt, dass nun auf einer neuen Poststraße alle 14 Tage „die Posten von Pariß nach Spanien gehen: und also ein geraume Zeit mit den Brieffen avanzirt werden kan und lauffen die Posten von Pariß fast täglich in alle Oerter durch Franckreich" (zit. nach Bundespostmuseum 1971: 14).

Was freilich den Postverkehr auch bei verbessertem Straßensystem in seiner Regelmäßigkeit und Verlässlichkeit beeinträchtigte, war die in Deutschland anzutreffende staatliche Zersplitterung. Die Post war nicht nur der Unbill von Witterung und anderen natürlichen Hindernissen ausgesetzt, durch Räuber und Wegelagerer gefährdet, sondern litt auch unter kleinstaatlichen Schikanen, die mit viel diplomatischem Geschick, z. B. durch die Taxissche Postverwaltung, aus dem Weg geräumt werden mussten. Dazu kamen die Folgen kriegerischer Verwicklungen.

Angesichts der Probleme, die sich bei dem Bemühen um „Raumüberwindung" hinsichtlich der „Zwischen-Räume" ergab – also der Blockierung von Wegstrecken aus äußeren, vorwiegend politischen und kriegerischen, sowie „inneren", im Wesen des Beförderungsmittels liegenden Gründen (z. B. Radbruch) –, nimmt es nicht Wunder, dass postalische „Take-off-Phantasien" um sich griffen. Vor allem wurde der 1783 von Joseph Montgolfier erstmals gestartete unbemannte Heißluft-Ballon als Möglichkeit für die Überwindung der „Schneckenpost" verstanden; doch war eben zielgerichtete Raumüberwindung, auf die es gerade ankam, mit diesem Medium nicht möglich; so blieb lange Zeit alles beim Alten. (Als Luther 1521 von Wittenberg nach Worms reiste, brauchte er 13 Tage; viel schneller ging es auch später nicht; für die 190 Kilometer von Leipzig nach Berlin, musste man um 1700 mit 32 Stunden rechnen; von Leipzig nach Hamburg, 500 Kilometer, 74 Stunden; von Leipzig nach Paris, etwa 1.000 Kilometer, 12 Tage; von Leipzig nach Rom, 1.400 Kilometer, etwa 15 Tage).

Mit seiner Monografie der „deutschen Postschnecke" zielte Ludwig Börne 1821 satirisch in zwei Richtungen: Karikiert wird einerseits die nach wie vor missliche Verkehrslage, obwohl mit dem Wiener Kongress 1814/15 und der Formierung des Deutschen Bundes der deutsche Partikularismus zurückgegangen war, es nun nicht mehr 360 souveräne und 1.500 halbsouveräne staatliche Gebiete gab, sondern nur noch 35 Bundesstaaten; andererseits werden bei Börne die restaurativ-staatlichen, gegen die oppositionelle bürgerliche Intelligenz gerichteten Repressionen (z. B. Zensur) attackiert. Die Post erscheint als Spiegelbild der Friedhofsruhe in den deutschen Landen. Nirgends träfe man auf einen gefährlich-bösen Geist der Einwohner, sondern im Gegenteil: überall fände man die von der Obrigkeit erwartete „gute Gesinnung". „Posthalter, Kondukteurs, Postillone, Wagenmeister, Packer, wie überhaupt das ganze Hochfürstlich Turn- und Taxisch fahrende Personal, gehen bei ihrem Geschäft mit solcher Bedächtigkeit zu Werke, daß man wohl sieht, es sind gute, ruhige Bürger die Deutschen, die nichts Gewagtes unternehmen. Desgleichen die Passagiere, deren keiner über das langsame Fahren ungeduldig wurde und etwa aus der Haut fuhr" (Börne 1821: 54).

Die Verkehrs- bzw. Politiksatire Börnes übersieht zwar die inzwischen eingetretenen Verbesserungen – anstelle schlechter Wege Kunststraßen, auf den überregionalen Kursen statt des ordinären Postwagens die „Diligence" (ein in Riemen hängender Postwagen, nach französischem Vorbild) –, doch geht es dem Jungen Deutschland wie insgesamt den nach vorwärts drängenden modernen Kräften sowieso um etwas anderes: nämlich um eine radikale Überwindung von Rückschrittlichkeit, die eines völlig neuen Mediums bedürfte. Die Eisenbahn wird nun zum Transportmittel für die Erfüllung kulturrevolutionärer Vorstellungen von einer auf den Bürger- und Menschenrechten basierenden Demokratie. Sie dampften von England heran und fanden ihre entscheidende Erprobung in den Vereinigten Staaten, dem Land der unbegrenzten Möglichkeiten und eines neuen individuellen wie kollektiven, vom „alten Europa" nun unabhängigen Selbstbewusstsein (vgl. Glaser und Neudecker 1984). In Goethes „Wilhelm Meisters Wanderjahren" gibt Lenardo, der Anführer der sich auf die Ausreise nach Amerika vorbereitenden Emigranten, solcher Amerikasehnsucht Ausdruck: „Eilen wir deshalb schnell ans Meeresufer und überzeugen uns mit einem Blick, welch unermeßliche Räume der Tätigkeit offenstehen und bekennen wir schon bei dem bloßen Gedanken uns ganz anders aufgeregt" (Goethe o. J.: 301).

4   Der Vernetzungstraum der Eisenbahn

Den Eisenbahnverkehr als Kern einer neuen Verkehrskultur, als Rückgrat der künftigen deutschen wirtschaftlichen und politischen Entwicklung, propagierte vor allem Friedrich List. Im Eisenbahnsystem wie in dem von ihm geforderten Zollverein sah er die Grundlagen für einen glanzvollen Aufstieg Deutschlands. Solche weiträumigen Perspektiven hatte List, 1789 in Reutlingen geboren, in Nordamerika kennen gelernt, wohin der junge Tübinger Professor für Staatspraxis seiner liberalen Anschauung wegen hatte auswandern müssen. (Als Gründer des Deutschen Handels- und Gewerbevereins war er zur Festungshaft verurteilt worden). Ein Jahr nachdem List 1832 aus Amerika zurückgekehrt war, veröffentlichte er seine Abhandlung „Über ein sächsisches Eisenbahnsystem als Grundlage eines allgemeinen deutschen Eisenbahnsystems"; sie blieb freilich, wie das 1841 erschienene Werk „Das nationale System der politischen Ökonomie", noch weitgehend unverstanden; die politischen Streitigkeiten und vergeblichen Anstrengungen zermürbten List so, dass er 1846 bei Kufstein Selbstmord verübte.

Was man, so List, in Deutschland an Eisenbahnen besitze – die erste deutsche Eisenbahn war am 7. Dezember 1835 zwischen Nürnberg und Fürth auf Initiative eines kaufmännisch-bürgerlichen Konsortiums gefahren –, sei gut als Spielzeug für die Städte und um dem deutschen Publikum einen Begriff von der Sache zu geben. Der eigentliche Nutzen dieses Transportmittels würde jedoch in großartiger Weise erst hervortreten, wenn der Osten mit dem Westen, der Norden mit dem Süden Deutschlands durch wenigstens vier Nationallinien verbunden sei. Diese „Verkehrskultur" bewirke dann eine „Vervollkommnung der deutschen Nationalzustände". Das deutsche Eisenbahnsystem könne und müsse sich verstehen

- als „Nationalverteidigungsinstrument", denn es erleichtere die Zusammenziehung, Verteilung und Direktion der Streitkräfte;
- als „Kulturbeförderungsmittel", denn es beschleunige die Distribution aller Literaturprodukte und aller Erzeugnisse der Künste und Wissenschaften; es bringe Talente, Kenntnisse und Geschicklichkeit jeder Art in Wechselwirkung; es vermehre die Bildungs- und Belehrungsmittel aller Individuen, von jedem Stand und Alter;
- als „Assekuranzanstalt" gegen Teuerung, Hungersnot und gegen übermäßige Fluktuationen in den Preisen der ersten Lebensbedürfnisse;
- als „Gesundheitsanstalt", denn es vernichte die Entfernungen zwischen den Leidenden und dem Heilmittel;

- als Vermittler des „gemütlichen Verkehrs", denn es verbinde den Freund mit dem Freund, den Verwandten mit dem Verwandten;
- als „Stärkungsmittel des Nationalgeistes", denn es vernichte die Übel der Kleinstädterei und des provinziellen Eigendünkels und Vorurteils;
- als „festen Gürtel um die Lenden der deutschen Nation", denn es halte deren Glieder zu einem streitbaren und kraftvollen Körper zusammen;
- als „Nervensystem des Gemeingeistes wie der gesetzlichen Ordnung", denn es verleihe im gleichen Maße der öffentlichen Ordnung wie der Staatsgewalt Kraft (List 1929: 347 f.).

Schon bald verbanden deutsche Politiker und Militärs mit dem Eisenbahnwesen kriegerisch-strategische Absichten; die Eisenbahn bot ein vorzügliches Mittel, große Truppenmassen schnell zu mobilisieren und an die Front zu bringen. Dementsprechend spielten, bereits vor 1848, staatspolitische Rücksichten beim Bau bzw. der Linienführung neuer Eisenbahnen eine große Rolle. Als 1870 der Krieg bevorstand, erfolgte der deutsche Aufmarsch an der französischen Grenze mit Hilfe der Eisenbahnen in erstaunlicher Schnelle. Der Erste Weltkrieg brachte eine weitere Bewährungsprobe. Auf den 13 nach Westen führenden Linien fuhren während des Aufmarsches täglich 660 Transporte; in 11.000 Transporten wurden über drei Millionen Mann und 860.000 Pferde an die Front im Westen geschafft. Dazu kam der Transport des Nachschubs. Zentrum der Planung war die Eisenbahnabteilung des Großen Generalstabs, der die Linienkommandanturen, die sich am Sitz der einzelnen Eisenbahndirektionen befanden und mit diesen zusammenarbeiteten, unterstanden.

Der friedliche Vernetzungstraum, der dem Eisenbahnwesen innewohnte – dann im eigentlichen Sinne Ausdruck von „Verkehrs*kultur*", freilich nicht im damaligen allgemeinen Verständnis, war doch der Begriff der Kultur nationalistisch, chauvinistisch, imperialistisch überlagert –, blieb immerhin von den Anfängen an bei einer realutopisch denkenden Minderheit präsent. Ihm gab schon Jakob Schnerr mit seinem Gesang zur Feier der Eröffnung der ersten deutschen Eisenbahn, der „Ludwigs-Eisenbahn", Ausdruck; (die Bahn wurde so genannt, da König Ludwig I. von Bayern 1834 ein auf 30 Jahre befristetes Privileg erteilt und die Genehmigung gegeben hatte, seinen Namen zu verwenden). Angesichts des Zauberpfades aus Eisen und des langen Wagenzuges, der mit wunderbarer Schnelle im adlergleichen Flug dahingleite, werde man hinfort die gebändigten Elemente Feuer und Wasser zum Nutzen der Menschen wirken lassen. Das edle Erz vergeude man nun nicht mehr zu Kriegs- und Mordgewehren, sondern ziehe es für den friedlichen Bahnbau heran.

„Ja, alle Ketten fesseln Wehr und Waffen
   aus roher harter Zeit,
   sie werden einst in Schienen umgeschaffen,
   zum Preis der Menschlichkeit! –
   Mit Schienen, Freunde, webet ohne Bangen
   ein Netz von Pol zu Pol!
   Sieht sich Europa einst darin gefangen
   dann wird es ihr erst wohl." (zit. nach Glaser 1984: 13 f.)

Seither wurde immer wieder die friedliche Nutzung der Eisenbahn herausgestellt: Gebändigte Dampfkraft sorge dafür, dass die Menschen, die den industriellen Fortschritt vielfach als unheimliche Bedrohung empfänden, sich mit diesem versöhnen. Beim Fest der tausendsten von der Firma Borsig hergestellten Lokomotive (1858), stand die neomythologische Vorstellung von den Eisenbahnen als „eisernen Engel" im Vordergrund. Die Lokomotive bedeute die Vermählung des natürlichen mit dem künstlichen Lebensprinzip. Mit der Bändigung des Dampfes sei eine gewaltige Naturkraft domestiziert – ein Triumph des Geistes über den Willen, disziplinierten Fleißes über anarchisches Aufbegehren. Hoch- und Niederdruck versprachen, die Welt in „Bewegung" zu setzen. Das Fortschrittsdenken war gewissermaßen in Dampf gehüllt, aus dem sich die Konturen eines irdischen Paradieses herausbildeten. „Wohin wir auch blicken im Lebenskampf – / die Welt will vorwärts mit Dampf, mit Dampf!" (zit. nach Vorsteher 1981: 92). Das Beispiel kann stellvertretend aufzeigen, wie im 19. Jahrhundert „Verkehrskultur", wenn als Wegbereiter von Kultur begriffen, unabhängig von wirtschaftlicher und sozialer Realität zum magisch faszinierenden Sternbild eines auf der Schiene der Technik erreichbaren Menschheitsglücks wurde.

Die Erschütterung einer solchen schönen neuen Verkehrs-Welt blieb freilich nicht aus; der Vernetzungstraum als „gigantischer Gedanke der jungen Zeit, Städte durch Dampf und eiserne Bänder zu verbinden" (Andersen o. J.: 33), wurde durch das Eisenbahnunglück zum Alptraum. Dieses war (zumindest bis zum Zerschellen des Luxusliners „Titanic" an einem Eisberg am 14. April 1912) das Menetekel schlechthin für die stolze industriekulturelle Sicherheit, wie sie sich seit den Tagen des Biedermeier immer stärker herausgebildet hatte. Dem „Fortfortfortfortfort drehn sich die Räder / rasen dahin auf dem Schienengeäder" wurde auf furchtbare Weise Einhalt geboten: „Halthalthalthalthalthalthalthalt ein / ein anderer Zug fährt schräg hinein" (Liliencron 1907: 12); technisches oder menschliches Versagen zeigte, dass die Theodizee des Fortschritts trog. In Richtung Jahrhundertwende (Fin de siècle) und dann in der Vorphase zum Ersten Weltkrieg verstärkten sich nochmals die Schatten, die auf das gleißende Bild der Verkehrskultur fielen. Zumindest machte sich das Gefühl der Ambivalenz bei der Beurteilung zunehmender Beschleunigung breit. Die von Friedrich List als „Vermittler des gemütlichen Verkehrs" gepriesene Eisenbahn erscheint ein paar Jahrzehnte später bei Sigmund Freud als Vehikel tief greifender Verunsicherung.

Eisenbahn, Straßenbahn, Auto, schließlich Zeppelin und Flugzeug, Film, Fotografie, Telegraf, Telefon, ferner die Erfindung und Ausbreitung der Elektrizität sowie die Erneuerungen im Zeitungsdruck (Rotationspresse), dann Grammophon und Radio bewirkten eine Kommunikations- und Informationsdichte, von der die Skeptiker des Fortschritts meinten, dass sie der Einzelne nur noch, im besten Falle, unter Aufbietung letzter geistiger und seelischer Kräfte bewältigen könne. „Alles geht in Hast und Aufregung vor sich, die Nacht wird zum Reisen, der Tag für die Geschäfte benutzt, selbst die ‚Erholungsreisen' werden zu Strapazen für das Nervensystem; große politische, industrielle Krisen tragen ihre Aufregung in viel weitere Bevölkerungskreise als früher; ganz allgemein ist die Anteilnahme am politischen Leben geworden: Politische, religiöse, soziale

Kämpfe, das Parteitreiben, die Wahlagitationen, das ins Maßlose gesteigerte Vereinswesen erhitzen die Köpfe und zwingen die Geister zu immer neuen Anstrengungen und rauben die Zeit zur Erholung, Schlaf und Ruhe" (Erb 1893, zit. nach Freud 1974: 15)). Nervosität (Neurasthenie) werde zum Signum einer Zeit, die durch „Amerikanisierung" ihren inneren Halt zu verlieren drohe. Freud analysierte den Geschwindigkeitsrausch und den unbeherrschten Drang, Entfernungen (Räume) rasch zu überwinden wie überhaupt den technischen Fortschritt auch am Ende der 1920er-golden-hässlichen Jahre, die durch einen weiteren großen Modernitätsschub, wesentlich beeinflusst von den USA als dem Land der unbegrenzten Möglichkeiten, geprägt waren. In seiner 1930 erschienenen Schrift „Das Unbehagen in der Kultur" stellt er fest, dass in der letzten Generation die Menschen außerordentliche Fortschritte in den Naturwissenschaften und in ihrer technischen Anwendung gemacht und ihre Herrschaft über die Natur in einer früher unvorstellbaren Weise gefestigt hätten; sie seien stolz auf diese Errungenschaften und hätten ein Recht dazu. Aber sie dürften nun auch bemerkt haben, dass diese neu gewonnene Verfügung über Raum und Zeit, diese Unterwerfung der Naturkräfte (Erfüllung Jahrtausend alter Sehnsucht) das Maß von Lustbefriedigung, das sie vom Leben erwarten, nicht erhöht, sie nicht glücklicher gemacht habe. „Man möchte einwenden, ist es denn nicht ein positiver Lustgewinn, ein unzweideutiger Zuwachs an Glücksgefühl, wenn ich beliebig oft die Stimme des Kindes hören kann, das Hunderte von Kilometern entfernt von mir lebt, wenn ich die kürzeste Zeit nach der Landung des Freundes erfahren kann, daß er die lange beschwerliche Reise gut bestanden hat? Bedeutet es nichts, daß es der Medizin gelungen ist, die Sterblichkeit der kleinen Kinder, die Infektionsgefahr der gebärenden Frauen so außerordentlich herabzusetzen, ja die mittlere Lebensdauer des Kulturmenschen um eine beträchtliche Anzahl von Jahren zu verlängern? Und solcher Wohltaten, die wir dem vielgeschmähten Zeitalter der wissenschaftlichen und technischen Fortschritte verdanken, können wir noch eine große Reihe anführen; – aber da läßt sich die Stimme der pessimistischen Kritik vernehmen und mahnt, die meisten dieser Befriedigungen folgten dem Muster jenes ‚billigen Vergnügens', das in einer gewissen Anekdote angepriesen wird. Man verschafft sich diesen Genuß, indem man in kalter Winternacht ein Bein nackt aus der Decke herausstreckt und es dann wieder einzieht. Gäbe es keine Eisenbahn, die die Entfernungen überwindet, so hätte das Kind die Vaterstadt nie verlassen, man brauchte kein Telefon, um seine Stimme zu hören. Wäre nicht die Schifffahrt über den Ozean eingerichtet, so hätte der Freund nicht die Seereise unternommen, ich brauchte den Telegraphen nicht, um meine Sorge um ihn zu beschwichtigen. Was nützt uns die Einschränkung der Kindersterblichkeit, wenn gerade sie uns die äußerste Zurückhaltung in der Kindererzeugung aufnötigt, so daß wir im ganzen doch nicht mehr Kinder aufziehen als in den Zeiten vor der Herrschaft der Hygiene, dabei aber unser Sexualleben in der Ehe unter schwierige Bedingungen gebracht und wahrscheinlich der wohltätigen, natürlichen Auslese entgegengearbeitet haben? Und was soll uns endlich ein langes Leben, wenn es beschwerlich, arm an Freuden und so leidvoll ist, daß wir den Tod nur als Erlöser bewillkommnen können?" (Freud 1930: 218 f.).

5 Individualismus durch Automobilismus und dessen Dialektik

Die generelle Klage, dass Verkehr den Menschen der Kultur entziehe, seine Privatheit zerstöre, ihn der Heimat als einem „Territorium der Seinsgewissheit" entfremde, fand noch vor dem Ersten Weltkrieg besondere Nahrung durch das Aufkommen eines neuen Verkehrsmittels und eine damit verknüpfte topografische Erfahrung (vgl. Glaser 1986a). Die Straße nämlich, seit dem Mittelalter wichtiger peripatetischer Kommunikationsort, selbst in den industriellen Großstädten des 19. und anhebenden 20. Jahrhunderts noch Freiraum (Spielort) der Kinder, wurde nun vom Automobil usurpiert und, nach Meinung zunächst vieler, terrorisiert. Um 1914 gab es in Deutschland zwar erst 155.000 Personenkraftwagen, 9.000 Lastkraftwagen und 20.600 Krafträder; auf die einzelnen Städte und Gemeinden verteilt, bedeutete dies eine sehr geringe Verkehrsdichte. (1907 zählte man zum Beispiel in Karlsruhe 14 Motorräder, 50 Automobile und sechs Lastkraftwagen. In Nürnberg gab es bis 1914 nur ganz wenige Privatwagen. Das erste Motortaxi wurde hier 1906 eingeführt. 1926 gab es zwei Tankstellen in der Stadt, 1928 wurde die erste Verkehrsampel eingerichtet.) Aber antizipatorisch sah man „Blechlawinen" voraus. Während auf der einen Seite die „Automobilisten" beim Dahinrasen das Triumphgefühl „gewaltiger Motorenkraft" voll auskosteten, empfanden die Passanten Angst und Schrecken vor einer Entwicklung, die ein weiteres Stück Ruhe, Sicherheit und Geborgenheit wegnehmen und damit die allgemeine Nervosität verstärken würde. In Hermann Hesses 1927 erschienenem Roman „Der Steppenwolf" ist ein Raum des „magischen Theaters" mit der Inschrift „Auf zum fröhlichen Jagen! Hochjagd auf Automobile" versehen. Bei diesem handelt es sich um einen traumhaften, surrealen „Ort", in dem sich der „Steppenwolf" (dem bürgerlichen Namen nach Harry Haller) von seinen Komplexen und Aggressionen zu befreien sucht. Im „Spiel" des „magischen Theaters" wird Haller, dessen Seelenkrankheit Teil der großen Zeitkrankheit ist, gezwungen, den Gang durch die Hölle der Zeit, die zugleich seine eigene Hölle ist, anzutreten, „einen bald angstvollen, bald mutigen Gang durch das Chaos einer verfinsterten Seelenwelt, gegangen mit dem Willen, die Hölle zu durchqueren, dem Chaos die Stirn zu bieten, das Böse bis zu Ende zu erleiden (...) Die Inschrift ‚Auf zum fröhlichen Jagen! Hochjagd auf Automobile' lockte mich an, ich öffnete die schmale Türe und trat ein. Da riß es mich in eine laute und aufgeregte Welt. Auf den Straßen jagten Automobile, zum Teil gepanzerte, und machten Jagd auf die Fußgänger, überfuhren sie zu Brei, drückten sie an den Mauern der Häuser zuschanden. Ich begriff sofort: Es war der Kampf zwischen Menschen und Maschinen, lang vorbereitet, lang erwartet, lang gefürchtet, nun endlich zum Ausbruch gekommen" (Hesse 1963: 150 f.).

Das Grund- und Glücksgefühl der automobilen Verkehrskultur, die im Gegensatz zur Eisenbahn dem Einzelnen nun eine individuelle Mobilität ermöglichte und zudem die Gelegenheit bot, mit dem Druck auf den Gashebel sich in einen Geschwindigkeitsrausch zu versetzen, gewann jedoch rasch die Oberhand. Die früh entstehenden Autorennen hatten neben ihrem sportlichen Stellenwert insofern kulturpsychologische Bedeutung, als auf sie die weit verbreiteten Beschleunigungssehnsüchte projiziert werden konnten – Ausdruck der Überzeugung, dass die immer schnellere Überwindung von Raum und Zeit den eigentlich zivilisatorisch-kulturellen Fortschritt ausmache. Die erste Wettfahrt fand im Juli 1884 zwischen Paris und Rouen statt. Bei einer Distanz von 126 Kilometern wurde eine Durchschnittsgeschwindigkeit von 20,4 Kilometer in der Stunde erreicht. Der „Blitzen-Benz" 1911 hatte allerdings schon einen Tachometer, der 228 Kilometer anzeigen konnte. „Kaum ein anderes massenwirksames Ritual brachte so vollendet den Zeitgeist der Jahrhundertwende zum Ausdruck. Der kraftvolle Aufstieg zur industriegerüsteten Nation, der imperiale Drang über die Grenzen, der mörderische Wettbewerb der Unternehmen und Nationen mit dem Sieg des Stärksten und Härtesten, wahrlich die Triebkräfte des Industrialismus hatten die Sehnsüchte des Volkes erobert (...) Die Schnelligkeit irgendeines Geschehnisses", urteilt Werner Sombart 1920, „interessiert den modernen Menschen fast ebenso wie die Massenhaftigkeit" (zit. nach Sachs 1984: 132). Angesichts des Geschwindigkeitskults der Epoche war es konsequent, dass die Künstler des Futurismus (etwa in dem 1909 von dem Dichter Filippo Tommaso Marinetti verfassten Manifest) den Rennwagen rhapsodisch besangen: „Wir erklären, daß sich die Herrlichkeit der Welt um eine neue Schönheit bereichert hat: die Schönheit der Geschwindigkeit. Ein Rennwagen, dessen Karosserie große Rohre schmücken, die Schlangen mit explosivem Atem gleichen (...) ein aufheulendes Auto, das auf Kartätschen zu laufen scheint, ist schöner als die Nike von Samothrake. Wir wollen den Mann besingen, der das Steuer hält, dessen Idealachse die Erde durchquert" (Marinetti 1909: 33). Wenige haben diesen dithyrambischen Progressismus so verdinglicht wie der 1881 in Mailand geborene Ettore Isidore Arco Bugatti (Sohn einer Künstlerfamilie, mit 21 Jahren Chefentwerfer, mit 29 Fabrikgründer); seine Autos, darunter viele Rennwagen, gehörten zu den schönsten, erlesensten, rasantesten der Branche.

Im ersten Weltkrieg wurde dann – fast von heute auf morgen – das Auto zum Militärfahrzeug und als solches zum praktischen, bald unersetzlichen militärischen Transportmittel. Schon vorher in den großen Manövern auf die Möglichkeit des Kriegseinsatzes hin erprobt, legte es nun, wie es in der Propaganda hieß, „seine ernste Mannesprüfung" ab. Die Franzosen nutzten als erste die neue strategische Beweglichkeit. Um 1914 die deutsche Armee, die an die französische Hauptstadt nahe herangerückt war, mit Hilfe von Verstärkungen aufzuhalten, requirierte der Militärgouverneur von Paris, General Gallieni, alle Pariser Taxis. Die „Marne-Taxis" beförderten in kurzer Zeit 4.000 Mann an die Front. Welche Bedeutung die Motorisierung für die Kriegsmächte insgesamt hatte, beweist auch der Ausspruch des französischen Kriegspremierministers Clemenceau, der im Jahr 1918 nach Washington kabelte: „Jeder Tropfen Öl ist uns einen Tropfen Blut wert."

Mit den 1920er-Jahren verlor, im Rahmen der bei einer größeren Minderheit erkennbaren Pazifikation, die Verkehrskultur, hier aufs Auto bezogen, ihre martialische Dimension. Andere Aspekte traten in den Vordergrund.

„Und wenn das Auto Kurven nahm,
    dann trafen sich ihre Knie.
Und wenn er ihr allzu nahe kam,
    dann zitterten er und sie" (Kästner 1959: 110).

War das Automobil bis 1918 verdinglichter Archetypus wagemutiger, rasanter (phallischer) Abenteuerlust, so wurde es nun zum Pendant weicher, verfließender, charmanter wie schicker Damenhaftigkeit. In der Asphaltstadt war es zu Hause – ein Gefährt, das die Hektik und Turbulenz von Metropolis mit hervorrief und in sich trug, aber auch die Lustgefühle einer elitären Festlichkeit bediente. Die goldenen Zwanziger Jahre (die viel Hässlichkeit als Kehrseite hatten) waren geprägt durch ein Autobewusstsein, das neue Sachlichkeit mit mobilem Romantizismus verband. In „Die Dame – Ein deutsches Journal für den verwöhnten Geschmack" schrieb Fritzi Massary, eine beliebte Operettensängerin, die 1914 nach Berlin gekommen war, über das Glück des Autofahrens: „Sportlich bedeutet mir das Auto gar nichts" (Die Dame 1980: 40). Das charakterisierte den Wandel des verkehrskulturellen Bewusstseins. Dementsprechend wurde in der Reklamewelt sinnlich-bildlich (wie bei den Filmen aus der Traumfabrik) ein schöneres, besseres, luxuriöseres Leben vorgegaukelt und zugleich das Gefühl vermittelt, dass die Objekte der Sehnsucht eigentlich ganz alltägliche Dinge seien.

Mit dem Einstieg des schönen Geschlechts ins Auto – in komfortable, glänzende Karossen mit weichen Polstern, schwingender Federung und vielfältigen, die warenästhetischen Schönheitsbedürfnisse bedienenden Accessoires – wurde das Auto zum Volksidol. Erst die enge Assoziation von Dame und Automobil, so der Soziologe Wolfgang Sachs, habe den Weg geebnet, um Autofahren als Konsummodell zu verankern. Der Schriftsteller Alexander Roda-Roda bemerkte, dass die Menschen sich bemühten, so gescheit und elegant wie die Automobile auszusehen. Im Zeichen des sportlichen, Wind und Wetter ausgesetzten offenen Automobils, waren Staubmantel, Lederkleidung und Windschutzkappe von großer modischer Bedeutung gewesen; Benzinduft vertrug sich nicht mit Parfüm. Nun wurde das Auto zum bergenden Gefährt: Die Damen und Herren stiegen etwa vor dem Theater barhäuptig und ohne Mantel, in bester Gardarobe, aus dem Wagen – bewegten sich von dem einen Luxusraum in den anderen. Für Technik und Kunst wurde Eleganz zum gemeinsamen Nenner.

Konträr dazu das „Autobewusstsein" im Nationalsozialismus. Als der Stabschef der SA, Viktor Lutze, im Mai 1943 bei einem Kraftwagenunfall schwer verletzt wurde und einen Tag später starb, betonte Adolf Hitler bei der Trauerfeier in der Reichskanzlei, dass damit das Leben des bewährten Parteigenossen einen „männlichen Abschluss" gefunden habe. Wenn man schon nicht auf dem Schlachtfeld sterben konnte, so war es immer noch ehrenvoller durch einen Autounfall den Tod zu erleiden als im Bett. „Mein Stabschef der SA., Viktor Lutze, war zeit seines Lebens Soldat gewesen. Seinen mir aus dieser Gesinnung heraus oft vorgetragenen heißen Wunsch, selbst noch an die Front gehen zu dürfen, konnte ich nicht erfüllen. Nun hat er trotzdem den Tod gefunden, der seinem nationalsozialistischen Leben einen männlichen Abschluß gibt" (zit. nach Domarus 1963: 2010).

Am Steuerrad saßen nun wieder, nachdem die als verweichlicht und dekadent denunzierte Weimarer Republik beseitigt worden war, stahlharte Naturen, die nicht flamboyant-lässig herumkutschierten, sondern einem völkischen Imperium zusteuerten. Da aber das deutsche Volk auf den „Straßen des Führers" nicht nur dem Krieg entgegenfahren wollte – „Wir, die diese Straße gebaut haben / Werden auf ihr fahren nur / In Tanks und Lastwagen" (Brecht 1967: 736) –, versah man die Automobilpropaganda mit einem zivilen Schein. Jeder Volksgenosse sollte eines Tages seinen Volkswagen haben, mit dem er „Kraft durch Freude" schöpfen konnte. Produziert wurde freilich der Volkswagen nur als Wehrmachts-Kübelwagen (ein offener, türloser Pkw mit Schalen-Sitzen); er stand dann im Zweiten Weltkrieg vom Nordkap bis zum Schwarzen Meer im Einsatz.

Verfolgt man die wichtigsten kraftfahrzeugpolitischen Äußerungen Adolf Hitlers, so wird deutlich, dass sich der „Führer" nicht nur als größter Architekt und Feldherr aller Zeiten, sondern auch als maßgebender Automobilist begriff. Die Pose, mit der er, im offenen Mercedes stehend, mit erhobenem Arm den Hitlergruß applizierend, durch die jubelnde Menge fuhr, gehörte genauso dazu wie das auf die strategischen Bedürfnisse hin konsequent angelegte Autobahnsystem, das zudem eine wichtige Arbeitsbeschaffungsmaßnahme darstellte. Indem Hitler die durch die internationale Konkurrenz und die Weltwirtschaftskrise stark verunsicherte Autoindustrie zum „deutschen Auto" ermutigte, sicherte er sich die Unterstützung dieser für das Wirtschaftsleben außerordentlich wichtigen Branche. Es war bezeichnend, dass er kurz nach der „Machtergreifung", am 11. Februar 1933, im feierlichen Cut (also noch ganz dem Weimarer Auto-Image der Eleganz entsprechend) die Internationale Automobil- und Motorrad-Ausstellung am Kaiserdamm in Berlin eröffnete; es war das erste Mal, dass ein Reichskanzler dies tat. Die Herren der deutschen Automobilindustrie waren über eine solche Auszeichnung angenehm überrascht. Ihre Freude steigerte sich, als Hitler sich ihnen als Sachkenner und Motorisierungsexperte präsentierte.

„Autofreund Hitler" war mit dem Ziel angetreten, eine motorisierte Volksgemeinschaft zu schaffen, die in den motorisierten Wehrstand einmündete. Ein Volk, ein Reich, ein Führer – mit vielen Autos (unter besonderer Bevorzugung des Volkswagens)! Das Autobewusstsein des Nationalsozialismus war dabei Teil des allgemeinen weltanschaulichen Mentalitätsmusters: Technologischer Futurismus verband sich mit kultureller Regression. Der Modernitätsschub war unverkennbar; er diente jedoch (so wie die Eisenbahn das „Menschenmaterial" an die Front und die entrechteten Juden in die Vernichtungslager transportierte) der Beförderung furchtbarster Unmenschlichkeit. Für den erwarteten und geplanten Krieg schuf man sich eine Reservearmee von Fahrzeugen, indem man den Kauf von Autos durch Privatpersonen, vor allem fürs Urlaubsglück der Familien, durchaus propagierte, um diese dann jederzeit requirieren (zwangsenteignen) und für den Kriegsdienst einziehen zu können.

Nach 1945 erwies sich das Auto als Vehikel einer Wohlstandsgesellschaft, die ein ausgeprägtes Fernweh – als Versuch, dem zwölf Jahre lang oktroyierten dumpfen Provinzialismus zu entkommen – zeigte. Das Auto beförderte auf ganz besondere Weise ins Traumland der Freizeit. Vor allem die Sehnsucht nach dem Süden rief Fahrlust hervor. Als Trophäe brachte der Tourist Fotos, erst schwarz-weiß, dann in Farbe, schließlich selbst gedrehte Filme mit nach Hause. Den Zugvögeln gleich fuhren Millionen an die Mittelmeerstrände („Teutonengrill"), um sich die Sonne auf den Bauch und ins Herz scheinen zu lassen. „Im engen und vollgestopften Wagen, Koffer und Taschen auf den Gepäckträger verstaut, quengelige

Kinder auf dem Rücksitz, Vater am Steuer, Mutter daneben, die Straßenkarte auf dem Schoß, so fuhr man gegen Süden. ‚Hinfahren, aussteigen, schönfinden, einsteigen, weiterfahren' – so läßt sich mit Jürgen von Mangers genialem Herrn Tegtmeier die Reisewirklichkeit seit den fünfziger Jahren kurz und bündig zusammenfassen" (Weymar 1983: 25). Touristikwerbung, Illustrierten-Berichte, Filme, Schlager („Capri-Fischer", „Laß uns träumen am Lago Maggiore", „Die Rose vom Wörthersee" – statistisch gesehen rangierte Österreich als Urlaubsland noch vor Italien!) – verstärkten den Drang in die Ferne. Während eine Umfrage aus dem Jahr 1952 zeigte, dass nur ein Viertel der erwachsenen Bevölkerung in den letzten Jahren eine Urlaubsreise gemacht hatte, gab 1955 schon die Hälfte aller Erwachsenen an, seit der Währungsreform mindestens einmal in den Ferien verreist zu sein.

Das Auto im Wirtschaftswunderland war zudem Statussymbol, Fetisch des Fortschritts, helfende und schützende Zauberkraft für wirtschaftlichen und gesellschaftlichen Aufstieg. Auf einer Werbeanzeige der 1950er-Jahre – das Beispiel steht für viele andere, die auf ein ähnliches Appetenzverhalten zielen – sieht man einen Ford Taunus des neuesten Modells mit aufgeklapptem Kofferraum am Straßenrand stehen; der Familienvater im weißen Nyltest-Hemd mit Krawatte deponiert gerade das letzte Gepäckstück; neben ihm die Ehefrau, im Pepita-Kostüm, mit weißen Handschuhen und Dauerwelle, den Sohn an der Hand, der ein schwarzes Samtschleifchen trägt. Dahinter ein vierstöckiges Haus, ein schmuckloser Neubau; aus den Fenstern recken sich die Wohnungsinhaber. Der Text: „Wir haben es geschafft. Das neue Auto steht vor der Tür. Alle Nachbarn liegen im Fenster und können sehen, wie wir auf eine kleine Wochenendfahrt rüsten. Jawohl, wir leisten uns etwas, wollen etwas haben vom Leben; dafür arbeiten wir schließlich alle beide. Mein Mann im Werk und ich als Sekretärin wieder in meiner alten Firma". Eine Szene, die, wie Wolfgang Sachs kommentiert, die Soziodynamik der anhebenden Wirtschaftswunderwelt trefflich veranschaulicht. Dargestellt wird eine Dreiecksbeziehung: das Konsumgut (Auto), die Besitzer und die anderen. Die Besitzer, der Nyltestvater und die Pepitamutter, sie wollen nicht einfach gut leben, sondern etwas vom Leben haben. Die Sprache schon drückt aus, dass für sie gutes Leben mit Haben, mit der Akkumulation von Gütern gleichbedeutend ist. Das Glück wohnt draußen, jenseits der eigenen Person, in einer Welt von Dingen, die man sich erst aneignen muss, um in den Genuss des rechten Lebens zu kommen. „Erst ein Auto verschafft in diesem Sinne die Freiheit. Die Dinge jedoch sind knapp, denn an ihnen hängt ein Preisschild, so daß man sie sich ‚leisten können' muß. Aber dafür arbeiten unsere glücklichen Besitzer auch beide, er ‚im Werk' und sie in der ‚alten Firma', um die Kaufkraft anzusparen. Weil damit das gute Leben sich auf Kaufkraft reduziert, haben die mit den schmalen Brieftaschen das Nachsehen; ihnen bleibt nur, ‚im Fenster zu liegen' und neidische Blicke zu werfen, in denen die Besitzer sich wiederum sonnen können. Geldgier, demonstrativer Konsum und Neid, in diesem Dreierakt wandelte sich – Schicht um Schicht, Ware um Ware – langsam das deutsche Volk in eine Konsumgesellschaft. Das Auto hatte dafür eine Leitfunktion übernommen" (Sachs 1984: 82 f.).

Der Aufstieg der Nation zu einem schöneren Dasein implizierte die Verwirklichung des lang gehegten, in der Weimarer Republik aufgrund der wirtschaftlichen Depression gescheiterten, im Nationalsozialismus missbrauchten Traumes vom

Jedermann-Auto (Volks-Wagen) – in der Trümmerzeit noch unvorstellbar, durch den immensen wirtschaftlichen Aufschwung in den Bereich des Möglichen gerückt. Der Vorkriegsbestand von 802.129 Personenkraftwagen, berechnet für das Gebiet der Bundesrepublik ohne Berlin und Saarland, war 1946 auf 192.438 Pkws zurückgegangen. 1953 gab es wieder eine Million Personenkraftwagen; ihre Anzahl verfünffachte sich in den folgenden acht Jahren. Im Jahr 1970 lag der Bestand bei 13.168.000; produziert wurden 3.375.822 Autos, gegenüber 276.592 im Jahre 1938. 1965 nannten knapp 36 Prozent aller Privathaushalte einen Personenwagen ihr eigen, 1969 fast die Hälfte. (Die Kehrseite der Medaille: 1950 fanden auf den Straßen der Bundesrepublik 6.422 Menschen den Tod, 150.415 wurden verletzt; 1956 betrugen die jährlichen Zahlen 12.645 Tote, 361.134 Verletzte. Von 1950 bis 1956 gab es insgesamt 70.972 Tote, 1.909.420 Verletzte – eine vier Mal höhere Todesrate je Fahrzeug als in den USA.)

Sind heute die großen Tage des Autos dahin? „Einst klappte man bei sonne das verdeck zurück, genoß, eine weiße stoffmütze auf dem kopf, den wind und war eins mit landschaft, stadt und leuten. (...) seitdem jedermann fährt, die straßen voll sind, man wegen der abgase die fenster geschlossen hält, wird das auto bevorzugt als verkehrsmittel, nicht mehr als lebensgenuß. als solches ist es unentbehrlich. genau das aber macht auch seinen nachteil aus. was auch für andere unentbehrlich ist, führt dazu, daß sich das auto nur noch zwischen autos bewegt" (Aicher 1984: 59). Für den Pädagogen Ivan Illich schränkt das bevorzugte mechanische Transportwesen (Auto, Bahn, Flugzeug) mit steigenden Geschwindigkeiten immer mehr die selbstbewirkte Bewegung (gehen, Rad fahren) ein; das bedeutet eine zunehmende Lähmung des Gesamtverkehrs und mit ihm der Gesellschaft; immer weniger würden immer schneller und immer mehr immer langsamer vorankommen. Jenseits einer kritischen Geschwindigkeit könne niemand Zeit sparen, ohne dass er einen anderen zwinge, Zeit zu verlieren. Dies sei ein Prozess der Ausbeutung, denn immer mehr Menschen würden immer mehr Zeit auf der Straße verbringen müssen. Das Verkehrsdilemma verschärfe den Sozialkonflikt. „Wir sollten nicht übersehen, daß Spitzengeschwindigkeiten für einige Wenige einen anderen Preis fordern als hohe Geschwindigkeiten für alle. Die soziale Klassifikation nach Geschwindigkeitsstufen erzwingt einen Netto-Transfer von Macht: Die Armen arbeiten und bezahlen, nur um zurückzubleiben" (Illich 1974: 39).

Während die einen die Krise des automobilen Verkehrs dadurch zu lösen hoffen, dass sie diesen wesentlich einzuschränken trachten, setzen die anderen ganz auf radikale Modernisierung: Treibstoffe könnten entwickelt werden, die kaum mehr die Umwelt belasteten; neue Werkstoffe ermöglichten ein perfektes Recycling; Mikroprozessoren würden alle mechanischen Vorgänge im Auto optimal steuern: den Kontakt der Räder zur Fahrbahn, die Stellung des Gaspedals, das Schalten des Getriebes, das Abschalten der Zylinder, die Abstimmung des Fahrweges – und damit die Wirtschaftlichkeit des Autos entscheidend erhöhen; desgleichen würde ein elektronisches Überwachungssystem die Unfälle minimieren und die verkehrsmäßige Orientierung wesentlich verbessern.

Frederic Vester sieht die Lösung darin, dass man den materiellen Verkehr in einen immateriellen verwandle; statt unsere Körper zu transportieren, sollten wir

Nachrichten transportieren. Die meisten Fahrten und Gänge seien überflüssig; denn ein Großteil diene der immateriellen Kommunikation, die man auch in einer anderen Kommunikationsart erledigen könne. Statt unsere Körper in einem Haufen Blech in Form eines Autos herumzuschleppen, wobei wir unsere Gesundheit mit Lärm, Stress und Abgasen und die Volkswirtschaft mit einem nicht enden wollenden Straßenbau und einem unsinnig hohen Energiebedarf belasteten, könne man jede Bewegung zwischen zwei Orten, die nur zur Informationsübertragung diene, streichen, d. h. diese Bewegung durch Telekommunikation, die den menschlichen Sinnesapparat omnipräsent mache, ohne dass er sich bewegen müsse, ersetzen (Vester 1980: 133 f.).

Am Anfang der Geschichte des Kraftfahrzeuges stand der Wille des Menschen, automobil zu werden; für die Zukunft besteht die Möglichkeit, die Welt „bewegungslos" zu erfahren und zu verarbeiten. Der Mittelweg scheint da immer noch der beste zu sein: nämlich ein Mobilismus, der mit Hilfe der Vernunft die Grenzen der Beweglichkeit erkennt; ein Immobilismus, der sich nur soweit in Bewegung setzt, als es die Rücksicht auf Umwelt (den Menschen wie die Natur) zulässt (auch Glaser 1986b: 25). Inwieweit die zukünftige Entwicklung der Automobilität durch das Elektroauto geprägt wird und ob dieses technische Artefakt zu einer neuen Mobilitätskultur im hier skizzierten Sinne beitragen wird, muss sich erst noch erweisen (vgl. Keichel und Schwedes 2013).

6 Aviatischer Aufschwung

Mit der Feststellung „Alles veloziferisch!" sah Goethe das „Prinzip Geschwindigkeit" als wesentliches Element der Modernität voraus: „Man verspeist im nächsten Augenblick den vorhergehenden, und so springts von Haus zu Haus, von Stadt zu Stadt, von Reich zu Reich und zuletzt von Weltteil zu Weltteil". In einem Brief an den Freund Zelter 1825 heißt es: „Reichtum und Schnelligkeit ist, was die Welt bewundert und wonach jeder strebt. Eisenbahnen, Schnellposten, Dampfschiffe und alle möglichen Fazilitäten der Kommunikation sind es, worauf die gebildete Welt ausgeht" (zit. nach Hoeges 1985: 9).

Nach der Eisenbahn, die als Vernetzungstraum das individuelle wie kollektive Bewusstsein und Unterbewusstsein in ganz besonderem Maße prägt, und dem Auto, das für jeden einzelnen Geschwindigkeit „handhabbar" machte, erfolgte mit dem (im doppelten Wortsinne) „Aufstieg" des Flugzeugs die menschheitsgeschichtlich bedeutsamste Beschleunigung beim Transport von Menschen und Gütern (vgl. Glaser 1981/1994: 242 ff.). Die bereits den Mythos durchziehende Hoffnung, dass der Mensch es den Vögeln gleich tun könne, trat in die erste Phase ihrer Verwirklichung ein, als am Ende des 18. Jahrhunderts Fluggeräte „leichter als Luft" (Ballone) entwickelt wurden. (Am 21. November 1789 stiegen zwei mutige französische „Aviatiker" mit einem von den Brüdern Montgolfier gebauten Heißluftballon zum ersten Mal auf.) Mit der Absicht, „Apparate" für zielgerichtetes Fliegen zu entwickeln, entstanden seit der Mitte des 19. Jahrhunderts in mehreren Ländern Gesellschaften zur Förderung der Luftschifffahrt – in Deutschland z. B. 1882.

Wenige Jahre später, 1889, veröffentlichte Otto Lilienthal, der Maschinenbau studiert und eine Maschinenfabrik gegründet hatte, ein Buch mit dem Titel „Der Vogelflug als Grundlage der Fliegekunst". Die von ihm entwickelten „Gleiter" – er selbst stürzte am 6. August 1896 mit einem Fluggerät dieser Art tödlich ab – inspirierten weitere Versuche, bei denen den Brüdern Wright mit ihrem „Flyer Nr. 1" ein Durchbruch gelang: Das Flugzeug blieb beim ersten Start am 17. Dezember 1903 zwölf Sekunden in der Luft, beim vierten fast eine Minute.

Parallel mit der weiteren Entwicklung „lenkbarer Ballone", sogenannter Luftschiffe – maßgebend bestimmt durch Graf Zeppelin (er bekam sein erstes Patent auf ein starres Luftschiff aus Aluminium 1895) –, ging die weitere Entwicklung des Flugzeugs, u. a. nach Erfindung des Benzinmotors, zügig voran; 1909 überquerte Louis Blériot den Kanal von Frankreich nach England. Kulturell-emotionale Schubkraft erhielt auch das Flugwesen durch die von Italien ausgehende literarische, künstlerische und politische Bewegung des Futurismus, die in dieser technischen Innovation eine geradezu mystische Elevation sah. „Wie der Adler im sandigen Tal nicht mit einem einzigen Schwung sich erhebt, sondern mit immer kräftigeren Flügelschlägen seinen Anlauf nimmt, sich langsam in leichter Steigung von seinem Schatten trennt und dann endlich frei auf der Breite seiner Schwingen sich im Wind empor schraubt – erst zeichnen seine Krallen tiefe Spuren, dann werden sie leichter und leichter, bis sie zuletzt kaum noch den Sand zu ritzen scheinen und die letzte Spur fast unsichtbar wird –, so stürmte die Maschine auf ihren drei leichten Rädern in ihrer blauen Rauchwolke, die aussah, als brenne die dürre Heide unter ihr, dahin und erhob sich von der Erde" (D'Annunzio 1889: 87). Wesentlich nüchterner heißt es in einem Bericht Franz Kafkas über die Schwierigkeiten der Aeroplane im Aerodrom, anlässlich einer Flugschau in Brescia 1909 (bei der er auch D'Annunzios Anwesenheit auf dem Flugfeld registrierte): „Ein Arbeiter faßt den einen Flügel der Schraube, um sie anzudrehn, er reißt an ihr, es gibt auch einen Ruck, man hört etwas wie den Atemzug eines starken Mannes im Schlaf; aber die Schraube rührt sich nicht weiter. Noch einmal wird es versucht, zehnmal wird es versucht, manchmal bleibt die Schraube gleich stehn, manchmal gibt sie sich für ein paar Wendungen her. Es liegt am Motor. Neue Arbeiten fangen an, die Zuschauer ermüden mehr als die nahe Beteiligten. Der Motor wird von allen Seiten geölt; verborgene Schrauben werden gelockert und zugeschnürt; ein Mann läuft ins Hangar, holt ein Ersatzstück; da paßt es wieder nicht; er eilt zurück, und hockend auf dem Boden des Hangars bearbeitet er es mit einem Hammer zwischen seinen Beinen. (...) Wieder wird die Schraube angedreht, vielleicht besser als früher, vielleicht auch nicht; der Motor kommt mit Lärm in Gang, als sei er ein anderer; vier Männer halten rückwärts den Apparat, und inmitten der Windstille ringsherum fährt der Luftzug von der schwingenden Schraube her in Stößen durch die Arbeitsmäntel dieser Männer. Man hört kein Wort, nur der Lärm der Schraube scheint zu kommandieren, acht Hände entlassen den Apparat, der lange über die Erdschollen hinläuft wie ein Ungeschickter auf Parketten" (Kafka 1977: 17 ff.).

Wie so oft in der Technikgeschichte erwies sich das militärische Interesse an Erfindungen auch für die Flugzeugentwicklung als höchst bedeutsam. Vor allem für Fragen der Fertigungstechnik und Pilotenausbildung stellte die Zeit des Ersten

Weltkrieges einen Durchbruch dar, wobei die Luftkämpfe auf beiden Seiten propagandistisch als besonders „ritterlich" romantisiert wurden. „Wies die junge Flugzeugindustrie zu Beginn des Krieges nur wenige hundert Beschäftigte auf, so vervielfachte sich diese Zahl bis zum Kriegsende rasch; über 200.000 Flugzeuge wurden weltweit produziert. Zunächst als Aufklärer eingesetzt, erfolgte der Einsatz des Flugzeugs bald auch als Bomber und Jäger. Nach dem Krieg wurden viele Militärflugzeuge, für die nun keine Verwendung mehr bestand, für zivile Zwecke umgerüstet. Ehemalige Militärpiloten gründeten kleine Fluggesellschaften, die häufig allerdings nur kurze Zeit bestanden. In Deutschland war aufgrund der Bedingungen des Versailler Vertrages der Flugzeugbau bis auf wenige Ausnahmen verboten. Dies bedeutete, daß deutsche Flugzeugkonstrukteure im Inland nur auf dem Gleit- und Segelflugsektor arbeiten konnten. Auf diese Weise bekamen sie aber ein Gespür für besonders leichte Konstruktionen, was nach Aufhebung der Versailler Bestimmungen auch dem Motorflugzeugbau zu Gute kam. Das Versailler Verbot, in Deutschland Höchstleistungsmotoren zu bauen, hatte jedoch einen Vorsprung des Auslandes, zumal der USA und Großbritanniens zur Folge, der sich bis zum Beginn des Zweiten Weltkrieges nicht einholen ließ" (Braun und Kaiser 1992: 139).

Wiederum war es der Krieg, nun der Zweite Weltkrieg, der ab 1939 die technische Entwicklung, die bereits ein Netz von Linienflugdiensten ermöglicht hatte, optimierte. So waren die ersten zivilen Flugzeuge, die dann nach 1945, unbeeinflusst von dem in der Troposphäre ablaufenden Wettergeschehen, in großer Höhe den Atlantik überqueren konnten, aus den amerikanischen Transport- und Bombenflugzeugen des Zweiten Weltkrieges abgeleitet worden. Und der Kalte Krieg bewirkte den verstärkten Ausbau des Strahlantriebes bei Militärflugzeugen, was das Jet-Zeitalter für die Zivilluftfahrt vorbereitete. 1955, als der Probeflug des britischen Düsenverkehrsflugzeuges „Comet III" stattfand – entwickelt von dem britischen Flugzeugkonstrukteur Geoffrey de Haveland, der auch das erste vierstrahlige Düsenverkehrsflugzeug „Comet I" entworfen hatte (fünf Abstürze!) –, in dem Jahr, in dem das britische Düsenflugzeug „Canberra" die Strecke London-New York-London in 14 Stunden und 21 Minuten flog, nahm die neue Deutsche Lufthansa den Flugverkehr wieder auf.

7 Fazit

Verkehrskultur, unter dem Aspekt der Verkehrskulturgeschichte betrachtet, weist, zu welchem Zeitpunkt man sie auch abbricht – bei aller technologischer und sozialer, politischer und wirtschaftlicher, kultureller und mentaler Variabilität –, eine seit der Neuzeit zum Durchbruch gekommene anthropologische Konstante auf, die sich sicherlich in die Zukunft verlängern lässt: nämlich die offensichtlich im Menschen angelegte, mit seiner Emanzipation von äußeren Mächten und Kräften immer ungehinderter zum Durchbruch kommende Sehnsucht nach einer möglichst rasch von statten gehenden Überwindung von Raum und Zeit. Im digitalen Zeitalter, als Folge der Chiprevolution, ist zum materialen Verkehr nun noch ein immaterieller in großem Ausmaß hinzugekommen, der Ubiquität und Synchronizität praktisch für jeden möglich macht. Damit dürfte ein neuer Paradigmenwechsel im Bereich der Verkehrskultur ins Haus stehen – ein Haus, das sich nun als elektronisches Gehäuse erweist. Das World Wide Web lässt uns den Vernetzungstraum des Menschen beziehungsweise der Menschheit unter neuen Vorzeichen sehen: Diese sind wiederum, wie so oft in der Geschichte der Verkehrskultur, ambivalenter Natur. Im Augenblick droht Extraversion die Introspektion zu überlagern und zu verdrängen; auf Gleichgewichtigkeit der zentrifugalen mit den zentripetalen Kräften aber käme es an; die Systole bedarf der Diastole, und umgekehrt. Es gälte, einen ausgeglichenen gesellschaftlichen „Blutkreislauf" zu ermöglichen, das heißt, die Bereiche der physischen Gegenstände, psychischen Zustände und geistigen Erzeugnisse miteinander zu verbinden. Die elektronischen Nomaden sehen sich zudem kompensatorisch nach „Heimat" (Wurzeln); ein solches Netzwerk könnte der Topos für das sein, was man als die Realutopie einer zukünftigen Netz-*kultur* begreifen mag: Die Wahrnehmung des Wertes sowohl von Beschleunigung als auch Entschleunigung.

Bei der Reflexion über die Zukunft des Verkehrs als kulturellem Phänomen ist es sinnvoll, sich seiner Herkunft zu vergewissern; die Kulturgeschichte des Verkehrswesens legt als Resümee die Sinnhaftigkeit einer Balance zwischen Dynamik und Statik nahe: ein Dasein, das sich nicht im Fortsein verliert, aber auch nicht im beengenden Hiersein verkümmert.

Literatur

Aicher, Otl. 1984. *Schwierige Verteidigung des Autos gegen seine Anbeter*. München.
Andersen, Hans Christian. o. J. *Eines Dichters Basar*. Weimar.
Börne, Ludwig. 1821. Monographie der deutschen Postschnecke. Beitrag zur Naturgeschichte der Mollusken und Testaceen. In *Ludwig Börnes gesammelte Schriften*. Vollständige Ausgabe in sechs Bänden, Bd. 1. Leipzig.
Braun, Hans-Joachim, und Walter Kaiser. 1992. *Technikgeschichte*. Bd. 5: Energiewirtschaft, Automatisierung, Information. Seit 1914. Berlin.
Brecht, Bertolt. 1967. Auf einem Meilenstein der Autostraßen. In *Gesammelte Werke*, Bd. 9, 736. Frankfurt a. M.
Bundespostmuseum Frankfurt. 1971. *Sonderausstellung zu 400 Jahre Postverbindung zwischen Skandinavien und Deutschland*. Frankfurt a. M.
Burckhardt, Jacob. 1913. *Die Kultur der Renaissance in Italien*, Bd. 2. Leipzig.
D'Annunzio, Gabriele. 1889. *Vielleicht, vielleicht auch nicht*. Roman. München.
Die Dame. Ein deutsches Journal für den verwöhnten Geschmack 1912 bis 1943, Hrsg. Christian Ferber 1980.
Domarus, Max. 1963. *Hitler. Reden und Proklamationen 1932–1945*, Bd. 2. Würzburg.
Erb, W. 1893. Über die wachsende Nervosität unserer Zeit. Zit. nach Sigmund Freud: Die ‚kulturelle' Sexualmoral und die moderne Nervosität. 1908, In *Sigmund Freud (1974): Studienausgabe*. Hrsg. von Alexander Mitscherlich, Bd. 9, 13–32. Frankfurt a. M.
Freud, Sigmund. 1930. Das Unbehagen in der Kultur. In *Ders.* (1974): Studienausgabe. Hrsg. Alexander Mitscherlich, Bd. 9, 197–270. Frankfurt a. M.
Friedell, Egon. 1930. *Kulturgeschichte der Neuzeit*, Bd. 1: Renaissance und Reformation, München.
Füssel, Stephan, Hrsg. 1988. *Historia von D. Johann Fausten*. Stuttgart.

Glaser, Hermann. 1981/1994. *Maschinenwelt und Alltagsleben. Industriekultur in Deutschland vom Biedermeier bis zur Weimarer Republik (Vom Biedermeier bis zur Postmoderne)*. Frankfurt a. M.
Glaser, Hermann. 1984. *Soviel Anfang war nie. Deutscher Geist im 19 Jahrhundert. Ein Lesebuch*. Frankfurt a. M.
Glaser, Hermann. 1986a. *Das Automobil. Eine Kulturgeschichte in Bildern*. München.
Glaser, Hermann. 1986b. Elf Konfigurationen aus der Kulturgeschichte des Automobils. In *Das Automobil in der Kunst. 1886–1986*, Hrsg. Reimar Zeller, 11–31. München.
Glaser, Hermann, und Norbert Neudecker. 1984. *Die deutsche Eisenbahn. Bilder aus ihrer Geschichte*. München.
Glaser, Hermann, und Thomas Werner. 1990. *Die Post in ihrer Zeit. Eine Kulturgeschichte menschlicher Kommunikation*. Heidelberg.
Goethe, Johann Wolfgang. o. J. Wilhelm Meisters Wanderjahre. In *Goethes Werke*. Hrsg. von Robert Riemann. Dreizehnter Teil, Berlin/Leipzig/Wien/Stuttgart.
Groh, Ruth, und Dieter Groh. 1992. Petrarca und der Mont Ventoux. *Merkur*, 4: 290–307
Hesse, Hermann. [1927]1963. *Der Steppenwolf*. München.
Hoeges, Dirk. 1985. *Alles veloziferisch. Die Eisenbahn – vom schönen Ungeheuer zur Ästhetik der Geschwindigkeit*. Rheinbach-Merzbach.
Illich, Ivan. 1974. *Die sogenannte Energie-Krise oder Die Lähmung der Gesellschaft. Das sozialkritische Quantum der Energie*. Reinbek bei Hamburg.
Kafka, Franz. 1977. *Die Aeroplane in Brescia*. Frankfurt a. M.
Kästner, Erich. 1959. Die sehr moralische Autodroschke. In *Ders.: Gesammelte Schriften*, Bd. 1 Gedichte, 110. Köln.
Keichel, Marcus, und Oliver Schwedes, Hrsg. 2013. *Das Elektroauto. Mobilität im Umbruch*. Wiesbaden
Killy, Walther, Hrsg. 1975. *Die deutsche Literatur. Texte und Zeugnisse*, Bd. 2. Spätmittelalter. Humanismus. Reformation. München.
Liliencron, Detlev. 1907. Blitzzug. In *Ders.: Ausgewählte Gedichte*, 12. Berlin/Leipzig.
List, Friedrich. 1929. *Schriften, Reden, Briefe*. Bd. 3: Schriften zum Verkehrswesen. Hrsg. Erwin von Beckerath und Otto Stühler. Berlin.
Marinetti, Fillipo Tommaso. 1909. Gründung und Manifest des Futurismus. Zit. nach Umbro Appolonio 1972. *Der Futurismus. Manifeste und Dokumente einer künstlerischen Revolution 1909–1918*. Köln.
Paul, Hermann. 2002. *Deutsches Wörterbuch. Bedeutungsgeschichte und Aufbau unseres Wortschatzes*. Tübingen.
Petrarca, Francesco. 1980. *Dichtungen. Briefe. Schriften*. Frankfurt a. M.
Piendl, Max. 1967. Thurn und Taxis 1517–1867. Zur Geschichte des fürstlichen Hauses und der Thurn und Taxisschen Post. *Archiv für deutsche Postgeschichte*, 1: 5–112.
Sachs, Wolfgang. 1984. *Die Liebe zum Automobil. Ein Rückblick in die Geschichte unserer Wünsche*. Reinbek bei Hamburg.
Schreiner, Klaus. 1987. Diversitas temporum. Zeiterfahrung und Epochengliederung im späten Mittelalter. In. *Epochenschwelle und Epochenbewusstsein*, Hrsg. Reinhart Herzog und Reinhard Koselleck. München.
Vester, Frederic. 1980. *Neuland des Denkens. Vom technokratischen zum kybernetischen Zeitalter*. Stuttgart.
Vorsteher, Dieter. 1981. Das Fest der 1000. Locomotive. Ein neues Sternbild über Moabit. In *Die nützlichen Künste. Gestaltende Technik und Bildende Kunst seit der Industriellen Revolution*, Hrsg. Tilmann Buddensieg und Henning Rogge. Berlin.
Weymar, Thomas. 1983. Ein Volk auf Achse. *Wechselwirkung*, Nr. 19: 22–26.

Zur historischen Genese der Verkehrsträger

Benedikt Meyer

Zusammenfassung
Das folgende Kapitel bietet einen Abriss über die historische Entwicklung der wichtigsten Verkehrsträger im 19. und 20. Jahrhundert. Einleitend werden außerdem einige gängige verkehrshistorische Fehlvorstellungen und Auslassungen thematisiert.

Schlüsselwörter
Verkehrsträger • Schienenverkehr • Schifffahrt • Luftfahrt • Straßenverkehr

1 Einleitung

1.1 Begriffe

Begriffe sind so lange klar, bis man versucht sie zu definieren. Was ein Verkehrsträger ist, wird verschieden verstanden. Konkret heißt das: mancherorts ist der Verkehrsträger die Schiene, mancherorts Schiene und Zug und mancherorts auch die Institution Deutsche Bahn. In der Folge werden die Begriffe wie folgt verwendet: Als Verkehrsträger (z. B. Rohrpost) wird ein System verstanden, das aus einer Verkehrs*infrastruktur* (Rohrpostleitung) besteht, auf der sich Verkehrs*mittel* (Rohrpost-Büchse) bewegen.

B. Meyer (✉)
Historisches Institut, Universität Bern, Bern, Schweiz
E-Mail: benedikt.meyer@hist.unibe.ch

1.2 Infrastrukturen, Normen, Behälter

Grundlegendes wird gerne vergessen. Beispielsweise die Infrastruktur. Wirklich gute Texte zur Geschichte der Verkehrsinfrastruktur sind ungleich schwerer zu finden, als solche zu Autos, Flugzeugen oder der Eisenbahn. Dabei ist es die Infrastruktur, welche die Möglichkeiten der Verkehrsmittel überhaupt erst bestimmt und so über Erfolg und Misserfolg mitentscheidet. So blieben etwa die dampfbetriebenen Busse im London der 1830er-Jahre eine Episode – weil die Straßen zu schlecht waren, um sie zu halten (Merki 2008: 53). Auch Fahrräder waren erst vorstellbar, nachdem der Bau einigermaßen ebener Chausseen ein erträgliches Gleiten ermöglichte. Eine besonders innovative Infrastruktur wurde im 16. Jahrhundert in China errichtet: Für den Bau der Verbotenen Stadt wurden Eisbahnen von hunderten Kilometern Länge errichtet und die Lasten auf Kufen bewegt. Aber Infrastruktur umfasst nicht nur Schienen, Straßen und Flugplätze. Zu ihr gehören heute auch Satelliten, Radaranlagen, Computersysteme, welche die Position der Verkehrsträger permanent überwachen. Und je nach Definition können auch technische Hochschulen und Verkehrsministerien zur Verkehrsinfrastruktur gerechnet werden.

Auch einzelne Bestandteile des Verkehrs werden gerne übersehen. Wie beispielsweise die Behälter, mit denen Güter transportiert werden. Dazu gehören namentlich Fracht-Container und Paletten. Seit den 1960er-Jahren ermöglichen diese das einigermaßen problemlose Umladen von Gütern von einem Verkehrsträger auf einen anderen. Die standardisierten, intermodal verwendbaren Behälter dürften den internationalen Handel ähnlich stark stimuliert haben wie der Abbau von Zöllen (Klose 2009).

1.3 Invention und Innovation

Zwei interessante Fragen sind, wie es zu Erfindungen kommt und warum sich manche durchsetzen können und andere nicht. Erfindungen „ex nihilo" sind selten. Die meisten Inventionen bestehen aus kleinen Verbesserungen, wobei sehr oft Transfers bestehender Lösungen auf ein neues Problemfeld eine Rolle spielen. James Watt beispielsweise, den Schulbücher gerne als „Erfinder der Dampfmaschine" preisen, verbesserte lediglich einen Bestandteil der bestehenden Dampfmaschine.

Nicht alle Inventionen erreichen das Stadium der Innovation – also der Durchsetzung am Markt. Und nicht alle gelangen von da zur Diffusion, also zur wirklich großflächigen Anwendung (Terminologie nach Schumpeter 1939). Die Fahrradkette wurde beispielsweise schon 1880 vorgeschlagen, konnte sich aber nicht durchsetzen. Elektroautos waren um 1900 bereits einigermaßen verbreitet, ein Elektroauto durchbrach als erstes die 100-km/h-Grenze und doch setzte sich das Antriebssystem nicht durch (Merki 2008: 53; Mom 2004). Räder mit Gummischläuchen und Ledermänteln gab es schon in den 1840er-Jahren – ohne Erfolg (Klose 2003: 121).

Erfolg oder Misserfolg von Inventionen lässt sich mit einer Mischung aus technischen und sozialen Faktoren erklären (vgl. Kirchner und Ruhrort in Kap. VI.1 dieses

Bandes: ▶ Verkehrstechnik und Gesellschaft: Techniksoziologische Perspektiven auf das Wechselverhältnis von sozialen und technischen Entwicklungen). Die Extrempositionen – Technikdeterminismus und Sozialkonstruktivismus – werden selten in Reinform vertreten. Grundsätzlich haben technisch „bessere" Lösungen gute Chancen auf Erfolg. Allerdings haben auch soziale Faktoren einen beträchtlichen Einfluss. So waren die ersten Niederräder schwerer und holpriger als die Hochräder, lösten diese aber dennoch ab, weil sie ungefährlicher und auch für Frauen und ältere Radfahrer zugänglich waren. Die Sicherheit war es denn auch, welche die Weiterentwicklung zum Liegerad verhinderte (Gleitsmann et al. 2009: 34 ff.).

Ein weiteres Hemmnis für Neuentwicklungen ist das Phänomen der Pfadabhängigkeit (siehe dazu Haefeli in Kap. II.3 dieses Bandes: ▶ Entwicklungslinien deutscher Verkehrspolitik im 19. und 20. Jahrhundert). Setzt sich eine Lösung erst einmal großflächig durch, kann sie nicht mehr so leicht ersetzt werden. In der Luftfahrt werden beispielsweise jedes Jahr dutzende Stilstudien mit völlig neuartig konstruierten Flugzeugen publiziert, welche über aerodynamisch hervorragende Eigenschaften verfügen sollen. Da sie allerdings massive Veränderungen bei der Flughafeninfrastruktur verlangen würden, ist eine wirkliche Abkehr vom Prinzip der geflügelten Röhre nicht realistisch.

1.4 Verstrebungen und altes Zeug

Verkehrsgeschichte ist bis heute meist eine Verkehrsträgergeschichte. Ein Problem, dem auch dieser Artikel nur teilweise Rechnung tragen kann. Dabei sind die Verstrebungen zwischen den Verkehrsträgern durchaus komplex. Schon in ihrer technischen Entwicklung haben die Verkehrsträger enorm voneinander profitiert. Beispiele dafür lassen sich fast nach Belieben aufzählen. Bessere Motoren, Ketten, Gestänge oder Räder fanden ihren Weg schnell von einem Verkehrsmittel zum nächsten. Zahlreiche Pioniere (Wright, Blériot, Rolls, Ford, Farman) und Unternehmen (Peugeot, Opel, GM) wechselten von einem Gefährt zum anderen. Genauso wie auch die Nutzer: so mutierten beispielsweise diverse Fahrradvereine mit der Zeit zu Automobilclubs.

Ein anderes Laster insbesondere populärwissenschaftlicher Texte ist die Fokussierung auf Neues. Dabei verschwinden alte Technologien nicht einfach. Sie bleiben oft bestehen – der Brief ist auch Jahrzehnte nach der ersten E-Mail alles andere als tot – und liefern nicht selten wichtige Impulse noch lange nachdem sie vermeintlich überholt sind (vgl. Edgerton 2006). In der Luftfahrtgeschichte wird beispielsweise gerne großes Gewicht auf die Diffusion des Jet-Triebwerks ab 1960 gelegt. Das Jet-Age brachte aber nicht nur schnellere und größere Flugzeuge mit sich, sondern führte auch dazu, dass tausende alte Maschinen abgestoßen wurden. Die Charter-Anbieter, die diese kauften, führten billige Flüge durch und setzten so die großen Airlines unter Druck. Es waren die Billig-Anbieter mit ihren alten Maschinen, die maßgeblich für das Sinken der Flugpreise verantwortlich waren. Dieselbe Geschichte wiederholte sich um 1970 bei der Einführung der Jumbo-Flugzeuge (vgl. Meyer 2014b).

2 Schiffe

2.1 Hochseeschifffahrt

Bei der Entwicklung der deutschen Schifffahrt waren Zollfragen entscheidend (vgl. Walle 2012: 12). Sonderregeln hatten Bremen und Hamburg zu Reichtum gebracht, der Abbau von Binnenzöllen verbesserte im 19. Jahrhundert die Perspektiven des Handels insgesamt. Die Verknüpfung der Häfen mit Eisenbahnen brachte einen weiteren Impuls für die wachsende Bedeutung des maritimen Transports, ebenso wie die Beseitigung rechtlicher Benachteiligungen deutscher gegenüber englischen Schiffen (vgl. ebd.: 14).

Von besonderer Bedeutung waren im 19. Jahrhundert der Personen- und insbesondere der Auswandererverkehr. Ab 1828 bot eine Bremer Gesellschaft regelmäßige Fahrten nach New York, in Hamburg formierte sich 1847 die HAPAG, die ab 1848 mit vier Segelschiffen Fahrten in die USA anbot, 1850 kam der erste Dampfer hinzu (vgl. ebd.: 15 f.). Der Vorteil der Dampfschiffe lag zunächst primär in ihrer Zuverlässigkeit und Windunabhängigkeit. Bei den Segelschiffen löste die Konkurrenz indes nochmals einen Innovationsschub aus, der beispielsweise die schnellen Windjammer-Schiffe hervorbrachte (vgl. Merki 2008: 37). Der technologische Umbruch fand in den 1880er-Jahren statt: das weltweite Verhältnis der Tonnage verschob sich von 1:2 zu 3:1 für die Dampfschiffe. Diese konnten bedeutend größer gebaut und ab 1900 mit Ölfeuerungen betrieben werden, was ihre Effizienz weiter steigerte.

Die beiden vielleicht wichtigsten Impulse für den Seehandel hatten aber nicht direkt mit den Schiffen selbst zu tun. Kanäle (Suezkanal: 1869; Nord-Ostseekanal: 1895; Panamakanal: 1914) verkürzten die Routen drastisch und die ab den 1950er-Jahren verwendeten Frachtcontainer standardisierten den Transport und erleichterten das Umladen der Ladung auf Schiene und Straße (vgl. Merki 2008: 38).

Der deutsche Seehandel wuchs bis zum Ersten Weltkrieg sehr schnell. Sein Anteil an der Welthandelstonnage wuchs von 6,6 Prozent 1850 auf 11,4 Prozent 1914. Damit hatte Deutschland nach Großbritannien den zweitgrößten Anteil am Seehandel (vgl. Walle 2012: 14 f.). Das 20. Jahrhundert brachte eine enorme Ausweitung der Kapazitäten und eine Spezialisierung der Schiffe. Die Frachter- und Tankschiffe wuchsen ins Gigantische, im globalisierten Welthandel leisten Schiffe heute 98 Prozent des interkontinentalen Handels. Die Bedeutung der Hochseeschifffahrt muss deshalb auch betont werden. Im Jahr 2012 wurden alleine in den Häfen Hamburg und Bremerhaven rund 200 Millionen Tonnen Güter umgeschlagen.

2.2 Binnenschifffahrt

Mit dem Aufkommen der Industrialisierung wurden im 19. Jahrhundert zahlreiche Kanäle gebaut. Das britische Netz war 1830 bereits auf 4000 Meilen angewachsen und verfügte über 20.000 Schleusen. Deren geringe Breite wirkte sich allerdings limitierend aus, die Kapazität des Netzes war begrenzt. Auch in Deutschland und

Frankreich wurden die Kanalnetze zwischen 1700 und 1850 von 136 auf 736 bzw. von 1850 auf 4200 Kilometer ausgebaut (vgl. Merki 2008: 42). Das Aufkommen der Eisenbahn hatte dann aber klar negative Effekte für die Kanäle. Sie erlaubte nicht nur eine andere Trassenführung und besonders heiße Sommer oder kalte Winter beeinträchtigten ihre Kapazität deutlich weniger.

In der ersten Hälfte des 20. Jahrhundert wurde mit dem Mittellandkanal eine Verbindung zwischen Rhein und Oder geschaffen. Die Investitionen in Kanäle hielten sich nun allerdings aufgrund des Wettbewerbs mit der Bahn in Grenzen. Im Zweiten Weltkrieg spielten die Wasserwege zunächst keine wichtige Rolle, bevor sie ab 1942 aufgrund der Überlastung der Bahn an Bedeutung zulegten. Während die Binnenschifffahrt in der DDR stets eine untergeordnete Rolle spielte, wurde in der BRD 1964 mit der Kanalisierung der Mosel ein erstes großes Wasserbauprojekt vollendet. Dieses sollte auf Drängen der französischen Regierung Ruhrkohle billig nach Lothringen befördern. Ein weiteres Großprojekt wurde 1960 begonnen und 1992 eröffnet: der Main-Donau-Kanal, mit dem eine Wasserstrasse zwischen Rotterdam und dem Schwarzen Meer geschaffen wurde. Inhaltlich blieb der Binnenschiffsverkehr in der zweiten Jahrhunderthälfte primär auf Massengüter beschränkt, einzig auf dem Rhein entwickelte sich ein nennenswerter Containerverkehr (vgl. Kopper 2002: 70 f.). Dieser ist heute eine gut ausgebaute und bis Basel schiffbare Rinne. Der Güterumschlag wuchs am Rheinknie von 70.000 Tonnen 1910 auf 8,5 Millionen Tonnen im Jahr 2000 (vgl. Merki 2008:41).

3 Schienenverkehr

1825 verkehrte der erste Personenzug zwischen Stockton und Darlington, zehn Jahre später der Erste Zug in Deutschland zwischen Nürnberg und Fürth – beide verwendeten wenigstens auf gewissen Abschnitten immer noch Pferde (vgl. Merki 2002: 44). Vorbild für Deutschland war allerdings nicht das reiche Großbritannien, sondern vielmehr die armen USA. Diese verfügten 1850 bereits über ein Netz von fast 14.000 einfach und preiswert errichteten Schienenkilometern (vgl. Roth 2005: 36).

In der zweiten Hälfte der 1930er-Jahre wurden vor allem kurze Städteverbindungen, in der nächsten Dekade zusehends auch größere Verbindungen geschaffen. Das Netz wuchs mit beachtlichem Tempo und namentlich Berlin und Leipzig avancierten zu ersten Knotenpunkten des entstehenden deutschen Netzes. Allerdings ergaben sich Ende der 1840er-Jahre zusehends Engpässe bei der Finanzierung (vgl. Roth 2005: 66).

Diese erfolgte meist durch Aktiengesellschaften – eine der beiden großen Neuerungen, welche die Eisenbahn auf institutioneller Ebene mit sich brachte. Die andere war die Stärkung des Zentralstaates. So war beispielsweise in der Schweiz der Bau des Gotthardtunnels 1872 bis 1882 das erste Großprojekt, welches die Möglichkeiten der Kantone deutlich überstieg und darum vom Bund getragen werden musste. Bezahlt wurde es übrigens maßgeblich von Deutschland und Italien (vgl. Elsasser 2007).

Nach 1848 kam es zu ersten Verstaatlichungen, die allerdings teilweise wieder rückgängig gemacht wurden. Die 1860er- und 1870er-Jahre waren in ganz Europa von privaten „Eisenbahnkönigen" geprägt, bevor eine weitere Verstaatlichungsrunde einsetzte (Roth 2005: 113). Kontroversen darum, wie Eisenbahnen organisiert sein sollten, sind eine Konstante ihrer Geschichte.

Namentlich in der zweiten Hälfte des 19. Jahrhunderts und bis zum Ersten Weltkrieg entfaltete die Bahn eine enorme Wirkung und brachte große Veränderungen in der wirtschaftlichen Geographie, aber auch im Alltag der Menschen mit sich. Manche Städte profitierten massiv von ihrer Stellung als Knotenpunkt: Die Bevölkerung Berlins beispielsweise wuchs von 170.000 1800 auf 1,8 Millionen im Jahr 1900 (Roth 2005: 158). Dabei erreichte die Bahn in der zweiten Hälfte des 19. Jahrhunderts sowohl im Personen-, als auch im Güterverkehr praktisch eine Monopolstellung. Insbesondere in Deutschland wurden die Strecken rasant ausgebaut, 1910 verfügte das Land mit 60.000 Schienenkilometern über das längste Streckennetz Europas (Merki 2008: 46 f.). 1913 wurden darauf 190 Millionen Tonnen Fracht transportiert und 61 Milliarden Personenkilometer gefahren (Zum Vergleich: 2009 wurde die Frachtmenge auf 312 Millionen Tonnen und die Personenkilometer auf 82 Milliarden gesteigert (vgl. BMVBS 2011)).

Nach Ende des Ersten Weltkriegs wurden die Bahnen der Länder 1920 „verreichlicht". Aufgrund der Versailler Bestimmungen musste die Deutsche Reichsbahn Gesellschaft (DRG) 5.000 Lokomotiven, 20.000 Personen- und 150.000 Güterwagen an die Siegermächte abtreten. Allerdings verfügte sie bereits 1925 wieder über mehr Rollmaterial als vor dem Krieg und die Abtretungen hatten auch einen Modernisierungsschub bewirkt (Kopper 2002: 2 f.). Insgesamt trug die DRG schwer an den Reparationsleistungen. Hinzu kam die Besetzung des Ruhrgebiets von 1923, welche die Gesellschaft nicht nur um einen Achtel ihres Streckennetzes, sondern auch an den Rand des Ruins brachte (vgl. Kopper 2002: 4).

Ende 1924 wurde die Bahn vom Staatsbetrieb zum selbständigen Betrieb umgewandelt, was zwar keine Privatisierung bedeutete, aber immerhin die Autonomie bei der Betriebsführung stärkte. Diese führte denn auch zu wichtigen Impulsen für die Modernisierung der Bahn und zur Sanierung per Personalabbau (vgl. Kopper 2002: 6). Bereits in den 1920er-Jahren führte die DRG außerdem Sondertarife ein, welche sich gegen die Konkurrenz der Lkws richteten und deshalb oft auch gezielt für bestimmte Güter oder Kunden eingerichtet wurden. In der Weltwirtschaftskrise setzte die DRG einschneidende Rationalisierungsmaßnahmen um und verlor dennoch zwischen 1930 und 1932 39 Prozent der Güter- und 36 Prozent der Personenverkehrseinnahmen. Die Lkw-Spediteure konnten ihr Verkehrsvolumen im selben Zeitraum um 112 Prozent steigern (vgl. Kopper 2002: 9).

Im Februar 1931 entschloss sich die DRG, einen der größten Spediteure – Schenker – zu übernehmen. Daraus entstand eine Marktaufteilung, bei der die Bahn Schenker und weiteren Spediteuren sogenannte Rollfuhr-Aufträge zubilligte und diese im Gegenzug Fahrten von über 50 Kilometern Länge der Bahn überließen. Damit festigte die Bahn ihre dominierende Rolle im Transportgewerbe (vgl. Kopper 2002: 9 f.).

Der Anschein von Normalität prägte die Bahn unter der Herrschaft der Nationalsozialisten. Von stark verbilligten Fahrten für Partei und Armee und Fahrten unterhalb der Selbstkosten für KdF-Reisende[1] abgesehen, gab es kaum Eingriffe und insbesondere personell setzten die Nationalsozialisten auf Kontinuität. Ausbau und Modernisierung der Bahn machten kaum Fortschritte und obschon die Bahn ab 1937 von der Rüstungskonjunktur profitierte, kam sie bereits im Winter 1938/1939 an ihre Kapazitätsgrenzen, als die Binnenschifffahrt infolge großer Kälte zum Erliegen kam (vgl. Kopper 2002: 21 f.).

Im Zweiten Weltkrieg brachten bereits die anfänglichen Blitzkriege die Bahn an die Grenzen ihrer Möglichkeiten, im weiteren Verlauf machten sich ineffiziente Strukturen und der mangelnde Ausbau der Infrastruktur noch stärker bemerkbar. Und namentlich beim Ostfeldzug fehlte es definitiv auch an geeigneten Maschinen. Alliierte Bombardements stellten die Bahn ab Frühling 1943 vor Probleme, ab Sommer 1944 wurden gezielt Bahnlinien und Rangierbahnhöfe und damit die Lebensader der Kriegswirtschaft angegriffen (vgl. Kopper 2002: 28). Bei Kriegsende lagen 15 Prozent des Anlagevermögens der Bahn in Trümmern, insbesondere zahlreiche Brücken waren noch kurz vor Kriegsende zerstört worden. Die Züge waren deshalb in den ersten Nachkriegsjahren oft komplett überlastet und gerade die Personenzüge teilweise um 200 Prozent überbelegt. Allerdings hatten die meisten Reisenden keine Wahl: Viele unter ihnen waren Kriegsheimkehrer oder Menschen die auf der Suche nach Nahrung größere Strecken zurücklegten. Dies insbesondere im kalten Winter 1946/1947, als es zu erheblichen Versorgungsengpässen kam (vgl. Kopper 2002: 39).

Zu Preisen von 1950 beliefen sich die Kriegsschäden auf 2,5 Milliarden Mark. Erhebliche Probleme ergaben sich außerdem aufgrund des bald einsetzenden Nachfragerückgangs und der hohen Lohnkosten. Obwohl der Personalbestand um 50.000 Stellen reduziert wurde, bestand zu Beginn der 1950er-Jahre immer noch ein Überhang von 50.000 Personen, die nicht entlassen oder pensioniert werden konnten (vgl. Kopper 2002: 42).

Hinzu kam, dass die Bahn gegenüber dem Lkw nun rasch an Terrain einbüßte – und zwar in ganz Westeuropa (vgl. Merki 2008: 47). Sie verlor insbesondere im Güterverkehr an Konkurrenzfähigkeit, was unter anderem bedeutete, dass sie den defizitären Personennahverkehr nicht mehr quersubventionieren konnte. Bei diesem liefen Busse ihr bereits in den 1950er-Jahren zusehends den Rang ab. Außerdem beharrte die Politik auf der Erhaltung unrentabler Nebenstrecken, tat aber ansonsten wenig zur Förderung des Schienenverkehrs. Die Bahn galt zudem als langsam, gestrig und umständlich, und das oftmals zu Recht (vgl. Merki 2002: 56).

Im Vergleich zu den westlichen Nachbarstaaten hinkte die Modernisierung des Schienenverkehrs in Deutschland rund 10 Jahre hinterher. Dampfloks gingen erst 1977 außer Betrieb und selbst die modernsten und bequemsten Züge der

---

[1] KdF steht für „Kraft durch Freude" und war eine nationalsozialistische Organisation, die den Anspruch hatte, bezahlbaren Urlaub für breite Schichten der Bevölkerung zu organisieren.

Nachkriegszeit – der TEE – kämpften zusehends mit der Konkurrenz durch Flugzeuge und Pkws (vgl. Kopper 2002: 46).

In den 1960er-Jahren stand es um die Deutsche Bahn so schlecht, dass mit dem nach dem Verkehrsminister Georg Leber benannten Leber-Plan 1967 die Stilllegung von 6500 Schienenkilometern und der Abbau von 82.000 Stellen in den nächsten fünf Jahren bekannt gegeben wurde. Außerdem griff der Bund der Bahn nun auch finanziell wieder mit 500 Millionen DM jährlich unter die Arme mit dem Ziel insbesondere die Transportgeschwindigkeit zu steigern. Damit übernahm der Staat erstmals seit Ende des Kaiserreichs wieder finanzielle und planerische Mitverantwortung für das Schienennetz (vgl. Kopper 2002: 47 f.).

Ende der 1960er-Jahre wurde die Verwaltung der Bahn gestrafft und mehrere Direktionen aufgelöst. Dass der Leber-Plan nicht in seiner ganzen Schärfe umgesetzt wurde, lag an der Hochkonjunktur der Jahre 1968 bis 1972, welche eine Verzögerung der Reformen erlaubte und 1970 das Jahr mit dem größten je vermeldeten Gütertransport auf deutschen Schienen mit sich brachte (vgl. Merki 2008: 47). Die Lage änderte sich mit der Rezession ab 1973. Die Bahn geriet nun in immer stärkere Abhängigkeit vom Bund. Wichtige Entscheidungen fielen immer seltener bei der DB-Hauptverwaltung und immer öfter in der Eisenbahnabteilung des Bundesverkehrsministeriums (Kopper 2002: 50 f.). Angesichts von 4 Milliarden Mark Defizit wurden 1974 neue Pläne zur Stilllegung unrentabler Strecken geschmiedet. Die Verkleinerung des Netzes und die Stilllegung von Strecken war allerdings kein spezifisch deutsches Phänomen. In England beispielsweise wurde das Schienennetz zwischen 1950 und dem Jahr 2000 halbiert (vgl. Merki 2008: 46).

Ein Lichtblick war da das neue Intercity-Netz zwischen größeren Ballungszentren. Dieses wurde 1971 lanciert, wobei bis 1979 die Züge nur alle zwei Stunden und ausschließlich mit erster Klasse verkehrten. Erst dann wurde das Tempo gesteigert, die Kadenz verdoppelt und Reisen zweiter Klasse angeboten. In den 1980er-Jahren kam es zu weiteren Reformen. Die Leute an der Spitze der Bahn stammten inzwischen großmehrheitlich aus der Privatwirtschaft und waren jederzeit kündbar. 1989 fand außerdem ein erheblicher Schuldenerlass statt (vgl. Kopper 2002: 51f.) und 1991 konnte nach dem Vorbild Japans und mit 10 Jahren Rückstand auf Frankreich die erste Hochgeschwindigkeitsstraße in Betrieb genommen werden (vgl. Kopper 2002: 49).

Wichtige Dienste leistete der Schienenverkehr allerdings nicht nur auf überregionalem Niveau, sondern auch im Regional- und Stadtverkehr. Straßenbahnen wurden in der zweiten Hälfte des 19. Jahrhunderts in allen größeren deutschen Städten angelegt, bewältigten einen großen Teil der innerstädtischen Mobilität und ermöglichten das flächenmäßige Wachstum der Städte. Mit aufkommender Motorisierung wurden die unflexiblen Trambahnen allerdings zusehends als Hindernisse wahrgenommen und an vielen Orten wieder zurückgebaut. Erst als der Verkehrs- und Parkraum für den motorisierten Individualverkehr in den 1960er-Jahren knapp zu werden begann, kam die Straßenbahn zu einer Renaissance, auch das Konzept von Vorort- oder S-Bahnen gewann wieder an Attraktivität (vgl. Haefeli 2008).

In der DDR litt das immer noch Reichsbahn genannte Bahnunternehmen weniger unter den Zerstörungen des Krieges als vielmehr unter den Verwüstungen der Demontagen. Die russische Besatzung baute einen beträchtlichen Teil des Schienennetzes ab und schmälerte so die Kapazität beträchtlich und – infolge der schlechten Infrastrukturpolitik der DDR-Führung – auch nachhaltig (vgl. Kaschka 2011: 335). Zwar wurde die Bahn aus politischen Motiven und um Treibstoff zu sparen gegenüber dem Lkw bevorzugt, Investitionen in die Entwicklung und den Ausbau des Systems blieben aber spärlich. So hinkte die Reichsbahn bei Verdieselung und Elektrifizierung ihrem westlichen Pendant um 10 Jahre hinterher (vgl. Kopper 2002: 53).

Überhaupt hatte das Verkehrswesen im Osten einen geringen politischen Stellenwert, wobei Güter und Personennahverkehr noch besser gestellt waren als der Personenfernverkehr. 1966 wurde die billigere Umstellung auf Diesel der Elektrifizierung vorgezogen, was sich zu Beginn der 1980er-Jahre rächte, als die Öllieferungen aus der Sowjetunion gekürzt wurden. Dies bewirkte, dass nun doch in aller Eile elektrifiziert werden musste, allerdings um den Preis des Aufschubs des Streckenausbaus und -unterhalts (vgl. Kopper 2002: 54 f.).

4 Straßenverkehr

4.1 Fahrrad

1817 konstruierte der badische Forstaufseher und Erfinder Karl Drais Freiherr zu Sauerbronn eine „Laufmaschine". Diese verfügte über zwei Räder, der Fahrer saß auf einem Balken und stieß sich mit den Füßen vom Boden ab. Manche Autoren sehen darin Parallelen zum Schlittschuhlaufen (vgl. Krausse 1993: 84), andere legen nahe, dass Drais auf den Pferdemangel infolge des „Schneesommerjahrs" 1816 reagiert habe (Lessing 2003: 138). Sicher ist, dass das Laufrad erst erfunden werden konnte, nachdem die seit Ende des 17. Jahrhunderts konstruierten Chausseen ein einigermaßen erträgliches Gleiten erlaubten. Das Gefährt blieb zunächst allerdings ein nutzloses Spielzeug.

1861 brachte der Pariser Schmied Pierre Michaux an der Vorderradnabe Pedale an und machte das Lauf- zum Fahrrad. Die Präsentation auf der Weltausstellung von 1967 brachte Aufmerksamkeit und eine höhere Nachfrage. Kurz darauf verlagerte sich das Zentrum der Fahrradentwicklung infolge des deutsch-französischen Kriegs nach England, wo die meisten Weiterentwicklungen – Kugellager, Vollgummi- und Luftreifen, Drahtspeichenräder, etc. – stattfanden. Bis Anfang des 20. Jahrhunderts wurde mit verschiedensten Formen und Konstruktionsweisen experimentiert, wobei der Trend zunächst zum Hoch- und schließlich zum Niederrad ging (vgl. Krausse 1993; Klose 2003).

Zu Beginn des 20. Jahrhunderts hatte das Fahrrad seine Form gefunden und die Preise begannen merklich zu sinken. Aus dem Stahlross des Bürgertums wurde nach dem Ersten Weltkrieg mehr und mehr der Drahtesel der Arbeiterklasse. Dieser dominierte in der Zwischenkriegszeit insbesondere das städtische Straßenbild (vgl. Ebert 2010).

Zwar existieren europaweit große Unterschiede bei der Verbreitung und Verwendung der Fahrräder, die Tendenzen sind aber ziemlich identisch. Nach Ende des Zweiten Weltkriegs nahm die Zahl der Fahrräder bis etwa 1950 noch zu, anschließend wichen die Fahrräder mehr und mehr der allgemeinen Motorisierung. Das Rad wurde physisch von der Straße verdrängt, es entsprach nicht mehr dem Zeitgeist, erhielt das Stigma eines Arme-Leute-Gefährts und verlor angesichts der immer weiteren Verzettelung der Lebensbereiche an praktischem Wert (Meyer 2014a: 33 ff.).

Erst die Jahre um 1970 brachten eine Trendwende: Der Wertewandel von „1968" und die Ölkrise von 1973 rückten das Fahrrad in ein neues Licht. Selbstbestimmte, gesunde, staufreie und umweltfreundliche Mobilität gewann wieder an Attraktivität, die Zahl der Fahrräder nahm wieder zu. Deren Nutzung verlagerte sich allerdings vermehrt in den Freizeitbereich, so dass von einer Renaissance des Fahrrads nur bedingt gesprochen werden kann (vgl. ebd.: 60 ff.).

Seit den 1970er-Jahren wurden nicht nur diverse neue Modelle – Miniräder, Mountainbikes, Fixies, Elektrofahrräder, etc. – lanciert, sondern auch die Fahrradinfrastruktur deutlich ausgebaut. Dabei profilierten sich in Deutschland insbesondere kleinere, studentisch geprägte Städte wie Münster oder Aachen.

4.2 Motorrad

Das Motorrad ist einer der ewig Übersehenen der Verkehrsgeschichte. Dabei spielten Motorräder gerade in Deutschland eine wichtige Rolle. Denn während Automobile in Frankreich, England sowie insbesondere in den USA bereits in den 1920er- und 1930er-Jahren eine breite Käuferschaft fanden, fehlten den deutschen Konsumenten dafür schlicht und einfach die Mittel. Der Wunsch nach motorisierter Mobilität war aber gleichwohl vorhanden und so kam es, dass ab Mitte der 1920er-Jahre mehr Motorräder als Autos auf deutschen Straßen verkehrten und in den 1930er-Jahren rund die Hälfte des Weltmotorradbestandes auf Deutschland entfiel (vgl. Merki 2008: 56).

Die Motorräder – zunächst eher motorisierte Fahrräder, später wirkliche Motormaschinen – spielten dabei die Rolle eines Überbrückers zwischen Fahrrad und Automobil. Für die Konsumenten brachten sie erhöhte Mobilität, technischen Fortschritt und sozialen Aufstieg zu einem relativ günstigen Preis. Eine Rolle, die durchaus mit jener von Kabinenrollern und Kleinstwagen nach dem Zweiten Weltkrieg verglichen werden kann. Die Zahl der Mopeds erreichte in der BRD Mitte der 1950er-Jahre ihren Zenit. Das Motorrad mutierte in der Folge eher zu einem Freizeitgefährt, das allerdings in Deutschland angesichts der historischen Tradition und der Motorradindustrie eine markant höhere gesellschaftliche Akzeptanz fand, als in vergleichbaren Ländern (vgl. Steinbeck 2012).

In der DDR stieg die Zahl der Motorräder bis 1989 stetig an. Dies, weil sie nicht nur deutlich günstiger zu haben waren als Automobile, sondern auch deutlich schneller. Insgesamt spielte das Motorrad im Ostblock eine wichtigere Rolle als im Westen: So kamen in Polen 1961 auf jedes Auto über sechs Motorräder (Steinbeck 2012: 30 ff.).

4.3 Automobil

Auch Automobile entwickelten sich um die Jahrhundertwende durch die Motorisierung drei- oder vierrädriger Fahrräder. Später wurden Fuhrwerke und zuletzt repräsentative Kutschen motorisiert. Während namentlich in den USA schon in den 1910er- und 1920er-Jahren am Fließband große Stückzahlen produziert wurden, blieb die deutsche Automobilindustrie stark fragmentiert und fertigte ihre Gefährte handwerklich und in Kleinserien. Zölle schützten sie gegen ausländische Konkurrenz. Die daraus resultierenden hohen Preise und die geringe Kaufkraft führten dazu, dass 1929 in Deutschland zwei Drittel weniger Autos gezählt wurden, als in Großbritannien (Kopper 2002: 11). Im selben Jahr verfügte übrigens auch nur ein Drittel der überörtlichen Straßen über einen festen Belag, was ebenfalls nicht gerade zur Motorisierung beitrug. Initiativen zur Verbesserung der Straßen blieben zunächst wirkungslos.

Land- und Gemeindestrassen wurden auch unter nationalsozialistischer Herrschaft nicht wesentlich verbessert. Der Autoverkehr blieb primär Nahverkehr und der Automobilbestand weiter hinter jenem Frankreichs und Grossbritanniens zurück. Die neu errichteten Autobahnen waren primär propagandistisch relevant, militärisch und beschäftigungstechnisch wird ihre Bedeutung gerne überschätzt. Auch der Volkswagen blieb ein utopisches nationalsozialistisches Versprechen, das nur der Krieg vor seinem Scheitern bewahrte (Kopper 2002: 34).

Es bleibt anzumerken, dass sich die Motorisierung in Europa (anders als in den USA) vor dem Zweiten Weltkrieg primär in den Städten vollzog (Merki 2002: 55). Ländliche Gegenden blieben schwach motorisiert und namentlich Pferde spielten bis zum Ende des Zweiten Weltkriegs eine wichtige Rolle (Merki 2002: 58f.). So führte beispielsweise die Wehrmacht bei ihrem Russlandfeldzug ein Vielfaches mehr an Pferden mit sich, als es Napoleon 150 Jahre zuvor getan hatte. Und Großbritannien importierte über 750.000 Pferde und Maultiere aus den USA (Edgerton 2006: 35). Erst in den 1950er-Jahren verloren die Paarhufer angesichts der zunehmenden Motorisierung der Landwirtschaft auch in ländlichen Gebieten an Terrain.

Nach Kriegsende kam es insbesondere beim Lastwagenverkehr zu einem schnellen Aufschwung. Lkws hatten bereits in der Zwischenkriegszeit den Bahngüterverkehr ergänzt und insbesondere bei Bruchgütern auch konkurrenziert (Kopper 2002: 12). Nun war die Bahninfrastruktur beschädigt und viele Stadtzentren zerstört, was dazu führte, dass sich zahlreiche Gewerbebetriebe in kleinstädtischem und ländlichem Gebiet ansiedelten. Allerdings blieben die Tarife der Spediteure bis 1961 direkt an jene der Bahn gekoppelt und die Reglementierung wurde auch danach nur langsam abgebaut (vgl. Kopper 2002: 60).

Auch die Zahl der Personenwagen begann in den 1950er-Jahren stark anzusteigen. Damit verband sich eine erste Demokratisierung des Konsums. Sinkende Preise und steigende Einkommen sorgten dafür, dass am Ende der Dekade immerhin 40 Prozent der Käufer von Neuwagen Angestellte waren (Kopper 2002: 58) und 1962 bereits 27 Prozent der Haushalte über ein Automobil verfügten. Die Bedeutung der Motorisierung in der Nachkriegszeit ist kaum hoch genug einzuschätzen.

Das Automobil war nicht nur das vermutlich wichtigste Konsumziel breiter Bevölkerungsschichten in der BRD, mit Namen wie „Rekord" oder „Kapitän" war es auch dazu geeignet, den gesellschaftlichen Aufstieg seines Besitzers zu dokumentieren (Sachs 1984: 80ff.). Und jenseits des Rheins erklärte der Philosoph Roland Barthes das Automobil (genauer, den Citroën DS) schlechthin zur „Kathedrale der Neuzeit" (Barthes 1957).

Die Automobillobby konnte nun ihre Forderungen nach mehr und besser ausgebauten Straßen immer besser durchsetzen. Ab 1957 wurde der Etat für den Straßenbau wesentlich erhöht, das Netz wurde ergänzt und ausgedehnt. Da sich die Massenmotorisierung in den 1960er-Jahren ungebremst fortsetzte, kam es allerdings schon zu Beginn der neuen Dekade in vielen Innenstädten zu Staus und Parkraumknappheit. Die oft zitierte Idee von der „autogerechten Stadt" wurde primär bei neu angelegten Siedlungen in der Peripherie umgesetzt, in den Zentren wurde versucht, den Straßenverkehr ins bestehende Siedlungsbild einzupassen. Der Straßenraum wurde nun definitiv zum Transitraum, die Nähe wurde der Ferne unterstellt, Alte, Kinder, Radfahrer vom Straßenraum verdrängt.

Die Zahl der Unfälle nahm dramatisch zu. Im traurigen Spitzenjahr 1970 verloren 19.000 Personen ihr Leben auf den Straßen der BRD. Eine/r alle 28 Minuten und damit rund doppelt soviele wie in England. Experten führten dies weniger auf technische Faktoren als auf kulturelle zurück. So wurde die Geschwindigkeit auf Landstraßen erst 1973 auf 100km/h limitiert. Einfache Innovationen wie Gurte und Kopfstützen hatten den größten Anteil am Absinken der Opferzahlen, nebst Aufklärung und elaborierteren technischen Verbesserungen wie beispielsweise Knautschzonen.

1971 verabschiedete die SPD-geführte Bundesregierung einen Plan, der das Autobahnnetz von 5.300 auf letztlich 15.000 hätte ausweiten sollen. Dem setzten allerdings die Ölkrise, die wirtschaftliche Rezession der 1970er-Jahre sowie das erwachende Umweltbewusstsein der Bürgerinnen und Bürger ein Ende, 1990 bemaßen sich die Autobahnen der BRD auf lediglich 8.200 Kilometer. Keiner der genannten Faktoren beeinträchtigte allerdings die fortschreitende Motorisierung. Diese übertraf auch in den 1970er-Jahren zuverlässig alle Prognosen der Wirtschaftsforschungsinstitute (Kopper 2002: 65). Und dies auch entgegen weiter verschärfter Verkehrsprobleme in den Städten, eines zusehends freudloseren Fahrerlebnisses und eines allgemein automobilkritischeren Diskurses. Der eigene Erfolg mag dem Auto qualitativ zugesetzt haben, quantitativ tat er ihm keinen Abbruch. Der wichtigste Treiber des Verkehrswachstums war ab den 1970er-Jahren der Freizeitverkehr. Die zunehmende Verzettelung der Lebensbereiche (Arbeit – Freizeit – Konsum – soziale Kontakte – etc.) brachte außerdem einen zusätzlichen Zwang zum Automobil mit sich. Die Massenmotorisierung bewirkte (und bewirkt noch immer) ein enormes flächenmäßiges Wachstum der Städte. Wer ins Grüne zog, sah sich vom Siedlungsbrei bald wieder eingeholt und außerdem genötigt, sich in den oft stockenden Pendlerverkehr zu begeben. Dieses Auseinanderquellen der Siedlungen bewirkte ein beträchtliches Verkehrswachstum, nicht aber eine qualitative Verbesserung der Mobilität (Haefeli 2008: 313).

Die Motorisierung der DDR verlief deutlich langsamer als jene in der BRD. Die Automobilindustrie entwickelte weit weniger Gewicht und der Pkw galt gemäß der offiziellen Lehre als substituierbares Konsumgut. In seine Entwicklung wurde kaum investiert, weshalb Trabant und Wartburg von Mitte der 1960er-Jahre bis 1989 fast unverändert produziert wurden. Die durchschnittliche Lieferzeit betrug außerdem wegen der geringen Produktion und dem fehlenden Import über zehn Jahre. Unter dem Strich hinkte die Motorisierung der DDR jener der BRD um etwa 15 bis 20 Jahre hinterher. Anders als im Westen wurden auch die Autobahnen nur wenig erweitert und die Autos spielten bei der Suburbanisierung eine untergeordnete Rolle, da neue Siedlungen mit Straßen- oder U-Bahnen erschlossen wurden.

Im geeinten Deutschland setzen sich nach 1990 die wesentlichen Trends bis heute fort. 2013 verkehrten hierzulande 43 Millionen Pkws sowie rund 10 Millionen weiterer Kraftfahrzeuge. 2009 wurden im motorisierten Individualverkehr in Deutschland 904 Milliarden Personenkilometer zurückgelegt (BMVBS 2011: 219). Auch die vermehrte Einrichtung von Einbahnstraßen, Verkehrsberuhigungen und autofreien Zonen konnten dem Autoboom nicht die Spitze brechen. Und auch die klassischen Paradoxien des Automobils bleiben bestehen: Die Fahrzeuge sind primär Stehzeuge und werden oft nur wenige Stunden am Tag bewegt, wobei sie auch noch schlecht ausgelastet sind und oft nur eine Person von ihnen profitiert.

Am Ende seines inzwischen über dreißig Jahre alten Klassikers nennt Wolfgang Sachs daher einige Zahlen aus dem Jahr 1979. Damals verfügten immerhin 62 Prozent der Haushalte über ein Automobil. Trotzdem wurden noch immer über 50 Prozent der Wege ohne Motor zurückgelegt. Grund dafür war, dass die Motorisierung primär eine Minderheit der Bevölkerung – jene der 25 bis 60jährigen erwerbstätigen Männer – erfasst hatte. Innerhalb dieser Gruppe kam es zwar zu einer Demokratisierung des Autokonsums, Ältere, Jüngere, Hausfrauen oder Einkommensschwache partizipierten an der sogenannten Massenmotorisierung aber nur sehr unterproportional (Sachs 1984: 229 f.). Diese Einschränkung müsste heute sicher etwas anders formuliert werden. Ihre Gültigkeit hat sie aber nicht grundsätzlich verloren.

5   Luftfahrt

5.1   Ballone und Luftschiffe

Die Geburtsstunde der „Luftfahrt leichter als Luft" schlug 1783 in Frankreich. Die beiden Papierfabrikanten Joseph und Etienne Montgolfier entdeckten das Heißluftprinzip wenige Monate, bevor der Physiker Jacques Alexandre César Charles den ersten Gasballon entwickelte. Dann jedoch trudelten die Aerostaten hundert Jahre im Wind, bis es 1884 gelang einen Ballon mit einem Propeller und einem Elektromotor zu versehen – der Ballon wurde so zum navigierbaren Luftschiff. Die Verwendung besserer Motoren und anderer Gase erlaubte den Bau immer größerer Modelle (Gras 1993).

1895 konstruierte der kroatische Holzhändler David Schwarz in Berlin das erste Starrluftschiff. Ein Aluminiumgerüst verlieh der Hülle ihre feste Form, das Innere war in mehrere Zellen unterteilt. Schwarz' Witwe verkaufte das Patent zwei Jahre später an den pensionierten Kavallerie-Oberst Ferdinand von Zeppelin. Dieser verbesserte das Prinzip und musste 1908 einen folgenschweren Rückschlag hinnehmen: Die LZ 4 wurde durch einen Sturm bei Stuttgart losgerissen und zerstört. Der anschließende Medienrummel entfachte eine patriotische Aufwallung, führte zur Sammlung von acht Millionen Mark und ermöglichte damit den kommerziellen Start der Zeppelinproduktion – und die Legitimation für weitere staatliche Subventionen (Merki 2002: 61 f.).

Ab 1909 verband die Delag („Deutsche Luft AG") als erste Airline der Welt mehrere deutsche Städte, darunter Berlin, Frankfurt, Hamburg, Dresden oder Düsseldorf. Den Ersten Weltkrieg beeinflussten die Zeppeline nicht maßgebend – zu leicht waren die großen Gefährte zu treffen (Merki 2002: 62). Außerdem ließen sich Flugzeuge billiger produzieren (Grant 2003: 59). Deren Aufkommen führte in der Zwischenkriegszeit allerdings nicht zum sofortigen Verschwinden der Luftschiffe. Im Gegenteil: 1924 gelang die erste Nonstop-Fahrt über den Atlantik und am Ende der Dekade erreichten Zeppeline Reisegeschwindigkeiten von bis zu 130km/h. Auch in den USA und England wurden Luftschiffe hergestellt, die Pläne zum Aufbau größerer Netze wurden allerdings infolge der Weltwirtschaftskrise auf Eis gelegt (Gras 1993: 155).

Bis in die 1930er-Jahre verfügten die Luftschiffe über wichtige Vorteile: Die Reise mit ihnen war angenehmer und luxuriöser und sie galten im Gegensatz zu Flugzeugen als sicher. Gerade deshalb war die Explosion der Hindenburg 1937 bei Lakehurst/USA ein Schock. Dass zwei Drittel der Passagiere überlebten, ging in den flammenden Bildern und dem Live-Kommentar des Radio-Moderators unter (Gras 1993: 158f.). Die letzten Zeppeline wurden 1940 abgewrackt. Seither wird immer wieder über ein Comeback der Riesen spekuliert, sei es als Werbe- oder als Lastenträger. Ein größeres Revival blieb aber bislang aus (Merki 2002: 62).

5.2   Flugzeuge

Anders als Aerostaten – die wegen ihrer geringeren Dichte in der Luft schwimmen bzw. fahren – sind Aeroplane auf eine Vorwärtsbewegung angewiesen, bei welcher Druckunterschiede bei den Tragflächen ausgenutzt werden können. Damit experimentierten zwar verschiedene Tüftler, die Erfolge aber gehörten jenen, die systematische Versuchsreihen anlegten. Zu diesen gehörte namentlich Industrielle Otto Lilienthal, der einerseits mathematische Modelle aufstellte und diese andererseits mit Sprüngen von einem eigens aufgeschütteten Hügel testete. Seinen daraus resultierenden „Normalsegelapparat" stellte Lilienthal in kleiner Serie her (Behringer und Ott-Koptschalijski 1991: 407 ff.).

Lilienthals Arbeit wurde unter anderem von zwei amerikanischen Fahrradherstellern aufgenommen. Den Wright-Brüdern gelang es nicht nur die Flugmaschinen mit Motoren und Propellern zu versehen, sondern auch – was fast noch wichtiger war – sie in der Luft stabil zu halten und zu navigieren. Bereits 1909 überquerte der Franzose Louis Blériot mit seiner stilgebenden Blériot XI den Ärmelkanal. Allerdings fehlten der Aviatik zu dieser Zeit noch zwei Dinge: Investoren und ein Verwendungszweck.

Das änderte sich mit dem Ersten Weltkrieg. Geld und Menschenleben verloren an Wert und Flugzeuge wurden industriell hergestellt. Der Krieg brachte wichtige Entwicklungsschritte und Know-How, dennoch endete er für die meisten der propagandistisch besungenen „Flieger-Asse" nicht hoch über der Erde, sondern darunter. Technisches und menschliches Versagen waren dabei tödlicher als die feindlichen Gewehre (Grant 2003: 80 ff.).

Nach Kriegsende wurden zahlreiche Fluggesellschaften gegründet. Die chronisch defizitären Betriebe waren auf finanzkräftige Investoren und Subventionen angewiesen. Viele gingen in Konkurs, andere schlossen sich mehr und mehr zusammen. 1926 zwang die Reichsregierung die beiden größten Gesellschaften – Junkers und Aero-Lloyd – zur Fusion und schuf so die „deutsche Luft Hansa". Der Prozess zur Schaffung eines Flag-Carriers lief international gleich ab. Spezifisch deutsch war hingegen, dass die Flugzeugproduktion aufgrund der Versailler Verträge größtenteils ins Ausland verlagert wurde und gewisse Strecken (z. B. längs des Rheins) nicht von einheimischen Firmen beflogen werden konnten (Meyer 2014b).

International entwickelte sich das Airline-Kartell IATA, innerhalb dessen Strecken, Preise und Kapazitäten abgesprochen und die Flugrechte an die Flag Carrier, welche mit wenigen Ausnahmen entweder in direktem oder indirektem staatlichem Besitz waren, vergeben wurden (Lyth 1997: 156).

Unter nationalsozialistischer Herrschaft wurde der Luftverkehr weiter stark ausgebaut. Hitler pflegte schon zu Wahlkampfauftritten per Flugzeug anzureisen, was praktische, vor allem aber propagandistische Gründe hatte. Die Luft Hansa profitierte stark von der nationalsozialistischen Begeisterung für die Fliegerei, die sich unter anderem im monumentalen Um- und Ausbau des Flughafens Tempelhof bei Berlin manifestierte (Spode 2004: 18).

„Militärisch" und „zivil" lassen sich in der Luftfahrt ganz besonders schlecht trennen. Der Zweite Weltkrieg brachte den zivilen Verkehr kurz zum Erliegen, bald darauf setzte er aber innerhalb der neuen Grenzen wieder ein. Der Krieg veränderte die Luftfahrt. Neu entwickelte und getestete Technologien setzten sich mit etwas Verzögerung auch im zivilen Bereich durch. Dazu gehörten Ortungstechnologien genauso wie die Druckkabine und das Düsentriebwerk (Gibbs-Smith 2003: 248). Diese Innovationen ermöglichten nicht nur einen ruhigeren und schnelleren Transport, sondern auch die Steigerung der Kapazität. Die Passagierzahlen schnellten nach 1945 explosionsartig nach oben. Weltweit waren 1946 15,5 Millionen Flugreisende unterwegs. Im Jahr 2000 waren es 1,7 Milliarden (Dierikx 2008: 145 f.), wobei sich in Westeuropa drei Phasen des Booms ausmachen lassen. Einer rasanten Expansion in den Nachkriegsjahren – Wachstumsraten von 15 bis 20 Prozent waren nicht unüblich – folgte 1971 eine Wachstumsverlangsamung. Die Liberalisierung des Verkehrs in den EWG-Staaten bewirkte ab ca. 1993 eine erneute Steigerung des Wachstumstempos. Das massive Wachstum der Passagier- und Frachtzahlen ist auf eine Vielzahl von Gründen zurückzuführen. Hervorzuheben sind einerseits die aufschwungsbedingte

Steigerung der Realeinkommen und andererseits die fortschrittsbedingte Senkung der Betriebskosten. Bei der Swissair beispielsweise sanken die Kosten zur Produktion eines Tonnenkilometers von 2,31 Franken 1947 auf 0,78 1993, was inflationsbereinigt einer Senkung um 97 Prozent gleichkommt (Meyer 2014b).

Der westdeutsche Luftverkehr wurde nach 1945 zunächst von ausländischen Gesellschaften bestritten. Noch 1959 bewältigten Swissair, KLM und SAS 40 Prozent des grenzquerenden Verkehrs. Die neue Lufthansa (nun ohne das Präfix „deutsche") konnte ihren Betrieb ab 1955 wieder aufnehmen. Sie operierte bis 1962 defizitär und etablierte sich bis 1971 als drittgrößte europäische Airline hinter Air France und British Airways (Dienel 1998: 107). Ihren schnellen Aufstieg verdankte sie primär den sehr profitablen Flügen in die USA. Hier erhielt sie aus politischen Gründen auch sehr attraktive Flugrechte, bessere als beispielsweise die niederländische KLM. Im Inland hingegen betrieb die Aktiengesellschaft im Besitz von Bund, Ländern und Städten aus politischen Gründen einige unwirtschaftliche Verbindungen zwischen kleineren und größeren Städten (ebd: 90). Interessant war das Verhältnis zur Bahn. Diese war an der Gründung der neuen Lufthansa beteiligt gewesen, dennoch blieb eine enge Kooperation aus. So verfügten die in den 1960er-Jahren eröffneten neuen Flughäfen zwar über gute Autobahn-, aber über keine Bahnanschlüsse (ebd: 115).

In den 1960er-Jahren entwickelten sich auch in Deutschland erste Charter-Gesellschaften. Diese verwendeten altes Material, verkauften ihre Sitzplätze en bloc an Reisebüros, welche die Flüge als Bestandteile von Pauschalreisen anboten. Hinter den Touristen waren namentlich Gastarbeiter aus dem Süden Europas sowie die Besucher von Industriemessen die wichtigsten Kundengruppen der „Bedarfsflieger". Die Charter-Anbieter operierten außerhalb des IATA-Kartells, verfügten über eine einfachere Kostenstruktur und boten deutlich tiefere Preise an als die etablierten Flag-Carrier. Die Lufthansa reagierte auf den Trend, indem sie eine eigene Charter-Tochter namens Condor aufbaute und den Chartermarkt so zu kontrollieren versuchte – was zumindest teilweise gelang. Ähnlich verfuhr die Lufthansa mit dem in den 1980er-Jahren aufkeimenden Markt für regionale Verbindungen. Flüge zwischen kleineren Städten konnten seitdem zusehends profitabel betrieben werden und die Lufthansa prägte den Markt durch ihre Tochter Cityline (später Lufthansa Express) (ebd: 113). Die dominierende Stellung einer Staats-Airline auf dem nationalen Markt war keineswegs eine deutsche Besonderheit, sondern war in fast allen westeuropäischen Staaten die Regel.

Im Osten Deutschlands hatte in der Zwischenkriegszeit vergleichsweise wenig Flugverkehr stattgefunden. Aber auch hier hob Mitte der 1950er-Jahre eine neue Lufthansa ab. Der Namensstreit endete 1963 mit dem neuen Titel „Interflug". Diese beflog einerseits Inlandslinien, außerhalb des Ostblocks blieben ihr aufgrund der „Hallstein-Doktrin" viele Destinationen verschlossen. Verbindungen nach Kuba, Angola oder Vietnam ließen sich ebenfalls nicht profitabel betreiben. Insgesamt überrascht es nicht, dass Interflug nie profitabel war und staatlich gestützt werden musste (ebd: 102). Aus wirtschaftlicher aber auch politischer Sicht interessant waren hingegen die Charterflüge, welche Interflug durchführte. Als Ostblock-Airline war sie nicht ans IATA-Kartell gebunden und brachte daher im Sommer tausende westdeutscher Touristen an die Strände ihrer Wahl (Spode 2004: 28).

Ein wichtiger Umbruch fand zwischen 1989 und 1993 statt. Mit der Liberalisierung des Luftverkehrs im EWG-Raum wurde die Vorherrschaft des IATA-Kartells gebrochen und die staatlichen Airlines wurden schrittweise privatisiert. Fluggesellschaften konnten nun grundsätzlich jede Verbindung zu jedem Preis anbieten. Es folgten äußerst turbulente 1990er-Jahre. Die großen Flag-Carrier wurden neu strukturiert und auf Kosteneffizienz und Kundenservice getrimmt. Dass sich dazu auch im Bewusstsein der Mitarbeitenden einiges ändern musste, illustriert eine berühmt gewordene Anekdote, nach der Theo Waigel, Finanzminister und Lufthansa-Aufsichtsrat, in Berlin zunächst keinen Zutritt zur Erste-Klasse-Lounge der Airline erhielt und dann bei Betriebsschluss rausgeworfen wurde (Staniland 2003: 236). Die großen Fluggesellschaften reduzierten ihre Kosten, senkten die Löhne und versuchten in neue Märkte vorzudringen, ohne die Kontrolle über ihren Heimmarkt zu verlieren. Die Preise für Flugreisen wurden stark reduziert, wobei insbesondere die neu aufkommenden Billig-Airlines wie Ryanair, Easyjet und in Deutschland Air Berlin die Konkurrenz anheizten (Meyer 2014b).

Die Anschläge vom 11. September 2001 brachten weitere Turbulenzen in einen ohnehin bereits unruhigen Markt. Zwar blieben die meisten bekannten Marken erhalten, doch die Fluggesellschaften waren in den 1990er-und 2000er-Jahren gezwungen, sich stärker als bisher zusammenzuschließen. Enge Kooperationen, Fusionen und Übernahmen häuften sich, die Lufthansa übernahm 2007/2008 Swiss und Austrian Airlines. Mit One World, SkyTeam und Star Alliance entstanden drei internationale Allianzen, deren Vertreter auch in Europa über starke Marktpositionen verfügen. Bedrängt werden diese in jüngerer Zeit insbesondere durch Airlines aus den Golfstaaten, welche nicht nur grossen Druck auf ihre Personalkosten ausüben, sondern auch über scheinbar unbegrenzte finanzielle Ressourcen verfügen.

Zu den Passagieren existieren überraschend wenige Daten. Während zunächst nur eine kleine und relativ homogene Gruppe unterwegs war, wurden Flugreisen nach dem Zweiten Weltkrieg und insbesondere ab den 1970er-Jahren für breite Schichten erschwinglich. Alters- und einkommensmäßig wurde das Publikum bunter, geschlechtlich ausgeglichener. Immer wichtiger wurde dabei der touristische Verkehr. Schon in den 1960er-Jahren war rund die Hälfte der Passagiere nicht geschäftlich unterwegs und die BRD stellte in dem Bereich schon in den 1970er-Jahren das größte Kontingent (Dienel 1998: 113). Das Reiseerlebnis veränderte sich insbesondere mit dem Aufkommen von Jet- (1960) und Jumbo-Flugzeugen (1971), sowie mit dem Durchbruch des No-Frills-Konzepts in den 1990ern. Während Service und Prestige einer Airline das Kundenverhalten lange Zeit maßgeblich beeinflusst hatten, avancierte ab 1990 der Preis zum wichtigsten Kaufkriterium (Meyer 2014b).

6 Fazit

Die einfachste Aussage zum Verkehr im 19. und 20. Jahrhundert ist, dass er sich explosionsartig ausgedehnt hat – und zwar in all seinen Facetten, im Güter- oder Personen-, im Nah- und Fernverkehr sowie bei fast allen Verkehrsträgern. Ermöglicht wurde diese Entwicklung einerseits durch technische Innovationen, die neue

Verkehrsträger hervorbrachten und bestehende verbesserten, und andererseits durch große Investitionen von privater und öffentlicher Seite. Eine weitere einfache Feststellung ist die, dass das Verkehrsgefüge im 19. und bis Mitte des 20. Jahrhunderts von der Eisenbahn dominiert wurde, während der lawinenartige Aufstieg des Automobils den wichtigsten Trend der Verkehrsgeschichte der zweiten Hälfte des 20. Jahrhunderts darstellt.

Geht es um das Verhältnis der Verkehrsträger untereinander, wird die Sache komplizierter. Einerseits bestand oft ein heftiger Konkurrenzkampf um Kunden, Raum und Investitionsgelder – andererseits ergänzten sich die Systeme und profitierten voneinander. Die Verhältnisse waren oft widersprüchlich, komplex und eng verzahnt, was sich insbesondere in der zweiten Hälfte des 20. Jahrhunderts beobachten lässt. So brachte die Massenmotorisierung das Fahrrad zunächst an den Rand der Bedeutungslosigkeit, die entstehenden Verkehrsengpässe trugen dann aber auch wieder zu seinem Revival bei. Wettbewerbsfähigkeit, Kapazität und Erfolg der einzelnen Verkehrsträger waren nicht einfach durch ihre technischen Eigenschaften „gegeben" sondern wurden wesentlich beeinflusst durch politische Entscheide sowie durch Wechselwirkungen zwischen den verschiedenen Bereichen und Trägern des Verkehrs.

Literatur

Barthes, Roland. 1957. *Mythologies*. Paris: Editions du Seuil.
Behringer, Wolfgang und Constance Ott-Koptschalijski. 1991. *Der Traum vom Fliegen. Zwischen Mythos und Technik*. Frankfurt a. M.
BMVBS - Bundesministerium für Verkehr, Bau- und Stadtentwicklung. 2011. *Verkehr in Zahlen*. Bonn/Berlin.
Dienel, Hans-Liudger. 1998. Lufthansa: Two German airlines. In *Flying the flag. European commercial air transport since 1945*, Hrsg. Hans-Liudger Dienel und Peter Lyth, 87–117. London/New York: Macmillan Press.
Dierikx, Marc. 2008. *Clipping the clouds. How air travel changed the world*. Westport: Praeger.
Ebert, Anne-Katrin. 2010. *Radelnde Nationen: die Geschichte des Fahrrads in Deutschland und den Niederlanden bis 1940*. Frankfurt a. M.
Edgerton, David. 2006. *The shock of the old. Technology and global history since 1900*. London: Profile Books.
Elsasser, Kilian. 2007. *Der direkte Weg in den Süden. Die Geschichte der Gotthardbahn*. Zürich.
Gibbs-Smith, Charles Harvard. 2003. *Aviation. An historical survey from its origins to the end of the Second World War*. London: London Science Museum.
Gleitsmann, Rolf-Jürgen, Rolf-Ulrich Kunze und, Günther Oetzel. 2009. *Technikgeschichte*, Konstanz.
Gras, Alain. 1993. Grandeur et dépendance. Sociologie des macro-systèmes techniques. Paris: Presses Universitaires de France.
Grant, R. G. 2003. *Fliegen. Die Geschichte der Luftfahrt*. Starnberg.
Haefeli, Ueli. 2008. Verkehrspolitik und urbane Mobilität. Deutsche und Schweizer Städte im Vergleich. Stuttgart: Steiner-Verlag.
Kaschka, Ralph. *2011. Auf dem falschen Gleis: Infrastrukturpolitik und -entwicklung der DDR am Beispiel der Deutschen Reichsbahn 1949–1989*. Frankfurt a. M.
Klose, Alexander. 2003. *Rasende Flaneure: eine Wahrnehmungsgeschichte des Fahrradfahrens*. Münster.

Klose, Alexander. 2009. *Das Container-Prinzip: Wie eine Box unser Denken verändert.* Hamburg.
Kopper, Christopher. 2002. *Handel und Verkehr im 20. Jahrhundert.* München.
Krausse, Joachim. 1993. Das Fahrrad. Von der ‚kindischen' Kombinatorik zur Montage. In *Fahrrad, Auto, Fernsehschrank. Zur Kulturgeschichte der Alltagsdinge.* Hrsg. Wolfgang Ruppert, 79–118. Frankfurt a.M.: Fischer-Verlag.
Lessing, Hans-Erhard. 2003. *Automobilität. Karl Drais und die unglaublichen Anfänge.* Leipzig.
Lyth, Peter. 1997. Experiencing turbulence. Regulation and deregulation in the international airline industry 1930–1990. In *Transport regulation matters*, Hrsg. James McConville, 154–174. London/Washington: Macmillan Press.
Merki, Christoph Maria. 2002. *Der holprige Siegeszug des Automobils 1895–1930. Zur Motorisierung des Strassenverkehrs in Frankreich, Deutschland und der Schweiz.* Wien.
Merki, Christoph Maria. 2008. *Verkehrsgeschichte und Mobilität.* Stuttgart.
Meyer, Benedikt. 2014a. *vorwärts rückwärts. Zur Geschichte des Fahrradfahrens in der Schweiz.* Nordhausen.
Meyer, Benedikt. 2014b. *Im Flug. Schweizer Airlines und ihre Passagiere, 1919–2002.* Zürich.
Mom, Gijs. 2004. *The electric vehicle: technology and expectations in the automobile age.* Baltimore: John Hopkins University Press.
Roth, Ralf. 2005. *Das Jahrhundert der Eisenbahn: die Herrschaft über Raum und Zeit 1800–1914.* Ostfildern.
Sachs, Wolfgang. 1984. *Die Liebe zum Automobil. Ein Rückblick in die Geschichte unserer Wünsche.* Reinbek bei Hamburg.
Schumpeter, Joseph. 1939. *Business cycles. A theoretical, historical and statistical analysis of the capitalist process.* New York: McGraw-Hill.
Spode, Hasso. 2004. Nichts wie weg hier! Luftfahrt und Tourismus in historischer Perspektive. In *Airworld: Design und Architektur für die Flugreise*, Hrsg. Alexander von Vegesack und Jochen Eisenbrand, 12–35. Weil am Rhein.
Staniland, Martin. 2003. *Government birds. Air transport and the state in western Europe.* Lanham: Rowman & Littlefield.
Steinbeck, Frank. 2012. *Das Motorrad: ein deutscher Sonderweg in die automobile Gesellschaft.* Stuttgart.
Walle, Heinrich. 2012. Schifffahrt. In *Maritime Wirtschaft in Deutschland: Schifffahrt – Werften – Handel – Seemacht im 19. und 20. Jahrhundert*, Hrsg. Jürgen Elvert, Sigurd Hess und Heinrich Walle, 11–32. Stuttgart.

Entwicklungslinien deutscher Verkehrspolitik im 19. und 20. Jahrhundert

Ueli Haefeli

Zusammenfassung

Die Verkehrspolitik seit dem Kaiserreich verfolgte immer auch verkehrsfremde Ziele militär-, sozial- und regionalpolitischer Art, was die Kohärenz der verkehrspolitischen Strategien häufig einschränkte. Prägend für die Verkehrspolitik im engeren Sinn war neben einem meistens infrastrukturlastigen Politikansatz das als grundsätzlich konfliktiv wahrgenommene Verhältnis von Schiene und Straße. Obwohl im internationalen Vergleich das starke Engagement des Staates im Zeichen der Daseinsvorsorge auffällt, kann von einem eigentlichen deutschen Sonderweg keine Rede sein.

Schlüsselwörter

Verkehrspolitik • Verkehrsgeschichte • Schiene-Straße-Konflikt • Daseinsvorsorge

1 Einleitung

Verkehrspolitik steht wie die meisten Politikbereiche vor der Herausforderung, primär an ihren kurzfristigen Erfolgen gemessen zu werden: Der Rhythmus von Wahlperioden und tagesaktuelle Problemstellungen bestimmen die Agenda oft mehr als langfristig angelegte und weitsichtig gedachte Strategien. Aus einer säkularen Perspektive wird jedoch schnell deutlich, dass die Konsequenzen verkehrspolitischen Handelns oft erst nach Jahrzehnten deutlich werden. Wohl nicht zufällig wurde für das Konzept der „Pfadabhängigkeit" eine dem Verkehrsbereich entlehnte Metapher gewählt. Politische Entscheide über Lage, Dimensionierung und Finanzierung von Verkehrsnetzen prägen die wirtschaftliche Entwicklung, die

U. Haefeli (✉)
Interface Politikstudien Forschung Beratung, Luzern, Schweiz
E-Mail: haefeli@interface-politikstudien.ch

© Springer Fachmedien Wiesbaden 2016
O. Schwedes et al. (Hrsg.), *Handbuch Verkehrspolitik*, Springer NachschlageWissen,
DOI 10.1007/978-3-658-04693-4_5

lokale Standortgunst und die alltäglichen Lebensweisen oft ganz entscheidend und sie sind häufig kaum oder nur mit großem Aufwand rückgängig zu machen.

Vor diesem Hintergrund fokussiert dieser Beitrag auf die aus einer langfristigen Perspektive zentralen Herausforderungen, welchen sich die deutsche Verkehrspolitik in den letzten anderthalb Jahrhunderten gegenübersah. Der gewählte Zeitraum korrespondiert einerseits ungefähr mit der Geschichte des deutschen Nationalstaates seit 1871, andererseits umfasst er in etwa die Diffusionsprozesse seit der für die verkehrspolitische Moderne zentralen Innovation der Eisenbahn. Kapitel 2 befasst sich mit dem Zeitalter der Schiene, der rasanten und politisch enorm geförderten Verbreitung der Eisenbahn, aber auch mit der Straßenbahn in den explosionsartig wachsenden Städten der Gründerzeit. In Kap. 3 steht die politische Koordination zwischen der in die Jahre gekommenen Bahn und dem neuem Verkehrsträger, dem Auto, vor allem in der Zeit zwischen den beiden Weltkriegen im Vordergrund. Kapitel 4 thematisiert die vielfältigen verkehrspolitischen Fragen, die mit der in den 1950er-Jahren einsetzenden Massenmotorisierung einhergingen und Kap. 5 widmet sich der Infragestellung einer kritiklosen Bejahung des Verkehrswachstums seit 1970, welche vor allem der Sorge um die bedrängte natürliche Umwelt, aber auch dem wachsenden Unbehagen in verkehrsgeplagten Städten entsprungen war. Im abschliessenden Fazit werden die Ergebnisse zusammengefasst und es wird nach den zentralen Determinanten der Verkehrspolitik und nach allfälligen spezifisch deutschen verkehrspolitischen Grundüberzeugungen und Verhaltensmustern gefragt. Denn die hier erwähnten verkehrspolitischen Herausforderungen stellten sich in allen modernen Industrie- und Dienstleistungsgesellschaften in einer ähnlichen Art und Weise (vgl. Filarski 2011: 1 ff.).

Verkehrspolitik wird im Folgenden umfassend verstanden und bezieht sich auf alle Ressorts, welche durch verkehrspolitische Entscheide in bedeutsamer Form beeinflusst wurden oder die ihrerseits die verkehrspolitische Entwicklung in zentralen Aspekten beeinflusst haben. Mitgemeint sind also je nachdem die Wirtschaftspolitik, die Raumpolitik, die Umweltpolitik, die Verteidigungspolitik und nicht zuletzt die Regionalpolitik.

2 Das Zeitalter der Schiene

Als zentrale erste verkehrspolitische Herausforderung in der Morgendämmerung des Eisenbahnzeitalters stellte sich die Frage nach der Rolle des Staates bei Bau und Betrieb der Bahnen. War die Eisenbahn als Staatsbahn zu verstehen oder war es besser, sie lediglich staatlich zu subventionieren und durch Konzessionen zu bändigen oder sollte sie gar gänzlich den Privaten überlassen werden? Diese Frage wurde in den meisten Staaten im Laufe des 19. Jahrhunderts je nach politischer Machtverteilung unterschiedlich beantwortet, die jeweiligen Präferenzen wechselten oft in sehr kurzen Zeiträumen, von einer langfristigen kohärenten Politik konnte keine Rede sein. Dies mag typisch sein für ein Jahrhundert, in welchem liberale Ideen die überkommenen Vorstellungen der Wirtschaftstätigkeit grundsätzlich hinterfragten und in dem sich neue, vorerst eher schwache Nationalstaaten erst herausbildeten (vgl. zur Geschichte der Deutschen Eisenbahnen im 19. Jahrhundert vor allem Roth 2005 und Ziegler 1996).

Dies galt in besonderem Maße für Deutschland, wo der 1815 gegründete Deutsche Bund 37 Bundesstaaten und vier Freie Städte nur sehr locker zusammenband. Entsprechend erfolgte der deutsche Eisenbahnbau in der Frühphase auf das ganze Land bezogen eher wildwüchsig, ähnlich wie etwa in der föderalistischen Schweiz, aber anders als beispielsweise in Frankreich, wo der Staat schon früh planend eingriff. Im Rückblick auffallend sind die großen ökonomischen Erwartungen, welche mit dem Eisenbahnbau verbunden wurden, lange bevor der erste Schienenmeter überhaupt verlegt war. Mit Blick auf das Eisenbahnpionierland USA wurden mit dem neuen Verkehrsmittel eigentliche Heilserwartungen auf einen stürmischen Wirtschaftsaufschwung verbunden. Vielleicht deshalb drängte in einer Frühphase in ganz Europa viel privates Kapital in den Eisenbahnbau. Denn auffallend ist jedenfalls der Kontrast zum Straßenbau, welcher de facto wohl immer noch mehr Kapital als die Eisenbahn beanspruchte: Erstellung, Ausbau und Betrieb des Verkehrsträgers Straße wurde immer als primär staatliche Aufgabe gesehen (vgl. zur Geschichte des Straßenbaus vom 18. bis zum 20. Jahrhundert die Beiträge in Dienel und Schiedt 2010). Die Zukunft aber, so schien es, gehörte den privaten Unternehmern und der Eisenbahn. Und die Zukunft versprach satte Gewinne.

In der Folge schwankten die Verkehrspolitiken der verschiedenen deutschen Staaten mehrfach zwischen konservativ (und eher etatistisch) und liberal (und eher marktwirtschaftlich) dominierten Phasen. Im sich unter der Führung Preußens allmählich nationalstaatlich verfestigenden Deutschland gewann aber letztlich die etatistische Seite die Oberhand, was auch einem gesamteuropäischen Trend entspricht. Eine Rolle mögen dabei neben militärstrategischen Interessen des Staates auch immer wieder auftretende privatwirtschaftliche Exzesse durch abenteuerliche Financiers und skrupellose Monopolisten gespielt haben. Private Eisenbahnkönige waren dadurch mehr und mehr stigmatisiert, wiewohl sie zweifellos die Entwicklung der Eisenbahn rascher und entschlossener vorangetrieben haben als viele staatliche Akteure. Auch diesbezüglich war Deutschland keineswegs ein Sonderfall; der spektakuläre Aufstieg und Fall des Eisenbahnmagnaten Bethel Henry Strousberg steht idealtypisch dafür. Nachdem viele mit ihren Eisenbahnaktien nicht reich geworden waren, sondern viel Kapital verloren hatten, wandelte sich die gesellschaftliche Vorstellung der Eisenbahn: Sie wurde nun mehrheitlich als Unternehmen gesehen, welches nur vom Gemeinwesen als Ganzes getragen werden konnte. Allerdings fehlte dem Staat oftmals das Kapital und manchmal auch der Wille für eine gezielte Verstaatlichung, sodass der Anteil der Privatbahnen trotzdem in vielen Gliedstaaten, darunter auch Preussen, hoch blieb. Und schliesslich blieb das Lager der Etatisten auch lange gespalten zwischen Föderalisten, welche die Bahnhoheit den Bundesstaaten überlassen und den Verfechtern einer Verreichlichung, zu denen auch Bismarck zählte (vgl. Gall und Pohl 1999: 15, 27 ff.). Bis zur Gründung der Deutschen Reichsbahn 1924 dauerte es deshalb noch einige Jahrzehnte.

Im internationalen Vergleich nimmt Deutschland bezüglich der staatlichen Eingreiftiefe damit gemeinsam mit den Niederlanden eine mittlere Position ein:

Die angelsächsischen Länder und lange Zeit auch die Schweiz setzten stärker auf die Privaten, die damals sehr erfolgreichen belgischen Bahnen eher auf den Staat (vgl. Filarski 2011: 10).

Zweifellos spielte die Eisenbahn in verschiedener Weise eine wichtige Rolle im Prozess der Herausbildung des deutschen Nationalstaates und dies wurde von Zeitgenossen auch durchaus so wahrgenommen. Erstens bewährten sich die deutschen Bahnen aus militärischer Sicht im Deutsch-Französischen Krieg 1871 und zweitens schufen die Fernstrecken attraktive Verbindungen zwischen vormals wenig verbundenen Gliedstaaten und förderten damit das Entstehen eines nationalen Bewusstseins. Drittens diente die Eisenbahn den Gliedstaaten zur Generierung von Steuereinnahmen. So betrug der Anteil der Eisenbahnen an den gesamten Steuereinnahmen Bayerns um 1900 39 Prozent (vgl. Filarski 2011: 31). Und viertens diente die Tarifgestaltung der Eisenbahn ein Stück weit dem sozialen und regionalpolitischen Ausgleich.

Nicht nur auf nationalstaatlicher Ebene, sondern auch im kommunalen Verkehr spielte der (motorisierte) Schienenverkehr gegen Ende des 19. Jahrhundert eine zunehmend wichtige Rolle. Zu sehen ist dies vor dem Hintergrund eines industrialisierungsbedingt rasanten Städtewachstums im letzten Viertel des 19. Jahrhunderts. Diesem war das überkommene Verkehrssystem nicht gewachsen: Im Kern handelte es sich noch immer um Fussgängerstädte, die subsidiären Verkehrsmittel Pferdeomnibus und -tram waren zu teuer, zu langsam und aufgrund des Dungabfalls zudem umweltbelastend (vgl. Bendikat 1999: 103–110). Die Eisenbahn erwies sich für die Feinverteilung als wenig geeignet, und die U-Bahn (erstmals 1863 in London) konnte ihre Vorteile nur in den wenigen Großstädten zum Tragen bringen. In der Folge stieg die Wohndichte in den Städten stark an und erreichte gesundheitspolitisch problematische Werte. Nebst einer Verbesserung der Trinkwasserver- und Abwasserentsorgung spielte die Einführung der vergleichsweise billigen und leistungsfähigen Straßenbahn ab etwa 1890 eine entscheidende Rolle bei der Sanierung der damaligen Städte. Dementsprechend spielte der Verkehr auch eine zentrale Rolle beim Auf- und Ausbau der städtischen „Leistungsverwaltung", welche die vorher dominierende „Eingriffsverwaltung" ergänzte und wesentlich zum Aufbau einer kommunalen Bürokratie beitrug. Der ursprünglich privatwirtschaftlich organisierte Nahverkehr wurde immer stärker reguliert oder die Verkehrsbetriebe wurden im Zuge munizipalsozialistischer Tendenzen gar kommunalisiert (ähnlich wie in Großbritannien, den Niederlanden und der Schweiz, aber anders als etwa in Frankreich). Um 1910 traf dies auf bereits 45 Prozent der Straßenbahngesellschaften zu. Wichtige Synergien ergaben sich zum Aufbau städtischer Elektrizitätswerke: Die Straßenbahn garantierte entsprechende Bezüge, die städtischen Elektrizitätswerke gewährleisteten stabile, spekulationsfreie Preise (vgl. Bendikat 1999: 4 ff.; Filarski 2011: 71). Innerhalb von Europa war Deutschland zusammen mit der Schweiz führend bei der Einführung der elektrischen Straßenbahn (vgl. Filarski 2011: 53).

Insgesamt prägten sich damit im Deutschen Kaiserreich vier zentrale Elemente aus, welche in der deutschen Verkehrspolitik bis in die Gegenwart nachwirken und sich in ihrer Kombination von anderen nationalen Verkehrspolitiken abheben.

Erstens wurde Verkehrspolitik bereits weitgehend als Element der allgemeinen Daseinsvorsorge verstanden, auch wenn dieser Begriff wohl erst deutlich später entstanden ist (vgl. Ambrosius in Kap. V.2 dieses Bandes: ▶ Öffentlicher Verkehr und Gemeinwirtschaftlichkeit: Im Spannungsfeld von Eigenwirtschaftlichkeit, Wettbewerb und Regulierung). Vor allem im Fernverkehr sollte ein dichtes Schienennetz bis in entlegene Regionen gleichwertige Lebensverhältnisse ermöglichen. Zweitens lässt sich aus der Sorge um die soziale Integration im Zeitalter beschleunigter Industrialisierung ein Element der Gemeinwohlorientierung ableiten, auch wenn das konkrete Verständnis von Gemeinwohl selbstredend je nach politischer Positionierung sehr unterschiedlich ausfallen kann und beispielsweise zwischen der aufkommenden Sozialdemokratie und Bismarck auch tatsächlich unterschiedlich ausfiel. Drittens ist von einer vergleichsweise starken Nähe von Staat und Verkehrssektor (im Kaiserreich dominiert von der Eisenbahn) auszugehen. Der Einfluss des Staates auf die Eisenbahn war immer groß, und weil der Staat kein Unternehmer war, war eine gewisse Tendenz zur Bürokratisierung der Bahnen wohl die unvermeidliche Folge. Vor allem gilt aber auch umgekehrt: Zu Beginn des 20. Jahrhunderts waren die Bahnen die bei Weitem größten Arbeitgeber in Deutschland, wodurch ihr Verhältnis zu Arbeitern und Beamten gesamtwirtschaftlich Maßstäbe setzen konnte. Im Interventionsstaat, wie er sich in Deutschland in den 1880er-Jahren herausbildete, spielten die Bahnen allein schon aufgrund ihrer schieren Größe eine zentrale Rolle. Zudem konnten die Bahnen als größter ziviler Auftraggeber starken Einfluss auf die Preisgestaltung der Zulieferer ausüben (vgl. Gall und Pohl 1999: 35 ff.). Viertens erfuhren die vorstehenden Elemente auch eine wissenschaftliche Abstützung in der spezifisch deutschen Form der Nationalökonomie unter dem Begriff „Besonderheitenlehre des Verkehrs", die maßgeblich von Emil Sax (1845–1927), einem Vertreter der Gemeinwirtschaftslehre, entwickelt worden war. Darin wurde in erster Linie postuliert, dass der Verkehrssektor auch in einem marktwirtschaftlichen System nicht dem allgemeinen Wettbewerb auszusetzen sei, sondern aufgrund von übergreifenden Interessen sowie aufgrund der ihm auferlegten gemeinwirtschaftlichen Lasten eines gewissen Schutzes bedürfe und regulierende Eingriffe des Staates zulässig seien (vgl. Kirchhofer 2010: 59 ff.).

3 Verkehrskoordination

Während im Kaiserreich eine recht einheitliche Verkehrspolitik im Zeichen der Eisenbahn noch möglich war, sahen sich die Weimarer Republik und die auf sie folgenden Regimes einer neuen Herausforderung gegenüber: Mit dem Auto und der damit ermöglichten Motorisierung des Personen- und Güterverkehrs auf der Straße trat ein neuer, mit der Bahn konkurrierender Verkehrsträger auf. Ganz unvermeidlich musste der Staat durch die Ausgestaltung seiner Verkehrspolitik diesen Konkurrenzkampf wesentlich beeinflussen. Dieser in der internationalen Literatur auch als Verkehrskoordination bezeichnete Prozess prägte die deutsche Verkehrspolitik seit dem Ersten Weltkrieg und bis in die 1950er-Jahre, ja eigentlich unter wechselnden

Vorzeichen bis in die Gegenwart. Dabei wurde das Verhältnis zwischen Schiene und Straße meistens als grundsätzlich konfliktiv verstanden, dem Ausloten der Synergien zwischen den beiden Verkehrsträgern wurde wenig Aufmerksamkeit geschenkt.

In seinen ersten Jahrzehnten war das Auto als verzichtbares Luxusgut betrachtet und entsprechend hoch besteuert worden. Dem neuen Verkehrsmittel begegneten weite Teile der Gesellschaft vorerst mit größten Misstrauen und dem Wunsch zu sehr einengenden Regulierungen bis hin zu Verboten (vgl. ausführlich dazu: Fraunholz 2002). Erst bedeutende technische Verbesserungen wie etwa der automatische Anlasser und stark sinkende Preise ebneten dem Auto in den 1920er-Jahren den Weg, so dass in Deutschland aber auch in Frankreich, Großbritannien, der Schweiz und weiteren europäischen Ländern die Motorisierung des Straßenverkehrs bis 1930 als abgeschlossen gelten konnte, die pferdegezogenen Verkehrsmittel hatten nun definitiv keine Zukunft mehr (vgl. dazu die Standardwerke von Merki 2002 und Möser 2002). Der Staat wurde durch das neue Verkehrsmittel schon deshalb herausgefordert, weil die Straßen, auf denen es verkehrte, ja ihm gehörten. Wie in anderen vergleichbaren Ländern auch, kann die deutsche Straßenverkehrspolitik als vergleichsweise motorisierungsfreundlich bezeichnet werden, auch wenn das Auto in dieser Frühphase etwa in Frankreich mit größerer Entschlossenheit als in Deutschland gefördert wurde, wo die Weimarer Republik notgedrungen andere Prioritäten außerhalb der Verkehrspolitik setzen musste.

Nach den Erfahrungen des Ersten Weltkriegs versuchte besonders das Militär die Verbreitung des Lkw durch Subventionen anzuregen. Daneben stellten sich wichtige Sicherheitsfragen, welche zu einer Vielzahl von Regulierungen führte, so etwa bei der Fahrausbildung oder bei der Haftpflichtfrage (vgl. Merki 2002: 427). Langfristig am bedeutsamsten war jedoch wohl, dass es der kleinen, aber gut organisierten Kraftfahrtlobby schon früh gelang, die Mittel der im Vergleich zu heute hohen Kfz-Besteuerung einer Zweckbindung für den Straßenbau zu unterwerfen. In Deutschland erfolgte bereits 1923 eine teilweise Zweckbindung dieser Steuergelder, 1926 wurden die Kfz-Steuermittel ganz dem Straßenbau vorbehalten. Damit war die Grundlage für einen Finanzierungsautomatismus im Straßenbau geschaffen, welcher sich in den Jahrzehnten der Massenmotorisierung als äußerst folgenreich herausstellen sollte, zumal mit dem Straßenbaufinanzierungsgesetz von 1960 auch die Erträge der Mineralölsteuer teilweise zweckgebunden wurden: Je mehr Autos verkehrten, je größere Fahrleistungen erreicht wurden, desto mehr Gelder flossen in den Straßenbau und -unterhalt.

Die Eisenbahn blieb aber in der Zwischenkriegszeit das Rückgrat der deutschen Transportwirtschaft und dominierte auch den Personenverkehr weiterhin. Das Auto ergänzte die Eisenbahn mehr (so etwa die Omnibusse als Feinverteiler von und zu den Bahnhöfen), als dass es sie konkurriert hätte. Obwohl das Fernbusnetz – betrieben von der Reichspost und den mit ihr konkurrierenden Kraftverkehrsgesellschaften – schon 1928 fast so lang war wie das Schienennetz, transportierte die Bahn damals zehnmal mehr Personen (vgl. Merki 2002: 106 f.; Zatsch 1993: 120 ff.). Da die Eisenbahn von den alliierten Siegermächten im Versailler Vertrag zu bedeutenden Reparationszahlungen verpflichtet worden war (Dawes-Pläne, Young-Plan), wäre eine verkehrspolitische Neuordnung mit stärkerer Berücksichtigung der

Lkw-Lobby auch aus allgemein-politischer Sicht riskant gewesen. Langfristig bedeutsamer war aber, dass die hohe Belastung der Reichsbahn teilweise längst überfällige Modernisierungsinvestitionen verhinderte, so etwa die Elektrifizierung der Bahn. Noch 1961 erbrachte die deutsche Bahn erst 22 Prozent der Zugförderleistung mit elektrischer Traktion, der Anteil des Diesel betrug 24 Prozent, derjenige des Dampfs 54 Prozent (vgl. Voigt 1973: 603). Im Vergleich dazu operierte etwa die Schweizerische Bundesbahn schon vor dem Zweiten Weltkrieg weitgehend mit elektrischer Traktion. Dieser Investitionsstau sollte die Konkurrenzfähigkeit der deutschen Bahn im Vergleich zum Auto aber auch zu ausländischen Bahnen bis weit über die Jahrhundertmitte hinaus beeinträchtigen. Die Reparationslasten schadeten also der Reichsbahn in vielem, sie ermutigte die Bahnverantwortlichen aber auch zu einem unternehmerischen Handeln, welches gerade in den Nachkriegsjahren schmerzlich vermisst werden sollte. Dass die Reichsbahn imstande war, die Reparationsleistungen zu erbringen, die vielfältigen gemeinwirtschaftlichen Lasten zu tragen und ihre Transportaufgaben zu erfüllen verdient immerhin Respekt.

Als gegen Ende der 1920er-Jahre dann die Konkurrenz des Lkw spürbar wurde, reichte eine Erhöhung der Kfz-Steuer für Schwerlaster aus, um den Lkw im Fernverkehr vorerst zurückzubinden. Als Folge der Weltwirtschaftskrise verschärfte sich die Konkurrenz zwischen Schiene und Straße im Güterverkehr aber derart, dass eine Reihe von regulierenden Massnahmen zu einem stark staatlich gelenkten Güterverkehr führte, wobei der Fernverkehr vor allem der Bahn vorbehalten blieb (vgl. Gall und Pohl 1999: 155 ff.). Eine bedeutsame Rolle im Massengüterverkehr spielte daneben aber nach wie vor die Binnenschifffahrt. Besonders wichtig war diesbezüglich der Bau des Mittellandkanals, welcher von den ostelbischen Großagrariern aus Angst um eine relative Verschlechterung ihrer Standortlage bis 1918 erfolgreich verzögert worden war – damit sollte die schlesische Kohleindustrie vor der Konkurrenz aus dem Ruhrgebiet geschützt werden. Obwohl die Weimarer Verfassung sowohl das Eigentum an den Binnenwasserstraßen als auch deren Verwaltung von den Ländern auf das Reich übertragen hatte, blieb die Verwaltung de facto in der Hand der Länder. Das Reich nutzte aber die neue Kompetenz, um die Binnenschifffahrt im Massengüterverkehr gegen die Bahn ausspielen zu können und diese zur Einführung günstiger Ausnahmetarife zu bewegen (vgl. Kopper 2002: 14).

Entgegen einer viel geäußerten Meinung brachte die nationalsozialistische Machtergreifung 1933 keine grundlegende Neuorientierung der Verkehrspolitik mit sich. Der propagandistisch geschickt ausgeschlachtete Autobahnbau blieb letztlich ein Stückwerk, das keiner grundlegenden verkehrspolitischen Konzeption folgte und der von Hitler propagierte Volkswagen diente während des Dritten Reiches nur militärischen Zwecken. Private profitierten vorerst kaum davon, so dass der Autobesitz nach wie vor begüterten Kreisen vorbehalten blieb und die große Mehrheit der Deutschen weiter mit der Bahn reiste, zumal deren Tarife aus sozialpolitischen Gründen eher tief gehalten wurden. Im Bereich des Güterverkehrs verstärkten die Nationalsozialisten die staatlichen Eingriffe gar noch, 1935 wurde der Güterfernverkehr auf der Straße strikt in das Tarif-System der Reichsbahn eingebunden (vgl. Kopper 2013: 89 ff.).

Das Aufkommen des Autos veränderte jedoch das Gefüge der föderalistischen Institutionen nachhaltig. Im Sinne einer Zentralisierung zogen die Regierungen der Weimarer Republik und des Dritten Reiches Kompetenzen im Straßenbau an sich, die früher bei den einzelnen Ländern verortet gewesen waren. Auch mit dieser Tendenz steht Deutschland keineswegs allein, das „großtechnische System" (Thomas P. Hughes) Straße tendierte ganz offensichtlich zu einer Stärkung der Zentralgewalt. Dies änderte sich auch in der Nachkriegszeit nicht grundlegend, auch wenn das deutsche Grundgesetz 1949 die Kompetenzen für den Straßenbau vorerst den neu geschaffenen Bundesländern übertragen hatte. Auf der obersten staatlichen Ebene führte diese Entwicklung zu einem kontinuierlichen Bedeutungszuwachs des Verkehrsministeriums, dessen nach Verkehrsmitteln gegliederte Abteilungen dadurch aber auch mehr und mehr in ein gegenseitiges Konkurrenzverhältnis gerieten (vgl. Dienel 2007).

Auch sonst dominierten in der Nachkriegszeit und in der jungen Bundesrepublik – auf die Darstellung der Entwicklung in der Deutschen Demokratischen Republik kann hier nicht ausführlich eingegangen werden (vgl. dazu Kaschka 2011) – zunächst die Kontinuitäten zu der Entwicklung seit dem Ersten Weltkrieg, Kontinuitäten die vor dem Hintergrund der Entnazifizierung durchaus auch Personen betreffen. Trotz großem Aufbaubedarf kam es schon vor der Gründung der Bundesrepublik zu Überkapazitäten auf dem Güterverkehrsmarkt und zum Wiederaufflackern des Schiene-Straße-Konflikts. Die Bundesregierung setzte, geprägt von einer äußerst vorsichtigen Finanzpolitik, auf die überkommenen Lösungen und kaum auf Investitionen in die Zukunft, was alle Verkehrsträger betraf, letztlich aber vor allem der Schiene schaden sollte. Bis in die Mitte der 1950er-Jahre blieben so die Verkehrsträger Schiene und Straße in ein enges Korsett gemeinwirtschaftlich legitimierter Regulierungen gezwängt (vgl. dazu die Standardwerke von Klenke 1993; 1995).

4   Motorisierung der Haushalte

Etwa ab der Mitte der 1950er-Jahre setzte der wohl wichtigste verkehrspolitische Paradigmenwechsel seit der Gründung des deutschen Reiches 1871 ein. Die traditionalistische Verkehrspolitik wurde abgelöst von einer investitionsfreundlichen, primär auf den Pkw, später auch auf den Lkw setzenden Grundhaltung. Die in den 1950er- und vor allem den 1960er-Jahren gefällten Infrastrukturentscheidungen prägen die räumliche Entwicklung und die Verkehrspolitik Deutschlands bis in die Gegenwart. In den ersten Jahren spielte dabei die Wirtschafts- und Gesellschaftspolitik erstaunlicherweise eine wichtigere Rolle als die offizielle Verkehrspolitik: Die Automobilindustrie entwickelte sich in dieser Zeit zu einer tragenden Säule des wirtschaftlichen Aufschwungs, was sie sich mit dem 1955 geprägten Slogan „Wohlstand kommt auf guten Straßen" zunutze machte. Und der sich nun sehr rasch verbreitende Pkw verkörperte idealtypisch das Leitbild des „American Way of Life", ja der freien Welt schlechthin. Vor diesem Hintergrund zu sehen ist beispielsweise die höchst folgenreiche und wenig durchdachte Einführung der

Pendlerpauschale 1955, welche die Fahrten zwischen Wohnort und Arbeitsstätte auch für Arbeitnehmende steuerlich abzugsfähig machte. Die Pauschale war primär sozialpolitisch motiviert, weder die Autolobby noch das Verkehrsministerium hatten sich an vorderster Front dafür eingesetzt. Zudem war sie mit 50 Pfennig pro Kilometer sehr großzügig kalkuliert, und sie konterkariert bis in die Gegenwart alle raumordnungspolitischen Bestrebungen gegen eine unerwünschte Zersiedelung der Landschaft (vgl. Klenke 1995: 36).

Die eigentliche Verkehrspolitik folgte der Wirtschafts- und Sozialpolitik mit Verspätung, aber dafür mit Vollgas. Mit der im Straßenbaufinanzierungsgesetz von 1960 festgeschriebenen Zweckbindung der Mineralölsteuer für den Straßenbau wurde eine weitere zentrale Grundlage für den nun äußerst expansiven Straßenbau der nächsten Jahre geschaffen. Und mit den tarifpolitischen Reformgesetzen von 1961 wurde auch eine behutsame Liberalisierung des Güterverkehrs eingeleitet. Diese wirkte sich vor allem zu Gunsten des Lkw aus, auch weil dieser nach wie vor seine vollen Wegekosten nicht zu tragen hatte, sondern de facto weiterhin vom Pkw quersubventioniert wurde. Zudem erwies sich auch die Entwicklung auf der europäischen Ebene (EWG, EG, EU) in der ganzen zweiten Hälfte des 20. Jahrhunderts als förderlich für den Lkw, denn die Mehrheit der europäischen Nachbarn Deutschlands setzten im Güterverkehr sehr stark auf die Deregulierung und den Lkw und gaben einer gemeinwirtschaftlich definierten Bahn nur wenig Kredit (Ebert und Harter 2010: 257 ff.). Alle großen Parteien unterstützten den hier skizzierten verkehrspolitischen Paradigmenwechsel, so dass der (selbstverständlich falsche) Eindruck eines „politikfreien Automatismus in Richtung autogerechter Gesellschaft" (Klenke 1995: 63) entstehen konnte, was im Übrigen ganz ähnlich auch für die Deutsche Demokratische Republik gilt: Auch hier galt die Massenmotorisierung als unaufhaltsam, auch wenn sie dann in der Realität bekanntlich viel langsamer voranschritt als im Westen des Landes (vgl. Schmucki 2001: 404).

Charakteristisch für die verkehrspolitische Grundkonzeption dieser Jahre ist aber auch das Dominieren des Fernstraßenbaus, während die Städte, in denen ja eigentlich der größere Teil des Verkehrsaufwands anfiel, bei der Finanzierung vorerst fast vollständig auf sich allein gestellt blieben. Als Resultat hinkte der Ausbau des städtischen Straßennetzes dem überörtlichen Netz oft in eklatanter Weise hinterher, die Rede von der „Verkehrsnot" war deshalb vor allem in den 1950er-Jahren allgegenwärtig. Diesem Missstand wurde lange Zeit wenig Beachtung geschenkt, erst ein wichtiges Expertengutachten von 1964 (vergleichbar dem berühmteren so genannten Buchanan-Bericht von 1963 in Großbritannien) leitete eine Wende in der Finanzierung des städtischen Verkehrsinfrastrukturausbaus ein (vgl. Haefeli 2008: 59). In der Folge wurde 1966 der Anteil der Kommunen am Mineralölsteueraufkommen erhöht und 1967 ausdrücklich auch der öffentliche Personennahverkehr (ÖPNV) mit 40 Prozent in die Zweckbindung eingeschlossen.

Der Bund förderte kommunale Straßenbauprojekte und Investitionen für Anlagen des ÖPNV mit insgesamt 60 Prozent der Gesamtkosten. Hinzu kamen noch bedeutende Mittel des Landes, so dass die Kommunen nur 20 Prozent, in einigen Fällen auch lediglich 10 Prozent der Investitionsmittel aufbringen mussten. Damit gerieten die Gemeinden ab der zweiten Hälfte der 1960er-Jahre zunehmend in die

Versuchung, die Verkehrsinfrastruktur eher zu großzügig als zu knapp zu dimensionieren; die Folgekosten, wie zum Beispiel Unterhalt und Personal, mussten dagegen weiterhin von den Städten getragen werden.

Diese verkehrspolitische Grundkonzeption der 1960er-Jahre führte dazu, dass für die kommenden Jahrzehnte zentrale Entscheide über Stadtautobahnen und unterirdische Infrastruktur für den ÖPNV sehr investitionsfreudig und autofreundlich gefällt wurden. Dies soll im Folgenden idealtypisch und stellvertretend für viele andere Regionen anhand des Ruhrgebiets konkretisiert werden. Dort schritt in den 1960er-Jahren der Bau von Stadtautobahnen wie etwa des Ruhrschnellwegs A 40 rasch voran, lokale Widerstände gab es zwar durchaus auch, sie konnten sich letztlich aber meistens kein Gehör verschaffen. Gleiches gilt für die unterirdischen Infrastrukturen des ÖPNV (der ÖPNV wurde in erster Linie in den Untergrund verbannt, um auf der Oberfläche mehr Raum für das Auto zu gewinnen), was sich besonders gut am Beispiel der Stadtbahn Rhein-Ruhr zeigen lässt. Nachdem in den 1960er-Jahren bei den Entscheidungsträgern im Bund und in Nordrhein-Westfalen die Einsicht gereift war, dass der massive Straßenausbau allein die Verkehrsprobleme nicht würde lösen können, richteten sich die Bestrebungen vermehrt auch auf den Ausbau des ÖPNV. Aus der Autoförderung wurde so die für die nächsten Jahrzehnte prägende Doppelförderung von Straße und Schiene – immer unter dem erwähnten Primat des Autos. Im Entwicklungsprogramm Ruhr 1968–1973 wurde der Ausbau eines regionalen Schnellbahnsystems gefordert, was in Plänen für ein 294 Kilometer langes S-Bahn-Netz im Raum Rhein-Ruhr-Wupper und für ein etwa 230 Kilometer langes normalspuriges Stadtbahnnetz zwischen Krefeld und Dortmund mündete, dazu kam als Exklave die Bielefelder Stadtbahn. Die Pläne sahen vor, dass 60 Prozent der neuen Stadtbahn in Tunneln verlaufen sollten, Berührungspunkte mit anderen Verkehrswegen ohne niveaugleiche Kreuzungen zu gestalten waren und im Endausbau automatisch und fahrerlos gefahren werden sollte; letztlich wurde also eine interkommunal verkehrende U-Bahn geplant. Die Fertigstellung wurde bei der Grundsteinlegung am 15. Juli 1969 in Duisburg innerhalb von zehn Jahren erwartet und die veranschlagten Kosten lagen bei 1,6 Milliarden Mark. Nur acht Tage zuvor war der Gesellschaftsvertrag für die Stadtbahn-Gesellschaft Ruhr mbH unterzeichnet worden. Die Gesellschaft war Empfängerin der Bundes- und Landessubventionen von 90 Prozent der Investitionen. Dadurch wurde sichergestellt, dass die Gemeinden keine Bundesmittel mehr für die in Ungnade gefallene Straßenbahn verwenden konnten, weil dies der Stadtbahn-Gesellschaft im Unterschied zu den einzelnen Städten untersagt war.

Die anfängliche Euphorie schlug aber schon bald in Katzenjammer um. Erstens zeigte sich, dass die veranschlagten Mittel bei Weitem nicht ausreichten und zweitens wurde klar, dass die Erstellung der Bauten viel länger dauern würde als vorgesehen. Eine Periode der Redimensionierung begann, welche jedoch oft nur mühsam durchgesetzt werden konnten, weil sich viele lokale Entscheidungsträger und auch ÖPNV-Betreiber nur schwer von der Faszination der Großprojekte lösen konnten. Letztlich erzwangen die finanzpolitischen Realitäten aber doch bedeutende Anpassungen der ursprünglichen Pläne. Bis zum Jahr 1995, 26 Jahre nach Gründung der Gesellschaft, wurde insgesamt ein Netz von bloß 170 statt

230 Kilometern realisiert, davon wiederum nur etwa 70 Kilometer im ursprünglich geplanten U-Bahn-Standard. Für dieses radikal verkleinerte Netz mussten 8,74 Milliarden Mark (laufende Preise, nicht inflationsbereinigt) investiert werden, also etwa das Fünffache der ursprünglich für das gesamte Netz vorgesehenen Kosten. Gleichzeitig wurde das bestehende Straßenbahnnetz drastisch reduziert, so dass aus dem Flächensystem Straßenbahn (engmaschige Bedienung der ganzen Stadt) das Korridorsystem Stadtbahn (Erschließung entlang von wenigen Hauptverkehrsachsen) wurde (vgl. Haefeli 2010: 149 ff.). Ein Vergleich mit der in diesen Jahren vorsichtigeren und teilweise auch bürgernäheren Verkehrspolitik der Schweiz zeigt, dass die deutsche Lösung mit einem U-Bahn-ähnlichen Ausbaustandard gegenüber einer Lösung mit einem primär auf die Straßenbahn abstellenden System auch im Betrieb viel ineffizienter war und nur einen bedeutend kleineren Teil des Verkehrsaufkommens auf sich vereinigen konnte (vgl. ausführlich dazu Haefeli 2005).

Der Vormarsch des Autos ging erstens auf Kosten des Fahrrads, welches in diesen Jahrzehnten fast vollständig von den Straßen und aus den Planungsgrundlagen der Politik verschwand. Zweitens verlor nun auch die Bahn – seit der Gründung der Bundesrepublik als „Deutsche Bundesbahn" unterwegs (bis zur Gründung der Deutsche Bahn AG 1994, dem Fusionsprodukt der „Deutsche Bundesbahn" und der im Osten Deutschlands verkehrenden „Deutsche Reichsbahn") ihre Vormachtstellung endgültig. Den entschlossenen Schritt in die Zukunft hatte die Bahn wohl schon in den ersten Nachkriegsjahren verpasst. Ihre Führungsspitze setzte sich damals im Kern aus älteren Personen zusammen, welche die Reichsbahngründung von 1924 primär als die oktroyierte Folge des Versailler Vertrages sahen und die immer noch der gemeinwirtschaftlich orientierten preußischen Staatsbahn des ausgehenden 19. Jahrhunderts nachtrauerten. Dazu kam eine ebenfalls jeden Wandel verzögernde Politik des Bundesverkehrsministeriums, welches große Vorbehalte gegenüber einer stärkeren Autonomie der Bahn, wie es beispielsweise der Expertenbericht der Brand-Kommission von 1960 gefordert hatte, nicht rechtzeitig überwinden konnte. Gleichzeitig hatte das Ministerium dem wachsenden Einfluss der Autolobby wenig entgegenzusetzen, beispielsweise gab es keine automatische Finanzierung von Investitionen analog zu den Mechanismen des Straßenbaufinanzierungsgesetzes. So hatte die Bahn gegenüber dem imponierenden Siegeszug des Autos letztlich das Nachsehen und die Verkehrspolitik war an diesem Niedergang keineswegs unbeteiligt (vgl. Kopper 2007). Die Empfehlungen der vom Bundestag eingesetzten Brand-Kommission von 1960 können beispielhaft für die Eisenbahnpolitik der jungen Bundesrepublik gelten: Ihre Intention, die Bahn von gemeinwirtschaftlichen Fesseln zu befreien oder die gemeinwirtschaftlichen Leistungen angemessen zu entschädigen, mochte in der Tendenz richtig liegen, aber sie kam zu spät und sie wurde von einer zögerlichen Politik in den ersten tarifpolitischen Reformgesetzen von 1961 nur halbherzig umgesetzt. Der Zug war im Wortsinn schon abgefahren (vgl. Klenke 1995: 2). Deshalb war auch der 1968 lancierte Versuch des Verkehrsministeriums (bekannt als „Leber-Plan" nach dem damaligen Verkehrsminister Georg Leber), die Bahn für den Güterverkehr und die Autobahn für den Personenverkehr zu reservieren, zum Scheitern verurteilt (vgl. Klenke 1995: 79 ff.).

De facto geschah in den kommenden Jahrzehnten eher das Gegenteil. Internationale Vergleiche zeigen aber auch, dass die Bahn in diesen Jahren überall an Terrain verlor und relativieren damit den Handlungsspielraum der deutschen Akteure.

5 Umweltwende? Verunsicherte Verkehrspolitik nach 1970 und zögerlicher Wiederaufstieg des öffentlichen Verkehrs

Mit dem großen Siegeszug des Pkw wurde in den 1960er-Jahren immer deutlicher, dass das Auto seine eigenen Vorteile wie Schnelligkeit und Flexibilität einzubüssen drohte, sobald seine Dominanz im Verkehrssystem zu groß wurde. Vor allem in den Städten blieb die automobile Revolution zunehmend im Stau stecken. Und gleichzeitig zeigten sich die Schattenseiten automobiler Mobilität immer deutlicher: Die Zahl der Verkehrstoten stieg kontinuierlich weiter an, die Beeinträchtigung der Straßenbewohner durch Luftverschmutzung und Lärm nahm Besorgnis erregende Dimensionen an. Einzelne hellsichtige Kritiker wie Jane Jacobs in den USA (mit ihrer Publikation „The Death and Life of Great American Cities" von 1961) oder der deutsche Psychoanalytiker Alexander Mitscherlich (sein Buch „Die Unwirtlichkeit unsere Städte" erschien 1965) hatten schon früh erkannt, wie einschneidend die Autodominanz die Lebensqualität der Stadtbevölkerung beeinflussen konnte. Weite Verbreitung erfuhr dieses autokritische Gedankengut aber erst nach der Umweltwende, welche um 1970 von den USA her kommend auch Deutschland zu erobern begann. Die umweltpolitische Aufbruchstimmung erfasste nach 1970 auch die deutsche Verkehrspolitik, zunächst allerdings eher zögerlich. Im Vordergrund stand die Luftreinhaltung, so etwa bei der Herabsetzung des Benzinbleigehalts 1971 (vgl. Haefeli 1999: 171 ff./Uekoetter 2009). Nachdem 1970 fast 20.000 Personen auf deutschen Straßen ums Leben kamen, wurde nun auch die Frage eines Tempolimits (wieder) ernsthaft diskutiert. 1972 wurde ein Tempolimit von 100 Stundenkilometern auf Überlandstraßen eingeführt, von welchem aber – und hier ist die Rede vom deutschen Sonderweg berechtigt – die Autobahnen ausgeklammert blieben.

Obwohl die Erdölkrise von 1973 zunächst als umweltpolitischer Rückschlag wirkte, blieb die verkehrspolitische Verunsicherung erhalten und sie verstärkte sich in den 1980er-Jahren sogar noch. Die „Repolitisierung" der Verkehrspolitik war ganz augenscheinlich; getrieben vor allem auch von den neuen außerparlamentarischen Oppositionsformen wurde es immer schwieriger, in Deutschland neue Straßen zu bauen. In besonderem Maße galt dies für die urbanen Räume, wo gut organisierte Bürgerinitiativen mit viel Einsatz für eine Redimensionierung von vielen nun als störend wahrgenommenen Straßenbauprojekten sorgten. Dem niederländischen Vorbild folgend wurden vielerorts Wohnstraßen eingerichtet und das Fahrrad als ideales Nahverkehrsmittel propagiert. Aber auch ganz oben in der Verkehrspolitik wurden neue Töne laut, beispielsweise 1973 im Kursbuch des damaligen Verkehrsminister Lauritz Lauritzen mit dem Titel „Der Mensch hat Vorfahrt". Im verkehrspolitischen Alltagsgeschäft zeigte sich aber bald die Macht der in den 1960er-Jahren geschaffenen Fakten: Die aufs Automobil ausgerichtete

Lebensweise mit den entsprechenden, sich weit in die Fläche ausweitenden Siedlungstypen ließ eine Rückbesinnung auf die von vielen umweltnahen Verkehrsexperten geforderte „Stadt der kurzen Wege" in vielen Köpfen als illusionär erscheinen. Zudem behinderten die mit viel Druck durchgesetzten Exportinteressen der deutschen Automobilwirtschaft oft die Umsetzung von möglicherweise in der Bevölkerung durchaus akzeptierten Maßnahmen für ein größere Stadt- und Umweltverträglichkeit des Verkehrs. Denn eine gewisse Entzauberung des Automobils lässt sich nach 1970 durchaus auch in Deutschland feststellen (vgl. Sachs 1984: 203 ff.).

Die nicht zuletzt auch von der neuen Umweltbewegung forcierte Ideologisierung der Verkehrspolitik entlang der traditionellen Front zwischen privatem und öffentlichem Verkehr trug das ihre zu einer Blockierung einer verkehrspolitischen Wende basierend auf einer Gesamtsicht des Verkehrssystems bei. Fachleute hatten dies unter „Integrierte Verkehrspolitik" in diesen Jahren vermehrt angemahnt (vgl. Schöller-Schwedes 2010). So stellte sich die verkehrspolitische Landschaft in den 1980er-Jahren als unauflösbarer Gegensatz zwischen der auf gemeinwirtschaftlichen Positionen aufbauenden Umweltbewegung und einer die Marktlogik für sich in Anspruch nehmenden Automobilwirtschaft dar. Dieser eher diskursiv konstruierte als in der praktischen Verkehrspolitik sachlich begründbare Gegensatz verhinderte und verhindert bis in die Gegenwart eine auf echte Nachhaltigkeit ausgerichtete Verkehrspolitik.

Nur langsam in Fahrt kam auch unter den neuen verkehrspolitischen Rahmenbedingungen die längst überfällige Modernisierung der Bahn. Von sechs in den frühen 1970er-Jahren bahnseitig propagierten Neubaustrecken, welche unter anderem auch höhere Geschwindigkeiten ermöglichen sollten, wurden lediglich zwei (Hannover-Würzburg sowie Mannheim-Stuttgart) in die Bauprogramme des Bundes aufgenommen; die Prioritäten lagen weiterhin beim Fernstraßenbau. Erst die Inbetriebnahme des französischen Hochgeschwindigkeitszuges TGV 1981 wirkte als Weckruf, dynamisierte die verschlafene Eisenbahnpolitik der vorhergehenden Jahrzehnte und führte zur Lancierung seines deutschen Pendants, des Intercity-Express (ICE), welcher seit 1991 mit beachtlichem Erfolg den deutschen Fernverkehrsmarkt aufmischt. Als weitere Innovation förderte die Bundespolitik die Entwicklung einer Magnetschwebebahn mit bedeutenden Mitteln. Dies gegen den Willen der deutschen Bahn, welche missliebige Konkurrenz witterte und bis heute mit wenig Erfolg (vgl. Kirchner und Ruhrort in Kap. VI.1 dieses Bandes: ▶ Verkehrstechnik und Gesellschaft: Techniksoziologische Perspektiven auf das Wechselverhältnis von sozialen und technischen Entwicklungen). Auch institutionell veränderte sich die Bahnpolitik in den 1990er-Jahren drastisch. Zum einen brachte die Deutsche Wiedervereinigung nach 1989 den Zusammenschluss von Bundesbahn und Reichsbahn, zum anderen gaben die Reformbestrebungen mit der Gründung der Deutschen Bahn AG 1994 der tief in den roten Zahlen steckenden Eisenbahn ein neues marktwirtschaftliches Profil und mehr Spielraum, als dies bisher das enge staatliche Korsett ermöglicht hatte.

Die Reichsbahn befand sich 1989 in einem ähnlichen Zustand wie der große Teil der ostdeutschen Wirtschaft, der nur als marode bezeichnet werden kann. Die

Infrastruktur war sanierungsbedürftig, das Rollmaterial veraltet und der Personalstand weit übersetzt. Groß war der Investitionsbedarf nicht zuletzt auf den im Zeitalter des Kalten Krieges stillgelegten Verbindungsstrecken zwischen dem Osten und dem Westen. Immerhin war das Bahnnetz im Osten noch viel dichter gewoben als im Westen, wo es aufgrund vieler Stilllegungen von Nebenbahnen in den Nachkriegsjahrzehnten viel von seiner Qualität als Flächenbahn eingebüßt hatte. Die nun von Berlin aus operierende Verkehrspolitik zeigte sich durchaus bereit, bedeutende Finanzmittel in die vormalige Reichsbahn zu investieren, gleichzeitig wurde der Personalstand praktisch halbiert, was umso leichter möglich war, als die Bahn mit der nun auch im Osten steigenden Motorisierung kontinuierlich Marktanteile verlor.

Die enorme Herausforderung einer Sanierung der Reichsbahn erleichterte auch eine grundlegende Bahnreform im Westen, wo eine verkrustete Bahnverwaltung längst auf dem Tisch liegende Probleme immer wieder mutlos vor sich her geschoben hatte. Legendär ist diesbezüglich der Ausspruch des ersten aus den neuen Ländern stammenden Bundesverkehrsministers Günther Krause nach einigen Wochen im Amt: „Jetzt, seit ich die Bundesbahn kenne, jetzt weiss ich erst, was Staatssozialismus ist" (Gall und Pohl 1999: 386). Die dann 1993 von Bundestag und Bundesrat beschlossene Bahnreform basierte auf den folgenden drei Grundprinzipien: Erstens wurde eine neue, privatrechtlich organisierte und entschuldete Eisenbahngesellschaft im Bundesbesitz geschaffen, die Deutsche Bahn AG. Zweites galt nun ein prinzipiell diskriminierungsfreier Zugang zum Eisenbahnnetz für private, auch ausländische Eisenbahnunternehmen und drittens wurde die Zuständigkeit für den Schienenpersonennahverkehr an die Bundesländer übertragen. Insgesamt hat die Bahnreform die deutsche Schienenverkehrslandschaft mit Sicherheit dynamisiert, der Anteil der Bahn am gesamten Verkehrsaufkommen ist in den letzten Jahren wieder gestiegen, auch wenn im Rahmen dieses Artikels keine abschliessende Bilanz gezogen werden kann. Immerhin wird bereits heute deutlich, dass die Bahn zwar unabhängiger von der Tagespolitik wirtschaften kann, sich aber aufgrund ihrer schieren Größe trotzdem häufig schwertut, mit der eigentlich am Markt notwendigen Flexibilität operieren zu können. Darüber hinaus ist sachlogisch bedingt, dass die reformierte Bahn primär ihre Eigeninteressen zu verfolgen hat, dass mithin eine Gesamtverkehrspolitik weiterhin Sache der Politik bleiben muss. Tendenziell lässt sich für die jüngste Vergangenheit ein wieder verstärktes – wenn auch kontrovers diskutiertes – Engagement des Staates im öffentlichen Verkehr verzeichnen. So wurde beispielsweise entgegen den ursprünglichen Plänen bisher auf eine völlige Privatisierung der Deutschen Bahn verzichtet und in etlichen Städten wurden Verkehrsverbünde geschaffen und Verkehrsbetriebe rekommunalisiert (vgl. Matecki und Schulten 2013).

Die deutsche Einheit brachte selbstverständlich auch für die Straßenverkehrspolitik gewaltige Herausforderungen. Insgesamt wurden sieben Autobahnprojekte mit einer Streckenlänge von etwa 2.000 Kilometern in Angriff genommen und bis heute größtenteils auch fertiggestellt. Das Investitionsvolumen betrug etwa 17 Milliarden Euro und lag damit knapp unter den Investitionen in die Bahn (vgl. BMVBS 2013: 3).

In den letzten drei Jahrzehnten nahm der Stellenwert der europäischen Verkehrspolitik für die deutsche Verkehrspolitik deutlich zu. Einen letzten bedeutsamen deutschen Alleingang stellte die Einführung der Katalysatorpflicht im Zuge der Waldsterben-Debatte 1984 dar. Seither agierte Deutschland in der Regel im europäischen Gleichschritt, dies zumindest auf der nationalen Ebene. So beeinflusste die EG-Richtlinie 91/440/EWG für diskriminierungsfreien Zugang zum Schienennetz in Deutschland zweifellos die Bahnreform von 1993. Insgesamt war die Politik der EWG, der EG und der EU stark geprägt von der Vorstellung, mehr Verkehr bringe mehr Wohlstand, wobei mit Verkehr lange in erster Linie der Straßenverkehr gemeint war. Allerdings war und ist der Einfluss Deutschlands in Brüssel als größtes Mitglied der europäischen Staatenfamilie beträchtlich. Dank ihrer bedeutenden Stellung im Alpentransit konnte auch die Schweiz als Nichtmitglied der EU einen gewissen Einfluss auf die deutsche Verkehrspolitik ausüben (Lkw- und Pkw-Maut) (vgl. Höschen 2007).

Stark europäisiert ist zudem der Luftverkehr, der in den bisherigen Ausführungen zu kurz gekommen ist (vgl. ausführlich zur Geschichte der Luftfahrt Meier in Kap. II. 2 dieses Bandes: ▶ Zur historischen Genese der Verkehrsträger). Charakteristisch für diesen Verkehrsträger sind auf der einen Seite starke Regulierungen im Sicherheitsbereich und eine weitgehende Liberalisierung des Marktzugangs. Allerdings wurden die nationalen Flag Carrier wie die Lufthansa in den meisten Ländern bis in die Gegenwart trotz dieser Liberalisierung mit den verschiedensten protektionistischen Maßnahmen gestützt. National verantwortet wird weiterhin der aus Gründen des Lärmschutzes und der Klimapolitik oft äußerst umstrittene Aus- und Neubau von Flughäfen. So wurde der Ausbau des Frankfurter Flughafens (Startbahn West) zu einem der wichtigsten Kristallisationspunkte der deutschen Umweltbewegung in den 1970er- und 1980er-Jahren.

Umweltpolitisch strittig wurde in dieser Zeit auch der Bau von Wasserstraßen, welcher lange Zeit eher im Abseits der verkehrspolitischen Öffentlichkeit stattfand. Insbesondere der zwischen 1960 und 1992 erbaute Main-Donau-Kanal, welcher erstmals eine schiffbare Verbindung zwischen der Nordsee und dem Schwarzen Meer schuf, wurde aber auch aus ökonomischer Perspektive kritisiert. Befürchtet wurden ein schlechtes Kosten-Nutzen-Verhältnis und eine unnötige Konkurrenz zur Bahn. (vgl. Gürtler und Urban 2013: 125). Der Verkehrsträger Binnenschifffahrt ist jedenfalls nicht ohne Bedeutung, er erbringt heute etwa die halbe Beförderungsleistung (gemessen in Tonnenkilometern) wie die Güterbahn.

6 Fazit

Wenn man unter Verkehrspolitik die staatlichen Bestrebungen zusammenfasst, ein nachhaltiges, die volkswirtschaftlichen, ökologischen und soziokulturellen Anforderungen optimal berücksichtigendes Verkehrssystem bereitzustellen, so war die real existierende deutsche Verkehrspolitik seit dem Kaiserreich paradoxerweise immer mehr und gleichzeitig weniger als eine so verstandene Verkehrspolitik. Mehr, weil immer wieder versucht wurde, mit der Verkehrspolitik auch verkehrsfremde

Zielsetzungen abzudecken. So spielten militärstrategische Überlegungen vor allem in der ersten Phase bis zum Zweiten Weltkrieg eine wichtige Rolle. Seit Mitte des 19. Jahrhunderts wurde ebenfalls versucht, sozial- und regionalpolitische Zielvorstellungen zu realisieren, so etwa durch die Tarifgestaltung im öffentlichen Verkehr. Und schliesslich prägten die Exportinteressen der deutschen Automobilwirtschaft die Verkehrspolitik vor allem nach der Mitte des 20. Jahrhunderts auch im Landesinnern in ganz erheblichem Maße. Insgesamt war eine solcherart überfrachtete Verkehrspolitik nicht geeignet, einer optimalen Ausgestaltung des Verkehrssystems wirklich nahe zu kommen.

Weniger als Verkehrspolitik war die deutsche Praxis, weil sie letztlich auf eine Verkehrs*träger*politik reduziert wurde, dominiert vor allem von einem grundsätzlich konfliktiven Verhältnis von Schiene und Straße. Es ist nie gelungen, die von Experten (unter vielen: Voigt 1973; Monheim und Monheim-Dandorfer 1990; Petersen und Schallaböck 1995; Canzler und Knie 1998) immer wieder geforderte Gesamtsicht auf das Verkehrssystem zur Leitschnur politischen Handelns zu machen. Verschiedene Gründe haben zu dieser zu kurz greifenden Fokussierung auf einzelne Verkehrsträger geführt. Entscheidend war aber wohl, dass der Konflikt zwischen gemeinwirtschaftlichen und liberalen Ideen und Ideologien das Verhältnis der Verkehrsträger in unzulässig verkürzender Art und Weise überlagerte. Die Schiene wurde so diskursiv zum Sinnbild eines gemeinwirtschaftlichen, monopolistischen, ja bisweilen gar kollektivistischen Verständnisses von Verkehrspolitik stilisiert, während die Straße die liberale, individualistische Sicht verkörperte. Dass die Straße dem säkularen und globalen Megatrend zur Individualisierung besser entsprach als der öffentliche Verkehr, schien auf der Hand zu liegen und erklärt den überwältigenden Siegeszug des Autos im 20. Jahrhundert (vgl. Kill 1991). Gleichzeitig war damit der unvoreingenommene Blick auf die verkehrspolitische Rationalität verstellt. Denn der internationale Vergleich zeigt deutlich, dass letztlich jene Verkehrssysteme am erfolgreichsten sind, welche auf einen ausgewogenen und wesensgerechten Einsatz der Verkehrsmittel abstellen und nicht jene, in denen einzelne Verkehrsmittel dominieren. Es ist deshalb zu bedauern, dass die Verkehrspolitik aufgrund beidseitiger ideologischer Scheuklappen der Nutzung von Synergien zwischen der Verkehrsmitteln nicht mehr Aufmerksamkeit geschenkt hat.

In der säkularen Perspektive lassen sich vor diesem Hintergrund folgende Charakteristika der deutschen Verkehrspolitik herausarbeiten: *Erstens* war die Verkehrspolitik in der Regel infrastrukturlastig, was den Interessen der meistens eher im Hintergrund operierenden Bauwirtschaft selbstredend entgegenkam. Die Ausnahme von dieser Regel liegt vor allem in der Zeit von 1914–1945 und sie lässt sich durch offenkundig fehlende finanzielle Ressourcen gut erklären. Sowohl in der Weimarer Republik als auch während des Nationalsozialismus wurde die Verkehrspolitik von einem stark steuernden Staat geprägt, aus volkswirtschaftlicher Sicht übrigens mit recht gutem Erfolg. In den entscheidenden Jahren, so vor allem in den 1960er-Jahren, setzte der Staat hauptsächlich auf den Infrastrukturausbau und steuerte kaum, oder wenn, dann eher mit bescheidenem Erfolg. In der Folge stiegen die Kosten für das Verkehrssystem als Ganzes stark an, ohne dass sich die Mobilität von Personen und Gütern entsprechend verbessert hätte. *Zweitens* wurde der Fernverkehr immer stärker gefördert als dies rein sachlogisch begründet gewesen wäre, was einer raumordnungspolitisch nicht erwünschten Zersiedelung Vorschub leistete. Der Grund mag darin liegen, dass die Finanzierung der Verkehrspolitik in Gremien erfolgte, in denen die Kommunen, insbesondere die großen Städte, schlecht vertreten waren; das Sagen hatten der Bund und die Länder. *Drittens* lässt sich daran anschließend ein Trend zur Stärkung der Zentralgewalt feststellen, von der Verfestigung des Nationalstaates im ausgehenden 19. Jahrhundert bis hin zur EU. Dies bedingt durch die Erfordernisse der auf Straße, Schiene und in der Luft immer großräumigeren Vernetzung. *Viertens* schließlich blieb Verkehrspolitik im 20. Jahrhundert vor allem eine Männerpolitik aus einer „Windschutzscheibenperspektive". Dementsprechend wurden die Bedürfnisse von Frauen, Kindern, alten und gebrechlichen Personen lange Zeit weniger stark gewichtet als die Bedürfnisse im Pendel- und Berufsverkehr (vgl. zur Verkehrspolitik aus feministischer Perspektive Bauhardt 1995).

Zum Schluss bleibt die Frage, was an diesen Entwicklungen als spezifisch deutsch gelten kann. Der gegenwärtige Stand der Geschichtsschreibung zu Verkehrsthemen lässt abschließende Aussagen bisher nicht zu. Es spricht aber einiges dafür, dass von einem deutschen Sonderfall keine Rede sein kann. Was hier für Deutschland geschildert wurde, findet sich in der einen oder anderen Form in der Regel auch anderswo. Die Entwicklung der Verkehrssysteme mit ihren immer großräumigeren Bezügen fördert die internationale Nivellierung stärker, als sie die Gegensätze hervortreten lässt. Als typisch deutsch mögen allenfalls die große Bedeutung der Gemeinwirtschaftlichkeitsdebatte und das etwas verstockte Verzichten auf generelle Tempolimits auf Autobahnen gelten. Im Großen und Ganzen darf die deutsche Verkehrspolitik aber wohl als typisch europäisch bezeichnet werden. Eine dem US-amerikanischen Beispiel folgende völlige Ausrichtung auf das Auto wurde ebenso wenig angestrebt wie eine starke Fokussierung auf die Schiene, welche Japan in den letzten Jahrzehnten umgesetzt hat.

Literatur

Bauhardt, Christine. 1995. *Stadtentwicklung und Verkehrspolitik. Eine Analyse aus feministischer Sicht*. Basel/Boston/Berlin.
Bendikat, Elfi. 1999. *Öffentliche Nahverkehrspolitik in Berlin und Paris 1890–1914: Strukturbedingungen, politische Konzeptionen und Realisierungsprobleme*. Berlin.
BMVBS. 2013. Sachstandsbericht Verkehrsprojekte Deutsche Einheit (Stand Juni 2013).
Canzler, Weert, und Andreas Knie. 1998. *Möglichkeitsräume. Grundrisse einer modernen Mobilitäts- und Verkehrspolitik*. Wien.
Dienel, Hans-Liudger. 2007. Das Bundesverkehrsministerium. In *Handbuch Verkehrspolitik*, Hrsg. Oliver Schöller, Weert Canzler und Andreas Knie, 200–224. Wiesbaden.
Dienel, Hans-Liudger, und Hans-Ulrich Schiedt, Hrsg. 2010. *Die moderne Straße. Planung, Bau und Verkehr vom 18. bis zum 20. Jahrhundert*. Frankfurt am Main.
Ebert, Volker, und Philip-Alexander Harter. 2010. *Europa ohne Fahrplan? Anfänge und Entwicklung der gemeinsamen Verkehrspolitik in der Europäischen Wirtschaftsgemeinschaft (1957–1985)*. Stuttgart.
Filarski, Ruud (in cooperation with Gijs Mom). 2011. *Shaping transport policy: two centuries of struggle between the public and private sector: a comparative perspective*. Den Haag.

Fraunholz, Uwe. 2002. *Motorphobia: anti-automobiler Protest in Kaiserreich und Weimarer Republik*. Göttingen.
Gall, Lothar, und Manfred Pohl, Hrsg. 1999. *Die Eisenbahn in Deutschland: von den Anfängen bis zur Gegenwart*. München.
Gürtler, Daniel, und Markus Urban. 2013. *Der Main-Donau-Kanal. Idee, Geschichte und Technik*. Nürnberg.
Haefeli, Ueli. 1999. Luftreinhaltepolitik im Strassenverkehr in den USA, in Deutschland und in der Schweiz. Ein Vergleich der Entwicklung nach 1945. *Traverse – Zeitschrift für Geschichte* 2: 171–191.
Haefeli, Ueli. 2005. Public transport in Bielefeld (Germany) and Bern (Switzerland) since 1950: A comparative analysis of efficiency, effectiveness and political background. *European Journal for Transport and Infrastructure* 5(3): 193–214.
Haefeli, Ueli. 2008. Verkehrspolitik und urbane Mobilität: Deutsche und Schweizer Städte im Vergleich 1950–1990. *Beiträge zur Stadtgeschichte und Urbanisierungsforschung*. Stuttgart.
Haefeli, Ueli. 2010. Die Zukunft der Vergangenheit. Verkehrspolitik in der Bundesrepublik der Nachkriegszeit im Vergleich zur Entwicklung in der Schweiz. In *Urbanität gestalten. Stadtbaukultur in Essen und im Ruhrgebiet 1900 bis 2010*, Hrsg. Museum Folkwang, 149–158. Essen.
Höschen, Markus. 2007. *Nationaler Starrsinn oder ökologisches Umdenken? Politische Konflikte um den Schweizer Alpentransit im ausgehenden 20. Jahrhundert*. München.
Jacobs, Jane. 1961. *The death and life of great American cities*. New York: Random House.
Kaschka, Ralph. 2011. *Auf dem falschen Gleis: Infrastrukturpolitik und -entwicklung der DDR am Beispiel der Deutschen Reichsbahn 1949–1989*. Frankfurt am Main.
Kill, Heinrich H. 1991. *Erfolgsstrategien von Verkehrssystemen: eine evolutionsorientierte Analyse der europäischen Verkehrsentwicklung*. Berlin.
Kirchhofer, André. 2010. *Stets zu Diensten – gezwungenermassen! Die Schweizer Bahnen und ihre „Gemeinwirtschaftlichkeit" für Staat, Wirtschaft und Bevölkerung*. Basel.
Klenke, Dietmar. 1993. *Bundesdeutsche Verkehrspolitik und Motorisierung: konfliktträchtige Weichenstellungen in den Jahren des Wiederaufstiegs*. Stuttgart.
Klenke, Dietmar. 1995. *„Freier Stau für freie Bürger": die Geschichte der bundesdeutschen Verkehrspolitik 1949–1994*. Darmstadt.
Kopper, Christopher. 2002. *Handel und Verkehr im 20. Jahrhundert*. München.
Kopper, Christopher. 2007. *Die Bahn im Wirtschaftswunder: Deutsche Bundesbahn und Verkehrspolitik in der Nachkriegsgesellschaft*. Frankfurt am Main.
Kopper, Christopher. 2013. Mobile exceptionalism? Passenger transport in interwar Germany. *Transfers* 3(2): 89–107.
Matecki, Claus, und Thorsten Schulten, Hrsg. 2013. *Zurück zur öffentlichen Hand? Chancen und Erfahrungen der Rekommunalisierung*. Hamburg.
Merki, Christoph Maria. 2002. *Der holprige Siegeszug des Automobils 1895–1930. Zur Motorisierung des Strassenverkehrs in Frankreich, Deutschland und der Schweiz*. Wien.
Mitscherlich, Alexander. 1965. *Die Unwirtlichkeit unserer Städte. Anstiftung zum Unfrieden*. Frankfurt am Main.
Monheim, Heiner, und Rita Monheim-Dandorfer. 1990. *Straßen für alle. Analysen und Konzepte zum Stadtverkehr der Zukunft*. Hamburg.
Möser, Kurt. 2002. *Geschichte des Autos*. Frankfurt am Main.
Petersen, Rudolf, und Karl Otto Schallaböck. 1995. *Mobilität für morgen. Chancen einer zukunftsfähigen Verkehrspolitik*. Berlin.
Roth, Ralf. 2005. *Das Jahrhundert der Eisenbahn: die Herrschaft über Raum und Zeit 1800–1914*. Ostfildern.
Sachs, Wolfgang. 1984. *Die Liebe zum Automobil: ein Rückblick in die Geschichte unserer Wünsche*. Reinbek.
Schmucki, Barbara. 2001. *Der Traum vom Verkehrsfluss: städtische Verkehrsplanung seit 1945 im deutsch-deutschen Vergleich*. Frankfurt am Main.

Schöller-Schwedes, Oliver. 2010. The failure of integrated transport policy in Germany: A historical perspective. *Journal of Transport Geography* 18(1): 85–96.
Uekoetter, Frank. 2009. *The age of smoke: environmental policy in Germany and the United States 1880–1970*. Pittsburgh: University of Pittsburgh Press.
Voigt, Fritz. 1973. *Verkehr*. Berlin.
Zatsch, Angela. 1993. *Staatsmacht und Motorisierung am Morgen des Automobilzeitalters*. Konstanz.
Ziegler, Dieter. 1996. *Eisenbahnen und Staat im Zeitalter der Industrialisierung: die Eisenbahnpolitik der deutschen Staaten im Vergleich*. Stuttgart.

Teil III

Verkehrspolitik als Verkehrspolitik

Die politikwissenschaftliche Auseinandersetzung mit Verkehrspolitik: Eine Einführung

Fritz Sager

Zusammenfassung

Das folgende Kapitel vermittelt eine Einführung in die Verkehrspolitik aus einer politikwissenschaftlichen Perspektive heraus. Neben einer klaren begrifflichen Abgrenzung zentraler Termini wird anhand zweier politikwissenschaftlicher Konzepte Verkehrspolitik als Lösung eines gesellschaftlichen Problems dargestellt und als Prozess mit verschiedenen Beispielen präsentiert. Abschließend folgen eine Darstellung bestehender Forschungslücken und ein Ausblick.

Schlüsselwörter

Verkehrspolitik • Politikwissenschaft • Policy-Analyse • Kausalmodell • Policy Cycle

1 Einleitung

[1]Um eine Einführung in die Verkehrspolitik aus politikwissenschaftlicher Perspektive heraus geben zu können, ist zunächst eine Definition der beiden zentralen Begriffe Verkehr und öffentliche Politik erforderlich. Grundsätzlich wird als Verkehr die Ortsveränderung von Personen, Gütern und Nachrichten bezeichnet, wobei Voigt (1973: 7) drei grundlegende gesellschaftliche und volkswirtschaftliche Funktionen des Verkehrs unterscheidet: Erstens fungiert Verkehr als „Dienstleistung zur Befriedigung von Konsumbedürfnissen", wobei die Verkehrsleistung den Charakter eines Endproduktes hat; zweitens als „immanenter Bestandteil jeder Arbeitsteilung und jedes Marktes", wobei die Verkehrsleistung als Voraussetzung der

---

[1]Ich danke Lyn Pleger für die große Unterstützung beim Verfassen dieses Beitrags.

F. Sager (✉)
Kompetenzzentrum für Public Management der Universität Bern, Bern, Schweiz
E-Mail: fritz.sager@kpm.unibe.ch

Produktion und Konsumtion gemeint ist; und drittens als Voraussetzung und Element der „Integration des Staates und der Gesellschaft". Verkehr findet auf der Straße, auf der Schiene, zu Wasser, in der Luft mit jeweils unterschiedlichen Verkehrsträgern statt; er wird privat und öffentlich angeboten und genutzt. Insbesondere durch die dritte Funktion des Verkehrs wird dessen enger Bezug zu öffentlicher Intervention ersichtlich. Wenngleich die Politikwissenschaft eine andere Perspektive als etwa die Volkswirtschaft bei Staatsinterventionen einnimmt, erfolgt diese auch hierbei mittels Regulierung und Maßnahmen, die sich unter dem Begriff einer *Public Policy* zusammenfassen lassen. Allgemein lässt sich eine Public Policy, also eine öffentliche Politik, definieren als „Ensemble kohärenter und zielgerichteter Handlungen und Entscheidungen unterschiedlicher Rechtsqualität, die dazu berufene staatliche, verbandliche oder private Personen im Hinblick auf die Lösung eines gesellschaftlichen Problems vornehmen bzw. treffen" (Bussmann et al. 1997: 62).

Mittels der angelsächsischen Differenzierung der Begriffe *Policy*, *Polity* und *Politics* wird eine Konkretisierung des Begriffs einer Public Policy möglich. So liegt dem Begriff der *Policy* ein doppelter Sinngehalt zugrunde. Zum einen dient er der Beschreibung einer Sachpolitik. Zum anderen erfasst er auch die analytische Politikkategorie. Die analytische Politikkategorie *Policy* ist neben der *Polity* und *Politics* eine der drei Dimensionen von Politik, die in Tab. 1 dargestellt sind. Die Policy bezeichnet sowohl Ziele als auch Inhalte politischer Programme. Sie manifestiert sich in politischen Programmen, Aufgaben und Zielen. Dabei versucht die Policy Probleme zu lösen, zu gestalten und Aufgaben zu erfüllen, wobei ihr eine Wert- und Zielorientierung innewohnt (vgl. Schubert und Bandelow 2003: 4 ff.). Beispiele für die Policy sind die programmatischen Inhalte, die sich in substanziellen Gesetzen und Maßnahmen manifestieren. Zusammenfassend werden durch Policies die *Inhalte*, Gegenstände und Aufgaben einer Politik erfasst. Die *Form* von Politik, welche sich durch Normen, Institutionen oder die Verfassung ausdrückt und durch Organisation, Verfahrensregeln und Ordnung gekennzeichnet ist, zählt zu der Polity. Die dritte Dimension von Politik, die Politics, weist *prozessualen* Charakter auf, so dass ihre potenziellen Erscheinungsformen zum Beispiel Interessen oder Konflikte sein können. Die Erscheinungsformen sind hierbei besonders durch Macht, Konsens und Durchsetzung gekennzeichnet (vgl. Böhret et al. 1988: 7). Die semantische Dreiteilung hat primär analytischen Charakter, da in der Realität die drei Dimensionen eng miteinander verwoben und mitunter nicht klar voneinander zu trennen sind. Dennoch ist es wichtig, diese Trennung vorzunehmen, um insbesondere die verschiedenen verkehrspolitischen Aspekte bei der Generierung und Umsetzung einer Public Policy zu verstehen.

Angewendet auf die Verkehrspolitik kann eine verkehrspolitische Maßnahme erfolgreich sein, weil ihre Umsetzung in besonders geeigneten Strukturen stattfindet (Polity), weil die programmatische Strategie besonders geeignet ist (Policy) oder weil die Umsetzung zu keiner nennenswerten Opposition geführt hat (Politics) (vgl. Sager 2005). Diese drei unterschiedlichen Faktorgruppen wurden in einer Meta-Analyse untersucht, um die Beantwortung der Frage zu ermöglichen, welche Faktoren in der bestehenden Forschung zur Umsetzung verkehrspolitischer

Tab. 1 Dimensionen von Politik

	Polity (*Form*)	Policy (*Inhalt*)	Politics (*Prozess*)
Erscheinungsformen	Verfassung Normen Institutionen	Aufgaben und Ziele Politische Programme	Interessen Konflikte Kampf
Merkmale	Organisation Verfahrensregeln *Ordnung*	Problemlösung Aufgabenerfüllung Wert- und Zielorientierung *Gestaltung*	Macht Konsens *Durchsetzung*
Beispiele Verkehrspolitik: Erfolgsfaktoren verkehrspolitischer Maßnahmen	Umsetzung in besonders geeigneten Strukturen: Idealerweise auf mittlerer oder oberer föderaler Stufe Starke Verwaltung (hoch professionalisiert; operativ möglichst unabhängig; koordiniert; auf überlokaler Stufe tätig sein)	Zwei Instrumente besonders erfolgreich: Verfahrenswechsel wie die Einführung von Leistungsvereinbarungen oder die Änderung von Submissionsverfahren Negative Infrastrukturanreize haben eine hohe Wirksamkeit	Konfliktkonstellationen sowie Akteursverhalten und -interessen: Umsetzung führt zu keiner nennenswerten Opposition (Kompromissfindungsprozessen zwischen den beteiligten Akteuren in der Planungs- und Umsetzungsphase besonders wichtig)

Quelle: Eigene Darstellung in Anlehnung an Böhret et al. (1988), Ergebnisse von Sager (2005; 2007)

Instrumente, Projekte oder Programme zusammenfassend als erfolgsrelevant identifiziert werden können, wie also die Wirksamkeit von verkehrspolitischen Maßnahmen zu erklären ist. Die Grundgesamtheit der Untersuchung bestand in allen verfügbaren Vollzugs- und Evaluationsstudien zu verkehrspolitischen oder verkehrsrelevanten, raumwirksamen Interventionen, die bis 1999 in der Schweiz erschienen sind.[2]

Die Auswertung lieferte zahlreiche Hinweise dahingehend, dass eine erfolgreiche Umsetzung öffentlicher Politiken idealerweise auf einer mittleren oder oberen föderalen Stufe stattfinden sollte. Gerade Verkehrsinfrastrukturprojekte erfordern eine minimale Projektgröße, um überhaupt realisiert werden zu können. Als konstanter Erfolgsfaktor für die Umsetzung raumwirksamer Politiken stellte sich zudem eine starke Verwaltung heraus. Eine öffentliche Verwaltung sollte gemäß den Resultaten vier zentralen Postulaten entsprechen: Erstens sollte sie hoch professionalisiert, zweitens operativ möglichst unabhängig, drittens koordiniert und viertens auf überlokaler Stufe tätig sein. Einen weiteren Erfolgsfaktor für die Wirksamkeit raumrelevanter Politiken stellte das Policy-Design dar. Dabei haben sich zwei Instrumente als besonders erfolgreich erwiesen. Zum einen sind Verfahrenswechsel wie die Einführung von Leistungsvereinbarungen oder die Änderung von Submissionsverfahren äußerst wirksam. Zum andern zeigen vor allem negative Infrastrukturanreize eine hohe Wirksamkeit, wie die verschiedenen Projekte von innerstädtischen Verkehrsberuhigungsmaßnahmen illustrieren. Während für die Erreichung möglichst frist- und zielgruppengerechter Vollzugsergebnisse den Kompromissfindungsprozessen zwischen den beteiligten Akteuren in der Planungs- und Umsetzungsphase besondere Beachtung geschenkt werden muss, spielt für die langfristig angestrebten Wirkungen die Mittelwahl, also die inhaltliche Ausgestaltung der Verkehrsmaßnahmen eine wichtige Rolle. Der Weg zu einem erfolgreichen Vollzug raumwirksamer Verkehrspolitik muss damit sowohl dem Kriterium des Konsenses in Planung und Vollzug als auch jenem des adäquaten Policy-Designs gerecht werden (vgl. Sager 2005, 2007; Sager und Anareggen 2012). Die drei Politikdimensionen sowie ein Überblick über die Ergebnisse sind in Tab. 1 zusammengefasst.

Basierend auf der vorangegangenen Einführung sollen nachfolgend die gesellschaftlichen Probleme, die aus dem Verkehr resultieren können, anhand des politikwissenschaftlichen Konzeptes des *Kausalmodells einer Policy* dargestellt und eine mögliche Maßnahme durch staatliche oder private Akteure exemplarisch am Beispiel der Autobahnvignette als potenzielle Lösung der Probleme aufgezeigt werden. Anschließend wird im zweiten Teil dieses Kapitels Verkehrspolitik als Prozess mit Hilfe des heuristischen Modells des *Policy Cycle* skizziert.

---

[2]Die Beispiele in diesem Kapitel stammen mehrheitlich aus der Schweiz, was der Herkunft des Autors geschuldet ist. Für einen Überblick über die schweizerische Verkehrspolitik (vgl. Sager 2013, 2014).

2 Verkehrspolitik als Lösung eines gesellschaftlichen Problems

Die Beschaffenheit und die verschiedenen Komponenten einer Policy sind durch das Kausalmodell einer Policy in Abb. 1 dargestellt. Es soll dabei helfen, die durch den Verkehr erzeugten gesellschaftlichen Probleme sowie potenzielle Lösungsansätze besser zu verstehen. Als konkretes Beispiel einer Policy wird die Einführung von Autobahnvignetten herangezogen. Wie bereits eingangs erläutert, soll eine Policy dazu beitragen, ein gesellschaftliches Problem zu lösen. Hierfür bedarf es verschiedener Maßnahmen oder Instrumente. Eine in der Politikwissenschaft weit verbreitete Klassifizierung von Policy-Instrumenten basiert auf einer dreigliedrigen Typologie von Vedung (1998), wonach die Instrumente nach ihrer Verbindlichkeit gegenüber Adressaten und nicht auf der Beschaffenheit der Maßnahme selbst klassifiziert werden. Vedung (1998) unterscheidet zwischen *sticks*, *carrots* und *sermons*, welche sich aus regulativen Instrumenten, finanziellen und ökonomischen Anreizen, sowie persuasiven Instrumenten zusammensetzen.

(1) *Regulative Instrumente* (*sticks*) beschreiben jeden Versuch der Regierung, das Verhalten der Bevölkerung, Unternehmen und anderen staatlichen Institutionen mittels einer Reduktion verfügbarer Handlungsalternativen für die Individuen

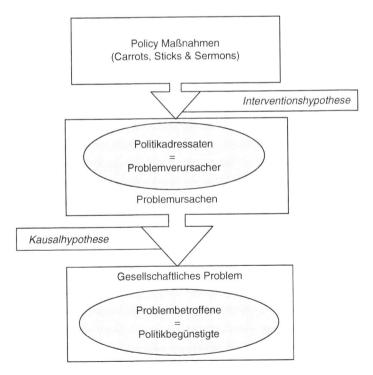

Abb. 1 Kausalmodell einer Policy. Quelle: Eigene Darstellung

innerhalb der Gesellschaft zu regulieren (vgl. Meier 1985: 1). Regulative Instrumente umfassen also beides, die Restriktionen und die Direktiven einer Handlung und können sinnbildlich als *Knüppel* verstanden werden.

(2) *Finanzielle/Ökonomische Anreize* (*carrots*) fungieren als eine Art *Köder*, indem die Erreichung einer Handlung mittels Geld, Zeit oder Aufwand erschwert oder erleichtert wird. Der Adressat kann die Anreize freiwillig in Anspruch nehmen, wodurch sich diese ökonomischen Instrumente von denen der Regulierung unterscheiden (vgl. Vedung 1998: 32). Diese Definition beinhaltet demnach neben rein monetären Anreizen auch Infrastrukturanreize und greift bei positiven und negativen Anreizen, enthält also Leistungen und Kosten.

(3) *Persuasive Instrumente/Information* (*sermons*) umfassen das Bestreben, Adressaten ausschließlich durch den Transfer von Wissen, durch Kommunikation vernünftiger Argumente und durch Persuasion dahingehend zu beeinflussen, dass sie sich so verhalten, wie es die Regierung als wünschenswert erachtet (vgl. Vedung 1998: 33). Im Sinne einer *Moralpredigt* wird so versucht, die Gesellschaft zu beeinflussen.

Gemäß den Resultaten von Vollzugsstudien bewirkt vor allem die Kombination von unterschiedlich verbindlichen Instrumenten eine Verhaltensänderung und Akzeptanz bei den *Politikadressaten* (vgl. Sager 2007, 2009). Mit Politikadressaten wird diejenige Gruppe von Akteuren bezeichnet, „deren Verhalten die öffentliche Politik als relevant für die Lösung des angegangenen Problems ansieht" (Knoepfel und Bussmann 1997: 63). Weiterhin ist es wichtig, bei einer Policy den Begriff der *Zielgruppe* bzw. der *Politikbetroffenen* zu erläutern. Im Gegensatz zu den Politikadressaten sind Politikbetroffene oder Politikbegünstigte eine Gruppe von Personen, die in direkter oder indirekter Weise positiv oder negativ vom Versuch betroffen sind, das angegangene Problem im Rahmen einer öffentlichen Politik in bestimmter Weise zu lösen. Sie sind also die Politikbegünstigten, die von der Verhaltensänderung der Politikadressaten profitieren. Staatliche Interventionen zielen darauf ab, das Verhalten der Zielgruppe so zu verändern, dass die gewünschten Ziele erreicht werden (Kissling-Näf und Varone 2000: 4). Um zudem abschätzen zu können, ob sich bestimmte Policy-Instrumente überhaupt dazu eignen, die vom Staat angestrebten Ziele zu erreichen, müssen diese eingebettet sein in Annahmen über die durch eine Policy intendierten Wirkungszusammenhänge. Rossi et al. (1988) verwenden den Begriff der *Interventionshypothese* in Abgrenzung zu der *Kausalhypothese*, um die Wirkung einer Policy zu beschreiben.

Die Interventionshypothese legt fest, wie die Ursachen eines gesellschaftlichen Problems durch eine Policy abgeschwächt werden, und so das Problem behoben werden soll (vgl. D'Agostino 2001; Knoepfel et al. 2007). Sie definiert somit Maßnahmen, die das Verhalten der Zielgruppen verändern, um die definierten politischen Ziele zu erreichen. Des Weiteren werden die Autoritäten und Behörden, die für die Implementierung der Instrumente zuständig sind, als Behördenarrangement definiert. Ledermann und Sager (2009: 9) verwenden den Begriff „Organisatorische Vorgaben", da bei der Umsetzung öffentlicher Politik üblicherweise nicht allein Behörden involviert sind. Für die historische Analyse lässt sich allerdings der Begriff des Behördenarrangements rechtfertigen. Neben dieser Zuständigkeit ist das Behördenarrangement auch mit Entscheidungen der Wahl von öffentlichen Ressourcen wie Geld, Personal, Zeit beauftragt, die den zuständigen Akteuren für die Umsetzung zur Verfügung gestellt werden (vgl. Kissling-Näf und Varone 2000: 4). Die Interventionshypothese führt sodann zu einer Verhaltensänderung bei den Zielgruppen, wobei diese unterteilt werden können in Adressaten und Endbegünstigte.

Annahmen zu den Kausalitäten, die hinter einem kollektiven Problem liegen, werden als Kausalhypothesen bezeichnet. Knoepfel et al. (2007: 57) definieren die Kausalhypothese folgendermaßen: „The causal hypothesis provides a political response to the question as to who or what is ‚guilty' or ‚objectively responsible' (that is, without subjective guilt) or able to make changes to enable the collective problem to be resolved." Die Kausalhypothese spezifiziert somit die dem sozialen Problem unterliegenden Ursachen-Effektbeziehungen und liefert Angaben zu den Zielgruppen sowie den Endbegünstigten.

Um die Wirksamkeit von Maßnahmen einer Policy zu erfassen, lassen sich zudem drei Wirkungsstufen unterscheiden: *Output*, *Outcome* und *Impact*. Durch Outputs werden die Produkte einer Policy bezeichnet, mit denen versucht wird, das Verhalten von Akteuren zu verändern. Beispiele hierfür können staatliche Interventionen oder Leistungen sein. Diese Verhaltensänderung der Politikadressaten wird als Outcome bezeichnet. Schließlich wird die Gesamtheit der intendierten und nicht intendierten Auswirkungen, die die erzielten Verhaltensänderungen der Politikadressaten auf das zu lösende Problem der betreffenden Politik haben, unter dem Begriff Impact subsumiert. Eine Policy kann folglich dann als wirksam bezeichnet werden, wenn der Impact in einer positiven und dem Politikziel entsprechenden Auswirkung vorliegt (vgl. Sager 2005).

Um das mitunter abstrakt anmutende Kausalmodell zu veranschaulichen, kann man es auf konkrete Policies übertragen, wobei hierfür die Einführung einer Autobahnvignette gewählt wurde, da diese aktuell als Autobahn-Abgabe für ausländische Pkw oder als Ausweitung der Lkw-Maut auf Pkw in der Öffentlichkeit in Deutschland diskutiert wird. Die Anwendung auf das Kausalmodell orientiert sich an dem Schweizer Modell der Vignettenpflicht für die Benutzung von Nationalstraßen, welche bereits seit 1985 besteht. Die Erträge aus der Autobahnvignette in der Schweiz werden für Bau, Betrieb und Unterhalt der Nationalstraßen eingesetzt. Im Jahr 2013 wurden rund neun Millionen Vignetten verkauft, womit Bruttoeinnahmen von umgerechnet rund 300 Millionen Euro generiert werden konnten (vgl. UVEK 2014a). Zu Beginn einer jeden Policy steht das Vorhandensein eines gesellschaftlichen Problems, welches in diesem Beispiel durch die negativen Externalitäten gegeben ist, die durch eine kostenlose Benutzung von Straßen entstehen. Hierzu gehören etwa der durch die Autos verursachte Lärm und Schadstoffausstoß, aber auch die Abnutzung der Straßen. Um ein gesellschaftliches Problem mit Hilfe einer Policy lösen zu können, müssen ferner die relevanten Akteure, d. h. die Politikadressaten und die Politikbegünstigten, identifiziert werden. Unter die Politikadressaten, also diejenigen Akteure, die das Problem verursachen, lassen sich alle Autofahrer auf Nationalstraßen subsumieren, wohingegen die Politikbegünstigten zum einen Anwohner von Nationalstraßen sind. Zum anderen aber auch die Gesellschaft im Allgemeinen, da die Abnutzung der Straßen ohne Vignetten durch Steuergelder finanziert wird und somit durch die Gesamtbevölkerung getragen wird.

Nachdem die wichtigen Akteure identifiziert sind, bedarf es eines Policy-Instruments, dem Annahmen über den Wirkungsmechanismus zugrunde liegen, wie das gesellschaftliche Problem gelöst werden soll. Die Autobahnvignette entspricht der Klassifizierung von Vedung (1998) nach einem *regulativen Instrument* (*stick*), da sie obligatorisch für sämtliche Autos auf Nationalstraßen ist. Die Annahmen über den intendierten Wirkungsmechanismus, also über die Kausal- und Interventionshypothese, lassen sich folgendermaßen zusammenfassen: Die Verhaltensänderung, die eine Vignette bei den Politikadressaten hervorrufen soll, ist zum einen eine Reduktion der Befahrung von Nationalstraßen. Da die Vignette jedoch nur jährlich in Form einer pauschalen Steuer erhoben wird und somit eine unbegrenzte Benutzung der Straßen ohne zusätzliche Kosten ermöglicht, ist dieser Effekt relativ gering. Wichtiger ist der zweite Aspekt des gesellschaftlichen Problems. So soll die Autobahnvignette dazu führen, dass die Kosten der Abnutzung von Nationalstraßen durch diejenigen getragen werden, die das Problem verursachen. Aus diesem Grund sind die Einnahmen der Autobahnvignetten zweckgebunden. Die dahinter stehende Kausalhypothese identifiziert dann eine Verringerung des gesellschaftlichen Problems, dass nicht mehr die Gesamtbevölkerung für die Problemverursacher aufkommen muss, im besten Fall der Autoverkehr reduziert und der Unterhalt und Bau von Nationalstraßen durch die Problemverursacher finanziert wird.

3 Verkehrspolitik als Prozess

Neben der vorangegangenen policy-analytischen Perspektive auf die Verkehrspolitik existieren in der Politikwissenschaft eine Vielzahl von Konzepten und Modellen, um die Beschaffenheit und Wirkung politischer Programme zu beschreiben und zu verstehen. Ein weit verbreitetes heuristisches Modell ist das des *Policy-Cycle*, dem die Erkenntnis zugrunde liegt, dass sich eine öffentliche Politik im Laufe ihrer Entstehung und Umsetzung verändert. Im Rahmen des Policy-Cycle Modells wird eine Unterteilung der Policy in einen sequenziellen Prozess vorgenommen, wonach sich drei übergeordnete Phasen unterscheiden lassen, die eine Policy durchläuft: Politikformulierung, Implementierung respektive Umsetzung und Wirkungsentfaltung. In der Phase der Politikformulierung wird zunächst das Problem definiert und sodann ein Programm konzipiert, welches das Problem adressiert und möglichst beseitigt. Für die Implementierung werden Umsetzungsstrukturen konstituiert und Umsetzungsprozesse definiert, damit die tatsächliche Leistung erbracht werden kann. Mit diesen Leistungen soll eine Wirkung, genauer eine Verhaltensänderung bei den Adressaten des Programms hervorgerufen werden (vgl. Sager und Hinterleitner 2014). Brewer (1974: 240) unterscheidet sechs Hauptphasen, die eine Policy oder ein Politikprogramm durchläuft: (1) *Invention/Initiation*, (2) *Estimation*, (3) *Selection*, (4) *Implementation*, (5) *Evaluation* und (6) *Termination*. Nachfolgend werden die einzelnen Phasen theoretisch nachgezeichnet und mittels konkreter verkehrspolitische Beispiele erläutert.

3.1 Initiation und die zweite Gotthard-Röhre

Policy Making setzt die Problemwahrnehmung als ersten Schritt voraus, welche in Brewers Modell durch die erste Phase der Initiation beschrieben wird. Die Notwendigkeit politischen Handels erfolgt über die Problemdefinition, wobei gesellschaftliche oder öffentliche Akteure die Schlüsselrolle einnehmen. Problemnahe Betroffene, Interessengruppen oder die Verwaltung identifizieren ein Problem als solches und bringen es auf die politische Agenda, weshalb die erste Phase des Policy Cycles auch als *Agenda setting* bezeichnet wird. Nach Brewer (1974) kommen in dieser ersten Sequenz unmittelbar nach der Problemidentifikation zahlreiche Maßnahmen zur Linderung oder Lösung ebendieses auf, welche aber aufgrund des frühen Stadiums des Auswertungsprozesses überwiegend von unzweckmäßiger Qualität sind. Durch Invention beschreibt Brewer (1974) den ebenfalls in der ersten Phase des Policy Cycle stattfindenden Prozess der Re-Konzeptionierung eines Problems, worin durch die Formulierung einer Lösungsauswahl die potenziell besten Lösungen identifiziert werden.

Ein aktuelles verkehrspolitisches Beispiel für die Phase der Initiation ist die Diskussion um den Bau eines zweiten Verkehrstunnels durch den Gotthard in der Schweiz. Das gesellschaftliche Problem ist eine anstehende Totalsanierung des Gotthard-Tunnels in den 2020er Jahren, wofür dieser vollständig gesperrt werden muss. Um Lösungen dafür zu finden, wie eine gute Straßenverbindung auch während den Sanierungsarbeiten gewährleistet werden kann, gab die Schweizer Regierung, der Bundesrat, Studien in Auftrag, worin unter anderem regionalwirtschaftliche Konsequenzen verschiedener betroffener Akteure, wie etwa die angrenzenden Kantone Tessin, Uri, Graubünden und Wallis, analysiert wurden. Potenzielle Lösungen wurden auch unter Einbezug verschiedener Interessengruppen erarbeitet, indem beispielsweise Fachleute des Bundes in Zusammenarbeit mit den Schweizerischen Bundesbahnen (SBB) die Verlademöglichkeiten von Personen- und Lastwagen auf die Schiene untersuchten (vgl. ASTRA 2014). Als potenzielle Lösung dafür, die Straßenverbindung durch den Gotthard auch während der Sanierung zu gewährleisten, wird in der Schweiz derzeit der Bau einer zweiten Verkehrsröhre durch den Gotthard diskutiert. Der öffentliche Akteur, der hierbei sowohl das Problem auf die politische Agenda brachte als auch die Schlüsselrolle bei der Identifikation von Lösungen einnimmt, ist der Bundesrat. Im Jahr 2012 stellte er das geplante Bauprojekt für umgerechnet rund 2.3 Milliarden Euro vor und verabschiedete im September 2013 eine Botschaft zur Änderung des Bundesgesetzes über den Straßentransitverkehr im Alpengebiet an das Parlament, um die rechtliche Grundlage für den Bau eines zweiten Gotthard-Straßentunnels zu legen (vgl. Bundesverwaltung 2013).

3.2 Estimation und die Lkw-Gewichtslimite

Die zweite Sequenz des Policy Cycle, die Brewer (1974) als *Estimation* bezeichnet, umfasst die Beurteilung und Abschätzung von Handlungsalternativen der verschiedenen Lösungsmöglichkeiten, die in der Phase der *Initiation/Invention* entwickelt wurden. Diese Berechnung der Wahrscheinlichkeiten des Auftretens verschiedener Outcomes erfolgt mittels empirischer und wissenschaftlich fundierter Methoden. Während dieser Entscheidungsprozess durch wertneutrales Wissen und Erkenntnisse bestimmt wird, ist die Beurteilung der Wünschbarkeit dieser Outcomes durch normative Anliegen verzerrt. Das Ziel der *Estimation*-Phase besteht darin, die möglichen Policy-Lösungen dahingehend zu selektieren, dass undurchführbare und schlechte Lösungen als potenzielle Möglichkeiten ausgeschlossen werden, und gleichzeitig die verbleibenden Lösungen nach klaren wissenschaftlichen und normativen Kriterien zu ordnen (vgl. Brewer 1974). Diese Verhandlungsprozesse finden innerhalb formaler Strukturen des demokratischen Entscheidungsprozesses, aber auch in Politiknetzwerken statt und bilden das Ergebnis von Interessenkonstellationen und Einflussverteilung in *Issue Networks*. In Abhängigkeit des Themas können diese kooperativen oder konfliktiven Charakters sein.

In einer quantitativen Netzwerkanalyse der schweizerischen Schwerverkehrspolitik im europäischen Umfeld von Sager und Michael (2001) wird die Phase der Estimation ersichtlich. Ziel der Analyse war es, die Struktur der Politiksteuerung und die Beschaffenheit des Policy-Netzwerks im Schnittstellenbereich zwischen Innen- und Außenpolitik am Beispiel der 28-Tonnen-Limite für Lkw zu untersuchen. Zur Analyse der Verhandlungssysteme der Politikformulierung verwenden Sager und Michael (2001) das Konzept der Policy-Netzwerke. Das zulässige Gesamtgewicht für Kraftfahrzeuge, welches in der Schweiz als Gewichtslimite bezeichnet wird, gehört ursprünglich zum verkehrspolitischen Instrumentarium. Die 28-Tonnen-Limite allerdings entwickelte seit ihrer Einführung in der Schweiz im Jahr 1972 immer stärker transsektorale Bedeutung, indem sie sukzessive auch zum Gegenstand der Umweltpolitik, der Fiskalpolitik und nicht zuletzt der Integration in ein europäisches Umfeld wurde. Sie wurde erstens zu einem Thema für die Außenpolitik, weil die Nachbarstaaten der Schweiz ihre Gewichtslimiten sukzessive, dem jeweiligen Stand der Lastwagentechnik entsprechend, anhoben, während die Schweiz dies zum letzten Mal eben im Jahre 1972 getan hatte. Auch wenn seit 2005 auf Schweizer Nationalstraßen Lastwagen mit einem Gewicht von bis zu 40 Tonnen zugelassen sind, ist die Studie ein gutes Beispiel dafür, wie Netzwerkstrukturen dazu führen können, Policies zu verändern. Die 28-Tonnen-Limite hatte die Entwicklung in der schweizerischen Verkehrspolitik in den 2000er-Jahren entscheidend mitgeprägt. Anfänglich als Maßnahme zum Schutz der Straßen gedacht, ist sie zu jenem Zeitpunkt zum verkehrspolitischen Abwehr- und Bahnschutz-Instrument geworden, als 1984 die Gewichtslimite in den EU-Ländern auf 40 Tonnen erhöht wurde. Mit dem 1992 abgeschlossenen Transitvertrag mit der EU hat die Schweiz die Gewichtslimite vorübergehend sichern können, allerdings gegen die Verpflichtung, zwei neue Alpentransversalen zu bauen. Erst der negative Volksentscheid gegen den Beitritt zum Europäischen Wirtschaftsraum (EWR) von

1992, die festgefahrenen bilateralen Verhandlungen und der Abstimmungserfolg der Alpeninitiative von 1994 haben die Diskussion um eine Ablösung eingeleitet und schließlich eine neue – marktwirtschaftlich orientierte – Verkehrspolitik mit der Leistungsabhängigen Schwerverkehrsabgabe (LSVA) als Schlüsselinstrument ermöglicht, wodurch eine statische ordnungspolitische Lösung durch eine flexible europakompatible Lösung ersetzt werden konnte. Hinter diesem Prozess stand eine bedeutende Entwicklung der Beziehungsnetze im In- und Ausland, die sich im Spannungsfeld zwischen Verkehrs-, Umwelt- und Integrationspolitik bewegten. Die quantitative Policy-Netzwerkanalyse zeigt, dass dabei die in- und ausländischen Subnetzwerke (von staatlichen und nichtstaatlichen Akteuren) kontinuierlich miteinander verschmolzen. Der Ablöseprozess von der Gewichtslimite war aber in erster Linie ein Prozess unter Leitung der staatlichen Akteure (vgl. Sager und Michael 2001).

3.3 Selection und der Stuttgart 21-Entscheid

Die Phase der *Selection* bezieht sich auf die Notwendigkeit des Treffens von Entscheidungen über Maßnahmen, die aus der Invention-, und Estimation-Phase stammen. Traditionell sind es Entscheidungsträger, welche sich für ein Policy-Programm entscheiden und dieses formulieren (vgl. Brewer 1974). Der Entscheid über die Ausgestaltung der öffentlichen Politik beinhaltet neben der Operationalisierung der Ziele auch die Beschreibung der entsprechenden Maßnahmen, Zuständigkeiten und Ressourcen und definiert sowohl die Politikadressaten als auch die Interaktion zwischen den verschiedenen Trägern.

Ein Beispiel für die Phase der Selection wird in der Analyse zu *Stuttgart 21* von Vatter und Heidelberger (2013: 317) deutlich, worin sie das Abstimmungsverhalten der landesweiten Volksabstimmung in Baden-Württemberg über das „Gesetz zur Kündigung der vertraglichen Finanzierungsvereinbarungen" untersuchen. Der Volksabstimmung zu dem Großprojekt, den Stuttgarter Kopfbahnhof in einen Durchgangsbahnhof zu verwandeln, welches in der Öffentlichkeit als Stuttgart 21 bezeichnet wurde, waren wochenlange Demonstrationen und Bürgerproteste vorangegangen. Das Beispiel von Stuttgart 21 zeigt, wie problematisch politische Entscheidungen sein können, die ausschließlich durch Entscheidungsträger getroffen werden, obwohl die Bevölkerung direkt – wenngleich mit einem variierenden Intensitätsgrad – von den Konsequenzen dieser Entscheidung betroffen ist. So scheint es angesichts des immensen Widerstandes der Bevölkerung gegen Stuttgart 21 umso überraschender, dass das Gesetz zur Aufkündigung der Finanzierung am 27. November 2011 mit 58,9 Prozent Nein-Stimmen abgelehnt wurde. Eine mögliche Hypothese zur Erklärung dieses Stimmverhaltens besteht für Vatter und Heidelberger in der durch die räumliche Nähe bedingten lokalen Betroffenheit. Mit Hilfe einer quantitativen Analyse der effektiven Abstimmungsergebnisse bei Volksentscheiden zu großtechnischen Infrastrukturprojekten versuchen sie in ihrer Studie, das *NIMBY-Phänomen* zu überprüfen. Das Wort NIMBY steht hierbei für *Not In My Back Yard* (*Deutsch: Nicht in meinem Hinterhof*) und beschreibt übertragen auf Infrastrukturprojekte das Phänomen, dass „jedes Individuum zwar ein Interesse am Zustandekommen des Infrastrukturprojektes hat, da es ihm einen Nutzen generiert, die Kosten dafür aber möglichst durch andere getragen wissen möchte" (Vatter und Heidelberger 2013: 320). Weiter lässt sich aus dem NIMBY-Phänomen unter anderem die Hypothese ableiten, dass die Zustimmung zu einem Projekt mit der räumlichen Distanz zunimmt, also Stimmbürger in räumlicher Nähe zu dem betroffenen Infrastrukturprojekt eher die Vorlage ablehnen als Stimmbürger mit einer größeren räumlichen Distanz. Die Ergebnisse von Vatter und Heidelberger zeigen, dass für das Stimmbürgerverhalten bei Stuttgart 21 die geographische Distanz eine wichtige Erklärungsgröße darstellt, diese jedoch differenziert zu betrachten ist: Obwohl das Projekt durch die direkt betroffenen Stadtbezirke Stuttgarts in unmittelbarer Nähe zum Hauptbahnhof im Einklang mit den theoretischen Vorhersagen des NIMBY-Phänomens am stärksten abgelehnt wurde, zeigt sich eine gleichwertig starke Ablehnung bei den am geographisch am weitesten entfernten badischen Regionen. Vatter und Heidelberger (2013: 329 f.) schlussfolgern, dass die Ursache für die starke Ablehnung der räumlich entfernten Stimmbürger darin begründet ist, dass diese befürchten, „dass bei einer Annahme der Vorlage keine weiteren Landesfinanzmittel für ihre eigenen lokalen Bahnprojekte zur Verfügung stehen würden".

3.4 Implementation und das Bahn 2000-Projekt

Im Policy Cycle folgt auf den Entscheid über die Ausgestaltung eines Policy-Programmes die Umsetzung dieser Politik. Die Phase der *Implementation* definiert Brewer (1974: 240) als „overall process that is a little understood, not particularly appreciated, and not well-developed – either conceptually or operationally". Brewer argumentiert, dass ein Verständnis der Implementationsmechanismen eine notwendige Bedingung dafür darstellt, die Durchführung und Wirkungsweise von Politikprogrammen beurteilen zu können. Um diese Wirkungsmechanismen herauszufiltern, muss mit Hilfe der mitunter divergierenden Anreizsysteme auf Individual- und auf Institutionsebene die Diskrepanz zwischen der tatsächlichen und der intendierten Wirkung erkannt werden. Insgesamt fragt die Phase der Implementation also danach, wie die Politik in der Phase der Umsetzung verändert wird, indem die einzelnen Umsetzungskomponenten auf ihre Wirkung hin untersucht werden. In dieser Phase des Policy Cycles sollten sich demnach die folgenden Fragen zur Umsetzung der Policy beantworten lassen: Wird das Programm in der vorgesehenen Art und Weise realisiert? Werden alle Maßnahmen umgesetzt? Werden die definierten Politikadressaten erreicht? Sind die Träger geeignet? Funktioniert das Behördenarrangement? Wie wird die Politik in der Phase der Umsetzung verändert?

Die Phase der Implementation lässt sich am Beispiel des Schweizer *Bahn 2000-Projektes* verdeutlichen, einem 1987 durch die Schweizer Bevölkerung beschlossenen Eisenbahn-Großprojekt mit dem Ziel, das Angebot des öffentlichen Verkehrs in der Schweiz zu verbessern. Das Gesamtkonzept wurde durch die SBB in verschiedene Etappen separiert, um eine effizientere Umsetzung zu gewährleisten (vgl. UVEK 2014b). Das Gesamtsystem des öffentlichen Verkehrs (ÖV) ist sowohl auf den Fernverkehr als auch auf die Feinverteilung durch den Regionalverkehr angewiesen. In dem Evaluationsbericht der ersten Etappe stellen Keller et al. (2006) jedoch fest, dass mit der Bahnreform die Abkoppelung des Regionalverkehrs vom Fernverkehr einherging. Diese Trennung hatte zur Folge, dass der Ausbau des Regionalverkehrs weitgehend eine Frage des politischen Willens und der Finanzkraft der Kantone als Besteller wurde. Die politische Bereitschaft, in den Regionalverkehr zu investieren, war entsprechend unterschiedlich und die Gesamtsystementwicklung wurde damit abhängig von den Mitteln und dem politischen Willen in den Kantonen und Agglomerationen. Während beispielsweise in einzelnen Regionen (z. B. Zürich) eine Verdichtung der S-Bahn-Anbindungen erfolgte, stand dieser Schritt in anderen Regionen noch aus. Durch die autonome Zuständigkeit der Kantone ergaben sich hier zwangsweise Unterschiede aufgrund von divergierenden politischen Schwerpunktsetzungen und finanziellen Überlegungen (Keller et al. 2006). Das Bahn 2000 Projekt ist also ein Beispiel dafür, wie unterschiedlich eine Policy implementiert werden kann, so dass die tatsächliche Wirkung und Umsetzung von den intendierten abweichen können. Gleichzeitig wird daran ersichtlich, dass Evaluationen öffentlicher Politiken für deren erfolgreiche Umsetzung erforderlich sind.

3.5 Evaluation

Auf die Phase der Implementation folgt nach Brewer (1974) die Phase der *Evaluation*. Der Politikevaluation liegt heute eine doppelte Begriffsverwendung zugrunde. So lässt sich zwischen der Politikevaluation im engeren Sinne und der Politikevaluation im weiteren Sinne unterscheiden. Der Begriff der Politikevaluation im engeren und ursprünglichen Sinne beschreibt gemeinhin den Teilaspekt der Evaluationsphase, der mittels einer empirisch-wissenschaftlichen Wirkungsanalyse durchgeführt wird. Die Phase des Policy Cycles, die Brewer (1974) als Evaluation bezeichnet, entspricht der Politikevaluation im weiteren Sinne, also allen Aktivitäten, die auf die Phase der Umsetzung des Entscheids über die Termination, die Weiterführung oder die Neuausrichtung eines politischen Programms folgen. Ihm zufolge ist diese Phase im Gegensatz zu den vorausgegangenen Phasen durch eine retrospektive Perspektive gekennzeichnet, indem sie unter anderem die Fragen zu beantworten sucht, welche Policies und Politikprogramme erfolgreich waren und wie sich dieser Erfolg oder Misserfolg messen lässt. Die Überprüfung der Wirksamkeit eines politischen Programms erfolgt anhand von drei Bewertungsgrößen: Durch die Evaluation der ersten Bewertungsgröße, des Outputs, wird die Frage beantwortet, ob Leistungen in der vorhergesehenen Art und Weise erbracht werden.

---

[3]Der Begriff Sekundärhandel (engl. *secondary trading*) meint hierbei „exchanges of slots with monetary and other consideration" (EU-Kommission 2014).

Der Outcome als zweite Bewertungsgröße fragt danach, ob die vorgesehenen Verhaltensänderungen bei den Politikadressaten hervorgerufen werden. Die dritte Bewertungsgröße, der Impact, untersucht, ob Verhaltensänderungen der Politikadressaten zur Lösung des gesellschaftlichen Problems beitragen. Die Bedeutung der Evaluation ist weithin anerkannt, sie stellt jedoch hohe methodische Anforderungen.

3.6 Termination und die Zeitnischennutzung an Flughäfen

Die sechste und letzte Phase des Policy Cycles, welche als *Termination* bezeichnet wird, bezieht sich auf die Neuausrichtung politischer Programme und Policies, die sich als dysfunktional, redundant, überholt oder schlicht überflüssig herausgestellt haben (vgl. Brewer 1974). Sie schließt an die Phase der Evaluation an, indem sie die daraus gewonnenen Ergebnisse verwendet, um erfolgreiche Handlungsmuster zu verstärken, oder erfolglose Handlungsmuster verändert, vermindert oder stoppt. Der Evaluator nimmt so die Rolle eines Steuermannes ein, der ein Policy-Programm außer Kraft setzen, auflösen oder zumindest modifizieren kann. Gleichzeitig geht es in der Phase der Termination darum, positive Beispiele zu imitieren und die Problemwahrnehmung zu steuern.

Die beiden Phasen Evaluation und Termination können beide anhand eines Beispiels aus der Verkehrspolitik auf EU-Ebene, den sogenannten *Slot regulations*, veranschaulicht werden, da die beiden Phasen in der Realität oftmals unmittelbar zusammenhängen. Slots sind definiert als die durch einen Koordinator erteilte Genehmigung/Bewilligung, die für die „Abwicklung eines Flugdienstes notwendige Flughafeninfrastruktur eines koordinierten Flughafens an einem bestimmten Tag und zu einer bestimmten Uhrzeit [...] zu nutzen" (EU-Kommission 2002, 2014). Auf Deutsch lassen sich slots am besten als *Zeitnischennutzung* oder *Zeitnischen* bezeichnen. Eine Regulierung der slots wurde aufgrund des kontinuierlichen Wachstums des Luftverkehrs sowie der Schaffung eines einheitlichen Marktes für die Luftfahrt in den vergangenen Dekaden notwendig. Die Regulierung der slots legt deren Allokation so fest, dass diese durch unabhängige Koordinatoren und nach der sogenannten *use it or lose it rule* (*Deutsch: Nutzen oder abgeben-Prinzip*) erfolgen muss. Das heißt, diejenigen slots, die einem Luftfahrtunternehmen zugeteilt, durch dieses jedoch nicht ausreichend genutzt werden, werden umverteilt (vgl. EU-Kommission 2014). Entsprechend der Evaluations-Phase wurde die Slot Regulierung in den vergangenen Jahren evaluiert, modifiziert und terminiert. So wurde das *use it or lose it*-Prinzip etwa in Folge des 11. Septembers 2001 oder der SARS-Epedemie 2003 temporär ausgesetzt. In den Jahren 2004 wurde eine Studie zur Beurteilung der Auswirkungen verschiedener Allokationssysteme der slots fertiggestellt, woraufhin 2006 eine Studie zur Analyse der Konsequenzen einer Einführung von Sekundärhandel[3] mit slots für Flughäfen der Europäischen Gemeinschaft folgte. Ferner ergaben Studien der Jahre 2010 bis 2011, dass die Slot Regulierung zu diesem Zeitpunkt und deren Allokationssystem eine optimale Nutzung der knappen Kapazitäten hochfrequentierter Flughäfen verhinderte.

Infolge dessen wird durch die EU-Kommission derzeit an einer erneuten Änderung der gegenwärtigen Regulierungen gearbeitet (vgl. EU-Kommission 2007, 2014).

4   Fazit

Die in diesem Kapitel präsentierten Zugänge und Beispiele zeigen die Vielfalt von Verkehrspolitik und der politikwissenschaftlichen Beschäftigung mit ihr. Abschließend sollen diese unterschiedlichen Eigenschaften zusammengeführt werden, um einen Ausblick auf künftige Forschungsrichtungen zu identifizieren.

Zunächst zeigen die verschiedenen Beispiele, dass es sich bei der Verkehrspolitik um eine Querschnittspolitik handelt, die sich schlecht auf ein einzelnes Politikfeld reduzieren lässt. So ist sie elementarer Bestandteil der Raumordnungspolitik, sie gehört als Voraussetzung integral zur Wirtschaftspolitik, Umweltpolitik ist ohne sie nicht denkbar. Die Verkehrspolitik beinhaltet wiederum unterschiedliche Facetten. So bedingt sie nicht nur eine eigene Infrastrukturpolitik und damit einhergehend eine eigene Finanzpolitik, sondern auch ein eigenes Regelwerk individuellen Verhaltens, vulgo Verkehrsregeln. All diese Aspekte von Verkehr weisen ihn als Paradebeispiel eines so genannten *wicked problem* aus. Damit wird eine Gruppe gesellschaftlicher Probleme beschrieben, deren Informationen unübersichtlich sind, worin verschiedene Entscheidungsträger und Auftraggeber mit konkurrierenden Werten involviert sind und deren Auswirkungen auf das gesamte System nicht absehbar sind. Das Adjektiv *wicked* suggeriert die Tücke, dass vermeintliche Lösungen oftmals zu einer Verschlechterung des ursprünglichen Problems führen (vgl. Churchman 1967: B-141). Der Befund, dass ein Ausbau des Verkehrsangebots stets ein Wachstum des Verkehrsaufkommens nach sich zieht, entspricht diesem Bild. Insgesamt sind *wicked problems* dadurch gekennzeichnet, dass sie sich nicht vollumfänglich erfassen lassen und deshalb keine optimale Lösung existiert, um diesen gesellschaftlichen Problemen zu begegnen (vgl. Rittel und Webber 1973). Während der Verkehr bei weitem nicht das einzige gesellschaftliche Problem darstellt, das die genannten Eigenschaften aufweist, so bietet die Verkehrspolitik sich angesichts der Beispiele in diesem Kapitel doch durchaus für die Analyse des Umgangs mit *wicked problems* an.

Zweitens handelt es sich beim Verkehr nicht nur um ein raumwirksames, sondern auch um grenzüberschreitendes Phänomen. Aus politikwissenschaftlicher Sicht ergibt sich dadurch eine ganze Reihe von Forschungsfragen, die sich auf die gemeinsame Lösungs- und Handlungsfähigkeit von politischen Einheiten und die damit verbundene Koordinationskapazität beziehen. Die Frage der verkehrspolitischen Koordination stellt sich nicht nur horizontal in funktionalen Räumen (vgl. Kaufmann und Sager 2006; Sager 2006) und international bei grenzüberschreitenden Transitstrecken, sondern auch vertikal beim Abgleich unterschiedlicher Erschließungsnetze wie dem Fern- mit dem Nahverkehr (vgl. Keller et al. 2006).

Drittens ist der Verkehr eine teure Angelegenheit und trifft gleichzeitig auf eine positive wie negative Betroffenheit, die zwar gleichermaßen hoch, aber nicht deckungsgleich sind. Das Beispiel Stuttgart 21 zeigt die divergierenden Anspruchshaltungen und die großen Anforderungen, die sich hieraus für die Akzeptanz eines Verkehrsprojektes ergeben können. Demokratische Legitimation von Verkehrspolitik lässt sich nicht allein durch Mitsprache und Partizipation herstellen (*Input-Legitimation*), sondern bedarf auch einer überzeugenden Lösung im Dienste der Gesamtgesellschaft (*Output-Legitimation*) (vgl. Scharpf 1970, 1999). Damit ist auch die Technizität des Politikfelds angesprochen und der damit einhergehende Gegensatz von Laienpartizipation und Fachexpertise, dessen Austarierung in der Verkehrspolitik eine zentrale Herausforderung darstellt (Sager 2008).

Diese Ausführungen hatten den Zweck, einen Zugang zur politikwissenschaftlichen Auseinandersetzung mit Verkehrspolitik zu ermöglichen. Die Vielfalt des Themas zeigt das weiterhin bestehende Potenzial, das dieses Politikfeld für die Politikwissenschaft offeriert. Ein Versiegen der politologischen Verkehrsforschung ist deshalb in naher Zukunft nicht zu befürchten. Der Nutzen der hier noch zu gewinnenden Erkenntnisse sollte allerdings besser kommuniziert werden, als das bisher der Fall war. Die Reichhaltigkeit dieser Studien hätte eine größere Aufmerksamkeit verdient.

Literatur

ASTRA – Bundesamt für Strassen. 2014. Gotthard-Strassentunnel: Bundesrat befürwortet Bau einer zweiten Röhre. http://www.astra.admin.ch/themen/nationalstrassen/04656/04660/index.html. Zugegriffen am 17.04.2014.

Böhret, Carl, Werner Jann, und Eva Kronenwett. 1988. *Innenpolitik und politische Theorie. Ein Studienbuch*, 3. überarbeitete Aufl. Opladen: Westdeutscher Verlag.

Brewer, Garry. 1974. The policy sciences emerge: To nurture and structure a discipline. *Policy Sciences* 5(3): 239–244.

Bundesverwaltung Schweizerische Eidgenossenschaft. 2013. Bundesrat überweist Botschaft für zweite Gotthard-Röhre ohne Kapazitätserweiterung. https://www.news.admin.ch/message/index.html?lang=de&msg-id=50233. Zugegriffen am 17.04.2014.

Bussmann, Werner, Ulrich Klöti, und Peter Knoepfel. 1997. *Einführung in die Politikevaluation*, Basel/Frankfurt a. M: Helbing & Lichtenhahn.

Churchman, Charles West. 1967. Guest editorial: Wicked problems. *Management Science* 14(4): B141–B142.

D'Agostino, Jerome. 2001. Increasing the role of educational psychology. Theory in program development and evaluation. *Educational Psychologist* 36(2): 127–132.

EU-Kommission – Kommission der Europäischen Gemeinschaften. 2002. Geänderter Vorschlag für eine Verordnung des Europäischen Parlaments und des Rates zur Änderung der Verordnung (EWG) Nr. 95/93 des Rates vom 18. Januar 1993 über gemeinsame Regeln für die Zuweisung von Zeitnischen auf Flughäfen in der Gemeinschaft. 7.11.2002. Brüssel.

EU-Kommission – Kommission der Europäischen Gemeinschaften. 2007. Mitteilung über die Durchführung der Verordnung (EG) Nr. 793/2004 über gemeinsame Regeln für die Zuweisung von Zeitnischen auf Flughäfen in der Gemeinschaft KOM(2007) 704. 15.11.2007. Brüssel.

EU-Kommission – Kommission der Europäischen Gemeinschaften. 2014. Mobility and transport, transport modes: Airports, http://ec.europa.eu/transport/modes/air/airports/slots_en.htm. Zugegriffen am 17.04.2014.

Kaufmann, Vincent, und Fritz Sager. 2006. The coordination of local policies for urban development and public transportation in four swiss cities. *Journal of Urban Affairs* 28(4): 353–374.

Keller, Mario, Roman Frick, Ulrich Schäffeler, Matthias Peters, und Fritz Sager. 2006. Evaluation Bahn 2000 1. Etappe. Schlussbericht, 14. Dezember 2006. Bern: Bundesamt für Verkehr (BAV).

Kissling-Näf, Ingrid, und Frédéric Varone. 2000. Historical analysis of institutional resource regimes in Switzerland: A comparison of the cases of forest, water, soil, air, and landscape. Working Paper.

Knoepfel, Peter, und Werner Bussmann. 1997. Die öffentliche Politik als Evaluationsobjekt. In *Einführung in die Politikevaluation*, Hrsg. Werner Bussmann, Ulrich Klöti und Peter Knoepfel, 58–77. Basel/Frankfurt a. M: Helbing und Lichtenhahn.

Knoepfel, Peter, Corinne Larrue, Frédéric Varone, und Michael Hill. 2007. *Public policy analysis*, Bristol: The Policy Press, University of Bristol.

Ledermann, Simone, und Fritz Sager. 2009. Problem erkannt, aber nicht gebannt. Der Nutzen einer Verknüpfung von Konzept- und Umsetzungsevaluation am Beispiel der schweizerischen Strategie ‚Migration und Gesundheit'. *Zeitschrift für Evaluation* 8(1): 7–25.

Meier, Kenneth J. 1985. *Regulation: politics, bureaucracy, and economics*. New York: St. Martin's.

Rittel, Horst W.J., und Melvin M. Webber. 1973. Dilemmas in a general theory of planning. *Policy Sciences* 4(2): 155–169.

Rossi, Peter H., Howard E. Freeman, und Gerhard Hofmann.1988. *Programm-Evaluation – Einführung in die Methoden angewandter Sozialforschung*. Stuttgart: Enke Ferdinand.

Sager, Fritz. 2005. Die Wirksamkeit verkehrspolitischer Massnahmen: Eine Meta-Analyse. In *Schweizerische Verkehrswirtschaft – Jahrbuch 2004/2005*, St. Gallen Institut für öffentliche Dienstleistungen und Tourismus der Universität St. Gallen, Hrsg. Thomas Bieger, Christian Laesser und Maggi Rico. St. Gallen: Institut für öffentliche Dienstleistungen und Tourismus der Universität.

Sager, Fritz. 2006. Policy coordination in the European metropolis: A meta-analysis. *West European Politics* 29(3): 433–460.

Sager, Fritz. 2007. Making transport policy work: Polity, policy, politics and systematic review. *Policy & Politics* 35(2): 269–288.

Sager, Fritz. 2009. Governance and coercion. *Political Studies* 57(3): 537–558.

Sager, Fritz. 2013. Die Verwaltung der Verkehrspolitik. In *Handbuch der öffentlichen Verwaltung in der Schweiz*, Hrsg. Andreas Ladner, Jean-Loup Chappelet, Peter Knoepfel, Luzius Mader, Nils Soguel und Frédéric Varone, 807–828. Zürich: Neue Zürcher Zeitung.

Sager, Fritz. 2014. Infrastrukturpolitik: Verkehr, Energie und Telekommunikation. In *Handbuch der Schweizer Politik*, Hrsg. Peter Knoepfel, Yannis Papadopoulos, Pascal Sciarini, Adrian Vatter und Silja Häusermann, 5. überarbeitete Aufl., 721–748. Zürich: Neue Zürcher Zeitung.

Sager, Fritz, und Céline Andereggen. 2012. Dealing with complex causality in realist synthesis: The promise of Qualitative Comparative Analysis (QCA). *American Journal of Evaluation* 33 (1): 60–78.

Sager, Fritz. 2008. Planning, power, and policy change in the networked city: The politics of a new tramway in the city of Bern. In *The social fabric of the networked city*, Hrsg. Géraldine Plieger, Luca Pattaroni, Christophe Jemelin und Vincent Kaufmann, 169–187. Lausanne/Routledge: EPFL Press.

Sager, Fritz, und Hinterleitner Markus. 2014. Evaluation. In *Lehrbuch der Politikfeldanalyse*, Hrsg. Nils Bandelow und Klaus Schubert. München/Wien: Oldenbourg.

Sager, Fritz, Michael Meyrat, und Markus Maibach. 2001. „Boundary Delineation" in grenzüberschreitenden Policy-Netzwerken: Primat der „Policies" oder der „Polity"? Das Fallbeispiel des Policy-Netzwerks zur 28-Tonnen-Limite. *Swiss Political Science Review* 7(1): 51–82.

Scharpf, Fritz W. 1970. *Demokratietheorie zwischen Utopie und Anpassung*. Konstanzer Universitätsreden 25, Konstanz: Universitätsverlag

Scharpf, Fritz W. 1999. *Regieren in Europa. Effektiv und demokratisch?* Frankfurt/New York: Campus.

Schubert, Klaus, und Nils Bandelow. 2003. *Lehrbuch der Politikfeldanalyse*. Oldenburg: Oldenburg Wissenschaftsverlag gmbH

UVEK – Das Eidgenössische Departement für Umwelt, Verkehr, Energie und Kommunikation. 2014a. Autobahnvignette. http://www.uvek.admin.ch/themen/03527/03536/03537/index.html?lang=de#sprungmarke0_0. Zugegriffen am 17.04.2014.

UVEK – Das Eidgenössische Departement für Umwelt, Verkehr, Energie und Kommunikation. 2014b. Die Bahn 2000. http://www.uvek.admin.ch/verkehrspolitikdesbundes/02763/02853/?lang=de. Zugegriffen am 17.04.2014.

Vatter, Adrian, und Anja Heidelberger. 2013. Volksentscheide nach dem NIMBY-Prinzip? – Eine Analyse des Abstimmungsverhaltens zu Stuttgart 21. *PVS* 54(2): 317–336.

Vedung, Evert. 1998. Policy instruments: typologies and theories. In *Carrots, sticks, and sermons: Policy instruments and their evaluation*, Hrsg. Marie-Louise Bemelmans-Videc, Ray C. Rist und Evert Vedung, 21–58. New Brunswick: Transaction Publishers.

Voigt, Fritz. 1973. *Verkehr – Die Theorie der Verkehrswirtschaft*. Berlin: Dunker & Humblot.

Akteure, Ziele und Instrumente in der Verkehrspolitik

Frank Fichert und Hans-Helmut Grandjot

Zusammenfassung

Entscheidungsträger (Internationale Organisationen, Institutionen der EU, Bund, Länder, Kommunen) als Akteure der Verkehrspolitik auf unterschiedlichen Ebenen werden von Entscheidungshelfern (z. B. Ministerialbürokratie, Behörden) unterstützt. Konkretisierungen für die verkehrspolitischen Ziele der Entscheidungsträger lassen sich aus dem Gemeinwohlziel ableiten, wobei Zielkonflikte beispielsweise zwischen sozialen und ökologischen Unterzielen bestehen können. Auch die Konkretisierung eines volkswirtschaftlich „sinnvollen" Modal Split ist umstritten. Die zahlreichen Einflussträger versuchen, Zielfestlegung und Instrumenteneinsatz im Sinne ihrer jeweiligen Interessengruppe (z. B. Verkehrsanbieter und -nachfrager, Anwohner) zu beeinflussen.

Schlüsselwörter

Entscheidungsträger • Einflussträger • Verkehrsverbände • Modal Split • Ordnungspolitik

1 Einleitung

Die vielfach konstatierte Diskrepanz zwischen dem programmatischen Anspruch und der realen Umsetzung der Verkehrspolitik (vgl. hierzu Schwedes in Abschn. I dieses Bandes: ▶ Verkehrspolitik: Ein problemorientierter Überblick) erklärt sich zumindest teilweise aus der Vielzahl der Akteure, die an verkehrspolitischen

---

F. Fichert (✉)
Fachbereich Touristik/Verkehrswesen, Hochschule Worms, Worms, Deutschland
E-Mail: fichert@hs-worms.de

H.-H. Grandjot
Untergruppenbach, Deutschland
E-Mail: hhgrandjot@t-online.de

© Springer Fachmedien Wiesbaden 2016
O. Schwedes et al. (Hrsg.), *Handbuch Verkehrspolitik*, Springer NachschlageWissen,
DOI 10.1007/978-3-658-04693-4_7

Entscheidungsprozessen beteiligt sind. Sie agieren auf unterschiedlichen gebietskörperschaftlichen Ebenen und zur Verfolgung ihrer spezifischen, nicht selten konkurrierenden Ziele stehen ihnen jeweils diverse Instrumente zur Verfügung.

Angesichts der vielfältigen Aufgabenfelder der Verkehrspolitik können in diesem Beitrag die Akteure, Handlungsebenen, Ziele, Strategien und Instrumente lediglich in einem allgemeinen Überblick dargestellt werden. Insofern kommt dem Beitrag im Rahmen des Handbuches eine Querschnittsfunktion zu; für ausgewählte Politikbereiche erfolgt eine Konkretisierung in den jeweiligen Spezialbeiträgen in Kap IV dieses Bandes (Verkehrspolitik als Wirtschaftspolitik).

2 Akteure der Verkehrspolitik

2.1 Überblick

In Anlehnung an die in der Theorie der Wirtschaftspolitik übliche Terminologie lassen sich alle Personen und Institutionen als Träger der Verkehrspolitik bezeichnen, die in der Lage sind, verkehrliche Entwicklungen gezielt zu beeinflussen. Diese Gestaltungsmöglichkeit kann einerseits aufgrund formaler Entscheidungskompetenz bestehen, d. h., einer Person bzw. Institution sind durch Verfassung, Gesetz oder völkerrechtlichen Vertrag bestimmte (hoheitliche) Rechte zugewiesen (Entscheidungsträger). Andererseits kann eine Person oder eine Institution aufgrund faktischer Machtverhältnisse in der Lage sein, die Verkehrspolitik (mit) zu gestalten (Einflussträger), dies gilt etwa für Interessenverbände und Parteien (vgl. Berg et al. 2007: 297 ff.). Darüber hinaus spielen Entscheidungshelfer, insbesondere die Ministerialbürokratie und Fachbehörden, eine Rolle in der verkehrspolitischen Entscheidungsvorbereitung und –durchsetzung (vgl. Grandjot und Bernecker 2014: 64).

2.2 Träger nationaler Verkehrspolitik

2.2.1 Entscheidungsträger und Entscheidungshelfer

Aufgrund des föderalen Systems und der vielen unterschiedlichen verkehrspolitischen Aufgaben existiert in der Bundesrepublik Deutschland eine nicht geringe Anzahl von Entscheidungsträgern, was bereits auf der nationalen Ebene die Orientierung an einem einheitlichen verkehrspolitischen Leitbild sehr erschwert. Gemäß Art. 73 GG besitzt der Bund die ausschließliche Gesetzgebungskompetenz für den Luftverkehr und die Eisenbahnen des Bundes. Die Schifffahrt, der Straßenverkehr und der sonstige Schienenverkehr unterliegen gemäß Art. 74 GG der konkurrierenden Gesetzgebung.

Der Bundesminister für Verkehr und digitale Infrastruktur (BMVI) sowie das ihm zuarbeitende Ministerium entwickeln die Grundlagen der Verkehrspolitik des Bundes. Der Ministerialbürokratie kommt dabei die Rolle eines Entscheidungshelfers zu, da sie zwar keine Entscheidungsbefugnis hat, jedoch die politischen Entscheidungen vorbereitet und an der Umsetzung beteiligt ist. Der Bundesverkehrsminister kann in eigener Kompetenz Rechtsverordnungen und Verwaltungsvorschriften erlassen. Im Umfeld des Bundesverkehrsministeriums ist eine Reihe von selbstständigen Bundesbehörden tätig, beispielsweise die Wasser- und Schifffahrtsverwaltungen, das Kraftfahrt-Bundesamt, das Luftfahrt-Bundesamt, das Bundesamt für Güterverkehr sowie das Eisenbahn-Bundesamt, denen ebenfalls die Funktion von Entscheidungshelfern zukommt.

Zahlreiche andere Bundesministerien sind an verkehrspolitisch relevanten Entscheidungen zum Teil maßgeblich beteiligt und bringen dabei ihre spezifischen Zielvorstellungen ein. Insbesondere sind hier das Finanzministerium (Investitionsmittel sowie steuerliche Regelungen), das Wirtschaftsministerium (Ordnungspolitik), das Umweltministerium, das Verbraucherschutzministerium sowie das Verteidigungsministerium zu nennen. Hinzu kommen nachgeordnete Behörden mit sektorübergreifendem Aufgabenbereich, die ebenfalls in verkehrspolitisch relevanten Politikfeldern tätig sind (Bundeskartellamt, Bundesnetzagentur, Umweltbundesamt). Das Ausmaß der Einflussnahme anderer Ministerien und Behörden ist in den einzelnen Teilbereichen der Verkehrspolitik unterschiedlich stark ausgeprägt und auch von den Machtverhältnissen innerhalb der Regierung abhängig. Beispielsweise hat sich während der Amtszeit der rot-grünen Bundesregierung das Umweltministerium relativ stark an verkehrspolitischen Diskussionen beteiligt. Die im Jahr 2011 in Deutschland eingeführte Luftverkehrsteuer wurde vom Bundesverkehrsminister sehr kritisch gesehen (vgl. o.V. 2012), dieser konnte sich jedoch offensichtlich nicht gegen das Bundesfinanzministerium durchsetzen.

Die Abgrenzung zwischen Entscheidungsträgern der Verkehrspolitik, Entscheidungshelfern und rein ausführenden Organen ist nicht immer eindeutig. Um als Träger zu gelten, muss die betreffende Institution grundsätzlich über eigene Entscheidungskompetenzen verfügen. Nachgeordnete Behörden, etwas das Bundesamt für Güterverkehr oder das Eisenbahn-Bundesamt, können nur innerhalb der Grenzen, die durch Gesetze und Weisungen des Verkehrsministeriums gezogen sind, Entscheidungsträger sein. Zudem wird Gerichten, obwohl sie keine eigenen Ziele festlegen können, sondern lediglich auf die Einhaltung von Verfassungs- und Gesetzesbestimmungen achten, meist der Status eines Entscheidungsträgers zugebilligt. Dies erscheint gerechtfertigt, da in der Vergangenheit zahlreiche wesentliche Entwicklungen in der Verkehrspolitik in erheblichem Maße durch Gerichtsentscheidungen beeinflusst wurden. Insbesondere gilt dies, wie später noch zu zeigen sein wird, für die europäische Ebene.

Die Länder sind über den Bundesrat an verkehrspolitischen Entscheidungen beteiligt. Darüber hinaus übernehmen sie für den Bund die Verwaltung der Bundesfernstraßen sowie die Genehmigungsverfahren für Flughäfen. In eigener Verantwortung sind die Länder unter anderem für den Bau und die Unterhaltung des Landesstraßennetzes sowie für den öffentlichen Personennahverkehr (ÖPNV) zuständig. Die Verkehrsministerkonferenz (VMK) stellt ein wichtiges Instrument der Länder dar, um ihre verkehrspolitische Zusammenarbeit abzustimmen.

Die Aufgaben der VMK bestehen darin, Informationen und Erfahrungen auszutauschen, die Länderpolitik zu koordinieren und gemeinsame Standpunkte gegenüber dem Bund festzulegen.

Auch kommunale Gebietskörperschaften treffen verkehrspolitische Entscheidungen, wobei sie teils eigenverantwortlich, teils im Auftrag der Länder tätig werden. So sind (sofern vorhanden) die Regierungspräsidien obere Verkehrsbehörde, die Kreise untere Verkehrsbehörde. Die Städte und Gemeinden sind insbesondere für die Gemeindestraßen und den ÖPNV zuständig.

Als Besonderheit auf der kommunalen sowie der Landesebene existieren in einzelnen Ländern direkt-demokratische Elemente. Ein prominentes Beispiel auf der Landesebene ist die Volksabstimmung, die in Baden-Württemberg im Jahr 2011 in Zusammenhang mit dem Infrastrukturprojekt Stuttgart 21 stattfand. Auf der kommunalen Ebene ist beispielsweise die Entscheidung der Münchener Wahlberechtigten (Bürgerentscheid) im Jahr 2012 gegen den Bau einer dritten Start- und Landesbahn für den Flughafen München bedeutsam.

Die Hierarchie der Träger verkehrspolitisch bedeutender Entscheidungen in Deutschland („Behördenpyramide") ist in Abb. 1 am Beispiel Baden-Württembergs veranschaulicht (vgl. Grandjot 2002: 40).

Zurzeit gibt es in keinem Land der Bundesrepublik Deutschland ein eigenständiges Verkehrsministerium. Stattdessen ist die Verkehrspolitik beispielsweise mit der Wirtschafts- bzw. der Landesentwicklungspolitik zusammengefasst oder einem umfassenden Infrastrukturressort zugeordnet (vgl. Tab. 1). Diese Zuordnungen zeigen zwar auf der einen Seite, wie eng die Verkehrspolitik mit anderen Politikbereichen verknüpft ist. Andererseits lässt sich kritisieren, dass die Bedeutung der Verkehrspolitik für die wirtschaftliche Entwicklung, insbesondere in der Struktur- und Wachstumspolitik, nicht durch ein eigenständiges Ressort zur Geltung kommt.

2.2.2 Einflussträger

Einflussträger (auch als Willensträger bezeichnet), die definitionsgemäß nicht über eine formale Entscheidungskompetenz verfügen, sondern mithilfe von gesellschaftlicher Macht auf die Entscheidungsträger einzuwirken versuchen, lassen sich nach vielfältigen Kriterien einteilen. Eine erste Unterscheidungsmöglichkeit ist der Umfang des selbst gewählten Aufgabenbereichs. Während manche Einflussträger sich auf Entscheidungen in der Verkehrspolitik konzentrieren (z. B. Verbände von Verkehrsanbietern), ist dieser Bereich für andere Einflussträger ein Aktionsfeld unter vielen (z. B. politische Parteien, Bundesverband der Deutschen Industrie (BDI), Deutscher Industrie- und Handelskammertag (DIHK), Umwelt- und Naturschutzverbände).

Ein zweites Differenzierungsmerkmal ist die Art der vertretenen Interessen. Dabei kann es sich insbesondere um die Interessen von Unternehmen, Verkehrsnachfragern, Beschäftigten oder sonstigen Gruppierungen handeln (siehe Abb. 2 mit einer Zuordnung ausgewählter Verbände). Zu den sonstigen Einflussträgern gehören beispielsweise Anwohner oder die lokale Wirtschaft/der lokale Einzelhandel. Innerhalb der Unternehmensverbände spielen sowohl Verkehrsdienstleistungsanbieter als

Akteure, Ziele und Instrumente in der Verkehrspolitik

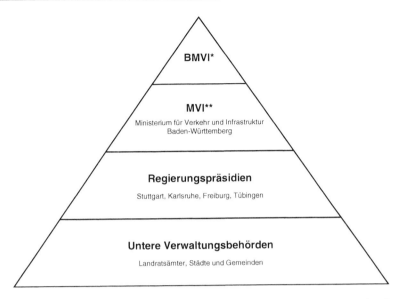

Abb. 1 Die „Behördenpyramide" am Beispiel des Bundesfernstraßenbaus in Baden-Württemberg * Bundesministerium für Verkehr und digitale Infrastruktur ** Abteilung 2 – Straßenverkehr, Abteilung 3 - Verkehr (Schiene, ÖPNV, Luftverkehr, Sicherheit), Abteilung 5 - Nachhaltige Mobilität

Tab. 1 Unterschiedliche Zuordnung des Verkehrsressorts in den einzelnen Ländern (Stand Dezember 2013)

Minister für Verkehr und Infrastruktur des Landes Baden-Württemberg
Staatsminister des Innern, für Bau und Verkehr des Freistaates Bayern
Senator für Stadtentwicklung und Umwelt des Landes Berlin
Minister für Infrastruktur und Landwirtschaft des Landes Brandenburg
Senator für Wirtschaft, Arbeit und Häfen der Freien Hansestadt Bremen sowie Senator für Umwelt, Bau und Verkehr der Freien Hansestadt Bremen
Senator, Präses der Behörde für Wirtschaft, Verkehr und Innovation der Freien und Hansestadt Hamburg
Minister für Wirtschaft, Verkehr und Landesentwicklung des Landes Hessen
Minister für Energie, Infrastruktur und Landesentwicklung des Landes Mecklenburg-Vorpommern
Minister für Wirtschaft, Arbeit und Verkehr des Landes Niedersachsen
Minister für Bauen, Wohnen, Stadtentwicklung und Verkehr des Landes Nordrhein-Westfalen
Minister des Innern, für Sport und Infrastruktur des Landes Rheinland-Pfalz
Minister für Wirtschaft, Arbeit, Energie und Verkehr des Saarlandes
Staatsminister für Wirtschaft, Arbeit und Verkehr des Freistaates Sachsen
Minister für Landesentwicklung und Verkehr des Landes Sachsen-Anhalt
Minister für Wirtschaft, Arbeit, Verkehr und Technologie des Landes Schleswig-Holstein
Minister für Bau, Landesentwicklung und Verkehr des Freistaats Thüringen

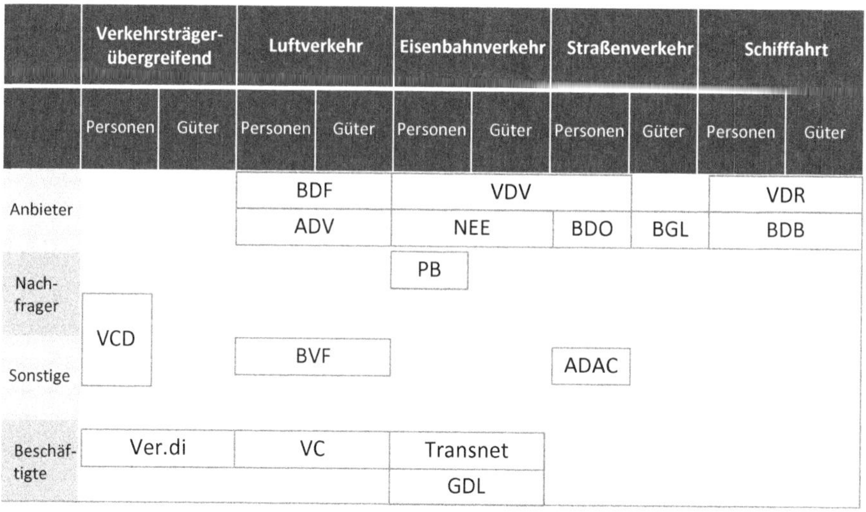

	Verkehrsträger-übergreifend		Luftverkehr		Eisenbahnverkehr		Straßenverkehr		Schifffahrt	
	Personen	Güter	Personen	Güter	Personen	Güter	Personen	Güter	Personen	Güter
Anbieter			BDF		VDV				VDR	
			ADV		NEE			BDO	BGL	BDB
Nachfrager	VCD				PB					
Sonstige			BVF				ADAC			
Beschäftigte	Ver.di		VC		Transnet					
					GDL					

Abb. 2 Zuordnung ausgewählter Verkehrsverbände zu den jeweils vertretenen Interessen Abkürzungen (soweit nicht in Tab. 2 aufgeführt): ADAC – Allgemeiner Deutscher Automobilclub e.V., BVF – Bundesvereinigung gegen Fluglärm e.V., GDL – Gewerkschaft Deutscher Lokomotivführer, PB – Pro Bahn e.V., VC – Vereinigung Cockpit e.V., VCD – Verkehrsclub Deutschland e.V. Quelle: Eigene Darstellung

auch die Verkehrsindustrie (z. B. die Verbände der Automobilindustrie und der Bahnindustrie) eine Rolle.

Aufgrund der Interessenheterogenität können sich in der Verkehrspolitik mannigfaltige Konstellationen herausbilden, die von vorübergehenden oder dauerhaften Bündnissen bis zur expliziten Konkurrenz zwischen Verbänden mit unterschiedlichen Interessenlagen reichen. Teilweise sind einzelne Verbände wiederum Mitglied anderer Verbände oder Initiativen. Beispiele hierfür sind der Dachverband Allianz pro Schiene sowie die Initiative Luftverkehr für Deutschland, zu deren Mitgliedern jeweils andere Verbände zählen. Das Deutsche Verkehrsforum ist eine verkehrsträgerübergreifende Wirtschaftsvereinigung, in der zahlreiche Unternehmen (auch außerhalb des eigentlichen Verkehrsbereichs) und Verbände vertreten sind.

Ferner sind Unterscheidungen nach formalen Aspekten möglich. Permanente Institutionen grenzen sich von denjenigen Bürgerinitiativen ab, die lediglich projektbezogen Einfluss zu nehmen versuchen. Ein Unterscheidungsmerkmal kann zudem die politische Ebene (Bund, Land oder Kommune) sein, auf die eingewirkt werden soll. Auch die (Verkehrs-)Wissenschaft sowie die Medien lassen sich als Einflussträger der (Verkehrs-)Politik ansehen. Im Folgenden werden die wichtigsten Akteure, die auf Entscheidungsträger einwirken, genauer betrachtet.

Der zentrale Einfluss der Parteien manifestiert sich insbesondere bei der Besetzung der höchsten Staatsämter. So stellen die Regierungsparteien den Verkehrsminister und die parlamentarischen Staatssekretäre. Auch bei der Besetzung der Führungspositionen im Ministerium, insbesondere beamtete Staatssekretäre und

Abteilungsleiter, spielen parteipolitische Gesichtspunkte eine Rolle. Zudem wirken die Parteien de facto wesentlich auf die Sachentscheidungen der Regierungen und der Parlamente ein (z. B. Parteitagsbeschlüsse).

Bei den bereits erwähnten Verbänden handelt es sich generell um Zusammenschlüsse unabhängiger Wirtschaftssubjekte, die zur wirksamen Durchsetzung der individuellen Ziele der Mitglieder dienen (vgl. Olson 1965). Die Tätigkeitsfelder eines Verbandes umfassen zum einen interne Aufgaben (z. B. Erfahrungsaustausch, Servicefunktionen für Mitglieder – als privates Gut für die Verbandsmitglieder), zum anderen die hier im Mittelpunkt stehende Interessenwahrnehmung gegenüber Dritten (externe Verbandsaufgaben – als öffentliches Gut für die jeweilige Gruppe).

Während insbesondere Großunternehmen ihre spezifischen Interessen häufig unmittelbar in den Entscheidungsprozess einbringen können (im Verkehrsbereich z. B. die Deutsche Lufthansa), spielen in der in vielen Bereichen nach wie vor mittelständisch geprägten Verkehrswirtschaft Verbände eine nicht zu vernachlässigende Rolle. Dabei ist die – historisch gewachsene – Verbandslandschaft in der Bundesrepublik Deutschland nicht frei von Konkurrenzen und von Überschneidungen der Tätigkeitsfelder. Hinzu kommen Interessenvertretungen der Verkehrsnachfrager bzw. -teilnehmer, wobei weiter zwischen privaten Haushalten (z. B. vertreten durch ADAC, ADFC und Pro Bahn) sowie gewerblichen Verkehrsnachfragern (verladende Wirtschaft) zu differenzieren ist. Eine Besonderheit in einigen Bereichen des Verkehrssektors sind die insbesondere bei Tarifverhandlungen durchsetzungsstarken Spartengewerkschaften, etwa der Piloten (Vereinigung Cockpit), der Flugsicherung und der Lokomotivführer (GDL).

Generell existieren neben den einzelnen Bundesverbänden (vgl. Tab. 2) häufig auch Landesverbände. Diese sind entweder Unterorganisationen eines Bundesverbandes oder haben sich umgekehrt zu einem Bundes- oder Dachverband zusammengeschlossen.

Neben institutionellen Einflussträgern, deren Tätigkeit grundsätzlich auf Dauer ausgelegt ist, haben sich in den vergangenen Jahrzehnten Bürgerinitiativen und Aktionsbündnisse als Einflussträger der Verkehrspolitik etabliert. Diese verfolgen meist ein abgegrenztes, oftmals lokales Ziel. Speziell bei Infrastrukturentscheidungen, z. B. Aus- und Neubau von Flughäfen, Schienenwegen und Autobahnen sowie Bau von Ortsumgehungsstraßen, ist die Bedeutung von Bürgerinitiativen hoch. Mitunter sind aus lokalen Aktionsbündnissen oder Bürgerinitiativen auch dauerhafte Institutionen auf Bundesebene entstanden, beispielsweise die Bundesvereinigung gegen Fluglärm e.V.

Die Einflussnahme durch Verbände kann in unterschiedlicher Form erfolgen, insbesondere durch:

- (Selektive) Information der Entscheidungsträger (Bürokratie, Abgeordnete, Regierungsmitglieder),
- Unterstützung der Kandidatur von Verbandsvertretern (oder nahestehenden Personen) für politische Mandate,
- Wahl- oder sonstige Unterstützungsaufrufe an die Verbandsmitglieder,

Tab. 2 Ausgewählte Unternehmensverbände im Verkehrsbereich (Deutschland)

Beispiele für Unternehmensverbände im Verkehrsbereich (Bundesebene ohne Industrieverbände)
Straßengüterverkehr und Logistik
Bundesverband Güterkraftverkehr, Logistik und Entsorgung (BGL) e.V.
Deutscher Speditions- und Logistikverband (DSLV) e.V.
Bundesverband Wirtschaft, Verkehr und Logistik (BWVL) e.V.
Bundes-Zentralgenossenschaft Straßenverkehr (SVG) eG
Straßenpersonenverkehr und/oder Schienenverkehr
Verband Deutscher Verkehrsunternehmen (VDV) e.V.
Netzwerk Europäischer Eisenbahnen (NEE) e.V.
mofair e.V.
Bundesverband Deutscher Omnibusunternehmer (BDO) e.V.
Deutscher Taxi- und Mietwagenverband (BZP) e.V.
Schifffahrt
Verband Deutscher Reeder (VDR) e.V.
Bundesverband der Deutschen Binnenschifffahrt (BDB) e.V.
Bundesverband Öffentlicher Binnenhäfen (BÖB) e.V.
Zentralverband der deutschen Seehafenbetriebe (ZDS) e.V.
Luftverkehr
Bundesverband der deutschen Luftverkehrswirtschaft (BDL) e.V.
Bundesverband der Deutschen Fluggesellschaften (BDF) e.V.
Arbeitsgemeinschaft Deutscher Verkehrsflughäfen (ADV) e.V.
Board of Airline Representatives in Germany (BARIG) e.V.

- Beeinflussung der öffentlichen Meinung (z. B. Pressearbeit, Demonstrationen, Unterschriftenaktionen),
- Geld- und/oder Sachspenden an Parteien bzw. Kandidaten.

Die einzelnen Verbände verfügen über unterschiedliche Ressourcen (z. B. finanzielle Mittel, Mitgliederzahl, Organisationsgrad, Ansehen in der Öffentlichkeit), von denen wiederum der Erfolg der Interessenvertretung wesentlich abhängt.

Die bislang genannten Möglichkeiten, wie Interessengruppen Einfluss nehmen können, gehen jeweils von den Verbänden aus. Darüber hinaus erfolgt die Berücksichtigung von Interessenvertretern in nicht unerheblichem Maße mittels formalisierter Verfahren, konkret etwa mittels Anhörungen in Parlamenten. Um daneben auch die Bürger frühzeitig an Verkehrsplanungen zu beteiligen sowie speziell konfliktträchtige Vorhaben im Bereich der Infrastruktur möglichst konsensual zwischen den unterschiedlichen Interessengruppen diskutieren und einer Entscheidung zuführen zu können, setzt die Verkehrspolitik seit einiger Zeit verstärkt auf partizipative Verfahren (vgl. bereits DVWG 2000). Ein prominentes Beispiel ist das Mediationsverfahren, das von der hessischen Landesregierung vor der Entscheidung zum Ausbau des Frankfurter Flughafens initiiert wurde. Auch im Zuge der Entscheidungsfindung über das Infrastrukturprojekt Stuttgart 21 kamen partizipative Verfahren zum Einsatz. Um Konflikte im Zusammenhang mit Infrastrukturvorhaben zukünftig zu reduzieren, hat das BMVBS ein spezielles Handbuch zur Bürgerbeteiligung bei Großprojekten erstellt (BMVBS 2012a).

Eine Sonderstellung innerhalb der Gruppe der verkehrspolitischen Einflussträger nimmt die (Verkehrs-)Wissenschaft ein. Auch die Mitarbeiter von Hochschulen und/oder Forschungsinstituten können Einfluss nehmen, indem sie die (Fach-)Öffentlichkeit bzw. die Entscheidungsträger informieren (vgl. Willeke 1997). Dies kann von speziellen Institutionen – etwa dem Wissenschaftlichen Beirat beim Bundesminister für Verkehr – gezielt angeregt sein oder auf der Eigeninitiative der Wissenschaftler beruhen.

Während in der älteren Literatur zumeist die Auffassung vertreten wurde, dass Wissenschaftler „neutrale", allein an den Bedürfnissen der Allgemeinheit orientierte Empfehlungen aussprechen, wird seit einiger Zeit vermehrt auf die Eigeninteressen der Wissenschaftler hingewiesen (z. B. persönliches Renommee, Zugang zu Forschungsmitteln). Diese können sich die Entscheidungsträger gezielt zunutze machen, etwa indem sie Gutachten zu konkreten Themenstellungen an ausgewählte Institute vergeben und/oder ihnen ‚wohl gesonnene' Wissenschaftler in Beratungsgremien berufen. Speziell in den Wirtschaftswissenschaften werden daher institutionelle Ausgestaltungen diskutiert, mit denen eine qualitativ hochwertige und zugleich unabhängige Politikberatung durch Wissenschaftler ermöglicht werden soll (vgl. Fichert 2004).

2.3 Träger internationaler Verkehrspolitik

2.3.1 Internationale Organisationen und Verbände

Auf globaler Ebene haben die Nationalstaaten nur in geringem Ausmaß Kompetenzen auf internationale Organisationen übertragen. Ausnahmen sind der Luftverkehr und die Seeschifffahrt, wo sich die Notwendigkeit zur überstaatlichen Kooperation nahezu zwingend aus der Natur der Verkehrsträger ergibt. Folglich haben die *International Civil Aviation Organization* (ICAO) und die *International Maritime Organization* (IMO) als UNO-Sonderorganisationen eigene Befugnisse, die sich jedoch überwiegend auf technische Normen beziehen. Ökonomisch relevante Entscheidungen, etwa die Gewährung gewerblicher Verkehrsrechte im Luftverkehr, haben die Staaten jedoch nicht an diese Organisationen abgegeben. Darüber hinaus ist die Verkehrspolitik Gegenstand der Aktivität internationaler Zusammenschlüsse mit sektorübergreifendem Tätigkeitsbereich, beispielsweise der *Organisation for Economic Cooperation and Development* (OECD).

Da auf globaler Ebene nur in begrenztem Maße Entscheidungen getroffen werden, ist auch die Bedeutung der Einflussträger relativ gering. Zwar gibt es für alle wichtigen Verkehrsträger internationale Dachverbände (z. B. *International Air Transport Association* (IATA), *Union International de Chemin de Fer* (UIC)), diese richten sich mit ihren externen Aktivitäten jedoch meist an die Nationalstaaten bzw. die Europäische Union. Darüber hinaus versuchen auch andere internationale Organisationen auf die – nationale wie internationale – Verkehrspolitik einzuwirken; bekannte Beispiele sind *Greenpeace* und der *World Wide Fund For Nature* (WWF).

2.3.2 Europäische Union

Die Europäische Union ist mittlerweile sowohl für den grenzüberschreitenden als auch für den binnenländischen Verkehr in den EU-Mitgliedstaaten der wichtigste Entscheidungsträger. Die formalen Kompetenzen der relevanten Institutionen (Europäischer Rat, Rat der Europäischen Union (Ministerrat), Europäische Kommission, Europäisches Parlament sowie Europäischer Gerichtshof) sind im Anhang dieses Handbuchs genauer erläutert.

Ähnlich wie auf der nationalen Ebene sind auch im Zuständigkeitsbereich der Generaldirektion Mobilität und Verkehr (DG MOVE) bei bestimmten verkehrspolitisch relevanten Entscheidungen andere Generaldirektionen beteiligt oder sogar federführend. Von besonderer Bedeutung ist die Generaldirektion Wettbewerb (DG COMP), die für die Anwendung etwa der Zusammenschlusskontrolle sowie der Wettbewerbsregeln (z. B. Beihilfenkontrolle) zuständig ist. Dabei können wiederum teils erhebliche Konflikte zwischen den Zielen der einzelnen Generaldirektionen bestehen. Beispielsweise strebt die Generaldirektion Wettbewerb eine Abkehr von der wettbewerbsbeschränkenden Vergabe der Start- und Landerechte an Flughäfen an, während die (damalige) Generaldirektion Verkehr und Energie die so genannten „Großvaterrechte" grundsätzlich beibehalten wollte (vgl. Kyrou 2000: 197).

Der Europäische Gerichtshof (EuGH) hat in der Vergangenheit immer wieder als Impulsgeber der Verkehrspolitik der EU gewirkt. Von geradezu epochaler Bedeutung war das so genannte Untätigkeitsurteil des EuGH vom 22. Mai 1985, das – zurückgehend auf eine Klage des Europäischen Parlaments – die jahrzehntelange Blockadehaltung der europäischen Verkehrsminister beendete und erzwang, auch für Verkehrsdienstleistungen einen gemeinsamen Binnenmarkt zu schaffen (vgl. Frerich und Müller 2004a: 112–136). Weitere Entscheidungen mit erheblichen Auswirkungen auf die Verkehrspolitik der Gemeinschaft und der Mitgliedstaaten waren beispielsweise das *Nouvelle-Frontières*-Urteil aus dem Jahr 1986 (Anwendbarkeit der Wettbewerbsregeln auf den Luftverkehr) sowie das Altmark-Trans-Urteil aus dem Jahr 2003 (Voraussetzungen für die Zulässigkeit nationaler Beihilfen an Anbieter im ÖPNV).

Auch auf der Ebene der EU sind mittlerweile Spezialinstitutionen entstanden, so die Europäische Agentur für Flugsicherheit (*European Aviation Safety Agency* (EASA)), auf die Kompetenzen in den Bereichen Zertifizierung und Betriebsvorschriften verlagert wurden, die zuvor im Zuständigkeitsbereich der nationalen Behörden lagen. Darüber hinaus wurden eine Europäische Agentur für die Seeverkehrssicherheit (*European Maritime Safety Agency* (EMSA)) und eine Europäische Eisenbahnagentur (*European Railway Agency* (ERA)) gegründet.

Außerhalb des Rahmens der Europäischen Union existieren weitere Institutionen, die sich mit verkehrspolitischen Fragestellungen in Europa befassen. Hervorzuheben ist die Europäische Verkehrsministerkonferenz (CEMT), die im Jahr 1953 gegründet wurde und in der nahezu alle europäischen Staaten repräsentiert sind. Darüber hinaus gibt es Spezialorganisationen für einzelne Verkehrsträger, etwa die *European Civil Aviation Conference* (ECAC), die Europäische Organisation zur Sicherung der Luftfahrt (Eurocontrol) oder die Zentralkommission für die Rheinschifffahrt in Straßburg.

Angesichts der zentralen Bedeutung der EU-Verkehrspolitik sind sowohl europäische als auch nationale Einflussträger sehr darum bemüht, Entscheidungen insbesondere der Europäischen Kommission in ihrem Sinne zu beeinflussen. Zahlreiche verkehrspolitische Weichenstellungen lassen sich auch auf die unterschiedlich erfolgreichen Lobby-Aktivitäten einzelner Verbände zurückführen. Beispielsweise haben sich der Verband der Europäischen Linienluftverkehrsgesellschaften (*Association of European Airlines* (AEA)) und insbesondere der Verband der europäischen Regionalfluggesellschaften (*European Regional Airlines Association* (ERA)) Mitte der 1990er-Jahre intensiv für eine Öffnung der Bodenverkehrsdienste auf den Flughäfen der Gemeinschaft eingesetzt, während sich der Verband der europäischen Flughafenbetreiber (*Airports Council International Europe* (ACI)) gegen eine Liberalisierung dieses Marktes wendete (vgl. Kyrou 2000: 196). Auch in diesem Bereich erfolgt die weitere Liberalisierung angesichts des Widerstandes einzelner Flughäfen und Gewerkschaften nur sehr zögerlich.

Die institutionalisierte Beteiligung von Einflussträgern erfolgt in der EU im Wesentlichen über den Wirtschafts- und Sozialausschuss sowie den Rat der Regionen. Bei verkehrspolitischen Entscheidungen sind beide Gremien zu konsultieren, sie verfügen jedoch nicht über ein Mitentscheidungsrecht. Darüber hinaus hat die Europäische Kommission formalisierte Verfahrensweisen entwickelt, bei denen sie vor einer endgültigen Entscheidung zunächst ihre Vorstellungen veröffentlicht und Interessenten zur Abgabe von Stellungnahmen auffordert.

3 Handlungsebenen der Verkehrspolitik

In der ökonomischen Theorie wurden unterschiedliche Ansätze entwickelt, die herangezogen werden können, um die Zweckmäßigkeit von Kompetenzzuweisungen in einem politischen Mehrebenensystem zu beurteilen (vgl. Pitlik 1997). Gemäß dem Prinzip der fiskalischen Äquivalenz, das insbesondere für Infrastrukturentscheidungen von Bedeutung ist, sollte der Kreis der Nutzer einer Einrichtung so weit wie möglich dem der Zahler entsprechen. Gibt es mehr Nutzer als Zahler, so ergibt sich eine Tendenz zur Unterversorgung; im umgekehrten Fall droht ein „Forderungswettlauf" der dezentralen Akteure um die zentral bereitgestellten Mittel. Die Unterscheidung zwischen Orts-, Kreis-, Landes- und Bundesstraßen in der Bundesrepublik Deutschland kann als Beispiel für eine im Grundsatz geeignete Konkretisierung der fiskalischen Äquivalenz gelten.

In den vergangenen Jahrzehnten hat die europäische Ebene zunehmend verkehrspolitische Kompetenzen hinzu gewonnen. Diese Tendenz zur Zentralisierung der Verkehrspolitik wird gelegentlich als Verstoß gegen das Subsidiaritätsprinzip kritisiert (vgl. bereits Ewers und von Stackelberg 1998: 1173). Allerdings lässt sich diese Kompetenzverlagerung zumindest teilweise durch die veränderten verkehrlichen Gegebenheiten erklären. So rechtfertigt das wachsende Ausmaß grenzüberschreitender Verkehrsströme gewisse Aktivitäten der EU im Bereich der Infrastruktur, beispielsweise den Auf- und Ausbau transeuropäischer Verkehrsnetze, der seit dem Vertrag von Maastricht (1993) zu den Zielen der Europäischen Union gehört (vgl. Steyer 2001).

Auch im Umweltschutzbereich kann die Zentralisierung von Entscheidungskompetenzen als problemadäquate Reaktion auf die gewachsene Bedeutung grenzüberschreitender Verkehre und Umweltprobleme angesehen werden. Zwar lässt sich kritisch anmerken, dass nach wie vor viele verkehrsbedingte Umweltprobleme einen primär lokalen bzw. regionalen Charakter besitzen. Jedoch sprechen auch ökonomische Argumente für eine Zentralisierung der Entscheidungskompetenz, beispielsweise die Vermeidung von Wettbewerbsverzerrungen sowie die Verringerung von Informations- und sonstigen Transaktionskosten.

4 Ziele der Verkehrspolitik

4.1 Ziele von Einfluss- und Entscheidungsträgern im Überblick

Es ist unmittelbar ersichtlich, dass Entscheidungsträger und Einflussträger ihrem Handeln unterschiedliche Ziele zugrunde legen. Grundsätzlich verfolgen die Einflussträger ihre jeweiligen individuellen bzw. gruppenspezifischen Ziele (*Rent-seeking*-Verhalten). Beispielsweise können Verbände von Verkehrsanbietern letztlich einen möglichst hohen Gewinn der ihnen angehörenden Unternehmen anstreben, Gewerkschaften möchten sichere Arbeitsplätze und einen möglichst hohen Lohn der (organisierten) Beschäftigten im Verkehrsgewerbe erreichen und Bürgerinitiativen setzen sich beispielsweise für eine Verbesserung der Verkehrsverhältnisse und/oder der Umweltsituation in einem bestimmten Wohngebiet ein. Dabei ist zum einen zu beachten, dass sich die Einflussträger, um die politische Durchsetzbarkeit ihrer Forderungen zu verbessern, bei ihren Vorschlägen und Forderungen zumeist (auch) auf das Gemeinwohl berufen. Zum anderen ist nicht auszuschließen, dass innerhalb der Verbände Prinzipal-Agenten-Konflikte dazu führen, dass die Ziele der für den Verband handelnden Personen von denen der Verbandsmitglieder abweichen (vgl. Berg et al. 2007: 307).

In der älteren Literatur wurde häufig die Auffassung vertreten, dass sich die politisch legitimierten Entscheidungsträger an den Zielen der Gesamtgesellschaft (Gemeinwohl) orientieren. Allerdings verfügen die handelnden Personen aufgrund der vielfältigen „Unvollkommenheiten" des politischen Prozesses über gewisse Spielräume zur Verfolgung ihrer individuellen Ziele. Gemäß der ökonomischen Theorie der Demokratie bzw. der *Public-Choice*-Theorie (vgl. Downs 1957; Buchanan 1978) lassen sich die handelnden Personen z. B. von Einkommens-, Macht-, Prestige- oder auch ideologischen Zielen leiten. Als „Nebenbedingung" wirkt dabei die Wiederwahlrestriktion, die eine tendenzielle Ausrichtung am Gemeinwohl – oder zumindest an den Wünschen der Mehrzahl der Wahlberechtigten – erzwingt.

Die Konkretisierung des allgemeinen Begriffs „Gemeinwohl" für den Verkehrssektor ist Gegenstand des folgenden Unterkapitels. Ebenso wie bei den Entscheidungsträgern können auch bei den Entscheidungshelfern Eigeninteressen eine Rolle spielen.

4.2 Ableitung verkehrspolitischer Ziele aus gesamtwirtschaftlichen Oberzielen

In Verfassungen und Gesetzen wird vielfach auf das Gemeinwohl (öffentliches Wohl, öffentliches Interesse, Gesamtinteresse etc.) Bezug genommen, einen unbestimmten Rechtsbegriff, dessen Auslegung einige Probleme aufwirft (vgl. auch Ambrosius in Kap.V.2 dieses Bandes: ▸ Öffentlicher Verkehr und Gemeinwirtschaftlichkeit: Im Spannungsfeld von Eigenwirtschaftlichkeit, Wettbewerb und Regulierung). Der Begriff Gemeinwohl wird üblicherweise anhand gesellschaftlicher Oberziele wie Freiheit, Gerechtigkeit, Frieden, Sicherheit und Wohlstand konkretisiert (vgl. exemplarisch Welfens 2009: 576). Seit einigen Jahren wird auch der Umweltschutz in diesen Zielkanon einbezogen (vgl. Art. 20a GG). Diese übergeordneten Ziele besitzen zwar eine hohe Konsensmobilisierungsfunktion, sind jedoch ebenfalls auslegungsbedürftig. So wird beispielsweise Sicherheit unter anderem als innere, äußere oder soziale Sicherheit interpretiert, wobei sich die einzelnen Deutungen wechselseitig nicht ausschließen.

Aus den gesellschaftlichen Oberzielen werden zum einen unmittelbar Konkretisierungen für den Verkehrssektor abgeleitet. Beispielsweise kann „Verkehrssicherheit" als Unterziel von Sicherheit angesehen werden, wobei bei diesem Ziel üblicherweise eine Unterscheidung in Safety (als Betriebssicherheit) und Security (als Schutz vor äußeren Eingriffen) vorgenommen wird. Zum anderen lässt sich generell fordern, dass der Verkehrssektor einen Beitrag zur Erreichung der gesellschaftlichen Oberziele leisten soll. Dabei ist insbesondere die Möglichkeit zur Ortsveränderung (Mobilität) eine Grundvoraussetzung für die Inanspruchnahme von Freiheitsrechten in der Gesellschaft. Darüber hinaus lassen sich spezifische verkehrspolitische Ziele auch aus dem Wohlstands- und dem Gerechtigkeitsziel ableiten.

Die Konkretisierung des Wohlstandsziels ist sowohl in der Wissenschaft als auch in der Politik nicht unumstritten. Aus ökonomischer Perspektive lässt sich der Wohlstand einer Volkswirtschaft vereinfacht an der Versorgung mit Gütern und Dienstleistungen ablesen, die wiederum zumeist mithilfe des Bruttoinlandsprodukts (BIP) gemessen wird. Dessen Schwächen als Wohlstandsindikator werden zwar auch in den Wirtschaftswissenschaften diskutiert (vgl. Frenkel und John 2011), die vielfach vorgeschlagenen alternativen Indikatoren konnten sich jedoch bislang nicht durchsetzen. Darüber hinaus wird mitunter die primäre Orientierung an materiellen Werten grundsätzlich infrage gestellt. Die weitere Diskussion in diesem Beitrag folgt dennoch der in den Wirtschaftswissenschaften üblichen Interpretation des Wohlstandsziels. Dies ist nicht zuletzt dadurch gerechtfertigt, dass sich die praktische Wirtschafts- und Verkehrspolitik überwiegend an diesem Maßstab orientiert, auch und gerade im Hinblick auf das eng mit dem Wachstum verbundene Beschäftigungsziel.

Ein leistungsfähiges Verkehrssystem ist die Grundvoraussetzung für eine arbeitsteilige Volks- und Weltwirtschaft und damit auch für eine allgemeine Wohlstandszunahme. Dabei gilt sowohl für den Personen- als auch für den Güterverkehr, dass der Wohlstand mit sinkenden Transportkosten ansteigt (vgl. zu einem formalen Nachweis Eckey und Stock 2000: 45–63). Folglich kann die Verkehrspolitik insbesondere durch eine angemessene Infrastrukturausstattung sowie geeignete Rahmenbedingungen für Verkehrsanbieter und -nachfrager das Wachstumspotenzial der Volkswirtschaft bzw. einer Region positiv beeinflussen. Daneben dient Verkehrspolitik auch der Stabilisierung, beispielsweise indem in Rezessionsphasen verkehrspolitische Investitionen „vorgezogen" werden. Konkret wurden in der Finanz- und Wirtschaftskrise des Jahres 2009 auch die Mittel für die Bundesverkehrswege deutlich erhöht.

Die ökonomische Theorie zeigt darüber hinaus, dass eine wettbewerbliche Marktsteuerung die zentrale Voraussetzung für wirtschaftlichen Wohlstand ist (vgl. Kerber 2007: 372). Während früher im Rahmen der so genannten „Besonderheitenlehre" der Verkehrssektor allgemein als wettbewerblicher Ausnahmebereich eingestuft wurde, hat sich inzwischen die Auffassung durchgesetzt, dass auch bei der Erstellung von Verkehrsdienstleistungen der wettbewerbliche Selbststeuerungsmechanismus so weit wie möglich genutzt werden sollte. Für ein effizientes Verkehrssystem ist es daher erforderlich, staatliche wie auch private Wettbewerbsbeschränkungen zu bekämpfen. Eine Rechtfertigung für darüber hinausgehende Staatseingriffe ergibt sich mit Blick auf das Wohlstandsziel nur, wenn die marktwirtschaftliche Selbststeuerung nicht zu gesamtwirtschaftlich optimalen (Allokations-)Ergebnissen führt. Ein solches „Markt- bzw. Wettbewerbsversagen" ist – in unterschiedlichem Ausmaß – insbesondere bei „öffentlichen Gütern", Tendenzen zum „natürlichen Monopol" und „externen Effekten" zu konstatieren.

Für das Gerechtigkeitsziel werden unterschiedliche Konkretisierungen diskutiert (beispielsweise Gleichheit der formalen oder materiellen Freiheit, Bedarfsgerechtigkeit und (Markt-)Leistungsgerechtigkeit; vgl. bereits Giersch 1961: 75). Zur Ermöglichung gleicher Mobilitätschancen zielt die Verkehrspolitik darauf ab, dass möglichst alle Einwohner eines Landes einen angemessenen Zugang zu Verkehrsleistungen haben. Dies gilt insbesondere für Menschen mit Mobilitätseinschränkungen, etwa behinderte Menschen. Darüber hinaus kann im Sinne der Bedarfsgerechtigkeit versucht werden, bestimmte Bevölkerungsgruppen, beispielsweise Familien mit Kindern, mittels verkehrspolitischer Maßnahmen besonders zu unterstützen. Das Ziel der „Mobilität für alle" gerät speziell in ländlichen Regionen angesichts des demografischen Wandels zunehmend in das Blickfeld der Verkehrspolitik (siehe etwa BMVBS 2012b).

In einer breiteren Auslegung lassen sich mit Verteilungsargumenten auch strukturpolitische Eingriffe rechtfertigen. Hier geht es zum einen darum, dass verkehrspolitische Maßnahmen einen Beitrag zum Ausgleich von Wohlstandsunterschieden zwischen Regionen leisten sollen. Bei diesen Zielen der regionalen Strukturpolitik

Beitrag des Verkehrssektors zum **Gemeinwohl**, konkretisiert durch die Oberziele					
Freiheit	Sicherheit	Gerechtigkeit	Wohlstand	Umweltschutz
Beispielhafte Zuordnung spezifisch verkehrspolitischer Ziele					
Mobilität gewährleisten bzw. erhöhen	Erhöhung der Verkehrssicherheit	Mobilität für behinderte Menschen erhöhen	Effizienz und Wachstum durch Wettbewerb	Verringerung spezifischer Emissionen

Abb. 3 Gesellschaftliche Oberziele und abgeleitete Ziele der Verkehrspolitik Quelle: Eigene Darstellung

besteht teilweise eine enge Verbindung mit dem Wohlstands- bzw. Wachstumsziel, es treten jedoch auch Zielkonflikte auf. Zum anderen kann der Bereich des Verkehrs entweder unmittelbarer Adressat der sektoralen Strukturpolitik sein (z. B. Förderung bestimmter Verkehrsanbieter), oder die Verkehrspolitik dient der Unterstützung anderer Sektoren, z. B. der Landwirtschaft. Auch hier sind Konflikte mit dem Effizienz- bzw. Wohlstandsziel häufig anzutreffen.

Den Zusammenhang zwischen den gesellschaftlichen Oberzielen und ausgewählten Zielen der Verkehrspolitik verdeutlicht Abb. 3.

4.3 Spezielle Ziele der staatlichen Verkehrspolitik

4.3.1 Überblick

Verkehrspolitische Grundsatzprogramme von Regierungen und Parteien stellen in erster Linie darauf ab, dass die Mobilität von Menschen und Gütern gesichert bzw. erhöht werden soll (vgl. z. B. BMVBW 2000: 11). Die Begründung für diese Zielvorgabe erfolgt zum einen über die Mobilitätswünsche der Bürger (Mobilität als Ausdruck von Freiheit und Lebensqualität bzw. als Voraussetzung zur Teilhabe am gesellschaftlichen Leben), zum anderen über die positiven Auswirkungen des Verkehrs auf Wachstum und Beschäftigung (Verkehrsinfrastruktur und -angebot als Standortfaktor, vgl. BMVBS 2010: 2). In Anlehnung an die inzwischen übliche Nachhaltigkeitsdefinition (vgl. hierzu den Beitrag von Rammler in Kap. VIII.5 dieses Bandes: ▶ Nachhaltige Mobilität: Gestaltungsszenarien und Zukunftsbilder), wird dabei zunehmend auf die ökonomischen, sozialen und ökologischen Dimensionen von Mobilität abgestellt.

Aus ökonomischer Perspektive ist zu fordern, dass das Verhältnis aus volkswirtschaftlichem Ressourceneinsatz und Mobilität optimiert wird (Übertragung des ökonomischen Prinzips auf den Verkehrssektor). Hieraus wird meist das Ziel abgeleitet, auf eine effiziente bzw. „volkswirtschaftlich sinnvolle" Aufgabenteilung der einzelnen Verkehrsträger hinzuwirken. Diese Zielsetzung ist bereits in den ersten programmatischen Aussagen zur Verkehrspolitik nach dem Zweiten Weltkrieg formuliert worden, bildet jedoch, wie weiter unten erläutert, bis heute den Gegenstand anhaltender und kontroverser Diskussionen.

Ausgehend vom Gerechtigkeitsziel ist es, wie bereits erwähnt, erforderlich, dass für alle Mitglieder der Gesellschaft ein Mindestmaß an Mobilität ermöglicht wird. In den verkehrspolitischen Programmen werden mitunter einzelne Bevölkerungsgruppen explizit angesprochen, etwa die Bewohner peripherer Regionen, Menschen ohne Zugang zu Pkw oder Menschen mit Behinderungen („Barrierefreiheit"). Auch die Erhöhung der Verkehrssicherheit, speziell für die „schwächeren" Verkehrsteilnehmer, wird diesem Bereich zugeordnet (vgl. BMVBW 2000: 12).

Aus ökologischer Perspektive kommt es darauf an, dass verkehrsbedingte Umweltbelastungen begrenzt bzw. zurückgeführt werden. Hierzu eignen sich insbesondere die Beseitigung von Infrastrukturengpässen und eine Reduzierung der spezifischen Emissionen der einzelnen Verkehrsträger. Seit einiger Zeit wird darüber hinaus der „Verkehrsvermeidung" eine hohe Priorität eingeräumt (vgl. Land Brandenburg 2002: 19; BMVBW 2000: 11). Diesbezügliche Strategien setzen insbesondere auf die Mittel der Raumordnungspolitik. So ist im deutschen Raumordnungsgesetz (§ 2) festgelegt, dass die „Siedlungsentwicklung (...) so gestaltet werden (soll), dass (...) zusätzlicher Verkehr vermieden wird."

Generell gilt, dass aus dem übergeordneten Ziel der Sicherung einer effizienten, sowohl sozial als auch ökologisch vertretbaren, Mobilität eine Vielzahl von Unterzielen abgeleitet werden kann. Deren Gewichtung hat sich im Zeitablauf vielfach verschoben. Dies liegt daran, dass sich neben den gesellschaftlichen Präferenzen auch sonstige Rahmenbedingungen verändert haben (z. B. zunehmender Transitverkehr in Deutschland nach der EU-Osterweiterung). Hinzu kommen Ansprüche, die von anderen Politikbereichen an die verkehrspolitischen Entscheidungsträger gestellt werden und die ebenfalls einem stetigen Wandel unterworfen sind. Die abnehmende Bedeutung verteidigungspolitisch begründeter Anforderungen an die Verkehrspolitik nach dem Untergang der sozialistischen Systeme in den Staaten Mittel- und Osteuropas ist hierfür ein anschauliches Beispiel.

Werden zwei oder mehr Ziele gleichzeitig verfolgt, stehen sie stets in einer von drei unterschiedlichen logischen Relationen zueinander: Sie können harmonieren, konkurrieren oder ein neutrales Verhältnis haben. Beispielsweise führt eine aus ökologischen Gründen vielfach geforderte Verteuerung des motorisierten Individualverkehrs (MIV) zu einer Einschränkung der Mobilität speziell einkommensschwächerer Bevölkerungsschichten. Liegen derartige Zielkonkurrenzen vor, so ist es die Aufgabe der Verkehrspolitik, zwischen den Zielen abzuwägen bzw. Maßnahmen(-bündel) zu entwickeln, um die Kollision aufzulösen.

Wie in den meisten anderen Politikfeldern, so dominieren auch im Verkehrssektor deklaratorische oder lediglich ordinal skalierte Ziele. Nur in wenigen Bereichen haben sich die verkehrspolitischen Akteure dazu durchgerungen, quantitative Zielvorgaben zu formulieren, deren Verwirklichung von den Einflussträgern und der Öffentlichkeit genau überprüft werden kann. Neben dem im folgenden Abschnitt diskutierten Modal Split finden sich quantitative Ziele relativ häufig in den Bereichen Verkehrssicherheit (z. B. Halbierung der Zahl der Verkehrstoten bis zum Jahr X) und Umweltschutz (Emissions- bzw. Umweltqualitätsziele oder Zahl der Elektroautos).

4.3.2 Kontroversen über das Ziel einer volkswirtschaftlich sinnvollen Arbeitsteilung

Mit Blick auf die Realisierung der „volkswirtschaftlich sinnvollen" Aufgabenteilung zwischen den Verkehrsträgern lassen sich zwei unterschiedliche Grundauffassungen identifizieren (s. Abb. 4). Auf der einen Seite steht die liberale Position, nach der sich die effiziente Struktur des Verkehrs aus dem Wettbewerb ergibt (vgl. Hamm 1980: 54 f.; Deutsches Verkehrsforum 2003: 2). Auf der anderen Seite streben politische Akteure vielfach eine gezielte Veränderung des Modal Split an („Verkehrsverlagerung"), die bis zur Festlegung von Marktanteilen der einzelnen Verkehrsträger reichen kann. Eine derart „dirigistische" Herangehensweise fand sich beispielsweise im Weißbuch der Europäischen Kommission zur „Verkehrspolitik bis 2010", in dem vielfach von Verlagerungsquoten die Rede ist und unter anderem für den Marktanteil der Eisenbahn im Güterverkehr in den mittel- und osteuropäischen Ländern eine „Zielmarke" von 35 Prozent formuliert wird (vgl. KOM 2001: 102). Auch im verkehrspolitischen Weißbuch der Kommission aus dem Jahr 2011 finden sich Modal Split Ziele, etwa die Verlagerung von 30 Prozent des Straßengüterverkehrs über 300 km auf andere Verkehrsträger bis zum Jahr 2030 (vgl. KOM 2011: 10).

Die Befürworter des dirigistischen Ansatzes berufen sich insbesondere auf die unterschiedlich hohen spezifischen Umweltbelastungen (externe Effekte), die durch die einzelnen Verkehrsträger hervorgerufen werden, sowie die fehlenden

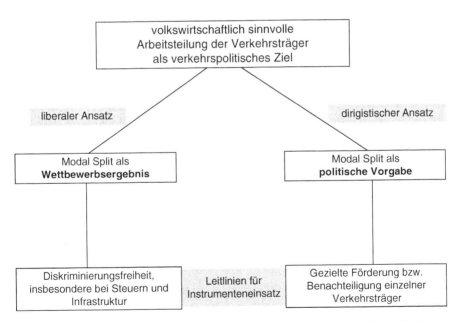

Abb. 4 Kontroversen über die Konkretisierung des Ziels „volkswirtschaftlich sinnvolle Arbeitsteilung der Verkehrsträger" Quelle: Eigene Darstellung

Möglichkeiten (und finanziellen Mittel) für einen nachfragegerechten Ausbau der Straßen- und Luftverkehrsinfrastruktur. Kritisch ist gegen den Ansatz insbesondere einzuwenden, dass jede Vorgabe einer konkreten Marktaufteilung letztlich willkürlich ist. Auch staatliche Festlegungen, für welche Mobilitätsbedürfnisse einzelne Verkehrsträger eine „überlegene" Leistung anbieten, widersprechen den Grundgedanken einer marktwirtschaftlichen Ordnung, die sich aus dem Zusammenspiel von Angebot und Nachfrage ergibt. Dies gilt umso mehr angesichts der charakteristischen Eigenschaft des Wettbewerbs als ergebnisoffenes „Entdeckungsverfahren" (Hayek 1968). Schließlich sind die Resultate bisheriger Lenkungseingriffe durchaus ernüchternd. Erinnert sei unter anderem an die vielfältigen und letztlich stets fehlgeschlagenen Bemühungen, den Marktanteil der früheren Deutschen Bundesbahn zu stabilisieren (vgl. Eckey und Stock 2000: 327).

Bei der Forderung nach einem „ergebnisoffenen" intermodalen Wettbewerb ist allerdings der erhebliche Einfluss des Staates zu berücksichtigen, den dieser durch die allgemeinen Rahmenbedingungen (Ordnungspolitik, steuerliche Regelungen etc.) auf die Marktprozesse ausübt. Während sich „diskriminierende" Rahmenbedingungen, beispielsweise unterschiedliche Mehrwertsteuersätze für die Leistungen einzelner Verkehrsträger oder unterschiedliche Deckungsgrade der Wegekosten, noch vergleichsweise einfach identifizieren lassen (vgl. Vestner 2004; Fichert 2011), wirft die Anlastung externer Kosten beträchtliche Probleme auf. Zwar besteht im Grundsatz Konsens, dass externe Effekte internalisiert, d. h. den jeweiligen (physischen) Verursachern angelastet werden sollten. Die damit verbundenen Aufgaben, eindeutige Kausalitäten zwischen Umweltschäden und (Verkehrs-) Emissionen herzustellen sowie diese Umweltschäden zu monetarisieren, bergen jedoch ein erhebliches Konfliktpotenzial (vgl. den Beitrag von Mitusch et al. in Kap. IV.5 dieses Bandes: ▶ Die externen Kosten des Verkehrs).

Darüber hinaus wird die Frage der Diskriminierungsfreiheit im Bereich der Infrastrukturinvestitionen außerordentlich kontrovers diskutiert. Beispielsweise führen manche Akteure die Marktanteilsgewinne des Straßenverkehrs auf eine Vernachlässigung des Eisenbahnnetzes zurück (vgl. BMBVW 2000: 27). Andere Autoren weisen hingegen zu Recht darauf hin, dass selbst in der Nachkriegszeit die Investitionen in den Straßenbau der zunehmenden Verkehrsnachfrage stets hinterherhinkten (vgl. van Suntum 1986: 104) und derzeit der Anteil des Straßenverkehrs an den Verkehrsausgaben des Staates deutlich geringer ist als der Anteil des Straßenverkehrs an der Verkehrsleistung. Folglich ist die „oft geäußerte These einer einseitigen Bevorzugung der Straßeninvestitionen bei gleichzeitiger Benachteiligung des Schienenverkehrs (...) nicht haltbar; vielmehr kann das Gegenteil belegt werden." (Aberle 2009: 131).

4.4 Ziele in der internationalen Verkehrspolitik

4.4.1 Grundlagen

Die Ziele der internationalen Verkehrspolitik leiten sich unmittelbar aus denen der nationalen Verkehrspolitik ab. Sowohl die Wünsche der Bürger, sich frei und ungehindert bewegen zu können, wie auch die wohlstandsfördernden Auswirkungen der internationalen Arbeitsteilung lassen es aus der Sicht der Einzelstaaten vorteilhaft erscheinen, international zu kooperieren, um grenzüberschreitende Mobilität zu erleichtern. Folglich wurden internationale Organisationen im Verkehrssektor zumeist mit der expliziten Zielvorgabe gegründet, den Verkehr zwischen den Mitgliedsländern zu fördern. Beispielsweise ist es Aufgabe der ICAO, auf ein „sicheres und geordnetes Wachstum der internationalen Zivilluftfahrt" hinzuwirken. Der Grad der Zusammenarbeit reicht vom Erfahrungsaustausch über die Harmonisierung von Normen bis hin zur Übertragung von Normsetzungsbefugnissen auf die internationale Organisation. Ihnen kann auch der Betrieb von Infrastruktureinrichtungen zugewiesen werden.

Ungeachtet der gemeinsamen Ziele können die Staaten innerhalb der internationalen Organisationen auch ihre spezifischen nationalen Interessen verfolgen (vgl. Köberlein 1997: 268). Insbesondere geht es hierbei um den Schutz bzw. die Bevorzugung „einheimischer" Anbieter. So finden sich im Luftverkehr nach wie vor häufig Regelungen zur Verkehrsaufteilung zwischen den Luftverkehrsgesellschaften aus den beteiligten Staaten. Auch wurde in der Vergangenheit nicht selten die internationale Festlegung von Sicherheits- oder Umweltschutzstandards gehemmt, wenn einzelne Staaten fürchteten, dass durch diese Normen ihren Verkehrs- (oder Verkehrsmittel-)Anbietern ein Wettbewerbsnachteil entstehen könnte.

4.4.2 Ziele der Verkehrspolitik in der Europäischen Union

Innerhalb der Europäischen Union spielt die Verkehrspolitik für die wirtschaftliche und politische Integration der Mitgliedstaaten eine entscheidende Rolle. Ohne eine leistungsfähige Verkehrswirtschaft wäre das enorme Wachstum des innereuropäischen Warenaustauschs in den vergangenen Jahrzehnten nur schwer möglich gewesen, gleiches gilt für die hohe Mobilität der Bürger aus den einzelnen EU-Mitgliedstaaten.

Hinzu kommt, dass auch im Verkehrssektor ein Gemeinsamer Markt (Binnenmarkt) geschaffen werden soll, auf dem alle europäischen Unternehmen die gleichen Wettbewerbsvoraussetzungen vorfinden. In Anbetracht der vielfältigen, historisch gewachsenen Regulierungen der nationalen Verkehrsmärkte stellte die Schaffung eines einheitlichen Binnenmarktes eine enorme Herausforderung dar (vgl. Braun-Moser 1989 sowie Wieland 2010), die bis heute noch nicht vollständig bewältigt ist.

Zwischenziele auf dem Weg zum Gemeinsamen Markt sind insbesondere, schützende Regulierungen für die etablierten Verkehrsunternehmen abzubauen (Marktöffnung) und wettbewerbsverzerrende Beihilfen für einzelne Anbieter zu verhindern (allgemeine Wettbewerbsregeln). Während einige Sektoren, zum Beispiel der innergemeinschaftliche Luftverkehr und der Straßengüterverkehr, als weitgehend liberalisiert angesehen werden können, ist die Marktöffnung etwa im Schienenverkehr bislang relativ erfolglos geblieben, so dass hier für die Zukunft noch Handlungsbedarf besteht.

In Anbetracht der für den Verkehrssektor charakteristischen Mobilität der Anbieter haben unterschiedliche Steuern, Entgelte für die Benutzung der

Infrastruktur sowie Umwelt- und Sozialvorschriften großen Einfluss auf die Wettbewerbsposition der Unternehmen aus den einzelnen Mitgliedstaaten. Im Zuge der Vollendung des Binnenmarktes sollen diese „künstlichen Wettbewerbsverzerrungen" abgebaut werden (vgl. Frerich/Müller 2004b: 357 f. und 431 f.). Die Europäische Kommission strebt daher seit Langem eine Harmonisierung der entsprechenden Regelungen an (vgl. KOM 2001). Allerdings verfolgen die Mitgliedstaaten hier durchaus unterschiedliche Interessen. Während beispielsweise Deutschland – in seiner Eigenschaft als Transitland, aber auch im Interesse des heimischen Transportgewerbes – im Straßengüterverkehr eine EU-weite Angleichung von Umweltstandards und arbeitsrechtlichen Bestimmungen auf hohem Niveau fordert (vgl. BMVBW 2000: 15 f.), sehen andere Staaten hierdurch die Wettbewerbsposition ihrer einheimischen Anbieter gefährdet. Ähnliche Konflikte gab es zu Beginn der 1990er-Jahre im Zusammenhang mit der Einführung einer Autobahnvignette in Deutschland (vgl. Ewers und von Stackelberg 1998: 1174). Eine Diskussion der weit über diese Interessenkollisionen hinausreichenden Frage, bis zu welchem Ausmaß der europäische Binnenmarkt eine Festlegung einheitlicher Normen braucht und inwieweit ein Wettbewerb unterschiedlicher nationaler Regelungen Vorteile verspricht, würde den Rahmen dieses Beitrags sprengen, so dass auf die einschlägige Literatur verwiesen werden muss (vgl. Streit und Voigt 1996).

5 Verkehrspolitische Strategien

Mit dem Begriff Strategie wird in der (Verkehrs-)Politik meist ein Bündel zusammengehöriger Maßnahmen bezeichnet, die gemeinsam ergriffen werden sollen, um ein – zumeist längerfristiges – Ziel zu erreichen. Beispiele sind die „verkehrswirtschaftliche Energiestrategie" des BMVBW (2000: 46) zur Markteinführung alternativer Kraftstoffe sowie die im Jahr 2009 verkündete „Mobilitäts- und Kraftstoffstrategie" der damaligen Bundesregierung. Auf der Ebene der EU wurde unter anderem eine „Strategie der Gemeinschaft zur Verminderung der CO_2-Emissionen von Personenkraftwagen und zur Senkung des durchschnittlichen Kraftstoffverbrauchs" konzipiert, die ebenfalls auf einen Mix aus mehreren Instrumenten setzt.

Die Einteilung von Strategien kann beispielsweise nach der Zielsetzung (z. B. Strategien zur Verkehrsvermeidung, Deregulierungsstrategien) oder nach dem vorherrschenden Instrumenteneinsatz bzw. der ordnungspolitischen Grundausrichtung vorgenommen werden. Im letztgenannten Fall wäre insbesondere zwischen dirigistischen und marktwirtschaftlich orientierten Strategien zu unterscheiden, wie sie oben bereits im Zusammenhang mit der volkswirtschaftlich sinnvollen Aufgabenteilung der Verkehrsträger angesprochen wurden.

Schließlich kann mit dem Strategiebegriff auch der zeitliche Rahmen gekennzeichnet werden, innerhalb dessen verkehrspolitische Veränderungen vorgenommen werden. Dabei ist insbesondere zwischen einer Big-Bang-Strategie und einem graduellen Vorgehen zu unterscheiden. Für die deutsche wie für die europäische Verkehrspolitik ist die schrittweise Durchführung charakteristisch. Sie belässt den

Wirtschaftssubjekten ausreichend Zeit für Umstellungsprozesse und bietet zudem für die Entscheidungsträger die Chance, Korrekturen einzuleiten, bevor irreversible Entwicklungen eingetreten sind. Allerdings besteht die Gefahr, dass Folgeschritte beispielsweise aus wahltaktischen Überlegungen immer weiter hinausgeschoben (vgl. Hamm 1980: 84 f.) und somit die als notwendig erachteten Reformen nur verzögert oder unvollständig umgesetzt werden. Erfahrungen mit der Big-Bang-Strategie existieren insbesondere im angelsächsischen Raum, beispielsweise bei der Liberalisierung des US-amerikanischen Luftverkehrs oder der Reform des Schienenverkehrs in Großbritannien.

6 Instrumente der Verkehrspolitik

Die Instrumente der Verkehrspolitik sind die von den Entscheidungsträgern zur Erreichung ihrer jeweiligen Ziele ergriffenen Maßnahmen. Teilweise synonym lassen sich die Bezeichnungen Aktionsparameter, Mittel, Werkzeug und Eingriff verwenden. In der Verkehrspolitik steht den Entscheidungsträgern ein breites Spektrum von Handlungsoptionen zur Verfügung. Eine enumerative Aufzählung aller verkehrspolitischen Instrumente ist daher kaum möglich. Stattdessen sollen im Folgenden die gängigen Einteilungskriterien erläutert und entsprechende Beispiele zugeordnet werden (vgl. hierzu auch Massenberg 1980).

In Anlehnung an die in der Theorie der Wirtschaftspolitik genutzten Abgrenzungen geht es insbesondere um die Unterscheidung zwischen Ordnungs- und Prozesspolitik, fiskalischen und nichtfiskalischen Maßnahmen, marktkonformen und marktinkonformen Instrumenten, Subjekt- und Objektförderung und nicht zuletzt um die Abstufung gemäß der Eingriffsintensität der Instrumente. Abbildung 5 gibt einen Überblick über ausgewählte Einteilungsmöglichkeiten und ordnet beispielhaft Maßnahmen zu. Eine andere, hier nicht vertiefte Klassifizierung orientiert sich an einzelnen Verkehrsträgern (z. B. Luftverkehrspolitik, Eisenbahnpolitik).

6.1 Ordnungs- und Prozesspolitik

„Klassisch" unterscheidet die Theorie der Wirtschaftspolitik zwischen ordnungs- und prozesspolitischen Instrumenten (vgl. Thieme 2005). Dabei bezeichnet Ordnungspolitik alle rechtlichen Normen, die langfristige Rahmenbedingungen für die Wirtschaftssubjekte schaffen. Im Verkehrssektor können sich diese Regelungen insbesondere auf die Angebotskapazitäten (offene, beschränkte oder geschlossene Märkte), die Preisbildung (freie vs. staatlich beeinflusste Preise) sowie die Marktorganisation (Eigentumsordnung, Vertrags- und Wettbewerbsrecht) beziehen.

Prozesspolitische (auch ‚ablaufpolitisch' genannte) Maßnahmen zielen hingegen innerhalb des ordnungspolitischen Rahmens auf die kurzfristige Beeinflussung von Preisen und Mengen. Typische Beispiele für prozesspolitische Maßnahmen sind die Veränderung eines staatlich fixierten Mindestpreises sowie die Erhöhung der Energiesteuer auf Mineralöl.

	Informationen und Appelle	fiskalische Instrumente (finanzielle Anreize)	Ordnungsrecht
marktkonform	Appelle für das Tragen von Fahrradhelmen	Erhebung von Nutzungsentgelten für die Verkehrsinfrastruktur	Emissionsgrenzwerte für Verkehrsmittel
		Internalisierung externer Effekte durch Steuern	Festlegung von Passagierrechten
markt-inkonform		Subventionen für inländische Anbieter	Höchstpreise für Verkehrsdienst-leistungen
		Steuerbefreiungen für einzelne Verkehrsträger	Verbot des Fernlinienbusverkehrs

Abb. 5 Ausgewählte Einteilungsmöglichkeiten für verkehrspolitische Instrumente mit Zuordnung von Beispielen Quelle: Eigene Darstellung

6.2 Fiskalische und nicht-fiskalische Instrumente

Die Unterscheidung zwischen fiskalischen und nicht-fiskalischen Instrumenten setzt an den Auswirkungen des Instrumenteneinsatzes auf das staatliche Budget an. Von fiskalischen Maßnahmen sind die staatlichen Einnahmen und Ausgaben unmittelbar betroffen. Hierzu zählen in erster Linie Steuern und Subventionen (monetäre Maßnahmen) sowie der Bau und die Unterhaltung von Infrastruktureinrichtungen (reale Maßnahmen). Ebenfalls den fiskalischen Instrumenten zurechnen lässt sich das staatliche Angebot von Verkehrsleistungen, das entweder unmittelbar durch staatliche Institutionen erfolgen kann (die frühere Deutsche Bundesbahn war ein Sondervermögen des Bundes) oder von Unternehmen in öffentlichem Eigentum erbracht wird (z. B. kommunale Verkehrsbetriebe). Im letztgenannten Fall ergibt sich die Betroffenheit des Budgets durch die Gewinnabführung bzw. (häufiger) den Verlustausgleich.

Die Möglichkeiten der Entscheidungsträger, verkehrliche Entwicklungen unmittelbar festzulegen, sind im Bereich der Infrastruktur (vgl. hierzu den Beitrag von Wieland in Kap. IV.3 dieses Bandes: ▶ Verkehrsinfrastruktur: volkswirtschaftliche und ordnungspolitische Aspekte) und der öffentlichen Betriebe besonders groß. So hat der Bund in den 1950er-Jahren durch die Ausgestaltung der Bahntarife unter anderem familien- und strukturpolitische Ziele verfolgt. Allerdings gehen mit dieser Form der Verkehrspolitik vielfältige Effizienzverluste einher, die auch zu immer größeren Belastungen der öffentlichen Haushalte geführt haben. Es kam daher teilweise zu Privatisierungen (z. B. Deutsche Lufthansa AG). Zudem müssen die öffentlichen Verkehrsbetriebe mittlerweile bei ihrer Tätigkeit die EU-Bestimmungen zum Schutz vor Wettbewerbsverzerrungen beachten.

6.3 Subjekt- und Objektförderung

Speziell für verteilungspolitisch motivierte Maßnahmen wird in der finanzwissenschaftlichen Literatur zwischen Maßnahmen der Subjekt- und der Objektförderung unterschieden. Während bei der Subjektförderung der als bedürftig eingestufte Haushalt eine (gebundene oder ungebundene) Transferzahlung erhält, werden im Rahmen der Objektförderung bestimmte Marktpreise künstlich niedrig gehalten, um den Haushalten einen „angemessenen" Güterkonsum zu ermöglichen. Die Bedeutung der Objektförderung hat in Deutschland in den vergangenen Jahrzehnten tendenziell abgenommen, speziell im ÖPNV spielt sie jedoch nach wie vor eine wichtige Rolle.

6.4 Einteilung nach der Eingriffsintensität

Entsprechend den Freiheitsgraden, die den privaten Wirtschaftssubjekten nach dem staatlichen Eingriff verbleiben, wird üblicherweise zwischen Informationen und Appellen, (finanziellen) Anreizinstrumenten sowie Geboten und Verboten unterschieden. Die geringste Eingriffsintensität weisen Informationen und Appelle auf, bei denen der Staat die Privaten nur informiert (z. B. über die unterschiedlich hohe Umweltbelastung bei der Nutzung bestimmter Verkehrsträger) oder für ein bestimmtes (Verkehrs-)Verhalten wirbt, z. B. die Nutzung von Fahrradhelmen (*moral suasion*).

Mit (finanziellen) Anreizinstrumenten versucht der Staat, das Verhalten privater Wirtschaftssubjekte zu beeinflussen, lässt ihnen jedoch grundsätzlich die Freiheit der Entscheidung. Klassische Beispiele hierfür sind Steuern und Subventionen, aber auch die an bestimmte Voraussetzungen geknüpfte Befreiung von allgemeinen Verbotsregelungen (z. B. erhöhte Zuladung für Lkw im kombinierten Verkehr). Speziell in der Steuerpolitik besteht dabei ein latenter Konflikt zwischen den fiskalischen und den nichtfiskalischen, hier verkehrspolitischen Zielen der Steuererhebung. Aus Sicht der Finanzpolitik dienen Steuern in erster Linie dem Ziel der Einnahmengenerierung (fiskalisches Ziel). Werden mit ihnen zugleich (verkehrspolitische) Lenkungsziele verfolgt, z. B. im Rahmen der Energiesteuer auf Mineralöl und der Kfz-Steuer, so gehen die Staatseinnahmen umso mehr zurück, je stärker die privaten Wirtschaftssubjekte auf die finanziellen Anreize reagieren.

Die höchste Eingriffsintensität weisen Gebote und Verbote als ordnungsrechtliche (nicht zu verwechseln mit ordnungspolitischen) Regelungen auf. Hier wird den Privaten ein bestimmtes Verhalten untersagt (Verbot) oder direkt vorgegeben

(Gebot). Innerhalb des Ordnungsrechts wird häufig weiter zwischen technischen und ökonomischen Regulierungen unterschieden. Dabei wird der Begriff „technisch" weit gefasst und bezieht sich unter anderem auf Sicherheits-, Umweltschutz- oder Arbeitsschutzbestimmungen (z. B. Gurtpflicht, Emissionsobergrenzen und Lenkzeitenregelungen), die jedoch üblicherweise auch wirtschaftliche Auswirkungen haben. Demgegenüber beziehen sich ökonomische Regulierungen auf den Zutritt zum Markt sowie die dort realisierten Preise und Mengen (z. B. Konzessionsvergabe, Kontingente, Höchst- und Mindestpreise). Sie stellen bis in die 1970er-Jahre das zentrale Merkmal fast aller Verkehrsmärkte dar. Mit der in den 1980er-Jahren einsetzenden Deregulierungspolitik konnte das Ausmaß staatlicher Eingriffe in die Verkehrsmärkte stark verringert werden (vgl. Fichert 2010).

6.5 Marktkonforme und marktinkonforme Instrumente

Während die bislang dargestellten Einteilungen rein deskriptiven Charakter haben, ist mit der Unterscheidung in marktkonforme und marktinkonforme Instrumente zugleich eine Wertung verbunden. Als marktkonform werden alle Instrumente bezeichnet, die den wettbewerblichen Selbststeuerungsmechanismus intakt lassen. Hierzu zählen beispielsweise die meisten „technischen" Regulierungen, sofern sie diskriminierungsfrei von allen Anbietern zu befolgen sind. Auch eine Internalisierung externer Effekte über Umweltabgaben oder handelbare Emissionsrechte ist grundsätzlich als marktkonform einzustufen.

Demgegenüber stören marktinkonforme Instrumente die Selbststeuerungseffizienz des Wettbewerbs, insbesondere indem sie Preise und/oder Mengen unmittelbar festlegen (z. B. Höchstpreise, Mindestpreise, Kontingentierung), diskriminierend zugunsten einzelner Anbieter in den Marktprozess eingreifen (z. B. Subventionen für einheimische Anbieter) oder den Marktzugang begrenzen (z. B. mengenmäßig beschränkte Konzessionen bzw. Lizenzen bis hin zum staatlichen Monopolschutz). Ein besonders eklatantes Beispiel für eine marktinkonforme Regulierung war das Verbot des inländischen Fernlinienbusverkehrs in Deutschland, das erst zu Anfang des Jahres 2013 aufgehoben wurde.

6.6 Zusammenwirken der Instrumente

Wie bereits im Zusammenhang mit den verkehrspolitischen Strategien erläutert, werden in vielen Fällen mehrere Instrumente verknüpft, um ein bestimmtes Ziel zu erreichen. Dabei ist auf die Widerspruchsfreiheit sowie auf die aufeinander abgestimmte Dosierung der einzelnen Maßnahmen zu achten. Darüber hinaus kann durch den kombinierten Einsatz mehrerer Instrumente versucht werden, Zielkonflikte zu entschärfen. Schließlich kommt es auf das Zusammenwirken mit Maßnahmen aus anderen Politikfeldern an. Bedeutsam sind hier insbesondere die Raumordnungs- und die Städtebaupolitik.

7 Fazit

Angesichts der großen Menge der Entscheidungs- und Einflussträger sowie der nicht selten konträren Zielsetzungen der einzelnen Akteure ist auch in der Zukunft nicht mit einer „Verkehrspolitik aus einem Guss" zu rechnen. Vielmehr ergibt sich die reale Verkehrspolitik als Ergebnis eines nur teilweise koordinierten Handelns von Entscheidungsträgern in unterschiedlichen gebietskörperschaftlichen Bereichen (insbesondere EU, Bund, Länder), die jeweils über spezifische Instrumente verfügen. Die Vielzahl (und Vielfalt) der Einflussträger, die auf den einzelnen Ebenen unterschiedlich effektiv agieren können, trägt ebenso zu einer oftmals als inkonsistent empfundenen Verkehrspolitik bei wie die zahlreichen Spielräume bei der Interpretation und Gewichtung der zentralen verkehrspolitischen Ziele. Folglich empfiehlt es sich für die verkehrswissenschaftliche Forschung, keine reine Instrumente-Diskussion zu führen, sondern darüber hinaus die Implementierungschancen von Politikempfehlungen in der verkehrspolitischen „Gemengelage" kritisch zu hinterfragen. Eine ausführliche Beschäftigung mit den Zielen und den Entscheidungskompetenzen der verkehrspolitischen Akteure ist hierfür unabdingbar.

Literatur

Aberle, Gerd. 2009. *Transportwirtschaft. Einzelwirtschaftliche und gesamtwirtschaftliche Grundlagen*, 5. Aufl. München: Oldenbourg Wissenschaftsverlag.
Berg, Hartmut, Dieter Cassel, und Karl-Hans Hartwig. 2007. Theorie der Wirtschaftspolitik. In: *Vahlens Kompendium der Wirtschaftstheorie und Wirtschaftspolitik*, Bd. 2, 9. überarb. Aufl., 243–368. München: Verlag Vahlen.
BMVBS – Bundesministerium für Verkehr, Bau und Stadtentwicklung. 2010. *Aktionsplan Güterverkehr und Logistik – Logistikinitiative für Deutschland*. Berlin.
BMVBS – Bundesministerium für Verkehr, Bau und Stadtentwicklung. 2012a. *Handbuch für eine gute Bürgerbeteiligung*. Berlin.
BMVBS – Bundesministerium für Verkehr, Bau und Stadtentwicklung. 2012b. *Mobilitätssicherung in Zeiten des demografischen Wandels*. Berlin.
BMVBW – Bundesministerium für Verkehr, Bau- und Wohnungswesen. 2000. *Verkehrsbericht 2000. Integrierte Verkehrspolitik: Unser Konzept für eine mobile Zukunft*. Berlin.
Braun-Moser, Ursula. 1989. *Europäische Verkehrspolitik: Chancen und Ziele*. Sindelfingen: Libertas-Verlag.
Buchanan, James M. 1978. From private preferences to public philosophy: The development of public choice. In *The economics of politics*, Hrsg. Institute of Economic Affairs, 2–20. London: Institute of Economic Affairs.
Deutsches Verkehrsforum. 2003. *Leitlinien einer Europäischen Verkehrspolitik: Die richtigen Weichen für die Zukunft stellen*, Positionspapier. Berlin.
Downs, Anthony. 1957. *An economic theory of democracy*. New York: Harper & Row.
DVWG – Deutsche Verkehrswissenschaftliche Gesellschaft, Hrsg. 2000. *Kommunikation und Beteiligung bei Verkehrsprojekten – Beschleunigung oder Behinderung?* Bergisch Gladbach.
Eckey, Hans-Friedrich, und Wilfried Stock. 2000. *Verkehrsökonomie. Eine empirisch orientierte Einführung in die Verkehrswissenschaften*. Wiesbaden: Gabler Verlag.
Ewers, Hans-Jürgen, und Friedrich von Stackelberg. 1998. Verkehrspolitik. In *Handbuch Europäische Wirtschaftspolitik*, Hrsg. Paul Klemmer, 1151–1192. München: Verlag Vahlen.

Fichert, Frank. 2004: Auftragsgebundene Politikberatung im Spannungsfeld zwischen Umsetzungsorientierung und politischer Einflussnahme. In *Risiken der Politikberatung. Der Fall der Ökonomen*, Hrsg. Birger P. Priddat und Theresia Theurl, 95–108. Baden-Baden: Nomos Verlag.

Fichert, Frank. 2010. Verkehrspolitik in der Sozialen Marktwirtschaft. In *Chancen und Risiken für die Soziale Marktwirtschaft im internationalen Wettbewerb der Wirtschaftssysteme*, Hrsg. Bernhard Seliger, Juri Sepp, Ralph Wrobel, 71–90. Frankfurt/M: Peter Lang Verlag.

Fichert, Frank. 2011. Rahmenbedingungen für Nachhaltigkeit im intermodalen Vergleich. In *Ansprüche einer mobilen Gesellschaft an ein verlässliches Verkehrssystem. DVWG Jahresband 2009/2010*, Hrsg. DVWG, 98–103. Berlin.

Frenkel, Michael, und Klaus-Dieter John. 2011. *Volkswirtschaftliche Gesamtrechnung*, 7. Aufl. München: Verlag Vahlen.

Frerich, Johannes, und Gernot Müller. 2004a. *Europäische Verkehrspolitik. Bd. 1: Politischökonomische Rahmenbedingungen. Verkehrsinfrastrukturpolitik*. München/Wien: Oldenbourg Wissenschaftsverlag.

Frerich, Johannes, und Gernot Müller. 2004b. *Europäische Verkehrspolitik. Bd. 2, Landverkehrspolitik*. München/Wien: Oldenbourg Wissenschaftsverlag.

Giersch, Herbert. 1961. *Allgemeine Wirtschaftspolitik. Grundlagen*. Wiesbaden: Gabler Verlag.

Grandjot, Hans-Helmut. 2002. *Verkehrspolitik. Grundlagen, Funktionen und Perspektiven für Wissenschaft und Praxis*. Hamburg: Deutscher Verkehrs-Verlag.

Grandjot, Hans-Helmut, und Tobias Bernecker. 2014. *Verkehrspolitik. Grundlagen, Herausforderungen, Perspektiven*. Hamburg: DVV Media Group.

Hamm, Walter. 1980. *Deregulierung im Verkehr als politische Aufgabe*. München: Minerva-Publikationen.

Kerber, Wolfgang. 2007. Wettbewerbspolitik. In *Vahlens Kompendium der Wirtschaftstheorie und Wirtschaftspolitik*, Bd. 2, 9. Aufl., 369–434. München: Verlag Vahlen.

Köberlein, Christian. 1997. *Kompendium der Verkehrspolitik*, München/Wien: Oldenbourg Verlag.

KOM – Kommission der Europäischen Gemeinschaften. 2001. Die europäische Verkehrspolitik bis 2010: Weichenstellungen für die Zukunft. *Weißbuch*. Brüssel.

KOM – Kommission der Europäischen Gemeinschaften. 2011. Fahrplan zu einem einheitlichen europäischen Verkehrsraum – Hin zu einem wettbewerbsorientierten und ressourcenschonenden Verkehrssystem. *Weißbuch*. Brüssel.

Kyrou, Dinos. 2000. *Lobbying the European Commission. The case of air transport*. Aldershot: Ashgate.

Land Brandenburg – Ministerium für Stadtentwicklung, Wohnen und Verkehr. 2002. *Integriertes Verkehrskonzept 2002*. Potsdam.

Massenberg, Hans-Joachim. 1980. Die Zieladäquanz verkehrspolitischer Maßnahmen. In *Effiziente Verkehrspolitik – Voraussetzungen und Probleme*, Hrsg. Hellmuth St. Seidenfus, 81–124 Göttingen: Vandenhoeck & Ruprecht.

o.V. 2012. Ticketsteuer kommt auf den Prüfstand, *Handelsblatt*, 25. Juni, S. 14.

Olson, Mancur. 1965. *The Logic of Collective Action. Public Goods and the Theory of Groups*. Harvard: Harvard University Press.

Pitlik, Hans. 1997. *Politische Ökonomie des Föderalismus*. Frankfurt a.M./Berlin/Bern/New York/Paris/Wien: Peter Lang Verlag.

Steyer, Ronald M. 2001. *Transeuropäische Netze. Eine finanzwissenschaftliche Analyse des Auf- und Ausbaus großräumiger Infrastrukturnetze*. Frankfurt a.M./Berlin/Bern/Brüssel/New York/Oxford/Wien: Peter Lang Verlag.

Streit, Manfred E., und Stefan Voigt, Hrsg. 1996. *Europa reformieren*. Baden-Baden: Nomos.

Thieme, Hans Jörg. 2005. Ordnungspolitik – Prozesspolitik. In *Lexikon Soziale Marktwirtschaft*, Hrsg. Rolf H. Hasse, Hermann Schneider, Klaus Weigelt, 2. Aufl., 339–340. Paderborn u.a. Schöningh.

van Suntum, Ulrich. 1986. *Verkehrspolitik*. München: Verlag Vahlen.

Vestner, Klaus. 2004. *Diskriminierungsfreie Rahmenbedingungen im Personenfernverkehr. Basis für ein umweltverträgliches Verkehrssystem.* Aachen: Shaker Verlag.
von Hayek, Friedrich August. 1968. *Der Wettbewerb als Entdeckungsverfahren.* Kiel: Institut für Weltwirtschaft.
Welfens, Paul J.J. 2009. *Grundlagen der Wirtschaftspolitik.* 4. Aufl. Berlin/Heidelberg: Springer Verlag.
Wieland, Bernhard. 2010. Europäische Verkehrspolitik und der Wettbewerb im Eisenbahnwesen und im Straßengüterverkehr. *Wirtschaftsdienst*, 90. Jg., 13(1): 43–50.
Willeke, Rainer. 1997. Verkehrswissenschaft als Begleiter der Verkehrsentwicklung und Verkehrspolitik. *Zeitschrift für Verkehrswissenschaft* 68(1): 52–72.

Governance im Politikfeld Verkehr: Steuerungsmuster und Handlungsmodi in der Verkehrspolitik

Nils C. Bandelow, Kirstin Lindloff und Sven Sikatzki

Zusammenfassung

Governance betont die nicht-hierarchische autonome Koordination zwischen staatlichen, gesellschaftlichen und wirtschaftlichen Akteuren in Politikfeldern. Das Konzept trägt dazu bei, die Spezifika des Politikfelds Verkehr und die Unterschiede zwischen verschiedenen Teilbereichen der Verkehrspolitik zu verdeutlichen. Exemplarisch zeigt dies der Beitrag an den Feldern Verkehrsinfrastruktur und Straßenverkehrssicherheit. Dabei wird neben dem Nutzen des Konzepts auch deutlich, dass die Governance-Perspektive die verkehrspolitisch relevanten Zielkonflikte und Machtverhältnisse ausblendet.

Schlüsselwörter

Verkehrspolitik • Governance • Politisches System der Bundesrepublik Deutschland • Verkehrsinfrastruktur • Straßenverkehrssicherheit

1 Einleitung

Auf den ersten Blick erscheint Verkehrspolitik als vergleichsweise „unpolitisches" Feld, in dem Konflikte, Machtverhältnisse und Parteiendifferenzen nicht immer sichtbar sind. Diese Konflikte spielen in der medialen Berichterstattung und in Wahlkämpfen nur selten eine so zentrale Rolle wie die jüngste Auseinandersetzung um die mögliche Einführung einer PKW-Maut in Deutschland. Andere Politikfelder, etwa die Wirtschafts-, Sozial- oder Außenpolitik, erreichen deutlich mehr

---

N.C. Bandelow (✉) • K. Lindloff • S. Sikatzki
Lehrstuhl für Innenpolitik, Institut für Sozialwissenschaften, Technische Universität Braunschweig, Braunschweig, Deutschland
E-Mail: nils.bandelow@tu-bs.de; kirstin.lindloff@tu-bs.de; s.sikatzki@tu-bs.de

© Springer Fachmedien Wiesbaden 2016
O. Schwedes et al. (Hrsg.), *Handbuch Verkehrspolitik*, Springer NachschlageWissen,
DOI 10.1007/978-3-658-04693-4_8

Beachtung. Dies zeigt sich insbesondere in Wahlkämpfen: So wurde in den Bundestagswahlprogrammen aller Parteien 2013 selbst das weitgehend in die Kompetenz der Bundesländer fallende Thema Bildungspolitik prominenter platziert als Verkehr und Mobilität. Dabei ist insbesondere die Alltagsbedeutung von Mobilität, als Möglichkeitsraum der Fortbewegung und des Transports, und Verkehr, als der tatsächlichen Raumüberwindung, groß (vgl. Schwedes 2011). Dies zeigt sich insbesondere, wenn die private Mobilität eingeschränkt ist, beispielsweise infolge von Staus oder anderen Verkehrsbehinderungen oder wenn der öffentliche Personenverkehr seine Beförderungsleistung nicht erbringen kann, etwa aufgrund eines Streiks der Lokführer oder des Flugpersonals. Daneben kommt dem Verkehr eine zentrale gesamtwirtschaftliche Bedeutung zu: Er ist nicht nur Input-Faktor in betrieblichen Wirtschaftsprozessen, auch die Infrastruktur selbst ist ein Standortfaktor für die Bundesrepublik Deutschland (vgl. Aberle 2009).

Verkehrspolitische Prozesse verlaufen auf verschiedenen politischen Ebenen (Europäische Union (EU), Bund, Länder, Kommunen, siehe auch Sack in Kap. III.4 dieses Bandes ▶ Mehrebenenregieren in der europäischen Verkehrspolitik. Verkehrspolitisch relevante Entscheidungen werden auch durch Technologie-, Wirtschafts- und Umweltpolitik sowie viele andere Bereiche beeinflusst. Angesichts dieses Querschnittscharakters der Verkehrspolitik können Entscheidungen nur selten hierarchisch getroffen werden. Anders als etwa konkrete Regelungen der Schulpolitik, die eindeutig in der Verantwortung des jeweiligen Landesparlaments stehen oder die Festsetzung von Leitzinsen durch die jeweilige Zentralbank, sind bei verkehrspolitischen Entscheidungen meist viele Akteure mit relevanten Einflussmöglichkeiten beteiligt. Die Abstimmung zwischen diesen Akteuren kann auf unterschiedliche Weise erfolgen. Welche Besonderheiten weisen die Regelungsformen der Verkehrspolitik auf und inwiefern gibt es Unterschiede in Teilbereichen der Verkehrspolitik? Wie können die jeweiligen Regelungsformen begründet werden, und inwiefern sind die jeweiligen Entscheidungsverfahren angemessen?

Zur Analyse der Steuerungsmuster und Handlungsmodi in derartigen komplexen Politikfeldern bietet sich der Governance-Ansatz an. Er ermöglicht die Beschreibung der Besonderheiten von Strukturen und Prozessen eines Politikfeldes und die Beurteilung etwa im Hinblick auf Effizienz und Legitimation bei konkreten Entscheidungsprozessen. Wie jede analytische Perspektive arbeitet auch der Governance-Ansatz mit theoretischen Vereinfachungen, die bei der Verwendung berücksichtigt werden müssen. Die vorliegende Darstellung wendet den Governance-Ansatz auf die Verkehrspolitik an und arbeitet gleichzeitig die Voraussetzungen, Stärken und Schwächen dieses Instruments heraus.

Der folgende Abschnitt präzisiert zunächst die theoretischen Grundlagen der Governance-Perspektive. Anschließend werden Dynamiken der verkehrspolitischen Governance beschrieben. Die Auswirkungen von Governance-Formen auf konkrete Prozesse behandelt der Beitrag in zwei exemplarischen Feldern: der

Verkehrsinfrastruktur und der Straßenverkehrssicherheitspolitik. Im abschließenden Fazit werden die Anwendungsmöglichkeiten und Grenzen der Governance-Perspektive für die Verkehrspolitik zusammengefasst.

2 Governance als analytischer Rahmen

Governance beschreibt die institutionalisierte Form politischer und gesellschaftlicher Koordination (vgl. Benz und Dose 2010a: 25 f.). Die Regelungsstruktur kann auf einem Über- und Unterordnungsverhältnis basieren (Hierarchie), durch das Bestreben kommunikativer Konsenssuche bestimmt sein (Verhandlung) oder sich durch wechselseitige Anpassung autonom entscheidender Akteure kennzeichnen (Markt). Die Governance-Formen Hierarchie, Verhandlung und Wettbewerb sind Idealtypen und können als Ecken eines Regelungsdreiecks dargestellt werden. Reale Regelungsmuster sind jeweils Mischformen, in denen die Bedeutung der drei Mechanismen relativ variiert. Dies zeigt eine Anwendung auf das politische System der Bundesrepublik Deutschland, das in unterschiedlichen Arenen von verschiedenen Governance-Formen geprägt ist (siehe Abb. 1). Die Abbildung ist eine vereinfachende Darstellung. So basiert etwa auch öffentliche Verwaltung im Rahmen von New Public Management teilweise auf marktlichen Mechanismen. Neben der Verwaltung ist auch die Rechtsprechung primär hierarchisch. Verhandlungen wiederum sind zentrale Elemente des deutschen kooperativen Föderalismus, die jedoch durch die Logik des Parteienwettbewerbs überlagert werden können (vgl. Lehmbruch 2000).

Das Governance-Konzept findet vor allem Anwendung in Feldern, die nicht allein oder primär durch hierarchische Strukturen geprägt sind. Governance-Formen lassen sich auf einem Kontinuum zwischen der Ausübung öffentlicher Entscheidungsgewalt und gesellschaftlicher Selbstregulierung verorten (vgl. Treib

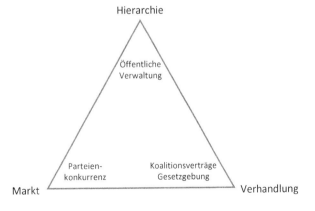

Abb. 1 Governance-Formen am Beispiel bundesdeutscher Politikarenen (Quelle: eigene Darstellung)

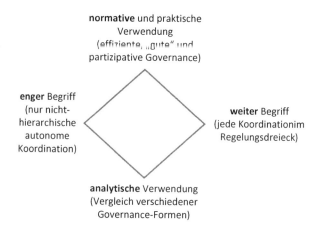

Abb. 2 Das Begriffs-Feld der Governance-Konzepte (Quelle: eigene Darstellung, vgl. Benz et al. 2007: 14 f.; Benz und Dose 2010b)

et al. 2007: 5 f.). Die zunehmende Verbreitung des Konzepts ist auch Ausdruck eines realen politischen Wandels von Staatlichkeit. Dieser Wandel zeichnet sich dadurch aus, dass der Staat bestimmte öffentliche Güter nicht mehr selbst produziert, sondern ihre Bereitstellung nur noch gewährleistet und so auch mehr koordiniert, denn steuernd eingreift (vgl. Plehwe 2008). In einem engen Verständnis beschränkt das Governance-Konzept sich allein auf diese zunehmend zu beobachtende nicht-hierarchische Koordination in Netzwerken autonomer Akteure (vgl. Stoker 1998: 18). Das diesem Beitrag zugrunde liegende weitere Verständnis umfasst alle Formen der Koordination innerhalb des Regelungsdreiecks. Neben der Reichweite des Konzepts unterscheiden sich Verwendungen des Governance-Begriffs auch im Hinblick auf die Frage, ob und in welcher Form normative Ziele transportiert werden sollen. Governance bezeichnet somit keinen klaren Sachverhalt (vgl. Benz und Dose 2010a: 13), sondern spannt ein mehrdimensionales Begriffsfeld, in dem jede konkrete Verwendung verortet werden muss (Abb. 2).

Governance ist zunächst eine Analyseperspektive, die nicht zwingend mit konkreten Normen verbunden sein muss. Treib et al. (2007: 14 f.) zeigen für die Europäische Union in der Policy-Dimension des Governance-Begriffs ein analytisches Spektrum, das neben Zwang und Freiwilligkeit auch Modi einbezieht, bei denen Mitgliedsstaaten entweder mehr oder weniger Spielraum bei der Implementation besitzen (insbesondere Empfehlungen, Rahmengesetze oder -richtlinien). In den vielfältigen Anwendungen des Konzepts in der Politikwissenschaft und ihren Nachbardisziplinen finden sich allerdings auch unterschiedliche normative Aufladungen des Begriffs. Eine ursprüngliche normative Perspektive basiert auf der Institutionenökonomie. Die Institutionenökonomie ist eine Perspektive der Betriebswirtschaftslehre, die mit eigenen Annahmen in Bezug auf individuelles Handeln arbeitet. Sie umfasst verschiedene Theorien, insbesondere die Theorie der Verfügungsrechte, die Agenturtheorie und die Transaktionskostentheorie (vgl. Ebers und Gotsch 2006). Institutionenökonomische Ansätze nehmen zwar – wie die Neoklassik – nutzenmaximierendes Verhalten an, betonen aber die Problematik unvollständiger Informationen. Wenn Informationen ungleich verteilt sind, nimmt die Institutionenökonomie an, dass Informationsvorsprünge genutzt werden. Dabei werden Informationen auch zum eigenen Nutzen gezielt verheimlicht oder falsch dargestellt (wie dies etwa beim Gebrauchtwagenkauf oft zu beobachten ist). Diese Annahme des „opportunistischen" Verhaltens ist zentral für die konkreten Bewertungen der institutionenökonomisch geprägten Governance-Theorie (vgl. Williamson 1987: 31, 64 ff.).

In Anlehnung an das Coase-Theorem (vgl. Coase 1960) nimmt diese Sichtweise an, dass unterschiedliche Governance-Formen sich nicht unbedingt im Hinblick auf die erreichten Ergebnisse, aber im Hinblick auf die Effizienz der Regelungsmuster unterscheiden. Je nach Art des jeweils erzeugten Guts variieren die Transaktionskosten vor und nach den Entscheidungen. Transaktionskosten bezeichnen den jeweiligen Ressourcenverbrauch (also etwa den Einsatz von Zeit, Geld oder Gütern) zur Entscheidungsfindung und zur Umsetzung von Entscheidungen (zum Beispiel zur Kontrolle des Verhaltens opportunistischer Akteure). Institutionen sind aus dieser Sicht nicht nur gestaltbar, sie bilden sich auch dezentral zwischen individuellen und korporativen Akteuren infolge ihrer Effizienz für die durchzuführenden Transaktionen. Ihr Nutzen muss höher sein als die Transaktionskosten, die zu ihrer Errichtung und ihres Erhalts nötig sind.

Ursprünglich bezieht sich diese Perspektive auf Firmen (vgl. Coase 1937). Übertragungen dienen heute aber unter anderem zur Rechtfertigung von Verwaltungsreformen, Reformen des Bildungsbereichs und des Gesundheitswesens, die allgemein unter dem Schlagwort „New Public Management" gefasst werden (vgl. Jann und Wegrich 2010). In eine ähnliche Richtung zielt auch die normative Verwendung im Bereich der Internationalen Beziehungen, die vor allem von der Weltbank unter dem Konzept der „Good Governance" vorangetrieben wird (vgl. Czada 2010). Der Beitrag von Rosenau und Czempiel (1992) („Governance without government"), der sich nach dem Ende des Kalten Krieges der Erfassung des Systems internationaler Politik und der Frage der Souveränität der Nationalstaaten nach außen und nach innen annahm, wurde als Ausgangspunkt für vielfältige Weiterentwicklungen genutzt. In der Institutionenökonomie dienen transaktionskostentheoretische Begründungen in der Regel dazu, den Ausbau wettbewerblicher Strukturen in Politik, Verwaltung und Wirtschaft zu rechtfertigen.

Aus institutionenökonomischer Sicht ist kein Governance-Mechanismus grundsätzlich überlegen, es lassen sich aber spezifische Rechtfertigungen für die Auswahl von Regelungsformen in konkreten Kontexten ableiten. Wettbewerb gilt als besonders effizient, wenn die Faktorspezifität und die Unsicherheit gering und die Häufigkeit der Transaktionen hoch sind (Williamson 1987: 90 ff.; Ebers und Gotsch 2006: 292 ff.). Das zentrale Konzept der Faktorspezifität bezeichnet den Grad der Wiederverwendbarkeit von Investitionen für andere Güter oder durch andere Nutzer/-innen. Der besondere Aufwand der Konsenssuche bei Verhandlungen und die besondere Umsetzungsproblematik hierarchischer Entscheidungen lohnen sich im Hinblick auf die Transaktionskosten somit vor allem dann, wenn für ein „Gut" besondere Investitionen nötig sind, die nicht für andere Güter verwendet werden können, wenn die Vertragsparteien sich mit geringen Kosten über die Eigenschaften des Gutes und das Verhalten der Vertragspartner informieren können und wenn es sich um einmalige Transaktionen handelt. Vor diesem Hintergrund illustrieren die beiden ausgewählten Bereiche der Verkehrspolitik unterschiedliche Erwartungen dieses Zweigs der Governance-Forschung: In der Verkehrsinfrastrukturpolitik erwartet die Theorie eher hohe Kosten marktlicher Lösungen, während in Teilbereichen der Verkehrssicherheitspolitik (etwa bei der der Bereitstellung wintertauglicher Pkw-Bereifung) marktliche Lösungen eher zur Reduktion von Transaktionskosten führen dürften.

Die Beschreibung und vergleichende Analyse globaler, nationaler, regionaler oder lokaler Regelungsstrukturen (Global Governance, Governance in Politikfeldern, Regional Governance und Local Governance) kann sich an den transaktionskostentheoretischen Maßstäben von Effizienz orientieren, die Effektivität im Hinblick auf vorgegebene Ziele messen oder von demokratietheoretisch begründeten Partizipationspostulaten ausgehen (vgl. Benz und Dose 2010b). Das Konzept ist damit zwar offen für vielfältige normative Deutungen, gleichzeitig aber flexibler als konkurrierende Steuerungstheorien, die zwar hierarchische Regelungsstrukturen nicht voraussetzen, analytisch aber zentral fokussieren. Sowohl der Steuerungs- als auch der Governance-Perspektive liegt ein Problemlösungsbias zugrunde (vgl. Mayntz 2006). Steuerung basiert auf der Annahme, dass Steuerungssubjekte vor dem Hintergrund von bestimmten Zielsetzungen (beispielhaft etwa die Gemeinschaftsaufgaben in Deutschland, die im Zuge der Verfassungsreform von 1969 festgeschrieben wurden) beeinflusst und gelenkt werden können. Die Governance-Theorie wiederum unterstellt ohne direkten Akteursbezug, dass Politik problemlösungsorientiert sein kann. Die folgenden Anwendungen auf die Verkehrspolitik beschreiben erst die allgemeinen Entwicklungen der Governance-Formen des Feldes. Bei den konkreten Beispielen wird jeweils zunächst die Zielsetzung hinterfragt, um die Aussagekraft des an Effizienz orientierten Problemlösungspostulats bewerten zu können.

3 Dynamik der Governance-Strukturen im Politikfeld Verkehr

Verkehr gehört aus historischen Gründen zu den „staatsnahen" Politikfeldern, in denen eine Dominanz des Governance-Mechanismus Hierarchie vermutet werden kann. Im Deutschen Reich lagen die Hoheitsrechte für den Verkehrsträger Schiene zunächst bei den Gliedstaaten. Bis heute wird dies über das Paradigma der Gemeinwirtschaftlichkeit in die Eisenbahnpolitik transportiert (vgl. Hascher 2011). Bis in die 1980er-Jahre erfuhr der Verkehrsträger Schiene besonderen staatlichen (hierarchischen) Schutz gegenüber dem Lkw. Mithilfe politischer Steuerungsmaßnahmen (z. B. Kontingentierung) sollte ein Wettbewerb der Verkehrsträger verhindert werden.

Die Dominanz staatlich-hierarchischer Governance-Formen wurde in den letzten Jahrzehnten durch verschiedene Entwicklungen wesentlich reduziert. Triebkräfte waren unter anderem der Bedeutungsgewinn des Kfz und des Individualverkehrs. Spätestens in den 1980er-Jahren nahmen die Liberalisierung und die

Privatisierung des Verkehrssektors zu. Die Tendenz zur Stärkung nicht-hierarchischer Governance wurde auch durch die Europäisierung des Politikfelds gestärkt. Bereits der EWG-Vertrag von 1957 schreibt das Ziel einer gemeinsamen Verkehrspolitik fest (Artikel 74). Dennoch wurden die Mitgliedstaaten der EG zunächst nicht in dem Maße im Rahmen einer gemeinschaftlichen Verkehrspolitik tätig, wie es etwa auch das Europäische Parlament im Zuge der Verwirklichung eines Gemeinsamen Marktes und der Grundfreiheiten erwartete. Durch das Untätigkeitsurteil des Europäischen Gerichtshofs im Jahr 1985 (Rechtssache 13/83) wurde ein europäisches Vorgehen in der Verkehrspolitik erzwungen, auch in Sektoren, in denen einzelne Mitgliedstaaten ihre Hoheitsrechte zu wahren gesucht hatten. Später fielen zum Beispiel die mengenmäßigen Beschränkungen für den Güterverkehr und zu Beginn der 1990er-Jahre wurde die Kabotagefreiheit verwirklicht (Knill und Lehmkuhl 2002: 269; siehe auch Haefeli ▶ Entwicklungslinien deutscher Verkehrspolitik im 19. und 20. Jahrhundert in Kap. II.3 dieses Bandes).

Verkehrspolitik ist angesichts der zunehmenden Harmonisierung und Vergemeinschaftung ein besonders europäisiertes Politikfeld. Europäisierung heißt in einem umfassenden Sinn, dass von der Europäischen Union nicht nur top-down Wirkungen für die nationalen Politiken ausgehen, z. B. in Gestalt von Richtlinien oder Verordnungen, die materielle und prozedurale Veränderungen bewirken, sondern dass nationale politische Akteure sich insbesondere auch zunehmend in der europäischen Politikformulierung engagieren (vgl. Featherstone 2003). In der Verkehrspolitik nahmen im Zeitverlauf der 1980er-Jahre bis heute die durch die EG bzw. EU verabschiedeten Rechtsakte zu (Plehwe 2008: 295 ff.). Einen besonders großen Anteil hieran hat der Inlandstransport. Unterstellt man, dass die einzelnen EU-Politiken unterschiedliche Europäisierungsmechanismen beinhalten, reicht das Spektrum möglicher Wirkungen von Compliance (Befolgung) nationaler politischer Akteure, über eine Veränderung der nationalen Gelegenheitsstrukturen (etwa für Interessengruppen oder öffentliche Akteure) bis hin zur Etablierung nationaler Überzeugungen und Erwartungen (Knill und Lehmkuhl 2002: 259 ff.).

Die Europäisierung hat somit sowohl zur Ausweitung von marktlicher Governance geführt, als auch die Ausweitung des Kreises relevanter Akteure und die Stärkung des Governance-Mechanismus der Verhandlung bewirkt. Sowohl in der Abstimmung zwischen den Politikebenen (EU, Bund, Länder, Kommunen) als auch zwischen benachbarten Regionen, Staaten und Ländern sind Verhandlungen notwendig. Diese Verhandlungen basieren nicht ausschließlich auf Verteilungskonflikten, sondern müssen auch kognitive und normative Klärungen ermöglichen, etwa in Bezug auf das Verhältnis zwischen den Verkehrsträgern. In diesen Verhandlungen sind die Akteure in besonderer Weise auf Expertenwissen angewiesen, das vor allem durch modellökonomische Betrachtungen der Wirtschafts- und Ingenieurwissenschaften bereitgestellt wird. In den Annahmen dieser Modelle werden Zielkonflikte weitgehend ausgeblendet. So orientieren sich die Modelle weitgehend an der Zielsetzung der Bereitstellung einer möglichst exakt prognostizierten Verkehrsnachfrage und berücksichtigen normative Ziele der Verkehrsverlagerung und -vermeidung oft nicht (vgl. Bandelow 2007; Bandelow und Kundolf 2011). Die zentrale Rolle von Experten trägt nicht nur dazu bei, dass Themenbereiche der

Verkehrspolitik weitgehend außerhalb des Parteienwettbewerbs um Wählerstimmen entschieden werden. Sie führt auch dazu, dass Verhandlungen in der Verkehrspolitik nicht nur als Tausch („Bargaining"), sondern dominant auch über Argumentationen („Arguing") stattfinden (vgl. Lindloff et al. 2014). Arguing führt keineswegs zwingend zu dem von Habermas (1981) angestrebten herrschaftsfreien Austausch von Argumenten. In der Verkehrspolitik ermöglicht der Zugang zu wissenschaftlicher Expertise vielmehr die Etablierung spezieller Herrschaftsverhältnisse, da wissenschaftlich begründete Aussagen ohne eigene Expertise schwer in Frage gestellt werden können. Konkret trägt dies etwa dazu bei, dass der Einfluss von Regierungen (unterstützt durch die Ministerialbürokratie) gegenüber Parlamenten vergleichsweise groß ist.

Insgesamt war der Verkehrssektor somit zunächst von hierarchischen Einflüssen staatlicher und staatsnaher Akteure geprägt. Die Bedeutung hierarchischer Strukturen hat aber nachgelassen. Verkehrspolitik wird heute wesentlich durch Verhandlungen mit starkem Wissensbezug geprägt. Wettbewerb spielt zwar in der Arena der Parteienkonkurrenz für die Verkehrspolitik eine geringe Rolle, findet sich aber zunehmend im Rahmen der Bereitstellung von Fahrzeugen und anderen verkehrsrelevanten Gütern und Dienstleistungen. Governance in der Verkehrspolitik beschreibt somit kein statisches Verhältnis zwischen verschiedenen Regelungsmodi, sondern eine dynamische Entwicklung. Im Rahmen dieser Entwicklung lassen sich aktuell unterschiedliche Ausprägungen finden, die teilweise aus der Perspektive des Governance-Ansatzes verglichen und bewertet werden können.

4 Governance in der Verkehrsinfrastruktur

Die Verkehrsinfrastrukturpolitik ist ein wichtiger Teilbereich der Verkehrspolitik (vgl. Wieland in Kap. IV.3 dieses Bandes: ▶ Verkehrsinfrastruktur: Volkswirtschaftliche und ordnungspolitische Aspekte). Ihrem Wortursprung nach betrifft sie die unbeweglichen Teile des Verkehrssystems, das heißt Schiene und Straße, Bahnhöfe oder auch Flughäfen. Politisch sind Planung, Finanzierung, Errichtung und Erhaltung von Infrastruktur zu unterscheiden. In diesen Bereichen kann es zu unterschiedlichen (Ziel-)Konflikten kommen (vgl. Canzler in Kap. V.4 dieses Bandes: ▶ Die soziale Aufgabe von Verkehrsinfrastrukturpolitik). Mediale, wissenschaftliche und gesellschaftliche Aufmerksamkeit erzielten in jüngster Vergangenheit insbesondere standortgebundene Vorhaben (etwa der Berliner Flughafen oder der Umbau des Stuttgarter Hauptbahnhofs), während die ideologischen und normativen Diskussionen über die Bereitstellung bestimmter Verkehrsdienste durch öffentliche oder private Anbieter zumindest ein wenig in den Hintergrund getreten sind. Grundsätzlich sind mindestens folgende Konfliktbereiche relevant: Die Frage nach der Rolle der Gewichtung von Wettbewerb und Daseinsvorsorge im Verkehr, die Konkurrenz zwischen den Verkehrsträgern oder die unterschiedliche Verteilung von Kosten und Nutzen zwischen einzelnen Regionen und Betroffenen (vgl. Ambrosius in Kap. V.2 dieses Bandes: ▶ Öffentlicher Verkehr und Gemeinwirtschaftlichkeit: Im Spannungsfeld von Eigenwirtschaftlichkeit, Wettbewerb und Regulierung).

Jenseits dieser Zielkonflikte, Interessenstrukturen und Herrschaftsverhältnisse orientiert sich die Verkehrsinfrastrukturpolitik formal am Ziel der Effizienz, wie etwa die Bewertung im Rahmen des Bundesverkehrswegeplans (BVWP) zeigt (vgl. Heuser und Reh in Kap. III.6 dieses Bandes: ▶ Die Bundesverkehrswegeplanung: Anforderungen an die zukünftige Verkehrsinfrastrukturpolitik des Bundes). Dies ermöglicht eine Beurteilung vor dem Hintergrund institutionenökonomischer Ansätze. Die zentrale Besonderheit der Verkehrsinfrastrukturprojekte besteht in der großen Faktorspezifität der Planungs- und Baukosten. Sowohl linien- als auch standortgebundene Verkehrsinfrastrukturprojekte werden jeweils für einen spezifischen Kontext geplant. Standortgebundene Vorhaben wie Bahnhöfe oder Flughäfen, können nicht in der gleichen Form an einem anderen Ort gebaut werden. Dies gilt aber auch für liniengebundene Projekte, die scheinbar eine größere Ähnlichkeit aufweisen. Die im Rahmen der Planungsverfahren zu berücksichtigenden ökonomischen, ökologischen, sozialen und kulturellen Aspekte unterscheiden sich jedoch auch hier. Verstärkt wird die Auswirkung der hohen Faktorspezifität durch die geringere Häufigkeit von Infrastrukturprojekten. Hinzu kommt eine technisch bedingte Unsicherheit, etwa im Hinblick auf konkrete Kosten und Nutzen. Obwohl der Versuch unternommen wird, Nutzen und Kosten zu objektivieren und unterschiedliche Verkehrsprojekte vergleichbar zu machen, können sowohl die Fragen der Ausrichtung an Wettbewerb und Daseinsvorsorge als auch die Konkurrenz der Verkehrsträger eine entscheidende Rolle für die Planungsprozesse spielen. Aus den genannten Eigenschaften des Gutes Verkehrsinfrastruktur ist zu schlussfolgern, dass marktliche Governance-Formen aus transaktionskostentheoretischer Sicht vergleichsweise ineffizient sind. Dies bestätigt sich so auch in der Praxis: Marktförmig geregelte Beziehungen zwischen (meist staatlichen) Auftraggebern und konkurrierenden Auftragnehmern erzeugen systematisch hohe Kosten für die Kontrolle opportunistischen Verhaltens. Auftragnehmer setzen dabei systematisch Preise zu niedrig an. In späteren Phasen der Projektverwirklichung kann darauf nur mit hohen Kosten reagiert werden, da die spezifischen Planungen und Projektinvestitionen einen Wechsel der Auftragnehmer erschweren (vgl. Flyvbjerg 2005, 2009).

Tatsächlich dominiert bei der Verkehrsinfrastrukturpolitik die Governance-Form der Verhandlung. Dabei ist die Verflechtung zwischen Bund, Ländern und Kommunen von zentraler Bedeutung. Wie sich diese Strukturen tatsächlich auswirken, hängt von den konkreten Zielen ab, die in der institutionenökonomischen Governance-Perspektive nicht hinterfragt werden. Die ältere Theorie der Politikverflechtung differenziert bei der Bewertung der konkreten Verflechtungsstrukturen vier Zieltypen, die sie als unterschiedliche Dezentralisierungsprobleme diskutiert (Scharpf 1978: 25, Hervorhebungen im Original, 1999):

- *Niveauprobleme*, die eine »globale« Steigerung oder Verminderung des Leistungsniveaus dezentraler Einheiten erfordern;
- *Niveaufixierungs-Probleme*, die entweder die Variation oder die Kontingentierung der Leistungen dezentraler Einheiten erfordern;
- *Verteilungsprobleme*, die Kontingentierung erfordern und
- *Interaktionsprobleme*, die die gemeinsame Entscheidungsplanung erfordern.

Niveau(fixierungs-)Probleme können, zumindest theoretisch, mithilfe verschiedener Instrumente für die Erreichung eines konsensualen Ziels gelöst werden. Das Ziel einer „guten" Schienen- und Straßeninfrastruktur ist nicht umstritten, die konkrete Umsetzung ist aber aufgrund externer Kosten, technischer Unsicherheiten und Konflikten zwischen (lokaler) Verkehrsvermeidung und Mobilitätssteigerung konfliktbehaftet. Unterschiedliche Ziele können auch bei der Schwerpunktsetzung zwischen Aus- und Neubau und dem Erhalt der Infrastruktur identifiziert werden (vgl. Bormann et al. 2010: 4). Für Verteilungs- und Interaktionsprobleme ist die Konkurrenz einzelner Verkehrsträger wie Schiene und Straße ein anschauliches Beispiel. Zwar ist die Veränderung des Modal Split hin zu mehr Schienenverkehr bereits seit den 1960er-Jahren ein Ziel der Politik (vgl. Beyme 2007: 128), die Frage nach der Reichweite und tatsächlichen Umsetzung jedoch ist Gegenstand politischer Auseinandersetzungen. Es gibt folglich konsensuale Ziele der herrschenden Akteure in der Verkehrsinfrastrukturpolitik, die aber nicht von allen Betroffenengruppen geteilt werden. Exemplarisch verdeutlicht diesen Zusammenhang das Beispiel der Y-Trasse, einer Bahntrasse in der Form eines Ypsilons, welche die Städte Hannover, Hamburg und Bremen verbinden soll. Die Problematik der externen Kosten wurde bei der Y-Trasse beispielsweise anhand prognostizierter Schäden für Naturschutz- und Waldgebiete bei gleichzeitig ausbleibendem Anschluss der eher ländlich geprägten Region diskutiert (vgl. Fürst et al. 2003: 70 f.).

Die beschriebenen föderalen Strukturen der Bundesrepublik wirken sich bei den unterschiedlichen Zuständigkeiten für Planung, Finanzierung und Management der Verkehrsinfrastruktur aus, die auf Bund, Länder und Kommunen verteilt sind. Deutlich wird dies bei der Betrachtung des Bundesverkehrswegeplans (vgl. für die folgenden Hinweise zur ▶ Die Bundesverkehrswegeplanung: Anforderungen an die zukünftige Verkehrsinfrastrukturpolitik des Bundes Heuser und Reh in Kap. III.6 dieses Bandes). Hier finden in unterschiedlicher Intensität Aushandlungsprozesse statt. Die von Scharpf beschriebenen Effizienzprobleme der speziellen Verhandlung unter den Bedingungen verflochtener Entscheidungsstrukturen sind besonders relevant: Um möglichst viele Projekte in den „vordringlichen Bedarf" einteilen zu können, wurde beispielsweise die Planungsreserve erhöht. Die Resultate der Projektbewertung waren dabei weniger relevant als der Stand der Planungen in den Ländern (vgl. Bormann et al. 2010: 11 f.). Obwohl die Investitionsmittel insbesondere am volkswirtschaftlichen und verkehrlichen Nutzen gemessen werden und hierfür ein „Nutzen-Kosten-Verhältnis" berechnet wird (Bormann et al. 2010: 8 ff.), sind die Einflussmöglichkeiten politischer Akteure mit ihren jeweiligen Rationalitäten groß.

Trotz der Prioritätenreihung der Projekte im Bundesverkehrswegeplan durch das Bundesverkehrsministerium wird die erste Rangordnung der Projekte zwischen Bund und Ländern ausgehandelt (vgl. Bormann et al. 2010: 11). Es handelt sich um einen politischen Aushandlungsprozess, an dem diverse Akteure auf unterschiedlichen Ebenen beteiligt sind. Die Einordnung in die Dringlichkeitsstufen „vordringlicher Bedarf" und „weiterer Bedarf" sind sichtbar Teil politischer Tausch- und Verhandlungsprozesse (vgl. Bormann et al. 2010). Die Beschlussfassungen mit Außenwirkung sind das Fernstraßenausbaugesetz und das Schienenausbaugesetz.

Beim Schienenausbaugesetz haben die Länder einen besonders großen Einfluss, da es sich um ein zustimmungspflichtiges Gesetz handelt. Die Einflussmöglichkeiten auf die Bundesverkehrswegeplanung reichen zudem von der grundsätzlichen Möglichkeit der Veränderung der Planungsprozesse über die Bestimmung des Finanzierungsrahmens zu Beginn der BVWP-Planung, über die Einflussnahme durch die Bereitstellung von Finanzmitteln für die Planung von Verkehrsprojekten bis zur Auswahl der Gutachter für die Projekte.

Bei der Y-Trasse hat das Land Niedersachsen beispielsweise 10 Mio. EUR als Darlehen zur Verfügung gestellt, um die Deutsche Bahn bei der Projektplanung zu unterstützen. Ziel war es, das Verfahren zu beschleunigen und die Interessen des Landes zu wahren (vgl. Block 2011: 25). Auch die Auswahl der Gutachter, welche die Kosten-Nutzen-Analysen durchführen, kann einen Einfluss auf den Prozess haben. Die Frage, ob die Y-Trasse in der bisherigen Planungsform zu einer Kapazitätssteigerung und somit potentiell zu einer Veränderung des Modal Split beitragen kann, wird in ingenieurswissenschaftlichen Gutachten unterschiedlich beantwortet. Bei der Bewertung der für die beschriebenen Prozesse besonders entscheidenden Kosten-Nutzen-Kennzahlen kommen die Studien zur Y-Trasse zu recht unterschiedlichen Ergebnissen. Positiv wird das Y-Trassenprojekt in einer Studie des Deutschen Luft- und Raumfahrtzentrums bewertet (vgl. Eickmann et al. 2008). Andere Studien bewerten das Projekt kritisch (vgl. Siefer und Kollenberg 2007) oder gar als eines der „Fallbeispiele einer (absehbar) verfehlten Investitionspolitik" (UBA 2010: 145). Die Verhandlungsstrukturen im Bereich der Verkehrsinfrastrukturpolitik sind somit besonders von Expertenwissen und Intransparenz dominiert. Proteste gegen Infrastrukturprojekte wie die Y-Trasse basierten unter anderem auf einer Ablehnung der „Anwendung legitimierter Macht" beispielsweise durch Landesplanungsbehörden (vgl. Fürst et al. 2003: 74). Die Betrachtung des Beispiels des Bundesverkehrswegeplans und des Schienenprojekts Y-Trasse zeigt die Wirkung von bestehenden Strukturen und Verhandlungssystemen in der deutschen (Verkehrs-)Politik. Diese führen etwa dazu, dass nicht ein wohlfahrtsoptimales Niveau der Bereitstellung des Gutes erfolgt, zum Beispiel in Gestalt einer Verteilung der Mittel aus dem Bundesverkehrswegeplan entsprechend des tatsächlichen Bedarfs.

5 Governance in der Straßenverkehrssicherheit

Die Erhöhung der Verkehrssicherheit ist in den meisten westlichen Demokratien ein konsensual akzeptiertes Ziel. Die Verfolgung dieses Ziels hängt insbesondere mit dem Stellenwert zusammen, der dem Erhalt des menschlichen Lebens und der Gesundheit beigemessen wird (vgl. Schnieder und Schnieder 2013). Mit dem steigenden individuellen Motorisierungsgrad gingen in der Bundesrepublik und anderen Ländern auch steigende Unfallzahlen einher. Die Unfallentwicklung erreichte Anfang der 1970er-Jahre ihren Höhepunkt. Damals wurde mit einer systematischen Verkehrssicherheitsarbeit begonnen, seit Mitte der 1980er-Jahre sank die Zahl der Verkehrstoten, während die Fahrleistung weiter stieg (vgl. Gehlert 2011: 234 f.).

Trotz dieser generell positiven Entwicklung in der Straßenverkehrssicherheit engagieren sich die politischen und gesellschaftlichen Akteure weiterhin in dem Teilbereich der Verkehrspolitik.

Der Deutsche Verkehrssicherheitsrat formulierte im Jahr 2007 das „Vision Zero"-Konzept für Deutschland. Zielsetzung der Strategie ist, Mortalität und schwere Fatalitäten im Straßenverkehr vollständig zu verhindern. Das Konzept basiert unter anderem auf der Grundannahme, dass der Mensch als Verkehrsteilnehmer Fehler macht, die durch das System (z. B. die Infrastruktur) kompensiert werden müssen. Der Verkehrssicherheitsrat bringt in diesem Zusammenhang auch die Wertvorstellung zum Ausdruck, dass das Leben nicht verhandelbar sei (vgl. DVR 2014). Die unterschiedlichen staatlichen, gesellschaftlichen und wirtschaftlichen Akteure müssten dies in der Gestaltung des Verkehrssystems berücksichtigen. Obwohl zentrale Akteure der Verkehrssicherheit in Deutschland diese Vision vor einigen Jahren formuliert haben, gelten andere Staaten, wie etwa Schweden oder die Niederlande, als Vorreiter. Während die Notwendigkeit eines sicheren Verkehrs und einer sicheren Mobilität allgemein akzeptiert sind, unterscheiden sich die Strategien und Maßnahmen. Die deutsche Regierung etwa setzt sich keine quantitativen Reduktionsziele. Dies erschwert die Erfolgskontrolle der Verkehrssicherheitspolitik (vgl. Gehlert 2011: 235 f.). Die Bundesländer verabschieden zum Teil auch eigene Verkehrssicherheitsprogramme. Ihnen kommt eine wichtige Rolle in der Verkehrssicherheitsarbeit zu, da die Kompetenz der Polizei bei ihnen liegt und sie Aufgaben in der Verkehrsüberwachung und -erziehung übernehmen.

Ziele der Straßenverkehrssicherheit werden zunehmend auch auf europäischer und globaler Ebene formuliert. Die Europäische Kommission forderte in ihrem Weißbuch aus dem Jahr 2001 (KOM 2001) eine Halbierung der Verkehrstoten in Europa bis 2010, bis 2050 soll diese Zahl nahe Null sein, so die Behörde in ihrem jüngsten Weißbuch (KOM 2011). Die Mitgliedstaaten der Vereinten Nationen erklärten die Jahre 2011 bis 2020 zur „Decade of Action for Road Safety". Die Weltgesundheitsorganisation (WHO) (2013) betont in ihrem jüngsten Bericht, dass die Verkehrssicherheit mehr umfasse als lediglich eine Ausrichtung auf den Straßenverkehr. Für eine nachhaltige Entwicklung müssten auch die nicht-motorisierten Verkehrsteilnehmer berücksichtigt werden. Hiervon könnten nicht nur positive Gesundheits-, sondern insbesondere Umwelt- und Klimawirkungen ausgehen. Das Ziel der Erhöhung der Straßenverkehrssicherheit kann daher unterschiedlich gewichtet werden und die Verfolgung weiterer, bisweilen konfligierender, Ziele (Ermöglichung von Wirtschaftswachstum oder Mobilität) umfassen. Insgesamt ist die Erhöhung der Verkehrssicherheit ein relativ unstrittiges Ziel in der Verkehrspolitik, auch im Vergleich zu Verteilungspolitiken im Bereich der Verkehrsinfrastruktur.

Steuerungsmuster und Handlungsmodi in der Straßenverkehrssicherheit können am Beispiel der Einführung einer Winterreifenpflicht in Deutschland gezeigt werden. Die Governance-Perspektive wird hierbei zunächst normativ angelegt, bevor anschließend die realen Governance-Mechanismen kontrastiert werden, die in dieser regulativen Politik sichtbar werden.

Die Nichtnutzung von Winterreifen ist ein verkehrssicherheitspolitisches und ökonomisches Problem. Ist die Ausrüstung von Kraftfahrzeugen nicht an die Witterungsbedingungen angepasst, kann das Unfallrisiko steigen und es kann vermehrt zu Verkehrsunfällen kommen. Menschliche Fatalitäten oder auch die Mortalität können zunehmen (vgl. Strong et al. 2010). Zudem verursachen Unfälle bei widrigen Winterbedingungen oftmals Staus und Behinderungen, die volkswirtschaftliche und betriebswirtschaftliche Kosten verursachen (vgl. Gericke 2011). Potenziell kann die Nutzung von Winterreifen der Verkehrssicherheit und dem Nationaleinkommen dienlich sein. Das Unfallrisiko wird jedoch nicht allein durch eine geeignete Bereifung und Fahrzeugausrüstung beeinflusst. Weitere Faktoren, wie etwa das individuelle Fahrverhalten oder das anderer Verkehrsteilnehmer, können sich ebenfalls auswirken. Hieraus erwächst nicht unbedingt ein Regelungsbedarf in Gestalt einer kollektiv verbindlichen Entscheidung durch die Akteure des politisch-administrativen Systems. Vielmehr ist auch denkbar, dass die Verkehrsteilnehmer oder Halter von Kraftfahrzeugen freiwillig eine bessere Ausrüstung vornehmen.

Die Ausrüstung der Kraftfahrzeuge im Straßenverkehr mit Winterreifen könnte auf der Grundlage von Markttransaktionen und -mechanismen erfolgen. Während die Reifenanbieter (Hersteller und Handel) je nach unternehmerischer Strategie (etwa stärkeres Gewicht der Umwelteigenschaften der Reifen) Produkte auf den Markt bringen, müssen diese auch durch die Verkehrsteilnehmer nachgefragt werden. Unterstellt man letzteren ein Nutzen maximierendes Verhalten mit dem Ziel der Erhöhung ihrer eigenen Sicherheit im Verkehr, ist es denkbar, dass die Verkehrsteilnehmer Winterreifen kaufen und ihre Fahrzeuge umrüsten. Allerdings werden technische Lösungen wie etwa die Bereifung nicht zwangsläufig gewählt, da jeder Mensch ein persönlich akzeptiertes Risikoniveau hat. Dieses gleicht er mit dem wahrgenommenen Niveau ab (vgl. Gehlert 2011: 244). Der wahrgenommene individuelle Nutzen des Kaufs von Winterreifen kann sich daher unterscheiden. Unternehmen können darauf reagieren, indem sie im Rahmen von Maßnahmen der Public Relations oder der Werbung auf die Leistungen ihrer Produkte und den Beitrag zur Sicherheit im Verkehr hinweisen. Gesellschaftliche Akteure, wie etwa der Allgemeine Deutsche Automobil-Club e.V. (ADAC), informieren im Zuge von jährlichen Tests über die Eigenschaften und die Qualität von Winterreifen. Da Produktunterschiede bei Reifen für Kunden nur wenig einsichtig sind, kommt Bewertungen durch Spezialisten (z. B. im Rahmen der Reifentests der Fachzeitschriften) eine große Bedeutung zu. Abgesehen von der individuellen Bewertung des Risikos eines Fahrens ohne Winterbereifung und von etwaigen Informationskosten der Produktsuche, die als Transaktionskosten Vertragsschlüsse verhindern könnten, ist eine Regelung über den Marktmechanismus eine mögliche Lösung. Hierarchische Lösungen über Ge- oder Verbote könnten ebenfalls genutzt werden. Auf der Grundlage gesetzlicher Regelungen könnte das Fahren ohne entsprechende Bereifung verboten werden.

Insgesamt zeigt sich, dass das transaktionskostentheoretische Problem bei der Nutzung von Winterreifen deutlich geringer ist als etwa bei der Errichtung oder beim Unterhalt von Verkehrsinfrastruktur. Insbesondere die Faktorspezifität ist niedriger, mithin auch die Transaktionskosten. Unter der Voraussetzung, dass die Verkehrsteilnehmer einen Nutzen in der Anpassung der Fahrzeugausrüstung sehen, können die Transaktionen auf dem Markt stattfinden.

Entgegen dieser aus institutionenökonomischer Sicht begründbaren Erwartung, dass die Nutzung des Marktes als Regelungsmechanismus in diesem Fall effizient wäre, wurde in Deutschland eine politische Regelung vorgenommen. Zu Beginn der Jahre 2000 initiierten bestimmte Bundesländer den politischen Prozess für die Verabschiedung einer Regelung. Ende des Jahres 2005 nahm der Bundesgesetzgeber durch das Einfügen von § 2 Absatz 3a Straßenverkehrs-Ordnung eine verkehrsrechtliche Regelung vor (40. Verordnung zur Änderung straßenverkehrsrechtlicher Vorschriften vom 22. Dezember 2005). Im Dezember 2010 wurde die bestehende Pflicht einer geeigneten Bereifung durch den Gesetzgeber zu einer „situativen Winterreifenpflicht" konkretisiert. Ab Mitte der 1990er-Jahre, d. h. vor der Einführung einer Winterreifenpflicht, kam es bereits zu einem Anstieg des Verkaufs von Winterreifen in Deutschland (vgl. Dietz und Fehl 2000). Die Umrüstquoten stiegen dann von 54 Prozent im Jahr 2000 auf rund 90 Prozent in den Jahren 2009 bis 2011 (vgl. Bundesverband Reifenhandel und Vulkaniseur-Handwerk e.V. (BRVH) 2013). Der BRVH (2013) erwartet, dass die Umrüstung im Jahr 2020 fast vollständig erfolgt sein wird. Auch für die einzelnen Bundesländer zeigen sich hohe Umrüstungsquoten (vgl. BRVH 2010). Sie verdeutlichen, dass bereits vor der Einführung der Anforderung einer geeigneten Bereifung für die unterschiedlichen Wetterverhältnisse im Jahr 2006 eine Winterbereifung oft ohne vorhandene verkehrspolitische Regulierung genutzt wurde. Es stellt sich somit spezifisch die Frage, warum es zu der Verabschiedung der Regelung in Deutschland kam und welche Akteure eine gesetzliche Regelung vorantrieben.

Der politische Prozess zu der Einführung einer situativen Winterreifenpflicht lässt sich bis zum Beginn der Jahre 2000 zurückverfolgen. Im Jahr 2001 rutschten drei Lkw im oberfränkischen Fichtelgebirge auf der A9 im Schnee weg, es kam zu einem 180 km langen Stau von Nürnberg bis zu der thüringischen Grenze. Nach dem auch öffentlich stark wahrgenommenen Stau erkannte das Bundesverkehrsministerium im Jahr 2002 noch keinen Regelungs- und Normierungsbedarf, vielmehr wendete es sich appellierend an die privaten und gewerblichen Verkehrsteilnehmer, Winterreifen zu nutzen (vgl. BMVBW 2002). Es verneinte die Notwendigkeit der Einführung einer generellen Winterreifenpflicht in Deutschland.[1] Im Jahr 2003 beschloss die Konferenz der Innenminister der Länder jedoch eine Bitte an den Bundesverkehrsminister, dass dieser im Zuge der geplanten Neufassung der Straßenverkehrs-Ordnung (StVO) (Projekt: „Bürgernahe und verständliche StVO") eine deutlichere Hervorhebung der bestehenden Verhaltenspflichten der

---

[1] „Betrachtet man die klimatischen Verhältnisse in Deutschland, so ist festzustellen, dass in der Winterzeit die Straßen - und dies regional unterschiedlich - nur an relativ wenigen Tagen mit Schnee oder Eis bedeckt sind. Den nicht bestreitbaren Vorteilen guter Winterreifen auf schnee- oder eisbedeckten Straßen, stehen Vorteile bei Verwendung von Sommerreifen auf trockenen oder regennassen Straßen gegenüber" (BMVBW 2002).

Fahrzeugführer bei winterlichen Straßenverhältnissen prüfen sollte. Die Initiative hierfür ging von den südlichen Bundesländern Bayern und Baden-Württemberg aus. Zu Beginn des Jahres 2004 schloss sich die Verkehrsabteilungsleiter-Konferenz dieser Bitte an. Die Novelle der StVO, die im Jahr 2005 vorgenommen wurde, sollte jedoch ausdrücklich nicht als Winterreifenpflicht verstanden werden. Die vorgenommene Änderung der straßenverkehrsrechtlichen Vorschriften betraf § 2 Absatz 3a der Straßenverkehrs-Ordnung und die Anlage zu § 1 Absatz 1 der Bußgeldkatalogverordnung. Es wurde das Erfordernis für Kraftfahrzeuge aufgestellt, „[...] die Ausrüstung an die Wetterverhältnisse anzupassen. Hierzu gehören insbesondere eine geeignete Bereifung und Frostschutzmittel in der Scheibenwaschanlage [...]".[2]

Im Sommer des Jahres 2010 urteilte das Oberlandesgericht Oldenburg (2 SsRs 220/09, 9.7.2010), dass diese Regelung verfassungswidrig sei, da sie gegen das Bestimmtheitsgebot aus Art. 103 Grundgesetz verstoße. Eine gesetzliche Neuregelung hätte aus dem Urteil nicht zwangsläufig erwachsen müssen,[3] jedoch nutzte der Bundesverkehrsminister das politische Moment zur Konkretisierung der bestehenden Pflicht einer an die Wetterverhältnisse angepassten Bereifung noch in demselben Jahr. Es wäre gleichermaßen denkbar gewesen, weitere Rechtsprechung abzuwarten (etwa auch durch den Bundesgerichtshof). Zudem war zu diesem Zeitpunkt eine technische Normierung von Winterreifen (Festlegung von Kriterien für die Kennzeichnung der Reifen) auf europäischer Ebene noch nicht abgeschlossen. Die Ländervertreter in der Verkehrsministerkonferenz im Oktober 2010 hatten es, im Gegensatz zum Bundesminister, für ausreichend erachtet, mit der nationalen Neuregelung den Rechtsakt der Europäischen Union abzuwarten (vgl. Bundesrat 2010a). Inhaltlich erfolgte daher ein Verweis auf die Richtlinie 92/23 der Europäischen Wirtschaftsgemeinschaft (EWG), in der für winterliche Wetterverhältnisse geeignete Reifen beschrieben werden und ihre Verwendung geregelt wird (vgl. Bundesrat 2010b). Laut Gesetzgeber können sowohl M+S-Reifen als auch Ganzjahresreifen den Anforderungen dieser EWG-Richtlinie entsprechen. Die Verordnung statuiert generell das Erfordernis, alle Achsen eines Kfz mit Winterreifen zu versehen. Für Lkw und Busse sind Winterreifen lediglich an den Antriebsachsen erforderlich. Als Regelungsziele werden die Beseitigung von Rechtsunsicherheit bei Verkehrsteilnehmern und Kontrollbehörden genannt. Eine Behinderung oder Gefährdung des Verkehrs, die mit Stau und volkswirtschaftlichen Schäden einhergehen, sollte so verhindert werden.

Der Prozess der Einführung einer situativen Winterreifenpflicht in Deutschland offenbart, dass unabhängig von der (dringenden) Notwendigkeit einer kollektiv verbindlichen Regelung in der politischen Sphäre Effizienzerwägungen nicht unbedingt vordergründig sind. Bundesverkehrsminister und Bundesländer entschieden sich für eine Normierung, obwohl die Umrüstquoten von Winterreifen

---

[2] In der Bußgeldkatalog-Verordnung wurden Tatbestände eingeführt, die bei Nichtanpassung der Kfz-Ausrüstung an die Wetterverhältnisse einen Regelsatz von 20 bzw. 40 Euro vorsahen.

[3] Für eine Bebußung ist eine rechtssichere Definition allerdings zentral.

bereits stiegen. Der damalige Bundesverkehrsminister Manfred Stolpe (2002) gab vergleichsweise schnell seinen Widerstand einer politischen Regelung auf. Zudem wurde im Jahr 2005 eine sehr allgemeine Regelung getroffen („geeignete Bereifung") sowie von dem neuen Verkehrsminister Tiefensee betont, dass hieraus keine Winterreifenpflicht resultiere. Institutionenökonomische Perspektiven würden die Kosten der gewählten und der möglichen institutionellen Arrangements vergleichen. Es ist jedoch aus politikwissenschaftlicher Sicht ertragreicher, Erklärungen für den beschriebenen politischen Prozess und sein Ergebnis zu finden. Hierfür müssen die Akteure identifiziert werden, die den Einsatz der notwendigen Policy-Instrumente kontrollieren (vgl. Scharpf 2000).

Die Regelung der StVO begründet eine Verhaltensvorschrift, die sich an den Nutzer des Fahrzeuges (im Gegensatz zu einer Ausrüstungsvorschrift) richtet. Der Adressatenkreis der Fahrer, die ihren Pkw oder ihr Nutzfahrzeug im Winter nutzen, ist potenziell hoch. Konzipiert man politische Akteure als Stimmenmaximierer (vgl. Downs 1957), so gilt es, die Maßnahme oder programmatische Ausrichtung so zu gestalten oder zumindest darzustellen, dass sie den Gesamtnutzen der Wähler erhöht. Denkbar wäre, auf den Beitrag zur individuellen Sicherheit im Verkehr zu verweisen oder aber auf den Verkehrsfluss und die Reduzierung von Reisekosten und -zeit. Das Konfliktniveau kollektiv verbindlicher hierarchischer Entscheidungen kann auf weitere Weise niedrig gehalten werden, z. B. mithilfe von Ausnahmeregelungen für die betroffenen Adressaten. Zudem betonte der Verkehrsminister im Jahr 2005, dass es sich nicht um die Einführung einer Winterreifenpflicht handele. Angesichts der bereits steigenden Umrüstquoten war nicht unbedingt mit großem Widerstand der Regelungsadressaten zu rechnen. Die subjektive Wahrnehmung von Gefahren und Risiken kann eine Normakzeptanz befördern. Neben der letztlichen Normierung verwendeten die öffentlichen Akteure zunächst das weichere Instrument der Information (Appell). Im Zusammenhang der Bereifung von Lkw wurde die Idee diskutiert, finanzielle Beihilfen aus den Mautharmonisierungsmitteln zu gewähren. Die Konkretisierung konnte mit dem Urteil (Hierarchie) sowie der Notwendigkeit der Erzeugung von Rechtssicherheit begründet werden. Selbst durch die Konkretisierung der situativen Pflicht ändert sich die Schwierigkeit der Erreichung des Ziels einer Reduzierung von Staus und Unfällen jedoch nicht. Es ist daher zulässig, die Einführung der Winterreifenpflicht in Deutschland als symbolische Politik einzuordnen, der man auch angesichts von Implementierungsproblemen (z. B. Kontrolle der Bereifung durch Behörden und Entdeckungswahrscheinlichkeit) (vgl. Gehlert 2011: 243) und freiwilliger Befolgung (Markt) eine eher geringe Effektivität zusprechen kann.

Ob die allgemeinen Ziele der Verkehrssicherheit und der gesamtökonomischen Wohlfahrtssteigerung mithilfe der Einführung einer Winterreifenpflicht erreicht werden, lässt sich nur schwer nachweisen. Unabhängig von der Einführung und Konkretisierung der Regelung ist fragwürdig, ob Verkehrsminister und Bundesländer derartige Ziele verfolgten. Vor dem Hintergrund, dass sich Verkehrsprobleme insbesondere regional und lokal manifestieren, liegt eine Erklärung für das Engagement der südlichen Bundesländer darin, dass sie Handlungsdruck reduzieren wollten, indem sie sich zugunsten einer Winterreifenpflicht einsetzen.

In Bayern fanden im Herbst des Jahres 2003 Landtagswahlen statt. Gegner der Einführung einer Winterreifenpflicht lassen sich zudem nur schwerlich identifizieren. Zentrale verkehrspolitische Akteure, wie etwa der ADAC oder auch das Spediteursgewerbe, unterstützen den Vorstoß bereits im Jahr 2003. Sichtbar wird außerdem ein besonderes Engagement der Freien Demokratischen Partei (FDP), die im Jahr 2005 den Zusammenhang von Unfällen und einer Nutzung von Sommerreifen thematisierte (vgl. Deutscher Bundestag 2005) und sich 2008 auch für eine einheitliche Kennzeichnung auf europäischer Ebene einsetzte (vgl. Deutscher Bundestag 2008). Reifenhersteller und Kfz-Gewerbe konnten von der Normierung oder zumindest den Diskussionen über die Einführung einer Winterreifenpflicht insofern profitieren, als die Umrüstquote weiter anstieg. Dies bekannte auch die verbandliche Vertretung der Reifenhersteller (vgl. BRVH 2013). Die Marktakteure haben in diesem technischen Beispiel einen hohen Wissensvorsprung, den sie auch machtstrategisch nutzen können. Der Einfluss verbandlicher Akteure, die die Unsicherheit der Verkehrsteilnehmer und der politischen Akteure reduzieren, ist besonders hoch (vgl. Bandelow und Sikatzki 2012).

6 Governance-Modi im Vergleich

Im Gegensatz zu dem Beispiel der Verkehrsinfrastrukturpolitik griffen im Falle der Verkehrssicherheit die Mechanismen der vertikalen Politikverflechtung in der regulativen Politik nicht. Der Bund-Länder-Fachausschuss war zwar beteiligt, jedoch kam es nicht zu einer Blockade in der Entscheidungsfindung. Ökonomische Interessengruppen, wie etwa der ADAC oder der Verband des Reifenhandels, befürworteten die Einführung einer situativen Pflicht. Im Hinblick auf die eingangs dargestellten Besonderheiten des Politikfeldes Verkehr ist das Beispiel insofern auch charakteristisch, als der Wissensbezug besonders groß ist. Insbesondere als verkehrssicherheitspolitisches Problem ist die Eignung von Winterreifen zur Reduzierung der Risiken der Verkehrsteilnahme nicht eindeutig. Zudem wurde die machtpolitische Dimension von Wissen offenbar. Eine besondere Rolle spielt die technische Normierung, die oftmals auf europäischer Ebene in den Experten- und Verwaltungsausschüssen (Komitologie) (vgl. Lindloff 2012) oder auch in den Arbeitsgruppen der Wirtschaftskommission der Vereinten Nationen erfolgt. Die harmonisierte Verabschiedung technischer Regelungen ist zeitaufwändig und kann im Rahmen der nationalen Verkehrspolitik zeitlich und inhaltlich nur wenig beeinflusst werden. Hier musste eine europäische Regelung nicht abgewartet werden. In anderen Beispielen der Verkehrspolitik, etwa in der Erbringung öffentlicher Personenverkehrsdienste auf Schiene und Straße (Verordnung (EG) Nr. 1370/2007), werden nicht nur die nationalen Rechtsstreitigkeiten abschließend durch den Europäischen Gerichtshof entschieden, auch die Handlungsspielräume in der Erbringung von Dienstleistungen werden durch EU-Regeln (z. B. Beihilfe- oder Vergaberecht) stark eingeschränkt (vgl. Bandelow et al. 2014).

Das Beispiel der Verkehrsinfrastrukturpolitik veranschaulicht die Bedeutung von Verflechtungsstrukturen in der deutschen Verkehrspolitik. Diese können

Planungen nicht nur prozessual erschweren. Auch ist es wahrscheinlich, dass hieraus suboptimale Politikergebnisse resultieren (etwa Niveau-Probleme). Zudem verdeutlicht das Beispiel von Infrastrukturprojekten, dass eine kleine Gruppe betroffener Bürger für ein höheres Konfliktniveau in der Politikformulierung und -umsetzung sorgen kann. Bei der Einführung einer Winterreifenpflicht als weiterem Beispiel von Governance-Prozessen in der deutschen Verkehrspolitik war die Gruppe der von der Regulierung betroffenen Bürger sehr groß, das Konfliktniveau konnte jedoch durch die öffentlichen Akteure niedrig gehalten werden. Vertikale und horizontale Verflechtungsstrukturen des deutschen politischen Systems (z. B. Bundesrat, Verkehrsministerkonferenz oder Bund-Länder-Fachausschuss) wurden im Gegensatz zur Infrastrukturpolitik hier nicht wirksam, vielmehr konnte die Entscheidung durch die Bundesregierung bzw. den Bundesminister schnell durch- und umgesetzt werden. Hierbei war es hilfreich, dass die Bundesländer eine Regelung befürworteten bzw. diese nicht ablehnten. Das untersuchte Beispiel einer regulativen Politik verdeutlicht, insbesondere auch aus steuerungstheoretischer Sicht, die Komplexität der Regelung bestimmter gesellschaftlicher Probleme. Der Nutzen von Winterreifen in der Reduzierung der volkswirtschaftlichen Kosten von Staus und Unfällen lässt sich nur schwer quantifizieren. Hinzu kommt die Frage, ob es sich bei Staukosten tatsächlich um externe Kosten handelt, die es durch staatliche Intervention zu internalisieren gilt. Die Nutzer können bei Verkehrsbehinderungen auch als Club angesehen werden, der die privaten und externen Staukosten trägt (vgl. Gerike 2011: 222 f.). Die Nutzung von Winterreifen kann einen Beitrag zur Verkehrssicherheit leisten. Hier liegt jedoch ein besonders komplexes Wirkungsgefüge vor, da sich das Verhalten anderer Verkehrsteilnehmer, der technische Standard des Verkehrsmittels (z. B. Assistenzsysteme) sowie die Infrastruktur (etwa Zustand der Fahrbahn) ebenfalls auswirken.

7 Fazit

Die Governance-Perspektive ermöglicht es, die Vielfalt und Komplexität der Regelungsstrukturen in der Verkehrspolitik deutlich zu machen. Die Verkehrspolitik gehört zu den zahlreichen Politikfeldern, in denen staatliche Angebote reduziert, marktliche Lösungen gestärkt und Verhandlungssysteme erweitert werden. Vor diesem Hintergrund ist die Nutzung der Governance-Perspektive für dieses Feld naheliegend.

Die beschriebenen Unterschiede in den Teilbereichen der Verkehrspolitik entsprechen den Erwartungen der transaktionskostentheoretisch geprägten Governance-Perspektive aber nur zum Teil. Infrastrukturpolitik zeichnet sich durch höhere Faktorspezifität, größere Unsicherheit und geringe Häufigkeit aus. Entsprechend sind hier die transaktionskostentheoretischen Probleme marktlicher Lösungen besonders groß. Dies betrifft insbesondere die Kosten der Umsetzung von Entscheidungen, bei denen private Vertragspartner unter Verweis auf bereits erbrachte spezifische Vorleistungen im Verlauf der Umsetzung Kostensteigerungen durchsetzen können. Dies entspricht den vielfältigen Erfahrungen, zuletzt beispielsweise mit dem Berliner Flughafen. In der Realität der hier beschriebenen deutschen Verkehrsinfrastruktur-Politik dominieren Verhandlungsstrukturen (also aus transaktionskostentheoretischer Sicht „hybride" Formen zwischen Hierarchie und Markt). Diese Verhandlungsstrukturen können zwar grundsätzlich zur Lösung von Niveauproblemen beitragen, sie erschweren aber die Lösung von Verteilungsproblemen. Zudem sind die formal wissenschaftlich und faktisch politisch dominierten Verhandlungen wenig transparent und weisen somit ein Legitimationsdefizit auf. Das Fallbeispiel der angemessenen Bereifung lässt dagegen eher marktliche Lösungen erwarten. Tatsächlich werden Winterreifen von privaten Firmen in Konkurrenz zueinander hergestellt. Die jüngsten Ansätze zur Einführung einer situativen Winterreifenpflicht entsprechen allerdings einer Stärkung hierarchischer Governance, die im Gegensatz zu den Modellerwartungen steht.

Bei der Anwendung der Governance-Perspektive sind jeweils die Annahmen im Blick zu behalten (vgl. Williamson 1987: 392 f.). Opportunismus, also das gezielte Ausnutzen von Informationsvorsprüngen zum eigenen Nutzen auf Kosten anderer, ist nur eine von verschiedenen möglichen Verhaltensformen verkehrspolitischer Akteure. Sollten andere Verhaltensformen dominieren (etwa wertrationales, traditionales, emotionales oder dramaturgisches Handeln), führen dieselben Regelungsformen zu anderen Ergebnissen. Denkbar ist auch, dass die wissenschaftliche Verbreitung von Perspektiven, die opportunistisches Verhalten annehmen, selbst dazu beitragen, diese Orientierung zu legitimieren und zu verbreiten. Daher hat die institutionenökonomische Perspektive der Governance-Forschung nicht nur analytische Grenzen, sondern kann auch politisch kritisiert werden (vgl. Miller 1994).

Aus normativer Sicht ermöglicht die Governance-Perspektive neben der Bewertung der Effizienz auch die Fokussierung von Legitimität. Diese erscheint höher, wenn an Regelungen mehr betroffene Akteure gleichwertig beteiligt werden. In der Verkehrspolitik ist allerdings ein solcher Rückschluss problematisch, weil der Ausschluss von Akteuren nicht nur politisch erfolgen kann, sondern auch aus den spezifischen technischen und wissenschaftlichen Anforderungen an Beurteilungen resultiert. Beteiligung und Transparenz verkehrspolitischer Entscheidungen erfordern zumindest immer auch Maßnahmen zur Förderung und Verbreitung pluralistischen Wissens über mögliche Bewertungen konkreter Entscheidungen.

Grundsätzlich blendet die Governance-Perspektive normative Fragen aus, die aus politischen Zielkonflikten resultieren. Sie ist daher vor allem dann geeignet, wenn die Effizienz und demokratische Legitimation politischer Entscheidungen beurteilt werden soll, bei denen die grundsätzlichen Ziele nicht umstritten sind. In den Teilbereichen der Verkehrspolitik spielen Zielkonflikte eine unterschiedlich zentrale Rolle. So konkurriert das Ziel der Sicherheit zwar mit den Zielen Mobilität und wirtschaftlichen Wachstums, ist aber zumindest grundsätzlich nicht umstritten. Auch in anderen Grundfragen der Verkehrspolitik besteht Konsens zwischen den herrschenden Akteuren. Dies betrifft etwa die Orientierung am Ziel der Mobilitätssteigerung, während das konkurrierende Ziel der Verkehrsvermeidung aktuell politisch wenig Bedeutung hat. Governance-Analysen, die diese Ziele der dominanten Akteure zugrunde legen, stellen die Herrschaftsverhältnisse nicht in Frage. In der Infrastrukturpolitik gibt es Konflikte zwischen den grundsätzlichen Zielen eines Ausbaus der Verkehrswege sowie weitere Konflikte im Hinblick auf das Verhältnis der Verkehrsträger und zudem großes Konfliktpotential bei der konkreten Entscheidung über Orte und Finanzierung von Großprojekten. Die Governance-Perspektive erlaubt insbesondere Aussagen über die Effizienz der Entscheidungen – und, in ihren neueren Interpretationen, gegebenenfalls über die demokratische Legitimation der Entscheidungsprozesse. Die Wahl der Governance-Form ist in der Praxis aber (anders als in der institutionenökonomischen Modellwelt) jeweils eng verbunden mit der Durchsetzung konkurrierender Ziele und den bestehenden Strukturen des politischen Systems. Jenseits der Annahmen der Transaktionskostentheorie führt etwa eine wettbewerbliche Steuerung zu anderen inhaltlichen Entscheidungen als eine Rechtsverordnung. Die Governance-Perspektive zielt somit auf einen Vergleich von Regelungsstrukturen und Handlungsmodi, kann aber politische Entscheidungen über gesellschaftlich gewünschte und priorisierte Mobilitäts- und Verkehrskonzepte nicht ersetzen.

Literatur

Aberle, Gerd. 2009. *Transportwirtschaft. Einzelwirtschaftliche und gesamtwirtschaftliche Grundlagen*. München: Oldenbourg Verlag.
Bandelow, Nils C. 2007. Unwissen als Problem politischer Steuerung in der Verkehrspolitik. In *Einzelinteressen und kollektives Handeln in modernen Demokratien*. Festschrift für Ulrich Widmaier, Hrsg. Nils C. Bandelow und Wilhelm Bleek, 139–162. Wiesbaden: VS Verlag für Sozialwissenschaften.
Bandelow, Nils C., und Stefan Kundolf. 2011. Verkehrspolitische Entscheidungen aus Sicht der Politikwissenschaft. In *Verkehrspolitik. Eine interdisziplinäre Einführung*, Hrsg. Oliver Schwedes, 161–171. Wiesbaden: VS Verlag für Sozialwissenschaften.
Bandelow, Nils C., Stefan Kundolf, und Kirstin Lindloff. 2014. Agenda Setting für eine nachhaltige EU-Verkehrspolitik. *Akteurskonstellationen, Machtverhältnisse und Erfolgsstrategien*. Berlin: edition sigma.
Bandelow, Nils C., und Sven Sikatzki. 2012. Der ADAC im Grenzbereich von Zivilgesellschaft und materiellen Interessen. In *Grenzen der Zivilgesellschaft*, Hrsg. Cornelia Fraune und Klaus Schubert, 207–221. Münster: Waxmann Verlag.
Benz, Arthur, und Nicolai Dose. 2010a. Governance – Modebegriff oder nützliches sozialwissenschaftliches Konzept? In *Governance – Regieren in komplexen Regelsystemen. Eine Einführung*. Hrsg. Arthur Benz und Nicolai Dose, 2. Aufl., 13–36. Wiesbaden: VS Verlag für Sozialwissenschaften.
Benz, Arthur, und Nicolai Dose. 2010b. *Governance – Regieren in komplexen Regelsystemen. Eine Einführung*. 2. Aufl. Wiesbaden: VS Verlag für Sozialwissenschaften.
Benz, Arthur, et al. 2007. Einleitung. In *Handbuch Governance. Theoretische Grundlagen und empirische Anwendungsfelder*, Hrsg. Arthur Benz, Susanne Lütz, Uwe Schimank und Georg Simonis, 9–25. Wiesbaden.
Beyme, Klaus von. 2007. Verkehrspolitik als Feld der Staatstätigkeit – Ein Aufriss. In *Handbuch Verkehrspolitik*, Hrsg. Oliver Schöller, Weert Canzler und Andreas Knie, 125–137. Wiesbaden: VS Verlag für Sozialwissenschaften.
Block, Rüdiger. 2011. Seehafenhinterlandverkehr: Neue Gleise gegen den Container-Stau. Erhöhung der Güterverkehrskapazitäten zwischen Hamburg und Hannover – die Ausbaustrecke Stelle- In *Güterbahnen. Güterverkehr auf der Schiene: Markt. Technik. Verkehrspolitik*. 2011/Heft 4, 20–25. Lüneburg.

BMVBW - Bundesministerium für Verkehr, Bau und Wohnungswesen. 2002. Pressemitteilung vom 16.12.2002. Das Bundesministerium für Verkehr, Bau- und Wohnungswesen empfiehlt. http://www.pressrelations.de/new/standard/dereferrer.cfm?r=111643. Zugegriffen am 11.03.2014.

Bormann, René, Tilman Bracher, Dirk Flege, Michael Groß, Tilmann Heuser, Helmut Holzapfel, Hans-Steffen Kerth, Matthias Knobloch, Iotislav Kountchev, Oliver Mietzsch, Petra Röthke-Habeck und Michael Ziesak. 2010. Eckpunkte für eine zielorientierte, integrierte Infrastrukturplanung des Bundes. Vom Bundesverkehrswegeplan zur Bundesverkehrsnetzplanung. In *WISO Diskurs der Friedrich-Ebert-Stiftung*. Bonn.

Bundesrat. 2010a. Beschluss-Sammlung der Verkehrsministerkonferenz am 6./7. Oktober 2010 auf Schloss Ettersburg. Verkehrsministerkonferenz – Geschäftsstelle – K 1, Bd.1, 109, 15. Oktober 2010. Berlin.

Bundesrat. 2010b. Verordnung des Bundesministeriums für Verkehr, Bau und Stadtentwicklung. Verordnung zur Änderung der Straßenverkehrs-Ordnung und der Bußgeldkatalog-Verordnung. Bundesrat Drucksache 699/10, 03.11.10.

BRVH - Bundesverband Reifenhandel und Vulkaniseur-Handwerk e.V. 2010. Umrüstquote Winterreifen (zum Stichtag 28.02.). www.idk-hannover.de/kfz/.../356_Winterreifen_Umruestquote2010.pdf. Zugegriffen am 11.03.2014.

BRVH - Bundesverband Reifenhandel und Vulkaniseur-Handwerk e.V. 2013. Reifenfachhandel 2020. Zukünftige Entwicklungstendenzen und Handlungsoptionen. http://www.reifen-messe.de/media/pdf_dateien/ausstellerbroschueren/reifen_5/reifen_2014/. Zugegriffen am 11.03.2014.

Coase, Ronald H. 1937. The nature of the firm. *Economica* 4(16): 386–405.

Coase, Ronald H. 1960. The problem of social cost. *The Journal of Law and Economics* 3: 1–44.

Czada, Roland. 2010. Good Governance als Leitkonzept für Regierungshandeln: Grundlagen, Anwendungen, Kritik. In *Governance – Regieren in komplexen Regelsystemen. Eine Einführung*, Hrsg. Arthur Benz und Nicolai Dose, 2. Aufl., 201–224. Wiesbaden: VS Verlag für Sozialwissenschaften.

Deutscher Bundestag. 2005. Schriftliche Fragen mit den in der Zeit vom 18. Oktober bis 5. November 2005 eingegangenen Antworten der Bundesregierung. Deutscher Bundestag 16. Wahlperiode. Drucksache 16/48, 04.11.2005.

Deutscher Bundestag. 2008. Antrag der Abgeordneten Patrick Döring, Horst Friedrich (Bayreuth) [...] und der Fraktion der FDP. Technische Kriterien für Winterreifenkennzeichnung M + S festlegen. Deutscher Bundestag. Drucksache 16/11213, 03. 12. 2008.

DVR - Deutscher Verkehrssicherheitsrat. 2014. Deutscher Verkehrssicherheitsrat (DVR). Kurzdarstellung. Stand: Februar 2014. http://www.dvr.de/dvr/titel.htm Zugegriffen am 25.03.2014.

Dietz, Martin, und Ulrich Fehl. 2000. Der deutsche Markt für PKW-Reifen im Zeichen der Globalisierung. In *Wachstum, Strukturwandel und Wettbewerb*, Hrsg. Helmut Wegner, Stephanie Hegner und Jürgen M. Schechler, 463–491. Stuttgart.

Downs, Anthony. 1957. An economic theory of political action in a democracy. *The Journal of Political Economy* 65(2): 135–150.

Ebers, Mark, und Wilfried Gotsch. 2006. Institutionenökonomische Theorien der Organisation. In *Organisationstheorien*, Hrsg. Alfred Kieser und Mark Ebers, 6. Aufl., 247–308. Stuttgart: Kohlhammer

Eickmann, Carla, Jacob Kohlruss, und Tilo Schumann. 2008. *Hafenhinterlandanbindung – sinnvolle Koordination von Maßnahmen im Schienenverkehr zur Bewältigung des zu erwartenden Verkehrsaufkommens*. DLR-Abschlussbericht. Braunschweig.

Europäische Kommission (KOM). 2011. Weissbuch. Fahrplan zu einem einheitlichen europäischen Verkehrsraum - Hin zu einem wettbewerbsorientierten und ressourcenschonenden Verkehrssystem. Brüssel, den 28.3.2011. KOM(2011) 144 endgültig.

Featherstone, Kevin. 2003. Introduction: In the name of ‚Europe'. In *The politics of Europeanization*, Hrsg. Kevin Featherstone und Claudio Radaelli, 3–26. Oxford: Oxford University Press.

Flyvbjerg, Bent. 2005. *Policy and planning for large infrastructure projects: Problems, causes, cures*. World Bank Policy Research Working Paper 3781, 1–32.

Flyvbjerg, Bent. 2009. Survival of the unfittest: Why the worst infrastructure gets built – and what we can do about it. *Oxford Review of Economic Policy* 25(3): 344–367.

Fürst, Dietrich, Ansgar Rudolph, und Karsten Zimmermann. 2003. *Koordination in der Regionalplanung*. Opladen: Springer VS.

Gehlert, Tina. 2011. Verkehrssicherheit. In *Verkehrspolitik. Eine interdisziplinäre Einführung*, Hrsg. Oliver Schwedes, 233–251. Wiesbaden: VS Verlag für Sozialwissenschaften.

Gerike, Regine. 2011. Das Phänomen Stau. In *Verkehrspolitik. Eine interdisziplinäre Einführung*, Hrsg. Oliver Schwedes, 213–231. Wiesbaden: VS Verlag für Sozialwissenschaften.

Habermas, Jürgen. 1981. *Theorie des kommunikativen Handelns*. Zwei Bände. Frankfurt am Main: Suhrkamp.

Hascher, Michael. 2011. Verkehrspolitik in der historischen Rückschau. In *Verkehrspolitik. Eine interdisziplinäre Einführung*, Hrsg. Oliver Schwedes, 143–160. Wiesbaden.

Jann, Werner, und Kai Wegrich. 2010. Governance und Verwaltungspolitik: Leitbilder und Reformkonzepte. In *Governance – Regieren in komplexen Regelsystemen. Eine Einführung*, 2 Aufl., Hrsg. Arthur Benz und Nicolai Dose, 175–200. Wiesbaden: VS Verlag für Sozialwissenschaften.

Knill, Christoph, und Dirk Lehmkuhl. 2002. The national impact of European Union regulatory policy: Three Europeanization mechanisms. *European Journal of Political Research* 41(2): 255–280.

Kommission der Europäischen Gemeinschaften (KOM). 2001. Weissbuch. Die Europäische Verkehrspolitik bis 2010: Weichenstellungen für die Zukunft. Brüssel, den 12.9.2001. KOM (2001) 370 endg.

Lehmbruch, Gerhard. 2000. *Parteienwettbewerb im Bundesstaat*. Wiesbaden: Westdeutscher Verlag.

Lindloff, Kirstin. 2012. „In the Shadow of Comitology"? Governance von Technik in der europäischen Abgasgesetzgebung. In *Politik und Wissenschaft im Technikwandel. Neue Interdisziplinäre Ansätze*, Hrsg. André Donk und Rainer Becker, 133–150. Münster: LIT Verlag.

Lindloff, Kirstin, Stefan Kundolf, und Nils C. Bandelow. 2014. Europäisches Parlament und Interessenverbände als Akteure und Adressaten europäischer Verkehrspolitik: Eine interaktionsorientierte Betrachtung. In *Interessengruppen und Parlamente*, Hrsg. Thomas von Winter und Julia von Blumenthal 211–232. Heidelberg Wiesbaden: Springer VS.

Mayntz, Renate. 2006. Governance Theory als fortentwickelte Steuerungstheorie? In *Governance-Forschung. Vergewisserung über Stand und Entwicklungslinien*, Hrsg. Gunnar Folke Schuppert, 11–20. Baden-Baden: Nomos.

Miller, Max. 1994. Ellenbogenmentalität und ihre theoretische Apotheose. *Soziale Welt* 1: 5–15.

Plehwe, Dieter. 2008. Transformation europäischer Governance im Bereich der Verkehrspolitik. *Integration* 31(3): 290–306.

Rosenau, James N., und Ernst Otto Czempiel. 1992. *Governance without government: Order and change in world politics*. Cambridge/New York: Cambridge University Press.

Scharpf, Fritz W. 1978. Die Theorie der Politikverflechtung: ein kurzgefaßter Leitfaden. In *Politikverflechtung im föderativen Staat. Studien zum Planungs- und Finanzierungsverbund zwischen Bund, Ländern und Gemeinden*. Hrsg. Joachim Jens Hesse, 21–31. Baden-Baden: Nomos.

Scharpf, Fritz W. 2000. *Interaktionsformen: Akteurzentrierter Institutionalismus in der Politikforschung*. Wiesbaden: VS Verlag für Sozialwissenschaften.

Schnieder, Eckehard, und Lars Schnieder. 2013. *Verkehrssicherheit. Maße und Modelle, Methoden und Maßnahmen für den Straßen- und Schienenverkehr*. Berlin/Heidelberg: Springer Vieweg.

Schwedes, Oliver. 2011. Statt einer Einleitung. In *Verkehrspolitik. Eine interdisziplinäre Einführung*, Hrsg. Oliver Schwedes,13–34. Wiesbaden: VS Verlag für Sozialwissenschaften.

Siefer, Thomas, und Christian Kollenberg. 2007. *Ertüchtigung des norddeutschen Eisenbahnnetzes für den wachsenden Schienengüterverkehr*. Hannover: Institut für verkehrswesen, eisenbahnbau und -betrieb. Leibniz Universität.

Stoker, Garry. 1998. Governance as theory: Five propositions. *International Social Science Journal* 155: 17–28.
Strong, Christopher K., Zhirui Ye, und Xianming Shi. 2010. Safety effects of winter weather: The state of knowledge and remaining challenges. *Transport Reviews* 30(6): 677–699.
Treib, Oliver, Holger Bähr, und Gerda Falkner. 2007. Modes of governance: Towards a conceptual clarification. *Journal of European Public Policy* 14(1): 1–20.
UBA - Umweltbundesamt. 2010. *Schienennetz 2025/2030. Ausbaukonzeption für einen leistungsfähigen Schienengüterverkehr in Deutschland.* Dessau-Roßlau: Umweltbundesamt.
Williamson, Oliver E. 1987. *The economic institutions of capitalism.* New York: Free Press.
World Health Organization. 2013. *Global status report on road safety 2013: Supporting a decade of action.* Genf.

Mehrebenenregieren in der europäischen Verkehrspolitik

Detlef Sack

Zusammenfassung
Der Beitrag führt aus politikwissenschaftlicher Perspektive in Veränderungen und die Problematik der europäischen Verkehrspolitik ein. In diesem Zusammenhang werden die Besonderheiten des Politikfeldes ebenso beschrieben wie neue Herausforderungen, die sich mit der Erweiterung der Europäischen Union 2004/2007 und der Wirtschaftskrise seit 2008 ergeben haben. In einem zweiten Schritt stellt der Beitrag unterschiedliche Perspektiven vor, mit denen Struktur und Dynamik des Mehrebenenregierens im Feld der Verkehrspolitik erfasst werden können. Daraufhin wird die originäre Problematik des europäischen Mehrebenenregierens ausgewiesen. Abschließend werden als Wege zur Förderung nachhaltiger Verkehrspolitik die Expertise, die Mobilisierung im Rahmen europäischer direktdemokratischer Verfahren und das Agenda Setting im Parlament identifiziert.

Schlüsselwörter
Europäische Verkehrspolitik • Mehrebenenregieren • Europäisierung • Kritische Europaforschung

1   Einleitung

Europäische Verkehrspolitik gehört nicht zu den zentralen Forschungsgebieten der politikwissenschaftlichen Europaforschung. So weist etwa ein einschlägiges Überblickswerk zum „Policy Making in the European Union" im Gegensatz zur Binnenmarkt- und Wettbewerbspolitik, der Wirtschafts- und Währungsunion, der Haushalts-, Sozial- oder Umweltpolitik keinen eigenen Abschnitt zur Verkehrspolitik

D. Sack (✉)
Fakultät für Soziologie, Universität Bielefeld, Bielefeld, Deutschland
E-Mail: detlef.sack@uni-bielefeld.de

auf (Wallace et al. 2010). Dennoch liegen mittlerweile eine Reihe von (Teil-) Studien zur Entwicklung derselben vor (z. B. Stevens 2004; Kaeding 2007; Stephenson 2012; Dandelow et al. 2014). Transport gehört zu den materiellen, infrastrukturellen Grundlagen der Europäischen Integrationsdynamik und der vier Grundfreiheiten (Güter, Kapital, Dienstleistungen und Personen) im Binnenmarkt.

Der nachfolgende Beitrag strebt zweierlei an: Er will erstens einen knappen Überblick über den Wandel und die Problematik der europäischen Verkehrspolitik geben. Diese ist wesentlich eine Mehrebenenpolitik; an der Formulierung und Umsetzung von Verkehrspolitik sind neben den europäischen Einrichtungen auch die Mitgliedsstaaten und ihre jeweiligen Regionen (etwa die deutschen Bundesländer, die baskische, katalonische oder schottische Regionalregierung oder die niederländischen Provinzen) wie auch die Städte und Gemeinden beteiligt. Deshalb stellt der Beitrag in einem zweiten Schritt politikwissenschaftliche Perspektiven vor, mit denen Struktur und Dynamik des Mehrebenenregierens erfasst werden können. Dabei geht der Beitrag davon aus, dass dessen Komplexität in gewinnbringender Weise aus unterschiedlichen Perspektiven in den Blick genommen werden kann. Gleichwohl werden die Differenzen der Ansätze markiert. In einem weiteren Schritt fokussiert der Beitrag auf die originäre Problematik des europäischen Mehrebenenregierens, nämlich die Erhöhung der Anzahl der involvierten und mit Kompetenzen ausgestatteten Akteure einerseits und der Inkohärenz von Koordinationsweise zwischen Ebenen und modalen Teilsegmenten des Politikfeldes andererseits. Dadurch werden ressourcenstarke politische Organisationen privilegiert. Abschließend verweise ich auf Expertise, Mobilisierung im Rahmen der Europäischen Bürgerinitiative und das Agenda Setting im Parlament als Wege zur Förderung nachhaltiger Verkehrspolitik.

2 Wandel und Problematik der europäischen Verkehrspolitik

Europäische Verkehrspolitik ist zugleich ein ‚altes' wie ‚neues' Politikfeld: Bereits der EWG-Vertrag von 1957 hat das Ziel einer gemeinsamen Verkehrspolitik in seinen Artikeln 74–79 festgeschrieben und konkretisiert (vgl. Grandjot 2002: 80). Allerdings ist es bis in die erste Hälfte der 1980er-Jahre nicht zu einer ernsthaften europäischen Verkehrspolitik gekommen. 1983 reichte das Europäische Parlament (mit Unterstützung der Europäischen Kommission) eine Untätigkeitsklage gegen den Rat beim Europäischen Gerichtshof ein. Dieses verurteilte 1985 den Ministerrat wegen Untätigkeit in der Verkehrspolitik. Damit war der Zwang zu einer europäischen Verkehrspolitik gegeben. Zum ‚Kick-off' der europäischen Verkehrspolitik trug neben den drei supranationalen Einrichtungen (Parlament, Kommission und Gerichtshof) auch eine ressourcenstarke industrielle Lobbyorganisation bei, der ‚European Roundtable of Industrialists', der die Wirtschaftsinteressen an einer Liberalisierung des Verkehrs und einem Ausbau der transnationalen Infrastruktur in bislang einzigartiger Weise bündelte (vgl. Apeldoorn 2002; Stevens 2004: 45–60; Lehmkuhl 2008: 259–261).

Seit der zweiten Hälfte der 1980er-Jahre sind europäische Regulierungen eingeführt worden, die sich erheblich auf eine nationalstaatliche Politikformulierung auswirkten. Die Liberalisierung des Straßengüterverkehrs oder die Richtlinien zur Trennung von Trasse und Betrieb bei der Bahn sind Beispiele für wirkmächtige Regulierungen, die Ende der 1980er- und zu Beginn der 1990er-Jahre verabschiedet wurden. Für diese Dekaden ist in der europäischen Verkehrspolitik ein „substantial increase in hard law" festzustellen (vgl. Plehwe und Vescovi 2003: 204–207; Plehwe 2008). Mit dem Vertrag von Maastricht 1993 wurde die Verkehrspolitik in einem weiteren Schritt dadurch vergemeinschaftet, dass qualifizierte Mehrheitsentscheidungen im Ministerrat ermöglicht und der Ausbau Transnationaler Netze (TEN) als Aufgabe der Union festgeschrieben wurden.

Vor dem Hintergrund der starken Vergemeinschaftung der europäischen Verkehrspolitik war die für andere Politikfelder maßgebliche institutionelle Neuerung 2009, nämlich das Inkrafttreten des Vertrags von Lissabon, von geringer Bedeutung. Ein bemerkenswerter Wandel in den 2000er-Jahren zeigte sich hingegen mit der Vorlage des Weißbuchs 2001: War der Leitgedanke der Verkehrspolitik in dem Weißbuch 1992 in Fortsetzung der Deregulierung in der zweiten Hälfte der 1980er-Jahre noch die Öffnung des Verkehrsmarktes – verstanden als Liberalisierung und negative Koordination, das heißt Abbau von Marktzugangsbarrieren – so markierte das Weißbuch von 2001 neue Probleme, nämlich das ungleiche Wachstum der Verkehrsträger, die Überlastung bestimmter Räume mit Verkehr und die negativen Umweltexternalitäten (Europäische Kommission 2001: 7–8). In diesem Zusammenhang wurden eine „Drosselung des Verkehrsbedarfs" und eine „allmähliche Entkoppelung von Verkehrszunahme und Wirtschaftswachstum" angestrebt. Diese Entkoppelung wurde als „eine grundlegende Strategie des Weißbuchs" ausgewiesen (Europäische Kommission 2001: 11). In der Bilanz zu diesem Weißbuch, die im Juni 2006 vorgelegt wurde, wurde das Scheitern der bisherigen Ausrichtung der europäischen Kommission klar formuliert. Da die Anteile der Verkehrsträger an der entsprechenden Leistung stabil geblieben waren und die von der Kommission bislang reorganisierte Verlagerung von Verkehr auf umweltfreundliche Verkehrsträger offenkundig nicht realisiert werden konnte, änderte sich die Orientierung im Sinne einer Optimierung der spezifischen Potenziale einzelner Verkehrsträger (Link 2008: 193; Schäffer 2011: 213).

In dem darauf folgenden Weißbuch 2011 zeigen sich zwar durchaus Kontinuitäten in der Problembeschreibung, beispielsweise hinsichtlich der Belastung bestimmter (Stadt-)räume, der negativen Umweltexternalitäten und der immer noch nicht einheitlichen Infrastruktur (Schäffer 2012). Die Kommission ändert jedoch ein wesentliches Ziel: Sie gibt die Verkehrsreduzierung auf und formuliert stattdessen: „Verkehrswachstum gewährleisten und Mobilität unterstützen bei Erreichung des Emissionsminderungsziels von 60 Prozent" (Europäische Kommission 2011: 5). Es geht nun also darum, Verkehrswachstum mit technischen Innovationen umweltverträglich zu halten (vgl. Bandelow et al. 2014: 9). Als wesentliche Maßnahmen zur CO_2-Reduktion sollten die Hälfte des Personen- und Güterverkehrs über 300 km von der Straße auf die Schiene und das Wasser verlagert werden. Zweitens sollte der Anteil emissionsarmer Flugkraftstoffe bis 2050 um 40 Prozent gesteigert werden. Drittens wurde im innerstädtischen Verkehr eine Halbierung der Benzinfahrzeuge ebenso angestrebt wie ein weitestgehend CO_2-emissionsfreier innerstädtischer Güterverkehr. Im Bereich des Infrastrukturausbaus wurde „ein effizientes Kernnetz für die multimodale Beförderung von Personen und Gütern" angestrebt (Europäische Kommission 2011: 7).

Die Situation in der europäischen Verkehrspolitik ist in ihrer mittelfristigen Entwicklung der letzten 15 Jahre des Weiteren durch zwei Entwicklungen geprägt, nämlich erstens durch die Beitritte der mittel- und osteuropäischen Staaten 2004 bzw. 2007 (2013 dann Kroatien) und zweitens der Wirtschafts-, Fiskal- und Finanzkrise seit 2008. Bezüglich der Beitrittswelle lässt sich sagen, dass bereits vor dem Anwachsen der EU der 15 zu der EU der 28 für mittel- und osteuropäische Logistikunternehmen einen Zugang zum Binnenmarkt gegeben hat. Auch enthielten die vorbereitenden Anpassungsmaßnahmen Fördergelder für den Aufbau von Infrastrukturen. Mit dem Beitritt hat sich die Verhandlungsposition dieser Staatengruppe deutlich verbessert. Sie sitzen nicht nur im Rat, sondern in den wichtigen supranationalen Institutionen der EU (Parlament, Kommission, Gerichtshof), wobei es nicht nur bei erheblichen ökonomischen, sondern auch erkennbaren verkehrsinfrastrukturellen und -technischen Disparitäten geblieben ist. Dies lässt sich etwa am Modal Split im europäischen Verkehr ablesen: Deutlich unter dem Durchschnitt des Anteils des motorisierten Individualverkehrs (Personenkraftwagen) am Personenverkehr in Europa (84,1 Prozent) liegen etwa Ungarn (63,4), die Tschechische Republik (74,4 Prozent) und die Slowakei (77,3 Prozent). Ebenfalls deutlich unter dem Durchschnitt im Güterstraßentransport (75,5 Prozent) befinden sich Lettland (36,2 Prozent), Estland (48,5 Prozent) und Rumänien (50,3 Prozent). Auch bleibt die verkehrsgeographische Lage dieser Staaten eigenartig unbestimmt, da sie maßgeblich von der polit-ökonomischen Situation in den Anrainerstaaten Russlands und in Russland selbst abhängt. In Georgien, der Ukraine, Belarus und Russland zeigt sich in den letzten zehn Jahren eine instabile Lage, die von wechselnden wirtschaftspolitischen Strategien, autokratischen Tendenzen und politischer Instabilität gekennzeichnet ist. Vor diesem Hintergrund können sich die mittel- und osteuropäischen Staaten ihrer verkehrsgeographischen Bedeutung nicht sicher sein. Darüber hinaus hat sich auch die Wirtschaftskrise erkennbar auf das Verkehrsaufkommen ausgewirkt: Das Güterverkehrsvolumen im Verhältnis zum BIP hat sich zwischen 2007 und 2011 deutlich verringert. Es handelt sich hierbei um eine ökonomische Konjunktur, nicht etwa um eine Entkoppelung von Wirtschaftswachstum und Verkehr. Auch wenn die Jahre 2013/14 eine relative Entspannung in den betroffenen Krisenstaaten gebracht haben, so ist in diesem Zusammenhang zweierlei zu konstatieren. Bislang bleibt der wirtschaftliche Aufschwung fragil und von der politischen Stabilität in zwei europäischen Kernstaaten (Frankreich, Italien) abhängig. Die Krise hat zudem die Aufmerksamkeitshaltung verändert: Wie in der Energiepolitik auch wird es in der Verkehrspolitik in absehbarer Zukunft um wirtschaftliches Wachstum und um Kosten als Standortfaktoren (hier: Verkehrskosten) gehen. Fragen nach negativen Umweltexternalitäten und finanzintensiver technologischer Forschung werden dabei mutmaßlich ins Hintertreffen geraten.

Was sind die Probleme europäischer Verkehrspolitik? Zunächst ist festzuhalten, dass die aus der nationalstaatlichen Verkehrspolitik bekannten Probleme auch in der Europäischen Union maßgeblich die Tagesordnung bestimmen. Dabei geht es um den Zusammenhang zwischen Verkehr und Wirtschaftswachstum, um die Konfliktlinien zwischen ökonomischem Nutzen und negativen Umweltexternalitäten (etwa in Form von Schadstoffemissionen und Lärm), um die soziale Dimension im Verkehr (neben den Lohnbeziehungen handelt es sich hier maßgeblich um die Frage der Arbeitszeiten und der Ausbildungsstandards), um die Sicherheitsaspekte (insbesondere die Reduktion von Unfallopfern), und schließlich den Verbraucherschutz (etwa bei Kompensationen für Verspätungen im Flug- und Bahnverkehr). Es handelt sich hier um Probleme und Themen, die das Feld der Verkehrspolitik insgesamt prägen. Darüber hinaus ergeben sich einige Besonderheiten für die europäische Verkehrspolitik.

Die Europäische Union ist wie jeder politische Herrschaftsraum in der Geschichte damit befasst, diesen Raum infrastrukturell zu durchdringen. Da die Mitgliedstaaten in der Regel etablierte Verkehrssysteme aufweisen, besteht nicht so sehr die Notwendigkeit neue Straßen zu bauen und Schienen zu verlegen, sondern vor allem die Interoperabilität der Infrastruktur herzustellen. Es geht dabei um unterschiedliche Funksysteme, Signaltechniken, Spurenbreiten von Gleisen und anderes mehr. Dieser Problematik stellt sich die Europäische Union mit technischen Standardisierungen und Innovationen ebenso wie mit einer (selektiven) Planung und Realisierung transnationaler Netze und Verkehrskorridore.

Die Europäische Union sieht sich zweitens damit konfrontiert, dass die Finanzierung der Verkehrsinfrastruktur auf unterschiedliche Weise erfolgt, d. h., dass es unterschiedliche Maut- und Vignettenmodelle gibt und dass sich die Höhe der Besteuerung des Verkehrs in erheblicher Weise unterscheidet. Es sind jedoch nicht nur unterschiedliche Finanzierungsmodelle zwischen den Mitgliedstaaten, die nach wie vor eine Herausforderung darstellen (sofern man dem Ziel der Harmonisierung zuneigt), sondern auch unterschiedliche Regulierungen in den Nationalstaaten in Bezug auf Sozial-, Umwelt-, Sicherheits- und Gesundheitsaspekte. Die nationalstaatliche Heterogenität von Finanzierungsprinzipien und Regulierungen in den Nationalstaaten wird dabei unterfüttert von bestimmten kulturellen Traditionen und Einstellungsmustern, die sich zwischen den Mitgliedstaaten unterscheiden. So kann etwa zwischen einem angelsächsischen Zugang, der ganz wesentlich auf Liberalisierung, privaten Besitz und Marktmechanismen im Verkehr setzt (britisch-niederländisches Modell), und einem kontinentalen (französischen) Modell unterschieden werden, welches Transport als Teil einer öffentlichen Politik und Dienstleistungserstellung betrachtet und dementsprechend dem Staat eine zentrale Rolle zuspricht (Stevens 2004: 2; Lehmkuhl 2008: 254–255). Auch wenn diese Unterscheidung idealtypisch ist und sich in Europa verschiedene Mischformen finden lassen, so zeigt sich doch, dass eine Angleichung von Finanzierungsmodellen und Regulierungsniveaus ihre Grenzen nicht nur in den Interessen der Nationalstaaten (und ihrer jeweilig dominanten Verkehrsträger), sondern auch in spezifischen kulturellen Einstellungsmustern und Selbstverständnissen findet.

Neben der infrastrukturellen Erschließung und technischen Interoperabilität im zu integrierenden Wirtschafts- und Herrschaftsraum und der Angleichung von Finanzierungsprinzipien und Regulierungsniveaus kommt ein drittes, der Europäischen Union eigenes Problem zum Tragen, nämlich das der institutionellen Komplexität sowohl ihrer eigenen Organisationen wie auch des Mehrebenenregierens, in das neben den europäischen Einrichtungen auch die Mitgliedstaaten und ihre jeweiligen subnationalstaatlichen Gebietskörperschaften eingebunden sind. Dieser institutionellen Komplexität und der Perspektiven, aus denen die Entscheidungsfindung in der europäischen Verkehrspolitik untersucht werden kann, widmen sich die nächsten Abschnitte.

3 Mehrebenenregieren im institutionalistischen Ansatz

Innerhalb neo-institutionalistischer Zugänge der Sozialwissenschaften nimmt der akteurzentrierte Institutionalismus mit seiner griffigen Formulierung „Institutionen, nicht Annahmen verringern die empirische Vielfalt" (Scharpf 2000: 76) in der Europaforschung durchaus eine privilegierte Position ein. Der Blick gilt den Regelwerken, die das Handeln von Akteuren ermöglichen und einschränken, deren Interaktionsorientierungen und Spielkonstellationen. Mehrebenenregieren wird auf folgende drei Phänomene bezogen: Erstens geht es um *multilaterale Verhandlungssysteme zwischen Regierungen*. In diesen intergouvernementalen Konstellationen dominieren Zwei-Ebenen-Spiele, d. h. das Verhalten von Akteuren auf der internationalen Ebene wird auf den nationalstaatlichen Kontext zurückgeführt. Zweitens umfasst Mehrebenenregieren eine größere Anzahl von gebietskörperschaftlichen Ebenen mit je eigenen Kompetenzen, d. h. supranationalen Einrichtungen wird ebenso ein erheblicher Eigenwert zugesprochen wie auch institutioneller Dezentralisierung, z. B. im Kontext von Regionalisierung oder Devolution, d. h. der Übertragung politischer und administrativer Zuständigkeiten auf regionale Körperschaften. Eine weithin anerkannte Systematisierung des Mehrebenenregierens haben Liesbeth Hooghe und Gary Marcks entwickelt. Sie treffen folgende Unterscheidungen: Der *erste Typ des Mehrebenenregierens* (MRG 1) ist dadurch gekennzeichnet, dass Politikformulierung und Steuerung entlang einer geordneten (föderalen) Hierarchie erfolgen, die durch Gebietskörperschaften mit allgemeinen und breit angelegten Gemeinwohlorientierungen geformt wird. Es handelt sich um eine begrenzte Anzahl relativ trennscharfer Ebenen, die jeweilig dauerhaft und gewaltenteilig verfasst sind. In der Tendenz beinhalten diese Ebenen intrinsisch bestimmte Gemeinschaften. Interessen gehen in öffentliche Meinungsbildung ein und die Stimmabgabe der Bürger/innen beeinflusst das politische Geschehen. Der *zweite Typ des Mehrebenenregierens* (MRG 2) wird durch eine Architektur charakterisiert, die fluide und ad hoc hergestellt sowie stark (politik-)netzwerkartig verflochten ist. Aufgabenspezifische Körperschaften sowie öffentlich-private Verbände mit flexiblen Gestaltungsprinzipien und ohne Begrenzung ihrer Anzahl formulieren und realisieren Politik entlang von Zielen, Gelegenheiten und Ebenen. Die jeweilige Beteiligung an dieser Form des Mehrebenenregierens ist interessengetrieben; im Konfliktfall wird die Exit-Option genutzt und eine andere Form politischer Artikulation gewählt (vgl. Marcks und Hooghe 2004).

In dieser Ausdifferenzierung der Phänomene des Mehrebenenregierens zeigt sich zugleich das gewandelte Verständnis der Form und der Akteure des Regierens: Der Blick wird sukzessive vom Government im Sinne der Regierung durch Parlament, Exekutive und intergouvernementale Verhandlungen auf ‚Governance' gelenkt. Governance meint gegenüber dem Regieren als strategischer Handlung eine strukturierende Handlungskoordination, in der eine Vielzahl staatlicher, marktlicher und zivilgesellschaftlicher Akteure einbezogen sowie hierarchische, wettbewerbliche und kooperative Steuerungsweisen kombiniert werden (Sack 2013).

Wendet man sich nun den *multilateralen Verhandlungssystemen* zu, dann gilt es, sich folgende Strukturelemente entsprechender Verhandlungen im Ministerrat vor Augen zu führen: Es ist zunächst davon auszugehen, dass die jeweiligen Ländervertreter spezifische Positionen vertreten, die von ihren parteipolitischen Präferenzen, insbesondere aber von den auf sie wirkenden Interessen abhängig sind. Das können diejenigen der Automobilindustrie, der Logistikbranche, der verladenen Industrie, aber auch mobilisierungsfähiger Umweltverbände sein. Im Bereich der Bahnpolitik gab und gibt es eine besondere Situation, insoweit viele europäische Bahnen über weite Strecken ihrer Geschichte in Staatsbesitz waren. Damit hatten einerseits die Bahnunternehmen einen besonderen Zugang zu den Regierungen, die sich andererseits scheuten grundlegende Reformen im Bahnsektor wegen der damit verbundenen, ihnen dann zuzurechnenden Risiken einzugehen (Stevens 2004: 88–90). Dies mag erklären, warum die Liberalisierung im Bahnsektor vergleichsweise langsam voran schritt. Ein prominentes Beispiel für die Verbindung zwischen Regierungshandeln und Verbandseinfluss waren die Interventionen deutsche Regierungschefs (sowohl einer sozialdemokratisch-grünen [2002] als auch einer christlich-liberalen Regierung [2013]) gegen eine Verringerung der CO_2-Emissionen bei Autos. Diese Interessenformulierung der Regierungen ist in der europäischen Verkehrspolitik wichtig, aber in erheblichem Maße eingehegt. Es gibt in diesem Politikfeld qualifizierte Mehrheitsentscheidungen im Ministerrat (dessen Gewichte sich nach den Beitritten 2004/2007 zu Ungunsten der großen Staaten wie etwa Frankreich und Deutschland verschoben haben). Im Mitentscheidungsverfahren sind Kommission und Parlament maßgebliche Spieler. Und auf der Arbeitsebene entstehen gerade in einem alten Politikfeld wie der Verkehrspolitik dauerhafte Arbeitsbeziehungen in lose gekoppelten Verhandlungsnetzwerken und Wissensproduktionsgemeinschaften, in denen neben dem Verhandeln und der Kompromissfindung auch Dialog, Expertise und Konsens eine maßgebliche Rolle spielen und in denen es um die „Qualität von Problemlösungen und Politikinhalten" geht (Benz 1998: 584). Festzuhalten ist, dass sich der Output der europäischen Verkehrspolitik zwischen 1980 und 2004 deutlich erhöht hat (Plehwe 2008), so dass nicht nur von einer allgemeinen Handlungsfähigkeit der europäischen Verkehrspolitik auszugehen ist, sondern von einer Fähigkeit zur Kompromissfindung im Ministerrat.

Im Mehrebenenregieren des ersten Typs (MRG 1), also dem Regieren zwischen klar umrissenen, hierarchisch gegliederten Gebietskörperschaften steht nun infrage, wie in den Mitgliedstaaten und den jeweiligen subnationalstaatlichen Einheiten (Länder, Provinzen, Kommunen) mit der europäischen Gesetzgebung umgegangen wird. Der entsprechenden Forschung zur Europäisierung widmet sich ein mittlerweile umfassender politikwissenschaftlicher Zweig (Featherstone und Radaelli 2003); auch zur europäischen Verkehrspolitik liegen hier einschlägige Studien vor (Héritier et al. 2001; Kaeding 2007).

Wie wirken sich die europäischen Verkehrspolitiken im Mehrebenenregieren auf Nationalstaaten sowie subnationalstaatliche Gebietskörperschaften aus? Wie wird jeweilige europäische Politik umgesetzt, ignoriert oder verändert? Diesen Fragen hat sich das Forschungsprojekt von Héritier et al. (2001) gewidmet, in dem die Europäisierung der Straßengüter- wie Bahnpolitik in fünf EU-Mitgliedsstaaten verglichen wurde. Um den Wandel zu erfassen, haben sie zunächst für jedes Land den Liberalisierungsstand, also die Ausgangssituation, sodann die vorherrschenden verkehrspolitischen Grundüberzeugungen (liberal vs. interventionistisch) als Erklärungsfaktoren identifiziert. Zentral in ihrem institutionalistischen Zugriff war die Frage nach der nationalstaatlichen „Reformkapazität". Diese bestimmt sich aus der Anzahl formaler Veto-Punkte, soll heißen: rechtlich verankerten Einspruchs- und Blockademöglichkeiten verkehrspolitischer Akteure, aber auch aus der tatsächlich durch Akteurskonstellationen bzw. gute Gelegenheiten hergestellten *leadership* bei der Realisierung von Verkehrspolitik. Daraus ergeben sich bestimmte kausale Zuschreibungen im europäischen Mehrebenenregieren. Wenn es eine hohe Reformkapazität gibt, dann lassen sich europäische Liberalisierungspolitiken leicht durchsetzen. Empirisch überprüft ist die Vermutung nicht, denn das Vereinigte Königreich, das wenige Veto-Punkte und hohe tatsächliche *leadership* aufweist, hat auch ohne Europa eine liberale Verkehrspolitik durchgesetzt. Die nächste Hypothese hat sich hingegen als plausibler erwiesen: Wenn es in der nationalstaatlichen Verkehrspolitik bereits Konflikte um die verkehrspolitische Ausrichtung gibt, dann können Akteurskoalitionen die europäischen Regulierungen als Hebel zur Durchsetzung ihrer Interessen nutzen. So wurde im Rahmen der Reform der staatseigenen *Deutschen Bahn* Anfang der 1990er-Jahre mit der Direktive 91/440 EWG einer bereits konstituierten Phalanx aus Experten, Verbänden und Verkehrspolitikern der Rücken gestärkt, um die formelle Privatisierung durchzusetzen. Europäische Politik wirkt sich also insbesondere dann auf den verkehrspolitischen Wandel aus – dies belegen auch die Beispiele der Straßengüterpolitik in den Niederlanden und in Frankreich –, wenn es bereits verkehrspolitische Konfliktkonstellationen und widerstreitende Akteurskoalitionen, aber eher wenige Veto-Punkte gibt. Wenn alleine die europäische Regulierung auf Liberalisierung abzielt, dies zeigt das italienische Beispiel, dann erfolgen zwar formale Anpassungen, aber kein grundlegender Wandel (vgl. Héritier et al. 2001).

Im Kern liegt der Erklärungsgehalt der Struktur des Mehrebenenregierens darin, dass eine europäische Regulierung dann auf die Politikformulierung der Nationalstaaten messbar einwirkt, wenn es dort bereits Konflikte zwischen Akteursbündnissen gibt und die formale wie faktische Veto- wie Gestaltungsmacht nicht vollständig von einer Koalition dominiert wird, die eine antiliberale Verkehrspolitik vertritt. Ob und inwieweit verkehrspolitische Verordnungen und Richtlinien der Europäischen Union tatsächlich umgesetzt werden, darauf weisen weitere Europäisierungsstudien hin, ist im Wesentlichen von drei Faktoren abhängig, nämlich der Klarheit und Eindeutigkeit des jeweiligen legislativen Aktes, der politischen Stärke von Interessenvertretungen und der Wissens- und Konsensproduktion hinsichtlich der konkreten Regulierung (Steunenberg und Rhinard 2010).

Doch selbst wenn subnationalstaatliche Gebietskörperschaften willens und fähig sind, die europäische Verkehrspolitik umzusetzen, zeigen sich Probleme, die sowohl in der Komplexität des Gegenstandes wie auch des Mehrebenenregierens liegen. Dies kann an einen Beispiel aus dem multimodalen Verkehr, der im Weißbuch der europäischen Kommission 2001 mit einem eigenen Förderprogramm (Marco Polo) bedacht wurde, gezeigt werden: Obwohl die Europäische Kommission, die deutsche Bundesregierung, die Länder und die Städte und Gemeinden einen politischen Konsens hinsichtlich der Verlagerung von Gütertransport von der Straße auf die Schiene zeigten und für die Förderung entsprechender Umschlaganlagen hinreichend Mittel zur Verfügung standen, konnte weder die geplante Anzahl dieser Anlagen realisiert werden, noch gab es eine deutliche Verlagerung es Gütertransports auf die Schiene. Der Misserfolg des Programmes ist nun nicht auf die bereits genannten Einflussfaktoren zurückzuführen, sondern darauf, dass im europäischen Mehrebenenregieren unterschiedliche Handlungskoordinationen wirkten: Im Straßengüterverkehr und (wenn auch in eingeschränktem Maße) im Bahnverkehr fanden Liberalisierungen statt, die den Wettbewerbsdruck im Markt und die strategische Kalkulation der involvierten Unternehmen veränderten. Für die Umsetzung multimodaler Konzepte wurden jedoch zeitaufwändige Kooperationsverfahren benötigt. Für eine entsprechende Zusammenarbeit standen infolge der Liberalisierung weder die kleinen und mittleren Logistikunternehmen noch die reorganisierte *Deutsche Bahn AG* verlässlich zur Verfügung (Sack 2011). Wettbewerb und Kooperation mit ihren unterschiedlichen Zeitstrukturen waren nicht kompatibel. Es ist die Inkohärenz der Koordinationsmodi im Mehrebensystem, die einen Erklärungsbeitrag zum Versagen intermodaler Verkehrspolitik liefert. Es zeigt sich also, dass im komplexen europäischen Mehrebenenregieren auch Fragen der Governance, also der angemessenen Kombination von Interaktionsweisen relevant sind.

Als ein Beispiel für ein flexibles, zweckorientiertes Mehrebeneregieren (MRG II) kann die Realisierung europaweiter Verkehrskorridore gelten, die erhebliche räumlich selektive Implikationen hat. Mit dem Vertrag von Maastricht 1993 wurde die Schaffung „Transeuropäischer Netze" (TEN) als Gemeinschaftsangelegenheit festgeschrieben. Durch Großprojekte im Straßen- und Schienenverkehr sollen Lücken im Verkehrsnetz geschlossen werden; bekannte Beispiele sind die Öresund-Verbindung und der Kanaltunnel. Die Europäische Kommission stellte wiederholt das Scheitern des Programms fest (vgl. Europäische Kommission 2001: 57–61; Europäische Kommission 2003). Dieses erklärte sie mit der erheblichen finanziellen Unterausstattung des Programms. Angesichts der Haushaltskonflikte um die gemeinsame Agrarpolitik und der Mittelaufstockung für Forschung und Technologie im Zuge der europäischen Lissabon-Strategie geriet die Finanzierung von Verkehrsprojekten ins Hintertreffen. Es handelte sich hier um Verteilungspolitik, deren räumliche Wohlfahrtseffekte sich für bestimmte, eher periphere Regionen nicht ergeben. Als einen weiteren Erklärungsfaktor für das Scheitern nannte die *Europäische Kommission* den „mangelnden politischen Willen der Entscheidungsträger" (Europäische Kommission 2003: 7), gemeint war eine stark nationalstaatlich orientierte verkehrspolitische Planungskultur. Schließlich wird die mangelnde Koordinierung der vorhandenen Mittel beklagt (Europäische Kommission 2003: 10). Angesichts des offenkundigen Scheiterns des distributiven Programms wird dann die Gründung „selektiver Verhandlungssysteme" (Benz 1998: 564) angestrebt. Konkret ging es aus Sicht der Kommission darum, nunmehr projektspezifische ‚Public Private Partnerships' (PPP) zu installieren, die Finanzen sichern, Planung wie Realisierung übernehmen und als „transnationale Körperschaft" mit dem Status einer Europäischen Gesellschaft fungieren (Europäische Kommission 2003: 19 f.). Hier wurde ein Modell der losen Koppelung von aufgabenzentrierten Netzwerken propagiert, in die private Akteure ebenso eingebunden werden sollten wie lokale Planungsbehörden. Allerdings scheiterte auch diese Strategie, soweit erkennbar am fehlenden Willen von Investoren. Im Herbst 2013 verkündete die Kommission dann die Rückkehr zur staatlichen Politik. Insgesamt 26 Mrd. wurden für das TEN-Programm mobilisiert und die Regierungen der Mitgliedsstaaten auf dessen Realisierung verpflichtet (Süddeutsche Zeitung 2013: 17).

4   Mehrebenenregieren im Konzept der multiplen Ströme

Den institutionalistischen und akteursorientierten Ansätzen des Mehrebenenregierens ist weit überwiegend die Vorstellung eigen, dass politische Akteure innerhalb des ihnen gegebenen Rahmens rational handeln und die Ergebnisse von Entscheidungen kausal zuzurechnen sind. Diese Vorannahmen sind nicht zwingend. Es lässt sich genauso argumentieren, dass politische Akteure auf organisationseigene Dynamiken, auf die öffentliche Meinung und auf bestimmte Ereignisse schlicht reagieren. Politik muss auch nicht kausal zuzuordnen sein, sondern kann sich kontingent entwickeln. Diesem Verständnis von Politik folgt ein Ansatz, der für die europäische Verkehrspolitik verschiedentlich genutzt bzw. adaptiert worden ist (Stevens 2004: 12; Stephenson 2012; Bandelow et al. 2014). Es handelt sich um das Konzept der multiplen Ströme (Kingdon 1995; Rüb 2009). Es geht davon aus, dass eine Problemdefinition und ein subjektiv wahrgenommener Handlungsdruck gleichsam unabhängig von einem Policy-Strom sind, in dem programmatische Lösungen erarbeitet werden. Ein dritter Strom besteht davon unabhängig in den jeweiligen Machtkonstellationen. Es handelt sich um drei distinkte und eigendynamische Ströme, die bei bestimmten maßgeblichen Ereignissen (etwa große Verkehrsunfälle) oder durch politische Unternehmer (etwa der Verkehrskommissar) miteinander verbunden und gekoppelt werden können. Für die (europäische) Verkehrspolitik kann dieses Konzept fruchtbar gemacht werden, da das Feld von geringer Parteienkonkurrenz, einem heterogenen, schwer übersehbaren Feld von

Arenen und Verhandlungsnetzwerken und einem besonderen Wissensbezug (ingenieurs- und wirtschaftswissenschaftliche Expertise) geprägt ist. Zugleich muss Verkehrspolitik mitunter rasch auf Krisen und Ereignisse reagieren (Bandelow et al. 2014: 35 ff.).

Eine auf diesem Konzept fußende Studie hat sich mit der europäischen Abgasgesetzgebung, den Arbeitszeiten im Straßengüterverkehr und den öffentlichen Personenverkehrsdiensten auf Schiene und Straße befasst. Im Ergebnis erstrecken sich die Verhandlungen um die entsprechenden legislativen Akte über einen mittleren Zeitraum (innerhalb der europäischen Institutionen zwischen vier und sieben Jahren) und verlaufen „iterativ [...] und [beinhalten] eine Vielzahl formeller und informeller, zum Teil doch auch zu schaffende Gelegenheitsfenster" (Bandelow et al. 2014: 135 f.). Dem europäischen Parlament kommt eine zentrale Rolle zu, in seinen Ausschüssen werden wichtige Kompromisse vorbereitet, sie sind „ein zentraler Ort der Politikproduktion" (Bandelow et al. 2014: 143). Auch der Ministerrat spielt eine wesentliche Rolle, wobei die Ratspräsidentschaft von besonderer Bedeutung ist. Das Politikfeld ist weniger von klar definierten Befürworter-Koalitionen geprägt, als vielmehr von strategischen Bündnissen und situativen Allianzen. Den Vorteil, den große Unternehmen aufgrund ihrer Ressourcen und ihres wirtschaftlichen Gewichtes beim Zugang zu den europäischen Einrichtungen haben, können andere Akteure einerseits durch Expertise, andererseits durch die strategische Erzeugung bestimmter fokaler, also öffentliche Aufmerksamkeit erzeugender Ereignisse relativieren. Sofern Sie in der Lage sind, öffentliche Meinung zu mobilisieren, können sie Einfluss geltend machen (Bandelow et al. 2014: 133 ff.).

Für die hier interessierende Frage nach dem Mehrebenenregieren (dieses stand nicht im Mittelpunkt der Studie) wird eine besondere Schlussfolgerung betont: wenn es sich denn bei verkehrspolitischen Entscheidungen in der Europäischen Union um einen iterativen Prozess handelt, in dem soziale Mobilisierungen etwa an Grenzen oder in Häfen (wie es bei der Auseinandersetzung um die Dienstleistungsrichtlinie 2004 der Fall war) Aufmerksamkeit erregen können, dann stellt sich Mehrebenenregieren auch als ein Prozess ‚von unten' dar. In diesem wird auf lokaler Ebene und an infrastrukturell wichtigen Knotenpunkten europäische Aufmerksamkeit durch Protest artikuliert.

5 Mehrebenenregieren im politökonomischen Ansatz

Soziale Auseinandersetzungen stehen neben dem Verhältnis zwischen kapitalistischer Akkumulation und Politik im Fokus des dritten hier diskutierten Ansatzes. In diesem geht es sowohl um Mehrebenenregieren (geprägt durch gesellschaftliche Kräfteverhältnisse) als auch um die *Neudimensionierung von Räumlichkeiten* oder die ‚Reskalierung' (vgl. Jessop 1997, 2001). In dem Zusammenhang interessiert, ob und wie innerhalb und jenseits bereits existierender gebietskörperschaftlicher Grenzen neue Räume entstehen, die das Ergebnis gesellschaftlicher Auseinandersetzungen sind wie auch neues Terrain von Interessenartikulationen und Regulierungen.

Aus der Perspektive einer neo-marxistisch wie -gramscianisch geprägten Europaforschung (vgl. Bieling und Deppe 2003) bestimmt sich europäisches Mehrebenenregieren maßgeblich durch die Artikulation von (Kapital-)Interessen, die sich aus der jeweiligen, zunächst (ab den 1980er-Jahren) flexibilisierten, dann (ab den 1990er-Jahren) finanzgetriebenen transnationalen Akkumulationsweise herleiten lassen. Ökonomische wie soziale Konflikte zwischen Kapitalfraktionen sowie zwischen kapitalistischen Unternehmen, lohnabhängig Beschäftigten und weiteren Akteuren, die dem zivilgesellschaftlichen Feld zugeordnet werden, sind die Triebkräfte, die zu transnationalen Allianzen und ebenenübergreifenden Kompromissbildungen führen und dadurch europäische Politik zentral bestimmen. Eine „fragmentierte europäische Staatlichkeit" (Bieling und Deppe 2003: 516) wird als Produkt eines „neuen Konstitutionalismus" gesehen, der im Kern darauf abzielt, die „security of property rights and investor freedoms, and market discipline on the state and on labour to secure ‚credibility' in the eyes of private investors" herzustellen (Gill 1998: 5, zitiert nach Bieling und Deppe 2003: 516). Diese konstitutionelle Orientierung materialisiert sich nicht allein in Vertragstexten, sondern in Politiken, die zu zentralen europäischen Kernprojekten verdichtet werden, zu denen der Gemeinsame Binnenmarkt ebenso gehört wie die Wirtschafts- und Währungsunion (vgl. Bieling und Steinhilber 2000).

Gleichwohl werden die institutionellen Rollen europäischer Einrichtungen wie die der Kommission oder des EuGh in den Blick genommen. So adaptierten Dieter Plehwe und Stefano Vescovi aus der internationalen politischen Ökonomie ein Modell zur Erklärung europäischer Verkehrspolitik, mit dem transnationale wie nationalstaatliche Wirtschaft-Staat-Beziehungen erfasst werden. Fünf Verhältnisse werden als entscheidend angesehen: Erstens die transnationalen Beziehungen zwischen supranationalen Einrichtungen und nationalstaatlichen Regierungen, sowie, zweitens, die zwischen der politisch organisierten EU, der Wirtschaft und der Zivilgesellschaft. Drittens sind die Beziehungen zwischen den Regierungen, dann zwischen diesen und Unternehmen und, fünftens, die zwischen unterschiedlichen Unternehmen sowie zwischen diesen und der Zivilgesellschaft Gegenstand der Analyse (vgl. Plehwe und Vescovi 2003: 198 f.).

Der Beitrag des politökonomischen Ansatzes liegt nun weniger darin, wie supranationale Einrichtungen, Regierungsinteressen und Unternehmenslobbying interagieren, sondern darin, Strukturen und Widersprüche kapitalistischer Akkumulation sowie soziale Konflikte und Kompromissbildungen als Ausgangspunkt für die Politikformulierung zu nehmen. Damit ist dieser Ansatz auch weniger an Problemlösung, denn an Machtfragen interessiert. „(D)ie Entstehung einer fragmentierten Staatlichkeit im Mehrebenensystem [...] wird an die – nationalen und europäischen – Kompromissstrukturen und zivilgesellschaftliche Definitionskämpfe wie auch an den Reproduktionsmodus der europäischen Ökonomie (rückgebunden)" (Bieling und Deppe 2003: 514). Verlauf und Struktur des verkehrspolitischen Mehrebenenregierens erklären sich mithin zentral durch kontroverse ökonomische wie soziale Prozesse. In Umwandlung eines bekannten Zitates von Nicos Poulantzas wird europäische Verkehrspolitik damit zur materiellen Verdichtung gesellschaftlicher Kräfteverhältnisse. Dabei ist es wichtig, das Verständnis der sozialen Auseinandersetzung weit zu fassen: Es handelt sich um Konflikte zwischen Interessen unterschiedlicher mit Verkehr befasster Ökonomien und wirtschaftlicher Sektoren. Es ist der politische Streit zwischen und in staatlich verfassten Ebenen, den Verkehrsministerien und Aufsichtsbehörden, den Verkehrsverbänden und Bürgerinitiativen. Es dreht sich aber auch um zivilgesellschaftliche Alltagspraktiken, durch die Raum und Zeit organisiert werden, um Arbeitsbeziehungen und um Mobilitätsstile.

Wie werden aus einer derart skizzierten politökonomischen Perspektive heraus Formulierung und Realisierung europäischer Verkehrspolitik begründet? Als ein Beispiel der europaweiten Konstitution politischer Kräfte und als Ausdruck einer „emergent transnational class" (Apeldoorn 2002: 2) gilt der *European Roundtable of Industrialists* (ERT), welcher Anfang der 1980er-Jahre gegründet wurde und bis zu 45 Vorstandsvorsitzende und Repräsentant/innen europäischer transnationaler Unternehmen umfasste. Dieses Elite-Forum dient auch, aber nicht nur der Interessenvertretung auf der europäischen Ebene. Zentral sind zwei Funktionen, die der ERT übernahm: Zum einen wurde in Kooperation mit der Europäischen Kommission eine Produktion von Wissen um die Vorteile eines Europäischen Binnenmarktes vorangetrieben. Der ERT war jedoch nicht nur Ideenerzeuger in einer historischen Phase der Überwindung der ‚Eurosklerose', er hat vielmehr eine Vermittlung unterschiedlicher kapitalistischer Interessen erreicht. Als Plattform, um kapitalistische Einzelinteressen zu vermitteln, fungierte der Runde Tisch, da er europrotektionistische und neoliberale Strategien transnationaler Unternehmen zum gemeinsamen Konzept des „embedded neo-liberalism" (Apeldoorn 2002: 158) zusammenführte. Im oben skizzierten TEN-Programm, das als Vermittlungsprojekt dieser Strategien europäischer Konzerne erscheint, kam dem Industriellengremium insofern eine zentrale Rolle zu, als das Ziel der infrastrukturellen ‚Interoperabilität' konsensuell war. Neben und mit der Schaffung des Binnenmarktes wurde die Verkehrsinfrastruktur zu „another main focal point of the ERT" (Apeldoorn 2002: 143, siehe auch 113). Mit der Unterstützung der Europäischen Kommission, die den Runden Tisch der Industriellen als Kraft der Supranationalisierung der Europäischen Gemeinschaft (und damit ihrer eigenen Stärkung) sah, wurde das TEN-Programm zum Element des Vertrages von Maastricht. Wo divergierende Regierungsinteressen und intergouvernementale Verteilungskonflikte eher eine Politikverflechtungsfalle nahe legen, erschließt sich europäische Verkehrspolitik aus dem Interesse, die infrastrukturellen Bedingungen grenzüberschreitender flexibler Akkumulation verbessern zu wollen. Der Beitrag des ERT liegt darin, dass eine fragmentierte und wenig wirksame Interessenvertretung des europäischen Unternehmensverbandes (UNICE), durch einen Konsens im transnationalen Raum überwunden wurde, der sich durch die Produktion wie auch Diffusion von Wissen, die Kooperation mit der Europäischen Kommission und die Allokationsmacht großer transnationaler Unternehmen durchsetzen kann. Prägend für das Mehrebenenregieren ist somit das Element transnationaler, interne Widersprüche vermittelnder Klassenbildung (vgl. Apeldoorn 2000, 2002).

Die Bedeutung der Unternehmensreorganisation als Bedingung und Effekt europäischen Mehrebenenregierens stellt Dieter Plehwe (2000) am Beispiel der

Liberalisierung des europäischen Postmarktes dar. Diese stand auf der Agenda, weil sich die Logistikstrategien im Rahmen flexibilisierter Akkumulation verändert hatten. Die Produktion wurde zunehmend auf Zulieferfirmen ausgelagert, musste zeitlich ‚passgenau' erfolgen und die Organisation auf *supply chain management* umgestellt werden. Dazu kam der Vorbildcharakter der amerikanischen Kurier-, Express- und Paketdienste. Man erwartete sich von der Reformierung einerseits Skaleneffekte bei logistischen Dienstleistungen, andererseits Innovationen, die aus dem ehemaligen Kerngeschäft ‚Transport' eine neue Dienstleistung ‚Logistik' machen, die mit Produktionsketten vertaktet ist und selber Herstellung übernimmt. Bestärkt durch die Liberalisierungen fand dann in der zweiten Hälfte der 1990er-Jahre eine Reorganisation der (ehemals) staatlichen Post- (und Bahn-)unternehmen statt, die zunehmend grenzüberschreitend agieren und Logistikfirmen jenseits nationalstaatlicher Grenzen erwarben. Diese Umgestaltung beinhaltete sodann veränderte Strategien des unternehmensinternen Modal Split sowie eine Prekarisierung von Arbeitsverhältnissen im Logistiksektor (vgl. auch Plehwe in Kap. IV.2 dieses Bandes: ▶ Güterverkehr und Logistik: Zielkonflikte nachhaltigen Wachstums im Straßen- und Schienenverkehr).

Allerdings ist die europäische Interessenvertretung des Logistikgewerbes ein eher ambivalentes Phänomen. Der steigenden Anzahl und Verbreitung von damit befassten Vereinigungen steht gegenüber, dass infolge der Unternehmensstruktur dieses Sektors, d. h. seiner organisatorischen Fragmentierung entlang der Wertschöpfungskette, seinen modalen Konkurrenzen sowie aufgrund der Differenzen zwischen Firmen unterschiedlicher Größenordnung und Herkunftsländer, eine „special interest representation" im europäischen Mehrebenenregieren vorherrscht (Plehwe und Vescovi 2003: 213). Den Unternehmen des Verkehrssektors ist eine transnationale Kompromissbildung im Sinne eines allgemeinen Interesses des Sachgebietes bisher (noch) nicht gelungen. Da Logistikunternehmen nicht ‚mit einer Stimme' sprechen, kommt supranationalen Einrichtungen, insbesondere der Europäischen Kommission, eine zentrale Rolle bei der Vermittlung verkehrspolitischer Interessen und bei der Politikformulierung zu. Diese fand in der entscheidenden historischen Phase der 1980er- und 1990er-Jahre weniger im „Schatten der Hierarchie" (Scharpf) als vielmehr im Schatten der Definition „zentraler europäischer Kernprojekte" (Bieling und Deppe 2003: 517), vor allem des Europäischen Binnenmarktes, statt. Auf diese Projekte nahmen von Seiten der Privatwirtschaft jene Akteure Einfluss, die eine grenzüberschreitende Reorganisation der Unternehmen wie auch die Vermittlung divergierender Kapitalinteressen leisten konnten.

Einen anderen Akzent innerhalb des polit-ökonomischen Ansatzes wird gesetzt, wenn es um „vertikale Reskalierung" geht (Jessop 1997: 64). Der Begriff will eine Neudimensionierung von Räumlichkeiten innerhalb globalisierter Gesellschaften erfassen (Brenner 2004). Die Entgrenzungen kapitalistischer Akkumulation und damit einhergehende Raum-Zeit-Verdichtungen, die wiederum auf spezifischen Logistikregimen fußen (Harvey 1990), führen zu neuen geografischen und logistischen Mustern. Anstatt von einer Ordnung klar abgegrenzter Gebietskörperschaften, ist von einem Neben-, Über- und Durcheinander unterschiedlicher ökonomischer wie sozialer Räume auszugehen. Zugleich entstehen neben verortbaren

‚Containerräumen' fluide translokale Geografien, *spaces of flow*, in denen wirtschaftliche wie soziale Interaktionen vielfach vernetzt sind (Castells 1989). Die Genese dieser neuen Räumlichkeiten basiert auf der zunehmenden Bedeutung und dem technischen Leistungsvermögen von Informations- und Kommunikationstechnologien, die globales Handeln in Echtzeit unterstützen. Verkehrspolitiken haben durch den flächendeckenden Aufbau entsprechender Infrastrukturen die weiteren materiellen Voraussetzungen der ‚fließenden' Räume geschaffen. Straßen-, Schienen- und Luftverkehrsnetze ermöglichen individuelle Mobilität und erweitern die Aktionsräume. Logistik als Planung und Steuerung organisiert die zeitgerechte Raumüberwindung, ermöglicht damit ‚Flüsse' und deren Verdichtung und trägt dadurch zur räumlichen Neudimensionierung bei (Läpple 1995: 29–34). Die Debatte der neo-marxistisch orientierten Geografie fokussiert nun nicht auf die ‚objektivierbaren' Anforderungen an eine Verkehrspolitik, sondern darauf, wie Akkumulation und Regulation spezifisch in Räumen auftreten und Akteure diese ihrerseits schaffen, so dass in ihnen Interessensartikulationen und soziale Kompromissbildungen erfolgen können. Sie ist an den sozialen Prozessen interessiert, die materielle Möglichkeiten nutzen und neue Räume schaffen, abgrenzen und vernetzen (Swyngedouw 1997). Räumlichkeit wird im Widerspiel von Entgrenzung und Reterritorialisierung – gemessen an Standards nationalstaatlicher Territorien – zunehmend fragmentiert und fließend. Triebfedern dieser Reskalierung sind insbesondere die weltweit und lokalisiert aktiven kapitalistischen Akkumulations- weisen sowie damit einhergehende soziale Widersprüche und Auseinandersetzungen.

Eine Neudimensionierung von Räumlichkeit ist damit zunächst als politische Transnationalisierung sowie als logistische Herstellung von *spaces of flows* bestimmt, denen translokale Qualität zwischen Firmen und ‚Gebietskörperschaften' zukommt. Interessenartikulation und Kompromissbildung in der Verkehrspolitik findet jedoch nicht allein jenseits des nationalstaatlichen Containers statt, sondern führt auch zu Veränderungen des Lokalen. Die Integration und Neubestimmung von Räumen durch verkehrliche Verbundsysteme, z. B. im ÖPNV, ist eine altbekannte Entwicklung; eine Reskalierung in dem Sinne, dass infrastrukturelle Funktionen räumlich konzentriert werden, ist ein neuerer Trend, der mit flexibler Akkumulation und einer zunehmenden interregionalen Standortkonkurrenz seit den 1980er-Jahren zusammenhängt. Räumliche Konzentrationen erklären sich zum einen aus dem jeweiligen logistischen Produktionssystem – z. B. Nabe-Speiche-System oder Direktverkehr – und der sich daraus ergebenden Anzahl von ‚Knoten', in denen Personen und Güter umgeschlagen werden. Neben der ‚materiell-geografischen' Erklärung räumlicher Ballung folgt diese auch den jeweiligen Unternehmensstrategien sowie der Politik von Städten und Regionen, sich im interregionalen Wettbewerb zu positionieren. Dieser kann, wie oben skizziert, als Preis- oder Qualitätswettbewerb, mitunter als Mischung aus beidem durchgeführt werden. „Regional differenzierte Regulationsformen des Produktionssektors" (Krätke 1995: 88) sind die Konsequenz.

Ein Ausdruck räumlicher Differenzierung und Lokalisierung sind die ‚Logistikcluster': Um in Städten und Regionen existierende Unternehmensstrukturen und ‚Innovationspotenziale' zu stärken, werden innerhalb des europäischen

Mehrebenensystems Akteure und Ressourcen mobilisiert, die Knotenpunkte logistischer Kompetenz und Kapazität schaffen sollen. Weil verladende Unternehmen logistische Funktionen nicht allein auslagern, sondern vor Ort reintegrieren wollen, werden Gewerbegebiete entwickelt, die durch interkommunale Kooperation – beispielsweise in zweckverbandlicher Form – und die Übertragung jeweiliger Planungs- kompetenzen reguliert werden. Fördermittel aus regional- wie verkehrspolitischen Töpfen entlang der Achse Land-Bund-Europa werden aktiviert. Weil Logistik zunehmend zu einer wissensbasierten Dienstleistung geworden ist, werden Wissenschaftseinrichtungen und universitäre Spin-offs vertraglich und örtlich an Verkehrscluster gebunden. Weil diese entlang der Wertschöpfungskette unterschiedliche Qualifikationen erfordern, die räumliche Konzentration aber eine kollektive Organisierung ermöglicht und die Verkehrscluster neuralgische Punkte in Auseinandersetzungen zwischen Unternehmen und lohnabhängig Beschäftigten sind, werden die Arbeitsbeziehungen über Betriebsvereinbarungen selektiv reguliert. In der Summe entstehen Räume, welche die bisherigen Grenzen der Gebietskörperschaften überlappen, maßgebliche Funktionen im Rahmen flexibler Akkumulation übernehmen und öffentlich-rechtliche Planungs- wie Koordinationstätigkeiten, staatliche Fördermittel und begrenzte Regulierung der Arbeitsbeziehungen konzentrieren (vgl. Krätke 1995: 88 ff.). Diese Verkehrscluster sind dann Effekte europäischen Mehrebenenregierens, wenn von Liberalisierungen, beispielsweise im Werksverkehr, ein Schub auf die räumliche Konzentration logistischer Dienstleistungen ausgegangen ist. Sie werden dann zum Begründungsfaktor, wenn die räumliche Struktur von ‚Innovationsclustern' zur Leitidee europäischer Verkehrs-, Regional-, Forschungs- und Technologiepolitik wird.

6   Eigenschaften des Mehrebenenregierens

In den, durch unterschiedliche Perspektiven auf das Mehrebenenregieren geprägten, diskutierten Studien in der europäischen Verkehrspolitik zeigt sich zunächst eine ähnliche Wahrnehmung des Phänomens: Dass eine Europäisierung der Verkehrspolitik als Zusammenspiel supranationaler Einrichtungen und Akteure wie intergouvernementaler Interaktionen begriffen werden kann, in dem Kooperation und Konflikt zwischen einer Vielzahl öffentlicher und privater Akteure auf unterschiedlichen gebietskörperschaftlichen Ebenen in diversen verkehrspolitischen Teilgebieten stattfinden. Insofern ist eine Perspektive des Mehrebenenregierens zunächst heuristisch, da sie ein zunehmend komplexes Gefüge von Politikformulierung, Entscheidung und Realisierung zu erfassen sucht. Darüber hinaus werden die Kausalzusammenhänge und Erkenntnisinteressen durchaus unterschiedlich formuliert. Institutionalistische Ansätze sind mit einem gewissen „Problemlösungsbias" (Mayntz 2004) insbesondere an der Interaktion zwischen Regierungsinteressen und Parteienwettbewerb, supranationalen Organisationen und Verbandseinfluss, Entscheidungsregeln und Verhandlungsverlauf interessiert. Dagegen sehen neomarxistische Ansätze die spezifische Akkumulationsweise und Interessenformulierung, soziale Konflikte und Kompromisse sowie die Neudimensionierung von

Räumen jenseits bestehender Gebietskörperschaften als entscheidende Phänomene. Hier differiert bereits die Heuristik des europäischen Mehrebenenregierens. Da unterschiedliche Faktoren untersucht werden, um dessen Prozesse und Ergebnisse zu erklären, liegt dieser Unterschied nahe.

Wenn diese Faktoren jedoch *integrierend* aufgelistet werden, dann sind Ergebnisse in der Verkehrspolitik im Rahmen des Mehrebenenregierens nicht zufällig, weil sie bestimmt werden können durch

- erstens: die Interessen von Regierungen, Unternehmen und kollektiv organisierten sozialen Gruppen und deren (geregelter) Vermittlung,
- zweitens: Aufwertungsinteressen, Rollen, Routinen und Konflikte bestehender Institutionen, und
- drittens: die Produktion von Wissen in einem weiten Verständnis, d. h. nicht nur technologische Expertise, sondern Deutungen von Problemen, Lösungen und gesellschaftlicher Normen.

Die Perspektiven auf das Mehrebenenregieren differieren hinsichtlich der Ableitung von Interessen, Institution und Wissen (politisches System vs. kapitalistische Akkumulation); auch ist das Erkenntnisinteresse anders geartet (Problemlösung und Demokratieverträglichkeit vs. sozialer Konflikt und Herrschaftskritik). Jedoch sind Interessen, Institution und Wissen für beide Theorien die wesentlichen Faktoren, um Politikergebnisse im Rahmen europäischer Verkehrspolitik zu erfassen. Darüber hinaus stellt sich aber die Frage, welchen spezifischen Erklärungsbeitrag das Phänomen des *Regierens auf mehreren Ebenen* leistet?

Der vorstehende Überblick führt zu zwei dem Mehrebenenregieren eigenen Erklärungsfaktoren. Ein zunächst technisch anmutender Effekt ist, dass sich die Akteure, Gelegenheiten, Konstellationen und Regulierungen *numerisch erhöhen*, wenn die Anzahl der mit Kompetenzen ausgestatteten Ebenen zunimmt. Es addieren sich die beteiligten Akteure und es multiplizieren sich die Gelegenheiten zur Interaktion. Mithin handelt es sich zunächst um ein kombinatorisches Phänomen, da die Zahl der (sequentiellen) Anordnung von Akteuren und Gelegenheiten zunimmt. Dieses quantitative Phänomen wird zu einem qualitativen, sofern die numerische Erhöhung mit Zielkonflikten im Politikfeld verbunden ist: Wiederholt müssen mit je unterschiedlichen Akteuren je Ebene je spezifische Kompromisse vereinbart und diese wiederum gegenüber anderen Ebenen vertreten werden. Daraus erwachsen schlicht erhöhte Transaktionskosten im Politikprozess.

Eine weitere Eigenheit des Mehrebenenregierens ist die *Inkohärenz von Koordinationsmodi* zwischen unterschiedlichen Ebenen, aber auch Räumen. Sie wurde am Beispiel der multimodalen Politik vorgestellt und zeigt ein typisches Problem. Unterschiedliche Gebietskörperschaften neigen dazu, ihre Ziele auch mit unterschiedlichen Weisen der Steuerung umzusetzen. Das ist insbesondere dann der Fall, wenn es unterschiedliche Präferenzen gibt. Im Bereich der Verkehrspolitik wird es dann noch komplexer (wie in anderen Politikfeldern auch), wenn sich Teilsegmente des Politikfeldes durchdringen und Interdepenzen bestehen. Im konkreten Fall stellt sich das Problem der Inkohärenz der Koordinationsmodi in monomodalen

Bereichen anders dar als in multimodalen (Sack 2011). Für die beteiligten Akteure ist erneut ein erhöhter Aufwand zu konstatieren, welcher alleine der Mehrebenenstruktur geschuldet ist.

Nicht ‚Vielfalt', sondern Addition der Akteure bei Multiplikation der Interaktionsgelegenheiten und Inkohärenzen der Koordinationsmodi unterschiedlicher Ebenen sind die spezifischen Charakteristika des Mehrebenenregierens. Aus ihnen ergibt sich eine besondere Dynamik der damit verbundenen Politikprozesse: Sie kosten mehr. Sowohl die Erhöhung der Anzahl von Akteuren und Gelegenheiten wie auch die Vermittlung von Inkohärenzen erfordern Informationen und Zeit, Argumentation und Verhandlung. In der Summe erhöhen die unterschiedlichen Phänomene des Mehrebenenregierens also die Transaktionskosten, die im politischen Prozess aufgebracht werden müssen.

Die empirisch abgesicherte Idee „selektiver Verhandlungssysteme" (Benz 1998: 564) ist eine daraus hervorgehende, Kosten reduzierende Reaktionsweise von staatlichen, unternehmerischen wie zivilgesellschaftlichen Akteuren. Dass in diesen Systemen infolge strategischer Unsicherheiten eine gewachsene Bereitschaft zur Argumentation und Wissensdiffusion entsteht, ist zwar theoretisch plausibel, aber empirisch schwer zu überprüfen, da sie ja von denen herausgebildet werden, die sich wechselseitig bereits als Experten anerkennen. Die Verhandlungssysteme im jeweiligen Politikfeld lösen sodann zwar für sich das Problem erhöhter Transaktionskosten, sie integrieren Akteure, reduzieren Konstellationen und Gelegenheiten und passen Steuerungsweisen an. Für außen stehende Akteure können diese Systeme aufgrund ihres informellen Charakters jedoch durchaus die Unübersichtlichkeit des Mehrebenenregierens steigern. Damit werden zusätzliche Informationskosten notwendig, um die Entscheidungsstruktur zu durchdringen. Dies führt in der Summe zu einem zweiten Effekt des Mehrebenenregierens. Aufgrund von Intransparenz und hohen Transaktionskosten sind *ressourcenstarke Akteure* stärker als innerhalb einer demokratisch verfassten Ebene im Prozess von Politikformulierung und -entscheidung privilegiert. Der nochmalige Hinweis auf die Rolle der Wirtschaft in der europäischen Verkehrspolitik zeigt, dass Kompromissgenerierung durchaus eine wesentliche Ressource ist, da der einheitlich auftretende ERT gegenüber der Vielzahl verkehrspolitischer Lobbyorganisationen ein stärkeres Gewicht hatte. Auch zivilgesellschaftliche Interessen können maßgeblichen Einfluss nehmen, sofern sie das Problem kollektiver Organisierung dauerhaft gelöst, Ressourcen gesammelt, Bündnisse geschlossen haben, zur sozialen Mobilisierung und der Organisation fokaler Ereignisse in der Lage sind. Auch hier zeigen sich die hohen Kosten, die mit einem politischen Engagement im Mehrebenensystem verbunden sind.

Engagement und Aufmerksamkeit zivilgesellschaftlicher Initiativen werden zumeist dann geweckt, wenn umweltrelevante Verkehrsprojekte geplant und umgesetzt werden. Die Fokussierung des politischen Konfliktes auf die Auseinandersetzungen um einzelne Vorhaben geht nicht allein auf die Struktur des europäischen Mehrebenenregierens zurück; sie wird aber von dieser unterstützt. Am Projekt reduzieren sich Akteursanzahl und Steuerungsweisen, am Projekt lassen sich

Informationen sammeln, die Regulierungen der unterschiedlichen Ebenen nachvollziehen, Verantwortlichkeiten zuweisen und damit die Intransparenz reduzieren. Qua Form beinhaltet Mehrebenenregieren, dass allgemein gültige und kontrollierbare Entscheidungen und Durchsetzungen verkehrspolitischer Normen aus dem Kontext einer demokratisch verfassten Ebene in eine eher unübersichtliche Struktur überführt und damit Verantwortlichkeiten verschleiert werden. Dies trägt dazu bei, Politiken selektiv und ad hoc zu formulieren, weil lediglich das Aufgabenspektrum der ‚Verhandlungsinsel' und/oder des jeweiligen Raumes in den Blick genommen werden (können). Verkehrspolitischen Auseinandersetzungen ist damit – dies ist der dritte besondere Effekt des Mehrebenenregierens – eine *Projektorientierung* in der politischen Auseinandersetzung eigen, weil insbesondere an der einzelnen Maßnahme Unübersichtlichkeit aufgehoben werden kann.

7 Fazit

Die numerische Erhöhung von Akteuren und Gelegenheiten wie die Inkohärenz der Koordinationsweisen unterschiedlicher Ebenen sind hier als besondere Eigenschaften des europäischen Mehrebenenregierens identifiziert worden. Vermittelt über die daraus erwachsene Unübersichtlichkeit des Politikprozesses und dessen einhergehenden hohen Kosten führt diese Struktur dazu, dass in Politikfeldern, hier der Verkehrspolitik, begrenzte und informelle Verhandlungssysteme installiert werden, ressourcenstarke Akteure in Entscheidungsprozessen privilegiert sind und die politische Auseinandersetzung durch eine Projektorientierung geprägt ist. Im Abschnitt zum Wandel wurde zudem auf die neuen Herausforderungen eingegangen, die mit den EU-Erweiterungen verbunden sind. Die in der Verkehrswissenschaft wiederholt kritisierte Diskrepanz zwischen verkehrspolitischem Anspruch (auf nachhaltige Mobilität) und der (Umsetzungs-)Wirklichkeit ist durch die tiefe (Mehrebenenregieren) und weite (Beitritte) institutionelle Komplexität und Heterogenität erklären. Im unsicheren Nachhall der Wirtschafts-, Finanz- und Fiskalkrise und erkennbarer Desintegrationstendenzen in der Union stehen die Zeichen im Hinblick auf eine an sozialen und ökologischen Aspekten orientierte Verkehrspolitik derzeit nicht gut.

Welche Möglichkeiten bieten sich nun Akteuren, die an nachhaltiger Verkehrspolitik interessiert sind? Bandelow et. al. (2014: 150 f.) verweisen auf den hohen Stellenwert von Expertise in den europäischen Verhandlungsnetzwerken. Dem ist beizupflichten. Es stellt sich aber zugleich das Problem ausgesprochen selektiver, eher technisch-ökonomistisch ausgerichteter Wissensproduktion. Das Instrument der europäischen Bürgerinitiative, das mit dem Lissabon Vertrag eingeführt wurde (und mit der Right2Water-Kampagne 2013 ein erstes Mal erfolgreich genutzt wurde) bietet, wenn es von Allianzen und Initiativen öffentlichkeitswirksam genutzt wird, eine weitere Option. Schließlich hat das Parlament eine zunehmend wichtige Rolle: Es spricht nichts dagegen, dass die einschlägigen Fraktionen hier ihre Stimme erheben und Agenda-Setting betreiben.

Literatur

Apeldoorn, Bastiaan van. 2000. Transnationale Klassen und europäisches Regieren. Der European Roundtable of Industrialists. In *Die Konfiguration Europas. Dimensionen einer kritischen Integrationstheorie*, Hrsg. Hans-Jürgen Bieling und Jochen Steinhilber, 189–221. Münster: Westfälisches Dampfboot.
Apeldoorn, Bastiaan van. 2002. *Transnational Capitalism and the Struggle over European Integration*. London: Routledge.
Bandelow, Nils C., Stefan Kundolf, und Kirstin Lindloff. 2014. Agenda Setting für eine nachhaltige EU-Verkehrspolitik. *Akteurskonstellationen, Machtverhältnisse und Erfolgsstrategien*. Berlin: Edition Sigma.
Benz, Arthur. 1998. Politikverflechtung ohne Politikverflechtungsfalle. Koordination und Strukturdynamik im europäischen Mehrebenensystem. *Politische Vierteljahresschrift*, 3, 558–589.
Bieling, Hans-Jürgen, und Frank Deppe. 2003. Die neue europäische Ökonomie und die Transformation von Staatlichkeit. In *Europäische Integration*, Hrsg. Markus Jachtenfuchs und Beate Kohler-Koch, 513–540. Opladen: UTB.
Bieling, Hans-Jürgen, und Jochen Steinhilber. 2000. *Die Konfiguration Europas. Dimensionen einer kritischen Integrationstheorie*. Münster: Westfälisches Dampfboot.
Brenner, Neil. 2004. *New State Spaces. Urban Governance and the Rescaling of Statehood*. Oxford: Oxford University Press.
Castells, Manuel. 1989. *The Informational City. Information Technology, Economic Restructuring, and the Urban-Regional Process*. Oxford: Blackwell Publishing Ltd.
Europäische Kommission. 2003. Mitteilung der Kommission. *Ausbau des transeuropäischen Verkehrsnetzes. Neue Formen der Finanzierung. Interoperable elektronische Mautsysteme*. Vorschlag für eine Richtlinie des Europäischen Parlaments und des Rates über die allgemeine Einführung und die Interoperabilität elektronischer Mautsysteme in der Gemeinschaft. Brüssel.
Europäische Kommission KOM 144. 2011. Weissbuch. *Fahrplan zu einem einheitlichen europäischen Verkehrsraum. Hin zu einem wettbewerbsorientierten und ressourcenschonenden Verkehrssystem*. Brüssel.
Europäische Kommission KOM 370. 2001. Weissbuch. *Die europäische Verkehrspolitik bis 2010. Weichenstellungen für die Zukunft*. Brüssel.
Featherstone, Kevin, und Claudio M. Radaelli. 2003. *The politics of europeanization*. Oxford: Blackwell Publishing Ltd.
Gill, Stephen. 1998. European Governance and New Constitutionalism. Economic and Monetary Union and Alternatives to Disciplinary Neoliberalism in Europe. New Political Economy 3: 5–26.
Grandjot, Hans-Helmut. 2002. *Verkehrspolitik. Grundlagen, Funktionen und Perspektiven für Wissenschaft und Praxis*. Hamburg: Deutscher Verkehrs-Verlag.
Harvey, David. 1990. *The condition of postmodernity. An enquiry into the origins of cultural changes*. Malden: Blackwell Publishing Ltd.
Héritier, Adrienne, Dieter Kerwer, Christoph Knill, Dirk Lehmkuhl, Michael Teutsch, und Anne-Cécile Douillet. 2001. *Differential Europe. The European Union Impact on National Policymaking*. Oxford: Rowman & Littlefield Publishers.
Jessop, Bob. 1997. Die Zukunft des Nationalstaates. Erosion oder Reorganisation? Grundsätzliche Überlegungen zu Westeuropa. In *Jenseits der Nationalökonomie. Globalisierung, Weltwirtschaft und Nationalstaat. Regulationstheorie zwischen Globalisierung und Regionalisierung*, Hrsg. Steffen Becker, Thomas Sablowski und Wilhelm Schumm, 50–95. Hamburg: Argument-Verlag.
Jessop, Bob. 2001. Die Globalisierung des Kapitals und die Zukunft des Nationalstaates. Ein Beitrag zur Kritik der globalen politischen Ökonomie. In *Die Zukunft des Staates*, Hrsg. Joachim Hirsch, Bob Jessop und Nicos Poulantzas, 139–170. Hamburg: VSAVerlag.

Kaeding, Michael. 2007. *Better regulation in the European Union – Lost in translation or full steam ahead? The transposition of EU transport directives across member states*. Leiden: Amsterdam University Press.

Kingdon, John W. 1995. *Agendas, Alternatives and Public Policies*. New York: HarperCollins College Publishers.

Krätke, Stefan. 1995. *Stadt – Raum – Ökonomie. Einführung in aktuelle Problemfelder der Stadtökonomie und Wirtschaftsgeographie*. Berlin: Birkhäuser Verlag.

Läpple, Dieter. 1995. Transport, Logistik und logistische Raum-Zeit-Konfigurationen. In *Güterverkehr, Logistik und Umwelt. Analysen und Konzepte zum interregionalen und städtischen Verkehr*, Hrsg. Dieter Läpple, 23–59. Berlin: Edition Sigma.

Lehmkuhl, Dirk. 2008. Verkehrspolitik. In *Politikfelder im EU-Mehrebenensystem. Instrumente und Strategien europäischen Regierens*, Hrsg. Hubert Heinelt und Michèle Knodt, 253–269. Baden-Baden: Nomos.

Link, Heike. 2008. Verkehrspolitik. In *Jahrbuch der Europäischen Integration 2007*, Hrsg. Werner Weidenfeld und Wolfgang Wessels, 193–196. Baden-Baden: Nomos.

Marcks, Gary, und Hooghe Liesbeth. 2004. Contrasting visions of multi-level governance. In *Multi-level Governance*, Hrsg. Bache Ian und Flinders Matthew, 15–30. Oxford: Oxford University Press.

Mayntz, Renate. 2004. Governance im modernen Staat. In *Governance – Regieren in komplexen Regelsystemen. Eine Einführung*, Hrsg. Arthur Benz, 65–76. Wiesbaden : VS Verlag für Sozialwissenschaften.

Plehwe, Dieter. 1997. Eurologistik, „Europäische" Verkehrspolitik und die Entwicklung eines transnationalen (Güter-)Transportsystems. *Zeitschrift für kritische Sozialwissenschaft* 27(107): 217–43.

Plehwe, Dieter. 2000. Neue Horizonte transnationaler Integration. Die Entwicklung von grenzüberschreitenden Logistiknetzwerken. In *Die Konfiguration Europas. Dimensionen einer kritischen Integrationstheorie*, Hrsg. Hans-Jürgen Bieling und Jochen Steinhilber, 276–303. Münster: Westfälisches Dampfboot.

Plehwe, Dieter. 2008. Transformation europäischer Governance im Bereich der Verkehrspolitik. *Integration – Vierteljahreszeitschrift des Instituts für Europäische Politik* 31(3): 290–306.

Plehwe, Dieter, und Stefano Vescovi. 2003. Europe's special case. The five corners of Business-State Interactions. In *Globalization and Institutions. Redefining the Rule of the Economic Game* Hrsg. Marie-Laure Djelic und Sigrid Quack, 193–219. Cheltenham: Edward Elgar.

Rüb, Friedbert W. 2009. Multiple-Streams-Ansatz. Grundlagen, Probleme und Kritik. In *Lehrbuch der Politikfeldanalyse 2.0*, Hrsg. Klaus Schubert und Nils C. Bandelow, 348–376. München: Oldenbourg.

Sack, Detlef. 2011. Governance failures in integrated transport policy. On the mismatch of ‚Co-opetition' in multi-level systems. In *Governance of Transport Policy. German Policy Studies*, Hrsg. Nils C. Bandelow und Stefan Kundolf, Jg. 7, 2: 43–70: SPAEF.

Sack, Detlef. 2013. *Regieren und Governance in der Bundesrepublik Deutschland. Ein Studienbuch*. München: Oldenbourg.

Schäffer, Sebastian. 2012. Verkehrspolitik. In Jahrbuch der Europäischen Integration 2011, Hrsg. Werner Weidenfeld und Wolfgang Wessels, 217–220. Baden-Baden: Nomos.

Scharpf, Fritz W. 2000. *Interaktionsformen. Akteurzentrierter Institutionalismus in der Politikforschung*. Opladen: UTB.

Schöller, Oliver. 2006. *Mobilität im Wettbewerb*. Düsseldorf: Hans-Böckler-Stiftung.

Stephenson, Paul J. 2012. Image and venue as factors mediating latent spillover pressure for agenda-setting change. *J Eur Public Policy* 19(6): 796–816.

Steunenberg, Bernard, und Mark Rhinhard. 2010. The transposition of European Law in EU member states. Between process and politics. *Eur Polit Sci Rev* 2(3): 495–520.

Stevens, Handley. 2004. *Transport policy in the European Union*. New York: Palgrave Macmillan.

Süddeutsche Zeitung. 2013. *Verkehrte Welt. Die EU-Kommission will mit einem gewaltigen Investitionsprogramm die europäischen Verkehrsnetze ausbauen. Ausgerechnet Deutschland, sonst oft der Zahlmeister, wird davon ganz besonders profitieren*, Nr. 241, 17.

Swyngedouw, Eric. 1997. Neither global nor local. ‚Glocalization' and the politics of scale. In *Spaces of Globalization. Reasserting the Power of the Local*, Hrsg. Kevin R. Cox, 137–166. London: The Guilford Press.

Wallace, Helen, Mark A. Pollack, und Alasdair R. Young. 2010. *Policy-Making in the European Union*. Oxford: Oxford University Press.

Siedlungsstruktur und Verkehr: Zum Verständnis von Sachzwängen und individueller Verkehrserreichbarkeit in Stadtregionen

Eckhard Kutter

Zusammenfassung
Stadtregionen benötigen zu viel Verkehr. Sind sie falsch geplant? In der Vergangenheit wurde die Erreichbarkeit in Städten durch den öffentlichen Verkehr gewährleistet. Doch in dem Maße wie sich die Städte im Zuge der Automobilisierung zu Regionen entwickeln, wird der öffentliche Verkehr zurückgedrängt. Die Vermeidung von Autoverkehr muss daher mit einer Planungsmethodik für Siedlungsentwicklung und Verkehr beginnen. Bewährte Planungsprinzipien wären zu reaktivieren, Sektoralität abzubauen. Regionale Gesamtplanungen wären auch nachhaltiger, denn 70 Prozent des Treibstoffs werden im Alltagsverkehr verbraucht.

Schlüsselwörter
Regionsentwicklung • Erreichbarkeit • Automobilität • Siedlungsplanung • Verkehrsvermeidung

1 Einleitung

„Siedlungsstruktur und Verkehr" steht für eine spezifische Problemlage in den lokalen – heute wohl eher regionalen – Lebens- und Wirtschaftsräumen. Diese Räume der *täglichen Lebensgestaltung* (tägliche Aktivitäten) hatten schon immer viele Ortsveränderungen zu bewältigen. Denn die Städte – und heute ihre „Erben", die Regionen – waren ja die Raumeinheiten, in denen einerseits die menschlichen Bedürfnisse (Aktivitäten und Ortsveränderungen) der Bevölkerung entstanden und in denen andererseits die Erfüllung dieser Bedürfnisse mit Hilfe entsprechender Einrichtungen organisiert wurde. Und da nicht alle Einrichtungen am gleichen Platz sein konnten, entstanden dabei auch Ortsveränderungen.

Die heutigen Siedlungsstrukturen mit ihren diversen Einrichtungen für das Leben und Wirtschaften der Menschen haben sich während vieler Jahrzehnte im Wechselspiel zwischen *Ausdehnung der Siedlungsflächen* und den jeweils verfügbaren *Verkehrserreichbarkeiten* entwickelt. Historisch wurden die Einrichtungen in der Stadt und die Möglichkeiten zum Erreichen dieser Orte als zusammengehörig betrachtet: Funktionsfähige Siedlungsstrukturen gab es bei entsprechender „Mischung" der Einrichtungen, also direkter Erreichbarkeit. Und wenn dies räumlich nicht möglich war, gab es Funktionsfähigkeit nur bei vorhandener Verbindungsfunktion. Typisch für Letzteres sind beispielsweise die in der zweiten Hälfte des 19. Jh. entstandenen Industrieanlagen an Bahnringen oder die Wohnbebauung an den Straßenbahnachsen. Aber umgekehrt bewirkte die Ausdehnung der Bebauung auch einen Anstoß zur Weiterentwicklung der Beförderungs- und Transportmöglichkeiten.

Die heute überwiegende individualisierte Verkehrserreichbarkeit untergräbt diese einfachen Rahmenstrukturen; insbesondere wird eine früher öffentlich vorgehaltene Erreichbarkeit zu einer von Individuen praktizierten Handlung.[1] Individuelle Erreichbarkeit ermöglicht außerdem neue flächenhafte Bebauungen und unbegrenzte Raumentwicklungen sowie neuartige Wirtschaftsweisen. Diese „erreichbarkeitsinduzierten" Entwicklungen erfordern dann aber auch immer mehr Verkehr. Das heißt zugleich, dass die jeweils vorherrschende Verkehrserreichbarkeit – heute dominiert vom individuellen Pkw einerseits und Lkw andererseits – nicht kurzfristig „weggelassen" werden kann: Die heutigen Siedlungsstrukturen wären ohne flexiblen Individualverkehr nicht lebensfähig.

Die mobile Gesellschaft kann also nur „mit Verkehr" im Raum leben. Deshalb müssen Raumentwicklung und Verkehrserreichbarkeit viel genauer analysiert und wieder mehr aufeinander abgestimmt werden, wenn Schlagworte wie *Energiewende* und die aktuelle Forderung *Nachhaltigkeit* zunehmend die öffentliche Diskussion bestimmen, zu viel Verkehr also eigentlich eingeschränkt werden müsste. Denn trotz neuer Abbaumethoden von Öl und Gas steht fest, dass die Vorräte an fossiler Energie in absehbarer Zukunft erschöpft sein werden (vgl. Kutter 2010: 271). Und deshalb entstehen Ängste bezüglich der Zukunft unserer verkehrsintensiven Lebens- und Wirtschaftsweisen. Hieraus folgt, dass einerseits die aktuelle Verkehrserreichbarkeit auf nicht fossile Energien umgestellt werden muss. Wenn dies nicht vollständig möglich sein sollte, müssten darüber hinaus die räumlichen Strukturen auf längere Sicht an die dann noch möglichen *postfossilen Verkehrserreichbarkeiten* angepasst werden.

---

[1]Dabei bildet sich ein Gegenüber öffentlich bereitgestellter Strukturen und privater (oder auch wirtschaftsseitig ökonomisch bestimmter) Handlungen heraus, das mit herkömmlichen Infrastrukturpolitiken nur unvollkommen gestaltet werden kann.

2 Rolle der Stadtplanung für die Siedlungsentwicklung

Eine Schlüsselfunktion für die räumliche Entwicklung in den Stadtregionen haben trotz aller Einflüsse der Verkehrserreichbarkeit – schon wegen der gesetzlichen Rahmenbedingungen für jegliche bauliche Tätigkeit bzw. Anordnung der Nutzungen – die mit Städtebau und Stadtplanung befassten Disziplinen. Was also war (ist) denn eigentlich diese Stadtplanung? Ursprünglich entstanden im Bereich Architektur und Städtebau, begannen erste Überlegungen, „die sich auf die ordnende Lenkung des Stadtwachstums richteten" (Albers 2001: 12) gegen Ende des 19. Jahrhunderts.[2]

Bei den später (nach der vorletzten Jahrhundertwende) entwickelten Prinzipien ging es insbesondere „um die strukturelle Gliederung der Entwicklung im Sinne der Benutzbarkeit durch die Bürger" (Albers 2001: 23 f.):

- Funktionale Gründe: Verteilung und Zuordnung von Einrichtungen, um Zugang und kurze Wege – also „Erreichbarkeit" – zu ermöglichen (Prinzip: Bedürfnissen sollten Einrichtungen gegenüberstehen);
- Sozialpolitische Gründe: Stadt „teile", Nachbarschaften für die Identität sollten entstehen.

Im Sinne solcher Vorstellungen hatte die Stadtplanung – ganz besonders auch in den Aufbaujahren nach dem 2. Weltkrieg – die Aufgabe, Strukturmodelle für ein Stadtgefüge zu entwickeln, das den Bedürfnissen der Bewohner möglichst gut gerecht wurde. Kenntnisse der Bedürfnisse ergaben sich durch Überlagerung empirisch gewonnener Einsichten mit normativen gesellschaftspolitischen Vorstellungen (vgl. Albers 2001: 13 f.).[3] Solche Vorstellungen zu einer *organisierten Moderne* (Begriff geprägt in den 20er- /30er-Jahren des vorigen Jahrhunderts) – unterlegt mit modellmäßig abgebildeten zukünftig zu erwartenden Entwicklungen – dürften auch noch bei den heutigen Ansprüchen an Nachhaltigkeit und Energiesparsamkeit ein wichtiges Strukturmodell für die bauliche und sächliche Weiterentwicklung von Lebens- und Wirtschaftsräumen sein. Im Prinzip wird es dabei darum gehen, sich auf alte und bewährte Prinzipien der Erreichbarkeit in der Stadt (das war ja einmal die Definition von „Stadt") zurückzubesinnen und das heute völlig überbewertete, ja sogar ein eigenes „Bedürfnis" darstellende Verkehrserfordernis[4] letztlich einzudämmen.

---

[2]Dahinter stand in der expansiven *Gründerzeit* (in Deutschland bis etwa 1900) das ungehemmte und oft recht ungeordnete Stadtwachstum, dessen gewünschte Entwicklung man schon damals nicht mehr vom „Markt", sondern eher von einer staatlichen Steuerung erwartete. Parallelen zum ungehemmten Stadtwachstum der Gründerzeit kann man gut 100 Jahre später im *ungehemmten Regionswachstum*, oder – ganz aktuell – in der *Gentrifizierung* ganzer Stadtteile (mit entsprechenden Folgen für den Wohnungsmarkt) sehen.

[3]Solche empirisch gewonnenen Einsichten sind oft als Zementierung bestehender Zustände kritisiert worden; durch das Korrektiv der normativen Vorstellungen kann dies selbstverständlich vermieden werden.

[4]Diese Verkehrserfordernisse werden auch dadurch nicht besser erträglich, dass man sie als „Mobilität" bezeichnet und dieses Bedürfnis den anderen Grundfunktionen wie Ernährung, Ausbildung, Erwerbstätigkeit gleichstellt.

2.1 Früher: Siedlungsstruktur und Verkehr im Gleichgewicht

Bei den Überlegungen zur strukturellen Gliederung der Stadt bzw. der Stadtentwicklung wurde die „Verkehrserreichbarkeit" im Prinzip immer mitgedacht: Zugänglichkeit der Einrichtungen war Bestandteil der Pläne zur Verteilung der Nutzungen. Dies lässt sich sehr anschaulich an den Anfängen der industriellen Großstadt aufzeigen. Um die Mitte des 19. Jh. begann die Industrialisierung, die Umwandlung von handwerklicher Fertigung in *Fabrikation*. Die Städte wuchsen um ausgedehnte Flächen für die neuartigen Fabriken. Für die in die Städte hinzuziehenden Menschen (industrielle Arbeiter und ihre Familien) entstanden neue *Mietskasernen*. Und die neuartige Trennung von Wohnen und Arbeiten ließ am Ende des 19. Jh. den Bedarf an *Massenverkehrssystemen* entstehen („Städte des Massenverkehrs"). Entfernungsaufwendungen traten dabei fast ausschließlich für die Beziehung Wohnen-Arbeiten auf; Bedürfnisse im Rahmen der Versorgung oder Ausbildung wurden im Prinzip dezentral – meist an den Wohnplätzen – befriedigt, die Einrichtungen dafür waren „direkt erreichbar"; die Konzentration von Einrichtungen (mit entsprechenden Erreichbarkeitsproblemen) betraf zunächst nur die neuartigen Fabriken.

Aus der Sicht von Nutzungsplanung und Erreichbarkeiten strebte die Planung in dieser Phase der Stadtentwicklung zu Anfang des 20. Jh. so etwas wie ein Gleichgewicht zwischen der Siedlungsstruktur und den (im Prinzip öffentlich) vorgehaltenen Verkehrssystemen an, wobei die Verkehrssysteme allerdings auch eine Monopolstellung einnahmen (vgl. Abb. 1): Der Stadtbewohner (im Zentrum der Darstellung) findet

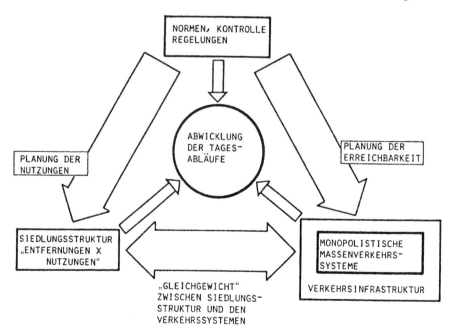

Abb. 1 Koordination der Planungen für Flächennutzungen und für Erreichbarkeit (Quelle: Eigene Darstellung)

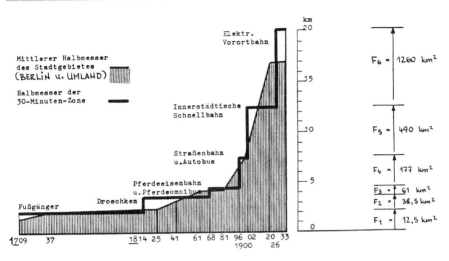

Abb. 2 Parallele Entwicklung von „30-min-Erreichbarkeit" und dem Radius der Fläche Berlins (Quelle: Darstellung nach Lehner 1963)

die über die Stadtfläche verteilten Einrichtungen vor, die er mit Hilfe der Verkehrsinfrastruktur erreichen kann. Die Planer legten – auch in Kenntnis der Bedürfnisse ihrer Stadtbewohner – einerseits die Verteilung der Nutzungen in der Fläche fest (linke Seite); und sie trugen andererseits Sorge für die Einhaltung bestimmter Erreichbarkeits-Standards wie den Zeitaufwand für den Arbeitsweg etc. (rechte Seite).

In der Fachdiskussion bekannt ist die Darstellung Lehners (1963) der Entwicklung von Verkehrserreichbarkeit und Halbmesser des Berliner bebauten Stadtgebietes (vgl. Abb. 2). Fast alle (Wunsch)Vorstellungen von einer Renaissance der Bedeutung der Massenverkehrsmittel knüpfen an diesem Idealbild aus der Entwicklung der industriellen Großstadt an. Sie gehen damit aber an den heutigen Realitäten der Erreichbarkeiten sowie auch der Ausprägung der bebauten räumlichen Strukturen (die ja auch nicht mehr überwiegend eine „industrielle Großstadt" repräsentieren) weit vorbei. Sie übersehen dabei insbesondere die völlig neuartige Situation, die sich für die Stadtentwicklung im Zusammenhang mit der privaten individuellen Motorisierung und der Individualisierung im Gütertransport und dem daraus resultierenden Quantensprung in der Erreichbarkeit ergeben hat.

2.2 Heute: Automobilität und „Teufelskreise" aus Erreichbarkeit und Regionalisierung

Etwa ab Mitte des vorigen Jahrhunderts (in den USA etwa 25 Jahre früher) wird das ausgewogene Gegenüber der Flächennutzungen und der Verkehrserreichbarkeit mit ÖV bzw. Bahnen Schritt für Schritt abgelöst: Es bildet sich eine völlig neues stadtregionales Gefüge mit dem Gegenüber von *individueller motorisierter Erreichbarkeit* und den *in die Region ausufernden städtischen Strukturen* heraus.

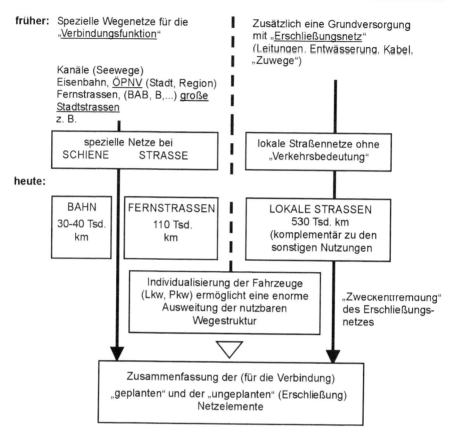

Abb. 3 Individuelle Verkehrsmittel können ein vielfach größeres Netz nutzen (Quelle: Eigene Darstellung)

Infrastrukturelle Basis einer neuen flächendeckenden Erreichbarkeit sind die in hoher Dichte bereits vorhandenen Erschließungsnetze, zunehmender Wohlstand der Privaten sowie fraktionierte Fertigungsprozesse und die Entdeckung der Größenvorteile insbesondere beim Handel. Diese Individualisierung und damit auch qualitative Veränderung von Ortsveränderungen und Transport hat weitreichende Effekte für die Strukturen von Lebens- und Wirtschaftsräumen.

Um diese strukturverändernden Effekte zu erläutern, soll zunächst kurz auf die völlig anderen Qualitäten in individualisierten Verkehrssystemen eingegangen werden: Bei dem Vergleich der Systeme (z. B. MIV versus ÖV) wird meist völlig vernachlässigt, dass Pkw und Lkw Wege nutzen können, die für die ganz anderen Zwecke der Erschließung und „Zuwegung" seit vielen Jahrhunderten angelegt wurden (vgl. Abb. 3). In der verkehrsbezogenen Diskussion wird zwar häufig der Satz zitiert, „wer Straßen sät, wird Verkehr ernten". Diese Aussage zielt aber auf die Bundesverkehrswegeplanung mit ihrer Aufteilung der Mittel auf Straße und Schiene; und er suggeriert, dass vor allem jeder neue km Autobahn – also im

Prinzip die gegenwärtige Bautätigkeit im Straßenbau – entscheidend zum Siegeszug der Individualverkehre aller Art beiträgt.

Die Verkehrswege-Realität sieht aber tatsächlich ganz anders aus: Im Jahre 1990 betrug der Bestand an klassifizierten Straßen 220Tsd km, davon waren nur 11Tsd km Autobahnen. Hinzu kamen *zusätzlich* – in solchen Diskussionen fast immer „vergessen" – 410Tsd km Gemeindestraßen. Auf diese Weise standen den Fernverkehrswegen (Abb. 3, linke Seite) mit den Verbindungsfunktionen etwa 530Tsd km Straßennetz in den stadtregionalen Räumen – also Netze, deren Bestandteile seit vielen Jahrzehnten existieren – gegenüber. Der entscheidende Unterschied zu den speziell angelegten Fernsystemen (erst Wasserstraßen, dann Eisenbahnsysteme und später die Schnellstraßen) besteht deshalb darin, dass bei den straßenbasierten Individualverkehrssystemen die Feinverteilung gewissermaßen eingebaut ist: Es gibt keine Vor- und Nachläufe, die Lkw (oder natürlich auch die Pkw) können direkt „von Haus zu Haus" durchfahren. Ein schon lange existierendes Wegenetz kann allerdings erst von diesem Verkehr genutzt werden, seitdem die individuellen Kraftfahrzeuge dafür entwickelt sind. Solche neuartigen individuellen Verkehrsmöglichkeiten bewirken eine qualitative Veränderung der „Erreichbarkeit": Wie bereits bei der Skizze der Stadtplanung erwähnt, ging es ursprünglich bei der strukturellen Gliederung der Einrichtungen um den Zugang für die Bürger, im Prinzip um eine „zu Fuß-Erreichbarkeit" beispielsweise der Schulen („Volksschuleinheit") oder der Ladenlokale („Gemeinbedarf"). Diese „direkte" Erreichbarkeit nahm dann ab, weil

– die Städte in der Fläche wuchsen,
– sich die Einrichtungen aber auch ausdifferenzierten, an bestimmten Plätzen konzentrierten etc.

Parallel hierzu musste deshalb die Erreichbarkeit mit Verkehrssystemen notwendigerweise ausgebaut werden (zuerst die Systeme des Öffentlichen Verkehrs). Die etwa ab Mitte des vorigen Jahrhunderts hinzukommende Verbreitung der individuellen Verkehrsmöglichkeiten, die ja maßgeblich von der individuellen Motorisierung abhängt, dominiert nach einiger Zeit die öffentliche (geplante) Verkehrserreichbarkeit, die individuelle Verkehrserreichbarkeit wird maßgeblich. Diese völlig neuen Möglichkeiten setzen einen Automatismus in Gang, bei dem die Verkehrserreichbarkeit später unverzichtbar wird: Statt direkter Zuordnung strebt man Zugang vor allem über die Verkehrserreichbarkeit an (vgl. Abb. 4). Und durch die neuen individuellen Möglichkeiten (die vorwiegend ungeplant sind) können sich dann in der Folgezeit auch die Verteilungen der Einrichtungen und Nutzungen in den Flächen der Städte und ihres Umlandes verändern.

Die Städte werden zu Regionen, radiale Strukturen mit Schwerpunkten in der Mitte („Stadtkrone") verändern sich zu Flächen mit im Extremfall totaler Gleichverteilung der Wohnplätze und der Attraktionen (Quellen und Ziele). Auf diese Weise entstehen Verkehrsverflechtungen, für die z. B. Massenverkehrssysteme denkbar schlecht geeignet sind. Denn das einzige System, das bei fehlender „Bündelung" der Verkehrswünsche effizient operieren kann, ist nun einmal der *privat organisierte* Individualverkehr.

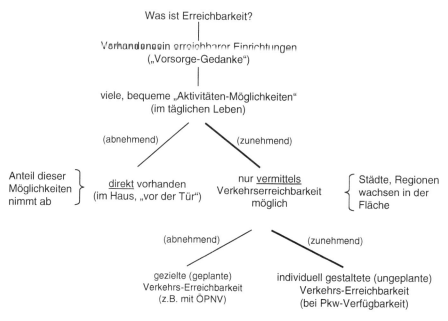

Abb. 4 Entwicklung der Verkehrserreichbarkeit im Zeitverlauf (eigene Darstellung)

2.3 Sackgasse der „automobilen", regionalisierten Stadt

Die individuell gestaltete, (fast) „ungeplante" Erreichbarkeit begründet im Prinzip ein individualisiertes, „entgrenztes" Verkehrswesen. Es existiert dadurch heute kein Transportsektor in gemeinwirtschaftlicher Tradition mehr, sondern Verkehr/Transport dient als Hilfsmittel und sogar Ersatz für manches andere Bedürfnis – also als Kompensation für Versäumnisse in ganz anderen Bereichen (z. B. die mangelhafte Ausstattung mit erreichbaren Einrichtungen für das tägliche Leben). Mobilität und Transport werden feste und damit auch unverzichtbare Bestandteile von Tages- und Lebensabläufen sowie von Wertschöpfungsstrukturen. Ganz besonders wirkt sich dies natürlich auf die Raum- und Verkehrsverhältnisse in regionalen Lebensräumen aus. Die verstreuten, „regionalisierten" Wohnstandorte benötigen Autoerreichbarkeit. Dies trifft sich mit der Fixierung auf Autoerreichbarkeit bei den vergrößerten Handelsstandorten; parallel dazu werden Kleinstandorte unrentabel, sie fallen weg. Die Änderung der Fertigungsweisen (mit viel Transport und geringer Fertigungstiefe) begünstigt die Entstehung neuer, im Umland gelegener Fertigungsstandorte, die dann gleichfalls nur automobil sowie mit dem Lkw erreichbar sind.

Diese völlig aus dem Ruder gelaufene Bedeutung der individuellen Verkehrserreichbarkeit für die Menschen und für die Wirtschaft hat negative Folgen für die räumliche Planung (Stadtplanung, Siedlungsplanung, öffentliches Planen und Handeln): Insbesondere werden viele Instrumente der räumlichen Planung ihrer Wirkung beraubt, weil die individuelle Erreichbarkeit – auch im

Wirtschaftsverkehr – Flächenangebote anderer Planungsträger (in der Region, in den Nachbarkommunen) zu oft preiswerteren Alternativen macht. Dies mindert dann auch das Selbstbewusstsein der Planer, die als Reaktion hierauf ihre klassischen Ordnungsvorstellungen nicht mehr für zeitgemäß halten (Wohnwünsche, „Lifestyle" der Bürger, aktuelle „verkehrsbasierte" Wirtschaftsweisen etc.); und die darüber hinaus von vielen Seiten eingeredet bekommen, dass sowieso alle Probleme mit Verkehr bzw. mit Technik im Verkehr lösbar seien (vgl. Kutter 2005: 146 f). Und vor diesem Hintergrund bewirkt das „entgrenzte" Verkehrswesen dann auch einen Niedergang der Instrumente der Siedlungsplanung.

Aber auch im Verkehrsbereich selbst bewirkt diese Erreichbarkeits-Revolution schwerwiegende Folgeveränderungen: Die Dominanz der Auto- (Lkw-) Erreichbarkeit hat beispielsweise sehr weitreichende Konsequenzen für die „klassischen" Transport- und Verkehrssysteme: Der ÖV verliert viele Fahrgäste, insbesondere dünn besiedelte Flächen sind für ihn auch überhaupt nicht mehr kostendeckend zu bedienen; die zu-Fuß-Erreichbarkeit hat sich dramatisch verschlechtert, das Fahrrad kommt infolgedessen oft nur deshalb zum Einsatz, weil zu Fuß kaum Einrichtungen erreichbar sind. Für die Wirtschaft hat die Bahn immer weniger Bedeutung; und mit dem Aufkommen branchenspezifischer, Lkw-basierter Logistikknoten hat sich sogar die Idee der Güterverteilzentren (GVZ) inzwischen überlebt.

Im Gegenzug weitet sich der Aufgabenbereich des MIV laufend weiter aus: Einen Überblick über die auf der Fläche Deutschlands pro Werktag anfallende Menge an Kfz-Fahrten gibt Tab. 1. Für die Planung von allergrößter Bedeutung ist dabei die Tatsache, dass 90 Prozent dieser Fahrten in regionalen Räumen auftreten, wo sie dann ja auch entsprechen massiv auf die Lebensqualität einwirken. Durch die immer noch laufende „Regionalisierung der Stadt" wächst die Autoabhängigkeit des Gesellschafts- und Wirtschaftssystems noch an; und die Belastungen durch Verkehrsfolgen steigen weiter an, denn der Umlandbewohner benötigt pro Tag sehr viel mehr Autofahrten als der Stadtbewohner, weil die „Eigenfortbewegung" (zu Fuß/Rad) in den Umlandstrukturen praktisch keine Rolle mehr spielt.[5]

Die individuell gestaltete Verkehrserreichbarkeit ist nicht nur ein Verkehrssystem wie die Bahn oder der Luftverkehr. Sie stellt ein „sozio-technisches System" dar, in dem die Verkehrstechnik zu einem festen Bestandteil der Lebensabläufe und der Tagesablaufgestaltung wird (vgl. Kirchner und Ruhrort in Kap. VI.1 dieses Bandes: ▶ Verkehrstechnik und Gesellschaft: Techniksoziologische Perspektiven auf das Wechselverhältnis von sozialen und technischen Entwicklungen). Der enorme Einfluss auf die Wertschöpfungsstrukturen der Wirtschaft sei dabei nur am Rande erwähnt.[6] Für die Planung und Politik ist das

---

[5]Die größten Distanzanteile dieser Umland-Fahrten werden zwar außerhalb der Städte zurückgelegt. Für die Belastung auf den sehr viel kleineren Stadtflächen sind aber die Fallzahlen (Kfz Fahrten) entscheidend; denn die Ziele der Fahrten liegen ja überwiegend noch in den Kernstädten.
[6]Dabei sollte man auch die Wirkung eines Pkw als „Bedeutungshülle" nicht unerwähnt lassen; sonst wäre ja auch kaum zu verstehen, welche enormen Anteile am Einkommen für individuelle Mobilität aufgewendet werden und damit den Automobilsektor zum „unantastbaren" Wirtschaftsbereich machen.

Tab. 1 Werktägliche Kfz-Fahrten in Deutschland (Mio. Kfz-Fahrten, Stand etwa um 2000)

		Tägliche Kfz-Fahrten (Trips) in Mio.		
		Verkehr in Regionen	Verkehr zur Nachbarregion	Fernverflechtungen
Wirtschafts-LKW		6,0	0,4	
u. Güterverkehr PKW		16,0	2,5	1,0
Gesamter WiGüVerk		22,0	2,6	1,3
Privater Verkehr (Pkw)	Beruf[1]	37,0	2,5	1,0[2]
	Einkauf	20,0	2,0	
	Freizeit	25,0	3,0	
Ges. priv. Kfz-Verkehr		82,0	7,5	1,0
Ges Kfz-Verkehr		104,0	10,0	2,4

1) Pro Aktivität werden 2 Fahrten angenommen (die reale Zahl der Wege liegt also höher).
2) Schätzungen für den privaten Fernverkehr (insbes. Freizeit) sind für mittlere Werktage sehr unsicher: saisonale Bedingtheiten, Überlagerungen, „Urlaub" (keine Datengrundlagen verfügbar bzw. unvollständig)
Quellen: DIW („Verkehr in Zahlen"), div. Jahrgänge; Kalter, Lenz und Vogt 2002; div. Unterlagen zum regionalen Wirtschafts- und Güterverkehr für Hamburg, München, Berlin, Dresden; eigene Schätzungen.

Beharrungsvermögen (die „Trägheit") dieses sozio-technischen Systems von außerordentlicher Bedeutung, da es Veränderungen der von selbst, über längere Zeiträume zustande gekommenen Zustände – z. B. bei der Wertschöpfung der Wirtschaft oder der Organisation von Tagesabläufen – sehr schwierig macht.

3   Planungsmethodik für Siedlung und Verkehr

Überlegungen zu einer Eindämmung der Belastungen der Menschen sowie einer Rückführung des Energieverbrauchs (durch den Individualverkehr) müssen an den Verkehrserfordernissen in den Lebensräumen ansetzen: Wie gezeigt, entstehen hier die maßgeblichen Mengen, hier kann aber auch am ehesten auf das „sozio-technische System" Automobilität eingewirkt werden, weil hier einerseits die verkehrsverursachenden Nutzungen bzw. Einrichtungen, aber andererseits auch die diversen Infrastrukturen für den Verkehr verortet sind.

Wenn man die Entstehung von Verkehrsverflechtungen in den Vordergrund stellt – Stichworte: Standortstrukturen und Verflechtungserfordernisse –, ergibt sich für Eingriffe eine Fülle von Ansatzpunkten: Der räumliche Ausgangszustand verändert sich auch in Zukunft laufend, dabei wird er kontinuierlich „beplant". Realisiert werden bei diesen Entwicklungen Standortveränderungen von Haushalten, Wirtschaftsunternehmen und Institutionen. Von elementarer Bedeutung sind in diesem komplexen Entstehungsgefüge alle jene Dinge, die die (räumliche) Entwicklung der materiellen Umwelt lenken (können). Eine erhebliche (gegebenenfalls kontraproduktive) Rolle spielen auch die Maßnahmen im Verkehrsbereich (insbesondere Ausbau der Infrastruktur), da sie ja an der Genese von Verkehrserreichbarkeit bzw. der Ausprägung von „Raumwiderstand" beteiligt sind (vgl. Scheiner in Kap. VII.1 dieses Bandes: ▸ Verkehrsgeneseforschung: Wie entsteht Verkehr?).

Die Rückbesinnung auf Prozesse der Siedlungsentwicklung und ihre Hauptbestimmungsgrößen erlaubt gewisse Aussagen über die Erfolgschancen von Maßnahmen: Bei all jenen, die auf die mittel- und langfristigen Raumgestaltungen Einfluss nehmen, ist mit einer nachhaltigen Wirkung zu rechnen; hierzu gehören die Verkehrserreichbarkeiten generell und umgekehrt alle Förderungen der „direkten Erreichbarkeit" (Nahausstattung). Standortwahlvorgänge sowohl der Wirtschaft wie der Privaten wären allerdings mehr als bisher zu begleiten und zu steuern, wobei als Instrumente hierfür neben Information und Genehmigung (z. B. der Lage oder der Größe der Nutzflächen) auch jegliche Art von Förderungen, Finanzhilfen bis hin zu Verteilungsschlüsseln beim Finanzausgleich („goldener Zügel") in Betracht kommen.

Leider verbleiben darüber hinaus – vor dem Hintergrund der hohen Raumwirksamkeit von mittel- bis langfristigen Prozessen – nur sehr wenige Möglichkeiten für eine Beeinflussung der kurzfristigen Verkehrsentscheidungen: Neben der viel gepriesenen informationellen Vernetzung kommt hier der Preispolitik („pretiale Lenkung") sowie ihrem Gegenüber, der Ordnungspolitik die überragende Bedeutung zu. Weitere Maßnahmen sind beispielsweise die Abstimmung des ÖV auf die räumliche Struktur der Beförderungswünsche (schon aus finanziellen Erwägungen erforderlich) oder sämtliche auf Akteure bezogenen „Informationsoffensiven", mit denen Einfluss auf individuelles Verhalten im Verkehr genommen werden soll (vgl. hierzu Gutsche und Kutter 2006). Vor diesem Hintergrund wird noch einmal deutlich, welche elementare Bedeutung der Siedlungsstruktur für die Verkehrsentstehung und damit auch für die Überlegungen zur Problemlösung zukommt. Wie aber könnte einer entsprechenden Siedlungsplanung heute wieder mehr Bedeutung verschafft werden?

Durch die Vermischung von räumlicher Entwicklung (der Nutzungen, der Besiedlung) mit der Entwicklung der Möglichkeiten im Verkehrsbereich wird die planerische Betreuung des Systems „Siedlungsstruktur und Verkehr" zu einer sehr komplexen Aufgabe. Wirkungsvoll ist diese Aufgabe nur mit systemanalytischen Methoden zu bewerkstelligen, so z. B. auch mit Simulationstechniken. Diese Randbedingung ist bei der Entwicklung (oder auch Wiederentdeckung) der Methoden der Planung (Stadtplanung, heute „stadtregionale" Planung) besonders zu beachten. Vor 50 Jahren war dieser Aspekt allerdings in der Stadtplanung schon einmal Standardmethodik. Auch dies wurde von Albers bei seiner Planungsanalyse sehr anschaulich aufbereitet:

Ergänzend zu den inhaltlichen Vorstellungen der Stadtplanung wurde nach der Mitte des 20. Jh. das methodische Vorgehen für „[...] die Auswahl aus alternativen Handlungsmöglichkeiten" (Albers 2001: 25 f.) verfeinert. Im Prinzip ist dies ein Prozess mit politischen Entscheidungen (über Alternativen), welche der Fachwissenschaftler durch *Darstellung von Auswirkungen* (der Alternativen) vorbereiten sollte." Und so kam es schließlich zur Wissenschaft von der Planung (zuerst von Harris (1965) skizziert) mit dem inzwischen weit verbreiteten Diagramm vom Planungsprozess, das in der gleichen Form seitdem genauso in der Verkehrsplanung Anwendung findet.[7] Auch erfahrungswissenschaftlich orientierte Verkehrswissenschaftler und Verkehrsplaner konnten der von Albers beschriebenen Theorie der Stadtplanung mit der Darstellung des Planungsprozesses vollinhaltlich folgen. Bezeichnenderweise erschien deshalb auch die erste Veröffentlichung eines Bauingenieur-Verkehrsplaners (vgl. Heidemann 1971) zum Planungsprozess in der „Stadtbauwelt".

Bedauerlicherweise haben sich dann aber in der Folgezeit die beiden Teildisziplinen der klassischen *Baufakultät* (Stadtplaner/ Architekten und ihr Gegenüber, die Verkehrsplaner/Bauingenieure) auf verschiedenen Wegen weiterentwickelt. Auch Albers diskutiert diese Entfernung der Stadtplaner vom systemanalytischen Vorgehen: „Der Planer muss seine Empfehlungen auf ein Modell der Wirklichkeit gründen, mit dem er [...] die Wirkungen der [...] vorgeschlagenen Maßnahmen simuliert". Und weiter „[...] da solche Modelle erst durch Reduzierung von Komplexität gewonnen werden können, bleibt ihre Wirklichkeitsnähe (dies zumindest ist die Meinung vieler Stadtplaner, Anm.) fragwürdig" (Albers 2001: 27). Hierzu muss aus erfahrungswissenschaftlicher Perspektive angemerkt werden, dass eine *auf die Zukunft gerichtete Tätigkeit* per definitionem nicht ausschließlich auf eine *beobachtbare* Wirklichkeit gerichtet sein kann, der Begriff „fragwürdig" also darauf hindeutet, dass wesentliche Prinzipien der planerischen Informationsverarbeitung gerade von Architektur-Stadtplanern heute überhaupt nicht mehr angewendet werden.

Diese *Reduktion von Komplexität* ist nämlich für den Betreuer der Siedlungsentwicklung und speziell den Verkehrsmodellierer die einzige Methode, um die Entwicklung der Siedlungsstruktur, Veränderungen der Prozesse an den Einrichtungen, Änderungen bei den Lebensgewohnheiten sowie der Mobilität, und das alles unter Einbeziehen der Verkehrsmöglichkeiten überhaupt verstehen und nachvollziehen zu können (vgl. hierzu das Modellkapitel bei Kutter 2005). Man mag ja verstehen, dass vielen Planern gerade die Ergebnisse von solchen im menschlichen Verhalten begründeten, auf breiter statistischer Basis abgesicherten Simulationen nicht gut gefallen.[8] Aber man kann sie schon gar nicht durch direktes Befragen der Betroffenen ersetzen. Man sollte deshalb die in den wesentlichen Teilen

---

[7]Nach Albers (2001: 27) gehören zum *wissenschaftlichen Bereich* der Planung die Datenerfassung, ihre Analyse, ihre Interpretation im Sinne eines theoretischen Zusammenhangs (Anm.: Modelltheorie) sowie die darauf gegründete Wirkungsprognose. Die weiteren Schritte Zielsuche, Entwurf und Bewertung von Alternativen sowie Entscheidung (und ggf. Implementierung) „[...] mögen im methodischen Vorgehen wissenschaftliche Elemente enthalten, gründen aber letztlich auf *Wertungen*" (Albers 2001: 27). Diese Zweiteilung ist auch der Grund für das Artikelthema bei Heidemann (1971) „Über informative und normative Sätze in der Planung".

[8]Kritikpunkt ist in vielen Fällen die sogenannte Auswirkungsanalyse für konzipierte Maßnahmen oder Maßnahmenbündel. Da der Verkehrsbereich dominiert ist von routinisiertem Verhalten – über längere Zeiträume ausgeprägte Gewohnheiten z. B. bei der Verkehrsmittelwahl – fallen die Effekte von Verkehrsinvestitionen (etwa beim ÖV), abgeschätzt in Anlehnung an Kenntnisse vom Realverhalten und darauf aufbauenden Verkehrsmodellen oft nur marginal aus. Alle Effekte darüber hinaus sind zwar wünschbar, aber ad hoc nicht realistisch und allenfalls längerfristig mit viel Bewusstseinswandel erreichbar.

erfahrungswissenschaftlich fundierte Planungsmethodik für die Siedlungsentwicklung keinesfalls zum „alten Eisen" erklären, wenn Regionsentwicklung zukunftsfähig werden soll. Wesentlich wird allerdings sein, die heute oft nebeneinander agierenden Fachplanungen oder öffentlichen Institutionen in eine Gesamtplanung zu integrieren bzw. auf eine übergreifende Gesamtstrategie zu verpflichten. Denn es ist leider wenig nachhaltig, wenn planerische Bemühungen um eine Begrenzung der Automobilität bzw. der Verkehrsintensität von Raumstrukturen generell mit einer Wirtschaftsförderung konfrontiert sind, die darauf fixiert ist, die Wachstumspotentiale letztlich einzelner Kommunen zu verstärken (vgl. DIW 1995: 288).[9]

Im Rahmen einer groß angelegten Untersuchung der Chancen und Konsequenzen einer Fusion der Länder Berlin und Brandenburg – also letztlich der Installation einer potenten metropolregionalen Handlungsebene – wurde das Thema Verkehrsbewältigung mit den Komponenten „weniger transportintensive Strukturen" (verkehrssparsame Raumstruktur) sowie „verkehrssparsame Verhaltensweisen" bearbeitet (DIW 1995: 291 f.). Unter anderem wurde schon damals der dynamische Prozess aus Verkehrsmöglichkeiten und regionalen Raumentwicklungen sowie Steigerungen der Verkehrsnachfrage (die sogenannten „Teufelskreise") thematisiert (und konkretisiert für Handlungsebenen, Planungsprozesse, Handeln von Verwaltungsebenen, Wohnungsbauförderung, Gemeindefinanzausgleich, Wirtschaftsförderung, etc.). Selbstverständlich wurde auch damals schon die regionale Ebene – also in dem Fall das fusionierte Bundesland – als gesamtverantwortlich erkannt, da die meisten der später bemängelten Verkehrseffekte der Regionalisierung durch das „Gegeneinander-Arbeiten" von Kernstadt und Umland entstehen.

4 Darstellung der Entwicklungen von Raum und Verkehr

Ausgangspunkt einer systemanalytischen (modellierenden) Behandlung regionaler Raumentwicklungen ist zuallererst der Sachverhalt, dass überhaupt keine Entwicklung im Raum „von selbst" geschieht. Bei dieser räumlichen Entwicklung ist das Wort von der „Alternativlosigkeit" ebenso unpassend wie bei der Entwicklung der europäischen Finanzmärkte. In beiden Fällen erfolgt eine Naturalisierung der von Menschen gemachten gesellschaftlichen Verhältnisse.

Unterteilt man die Sachstrukturen im regionalen Raum in die räumlichen Strukturen der Nutzungen und die Komponenten der Verkehrserreichbarkeit, so sind beide von Rahmensetzungen der öffentlichen Hand abhängig; öffentliche Institutionen sind gewissermaßen für die Gestaltung dieser „materiellen Umwelt"

---

[9]Eine *Verkehrsfolgenprüfung* ist bisher nicht vorgeschrieben. Also interessieren sich die Wirtschaftsförderer im Umland nicht für die Verkehrsfolgen ihrer Umland-Gewerbegebiete in der Kernstadt; insbesondere kommen in Gewerbegebieten am Rand die Beschäftigten nicht aus den Randgemeinden, sondern aus der Kernstadt (freigesetzt von den ehemaligen Stadt-Standorten). Dies verursacht Auspendler (mit dem Auto), die überhaupt nicht wirtschaftlich mit einem ÖV versorgt werden könnten.

zuständig.[10] Dies gilt auch dann, wenn beide – also räumliche Strukturen und Verkehrserreichbarkeit – teilweise durch individuelles Handeln oder individuelle Entscheidungen zustande kommen. Bei den Simulationen geht es also um die Abbildung von Standort- und Verkehrsentscheidungen in Kenntnis des individuellen Handelns *in Abhängigkeit* von den räumlichen Strukturen und der Verkehrserreichbarkeit *unter Einbeziehung* der planungsspezifischen Eingriffsmöglichkeiten (vgl. Abb. 5). Und dies ist schließlich der Ausgangspunkt der realwissenschaftlich fundierten *Auswirkungsanalyse*.

Dabei sollte man an dieser Stelle auch auf die lange diskutierte Streitfrage zwischen Ingenieuren und Sozialwissenschaftlern eingehen, ob denn die raumstrukturellen Differenzierungen der Verkehrsverflechtungen von siedlungsstrukturellen Entwicklungen bestimmt werden, oder ob sie letztlich doch nur auf individuellen Wünschen und Präferenzen beruhen. Offensichtlich ist dies eine Unterscheidung, die fast nur aus dem unterschiedlichen Selbstverständnis der beiden Disziplinen entsteht: Für den Problemlöser und Planer beantwortet sich die Frage nach der „Kausalität des Einflusses der Raumstrukturen auf die Mobilität" (Scheiner 2013: 407) nämlich sehr schnell: Für den Planer ist es eben *kein großer Unterschied* , ob die Differenzen in der Verkehrsnachfrage zwischen unterschiedlichen siedlungsstrukturellen Lagen auf Kenngrößen dieser räumlichen Strukturen zurückgeführt werden können oder aber als „indirekter Ausdruck" von „Wohn-, Mobilitäts- und Erreichbarkeitspräferenzen" zustande kommen, die sich im Ergebnis aber gleichfalls in der Ausprägung von räumlichen Strukturen – mit entsprechenden Verkehrsfolgen – manifestieren.

In jedem Fall ist ja irgendein Planer oder eine öffentliche Instanz für die Entstehung der Raumstrukturen – der Nutzungen in Stadt und Region – verantwortlich (gewesen). Und für die Verkehrsplanung müssen schließlich vom Realweltforscher *die Unterschiede in der Verkehrsnachfrage* (in räumlicher Differenzierung, also abhängig von den Endergebnissen individueller Präferenzen) korrekt abgebildet werden. Hierfür wäre es allerdings eine wesentliche Verbesserung der Ausgangsbedingungen der Voraussschätzungen, wenn die erwähnten Präferenzen in entsprechenden Standortwahlmodellen längst ihren Niederschlag gefunden hätten und damit der Input der Simulationen (der Verkehrsverflechtungen) verbessert werden könnte.

Eine Kombination der Verkehrsschätzungen mit den diversen vorgelagerten raumbedeutsamen Veränderungen und Entscheidungen von Menschen und Institutionen (vgl. Abb. 5) wurde für die Metropolregion Berlin-Brandenburg schon 1990 im Bereich Personenverkehr modelltechnisch vorbereitet (vgl. Kutter und Mikota 1990). Die darauf basierenden Möglichkeiten einer Simulation der Verkehrsentwicklung wurden dann 1995 (vgl. Kutter 1995) dargestellt: Ausgangspunkt der

---

[10]Für den Planer ist nicht die Frage entscheidend, ob der Raum in den wissenschaftlichen Erklärungsversuchen die wesentliche Rolle spielt; vielmehr sind für ihn die materiellen/sächlichen Dinge (bisher) die einzigen Sachverhalte, die er bewusst und gezielt verändern kann, sie sind Gegenstand seiner Handlungen.

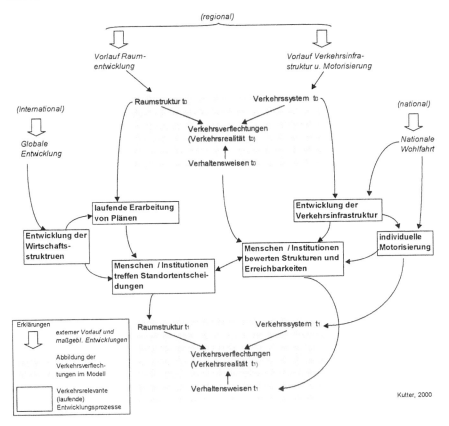

Abb. 5 Einordnung von Verkehrssimulationen in raumbedeutsame Entscheidungen, Entwicklungen und Planungen (Quelle. Eigene Darstellung)

Diskussion war die Berliner Wunschvorstellung einer Konstanz der Einwohnerzahl und insbesondere der Beschäftigtenzahlen auf der Fläche Berlins. Im Gegenszenario wurde angenommen, dass gewerbliche Beschäftigte zur Hälfte im Umland (200Tsd) angesiedelt werden und dass 250Tsd Berliner in das Umland abwandern (tatsächlich sind dies heute schon erheblich mehr). Selbst mit diesen moderaten Annahmen verursachen die „neu verteilte" (Berliner) Modellbevölkerung sowie die (Modell-) Beschäftigten der gewerblichen Wirtschaft statt 28,2 km Berufsverkehr pro Beschäftigtem und Tag 37,0 km (+ 31 Prozent); dabei haben die Auspendler auf das 2,5-fache und die Einpendler um 80 Prozent zugenommen. Hierdurch verändert sich natürlich auch der Modal Split zugunsten des MIV. Nur am Rande erwähnt seien dabei die gleichfalls sehr viel höheren Verkehrsleistungen des Wirtschafts- und Güterverkehrs, der jetzt vorwiegend vom Umland/„Speckgürtel" aus operiert, nachdem GVZ und Verteilzentren nur noch dort neu gegründet wurden.

Die Darstellung der Ausgangsbedingungen von Verkehrssimulationen für Zeithorizonte zusammen mit den anderen im Betrachtungszeitraum erfolgenden raumbedeutsamen Entscheidungen und Entwicklungen im Bereich „vor dem Verkehr" (vgl. Abb. 5) macht darüber hinaus eines besonders deutlich: Die Heterogenität und Vielfalt der im Raum stattfindenden privaten und institutionellen Entscheidungen erlaubt es nicht, alle raumbedeutsamen Dinge bis zum einzelnen Verkehrserzeuger zurück zu verfolgen und dies dann auch entsprechend abzubilden. Wenn die Sozialforschung dies fordert (vgl. z. B. Scheiner 2013: 407), dann ignoriert sie die vielen notwendigen Vereinfachungen, die der Verkehrsplaner an solchen sehr wohl verfolgten hohen Ansprüchen im Verlauf von 30 Jahren „Verkehrsursachenforschung" vornehmen musste, weil die Daten hierfür nicht vorlagen oder weil die Erhebungen oft weder reliabel waren noch valide Ergebnisse lieferten.[11]

Eine erfahrungswissenschaftlich korrekte Abbildung der Entstehung von Verkehrsvorgängen muss nun einmal Hypothesen aufstellen, sie an Hand von sicheren und repräsentativen Daten überprüfen, um sie in „Gesetzmäßigkeiten" (die selbstverständlich vereinfacht sind gegenüber der gesamten individuellen Verhaltensentstehung) zu verwandeln, mit denen man in der Planung dann arbeiten kann. Heterogenität und Vielfalt sind dabei zwar Ausgangsmaterial, aber weder vollständig erfassbar noch aussagefähig modellierbar. Und was beispielsweise die hochdifferenzierten speziellen Bedürfnisse betrifft, die sich heute immer zahlreicher beobachten lassen und auch die Forschungsdiskussion prägen, so muss man akzeptieren, dass eine wie auch immer geartete staatliche Vorsorge sich um die vollständige Befriedigung solcher Bedürfnisse nicht kümmern kann.[12]

Und wenn in diesem Zusammenhang von Scheiner (2013: 406) – neben der allgemein anerkannten „ability to get at" – eine „ability to move" eingefordert wird, kann man davor – mit Hinweis auf mögliche Rechtsansprüche der sozial Schwächeren auf Finanzierung von Automobilität – nur warnen. Im Übrigen ist der befragte Regionsbewohner bzw. Verkehrsteilnehmer noch weniger als der Planer in der Lage, die räumlichen und verkehrsbezogenen Veränderungen für den betrachteten Zeitraum (der ja in die Zukunft reicht) realistisch einzuschätzen. Und deshalb liefern Abstraktionen von dieser nicht vollständig erfassbaren Realität in der Regel die einzig möglichen, viel aussagekräftigeren Abbilder der Zukunft. Darüber hinaus gilt selbstverständlich auch, dass diese Komplexität im allgemeinen Wissensstand der Bevölkerung – zumindest ad hoc – nicht abrufbar ist (also auch kaum in so genannten „Beteiligungsverfahren").

In ähnlicher Weise, wie oben für die Metropolregion Berlin-Brandenburg angedeutet, wurde für die Region Dresden mit sehr viel differenzierterer Datengrundlage

---

[11]Dabei dürften die Schwierigkeiten bei Erhebungen (Datenschutz, Angst vor Datenklau, weniger feste Telefonanschlüsse, Verzicht auf „echte" Befragungen durch Interviewer etc.) heute noch größer geworden sein. Vor allem ist es für die Planung ja nicht ausreichend, nur punktuell sehr spezielle und viele Informationen liefernde Untersuchungen (wie in Forschungen durchaus üblich) durchzuführen.

[12]Gleichwohl ist es sicherlich lohnend, über solche Bedürfnisse wissenschaftliche Untersuchungen anzustellen. Was aber soll ein Bezirksplaner in Berlin in „kiezigen" Wohnlagen mit der Feststellung anfangen, dass Familien mit Kleinkindern hier zwar gern wohnen, aber bei Beginn der Schulpflicht der Kinder eine weit entfernte, „bessere" Schule (ohne hohen Migrantenanteil) suchen oder den Kiez gleich per Umzug verlassen.

eine Raum-und-Verkehrs-Simulation für einen 15-Jahres-Zeitraum gerechnet (Kutter und Stein 1998). Abbildung 6 zeigt die Ergebnisse dieser Verkehrssimulation unter Einbeziehung der raumstrukturellen Veränderungen: Um den Anteil der räumlichen Entwicklungen herauszuarbeiten, müssen zunächst – simulativ – die Steigerungen der Verkehrserfordernisse aufgrund sozioökonomischer Entwicklungen isoliert werden: Eine um 28 Prozent höhere Motorisierung steigert die Kfz-km um 11 Prozent; mit der ersten Stufe der Anpassung der Pkw-Nutzung (an „westliche" Gewohnheiten) kommen 8 Prozent hinzu; weitere 7 Prozent kommen hinzu, wenn sich das Verhalten vollständig an das West-Muster angleicht (gesamte Steigerung 29 Prozent, siehe die schwarzen Felder in Abb. 6).

Zählt man Anstieg der der Beschäftigung zur Sozio-Ökonomie, so liegt der Gesamteffekt ihrer Veränderungen bis heute bei 38 Prozent. Betrachtet man darüber hinaus die Gesamtentwicklung des regionalen Verkehrsbildes in der Region Dresden ausgehend vom Basiszustand 1995 – also unter zusätzlicher Berücksichtigung der Veränderung bei der Raumstruktur – so liegt die Steigerung der Kfz-km doppelt so hoch wie bei der Angleichung allein der sozio-ökonomischen Kenngrößen. 39 Prozent Verkehrssteigerung kommen aufgrund raumstruktureller Veränderungen hinzu; dabei wirkt die Raumstruktur beim Einkaufsverkehr mit 51 Prozent 2,5-mal so stark wie beim Berufsverkehr. Wie in der Simulation ermittelt, hätten durch Gestaltung der Raumstruktur – hierbei ging es um eine Konzentration der Siedlungsentwicklung auf die Umlandgemeinden vor allem im durch die Schiene erschlossenen Elbtal – in Kombination mit Verhaltensbeeinflussung 15 bis 20 Prozent dieser Verkehrssteigerungen vermieden werden können (siehe unterer Teil der Abb. 6).

5 Perspektiven der Planung von Siedlungsstruktur und Verkehr

Die skizzierten Prinzipien einer wissenschaftstheoretisch fundierten, auf Realsachverhalten gegründeten Siedlungsplanung – mit der darin integrierten Verkehrsplanung – erlangen besondere Bedeutung, wenn Nachhaltigkeit und Energieeffizienz wirklich ernst genommen werden sollen. Sehr im Widerspruch dazu stehen aktuelle Entwicklungen bei der Stadtplanung (vgl. hierzu Albers 2001: 30 ff.), bei denen nach jahrzehntelangem Experimentieren mit einer optimalen Stadtstruktur (von der „gegliederten und aufgelockerten Stadt" zur „verdichteten und verflochtenen Stadt", „Stadt der kurzen Wege"), sowie den Überlegungen zur planerischen Informationsverarbeitung nunmehr gar kein Konzept mehr angestrebt wird: Offensichtlich glauben heute viele, „[...] dass die Qualitäten der großen Stadt in ihrer Vielfalt,[...] ihrer ‚Undeterminiertheit' liegen" und dass Strukturkonzepte umso weniger sachgerecht wären, „je mehr sich die Lebensformen in der multikulturellen Großstadt differenzieren" (Albers 2001: 31). Im Gegensatz zur organisierten Moderne (20er-/30er-Jahre des vorigen Jh.) soll dies heute ein „postmodernes Denken" zum Ausdruck bringen. Die Idee von „Stadt" wird dabei gewissermaßen durch „Freiheit zur individuellen Entfaltung" und von Seiten der Planung vorrangig durch Nachdenken über „Mobilitätskonzepte" ersetzt.

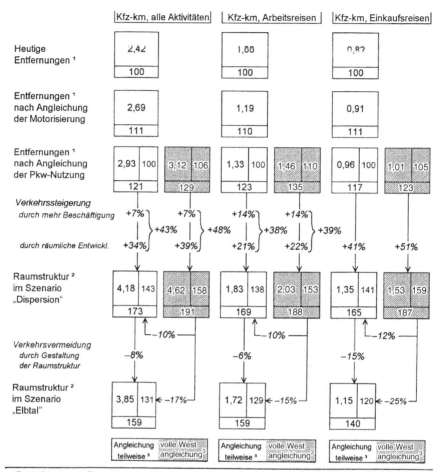

Abb. 6 Spezifizierung der sozio-ökonomisch und der raumstrukturell bedingten Verkehrssteigerungen und mögliche Minderungspotentiale (Quelle: Kutter und Stein 1998)

Mit einem Anspruch *Gestaltung von Siedlungsstruktur und Verkehrserreichbarkeit* muss man dieses Abdriften der Stadtplanung in fachkundige Begleitung der *Entwicklung von selbst* entschieden ablehnen. Eine solche Entwicklung mit den „oszillierenden Kreisen" für sehr weit entfernte spezielle Aktivitäten, einer Reurbanisierung für Wohlhabende, der Gentrifizierung mit entsprechenden Verdrängungseffekten funktioniert nur mit individueller Verkehrsmobilität. Diese Entwicklung ist *nicht nachhaltig* und sie ist schon gar nicht *ohne fossile Mobilität* darstellbar. Der Verzicht der Siedlungsplaner auf Rahmensetzungen (z. B. *Strukturmodelle*) und einen klar strukturierten Planungsablauf gleichzeitig mit dem Propagieren der Vielfalt der Möglichkeiten und der „Undeterminiertheit" gründet ausschließlich auf der „Ersatzgröße" Verkehrserreichbarkeit. Die gibt es natürlich nur mit preiswerter, fossiler Antriebsenergie. Deshalb markiert eine aktuelle „Zukunftsperspektive" *postfossiler Immobilität* auch für die Leitstrukturen der Stadtplaner eine völlig neue Ausgangsposition, die sie bisher aber kaum zur Kenntnis nehmen.

Die vorstehende Kritik an den Disziplinen der Siedlungsplanung zielt insbesondere auf die zunehmende Abkehr von bewährten Prinzipien der Problemlösung (mit der „planerischen Informationsverarbeitung", vgl. z. B. Kutter 2005: 272 ff.). Außerdem wird bemängelt, dass praktisch kaum noch Konzepte existieren für die räumliche Anordnung und die Spezifikation der Sachstrukturen (inhaltliche Rahmensetzungen) einschließlich ihrer Erreichbarkeit. Und so bleibt schließlich die entscheidende Frage, ob denn diese stringenteren Vorstellungen von Entwicklung einen gewissen Rückhalt in der allgemeinen Planungsdiskussion haben.

Für Wege aus dem siedlungsplanerischen Stillstand vermitteln Ergebnisse einer internationalen Konferenz über „Städtische Energien – Zukunftsaufgaben der Städte" einige Hoffnungen. In einem Memorandum werden wesentliche Aufgaben einer zukunftsweisenden Stadtentwicklung sehr umfassend zusammengestellt (vgl. BMVBS 2012). Beispielhaft seien hier erwähnt:

- Mehrfache Hinweise auf die Bedeutung von gemischten Nutzungen in Gebäuden und Quartieren für wenig mobile Bevölkerungsgruppen in Verbindung mit der zunehmenden Bedeutung von kurzen Wegen (vgl. ebd.: 3);
- Aktivitäten zur Ertüchtigung von Großsiedlungen, deren Vorteile ausdrücklich in ihrer (oft vorhandenen) Erschließung mit leistungsfähigem ÖV gesehen werden; komplementär wird Entwicklungsbedarf für nicht mehr nachgefragte monostrukturelle Gebiete mit Einfamilienhäusern erwähnt (vgl. ebd.: 4).

In der aktuellen Fachliteratur findet man allerdings bisher nur sehr selten solche Hinweise auf die Bedeutung der Großsiedlungen – insbesondere auch „Demonstrativbauvorhaben" aus der Nachkriegszeit – für ein nachhaltiges Siedlungs-und Verkehrssystem. Aber bei einem Anspruch „Mobilität für alle" (der ja im Prinzip Zugang für alle bedeutet) hat die Funktionsfähigkeit (bzw. die Reaktivierbarkeit) öffentlicher Verkehrssysteme in Großstädten bzw. Ballungsräumen eine entscheidende Bedeutung. Damit dies (bezahlbar) funktionieren kann, müssen bestimmte Prinzipien der *Stadt des Massenverkehrs* und auch bestimmte *Strukturkonzepte* gültig bleiben. Und genau deshalb brauchen wir wie in den 20er-Jahren des vorigen Jahrhunderts heute wieder ein Denken im Sinne der *organisierten Moderne*, erst recht beim Anmahnen der Nachhaltigkeit der Konzepte.[13]

---

[13]In einem Kapitel über „Verkehr und Daseinsvorsorge" schildern Gegner und Schwedes (2014: 44ff) die Aufgaben des Staates mit der Daseinsvorsorge als Antwort auf die Grundprobleme des marktorientierten Systems (Marktversagen). Hinter dem amerikanischen „new deal", dem Staatssozialismus im Ostblock, der Sozialdemokratie und der „organisierten Moderne" der Stadtplaner stecken die gleichen Grundgedanken eines Schutzes der Bevölkerung vor grundlegenden Risiken. Gerade im Nachhaltigkeitsprinzip findet Daseinsvorsorge heute ihre zeitgemäße Begründung.

Einen ähnlichen Hinweis auf die Bedeutung von „Strukturmodellen" bzw. die genauere Definition von Nutzungsmischungen und die Einbeziehung von Verkehrserreichbarkeiten findet man in einem Positionspapier der acatech (2012): Unter der Überschrift „Handlungsbedarf im gesellschaftspolitischen Gestaltungsprozess [...]" (acatech 2012: 28–29) mahnen die Fachleute die integrierte Behandlung von Stadtentwicklung und Verkehrsmöglichkeiten (Verkehrserreichbarkeit) an. Dabei wird in Anlehnung an *alte Planungsprinzipien* die bessere Nahausstattung der Quartiere, die Zuordnung zu den Achsen des ÖV mit entsprechend besserem Modal Split erwähnt. Gefordert wird hier eine integrierte Behandlung von Raum-, Stadt- und Standortentwicklung, die den Anforderungen an Stadtqualitäten, Erreichbarkeiten, Umweltstandards sowie an Energieeffizienz genügt (vgl. ebd.: 29).[14]

In Ergänzung der städtebaulichen Anregungen bringt das Memorandum „Städtische Energien – Zukunftsaufgaben der Städte" auch beim Mobilitätsthema eine für solche Konferenzen erstaunlich progressive Sichtweise. Dabei enthält der Begriff Mobilität (die „Mobilitätskultur") den Personen- und den Güterverkehr gleichermaßen; spätestens mit dem Internethandel oder entsprechenden Dienstleistungen können ja auch Personen- und Wirtschaftsverkehr kaum noch getrennt untersucht und behandelt werden: Als Aufgabenstellung beschrieben wird „[...] eine *neue Mobilitätskultur*, die sich auf innovative Technik sowie eine neue Balance im Modal Split gründet; Ziel ist ein stadtverträglicher, multi- und intermodaler Verkehr. Neue Angebotsformen (Leihfahrräder, Car-Sharing) entstehen. Der sich abzeichnende Wertewandel unterstützt diese Entwicklung. Der Einsatz von alternativen Antriebsformen ist ein wichtiger Beitrag, wenn die Energie regenerativen Quellen entstammt. Der Güter- und Wirtschaftsverkehr muss stadtverträglich organisiert werden. Die über das Internet vermittelte Individualisierung der Warennachfrage erfordert eine innovative Neuorganisation der KEP-Dienste mit dezentralen Güterverkehrs- und Güterverteilzentren sowie mit kleineren, elektrisch oder hybrid angetriebenen Lieferfahrzeugen" (BMVBS 2012: 3).

Auf der Energiekonferenz wird auch das „Elend mit der Spezialisierung" angesprochen. Dies betrifft einerseits die Fachplaner. In ganzheitlichen Planungsansätzen ist eigentlich eine interdisziplinäre Zusammenarbeit von Architekten, Ingenieuren und Planern erforderlich (vgl. BMVBS 2012: 6 ff.). Andererseits sollte auch die öffentliche Verwaltung durch Überwindung der sektoralen Trennung von Städtebau, Infrastrukturplanung, Verkehrsplanung, Wirtschaftsförderung und Sozialplanung eine nachhaltige Stadtentwicklung ermöglichen. Die Allokation von Raumnutzungen ist nun einmal äußerst komplex und eine Vielzahl von

---

[14] Diese völlig anders als von der Mehrheit der heute mit Mobilität befassten Forscher hergeleitete Argumentation erinnert stark an die zwei Argumentationslinien der Enquete-Kommission „Schutz der Erdatmosphäre" (20 Jahre zuvor), bei denen die umfassende, systemische Sicht dem Minderheitenvotum der Opposition vorbehalten war. Aber auch für die dies Votum „tragende SPD" hielt die relativ autokritische Argumentation damals nur so lange, bis 1994 der niedersächsische Ministerpräsident Schröder mit autofreundlichen Aussagen in den Wahlkampf zog (vgl. das Votum der EK-Minderheit in EK-Klima 1994).

Tab. 2 Vielfältige Akteure bei der Allokation von Raumnutzungen (Quelle: Eigene Darstellung)

	spezielle Akteure bei einzelnen Raumnutzungen	Handeln und „indirektes Handeln" der öffentlichen Hand
Allokation von Raumnutzung generell		ordnungsrechtliche Rahmenbedingungen, Programme, Pläne, Konzepte
Allokation der einzelnen Raumnutzungen:		
„Wohnen"	private Haushalte Immobilienwirtschaft (Bodenmarkt) Wohnungsbauunternehmen Finanzdienstleister, Banken (Arbeitgeber)	Erschließung von Flächen, ÖPNV Wohnungsbauförderung Abschreibungsmöglichkeiten (Konkurrenz der Kommunen) (kommunaler Finanzausgleich)
„Arbeiten"	Wirtschaftsunternehmen öffentliche Institutionen	Erschließung von Flächen, ÖPNV Wirtschaftsförderung (Konkurrenz der Kommunen)
„Zentrale Einrichtungen"	Handel Dienstleistungen Immobilienwirtschaft (Bodenmarkt) Finanzdienstleister Konsumenten / Kunden	Erschließung von Flächen Verkehrserreichbarkeit - insbes. „Parken" ÖPNV (Konkurrenz der Kommunen)

Akteuren – einschließlich der verschiedenen Ressortinteressen bei „öffentlichen Händen" – argumentiert und handelt teilweise gegeneinander. Beispielhaft sind in Tab. 2 für die Flächen- (Raum-)Nutzungen „Wohnen", „Arbeiten" sowie für Einkaufseinrichtungen die verschiedenartigen an der Investitions- und Bautätigkeit beteiligten Akteure aufgeführt.

Wie die Tab. 2 zeigt, ist die öffentliche Hand – neben der Verantwortung für die Planung selbst – mit vielen ordnungsrechtlichen und finanziellen (steuerlichen) Rahmenbedingungen sowie der Schaffung von infrastrukturellen Voraussetzungen an der Entwicklung von Raumnutzungen beteiligt. Die dabei auftretenden Interessenkonflikte können nur durch ein starkes und methodisch ausgefeiltes „raumbetreuendes" Planungsprinzip aufgelöst werden.[15]

Ein besonders anschauliches Beispiel für die dringend notwendige integrierte Betrachtung von unterschiedlichen Aspekten bei raumbedeutsamen Entscheidungen – hier aus der Sicht der individuellen Entscheider – ist die gemeinsame Betrachtung von Kosten für die Hausanschaffung und Mobilitätskosten an Standorten in Stadtrandlagen und im Umland (vgl. Abb. 7). So steigen die

---

[15] Insbesondere bei Einrichtungen des Handels gehörte dazu eine umfassende Verkehrsfolgenberechnung; dieses Abprüfen (mit Modellsimulationen) könnte beispielsweise auch die Einflüsse auf die räumliche Verteilung der Kaufkraftströme umfassen - so etwas wäre mit den heute verfügbaren Simulationsmodellen gut möglich.

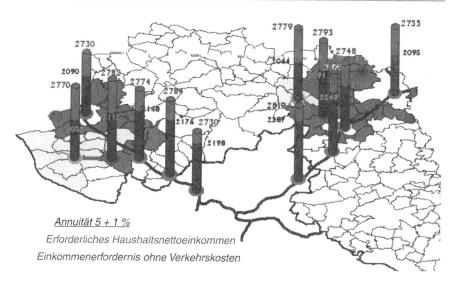

Abb. 7 Lageabhängige Ergänzung von Wohn- und Verkehrskosten am Beispiel von Einfamilienhäusern in der Region Hamburg (Quelle: Kim 2003)

Auto-Distanzen und der Zwang zu weiterer Motorisierung mit der Entfernung vom Zentrum enorm an und kompensieren die Kostenvorteile beim Grundstückserwerb dann vollständig. An Beispielrechnungen für Einfamilienhäuser im Raum Hamburg wurde dieser Zusammenhang schon vor etwa 10 Jahren erstmals aufgezeigt (siehe Abb. 7).

Für Berlin und Umland wurde jüngst eine Studie mit ähnlichen Inhalten vorgestellt (vgl. SenStadtUm 2013). Für den Erwerb von Eigentum (etwa 100 qm, Häuser und Wohnungen) lagen die monatlichen Kosten zwischen 1.000 und 1.600 €; dem standen Mobilitätskosten (2 Erwachsene, 1 Kind, alle Verkehrsmittel) zwischen knapp 450 und über 700 € gegenüber – dabei traten Pkw-Fahrleistungen zwischen 10 und über 45 Fzkm/Werktag auf. Besonders bemerkenswert ist, dass bei Mietwohnungen (etwa 80 qm) die Miete im Mittel 760 € pro Monat beträgt, die Mobilitätskosten dagegen mit 550 € fast drei Viertel (!) der Miete betragen. Da das Mietniveau über alle Lagen (Edellagen bzw. Edelobjekte ausgenommen) nur wenig variiert (teurere nur 20 Prozent über preiswerteren Wohnlagen), die Mobilitätskosten dagegen (außen) bis zu zwei Drittel höher sein können, folgt daraus: Der größte Teil des Berliner Stadtgebietes (insbesondere Berliner Altbauquartiere) ist bei der Summe der Wohn- und Mobilitätskosten preiswerter als alle Umlandstandorte!

Die Forderung, sich mehr als in letzter Zeit praktiziert ressortübergreifend um die Lebensräume kümmern zu müssen, bezieht sich vor allem auf die allzu deutlichen Mängel der „gelaufenen" Regionalisierung von Lebens- und Wirtschaftsabläufen. Jedenfalls brauchen wir auf der heute schon erreichten Stufe der verkehrsgestützten Entwicklung eine *neuartige Lebensraumplanung*. Denn die in neuer räumlicher Dimension entstandenen Stadtregionen erfahren keine optimale räumliche Planung. Liegt das etwa an einem Mangel stadtregionaler Planung? Schon wegen der Ausdehnung über die Stadtgrenzen hinaus haben logischerweise Raumordnung und Geographie an Einfluss gewonnen. Woher aber kommen diese Disziplinen, was will denn eigentlich ursprünglich die *Raumordnung*? Laut Brockhaus (2000) ist Raumordnung „koordinierende Vorsorge für eine geordnete, den Gegebenheiten der Natur und dem öffentlichen Interesse entsprechende, planmäßige vorausschauende Gesamtgestaltung des Landesgebietes oder einzelner Landesteile [...]". Geht man hiervon aus, so wird schnell klar, warum die in früheren Jahren für Raumordnung oder Landesplanung zuständigen Fachleute für eine „Stadtregion", die ja im Prinzip eine in der Fläche ausgeweitete Stadt ist, kaum mit stadt- und verkehrsplanerischen Lösungen vertraut sind.

Wenn die bisher in Stadt und Umland getrennt und eher zufällig zustande gekommenen Zuständigkeiten nur suboptimal wirken, warum sollte man dann nicht (für die Region) anknüpfen an der früheren Zusammenarbeit von *Städtebau* und *Stadtbauwesen*, die beide als Verantwortliche für Stadtplanung (Flächennutzungsplanung) sowie Verkehrsplanung und Infrastruktur-Bereitstellung auch der praktischen Umsetzung verpflichtet waren (Baufakultäten der Technischen Universitäten). Handlungsebene müsste dabei natürlich die *Region* als *heute aktueller Lebensraum* sein. Die notwendige Diskussion für eine bessere Zukunftsplanung in Lebens- und Wirtschaftsräumen muss dabei weit vor der Praxis an den Ausbildungs-Curricula ansetzen – Interdisziplinarität ist dabei sicherlich wichtiger als jemals zuvor.

Diese „Renaissance der Planung" und die Installation einer starken stadtregionalen Planung sind umso wichtiger, als umfrageabhängige Politikgestaltung („Umfrage-Demokratie") oder vordergründige Einbeziehung von Betroffenen bei Planungsverfahren kaum allein eine objektive Lösungssuche befördern können. Und im Bereich Wohnstandortwahl oder Mobilität kann man die Bürger selbstverständlich nicht nur nach ihren privaten Wünschen befragen, um damit dann die objektive Lösungssuche in einem Planungsprozess zu ersetzen. Bürger und Politiker tendieren dazu, bei ihren Entscheidungen das Hier und Heute in den Vordergrund zu stellen. Jegliche Art von kurzfristiger Betrachtung ist aber für die Suche nach Problemlösungen für stadtregionale Strukturen, die in ihrer Funktionalität auch noch von einiger Dauerhaftigkeit sein sollen, völlig ungeeignet!

6 Fazit

Mobilität und Transport ergeben sich aus der Notwendigkeit von räumlichen Verflechtungen; hinter denen wiederum stehen Vorgänge von Wertschöpfung und „Gesellungsweisen" in gegebenen räumlichen Konstellationen, die sich in einem Gegenüber von Einrichtungen im Raum und Verkehrserreichbarkeit ergeben. Momentan vorhandene Konstellationen – also der Gegenstand von Realweltforschung – haben sich allerdings in mittel- bis langfristigen Prozessen herausgebildet. Gerade dies gibt den Strukturen ein enormes Beharrungsvermögen, erschwert Veränderungen also generell. Wenn deshalb heute festgestellt wird, dass Mobilität den Menschen scheinbar über alles geht, so ist dies nur der äußere Anschein: Aufgrund der historischen Prozesse ist individuelle Mobilität oft gar nicht freiwillig, sondern ein Sachzwang. Viele kleine Entscheidungen im Laufe der Zeit gegen die Siedlungsstruktur mit direkter oder geplanter Erreichbarkeit waren letztlich eine große Entscheidung für die verkehrsgestützte und später dann individuelle Erreichbarkeit, die teilweise auch „Zwangsmobilität" sein kann. Und deshalb greifen Maßnahmen, die erst ansetzen, wenn der Verkehr sich bereits auf der Straße befindet, zu kurz. Gestaltung erscheint vielmehr nur dann möglich, wenn auf das Gesamtsystem eingewirkt wird. Voraussetzung hierfür wären entsprechend umfassende, „systemische" Realweltforschung („systematische, akteursorientierte Politikfeldanalyse"), aber auch die Entwicklung von wirksamen akteursorientierten Instrumenten für die Problemlösung. Da die Kernbedeutung der regionalen Lebensräume in etablierten Verwaltungsebenen keine Entsprechung findet, müsste das politische Mehrebenensystem – genauso wie die Finanzverteilung – vollständig umgestaltet werden.

Der hier herausgearbeitete Problembereich Siedlungsstruktur und Verkehr befasst sich überwiegend mit den in stadtregionalen Lebensräumen entstehenden Notwendigkeiten für *privaten Verkehr* – also dem Gesamtkomplex aus individuellen Standortwahlen und den Zielwahlen (für Tätigkeiten) und der Verkehrsdurchführung im täglichen Leben. Neben diesem „Alltagsverkehr" (vgl. hierzu Holz-Rau und Sicks 2013) gibt es natürlich die Fernreisen, die aufgrund ihrer viel größeren Distanzen zu Verkehrsarbeit und Energieverbrauch maßgeblich beitragen dürften. Eine der wenigen hierzu vorliegenden Gesamtbetrachtungen zeigt dann allerdings, dass der Verkehrsaufwand der Alltagswege mit 10.800 km/Jahr durchaus größer ist als der Verkehrsaufwand der Fernreisen mit 8.350 km/Jahr (vgl. ebd.: 22).[16] Stellt man hierfür eine Energieverbrauchsbetrachtung an, so liegt der Energieverbrauch – und damit die Umweltbelastung – für die Alltagswege bei 27.500 MegaJoule/Einwohner und Jahr, für die Fernreisen dagegen „nur" bei 12.600 MJ/Einwohner und Jahr.[17] Man befasst sich also mit knapp 70 Prozent des Energieverbrauchs im Personenverkehr, wenn man das Maßnahmenfeld Siedlungsstruktur und Verkehr in den Fokus stellt. Für die gut 30 Prozent verbleibenden Energieverbräuche im Fernverkehr kann die skizzierte Strategie allerdings kein Muster sein: Es müssten völlig andersartige Diskussionen (Preise?) geführt werden, wenn man in diesem Bereich von Freizeit und Urlaub etwas ändern wollte.

Zusätzlich gibt es in den Stadtregionen noch den stark zunehmenden Personenwirtschafts- und Güterverkehr, der in Folge von Internet-Diensten (teilweise also

---

[16]Um die für Stadtregionen typischen Werte zu erhalten wurden die Angaben (aus „Mobilität in Deutschland 2008") für alle Großstädte (über 100Tsd Einwohner) zusammengefasst; bei diesen großen Städten kommen Fernreisen häufiger vor als bei kleineren Orten, der Alltagsverkehr wird also eher unterschätzt.

[17]Der spezifische Energieverbrauch (Primärenergie) wurde für den Personenverkehr nach Tabelle A-1 (EK-Klima 1994: 347 f.) unter Berücksichtigung einiger neuerer Entwicklungen geschätzt. Dabei ergaben sich 2,55 MegaJoule/ Perskm für den Alltagsverkehr und 1,51 MegaJoule/ Perskm für die Fernreisen.

der Neudefinition von privaten raumbedeutsamen Aktivitäten) zunehmend mit dem Privatverkehr verflochten ist (vgl. Wermuth in Kap. IV.1 dieses Bandes: ▶ Personenwirtschaftsverkehr: Die empirische Analyse eines unterschätzten Teils des Straßenverkehrs). Da dieser Wirtschafts- und Güterverkehr Bestandteil von Wertschöpfungsstrukturen ist, muss er allerdings nach anderen Prinzipien gestaltet werden als die stark vom sozio-technischen System Automobilität geprägte private Mobilität.[18] Dabei ist ein Wertschöpfungssektor Transport am ehesten einer „pretialen Lenkung" zugänglich. Andererseits ist europaweit eine entsprechende Preispolitik noch viel schwieriger durchzusetzen als für den deutschen Teilraum. Denn bezüglich der Wirtschaftsverkehrsentwicklung gilt uneingeschränkt: Verkehr erleichtert die (internationale) Arbeitsteilung – und dies erklärt die Entwicklung von Logistik und Transport, wenn die Arbeitskosten um ein Mehrfaches bedeutsamer sind als die Transportkosten. Die kontinentale Erreichbarkeit mit dem Lkw – der maßgeblichen Grundlage für die europäische Wirtschaftsverflechtung – zu erschweren, wäre auch nur im europäischen Konsens möglich, wobei eine solche „Fernverkehrseinschränkung" im heutigen Europa völlig unrealistisch erscheint und wohl auch kaum im Interesse der Exportnation Deutschland liegt.

Literatur

acatech - Deutsche Akademie für Technikwissenschaften, Hrsg. 2012. *Menschen und Güter bewegen – Integrierte Entwicklung von Mobilität und Logistik*, acatech POSITION. München. www.acatech.de.

Albers, Gerd. 2001. Zur Rolle der Theorie in der Stadtplanung. In *Wer plant die Stadt, wer baut die Stadt*, Hrsg. Deutsche Akademie für Städtebau und Landesplanung, Bericht 2000, 12–34. Berlin.

Brockhaus in einem Band. 2000. Leipzig.

BMVBS - Bund. Min. für Verkehr, Bau und Stadtentwicklung, Hrsg. 2012. *Memorandum „Städtische Energien – Zukunftsaufgaben der Städte"*, Konferenz 12.10.2012 unter Stadt und Land/ Städtische Energien/ Memorandum. www.bmvbs.bund.de.

Enquete-Kommission „Schutz der Erdatmosphäre". 1994. *Mobilität und Klima*. Bonn.

DIW - Deutsches Institut für Wirtschaftsforschung. (1998 und 2005/6): Verkehr in Zahlen, Hrsg. BMV/ BMVBS, Bonn.

DIW - Deutsches Institut für Wirtschaftsforschung. 1995. *Wirtschaftliche Aspekte einer Vereinigung der Länder Brandenburg und Berlin*, Beiträge zur Strukturforschung, Heft 157, Berlin.

Gegner, Martin, und Oliver Schwedes. 2014. Der Verkehr des Leviathan. Zur historischen Genese des städtischen Verkehrs im Rahmen der Daseinsvorsorge. In *Öffentliche Mobilität. Perspektiven für eine nachhaltige Verkehrsentwicklung*, Hrsg. Oliver Schwedes,47-68. Wiesbaden.

Gutsche, Jens-Martin, und Eckhard Kutter, Hrsg. 2006. *Mobilität in Stadtregionen – Akteursorientierte Planungsstrategien*. Berlin.

Harris, Britton. 1965. The Limits of Science and Humanism in Planning, *Journ. of the American Inst. of Planners*, XXXIII, 324–335.

---

[18]Hierbei stimmt es allerdings zuversichtlich (vgl. Kutter 2012), dass bei der Entwicklung des Güter- und Wirtschaftsverkehrs entgegen allen Prognosen der 1990er-Jahre bis heute schon sehr viel mehr technischer Fortschritt, aber auch logistische Verbesserungen im Sinne von Energieeffizienz erreicht werden konnten.

Heidemann, Claus. 1971. *Über informative und normative Sätze in der Planung, Stadtbauwelt* 1971, 292–295.

Holz-Rau, Christian, und Kathrin Sicks. 2013. *Stadt der kurzen Wege und der weiten Reisen, Raumforschung und Raumordnung 71*, 15–31.

Kalter, Frank, Matthias Lenz, und Walter Vogt. 2002.Wer Straßen und Schienen sät, wird Verkehr ernten? In *Internationales Verkehrswesen*, Heft 12: 593–597.

Kim, Sung-Gil. 2003. *Beeinflussung der Wohnstandortentscheidung durch die Anreizstrategie „Location Efficient Value"*, Dissertation, TUHH.

Kutter, Eckhard. 1995. Berlin braucht umfassendes Konzept für die Siedlungs- und Verkehrsentwicklung. In *Wochenbericht des DIW*, Nr. 9/95, 199–208.

Kutter, Eckhard. 2005. *Entwicklung innovativer Verkehrsstrategien für die mobile Gesellschaft*, Berlin.

Kutter, Eckhard. 2010. Postfossile Mobilität und Integrierte Verkehrsplanung, Verkehr und Technik, Heft 8, 271–274.

Kutter, Eckhard. 2012. Ohne Verkehrspolitik gibt es keine Verkehrsgestaltung. In *Verkehr und Technik*, Heft 10 und 11, 363–367 und 399–403.

Kutter, Eckhard, und Axel Stein. 1998. Minderung des Regionalverkehrs. In *Forschungsberichte des BBR*, Heft 87, Bonn.

Kutter, Eckhard, und Hans-Joachim Mikota. 1990. *Weiterentwicklung des Personenverkehrsmodells Berlin*, Gutachten (Typoskript), Berlin.

Lehner, Friedrich. 1963. *Siedlung, Wohndichte, Verkehr, Schriftenreihe für Verkehr und Technik*, Heft 17.

Scheiner, Joachim. 2013. Mobilitätsforschung contra Verkehrsplanung? In *Verkehr und Technik*, Heft 11, 403–409.

SenStadtUm. 2013. – Senatsverwaltung für Stadtentwicklung und Umwelt - Pressestelle - (24.05.2013): Wohnen am Stadtrand und im Umland oft mit höheren Mobilitätskosten verbunden (Grundlage ist ein Gutachten des Büros Gertz, Gutsche, Rümenapp „Stadtentwicklung und Mobilität", Hamburg). Berlin.

Die Bundesverkehrswegeplanung: Anforderungen an die zukünftige Verkehrsinfrastrukturpolitik des Bundes

Tilmann Heuser und Werner Reh

Zusammenfassung

Die Bundesverkehrswegeplanung entstand als Ergänzung der Bundesfernstraßenplanung ohne bisher in der Lage zu sein, bundesweite Netze oder Verkehrsträger übergreifende Mobilitäts- und Transportstrategien zu entwickeln. Sie garniert bisher die nach sektoralen Eigenlogiken funktionierenden Fernstraßen- und Schienenplanungen. Die neuen umwelt-, städtebau- oder beteiligungspolitischen Herausforderungen seit den 70er-Jahren konnten nur unzureichend bewältigt, die erforderliche Verzahnung von Aufgaben und Finanzplanung nicht erreicht werden. Trotz der formal starken Rolle des Bundes setzen sich nach wie vor regionale, teilweise sogar lokale Einflüsse zu Lasten bundesweiter Ziele und Prioritäten bei Auswahl und Dimensionierung der Projekte durch. Laut Koalitionsvertrag von 2013 soll der BVWP 2015 eine „Verkehrsträger übergreifende Netzplanung" mit nationalen Prioritätensetzungen, u. a. absolutem Vorrang der – jahrzehntelang stark vernachlässigten - Erhaltungsinvestitionen werden. Dem stehen aber das erneut praktizierte dezentrale Anmeldeverfahren und der Verzicht auf eine Reform der Bewertungsverfahren entgegen.

Schlüsselwörter

Bundesverkehrswegeplan • Verkehrsinfrastruktur • Bundesfernstraßen • Umweltverträglichkeits-prüfung • Raumwirksamkeitsanalyse

---

T. Heuser (✉)
Stellv. verkehrspolitischer Sprecher des BUND, BUND Berlin e.V., Berlin, Deutschland
E-Mail: tilmann.heuser@bund.net

W. Reh
Bund für Umwelt und Naturschutz Deutschland e.V. (BUND), Berlin, Deutschland
E-Mail: werner.reh@bund.net

© Springer Fachmedien Wiesbaden 2016
O. Schwedes et al. (Hrsg.), *Handbuch Verkehrspolitik*, Springer NachschlageWissen,
DOI 10.1007/978-3-658-04693-4_13

1 Einleitung

„Verglichen mit der Qualität des Schienennetzes ist die Qualität des Fernstraßennetzes um ein Vielfaches besser und die Netzdichte wesentlich größer. Die realisierten Verbindungsqualitäten und die Reisezeiten sind so gut, dass auch aus gesamtverkehrlichen Gesichtspunkten die Fortsetzung des bisherigen Netzausbaus nicht mehr erforderlich ist. Es kann sich aber der Eindruck aufdrängen, dass die im Bund und in den Ländern in den letzten Jahrzehnten entwickelte Straßenbauverwaltung einen nahezu automatischen Planungs- und Finanzierungsmechanismus installiert hat. Deshalb bedarf das gesamte Straßenbausystem einer grundlegenden Reform" (Zöpel 1991: 10).

Die vom früheren nordrhein-westfälischen Landesverkehrsminister Christoph Zöpel kritisierte Bundesverkehrswegeplanung entwickelte sich seit den 1950er-Jahren und ist bis heute die Grundlage für die Infrastrukturpolitik in Deutschland. Sie spiegelt das rasante Wachstum des Straßenverkehrs, steigende Einnahmen aus der Mineralölsteuer sowie die zunehmende Europäische Integration und globale Arbeitsteilung. Seit den 1970er-Jahren zeichneten sich erhebliche Planungsmängel und Defizite bei der Integration von ökologischen, raumordnerischen und städtebaulichen Zielsetzungen ab, die bis heute nicht gelöst werden konnten. Eine Integration der Verkehrsträger Straße, Schiene und Wasserstraße, die Planung zusammenhängender Verkehrsnetze statt tausender einzelner Straßenprojekte, die Verzahnung der Finanzplanung mit der Ausgabenplanung wurde bis heute nicht erreicht. Weitere Defizite bestehen in der frühzeitigen Beteiligung der Öffentlichkeit sowie der Prüfung von Alternativen.

Im Folgenden wird zunächst der formale Rahmen und Ablauf der Bundesverkehrsplanung und ihre Entwicklung seit dem ersten Fernstraßenausbauplan von 1957 beschrieben. Am Beispiel des noch aktuellen Bundesverkehrswegeplanes 2003 wird die Bewertungsmethodik und die Prioritätensetzung dargestellt, anschließend der aktuelle Beratungsstand des für 2015 geplanten neuen Bundesverkehrswegeplans (BVWP 2015) – jeweils mit Blick auf die angesprochenen Problemlagen. Zum Schluss werden allgemeine Themen und Gründe für das beobachtete Steuerungsversagen der Politik thematisiert und Reformvorschläge gemacht.

2 Die formale Struktur: Der Bundesverkehrswegeplan als Investitionsrahmenplan

2.1 Zuständigkeiten für Bundesverkehrswege

Der Bund ist nach Art. 87e, 89 und 90 GG als Eigentümer der Bundesverkehrswege (Schienenwege, Bundeswasserstraßen sowie Bundesfernstraßen, also Autobahnen und Bundesstraßen) finanziell und materiell verantwortlich für deren Planung, Bau und Betrieb. Die Wasserstraßen und das Schienennetz werden in bundeseigener Verwaltung (Art. 86 und 87 GG) geführt. Zuständig für die Wasserstraßen ist die Wasser- und Schifffahrtsverwaltung als nachgeordnete Behörde des Bundesministeriums für Verkehr und digitale Infrastruktur (BMVI). Bei der Bahn erfolgt das Management von Infrastruktur und Betrieb seit 1994 durch die DB Netz der Deutschen Bahn AG in der Form einer privatrechtlichen Aktiengesellschaft im Eigentum des Bundes. Die Bundesfernstraßen – bestehend aus 12.845 Kilometern Bundesautobahnen und 39.700 Kilometern Bundesstraßen – gehören ebenfalls dem Bund. Jedoch werden sie laut Art. 85 und 90 GG im Rahmen der Bundesauftragsverwaltung durch die Länder geplant, gebaut und unterhalten. Die Länder als ausführende Organe sind hierbei formal hierarchischen Aufsichts- und Weisungsrechten des Bundes unterworfen.

Dagegen ist die Planung der Flughäfen Sache der Bundesländer und der einzelnen Kommunen. Der Bundesregierung stehen hier keine Planungs- und Entscheidungskompetenzen zu, auch wenn sie erstmals im Jahre 2000 ein Flughafenkonzept für die Bundesrepublik Deutschland vorgelegt und dieses 2009 akualisiert hat (vgl. Bundesregierung 2000, 2009). Ebenfalls zuständig sind die Bundesländer und Kommunen für die Planung der See- und Binnenhäfen – die Rolle des Bundes beschränkt sich jeweils auf deren Anbindung an die Verkehrswege.

2.2 Aufgabe und Zielsetzung der Bundesverkehrswegeplanung

Eine übergreifende Bundesverkehrswegeplanung, die alle drei Landverkehrsträger umfasst, gibt es seit 1980. Mit dem Bundesverkehrswegeplan (BVWP) legt die Bundesregierung die langfristigen investitionspolitischen Ziele für die gesamte Verkehrsinfrastruktur in der Baulast des Bundes (Bundesfernstraßen, -schienenwege und -wasserstraßen) fest und koordiniert damit die Einzelpläne der Verkehrsträger.

Durch diese mittelfristige „Bundesverkehrshaushaltsplanung" soll sichergestellt werden, dass „die Transportinfrastruktur nicht zu einem Engpassfaktor für die weitere ökonomische Entwicklung wird" (BMV 1992: 12; vgl. auch BMVBW 2003: 8). Dies soll unter Beachtung sowohl der Wirtschaftlichkeit als auch der Schutzwürdigkeit der Umwelt, Natur und Landschaft sowie städtebaulicher Belange verwirklicht werden.

Durch den BVWP werden die für den festgelegten Planungshorizont voraussichtlich im Bundeshalt verfügbaren finanziellen Mittel für Investitionen in die Bundesverkehrswege dem Finanzbedarf gegenübergestellt, der für die Sanierung sowie den Neu- und Ausbau der verschiedenen Verkehrsträger als erforderlich angesehen wird. Die Planung dient vor allem dazu, im Lichte der bundesweiten Ziele den Bedarf für Investitionsmaßnahmen zu ermitteln und die Prioritäten der Neu- und Ausbauten im Bundesfernstraßen-, Schienen- und Wasserstraßennetz festzulegen (Dringlichkeitsreihung): Als „vordringlich" werden alle Vorhaben eingestuft, die bis zum Ende des jeweiligen Planungszeitraums realisiert werden sollen. Der „weitere Bedarf" wird zwar als grundsätzlich bauwürdig angesehen, jedoch bis zum folgenden BVWP zurückgestellt. Diese Einteilung in zwei Prioritätsstufen erfolgt insbesondere im Hinblick auf die begrenzten Finanzmittel.

Die gesetzlichen Bedarfspläne legen die Anfangs- und Endpunkte der geplanten Strecke, die grobe Linienführung, bei Bundesfernstraßen außerdem die Klassifikation als Bundesstraße oder Bundesautobahn sowie die Straßenkategorie – die Zahl der Fahrspuren – fest. Dennoch bleibt die an die Bundesverkehrswegeplanung anschließende Projektierung der Trassenführung und die Planfeststellung ein eigenständiges Verfahren, das gegebenenfalls auch das „Ob" eines Projekts in Frage stellen kann, wenn während der Konkretisierung gegenüber dem BVWP neue Erkenntnisse zutage treten.

2.3 Verfahren der Bundesverkehrswegeplanung

Inhalte und Umfang des BVWP haben sich im Laufe der Zeit gewandelt. Sein erster Vorläufer (Fernstraßenausbauplan 1957) befasste sich ausschließlich mit den Fernstraßen. Erst mit dem Bundesverkehrswegeplan von 1980 wurden die Schiene und Wasserstraßen mit einbezogen.

Nach einem eher pragmatischen Fernstraßenausbauplan von 1957 wurden die bis heute gültigen wesentlichen Verfahrensschritte mit dem 2. Bedarfsplan von 1971 eingeführt: Nutzen-Kosten-Untersuchungen mit dem ausschlaggebenden Nutzenfaktor monetarisierter Zeitgewinne, Raumordnerische Kriterien, ab 1976 traten Umweltaspekte (Lärm- und Schadstoffentlastung) zur Begründung von Ortsumfahrungen hinzu. Die Investitionsmittel wurden zunehmend nach Länderquoten und nicht auf der Grundlage der tatsächlichen verkehrlichen Bedürfnisse und Dringlichkeiten auf die Länder verteilt. Über die einzelnen Projekte und ihre Dringlichkeit wurde mit den Ländern bilateral verhandelt. Modifikationen von Maßnahmen des „vordringlichen Bedarfs" bewegten sich weitgehend innerhalb des Finanzrahmens für das betreffende Bundesland (so explizit BMV 1992: 19). Nur die Verkehrsprojekte Deutsche Einheit (VdE) führten in der Phase nach der Wiedervereinigung zu einer stärker projektbezogenen Mittelverteilung. Institutionell lässt sich das Resultat des gesamten Verfahrens als „normativer Kompromiss" zwischen der Planungsrationalität des Bundes und föderalistischem Besitzstandsdenken interpretieren (vgl. Heinze und Wolfgang 1989: 957).

Der Bundesverkehrswegeplan selbst wird von der Bundesregierung als Kabinettsbeschluss verabschiedet und entfaltet damit zunächst nur eine verwaltungsinterne Bindungswirkung. Die Beschlussfassung für den Fernstraßen- und den Schienenwegeausbau erfolgt auf Grundlage des Bundesverkehrswegeplans durch den Bundestag in Form der jeweiligen Ausbaugesetze. Dabei sind jedoch schon allein aufgrund der großen Zahl der Einzelprojekte nur noch geringfügige Änderungen in deren Rangfolge möglich. Kein Ausbaugesetz gibt es hingegen für die Bundeswasserstraßen.

Die weiteren Schritte der Projektrealisierung erfolgen für die Bundesfernstraßenprojekte durch die Auftragsverwaltung der Länder (vgl. Abb. 1), für Schienenwege durch die DB Netz AG und für Wasserstraßen durch die Wasser- und Schifffahrtsverwaltung. Erst der Planfeststellungsbeschluss macht die Planung gegenüber den Betroffenen, die daran beteiligt werden müssen, rechtsverbindlich. Mit der Aufnahme in den Haushaltsplan des Bundes kann schließlich ein baureif durchgeplantes Vorhaben tatsächlich umgesetzt werden (vgl. Tab. 1).

Die Bundesverkehrswegeplanung: Anforderungen an die zukünftige...

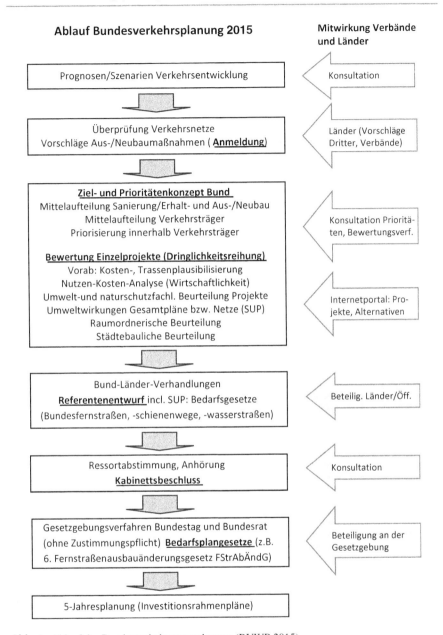

Abb. 1 Ablauf der Bundesverkehrswegeplanung (BVWP 2015)

Tab. 1 Planungsstufen für Verkehrsprojekte bis zu ihrer Realisierung

Planungsstufe	Inhalt	Rechtsnatur	Entscheidungsebene
BVWP/ Ausbaugesetze	Bedarfsfestlegung für die Gesamtheit des Aus- und Neubaus der Bundesverkehrswege	Regierungsprogramm/ Gesetz nach parlamentarischem Prozess mit Anhörung der beteiligten Fachkreise und Verbände	Bundesregierung/ Parlament
Linienbestimmung/ Raumordnungsverfahren	Festlegung eines definierten Korridors für einzelne Bau-vorhaben (Standort-bestimmung)	Verwaltungsinterne Abstimmung und Regelung	Länderbehörden: Raumordnungsverfahren BMV: Linienbestimmung (be Bundesfernstraßen)
Planfeststellung/ Plangenehmigung	Parzellenscharfe Gestaltungsentscheidung eines einzelnen Bauvorhabens einschl. der Festlegung über Schutz-, Ausgleichs- und Ersatzmaßnahmen	Verwaltungsakt nach Abwägung aller Belange	Fernstraßen durch Länderverwaltungen, Schienenwege durch Eisenbahnbundesamt, Bundeswasserstraßen durch Wasser- und Schifffahrtsdirektionen.

3 Die Praxis der Bundesverkehrswegeplanung von 1957 bis 1992

3.1 Vorläufer der Bundesverkehrswegeplanung: Etablierung des sektoralen und dezentralen Straßenplanungssystems nach demScheitern eines integrierten und Verkehrsträger übergreifenden Ansatzes im ersten Fernstraßenausbauplan (1957–1970)

Der erste Fernstraßenausbauplan von 1957 war dadurch geprägt, dass in den ersten zehn Nachkriegsjahren Aufgaben des Wiederaufbaus im Mittelpunkt der Aufmerksamkeit standen. Der Aufbau der Straßenbauverwaltungen erfolgte „von unten" in den Bundesländern. Aus dem Bundesverkehrsministerium kamen keine Impulse für einen systematischen Ausbau der Verkehrsinfrastruktur.

Erst Mitte der 1950er-Jahre änderte sich dies: Im Bundestag formierte sich ein Bündnis von Straßenbaupolitikern, die massiv von einschlägigen Lobbys unterstützt wurden. Dem damaligen Bundesverkehrsminister Hans-Christoph Seebohm (1949–1966), der für eine Gesamtverkehrsplanung und eine konsequente Pro-Bahn-Politik eintrat, standen wirtschaftsliberale Kräfte vor allem um Bundeswirtschaftsminister Ludwig Erhard gegenüber (vgl. Reh 1988: 58 ff.). Seebohms Versuch einer integrierten Verkehrsplanung mit Hilfe seiner 1955 eingebrachten „Zwillingsgesetze" Straßenentlastungsgesetz und Verkehrsfinanzgesetz scheiterte. Er wollte einerseits mit regulativen Mitteln Güterverkehr auf die Schiene verlagern, andererseits den Lkw-Verkehr steuerlich höher belasten, um faire Wettbewerbsbedingungen zwischen den Verkehrsträgern zu schaffen.

Daneben verursachten zwei Faktoren einen zunehmenden öffentlichen Druck für den Straßenbau: Die individuelle Motorisierung wuchs seit Anfang der 1950er-Jahre von sehr niedrigem Niveau rasch an. Die ebenfalls massiv ansteigende Zahl der Verkehrsunfälle wurde von interessierten Kreisen dramatisiert, die den Straßenbau als zentrale Maßnahme zur Erhöhung der Verkehrssicherheit propagierten (vgl. Haefeli in Kap. II.3 dieses Bandes: ▶ Entwicklungslinien deutscher Verkehrspolitik im 19. und 20. Jahrhundert).

Der 1957 erstellte erste sektorale Ausbauplan für Bundesfernstraßen fußte auf einer Zusammenstellung der Wünsche der Länder nach Wegeart (Bundesautobahn, Überland-Bundesstraßen, Ortsdurchfahrten, Ortsumfahrungen, Radwege) und Dimensionierung. Dieses Straßennetz sollte den Verkehrsbedarf der nächsten 20 Jahre abdecken. Das Bundesverkehrsministerium erkannte einen Aus- und Neubaubedarf für Strecken an, wenn die Verkehrszählungen von 1952 und 1953 eine Belastung von mindestens 1.500 Kfz pro Tag aufgewiesen hatten. Diese sollten zu einem „blauen Netz" vorrangig auszubauender Bundesstraßen verknüpft werden, das auch sämtliche Großstädte und die relevanten Wirtschaftsgebiete anschloss. Der Trend zum Ausufern der dezentralen Begehrlichkeiten wurde an den rund 700 Ortsdurchfahrten und über 1.100 Ortsumfahrungen deutlich, die in den ersten Ausbauplan aufgenommen wurden.

Im Laufe der ersten drei Vierjahrespläne wurde ein Autobahnnetz von insgesamt 2.500 Kilometern aus- und neu gebaut. Die Klärung der Finanzierung zog sich indessen noch einige Jahre hin. 1960 wurde die Mineralölsteuer zunächst komplett für den Straßenbau zweckgebunden, bevor dies 1963 auf 50 Prozent reduziert wurde. Diese Regelung bestand bis 1973 fort. Bis heute hat diese formale Zweckbindung Bestand, wird vom Bundestag aber jeweils außer Kraft gesetzt. Für den ersten Fernstraßenausbauplan von 1957 bis 1970 konnten auf diese Weise 38 Milliarden DM aufgebracht werden. Die Mittelverteilung auf die Länder erfolgte nicht nach festen Schlüsseln oder Kontingenten, sondern war projektbezogen.

3.2 Die zweite Phase der Fernstraßenbedarfsplanung 1971: Sektorale Maximalplanung ohne Rücksicht auf ihre Finanzierbarkeit

Der Kontrast des zweiten Fernstraßenausbauplans von 1971 zu seinem Vorgänger konnte kaum schärfer ausfallen. In der Phase der politischen Planungseuphorie Ende der 1960er- und Anfang der 1970er-Jahre wollte man mit Hilfe wissenschaftlicher und technokratischer Planungsmethoden sowie angeblich objektiver Datenverarbeitungs- und Projektbewertungsverfahren einen langfristigen Plan aufstellen. Seit 1957 hatte der Kfz-Verkehr massiv zugenommen, weshalb die Notwendigkeit eines weiteren Straßenausbaus unumstritten war. Zugleich erwarteten die Planer, dass Ende der 1980er-Jahre die Motorisierung eine Sättigungsgrenze erreichen würde (vgl. dazu und zum Folgenden Reh 1988: 70 ff.).

Die Tauglichkeit des Themas Fernstraßenbau für wahlkampfpolitische Zwecke entdeckte erstmals der seit 1969 amtierende Bundesverkehrsminister Georg Leber. Er nutzte es im vorgezogenen Bundestagswahlkampf 1972 mit dem Versprechen, praktisch jedem Wähler (bzw. 85 Prozent der Bevölkerung) zu einem Autobahnanschluss in einer Reichweite von zehn Kilometern zu verhelfen.

Die tatsächliche Vorgehensweise bei der Erstellung des zweiten Fernstraßenausbauplans war nicht von objektiven Zielen und Verfahren, sondern von einer Strategie der Maximierung des Budgets und der Projekte im Straßenbau geprägt (vgl. Garlichs 1980). Obwohl Minister Leber regelmäßig auf die „objektiven Maßstäbe aus der Wissenschaft der Raumordnung, der Wirtschaftswissenschaften, der Verkehrstechnik" (zitiert nach Reh 1988: 72) verwies, wurden ausschließlich bedarfsbegründende Faktoren berücksichtigt.

Um die an der Planaufstellung nicht beteiligten Parlamentarier zu überzeugen, war eigens für die Beratung im Verkehrsausschuss eine Karte mit allen zweibahnigen, also autobahnmäßig ausgebauten Straßen angefertigt worden. Sie sollte beweisen, dass das ganze Bundesgebiet „verhältnismäßig gleichförmig rasterförmig" überdeckt werden soll, um den Anspruch auf einen Autobahnanschluss zu erfüllen.

Mit diesem Plan wollte der Minister die Zustimmung für eine Erhöhung der Mineralölsteuer mobilisieren, was aber scheiterte. Die CDU/CSU-Opposition kritisierte zu Recht den Bedarfsplan als unfinanzierbares „Kolossalgemälde".

Nach damaligem Stand hätte seine Realisierung bereits 150 Milliarden DM (75 Milliarden Euro) erfordert.

An eine integrierte Planung aller Verkehrsträger wurde in dieser Phase nicht gedacht. Die Deutsche Bundesbahn entwickelte zwar Mitte der 1960er-Jahre ein Intercity-Netz, das die Metropolen und Großstädte in Deutschland zunächst mit einem Zweistundentakt verbinden sollte. Zudem begannen die ersten Planungen für neue Hochgeschwindigkeitsstrecken, allerdings unabhängig von den Straßenbauprojekten.

Die erste Ölkrise im Winter 1973/74 machte den Plan zur Makulatur; die vom Bundesverkehrsminister erwünschte Erhöhung der Mineralölsteuer war nicht mehr durchsetzbar. Außerdem rückten bereits im Juli 1972 mit dem Wechsel von Verkehrsminister Leber zu seinem Nachfolger Lauritzen erstmals soziale und ökologische Themen in den Mittelpunkt der Verkehrspolitik. Der „Mensch hat Vorfahrt" lautete einer der Slogans für deren neue Ausrichtung.

Der Bedarfsplan von 1971 blieb jedoch trotz seiner Steuerungsineffizienz prägend für die Nachfolgepläne, die bis heute lediglich Fortschreibungen des damaligen Entwurfs sind. Sie dienen vor allem dazu, das überzogene Bedarfsvolumen an die begrenzten Möglichkeiten der Finanzierung bzw. an geänderte Verhältnisse wie z. B. die deutsche Einheit anzupassen. Entsprechend sind die Fernstraßenausbaugesetze rechtstechnisch als Änderungsgesetze von dem von 1971 gefasst.

3.3 Die erste Revision des 1971er-Plans unter finanziellen Zwängen: 1976

Der neue *Fernstraßenbedarfsplan ab 1976* (Erstes Fernstraßenausbauänderungsgesetz, FStrAbÄndG) wurde nicht mit dem Versagen des alten, sondern mit „Veränderungen der Strukturdaten" begründet – insbesondere der Einwohnerprognose. Zudem sollten strengere ökonomische Maßstäbe bei der Gestaltung und der Auswahl der Projekte angelegt, veränderte energie- und umweltpolitische Rahmenbedingungen einbezogen sowie in Verdichtungsgebieten der Akzent zum öffentlichen Personennahverkehr (ÖPNV) verschoben werden (vgl. Reh 1988: 84 ff.). Erstmals als Ziele genannt wurden der Substanzerhalt des vorhandenen Netzes, der Abbau bestehender Umweltbeeinträchtigungen und die Erschließung strukturschwacher Gebiete durch den Straßenbau.

Der neue Bedarfsplan von 1976 sollte Finanz- und Bedarfsplanung miteinander verzahnen. Für die nächsten zehn Jahre sollten insgesamt 37 Milliarden DM zur Verfügung stehen. Die Anpassung an die finanziellen Möglichkeiten sollte mithilfe des Instruments der Kostenwirksamkeitsanalyse (KWA) erreicht werden. Die Bewertungsmatrix umfasste die Kriteriengruppen Verkehr (Engpassbeseitigung und Verkehrsbelastung) und Raumordnung (Erschließungsziele des Bundesraumordnungsprogramms, der Gemeinschaftsaufgabe „Verbesserung der regionalen Wirtschaftsförderung" sowie Förderung des Zonenrandgebietes). In Sonderfällen wurden noch Wirkungen auf die Bahn berücksichtigt.

Einer strikten Bewertung und Auslese der Projekte entzogen sich die Länder jedoch, indem sie Überhangmaßnahmen aus dem 1971er Plan in Höhe von 16 Milliarden DM auswiesen. Fast 50 Prozent des Finanzvolumens waren damit als Altmaßnahmen der Bewertung durch den Bundesverkehrsminister entzogen. Die Länder hatten – entgegen dem Wunsch der Bundesregierung – nicht nur die in Bau befindlichen Projekte in den Überhang („Bauruinen") einbezogen, sondern auch in Planung befindliche Projekte (so genannte „Systemruinen") (vgl. Garlichs 1980). Die Länder hatten wegen der offenkundigen Unterfinanzierung des 1971er-Bedarfsplanvolumens mit der Umsetzung möglichst vieler Projekte gleichzeitig begonnen, um auch nachrangige Bauvorhaben gegen die absehbare Streichung abzusichern.

Der Bedarfsplan von 1976 kürzte die ursprünglichen Autobahnvorhaben um insgesamt 7.000 Kilometer (das entsprach einer Summe von 40 Milliarden DM); insgesamt wurden Planungen mit veranschlagten Kosten in Höhe von 58 Milliarden DM aufgegeben. Diesen konfliktintensiven Prozess konnte der Bundesverkehrsminister nur mit Hilfe einer Entkopplung von Projektplanung und Finanzierung und mit dem Übergang zu einer Gleichbehandlung der Länder durch die Einführung eines allgemeinen Verteilungsschlüssels und von Länderquoten durchstehen. Dadurch wurde die Steuerungseffizienz der Bundesverkehrswegeplanung reduziert und das Ziel der Verzahnung von Aufgaben- und Finanzplanung verfehlt.

3.4 Bundesverkehrswegeplanung 1980/81 und 1985/86

Den *ersten Bundesverkehrswegeplan im Jahr 1980* begründete das BMV mit dem gewachsenen Umweltbewusstsein, wachsenden Durchsetzungsschwierigkeiten bei einer Vielzahl von Vorhaben sowie der Notwendigkeit die umweltfreundlichen Verkehrsträger in die Bedarfsplanung zu integrieren. Bereits Ende der 1970er hatten die neuen sozialen Bewegungen in vielen Kommunalparlamenten Meinungsänderungen und Neubewertungen von Straßenbauprojekten herbeigeführt.

Damit erfolgte 1980 der Übergang zur Bundesverkehrswegeplanung, wie sie heute besteht. Für alle Verkehrsinfrastrukturen des Bundes,

- Fernstraßen (Bundesautobahnen und Bundesstraßen)
- Schienenwege
- Wasserstraßen

wurden ein Zielsystem, eine Bewertungsmethodik für die Auswahl der Projekte sowie die Investitionssummen lang- und mittelfristig festgelegt. Allerdings blieben wesentliche Unterschiede zwischen den sektoralen Planungen für die Verkehrsträger bestehen: Eine Gesetzesbindung gab es nur für das Investitionsprogramm für die Fernstraßen, nicht aber für die Schienenwege und die Wasserstraßen. Für die im Bundesverkehrswegeplan 1980 erwähnten Flughäfen gab es keine Festlegung über die Ausbaumaßnahmen (da hierfür die Länder zuständig sind), sondern nur Aussagen zu deren Anbindung mit Fernstraßen und Schienenwegen. Damit war zwar der

Impuls des „Koordinierten Investitionsprogramms für die Bundesverkehrswege" der Bundesregierung vom 9. März 1977 aufgegriffen worden. Allerdings blieb eine starke Asymmetrie zwischen den Verkehrsträgern bestehen.

Methodisch brachte der Fernstraßenbedarfsplan im Rahmen des Bundesverkehrswegeplans 1980 wenig Neues (vgl. Reh 1988: 101 ff.). Die sektorale Planung wurde weiterentwickelt durch die Einführung der Nutzen-Kosten-Analyse (NKA), die den Projektnutzen quantifiziert und monetarisiert und den Bau- und Unterhaltskosten gegenüberstellt (Nutzen/Kosten-Koeffizient), um die bauwürdigen Projekte auszuwählen. Die Wirkung der Baumaßnahmen auf Umwelt und Landschaft wurden in einem Entscheidungstableau mithilfe von Nutzwertanalysen verbal und qualitativ bewertet.

Die Gelder wurden nicht mehr nach den Anteilen der Länder am „vordringlichen Bedarf", sondern anhand von Quoten auf der Grundlage allgemeiner Kennziffern (z. B. Längenanteile an Straßen, Kfz-Anteile) auf die Länder verteilt. Der Verlust einzelner Projekte führte also nicht zur Einbuße von Finanzmitteln.

Die Bundesverkehrswegeplanung 1985 setzte die fünf Jahre zuvor geschaffene Praxis fort. Auch bei ihr dominierten im Fernstraßenbau die Kürzungszwänge. Erstmals ließ das BMV – auch um Reduzierungen des Finanzvolumens durchsetzen zu können – 100 von insgesamt 500 Großprojekten des Fernstraßenbaus durch ein Ingenieurbüro ökologisch beurteilen. Zugleich gewann jedoch die Förderung des ländlichen Raums und strukturschwacher Gebiete weiter an Gewicht, womit ein zusätzlicher Baubedarf auch bei geringen Verkehrsbelastungen legitimiert werden konnte (insb. Ortsumfahrungen). Ein großer Teil der Projekte wurde nicht mehr bewertet, sondern als „Überhang" der letzten Bedarfspläne deklariert, der einer Neubewertung und möglichen Streichung entzogen wurde. Der Anteil dieser Projekte machte mit einem Gesamtvolumen von 38 Milliarden DM etwa 50 Prozent aus. Schritte in Richtung einer integrierten Gesamtverkehrsplanung, welche die Planungen der verschiedenen Verkehrsträger aufeinander abstimmt, wurden nicht unternommen.

3.5 Aufbau Ost und Ausbau West – Bundesverkehrswegeplan 1992

Auf die Wiedervereinigung reagierte das Bundesministerium für Verkehr im Mai 1990 zunächst mit einem Programm für Lückenschlüsse und dringend notwendige Netzverbesserungen, in dem etwa 130 kleinere Einzelmaßnahmen zur Wieder-Verknüpfung von Verkehrswegen enthalten waren. Da in der DDR das Verkehrsnetz weitgehend auf Verschleiß gefahren worden war, stellte sich ein erheblicher Sanierungsbedarf für die gesamte ostdeutsche Verkehrsinfrastruktur heraus. Allein diesen „Nachholbedarf" schätzte das BMV auf 127 Milliarden DM, davon 58 Milliarden DM für das Schienennetz der Deutschen Reichsbahn (vgl. BMV 1990b).

Zusätzlich legte die Bundesregierung noch vor der Diskussion des Bundesverkehrswegeplans 1992 im September 1991 die Verkehrsprojekte Deutsche Einheit fest: neun Schienen-, sieben Straßen- und ein Wasserstraßenprojekt, die mit besonderer Vordringlichkeit verwirklicht werden sollten und die insgesamt ein Investitionsvolumen von etwa 57 Milliarden DM aufwiesen.

Tab. 2 Vergleich der Investitionsstrukturen des BVWP 1992 und des BVWP 1985

	BVWP '92 Gesamtinvestitionen 1991–2010 (Soll)		BVWP '85 Gesamtinvestitionen 1986–1995 (Ist) alte Bundesländer	
	Mrd. DM	%	Mrd. DM	%
1. Schienennetz der DB/DR (davon Neu- und Ausbau: Hauptbautitel)	194,9 (108,3)	47,0 (48,7)	35,0	37,6
2. Bundesfernstraßen	191,4 (99,6)	46,2 (44,7)	50,1	53,8
3. Bundeswasserstraßen	28,0 (14,7)	6,8 (6,6)	8,0	8,6
Summe	414,3 (222,6)	100	89,2	100

Quelle: BMV 1992: 31; die Angaben zum BVWP 1985 sind Ist-Zahlen.

Da trotz der Herausforderung im Osten Deutschlands beim Infrastrukturausbau im Westen kaum Abstriche gemacht werden sollten, schrieb der *Bundesverkehrswegeplan 1992* abermals eine nicht finanzierbare Maximalplanung fest (vgl. Tab. 2). Diese sah bis zum Jahr 2012 Neubauinvestitionen in Höhe von 124 Milliarden DM vor (davon 55,5 Milliarden DM für Bundesfernstraßen). Konsequenz des fortgeführten Wunschzetteldenkens: Bereits 1998 stellte sich heraus, dass für die Realisierung des bis zum Jahr 2012 reichenden Planes knapp 70 bis 80 Milliarden DM fehlen (was der Hälfte der geplanten Verkehrsprojekte entsprach).

Bei dem jetzt auf 20 Jahre kalkulierten Fernstraßenbedarfsplan machten die Maßnahmen des „Überhangs" und die Maßnahmen des noch nicht begonnenen „vordringlichen Bedarfs" aus dem Jahre 1985 39,5 Milliarden Euro aus. Damit sollte das Netz der Bundesautobahnen (BAB) von 10.854 Kilometern im Jahre 1991 auf 13.300 Kilometer anwachsen, davon 2.900 Kilometer in den neuen Bundesländern (1991: 1.941 Kilometer) (vgl. BMV 1992: 43). Die Gesamtsumme der im „vordringlichen Bedarf" enthaltenen Projekte belief sich auf 99 Milliarden DM. Gleichzeitig wurde deutlich, dass der gesamte Investitionsbedarf für Ersatz und Unterhaltung sowie übrige Investitionen mit 92 Milliarden DM fast so hoch war, wie der „vordringliche Bedarf" (vgl. ebd.: 29).

Mit 65 Milliarden DM für die alten Länder und 35 Milliarden für die neuen Länder (einschließlich Berlin) profitierten die neuen Länder wegen ihres Nachholbedarfs überproportional an den Bundesmitteln. Beim Schienennetz wurden 25 Maßnahmen mit einem Finanzvolumen von 55,5 Milliarden DM als Überhang bereits begonnener Maßnahmen eingestuft, davon sechs Maßnahmen aus den neuen Bundesländern. Der „vordringliche Bedarf" enthielt 27 weitere Einzelprojekte für insgesamt 73 Milliarden DM, davon etwa gleich viele aus den alten und den neuen Bundesländern sowie acht Ost-West-grenzüberschreitende Projekte (vgl. BMVBW 2003: 35 ff.). Bei den Wasserstraßen war im BVWP 2003 der Überhang alter Maßnahmen die weitaus größte Bedarfsplangruppe mit 21 Projekten und einem Finanzvolumen ab 1991 von 8,3 Milliarden DM. Zwölf neue Vorhaben umfassten ein Finanzvolumen von 6,4 Milliarden DM und der „weitere Bedarf" enthielt drei Projekte mit einem Volumen von 1,2 Milliarden DM (vgl. ebd: 48).

4 Bundesverkehrswegeplan 2003: „Weiter so" in rot-grün

Die Ziele der rot-grünen Bundesregierung für den Bundesverkehrswegeplan 2003 waren mit dem Anspruch einer ökologischen Modernisierung und einer realistischen Haushaltsplanung bei der Regierungsübernahme im Jahr 1998 hoch gesteckt: „Die Verkehrswege-Investitionen in ein umfassendes Verkehrskonzept integrieren", „die Verlagerung von möglichst hohen Anteilen des Straßen- und Luftverkehrs auf Schiene und Wasser" – so lauteten die Aussagen des rot-grünen Koalitionsvertrages vom 20. Oktober 1998. Entsprechend formuliert der BVWP 2003 seine Aufgabe, ein auch in Zukunft modernes und gut ausgebautes Verkehrssystem zu gestalten, „das den Erfordernissen der Nachhaltigkeit gerecht wird" (BMVBS 2003: 8).

Das Vorhaben, die Verkehrswegeplanung grundlegend zu reformieren und zu einer integrierten Gesamtverkehrsplanung umzubauen, wurde jedoch nicht ernsthaft in Gang gebracht. So griff das Ministerium das von einem Team um den Verkehrsökonom der Technischen Universität Karlsruhe, Werner Rothengatter, im Auftrag des Umweltbundesamt entwickelten Verfahren zur Aufstellung umweltorientierter Fernverkehrs- konzepte nicht auf (vgl. Gühnemann et al. 1999).

Stattdessen beschränkte sich das Verkehrsministerium darauf, die Methodik des BVWP von 1992 zu modernisieren. Entsprechend dieser Ausrichtung konzentrierte sich die Erstellung des BVWP 2003 darauf, die von Ländern, Deutscher Bahn und der Wasserstraßenverwaltung gemeldeten Einzelprojekte abzuarbeiten. Insgesamt knapp 2.000 Straßen-, 50 Schienen- und sieben Wasserstraßenprojekte wurden auf ihre Bauwürdigkeit überprüft und in die Dringlichkeitsstufen „vordringlicher" und „weiterer Bedarf" eingeteilt. Nicht in die Prüfung einbezogen wurden die Projekte, die bereits in Bauprogrammen enthalten waren oder die vor dem 1. Januar 1999 planfestgestellt waren (vgl. BMVBW 2002: 21). Alleine die Realisierung dieser Projekte band die Haushaltsmittel bis weit über das Jahr 2010 hinaus.

Bei der Beurteilung der Projekte gingen die Planer davon aus, dass der Infrastrukturausbau generell notwendig sei, um die Herausforderungen der zukünftigen Verkehrsnachfrage zu bewältigen. Deren Zunahme schätzte das Bundesministerium für Verkehr, Bau und Wohnungswesen (BMVBW) im Verkehrsbericht 2000 auf plus 20 Prozent im Personenverkehr und plus 64 Prozent im Güterverkehr im Jahr 2015. Zwar ging die Prognose davon aus, dass der Schienengüterverkehr in diesem Zeitraum verdoppelt werden kann, der größte Anteil des absoluten Zuwachses in der Verkehrsleistung sollte jedoch auch weiterhin auf die Straße entfallen (vgl. BMVBW 2000).

Die Wirkungen grundlegender Veränderungen in der Investitionspolitik zugunsten umweltgerechter und innovativer Mobilitätsangebote schätzte das BMVBW als marginal ein. Nicht untersucht bzw. als so genanntes Überforderungsszenario verworfen wurden Maßnahmen einer ökologischen Verkehrspolitik: die konsequente Anlastung externer Kosten, der Verzicht auf die weitere Subventionierung der Zersiedelung durch Entfernungspauschale und Eigenheimzulage sowie die Markteinführung neuer, innovativer Mobilitätsangebote wie die Verknüpfung von Bahn, ÖPNV und Fahrrad mit Carsharing. Ebenso wenig Berücksichtigung fanden die Auswirkungen des demografischen Wandels auf das zukünftige Verkehrsgeschehen.

4.1 Investitionsstrategie des BVWP 2003

Den Bundesverkehrswegeplan 2003 zeichnet gegenüber seinen Vorgängern dennoch ein zentraler Strategiewechsel in der Investitionspolitik aus: Knapp 52 Prozent der Investitionsmittel (Straße: 48,6 Prozent, Schiene 61,1 Prozent, Wasserstraße: 88 Prozent) sollten in den Erhalt der Verkehrsinfrastruktur investiert werden. Dies war dringend erforderlich, da die Sanierung der bestehenden Verkehrsnetze in der Vergangenheit zugunsten von Neu- und Ausbauprojekten vernachlässigt wurde – mit der Folge, dass die Schlaglöcher und baufälligen Brücken, Langsamfahrstellen im Schienennetz sowie marode Kanäle und störungsanfällige Schleusen im Wasserstraßennetz massiv zugenommen haben (vgl. BMVBS 2006; Kunert und Link 2001).

Die Investitionsprioritäten für den Neu- und Ausbau der Verkehrsnetze lagen auch beim BVWP 2003 einseitig im Bereich der Straßen (vgl. Tab. 3). Bis 2015 sollten hierfür fast 40 Milliarden Euro bzw. 2,6 Milliarden Euro pro Jahr investiert werden. Davon entfielen auf den Bau und die Erweiterung von Bundesautobahnen 45 Prozent, auf Bundesstraßen – insbesondere den Neubau von Ortsumgehungen – 55 Prozent der Mittel. Für neue Gleise waren im BVWP 2003 dagegen nur 1,7 Milliarden Euro pro Jahr vorgesehen. Beträchtliche Investitionsanteile waren dabei in Großprojekte wie die ICE-Neubaustrecke Nürnberg-Erfurt-Halle oder das Bahnhofsprojekt Stuttgart 21 und die Neubaustrecke Stuttgart-Ulm gebunden. Kaum berücksichtigt wurden Investitionen in regionale Schienenstrecken. Da bei den Wasserstraßen der absolute Schwerpunkt auf die Sanierung des bestehenden Netzes gesetzt wurde, sahen die Planungen für diesen Verkehrsträger nur insgesamt 900 Millionen Euro Neu- und Ausbauinvestitionen bis zum Jahr 2015 vor.

Trotz der Bekenntnisse zu einem integrierten Verkehrssystem sind im BVWP 2003 Maßnahmen zur Vernetzung der Verkehrsträger – außer der Finanzierung von bi- und trimodalen Güterverkehrszentren zur Förderung des kombinierten Verkehrs – nicht mit Investitionen unterlegt. Die Förderung moderner Verkehrstechnologien beschränkte sich auf die Erweiterung der Verkehrssteuerung durch den Einsatz von Telematik.

Tab. 3 Investitionsstruktur BVWP 2003

	BVWP 2003: Gesamtinvestitionen 2001–2015 (Soll)		Zum Vergleich: BVWP 1992: Gesamtinvestitionen 1991–2000 (Ist)	
	Mrd. DM	%	Mrd. DM	%
1. Schienennetz der DB/DR (davon Neu- und Ausbau: Hauptbautitel)	63,9, (25,5)	42,9 (39,9)	36,2 (19,7)	42,3 (54,4)
2. Bundesfernstraßen (davon Neu- und Ausbau)	77,5 (39,8)	52,1 (51,4)	44,1 (22,9)	51,6 (51,9)
3. Bundeswasserstraßen (davon Neu- und Ausbau)	7,5 (0,9)	5,0 (12,0)	3,1	6,1 (59,6)
Summe	()	100		100

Quelle: BMVBW 2003: 36.

Für die Umsetzung innovativer Mobilitätsangebote im Personenverkehr enthält der Plan weder Zielformulierungen noch Investitionsansätze.

4.2 Auswahl der Projekte

Bei der Dringlichkeitsreihung setzt der BVWP 2003 die Tradition seiner Vorgänger fort: Das Volumen der in den vordringlichen Bedarf eingestuften Projekte übersteigt auch ohne Einrechnung von Baukostensteigerungen deutlich die bis zum Jahr 2015 kalkulierten Investitionsansätze. Liegt diese „Planungsreserve" bei den Bundesfernstraßen bei 11,7 Milliarden Euro bzw. 30 Prozent der geplanten Investitionsmittel, können von den „vordringlichen Projekten" im Schienenbereich 40 Prozent, bei den Wasserstraßen sogar 55 Prozent erst weit nach dem Jahr 2015 gebaut werden. Eine Gegenüberstellung mit den tatsächlichen Haushaltszahlen und der mittelfristigen Finanzplanung bis zum Jahr 2010 zeigt zudem, dass gegenüber den Ansätzen des BVWP 2003 bereits kurz nach der Beschlussfassung knapp 20 Milliarden Euro fehlten (vgl. BUND 2006). Der größte Teil der bis 2015 geplanten Projekte wird sich daher erst – wenn überhaupt – nach dem Jahr 2015 realisieren lassen.

Zur Einstufung der knapp 2.000 Straßenbau-, 50 Schienen- und sieben Wasserstraßenprojekte in die Bedarfskategorien führte das BMVBW eine einheitliche, Verkehrsträger übergreifende Bewertung durch, die gegenüber 1992 in einigen Punkten aktualisiert und modernisiert wurde. Dabei berücksichtigte es gesamtwirtschaftliche, umwelt- und naturschutzfachliche sowie raumordnerische und städtebauliche Kriterien (vgl. BMVBW 2002, 2003). Deren Ergebnisse werden im Folgenden am Beispiel der Fernstraßenprojekte dargestellt.

4.3 Projektbewertung: Kosten-Nutzen-Analyse oder auf die Geschwindigkeit kommt es an

Kern des Bewertungsverfahrens ist die Nutzen-Kosten-Analyse (NKA), bei der dem erwarteten, monetarisierten volkswirtschaftlichen Nutzen die Kosten des Projektes gegenübergestellt werden. Dabei vergleicht diese NKA nur das Nutzen-Kosten-Verhältnis des Baus mit dem Nichtbau („Nullfall") eines nach Bautyp und Investitionskosten beschriebenen Verkehrsprojektes. Null-Plus-Varianten wie z. B. Ausbau statt Neubauvarianten werden nicht untersucht. Nur bei einigen wenigen Projekten prüfte das BMVBW eine geringere Dimensionierung als Alternative (z. B. einbahniger Bau der Hochrhein-Autobahn A 98). Integrierte Ansätze zur Lösung des jeweiligen Verkehrsproblems, die alle Verkehrsträger in einem betreffenden Korridor von A nach B betrachten, wurden jedoch nicht als Handlungsoptionen einbezogen: So spielt etwa der Ausbau anderer Verkehrsträger als der Straße keine Rolle; auch effektive und kostengünstigere Handlungsstrategien in den Verkehrskorridoren, z. B. verkehrslenkende und geschwindigkeitsdämpfende Maßnahmen oder die Optimierung des untergeordneten Straßennetzes werden nicht erwogen.

Die Kosten-Nutzen-Analyse selbst gewichtet in ihrem Ergebnis die verfolgten Ziele ungleich. Für einen hohen errechneten Projektnutzen kommt es vor allem auf die eingesparte Reisezeit an. Dies zeigt eine Auswertung des Bundes für Umwelt und Naturschutz Deutschland (BUND), die den Anteil der einzelnen Nutzenkomponenten am Gesamtergebnis ermittelte (vgl. Heuser und Reh 2004): Fast 70 Prozent des ermittelten positiven Nutzens bzw. 87 Prozent des Gesamtnutzens eines Straßenbauprojektes resultieren aus Transportkostensenkung und der Verbesserung der Erreichbarkeit. Dieses Ergebnis wird fast ausschließlich durch eine Erhöhung der durchschnittlichen Geschwindigkeit erzielt, sei es durch den Abbau von Staus, den Entfall von langsamen Ortsdurchfahrten zugunsten einer für höhere Geschwindigkeiten trassierten Ortsumgehung oder durch neue, direktere Verkehrsverbindungen. Nur wenig relativiert wird dieses Nutzenkalkül dadurch, dass erstmals der durch den Aus- oder Neubau ausgelöste zusätzliche Straßenverkehr einbezogen wurde. Dieser induzierte Verkehr (Neuverkehr) vermindert wegen seiner negativen Effekte auf Umwelt und Verkehrssicherheit das Nutzenergebnis um durchschnittlich zwölf Prozent. Eine volle Einbeziehung z. B. der negativen Effekte einer weiteren Zersiedelung oder volkswirtschaftlich ineffizienter Transporte würde den Nutzen der meisten Neu- und Ausbaumaßnahmen dagegen in Frage stellen.

Die Verbesserung der Verkehrssicherheit trägt mit 23 Prozent zum Nutzenergebnis bei. Dabei gehen die Bewerter davon aus, dass mit einer neuen Straße die Sicherheit generell steigt.

Die Umwelteffekte spielen mit ca. sechs Prozent dagegen nur eine untergeordnete Rolle. Veränderungen bei der Klima- und Schadstoffbelastung, Lärmbelastung der Anwohner und innerörtliche Zerschneidungseffekte werden damit gegenüber anderen Faktoren deutlich untergewichtet. Dies führt dazu, dass Projekte mit hohen umwelt- und städtebaulichen Effekten, also einer hohen innerörtlichen Entlastungswirkung und Lärmminderung bei der Kosten-Nutzen-Analyse relativ schlecht abschneiden, wenn sich die Durchschnittsgeschwindigkeit nur gering erhöht (vgl. dazu SRU 2005: 341 f.).

Maßgeblich beeinflusst wird das Ergebnis bei dieser Form der Analyse zudem durch die angenommenen Baukosten für die Straßenbauprojekte. Damit schneiden teure Bauvorhaben (z. B. innerstädtische Tunnellösungen mit hohen innerörtlichen Entlastungseffekten) beim Nutzen-Kosten-Verhältnis relativ schlecht ab. Projekte, die insbesondere naturschutzrelevante Freiräume zerschneiden, weisen dagegen aufgrund der geringeren Baukosten ein relativ hohes Nutzen-Kosten-Verhältnis auf. Begünstigt werden außerdem Vorhaben, bei denen zu niedrige Baukosten angesetzt wurden (vgl. Heuser und Reh 2004).

4.4 Umweltrisikoeinschätzung: Frühzeitige Vermeidung von Konflikten mit dem Naturschutz

Die größte Innovation des BVWP 2003 ist die Stärkung der naturschutzfachlichen Bewertung. Mit einem „Früherkennungssystem" ermittelte das Bundesamt für Naturschutz alle Straßenplanungen, die ökologisch besonders problematisch sein könnten. Für die ermittelten knapp 800 Projekte schloss sich eine Umweltrisikoeinschätzung (URE) bzw. FFH-Verträglichkeitsprüfung an, mit der insbesondere die Anforderungen der europäischen Flora-Fauna-Habitat-Richtlinie (FFH-RL) umgesetzt werden sollte. Hierbei wurde die Beeinträchtigung von hochrangigen Naturschutzgebieten geprüft. Ca. 470 Projekte erwiesen sich als so problematisch, dass bereits auf dieser groben Planungsebene absehbar war, dass sie mit dem europäischen Naturschutzrecht kollidieren und damit kaum Realisierungschancen haben. Nach Umplanungen und teilweisem Verzicht blieben etwa 130 Projekte übrig, die ein „sehr hohes Umweltrisiko" und/oder eine „unvermeidliche Beeinträchtigung von FFH-Gebieten" aufweisen. Im BVWP 2003 erhielten sie deshalb einen „naturschutzfachlichen Planungsauftrag", der die Bedarfsanerkennung bis zur Lösung des Konflikts zwischen Naturschutz und Straßenbau aufhebt. Zur Minderung des Naturschutzrisikos sollte als Alternative insbesondere der Ausbau des vorhandenen Straßennetzes geprüft werden – ein Auftrag, der von den Straßenbauverwaltungen in den folgenden Planungsverfahren wie z. B. bei der A 14 Magdeburg – Schwerin weitgehend negiert wurde.

4.5 Raumwirksamkeitsanalyse

Die Raumwirksamkeitsanalyse (RWA) spielte bei der Projektauswahl eine eher untergeordnete Rolle. Mit ihr hat das BMVBW insbesondere jene Verbindungen identifiziert, bei denen im Vergleich zu anderen Regionen erhebliche Erreichbarkeitsdefizite bestehen und/oder sehr hohe städtebauliche Belastungen durch die Bundesverkehrswege vorliegen. Auf dieser Grundlage wurden Projekte mit hoher Raumwirksamkeit trotz schlechtem Nutzen-Kosten-Verhältnis in den vordringlichen Bedarf aufgestuft (RWA-Pool).

Die städtebauliche Bewertung liefert als Teil der RWA eine relativ gute Einschätzung über die Entlastungswirkung von Ortsumgehungen, die eine deutlich bessere Abschätzung über die Bauwürdigkeit ermöglicht als die Kosten-Nutzen-Analyse. Doch das Ergebnis, dass 50 Prozent der Projekte keine nennenswerte oder nur geringe Abhilfe bei den örtlichen Verkehrsproblemen schaffen, hatte bei der Bedarfseinstufung kaum eine Bedeutung. Selbst bei den Vorhaben, für die keine nennenswerten Entlastungen prognostiziert werden, lautet das Planungsziel weiterhin: „Entlastung der Ortsdurchfahrten".

4.6 Resümee: Verpasste Chancen für ein zukunftsfähiges Infrastrukturprogramm und für eine Trendwende in der Verkehrspolitik

Auch der BVWP 2003 stellt keinen wesentlichen Schritt zur Integration der Verkehrsträger im Sinne einer integrierten Gesamtverkehrsplanung dar, in der die Investitionen in alle Verkehrsträger im Hinblick auf die verfolgten verkehrs-, wirtschafts- und umweltpolitischen Ziele aufeinander abgestimmt und Parallelinvestitionen vermieden werden. Wiederum blieb das Bundesverkehrsministerium bei einer nur formalen Integration stehen, indem es ein einheitliches Bewertungsverfahren anwendete und selektiv negative Auswirkungen einzelner Straßenbauvorhaben auf einzelne Bahnprojekte in den Blick nahm. Die Erarbeitung einer übergreifenden Strategie für eine finanziell machbare und ökologisch tragfähige Entwicklung der Verkehrsinfrastruktur ging in der politischen Auseinandersetzung um einzelne Projekte für Straße, Schiene und Wasserstraße unter.

Damit setzte sich auch beim BVWP 2003 die seit 1957 praktizierte, Konflikt minimierend wirkende Trennung von Finanz- und Sachplanung gegen die ursprüngliche Absicht der rot-grünen Regierungskoalition durch, nur so viele Projekte als vordringlichen Bedarf einzustufen wie auch tatsächlich bis 2015 finanzierbar sind. Entscheidend für die Klassifizierung als vordringlich waren insbesondere die Verhandlungen zwischen Bund und Ländern sowie zwischen den Politikern der Regierungskoalitionen.

Bei den *Fernstraßen* musste dabei eine regionale Investitionsquote pro Bundesland eingehalten werden, in deren Rahmen einzelne Projekte zwischen den Dringlichkeitsstufen „vordringlicher" und „weiterer Bedarf" ausgetauscht werden konnten. Von zentraler Bedeutung war dabei der Planungsstand der Verkehrsprojekte. Selbst wenn das Nutzen-Kosten-Verhältnis oder die Umweltrisikoeinschätzung schlecht ausfielen, erfolgte in den meisten Fällen eine Zuordnung der Vorhaben zur Kategorie „vordringlich", wenn auf einen fortgeschrittenen Planungsgrad hingewiesen werden konnte. Nur in wenigen Fällen, in denen sich die sozialdemokratischen und grünen Regionalpolitiker über eine Zurückstufung einig waren (insbesondere in Bayern), wurde die Umsetzung von Projekten, die sich bereits im Planfeststellungsverfahren befanden, aufgeschoben.

Das Kosten-Nutzen-Verhältnis spielte dagegen bei der Einstufung der Vorhaben nur eine untergeordnete Rolle. So erzielte der Ausbau von Autobahnen bei der Berechnung des Nutzen-Kosten-Verhältnisses in der Regel ein überdurchschnittlich hohes Ergebnis, da relativ geringen Kosten eine hohe Verkehrswirksamkeit gegenübersteht. Dennoch dominieren bei den Straßenbauinvestitionen der Neu- und Ausbau von Bundesstraßen (39 Prozent, insbesondere für Ortsumgehungen) vor dem Neubau von Autobahnen (33 Prozent der Straßenbaumittel).

Eine untergeordnete Rolle bei der Auswahl der Projekte kam den ökologischen Kriterien zu. Die Umweltrisikoeinschätzung ermittelt zwar frühzeitig Konflikte mit Belangen des Naturschutzes. Diese führten jedoch bei keinem Projekt zu einem endgültigen Verzicht auf die Planung. Die auf Basis der einzelnen Bewertungsergebnisse mögliche Prioritätensetzung für Projekte, die tatsächlich zu einer Umweltentlastung und einer Verbesserung der Lebensqualität in Städten und Gemeinden beitragen, wurde nicht vorgenommen. Etwa die Hälfte der Ortsumfahrungsprojekte erzielte nach den Ergebnissen der städtebaulichen Bewertung keine deutliche Entlastung der betroffenen Ortskerne (vgl. Heuser und Reh 2004).

Als „Überhang" aus den vorausgegangenen Bedarfsplänen wurden Projekte im Umfang von 28,7 Milliarden Euro in den neuen Bedarfsplan übernommen, davon 11,7 Milliarden Euro in den neuen Bundesländern. Als neue Vorhaben konnte daher in den vordringlichen Bedarf ein Projektvolumen von 22,8 Milliarden Euro aufgenommen werden, einschließlich einer Planungsreserve von Vorhaben, die bei Durchsetzungsproblemen anderer vorgezogen werden sollten.

Die Länderanteile an den Fernstraßenmitteln wurden quotiert vergeben. Dadurch reduzierte sich das Konfliktniveau, aber auch die Steuerungseffizienz des Fernstraßenbedarfsplans.

Die Bewertung „Wunschzettel statt Netzstrategie" gilt auch bei den *Schienenprojekten*: Die Ausbauplanung des BVWP 2003 für das deutsche Schienennetz stellt eine Sammlung von unfinanzierbaren Einzelprojekten dar. Im vordringlichen Bedarf mit einem Gesamtvolumen von insgesamt 30 Milliarden Euro sind sinnvolle Einzelmaßnahmen wie die Beseitigung von Kapazitätsengpässe enthalten, weiterhin aber auch Großprojekte wie die ICE-Neubaustrecke Nürnberg-Erfurt-Halle. Ungenügend berücksichtigt sind dagegen der Ausbau von überlasteten Knotenbahnhöfen wie Köln, Frankfurt und Hannover sowie Verbindungen ins Ausland. Regionale Strecken sind – im Gegensatz zur Vielzahl der Ortsumfahrungen im Zuge von Bundesstraßen – nicht im Plan enthalten. Für die Verwirklichung der Projekte stehen nach der Finanzplanung lediglich knapp sechs Milliarden Euro bis zum Jahr 2015 zur Verfügung. Damit lässt sich selbst bei einer deutlichen Aufstockung der Mittel nur ein Bruchteil der geplanten Projekte verwirklichen. Von einer Priorisierung der einzelnen Vorhaben nach ihrem Nutzen für die Optimierung des Gesamtnetzes kann daher nicht die Rede sein. Dazu erforderlich ist eine integrierte Schienennetzstrategie mit festen Zeitplänen für die zukünftige Entwicklung der Angebotsqualität für den Güter- und Personenverkehr. Diese liegt von Seiten der DB Netz AG zwar mit der so genannten Netz-21-Strategie teilweise vor. Dieser netzorientierte Ansatz, der sich insbesondere an betriebswirtschaftlichen Kriterien orientiert und die zentralen Engpässe identifiziert, wird jedoch nur bedingt in einen zeitlich gestaffelten Investitionsplan umgesetzt.

26 Schienenprojekte in einem Finanzumfang von 17,7 Milliarden Euro wurden als Überhang in den Bedarfsplan übernommen. 28 Projekte mit einem Mittelvolumen von 16 Milliarden Euro wurden als neue Vorhaben aufgeführt, deren Realisierung allerdings ungewiss blieb (vgl. BMVBW 2003: 53 ff.).

Noch übertroffen werden Straße und Schiene bei der mangelnden Gewichtung jedoch von den Wasserstraßen. Hier verzichtet der Bundesverkehrswegeplan ganz auf Prioritätensetzung und stuft alle Ausbauprojekte in den „vordringlichen Bedarf" ein. Dabei stehen den geplanten Ausbauprojekten mit einem Gesamtvolumen von knapp fünf Milliarden Euro lediglich 900 Millionen Euro Investitionsmittel bis zum Jahr 2015 gegenüber. Dies hat zur Konsequenz, dass zwar alle Planungen vorangetrieben werden, von diesen aber angesichts der Mittelknappheit nur ein Bruchteil verwirklicht werden kann.

5 Reformzwänge und -schritte für den Bundesverkehrswegeplan 2015

Bei der 2011 begonnene Erarbeitung des Bundesverkehrswegeplanes 2015 stellen sich die Reformzwänge nochmals deutlich schärfer dar als bei den bisherigen Bundesverkehrsplänen. Bereits für die in Bau befindlichen Projekte fehlt die

Finanzierung für eine zügige Fertigstellung – die Bauleistungen müssen gestreckt werden. Zusätzlich kann der Bau nur weniger planfestgestellter Projekte begonnen werden – alleine bei den Bundesfernstraßen warten 125 Neu- und Ausbauprojekte mit einem Mittelbedarf von ca. sieben Milliarden Euro auf die Aufnahme in die Haushaltsplanung des Bundes. Trotz des Projektstaus werden von den Landesverwaltungen weitere Planungsverfahren vorangetrieben.

Überlagert wird die – als Handlungsdruck für eine echte Prioritätensetzung potenziell hilfreiche – Unterfinanzierung des Neu- und Ausbaus durch die deutlich zu Tage tretende Instandhaltungskrise der bestehenden Verkehrsinfrastruktur. Das Substanzerhaltungsproblem ist vor allem wegen der Dringlichkeit der Sanierung der Brücken von Fernstraßen und der Schleuse am Nord-Ostsee-Kanal bei Brunsbüttel in den Fokus der öffentlichen Aufmerksamkeit geraten. Nach den Ergebnissen der so genannten Bodewig-Kommission (2013) sind alleine für die Sanierung bestehender Verkehrswege des Bundes-, der Länder und der Kommunen mindestens 7,2 Milliarden Euro zusätzlich an Haushaltsmitteln notwendig – das ist etwa das Dreifache der derzeit investierten Neu- und Ausbaumittel.

Schon in seinem Gutachten „Strategieplanung Mobilität und Transport" hatte der Wissenschaftliche Beirat für Verkehr (2009) eine zielorientierte Prioritätensetzung für die Verkehrsinvestitionspolitik angemahnt (ähnlich FES 2010). Künftig sollte demnach in der Bundesverkehrswegeplanung verstärkt Gewicht auf

- Ganzheitliche (Netz-)planungen
- Korridorbetrachtungen und -priorisierungen
- Langfristige Wirkungen der Ressourcenbeanspruchung, Klimaveränderung, und Raumentwicklung
- Demografische und ökonomische Anforderungen
- Nicht infrastrukturelle Handlungskonzepte
- Die Bestandserhaltung der Verkehrsanlagen auf der Grundlage von Lebenszyklusbetrachtungen gelegt werden.

Der Anfang 2013 vorgelegte Entwurf der Grundkonzeption für den BVWP 2015 greift diese Ansätze zumindest auf der Zielebene auf, um „ein realistisches und finanzierbares Gesamtkonzept für die künftige Infrastruktur aufzustellen" (BMVBS 2013). Definiert werden sechs Oberziele: Neben der Ermöglichung der Personenmobilität und Sicherstellung der Güterversorgung sollen die Verkehrssicherheit verbessert, Klimagase und Schadstoffe reduziert, die Inanspruchnahme von Natur und Landschaft begrenzt sowie Lebensqualität in Städten und Gemeinden erhöht werden. Die erstmals beim BVWP anzuwendende EU-Richtlinie zur Strategischen Umweltprüfung (SUP) soll dazu beitragen, dass die Auswirkungen der Planungen auf die Umweltziele jetzt auf der Netzebene und nicht nur auf Projektebene dargestellt und bei der Auswahl von Alternativen beachtet werden. Zudem erfordert die SUP die Durchführung einer frühzeitigen Öffentlichkeitsbeteiligung bereits auf Ebene der Bundesverkehrsplanung.

Die in der Grundkonzeption festgelegte Schrittfolge: Festlegung des Sanierungs- und Erhaltungsbedarfs, Entscheidung über die Mittelverteilung auf die einzelnen

Verkehrsträger, Priorisierung innerhalb der Verkehrsträger erscheint vernünftig. Eine konsequente Umsetzung dieses Konzepts wäre ein beachtlicher Fortschritt gegenüber früheren Planungen. Entsprechend der Vorarbeiten legt der Koalitionsvertrag der Großen Koalition vom 16.12.2013 fest, dass der BVWP 2015 eine „verkehrsträgerübergreifende Netzplanung" werden soll und die „bedarfsgerechte Dimensionierung" besonders beachtet werden muss. Ein nationales Prioritätenkonzept soll „besonders dringende und schnell umzusetzende überregional bedeutsame Vorhaben" enthalten. Dieses Vorrangnetz, für das künftig 80 Prozent der Neu- und Ausbaumittel gebunden werden sollen, umfasst den Ausbau hoch belasteter Knoten, Seehafenhinterlandanbindungen und Hauptachsen, die Beseitigung überregional bedeutsame Netzlücken und soll transeuropäische und in völkerrechtlichen Verträgen vereinbarte Verkehrsachsen einbinden.

Kritisch sind allerdings zwei Punkte anzumerken: Eine zukunftsfähige Mobilitäts- und Transportstrategie ist in der Grundkonzeption nicht erkennbar. Über die Bereitstellung der Infrastruktur hinausgehende verkehrspolitische Steuerungsinstrumente werden bisher nicht berücksichtigt. Auch eine Konzentration der Investitionen auf Korridore, auf Engpassbeseitigung und Knotenausbau im Bereich der Straße wird das Stauproblem nicht lösen, wenn der Transitverkehr durch Deutschland weiter stark ansteigt und die Möglichkeiten einer Entlastung von Landverkehren durch Kurzstrecken-Seeverkehre (Short Sea Shipping) sowie einer besseren europäischen Arbeitsteilung der Seehäfen weiterhin vernachlässigt werden. Verlagerung auf die Schiene kann, kluge Investitionen und konsequente Lärmminderung im Schienengüterverkehr vorausgesetzt, langfristig die Überlastung der Korridore des Seehafen-Hinterlandes bei weiter wachsenden Containermengen nicht verhindern.

Verkehrsvermeidung wird daher aufgrund der Überlastung der Infrastruktur in den zentralen Verkehrskorridoren und Ballungsräumen unvermeidbar bleiben. Das Problem des expandierenden Güterverkehrs – bis 2030 wird durch ein weiteres Wachstum der grenzüberschreitenden und Transitverkehre eine Steigerung des Straßengüterverkehrs um 40–50 Prozent erwartet – kann nur durch eine bessere Arbeitsteilung der Seehäfen und eine Regionalisierung der europäischen Verkehrsströme gelöst werden.

Ein zweiter Webfehler des BVWP 2015 stellt das erneut praktizierte dezentrale Anmeldeverfahren dar, das den dargestellten Zielen der Entwicklung zusammenhängender Netze widerspricht. Die Länder mussten ihre Anmeldungen zu den Fernstraßenprojekten von April bis Ende 2013 durchführen, bevor die Kriterien des Bundes für die Auswahl der Projekte (Priorisierungskonzept) und die Verkehrsprognosen vorlagen. Ergebnis sind erneut umfangreiche Straßenbau-Wunschlisten an das Bundesverkehrsministerium (vgl. BUND 2013). Nur ein geringer Teil der Projekte hat eine Chance auf Realisierung. Die deutlich steigenden Sanierungs- und Erhaltungskosten werden die bisherigen Neu- und Ausbaumittel ebenso wie zusätzliche Einnahmen über eine entfernungsabhängige Pkw-Maut oder die Ausweitung der Lkw-Maut weitgehend absorbieren, falls die politischen Versprechen für den Substanzerhalt und die Sanierung der Brücken tatsächlich erfüllt werden.

Positiv ist dagegen die für die Bundesverkehrswegeplanung von der DB AG entwickelte „Netzkonzeption 2030". Diese greift viele Kritikpunkte an den

Schienennetzinvestitionen der Vergangenheit auf und stellt einen Paradigmenwechsel dar: Weg von der Betrachtung einzelner Hochgeschwindigkeitsstrecken hin zu Lösungen für den Schienengüterverkehr, zur Betrachtung ganzer Netze unter Einbeziehung der Knoten und einer besseren Vertaktung von Fernverkehr, Güterverkehr und Nahverkehr. Die konsequente Umsetzung dieser Netzkonzeption lässt sich allerdings nur dann finanzieren, wenn Großprojekte wie z. B. die Neubaustrecke Wendlingen – Ulm im Zuge von Stuttgart 21 abgespeckt werden.

Für die Wasserstraßen hat das Bundesverkehrsministerium im Jahr 2012 ein Prioritätenkonzept vorgelegt, welches im Wesentlichen auf den Erhalt der vorhandenen Infrastruktur setzt und weitgehend Abschied vom Ausbau von Flüssen und Kanälen für größere Schiffe nimmt. Allerdings stoßen die anhand der tatsächlichen Bedeutung für den Güterverkehr erfolgten Einstufungen der einzelnen Wasserstraßen auf den Widerstand der betroffenen Bundesländer.

Entscheidungen über die Straßen-, Schienen- und Wasserstraßeninvestitionen werden frühestens im Laufe des Jahres 2015 getroffen. Die Beratungen finden mit deutlich größerer Transparenz als in der Vergangenheit statt. Zu wichtigen Schritten und Dokumenten sind Informationsveranstaltungen und die Möglichkeit der Abgabe von Stellungnahmen geplant. Das „Handbuch für eine gute Bürgerbeteiligung" (BMVBS 2012) gibt Empfehlungen an die Planungsträger für eine umfassendere und frühzeitigere Einbindung der Öffentlichkeit in die Planungen – die Vorgaben sind jedoch nicht verbindlich. Positiv zu werten ist, dass auch den Verbänden und der Öffentlichkeit die Möglichkeit gegeben wurde, Projektvorschläge oder Alternativen zu Straßen- und Schienenanmeldungen bereits in der Anmeldephase für die Projekte einzubringen. Bei den Fernstraßen zeigte sich dabei eine sehr unterschiedliche Beteiligungsfreundlichkeit der Länder: Während einige die vom Bundesverkehrsministerium verlangte „intensive Auseinandersetzung mit alternativen Lösungsmöglichkeiten" faktisch verweigerten, wurden z. B. in Nordrhein-Westfalen Runde Tische zu besonders umstrittenen Vorhaben wie die A 46 im Sauerland eingerichtet und von Gutachtern ausgearbeitete Vorschläge der IHK (Neubauvorschlag) und des BUND (bestandsorientierte regionale Netzlösung) als Varianten für die Bewertung auf Bundesebene eingereicht.

6 Übergreifende Themen

6.1 Keine Gestaltungsmacht der Politik

Fritz Schnabel (1979) hat von „Politik ohne Politiker" gesprochen, um die faktische Dominanz der Bürokratie gegenüber der politischen Führung und Versuchen der politischen Steuerung zu kennzeichnen. Das Handlungsfeld Bundesverkehrswegeplanung beherrschen Verkehrsingenieure und Verkehrsökonomen, die als „epistemische Gemeinschaften" wirken und sich mit ihren ebenso komplizierten wie einseitigen Prognosen einer politischen Gestaltung weitgehend entziehen. Eine umfassendere Diskussion über die Vor- und Nachteile alternativer Planungsansätze wurde in Politik und Verwaltung bisher noch nicht geführt. Kein adäquater Ersatz für fehlende Gestaltungsmacht sind die zahlreichen öffentlichen Auftritte von Bundestags- abgeordneten/Verkehrspolitikern bei Einweihungen von Autobahn- oder Straßenteilstücken (Spatenstiche) und die PR-Arbeit für „ihre" Straßenbauprojekte.

Der Verzicht auf Gestaltung ist allerdings auch von der Politik selbst zu verantworten, die herrschende Denkmuster wie „Verkehr schafft Arbeitsplätze" oder „wegen der naturwüchsig weiter anwachsenden Verkehrsmenge müssen immer weiter Straßen zur Befriedigung dieses Bedarfs gebaut werden" tradiert (vgl. SRU 2005).

Statt verkehrspolitische Prioritäten zu setzen, wird durch die Gleichverteilung der Haushaltsmittel des Bundes – der Bau und Unterhalt der Bundesfernstraßen wird zu 100 Prozent aus dem Bundeshaushalt bezahlt – und die Kleinteiligkeit der Straßenprojekte, die auch den Wahlkreisen zugeordnet werden (man denke an die Vielzahl der Ortsumfahrungen) und über das ganze Land verteilt werden, ein breiter Konsens in der „politischen Klasse" erzeugt.

6.2 Die technokratische Planungs- und Steuerungsvision: wissenschaftliche Politik und praktische Politik

Die Bundesverkehrswegeplanung folgt einem technokratischen Planungsmodell. Nach einem pragmatischen Plan im Jahre 1957 mit wenig wissenschaftlichem Aufwand, enger Abstimmung mit der Finanzplanung und relativ vollständiger Umsetzung der Projekte folgte 1971 in der Phase der Planungseuphorie die erste verwissenschaftlichte Planung mit einem völlig überdimensioniertem – und damit unterfinanziertem – Entwurf. Die Verwissenschaftlichung wurde von der Straßenbauverwaltung genutzt, um den Bedarf aufzublähen – mit dem Ziel das Straßenbaubudget zu maximieren.

Trotz des immensen wissenschaftlichen und technischen Aufwandes war und ist die Steuerungseffizienz äußerst gering. Die politische Transparenz konnte durch das Bewertungsverfahren nicht verbessert werden. Auch die Anfälligkeit gegenüber Manipulation nahm nicht ab. Insbesondere bei kleineren Straßenbauprojekten können die – prognostischen – Daten durch die lokalen und regionalen Behörden verändert werden. Dies geschieht regelmäßig nach einem ersten Begutachtungsdurchlauf und in Verhandlungen zwischen den Straßenverwaltungen der Länder und des Bundes. Durch eine Ausnahmeregel im Fernstraßenausbaugesetz (§§ 3, 6) besteht zudem die Möglichkeit, von den Ergebnissen der Dringlichkeitsreihung abzuweichen. Damit ist sichergestellt, dass die Bundesverkehrswegeplanung das föderative Machtgefüge in der Fernstraßenplanung respektiert.

6.3 Der Sieg durchsetzungsstarker, sektoraler Bauabteilungen: segmentierte statt integrierte Verkehrspolitik

Beim BVWP 1980 wurde erstmals explizit vom Bundesverkehrsminister „die Notwendigkeit noch stärkerer Integration in die koordinierte Verkehrswegeplanung gefordert" (zitiert nach Reh 1988: 101). Seither spielte das Thema „integrierte

Planung" in der die Ausbaupläne begleitenden politischen Rhetorik eine immer größere Rolle. Die Planung selbst blieb aber weiterhin auf Verkehrsträger und Einzelprojekte bezogen. Eine übergeordnete Gesamtanalyse der Verkehrsnetze auf ihre Schwachstellen fehlt ebenso wie eine verkehrsträgerübergreifende Investitionsstrategie. Seit 1992 wurde lediglich ein gemeinsames Bewertungsverfahren für die Einzelvorhaben der Verkehrsträger entwickelt. Allerdings entfaltete auch dieses keine integrativen Wirkungen. Als Alternativen werden immer nur der Ist-Zustand und eine Neu- bzw. Ausbauvariante für ein Einzelprojekt miteinander verglichen. Moderne Planungsmethoden, die bei einem vorhandenen Infrastrukturbedarf zwischen A und B Korridorbetrachtungen durchführen, um den unter Verkehrs-, Umwelt- und Städtebaugesichtspunkten besten Verkehrsträger oder die beste Infrastrukturmischung zu ermitteln, werden dagegen bisher nicht angewandt. Die Umsetzung einer derartigen Verkehrsträger übergreifenden Planung auf regionaler Ebene würde derzeit auch daran scheitern, dass die Zuweisung der Haushaltsmittel über die sektoralen Haushaltstitel und nicht korridor- oder regionenbezogen erfolgt.

6.4 Zentral-hierarchische Planung versus dezentrale Entscheidung

Formell handelt es sich bei der Bundesverkehrswegeplanung um eine hierarchische Struktur: Bundestag und Bundesregierung legen die Inhalte und die sachlichen und regionalen Prioritäten fest, tragen die Kosten für Bau und Unterhalt der Bundesverkehrswege. Das Bundesverkehrsministerium übt die Fachaufsicht über die Durchführung der Projekte aus und kann per Weisung Änderungen verlangen. Faktisch haben die Länder sehr weitgehende Handlungsspielräume: Sie machen Projektvorschläge und melden diese beim Bundesverkehrs- minister an. Dieser lässt die Verkehrsprojekte (absolut dominierend sind dabei die 2000 eingereichten Straßenbauprojekte) bewerten und verhandelt mit den Ländern über deren Ergebnisse.

Dabei werden von den Ländern folgende Strategien genutzt, um die Entscheidungen des Bundes zu unterlaufen:

Überhangstrategie: Projekte des alten Bedarfsplans, die infolge zu großzügiger Bedarfsanerkennung nicht finanziert und umgesetzt wurden, werden als indisponibel erklärt und einer neuen Bewertung entzogen. Dadurch sind sie nicht dem Risiko ausgesetzt, nicht mehr als bauwürdig oder als vordringlich anerkannt zu werden. Dieser „Überhang" betrug bei den bisherigen Bundesverkehrswegeplänen bis zu 40 Prozent des gesamten Bedarfsvolumens für den „vordringlichen Bedarf". Je mehr Planungsvorräte (planfestgestellte Projekte) angelegt wurden, desto höher ist der Überhang.

Austausch zwischen den Dringlichkeitsstufen: Die Länder nutzen die Möglichkeiten, kraft eigener Verwaltungszuständigkeit jene Planungen voranzutreiben, die sie für besonders wichtig halten oder für die es einflussreichere Lobbys gibt.

6.5 Asymmetrische Partizipation und unzureichende Entwicklung von Alternativen

In der ersten Hälfte der 1970er-Jahre verbesserte die damalige sozialliberale Bundesregierung die Mitwirkung der Bürger und Verbände in staatlichen Planungen. Seitdem ist die Beteiligung der Zivilgesellschaft durch zwei gegensätzliche Tendenzen gekennzeichnet: Auf der einen Seite erzwingen insbesondere EU-Richtlinien eine höhere Partizipation in der Verkehrsplanung (so z. B. 1985 die Einführung der Umweltverträglichkeitsprüfung, der Ausbau der Klage- und Mitwirkungsrechte der Naturschutzverbände), auf der anderen Seite versuchte die Bundesregierung die Rechte von Bürgern und der Umweltverbänden seit der Wiedervereinigung zurück zu drängen (z. B. 1993 im Verkehrsplanungsbeschleunigungsgesetz, 2006 im Infrastrukturbeschleunigungsgesetz).

Dabei liegen die Gründe für die Ineffizienz und lange Dauer von Verkehrsplanungsverfahren nur sehr bedingt in ausufernden Beteiligungsmöglichkeiten von Bürgern und Verbänden – in den jahrelangen Planungsprozessen dauern die Phasen der Öffentlichkeitsbeteiligung tatsächlich nur wenige Wochen. Ursache sind vielmehr:

- Es werden zu viele Projekte gleichzeitig geplant und auch begonnen, wodurch sich die Verwaltungen der Länder und des Bundes selbst überfordern.
- Die sequenzielle Vorgehensweise bei der Projektplanung in den Verwaltungen bringt monatelange Verzögerungen beim Bearbeiten von Stellungnahmen mit sich. Ein auf Gleichzeitigkeit abzielendes „Sternverfahren" brächte dagegen massive Beschleunigungseffekte.
- Der Verzicht auf eine umfassende Prüfung von Alternativen in einer frühzeitigen Planungsstufe stellt eine weitere Effizienzhürde dar. Die frühzeitige Prüfung aller sinnvollen Alternativen würde die Planung auf eine belastbare Grundlage stellen und die Fehlerhäufigkeit am effektivsten vermindern.
- Eine Öffentlichkeitsbeteiligung zu einem Zeitpunkt, zu dem die Optionen noch offen sind und das Feedback der Betroffenen und Bürger auf mögliche Konfliktpunkte und Alternativen hinweist, könnte als Frühwarnsystem dienen. Bürgerproteste setzen insbesondere an der mangelnden Diskussion von Alternativen an – werden diese negiert, steigen erfahrungsgemäß die Konflikthäufigkeit und -intensität.
- Werden schließlich aufgrund zahlreicher Einwände und starker Proteste Pläne erst im Endstadium der Verfahren geändert oder wird durch politische Beschlüsse aufgesattelt, muss die Planung teilweise fast auf Neustart gesetzt werden. Dieser könnte durch eine entsprechende Abschichtung der Planung und regelmäßiger Einbindung der Öffentlichkeit zu einzelnen Vorentscheidungen vermieden werden – zumindest dann, wenn Verfahren transparent und ergebnisoffen gestaltet und die Bürger und ihre Kritik, Anmerkungen und Vorschläge ernst genommen werden.

7 Fazit

Aufgrund der hohen Eigenständigkeit der bürokratischen Planung gegenüber gesellschafts- oder finanzpolitischen Einflussnahmen, kann man im Sinne Fritz Schnabels bezüglich der Bundesverkehrswegeplanung durchaus von einer „Politik ohne Politiker" sprechen. Das Planungs- und Finanzierungssystem, das sich spätestens seit 1971 in seiner heutigen Form etabliert hat, wurde keinen grundlegenden strukturellen Reformen unterworfen.

Eine Trendwende in Richtung nachhaltige Infrastrukturentwicklung für alle Verkehrsträger und unter Beachtung umwelt- und städtebaulicher Zielsetzungen kam trotz der politischen Ankündigung seit den 1970er-Jahren bisher nicht zustande. Die Planung blieb sektoral. Es blieb bei kosmetischen Korrekturen, die, wie z.B. der „besondere naturschutzfachliche Planungsauftrag", an der eingefahrenen Planungspraxis nur wenig ändern.

Die ökonomische Effizienz und die finanzpolitische Steuerbarkeit nahm auch durch Revisionen des überdimensionierten Maximalplans von 1971 nicht zu. Die Wiedervereinigung führte zu einer neuen Schwerpunktsetzung, die – typisch für das starre Planungssystem – außerhalb der Verhandlungs- und Verteilungsmechanismen über die Verkehrsprojekte „Deutsche Einheit" implementiert werden musste. Auch der BVWP 2003 hielt sein zentrales politisches Versprechen der „finanzpolitischen Ehrlichkeit" nicht ein. Die politische Steuerungseffizienz war besonders gering, weil die Ergebnisse der eigenen Kosten-Nutzen-Analyse bei der Entscheidung über die Projekte kaum eine Rolle spielte.

Auch jüngst zeigte sich die Veränderungsresistenz und Ultrastabilität des versäulten bürokratischen Systems von Bundes- und Landesverwaltungen gegenüber der „Großen Föderalismusreform" von 2006: Das Thema Verkehr spielte bei diesen Bestrebungen keine Rolle. Dabei drängt sich aufgrund der ineffizienten Planung eine Regionalisierung der größten Teile der Bundesstraßenmittel (insbesondere der Ortsumfahrungen) geradezu auf. Sie sollten auf die Länder übertragen werden mit der allgemeinen Zweckbindung „Verkehr".

Schließlich werden die verkehrspolitischen Chancen der ab 2007 erforderlichen Strategischen Umweltprüfung und der Umsetzung der erweiterten Öffentlichkeits- und Bürgerbeteiligung gemäß der Aarhus-Konvention ebenfalls nicht ausreichend genutzt, um die Transparenz und die Entwicklung von Planungsalternativen insbesondere auf regionaler Ebene zu verbessern.

Auch die seit Ende 2013 amtierende Regierung begibt sich auf die Suche nach neuen Finanzierungsquellen statt mit ihrer groß-koalitionären Mehrheit die Reform des Finanzierungs- und Planungssystems anzugehen. Sie schreibt damit den grundlegenden Fehler der letzten 50 Jahre Fernstraßenplanung tief in das 21. Jahrhundert fort. Angesichts der weiter zunehmenden Herausforderung, den Substanzerhalt der zu Gunsten des Neubaus lange vernachlässigten Verkehrsinfrastruktur des Bundes – aber auch der Länder und Kommunen – zu finanzieren, verschärft sich jedoch der Reformdruck weiter. Daher besteht die zumindest die Chance, dass – zwar nicht aus Einsicht, aber aus zwingender Notwendigkeit – die Diskussion über den Bundesverkehrsplan 2015 zu einer grundlegenden Neuorientierung der Verkehrsinvestitionspolitik führt.

Literatur

Acatech – Konvent der Technikwissenschaften der Union der deutschen Akademien der Wissenschaften e.V. 2005. *Mobilität 2020. Perspektiven für den Verkehr von morgen*, Stuttgart.
Besier, Stephan. 2005. *BUND-Bewertung der Ausbauplanungen für das deutsche Schienennetz*. Berlin: Studie im Auftrag des BUND.
BMV – Bundesminister für Verkehr. 1990a. *Verkehrspolitik der 90er Jahre*, Bonn.
BMV – Bundesminister für Verkehr. 1990b. *Bundesverkehrswegeplan 1985 und Gesamtdeutscher Verkehrswegeplan – Sachstandsbericht*, Bonn.
BMV – Bundesminister für Verkehr. 1991. *Verkehrsprojekte Deutsche Einheit*, Bonn.
BMV – Bundesminister für Verkehr. 1992. *Bundesverkehrswegeplan – BVWP '92 – einschließlich Bedarfsplan für die Bundesfernstraßen*, Bonn.
BMVBW – Bundesminister für Verkehr, Bau und Wohnungswesen. 2000. *Verkehrsbericht 2000. Integrierte Verkehrspolitik: Unser Konzept für eine mobile Zukunft*, Berlin.
BMVBW – Bundesminister für Verkehr, Bau und Wohnungswesen. 2001. *Verkehrsprognose 2015 für die Bundesverkehrswegeplanung. FE-Nr. 96.578/1999*, München.
BMVBW – Bundesminister für Verkehr, Bau und Wohnungswesen. 2002. *Bundesverkehrswegeplan 2003. Grundzüge der gesamtwirtschaftlichen Bewertungsmethodik*, Berlin.
BMVBW – Bundesminister für Verkehr, Bau- und Wohnungswesen. 2003. *Bundesverkehrswegeplan 2003 – Grundlagen für die Zukunft der Mobilität in Deutschland*, Bonn.
BMVBS – Bundesminister für Verkehr, Bau und Stadtentwicklung. 2006. *Straßenbaubericht 2005*, Bonn.
BMVBS – Bundesminister für Verkehr, Bau und Stadtentwicklung. 2010. *Ergebnisse der Überprüfung der Bedarfspläne für die Bundesschienenwege und die Bundesfernstraßen*, Berlin.
BMVBS – Bundesminister für Verkehr, Bau und Stadtentwicklung. 2012. *Handbuch für eine gute Bürgerbeteiligung. Planung von Großvorhaben im Verkehrssektor*, Berlin.
BMVBS – Bundesminister für Verkehr, Bau und Stadtentwicklung. 2013. *Grundkonzeption für den Bundesverkehrswegeplan 2015. Bedarfsgerecht - transparent – herausfordernd*. Entwurf, Berlin.
Bodewig-Kommission (Kommission „*Nachhaltige Verkehrsinfrastrukturplanung*"). 2013. Konzeptdokument, Berlin.
BUND – Bund für Umwelt und Naturschutz Deutschland. 2006. *Finanzknappheit erzwingt Wende in der Verkehrsinvestitionspolitik*. Hintergrundpapier, Berlin.
BUND - Bund für Umwelt und Naturschutz Deutschland. 2013. *Dokumente und Bewertungen zur Bedarfsplanung*: www.bund.net/infrastruktur.
Bundesregierung. 2000. *Flughafenkonzept der Bundesregierung*. Entwurfsfassung vom 30.08.2000, Bonn.
Daehre-Kommission („*Kommission Zukunft der Verkehrsinfrastrukturfinanzierung*"). 2012. Bericht, Berlin
Enquete-Kommission Schutz der Erdatmosphäre. 1995. *Mehr Zukunft für die Erde. Nachhaltige Energiepolitik für dauerhaften Klimaschutz*, Bonn.
FES – Friedrich-Ebert-Stiftung, Arbeitskreis Innovative Verkehrsp. 2010. *Eckpunkte für eine zielorientierte, integrierte Infrastrukturplanung des Bundes: vom Bundesverkehrswegeplan zur Bundesverkehrsnetzplanung*. Bonn: WiSo-Diskurs.
Garlichs, Dietrich. 1980. *Grenzen staatlicher Infrastrukturpolitik. Bund/Länder-Kooperation in der Fernstraßenplanung*. Politikverflechtung IV, Königstein/Taunus.
Gemeinsame Kommission von Bundestag und Bundesrat zur Modernisierung der Bund-Länder-Finanzbeziehungen. 2010. *Die Beratung und ihre Ergebnisse*. Berlin.
Gühnemann, Astrid, Karsten Kuchenbecker, Werner Rothengatter und Wolfgang Schade.1999. *Entwicklung eines Verfahrens zur Aufstellung umweltorientierter Fernverkehrskonzepte als Beitrag zur Bundesverkehrswegeplanung*. Studie im Auftrag des Umweltbundesamtes, Berlin.
Heinze, G. Wolfgang. 1989. Fachplanung ‚Verkehr und Telekommunikation'. In *Akademie für Raumforschung und Landesplanung Hannover*, Hrsg. Daten zur Raumplanung, Teil C: Fachplanungen und Raumordnung, 875–1002.

Heuser, Tilmann und Werner Reh. 2004. *BUND-Schwarzbuch zum Fernstraßenbau in Deutschland*. Bund für Umwelt und Naturschutz Deutschland, Berlin.

Klenke, Dietmar, 1995. *„Freier Stau für freie Bürger". Die Geschichte der bundesdeutschen Verkehrspolitik 1949–1994*, Darmstadt.

Kunert, Uwe und Heike Link. *2001. Bundesverkehrswege: Neubau auf Kosten der Substanzerhaltung künftig nicht mehr vertretbar*. DIW-Wochenbericht 42/01, Berlin.

Mäding, Heinrich. 1978. *Infrastrukturplanung im Verkehrs- und Bildungssektor. Eine vergleichende Untersuchung zum gesamtstaatlichen Planungsprozess in der Bundesrepublik Deutschland*, Baden-Baden.

Reh, Werner. 1988. *Politikverflechtung im Fernstraßenbau der Bundesrepublik Deutschland und im Nationalstraßenbau der Schweiz*, Frankfurt a.M.

Schnabel, Fritz. 1979. Politik ohne Politiker. In Hrsg. Hellmut Wollmann, *Politik im Dickicht der Bürokratie*. Leviathan, Sonderheft 3, 49–65.

SRU – Sachverständigenrat für Umweltfragen. 2005. *Umwelt und Straßenverkehr*. Berlin: Sondergutachten.

Wissenschaftlicher Beirat beim Bundesverkehrsministerium. 1996. Bundesverkehrswegeplanung: Methodische Weiterentwicklung und Privatisierungsperspektiven. *Zeitschrift für Verkehrswissenschaft* 67(2): 99–121.

Wissenschaftlicher Beirat für Verkehr des BMVBS. 2009. *Strategieplanung Mobilität und Transport. Folgerungen für die Bundesverkehrswegeplanung*. Berlin: Bericht.

Wissenschaftlicher Beirat beim Bundesminister für Verkehr, Bau und Stadtentwicklung. 2013. *Verkehrsfinanzierungsreform – Integration des kommunalen Verkehrs*, Berlin.

Zöpel, Christoph. 1991. Neue Verkehrspolitik. In *Sozialdemokratischer Informationsdienst*, Heft 6/7, 6–14

Fahrrad- und Fußverkehr: Strukturen und Potentiale

Tilman Bracher

Zusammenfassung

Rad- und Fußverkehr sind erst sein wenigen Jahrzehnten verkehrspolitisches Thema. Sie finden wegen des Potenzials, motorisierten Verkehr zu ersetzen und zu Klimaschutz und Lebensqualität beizutragen, zunehmend Beachtung. Während Fuß- und Radverkehr der Wettbewerb zum Kraftfahrzeugverkehr verbindet, konkurrieren sie untereinander um Flächen und politisches Gewicht. Dabei geht es um die Rechte von Fuß- und Radverkehr in der Straßenverkehrsordnung und um eine verbesserte Infrastruktur. Zu enge Gehwege und alte Radwege müssen repariert, verbreitert oder ersetzt werden. Schnellradwege, Pedelecs, Parkhäuser für Fahrräder und öffentliche Fahrradverleihsysteme sind Bestandteile moderner Verkehrspolitik.

Schlüsselwörter

Aktive Mobilität • Nahmobilität • Radverkehr • Fußverkehr

1 Einleitung

In vielen Kommunen, aber auch in einigen Bundesländern und – was den Radverkehr betrifft, auch auf Bundesebene, sind Radverkehr und Fußverkehr erst seit einigen Jahren Bestandteil verkehrspolitischer Strategien. Für eine Gesellschaft, die nicht nur den Belastungen durch motorisierten Verkehr ausgesetzt ist, sondern zunehmend auch unter Bewegungsmangel leidet, gehört die Förderung von Fuß- und Radverkehr als energiesparsames, gesundes Verkehrsmittel in die Strategien zu Klimaschutz, Lärmminderung und Luftreinhaltung (vgl. Difu 2013a, S. 128).

T. Bracher (✉)
Bereich Mobilität und Infrastruktur, Deutsches Institut für Urbanistik gGmbH,
Berlin, Deutschland
E-Mail: bracher@difu.de

Im Vergleich zu Kraftfahrzeugen benötigen Fahrräder nur einen Bruchteil des Verkehrsraums und der Fläche zum Parken, und selbst der Energiebedarf elektrisch unterstützter Fahrräder fällt im Vergleich zum Auto nicht ins Gewicht.

Nachdem Städte und Landschaften im vergangenen Jahrhundert autogerecht gestaltet wurden, steht die Verkehrspolitik nun vor der Aufgabe, Fußverkehr und Radverkehr in ein vom Auto, teilweise auch vom öffentlichen Verkehr (ÖV) dominiertes Verkehrssystem zu integrieren. Eine an Raumbedarf und Geschwindigkeit des Autos orientierte Stadt- und Verkehrsplanung hat den Maßstab Fußgänger aus dem Auge verloren. Dabei ist Zufußgehen die natürliche Form der Fortbewegung. Die europäische Stadt verdankt den Fußgängern bis heute ihre Lebendigkeit (vgl. Dittrich-Wesbuer und Erl 2004, S. 20 f.).

Auch der Radverkehr, der nach dem zweiten Weltkrieg bis in die siebziger Jahre hinein an Bedeutung verloren hatte, gehört in den meisten Großstädten heute wieder zum Bild des Verkehrs. Rad zu fahren ist in großen Teilen der Bevölkerung wieder selbstverständlich. „Fahrradstädte" wie Münster und Kopenhagen zählen in Städterankings zu den lebenswertesten Orten der Welt. Fahrradfreundlichkeit ist ein kommunaler Standortfaktor.

Die Neubewertung des Rad- und Fußverkehrs spiegelt sich auch in neuen verkehrspolitischen Begriffen. Aus der dominanten Perspektive des Automobils und des öffentlichen Verkehrs sind Zufußgehen und Radverkehr „alternative" Verkehrsmittel oder „nichtmotorisierter Verkehr" (NMV). Die verkehrspolitische Debatte dreht sich mittlerweile aber auch um „Nahmobilität", „Langsamverkehr" und „aktive Mobilität".

Die Unterscheidung in „aktive Mobilität" (aus eigener Körperkraft) und „passive Mobilität" (mit Fremdenergie) verdeutlicht, dass Fußverkehr und Radverkehr weder „alternativ" noch defizitär („nicht motorisiert") sind, sondern Basis der Mobilität (vgl. Held et al. 2013).

Die neuen „Hinweise zur Nahmobilität" der Forschungsgesellschaft für Straßen- und Verkehrswesen (FGSV) beziehen sich auf Strategien zur Stärkung des Fuß- und Radverkehrs auf Quartiers- und Ortsteilebene (FGSV 2014a). Der Aktionsplan Nahmobilität der Landesregierung NRW gilt der individuellen Mobilität, vorzugsweise zu Fuß und mit dem Fahrrad, aber auch mit anderen nicht motorisierten Verkehrs- bzw. Fortbewegungsmöglichkeiten (Inliner, Skater etc.) (MWEBWV 2012, S. 6).

Auch das Leitbild des „Langsamverkehrs" als dritter Säule des Personenverkehrs integriert die Fortbewegungsarten mittels eigener Muskelkraft. Es dient seit 2002 in der Schweiz als strategische Handlungsempfehlung des Bundes und zielt auf eine Allianz etablierter Institutionen (Schulweg Sicherheit, Inline-Skater, Fahrradfahrer und Behinderte, gemeinsam mit den Schulen und der Polizei (Pro Velo Schweiz 2014; Entwurf Leitbild Langsamverkehr 2002).

Fußgänger und Radfahrer eint zwar die Betroffenheit durch eine jahrelang am Kfz orientierten Verkehrsplanung und -politik. In der Praxis stehen diese aber wegen ihrer unterschiedlichen Verhaltensweisen, Flächenansprüche, Geschwindigkeiten und Infrastrukturbedarfe untereinander im Wettbewerb – um Aufmerksamkeit, knappen Straßenraum, bei der Verkehrssteuerung (Grünzeiten) und „Geld".

2 Rad- und Fußverkehr als Thema der Politik seit 1975/80

2.1 Fußverkehr als Nischenthema

1979 wiesen Mayer Hillmann und Anne Whalley in London in „Walking is Transport" darauf hin, dass „zu Fuß gehen" ein bedeutendes Verkehrsmittel ist und in dieser Hinsicht von der Politik vernachlässigt wird. Hillmann und Whalley forderten, dass die offiziellen Statistiken Daten über das Gehen beinhalten und politische Abwägungen die Vorteile des Gehens für Mobilität, Gesundheit und Sicherheit berücksichtigen sollten und dass „zu Fuß gehen" als „Verkehrsmittel" behandelt werden müsse (Hillmann und Whalley 1979: k.A.).

Fußgänger stellen je nach Situation und individuellen Präferenzen sehr unterschiedliche Anforderungen. Menschen, die sich beim Gehen mit anderen unterhalten, mit Kindern spielen oder sich als Jogger bewegen wollen, brauchen Freiraum und Bewegungsraum an ihre Infrastruktur. Zum Unterhalten gehen Menschen lieber nebeneinander als hintereinander. Und wer sich nicht von anderen bedrängt fühlen möchte, braucht genügend Abstand. Raum, Sicherheit und Orientierung sind zentrale Grundvoraussetzungen, damit Fußwege angenehm sind. Dazu kommen die Anforderungen mobilitätsbehinderter Menschen. sie legen immerhin 45 Prozent ihrer Ortsveränderungen zu Fuß bzw. im Rollstuhl zurück (vgl. Dittrich-Wesbuer und Erl 2004: 15). Ein hindernisfreies bauliches Umfeld – d. h. ohne Treppen oder Stufen – schafft Bewegungsfreiheit und Chancen für die Teilnahme am öffentlichen Leben. Die Beseitigung von Barrieren oder der Einsatz von akustischen oder taktilen Zusatzeinrichtungen erhöhen zugleich den Gehkomfort für jedermann.

Um die Infrastruktur fußgängerfreundlich zu gestalten muss vor allem der Bestand umgebaut werden. Viele in den vergangenen Jahren für den Kfz-Verkehr ausgebaute Außerorts- und Durchgangsstraßen sind zu Fuß kaum noch überquerbar, oft fehlen auch akzeptable Gehwege. Vielerorts werden Flächen, die einstmals für Fußgänger angelegt waren, zum Parken oder für den Radverkehr genutzt. Für die Politik erscheint der Gedanke der „fußgängerfreundlichen Stadt" bislang allerdings nur wenig attraktiv. Das Zufußgehen im öffentlichen Raum hat keine starke Lobby und in Politik und Ämtern wird Fußverkehr erst allmählich als eigenständige Aufgabe erkannt.

Sogar Ladengeschäfte in Fußgängerzonen oder Stadtteilzentren unterschätzen die Bedeutung des Fußverkehrs. Viele Kunden kommen zumindest die letzte Etappe zu Fuß. Straßen sind Orte der Kommunikation, wo sich Menschen treffen, Waren präsentiert werden und Veranstaltungen stattfinden. Wo sich viele Menschen zu Fuß aufhalten, blühen die Geschäftsumsätze. Fußgängerzonen erweisen sich als Magnet für Kauffreudige. Gut gestaltete Straßen und Plätze werden zum „Stadterlebnis".

Für viele Fragen einer an den Bedürfnissen der Fußgänger ausgerichteten Infrastrukturplanung fehlt es noch an geeigneten Planungsgrundlagen. Während sich Verkehrsangebote für den Fahrzeugverkehr mit standardisierten Rechenmethoden planen und prognostizieren lassen, erfordern Planungen für Fußgänger Fingerspitzengefühl, Durchsetzungskraft und Ortskenntnis, da die Determinanten des

Fußverkehrs einen anderen Maßstab aufweisen als für den Fahrzeugverkehr, und nicht nur verkehrstechnischer Natur sind.

Erst seit etwa 1980 ist „Fußverkehr" Forschungsthema. In einem ersten großen Modellvorhaben dreier Bundesbehörden – Bundesforschungsanstalt für Landeskunde und Raumordnung (BFLR); Bundesanstalt für Straßenwesen (BASt), Umweltbundesamt (UBA) – wurden in sechs Städten Grundlagen zur „flächenhaften Verkehrsberuhigung" erarbeitet (vgl. BFLR 1989). 1995 wurde im Forschungsprogramm Stadtverkehr des BMVBS am Beispiel Münchens ein Leitfaden für den „Fußgängerverkehr im Umweltverbund" erstellt (Bracher et al. 1995), seit 2002 gibt es ein eigenständiges Regelwerk, die „Empfehlungen für Fußverkehrsanlagen" (EFA) der Forschungsgesellschaft für Straßen- und Verkehrswesen (FGSV 2002).

2.2 Entwicklung der Radverkehrspolitik nach 1980

Der Radverkehr erlebt nach Jahren des Rückgangs seit dem letzten Quartal des vergangenen Jahrhunderts seine Renaissance. Parallel dazu entstanden erste neue institutionelle Strukturen. So bildete sich in den 1970er-Jahren ein bundesweiter Arbeitskreis der FDP, es kam zur Gründung von Bürgerinitiativen („Grüne Radler"), zur Befassung des Themas auf ministerialer Ebene (im Rahmen des Themas „Umwelt", das damals im Bundesinnenministerium verankert war) und 1979 wurde der *Allgemeine Deutschen Fahrrad-Club* (ADFC) gegründet (vgl. Bracher 1987).

Von einer interministeriellen Arbeitsgruppe wurde 1982 erstmals ein „Programm zur Umweltentlastung durch Förderung des Fahrradverkehrs" aufgelegt, in dem das Fahrrad „in seinem spezifischen Einsatzbereich (Nahverkehr Entfernungsbereich bis zehn Kilometer) als ökologisch und ökonomisch sinnvollstes Verkehrsmittel" anerkannt wird (vgl. BMI 1983).

Seit den 1980er-Jahren wurde auch intensiv geforscht – zur Verkehrssicherheit sowie zur Förderung des Fahrrads als Alltagsverkehrsmittel. Im Vordergrund stand dabei zunächst die Infrastruktur: die Zulassung von gegenläufigem Radverkehr in Einbahnstraßen, zur Netzplanung und Einsatzbedingungen für Radfahrstreifen und Fahrradstraßen (vgl. Bracher 1996). Die neuen Lösungsansätze fanden nach teilweise mühsamen Abstimmungsprozessen – dann innerhalb der Forschungsgesellschaft für Straßen- und Verkehrswesen Eingang ins Technische Regelwerk (FGSV 1982, 1995, 2010).

Eine in Öffentlichkeit und Fachwelt lange Zeit strittige Debatte betrifft die Radwegebenutzungspflicht. Da Radwege als Unfallschwerpunkt des Radverkehrs erkannt wurden, wurde die bis 1997 in der Straßenverkehrsordnung verankerte Radwege-Benutzungspflicht gestrichen. Die generelle Radwegbenutzungspflicht ging auf die ersten „Richtlinien für die Schaffung von Radfahrwegen" aus dem Jahr 1927 und die erste Reichs-Straßen-Verkehrs-Ordnung vom 1.10.1934 zurück (vgl. Bracher 1987). Heute dürfen Behörden eine Radwegbenutzungspflicht innerorts noch im Einzelfall und bei besonderer Gefahrenlage (z. B. starkem Lkw-Verkehr) anordnen. Da viele Ämter diesen Paradigmenwechsel in der Praxis nicht umgesetzt hatten, wurde die StVO-Regelung 2009 nochmals präzisiert.

Erweitert wurden auch die Möglichkeit der Freigabe der Öffnung von Einbahnstraßen für Radfahrer in Gegenrichtung und die Anlage von Radfahrstreifen und Schutzstreifen als Markierungslösungen auf der Fahrbahn.

2.3 Nationaler Radverkehrsplan

Als Erfolg jahrelanger Lobbyarbeit hat die Bundesregierung 2002 einen Nationalen Radverkehrsplan aufgestellt (BMVBW 2002). Seither kümmert sich ein Team im Bundesverkehrsministerium um das Ziel, „die Chancen des Fahrradverkehrs im Rahmen einer integrierten Verkehrspolitik aufzuzeigen und dieses Entwicklungspotenzial in einem auf Nachhaltigkeit ausgerichteten Verkehrssystem gezielt zu nutzen" (BMVBW 2002: 7).

Unter Verweis auf die föderal verteilten Zuständigkeiten kümmert sich die Bundesebene um den Rechtsrahmen, die Baulast von Radwegen an den Straßen des Fernverkehrs, und einige Politikfelder mit Bezug zum Radverkehr (Umwelt, Gesundheit, Klimaschutz, Wirtschaft). Andere Politikfelder wie Bildung und Stadtverkehr sind Aufgabe der Länder und Kommunen. Der Bund moderiert einen „Bund-Länder-Arbeitskreis" mit Vertretern der Landesregierungen, der kommunalen Spitzenverbände und verschiedener Fachverbände, lässt sich durch einen „Beirat Radverkehr" beraten, fördert Forschungsvorhaben, Modellvorhaben und wirbt für ein systemisches Verständnis des Radverkehrs als Teil einer integrierten und intermodalen Verkehrspolitik.

Die Förderung des Radverkehrs stößt im Deutschen Bundestag in allen Fraktionen auf Zustimmung. So wurde die Bundesregierung 2009 per Koalitionsvertrag beauftragt, den Nationalen Radverkehrsplan „weiter[zu]entwickeln" und das Thema Fahrradpolitik auf eine breitere Grundlage zu stellen (Bundesregierung 2009, S. 39). Im Vorfeld des zweiten Nationalen Radverkehrsplans hatte das Bundesverkehrsministerium daraufhin einen breiten Diskurs initiiert, und mit 25 Expertinnen und Experten aus Wirtschaft und Wissenschaft sowie aus Ländern und Kommunen Empfehlungen für den neuen Nationalen Radverkehrsplan erarbeitet (BMVBS 2011). Der auf dieser Basis verabschiedete *NRVP 2020* bildet die Grundlage der Radverkehrspolitik in Deutschland für den Zeitraum 2013–2020.

Die gemeinsame Umsetzung des NRVP durch Bund, Länder und nicht zuletzt vor Ort durch die Kommunen weist mittlerweile vier Säulen auf:

- den Bund-Länder-Arbeitskreis Radverkehr,
- das deutsche Fahrradportal www.nrvp.de als gemeinsamer
- Arbeitsplattform und Infopool,
- die Fahrradakademie als Fortbildungsangebot in den Regionen sowie
- das Förderprogramm des Bundes für nicht-investive Maßnahmen.

Der NRVP weist den Ländern eine starke Rolle zu. Den Ländern obliegt – beim Radverkehr wie beim öffentlichen Verkehr – die Ausgestaltung der rechtlichen und infrastrukturellen Rahmenbedingungen und der Förderung der Kommunen.

2.4 Kommunale Radverkehrspolitik

Die lokale Ebene ist schließlich verantwortlich für den örtlichen Radverkehr, d. h. für die Planung und Durchführung von konkreten Projekten. Die Gemeinden sind Baulastträger der kommunalen Straßen und Wege.

Die Zahl der Gemeinden, die die Fahrradnutzung fördern wollen, nimmt seit Anfang der neunziger Jahre zu. Außerhalb der großen Städte übernehmen die Landkreise häufig eine koordinierende Aufgabe für Städte und Gemeinden. In einigen Bundesländern und Kommunen gibt es in den Verwaltungen „Fahrradreferate" oder „Radverkehrsbeauftragte". In größeren Gemeinden und den Stadtstaaten Berlin und Hamburg gibt es eine eigene Radverkehrsstrategie (Berlin 2013, Hamburg 2007).

Um spezielle Mittel für Radverkehrsmaßnahmen zur Verfügung zu stellen, haben einige Bundesländer in ihren Haushalten Budgets eingerichtet. In anderen Ländern erfolgt die Finanzierung fallweise aus Haushaltspositionen, die auch für den allgemeinen Straßenverkehr verfügbar sind.

Mangels einer weitergehenden gesetzlichen Grundlage zählt Radverkehrspolitik in den Kommunen – über die normale Verkehrssicherungspflicht als Straßenbaulastträger hinaus – als „freiwillige Aufgabe". Im Gegensatz zu ihrer Verantwortung für den öffentlichen Personennahverkehr sind Kommunen keine „Aufgabenträger". Obwohl es eine Reihe nutzbarer Förderprogramme gibt (vgl. Difu 2014a), bringen viele Kommunen die für die Ausfinanzierung von Projekten notwendigen Eigenanteile nicht auf. Andernorts binden Großprojekte des Straßenbaus oder aus dem ÖPNV die kommunalen Verkehrsetats, und manchmal passen auch die geltenden Förder- und Planungsbestimmungen nicht.

Der insgesamt erforderliche Mittelbedarf für erfolgreiche Radverkehrspolitik wurde für den *NRVP 2020* anhand von in- und ausländischen Quellen geschätzt. Die Städte und Gemeinden benötigen je nach Ausgangsniveau zwischen 8 bis 19 € pro Einwohner und Jahr, um einen guten Standard zu erreichen (BMVBS 2012a, S. 63). Zusammen mit den Mitteln für die Landkreise und die Bundesländer (z. B. für Landesstraßen und die Verknüpfung mit dem Schienenpersonennahverkehr) ergibt das einen Gesamtbedarf der Länder und Gemeinden von mindestens 15 € pro Einwohner und Jahr – insgesamt etwa 1,2 Mrd. € bundesweit.

Eine wirklich fundierte Schätzung für den darüber hinaus gehenden Mittelbedarf des Bundes für den Neubau von Radwegen an Bundesstraßen, die Sanierung des Altbestandes (es gibt 19.000 km Radwege an Bundesstraßen), für Modernisierung (zunehmende Verkehrsmengen, Nutzbarkeit für Pedelecs und Lastenräder) und für Bahnhöfen und Haltepunkte des Eisenbahnverkehrs liegt noch nicht vor. Da die in den vergangenen Jahrzehnten angelegten Radwege noch nicht auf den heute geltenden Standards sind und die Unterhaltung nicht systematisch betrieben wird, sind nochmals mehrere 100 Millionen € pro Jahr zu erwarten. Nachdem für Radwege an Bundesfernstraßen im Jahr 2002 noch jährlich mehr als 100 Mio. € bereit standen, wurde diese Position mehrfach gekürzt, und im Haushalt 2014 wieder auf 80 Mio. € aufgestockt, was den Bedarf jedoch bei Weitem nicht deckt.

Angesichts des aktuellen Bedarfs zeigt sich aber, dass Dokumente wie der NRVP und örtliche Radverkehrsstrategien im politischen Alltag mit seinen konkurrierenden Anforderungen nach wie vor auf Bundes-, Landes und Gemeindeebene personell und finanziell nicht ausreichend unterlegt werden, um die vorhandenen Konzepte umzusetzen.

3 Aktuelle Bedeutung des Fuß- und Radverkehrs

3.1 Datenquellen für den Fuß- und Radverkehr

Während es für den Kfz- und öffentlichen Verkehr z. B. die Statistiken des Kraftfahrtbundesamtes und des Verbands Deutscher Verkehrsunternehmen (VDV) gibt, ist die statistische Basis für Fuß- und Radverkehr relativ dünn. Die Fahrradbranche liefert Statistiken zu Produktion und Handel. Sieht man einmal von der amtlichen Unfallstatistik ab, stammen die überregionalen Kennziffern zum Rad- und Fußverkehr vor allem aus den in Haushaltsbefragungen ermittelten Verkehrstagebüchern. Die wichtigsten sind MiD („Mobilität in Deutschland") mit repräsentativen Kennziffern für ganz Deutschland, und die Städtebefragungen „System repräsentativer Verkehrserhebungen" (SrV), die den städtischen Binnenverkehr teilnehmender Städte an Werktagen erfassen und in ihren Auswertungen jeweils Fußverkehr und Radverkehr als Verkehrsmittel berücksichtigen.

Nach den vorliegenden Auswertungen werden Gehen (und Radfahren) systematisch unterschätzt, weil die zu Fuß oder per Rad zurückgelegten Zubringeretappen zur Haltestelle nur dem „Hauptverkehrsmittel" zugerechnet werden. Aus einer einmaligen Nachbearbeitung von Datensätzen aus verschiedenen Haushaltsbefragungen weiß man, dass Fußwegetappen sogar häufiger sind als Fahrten mit allen öffentlichen und privaten Fahrzeugen zusammen (vgl. Brög und Erl 1999).

Wichtige Ergebnisse der MiD betreffen Verkehrsmittelwahl nach Gebietstyp, Personengruppen, zurückgelegten Distanzen und zum Fahrradbesitz. Die spezifischen Distanzverteilungen der Wege zu Fuß und per Fahrrad belegen, dass die sehr kurzen Wege vor allem zu Fuß unternommen werden, während das Fahrrad vor allem in den Entfernungsklassen zwischen 0,5 und 3,5 km genutzt wird. Die Fahrten oberhalb der 5-Kilometer-Marke werden weitgehend mit öffentlichen Verkehrsmitteln oder Kraftfahrzeugen unternommen (vgl. Abb. 1).

Da mit Ausnahme der Senioren ab 75 in allen Altersgruppen mehr als drei Viertel der Bevölkerung ein Fahrrad besitzt, sind die individuellen Voraussetzungen gut, dass mehr Fahrrad gefahren wird. Der höchste Fahrradbesitz liegt in den beiden jungen Altersgruppen von 5 bis 13 Jahren (vgl. Abb. 2).

3.2 Verkehrsmittelwahl und Multimodalität

Das Mobilitätsverhalten im Alltag ist stark von rahmensetzenden langfristigen Mobilitätsentscheidungen geprägt (vgl. Rosenbaum in Kap. III.6 dieses

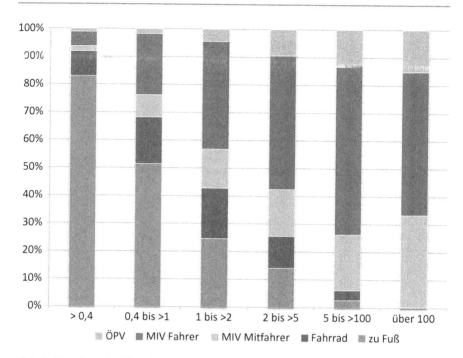

Abb. 1 Verteilung der Wegelängen in km (Quelle: nach Infas/DLR 2010: S.244)

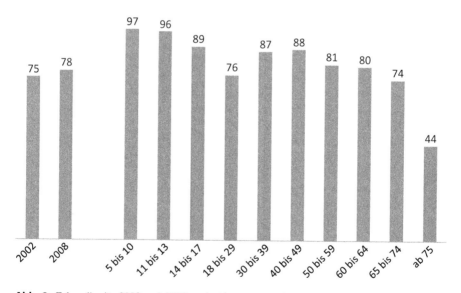

Abb. 2 Fahrradbesitz 2002 und 2008 nach Altersgruppen in Prozent (Quelle: nach Infas/DLR 2010: 55)

Bandes: ▶ Alltagsmobilität: Eine soziale Herausforderung für die Verkehrspolitik). Sowohl Standortwahl (Stadtviertel) als auch die Verkehrsmittelverfügbarkeit (Motorisierung und ÖV-Angebot) prägen Zielwahl und Verkehrsmittelwahl für bestimmte Aktivitäten. Viele Menschen sind „ihrem" Verkehrsmittel treu – als Autofahrer, ÖV-Nutzer oder Radfahrer.

Dieses langjährige Kontinuum der Verkehrswissenschaften ist im Umbruch. Die Entwicklung des Radverkehrs, aber auch die zunehmende Anerkennung des Fußverkehrs sind vermutlich bereits Signale für einen Wertewandel in unserer Gesellschaft, in der sich der Umgang mit Mobilität verändert. Neben der stärkeren Fahrradnutzung benutzen immer mehr Menschen – unabhängig von Fußwegen – im Alltag an einem Tag oder an unterschiedlichen Tagen verschiedene Verkehrsmittel (Multimodalität) oder kombinieren Etappen mit mehreren Verkehrsmitteln (Intermodalität) für eine Wegstrecke (vgl. Abb. 3).

Die von Infas im Auftrag des Deutschen Verkehrsforums erhobenen Daten zur Verkehrsmittelnutzung im Wochenverlauf belegen, dass dies fast die Hälfte ist. 49 Prozent aller Personen nutzen in einer Woche zwar nur ein Verkehrsmittel, aber fast genauso viele Personen sind multimodal und nutzen mehrere Verkehrsmittel (46 Prozent). Die restlichen 5 Prozent waren nicht oder nur zu Fuß unterwegs. Bezieht man die Multimodalen ein, wird die Dominanz des Autos erkennbar: 84 Prozent der Menschen benutzen in einer Woche ein oder mehrmals das Auto (einschließlich derjenigen, die auch Fahrrad oder ÖV fahren), 40 Prozent nutzen mindestens einmal wöchentlich ein Fahrrad, und nur 23 Prozent den öffentlichen Verkehr (vgl. Follmer 2014).

3.3 Fußverkehr und Radverkehr im Umweltverbund

Unter der Bezeichnung „Umweltverbund" werden die so genannten „umweltverträglichen" Verkehrsmittel (Fußgänger, Radfahrer, öffentliche Verkehrsmittel sowie Carsharing und organisierte Mitfahrgemeinschaften) bezeichnet. Dieses Konzept richtet sich gegen die vorherrschende Ausrichtung der Stadt- und Stadtverkehrsplanung auf das private Automobil. Planung für den Umweltverbund ist Bestandteil der Verkehrspolitik und -planung zahlreicher deutscher Städte geworden.

In der Praxis haben die im Umweltverbund verbundenen Verkehrsmittel ganz unterschiedliche Gewichte. Die Branche des öffentlichen Verkehrs mit vergleichsweise hohen Umsätzen und Beschäftigtenzahlen wird mit dem Verband Deutscher Verkehrsunternehmen (VDV) und weiteren Fahrgast- und Branchenorganisationen im Gegensatz zur kleinen Fahrradlobby oder der marginalen Fußgängerlobby institutionell stark vertreten, und für den ÖPNV gibt es einen umfassenden eigenen Rechtsrahmen und eigene Finanzierungsinstrumente. Fußverkehr und Radverkehr partizipieren im Umweltverbund weder finanziell an den Fördermitteln des öffentlichen Verkehrs, noch profitieren sie von einer adäquaten rechtlichen Verankerung. Die Unternehmen des öffentlichen Verkehrs nutzen das positive Image des Umweltverbunds insgesamt zwar für die Außendarstellung, befürchten aber auch, dass

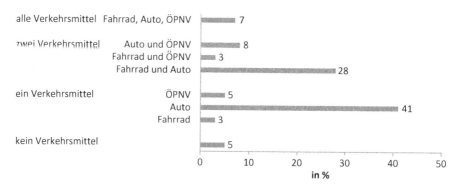

Abb. 3 Verkehrsmittelnutzung im Wochenverlauf (Quelle: nach Follmer 2014)

sich Fahrrad und öffentlichen Verkehr innerhalb des Umweltverbunds eher kannibalisieren als gegenseitig verstärken (vgl. Ahrens et al. 2010).

Da Wege im Quartier unter 1–2 km gut zu Fuß oder per Rad unternommen werden können, ist der ÖV-Anteil in diesem Distanzbereich sehr gering. Zumal es in vielen kleineren Orten gar keinen „Ortsverkehr" gibt.

Bereits auf Distanzen ab etwa 5 km ergänzen sich Fahrrad und öffentliche Verkehrsmittel zur Transportkette. Die Kombination vergrößert den Aktionsradius, den das Fahrrad alleine hätte, erweitert den Einzugsbereich der Haltestellen, und führt auch dem öffentlichen Verkehr neue Kundenkreise zu.

Auch wenn dies die Verkehrsbetriebe bislang kaum erkannt haben: Der öffentliche Verkehr und die Fußgänger sind auf natürliche Art und Weise Verbündete. Da die meisten Fahrgäste ihre Haltestellen zu Fuß erreichen, profitieren die öffentlichen Verkehrsmittel von gut erreichbaren Haltestellen, wenn man angenehm warten kann, und keine weiten Wege zum Umsteigen hat. Ein schneller fußgängerfreundlicher Zugang zur Haltestelle beeinflusst die Gesamtreisezeit von Haustür zu Haustür ebenso wie die Beschleunigung der betriebstechnischen Abläufe und die Fahrgeschwindigkeit der Busse und Bahnen.

Die Ergebnisse des im Nationalen Radverkehrsplan durchgeführten Forschungsvorhaben „Interdependenzen zwischen Fahrrad- und ÖPNV-Nutzung" der TU Dresden zeichnen insgesamt ein entspanntes Bild: steigende Radverkehrsanteile als ein zentrales Ziel integrierter Verkehrsplanungen auf allen Ebenen gehen insgesamt nicht zu Lasten des ÖPNV, sondern bewirken Entlastungswirkungen beim Straßenverkehr (vgl. Ahrens et al. 2010).

Die Beispiele der Einführung kostenloser Tarifangebote – beispielsweise die Studentenfreifahrt in den Niederlanden – zeigen aber auch, dass attraktive Angebote auch Radfahrer zum Umsteigen bewegen (vgl. MVWA 1999, S. 77 ff.). Somit wird die Frage der Konkurrenz zwischen ÖV und Fahrrad auch Thema der Politik. Wenn das politische Ziel darin besteht, zu einem positiven Beitrag zur Klimabilanz zu kommen, sollte es möglich sein, den Radverkehr ohne den Vorwurf der Kannibalisierung auf Kosten des motorisierten ÖV zu fördern.

3.4 Fahrradnutzung und Fußwege bei Jung und Alt in Stadt und Land

Die Anteile der Fußwege und Fahrradfahrten an der Verkehrsmittelwahl einzelner Altersgruppen entwickelt sich insgesamt sehr unterschiedlich. 1991–2008 hat der Fußverkehr, gemessen an der Zahl der Wege, als Hauptverkehrsmittel deutlich abgenommen. Die unter 10jährigen werden mittlerweile häufiger mit dem Auto transportiert, als dass sie zu Fuß oder mit dem Fahrrad unterwegs sind. Noch 1991 unternahmen die unter 18- und über 65jährigen, die nicht berufstätig waren und auch keinen Pkw verfügbar hatten, etwa 60 Prozent ihrer Wege zu Fuß. Während die Senioren auch heute immer noch viel zu Fuß gehen, nahm der Fußweganteil der unter 18-Jährigen stark ab. Die Zuwächse dagegen lagen weniger beim Fahrrad, sondern vor allem bei den öffentlichen Verkehrsmitteln. Das Niveau der Fahrradnutzung liegt in den meisten Altersgruppen nach wie vor unter 10 Prozent. Nur die erwachsenen Berufstätigen (19–65), die kein Auto haben, fahren inzwischen deutlich mehr mit dem Fahrrad als früher (Ahrens 2009).

Weil die älteren Altersgruppen mit dem demografischen Wandel in Deutschland immer stärker besetzt sind, wird sich auch die Verkehrsmittelwahl insgesamt ändern (vgl. Abb. 4). Während die Zahl der Jugendlichen, die viel Radfahren, zurückgehen wird, wächst die ältere Bevölkerung. Bereits von 2002 bis 2008 hat die Zahl der Wege, die Menschen über 65 zurückgelegt haben, um ein Drittel zugenommen. Da die alten Menschen überdurchschnittlich häufig zu Fuß und relativ selten per Rad unterwegs sind, dürfte der Fußverkehr im Gegensatz zum Radverkehr deutlich zunehmen.

Vergleicht man die statistischen Daten verschiedener Länder, Regionen und Städte zur Verkehrsmittelwahl, so fallen bezüglich der Radverkehrsanteile große Unterschiede auf – selbst zwischen benachbarten Städten, oder innerhalb der Städte zwischen den Stadtteilen – je nach Kultur, Topografie und Siedlungsstruktur, der Zusammensetzung der Bevölkerung, und der vorhandenen Infrastruktur.

In den Niederlanden und in Dänemark wird pro Kopf bislang zwei- bis dreimal so viel geradelt wie bei uns. Wie in diesen Ländern gibt es auch in Deutschland Städte wie Oldenburg, Greifswald und Münster, in denen der Radverkehr im Stadtbild dominiert, und Städte, wo es fast keinen Radverkehr gibt (DIW/BMVBS 2010).[1]

Zwischen Städten und ländlichen Regionen jedoch gibt es im Durchschnitt keinen Unterschied, was die Radverkehrsanteile an der Verkehrsmittelwahl betrifft. Einwohner fahren im ländlichen Raum – beispielsweise aufgrund größerer Pendlerdistanzen zum Arbeitsplatz – allerdings viel mehr Auto als die Bewohner von Großstädten. Während der motorisierte Individualverkehr in den Flächenländern mit ihren Pendlerströmen zwischen Land und Stadt eher höhere Verkehrsanteile

---

[1] Die einzelnen Verkehrsmittel halten im Bundesdurchschnitt folgende Anteile: Fahrrad 10 %, Fußgänger 27 %, öffentlicher Verkehr 11 %, Pkw als Mitfahrer 12 % und Pkw als Fahrer 40 %

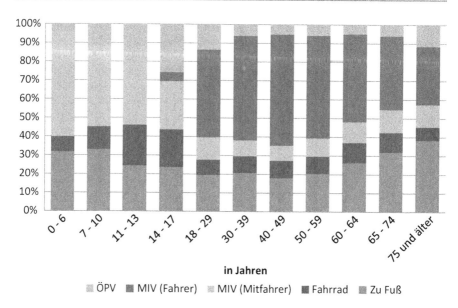

Abb. 4 Verkehrsmittelnutzung der unterschiedlichen Altersgruppen im Jahr 2008 (Quelle: infas 2010, S. 244)

hat, wird innerhalb der großen deutschen Städte mehr zu Fuß gegangen und mit öffentlichen Verkehrsmitteln gefahren (vgl. Abb. 5).

3.5 Potenzial der Fahrradnutzung für den Klimaschutz

Das Fahrrad wird gerne als Null-Emissionsfahrzeug bezeichnet, da für den Betrieb - außer der Energie des Lenkers - keine weitere Energie aufgewandt werden muss, und daher auch keine klimarelevanten Emissionen entstehen. Daher wird es auch im Rahmen der Nationalen Klimaschutzinitiative gefördert, die das Ziel verfolgt, bis 2050 in Deutschland 95 Prozent weniger Treibhausgase zu emittieren. Die förderfähigen Maßnahmenfür den Ausbau einer nachhaltigen Mobilität umfassen den Lückenschluss von Fahrradwegen, aber auch eine fußgängerfreundliche Verkehrsgestaltung (BMU 2013).

Da es in der Verkehrsplanung bislang kein allgemein anerkanntes, praktikables und realistisches Verfahren zur Einbeziehung des nichtmotorisierten Verkehrs in Verkehrsmodelle gibt, muss der potenzialle Beitrag des Radverkehrs zum Klimaschutz anders geschätzt werden als bei Kfz und ÖV. Die in den klassischen Verkehrsmodellen eingebundenen Erfahrungswerte aus der Vergangenheit können Umbrüche, die zur veränderten Einstellung zum Radfahren führen, nicht erfassen. Während „harte" Faktoren wie Reisezeit, Kosten und technische Merkmale der Angebotsqualität des Radverkehrs sowie von Kfz, ÖV und Fußgängerverkehr gut modellierbar sind, fällt dies bei Einflussfaktoren wie Image, Motivation und

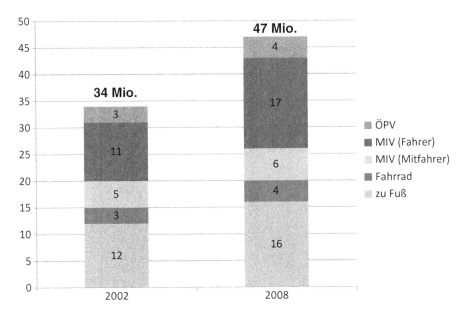

Abb. 5 Wege von Personen (Mio) ab 65 Jahren pro Tag (Quelle: nach Follmer 2014)

Einstellung zum Fahrrad und zu den übrigen Verkehrsmitteln, persönliche Faktoren und „weiche Maßnahmen" (Information, Kommunikation) schwer. Die Abschätzung des Fahrradpotentials erfolgt deshalb anhand von Erfahrungswerten und Kennziffern aus Länder- und Städtevergleichen und den Mobilitätsdaten von Trendsetter-Städten.

Modellrechnungen zur Verlagerung eines Teils der Wege bis 5 km (40 Prozent aller Pkw-Fahrten in Deutschland sind kürzer als 5 km), zur Erschließung von Distanzen bis 10 km, Veränderungen der Verkehrsmuster durch geänderte Alltagsroutinen und die Fahrradnutzung über längere Distanzen in Transportketten liefert eine Studie der TU Dresden. Wenn nur die kurzen Wege vom Auto aufs Fahrrad verlagert werden, ergeben sich trotz höherer Emissionen beim Kaltstart des Motors vergleichsweise geringe CO_2-Einsparpotenziale, da die Verkehrsleistung aufgrund der kurzen Distanzen nur wenig reduziert wird. Größere Einsparpotenziale ergeben sich, wenn die Wege über größere Distanzen, die von Befragten per Fahrrad als realisierbar betrachtet werden, tatsächlich mit dem Fahrrad zurückgelegt werden, oder mit Fernreisen verbundene Urlaubs-, Einkaufs- und Besuchsprogramme „verlagert" werden (Ahrens et al. 2013) (vgl. Abb. 6).

Zu den Maßnahmen, die die Fahrradnutzung auch auf Distanzen bis 10 km konkurrenzfähig machen sollen, gehören Verbesserungen der Infrastruktur (z. B. die „Beschleunigung" vorhandener Verbindungen durch den Abbau von Wartezeiten an Ampeln, die Öffnung von Abkürzungen, bessere Fahrbahndecken etc.) und die Nutzung besserer Fahrräder einschließlich Pedelecs. Die als Leitbild verfolgte *Stadt der kurzen Wege* und die Förderung der Nahmobilität bieten nicht nur langfristig eine auch bei stark steigenden Energiepreisen bezahlbare Mobilität,

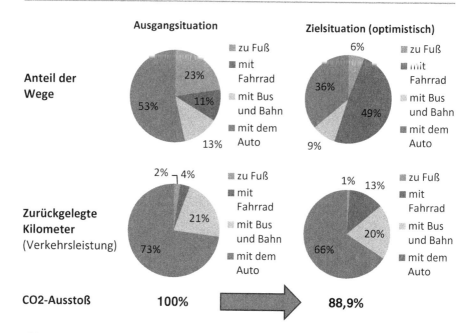

Abb. 6 Veränderungspotentiale bei tatsächlicher Nutzung des Fahrrades für alle mit dem Rad als gut erreichbar eingeschätzte Wege „Wahrnehmung des Rades als Option" (Quelle: Ahrens et al. 2013)

sondern lenken die Wahrnehmung auf die bestehenden Angebote im Nahbereich und deren bewusste Nutzung, vor allem beim Einkaufen und in der Freizeit. Aktivitäten und Einrichtungen, für die das Fahrrad bislang nicht infrage kam, können durch veränderte Einkaufs- und Urlaubsgewohnheiten, soziale Kontakte sowie im Rahmen der Familien-, Alltags- und Freizeitorganisation ersetzt werden.

4 Förderung des Radverkehrs

4.1 Infrastruktur

Die klassische Führung, der auf dem Bordstein geführte Radweg, ist innerorts eher zur Ausnahme geworden als die Regel. Moderne Radverkehrsanlagen bestehen aus Markierungslösungen, z. B. Schutzstreifen, Radfahrstreifen und Aufstellstreifen, und es gibt Einsatzbereiche für bauliche Radwege und gemeinsame Geh- und Radwege. Die Führung des Radverkehrs erfolgt auch auf Fahrradstraßen oder per Zulassung auf bzw. in Busspuren, Gehwegen und Fußgängerzonen.

Gemäß Straßenverkehrsordnung ist Radverkehr („Verkehr mit Fahrzeugen") Teil des allgemeinen Straßenverkehrs. Radverkehrsanlagen dienen insbesondere der Sicherheit bei höheren Verkehrsmengen oder höheren Geschwindigkeiten des Kfz-Verkehrs und dem Komfort des Radverkehrs.

Hinsichtlich der Radverkehrsinfrastruktur stellen sich aktuell drei Aufgaben: Die Errichtung von Radverkehrsanlagen in den Fällen, wo es wirklich noch Bedarf gibt, die Erhaltung und Sanierung schadhafter Altanlagen und von Radwegen, die nach überholten Standards gebaut wurden und die Aufhebung von Radwegen, die nicht sinnvoll oder verkehrssicher sind. Ob Radwege sinnvoll sind und welche Führungsform geeignet ist, hängt entscheidend von den Mengen und der Geschwindigkeit des Kfz-Verkehrs ab.

Eine besondere Herausforderung resultiert aus den vielfältigen Ansprüchen der Nutzer (Kinder, Senioren, schneller Alltagsradverkehr, Freizeitradverkehr und Radtourismus) in bezug auf Verkehrssicherheit und Verkehrsablauf.

Weil Radfahrer zwar wie die Fußgänger ungeschützte Verkehrsteilnehmer ohne Fahrgastzelle sind, aber wesentlich höhere Geschwindigkeiten erreichen, und zudem heterogen zusammengesetzt sind, unterscheidet das maßgebliche technische Regelwerk, die „Empfehlungen für Radverkehrsanlagen" (FGSV 2010), in Abhängigkeit von Geschwindigkeit und Kfz-Mengen (vgl. Abb. 7) vier Regeleinsatzbereiche für die Führung des Radverkehrs:

I. Mischen auf der Fahrbahn
II. Regeleinsatzbereich für Schutzstreifen, Gehweg/ Radfahrer frei und Radwege ohne Benutzungspflicht
III. Regeleinsatzbereich für Trennen (Radwege, Radfahrstreifen, Gemeinsame Geh- und Radwege)
IV. Trennen vom Kfz-Verkehr ist unerlässlich

Die Übergänge sind nicht als harte Grenzen definiert.

Die Ausstattung der Bundes-, Landes- und Kreisstraßen mit Radwegen obliegt den jeweiligen Baulastträgern. Obwohl die ERA den aktuellen „Stand der Technik" definiert und sogar Außerortsstraßen betrifft, hat sie der Bund für die Radwege an Bundesstraßen nicht übernommen. Einige Länder (u. a. Baden-Württemberg und Berlin) schreiben die in den ERA gesetzten Standards vor und binden die Vergabe von Fördermitteln daran. Nach den „Grundsätzen für Bau und Finanzierung von Radwegen im Zuge von Bundesstraßen in der Baulast des Bundes" (BMVBS 2008) gilt für die Führung des Radverkehrs auf Bundesstraßen ein von den ERA abweichender Standard. Bundesweit haben trotz der vielen stark befahrenen Straßen nur 39 Prozent der Bundesstraßen, 25 Prozent der Landesstraßen und ein kleiner Teil der Kommunalstraßen eigene Radwege.

In den Ortsdurchfahrten dagegen gibt es vielfach gemeinsame Geh- und Radwege. Obwohl das technische Regelwerk normalerweise die Trennung von Fuß- und Radverkehr vorsieht, haben die Kommunen diesen Weg gewählt, um sich die Kosten für eigene Gehwege zu sparen, weil gemeinsame Geh- und Radwege vom Bund voll finanziert wurden. Um diesen Missbrauch von Fördermitteln zu beenden, müssen Kommunen bei der Anlage gemeinsamer Geh- und Radweg in Ortsdurchfahrten von Bundesstraßen die Hälfte der Kosten für Bau und Unterhaltung jetzt selbst tragen.

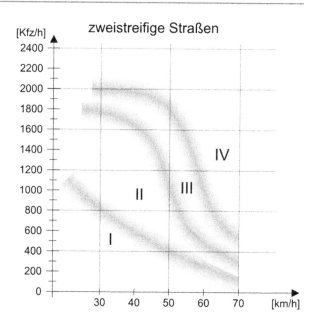

Abb. 7 Belastungsbereiche zur Vorauswahl von Radverkehrsführungen bei zweistreifigen Stadtstraßen (Quelle: FGSV 2010, S. 19)

4.2 Radschnellwege

Aktuell wird in Fachkreisen viel über Radschnellwege debattiert. Radschnellwege sind direkt geführte, qualitativ hochwertige Verbindungen. Sie ermöglichen durch Kreuzungsfreiheit (Unter- und Überführungen), Geradlinigkeit bzw. große Kurvenradien, durch gute Oberflächenbeschaffenheit und besondere Radwegbreiten zum Überholen und Nebeneinanderfahren eine gleich bleibende Fahrgeschwindigkeit mit relativ geringem Energiebedarf (Difu 2010, FGSV 2014c).

In den Niederlanden wird der Ausbau von regionalen Schnellradwegen parallel zu Autobahnen betrieben, um die mit Pendlern vollen Autobahnen zu entlasten. Mehr als 30 Verbindungen nach Amsterdam, Rotterdam, Utrecht, Den Haag, Eindhoven und Groningen sind geplant, im Bau oder bereits fertig. Zwischen Almere und Amsterdam wird außerdem ein erster „Electric Freeway" gebaut. Mit einer 25 Kilometer langen Schnellroute sollen Auto-Pendler zum Umstieg auf E-Bikes und Pedelecs bewegt werden (Goudappel 2014).

Londons Radverkehrsstrategie „The Mayor's Vision for Cycling", ein Investitionsbudget von einer Milliarde Pfund (1,2 Mrd. €) für drei Jahre, sieht den Bau eines 24 km langen Radschnellwegs vor, der von den westlichen Vorstädten, durch das Stadtzentrum bis Canary Wharf und Barking gebaut werden soll. Er soll eine der längsten innerstädtischen Radrouten in Europa werden. In London zeigt sich, dass sich so ein Plan selbst bei einem substanziell hohen Budget für den Radverkehr nicht zügig umsetzen lässt. Radverkehrsplanung im bebauten Raum ist Detailarbeit, insbesondere wenn vorhandene Straßenräume genutzt werden. Um funktionierende breite Trassen für Radfahrer im Straßenraum zu schaffen, müssen Lösungen für Fahrspurmarkierungen, Ampelschaltungen, Kanalisation, Rampen, Entwässerung,

Beleuchtung, Parken und Parkometer, Ladesäulen für eAutos, Kameras/öffentliche Sicherheit, Bushaltestellen, Beleuchtung, Ein- und Ausgänge von Gebäuden und Parks, Verkehrszeichen und Wegweiser gefunden und abgestimmt werden.

In diesem Zusammenhang hat der Architekt Norman Foster mit seinem Team eine Vision entwickelt. Die wachsende und unter Kapazitätsengpässen im Eisenbahnverkehr leidende Stadt London soll ein neues System von 220 km langen Radschnellwegen bekommen. Um die dringend benötigten zusätzlichen Kapazitäten für Pendler nach London zu schaffen, sollen die Radwege nicht ebenerdig in den vorhandenen, aber bereits überfüllten Straßenräumen untergebracht werden, sondern über den Eisenbahntrassen, die direkt ins Zentrum führen. In diesem Kontext hat die Vision SkyCycle vielleicht eine bessere Chance. Die Bilder sehen so futuristisch aus wie die Entwürfe von Kabinentaxinetzen aus den 1970er-Jahren.

Aktuelle Projekte zu Radschnellwegen werden auch in Deutschland verfolgt. Neben dem RS1-Projekt zwischen Duisburg und Hamm, für das bereits geplant wird, sind weitere fünf Projekte in Nordrhein-Westfalen sowie in Kiel, Göttingen und Freiburg bekannt.

4.3 Öffentliche Fahrradverleihsysteme

Seit kurzen gibt es in fast jeder großen internationalen Stadt ein mit moderner Technik organisiertes öffentliches Fahrradverleihsystem. An einem dichten Netz von Stationen werden Mieträder angeboten, die auch an anderen Stationen per Smartphone, Handy oder Smartcard am Terminal oder per Funk zurückgegeben werden können.

Die Velib-Flotte in Paris umfasst 20.000 Fahrräder, in London gibt es 7.000 „Boris Bikes", größere Flotten gibt es in Korea und China. In diesen Städten ist die Ausstattung der Bevölkerung mit Privaträdern deutlich niedriger als in Deutschland, auch da die Wohnungen oft nicht über den notwendigen Stellplatz verfügen.

In Deutschland konkurrieren die zwei großen Anbieter Deutsche Bahn (DB) und nextbike. DB meldet für das Jahr 2013 etwa 3,5 Millionen Fahrten von 610.000 registrierten Kunden – einschließlich der Kunden von Hamburg (StadtRAD), Lüneburg (StadtRAD) sowie Kassel (Konrad). Nextbike betreibt 7.000 Fahrräder (Stand April 2014) in mehr als 30 Städten in Deutschland, sowie Angebote in 13 weiteren Ländern. StadtRad Hamburg, das erfolgreichste Fahrradverleihsystem in Deutschland, hatte 2012 über 180.000 registrierte Nutzer. An 127 Stationen stehen Räder zur Verfügung.

In Kapstadt wird ein Leihradsystem primär deshalb aufgebaut, um internationales Stadtmarketing zu betreiben. Die dynamische südafrikanische Stadt möchte sich damit in Städterankings gut positionieren. Für die Bevölkerung der Townships, die sich für die Fahrt zur Arbeit keinen Platz im Minibus leisten kann und deshalb viele Stunden pro Tag läuft, wäre die Ausstattung mit Fahrrädern sicherlich wichtiger.

Zur Förderung der Intermodalität zwischen öffentlichen Verkehrsmitteln und Fahrrad hat das Bundesministerium für Verkehr (damals BMVBS) im Jahr 2009 einen Modellversuch initiiert, den bundesweiten Wettbewerb „Innovative öffentliche Fahrradverleihsysteme – Neue Mobilität in Städten". Aus mehr als 40 Bewerberstädten kamen gute Ideen zur Verknüpfung von Leihrädern mit dem Öffentlichen Verkehr, auch in tariflicher, baulicher oder organisatorischer Hinsicht. Sechs Projekte sind in den Jahren 2010/2011 zunächst mit Fördermitteln gestartet: Metropolrad Ruhr, Norisbike Nürnberg, Konrad Kassel, UsedomRad, und das Pedelecprojekt eCall-a-Bike Stuttgart. Ein Erfolgsmodell ist MVGmeinrad (Mainz) mit 230.000 Fahrten (2013). In Mainz sind Betrieb und Marketing in den öffentlichen Verkehrsbetrieb integriert. 2014 werden 450.000 Fahrten angepeilt. Aus Nürnberg gibt es Erfahrung mit der Bedienung von Gewerbegebieten. Das System in Kassel wurde mangels kommunaler Unterstützung erst durch Druck in sozialen Netzwerken „gerettet" und entlastet heute die Studentenspitzen der Straßenbahn. Im Ruhrgebiet mit seinen elf beteiligten Städten konnte man lernen, dass so ein großes Bedienungsgebiet nur dort funktioniert, wo die Stations- und Leihraddichte hoch ist. (BMVBS 2012b, BMVBS 2013, Friedrich et al. 2014).

4.4 Verkehrssicherheit des Radverkehrs

Verkehrssicherheit ist gesellschaftliche Verantwortung. Voraussetzungen für die Akzeptanz des Fahrradverkehrs sind niedrige Unfallzahlen und ein sicheres Gefühl als Fahrradlenker/in. Die Angst vor Unfällen hat sich – neben des schlechten Wetters – vielfach als wesentliches Hemmnis erwiesen, selbst aufs Rad zu steigen und das Radfahren zu unterstützen. Außerdem sollten die Radfahrenden Risiken und Gefährdungen kennen, um Unfälle durch umsichtige und aufmerksame Fahrweise zu vermeiden.

Die amtliche Unfallstatistik erfasst die Daten der polizeilich aufgenommenen Unfallberichte. Auch wenn seit Jahren deutliche Rückgänge bei der Zahl der getöteten und verletzten Verkehrsteilnehmerinnen und -teilnehmer dokumentiert sind, scheint der Sicherheitsgewinn der Radfahrenden eher niedriger als bei anderen Gruppen im Straßenverkehr. Unfälle, die polizeilich nicht erfasst werden (z. B. Alleinunfälle), bilden eine Dunkelziffer. Unter den verunglückten Radfahrenden dominiert die Altersgruppe der Älteren. Fast jeder fünfte getötete Radfahrende stirbt bei einem „Alleinunfall". Radfahrende werden bei der Unfallaufnahme zwar nur bei gut einem Drittel aller Unfälle als Hauptverursacher eingestuft; bei den Unfällen mit tödlichem Ausgang und mit Schwerverletzten sind sie jedoch überwiegend Hauptverursacher.

Der Nationale Radverkehrsplan benennt verschiedene Lösungsstrategien: verhaltensbezogene Verkehrssicherheitsarbeit, Infrastruktur und Verkehrsregelung sowie Sicherheitstechnik. Dabei wird die Debatte über die Einführung von Fahrerassistenzsystemen und Außenairbags im europäischen Kontext und mit der Industrie geführt.

In der Fachöffentlichkeit und Politik wird immer wieder heiß über Kopfschutz diskutiert, das Tragen von Helmen wird empfohlen. Mit dem Thema „Helmpflicht" kommen Politiker gut in die Presse.

Die Gegner einer Helmpflicht verweisen unter anderem darauf, dass der Fokus darauf gelegt werden müsse, die Gefährdung durch den Autoverkehr zu reduzieren (z.B. durch weitere Verkehrsberuhigung), und dass eine Helmtragevorschrift die Persönlichkeitsrechte tangiere. Eine Artikelüberschrift trifft den Punkt: „Der Fahrradhelm ist das letztgültige Symbol der Unterwerfung unter die Allmacht des Autos" (Winkelmann 2014).

Die wissenschaftliche Basis zu den Auswirkungen des Helmtragens ist relativ dünn, über den Kontext der Unfälle ist fast nichts bekannt. So liegen beispielsweise über die Fahrweisen und die gefahrenen Geschwindigkeiten keine Daten vor. In Australien wurde 1991 für Radfahrer eine Helmpflicht eingeführt. Seither ging die Zahl der Kopfverletzungen bei Radfahrern zurück, allerdings im selben Umfang wie bei Fußgängern und Kfz-Insassen (ECF 2014).

4.5 Pedelecs

Der aktuelle Verkaufsschlager der Fahrradgeschäfte sind elektrounterstützte Fahrräder. In Deutschland ist jedes zehnte, in den Niederlande bereits jedes fünfte verkaufte Fahrrad ein Pedelec oder E-Bike.

Gegenüber dem rein muskelgetriebenen Fahrrad zeichnen sich Pedelecs durch erhöhte Reichweite aus. Mit Pedelecs lassen sich auch Steigungen befahren, und Anhängerlasten ziehen. Pedelecs, die mit ihrem Elektromotor die beim Treten aufgebrachte Energie verstärken, erhöhen im Gegensatz zu Elektroautos die Reichweite von Fahrrädern. Es wird erwartet, dass Pedelecs in Verbindung mit einer besseren Radverkehrsinfrastruktur Pkw-Verkehr ersetzen können, auch als weiterer Zubringer zu Bahnhöfen auf dem Land. Das Durchschnittsalter der Pedeleckäufer sinkt, es sind längst nicht mehr nur Senioren (vgl. Difu 2014b).

Der Energieverbrauch eines durchschnittlichen Pedelecs (elektrounterstütztes Fahrrad) ist mit 1 kWh selbst im Vergleich mit einem sparsamen Auto gering (1:50). (Vergleichswert eines sehr günstigen Autos mit Verbrennungsmotor 50 kWh) (ExtraEnergy 2012).

Planerische Herausforderungen für einen höheren Anteil der Pedelecs vor allem am Berufsverkehr sind Ladesäulen im öffentlichen Raum (überschätzt), diebstahlsicheres Abstellen (unterschätzt) und Straßen und Radwege, auf denen man auch 25–30 km/h schnell fahren kann.

Auch elektrisch unterstützte Lastenräder spielen bei der kleinräumigen Citylogistik eine zunehmende Rolle. Im Zwischenbereich zwischen Pkw und Fahrrad sind diverse Elektro-Klein-Kfz als Downsizing des traditionellen bzw. e-Pkw in Entwicklung oder Test.

4.6 Fahrradparken

Ein Abstellplatz für ein Fahrrad nimmt nur einen Bruchteil einer Stellfläche für einen Pkw in Anspruch. Abstellanlagen für Fahrräder dienen der Ordnung des ruhenden Verkehrs, sowie der Vorsorge von Vandalismus und Diebstahl. Sie werden zuhause, an Zielpunkten und unterwegs benötigt, sei es im öffentlichen Raum oder auf privaten Grund. Außerdem müssen sie ein sicheres Abstellen ermöglichen und leicht zugänglich sein. Vorgaben zur Errichtung von Fahrradstellplätzen durch die „Bauherren" von Grundstücken sind in einzelnen Bundesländern in der Landesbauordnung geregelt.

Geschlossene und bewachte Fahrradparkhäuser, wie in Münster mit 3.300 Stellplätzen oder größere Anlagen in niederländischen Städten, bieten gegen Gebühr Schutz auch für hochwertige Räder. Durch elektronische Schlüsselsysteme können solche Stellplätze jederzeit zur Abholung erreichbar gemacht werden. Eine alternative Möglichkeit sind überdachte Fahrradplätze mit abschließbaren mietbaren Fahrradabstellboxen. Erst langsam macht das Beispiel Münsters Schule. 2013 wurde in Offenburg eine vollautomatische Parkgarage für Fahrräder mit 120 wetter- und diebstahlgeschützten Stellplätzen auf fünf Etagen eingeweiht, die durch zwölf Zugangstüren und ein Bedienterminal mit Touch-Screen erschlossen sind.

Der Bedarf an Bahnhöfen und Busbahnhöfen umfasst Fahrradstationen mit zusätzlichen Funktionen. Dazu gehören vor allem der Verleih- und Reparaturservice von Fahrrädern, Lademöglichkeiten für Pedelecs, gelegentlich auch der Verkauf von Fahrrädern, Ersatzteilen und Fahrradzubehör und touristische Informationen. Mitte 2012 gab es in Deutschland knapp 100 Fahrradstationen, 66 davon – vom Land gefördert – in Nordrhein-Westfalen. Die größte Radstation Deutschlands nutzt das Fahrradparkhaus am Hauptbahnhof in Münster (Westfalen).

Die größte Fahrradstation der Welt entsteht in Utrecht. Das Areal um den Bahnhof „Utrecht Centraal" wird umfassend umgebaut, auf der Westseite entsteht ein Platz mit einer darunter angeordneten dreistöckigen Abstellanlage bis 2018 für 12.500 Fahrräder. Aufzüge, Rolltreppen, klare Markierungen und befahrbare Rampen in alle drei Fahrradabstell-Ebenen der neuen Anlage bieten eine gute Zugänglichkeit. Auf dem Platz als auch im Fahrradparkhaus werden dunkle, schlecht einsehbare Bereiche vermieden, alle Bereiche werden gut ausgeleuchtet und auf jeder Etage wird es eine Betreuungsperson geben. Zusammen mit den vorhandenen Parkhäusern auf der Ostseite des Bahnhofs gibt es dort dann mehr als 20.000 bewachte Fahrradstellplätze.

Die zahlreichen wild geparkten Fahrräder im Bahnhofsumfeld vieler Städte zeigen, dass das Thema Fahrradparken nicht gelöst ist. Die politische Debatte um die Förderung des Radverkehrs dreht sich eher um Radwege und Fahrradmitnahme. Da die Flächenbereitstellung und der Bau sowie Betrieb von Fahrradparkhäusern Engagement der öffentlichen Hand bzw. des für Bahnhöfe zuständigen Unternehmens *Deutsche Bahn* (DB) erfordern, fehlen ein klares politisches Mandat bzw. ein Förderinstrument für intermodale Schnittstellen.

4.7 Förderung des Radverkehrs durch Kommunikation

Die individuelle Bereitschaft, Rad zu fahren, und die Radverkehrsförderung zu unterstützen, hängt neben der Qualität des Angebots in entscheidendem Maße aber von subjektiven Einstellungen der potenziellen Nutzer ab, beispielsweise bezüglich der Überschätzung der Fahrtdauer, der Häufigkeit von Schlechtwettertagen oder der Unfallrisiken.

Neben den potenziellen Nutzern muss Kommunikationsarbeit auch die politische Ebene erreichen, weil auch die politischen Entscheidungen von der Einstellung zum Radfahren abhängen. Deshalb gilt es, über radverkehrsbezogene Themen zu informieren und subjektiv anzusprechen.

In den Verwaltungen ist die Förderung des Radverkehrs eine Querschnittsaufgabe, die effizienter Organisationsstrukturen bedarf. Für Planung und Bau von Radwegen, ihre Finanzierung, die Anordnung der Verkehrszeichen und den Betrieb gibt es in der Regel unterschiedliche Zuständigkeiten. Um die Förderung des Radverkehrs in Abwägungsprozessen voran zu bringen, gilt es, geschickt zu kooperieren. Viele Verwaltungen haben Organisationseinheiten benannt, die federführend für das Thema Radverkehr verantwortlich sind (z. B. Radverkehrsbeauftragte). Andere Verwaltungen zielen auf eine integrierte Förderung des Radverkehrs durch alle Zuständigkeitsbereiche.

Insbesondere Wettbewerbe haben sich als öffentlichkeitswirksame Möglichkeit erwiesen, radverkehrsbezogene Themen ins Bewusstsein der Verwaltungen zu rufen. Beispiele auf Bundesebene sind der Wettbewerb „Öffentliche Fahrradverleihsysteme", die Null-Emissions-Kampagne „Kopf an – Motor aus" und die jährliche Auszeichnung „Deutscher Fahrradpreis". Verschiedene Bundesländer führen zudem regelmäßig Landeswettbewerbe durch.

Nicht nur in den Medien sondern auch innerhalb der Verwaltungen erzielt der „Fahrradklimatest" Aufmerksamkeit. Seit 1988 wurde dieser zur subjektiven Bewertung der Radverkehrsqualität einer Stadt durch aktive Radfahrende bereits zum fünften Mal durchgeführt. Zuletzt erreichte Münster bei den Städten über 200.000 Einwohnern Platz eins, Freiburg Platz zwei (vgl. ADFC 2012).

Einen Fundus an aktuellen und älteren Fachinformationen zu Planung, Forschung und Förderung des Radverkehrs erschließt das Internetportal „Fahrradportal" für die Fachöffentlichkeit. Vom *Deutschen Institut für Urbanistik* wird für die mit Verkehrsbelangen befassten Mitarbeiter der kommunalen Verwaltungen, aber auch für Politik und Fachöffentlichkeit seit 2007 ein umfassendes Fortbildungsangebot geboten: die jährliche Fahrradkommunalkonferenz und jährlich rund 30 Seminare und Spezialveranstaltungen in allen 16 Bundesländern („Fahrradakademie") (Difu 2014a). „Fahrradportal" und „Fahrradakademie" werden mit Mitteln des *Nationalen Radverkehrsplans* teilweise durch den Bund, den Deutschen Verkehrssicherheitsrat und die Teilnehmer finanziert. Bis 2014 wurden 7.000 Teilnehmer, insbesondere aus Stadt- und Verkehrsplanung, Straßenverkehrsbehörden, Polizei und Fachöffentlichkeit erreicht. Diese Erfolgsbilanz relativiert sich, wenn man bedenkt, dass die Zielgruppe die Mitarbeiter der fast 10.000 Gemeinden, mehr als 400 Kreise, sowie die Landesämter und Bezirksregierungen umfasst.

5 Förderung des Fußverkehrs

5.1 Planungsgrundlagen

Für den Fußverkehr gibt es seit 2002 „Empfehlungen für Fußgängerverkehrsanlagen" (kurz EFA) der Forschungsgesellschaft für Straßen- und Verkehrswesen (FGSV 2002). Fußgänger stehen in Flächenkonkurrenz mit Kraftfahrzeugen und Radfahrern. Die EFA benennen den benötigten Bewegungsraum im Straßenverkehr, definieren Grundformen und Ansprüche an Ampeln oder Fußgängerüberwegen und enthalten Empfehlungen für den Entwurf, die Ausstattung und den Betrieb des Fußgängerverkehrs.

Die Förderung des Fußverkehrs erfordert ein integratives und kooperatives Verständnis, denn die Zahl der potentiellen Akteure, die darauf Einfluss haben, ob Menschen gerne „zu Fuß" gehen, ist groß. Aufgaben bei der Förderung des Fußverkehrs liegen im städtebaulichen Bereich und in der Architektur der Gestaltung des öffentlichen Raums und von Straßen. Verkehrsunternehmen, Polizei und Genehmigungsbehörden benötigen ein Bewusstsein dafür, wie gut sich Orte „begehen" lassen, sie brauchen die Fähigkeit zum „richtigen" Blick.

Fußgängern nützen ausreichend breite Fußwege (mindestens 2,50 m), kurze Wartezeiten an Lichtsignalanlagen, Komfort durch Beleuchtung, Belag, Reinigung, Sichtachsen, Sauberkeit und ein Fußwegenetz. Zur Förderung des Fußverkehrs gehört die Sicherung des Umfelds von Schulen und Seniorenheimen vor zu viel Autoverkehr, die Berücksichtigung von Gehhilfen (z. B. Rolltreppen und Aufzüge), sowie Leit- und Informationssysteme und eine Wegweisung.

Während Fußgänger im technischen Regelwerk zwar berücksichtigt sind, erweist sich die Umsetzung als größeres Problem. Viele Straßen sind scheinbar zu eng, um alle Anforderungen nebeneinander zu erfüllen. Hier leidet der Fußverkehr auch unter der niedrigen Priorität. Als „Empfehlung" sind die EFA ein Regelwerk der zweiten Kategorie. Während die eher Kfz-bezogenen Regelwerke der ersten Kategorie eine hohe Verbindlichkeit haben, sind Regelwerke der zweiten Kategorie lediglich zur Anwendung empfohlen.

5.2 Fußgängerbelange in der StVO

Auch in der Straßenverkehrsordnung haben Fußgänger zwar keine Priorität, werden aber aus Sicherheitsgründen beachtet. Der Grundsatz, dass Fahrzeugverkehr Vorrang gegenüber Fußgängern hat, wurde aus Gründen der Verkehrssicherheit durch Einzelregelungen ergänzt. Beispielsweise im wenig bekannten §3 (2a) StVO: „Die Fahrzeugführer müssen sich gegenüber Kindern, Hilfsbedürftigen und älteren Menschen, insbesondere durch Verminderung der Fahrgeschwindigkeit und durch Bremsbereitschaft, so verhalten, dass eine Gefährdung dieser Verkehrsteilnehmer ausgeschlossen ist".

Um dies zu verbessern, hat ein Arbeitsausschuss der Forschungsgesellschaft für Straßen- und Verkehrswesen 2013 einen Vorschlag zu besseren Berücksichtigung der „Fußgängerbelange" in der „StVO" und „VwV-StVO" zur Diskussion gebracht (FGSV 2013). Sie thematisiert das Verhalten von Radfahrern gegenüber Fußgängern bei Überwegen und Radwegen, das Fahrradparken auf Gehwegen sowie das Anhalten an Straßenbahnen beim Ein- und Aussteigen.

Weil der Kfz-Verkehr die Fußgänger jahrzehntelang zurückgedrängt hat, stößt die Förderung des Fußverkehrs oft auf Widerstand oder Ignoranz. Deren Überwindung kann nur gelingen, wenn auch über Pläne für Fußgänger informiert und kommuniziert wird. Wie für den Radverkehr kann die Benennung eines kommunalen

Kümmerers („Fußverkehrsbeauftragter"), der zugleich Ansprechpartner nach außen und Koordinierungsstelle der Aktivitäten für den Fußverkehr innerhalb der Verwaltung ist, sinnvoll sein, oder die Einrichtung einer speziellen Arbeitsgruppe in der Verwaltung.

5.3 Querungshilfen und Verkehrsberuhigung

Entlang der Straßen sollten ausreichend Querungsmöglichkeiten vorgesehen werden – entweder mit Querungsanlagen über die (Fahrbahn der) Straße, oder durch Verringerung und Verlangsamung des Autoverkehrs. Da die Einrichtung von Querungshilfen und Maßnahmen zur Verkehrsberuhigung vor allem die Leichtigkeit des Kfz-Verkehrs tangieren, gilt es oft, die aus dieser Richtung vorgetragenen Bedenken gegen vorgeschlagene bauliche oder verkehrsrechtliche Maßnahmen zu entkräften. Eine Straße auf beiden Seiten nutzen und eine Fahrbahn ohne großen Umweg queren zu können, macht eine besondere Qualität der Bewegungsfreiheit im öffentlichen Raum aus. Die meisten Fußgängerunfälle ereignen sich beim Versuch, die Fahrbahn zu queren. Die Unfallfolgen sind umso gravierender, je höher die Kfz-Geschwindigkeiten sind. Auch schlechte Sichtverhältnisse erhöhen die Unfallgefährdung. Da sich der Querungsbedarf in Hauptstraßen nur selten auf wenige Stellen, z. B. an den Lichtsignalanlagen, beschränken lässt, sollten beidseitig genutzte Straßen „linienhaft" überquerbar sein: mithilfe von Mittelinseln, Aufpflasterungen, vorgezogenen Seitenräumen und Engstellen für den Fahrzeugverkehr. Um die Querungswege und die Fußgängerräumzeiten bei Lichtsignalanlagen zu verkürzen, gilt es, Fahrbahnen auf die wirklich notwendigen Breiten zu reduzieren.

Verkehrsberuhigende Maßnahmen können die Unfallschwere reduzieren und die Qualität der Aufenthalts- und Spielmöglichkeiten im Straßenraum verbessern. Außerorts ist die Lage besonders kompliziert. Das technische Regelwerk setzt für Querungsstellen an Außerortsstraßen hohe und teure Standards (Brücken oder Unterführungen); der Bund als Baulastträger ist für die nachträgliche Anlage aber nicht mehr zuständig. Auch Veränderungen an Durchgangsstraßen erfordern aufgrund der Rechtslage meistens einen komplexen Interessenausgleich zwischen örtlichen Ämtern und Bund bzw. Land oder Kreis als Baulastträger, der Straßenverkehrsbehörde in der Kreisverwaltung und weiteren Partnern.

5.4 Gestaltung von Gehwegen

Zu den für Fußgänger – zumindest bei Helligkeit – angenehmsten Wegen gehören selbständige Gehwege, die nicht an Straßen liegen, vom Kfz-Verkehr befreite Plätze, verkehrsberuhigte Bereiche, wenn sie gut gestaltet sind und Wege durch Grün und Wald. Um Gehwege „barrierefrei" zu gestalten, sind Stufen, Treppen sowie steile Rampen zu vermeiden. Die Anforderungen blinder und sehbehinderter Fußgänger lassen sich durch kontrastreiche und taktil wahrnehmbare Gestaltungselemente berücksichtigen.

Gehwege sollen den direkten, kürzesten Weg führen, keine Barrieren und Treppen haben, einen guten Belag, gut sichtbar, hell und freundlich liegen, steigungsarm sein, wenig Radfahrer und/oder Platz zum Ausweichen keine „Störungen" (parkende Hindernisse, Mülltonnen), wenig Querverkehr und eine verständliche Führung haben sowie vom Autoverkehr getrennt und gut sichtbar beleuchtet sein.

Damit Gehwege nicht ungeordnet zugeparkt werden, muss das Parken kontrolliert und sanktioniert werden. Eine strikte Parkkontrolle und die Installation von Fahrradständern und Ladebuchten sollen sicherstellen, dass Fahrzeuge nicht auf dem Bürgersteig parken und Bürgersteige komplett durch Fußgänger genutzt werden können.

Fahrender Radverkehr darf auf Gehwegen nur dort mit zugelassen werden, wo die Aufenthaltsfunktion gering ist (keine Geschäftsstraßen), die Mengen an Fußgängerverkehr und Radverkehr gering und die Flächen ausreichend breit sind.

6   Fazit

Eine Gleichberechtigung oder Förderung von Fuß- und Radverkehr wäre ein Paradigmenwechsel einer jahrzehntelang am Autoverkehr und an öffentlichen Verkehrsmitteln orientierten Verkehrspolitik. Fußverkehr und Radverkehr sind in den vergangenen Jahren in unterschiedlichem Maße Teil der verkehrspolitischen Debatte geworden.

Während Fußgängerzonen, Fußgängerleitsysteme und Wanderwege im Kontext von Innenstadtentwicklung, Tourismus oder Gesundheitsförderung beachtet werden, gibt es im Rahmen der Verkehrspolitik erst einzelne Ansätze einer eigenständigen Fußverkehrspolitik.

Der Radverkehr spielt dagegen sowohl auf Bundesebene mit dem *Nationalen Radverkehrsplan* als auch in vielen Bundesländern und Kommunen inzwischen eine erkennbare Rolle. Radverkehr wird in Stadtentwicklungs- und Gesamtverkehrsplänen berücksichtigt, in eigenen Teilplänen, in Bürgervoten und politischen Programmen. Mit der Abmarkierung von Radfahrstreifen auf Kfz-Flächen im Straßenraum wird der Beginn des Paradigmenwechsels sichtbar. Gleichwohl darf man nicht verkennen, dass Knotenpunkte und Lichtsignalschaltungen weiterhin nach Kriterien des Autoverkehrs optimiert werden.

Insgesamt muss man aber konstatieren, dass Radverkehr und Fußgänger in den Regelwerken, bei der Finanzierung, der Personalausstattung in den Ämtern und in der Abwägung vor Ort immer noch überwiegend nachrangig sind, und der institutionelle Rahmen noch nicht trägt.

Gleichzeitig mit der Förderung von Rad- und Fußverkehr werden an anderer Stelle autoorientierte Strukturen geschaffen oder zementiert, z. B. durch weiteren Straßenbau und den Ausbau der Parkhauskapazitäten. Zu oft werden die spezifischen Ansprüche zu Fuß und auf dem Fahrrad hinsichtlich Geschwindigkeit und Reichweite, Bewegungsraum sowie Aufenthalts- und Abstellflächen verkannt. Fußgänger gehören ebenso wenig auf Fahrbahnen oder Radwege wie Radfahrer auf Fußwege, außer bei sehr langsamen Geschwindigkeiten, geringer Verkehrsdichte und sehr weiträumigen Verkehrsflächen.

Literatur

Ahrens, Gerd-Axel. 2009. *Ergebnisse und Erkenntnisse zur Mobilität in Städten aus der Haushaltsbefragung SrV 2008*. Abschlusskonferenz SrV 2008 am 30. Juni 2009, Dresden.

Ahrens, Gerd-Axel, Tanja Aurich, Thomas Böhmer, Jeannette Klotzsch, und Anne Pitrone (2010): *Interdependenzen zwischen Fahrrad- und ÖPNV-Nutzung. Analysen, Strategien und Maßnahmen einer integrierten Förderung in Städten*, Hrsg. TU Dresden, Bundesministerium für Verkehr, Bau und Stadtentwicklung. Dresden/Berlin.

Ahrens, Gerd-Axel, Udo Becker, Thomas Böhmer, Falk Richter, und Rico Wittwer. 2013. Potenziale des Radverkehrs für den Klimaschutz, Umweltbundesamt Texte 19/2013, Dessau. Abrufbar im Internet. http://www.umweltbundesamt.de/publikationen/potenziale-des-radverkehrs-fuer-den-klimaschutz. Zugegriffen am 03.04.2014.

ADFC – Allgemeiner Deutscher Fahrradclub. 2012. ADFC-Fahrradklima-Test 2012. http://www.adfc.de/fahrradklima-test/ergebnisse/adfc-fahrradklima-test-2012—die-ergebnisse. Zugegriffen am 16.06.2014

Berlin – Senatsverwaltung für Stadtentwicklung und Umwelt. 2013. Neue Radverkehrsstrategie für Berlin. http://www.stadtentwicklung.berlin.de/aktuell/pressebox/includes/docs/doc523_radverkehrsstrategie.pdf. Zugegriffen am 25.06.2014.

BFLR – Bundesforschungsanstalt für Landeskunde und Raumordnung. 1989. 4. Kolloquium Forschungsvorhaben „Flächenhafte Verkehrsberuhigung": Ergebnisse aus 3 Modellstädten; 26./27. Mai 1988, Bd. 1 und 2. Buxtehude.

BMI – Bundesministerium des Innern. 1983. *Fahrrad und Umwelt – Programm zur Umweltentlastung durch Förderung des Fahrradverkehrs*, Umweltbrief 26. Bonn.

BMU – Bundesministerium für Umwelt, Naturschutz und Reaktorsicherheit. 2013. *Richtlinie zur Förderung von Klimaschutzprojekten in sozialen, kulturellen und öffentlichen Einrichtungen im Rahmen der Nationalen Klimaschutzinitiative*. Veröffentlicht im Bundesanzeiger am 15.10.2013 (BAnz AT 15.10.2013 B6).

BMVBS – Bundesministerium für Verkehr, Bau und Stadtentwicklung. 2008. *Grundsätze für Bau- und Finanzierung von Radwegen im Zuge von Bundesstraßen in der Baulast des Bundes*. Anlage zum Schreiben S 11/7123.10/6-1-891608 vom 17.10.2008. Bonn.

BMVBS – Bundesministerium für Verkehr, Bau und Stadtentwicklung. 2011. Empfehlungen der von Bundesminister Dr. Peter Ramsauer MdB berufenen Experten zur Weiterentwicklung des Nationalen Radverkehrsplans, Berlin. Abrufbar im Internet. URL: http://www.nationaler-radverkehrsplan.de/nrvp2020/ expertenforum.phtml. Zugegriffen am 03.04.2014.

BMVBS – Bundesministerium für Verkehr, Bau und Stadtentwicklung. 2012a. *Nationaler Radverkehrsplan 2020*. Berlin.

BMVBS – Bundesministerium für Verkehr, Bau und Stadtentwicklung. 2012b. *Innovative öffentliche Fahrradverleihsysteme. Modellprojekte am Start*.

BMVBS - Bundesministerium für Verkehr, Bau und Stadtentwicklung. 2013. *Öffentliche Fahrradverleihsysteme – Innovative Mobilität in Städten*. Ergebnisse der Evaluationen der Modellprojekte. BMVBS-Online-Publikation, Nr. 29/2013.

BMVBW – Bundesministerium für Verkehr, Bau und Wohnungswesen. 2002. *Nationaler Radverkehrsplan 2002 – 2012*, Berlin.

Bracher, Tilman. 1987. *Konzepte für den Radverkehr*. Bielefeld: Bielefelder-Verlags-Anstalt.

Bracher, Tilman. 1996. Die Neuorientierung der Radverkehrsplanung. In *Handbuch der Kommunalen Verkehrsplanung*, 7. Ergänzungslieferung, Kap. 3.3.2.1.

Bracher, Tilman, Heli Aurich, Rüdiger Heid, Lothar Konietzka, und Eva Reis. 1995. *Fußgängerverkehr im Umweltverbund. Leitfaden für die kommunale Fußverkehrsplanung*. Anlage zum Schlußbericht FE 70461/94 des Bundesministerium für Verkehr. Berlin/München.

Brög, Werner, und Erhard Erl. 1999. *Kenngrößen für Fußgänger- und Fahrradverkehr*. Bericht der Bundesanstalt für Straßenwesen, Reihe Mensch und Sicherheit, Heft M 109, Bergisch Gladbach.

Bundesregierung. 2009. Wachstum. Bildung. Zusammenhalt. Der Koalitionsvertrag zwischen CDU, CSU und FDP. Abrufbar im Internet. http://www.csu.de/uploads/csucontent/091026_koalitionsvertrag.pdf. Zugegriffen am 10.04.2014.

Difu – Deutsches Institut für Urbanistik. 2010. *Radschnellwege. Forschung Radverkehr*. Berlin.

Difu – Deutsches Institut für Urbanistik. 2013a. *Klimaschutz & Mobilität. Beispiele aus der kommunalen Praxis und Forschung – so lässt sich was bewegen*. Dipl.-Geogr. Jan Walter (Bearb.), Hrsg. Service- und Kompetenzzentrum Kommunaler Klimaschutz, Köln.

Difu – Deutsches Institut für Urbanistik. 2013b. Neuigkeiten. Niederlande: „Electric Freeway" zwischen Almere und Amsterdam. http://www.nationaler-radverkehrsplan.de/neuigkeiten/news.php?id=3934. Zugegriffen am 20.06.2014

Difu – Deutsches Institut für Urbanistik. 2014a. Förderfibel Radverkehr - Übersicht über Möglichkeiten der Förderung und Finanzierung. http://www.nationaler-radverkehrsplan.de/foerderfibel/. Zugegriffen am 10.06.2014.

Difu – Deutsches Institut für Urbanistik. 2014b. Schwerpunktthema: Pedelecs. Potenziale in Alltag, Logistik und Tourismus. Im Auftrag des BMVI. http://www.nationaler-radverkehrsplan.de/schwerpunktthemen/2014_1.phtml. Zugegriffen am 16.06.2014.

Dittrich-Wesbuer, Andrea, und Erhard Erl. 2004. Wissenswertes und Wünschenswertes zu einem unterschätzten Verkehrsmittel. In *Handbuch der Kommunalen Verkehrsplanung*, 37. Ergänzungslieferung, Kap. 2.2.2.2. Bonn: Economica Verlag.

DIW/BMVBS – Deutsches Institut für Wirtschaftsforschung. 2010. *Verkehr in Zahlen*. Hrsg. Bundesministerium für Verkehr, Bau und Stadtentwicklung, Berlin.

ECF – European Cyclists Federation. 2014. Velo-city session on helmets – Lifting the lid on Australia's helmet laws. http://www.ecf.com/news/velo-city-roundup-day-3-world-stage-helmets-and-san-francisco/#Itemtwo. Zugegriffen am 12.06.2014

ExtraEnergy e.V. 2012. Energieautarkes Pedelec. http://extraenergy.org/main.php?language=de&id=30441. Zugegriffen am 21.03.2014.

FGSV – Forschungsgesellschaft für Straßen- und Verkehrswesen. 1982. *Empfehlungen für Planung, Entwurf und Betrieb von Radverkehrsanlagen*, Ausgabe 1982. Köln: FGSV-Verlag.

FGSV – Forschungsgesellschaft für Straßen- und Verkehrswesen. 1995. *Empfehlungen für Radverkehrsanlagen*, Ausgabe 1995. Köln: FGSV-Verlag.

FGSV – Forschungsgesellschaft für Straßen- und Verkehrswesen. 2002. *Empfehlungen für Fußverkehrsanlagen*, Ausgabe 2002. Köln: FGSV-Verlag.

FGSV – Forschungsgesellschaft für Straßen- und Verkehrswesen. 2010.: *Empfehlungen für Radverkehrsanlagen*, Ausgabe 2010. Köln: FGSV-Verlag.

FGSV – Forschungsgesellschaft für Straßen- und Verkehrswesen. 2013. Arbeitspapier Fußgängerbelange in der StVO und VwV-StVO. Entwurf 27.09.2013. Köln.

FGSV – Forschungsgesellschaft für Straßen- und Verkehrswesen. 2014a. *Hinweise zur Nahmobilität*. Ausgabe 2014. Köln. Im Druck.

FGSV – Forschungsgesellschaft für Straßen- und Verkehrswesen. 2014b. Systematik der FGSV-Regelwerke. Köln. http://www.fgsv.de/rw_systematik.html. Zugegriffen am 28.03.2014.

FGSV – Forschungsgesellschaft für Straßen- und Verkehrswesen. 2014c.: FGSV – Einsatz und Gestaltung von Radschnellverbindungen, Arbeitspapier, Ausgabe 2014. Köln.

Follmer, Robert. 2014. *Unterwegs sein – wohin geht die Reise?* Impulsreferat zum Workshop der Allianz pro Schiene Arbeitsgruppe „Mobilität aus einer Hand", am 11.02.2014. Berlin.

Friedrich, Markus, Thorsten Koska, Benjamin Rabenstein, Ulrich Jansen, und Sascha Pawlik. 2014. *Öffentliche Fahrradverleihsysteme – innovative Mobilität in Städten. Überlokale Evaluation. Endbericht*. Gefördert vom Bundesministerium für Verkehr, Bau und Stadtentwicklung. Stuttgart: Institut für Straßen- und Verkehrswesen /Wuppertal: Wuppertal Institut für Klima, Umwelt, Energie GmbH. (im Druck)

Goudappel Coffeng. 2014. Fietssnelwegen. http://www.fietssnelwegen.nl/. Zugegriffen am 23.06.2014.

Hamburg Behörde für Stadtentwicklung und Umwelt. 2007. Radverkehrsstrategie für Hamburg. http://www.hamburg.de/contentblob/129682/data/radverkehrsstrategie-fuer-hamburg.pdf. Zugegriffen am 25.06.2014
Held, Martin, Manfred Neun, und Jörg Schindler. 2013. Mobility Pyramid – promoting active mobility, Hrsg. Netzwerk Slowmotion, Tutzing/München. Unveröffentlichtes Handout. http://www.call.walk21munich.com/presentations/PP_MartinHeld.pdf. Zugegriffen am 23.01.2015.
Hillmann, Mayer, und Anna Whalley. 1979. *Walking is transport*. London.
infas – Institut für angewandte Sozialwissenschaft/DLR – Deutsches Zentrum, für Luft- und Raumfahrt. 2010. *Mobilität in Deutschland 2008*. Tabellenband. Bonn/Berlin.
MVWA – Ministerium für Verkehr, Wasserwirtschaft und öffentliche Arbeiten. 1999. *Der niederländische Masterplan Fiets: Beschreibung und Auswertung im historischen Kontext*. Den Haag.
MWEBWV – Ministerium für Wirtschaft, Energie, Bauen, Wohnen und Verkehr des Landes Nordrhein-Westfalen. 2012. Aktionsplan der Landesregierung zur Förderung der Nahmobilität. Düsseldorf. http://www.agfs-nrw.de/cipp/agfs/lib/pub/object/ downloadfile, lang,1/oid,5691/ticket,guest/~/Aktionsplan_NM_2012.pdf. Zugegriffen am 31.03.2014.
Pro Velo Schweiz. 2014. Leitbild Langsamverkehr. http://www.pro-velo.ch/themen-und-angebote/velopolitik/leitbild-langsamverkehr/. Zugegriffen am 31.03.2014.
Winkelmann, Ulrike. 2014. Nein, der Helm hilft nicht. *zeo2*, 7. Jahrgang, 02: 14–15.

Teil IV

Verkehrspolitik als Wirtschaftspolitik

Personenwirtschaftsverkehr: Die empirische Analyse eines unterschätzten Teils des Straßenverkehrs

Manfred Wermuth

Zusammenfassung

Der Beitrag thematisiert das Problem des Personenwirtschaftsverkehrs in der Verkehrsforschung: Als Teil des Personenverkehrs erfolgen empirische Analysen nahezu ausschließlich durch Haushaltsbefragungen und somit als Teil des privaten Verkehrs. Andererseits liegen die Bestimmungsfaktoren des Personenwirtschaftsverkehrs – ähnlich dem Güterverkehr – hauptsächlich im dienstlichen, gewerblichen und betrieblichen, also im wirtschaftlichen Bereich. Im Gegensatz zu Haushaltsbefragungen sind Betriebsbefragungen nur mit großem Aufwand und enormen Schwierigkeiten verbunden. Die beiden bundesweiten Erhebungen KiD 2002 und KiD 2010 konnten die Informationslücken der amtlichen deutschen Verkehrsstatistik im Bereich des Straßenwirtschaftsverkehrs, d. h. des Güter- und Personenwirtschaftverkehrs, insbesondere im Segment der in Deutschland zugelassenen Pkw gewerblicher Halter und der Lkw bis einschließlich 3,5 t Nutzlast weitgehend schließen. Die Ergebnisse der Kid 2010 bestätigen die schon in KiD 2002 nachgewiesene große Bedeutung des Wirtschafts- und insbesondere des Personenwirtschaftsverkehrs mit Kraftfahrzeugen, der an Werktagen rd. ein Drittel der Fahrleistung aller Kraftfahrzeuge auf unseren Straßen ausmacht.

Schlüsselwörter

Personenverkehr • Personenwirtschaftsverkehr • Güterverkehr • Kraftfahrzeugverkehr in Deutschland • KiD 2002 • KiD 2010

M. Wermuth (✉)
WVI Prof. Dr. Wermuth Verkehrsforschung und Infrastrukturplanung GmbH,
Braunschweig, Deutschland
E-Mail: m.wermuth@wvigmbh.de

1 Einleitung

Da die vielfältigen qualitativen Dimensionen des Personenverkehrs, die Ursachen für seine Entstehung, seine Auswirkungen sowie die Möglichkeiten politischer Einflussnahme ausführlich in den anderen Beiträgen des vorliegenden Handbuchs behandelt werden, sollen hier im ersten Teil in einem zeitlichen Rückblick nur die wesentlichen quantitativen Tendenzen der Verkehrsentwicklung und ihrer Determinanten aufgezeichnet werden.

Der zweite Teil des Beitrags widmet sich speziell dem Personenwirtschaftsverkehr. Während das primäre Interesse der Verkehrsnachfrageforschung in der Vergangenheit vor allem dem durch private Motorisierung besonders stark wachsenden Personenverkehr privater Haushalte galt, blieb der Personenwirtschaftsverkehr bezüglich seiner mehr im gewerblichen und betrieblichen Bereich liegenden Ursachenstruktur bis heute weitgehend unerklärt. Die geringe Aufmerksamkeit steht allerdings in keinem Verhältnis zu seiner quantitativen Bedeutung, die jene des Güterverkehrs bei weitem übersteigt. Damit wird aber auch die verkehrspolitische Relevanz des Personenwirtschaftsverkehrs bis heute vollkommen unterschätzt. Denn um in Politik und Verkehrsplanung auf die Herausforderungen der Zukunft adäquat reagieren zu können, müssen wir mehr als bisher über ihn in Erfahrung bringen.

2 Die Entwicklung im Personenverkehr und ihre Ursachen

In der Bundesrepublik Deutschland hat die Jahresverkehrsleistung im motorisierten Personenverkehr (d. h. die gesamten im Laufe eines Jahres von der Bevölkerung mit motorisierten Individual- und öffentlichen Verkehrsmitteln zurückgelegten Entfernungen) seit dem Ende des Krieges mit nahezu konstanten Zuwachsraten zugenommen. Betrachtet man exemplarisch die Verkehrsentwicklung in den alten Bundesländern in den 30 Jahren vor der Vereinigung der beiden deutschen Staaten, also zwischen 1960 und 1990, so stellt man fest, dass – bei einer nur zehnprozentigen Zunahme der Bevölkerung – die jährliche Personenverkehrsleistung ziemlich gleichmäßig von rund 270 Milliarden auf 720 Milliarden Personenkilometer, also auf das 2,8-fache, anwuchs. Die absolute Zunahme entfiel dabei zu mehr als 90 Prozent auf den motorisierten Individualverkehr (MIV), der in diesem Zeitraum auf das 3,4-fache angestiegen ist (vgl. Abb. 1).

Fragt man nach den Ursachen dieses enormen Wachstums im Kfz-Verkehr, so wird meist der allgemeine Anstieg der Motorisierung und die Ausdehnung der Straßeninfrastruktur („Straße erzeugt Verkehr") dafür verantwortlich gemacht. Untersucht man die Gründe für die Nachfrageentwicklung im Kfz-Verkehr jedoch genauer, so stellt man fest, dass beide Faktoren zum größten Teil nur „Mittel zum Zweck" und die eigentlichen Triebfedern andere Einflüsse waren, die letztlich auf das Bestreben jedes Einzelnen nach höherer Lebensqualität und die Änderung der Lebensstile zurück zu führen sind. Die wichtigsten seien kurz dargestellt.

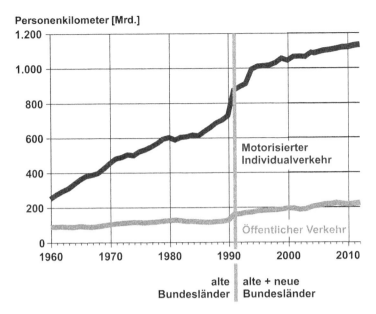

Abb. 1 Zunahme der Verkehrsleistung im motorisierten Verkehr (MIV und ÖV) (Quelle: DIW 2005, DIW 2013, eigene Berechnungen)

Stadt-Umland-Wanderung: Die Abwanderung vieler Familien aus den Großstädten ins Umland in Folge einerseits gestiegener Ansprüche (eigenes Haus ‚im Grünen', mehr Wohnfläche), andererseits einer sich in den Städten verringernden Qualität des Wohnens (Lärm- und Abgasimmissionen, Unfallgefahr für Kinder) hat eine entsprechende Zunahme längerer Berufs- und Ausbildungswege zur Folge, die wegen schlechterer ÖV-Angebote im Umland verstärkt mit dem Auto abgewickelt werden. Die Verlagerung des Wohnsitzes in das Umland ist zudem häufig die direkte Ursache für die Anschaffung eines (weiteren) Autos in der Familie.

Das Ausmaß der mit der Stadt-Umland-Wanderung verbundenen Verkehrsmittelverlagerung auf das Auto wird durch die Ergebnisse der Volkszählungen in den Jahren 1961, 1970 und 1987 sowie weiteren Erhebungen des Statistischen Bundesamtes deutlich. Wie Abb. 2 zeigt, stieg die Anzahl der Pendler zwischen den Gemeinden im Laufe von 30 Jahren – bei nur zehn Prozent gestiegener Bevölkerungszahl – von gut sechs auf fast elf Millionen Pendler an, die Anzahl der Kfz-Pendler jedoch von zwei auf neun Millionen, also auf das 4,5-fache. Hinzu kommt die damit verbundene Vergrößerung der Fahrtweiten durch ein immer besser ausgebautes Straßennetz gerade auf den Verkehrsrelationen, die durch das erhöhte Pendleraufkommen stärker nachgefragt werden.

Die enorme Zunahme des motorisierten Pendleraufkommens aus dem Umland zwingt die öffentliche Hand zu hohen Verkehrsinfrastrukturinvestitionen. Viele Großstädte konnten dieser Verkehrslawine nur mit leistungsfähigen öffentlichen Schienenverkehrssystemen wie S-, U- und Regionalbahnen begegnen. Gleichzeitig tragen diese Investitionen in den öffentlichen Verkehr (ÖV), die zur Entlastung der

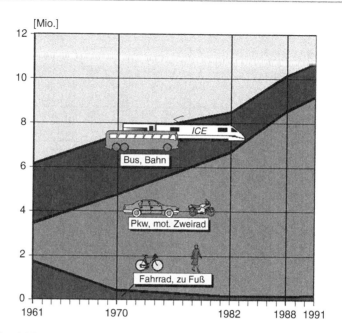

Abb. 2 Entwicklung der Anzahl der Berufspendler und ihrer Verkehrsmittelnutzung (Quelle: DIW 1994: 103-104)

Umwelt und der negativ betroffenen Stadtgebiete gedacht waren, selbst wieder zur Stadtflucht bei. Die durch Eigenheimzulage und Entfernungspauschale jahrzehntelang erfolgte Subventionierung dieses „Flächenfraßes" in das Umland der Städte zieht somit wiederum hohe staatliche Infrastrukturausgaben nach sich. Zudem werden die Verkehrsströme heterogener und sind deshalb schwieriger zu bündeln, eine Abwicklung mit dem öffentlichen Personennahverkehr (ÖPNV) damit erschwert, so dass dessen Wirtschaftlichkeit sinkt und seine Finanzierbarkeit immer schwieriger wird.

Die zunehmende Ausdifferenzierung der Gesellschaft, wie Pluralisierung der Lebensstile und die Individualisierung, führen zu kleineren und diversifizierteren Haushalten. Deren weiterhin anhaltende Verkleinerung führt selbst bei schrumpfender Bevölkerung zur zahlenmäßigen Zunahme von Haushalten, der Wohnflächennachfrage und der Ausdehnung der Siedlungsflächen. So ist die durchschnittliche Haushaltsgröße gesunken, die durchschnittliche Wohnfläche pro Person jedoch in 40 Jahren von 15 auf 42 Quadratmeter gestiegen.

Zunehmende Freizeitorientierung: Mehr Freizeit und mehr Freizeitaktivitäten verursachten ein Anwachsen des werktäglichen Verkehrs mit dem Auto für diese Zwecke auf das Vier- bis Fünffache. Der Tagesspiegel zeigt deshalb heute das größte Straßenverkehrsaufkommen in den Nachmittagsstunden zwischen 15 und 19 Uhr. Der gestiegene Wohlstand, aber auch das immer breiter werdende Freizeit-, Erholungs- und Urlaubsangebot haben zu einer starken Freizeitorientierung geführt, die sich auch in einer enormen Zunahme des Freizeitverkehrs in

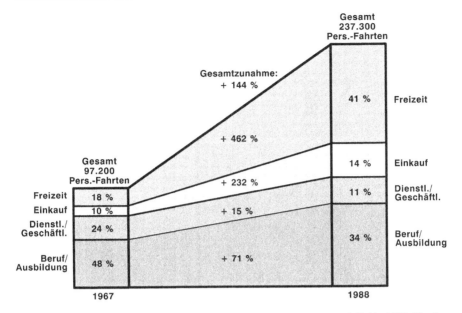

Abb. 3 Entwicklung des Verkehrs der Heidelberger Bevölkerung von 1967 bis 1988 (Quelle: Eigene Darstellung nach Wermuth et al. 1994)

Deutschland auswirkte. Während 1970 der Berufsverkehr noch 40 Prozent und der Freizeitverkehr (incl. Verkehr zu privaten Erledigungen außer Einkauf) weniger als 20 Prozent am Werktagsverkehr ausmachte, ist es heute umgekehrt, weil der Freizeitverkehr sich gerade auch an ganz normalen Wochentagen erheblich erhöht hat. Zudem ist er sehr an die Benutzung des Autos gebunden, so dass der motorisierte Freizeitverkehr überproportional angestiegen ist. Dieser nahm beispielsweise bei der Heidelberger Bevölkerung im Lauf von 20 Jahre auf mehr als das Fünffache zu, während der motorisierte Verkehr (MIV und ÖPNV) insgesamt in dieser Zeitspanne nur etwa auf das Zweieinhalbfache anwuchs (vgl. Abb. 3).

Die Zunahme des privaten Freizeitverkehrs wirkt sich zudem einseitig auf das tageszeitliche Verkehrsaufkommen aus, da er auf die Nachmittags- und Abendstunden konzentriert ist. Während noch in den 1970er-Jahren die Morgenspitze zwischen sieben und acht Uhr mit dem konzentrierten Berufs- und Ausbildungsverkehr die absolut höchste Verkehrsdichte aufwies, übertrifft heute in fast allen Städten jede einzelne der Abendstundengruppe zwischen 15 und 19 Uhr den morgendlichen Stoßverkehr (vgl. Abb. 4).

Motorisierungszunahme: Die Zahl der Pkw in der alten Bundesrepublik stieg in der Zeit von 1960 bis 1990 von sechs auf über 30 Millionen an (vgl. Abb. 5). Die ungebremst verlaufende individuelle Motorisierung ist einerseits eine logische Folge der vorgenannten Entwicklungen und so gesehen nur „Mittel zum Zweck". Andererseits hat die intensive Nutzung des Autos mit all ihren Vorteilen (höhere Flexibilität, Zeitgewinn, Bequemlichkeit) auch die Abhängigkeit von diesem Transportmittel verstärkt, die Siedlungsstrukturen geprägt, und so zusätzlichen MIV verursacht.

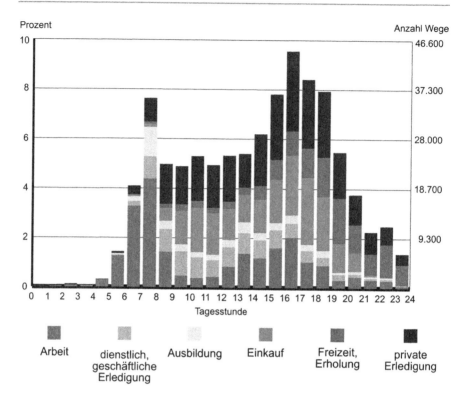

Abb. 4 Tagesgang des motorisierten Individualverkehrs (MIV) nach Fahrtzwecken der Braunschweiger Bevölkerung (Quelle: Eigene Darstellung nach WVI 1996)

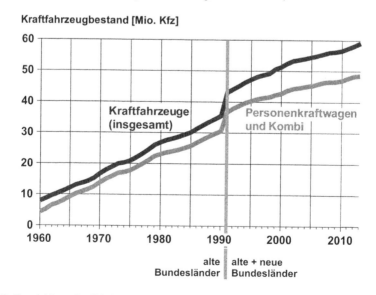

Abb. 5 Entwicklung des Kfz-Bestandes in Deutschland (Quelle: DIW 2005: 145-147)

Wie entwickelt sich die Verkehrsnachfrage in der Zukunft? Alle Prognosen in der Vergangenheit gingen von einer weiteren erheblichen Zunahme der privaten Motorisierung aus und - trotz einer zu erwartenden Stagnation oder sogar eines Rückgangs der Bevölkerung – von einer weiteren erheblichen Zunahme des motorisierten Personenverkehrs. Da die Verkehrsinfrastruktur – vor allem in den dicht besiedelten Städten - jedoch nicht beliebig erweiterbar ist, wird seit geraumer Zeit auf Verkehrsmanagement mittels Verkehrstelematik als Lösungsweg gesetzt, um den Verkehrskollaps zu vermeiden.

Im Gegensatz zu diesen Prognosen zeigen die im Laufe des letzten Jahrzehnts durchgeführten regionalen wie auch die bundesweiten Haushaltsbefragungen MiD 2002 und 2008 hinsichtlich der motorisierten Individualverkehrsnachfrage eine stagnierende Entwicklung. Eine der Ursachen hierfür könnte in dem etwa seit der Jahrhundertwende erkennbaren Trend „zurück in die Stadt" vor allem älterer Personen zu sehen sein, in der nicht nur ein besseres alternatives Angebot im Öffentlichen Verkehr besteht, sondern bei einem guten Radwegesystem auch die Fahrten wegen der geringeren Fahrtweiten leichter mit dem Fahrrad zurückgelegt werden können. Vielen Personen in der Stadt ist es sogar möglich, auf ein Auto vollständig zu verzichten.

Eine bundesweit erkennbare gravierende Trendwende deutet sich in der stark zurückgehenden Motorisierung junger Menschen an. So zeigte sich beispielsweise in einer im Jahr 2010 durchgeführten regionalen Mobilitätsuntersuchung im Vergleich zum Jahr 1993 in der Stadt Braunschweig eine unerwartet starke Abnahme der Pkw-Verfügbarkeit junger Leute zwischen 18 und 30 Jahren von bis zu 50 Prozent. Insgesamt hat der Fahrradverkehrsanteil in der Stadt von 14 auf 21 Prozent, also um 50 Prozent zugenommen, während der MIV um drei Prozent abnahm. Die Fahrradverkehrszunahme in ganz Deutschland zwischen 2002 und 2008 betrug 17 Prozent (infas, 2010).

Die entscheidenden Fragen für die Nachfrageentwicklung in der Zukunft lauten hierzu: Verzichten die heute jungen Personen auch in der Zukunft verstärkt auf das eigene Auto und hält diese Einstellung auch bei den jungen Menschen zukünftiger Generationen an? Eine weitere Entlastung des motorisierten Verkehrs könnte sich auch bei den älteren Personen durch die zunehmende Nutzung von Elektrofahrrädern (Pedelecs) ergeben (vgl. dazu auch Canzler in Kap. V.4 dieses Bandes: ▶ Die soziale Aufgabe von Verkehrsinfrastrukturpolitik).

In jedem Falle sollte die Verkehrspolitik diese Entwicklung durch verstärkten Infrastrukturausbau für den nichtmotorisierten Verkehr im städtischen und regionalen Bereich weiter unterstützen.

3 Personenwirtschaftsverkehr

Der Personenwirtschaftsverkehr ist die Schnittmenge von Personenverkehr und Wirtschaftsverkehr. Da er im Allgemeinen im Rahmen von Haushaltsbefragungen erhoben wird, werden in den Ursachenanalysen auch seine Bestimmungsfaktoren in der sozioökonomischen Struktur des Haushalts gesucht und nicht im wirtschaftlichen und gewerblichen Bereich.

Verkehrsstatistiken weisen an dieser Stelle gravierende Lücken auf, weil diesen Transporten mit den üblichen Verkehrserhebungen nicht so leicht beizukommen ist. Und doch nimmt diese Verkehrsart auf dem Weg in die Dienstleistungsgesellschaft ständig an Umfang und Bedeutung zu. Die zurückgelegten Kraftfahrzeugkilometer des Personenwirtschaftsverkehrs in Deutschland übertreffen die des Güterverkehrs bei Weitem. Es ist längst an der Zeit, diesem Verkehr mit seinen eigenen Gesetzen mehr Aufmerksamkeit zu schenken, und das bedeutet einheitliche Definitionen zu schaffen, Methoden für die empirische Datenermittlung und die sozialwissenschaftliche Forschung zu entwickeln, daraus Planungsmodelle abzuleiten und dem damit erkennbaren Bedarf in Verkehrspolitik, Verkehrsplanung und Verkehrsmanagement stärker Rechnung zu tragen.

3.1 Was ist Personenwirtschaftsverkehr?

Der Begriff „Wirtschaftsverkehr" hat im Laufe der Entwicklung der Verkehrswissenschaft unterschiedliche Interpretationen erfahren. Verschiedene Disziplinen näherten sich von unterschiedlichen Seiten diesem Thema und prägten unterschiedliche Begriffe. So wurde beispielsweise lange Zeit Wirtschaftsverkehr nur mit Güter- und Lieferverkehr, also Verkehr mit Lastkraftwagen, gleichgesetzt. Es gibt eine Vielzahl von Definitionen des Begriffes „Wirtschaftsverkehr" und entsprechende Versuche, ihn nach Kategorien zu strukturieren. Zusammenstellungen häufig verwendeter Definitionen finden sich bei Wermuth et al. (1998) und Steinmeyer (2003).

„Verkehr" lässt sich allgemein definieren als Menge von Bewegungen von Personen, Gütern, Fahrzeugen oder/und Nachrichten. Dabei ist der Begriff „Menge" im Sinne der Mengenlehre zu verstehen. Als Elemente sind hier die räumlichen Bewegungen (Ortswechsel) von Personen, Gütern, Fahrzeugen oder Nachrichten zu verstehen. Im Weiteren soll allerdings nur der „physische Verkehr" betrachtet werden, der Nachrichtenverkehr wird also ausgeschlossen.

Verkehr kann nach den bewegten Objekten oder/und nach Ausprägungen von Merkmalen (Zweck, Entfernung, Zeit usw.) der einzelnen Ortswechsel in Teilmengen zerlegt werden. So wird physischer Verkehr auf die sich bewegenden oder beförderten Personen, die transportierten Güter oder auf die sich bewegenden Fahrzeuge bezogen. Beispielsweise ist der Transport von Ziegelsteinen mit einem Lkw bezüglich des Fahrers Personenverkehr, in Bezug auf das Gut gleichzeitig Güterverkehr und hinsichtlich des Fahrzeugs Fahrzeugverkehr. Wir sprechen daher von Personen-, Güter- oder Fahrzeugverkehr.

Da die Bewegung von Fahrzeugen zum größten Teil nur Mittel zur Beförderung von Personen oder/und Gütern ist, kann der Fahrzeugverkehr dem Personen- oder dem Güterverkehr zugeordnet werden. Ausnahmen sind lediglich Fahrten, die zur Aufrechterhaltung der Funktionstüchtigkeit oder zur Beförderung des Fahrzeugs selbst dienen (sonstiger Fahrzeugverkehr). Doch da beginnen meist schon die Missverständnisse zwischen den Disziplinen: Während der eine unter Güterverkehr den „Verkehr von Gütern" versteht und in Tonnenkilometern (tkm) misst, versteht der andere darunter den „Fahrzeugverkehr zur Güterbeförderung" und misst ihn in

Fahrzeugkilometern (Fz-km). Für den Personenverkehr gilt analog dasselbe, deshalb ist die Anzahl der Personenkilometer (Pkm) höher als die der Fahrzeugkilometer (Fz-km).

Verkehr kann andererseits hinsichtlich der Art der Tätigkeit, in deren Ausübung der Ortswechsel erfolgt, in die beiden Hauptkategorien unterteilt werden:

- *Privatverkehr*, d. h. Ortswechsel (von Personen, Gütern oder Fahrzeugen) in Ausübung privater Tätigkeiten und
- *Wirtschaftsverkehr*, d. h. Ortswechsel, die im Vollzug erwerbswirtschaftlicher und dienstlicher Tätigkeiten durchgeführt werden.

Zu beachten ist dabei, dass sowohl der Berufsverkehr, d. h. der Verkehr von Personen vom Ort einer privaten Tätigkeit (z. B. von der Wohnung) zum Arbeitsplatz und zurück, als auch der private Einkaufs- und Besorgungsverkehr zum Privatverkehr gezählt werden und somit nicht dem Wirtschaftsverkehr zugeordnet werden.

Der *Wirtschaftsverkehr* kann weiter in folgende Kategorien unterteilt werden:

- *Güter(-wirtschafts-)verkehr*, d. h. Ortswechsel (von Personen, Gütern oder Fahrzeugen) mit dem überwiegenden Zweck des Transports von Gütern in Ausübung erwerbswirtschaftlicher oder dienstlicher Tätigkeit.
- *Personenwirtschaftsverkehr*, d. h. Verkehr von Personen mit dem überwiegenden Zweck einer beruflichen oder dienstlichen Tätigkeit (mit oder ohne Gütertransport). Hierzu gehören beispielsweise auch Fahrten zur erwerbsmäßigen Personenbeförderung, z. B. die Fahrten des Busfahrers in Ausübung seines Dienstes in einem öffentlichen Verkehrsunternehmen.
- *Sonstiger Wirtschaftsverkehr*, d. h. Fahrten zur Aufrechterhaltung der Funktionsfähigkeit des Fahrzeuges oder zum gemischten Personen- und Gütertransport, z. B. die Servicefahrt eines Monteurs, der sowohl ein Gerät transportiert als auch den Einbau des Geräts oder eine Reparatur vornimmt.

Unter Personenwirtschaftsverkehr wird somit der Teil des Wirtschaftsverkehrs verstanden, bei dem der überwiegende Verkehrszweck in der Beförderung von Personen liegt, im Gegensatz zum Güter(-wirtschafts-)verkehr, dessen Verkehrszweck vorwiegend im Transport von Gütern zu sehen ist.

Der *Güterverkehr* lässt sich weiter unterteilen in seine Teilmengen:

- *Gewerblicher Güterverkehr*, d. h. Transport von Gütern zwischen Produktions- und Konsumtionsorten, und
- *Werkverkehr*, d. h. Transport von eigenen Gütern für eigene Rechnung jeweils einschließlich der zugehörigen Leer- und Rückfahrten.

Zum gewerblichen Güterverkehr gehört auch der Lieferverkehr von Gütern, auch wenn dabei eine nachgeordnete Tätigkeit (z. B. Anschließen eines ausgelieferten Gerätes) ausgeübt wird.

Der *Personenwirtschaftsverkehr* kann wiederum auf folgende Unterkategorien aufgeteilt werden:

- *Service- und Dienstleistungsverkehr*, d. h. Mischformen von Personen- und Güterverkehr, wobei neben der Person, die eine Dienstleistung erbringt, auch Güter, z. B. Werkzeug, Material, Geräte etc., zur Ausübung der Tätigkeit mitgeführt werden,
- *Geschäfts- und Dienst(-reise-)verkehr*, d. h. Wege und Fahrten zu einer geschäftlichen Aktivität und
- *Personenbeförderungsverkehr*, d. h. Wege und Fahrten zur Beförderung von (anderen) Personen, z. B. Fahrten des Busfahrers, des Taxifahrers usw.

Leer- und Rückfahrten zum Betrieb werden der Kategorie der vorausgehenden Hinfahrt zugeordnet.

Abbildung 6 zeigt im Überblick die funktionale Struktur des Wirtschaftsverkehrs. Die Definition der Verkehrssektoren erfolgt hierbei über den (hauptsächlichen) Fahrtzweck. Der Privatverkehr ist hier nicht mehr in weitere Bereiche untergliedert.

4   Wissensstand über den Wirtschaftsverkehr

Verkehr ist das sichtbare Resultat von Verhaltensweisen und Entscheidungen von handelnden Personen in privaten Haushalten, Wirtschaftsbetrieben und öffentlichen Einrichtungen. Verkehrsforschung und -planung haben unter anderem die Aufgabe, politische Entscheidungen für eine nachhaltige Gestaltung der Verkehrsinfrastruktur und eines Ressourcen schonenden Verkehrsmanagements vorzubereiten. Dazu sind Prognosen der voraussichtlichen Entwicklung der Verkehrsnachfrage notwendig, die ihrerseits Kenntnisse über die Verhaltensweisen und Entscheidungsprozesse, über ihre Einflussfaktoren sowie ihre Wirkungen erfordern. Diese wiederum sind nur aus Analysen einer breiten und fundierten empirischen Datenbasis zu gewinnen.

Der Wirtschaftsverkehr und insbesondere der Personenwirtschaftsverkehr sind in Deutschland – ebenso wie in den anderen Ländern – weit weniger erforscht als der private Personenverkehr, obwohl gerade in den Industrieländern dem Wirtschaftsverkehr eine zunehmende Bedeutung zukommt. Die Ursachen dafür liegen in der Tatsache, dass die breite Massenmotorisierung in den letzten fünf Jahrzehnten die Aufmerksamkeit der Planer auf den umfangreicheren, heute etwa doppelt so umfangreichen privaten Pkw-Verkehr lenkte, dessen Struktur und Einflussfaktoren zudem relativ einfach durch Befragungen privater Haushalte empirisch zu erfassen sind. Der Wirtschaftsverkehr, dessen Determinanten vor allem in den Entscheidungsstrukturen bei den privaten Unternehmen und Gewerbebetrieben sowie den öffentlichen Einrichtungen zu suchen sind, weist infolge der Vielfalt der Betriebe in den verschiedenen Wirtschaftszweigen demgegenüber wesentlich heterogenere und schwieriger zu erfassende Strukturen auf.

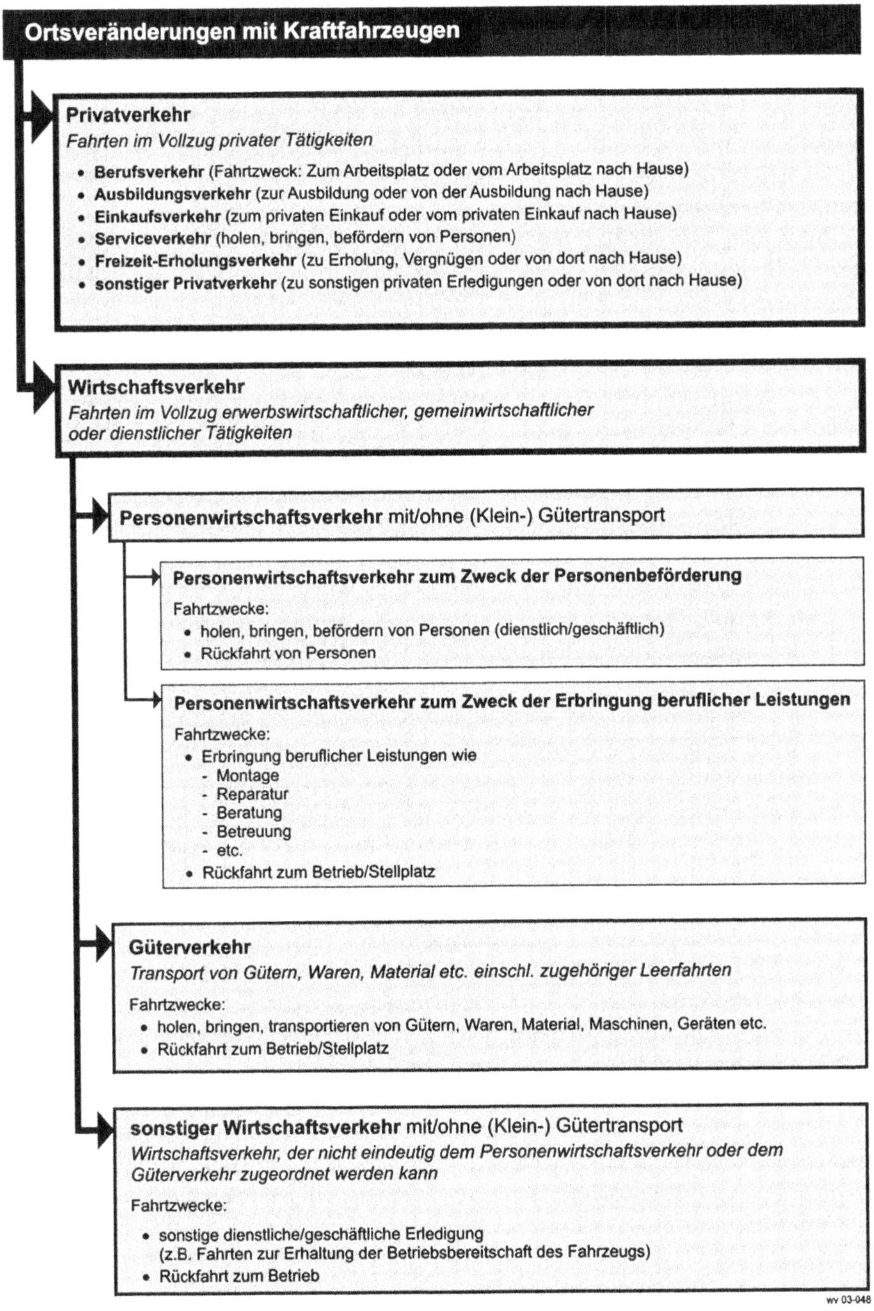

Ortsveränderungen mit Kraftfahrzeugen

Privatverkehr
Fahrten im Vollzug privater Tätigkeiten
- **Berufsverkehr** (Fahrtzweck: Zum Arbeitsplatz oder vom Arbeitsplatz nach Hause)
- **Ausbildungsverkehr** (zur Ausbildung oder von der Ausbildung nach Hause)
- **Einkaufsverkehr** (zum privaten Einkauf oder vom privaten Einkauf nach Hause)
- **Serviceverkehr** (holen, bringen, befördern von Personen)
- **Freizeit-Erholungsverkehr** (zu Erholung, Vergnügen oder von dort nach Hause)
- **sonstiger Privatverkehr** (zu sonstigen privaten Erledigungen oder von dort nach Hause)

Wirtschaftsverkehr
Fahrten im Vollzug erwerbswirtschaftlicher, gemeinwirtschaftlicher oder dienstlicher Tätigkeiten

Personenwirtschaftsverkehr mit/ohne (Klein-) Gütertransport

Personenwirtschaftsverkehr zum Zweck der Personenbeförderung
Fahrtzwecke:
- holen, bringen, befördern von Personen (dienstlich/geschäftlich)
- Rückfahrt von Personen

Personenwirtschaftsverkehr zum Zweck der Erbringung beruflicher Leistungen
Fahrtzwecke:
- Erbringung beruflicher Leistungen wie
  - Montage
  - Reparatur
  - Beratung
  - Betreuung
  - etc.
- Rückfahrt zum Betrieb/Stellplatz

Güterverkehr
Transport von Gütern, Waren, Material etc. einschl. zugehöriger Leerfahrten
Fahrtzwecke:
- holen, bringen, transportieren von Gütern, Waren, Material, Maschinen, Geräten etc.
- Rückfahrt zum Betrieb/Stellplatz

sonstiger Wirtschaftsverkehr mit/ohne (Klein-) Gütertransport
Wirtschaftsverkehr, der nicht eindeutig dem Personenwirtschaftsverkehr oder dem Güterverkehr zugeordnet werden kann
Fahrtzwecke:
- sonstige dienstliche/geschäftliche Erledigung (z.B. Fahrten zur Erhaltung der Betriebsbereitschaft des Fahrzeugs)
- Rückfahrt zum Betrieb

Abb. 6 Funktionale Struktur des Wirtschaftsverkehrs (Quelle: Wermuth et al. 2003c: 24)

Der Staat versucht den Datenbedarf für seine politischen Entscheidungen durch die amtliche Statistik auf der Basis von Statistikgesetzen abzudecken. Im Verkehrsbereich sind jedoch die zahlreichen Daten der amtlichen Statistik dafür nicht ausreichend, da aufgrund von deren institutioneller Gliederung der gesamte private Verkehr nicht erfasst wird. Als Datenquellen, auf die sich heute Verkehrspolitik, Verkehrsforschung und Verkehrsplanung stützen können, sind deshalb auch nichtamtliche Statistiken erforderlich.

Auch der Wirtschaftsverkehr wird in der amtlichen Statistik nur teilweise erfasst. So wird dort der gewerbliche Güterverkehr wegen seiner wirtschaftlichen Bedeutung und seinem Beitrag zum Bruttoinlands- und Bruttosozialprodukt berücksichtigt. Auch die Größe der ihn transportierenden Fahrzeuge auf der Straße und Schiene, auf dem Wasser und in der Luft hat schon sehr früh die Aufmerksamkeit der Planer auf den Güterverkehr gelenkt, so dass er lange Zeit allein als Wirtschaftsverkehr verstanden wurde. Die amtlichen Statistiken zum Güterverkehr beinhalten zwar vielfältige Datenbestände, die nach Statistikfeldern gegliedert werden können, die sich aus der Kombination eines Verkehrsträgers (Straße, Schiene, Binnenwasserstraße, See, Luft, Rohrleitung) mit einem der Datenbereiche Infrastruktur, Fahrzeuge und Transportmittelbestände, Unternehmensmerkmale, Verkehrsangebote/Fahrleistungen, Verkehrsnachfrage/Verkehrsaufkommen und Verkehrsleistung, Energieverbrauch, Verkehrssicherheit und Preise/Nutzungsentgelte definieren. Dazu werden Übersichten bei Wermuth et al. (1998) und bei Prognos (1999) gegeben.

Transportaufkommen und -leistung auf der Schiene, in der Luftfahrt und in der Binnenschifffahrt sind wegen der bestehenden Schnittstellen zwischen den Verkehrsträgern im Allgemeinen relativ gut dokumentiert, jedoch bestehen beim Straßenwirtschaftsverkehr Lücken, da weder der Straßengüterfern- noch der Straßengüternahverkehr vollständig erhoben wird und für den Personenwirtschaftsverkehr keine amtliche Statistik existiert. Zwar wird für die Güterkraftverkehrsstatistik des Bundesamtes für Güterverkehr (BAG) jährlich per Gesetz die Verkehrsleistung der großen Lastkraftfahrzeuge (Lastkraftwagen und Sattelzugmaschinen) über 3,5 Tonnen Nutzlast mittels einer repräsentativen Stichprobe mit einem Auswahlsatz von fünf Promille (ca. 212.000 Fahrzeuge) an jeweils drei Berichtstagen (so genannte Halbwoche) erhoben, jedoch sind für Krafträder, Pkw und Lkw bis 3,5 Tonnen Nutzlast daraus keine Daten verfügbar.

Für städtische und regionale Verkehrsplanungen reichen die Daten aus den bundesweiten Stichproben der amtlichen Statistik generell mangels Dichte ohnehin nicht aus, da hierfür differenzierte Informationen über den Wirtschaftsverkehr mit Fahrzeugen der ortsansässigen Betriebe in dem jeweiligen Planungsraum erforderlich sind. Für sozial- und ingenieurwissenschaftliche Analysen ist außerdem die Erfassung einer Reihe von Merkmalen des jeweiligen Unternehmens als Einfluss- und Erklärungsgrößen notwendig. Die dafür neben Haushaltsbefragungen eigentlich notwendigen Betriebsbefragungen werden aus Kostengründen nur in den seltensten Fällen durchgeführt.

5 Erhebungsverfahren zum Personenwirtschaftsverkehr

Der Personenwirtschaftsverkehr wird in der amtlichen Statistik nicht erfasst. Zu diesem Thema sind bisher nur wenige Veröffentlichungen und Datenquellen der nichtamtlichen Statistik verfügbar. Ein wesentlicher Grund neben dem zum Teil fehlenden Problembewusstsein ist die Tatsache, dass die empirische Erfassung speziell des Personenwirtschaftsverkehrs wesentlich größere Schwierigkeiten bereitet, die von der Verfügbarkeit entsprechender Basisdaten für eine effektive Stichprobenauswahl bis zur Komplexität der zu erfassenden Verkehrsnachfrage und deren Einflussfaktoren reichen.

Eine sozial- und ingenieurwissenschaftliche Analyse ist natürlich nicht nur auf die phänomenologische Erfassung der Ortswechsel ausgerichtet, sondern auch an deren Einflussfaktoren zur Erklärung des Verkehrsgeschehens interessiert. Für die Erhebung des Personenwirtschaftsverkehrs als Basis für sozialwissenschaftliche Analysen kommen deshalb nur wenige Verfahren in Betracht, die unterschiedliche Vor- und Nachteile aufweisen und somit für verschiedene Fragestellungen unterschiedlich geeignet sind. Es sind dies:

- Haushaltsbefragungen zum alltäglichen Verkehrsverhalten, jedoch mit besonderer Berücksichtigung des Personenwirtschaftsverkehrs;
- Betriebsbefragungen zur Erfassung des Personenwirtschaftsverkehrs der Betriebsangehörigen;
- Befragungen von Haltern privat oder gewerblich zugelassener Kraftfahrzeuge zum Fahrzeugeinsatz.

5.1 Haushaltsbefragungen

Die ergiebigste Quelle für die Erfassung von Verkehrsnachfragedaten insbesondere im privaten Personenverkehr ist die Haushaltsbefragung. In der amtlichen Statistik, speziell in den Meldestatistiken, stehen auf kommunaler Ebene in ganz Deutschland relativ aktuelle und zuverlässige Daten über die Wohnbevölkerung auch für kleine Raumeinheiten (z. B. Baublöcke in Städten) zur Verfügung. Dadurch ist es möglich, auf der Basis von schriftlichen oder mündlichen Befragungen verhältnismäßig kleiner, räumlich geschichteter effektiver Stichproben von Haushalten ein repräsentatives Bild der privaten Verkehrsnachfrage und deren Bestimmungsfaktoren zu gewinnen.

Die dabei erfassten Verkehrsnachfragemerkmale sind im Allgemeinen:

- Anzahl der Fußwege und Fahrten an einem oder mehreren vorgegebenen Stichtagen und
- je Weg bzw. Fahrt: Verkehrszweck, Zeitpunkte für Beginn und Ende, Quelle und Ziel, benutzte Verkehrsmittel usw.

Zu den erfassten Bestimmungsfaktoren des Verhaltens gehören soziodemografische und ökonomische Merkmale des Haushalts (z. B. Haushaltsgröße, Motorisierung, Einkommen) und der einzelnen Haushaltsmitglieder (Alter, Geschlecht und Erwerbstätigkeit etc.).

Zudem ist der Haushalt stichprobentheoretisch gesehen ein sehr geeigneter „Klumpen" *(sample unit)*, da seine personelle Zusammensetzung (Vater, Mutter, Kinder) die verschiedenen Rollen und somit auch das Verkehrsverhalten von Personen in der Gesellschaft beinhaltet und gut abbildet. Die weitgehende Vollständigkeit, mit der die aktuelle Bevölkerung in der Einwohnermeldedatei der jeweiligen Kommune dargestellt ist, ermöglicht eine gebundene Hochrechnung der Stichprobenergebnisse nach den Personenmerkmalen Alter, Geschlecht und Erwerbstätigkeit auf der Basis verhältnismäßig kleiner Raumeinheiten und liefert damit sehr zuverlässige Ergebnisse bezüglich der Grundgesamtheit (relativ geringe stichprobenbedingte Zufallsfehler). Ein Vorteil besteht auch darin, dass neben den MIV-Fahrten auch die zahlenmäßig geringeren Fahrten im nicht motorisierten und im öffentlichen Verkehr erfasst werden können.

Verkehr privater Haushalte besteht jedoch zum weitaus größten Teil aus privatem Personenverkehr (Berufs-, Ausbildungs- und Freizeitverkehr) und nur zu einem geringen Anteil aus Wirtschaftsverkehr. Deshalb empfiehlt sich diese Methode ohnehin nur dann, wenn nicht nur der Wirtschaftsverkehr, sondern auch der gesamte private Verkehr erhoben werden soll. Der Wirtschaftsverkehr ist zudem insbesondere bei schriftlich-postalischen Haushaltsbefragungen erfahrungsgemäß unterrepräsentiert (relativ große systematische Verzerrungsfehler). Ein Forschungsprojekt problematisierte die *non-reported trips* bei Erhebungen in Haushalten (vgl. Brög und Winter 1990) und wies nach, dass im Rahmen schriftlicher Haushaltsbefragungen nur etwa ein Drittel bis die Hälfte des Personenwirtschaftsverkehrs erfasst werden, der damit selbst im Personenverkehr zum wesentlichen Teil fehlt.

Zudem lassen Haushalts- und Personenmerkmale keine ausreichende Erklärung für die Wege oder Fahrten einer berufstätigen Person im Wirtschaftsverkehr zu, da diese in stärkerem Maße von den Eigenschaften des Unternehmens, in dem diese Person beschäftigt ist, bestimmt werden. Deshalb müsste bei Haushaltsbefragungen für Berufstätige der Fragenkatalog auf die Merkmale des jeweiligen Wirtschaftsunternehmens erweitert werden. Diese Anforderung ist in der Praxis jedoch aus Gründen der hohen Belastung des Befragten kaum zu erfüllen, zudem dürfte der Beschäftigte in den seltensten Fällen in der Lage sein, über die betrieblichen Merkmale und Entscheidungsgründe Auskunft zu geben.

Ein Versuch, den Wirtschaftsverkehr im Rahmen einer erweiterten Haushaltsbefragung zu erfassen, wurde bei der bundesweiten Erhebung „Mobilität in Deutschland" (MiD 2002) unternommen (vgl. infas und DIW 2004). Dabei wurde den interviewten Personen mit „regelmäßigen" Wirtschaftsaktivitäten am Stichtag ein zusätzlicher Fragebogen zu diesen Fahrten vorgelegt. Zehn Prozent gaben an, dass sie regelmäßige berufliche Wege am Stichtag durchführten mit durchschnittlich 5,5

Wegen und einer durchschnittlichen Gesamtlänge von 103 Kilometern. Von den einem Verkehrsmittel zuordenbaren 83 Prozent der Wege wurden sieben Prozent im nicht motorisierten Verkehr (zu Fuß und Fahrrad), drei Prozent mit öffentlichen Verkehrsmitteln, sechs Prozent mit großen Lkw über 3,5 Tonnen Nutzlast, jedoch 68 Prozent mit privaten oder gewerblichen Pkw sowie Lkw bis 3,5 Tonnen Nutzlast durchgeführt. 18 Prozent der Fahrten im Gütertransport stehen 56 Prozent im Personen-wirtschaftsverkehr (Holen/Bringen von Personen, Besuche/Kontakte und Kundendienste) gegenüber. Dieses Ergebnis zeigt die hohe Dominanz des MIV für den Wirtschaftsverkehr sowie des Personenwirtschaftsverkehrs im Vergleich zum Güterverkehr.

Als Fazit ist festzustellen, dass die Erfassung des Wirtschaftsverkehrs im Rahmen von Haushaltsbefragungen zwar eine kostengünstige Lösung darstellt, jedoch den Datenanforderungen für eine sozial- und ingenieurwissenschaftliche Kausalanalyse der Determinanten und Wirkungen des Wirtschaftsverkehrs, die letztlich in den verkehrserzeugenden Betrieben liegen, nicht gerecht wird. Die dafür notwendigen Erweiterungen belasten zudem den befragten Haushalt in einem Maße, dass Einbußen in der Antwortbereitschaft, bei schriftlichen Befragungen also des Rücklaufes, und bei den Angaben zu Fahrten im Wirtschaftsverkehr unvermeidlich sind.

5.2 Betriebsbefragungen

Die Erfassung der kompletten Wegeketten im Personenwirtschaftsverkehr – oder auch der Transportketten im Güterverkehr – mit ihren Bestimmungsfaktoren ist prinzipiell nur beim Verursacher möglich, also beim privaten oder öffentlichen Unternehmen und dessen Beschäftigten. Hierzu sind Betriebsbefragungen notwendig, mit deren Hilfe einerseits Daten über den Wirtschaftsverkehr und andererseits Informationen über dessen kausale Bestimmungsfaktoren gewonnen werden können.

Ein grundlegendes Problem besteht dabei jedoch darin, dass eine der Einwohnermeldedatei vergleichbare Adressenliste und damit eine Auswahlgrundlage mit den Basisinformationen über alle eindeutig voneinander unterscheidbaren Wirtschaftseinheiten (Arbeitsstätten, Betriebe und Unternehmen) fehlt, um daraus eine repräsentative Stichprobenauswahl treffen und deren Ergebnisse dann auf die Grundgesamtheit hochrechnen zu können. Im Gegensatz zu Haushalten weisen Betriebe eine sehr große funktionale Vielfalt und heterogene Struktur hinsichtlich Betriebstyp, Wirtschaftszweig, Mitarbeiterzahl, Fahrzeugausstattung etc. auf, die eine noch heterogenere Wirtschaftsverkehrsnachfrage nach sich zieht. Im Allgemeinen verfügen Kommunen nicht über die dafür notwendigen Informationen der in ihrem Gebiet angesiedelten Unternehmen.

Das Unternehmensregister, das auf Basis der EU-Verordnung (EWG) Nr. 2168/93 und mit nationaler Rechtsgrundlage des Statistikregistergesetzes (StatRegG) von den Statistischen Landesämtern im Jahr 2000 angelegt wurde, enthält

Brancheneinordnung, Adresse und Beschäftigtenzahl, ist jedoch nur für den internen Gebrauch der Statistischen Landesämter bestimmt. Zudem macht sich die funktionale Vielfalt der Unternehmen und Konzerne bei der Brancheneinordnung nachteilig bemerkbar.

Solange es kein zuverlässiges und zugängliches Register gibt, in dem alle Unternehmen, Betriebe und Arbeitsstätten mit einigen Schlüsselmerkmalen aufgeführt sind, verbleibt als einzige Möglichkeit, sich mittels verschiedener Verbandsstatistiken (z. B. Industrie- und Handelskammer (IHK), Handwerkskammer) eine „halbwegs vollständige" Adressdatei aller Unternehmen zu verschaffen und in einer ersten Erhebungsphase einige wenige Schlüsseldaten (Beschäftigtenzahl, Fahrzeugpark usw.) für alle Betriebe zu erfassen. Wegen der Vielzahl der Betriebe ist dieses Vorgehen nur bei städtischen oder regionalen Erhebungen möglich.

Als Konzept für Betriebsbefragungen hat sich aus diesem Grunde für städtische und regionale Verkehrsplanungen ein zweiphasiges Vorgehen als gangbar erwiesen. In der ersten Erhebungsstufe werden mit Hilfe des Adressmaterials der örtlichen IHK und der Handwerkskammer ortsansässige Gewerbebetriebe nach Firmengröße und Branchenzugehörigkeit sowie nach der Anzahl und Art der von ihnen zugelassenen Fahrzeuge schriftlich befragt. Ein Nachteil dieses Verfahrens ist, dass Freiberufler (z. B. Ärzte, Rechtsanwaltskanzleien etc.), die an der Erzeugung von Personenwirtschaftsverkehr nicht unwesentlich beteiligt sind, dabei nicht erfasst werden und gegebenenfalls aus anderen Registern ergänzt werden müssen. In der zweiten Erhebungsstufe werden die antwortenden Gewerbebetriebe nach Zugehörigkeit zu einem Wirtschaftszweig und Anzahl der zugelassenen Fahrzeuge geschichtet und daraus eine Stichprobe gezogen. Die schriftliche Befragung dieser ausgewählten Betriebe erfolgt über einen Fragebogen, der dem Prinzip eines Fahrtentagebuches folgt und der dem Formblatt der bundesweiten Erhebungen „Kraftfahrzeugverkehr in Deutschland" (KiD 2002, 2010) ähnlich ist.

Ein solches Vorgehen wurde im Prinzip bei mehreren Erhebungen gewählt, z. B. bei den Betriebsbefragungen zum Wirtschaftsverkehr für die Verkehrsentwicklungspläne für Wolfsburg (vgl. IVS 1988) und Braunschweig (vgl. WVI 1996). Zwei weitere Untersuchungen zum Personenwirtschaftsverkehr wurden nach diesem Modell im Jahr 2001 in Hamburg und Dresden durchgeführt (vgl. Steinmeyer 2003). Steinmeyer entwickelte zudem einen Leitfaden für Betriebsbefragungen zur Erfassung des Personenwirtschaftsverkehrs.

Ein weiteres generelles Problem von Erhebungen zum Wirtschaftsverkehr tritt bei Betriebsbefragungen in besonderem Maße auf: Die Zurückhaltung von Betrieben bzw. Unternehmen, die Zielpunkte der Fahrten ihrer Betriebsangehörigen zu nennen, da Befürchtungen bestehen, daraus könnten Rückschlüsse auf die Kunden gezogen werden. Dies führt erfahrungsgemäß zu einer wesentlich niedrigeren Teilnahmebereitschaft oder/und zu wesentlich geringeren Rücklaufquoten als bei Haushaltsbefragungen. Ein sehr starkes Gewicht ist deshalb auf das Anschreiben an die Betriebe zu legen, in dem die Zielsetzung der Erhebung, die Anonymisierung der Daten bei deren Verarbeitung und die Einhaltung der Bestimmungen des Datenschutzes erklärt werden. Besonders vorteilhaft ist die öffentliche

Unterstützung von IHK und Handwerkskammer bzw. Kreishandwerkerschaft, die als Verbände auf die Notwendigkeit und den Nutzen von Wirtschaftsverkehrserhebungen hinweisen sollten, um ihren Mitgliedern und dem Wirtschaftverkehr mehr Rechte im täglichen Verkehrsgeschehen vor allem in den Innenstädten zu verschaffen. Mit dieser Strategie konnten bei den Erhebungen in Wolfsburg und Braunschweig in beiden Erhebungsphasen Rücklaufquoten von ca. 70 Prozent und damit eine Gesamtausschöpfung von 50 Prozent erreicht werden, wie sie auch bei regionalen Haushaltsbefragungen erzielt wird.

Somit ist festzustellen, dass Betriebs- und Unternehmensbefragungen prinzipiell die richtige Methode zur Erhebung des Wirtschaftsverkehrs und seiner Einflussfaktoren sind, da damit der Zugriff auf die Ursachen dieses Verkehrs möglich ist. In der Praxis wird dieses Verfahren jedoch erschwert durch fehlende Unternehmensregister und ist mit hohem Aufwand lediglich im regionalen Bereich möglich.

5.3 Befragungen von Kraftfahrzeughaltern

Wie das Forschungsprojekt „Bestandsaufnahme notwendiger und verfügbarer Daten zum Wirtschaftsverkehr als Grundlage pragmatischer Datenergänzungen" (Wermuth et al. 1998) gezeigt hat, bestehen Lücken in der Verkehrsstatistik vor allem im Güter- und Personenwirtschaftsverkehr mit kleineren Kraftfahrzeugen, also mit Motorrädern und Pkw sowie mit Lkw bis einschließlich 3,5 Tonnen Nutzlast. Zudem zeigen alle Untersuchungen, dass der weitaus überwiegende Anteil des Wirtschaftsverkehrs, insbesondere auch des Personenwirtschaftsverkehrs in Ballungsräumen, mit diesen Verkehrsmitteln abgewickelt wird. Aus diesem Grund fanden im Auftrag des Bundesverkehrsministeriums in den Jahren 2002 und 2010 die bundesweiten Erhebungen KiD 2002 und KiD 2010 statt, die der Untersuchung des Personenwirtschaftsverkehrs und des Güterverkehrs mit Kraftfahrzeugen dienten (vgl. Wermuth et al. 2003c, Wermuth et al. 2010).

Als Basis- und Adressdatei bietet sich dazu das Zentrale Fahrzeugregister (ZFZR) des Kraftfahrt-Bundesamtes an, das eine hochaktuelle Datenbasis aller in Deutschland zugelassenen Kraftfahrzeuge mit ihren wichtigsten Merkmalen darstellt. Damit liegt eine nahezu ideale Auswahlbasis vor, aus der eine effektive und repräsentative Stichprobe von Kraftfahrzeugen gezogen werden kann, deren Halter über den Fahrzeugeinsatz befragt werden. Hinzu kommt, dass in diesem Register eine Reihe von Merkmalen des Fahrzeuges, des Halters, des Raumes (z. B. des Standorts des Fahrzeugs) und des Berichtstages (z. B. Wochentag, Jahreszeit) enthalten ist, die einen Einfluss auf die Fahrzeugnutzung ausüben und deshalb für eine effektive Schichtung der Grundgesamtheit sehr geeignet sind, wodurch die Genauigkeit der Ergebnisse bei der Hochrechnung erheblich gesteigert werden kann. Der einzige Nachteil dieser Erhebungsmethode besteht darin, dass dadurch der restliche Wirtschaftsverkehr zu Fuß, mit dem Fahrrad und dem öffentlichem Verkehr, der jedoch den weitaus geringeren Teil zwischen zehn und 20 Prozent ausmacht, nicht unmittelbar erhoben werden kann.

Abb. 7 Erhebungskonzept der bundesweiten Verkehrserhebung „Kraftfahrzeugverkehr in Deutschland" (KiD 2010) (Quelle: Eigene Darstellung)

Mit Hilfe der genannten Schichtungsmerkmale des Halters, des Fahrzeugs und des Raumes war der gesamte Kraftfahrzeugbestand in Deutschland für die Erhebung KiD 2002 in insgesamt 145 Schichten unterteilt worden. Aufgrund der Ergebnisse einer wissenschaftlichen Untersuchung (Deneke 2004) zur Optimierung des Stichprobenplans auf der Basis der Ergebnisse der Erhebung KiD 2002 wurde für die Nachfolgeerhebung KiD 2010 der Stichprobenplan und somit das Erhebungskonzept geändert. Der Schichtungsplan konnte von 145 auf 106 Schichten komprimiert werden. Abbildung 7 zeigt das Erhebungskonzept, in dem Mietfahrzeuge (Wirtschaftszweig N02) und Fahrzeuge im Kurier-, Express- und Postdienst (KEP) gesondert einer Erhebung unterzogen wurden. In Abb. 8 ist der Schichtungsplan der Fahrzeuggruppe der übrigen Krafträder und Pkw gewerblicher Halter sowie der Lkw bis 3,5 Tonnen Nutzlast dargestellt. Diese Fahrzeuggruppe ist nicht nur in der amtlichen Statistik unterrepräsentiert, sondern weist auch den höchsten Anteil an Personenwirtschaftsverkehr auf. Der besonders große Stichprobenumfang dieser Fahrzeuggruppe wurde auf die einzelnen Schichten proportional zu deren Kraftfahrzeugbestand im Zentralen Fahrzeugregister aufgeteilt. Zur statistischen Absicherung schichtbezogener Auswertungsergebnisse wurde eine Mindestanzahl von 240 Kraftfahrzeugen pro Schicht eingehalten.

Aufgrund der Ergebnisse einer vorausgegangenen Methodenstudie empfahl sich zur Erfassung der Fahrzeugnutzung die schriftlich-postalische Befragung. Im Sinne einer vollständigen und zuverlässigen Erfassung aller Fahrten am zugewiesenen Stichtag (Berichtstag) ist es insbesondere bei Vielfahrern das Ziel, dass die Fragen zu den einzelnen Fahrten „auf der Tour" als Tagesprotokoll vom jeweiligen Fahrer beantwortet werden.

Als Fazit ist festzuhalten, dass die Erhebung des Wirtschafts- und insbesondere des Personenwirtschaftsverkehrs, mittels Befragungen der Kraftfahrzeughalter auf bundesweiter wie auch auf regionaler Ebene eine effektive Erhebungsmethode darstellt. Hierzu liegt ein nahezu perfektes, die jeweilige Grundgesamtheit umfassendes Adressregister mit zahlreichen Halter- und Fahrzeugmerkmalen für eine effektive Stichprobenschichtung und valide Hochrechnung vor. Ferner richtet sich die Befragung an den Halter, d. h. im gewerblichen Fall an den Wirtschaftsbetrieb, der letztlich der kompetente Auskunftspartner über den Fahrzeugeinsatz und seine erklärenden Merkmale ist. Nachteil dieses Erhebungsverfahrens ist zunächst das Fehlen von Angaben zu wirtschaftlichen Wegen zu Fuß und mit anderen

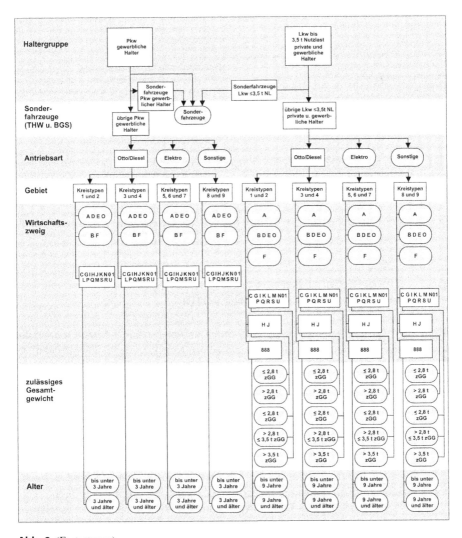

Abb. 8 (Fortsetzung)

Legende zur
Gebietsuntergliederung
(Siedlungsstrukturelle Kreise)

Agglomerationsräume	Verstädterte Räume	Ländliche Räume
1 Kernstädte	5 Kernstädte	8 Ländliche Kreise höherer Dichte
2 Hochverdichtete Kreise	6 Verdichtete Kreise	9 Ländliche Kreise geringerer Dichte
3 Verdichtete Kreise	7 Ländliche Kreise	
4 Ländliche Kreise		

Verzeichnis für die Zuordnung der Fahrzeughalter nach der Systematik der Wirtschaftszweige

A Land- u. Forstwirtschaft, Fischerei
B Bergbau u.Gewinnung von Steinen u. Erden
C Verarbeitendes Gewerbe
D Energieversorgung
E Wasserversorgung, Abwasser- u. Abfallentsorgung u. Beseitigung von Umweltverschmutzungen
F Baugewerbe
G Handel; Instandhaltung und Reparatur von Kraftfahrzeugen
H Verkehr und Lagerei
I Gastgewerbe
J Information und Kommunikation
K Erbringung von Finanz- und Versicherungsdienstleistungen
L Grundstücks- und Wohnungswesen
M Erbringung von freiberuflichen, wissenschaftlichen und technischen Dienstleistungen
N Erbringung von sonst. wirtschaftl. Dienstleistungen
O Öffentliche Verwaltung, Verteidigung, Sozialversicherung
P Erziehung und Unterricht
Q Gesundheits- und Sozialwesen
R Kunst, Unterhaltung und Erholung
S Erbringung von sonstigen Dienstleistungen
T [private Haushalte mit Hauspersonal, Herstellung von Waren und Erbringung von Dienstleistungen durch private Haushalte]
U Exterritoriale Organisationen und Körperschaften
V Nichtselbständige Fahrzeughalter

Abb. 8 Schichtung der besonders intensiv untersuchten Fahrzeuggruppe in KiD 2010 (Quelle: Eigene Darstellung)

Verkehrsmitteln, die jedoch im Wirtschaftsverkehr vor allem im regionalen Bereich eine untergeordnete Rolle spielen.

6 Einige Ergebnisse aus „Kraftfahrzeugverkehr in Deutschland 2010" (KiD 2010)

Die empirischen Ergebnisse vermitteln einen umfangreichen Überblick über die Einsatzmuster der in Deutschland zugelassenen Kraftfahrzeuge. Die Ergebnisse dieser Auswertungen bestätigen die schon in der Erhebung KiD 2002 nachgewiesene große Bedeutung des Wirtschaftsverkehrs mit Kraftfahrzeugen: Von den in Deutschland zugelassenen, über das Erhebungsjahr gemittelten 50.218 Mio. Kraftfahrzeugen sind im Durchschnitt an jedem Werktag (Mo.-Fr.) 60,9 Prozent im Einsatz; an jedem Wochenend- oder Feiertag (Sa.-So./F.) sind es noch 40,2 Prozent aller Kraftfahrzeuge. Von diesen mobilen Kraftfahrzeugen werden an Werktagen 21,4 Prozent mindestens einmal am Tag für dienstliche/geschäftliche Zwecke – also im Wirtschaftsverkehr – eingesetzt. Am Wochenende und an Feiertagen ist dies noch für nahezu jedes zehnte Fahrzeug (9,7 Prozent) der Fall.

Die Berichte und anonymisierten Daten von KiD 2010 sowie das Auswertungstool „KiD 2010 in Tabellen" (KiT) können über die „Clearingstelle Verkehr" (http://www.clearingstelle-verkehr.de) bezogen werden.

6.1 Basistabellen

Die Basisauswertung der Erhebung „Kraftfahrzeugverkehr in Deutschland" (KiD 2010) lieferte Eckdaten für den Wirtschaftsverkehr mit in Deutschland zugelassenen Kraftfahrzeugen, die in Basistabellen verfügbar sind. In den Basistabellen sind für jede Ausprägung der Merkmale Fahrzeugart, Art des Halters, Gebietstyp, Wochentagstyp und Wirtschaftszweig die folgenden Kenngrößen ausgewiesen:

Anzahl der zugelassenen Fahrzeuge,
Anzahl mobiler Fahrzeuge,
Anzahl beförderter Personen,
Anzahl transportierter Tonnen
Fahrtenanzahl,
Fahrtenkettenanzahl,
Fahrtenhäufigkeit pro Kfz,
Fahrtenkettenhäufigkeit pro Kfz,
Fahrzeugfahrleistung pro Kfz,
Personenbeförderungsleistung pro Kfz,
Gütertransportleistung pro Kfz,
Verkehrsbeteiligungsdauer pro Kfz.

Insbesondere die Untergliederung nach Wirtschaftszweigen bzw. Wirtschaftszweiggruppen, die auf den 20 Abschnitten der Klassifikation der Wirtschaftszweige beruht, ermöglicht es, ein sehr differenziertes Bild des Wirtschaftsverkehrs aufzuzeigen.

Die Bedeutung des Wirtschaftsverkehrs am gesamten Kraftfahrzeugverkehr wird durch dessen Anteile am Fahrtenaufkommen und an der Verkehrsleistung deutlich.

6.2 Kenngrößen des Verkehrsaufkommens

Fahrzeugbezogene Kenngrößen, die das Fahrtenaufkommen bestimmen, sind der durchschnittliche Anteil der Fahrzeuge, die an einem Tag mobil sind, sowie die Anzahl der Fahrten je mobiles Fahrzeug. Die Zahl der Kfz-Fahrten am Befragungsstichtag konnten in der KiD 2010 durch verbesserte Befragungstechnik der „Vielfahrer" genauer erfasst werden als in der Kid 2002.

Insgesamt wurden im Erhebungsjahr 2010 die in Deutschland zugelassenen Kraftfahrzeuge für rund 42 Milliarden Fahrzeugfahrten eingesetzt, durchschnittlich somit für 836 Fahrten pro Kfz und Jahr. Davon wurden 8,4 Milliarden Fahrten allein mit Pkw und Kraftfahrrädern (Krädern) gewerblicher Halter sowie mit kleinen Lkw bis 3,5 Tonnen Nutzlast durchgeführt, durchschnittlich somit 1353 Fahrten pro Fahrzeug und Jahr. Der Anteil des Wirtschaftsverkehrs am gesamten Fahrtenaufkommen des Kraftfahrzeugverkehrs der in Deutschland zugelassenen Kraftfahrzeuge beträgt 39,3 Prozent an Werktagen (Montag bis Freitag) und 18,3 Prozent an Wochenendtagen (Samstag/Sonntag/Feiertage).

Der durchschnittliche Anteil der mobilen Fahrzeuge an Werktagen lag im Erhebungsjahr 2010 bei etwa zwei Drittel, lediglich bei den großen Lkw bei fast drei Viertel und bei den übrigen Kfz (Sonderfahrzeuge) bei rd. einem Fünftel (vgl. Tab. 2).

6.3 Kenngrößen der Verkehrsleistung

Von allen in Deutschland zugelassenen Kraftfahrzeugen werden insgesamt rund 590 Milliarden Fahrzeugkilometer im Jahr im In- und Ausland zurückgelegt (vgl. Tab. 1), davon 461 Milliarden Fahrzeugkilometer (78,2 Prozent) an Werktagen von Montag bis Freitag und 129 Milliarden Fahrzeugkilometer (21,8 Prozent) an Samstagen, Sonn- und Feiertagen.

Der Anteil des Wirtschaftsverkehrs an der Jahresfahrleistung aller in Deutschland zugelassenen Kraftfahrzeuge beträgt an Werktagen 32,4 Prozent und insgesamt über alle Tage des Jahres betrachtet 27,5 Prozent (Tab. 1). Bei den gewerblich zugelassenen Fahrzeugarten und den Lkw beträgt der Anteil des Wirtschaftsverkehrs an der Jahresfahrleistung

68,5 Prozent (Montag bis Freitag) bzw. 64,2 Prozent (Montag bis Sonntag) bei Pkw und Krafträdern gewerblicher Halter und
88,0 Prozent (Montag bis Freitag) bzw. 87,1 Prozent (Montag bis Sonntag) bei den Lkw bis einschließlich 3,5 Tonnen Nutzlast.

Aber auch mit den Pkw und Krafträdern privater Halter wird eine hohe Jahresfahrleistung im Wirtschaftsverkehr erbracht. Diese ist mit ca. 45,6 Milliarden Fahrzeugkilometern in ähnlicher Größenordnung wie die Jahresfahrleistung der Pkw und Krafträder gewerblicher Halter mit rund 54,3 Milliarden Fahrzeugkilometern.

6.4 Anteile des Personenwirtschaftsverkehrs

Differenziert man die Jahresfahrleistung (Montag bis Sonntag) im Wirtschaftsverkehr nach Personen-, Güter- und sonstigen Wirtschaftsverkehr, so werden von allen in Deutschland zugelassenen Kraftfahrzeugen im Güterverkehr 9.3 Prozent, im Personenwirtschaftsverkehr 13,8 Prozent, im sonstigen Wirtschaftsverkehr 4,4 Prozent und im Privatverkehr 72,5 Prozent der Jahresfahrleistung erbracht. Wie Tab. 1 zeigt, ist der Personenwirtschaftsverkehr erwartungsgemäß in der Gruppe der gewerblich zugelassenen Pkw und Motorräder mit 44,1 Prozent am höchsten. Aber auch die kleinen Lkw bis 3,5 Tonnen Nutzlast befördern auf rund 37 Prozent ihrer Wegstrecke überwiegend Personen in Ausübung ihres Berufs. Die große Gruppe der privat zugelassenen Pkw und Kräder dienen zu 7,1 Prozent ihrer Verkehrsleistung dem Personenwirtschaftsverkehr. Zu den etwa 52 Milliarden Kraftfahrzeugkilometern pro Jahr für den Güterverkehr kommen ca. 84 Milliarden für

Tab. 1 Jahresfahrleistung der einzelnen Fahrzeugarten im Wirtschafts- und Privatverkehr

KiD 2010							
		Jahresfahrleistung	relative Anteile				
Fahrzeugart	Halterart	[Mrd. Fz.-km]	GV	PWV	SWV	WV	PV
Pkw + Krad	PH	438,187	1,0 %	7,1 %	2,3 %	10,4 %	89,6 %
Pkw + Krad	GH	84,571	5,6 %	44,1 %	14,5 %	64,2 %	35,8 %
Lkw <=3,5t NuLa	PH + GH	31,988	43,7 %	36,9 %	6,5 %	87,1 %	12,9 %
Lkw > 3,5t NuLa + Sattelzugmaschine	PH + GH	29,423	92,8 %	2,3 %	4,2 %	99,3 %	0,7 %
Übrige Kfz	PH + GH	5,841	75,7 %	14,3 %	5,6 %	95,6 %	4,4 %
Gesamt	PH + GH	590,010	9,3 %	13,8 %	4,4 %	24,5 %	72,5 %

GV Güterverkehr
PWV Personenwirtschaftsverkehr
SWV Sonstiger Wirtschaftsverkehr
WV Wirtschaftsverkehr gesamt
PV Privatverkehr

PH Privater Halter
GH Gewerblicher Halter

Quelle: Eigene Darstellung

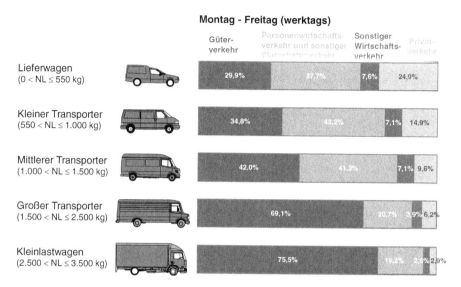

Abb. 9 Nutzungsanteile für Güter-, Personenwirtschafts- und Privatverkehr von Transportern unterschiedlicher Größe im Werktagsverkehr (Quelle: Eigene Darstellung)

den Personenwirtschaftsverkehr, darüber hinaus noch 26 Mrd. im Sonstigen Wirtschaftsverkehr.

Die Nutzung der Kraftfahrzeuge für den Güter-, Personenwirtschafts- und privaten Verkehr variiert mit der Größe der Fahrzeuge sehr deutlich. Auch Lieferfahrzeuge und Transporter werden zu großen Teilen im Personenwirtschaftsverkehr eingesetzt, wie Tab. 1 und Abb. 9 zeigen.

6.5 Fahrzeugbezogene Nutzungskennwerte des Kfz-Verkehrs an Werktagen

Der weitaus überwiegende Teil des Wirtschaftsverkehrs tritt am Werktag (Mo – Fr) auf. Tab. 2 zeigt durchschnittliche Nutzungskennwerte der einzelnen Fahrzeug- und Haltergruppen an Werktagen.

7 Fazit

Wenngleich die Bedeutung des Güterverkehrs als Teil des Wirtschaftsverkehrs aufgrund seiner enormen Wachstumsdynamik sowie der damit zusammenhängenden Probleme im Fern- und Nahverkehr allgemein bekannt ist, wird der Personenwirtschaftsverkehr hinsichtlich seines Umfangs und seiner Bedeutung für die Wirtschaftsprozesse erheblich unterschätzt. Während von allen in Deutschland zugelassenen Kraftfahrzeugen im Jahr rund 55 Milliarden Kilometer zum Gütertransport zurückgelegt werden, belasten sie im Personenwirtschaftsverkehr – d h. für Fahrten

Tab. 2 Ausgewählte Kennwerte im Privat- und Wirtschaftsverkehr an Werktagen (Mo – Fr) je Fahrzeug- und Haltergruppe

Fahrzeuggruppe		Pkw und Krad priv. Halter	Pkw und Krad gew. Halter	Lkw ≤3,5 t NL	Lkw >3,5 t NL und Szm	Übrige Kfz mit amtl. Kennzeichen
Wochentagstyp		Mo - Fr	Mo - Fr	Mo - Fr	Mo - Fr	Mo - Fr
Fahrzeugbezogene Kennwerte - Verkehrsaufkommen						
Anteil mobiler Fahrzeuge	[%]	63,3	66,4	63,5	73,0	22,3
Fahrten je mobiles Fahrzeug	[F/Kfz*d]	3,9	5,4	10,9	11,1	8,6
Fahrten je mobiles Fahrzeug im WV	[F/Kfz*d]	0,9	3,9	10,2	11,0	8,1
Anteil der Ladungsfahrten im WV	[%]	2,2	11,4	49,6	70,1	13,9
Verkehrbeteiligungsdauer je mobiles Fahrzeug	[min/Kfz*d]	63,4	102,4	90,8	340,9	42,6
Fahrzeugbezogene Kennwerte – Verkehrsleistung						
Fahrleistung je mobiles Kfz	[Fzkm/Kfz*d]	50,1	107,2	88,0	319,2	38,0
Fahrleistung je mobiles Kfz im WV	[Fzkm/Kfz*d]	6,4	73,2	77,5	316,7	33,1
Gütertransportleistung je mobiles Kfz im WV	[tkm/Kfz*d]	0,3	1,6	27,3	3.325,4	43,2

Quelle: Eigene Darstellung

in Ausübung der beruflichen Tätigkeit ohne die Fahrten zwischen Wohnung und Arbeitsstätte – mit etwa 84 Milliarden Fahrzeugkilometer unser Straßennetz weit mehr.

Die bundesweiten Erhebungen „Kraftfahrzeugverkehr in Deutschland" (KiD 2002 und KiD 2010) konnten insbesondere im Bereich des Wirtschaftsverkehrs mit Krafträdern, Pkw sowie mit Lieferwagen und Lastkraftwagen bis 3,5 Tonnen Nutzlast diese Lücke in der Verkehrsstatistik zunächst schließen. Die Erkenntnisse und Daten der Erhebung KiD 2010 ermöglichen es, den Straßenwirtschaftsverkehr entsprechend seiner wachsenden Bedeutung, seines Umfanges und seiner Struktur bei zukünftigen Verkehrsinfrastrukturplanungen und Managementkonzepten besser zu berücksichtigen. Darüber hinaus stellt sie auch aktuellen Forschungsfeldern wie der Fahrzeugentwicklung (z. B. der Elektromobilität) oder der Logistik fundierte Grundlagendaten zur Fahrzeugnutzung bereit.

Die Vielzahl der erhobenen Merkmale des Halters, des Fahrzeugs und der Fahrten lassen die Berechnung einer Fülle spezieller Kennwerte des Verkehrs dieser Fahrzeugarten zu. Hauptsächlich durch die Kombination von Fahrzeugdaten aus dem Zentralen Fahrzeugregister mit den erhobenen Nutzungsdaten aus den Befragungen sind vielfältige Analysemöglichkeiten gegeben, die den Einsatz und die Nutzung von Kraftfahrzeugen allgemein und im Wirtschaftsverkehr sehr detailliert aufzeigen. Mit den Ergebnissen und dem Datenmaterial insbesondere der Erhebung KiD 2010 kann zudem der kraftfahrzeugbezogene Wirtschaftsverkehr in Deutschland in seiner Detailstruktur mittels Simulationsmodellen der einzelnen Fahrtenketten realitätsnäher dargestellt werden.

Für die Verkehrspolitik des Bundes haben die Verhältnisse im Fernverkehr im Allgemeinen größere Bedeutung. Der 20-Kilometer-Stau auf der Autobahn erregt durch die Verkehrszustandsberichte wesentlich mehr Aufmerksamkeit als die täglich immer wiederkehrenden Verkehrsstauungen in den Ballungsräumen, die in Summe weit mehr Staukilometer und höhere Zeitverluste ergeben. Der Personenwirtschaftsverkehr, aber auch der Güterverkehr insbesondere mit kleineren Lkw spielt sich zu ca. 80 Prozent im Nahbereich ab und sorgt in Ballungsräumen und vor allem in Innenstädten für erhebliche Probleme. Für die Verkehrspolitik und die Verkehrsplanung vor Ort ist es eine Aufgabe von größter Wichtigkeit, das Funktionieren des Wirtschaftsverkehrs sicherzustellen. Es ist jedoch festzustellen, dass infolge der Finanzschwäche der Kommunen gerade im städtischen und regionalen Bereich keine ausreichende Datenerfassung der Verkehrsnachfrage im Wirtschaftsverkehr erfolgt.

Die bundesweiten Erhebungen „Mobilität in Deutschland" (MiD, früher: KONTIV) zur Erfassung vor allem der Verkehrsnachfrage von privaten Haushalten und „Kraftfahrzeugverkehr in Deutschland" (KiD) zur vordringlichen Erfassung des Wirtschaftsverkehrs sollten in festen Zeitabständen von ca. fünf Jahren durchgeführt werden. Für konkrete Planungen im städtischen und regionalen Raum sollten die Stichproben in diesen Bereichen aufgestockt werden, um die notwendigen räumlichen Detailinformationen zu bekommen.

Zur Erfassung der gesamten Nachfrage im Wirtschaftsverkehr (einschließlich Fuß-, Rad- und ÖV-Wege) und ihrer Ursachenstruktur wären vor allem

Unternehmens- und Betriebsbefragungen durchzuführen. In der Praxis stellen sich hier jedoch erhebliche Schwierigkeiten in den Weg. Das größte Problem stellen hierbei fehlende bzw. nicht zugängliche Unternehmensadressregister mit entsprechenden Angaben z. B. über Beschäftigtenzahl und Wirtschaftszweig dar, die nur im kleinräumigen städtischen und regionalen Bereich und dort auch nur in mühsamer Kleinarbeit erstellt werden können. Da dieser Verkehr jedoch zu über 80 Prozent mit Kraftfahrzeugen auf der Straße durchgeführt wird und dort die meisten Verkehrsprobleme auftreten, ist die Nutzung des hochaktuellen Zentralen Fahrzeugregisters des KBA mit seiner Vielzahl an Daten über das einzelne Fahrzeug und dessen Halter die beste statistische Auswahlbasis für die Erfassung des Wirtschaftsverkehrs.

Die Politik und Verwaltung aller Gebietskörperschaften schrecken gerade zu Zeiten leerer Kassen vor den Kosten für Verkehrsnachfrageerhebungen zurück. Jedoch sind nur durch eine belastbare Datenbasis die mittel- und langfristigen Wirkungen von Verkehrsinfrastrukturmaßnahmen abschätzbar und entsprechend kostspieligere Fehlplanungen zu vermeiden.

Literatur

BBR – Bundesamt für Bauwesen und Raumordnung. 2000. *Raumordnungsbericht 2000*. Bonn.
Brög, Werner, und Gerhard Winter. 1990. *Untersuchungen zum Problem der „non-reported trips" zum Personenwirtschaftsverkehr bei Haushaltsbefragungen*. Schriftenreihe Forschung Straßenbau und Straßenverkehrstechnik, 593. Bonn.
Deneke, Kai. 2004. *Nutzungsorientierte Fahrzeugkategorien im Straßenwirtschaftsverkehr*. In Hrsg. M. Wermuth, Schriftenreihe des Instituts für Verkehr und Stadtbauwesen der TU Braunschweig, 53. Aachen: Shaker Verlag.
DIW – Deutsches Institut für Wirtschaftsforschung. 1994. *Verkehr in Zahlen 1994*, Hrsg. Bundesminister für Verkehr. Berlin.
DIW – Deutsches Institut für Wirtschaftsforschung. 2005. *Verkehr in Zahlen 2005/2006*, Hrsg. Bundesministerium für Verkehr, Bau- und Wohnungswesen (BMVBW). Berlin.
DIW – Deutsches Institut für Wirtschaftsforschung. 2013. *Verkehr in Zahlen 2013/2014*, Hrsg. Bundesministerium für Verkehr, Bau und Stadtentwicklung (BMVBS) Berlin, Hamburg: DVV Media Group.
infas. 2010. *Mobilität in Deutschland 2010 – Ergebnisbericht*. Schlussbericht zum Forschungsprojekt im Auftrag des Bundesministeriums für Verkehr, Bau und Wohnungswesen 2009
infas/DIW 2004. *Mobilität in Deutschland 2002 – Ergebnisbericht*. Schlussbericht zum Forschungsprojekt FE 70.0736/2003 im Auftrag des Bundesministeriums für Verkehr, Bau und Stadtentwicklung (BMVBS). Bonn/Berlin.
IVS – Institut für Verkehr und Stadtbauwesen, Technische Universität Braunschweig. 1988.*Verkehrsentwicklungsplan Wolfsburg*. Braunschweig.
Prognos. 1999. *Neukonzeption der deutschen Verkehrsstatistik*. Endbericht zum Forschungsprojekt FE 96502/97 im Auftrag des Bundesministeriums für Verkehr, Bau und Wohnungswesen. Basel.
Steinmeyer, Imke. 2003. *Kenndaten der Verkehrsentstehung im Personenwirtschaftsverkehr – Analyse der voranschreitenden Ausdifferenzierung von Mobilitätsmustern in der Dienstleistungsgesellschaft*. In *Harburger Berichte zur Verkehrsplanung und Logistik. Schriftenreihe des European Centre for Transportation and Logistics*, Hrsg. Eckhard Kutter und Lars Sjöstedt, Bd. 3. München.

Wermuth, Manfred, und Christian Neef. 2003. Die bundesweite Verkehrserhebung Kraftfahrzeugverkehr in Deutschland (KiD 2002). In *VDI-Gesellschaft Fahrzeug- und Verkehrstechnik*, Hrsg. Gesamtverkehrsforum 2003. VDI-Berichte Nr. 1799, 163–187. Düsseldorf.

Wermuth, Manfred, Christian Neef, Rainer Wirth, Inga Hanitz, Holger Löhner, Heinz Hautzinger, Wilfried Stock, Manfred Pfeiffer, Mario Fuchs, Barbara Lenz, Verena Ehrler, Sebastian Schneider, und Hans-Jürgen Heinzmann. 2010. Kraftfahrzeugverkehr in Deutschland 2010 (KiD 2010).

Wermuth, Manfred, Florian Amme, Horst-Hermann Binnenbruck, Ralf Hamacher, Elfriede Hansjosten, Heinz Hautzinger, Dirk Heidemann, Holger Löhner, Heinrich Lönneker, Manfred Michael, Christian Neef, Peter Ohrem, Rainer Wirth, und Sven Wulff. 2001. *Kontinuierliche Befragung des Wirtschaftsverkehrs in unterschiedlichen Siedlungsräumen – Phase 1, Methodenstudie/Vorbereitung der Befragung*. Schlussbericht zum Forschungsprojekt FE 70.632/2000 im Auftrag des Bundesministeriums für Verkehr, Bau- und Wohnungswesen. Braunschweig.

Wermuth, Manfred, Heinz Hautzinger, Christian Neef und Wilfried Stock. 2003. Erhebung zum Kraftfahrzeugverkehr in Deutschland (KiD 2002) – Erhebungsmethode und Ergebnisse. In: *Tagungsunterlagen zu 19. Verkehrswissenschaftliche Tage Dresden*, Hrsg. Technische Universität Dresden, 22.-23. September 2003. Dresden.

Wermuth, Manfred, Horts-Hermann Binnenbruck, Sonja Machledt-Michael, Stefan Rommerskirchen, Herbert Sonntag, und Rainer Wirth. 1998. *Bestandsaufnahme notwendiger und verfügbarer Daten zum Wirtschaftsverkehr als Grundlage pragmatischer Datenergänzungen*. Schlussbericht zum Forschungsprojekt FE 01.145 G96C im Auftrag des Bundesministeriums für Verkehr. Braunschweig.

Wermuth, Manfred, Rainer Wirth, Christian Neef, Holger Löhner, Jörg Hilmer, Heinz Hautzinger, Dirk Heidemann, Wilfried Stock, Jochen Schmidt, Karin Mayer, Manfred Michael, Florian Amme, Peter Ohrem, Elfriede Hansjosten, und Horst-Hermann Binnenbruck. 2003. *Kontinuierliche Befragung des Wirtschaftsverkehrs in unterschiedlichen Siedlungsräumen – Phase 2, Hauptstudie*. Schlussbericht zum Forschungsprojekt 70.0682/2001 im Auftrag des Bundesministeriums für Verkehr, Bau- und Wohnungswesen. Braunschweig.

Wermuth, Manfred, Rainer Wirth, und Florian Amme. 1994. *Verkehrsentwicklungsplan Heidelberg*. Verkehrsgutachten im Auftrag der Stadt Heidelberg und der Heidelberger Straßen- und Bergbahn AG, Institut für Verkehr und Stadtbauwesen (IVS). TU Braunschweig.

WVI – Prof. Dr. Wermuth Verkehrsforschung und Infrastrukturplanung GmbH. 1996. *Verkehrsentwicklungsplan Braunschweig – Band 1: Bestandsaufnahme und Verkehrsanalyse*. Zwischenbericht zum Gutachten im Auftrag der Stadt Braunschweig. Braunschweig.

Güterverkehr und Logistik: Zielkonflikte nachhaltigen Wachstums im Straßen- und Schienenverkehr

Dieter Plehwe

Zusammenfassung
Die Verkehrspolitik ist angesichts des ungebrochenen Wachstums und der ungleichen Entwicklung der Sparten im Güterverkehr überfordert. Insbesondere der andauernde Niedergang des Eisenbahnverkehrs gefährdet nicht zuletzt die klimapolitischen Strategien Europas. Traditionell auf nationaler Ebene verfolgte Strategien („vermeiden, verlagern und verbessern") wurden unglaubwürdig, weil der Verkehr im Zuge der Ausgestaltung des europäischen Binnenmarktes und einer weltmarktorientierten Reorganisation der Wirtschaft gewaltig zunahm. Die aktuelle Integrationsstrategie scheitert, weil sie bislang weitgehend erfolglos nahezu exklusiv auf marktbasierte Instrumente setzt. Mit Hilfe einer politischen Verkehrssoziologie werden dafür wesentliche Entwicklungen im Güterverkehrssystem unter Berücksichtigung der aufgewerteten privaten Akteure, der europäischen Politikebene und der Logistik-Innovation analysiert. Besondere Aufmerksamkeit gilt den engen Verbindungen von verkehrswissenschaftlichen Ansätzen und verkehrspolitischen Konzepten.

Schlüsselwörter
Güterverkehr • Logistik • Externe Kosten • Deregulierung • Integration • Europa • Zielkonflikte

---

D. Plehwe (✉)
Projektgruppe Modes of Economic Governance, Wissenschaftszentrum Berlin für Sozialforschung gGmbH, Berlin, Deutschland
E-Mail: dieter.plehwe@wzb.eu

1 Einleitung

„Lieber mit dem Brummi leben" waren die Worte einer Image-Kampagne, die von den Verbänden des Straßengüterverkehrs in den 1970er-Jahren entwickelt wurde, um sich gegen populäre Vorschläge von dessen Verlagerung auf die Schiene zu wenden. Der Straßengüterverkehr steht indes aufgrund von Umweltbelastungen und Unfallrisiken sowie der zum Teil stark überlasteten Straßeninfrastruktur nach wie vor im Zentrum der öffentlichen Kritik. Dagegen lassen Vertreter der Wirtschaft kaum ein gutes Haar am Eisenbahngüterverkehr: Zu langsam, zu wenig flexibel, zu teuer. Gewünscht werden die Trennung vom Personenverkehr und privater Konkurrenz auf möglichst europaweit dem Gütertransport vorbehaltenen Schienenwegen, um die von der Wirtschaft geforderte Effizienz zu erreichen. Die internationalisierte Beschaffungspolitik in der Produktion *(global sourcing)*, zunehmend konzentrierte Einzelhandelsstrukturen und veränderte Distributionskanäle und Verbrauchergewohnheiten *(e-commerce* etc.) führen zur starken Zunahme insbesondere des internationalen Güterverkehrs und des lokalen Verteilungsverkehrs. Um die wachsende Zahl von kleinen Sendungen konkurrieren viele Kurier-, Express- und Paketdienste. Umgekehrt sollen Maßnahmen zur europäischen Integration der Paketzustellungsmärkte den elektronischen Handel antreiben (vgl. KOM 2012). Gleichzeitig steigt die Zahl der Endverbraucher, die mit dem privaten Pkw in den Einkaufszentren ‚auf der grünen Wiese' außerhalb der Zentren einkaufen. Vor allem die außerordentlich stark wachsenden Warentransporte auf der Straße und in der Luft sind dabei mit großen Belastungen für die Allgemeinheit verbunden (Umweltverschmutzung, Flächenverbrauch, Lärm etc.) und stoßen insbesondere in verdichteten und ökologisch besonders sensiblen Regionen sowie bei besonders betroffenen Personengruppen immer wieder auf starke Kritik.

Das grundsätzliche Problem des anhaltenden raschen und disproportionalen Wachstums des Verkehrs ist dabei in der Europäischen Union seit Anfang der 1990er-Jahre im Wesentlichen das der Güterbeförderung. Im Zeitraum von 1995 bis 2007 ist der Güterverkehr in den EU-27-Staaten jährlich um 2,7 Prozent angestiegen und damit über Jahre hinweg stärker gewachsen als der Personenverkehr (1,7 Prozent pro Jahr) (vgl. KOM 2009: Kap. 3.1.2). Diesen Trend hat die Finanzkrise unterbrochen. Das zeigt sich, sobald der Betrachtungszeitraum bis ins Jahr 2011 ausgeweitet wird, wo das Durchschnittswachstum des Güterverkehrs mit 1,3 Prozent unter das des Personenverkehrs mit 1,4 Prozent fällt (vgl. KOM 2013: Kap. 2.1.2). Aber der Güterverkehr ist in den vergangenen 16 Jahren in der EU insgesamt um mehr als 25 Prozent gewachsen und wird den Personenverkehr mit Überwindung der schweren Wirtschaftskrise zweifellos auch wieder in den Schatten stellen. Das letzte Weißbuch der Europäischen Kommission (vgl. KOM 2011) beschreibt jedenfalls erheblichen güterverkehrspolitischen Handlungsbedarf insbesondere zur Verlagerung in Richtung Schienengüterverkehr über lange Distanzen, um die Emissionsminderungsziele der EU im Verkehr und die generelle Minderung der Ölabhängigkeit des Verkehrs zu erreichen.

Wird die Entwicklung im Frachtverkehr nach Verkehrsmitteln aufgeschlüsselt, so wird das nach wie vor relativ stärkste Wachstum des Straßengüterverkehrs offenkundig.

Gemessen an Tonnenkilometern wuchs dieser von 1995 bis 2011 nicht nur um 34,6 Prozent (Schienengüterverkehr: 8,8 Prozent), sondern seinen Anteil am Gesamtaufkommen als einziges Transportmittel – ungeachtet der Krise – auch noch stetig vergrößerte. Im Binnenverkehr (ohne Seeschifffahrt und Luftfahrt) hat der Straßengüterverkehr im Jahr 2011 einen Anteil von 71,8 Prozent (vgl. KOM 2013: Kap. 2.2.3). Unter anderem aufgrund dieser Veränderung des Modal Split im Güterverkehr – und trotz einer erheblichen Verbesserung der Lkw-Motoren (Euro I-VI Normen) – steigen die Treibhausgasemissionen des Verkehrs seit Anfang der 1990er-Jahre stetig an. Derzeit lassen sich 23 Prozent aller CO_2-Emissionen in der EU auf den Verkehrssektor zurückführen. Wenn dieser Trend anhält, ist spätestens im Jahr 2050 mit einem Anteil von 50 Prozent zu rechnen (Schoemaker et al. 2012: 2). Präziser muss das Wachstum der Emissionen auf das des Straßengüter- sowie des Luftverkehrs zurückgeführt werden. Die Verkehrspolitik steht damit im Hinblick auf die gleichermaßen erklärten Ziele der Effizienzsteigerung und der Nachhaltigkeit vor einem scheinbar unüberwindbaren Konflikt zwischen ökonomischen und ökologischen Zielen, der im Rahmen der vorherrschenden Analyse des Güterverkehrs, die auf eine Erhöhung der Wirtschaftlichkeit zielt, nicht zu lösen ist.

2 Güterverkehr als Gegenstand einer politischen Verkehrssoziologie

Die (nationale) Verkehrspolitik ist angesichts des ungebrochenen Wachstums und der im Hinblick auf die verschiedenen Verkehrsträger ungleichen Entwicklung im Güterverkehr sowie dessen Folgen zweifellos überfordert. Traditionell verfolgte Strategien („vermeiden, verlagern und verbessern") wurden durch die Realität ad absurdum geführt, weil der Verkehr – trotz erheblicher technologischer und organisatorischer Verbesserungen („Logistik") – im Zuge der Ausgestaltung des europäischen Binnenmarktes und einer weltmarktorientierten Reorganisation der Wirtschaft gewaltig zunahm. Die damit verbundene Konsequenz eines außerordentlich starken Zuwachses des Frachtverkehrs wurde bereits Anfang der 1990er-Jahre von Ökonomen vorhergesagt und mit einem Aufruf zu konsequenten ökologischen Steuerungsmaßnahmen verbunden (vgl. Gabel und Röller 1992). Diese blieben unterdessen weit hinter den Anforderungen zurück. Eine Verlagerung des Verkehrs fand in diesem Zusammenhang zwar statt, aber sie ging unter ökologischen Gesichtspunkten betrachtet in die falsche Richtung, nämlich von der Schiene auf die Straße und in die Luft.

Die Antwort von marktwirtschaftlich argumentierenden Verkehrsökonomen ist angesichts dieser Entwicklung ebenso einfach wie unbefriedigend: Der politische Anspruch einer staatlichen Lenkung des Verkehrs muss ihnen zufolge reduziert bzw. aufgegeben werden, damit und weil das Verhältnis von Angebot und Nachfrage den Strom der Güter und Waren in optimale Bahnen lenken kann. Das Versagen staatlicher Steuerung, nicht etwa der Verkehrsmärkte steht im Zentrum der kritischen Überlegungen einer Neugestaltung der Politik, die im Wesentlichen nur noch einigen speziellen wettbewerbspolitischen und insbesondere technologischen Bedingungen der Güterverkehrsmärkte Rechnung zu tragen habe (vgl. Aberle 2009, 99 f.). Im Gegensatz zur einflussreichen marktliberalen Verkehrsökonomie sind die sozialwissenschaftliche Verkehrsforschung und die Verkehrspolitik im Hinblick auf Gestaltungsansprüche bezüglich des Güterverkehrs unterentwickelt. Beide können sich nicht damit begnügen, dass die vielfältigen ökologischen, ökonomischen und sozialen Gestaltungsanforderungen, die mit dem Frachttransport in engem Zusammenhang stehen, von der „unsichtbaren Hand" des Marktes (Smith 1999) erledigt werden. Zu offensichtlich haben sich viele der Probleme, die bereits vor der marktliberalen Neuorientierung seit den 1980er-Jahren existierten, verschärft, seit sich der Staat im Zuge der Deregulierungs- und Privatisierungspolitik stärker darauf beschränkt hat, einen marktwirtschaftlichen Ordnungsrahmen und indirekte Steuerungsmaßnahmen zu etablieren, die er als marktkonformer erachtete. Darüber hinaus wurden die in marktwirtschaftliche Steuerungsmechanismen gesetzten Hoffnungen bislang nicht erfüllt. Die EU-weit angestrebte Internalisierung externer Kosten ist nach wie vor umstritten und wird nur eingeschränkt implementiert (vgl. Hey 1998). Das jüngste Weißbuch der EU Kommission strebt bis 2020 eine „vollständige und obligatorische Internalisierung externer Kosten" an. Allerdings bleiben die diesbezüglichen Vorhaben z. T. vage („weitere Internalisierung externer Kosten bei allen Verkehrsträgern") und es kann bezweifelt werden, dass die erste Phase bis 2016 z. B. mit der Einführung einer obligatorischen Infrastrukturabgabe für Lastkraftwagen abgeschlossen werden kann (KOM 2011 34).

Vor diesem Hintergrund ist aber auch die (in Deutschland und EU-weit) verfolgte verkehrspolitische Strategie der Integration skeptisch zu beurteilen. Ihre Wirksamkeit lässt sich aufgrund der weiterhin manifesten Zielkonflikte bezweifeln: Ökologische und soziale Ziele erscheinen auch im Kontext einer umfassenderen (politischen, technologischen etc.) Integrationsstrategie gegenüber den vorwiegend mikro-ökonomischen Zielsetzungen als nachrangig (vgl. Schöller 2006). Die im wenig ambitionierten Weißbuch der Europäischen Kommission zur Verkehrspolitik aus dem Jahr 2001 mit der „Integrationsstrategie" verbundenen Erwartungen, dass bis 2020 der Anteil der Bahnen wachse (vgl. KOM 2001), wurden in der darauf folgenden Zwischenbilanz zurückgeschraubt (vgl. KOM 2006). Das Weißbuch von 2011 konkretisierte das Verlagerungsziel: bis zum Jahr 2030 sollen rund 30 Prozent des Straßengüterverkehrs über 300 km auf Schiene und Wasserstraßen verlagert werden, um bis 2050 eine Steigerung der Verlagerung auf über 50 Prozent zu erreichen. Die jüngsten Entwicklungen im Güterfernverkehr legen nahe, dass diese Verlagerungsziele ohne stärkere Aktivitäten der Staatengemeinschaft und Eingriffe zur Marktgestaltung nicht zu erreichen sind, insbesondere wenn die Internalisierung externer Kosten den Straßengüterfernverkehr weiterhin nicht deutlich stärker belasten wird. Das Weißbuch der Kommission zeichnet sich aber dennoch durch eine besondere Wertschätzung „marktbasierter Instrumente" (Internalisierung) und die dezidierte Ablehnung von Vorschlägen zur Einschränkung der Mobilität aus. Während sich die letztere Position im Hinblick auf die Mobilität von Personen als Sicherung von Grundrechten der EU-Bürgerinnen nachvollziehen lässt, ist die damit faktisch verbundene Aufgabe von Strategien zur Verkehrsvermeidung im

Güterverkehr sowohl aus ökologischen als auch aus verkehrspolitischen Gründen kaum nachvollziehbar.

In zugespitzter und damit sicherlich überspitzer Weise lassen sich die zentralen verkehrspolitischen Positionen folgendermaßen zusammenfassen: Die Verkehrsökonomie sagt, die Politik könne gestalten, solle es aber nicht. Die Verkehrspolitik sagt, die Politik müsse gestalten, könne es (unter derzeit gegebenen Bedingungen) aber nicht. Erst eine vertiefte Analyse der Güterverkehrszusammenhänge im Rahmen der politischen Verkehrssoziologie, die die gesellschaftliche Machtverteilung thematisiert,[1] kann vor dem Hintergrund der aus der Diskussion weitgehend ausgeblendeten ökonomischen und politischen Machtverhältnisse die Voraussetzungen verbessern, um die verkehrspolitische Misere zu überwinden. Im Zentrum einer auf dieser Basis erfolgenden Analyse stehen die relevanten staatlichen und privaten Akteure des Güterverkehrsgeschehens sowie die nationalen und internationalen Institutionen, die einen maßgeblichen Einfluss auf die Herausbildung von Präferenzen und auf das Verhalten verkehrspolitischer Akteure nehmen bzw. im Anschluss an erfolgreiche Reformen nehmen könnten (vgl. auch den Beitrag von Fichert und Grandjot in Kap. III.2 dieses Bandes: ▸ Akteure, Ziele und Instrumente in der Verkehrspolitik).

Zweifellos wurde das direkte Gestaltungspotential der staatlichen Verkehrspolitik (z. B. als Betreiber von Eisenbahn-, Luftfahrt- und Postunternehmen sowie die damit verbundene Einkaufsmacht bei Fahrzeugen und Behältern) durch die Privatisierungs-, Deregulierungs- und Liberalisierungspolitik auf der nationalen und auf der internationalen Ebene zum Teil deutlich verringert. Im Zuge der nationalen und grenzüberschreitenden Liberalisierung der Güterverkehrsmärkte ging auch der Einfluss der Gewerkschaften und des Mittelstandes zurück, während der Prozess nachholender Konzentration und Zentralisierung von Transportkapital die ökonomische und politische Macht von Großkonzernen und deren Verbänden im Gütertransport erhöhte (vgl. Dörrenbächer 2003; Bjelicic 2002; Plehwe und Vescovi 2003). Die Beschäftigung wurde in vielen der ehemaligen Staatsunternehmen erheblich reduziert, Löhne und Gehälter der Beschäftigten sowie Renditen von kleinen und mittleren Unternehmen sanken und die Arbeitsbedingungen im Bereich Transport, Lager und Umschlag haben sich in vielen Bereichen verschlechtert, insbesondere im gewerblichen Straßengüterverkehr (vgl. Plehwe et al. 1998).

Wichtige verkehrspolitische Kompetenzen wurden seit Anfang der 1990er-Jahre auf die europäische Ebene verlagert (vgl. Plehwe und Vescovi 2003). Mehr als 80 Prozent der europäischen Verkehrsgesetzgebung (965 Akte bis 2004) beziehen sich dabei auf den Güterverkehr (vgl. Plehwe und Walther 2007). Nach wie vor versucht die Verkehrspolitik auf nationaler und verstärkt auf europäischer Ebene den Güterverkehr zu steuern, wobei in erster Linie auf Gebühren, Abgaben und

---

[1]In der Politikwissenschaft hat Wolfgang Abendroth seinen Ansatz einer politischen Soziologie u. a. damit begründet, dass jede gesellschaftliche Aktivität als politisch verstanden werden muss, die die Struktur der Gesellschaft und damit die Machtverteilung zwischen sozialen Gruppen verändern oder stabilisieren will (vgl. Abendroth 1967: 11).

steuerliche Anreize (z. B. für abgasarme Motoren: Euro-Normen) zurückgegriffen wird. Große Hoffnungen werden weiterhin in die streckenabhängige und daher als besonders marktkonform geltende Lkw-Maut gesetzt. Die staatlichen Einflussmöglichkeiten im Straßen-, Schienen-, (Flug-)Hafenbau und bei Steuern und Abgaben (Ökosteuer, Mautgebühren etc.) sowie im Hinblick auf den Aufbau und die Unterhaltung von Infrastrukturen sind in der Tat nach wie vor hoch, obwohl der direkte Einfluss im Zuge der Privatisierung- und Liberalisierungspolitik stark reduziert wurde. Eine sozialwissenschaftliche Analyse der Güterverkehrspolitik kann vor diesem Hintergrund nicht darauf abzielen, vereinfachte Fragen nach „Staat oder Markt" zu stellen und darauf simplifizierend mit „mehr Staat" oder „mehr Markt" antworten. Sie muss vielmehr als politische Verkehrssoziologie einen Beitrag dazu leisten, die privatwirtschaftlichen und politischen, also gesellschaftlichen Kräfteverhältnisse (in diesem Sektor), deren historischen Entwicklungen, ökonomischen und politischen Ursachen und damit die weiteren (z.B. Produktion und Handel sowie den Staat und dabei insbesondere das Militär einbeziehenden) Zusammenhänge des Güterverkehrs zu klären, um die Voraussetzungen für eine *gleichermaßen* ökonomische, ökologische und sozial erfolgreiche Güterverkehrspolitik zu schaffen.

Dabei gilt es zunächst einige grundlegende Einsichten zu bedenken, die bereits in sehr frühen Beiträgen zur Analyse der politischen Ökonomie des Güterverkehrs im Kapitalismus gewonnen wurden (vgl. Rammler 2001). Die generelle Bedeutung der Güterbeförderung im menschlichen Leben und seine spezifischen Ausprägungen in der kapitalistischen Marktwirtschaft unterstrich schon Karl Marx (1983a), der den Transport von Waren als Fortsetzung des Produktionsprozesses in der Zirkulationssphäre analysiert hat. Der Transport wird im marktwirtschaftlichen Zusammenhang Marx zufolge als Dienstleistung nicht hinreichend verstanden, weil Beförderung, Umschlag und Lagerungstätigkeiten als Wert schöpfende Tätigkeiten begriffen werden müssen, ohne die Waren nicht verkauft werden können, also Lager- oder Ladenhüter bleiben. Noch früher zeigte Adam Smith die zentrale Rolle des Transports für die Entwicklung der Arbeitsteilung auf. Während sich Marx auf die historische Entwicklung der Eisenbahnen konzentrierte, wies Adam Smith (1999) auf die für die kapitalistische Entwicklung zentrale Rolle der Flussschifffahrt hin (vgl. diesbezüglich Wolf 1992) – und, da diese in England im Gegensatz zum europäischen Festland nicht durch zahlreiche Grenzen zwischen Kleinstaaten und dort erhobene Zölle behindert wurde, auf die besondere Bedeutung der staatlichen Konstitution von Transportmärkten. Weil der Prozess der Arbeitsteilung durch günstige Transporte vorangetrieben wurde, profitierten die Unternehmen in England von einer sich dort bereits frühzeitig großräumiger entfaltenden Verkehrswirtschaft.

Der Güterverkehr auf der Basis natürlicher Grundlagen war somit eine zentrale Voraussetzung und zugleich Ergebnis der sich entfaltenden kapitalistischen Marktwirtschaft, deren Entwicklung sich im Zuge der Motorisierung (Dampfschifffahrt, Eisenbahn) in den folgenden Jahrhunderten ungemein beschleunigte (vgl. den Beitrag von Altvater und Reheis in Kap. VIII.1 dieses Bandes: ▶ Verkehrtes Wachstum: Zur Verkehrsentwicklung im Rahmen der kapitalistischen Verwertungslogik sowie Beschleunigung versus Entschleunigung: Zwei konträre Leitbilder der

Verkehrspolitik). Während die Kräfte der Natur zunehmend technologisch kontrollierbar wurden, beherrschten die ökonomischen und politischen Zusammenhänge fortan das Geschehen auf den Güterverkehrsmärkten. Wirtschaftskrisen bedrohten das im Transportsektor investierte Kapital und bei Zusammenbrüchen von Eisenbahngesellschaften mitunter das Funktionieren der Wirtschaft insgesamt: Im Zuge der Entwicklung der Eisenbahnen gewannen das ökonomische Gewicht des Staates und politische Gestaltungsansätze darüber hinaus zunehmend an Bedeutung, weil ein leistungsfähiges Transportsystem für militärische Belange unabdingbar war (und ist). Sowohl aus ökonomischen als auch aus politischen Gründen wurden die Eisenbahnen in Europa vielerorts als Staatsmonopole konsolidiert, oder (z. B. in den USA) als private Unternehmen einer weit reichenden staatlichen Regulierung unterworfen (vgl. Plehwe 2000a; Wolf 1992).

Der Güterverkehr muss also notwendig im Zusammenhang der *gesellschaftlichen* Organisation der wirtschaftlichen Arbeitsteilung und der politischen Gewaltenteilung untersucht werden. Diese ist im Kontext des internationalen Staatensystems und des kapitalistischen Weltmarktes und seit dem Niedergang der sozialistischen Staatenwelt wieder beinahe weltweit prinzipiell dem Profitprinzip unterworfen, wird aber zugleich und in erheblichem Maße von staatlichen Regelungen mit variablen Zielen beeinflusst. Ökonomische und ökologische, regional- und sozialpolitische sowie nicht zuletzt militärische Gesichtspunkte stellen unter diesen Bedingungen vielfältige und nicht leicht zu vereinbarende Anforderungen an die Verkehrspolitik. Erst in der jüngeren Zeit, nämlich nach dem Ende des Systemkonflikts zwischen Kapitalismus und Sozialismus, wurden dabei marktwirtschaftliche Kriterien zur Gestaltung von Güterverkehrsmärkten ins Zentrum des politischen Geschehens gerückt, weil der Schutz nationalstaatlicher Souveränitätsansprüche aus militärpolitischer Sicht vielerorts an Bedeutung verlor.

3 Die Reorganisation des Güterverkehrs und der internationale Strukturwandel

Die gesellschaftliche Organisation des Güterverkehrs befindet sich europa- und weltweit seit Mitte der 1980er-Jahre in einem Prozess tief greifenden Wandels, der sich auf alle wichtigen Branchen des Gütertransports – Straßengüterverkehr, Spedition, Eisenbahnverkehr, Luftfracht, Hochsee- und Binnenschifffahrt – und darüber hinaus auf den Postverkehr erstreckt. Vorausgegangen war eine weit reichende Regulierungsreform und Reorganisation in den wichtigsten Güterverkehrsbranchen (Eisenbahnen, Straßengüterverkehr, Luftverkehr) in den USA seit Mitte der 1970er-Jahre. Dort entwickelten sich neuartige Großkonzerne im Güterverkehr, die so genannten Integratoren der längst auch in Europa etablierten Kurier-, Express- und Paketdienstleistungsbranche (KEP). Im Gegensatz zum bis Ende der 1970er-Jahre konstatierten Bedarf einer weit reichenden staatlichen Regulierung der Gütertransportmärkte zielt die Verkehrspolitik seither überwiegend darauf ab, das Geschehen dort von staatlichen Kontrollen im Hinblick auf den

Marktzutritt und die Preisgestaltung der Unternehmen zunächst auf nationaler Ebene zu befreien. Der jeweils nationalstaatlichen Deregulierungs- und Privatisierungspolitik der 1980er Jahre im OECD Raum folgten in den 1990er-Jahren gezielte Maßnahmen zur grenzüberschreitenden Liberalisierung von Güterverkehrsmärkten auf makro-regionaler und internationaler Ebene (vgl. Plehwe 2000b). Der unmittelbare Einfluss der Nationalstaaten auf die Marktbeziehungen zwischen der gewerblichen Transportwirtschaft (Anbieter) und der verladenden Wirtschaft (Nachfrager) wurde insgesamt und z. T. erheblich reduziert, womit sich gleichzeitig der Handlungsspielraum von privatwirtschaftlichen Akteuren sukzessive im In- und Ausland erweiterte (vgl. Bjelicic 1990, 2002).

Die Anfang der 1990er-Jahre eingeleitete *Europäisierung* der Gütertransportmärkte ist mittlerweile weit fortgeschritten (vgl. Plehwe und Vescovi 2003). Während der US-amerikanischen Politik zu Beginn der großen Transformation der Gütertransportwirtschaft Modellcharakter zukam, ist die EU mittlerweile zum Vorreiter bei der Errichtung eines grenzüberschreitenden Regimes im Gütertransport avanciert. Gegen erhebliche Widerstände werden die im jüngsten Weißbuch der EU-Kommission zuerst gelisteten Initiativen (KOM 2011: 21) zur weiteren Entwicklung eines europäischen Binnenmarktes im Schienen- und Luftverkehr vorangetrieben.

Demgegenüber konnte, ja musste der Güterverkehr bis in die 1980er-Jahre hinein wesentlich im Zusammenhang von nationalen Frachtsystemen untersucht werden, die neben dem Transport die Arbeitszusammenhänge in der Umschlag- und Lagerwirtschaft (TUL) umfassten (vgl. Danckwerts 1991). Der Güterverkehr wurde auf nationalstaatlicher Ebene außergewöhnlich stark reguliert (wettbewerbsrechtlicher Ausnahmebereich in Deutschland, *regulated industries* in den USA). Staatsmonopole (oder regulierte private Monopole) beherrschten weite Teile dieses Sektors (Post, Bahn, Luftfracht). Die internationale Verkehrspolitik sicherte die regulierte Marktordnung im Rahmen internationaler Regime ab.[2]

Seit der Weltwirtschaftskrise Mitte der 1970er-Jahre, die in den USA mit dem Kollaps der (privaten) Eisenbahnen volkswirtschaftlich bedrohliche Dimensionen annahm (vgl. Plehwe 2000a), wurde zunehmend in Frage gestellt, ob die überkommene Regelungsstruktur der Nachkriegszeit wirtschaftspolitisch rational war. Über die seit Ende der 1970er-Jahre verfolgte marktwirtschaftliche Wirtschafts- und Verkehrspolitik kann gesagt werden, dass sie auf den Strukturwandel ebenso reagierte wie sie die weiter zunehmende internationale Arbeitsteilung beförderte. Dieser globale Strukturwandel der Wirtschaft schlug sich im Güterverkehr darin nieder, dass der Transport von Massengütern des primären Sektors (Landwirtschaft, Bergbau) gegenüber dem von Industrieprodukten an Bedeutung verlor (vgl. Artous und Salini 2005: 24).

---

[2]Susan Strange (1988) bezeichnete internationale Verkehrsregime als „sekundäre globale Machtstruktur". Während diese in der Hochseeschifffahrt Kapitalgruppen der entwickelten Industrieländer des Nordens privilegierte, wirkte sie in der Luftfahrt zugunsten staatlicher Gesellschaften in Süd und Nord.

Die zunehmende internationale Arbeitsteilung im Zeitraum von 1950 und 2012 kommt darin zum Ausdruck, dass die für den Export bestimmte Produktion in der Landwirtschaft und im Bergbau etwa doppelt und die der Industrie über vier Mal mehr anwuchs als die jeweilige Gesamtproduktion (vgl. WTO 2013: 25). Dementsprechend wuchs vielerorts die relative Bedeutung des internationalen Verkehrs gegenüber dem Binnenverkehr.

Demgegenüber hatte die lange Zeit primär national konstituierte politische Regelungsstruktur zweifelsohne einen erheblichen Anteil an der Konservierung bzw. geringen Anpassungsdynamik der Strukturen der Gütertransportsysteme, die vorwiegend nationalstaatlich organisiert und auf binnenwirtschaftliche Erfordernisse ausgerichtet blieben. An den großen Verschiebungen der Güter- und Warenströme und des Modal Split änderte das System staatlicher Regulierung wenig, das sich offiziell an einem ausgewogenen Wachstum des Verkehrs auf allen Verkehrsträgern orientierte, zumal das disproportional steigende Kontingent des Straßengüterverkehrs u. a. dadurch gefördert wurde, dass der Löwenanteil der öffentlichen Ausgaben für den Straßenverkehr verausgabt wurde (vgl. Wolf 1992, sowie Heuser und Reh in Kap. III.6 dieses Bandes: ▶ Die Bundesverkehrswegeplanung: Anforderungen an die zukünftige Verkehrsinfrastrukturpolitik des Bundes).

Der Anteil des Eisenbahnverkehrs und der Binnenschifffahrt ging seit den 1970er-Jahren in Europa unterdessen vor allem deshalb zurück, weil der Gütertransport auf der Straße sehr viel stärker zunahm und die Luftfracht boomte.[3] Dazu trug u. a. der in den 1970er-Jahre (in den USA) aufkommende, Luft- und Straßengüterverkehr kombinierende Expressverkehr (KEP: Kurier, Express, Paketdienstbranche) bei, der trotz anfänglicher Behinderungen außerordentlich stark wuchs. Das Sendungsaufkommen in diesem Verkehrssegment nimmt seit Anfang der 2000er-Jahre (in Deutschland) stark zu und ist weniger stark von zyklischen Schwankungen berührt als das Aufkommen in den modalen Gliederungen des Güterverkehrs. Lediglich das Volumen der Luftfracht stieg teilweise noch stärker an als das KEP- Aufkommen (BIEK 2013: 5).

Demgegenüber konnte die z. T. starke politische Unterstützung des kombinierten Verkehrs (Straße und Schiene oder Hochsee- oder Binnenschiff) nur wenig dazu beitragen, die Anteilsverluste der Eisenbahnen (sowie der Binnenschifffahrt) am Gesamttransport zu verringern. Der Anteil des kombinierten Verkehrs am Gesamtverkehr der beteiligten Verkehrsarten (Hochsee- und Binnenschifffahrt, Schienenverkehr) stieg von 5 Prozent im Jahr 1990 auf 8,6 Prozent im Jahr 1998 an (Europäische Kommission 2002: 3.4.18). Seit Mitte 2010er-Jahre stagniert die Entwicklung allerdings im Bereich des unbegleiteten kombinierten Verkehrs (z. B. Trailer) und sinkt im Bereich der rollenden Landstraße (UIRR 2013: 20–21).

---

[3]In den USA profitierte der Eisenbahngüterverkehr im Gegensatz zu Europa vom relativen Wachstum des internationalen Verkehrs, weil die Eisenbahnen als Landbrücken bis heute das über die Vereinigten Staaten abgewickelte (Container-) Aufkommen zwischen Südostasien und Europa bewältigen.

Das Regelungssystem, das sich, primär binnenwirtschaftlich, formal auf ein ausgewogenes Wachstum aller Verkehrsträger ausrichtete und an Universaldienstkriterien orientierte, geriet jedenfalls bereits in den 1970er bis 1980er-Jahren in starken Widerspruch zu den Logistik- und Rationalisierungsstrategien der verladenden Wirtschaft (just in time etc.), die auf eine Senkung der Transportkosten abhoben. Die Beförderungstarife in staatlich regulierten Verkehrsmärkten lagen z. T. erheblich über den Preisen, die unter Wettbewerbsbedingungen zu erzielen waren, weshalb insbesondere die marktmächtigen Unternehmen der verladenden Wirtschaft für die Deregulierung eintraten und schließlich von ihrer Durchsetzung profitierten. Gleichzeitig war die staatliche Verkehrspolitik offenkundig nicht in der Lage, die Steuerungsziele im Hinblick auf ein balanciertes Wachstum der Verkehrsträger zu erreichen (vgl. Häfeli in Kap. II.3 dieses Bandes: ▶ Entwicklungslinien deutscher Verkehrspolitik im 19. und 20. Jahrhundert). Unter den Bedingungen der fiskalischen Krise des Staates rückten zunehmend die Schulden der staatlichen Transportunternehmen, insbesondere der Eisenbahnen, ins Zentrum der Aufmerksamkeit. Mit dem Ende des Kalten Krieges entfielen schließlich die militär- und verteidigungspolitischen Grundlagen der zuvor strikt überwachten nationalstaatlichen Souveränität in der Güterverkehrswirtschaft. Der Güterverkehr wurde im Rahmen der Politik zur Vollendung des gemeinsamen europäischen Binnenmarktes erstmals vor allem nach ökonomisch-marktwirtschaftlichen Kriterien bewertet und im Zuge der gemeinsamen europäischen Wirtschafts- und Verkehrspolitik reorganisiert.[4] Um diese sehr weit reichende Reorganisation des Frachtverkehrs zu verdeutlichen und die mittlerweile dominante marktwirtschaftliche Auffassung in der Verkehrspolitik einzuschätzen, werden im Folgenden einige Aspekte des Güterverkehrs auf allgemeiner Ebene erörtert.

4 Akteure und Güter

4.1 Zentrale Akteure in Güterverkehrsmärkten

Im Hinblick auf die aus sozialwissenschaftlicher Perspektive jeweils historisch genauer zu bestimmenden Güterverkehrsmärkte kann allgemein eine grundlegende analytische Unterscheidung getroffen werden: Einerseits gibt es die *Nachfrage* nach Gütertransportleistungen von Industrie- und Handelsunternehmen, von Erzeugern landwirtschaftlicher und anderer Güter des primären Sektors (z. B. Bergbau), von staatlichen Organisationen und Endverbrauchern, andererseits das nationale und internationale *Angebot* von spezialisierten oder umfassenden Transportanbietern unterschiedlicher Verkehrsträger und Branchen. Im Regime staatlich regulierter

---

[4]Das heißt jedoch nicht, dass die Europäische Verkehrspolitik gänzlich ohne Berücksichtigung militärpolitischer Zusammenhänge verständlich sei. Sowohl die Entwicklung des Airbus als auch die Entwicklung des Europäischen Satellitennavigationssystems Galileo dien(t)en explizit auch militärpolitischen Unabhängigkeitsbestrebungen der Europäischen Staatengemeinschaft.

Märkte wurde das Machtverhältnis zwischen den Marktteilnehmern theoretisch nach politisch direkt bestimmten Kriterien gestaltet: Alle Anbieter verlangten, alle Kunden zahlten festgelegte Tarife, um Kunden vor der Marktmacht bestimmter Transportanbieter und um schwächere Transportunternehmen vor der Marktmacht von bestimmten Kunden zu schützen. Demgegenüber können die Preise in nicht regulierten Märkten durch die unterschiedliche Marktmacht von Unternehmen stark beeinflusst werden. Sowohl Verlader als auch Anbieter können in Verhandlungen unter Druck gesetzt werden. Bei Verladern ist dies insbesondere der Fall, wenn sie auf einen Anbieter angewiesen sind (abhängige Kunden), bei kleinen Transporteuren, wenn sie von einem Kunden abhängig sind oder die Konkurrenz sehr hoch ist und Fracht von unterschiedlichen Kunden fast zu jedem Preis willkommen ist. Die jeweilige (Markt-)Macht der verschiedenen Akteure kann sich durch eine Verschiebung der Konkurrenzverhältnisse (zwischen Anbietern und Kunden, innerhalb und zwischen Transportbranchen) im Zeitverlauf erheblich verändern. Es ist kein Zufall, dass die Entwicklung der Güterverkehrsmärkte historisch der Anlass für die Einrichtung von staatlichen Kartell- und Wettbewerbsbehörden war, wobei in den USA sowohl die Marktmacht der Eisenbahnen gegenüber landwirtschaftlichen Produzenten als auch die Instrumentalisierung der Eisenbahnen durch Ölkonzerne (Rockefeller) in die Kritik gerieten (vgl. Plehwe 2000a). Das „freie Spiel" der Kräfte von Angebot und Nachfrage in Warentransportmärkten ist daher stets genauer zu untersuchen. Staatliche Organisationen gewinnen dabei über die politische Regelungsfunktion in den Märkten und über weitere Gestaltungsfunktionen (Infrastruktur etc.) hinaus an Relevanz, weil sie die Marktkonstellationen auch als große Nachfrager und Anbieter von Gütertransporten zum Teil erheblich beeinflussen. Darüber hinaus besitzen die Produzenten von Beförderungsmitteln und Anlagen nicht zuletzt aufgrund der (national und zunehmend international) starken Konzentration im Flugzeug-, Lkw-, Lokomotiv- und Schiffbau ein erhebliches Gewicht (vgl. Bjelicic 2002). Schließlich entwickelte sich in jüngster Zeit ein spezialisierter Logistikimmobilienmarkt, dessen Akteure u. a. auf die räumlichen Strukturen der Transportwirtschaft Einfluss nehmen (vgl. Hesse 2006; Langhagen-Rohrbach 2012).

4.2 Die Waren des Güterverkehrs

Güterverkehrsmärkte sind von strukturellen Merkmalen gekennzeichnet, die sich auf Güter- und Warengruppen mit unterschiedlichen transportwirtschaftlichen Anforderungen und dafür notwendigen Systemen zurückführen lassen, deren Bedeutung aber erst im Kontext kommerzieller Strategien erklärt werden kann. Allgemein lassen sich die Massengüter (hohes Volumen/Gewicht, relativ niedriger Wert) des Primärsektors von den (verarbeiteten) Stückgütern (größere oder kleinere Mengen/Qualitäten, relativ höherer Wert) unterscheiden. Der durchschnittliche Transportkostenanteil am Wert von Waren variiert erheblich (weniger als 2 Prozent bei Automobilen, knapp 10 Prozent bei Mineralien (vgl. Artous und Salini 2005: 14). Für jeweilige Gütergruppen werden von Transportunternehmen und Produzenten – häufig in enger Zusammenarbeit mit der verladenden Industrie – jeweils geeignete Transportmittel und -behälter sowie Transport-, Umschlag- und Lagersysteme mit unterschiedlichen Kapital- und Organisationsanforderungen entwickelt (Wagen-/Waggonladung, Sammelgut, Stückgut, Container etc.). Ein zwingender Zusammenhang zwischen Güterarten und Beförderungssystemen, etwa die häufig ohne weiteres konstatierte Affinität der Massengüter zu Eisenbahn und (Binnen-) Schiff bzw. des Stückguts zum Lkw, existiert deshalb nicht. Der Transport von Stückgut in Containern kompensierte in der Hochseeschifffahrt und im US-amerikanischen Eisenbahngüterverkehr den Rückgang der Massengüter, während dafür im europäischen Eisenbahnverkehr wichtige infrastrukturelle und politische Voraussetzungen fehlten. Bahnen in den USA konnten die Produktivität nahezu verdoppeln, indem aufeinander gestapelte Container (Doppelstock-Containerzüge) befördert wurden, was in Europa z. B. aufgrund des beschränkten Lichtraumprofils in Tunneln vielerorts nicht möglich war. Während nordamerikanische Züge Container meist über mehrere tausend Meilen befördern (u. a. Landbrücken zwischen den Pazifik- und Atlantikhäfen), sind die Strecken in Europa zudem häufig auf nationale Distanzen begrenzt, weil technologische und regulative Anforderungen oft keinen rentablen grenzüberschreitenden Verkehr erlauben bzw. der Straßengüterverkehr den Vorzug erhält, weil kürzere Beförderungszeiten und eine höhere Zuverlässigkeit erreicht werden. Trotz veralteter Infrastrukturen und geringer Geschwindigkeiten in den USA konnte der Eisenbahngüterverkehr seit Mitte der 1980er-Jahre stark wachsen. In Europa bleibt die Hoffnung, dass die technischen und politischen Voraussetzungen für einen ungehinderten grenzüberschreitenden Transport im Europäischen Binnenmarkt und die geplanten Hochgeschwindigkeitszüge im Güterverkehr die Produktivität der Bahnen im Vergleich zum Lkw-Verkehr signifikant erhöhen (vgl. KOM 2011: Kap. 2.5). Insbesondere das kommerzielle Interesse der verladenden Industrie und der Handelsunternehmen schränkt die Möglichkeit ein, Schiene und Straße zu kombinieren, weil längere Transportzeiten das im Umlauf befindliche Kapital binden. Umweltfreundlichere Transporte unter stärkerer Nutzung der Schiene können in diesem Zusammenhang entweder durch eine erhebliche Effizienzsteigerung der Bahn bzw. des kombinierten Verkehrs befördert werden oder durch eine staatliche Beeinflussung (Erhöhung) der Preise für schnellen Transport (Luxus-Steuer), weil die übliche Geschwindigkeitsanforderung der verladenden Wirtschaft (24-Stunden-Lieferung) eine verstärkte Nutzung der Schiene oft praktisch ausschließt. Der wesentliche Grund der Industrie- und Handelsunternehmen, auf schnellen Transport zu dringen, liegt in der Senkung der Kapitalkosten für die sich im Transit befindenden Waren. Die Kosten für eine solche Erhöhung der Rentabilität werden unterdessen der Allgemeinheit aufgebürdet, weil unter den damit gegebenen Bedingungen Strategien unterminiert werden, die auf eine Optimierung der Transportströme zielen, die die Schiene einbezöge.

Insgesamt konnten die Gütertransport-, Lager- und Umschlagkosten im historischen Verlauf *durchschnittlich* erheblich gesenkt werden.[5] Technologische Innovationen bei

---

[5] Die dadurch vorangetriebene Implosion von Raum und Zeit (vgl. Harvey 1989) hat aufgrund der andauernden Varianz von Transportkosten strukturell und räumlich polarisierende Wirkungen (vgl. Krätke 1997; Stabenau 1997).

Transportmitteln und -infrastrukturen, in der Informations- und Kommunikationstechnik sowie organisatorischer Art, die parallel und z. T. ineinander greifend entwickelt wurden, hatten einen großen Anteil an dieser Entwicklung.

5 Innovation und technischer Fortschritt: Aus Transport wird Logistik

5.1 Innovation und technischer Fortschritt im Güterverkehr (Transportmittel, I&K, Organisation)

Der technische Fortschritt bei Transportfahrzeugen und -behältern, Umschlaganlagen und in der Lagerwirtschaft (Motorisierung: sukzessive Eisenbahn, Lkw, Flugzeug, Container, Spezialbehälter, z. B. für Gefriergut, automatisierte Umschlaganlagen etc.) trug in vielen Etappen zu den im Durchschnitt seit Beginn der Industrialisierung beständig sinkenden Transport-, Umschlag- und Lagerkosten bei. Höhere Geschwindigkeiten, größere Ladungseinheiten, beschleunigter Umschlag und effizientere Lageranlagen ermöglichten den rentablen Transport von Gütern und Waren in größeren Mengen über wachsende Entfernungen und trugen entscheidend zur Rationalisierung des Güterverkehrs insgesamt bei. Aufgrund der wachsenden Bedeutung von standardisierten und automatisierten Beförderungssystemen und -anlagen kann von einer Industrialisierung der Güterverkehrswirtschaft gesprochen werden, die zuvor lange Zeit trotz zunehmenden Technikeinsatzes ausgesprochen handwerklich organisiert wurde (vgl. Danckwerts 1991).

Die parallel zum technischen Fortschritt im Transport verlaufende Entwicklung im Informations- und Kommunikationswesen (Telegrafie, Funk, Telefon, Internet) erweiterte gleichzeitig in ebenfalls vielen Etappen die Möglichkeiten zur Disposition, Planung und Kontrolle der Güterströme und Warenflüsse. Die Parallelität war im Eisenbahnzeitalter wortwörtlich zu begreifen, weil Telegrafenmaste entlang der Eisenbahnlinien aufgestellt wurden (vgl. Chandler 1977). Die gegenwärtige Weiterentwicklung der Barcode-Scanner Technologie durch RFID (Radio Frequency Identification) vereinigt den Waren- und Informationsfluss (vorausgesetzt der Funk ist nicht gestört) und automatisiert bislang noch erforderliche manuelle Arbeit (Scanning von Barcode-Informationen).

Als dritter Rationalisierungsfaktor verdienen organisatorische Innovationen Beachtung. Der Sammelladungsverkehr sowie die organisatorischen Voraussetzungen für das systematische Sammeln und Verteilen von kleineren Sendungen (Briefe, Päckchen, Pakete) entstanden bereits früh im Zuge der Entwicklung der Post (vgl. Sombart 1969), die aber als „Kommunikationswesen" bei der Analyse des Güterverkehrs häufig nicht beachtet wird, obwohl neben Briefen der Geschäftsverkehr einen erheblichen Teil des Aufkommens von Päckchen und Paketen ausmachte. Das System methodischen Sammelns und Verteilens wurde von Gottfried Schenker in Österreich auf die Beförderung größerer und schwererer Versandgüter übertragen, indem kleinere Einheiten von individuellen Verladern zu Wagenladungseinheiten (ursprünglich Eisenbahnwaggons, später Lkw) konsolidiert wurden (vgl. Matis und Stiefel 1995: 46 f.). Wiederum andere organisatorische Innovationen mit großer Bedeutung für den Güterverkehr beruhten auf politischen Reformen. Eine entscheidende Voraussetzung für die rasche Ausdehnung des Brief- und Paketwesens wurde durch das System einheitlicher (und niedriger) Preise mit dem Post-Universaldienst geschaffen (vgl. Plehwe 2002). International wurden die im Rahmen des Weltpostvereins gesammelten Erfahrungen (international einheitliche Tarife und Beförderungsbedingungen) auf die internationalen Regime für den Eisenbahn-, Lkw- und Luftverkehr übertragen (vgl. Murphy 1994). Allerdings nutzten nationale Regierungen ihre Spielräume bei der Preisgestaltung im grenzüberschreitenden Güterverkehr häufig zu merkantilistischen Zwecken[6]: Exporte wurden über die Beförderungspreise subventioniert, Importe verteuert. Trotz einer im Großen und Ganzen erfolgreichen Unterbindung einer merkantilistischen Verkehrspolitik seit Gründung der Europäischen Gemeinschaften wurde noch in den 1990er-Jahren die Deutsche Bundesbahn von der Europäischen Kommission mit einer Strafe belegt, weil ihre Tarife die deutschen Nordseehäfen zu Lasten Rotterdams begünstigten (vgl. Bukold 1996: 155).

Der große und anhaltende Innovationsschub in der Güterverkehrswirtschaft seit Mitte der 1970er-Jahre war demgegenüber wesentlich der ökonomischen (Struktur-) Krise geschuldet. Die Produktivitätssteigerung durch Rationalisierungsmaßnahmen in der Produktion stieß an Grenzen (vgl. Aglietta 1979), weshalb sich die Aufmerksamkeit der Unternehmen auf die Senkung der Kosten im Gütertransport richtete. „It would seem, therefore, that the new focus upon efficiency in distribution was a logical outgrowth of the American business environment. That is, one of the last remaining frontiers for significant cost savings in the business firm was the distribution area" (La Londe et al. 1993: 7). Wenngleich sich die Rationalisierungsanstrengungen zunächst aufgrund ihres hohen Kostenanteils (bis zu 45 Prozent) auf die Verteilung konzentrierten, gerieten rasch weitere betriebliche und zwischenbetriebliche Transportvorgänge ins Zentrum koordinierter Anstrengungen zur Kosten senkenden Rationalisierung. Das wachsende Umweltbewusstsein schlug sich dabei auch in einer zunehmenden Verbindung betriebswirtschaftlicher und ökologischer Gesichtspunkte nieder (vgl. z. B. http://www.trivizor.com). Nachhaltige Verkehrskonzepte und ökologische Verkehrsinnovationen (Schmied et al. 2007) bleiben allerdings aufgrund wettbewerbspolitischer und -rechtlicher Einschränkungen sowie durch die zunehmende Konkurrenz in den Branchen auf Unternehmensebene beschränkt.

5.2 Aus Transport wird Logistik

In den 1970er- und 1980er-Jahren entwickelte sich aus der traditionellen Auffassung der Güterverkehrswirtschaft ein systemisches Verständnis von Logistik, das

---

[6]Solche Maßnahmen wurden im Übrigen bereits von Adam Smith im Interesse der britischen Wirtschaftsentwicklung unterstützt (vgl. Reich 1992: 19 zu den „Navigation Acts").

Material- und zugehörige Informationsflüsse sowie Arbeitsprozesse aus betriebswirtschaftlicher Sicht erfasste. Zuvor isoliert betrachtete Transportvorgänge sowie transportbezogene Tätigkeiten innerhalb von Industrie- und Handelsunternehmen (Wareneingang, -ausgang, Verpackung, Transport etc.) und die verschiedenen Bereiche der gewerblichen Güterverkehrsbranchen wurden zunehmend im Zusammenhang analysiert, um die Effizienz der inner- und zwischenbetrieblichen Abläufe zu steigern. Ihde (1991: 11 f.) spricht in diesem Zusammenhang von der logistischen Problemlösung, Schulte (1995: 3) benennt als zentrales Merkmal die für eine effiziente Güterverkehrswirtschaft erforderliche Verknüpfung von System-, Fluss- und Querschnittsdenken. Das traditionelle Transportmanagement wurde Zug um Zug durch ein modernes Logistikmanagement ersetzt, das auf eine umfassendere Effizienzsteigerung im Güterverkehr (und damit verbundenen Bereichen) zielt.

Neben den betriebswirtschaftlichen Anforderungen der verladenden Wirtschaft spielten bei dieser Entwicklung die wachsenden gesellschaftlichen Anforderungen eine zentrale Rolle, weil die staatliche Finanzierung der Transportinfrastruktur auch und insbesondere im Straßengüterverkehr an ihre Grenzen stieß. Ferner legten die ökologischen Folgen (wiederum in erster Linie des Straßengüterverkehrswachstums) Effizienzsteigerungen auch aus umweltpolitischen Gründen nahe. Das Logistikverständnis vereinigt somit durchaus verschiedene (Effizienz-)Kalküle bzw. kann in der einen oder anderen Weise darauf gerichtet sein, unterschiedliche Ziele miteinander zu versöhnen. Logistik muss deshalb gleichzeitig und in Abgrenzung von betriebswirtschaftlichen Definitionen doppelt als Konzept der Leitung wirtschaftlicher Prozesse und als Instrument der Rationalisierung insbesondere in den Bereichen Transport, Umschlag und Lager definiert werden (Danckwerts 1991: 39).

Ergänzend kann festgehalten werden, dass Logistik durch die Privatisierung und Deregulierung der staatlichen Güterverkehrsorganisationen auch zu einem Instrument wurde, das über den Transport hinausreicht, indem es zur Rationalisierung weiter Bereiche des nationalen und internationalen Produktionssystems beiträgt (vgl. Bohle und Plehwe 1998). Dies wird anhand der Entstehung von neuen betriebswirtschaftlichen Konzepten *(supply chain management, efficient customer response)* und neuartigen Wirtschaftsverbänden ersichtlich, die zu ihrer Umsetzung gegründet wurden: Der Supply Chain Management Council (SCM) und der Efficient Customer Response Council (ECR) setzen sich in Nordamerika und Westeuropa alternativ aus Industrie- (SCM) oder Handelsunternehmen (ECR) sowie aus an beiden Räten beteiligten Logistik-, Software- und Beratungsfirmen zusammen. Die Reorganisation der Transportabläufe versuchen die beiden Initiativen, zum Teil konkurrierend aus der Perspektive der Industrie und des Handels zu standardisieren. Im Hinblick auf die in diesen Zusammenhängen strukturierten Unternehmensnetzwerke übernehmen Transport- und Logistikkonzerne eine inter-, z. T. auch intraorganistorische Vernetzungsfunktion (vgl. Plehwe 2000c). Der in diesem Kontext von Logistikkonzernen erschlossene Markt im traditionellen TUL-Bereich sowie der darüber hinausgehenden Kontraktlogistik (Outsourcing von zuvor als Werkverkehr erledigten TUL-Arbeiten) beläuft sich nach Schätzungen der Fraunhofer-Arbeitsgruppe für Technologien der Dienstleistungswirtschaft ATL in Deutschland auf ein Volumen von 223 Milliarden Euro und in der EU auf 950 Milliarden Euro (vgl. Kille und Schwemmer 2012).[7]

6 Die Regulierung des Güterverkehrssystems: Staatsmonopolistische und staatlich regulierte Marktmacht

Beim Güterverkehrsangebot spielten im Unterschied zu vielen anderen Märkten und bei allerlei Varianz im nationalen Vergleich staatliche (oder staatlich regulierte private) Monopole (im Luft- und Eisenbahnverkehr sowie bei der Post) eine herausragende Rolle. Insbesondere aufgrund der erheblichen staatlichen Regulierung des gewerblichen Straßengüterverkehrs (Marktzutritt und -austritt, Preise) war darüber hinaus zu berücksichtigen, dass ein großer Teil des Warentransports von Industrie- und Handelsunternehmen als Werkverkehr auf eigene Rechnung abgewickelt wurde. Damit entwickelten sie insbesondere in der Stückgutbeförderung ein Gegengewicht zur gewerblichen Transportwirtschaft, deren Marktmacht durch die staatliche Regulierung der Preise politisch gestärkt wurde.

Die Güterverkehrswirtschaft hat sich im Rahmen des europäischen Nachkriegsregimes in ein national und international stark reglementiertes und komplexes Branchensystem ausdifferenziert, das sich jeweils weitgehend exklusiv auf den einzelnen Verkehrsträger (Straße, Schiene, Wasser) konzentrierte. Allerdings wurde im staatlichen Postverkehr auf die enge Verzahnung des Eisenbahn-, Straßen- und Luftverkehrs gesetzt, die erst im Gefolge der Privatisierung der Deutschen Post (1994) mit dem Aufbau einer auf den Straßenverkehr fixierten Distributionsstruktur aufgegeben worden ist. Neben wenigen, zumeist staatlichen Monopolorganisationen konservierte die Regulierung eine mittelständige Struktur von Privatunternehmen im Straßengüterverkehr, die auch vielen Klein- und Kleinstunternehmen ein Auskommen bot. Als Vermittler, Organisatoren und Koordinatoren unterschiedlichster Verkehrsdienst- und Zusatzleistungen ergänzten Speditionen (Europa) und Makler bzw. Broker (USA) das Spektrum der Transportunternehmen, die in Europa wiederum häufig auch selbst als direkte Anbieter von Frachtbeförderungen (im so genannten Selbsteintritt) operierten, weil aufgrund der Konzessionierung und der Preisregulierung deren Durchführung lukrativ war. Einer Expansion in der Binnenwirtschaft und einer Internationalisierung der privaten Transportunternehmen waren aufgrund des Gewichts der Staatsmonopole und der politischen Regulierung enge Grenzen gesetzt. Rall (1986) spricht in diesem Zusammenhang von „blockierter Internationalisierung".

Die politischen Maßnahmen zur Kommerzialisierung und Privatisierung von (Staats-)Unternehmen, zur Deregulierung auf nationaler Ebene und schließlich zur grenzüberschreitenden Liberalisierung von Gütertransportmärkten seit Ende

---

[7] „Der Logistikmarkt wächst seit 2002 mit durchschnittlich 3,9 % in Deutschland fast doppelt so schnell wie die Gesamtwirtschaft (2,0 %)." (Matschiner und Zillmann 2013).

der 1980er-Jahre ermöglichten und beschleunigten demgegenüber die Entwicklung von integrierten Güterverkehrsunternehmen, die Transporte über verschiedene Verkehrsträger hinweg kombinieren und grenzüberschreitend in vielen Frachtmärkten agieren. Die historisch entwickelte Arbeitsteilung zwischen Anbietern und Nachfragern und zwischen Transportunternehmen der verschiedenen Branchen in politisch regulierten Märkten konnte seither stärker nach betriebswirtschaftlichen Kosten- und Leistungskriterien ausgerichtet werden, die zwischen kommerziellen Akteuren ausgehandelt werden. Viele Industrie- und Handelsunternehmen (Kunden) gliederten Transport- und damit zusammenhängende Logistikleistungen aus (Outsourcing), die von Transport- und Logistikdienstleistern im Rahmen einer erweiterten Angebotspolitik übernommen wurden (Insourcing). So genannte *third-* und *fourth-party*-Logistikdienstleister (3PL bzw. 4PL mit bzw. ohne eigene Transportkapazitäten) organisieren neben Transportketten beförderungsbezogene Tätigkeiten, bisweilen auch vom Güterverkehr unabhängige Leistungen (industrielle Montage, Wartung, Reparatur, Marketing etc.). Beim Transport selbst treten integrierte Ketten an die Stelle von national und international häufig mehrstufig und kooperativ organisierten Gütertransporten, die häufig auch international vollständig von einem Unternehmen organisiert werden. Den großen KEP-Dienstleistern (Integratoren) DHL, Federal Express, TNT und UPS gelang es z. B., den international kooperierenden Postverwaltungen und den Allianzen von Speditionen und Luftfrachtunternehmen die Beförderung standardisierter Sendungen niedriger Gewichtsklassen beinahe vollständig abzunehmen (vgl. Plehwe 2002). Das globale Kartell der KEP-Dienstleister und die fortschreitende internationale Konzentration stießen Anfang 2013 zum ersten Mal auf massiven politischen Widerstand in Europa. Die Europäische Kommission untersagte die geplante Übernahme des TNT-Konzerns durch UPS aus wettbewerbspolitischen Grünen (Handelsblatt 20.1.2013).

Die politischen Prozesse der De- und Re-Regulierung tragen an zentraler Stelle den durch die neuen logistischen Rationalisierungsstrategien veränderten Interessen von Industrie- und Handelsunternehmen (also der Kunden) sowie innovativer Logistikkonzerne (Anbieter) Rechnung. Aus dem Feld traditioneller Transportunternehmen verschiedener Branchen (Kurier-, Express-, Paketdienste/Post, Spedition, Bahn) entstanden in den 1980er- und 1990er-Jahren umfassende logistische Systemdienstleister (Transport- und Logistikkonzerne), von deren Aufträgen eine große Zahl von mittelständigen Firmen (Transport/Umschlag/Lager) und – am unteren Ende der Hierarchie – hunderttausende Klein- und Kleinsttransportfirmen (häufig nur formal selbstständige, selbst fahrende Unternehmer) abhängig sind.

Der abstrakte und in der Verkehrsökonomie häufig als „global" apostrophierte „Markt" bleibt auch in den privatisierten und liberalisierten Marktordnungen des Güterverkehrs der Gegenwart eine Fiktion. Die Güterverkehrskontexte sind demgegenüber historisch ebenso wie in der Gegenwart als konkrete soziale Zusammenhänge zu untersuchen, die von ökonomischen und politischen Machtverhältnissen, von Unternehmen, Staaten und zunehmend von supranationalen staatlichen bzw. gesellschaftlichen Institutionen (insbesondere der Europäischen Union) genauer bestimmt werden. Obwohl das moderne Logistikverständnis einen „systemischen"

Anspruch verfolgt, werden z. B. die Arbeits- und Beschäftigungsbedingungen im Allgemeinen und die industriellen Beziehungen im Besonderen in der betriebswirtschaftlichen Verkehrsökonomie praktisch nicht thematisiert (vgl. Clausen und Geiger 2013). Demgegenüber fanden die Verknüpfungen von Logistik und Arbeit in der sozialwissenschaftlichen (und industriesoziologischen) Forschung zunehmende Aufmerksamkeit. Die Prekarisierung der Transportarbeit insbesondere im Straßengüterverkehr, aber auch in der Hochseeschifffahrt und im Luftverkehr verdeutlicht, dass die Senkung der Transportkosten in erheblichem Maße auf eine Reduktion der Arbeitskosten zurückzuführen ist. Der in der Nachkriegszeit starke Einfluss von Gewerkschaften im Güterverkehr wurde im Zuge der Privatisierungs- und Deregulierungspolitik zurückgedrängt (vgl. Plehwe 2000a; Danckwerts 1991). Ein reibungsloser Betrieb von zunehmend integrierten Transport- und Produktionsabläufen (just in time) wird unterdessen bisweilen durch die verschlechterten Beschäftigungsverhältnisse im Transport und die damit einhergehende Zunahme von industriellen Konflikten im Transportwesen gefährdet. Die nationalen und internationalen Machtstrukturen des Transports bzw. der Logistik wurden im Zuge der Privatisierungs-, Liberalisierungs- und Internationalisierungsbewegung seit den 1990er-Jahren zweifelsohne dramatisch verändert. Eindrucksvoll zeigt sich dies z. B. an der Reorganisation von nationalen Postbehörden, die sich nach der Kommerzialisierung und Privatisierung in Deutschland und Holland in den 1990er-Jahren zu globalen Logistikkonzernen entwickelten. Die Gütertransportmärkte der Gegenwart werden im inter- und transnationalen Maßstab erheblich stärker durch privatwirtschaftliche Konkurrenzverhältnisse und unternehmerischen Wettbewerb geprägt als in der national und staatlich geprägten Vergangenheit. Transportbranchen und insbesondere die sich an der Spitze herausbildenden Großkonzerne wurden zu eigenständigen Agenten einer intensivierten Globalisierung, während die Gütertransportwirtschaft zuvor vorwiegend als Wächter nationalstaatlicher Souveränitäts- und Sicherheitsinteressen fungierte.

7 Die Bedeutung der Analyse des Güterverkehrs für die Verkehrspolitik

Obwohl der säkulare Trend sinkender Transport- und Informationskosten regelmäßig als zentraler Grund für die zunehmende Globalisierung der Wirtschaft angeführt wird, wird die Reorganisation der Güterverkehrswirtschaft selbst in der verkehrsökonomischen, aber auch in der sozialwissenschaftlichen Forschung eher stiefmütterlich behandelt. Im Zentrum der Aufmerksamkeit stehen volkswirtschaftlich und beschäftigungspolitisch gewichtigere Branchen der Industrie, weshalb über die Internationalisierung und Verlagerung der (Automobil-, Chemie-, Nahrungsmittel- etc.)Produktion viel geforscht wurde. Die mit der Internationalisierung der Produktion einhergehende Intensivierung des Welthandels rückte in den letzten Jahren nochmals stärker ins Zentrum der Aufmerksamkeit, weil Einzelhandelsunternehmen wie WalMart durch ihre Einkaufspolitik (insbesondere in China) erheblichen Anteil an der Globalisierungsspirale haben (vgl. Lichtenstein 2005). Wie und warum die ehemals (national-)staatsnahen Branchen des Transports in Reaktion auf die Globalisierung der verladenden Wirtschaft (Industrie und Handel) und als Ergebnis der Strategien innovativer Transport- und Logistikkonzerne reorganisiert wurden, blieb in den engagierten Debatten um das Für und Wider einer nationalen Regulierung der Transportwirtschaft meist sekundär (vgl. Plehwe 2000a).

Die primär fokussierte Auflösung des nationalstaatlichen Regulierungssystems (Deregulierung) und die meist nur am Rande untersuchte Re-Regulierung im nationalen und supranationalen Kontext erscheinen in der verkehrsökonomischen Diskussion weithin als zwangsläufiges Resultat und Gebot eines allgemeinen strukturellen Wandels. Dessen Ursachen werden als „Effekte" (Substitutions-, Güterstruktur-, Logistik- sowie Integrationseffekt) theoretisch verallgemeinert und scheinbar mühelos „objektiviert":

- Substitutionseffekte bezeichnen die grundsätzliche Möglichkeit, einen Verkehrsträger unter Erwägung von Systemeigenschaften durch einen anderen zu ersetzen (vgl. Aberle 2009: 91);
- als Güterstruktureffekt wird eine veränderte Güterstruktur „im Sinne eines steigenden Anteils von hochwertigen Konsum- und Investitionsgütern bei gleichzeitiger Stagnation oder sogar absolutem Produktionsrückgang in der Grundstoffindustrie" (Aberle 2009: 93) beschrieben, die z. T. starke Substitutionseffekte nach sich ziehe;
- als Logistikeffekt werden „die verkehrsträgerspezifischen Auswirkungen der Umsetzung moderner logistischer Konzeptionen in Industrie- und Handel" bezeichnet, womit auf die veränderten und erhöhten Ansprüche der Kunden der Frachtunternehmen im Hinblick auf Transport- und Kommunikationsleistungen hingewiesen wird (Aberle 2009: 94 f.);
- mit Integrationseffekten wird der wachsende Anteil des grenzüberschreitenden Verkehrs erfasst, der sich z. B. in Europa aus der Vollendung des Europäischen Binnenmarktes, globalen Liberalisierungsschritten sowie der Öffnung Osteuropas ergeben habe (Aberle 2009: 96).

Mit diesen vier „Basiszusammenhängen" (Aberle) werden wichtige (groß-)technologische, makroökonomische, mikroökonomische und politische Entwicklungen angesprochen, die für die gesellschaftliche Organisation des Güterverkehrs zweifelsohne von herausragender Bedeutung sind. Auffällig ist allerdings, dass die politische und ökonomische Gestaltung dieser grundlegenden Kontexte durch staatliche und private Akteure von Aberle nicht differenzierter untersucht wird. Der politisch zweifellos zentrale „Integrationseffekt" wird zuletzt genannt und als „Marktintegration" bereits sehr einseitig erfasst, weil die zunehmende Internationalisierung der Arbeitsteilung immerhin durch politische Maßnahmen (z. B. im Rahmen von GATT/WTO und EG/EU) unterstützt, also zumindest zu einem guten Teil gezielt politisch entwickelt worden ist. Die intensivierte Europäisierung und Globalisierung der Güterverkehrswirtschaft, aber auch der weit reichende Wandel von traditionellen Transportbranchen zur modernen Logistikwirtschaft und die (in europäischen Industrieländern) starke Verlagerung des Verkehrs zugunsten der Verkehrsträger Straße und Luft sind zwar allseits bekannt. Sie erscheinen aber insgesamt in der vorherrschenden verkehrsökonomischen Betrachtung nicht als Resultate menschlichen Handelns unter strukturellen Bedingungen nationalstaatlicher und kapitalistischer Entwicklung, sondern als „Effekte" einer zwangsläufigen Marktentwicklung, die durch – aus der gegenwärtigen verkehrsökonomischen Sicht – häufig unsachgemäße Staatseingriffe verzerrt und behindert wird.

Die am öffentlichen Interesse orientierten Grundlagen der sozialökonomischen Verkehrswirtschaft der Vergangenheit, mit der lenkende Eingriffe aufgrund externer Effekte des Verkehrs, seinen Eigenschaften als öffentlichem Gut, Monopolmerkmalen und Formen der ruinösen Konkurrenz begründet wurden, werden von Aberle (1996) als normativ bezeichnet und überwiegend abgelehnt. „Abschließend lässt sich zu den normativ-theoretischen Argumenten für eine staatliche Marktregulierung des Verkehrsbereichs feststellen, dass sie einer kritischen Analyse nicht standhalten. Vielmehr ist erkennbar, dass das als Regulierungsgrund vorgegebene Marktversagen häufig ein *Staatsversagen* ist" (Aberle 1996: 95, Hervorh. i. Orig.). Immer wieder betonte Besonderheiten des Verkehrs (unpaarige Verkehrsströme mit hohen Anteilen von Leerfahrten, hoher Grad beschäftigungsunabhängiger Kosten, niedrige Preiselastizität der Nachfrage, sehr starke Betriebs-/Unternehmensgrößenunterschiede, Unmöglichkeit der Vorratsproduktion) liegen Aberle zufolge auch in anderen Branchen und Sektoren vor, „wenn auch möglicherweise nicht in dieser Kumulation" (Aberle 1996: 95). Der ebenfalls genannte hohe Anteil von staatlichen Betrieben dürfte mittlerweile im Güterverkehr nicht mehr sehr stark ins Gewicht fallen. Aberle konzediert jedoch, dass bestimmte Merkmale der Verkehrsökonomie Anlass zu besonderer Aufmerksamkeit geben, wenngleich er keinerlei Zweifel daran lässt, dass eine möglicherweise vorliegende Kumulation von Besonderheiten in den Verkehrsmärkten keinen Anlass zu mehr staatlicher Interventionstätigkeit gibt. Darüber kann und muss gestritten werden, wenn ökologische und soziale Ziele der Verkehrspolitik ernst genommen werden.

Zunächst ist Aberle zuzustimmen. Seine Kritik an der normativen Wohlfahrtsökonomie erscheint aus sozialwissenschaftlicher Perspektive theoretisch in vieler Hinsicht als berechtigt. Eisenbahnen besitzen als soziotechnologisches Großsystem zweifelsohne kein „natürliches Monopol" – Karl Marx diskutierte mit größerer Berechtigung die alleinige Nutzung eines Wasserfalls als Beispiel eines natürlichen Monopols (Marx 1983b: 658), während die auf wohlfahrtstheoretischer Grundlage geschaffenen „natürlichen Monopole"[8] als historische zu erkennen sind (vgl. Lüthje 1993). Ebenso existieren mit dem Straßengüterverkehr vergleichbare, für viele Anbieter „ruinöse" Wettbewerbskonstellationen ohne Zweifel auch in anderen Branchen, ohne dass dort eine Markt- und Preisregulierung entwickelt wurde, um die schwächeren Marktteilnehmer zu stabilisieren. Allerdings stellen übermüdete Computerspezialisten im Gegensatz zu Lkw-Fahrern keine unmittelbare Gefahr für

---

[8]Der alternative Begriff des „Effizienzmonopols" ist insofern zu bevorzugen, als er auf ökonomische Überlegungen anstelle der Natur rekurriert.

andere dar. Es ist unverkennbar, dass weiter gehende politische Interessen, die Güterverkehrsmärkte zu festigen, das aufgrund der gewerkschaftlichen Organisierung größere Gewicht der Beschäftigten sowie allgemeine regional- und sozialpolitische Ziele einen erheblichen Einfluss auf die Legitimität der komplementären Analyse- und Regulierungsansätze in den verschiedenen Verkehrsbranchen haben (können), die im Rahmen der ökonomischen Wohlfahrtstheorie nicht erfasst werden. Damit wurden aber gleichwohl – auf einer wie auch immer unzureichenden theoretischen Grundlage – unter Beteiligung von verschiedenen gesellschaftlichen Kräften durch die staatliche Regelungspolitik im Güterverkehr sehr reale soziale Probleme in mancher Hinsicht erfolgreich bearbeitet, während die Anwendung des als „positiv"[9] bezeichneten Ansatzes von Aberle (1996: 95 f.) wenige starke Marktteilnehmer (sowohl unter den Verladern als auch unter den Anbietern) gegenüber vielen sehr schwachen (kleineren und mittleren Unternehmen sowie große Beschäftigtengruppen vor allem im Straßengüterverkehr) begünstigt und zur Entwicklung gravierender sozialer Missstände beiträgt, die als längst überwunden galten: Es gibt mittlerweile ein „neues Proletariat" (Seidenfus 1991) in der Transportwirtschaft (vgl. Sönnichsen 1991; Plehwe 2001). Auch die Einführung des gesetzlichen Mindestlohnes in Höhe von 8,50 Euro zum 1. Januar 2015 wird an den häufig sehr niedrigen Löhnen von Fernfahrer/innen voraussichtlich wenig ändern. Etwa 60 Prozent der deutschen Fahrer/innen arbeiten für nicht tarifgebundene Betriebe. Weil sie häufig pauschal bezahlt werden, können die Stundenlöhne deutlich unter 8,50 Euro liegen. Um den Mindestlohn durchzusetzen, müssten betroffene Fahrer/innen klagen. Zudem gelten die Mindestlohnregeln nicht für ausländische Fahrer/innen, welche nach Deutschland liefern, in Deutschland Ladung aufnehmen oder Kabotagefahrten innerhalb Deutschlands durchführen.

Grundsätzlich ist nicht zu erkennen, welchen Beitrag der oben geschilderte Ansatz der positiven Ökonomik zur Überwindung der eingangs verdeutlichten Zielkonflikte zwischen Ökonomie und Ökologie leisten kann, weil im Rahmen einer positiven Theorie des „Staatsversagens" ein konstruktiver Beitrag staatlicher Lenkung bzw. auch einer Lenkung unter Beteiligung staatlicher Behörden weitgehend negiert wird. Gleichzeitig zeugen auf dieser Grundlage verfasste verkehrsökonomische Beiträge immer wieder von engen, aber nicht immer offensichtlichen Verbindungen zu Partikularinteressen.[10] Die Verwissenschaftlichung der Verkehrspolitik ebenso wie

---

[9]Als „positiv" wird die auf Arbeiten der Chicago-School sowie der Institutionenökonomik beruhende Analyse der Regulierungsentwicklung auf der Basis von Angebot und Nachfrage nach staatlicher Intervention beschrieben. Grob vereinfacht wird die Entstehung und (Fehl-)Entwicklung von staatlicher Regulierung auf die „Eroberung" von Regulierungsbehörden durch die von ihnen angeblich regulierten Interessengruppen zurückgeführt. Protektions- und Eigeninteressen von Politikern wirken dabei in Formen zusammen, die Wettbewerb beschränken und Transfers zu Lasten der Allgemeinheit bewirken. Zu Hintergründen und Kritik der neoliberalen Regulierungstheorie vgl. Plehwe (2000a) und Lüthje (1993).

[10]Vgl. das Gutachten der International Road Union zum „externen Nutzen" des Güterverkehrs, welcher mit den „externen Kosten" zu verrechnen sei (Aberle und Engel 1993). Verkehrsökonomen und Ökologen weisen demgegenüber darauf hin, dass der reklamierte „externe Nutzen" als normaler Markteffekt zu erachten ist (vgl. Sommer 1993; Hey 1998: 168).

ihre in diesem Zusammenhang erkennbare Politisierung verdeutlichen exemplarisch, dass die verkehrswissenschaftliche Diskussion selbst als Gegenstand einer politischen Verkehrssoziologie berücksichtigt werden muss. Dabei gilt es insbesondere dort die Korrelation von Wissen und Interessen herauszuarbeiten, wo diese nicht hinreichend reflektiert bzw. offen dargelegt werden.

Bei der Analyse des Güterverkehrs in Deutschland und Europa müssen jedenfalls die komplexen (privaten und öffentlichen, zwischenstaatlichen, supra- und transnationalen) europäischen Steuerungszusammenhänge genau untersucht werden, die sich seit der Ratifizierung der Einheitlichen Europäischen Akte zur Vollendung des Europäischen Binnenmarktes durch die Mitgliedstaaten der Europäischen Gemeinschaften im Jahr 1987 herausgebildet haben. Eine auf das Zusammenspiel der öffentlichen Institutionen fokussierte Analyse der Politikverflechtung (Scharpf 1999) wird dem Gewicht der privatwirtschaftlichen Struktur- und Handlungszusammenhängen insbesondere seit der Privatisierung und Liberalisierung des Transportsektors nicht gerecht (vgl. Sack in Kap. III.4 dieses Bandes: ▶ Mehrebenenregieren in der europäischen Verkehrspolitik). Denn im europäisierten Kontext haben sich die Kräfteverhältnisse zwischen politischen und ökonomischen, aber auch zwischen unterschiedlichen wirtschaftlichen Kräften (z. B. zwischen verladender Industrie und gewerblichem Güterverkehr oder zwischen Postunternehmen und KEP-Anbietern) und die sich jeweils ergebenden Macht- und Herrschaftsverhältnisse in den Güterverkehrs- und Logistikbranchen weitreichend verändert. Konkret lassen sich die faktischen Determinanten der politischen Willensbildung erst im Rahmen einer empirisch und vergleichend angelegten Forschung öffentlicher und privater Akteure genauer bestimmen. Dabei steht außer Frage, dass sich das Gewicht der supranationalen Arenen und Ebenen (unter Einschluss der hier einflussreich agierenden privaten Akteure) zu Lasten der nationalen verschoben hat.

Darüber hinaus sind bei der Entwicklung der Güterverkehrspolitik auch Entwicklungen stärker zu berücksichtigen, die den Gütertransport „von außen" (geografisch und inhaltlich) beeinflussen. Das Gewicht der USA ist insbesondere im Luftverkehr kaum zu überschätzen. Aber auch Umweltinteressen gewannen in der verkehrspolitischen Debatte – aufgrund der globalen Verträge zur Reduzierung der klimaschädlichen Emissionen (Kyoto-Prozess) – seit Anfang der 1990er-Jahre eine höhere Bedeutung. Allerdings führte die gleichzeitig stattfindende Verengung der vorwiegend umweltökonomisch geführten Diskussion bislang nicht zu einer Erfolg versprechenden Problemlösungsstrategie. Zuletzt haben verschiedene Länder (Kanada, Japan, Australien) zuvor erklärte Klimaschutzziele aufgegeben. Auch das Weißbuch der EU-Kommission wird zurecht dafür kritisiert, dass klimapolitische Ziele in der Verkehrspolitik (Senkung der Emissionen) weitgehend auf den Zeitraum nach 2030 verschoben werden, weil bis 2030 eine jährliche Reduktion der Emissionen um 1 Prozent vorgesehen ist, ab 2030 dann eine Reduktion um 5 Prozent jährlich. Es wird offensichtlich auf eine Art Prinzip Hoffnung in zukünftige technologische Innovationen gesetzt. Ein politisch angestrebter Konsens zur Internalisierung der externen Kosten lässt sich aber aufgrund der divergierenden kommerziellen Interessen wirkmächtiger Akteure im Güterverkehr und damit verbundenen Verteilungskonflikten nicht erzielen, weshalb jede Seite versucht, politisch einflussreiche Allianzen (unter Einschluss wissenschaftlicher Experten) zu bilden. Die umweltökonomische Debatte liefert somit ein hervorragendes Beispiel dafür, dass die Verwissenschaftlichung der Politik auch zu einer Politisierung der Wissenschaft führt (vgl. Weingart 2001), die bei der Analyse des Güterverkehrs stärker berücksichtigt werden muss.

8 Fazit

Im Vordergrund einer sozialwissenschaftlichen Untersuchung des Güterverkehrs steht die systematische und historische Untersuchung von privaten und öffentlichen Macht- und Kräfteverhältnissen, anhand derer die jeweils herrschenden, sich aber wandelnden Marktzusammenhänge im Güterverkehrssektor genauer bestimmt werden können, der in der jüngeren Vergangenheit zum Logistiksektor erweitert wurde und zunehmende Teile des Postmarktes einschließt. Im Gegensatz zur fordistischen Organisation der Güterverkehrswirtschaft (bis zur Privatisierungs- und Liberalisierungspolitik seit Ende der 1970er-Jahre) ist dabei ein erhöhtes Gewicht von privaten Großkonzernen in den Industrie-, Handels- und Transportbranchen sowie (in Europa) eine Verlagerung staatlicher Einflussmacht von der nationalen auf die supranationale (EU-)Ebene zu konstatieren. Die im Laufe der 1980er- und 1990er-Jahre erheblich gestiegene politische Bedeutung der supranationalen Behörden in Brüssel in der (Güter-)Verkehrspolitik wird nicht nur in der Verlagerung von Entscheidungskompetenzen, sondern auch durch die Europäisierung der privaten Interessenvertretung zum Ausdruck gebracht.

Durch die Privatisierung staatlicher Transportorganisationen und die grenzüberschreitende Liberalisierung der Güterverkehrsmärkte gewann die verladende Wirtschaft ein Übergewicht, das ebenso wie das dominante Interesse an preisgünstigem Güterverkehr in den verkehrspolitischen Strategien bislang nicht hinreichend thematisiert wird. Das unter umwelt- und sozialpolitischen Gesichtspunkten zu konstatierende „Versagen" der nationalen und supranationalen Verkehrssysteme lässt sich ohne eine weit reichende Veränderung von ökonomischen und politischen Kräfteverhältnissen kaum beheben. Eine nicht auf die Aufrechterhaltung des Status quo ausgerichtete Politik verlangt nach verkehrspolitischen Allianzen und Konzepten, die in der Lage sind, die dominanten ökonomischen Ziele umwelt- und sozialpolitisch in langer Frist stärker zu modifizieren, als dies in der gegenwärtigen Praxis (im Rahmen der neuen verkehrspolitischen „Integrationsstrategie" auf europäischer und nationaler Ebene) geschieht bzw. möglich erscheint.

Der durch das rapide und ungleichmäßige Wachstum des Güterverkehrs entwickelte Problemdruck wird nach dem durch die Finanz- und Wirtschaftskrise bedingten Einbruch wieder zunehmen. Er wird sich aufgrund der Austeritätspolitik möglicherweise sogar verschärfen, weil die öffentliche Hand erforderliche Investitionen in die Infrastruktur (z. B. zum Ausbau der Eisenbahninfrastruktur) möglicherweise schlicht nicht leisten kann. Eine konstruktive Überwindung der großen verkehrspolitischen Konflikte ist damit kurz- und mittelfristig nicht in Sicht. Aus sozialwissenschaftlicher Perspektive gilt es daher zunächst, die materiellen und ideologischen Aspekte der gesellschaftlichen Organisation des Güterverkehrs – und damit auch die (mikro-)ökonomisch verengte wissenschaftliche Verkehrs- und Logistikforschung der Vergangenheit und der Gegenwart – herauszuarbeiten. Häufig strukturell (im Bereich der Infrastrukturen materiell) verfestigte Interessenzusammenhänge erscheinen in der öffentlichen Diskussion als Sachzwänge oder gar als natürliche Entwicklung, was durch die vergleichende Forschung widerlegt werden kann. Ökologische, soziale und andere gesellschaftspolitische Ziele können unterdessen wohl erst dann mit größerer Aussicht auf Erfolg auf die Agenda der Verkehrspolitik gerückt werden, wenn diese nicht mehr überwiegend von den kommerziellen Anforderungen der verladenden Wirtschaft in enger Abstimmung mit großen Logistikkonzernen, letztlich von den Bedingungen der globalisierten kapitalistischen Konkurrenz, entscheidend bestimmt wird. Ein wesentlicher Fortschritt wäre in der wissenschaftlichen Forschung bereits zu erzielen, wenn die sich rasch entwickelnde Logistikforschung ihrem eigenen – systemischen – Anspruch gerecht würde und ökologische sowie soziale Aspekte der Logistikreorganisation zum zentralen Gegenstand der Analyse werden.

Literatur

Aberle, Gerd. 1996. Transportwirtschaft. In *Einzelwirtschaftliche und gesamtwirtschaftliche Grundlagen*. München: Oldenbourg.
Aberle, Gerd. 2009. *Transportwirtschaft*. München: Walter de Gruyter.
Aberle, Gerd, und Michael Engel. 1993. *The social benefits of the long-distance road transport of goods*. Genf. Gießen: Justus-Liebig-Universität.
Abendroth, Wolfgang. 1967. *Antagonistische Gesellschaft und politische Demokratie* Neuwied/Berlin.
Aglietta, Michel. 1979. *A theory of capitalist regulation. The US experience*. London: New Left Books.
Artous, Antoine, und Patrice Salini. 2005. *Les opérateurs Européens de fret et la mondialisation*. Rapport No. 264. Arcueil.
BIEK – Bundesverband internationaler Express- und Kurierdienste. 2013. Motor für Wirtschaftswachstum und Beschäftigung – KEP-Studie. Berlin.
Bjelicic, Borislav. 2002. Der Wandel der Unternehmensstrukturen in der globalen Verkehrswirtschaft. In *Logistik und Verkehrswirtschaft im Wandel*, Hrsg. Helmut Merkel und Borsilav Bjelicic, 291–306. München: Vahlen.
Bjelicic, Borislav 1990. *Internationaler Unternehmenswettbewerb im gewerblichen Güterverkehr*. München: Huss-Verlag.
Bukold, Stefan. 1996. *Kombinierter Verkehrs Schiene/Straße in Europa*. Frankfurt a. M.: Lang.
Chandler, Alfred D. 1977. *The Visible Hand*. Cambridge: Havard University Press.
Clausen, Uwe, und Christiane Geiger, Hrsg. 2013. *Verkehrs- und Transportlogistik*. Berlin: Springer.
Danckwerts, Dankwart, Hrsg. 1991. *Logistik und Arbeit im Gütertransportsystem. Rahmenbedingungen, Verlaufsformen und soziale Folgen der Rationalisierung*. Opladen: Westdeutscher Verlag.
Dörrenbächer, Christoph. 2003. *Corporate reorganisation in the european transport and logistic sector in the 1990ies. Diversification, internationalisation and integration*. Münster: Lit Verlag.

EEA – European Environment Agency. 2006. Transport and environment: Facing a dilemma, European Environment Agency Report 3, www.eea.europa.eu/publications/eea_report_2006_3/at_download/file. Zugegriffen am 23.12.2013.
Gabel, Landis, und Lars-Hendrik Röller. 1992. Trade liberalization, transportation, and the environment. *Energy Journal* 3:185–206.
Harvey, David. 1989. *The condition of postmodernity*. Cambridge/Oxford: Blackwell Publishers.
Hesse, Markus. 2006. Logistikimmobilien: von der Mobilität der Waren zur Mobilisierung des Raumes. *DISP: the planing review* 4:41–45.
Hey, Christian. 1998. *Nachhaltige Mobilität in Europa. Akteure, Institutionen und politische Strategie*. Opladen: Westdeutscher Verlag.
Ihde, Gösta B. 1991. *Transport, Verkehr, Logistik*. München: Vahlens.
Kille, Christian, und Martin Schwemmer. 2012. *Die Top 100 der Logistik 2012/2013*. Nürnberg: Fraunhofer SCS.
KOM – Kommission der Europäischen Union. 2013. *EU transport in figures. Statistical Pocket Book 2013*. Luxemburg.
KOM – Kommission der Europäischen Union. 2012. Grünbuch. *Ein integrierter Paketzustellungsmarkt für das Wachstum des elektronischen Handels in der EU*, 698. Brüssel.
KOM – Kommission der Europäischen Union. 2011. Weißbuch. *Fahrplan zu einem einheitlichen europäischen Verkehrsraum – hin zu einem wettbewerbsorientierten und ressourcenschonenden Verkehrssystem*, 144. Brüssel.
KOM – Kommission der Europäischen Union. 2009. *EU Energy and Transport in Figures. Statistical Pocket Book 2009*. Luxemburg.
KOM – Kommission der Europäischen Union. 2006. *Für ein mobiles Europa – Nachhaltige Mobilität für unseren Kontinent. Halbzeitbilanz zum Verkehrsweißbuch der Europäischen Kommission von 2001*, 314. Brüssel.
KOM – Kommission der Europäischen Union. 2002. *European Union Energy and Transport in Figures. Statistical Pocket Book 2002*. Luxemburg.
KOM – Kommission der Europäischen Union. 2001. *Weißbuch. Die europäische Verkehrspolitik bis 2010: Weichenstellungen für die Zukunft*, 370. Brüssel.
KOM – Kommission der Europäischen Union. 1997. *White paper on sectors and activities excluded from the working time directive*, 334. Brüssel.
Krätke, Michael R. 1997. Globalisierung und Standortkonkurrenz. *Leviathan* 2:202–231.
La Londe, Bernard J., John R. Grabner, und James F. Robeson. 1993. Integrated distribution systems: A management perspective. *International Journal of Physical Distribution & Logistics Management*, 5:4–12.
Langhagen-Rohrbach, Christian. 2012. Moderne Logistik – Anforderungen an Standorte und Raumentwicklung. *Raumforschung und Raumordnung*. Springer, 3:217–227.
Lichtenstein, Nelson. 2005. Wal-Mart: Template for 21st century capitalism? *New Labor Forum* 1:21–30.
Lüthje, Boy. 1993. *Die Neuordnung der Telekommunikationsindustrie in den USA*. Wiesbaden: Deutscher Universitätsverlag.
Marx, Karl. 1983a. *Das Kapital*, Bd. II. Berlin: Dietz Verlag.
Marx, Karl. 1983b. *Das Kapital*, Bd. III. Berlin: Dietz Verlag.
Matis, Herbert, und Dieter Stiefel. 1995. *Das Haus Schenker: die Geschichte der internationalen Spedition 1872-1931*. Wien: Ueberreuter.
Matschiner, Markus, und Mario Zillmann. 2013. *Branchendossier Logistik und Transport 2013*. Kaufbeuren: Lünendonk.
Murphy, Craig N. 1994. *International organization and industrial change*. Cambridge: Oxford University Press.
Okholm, Henrik B., Martin H. Thelle, Bruno Basalisco, und Signe Rølmer. 2013. *E-commerce and delivery. A study of the state of play of EU parcel markets with particular emphasis on e-commerce*, Copenhagen Economics. Brüssel: Europäische Kommission.

Plehwe, Dieter. 1997. Eurologistik, „Europäische" Verkehrspolitik und die Entwicklung eines transnationalen (Güter-)Transportsystems. *Prokla* 107:217–244.

Plehwe, Dieter. 2000a. *Deregulierung und transnationale Integration der Transportwirtschaft in Nordamerika*. Münster: Reder.

Plehwe, Dieter. 2000b. Neue Horizonte transnationaler Integration: Die Entwicklung von grenzüberschreitenden Logistiknetzwerken. In *Die Konfiguration Europas. Dimensionen einer kritischen Integrationstheorie*, Hrsg. Hans-Jürgen Bieling und Jochen Steinhilber, 276–303. Münster.

Plehwe, Dieter. 2000c. Neue Multis als transnationale Vernetzungsunternehmen. In *Grenzenlose Kontrolle? Organisatorischer Wandel und politische Macht multinationaler Unternehmen*, Hrsg. Claus Dörrenbächer und Dieter Plehwe, 111–147. Berlin: Edition Sigma.

Plehwe, Dieter. 2001. Arbeitspolitische Probleme ungleicher Reorganisation. Zur Veränderung der Arbeit in Logistiknetzwerken. *Industrielle Beziehungen*, 1:55–82.

Plehwe, Dieter. 2002. Europäische Universaldienstleistungen zwischen Markt und Gemeinwohl. In *Gemeinwohl – Auf der Suche nach der Substanz*, Hrsg. Gunnar Folke Schuppert und Friedhelm Neidhardt, 389–420. Berlin: Wissenschaftszentrum Berlin.

Plehwe, Dieter, Hans Uske, Hermann Völlings, und Arnd Dalbeck. 1998. *Die Logistikbranche im Umbruch. Arbeit und Mitbestimmung in einem sich wandelnden Dienstleistungsbereich*. Duisburg: RISP.

Plehwe, Dieter, und Stefano Vescovi. 2003. Beyond National Coherence: the Political Re-Grouping of Göttingen, European Companies. In *Globalisation and Institutions – Redefining the Rules of the Economic Game*, Hrsg. Marie-Laure Djelic und Sigrid, 193–219. Cheltenham: Edgar Elgar.

Plehwe, Dieter, und Katja Walther. 2007. Transformation Europäischer Governance: (Europa) Rechtliche Dimensionen. Eine vergleichende quantitative Analyse heterogener Europäisierungsprozesse im Politikfeld Verkehr, Discussion Paper SP III 2007-201. Berlin: Wissenschaftszentrum Berlin.

Rall, Wilhelm. 1986. Globalisierung von Industrien und ihre Konsequenzen für die Wirtschaftspolitik. In *Probleme der Stabilitätspolitik*, Hrsg. Helmut Kuhn, 152–174.

Rammler, Stephan. 2001. *Mobilität in der Moderne. Geschichte und Theorie der Verkehrssoziologie*. Berlin: Edition Sigma.

Reich, Robert. 1992. *The work of nations*. New York: Vintage Press.

Schoemaker, Jarl, Aaron Scholtz, und Riccardo Enei. 2012. *Towards low carbon transport in Europe. Transport research and innovation portal*. Luxemburg: Europäische Union.

Schmied, Martin, Kirsten Havers, Wiebke Zimmer, Kirsten Schmidt, Manuel Goerke, und Oliver Schlüter. 2007. Nachhaltige Mobilität durch Innovation im Güterverkehr. Endbericht zum Forschungsvorhaben im Auftrag des Bundesministeriums Umwelt, Naturschutz und Reaktorsicherheit. http://www.oeko.de/oekodoc/372/2007-021-de.pdf. Zugegriffen am 10.12.2013.

Scharpf, Fritz. 1999. *Föderale Politikverflechtung: Was muss man ertragen – was kann man ändern?* MPIFG Working Paper. Köln.

Schöller, Oliver. 2006. *Mobilität im Wettbewerb. Möglichkeiten und Grenzen einer integrierten Verkehrspolitik im Kontext deregulierter Verkehrsmärkte*. Düsseldorf: Wissenschaftszentrum Berlin.

Schulte, Christof. 1995. *Logistik*. München: Vahlen.

Sombart, Werner. 1969. *Der Moderne Kapitalismus*, Bd. 2. Berlin: Dietz.

Sommer, Heini. 1993. *Externe Nutzen des Verkehrs – Wissenschaftliche Grundlagen. Nationales Forschungsprogramm Stadt und Verkehr*, Bericht 39. Zürich: NFP.

Sönnichsen, Lorenz. 1991. Ohne Staat ist in Europa auch künftig kein Verkehr zu machen. *Deutsche Verkehrszeitung* 149: 3.

Smith, Adam.1999. *Der Wohlstand der Nationen. Eine Untersuchung seiner Natur und seiner Ursachen*. München: Deutscher Taschenbuch Verlag.

Stabenau, Hanspeter. 1997. New logistics trends. In Roundtable 104, New Trends of Logistics in Europe, Hrsg. European Conference of Ministers of Transport, 9–34. Paris.

Strange, Susan. 1988. *States and markets. An introduction to international political economy.* London: Bloomsbury Academic.
UIRR – International Union for road-rail combined transport. 2013. Report 2012-13 European Road-Rail Combined Report. Brüssel: Europäische Union.
Voigt, Fritz. 1973. *Verkehr*, Bd. 1. Berlin.
Weingart, Peter. 2001. *Die Stunde der Wahrheit? Vom Verhältnis der Wissenschaft zu Politik, Wirtschaft und Medien in der Wissensgesellschaft.* Weilerswist: Velbrück Verlag.
Wolf, Winfried. 1992. *Eisenbahn und Autowahn.* Hamburg/Zürich: Rasch und Röhring.
World Trade Organisation – WTO. 2013. International trade statistics 2013. http://www.wto.org/english/res_e/statis_e/its2013_e/charts_e/chart03.pdf. Zugegriffen am 23.12.2013.

Verkehrsinfrastruktur: Volkswirtschaftliche und ordnungspolitische Aspekte

Bernhard Wieland

Zusammenfassung
Dieser Beitrag erörtert das Thema Infrastruktur aus volkswirtschaftlicher Sicht. Behandelt werden vor allem die Produktivitäts- und Wachstumseffekte von Infrastrukturinvestitionen und die Arbeitsteilung zwischen Staat und Markt bei der Bereitstellung. Der Beitrag geht auch auf einige aktuelle Politikfelder ein, wie die Verschlechterung der Infrastruktur in Deutschland, den damit verbundenen zukünftigen Finanzierungsbedarf, die Rolle der Nutzerfinanzierung und PPP-Modelle.

Schlüsselwörter
Infrastruktur • Wachstum • Produktivität • Öffentliche Güter • PPP-Modelle

1   Einleitung

Die Frage nach dem volkswirtschaftlich optimalen Bestand an Verkehrsinfrastruktur eines Landes gehört zu den zentralen Fragen der Verkehrspolitik bzw. Verkehrswirtschaft. Untrennbar damit verknüpft ist die Frage nach dem optimalen Ausmaß an Neu- und Ersatzinvestitionen. In Deutschland haben beide Fragen angesichts augenfälliger und mittlerweile auch wissenschaftlich belegter Infrastrukturdefizite seit neuestem besondere Aktualität erlangt. Zwar haben Fachleute schon in den 1980er-Jahren auf die Gefahren eines abnehmenden Modernitätsgrades der Infrastruktur für den Wirtschaftsstandort Deutschland hingewiesen und dabei vor allem eine stärkere Betonung der Ersatzinvestitionen in der Bundesverkehrswegeplanung gefordert, doch haben erst in jüngster Zeit öffentlichkeitswirksame

---

B. Wieland (✉)
Lehrstuhl für Verkehrswirtschaft und internationale Verkehrspolitik, Technische Universität Dresden, Dresden, Deutschland
E-Mail: kerstin.kohn@tu-dresden.de

Vorkommnisse wie Brückensperrungen, sich häufende Verspätungen der Bahn oder der offenkundige Verfall der kommunalen Straßen die Thematik ins öffentliche Bewusstsein gerückt.

Besondere Beachtung hat in jüngster Zeit der Abschlussbericht der Kommission „Zukunft der Verkehrsinfrastrukturfinanzierung" unter Vorsitz des ehemaligen Verkehrsministers von Sachsen-Anhalt, Karl-Heinz Daehre (2013), gefunden, in dem für die unmittelbare Zukunft für Deutschland insgesamt (Bund, Länder, Kommunen, kommunale Aufgabenträger) ein investiver Nachholbedarf in Höhe von 7,2 Mrd. € jährlich konstatiert wird. Von diesem Finanzbedarf entfällt auf Ersatzinvestitionen ein langfristiger Sockelbetrag von 4,5 Mrd. € und ein gesonderter Nachholbedarf in Höhe von 2,65 Mrd. €, der über die nächsten 15 Jahre abgebaut werden soll. Differenziert nach Verkehrsträgern sind der Straße von dem Gesamtbedarf 4,7 Mrd. €, der Schiene (inklusive ÖPNV) 2,0 Mrd. € und den Wasserstraßen 0,5 Mrd. € zuzurechnen. Verengt man die Betrachtung nur auf die Verkehrswege des Bundes, beträgt der ermittelte zusätzliche Finanzbedarf 3,0 Mrd. € jährlich.

Die Daehre-Kommission hat ermittelt, dass 19,6 Prozent der Autobahnstrecken und 41,4 Prozent der Bundesstraßenabschnitte den bautechnisch kritischen Wert von 3,5 erreicht oder sogar überschritten haben. Was den Zustand der Brücken in Deutschland betrifft, hätten 46,1 Prozent der Brücken an Bundesfernstraßen den dort üblichen kritischen Wert von 2,5 erreicht. Bei der Bahn ist ein Drittel aller Brücken älter als 100 Jahre. Die mittlere Lebensdauer von Verkehrsanlagen liege jedoch bei 40–45 Jahren.

Der Daehre-Kommission ist mittlerweile die Bund-Länder-Kommission „Nachhaltige Verkehrsinfrastrukturfinanzierung" unter Vorsitz des ehemaligen Bundesverkehrsministers Kurt Bodewig (2013) gefolgt, die das Investitionsdefizit von 7,2 Mrd. € im Wesentlichen bestätigt, darüber hinaus aber einen Stufenplan zur Finanzierung der entsprechenden Investitionen vorgelegt hat. Eine besondere Rolle spielen in diesem Konzept Infrastrukturfonds auf Bundes- und Länderebene, die das traditionelle Schema der Finanzierung direkt aus den öffentlichen Haushalten ergänzen bzw. ersetzen sollen.

Hinter der ganzen Infrastrukturdebatte steht letztlich die Frage nach den volkswirtschaftlichen Effekten von Infrastruktur. Die Besorgnis richtet sich insbesondere darauf, dass ein quantitativ und qualitativ ungenügender Bestand an Infrastruktur Wachstum und Produktivität einer Volkswirtschaft erheblich behindern könnte. Damit ist aber noch nichts darüber gesagt, welcher Bestand und demzufolge auch welches Investitionsniveau im Bereich der Verkehrsinfrastruktur eigentlich „optimal" sind. Eng verwandt mit dieser Problematik ist die Frage, welche Produktivitäts- und Wachstumseffekte durch zusätzliche Infrastrukturinvestitionen überhaupt erzielt werden können. Dies gilt für alle föderalen Ebenen, von der Bundes- bis hin zur kommunalen Ebene.

Die Frage, welche makroökonomischen Wirkungen durch Infrastrukturinvestitionen ausgelöst werden können, ist zunächst unabhängig davon, ob die Investitionen im öffentlichen oder privaten Sektor einer Volkswirtschaft erfolgen. Im Zusammenhang mit dem bereits genannten erheblichen Finanzbedarf und auch der zeitlichen Dringlichkeit der erforderlichen Investitionen ist jedoch als weiterer wichtiger Themenkreis die Frage nach neuen Angebots- und Finanzierungsformen von Verkehrsinfrastruktur aufgekommen. Dies gilt auch vor dem Hintergrund der in ganz Europa zu erwartenden Verkehrszuwächse als Folge der EU-Erweiterung und des erheblichen infrastrukturellen Nachholbedarfs in den neuen EU-Mitgliedsländern. Ganz grundsätzlich ist damit das Problem der optimalen Arbeitsteilung zwischen Staat und Privatwirtschaft in einer Volkswirtschaft aufgeworfen. Im Vordergrund steht hier die stärkere Einbindung privater Unternehmen in Planung, Produktion und Betrieb von Verkehrsinfrastruktureinrichtungen und die Erschließung privaten Kapitals.

Entsprechend dieser gerade abgesteckten Problemfelder beschäftigt sich der nachfolgende Beitrag vor allem mit den folgenden zwei Fragen der Infrastrukturpolitik:

- Welche makroökonomischen Wirkungen haben Investitionen in Infrastruktur, speziell die des Verkehrs?
- Wo verläuft bei der Bereitstellung von Verkehrsinfrastruktur die Trennlinie zwischen Staat und Markt? Welche Teilstufen der Wertschöpfungskette (Planung, Finanzierung, Bau, Betrieb, Erhaltung) können Privatunternehmen überlassen werden und wo muss der Staat aktiv werden? Welche Rolle können *public private partnerships* spielen?

Zuvor wird jedoch der Frage nachgegangen, was überhaupt unter Infrastruktur zu verstehen ist. Wie sich zeigen wird, gibt es auf diese einfache Frage keineswegs eine ebenso einfache Antwort.

2 Was ist Infrastruktur?

Es gibt bis heute keine klare und allgemein akzeptierte Definition des Begriffs Infrastruktur. Es gibt lediglich Definitions*versuche*, von denen jeder wichtige Teileigenschaften der Infrastruktur benennt, keiner aber für sich alleine ausreicht, um deren Objekte trennscharf von anderen Gegenständen der Realität abzugrenzen. Einige dieser Versuche, den Begriff Infrastruktur zu bestimmen, seien im Folgenden vorgestellt.

Die erste Definition geht von der ursprünglichen Wortbedeutung im Lateinischen aus, wonach Infrastruktur die unbeweglichen Teile des Verkehrssystems, also etwa Schienen- und Straßen, Flughäfen oder Bahnhöfe bezeichnet. Ein etwas umfassenderer Sprachgebrauch entstammt dem Militärwesen. Im Brockhaus von 1958 wird die NATO zitiert, bei der Infrastruktur als Sammelbezeichnung für militärische Anlagen wie Kasernen, Flughäfen, Tankstellen, Radarstationen, im weiteren Sinne auch Straßen, Brücken, Eisenbahnen, Fernmeldeeinrichtungen verwendet wurde (vgl. Jochimsen 1966: 100).

Vergleicht man nur diese beiden Verwendungen des Wortes, so wird bereits klar, worin das zentrale Problem bei der Begriffsbestimmung besteht: Dass die unbeweglichen Teile des Verkehrssystems zur Infrastruktur zählen, ist plausibel. Aber gehört nicht vielleicht auch eine für den Bahnbetrieb erforderliche Steuerungssoftware dazu? Wie steht es mit dem Rollmaterial (Waggons, Lokomotiven)? Wie mit verkehrsspezifischen Telekommunikationsnetzen? Gehört ein funktionierender öffentlicher Personennahverkehr (ÖPNV) zur Infrastruktur eines Landes oder nicht?

Man könnte die Auffassung vertreten, dass es im Grunde genommen gleichgültig sei, wie man die Einteilung vornehme, solange man sich nur jedes Mal im Klaren sei, welche Abgrenzung man gerade verwende. Diese Sichtweise ist jedoch verkürzt. Wenn man beispielsweise untersuchen will, welche volkswirtschaftlichen Effekte, etwa auf Wachstum oder regionale Entwicklung, von der Verkehrsinfrastruktur ausgehen, braucht man einen klaren Begriff von Infrastruktur, der insbesondere die wirtschaftswissenschaftlich bedeutsamen Aspekte des Verkehrs klar erfasst.

Der in der deutschsprachigen Literatur bekannteste Versuch, Infrastruktur über ihre wirtschaftlichen Effekte zu charakterisieren, stammt von Jochimsen: Ihm zufolge ist sie die „Summe der materiellen, institutionellen und personellen Anlagen, Einrichtungen und Gegebenheiten, (...) die den Wirtschaftseinheiten zur Verfügung stehen und mit beitragen, den Ausgleich der Entgelte für gleiche Faktorbeiträge bei zweckmäßiger Allokation der Ressourcen, d. h. vollständige Integration und höchstmögliches Niveau der Wirtschaftstätigkeit zu ermöglichen" (Jochimsen 1966: 100).

Diese Definition ist durch ihre große Allgemeinheit („Anlagen, Einrichtungen und Gegebenheiten") in der Praxis kaum zu verwenden. Sie enthält aber einen wichtigen Gedanken, nämlich die Unterscheidung in materielle, institutionelle und „personelle" Infrastruktur (im heutigen Fachjargon: die Humankapitalausstattung). Für die Verkehrspolitik ist dies eine elementare Differenzierung. Viele Verkehrsinfrastrukturprojekte (z. B. in Entwicklungsländern) scheitern daran, dass zu einseitig die materielle Infrastruktur im Vordergrund steht und die wichtige komplementäre Rolle der beiden anderen Arten übersehen wird.

Eine weitere vorgeschlagene Definition orientiert sich an den Eigentumsverhältnissen. Sie definiert die Infrastruktur eines Landes als den Teil des physischen Kapitalstocks, der sich im Eigentum des öffentlichen Sektors befindet („the tangible capital stock owned by the public sector" (Gramlich 1994: 1177)).

Diese Definition ist vor allem deshalb unakzeptabel, weil hier sozusagen die Antwort auf die zentrale Fragestellung der Infrastrukturpolitik bereits in der Begriffsbestimmung steckt. Die Theorie der Infrastrukturpolitik soll gerade erst klären, ob Infrastruktur unbedingt vom Staat bereitgestellt werden muss oder nicht. Von dieser logischen Schwierigkeit abgesehen, gibt es de facto Verkehrseinrichtungen, die nicht in der Hand des Staates sind und die demnach nicht von der Definition erfasst würden. Dazu gehören, erstens, öffentliche Anlagen, die von Privaten finanziert, gebaut und betrieben werden, etwa die privaten Autobahnen in Frankreich oder Italien. Dazu gehören aber, zweitens, auch Objekte, die von privaten Unternehmen zur Eigennutzung errichtet werden, wie etwa Privatflughäfen oder firmenübergreifend genutzte Telekommunikationsnetze.

Diese Autobahnen und Flughäfen würden nach der gerade zitierten Definition nicht als Teile der Infrastruktur eines Landes gelten.

Ein weiteres Charakteristikum von Infrastruktur, das in der Literatur häufig implizit mitgenannt wird, besteht darin, dass es sich bei der des Verkehrs um eine Art von fundamentalem Basisinput für die Volkswirtschaft als Ganzes handelt. Diese Ausdrucksweise ist natürlich sehr vage, sie trifft aber intuitiv einen wesentlichen Aspekt. Gemeint ist, dass es sich um einen Input handelt, der in fast alle Produktionsaktivitäten eingeht. Das ist für den Verkehr sicher der Fall, gilt aber auch für andere Teile der volkswirtschaftlichen Infrastruktur, wie Wissen oder Rechtssicherheit, also gemäß Jochimsen auch für die nicht-materiellen Teile der Infrastruktur eines Landes. Hirschman (1958) sprach in diesem Zusammenhang von „social overhead capital", d. h. einem Block von Kapital, der vorhanden sein muss, bevor überhaupt produziert und gehandelt werden kann.

Eine weitere Möglichkeit, Infrastruktur zu charakterisieren, besteht darin, den Versuch einer expliziten Definition fallen zu lassen und stattdessen eine Liste von typischen Eigenschaften anzugeben, die Verkehrsinfrastruktureinrichtungen in der Regel haben. Im Allgemeinen umfasst eine solche Liste die Merkmale der örtlichen Gebundenheit, des hohen Kapitalbedarfs, der Unteilbarkeit, der Größenvorteile, der langen Lebensdauer und des hohen Investitionsrisikos. Hinzu kommen Interdependenzen zwischen verschiedenen Arten oder Teilbereichen der Einrichtungen (Komplementarität oder Substitutionalität), Netzwerkexternalitäten und Mängel in der Konsumentensouveränität durch fehlende Preise.

Bisweilen wird zu den Attributen von Infrastrukturgütern auch die defizitäre Betriebsführung gerechnet, durch die solche Einrichtungen häufig gekennzeichnet sind, oder auch die zentrale Planung, Kontrolle und/oder Betriebsführung. Hier gilt jedoch sinngemäß, was bereits oben zum zweiten Definitionsversuch gesagt wurde, der Infrastruktur als den im öffentlichen Besitz befindlichen Kapitalstock bestimmt. Es kann keinesfalls als wissenschaftlich gesichert gelten, dass Infrastruktureinrichtungen notwendigerweise defizitär sind oder zentral geplant werden müssen. Im Gegenteil, es spricht einiges dafür, dass beide Eigenschaften sich in der Praxis erst dadurch ergeben, dass sie Infrastruktureinrichtungen a priori zugeschrieben werden.

3 Welche ökonomischen Wirkungen hat Infrastruktur?

Allgemein wird vermutet, dass Investitionen in Verkehrsinfrastruktur große ökonomische Wirkungen (Wachstum, Produktivität) haben. Hier ist zunächst zu klären, was unter dem Ausdruck „ökonomische Wirkungen *der* Infrastruktur" zu verstehen ist. Bisweilen wird der Irrtum begangen, diesen Ausdruck auf die Infrastruktur eines Landes in toto zu beziehen, in der Art eines Mit-Ohne-Vergleichs. Ein solcher Ansatz ist jedoch wissenschaftlich fragwürdig. Totalbetrachtungen dieser Art verlangen als Minimalanforderung die Konstruktion eines historischen Ohne-Szenarios und dessen Fortschreibung über lange Zeiträume. Eine solche Konstruktion ist stets spekulativ. Dennoch werden immer wieder Untersuchungen dieser Art durchgeführt, häufig mit dem Ziel, den „volkswirtschaftlichen Nutzen" eines bestimmten Verkehrsträgers zu beziffern.

Die meisten wissenschaftlich seriösen Untersuchungen sind nicht Total- sondern vielmehr *Marginal*betrachtungen. Sie beziehen sich auf die Frage, welche nationalökonomischen Wirkungen hervorgerufen werden, wenn der vorhandene Infrastrukturbestand um eine *zusätzliche* Investitionseinheit erweitert wird. Es wird also gefragt, wie viel *mehr* an Wirtschaftswachstum oder Produktivität generiert wird, wenn dem bereits vorhandenen Bestand eine Einheit *mehr* an Investitionen hinzugefügt wird. Dieses Mehr wird zumeist in Geldeinheiten ausgedrückt („Was bringt ein Euro Verkehrsinvestitionen zusätzlich?").

Die Marginalbetrachtung ist auch deshalb vorzuziehen, weil sie dem in der Volkswirtschaftslehre gängigen Prinzip der Opportunitätskosten entspricht: Jeder Euro, der zusätzlich in die Verkehrsinfrastruktur investiert wird, kann nicht mehr in andere Zwecke investiert werden (auch nicht in andere Teile der Infrastruktur eines Landes, wie etwa Schulen oder Krankenhäuser). Es ist deshalb für die Politik von großer Wichtigkeit, sich darüber klar zu werden, welchen gesamtökonomischen Nutzen der letzte in den Zweck A investierte Euro gegenüber einem zusätzlich in Aktivität B investierten Euro hat. Dieses Problem ist vor allem für Entwicklungsländer oder die neuen EU-Beitrittsländer von Bedeutung, die unter erheblichen budgetären Zwängen stehen.

Im Folgenden werden exemplarisch Ergebnisse von Studien vorgestellt, die sich vor allem auf vier ökonomische Kenngrößen beziehen, nämlich Wachstum, Entwicklung, Produktivität und die Verteilung von Wirtschaftsaktivitäten zwischen Regionen.

Dabei ist vorweg nochmals darauf hinzuweisen, dass sich die zu schildernden Effekte nicht quasi automatisch ergeben. Es deutet vieles darauf hin, dass Infrastruktur eine notwendige, nicht aber hinreichende Bedingung für Wachstum und Produktivität ist. Verkehrsinfrastruktur *erleichtert* Wachstum und wirtschaftliche Entwicklung, sie *erzeugt* sie nicht. Infrastruktur muss an einen intakten institutionellen Unterbau und an Humankapital gekoppelt sein, um positive Wirkungen entfalten zu können. Wahrscheinlich macht erst die Synergie dieser drei Faktoren den Erfolg aus.

3.1 Verkehrsinfrastruktur, Produktivität und Wachstum

Obwohl die volkswirtschaftliche Wachstumstheorie seit den 1980er-Jahren eine starke Wiederbelebung erfahren hat, gibt es bis heute nur sehr wenig Modelle, die den Zusammenhang von Verkehrsinfrastruktur und Wachstum[1] wirklich erfolgreich erfassen. Die so genannte „neue Wachstumstheorie" stellte bislang vor allem Phänomene wie Wissen, Humankapital sowie Forschung und Entwicklung in den

---

[1] Ein Standardlehrbuch zum aktuellen Stand der Wachstumstheorie ist Barro/Sala-i-Martin (2003).

Vordergrund. Die Infrastruktur ist erst seit Aschauers viel diskutierter Arbeit von 1989 stärker ins Blickfeld gerückt.

In den 70er-Jahren des vorigen Jahrhunderts stellten Ökonomen weltweit eine deutliche Verlangsamung des volkswirtschaftlichen Produktivitätswachstums fest (*productivity slowdown*). Unter den Gründen, die für dieses Phänomen angegeben wurden, waren der Ölpreisschock, ein Übermaß an Regulierungen („Eurosklerose"), ein Defizit an Forschung und Entwicklung, aber auch der Verfall der Infrastruktur. Der zuletzt genannte Faktor wurde lange übersehen, obwohl bekannt war, dass die Infrastrukturinvestitionen (zumindest in den USA und in Europa) stark abgenommen hatten. Ein 1989 von David Aschauer veröffentlichter Aufsatz rückte durch seine aufsehenerregenden Ergebnisse die Infrastruktur in den Vordergrund und löste eine Fülle von Folgearbeiten aus. Die hohe volkswirtschaftliche Rendite, die Aschauer für zusätzliche Infrastrukturinvestitionen errechnete, deutete darauf hin, dass bis zu diesem Zeitpunkt eindeutig zu wenig in die so genannte Kerninfrastruktur (Verkehr, Telekommunikation, Energie- und Wasserversorgung) investiert worden war.

Der Grundgedanke von Aschauers Untersuchung kann verhältnismäßig einfach dargestellt werden. Aschauer ging wie alle anfänglichen Versuche, den Zusammenhang zwischen Produktivität und Infrastruktur zu analysieren, von der üblichen makroökonomischen Produktionsfunktion

$$Y(t) = A(t) \times F(K(t), L(t)) \tag{1}$$

aus. Hierbei steht Y für das Niveau des BSP, das mit den beiden volkswirtschaftlichen Produktionsfaktoren Kapital K und Arbeit L pro Jahr produziert werden kann. A steht für das Niveau der sogenannten totalen Faktorproduktivität. Dabei handelt es sich, grob gesprochen, um ein aggregiertes Maß, das angibt, wie produktiv die eingesetzten Faktoren K und L sind. Bei technischem Fortschritt beispielsweise kann sich A erhöhen, wodurch sich die makroökonomische Produktionsfunktion nach oben verschiebt. t ist ein Zeitindex.

Es liegt nun nahe, in diese Produktionsfunktion eine neue Variable G einzuführen, die das zum Zeitpunkt t aktuelle Niveau an Infrastrukturkapital repräsentiert. Man erhält auf diese Weise

$$Y = A \times F(K(t), L(t), G(t)). \tag{2}$$

Diese volkswirtschaftliche Produktionsfunktion F enthält also jetzt zwei Arten von Kapital: öffentliches Kapital G und privates Kapital K. Was insgesamt produziert werden kann, hängt nunmehr sowohl vom Privatkapital K und der Arbeit L als auch von der Infrastrukturausstattung G ab. Auch die Produktivität A ist nunmehr eine Funktion von G. Je entwickelter die Infrastruktur, desto höher die totale Faktorproduktivität.

Nimmt man für F eine spezielle mathematische Form an, die verallgemeinerte Cobb-Douglas-Form, ergibt sich

$$Y = A \times K^{\alpha}L^{\beta}G^{\gamma} \tag{3}$$

Dabei sind α, β und γ jeweils die so genannten Outputelastizitäten des Kapitals K, der Arbeit L und des Bestandes an öffentlicher Infrastruktur G. Dies heißt, wenn beispielsweise G um ein Prozent steigt, erhöht sich der Output Y (das BSP) um γ Prozent. Analog gilt dies für α und β. Es ist klar, dass γ genau die Größe ist, die man sucht, wenn man beschreiben will, welche volkswirtschaftlichen Produktivitätswirkungen eine Erhöhung des Infrastrukturbestandes hat. Logarithmiert man die Produktionsfunktion (3) erhält man:

$$\ln Y = \ln A + \alpha \ln K + \beta \ln L + \gamma \ln G \tag{4}$$

oder unter Verwendung kleiner Buchstaben für die Logarithmen:

$$y = a + \alpha k + \beta l + \gamma g \tag{5}$$

Hierbei handelt es sich um eine lineare Gleichung, die nach einigen weiteren ökonomischen Überlegungen (insbesondere zur Existenz von Größenvorteilen) ökonometrisch geschätzt werden kann. Dies setzt allerdings die Existenz sinnvoller Datenreihen für K, L und G voraus. Dabei sind insbesondere die Schwierigkeiten der korrekten Messung von G und dessen Outputs erheblich. Abgesehen von diesen Schwierigkeiten (mit denen allerdings alle Studien dieser Art konfrontiert sind), verträgt sich dieser Ansatz schlecht mit der neoklassischen Produktionstheorie. Im Gegensatz zu K und L wird G (bzw. die Dienste von G) vom Staat bereit gestellt und nicht auf Märkten gehandelt (siehe hierzu Abschn. 3). G hat deshalb keinen Faktorpreis, was wiederum bedeutet, dass hier die Standardaussagen der Faktornachfragetheorie nicht anwendbar sind. Dies führt wiederum dazu, dass die Beiträge von privatem Kapital K, Arbeit L und Infrastruktur G zum Bruttosozialprodukt Y nicht mehr eindeutig auseinanderdividiert werden können.

Ungeachtet dieser Schwierigkeiten (die teilweise erst in den nachfolgenden Studien erkannt wurden) hat Aschauer für das obige γ aus Gleichung (3) bzw. (4) das Werteintervall $0,38 < \gamma < 0,56$ ermittelt. Dies bedeutet, dass im Untersuchungszeitraum 1949 bis 1985 eine Zunahme der Infrastrukturinvestitionen (nicht nur Verkehr!) um 1 Prozent eine Zunahme des amerikanischen BIPs um 0,38 Prozent–0,56 Prozent pro Jahr bewirkt hätte. Damit hätte der Rückgang der Infrastrukturausgaben in den USA während dieser Periode zwischen 40 und 50 Prozent der Abschwächung des Produktivitätswachstums erklärt. Den größten Einfluss hatte in Aschauers Untersuchung die sogenannte Kerninfrastruktur, also die Verkehrs- und Telekommunikationsinfrastruktur, sowie die Wasserversorgung und Abwasserbeseitigung.

Diese Ergebnisse sind in der Folge heftig kritisiert worden. So wurde beispielsweise bemängelt, dass Aschauer seiner Analyse kein vollständig spezifiziertes Modell der Volkswirtschaft als Ganzes zugrunde gelegt habe. Deshalb seien insbesondere *crowding-out*-Effekte unberücksichtigt geblieben, d. h. die Tatsache, dass öffentliche Investitionen private verdrängen können, weil sie das Zinsniveau erhöhen. Mit anderen Worten, selbst wenn Verkehrsinvestitionen positive Produktivitätseffekte haben, könnten diese durch crowding out wieder verringert oder sogar überlagert werden. Ferner wurde angemerkt, dass es konkurrierende Erklärungsvarianten gebe. Nachfolgende ökonometrische Schätzungen konnten zeigen, dass z. B. der Anteil der schulpflichtigen Bevölkerung eine ebenso gute Erklärungsvariable für die Entwicklung der Produktivität liefert wie die Kerninfrastruktur. Außerdem wurde kritisiert, dass Aschauers Ergebnisse zu einer unplausibel hohen Kapitalverzinsung auf das Infrastrukturkapital führen (vgl. Gramlich 1994). Spätere Studien haben denn auch gezeigt, dass die Auswirkungen von Infrastrukturinvestitionen *in entwickelten* Ländern deutlich geringer sind. Heute werden die γ-Werte im EU-Raum eher bei 0,1–0,2 angesiedelt. Für die Verkehrsinfrastruktur liegen sie noch deutlich darunter, nämlich bei durchschnittlich 0,05–0,06.

Das gravierendste Problem in Aschauers Arbeit ist jedoch das Kausalitätsproblem: Ist die volkswirtschaftliche Produktivität hoch, weil die Infrastrukturinvestitionen hoch sind? Oder sind die Infrastrukturinvestitionen hoch, weil die Produktivität und damit der Wohlstand eines Landes hoch sind? Oder um die Frage nach der Ursächlichkeit mit der zu verbinden, die Aschauers Ausgangspunkt bildete: Führt ein Rückgang der Infrastrukturausgaben zu einer Verringerung der volkswirtschaftlichen Produktivität? Oder führt nicht vielmehr eine Abnahme der volkswirtschaftlichen Produktivität dazu, dass die Nachfrage nach Infrastrukturkapital sinkt? Spätere Arbeiten haben versucht, mit Hilfe ausgefeilter ökonometrischer Methoden die Kausalitätsfrage zu entscheiden bzw. auch zweiseitige Kausalität zuzulassen (vgl. z. B. Romp und de Haan 2007 und ifo 2013).

Der bisher dargestellte Schätzansatz wird auch als Produktionsfunktionsansatz bezeichnet, da er eine makroökonomische Produktionsfunktion in den Mittelpunkt stellt. (Eine Meta-Studie zum Produktionsfunktionsansatz ist Melo et al. 2013). Weitere Ansätze sind der Kostenfunktionsansatz, Vektorautoregressive Schätzmodelle sowie der Quasi-Produktionsfunktionsansatz, der auf dem Begriff der Erreichbarkeit aufsetzt. Es ist hier nicht möglich, auf diese alternativen Schätzansätze einzugehen. Eine übersichtsartige Darstellung durch den Autor findet sich in ifo (2013). Eine tabellarische Übersicht über die Ergebnisse enthalten Romp und de Haan (2007) und Afraz et al. (2006). Insgesamt lässt sich festhalten, dass die Produktivitäts- und Wachstumseffekte von Infrastrukturinvestitionen in entwickelten Ländern deutlich geringer sind, als in den ersten Untersuchungen zu diesem Thema ermittelt worden war. Es zeigt sich darüber hinaus, dass die Auswirkungen je nach Art der betrachteten Infrastruktur, nach Ländern/Regionen und nach Branchen sehr stark differieren können. (Dabei kann auch durchaus der Fall auftreten, dass einige Regionen auf Kosten der anderen profitieren.) In hochentwickelten Ländern, wo die vorhandene Infrastruktur bereits gut ausgebaut ist, entfalten zusätzliche Investitionen nur noch verhältnismäßig geringe zusätzliche Produktivitäts- und Wachstumsimpulse, dort kann jedoch das Problem der Überlastung oder mangelnder Instandhaltung auftreten. Hinzu kommt die bereits mehrfach erwähnte Tatsache, dass Infrastrukturinvestitionen stets in einem geeigneten institutionellen Umfeld erfolgen müssen. Die Weltbank spricht davon, dass „infrastructure investment is not sufficient on its own to generate sustained increases in economic growth" (World Bank 1994: 19).

3.2 Verkehrsinfrastruktur und räumliche Entwicklung

Es besteht die weit verbreitete Vorstellung, dass eine bessere verkehrsinfrastrukturelle Anbindung den betroffenen Regionen stets zum Vorteil gereiche. Bereits die klassischen Modelle der Raumwirtschaftslehre waren jedoch geeignet, diese Vermutung in Zweifel zu ziehen. Grob gesprochen beruhen diese Zweifel auf der simplen Erkenntnis, dass eine Straße grundsätzlich zwei Richtungen hat: eine, die zur Region hinführt und eine andere, die davon wegführt. Geht man davon aus, dass der Endpreis eines Gutes beim Kunden unter Wettbewerbsbedingungen überwiegend aus den beiden Komponenten Transportkosten und Produktionskosten besteht, dann kann eine Verbesserung der verkehrlichen Anbindung einer peripheren Region dazu führen, dass sie vom Zentrum kostengünstiger beliefert werden kann und damit ihr eigenes Angebot verdrängt wird. Dies kann vor allem dann eintreten, wenn die Produktionskosten der Randregion höher sind als die des Zentrums, was häufig der Fall ist, weil dieses Größenvorteile in der Produktion (sinkende Durchschnittskosten) ausnutzen kann. Hatte die schlechtere Verkehrsanbindung bisher wie eine Art Schutzzoll gewirkt, der die Kostennachteile der Peripherie kompensiert hatte, wird nun nach der Verbesserung der Verkehrsinfrastruktur der Wettbewerbsvorteil des Zentrums mit voller Wucht spürbar. Solange die Produktionskostendifferenz zwischen den beiden Standorten größer ist als die Transportkosten, kann die betroffene Branche in der Randregion überleben. Sobald aber diese Grenze unterschritten wird, droht das wirtschaftliche Aus. Das Zentrum verzeichnet weitere Agglomerationseffekte, die Peripherie entleert sich.

Überlegungen dieser Art sind das Kernstück der sogenannten „Neuen ökonomischen Geografie", deren bekanntester Vertreter der amerikanische Ökonom Paul Krugman ist. Die Grundthese dieser Forschungsrichtung besteht darin, dass räumliche Agglomerationseffekte ohne Rückgriff auf natürliche Standortvorteile, rein aus kosten- und nachfragestrukturellen Gegebenheiten erklärt werden können und dass dabei insbesondere die Transportkosten eine entscheidende Rolle spielen. In ihrer totalen Abstraktion von natürlichen Wettbewerbsvorteilen (z. B. durch günstige Klimaverhältnisse, Rohstoffvorkommen, natürliche Verkehrswege etc.) unterscheidet sich diese neue von den herkömmlichen Theorien der räumlichen Verteilung von Wirtschaftsaktivitäten (wie z. B. auch der klassischen Außenhandelstheorie).

Die Ergebnisse der Neuen Ökonomischen Geografie werden sehr stark durch den verhältnismäßig aufwändigen mathematischen Apparat geprägt, den sie benutzt. Eine rein verbale Beschreibung kann das Wesen dieser neuen Theorie nur ungenügend vermitteln. Es muss deshalb an dieser Stelle bei einigen rudimentären Bemerkungen bleiben. (Einen ausführlicheren gut lesbaren Überblick liefert Bröcker 2012.)

Ausgangspunkt des so genannten *core-periphery*-Modells von Krugman, dem Archetypus der Modelle zur Neuen Ökonomischen Geografie, ist eine homogene geografische Fläche. Es gibt also keinerlei natürliche Standortunterschiede, die sich in wirtschaftliche Wettbewerbsvorteile umsetzen ließen. Zur Vereinfachung sei hier angenommen, die homogene Fläche sei in zwei Gebiete unterteilt, die als

Region A und Region B bezeichnet werden. In beiden Regionen seien prinzipiell zwei Arten von Gütern produzierbar: (1) Industriegüter (*manufactured goods*, in einer breiten Anzahl von Varianten) und (2) ein „Agrargut" (das hier stellvertretend für den gesamten Output des Agrarsektors steht). Bei den Industriegütern ist der Markt durch eine Vielzahl kleiner Unternehmen geprägt, die in scharfem Wettbewerb untereinander geringfügig differenzierte Produkte anbieten (Marktform der monopolistischen Konkurrenz). Im Landwirtschaftssektor herrschen im Prinzip die gleichen Verhältnisse, lediglich mit dem Unterschied, dass das angebotene Agrargut homogen ist (Marktform des vollständigen Wettbewerbs). Die Unternehmen (Landwirte) können also nicht Kunden an sich binden, indem sie ihr Produkt leicht von dem ihrer Konkurrenten differenzieren. Es gibt in beiden Produktionsbereichen der Volkswirtschaft nur einen Produktionsfaktor, nämlich Arbeit, der im Industriegütersektor mobil ist (also zwischen den beiden Regionen wandern kann), nicht aber im Agrarsektor. Auf der Nachfrageseite haben die Konsumenten hinsichtlich der Industriegüter so genannte Dixit-Stiglitz-Präferenzen, d. h. sie nehmen die Vielzahl der angebotenen Produktvarianten auch tatsächlich an.

Es wird nun angenommen, dass jede Variante eines Industriegutes jeweils nur an einem einzigen Standort gefertigt wird, also entweder in Region A oder in Region B. Der Grund liegt in Größenvorteilen der Herstellung. Das heißt, ein Unternehmen, das in ‚großem Stil' produziert, kann dies immer zu geringeren Stückkosten tun als zwei Unternehmen parallel. Mit anderen Worten, auf Dauer wird im Wettbewerb nur ein Unternehmen am Markt bestehen können. Es ist dann nur noch der Substitutionskonkurrenz durch solche Unternehmen ausgesetzt, die ähnliche Produktvarianten des betreffenden Industriegutes herstellen. Die Transportkosten, denen im Modell eine tragende Rolle zukommt, werden als fixer Transportkostensatz modelliert.

In dieser Modellwelt kann es nun zu sich selbst verstärkenden Rückkoppelungseffekten kommen, die unter bestimmten Parameterkonstellationen des Modells (a) zur Ballung der Industriegüterproduktion in einer der beiden Regionen oder (b) zu einer Gleichverteilung führen.

Wird durch ein zufälliges Ereignis („der König schlägt den Hof in Region A auf") die Produktion beispielsweise in A angeregt, sinken dort die Stückkosten der Produktion, da nunmehr eine größere Menge nachgefragt wird. Mit der dadurch verbundenen Preissenkung sinkt der Index der Lebenshaltungskosten und der Reallohn einer typischen Arbeitskraft steigt. Als Folge wandern Arbeitskräfte von B nach A. Dadurch vergrößert sich (1) der Absatzmarkt für die in A angesiedelten Unternehmen und (2) das Arbeitskräftepotenzial. Beide Effekte wirken sich positiv auf die Gewinne der Unternehmen in A aus und es kommt zur Zuwanderung von Unternehmen aus B nach A. Aufgrund dieses Agglomerationseffektes müssen nunmehr weniger Güter nach A transportiert werden. Dies wiederum hat zur Folge, dass dort die Preise fallen, wodurch die Lebenshaltungskosten erneut sinken und weitere Arbeitskräfte aus B nach A übersiedeln. Setzt sich dieser Effekt immer weiter fort, wird schließlich die gesamte Industriegüterproduktion in A stattfinden. In B gibt es wirtschaftliche Aktivität nur noch im Agrarsektor. B wird „deindustrialisiert".

Abb. 1 Tomahawk Bifurkation

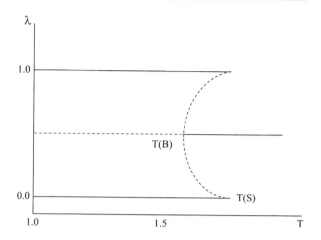

Dieser Modelltyp ist um die verschiedensten Bestandteile bereichert worden, um die Theorie realitätsnaher zu machen (vgl. Fujita et al. 1999 und als kritische Übersicht Neary 2001; vgl. auch Roos 2003). Entscheidend ist jedoch, dass in allen diesen Modellen den Transportkosten und damit der Verkehrsinfrastruktur eine entscheidende Rolle für die Ergebnisse zukommt. Im Rahmen des Krugmanschen core-periphery-Modells drückt sich dies am sinnfälligsten in der berühmten „Tomahawk Bifurkation" aus, in der sich die Modellresultate zusammenfassen lassen (vgl. Abb. 1):

Die Bezeichnung T auf der Abszisse steht hier für die Höhe der Transportkosten. Die Bezeichnung λ auf der Ordinate steht für den Anteil an Industriearbeitskräften in Region A. Die durchgezogenen Linien entsprechen stabilen volkswirtschaftlichen Gleichgewichten (Arbeitskräfteverteilungen). Jeder Punkt auf diesen Linien repräsentiert ein bestimmtes Gleichgewicht, das zu einem bestimmten Transportkostenniveau T gehört. „Stabil" bedeutet hier, dass eine kleine Störung eines solchen Gleichgewichts immer wieder zu ihm zurückführen wird. Die gestrichelten Linien hingegen sind der geometrische Ort von instabilen Gleichgewichten. Eine kleine Störung („der König schlägt den Hof auf") führt hier unvermeidlich immer weiter von dem ursprünglichen Gleichgewicht weg.

Die Grafik ist nunmehr von links nach rechts zu lesen. Bei hohen Transportkosten („schlechte Infrastruktur", geringe Erreichbarkeit) gibt es zunächst nur ein stabiles Gleichgewicht, nämlich die 50:50-Aufteilung zwischen beiden Regionen. In dem Maße, in dem die Transportkosten sinken, kommen instabile Gleichgewichte hinzu. (Auch die Punkte auf dem gestrichelten nach innen gekrümmten Bogen sind Gleichgewichte.) Links von dem gekrümmten Bogen wird die 50:50-Aufteilung instabil. Beim T-Parameterwert 1,5 beispielsweise („mittlere" Transportkosten) führt eine kleine Störung dieses Gleichgewichts dazu, dass sich die Volkswirtschaft von dieser Aufteilung immer weiter weg auf eines der beiden stabilen Gleichgewichte 0:100 oder 100:0 bewegt.

Diese wenigen Ausführungen mögen hier genügen, die Grundgedankengänge der Neuen Ökonomischen Geografie darzustellen. (Weiterentwicklungen beschreibt z. B. Bröcker, a.a.O.) Welche Kritikpunkte gibt es, insbesondere im Hinblick auf ihre infrastrukturpolitische Verwertbarkeit?

Zunächst einmal ist es aufgrund des hohen mathematischen Komplexitätsgrades der Theorie und der stilisierten Annahmen der Modelle bisher nicht gelungen, sie mit Hilfe der üblichen makroökonomischen Daten auf ein konkretes empirisches Beispiel anzuwenden. Eine geschlossene analytische Lösung eines solchen Modells ist vor einigen Jahren erst Pflüger (2004) geglückt. Bisher konnten Modelle der Neuen Ökonomischen Geografie nur mit Hilfe von Computersimulationen untersucht werden. Eine weitere Frage an die Neue Ökonomische Geografie besteht darin, ob hier nicht die Rolle der Transportkosten für die ökonomische Entwicklung bei weitem überschätzt wird. Diese Frage stellt sich insbesondere dann, wenn von der Modellannahme der homogenen geografischen Fläche abgegangen wird. In der Realität sind nicht alle Standorte gleichwertig, sondern manche verfügen über natürliche Vorteile, deren Effekte die Transportkosten bei weiten überlagern können. Man bedenke, dass diese heutzutage in den meisten Fällen weniger als zehn Prozent des Endpreises ausmachen. Dies schließt allerdings nicht aus, dass die Modelle der Neuen Ökonomischen Geografie eine gute Erklärung historischer Prozesse liefern können, in denen die Senkung der Transportkosten wirklich drastisch waren, wie etwa bei der wirtschaftlichen Entwicklung nach der Erfindung der Eisenbahn. Einige Vertreter dieser Theorieschule vertreten außerdem die Auffassung, dass die Größe T in einem allgemeineren Sinn zu verstehen sei, indem sie nicht nur Transportkosten, sondern ganz allgemein „Handelskosten" umfasse.

Aus regionalpolitischer Sicht ist die Hauptfrage sicherlich darin zu sehen, ob die Neue Ökonomische Geografie Ansatzpunkte für eine aktivistische Förderungspolitik gibt. Es läge z. B. nahe, aus dem obigen Tomahawk-Diagramm den Schluss zu ziehen, dass es etwa beim T-Wert von 1,5 für Region A vorteilhaft sein könnte, das 50:50-Gleichgewicht durch eine Subvention in die eigene Richtung eines (dann sogar auch noch stabilen) 100:0 Gleichgewichtes umzulenken. Von den Vertretern der Theorie wird diese Interpretation ganz überwiegend abgelehnt. Zum einen führe sie lediglich zu einem Subventionswettlauf mit ungewissen Erfolgsaussichten. Zum anderen seien die Modelle und vor allem die bisher erzielten empirischen Ergebnisse noch nicht hinreichend robust, um solche weitreichenden politischen Implikationen daraus abzuleiten (eine ausführliche Diskussion findet sich in Roos 2003).

4 Welche Rolle soll der Staat spielen?

Im vorangegangenen Abschnitt wurde die Frage gestellt: Was kann der Staat durch Investitionen in Infrastruktur makroökonomisch gesehen erreichen im Hinblick auf Entwicklung, Wachstum, Produktivität oder raumordnerische bzw. regionalwirtschaftliche Effekte? Das Resultat war etwas ernüchternd: Die Wirkungen sind in hochentwickelten Ländern mit einem bereits gut ausgebauten Verkehrsnetz vermutlich eher gering. Die politische Handlungsempfehlung musste lauten, im Zweifelsfall lieber dort zu investieren, wo die Wirkungen klar identifizierbar sind (möglicherweise in Gesundheit oder Bildung).

In dem nun folgenden Abschnitt wird eine sehr viel grundsätzlichere und vorgelagerte Frage gestellt: Selbst wenn sich positive Wirkungen von Infrastrukturinvestitionen zweifelsfrei und in nennenswertem Umfang nachweisen ließen, ist es dann notwendig, dass der Staat bei der Bereitstellung von Infrastruktur tätig wird oder würde der Markt, d. h. private Initiative, nicht genau die gleichen Effekte erzielen können? Wer dies verneint, muss nachweisen, dass es im Bereich der Verkehrsinfrastruktur zu Marktversagen kommt, das der Staat durch Interventionen korrigieren muss. Ist ein solches Scheitern des Marktes nicht gegeben, stellt die Privatwirtschaft immer das volkswirtschaftlich optimale Niveau an Infrastruktur bereit und Interventionen des Staates erübrigen sich.

Zu den im Bereich der Infrastruktur in Frage kommenden Formen des Marktversagens gehören das Vorliegen öffentlicher Güter, die Problematik des natürlichen Monopols, die Existenz maßgeblicher externer Effekte und hohe Transaktionskosten.

Bevor auf diese Formen des Marktversagens eingegangen wird, sei vor einem häufig begangenen Denkfehler gewarnt. Vielfach werden bei der Diskussion des Marktversagens zwei nicht zueinander passende Alternativen gegenübergestellt. Es ist nicht sinnvoll, einen nicht perfekt funktionierenden Markt mit einem perfekt funktionierenden Staatseingriff zu vergleichen. In der Realität werden auch staatliche Interventionen nicht zu 100 Prozent das Ziel der volkswirtschaftlichen Wohlfahrtsmaximierung erreichen. Politische Eingriffe erfolgen immer vor dem Hintergrund politischer und individueller Interessen der Entscheidungsträger und der ausführenden Bürokratie. Dem Versagen des Marktes steht das des Staates gegenüber. In der konkreten infrastrukturpolitischen Entscheidungssituation kommt es deshalb darauf an, die beiden gegeneinander abzuwägen. Es kann sehr wohl volkswirtschaftlich sinnvoll sein, ein Versagen des Marktes unkorrigiert zu lassen, wenn das vom Staat drohende noch weiter vom Wohlfahrtsoptimum wegführen würde. (Mit dieser Problematik beschäftigt sich in der Volkswirtschaftslehre die so genannte Public-Choice-Literatur, vgl. dazu einführend Blankart 2011; Mueller 1989.)

4.1 Öffentliche Güter

Zu den klassischen Staatsaufgaben gehört aus normativer Sicht die Bereitstellung so genannter öffentlicher Güter. Der Staat muss tätig werden, weil öffentliche Güter durch zwei Eigenschaften gekennzeichnet sind, die in der Tat zu einem Versagen des Marktes führen.

- Das Ausschlussprinzip ist verletzt, d. h. es ist nicht möglich, Nichtzahler vom Konsum auszuschließen. Dies ist etwa bei der Landesverteidigung der Fall und unterscheidet öffentliche von privaten Gütern. Die wichtige Konsequenz dieser Eigenschaft besteht darin, dass ein öffentliches Gut nicht über die Erhebung von Preisen finanziert werden kann. Die Bereitstellung über den Markt ist also nicht möglich.

- Nichtrivalität im Konsum. Diese Eigenschaft besagt, dass der Konsum von Person A in keiner Weise die für den Konsum von Person B zur Verfügung stehende Menge des betreffenden Gutes verringert. Auch hierfür liefert die Landesverteidigung wieder ein gutes Beispiel.

Liegt ein reines öffentliches Gut vor, muss der Staat für seine Bereitstellung sorgen. Da die erste Eigenschaft es unmöglich macht, einen Preis zu erheben, wird kein privater Unternehmer bereit sein, ein öffentliches Gut anzubieten. Daraus folgt jedoch noch nicht, dass der Staat in allen Wertschöpfungsstufen selbst tätig zu werden hätte, etwa über ein öffentliches Unternehmen. Planung, Errichtung, Betrieb, Instandhaltung und Wartung einer Infrastruktureinrichtung sind im Prinzip auf Privatunternehmen übertragbar, was de facto heute bereits stattfindet. Der Staat beschränkt sich häufig auf die Generalplanung und die Finanzierung. Teilt er sich bei einer bestimmten Infrastruktureinrichtung die Aufgaben in dieser Weise mit privaten Unternehmern, spricht man von einer *public private partnership* (PPP). Je nachdem, wie die Wertschöpfungsstufen zwischen Staat und Privaten verteilt sind, ergeben sich unterschiedliche Formen solcher PPPs. Es kann jedoch Gesichtspunkte geben, die in Einzelbereichen und -fällen die Entscheidung zwischen privater und öffentlicher Produktion zugunsten staatlicher Herstellung beeinflussen. Diese Gesichtspunkte treten sehr häufig dann auf, wenn bei der Bereitstellung einer Infrastrukturdienstleistung die angebotene Qualität eine große Rolle spielt. Diese Problematik spielt in der Debatte um *private public partnerships* eine große Rolle.

Güter, bei denen nur *eine* der definierenden Eigenschaften eines öffentlichen Gutes erfüllt ist, heißen *unreine* öffentliche Güter oder auch Mischgüter. Die meisten Infrastruktureinrichtungen (bzw. deren Dienste) im Verkehr sind heute als Mischgüter anzusehen. Zum einen ist angesichts der heutigen Überlastung von Straßen, Bahnhöfen, Parkplätzen und Flughäfen Nichtrivalität kaum mehr gegeben. Zum anderen hat technischer Fortschritt, insbesondere in der Telekommunikation dazu geführt, dass das Ausschlussprinzip in immer mehr Fällen zu akzeptablen Kosten anwendbar ist. Die satellitengestützte Maut ist dafür das beste Beispiel. In diesem Sinne verlieren Infrastruktureinrichtungen zunehmend den Charakter von reinen öffentlichen Gütern und die Rolle des Staates bei deren Bereitstellung wird dementsprechend immer mehr in Zweifel gezogen. Es sei deshalb an dieser Stelle darauf verzichtet, den Fall des reinen öffentlichen Gutes weiter zu verfolgen (vgl. Blankart 2011; Fritsch 2014; Cornes und Sandler 1993).

Unreine öffentliche Güter oder Mischgüter können in die beiden Grundkategorien der Mautgüter und der Allmendegüter unterteilt werden.

Ein Mautgut liegt vor, wenn (wie der Name schon ausdrückt)

- die Ausschlussmöglichkeit von Nichtzahlern besteht (und damit die Möglichkeit, einen Preis, die Maut, zu erheben),
- Nichtrivalität im Konsum besteht.

Naheliegende Beispiele bestehen in einer Straße, einer Brücke, einem Tunnel oder einem Autobahnnetz vor dem Erreichen der Kapazitätsgrenze bzw. vor dem

Auftreten von Staus, sofern eine billige Exklusions- und Erhebungstechnik zur Verfügung steht. In Fällen eines Mautgutes ist die Infrastruktur im Prinzip über Gebühren finanzierbar, so dass ein Angebot über Private erfolgen kann. Unter Umständen sind aber die zu errichtenden Einrichtungen so groß (Eurotunnel, Öresundbrücke), dass der Staat sich nicht völlig zurückziehen kann, sondern z. B. einen Teil des Finanzierungsrisikos übernehmen muss. Ähnliches kann gelten, wenn Qualitätsaspekte eine wichtige Rolle spielen und es nicht möglich ist, die erwünschte Qualität durch vertragliche Vereinbarungen zu sichern.

Im Falle eines Mautgutes kann jedoch die Situation auftreten, dass es volkswirtschaftlich nicht *erwünscht* ist, eine Nutzungsgebühr zu erheben, obwohl dies betriebswirtschaftlich rentabel und technisch möglich wäre. Dies ist der Sonderfall, wo die Zulassung eines weiteren Nutzers (oder einer weiteren Nutzungseinheit) zusätzliche Kosten von Null (oder zumindest nahe von Null) aufweist. Würde hier eine Maut erhoben, würden alle jene Personen vom Konsum ausgeschlossen, die im Prinzip zwar einen positiven Nutzen von der Inanspruchnahme der Infrastruktureinrichtung haben, bei denen aber dieser Nutzen betragsmäßig geringer ist als die Maut. Warum soll dieser Personenkreis von der Nutzung ausgeschlossen werden, wenn die zusätzlichen Kosten ihrer Bedienung bei Null (oder nahezu Null) liegen? Dies ist volkswirtschaftlich nicht sinnvoll. Es wird deshalb argumentiert, dass in einem solchen Fall der Staat die Infrastruktur errichten und den Nutzern frei zur Verfügung stellen soll. Dieses Argument ist jedoch umstritten und hängt aufs engste mit der Theorie der optimalen Bepreisung von Infrastruktureinrichtungen zusammen (Zur sogenannten Marginal-Cost-Controversy vgl. Frischmann und Hogendoorn 2015).

Ein Allmendegut (oder auch *common-pool*-Gut) entspricht dem anderen Extremfall eines Mischgutes. Es liegt vor, wenn

- keine Ausschlussmöglichkeit besteht, aber
- Rivalität im Konsum vorliegt.

Die Erklärung des Namens Allmendegut liefert bereits ein Beispiel für diese Art von Gütern. Die Allmende (engl. *the commons*) war früher die Gemeindewiese, auf der die Dorfbewohner ihre Kühe frei weiden lassen konnten. Es liegt auf der Hand, dass der „Konsum" der Kühe rivalisierend war. Gleichzeitig bestand per Definition des Gemeineigentums keine Ausschlussmöglichkeit. Die meisten Umweltgüter sind Allmendegüter. Im Verkehrsbereich sind als Beispiel überlaufene Stadtstraßen, Fußgängerzonen oder „freie" Parkplätze zu nennen.

Das wesentliche Problem von Allmendegütern besteht in ihrer Übernutzung. Da keine Ausschlussmöglichkeit gegeben ist, kann auch nicht einem einzigen Individuum das exklusive Nutzungsrecht an einem bestimmten Teil der Ressource zugeteilt und damit ein Preis oder eine Nutzungsgebühr erhoben werden (genauer vgl. Blankart 2011, Kap. 4.) Als Folge werden die Infrastruktureinrichtungen über das volkswirtschaftlich optimale Maß hinaus genutzt.

Damit ist aber auch klar, auf welche Weise das Problem der Allmendegüter prinzipiell behoben werden kann. Eine Lösungsmöglichkeit besteht darin,

Eigentumsrechte zu definieren und Preise zu erheben (sofern dies technisch möglich ist). Im Verkehrsbereich könnte dies z. B. bedeuten, dass brachliegende städtische Grundstücke, die oft von „wild" parkenden Autofahrern genutzt werden, in offizielle städtische Parkplätze umgewandelt werden und eine Parkgebühr erhoben wird. Eine andere Lösung des Allmendeproblems besteht darin, die Inanspruchnahme der betreffenden Einrichtung so zu besteuern, dass sich der Nutzer so verhält, „als ob" die Infrastruktureinrichtung bepreist würde (Pigou-Steuer). Er wird dann das Infrastrukturobjekt nur in dem Umfang frequentieren, in dem sein persönlicher Nutzen noch seinen zusätzlichen persönlichen Kosten (inklusive der Steuer) entspricht. Auch handelbare Nutzungsrechte, wie etwa die immer wieder in den Alpenländern diskutierten Durchfahrtslizenzen für überlastete Alpenquerungen sind diesen beiden Lösungsmöglichkeiten zuzuordnen.

Damit ist die infrastrukturpolitische Rolle des Staates in Bezug auf Allmendegüter im Wesentlichen beschrieben. In vielen Fällen wird keine der beiden Lösungen sinnvoll sein. So wäre es sicherlich absurd, an eine „Fußgängermaut" zu denken, um die Übernutzung von Fußgängerzonen zu verhindern.

Ein weiteres Mischgut, das in der verkehrspolitischen Diskussion eine gewisse Rolle spielt, ist das so genannte Klubgut, das folgende Eigenschaften aufweist:

- Die Infrastruktureinrichtung ist durch Unteilbarkeit charakterisiert.
- Bis zu einer bestimmten Kapazitätsgrenze gibt es keine Rivalität im Konsum.
- Das Ausschlussprinzip gilt, d. h. es ist eine wirtschaftliche Exklusionstechnologie vorhanden.
- Die Infrastruktureinrichtung ist nur für einen bestimmten Nutzerkreis von Interesse.

Seit dem Pionierartikel von Buchanan (1965) hat sich eine umfassende Literatur zu Klubgütern entwickelt (vgl. Mueller 1989; Sandler und Tschirhart 1980; Cornes und Sandler 1993), auf die hier nicht tiefer eingegangen werden kann. Die zentralen Fragen, die in dieser Literatur behandelt werden, sind die nach der optimalen Größe eines Klubs (gemessen in Mitgliedern), nach der optimalen Kapazität des zugrundeliegenden Infrastrukturgutes und nach den optimalen Mitgliedsbeiträgen (d. h. Finanzierungsbeiträgen). Verkehrspolitische Bedeutung haben diese Analysen vor allem durch den von Ewers und Rodi im Jahr 1995 vorgebrachten Vorschlag erhalten, das deutsche Autobahnnetz, das alle dafür notwendigen Eigenschaften aufweist, als ein Klubgut zu betreiben (Ewers und Rodi 1995; Ewers und Tegner 2000). Es könnte im Prinzip von einem „Klub der Autofahrer" finanziert, errichtet und betrieben werden. Mautgebühren oder eine Vignette könnten als Mitgliedsbeitrag angesehen werden. Eine Mitgliederversammlung würde über Neu- und Reinvestitionen entscheiden.

So originell dieser Vorschlag auch erscheint, wirft er doch eine Fülle von Fragen auf. Zunächst ist klar, dass ein Klub dieser Art hohe externe Effekte auf Dritte (Nichtautofahrer) generieren würde, etwa in der Form von Landschaftsverbrauch, Umweltschäden etc. Eine aktive Mitwirkung des Staates wäre deshalb vermutlich auch bei der Klublösung unvermeidbar. Dies gilt auch schon deshalb, weil die mit dem Straßenbau verbundenen Planungs- und Durchsetzungsprobleme notwendigerweise hoheitliche Akte beinhalten (man denke nur an etwa notwendig werdende Enteignungen). Des Weiteren hätte ein solcher Autofahrerklub zwangsläufig eine hohe Mitgliederzahl mit der daraus unmittelbaren Konsequenz hoher Koordinations- und Kontrollkosten, um Freifahrer auszuschließen. Der Staat existiert ja nicht zuletzt deshalb, weil er Transaktionskosten dieser Art vermeiden kann. Schließlich sei noch darauf hingewiesen, dass keineswegs klar ist, inwiefern bei einer solchen Lösung noch demokratische Mitwirkungsrechte der Bürger in der Verkehrspolitik gesichert sind.

4.2 Das natürliche Monopol

Eine aktive infrastrukturpolitische Rolle des Staates, allerdings eher in regulierender als in investierender Form, kann sich auch ergeben, wenn ein einziges Unternehmen in der Lage ist, eine Infrastruktureinrichtung zu geringeren volkswirtschaftlichen Gesamtkosten zu betreiben als mehrere Unternehmen zusammen, die jeweils nur einen Teil dieser Einrichtung betreiben würden. Man denke etwa an ein Eisenbahnnetz oder einen Flughafen. Mathematisch gesehen ist dieser Fall gegeben, wenn die Kostenfunktion dieses Unternehmens bei der bestehenden Nachfragemenge die Eigenschaft der Subadditivität aufweist (vgl. hierzu im einzelnen Baumol et al. 1988; Sharkey 1982; Borrmann und Finsinger 1999). In diesem Fall funktioniert Wettbewerb nicht oder ist nicht erwünscht (Letzeres gilt im Fal Nicht-Marktzutrittsresistenz eines natürlichen Monopols).

Liegt ein natürliches Monopol vor, kann die Frage entstehen, wie der Infrastrukturnutzer vor missbräuchlichen Praktiken des Anbieters, insbesondere der monopolistischen Preissetzung geschützt werden kann. Gibt es für die Dienste des natürlichen Monopols enge Substitute, wie es etwa das Straßennetz für das Eisenbahnnetz bis zu einem gewissen Ausmaß ist oder eine benachbarte Brücke für einen Tunnel, stellt sich dieses Problem nicht. Das Problem stellt sich ebenfalls nicht, wenn die Marktzutrittsbarrieren sehr niedrig sind und das Monopol deshalb durch die ständige Drohung neuen Marktzutritts in Schach gehalten wird. Wenn jedoch keine Substitute existieren, das Ausmaß der Substitutionalität nur gering ist oder hohe Marktzutrittsbarrieren vorliegen, muss das natürliche Monopol preisreguliert werden. Der Markt führt dann mangels Wettbewerb nicht dazu, dass „von selbst" die volkswirtschaftlich erwünschten Preise gesetzt werden. Insofern kann auch hier von Marktversagen gesprochen werden. Der Staat muss dann entweder die Benutzungsgebühr festsetzen oder aber dem Monopol einen Rahmen vorgeben, innerhalb dessen es den Preis festlegen kann („Anreizregulierung"). Ferner stellt sich die Frage, welches Gebührenniveau und welche Gebührenstruktur volkswirtschaftlich gesehen wünschbar ist. Diese Fragen führen in die Theorie der Regulierung eines natürlichen Monopols, die hier nicht behandelt werden kann. Die Frage der optimalen Bepreisung von Infrastruktur ist von hoher verkehrspolitischer Relevanz. Sie wird insbesondere auf der EU-Ebene schon seit langem kontrovers diskutiert (vgl. Nash und Matthews 2001).

4.3 Externe Effekte

Die Existenz externer Effekte (auch Externalitäten oder *spill-over*-Effekte) ist ein weiterer Grund des Marktversagens, dem in der verkehrspolitischen Diskussion ein besonderer Stellenwert zukommt. Zumeist stehen hierbei die *negativen* externen Effekte des Verkehrs im Vordergrund. Marktversagen kann aber auch durch die ungenügende Internalisierung *positiver* externer Effekte entstehen, ein Fall der gerade für die Infrastrukturpolitik von hoher Bedeutung sei kann.

Von einer technischen Externalität spricht man, wenn die Handlung eines Wirtschaftssubjektes *A* sich auf die Nutzen- oder Produktionsfunktion eines Wirtschaftssubjektes *B* auswirkt, ohne dass dafür ein monetärer Ausgleich erfolgt.

Es bedarf keiner Erwähnung, dass negative Externalitäten in der Form von Umweltschäden, Unfällen und Lärm heute eines der zentralen Probleme der Verkehrspolitik sind. Luftverschmutzung, Unfälle und Lärm hängen jedoch hauptsächlich mit der sogenannten Betriebsebene des Verkehrs zusammen. Sie werden durch die *Nutzung* der Infrastruktur verursacht, weniger durch die Infrastruktur selbst. Für die Infrastrukturpolitik im engeren Sinne sind nur die negativen Umweltwirkungen von Bedeutung, die mit dem Bau und Betrieb einer Infrastruktureinrichtung zusammenhängen. Hierzu gehören vor allem Effekte der Bodenversiegelung, Zerschneidungs- und Trennwirkungen und ästhetische Beeinträchtigungen. Die verkehrspolitische Bewältigung dieser negativen Externalitäten kann im Prinzip mit Hilfe der gleichen Instrumente erfolgen wie auf der Betriebsebene des Verkehrs (Steuern, handelbare Zertifikate, Standards etc.; vgl. ausführlich Brenck et al. in Kap. IV.5 dieses Bandes: ▶ Die externen Kosten des Verkehrs).

Neben den (negativen) Umweltexternalitäten der Errichtung einer Infrastruktureinrichtung gibt es jedoch noch andere (positive) spill-over-Effekte, die für die Infrastrukturpolitik von Bedeutung sind und die in bestimmten Situationen eine aktiv fördernde Rolle des Staates begründen können. Dies sind die so genannten Netzwerkexternalitäten, die auch die Problemkreise der technischen Standards und der Sicherheitsstandards einschließen.

Netzwerkexternalitäten entstehen, grob gesprochen dadurch, dass jeder Teilnehmer, der sich an ein Netz anschließt, neben seinem eigenen Nutzen auch noch den der bisher schon angeschlossenen Netzmitglieder vermehrt. Bei seiner Teilnahmeentscheidung wird er allerdings nur seinen privaten Nutzen gegen seine privaten Anschlusskosten abwägen und nicht den von ihm generierten Nutzenzuwachs der übrigen Teilnehmer in sein Kalkül einbeziehen. Das Ergebnis wird eine suboptimale Mitgliederzahl des Netzes sein. Der Staat kann diese Form des Marktversagens korrigieren, indem er dem potenziell Beitrittswilligen eine Subvention zahlt, die ihn dazu bringt, sich anzuschließen. Der positive externe Effekt seiner Anschlussentscheidung wird dadurch internalisiert. Eine Alternative wäre, die Zuwendung an den Netzbetreiber zu zahlen und dadurch die Anschlusskosten für den Neuteilnehmer zu verringern. In beiden Fällen korrigiert der Staat das hier vorliegende Marktversagen durch eine Subvention.

Offenbar hat das Phänomen der Netzwerkexternalitäten direkte Relevanz für die Verkehrsinfrastrukturpolitik. Bei der Anbindung peripherer Orte oder Regionen an ein Verkehrsnetz spielen ganz ähnliche Gesichtspunkte eine Rolle wie bei dem gerade geschilderten Beispiel des Telekommunikationsnetzes. Wenn eine Kommune vor der Wahl steht, sich an ein überregionales Verkehrsnetz anzubinden, besteht auch hier die Gefahr, dass sie nur ihren eigenen Nutzen ins Kalkül zieht, nicht die durch ihre Investitionsentscheidung generierte positive Externalität auf andere Kommunen oder Regionen. Das gleiche gilt für andere Infrastruktureinrichtungen. Bei der jetzt beschlossenen Ostseequerung zwischen Fehmarn und Dänemark, spielten ebenfalls *spill-over*-Effekte (und zwar über ganz Europa hinweg) eine wichtige Rolle. Ähnlich war der Sachverhalt bei der Errichtung des schweizerischen Autobahnteilstücks zwischen dem Südende des Gotthard-Tunnels und Bellinzona. Dieses Teilstück war das einzige noch fehlende Teilstück einer durchgehenden Autobahnverbindung zwischen Nordeuropa und Süditalien. Auch hier entstanden also wesentliche positive Externalitäten außerhalb der Schweiz. Die Bezifferung der externen Effekte und damit ihre Umsetzung in Finanzierungsbeiträge der positiv betroffenen Länder und Regionen ist außerordentlich schwierig. Ein anderes Beispiel kann die Errichtung eines grenznahen Flughafens sein, der nennenswerte positive *spill overs* auf ein benachbartes Land ausübt. In solchen Fällen kann es sinnvoll sein, wenn neben den unmittelbar betroffenen Kommunen und Regionen sich eine föderal höhere Eben einschaltet und die externen Effekte durch einen Finanzierungsbeitrag (analog zur obigen Subvention) internalisiert. Dies ist der volkswirtschaftliche Grund, warum der Bund bei der Errichtung von Bundesstraßen tätig wird oder die EU im Bereich der Transeuropäischen Netze (TEN). Als infrastrukturpolitisches Grundprinzip ist also in solchen Fällen zunächst immer die geografische „Extension" der Netzwerkexternalität zu prüfen. Zu fragen ist, ob die Effekte primär auf der Fernebene, auf der regionalen Ebene oder auf der lokalen Ebene entstehen. Dementsprechend sind die Finanzierungslasten zuzuordnen.

5 Verkehrsinfrastrukturpolitik in Deutschland

5.1 Die Rolle von Public Private Partnerships

In Deutschland ist der Bund nach Art. 89 und 90 GG Eigentümer und Baulastträger der Bundesfernstraßen (also der Bundesautobahnen und der Bundesstraßen) und Bundeswasserstraßen. Ebenso sind die Eisenbahnen des Bundes Eigentümer der Bundesschienenwege. Die Konsequenz dieser grundgesetzlichen Regelungen besteht darin, dass die Planungskompetenz für alle drei genannten Verkehrswege beim Bund liegt, der sich allerdings mit den Ländern abzustimmen hat. Die Verantwortung für Straßen- und ÖPNV-Projekte mit regional begrenzter Bedeutung liegt bei den betroffenen Gebietskörperschaften, mit Ausnahme von direkt vom Bund geförderten Maßnahmen, z. B. im Rahmen des Gemeindeverkehrsfinanzierungsgesetzes (GVFG). Instrument der in diesem Rechtsrahmen stattfindenden Verkehrsinfrastrukturplanung ist vor allem der Bundesverkehrswegeplan, kurz BVWP, der gerade neu gefasst wird (vgl. ausführlich Heuser und Reh in

Kap. III.6 dieses Bandes: ▶ Die Bundesverkehrswegeplanung: Anforderungen an die zukünftige Verkehrsinfrastrukturpolitik des Bundes).

In Deutschland wird, wie in anderen Ländern auch, immer stärker die Möglichkeit diskutiert die Privatwirtschaft stärker in den Bereitstellungsprozess von Infrastrukturdienstleistungen einzubeziehen (*public-private-partnership-Modelle*). Dafür kommen prinzipiell alle Stufen der Wertschöpfungskette in Frage, von der Planung über die Finanzierung bis zum Bau und Betrieb. Die meisten Modelle setzen nach Beendigung des Planfeststellungsverfahrens an, im sogenannten Betreibermodell kann aber der Konzessionär schon an der Objektplanung beteiligt werden. Das Ziel der Beteiligung Privater ist vor allem die Nutzbarmachung von Effizienzvorteilen, die bei privater Aufgabenerfüllung vermutet werden. Beispiele aus dem Hochbau scheinen zu belegen, dass die Kosten im Vergleich zu öffentlichen Auftragnehmern im Durchschnitt etwa 15 Prozent niedriger sind. Dem ist allerdings die höhere Bonität des Staates an den Finanzmärkten gegenüberzustellen, die bei ihm zu günstigeren Finanzierungskonditionen führt. Im Schnitt macht dieser Vorteil zwei Prozent aus, die über eine Laufzeit von 20 bis 30 Jahren durchaus die produktiven Effizienzvorteile der Privaten ausgleichen können.

Die drei Grundmodelle der privaten Bereitstellung von Verkehrsinfrastruktur sind das Betreibermodell, das Konzessionsmodell und das Leasingmodell. (Der Sprachgebrauch in Bezug auf Konzessions- und Betreibermodell ist in der Literatur nicht einheitlich. Wir folgen Köberlein 1997. Sehr häufig wird aber gerade das hier als Betreibermodell beschriebene Modell als Konzessionsmodell bezeichnet.) Das wichtigste Unterscheidungsmerkmal dieser Modelle besteht darin, inwieweit zwischen den Finanziers (bzw. Betreibern) und Nutzern des Infrastrukturobjekts ein direktes Tauschverhältnis entsteht oder nicht. Entsteht ein solches direktes Tauschverhältnis, entrichtet der Nutzer eine Gebühr, aus der die Infrastruktureinrichtung finanziert wird. Dadurch wird es prinzipiell möglich, dass der Preis, wie im privaten Sektor sonst auch, seine volkswirtschaftliche Lenkungsfunktion entfalten kann. Im Fall der Steuerfinanzierung gilt dies nicht.

Am klarsten kommt dieses Tauschverhältnis beim sogenannten Betreibermodell zum Ausdruck. Bei diesem kommt es zunächst zur Gründung einer Projektgesellschaft durch „Sponsoren". Sie treten für die notwendig werdenden Kredite als haftende Schuldner auf. Der Staat erteilt die Erlaubnis, ein Verkehrsinfrastrukturobjekt zu bauen (eventuell auch die technische Objektplanung durchzuführen) und es zu finanzieren und zu betreiben. Abgesehen von der Erteilung der Konzession beschränkt sich der Staat auf Kontrollaufgaben. Finanziert wird die Infrastruktureinrichtung, indem Gebühren erhoben werden, was bedeutet, dass auch die Exklusion von zahlungsunwilligen Nutzern erlaubt ist. Die Laufzeit des Projekts entspricht zumeist der Dauer für die Amortisation des eingesetzten Kapitals. Nach Ablauf dieser Periode gibt es zwei Möglichkeiten: (1) das Infrastrukturobjekt geht unentgeltlich in den Besitz des Staates über; diese Variante firmiert unter der Bezeichnung BOT (*build operate transfer*); (2) Das Infrastrukturobjekt verbleibt auf Dauer im Eigentum der Projektgesellschaft; diese Variante wird mit dem Kürzel BOO belegt (*build operate own*). (Es gibt in dieser Art noch weitere Varianten des Betreibermodells, etwa FOT (*finance operate transfer*), auf die hier aber nicht eingegangen werden soll.) Das Investitionsrisiko liegt im Extremfall in vollem Umfang bei den privaten Kapitalgebern. In den meisten Fällen wird es jedoch zu einer Risikoteilung zwischen den privaten Kapitalgebern und dem Staat kommen. Dabei sollte die Regel gelten, dass jeder Partner die Risiken trägt, auf die er am meisten Einfluss hat. In der Realität sieht es jedoch häufig anders aus.

Da im Betreibermodell die Finanzierung des Projekts aus Nutzungsgebühren erfolgt, geht es über ein reines Vorfinanzierungsmodell hinaus, bei dem die Privaten lediglich in Vorlage treten und der Staat abzahlt. Dies ist anders beim Konzessions- und beim Leasingmodell. Zwar erfolgt auch bei diesen beiden der Bau und die Finanzierung durch Private, die Nutzer zahlen jedoch keine Gebühren, sondern nehmen die Infrastruktureinrichtung kostenlos in Anspruch. Die Folge ist, dass es hier der Staat ist, der irgendwann einmal die Kosten des Projekts aus Haushaltsmitteln tragen muss. Die privaten Geldgeber finanzieren lediglich vor, was im Fall von budgetären Engpässen des Staates die Vorverlagerung von Infrastrukturprojekten ermöglicht („Einkaufen von Zeit").

Beim Konzessionsmodell ist der Konzessionär zumeist eine speziell gegründete Projektgesellschaft, der Bau und Finanzierung des betreffenden Infrastrukturobjekts übertragen wird. Die Konzession wird nach dem Planfeststellungsverfahren eingeräumt und der Staat bleibt Eigentümer der erforderlichen Grundstücke. Der Konzessionär finanziert das Projekt durch Einsatz von Eigen- und Fremdkapital vor und beauftragt die Baufirmen. Nach Fertigstellung der Einrichtung können die Nutzer das Objekt zum Nulltarif frequentieren. Der Staat zahlt dem Konzessionär dafür jährliche Mietraten, die ebenso wie die Laufzeit (meist 25 bis 30 Jahre) vertraglich im Voraus festgelegt wurden. Der Zeitraum wird so gewählt, dass die Amortisation des eingesetzten Kapitals möglich ist. Die Mietraten werden aus dem Steueraufkommen finanziert. Da die Mietzahlungen erst nach Aufnahme des Betriebes beginnen, hat der Konzessionär Anreize, das Objekt möglichst schnell fertigzustellen. Am Ende der Konzessionslaufzeit wird das Objekt an den Staat übergeben.

Ein Unterfall des Konzessionsmodells ist das so genannte Mischmodell, bei dem anstatt einer festen Miete eine Gebühr pro Fahrzeug vereinbart wird (Schattenmaut). Da dadurch die Mieteinnahmen verkehrsabhängig werden, können sich bei einer Fehlprognose des zukünftig zu erwartenden Verkehrsaufkommens erhebliche Risiken entweder für den Staat oder den Konzessionär einstellen.

Auch das so genannte Leasingmodell ist ein Vorfinanzierungsmodell. Da es im Wesentlichen ein Steuersparmodell ist, soll hier auf eine Darstellung verzichtet werden.

Im deutschen Sprachgebrauch wird das oben geschilderte Betreibermodell zumeist mit zwei gegenwärtig in Deutschland schon zur Anwendung kommenden PPP-Modellen identifiziert, dem „A- und dem F-Modell". Das A-Modell dient der Errichtung zusätzlicher Autobahnfahrspuren und gleicht eher der oben als Konzessionsmodell bezeichneten PPP-Variante. Das F-Modell hingegen entspricht in der Tat genau der oben als Betreibermodell bezeichneten Konstruktion. Grundlage des F-Modells ist das Fernstraßenbauprivatfinanzierungsgesetz (FstrPrivFinG).

Beim F-Modell werden Bau, Betrieb und Finanzierung Privaten übertragen und zur Refinanzierung eine Mauterhebung ermöglicht (die sich prinzipiell auch auf Pkw erstrecken könnte). Hinzu kommt eine Anschubfinanzierung des Staates von bis zu 20 Prozent. Das Bundesverkehrsministerium führt eine Liste von verschiedenen F-Modell-Projekten, darunter der bereits im Betrieb befindliche Warnow-Tunnel, und der ebenfalls fertig gestellte Herrentunnel in Lübeck (Travequerung). Die bisherigen negativen finanziellen Erfahrungen mit diesem Projekttyp, insbesondere bei den gerade genannten Projekten, haben jedoch die anfängliche Euphorie etwas gedämpft.

Das A-Modell ist in engem Zusammenhang mit der Lkw-Maut zu sehen. Es zielt auf den Bau zusätzlicher Fahrspuren (von vier auf sechs bzw. sechs bis acht), die Erhaltung und den Betrieb *aller* Fahrstreifen sowie die Finanzierung der Bautätigkeit. Die Konzessionsdauer beträgt 30 Jahre, danach werden die zusätzlichen Fahrstreifen in Staatseigentum übergeführt. Finanziert wird ein nach dem A-Modell errichteter Autobahnstreifen durch einen Anteil an der Lkw-Maut, der dem Umfang des Projekts entspricht, sowie einer Anschubfinanzierung des Staates bis zu etwa 50 Prozent des üblichen Investitionsvolumens. Die Begründung für diese Anschubfinanzierung besteht darin, dass leichte Lkw (unter zwölf Tonnen) und Pkw die Autobahn ebenfalls nutzen, jedoch keine Maut zahlen. Das BMVBS will insgesamt zwölf Autobahnabschnitte mit einer Gesamtlänge von 520 Autobahnkilometer nach dem A-Modell ausschreiben. Eines der wichtigsten Vergabekriterien ist dabei die Höhe der vom Bieter gewünschten Anschubfinanzierung.

Welche Vor- und Nachteile haben Konzessions- bzw. Betreibermodell? Das Konzessionsmodell weist eine hohe Kompatibilität zum bestehenden System der Bereitstellung von Infrastruktur auf: Ein neues Objekt fügt sich in die bestehende Infrastruktur ein, ohne dass der Nutzer etwas von den quasi hinter den Kulissen stattfindenden Vorgängen merkt („Schattenmaut"). Es gibt deshalb keine Akzeptanzprobleme, keine möglichen Konsistenzprobleme zwischen privater und staatlicher Mauterhebung und keine Exklusionskosten. Dringliche Projekte können vorgezogen werden, selbst bei leeren Kassen. Gleichzeitig können die Effizienzvorteile privater Baukonsortien ausgenutzt werden.

Jedoch liegen auch die Nachteile des Konzessionsmodells auf der Hand. Dadurch, dass der Konzessionär sein Infrastrukturangebot nicht durch Gebühren finanzieren muss (die er im Idealfall auch in Eigenverantwortung setzen können müsste, gegebenenfalls im Rahmen einer Regulierung), ergibt sich keine Wirkung auf die sogenannte allokative Effizienz von Verkehrsinfrastrukturinvestitionen. Eine effiziente Allokation der Ressourcen liegt dann vor, wenn die volkswirtschaftlichen Ressourcen den Nutzungen zugeführt werden, die von der Gesellschaft am höchsten bewertet werden. Preise dienen dazu, dieses Ziel zu erreichen (solange sie keine monopolistischen Verzerrungen beinhalten). Muss ein Konzessionär sein Angebot nicht durch Gebühren finanzieren, geht diese Rolle der Preise als Investitionssignal verloren. Im reinen Konzessionsmodell gerät der Projektträger gar nicht in die Lage, ein Vorhaben daraufhin zu prüfen, ob es überhaupt einen Bedarf deckt. Der Konzessionär nimmt vielmehr die Kosten-Nutzen-Analyse des Staates hin und stellt keine über das eigene betriebswirtschaftliche Kalkül hinausgehenden Rentabilitätsüberlegungen mehr an. Auf diese Weise sichert das Modell lediglich die *technische und betriebswirtschaftliche* Effizienz eines bereits durchgeplanten Projektes. Man kann deshalb sagen, dass beim Einsatz des Konzessionsmodells der allokative Gesichtspunkt dem Aspekt der zeitlichen Beschleunigung nachgeordnet wird.

Demgegenüber weist das Betreibermodell im Idealfall positive allokative Effekte auf: Kann der Konzessionär seine Nutzungsgebühren entsprechend seinem unternehmerischen Kalkül setzen, kommt es zu einer preislichen Lenkung seiner Investitionen. Kapazität wird dort ausgebaut, wo dies volkswirtschaftlich sinnvoll ist. Umgekehrt wird Kapazität dort zurückgefahren, wo die Zahlungsbereitschaft der Nutzer sie nicht mehr rechtfertigt. Neben der Steuerung der Investitionen kommt es aber durch die Gebührenerhebung auch zu einer preislichen Lenkung von Verkehrsströmen. Verkehre werden zeitlich und örtlich entzerrt. Konzessionäre nach dem Betreibermodell haben darüber hinaus Anreize, auch qualitativ eine engpassfreie Infrastruktur anzubieten. Es kommt zu einer schnelleren Beseitigung von Baustellen und einer staufreieren Gestaltung von Bauarbeiten.

Allerdings hängt der Erfolg von Betreibermodellen von einer Reihe von Funktionsbedingungen ab. Dazu gehört zweifellos die Existenz einer zahlungskräftigen Nachfrage. Die Erfahrung zeigt, dass Betreibermodelle scheitern, wo die Durchschnittseinkommen nicht hinreichen, um eine solche Zahlungsbereitschaft zu generieren (siehe das Beispiel der privatfinanzierten Teilstücke auf den Autobahnen M1/M15 in Ungarn). Eine weitere Funktionsbedingung ist die richtige Risikoteilung zwischen den beteiligten Privatunternehmen und dem Staat. Hier bestehen noch erhebliche Erkenntnis- und Erfahrungslücken. Von großer Bedeutung ist ferner die Existenz gebührenfreier Ausweichmöglichkeiten von gleicher Qualität. Sind solche gegeben, kann ein Betreibermodell eigentlich nur als Teil eines gebietsbezogenen *road pricing* funktionieren, bei dem alle Substitute bepreist werden, und zwar so, dass sich insgesamt die volkswirtschaftlich optimale Aufteilung auf alle Strecken des Gebietes ergibt. Eine andere Möglichkeit bestünde eventuell darin, Betreibermodelle stets nur als ganze Gebiete zu vergeben. Dabei entstünden dann aber wieder ähnlich gelagerte Probleme an den Rändern der Gebiete. Diese Fragestellungen führen jedoch an den aktuellen Rand der wissenschaftlichen Forschung und der verkehrspolitischen Diskussion. Sie können nicht mehr Gegenstand dieses Handbuchartikels sein.

5.2 Nutzerfinanzierung

Die investiven Gesamtausgaben des Bundes für den Verkehr belaufen sich derzeit auf rund 10 Mrd. € jährlich. Davon entfallen 5 Mrd. € auf die Fernstraßen, 4 Mrd. € auf die Schiene und ca. 1 Mrd. € auf die Wasserstraßen. Wie eingangs dargestellt, fordern sowohl die Daehre- als auch die Bodewig-Kommission eine Aufstockung dieses Investitionsetats von 10 Mrd. € auf 17,2 Mrd. € jährlich. Die Frage lautet, wie diese Summe aufgebracht werden soll.

Nach dem Stufenplan der Bodewig-Kommission sollen 2,7 Mrd. sofort aus Steuergeldern in einem unter parlamentarischer Kontrolle stehenden Sondervermögen „Nachholende Sanierung" über 15 Jahre zur Verfügung gestellt werden. Das Sondervermögen soll sich aus Steuermitteln, vor allem der Mineralölsteuer und der KfZ-Steuer, speisen („Paket 1"). Die Mittel sollen nicht nur für den Verkehrsträger Straße, sondern auch für Schiene und Wasserwege zur Verfügung stehen und dabei auch die Sanierung von Brücken- und Schleusen umfassen.

Welche weiteren Finanzquellen stehen zur Verfügung? In Betracht gezogen wird vor allem eine Ausweitung der Nutzerfinanzierung, zurzeit vor allem eine Erweiterung der Lkw-Maut auf zusätzliche Straßentypen und niedrigere Gewichtsklassen. Eine Ausweitung der Lkw-Maut auf alle Bundesstraßen für Lkw ab 12 t könnte pro Jahr zusätzlich zu den bestehenden Einnahmen etwa 2,3 Mrd. € erbringen, eine weitere Ausweitung auch auf Landesstrassen noch einmal 800 Mio. €. Eine Ausweitung auf Fahrzeuge ab 3,5 t und alle Straßen würde etwa 4 Mrd. € jährlich in die Kassen spülen (Daehre-Kommission 2013).

Gleichgültig, für welche Lösung man sich entscheidet, das Geld würde nicht sofort fließen können, da das bestehende Mautsystem erst entsprechend angepasst werden müßte. Von verschiedener Seite wird deshalb eine Zwischenlösung in Form einer Vignette oder in Form einer geringfügigen temporären Erhöhung der Mineralölsteuer um wenige Cent pro Liter vorgeschlagen (so etwa vom ADAC). Um die vollen 7,2 Mrd. der Daehre-Kommission aufzubringen, müßte die Mineralölsteuer allerdings um 12 Cent/l steigen (Rothengatter 2013). Eine Vignette in Höhe von 100 € jährlich erbrächte etwa 4 Mrd. €. Beide Lösungsvorschläge entfalten verhältnismäßig geringe Lenkungswirkungen in Bezug auf eine zeitliche und räumliche Verteilung der Verkehrsströme. Immerhin wirkt aber die Anhebung der Mineralölsteuer sehr viel stärker in Richtung einer Reduzierung unnötiger Fahrten und bis zu einem gewissen Grad auch in Richtung eines sparsameren und damit umweltfreundlicheren Fahrens. In Erwägung gezogen wird auch die Abschaffung der Entfernungspauschale, wodurch der Bund jährlich etwa 2 bis 3 Mrd. € jährlich einsparen würde, die investiv in die Infrastruktur umgelenkt werden könnten. (Wissenschaftlicher Beirat 2013). Erwähnt werden soll auch der Vorschlag, den Solidaritätszuschlag Ost in einen „Infrastruktursoli" umzuwandeln. Beim „Soli Ost" handelt es sich um einen Zuschlag von derzeit 5,5 Prozent auf die Einkommen-, Kapitalertrag- und Körperschaftssteuerschuld. Pro Jahr nimmt der Bund damit rund 14 Milliarden Euro ein. Allerdings ist hier zu berücksichtigen, dass von diesem Finanzvolumen mittlerweile nur noch ein kleiner Teil für den Aufbau in den neuen Ländern verwendet wird. Ein großer Teil ist also schon in anderen Staatszwecken gebunden.

Immer wieder wird auch angemahnt, einen höheren Teil der Mineralölsteuer für Investitionen in die Verkehrsinfrastruktur zu verwenden. Angesichts eines Aufkommens von jährlich rund 33 Mrd. € ist dieser Wunsch sicherlich verständlich, vor allem unter dem Blickwinkel der ständig aufs Neue diskutierten Frage, ob die Mineralölsteuer nun im Sinne einer Straßenbenutzungsgebühr aufzufassen sei oder nicht. Unabhängig davon, wie diese Frage aus historischer, juristischer oder wirtschaftswissenschaftlicher Perspektive beantwortet wird, bleibt festzustellen, dass bereits jetzt durch jährlichen parlamentarischen Beschluss per Haushaltsgesetz 50 Prozent des Aufkommens zweckgebunden für investive Zwecke eingesetzt werden.

Einige Experten fordern, die Mineralölsteuer im Sinne einer Umweltsteuer zur Internalisierung externer Effekte umzuinterpretieren. Dabei ist zu berücksichtigen, dass die Schätzungen der externen Kosten in einem Intervall von 30 bis 80 Mrd. € pro Jahr liegen. Es ist klar, dass selbst bei einer konservativen Schätzung am unteren Rand des Intervalls die Einnahmen aus der Mineralölsteuer aufgezehrt wären. Bei dieser Interpretation wäre es außerdem nicht sinnvoll, die Einnahmen wieder in den Straßenbau zu investieren, da man dann genau die Aktivität wieder begünstigen würde, die man durch die Besteuerung auf ihr volkswirtschaftlich optimales Maß zurückführen will.

Hier könnte dann zur Finanzierung des Straßenbaus auf eine Pkw-Maut zurückgegriffen werden, deren Ertragspotential bei einer fahrleistungsabhängigen sowie zeitlich und räumlich hinreichend ausdifferenzierten Ausgestaltung auf etwa 3 bis 4 Mrd. € jährlich geschätzt wird (Wissenschaftlicher Beirat 2013, 187). Eine solche Maut könnte aber natürlich auch gänzlich unabhängig von der Interpretation der Mineralölsteuer als Umweltsteuer erhoben werden. Vorgeschlagen wird häufig die Einführung einer solchen Maut mit einer aufkommensneutralen Senkung der Mineral- und/oder Abschaffung der Kfz-Steuer zu kombinieren. Es ist hier aus Platzgründen nicht möglich, die Vor- und Nachteile der einzelnen zurzeit vorgebrachten Vorschläge zu erörtern. Es kann aber festgehalten werden, dass die Aussagen zur Lenkungswirkung von Preisen, die oben im Zusammenhang mit dem Betreibermodell getroffen wurden, auch hier ihre Richtigkeit haben. Hinreichend differenzierte Mauten sind nach Ansicht der Befürworter einer Pkw-Maut in der Lage, sowohl Verkehrsströme in räumlicher und zeitlicher Hinsicht zu leiten als auch geeignete Investitions- oder Desinvestitionssignale zu setzen. Nach Ansicht der Gegner reagiert im Bereich des Autoverkehrs die Nachfrage nicht hinreichend elastisch, so dass die Einführung einer Pkw-Maut lediglich in Einkommensverlusten ohne nennenswerte Lenkungseffekte resultieren würde (vgl. Baum et al. 2005). Dem stehen jedoch die bisherigen Erfahrungen mit der Einführung von City-Mauten entgegen, die teilweise zu deutlichen Verlagerungseffekten geführt haben. (Eine gut lesbare Übersicht über die Pro-und Kontraargumente von intra- und interurbanen Mauten findet sich in Button 1999).

Um sicherzustellen, dass die in den nächsten Jahren für Infrastrukturinvestitionen zusätzlich zu generierenden Finanzmittel zweckgebunden, „überjährig" und „zugriffssicher" eingesetzt werden, fordern sowohl Daehre- und Bodewig-Kommission als auch der Wissenschaftliche Beirat beim BMVBS die Errichtung von Infrastrukturfonds. Hier sind allerdings noch zahlreiche Fragen zu klären. So ist beispielsweise nicht klar, ob sich angesichts der Vielzahl von Fonds die Transparenz der Infrastrukturfinanzierung tatsächlich erhöhen wird, nach welchen Kriterien („Schlüsseln") die Fonds ihre Gelder ausgeben oder erhalten werden, ob eine Speisung regionaler Fonds aus Bundesmitteln überhaupt zulässig ist, inwieweit Kompetenzstreitigkeiten zwischen den Fonds auf den verschiedenen föderalen Ebenen oder zwischen Fonds und staatlichen Stellen auf der gleichen föderalen

Ebene entstehen könnten. Hinzukommen hohe Transaktionskosten der Fondslösung und eventuelle Fehlanreize und Einflussmöglichkeiten der lokalen Politik. Hier bleiben die weiteren Entwicklungen abzuwarten.

6 Fazit

Als Folge technischer Fortschritte verlieren Einrichtungen der Verkehrsinfrastruktur in zunehmendem Maße ihren Charakter als öffentliche Güter und werden zu so genannten Mautgütern (siehe Abschn. 3). Insofern sind heute rein technisch die Voraussetzungen dafür gegeben, dass Verkehrsinfrastrukturprojekte über Nutzungsgebühren finanziert und im Rahmen von Betreibermodellen (im Sinn des vorigen Abschnitts) der Privatwirtschaft übertragen werden können. Damit jedoch gebührenfinanzierte Betreibermodelle ökonomisch erfolgreich sein können, muss eine Reihe von Vorbedingungen erfüllt sein, über die teilweise noch keine Klarheit besteht. Dies bezieht sich beispielsweise auf die volkswirtschaftlich wünschenswerte Risikoverteilung zwischen Staat und Privaten. Hier geht es nicht nur um die Verteilung von politischen, makroökonomischen oder Risiken aus höherer Gewalt, sondern ebenso um die Verteilung von Einnahme- und Kostenrisiken. Diese beeinflusst neben dem ökonomischen Erfolg eines solchen Projekts auch die Anreize der beteiligten Partner.

Neben dem technischen Fortschritt in der Gebührenerhebungstechnologie drängen auch andere verkehrspolitische Entwicklungen auf eine stärkere Einbeziehung der Privatwirtschaft. Der Modernitätsgrad der Verkehrsinfrastruktur in Deutschland hat über die letzten Jahrzehnte vor allem im Bereich der Straße dramatisch abgenommen. Verschiedene Kommissionen haben einen dramatischen Finanzbedarf zur Erhaltung der bestehenden Verkehrsnetze in Deutschland ermittelt. Gleichzeitig werden als Folge des generellen Verkehrswachstums und der EU-Erweiterung Neuinvestitionen erforderlich. Bei gegebenen staatlichen Haushaltsrestriktionen (Maastricht-Kriterien) kann bei der raschen Realisierung dieses Investitionsbedarfs die Mobilisierung privaten Kapitals eine wichtige Rolle spielen. Die gleichen Haushaltszwänge erfordern aber auch eine möglichst kostengünstige und zügige Bereitstellung von Infrastruktureinrichtungen. Die Beteiligung der Privatwirtschaft soll hier helfen, Effizienzreserven zu erschließen.

Es ist dennoch nicht zu erwarten, dass auf Grund der genannten Entwicklungen der Staat in der Infrastrukturpolitik auf eine Nebenrolle reduziert wird. Nur die wenigsten Betreibermodelle werden vermutlich allein von Privaten getragen werden. Hohe Risiken werden oft zwangsläufig eine aktive Mitwirkung des Staates erfordern. Der Staat wird ferner nach wie vor eine bedeutsame Rolle sowohl bei der Generalplanung spielen müssen als auch bei der Korrektur von Marktversagen im Sinn von negativen externen Effekten, wie Umweltschäden, Unfällen, Lärm, und von positiven externen Effekten wie Netzwerkeffekten und regionalen *spill overs* (siehe Abschn. 3.2). Hinzu kommt eine jetzt erst in Ansätzen diskutierte Rolle des Staates als Regulierer, wenn einzelne Betreibermodelle in die Position natürlicher Monopole hineinwachsen sollten.

Der zuletzt genannte Punkt weist auf ein gesondertes Thema hin, das in diesem Artikel nicht behandelt werden konnte (vgl. jedoch Braeutigam 1989; Verhoef 1996, Nash und Matthews 2001), nämlich das der Gebührengestaltung für die Nutzung von Infrastruktur. Durch den technischen Fortschritt bei der Gebührenerhebungstechnologie kann in sehr viel stärkerem Maße als bisher der Preismechanismus eingesetzt werden, um Verkehrsströme und Investitionen zu lenken. Die Chancen dieser Möglichkeit werden vor allem auf der EU-Ebene klar erkannt. Angesichts des dramatischen Verkehrswachstums wird realistischer Weise langfristig kein Weg daran vorbeiführen, dass sowohl das Verkehrsnachfrageverhalten als auch Investitionen in die Verkehrsinfrastruktur stärker von ökonomischen Signalen gesteuert werden als bisher. Aus volkswirtschaftlicher Sicht kommt es darauf an, dass nur solche Fahrten durchgeführt werden, bei denen der individuelle Nutzen die volkswirtschaftlichen Kosten deckt. Ebenso sollen Investitionen nur an der Stelle erfolgen, wo volkswirtschaftlicher Nutzen und volkswirtschaftliche Kosten sich mindestens entsprechen. Der Preismechanismus erlaubt es, beide Forderungen zur Deckung zu bringen. Er ist dabei hinsichtlich der zweiten Forderung ein sehr viel zielgenaueres Element als die Nutzen-Kosten-Analyse, die vielfältige „weiche" Elemente enthält.

Der Artikel diskutierte auch die Frage, inwieweit der Staat durch eine aktivistische Investitionspolitik im Bereich der Verkehrsinfrastruktur regional- und wachstumspolitische Effekte auslösen kann (siehe Abschn. 2). Neuere Forschungen schätzen die Wachstums- und Produktivitätseffekte in industrialisierten Ländern als eher gering ein (siehe Abschn. 2). In Bezug auf regionalwirtschaftliche Auswirkungen sind die Risiken einer aktivistischen Umdeutung der Erkenntnisse der so genannten Neuen Ökonomischen Geografie sehr hoch. Die Gefahr eines Subventionswettlaufs mit anschließendem Fehlschlag ist hier nicht zu unterschätzen, vor allem angesichts der bisher noch schmalen empirischen Basis dieser Forschungsrichtung. Ein Vorteil einer stärkeren Verbreitung von Betreibermodellen dürfte nicht zuletzt darin liegen, dass sie durch ihre enge Fixierung auf konkrete einzelwirtschaftliche Ziele ein Korrektiv gegen die Gefahr solcher politischer Experimente bilden können.

Literatur

Afraz, Nazish, et al. 2006. *Impact of transportation infrastructure on economic growth*, Annex 6 to Final Report of COMPETE Analysis of the contribution of transport policies of the competitiveness of the EU economy and comparison with the United States. Funded by the European Commission-DG-TREN, Karlsruhe, Germany.

Aschauer, David. 1989. Is public expenditure productive? *Journal of Monetary Economics* 2: 177–200.

Barro, Robert, und Xavier Sala-i-Martin. 2003. *Economic Growth*, 2. Aufl. New York: McGraw-Hill.

Baum, Herbert, Torsten Geißler, und Jutta Schneider. 2005. *Pkw-Maut für Deutschland? – Eine kritische Analyse. Schriftenreihe des Verbandes der Automobilindustrie (VDA)*, Bd. 99.

Baumol, William, Panzar John, und Robert D. Willig. 1988. *Contestable markets and the theory of industry structure*, überarbeitete Aufl.. San Diego: Hancourt Brace Jovanovich.

Blankart, Charles B. 2011. *Öffentliche Finanzen in der Demokratie*. München: Verlag Franz Vahlen.
Bodewig Kommission. 2013. *Bericht der Kommission Nachhaltige Verkehrsinfrastrukturfinanzierung*, Konferenz der Länderverkehrsminister, Beschluss der Sonder-Verkehrsministerkonferenz am 2. Oktober 2013 in Berlin.
Borrmann, Jörg, und Finsinger Jörg. 1999. *Markt und Regulierung*. München: Verlag Franz Vahlen.
Braeutigam, Ronald E. 1989. Optimal policies for natural monopolies. In *Handbook of Industrial Organization*, Bd. 2, Hrsg. Richard Schmalensee und Robert Willig, Kap. 23. Amsterdam: Elsevier.
Bröcker, Johannes. 2012. Endogene Erklärung der Wirtschaftslandschaft II: Neue Ökonomische Geographie. In *Ökonomische Geographie*, Hrsg. Bröcker Johannes und Fritsch Michael. München: Verlag Franz Vahlen. Kap. 6.
Buchanan, James M. 1965. An economic theory of clubs. *Economica, February 1965*, 125: 1–14.
Button, Kenneth. 1999. Road Pricing and the Alternatives for Controlling Road Traffic Congestion. In *Road Pricing, Traffic Congestion and the Environment*, Hrsg. Kenneth Button und Erik Verhoef. Cheltenham.
Cornes, Richard, und Sandler Todd. 1993. *The Theory of Externalities, Public Goods, and Club Goods*. Cambridge: Cambridge University Press.
Daehre-Kommission. 2013. *Bericht der Kommission Zukunft der Verkehrsinfrastrukturfinanzierung*. Berlin.
Ewers, Hans-Jürgen, und Hansjörg Rodi. 1995. *Privatisierung der Bundesautobahnen*. Beiträge aus dem Institut für Verkehrswissenschaft an der Universität Münster 134. Münster.
Ewers, Hans-Jürgen, und Henning Tegner. 2000. *Entwicklungschancen der privaten Realisierung von Verkehrsinfrastruktur in Deutschland. Eine ökonomische Analyse des Fernstraßenprivatfinanzierungsgesetzes*, März 2000, Forschungs- und Anwendungsverbund Verkehrssystemtechnik. Berlin.
Frischmann, Brett., und Christiaan Hogendorn. 2015. The Marginal Cost Controversy. *Journal of Economic Perspectives* 29: 193–206.
Fritsch, Michael. 2014. *Marktversagen und Wirtschaftspolitik*. 9. Aufl. München: Verlag Franz Vahlen.
Fujita, Masahisa, Krugman Paul, und Anthony J. Venables. 1999. *The Spatial Economy, Cities, Regions, and International Trade*. Cambridge, M.A.: MIT Press.
Gramlich, Edward M. 1994. Infrastructure investment: A review essay. *Journal of Economic Literature* 32(3): 1176–1196.
Hirschman, Albert. 1958. *The Strategy of Economic Development*. New Haven: Yale University Press.
Ifo. 2013. Endbericht zum Forschungsvorhaben. Öffentliche Infrastrukturinvestitionen: Entwicklung, Bestimmungsfaktoren und Wachstumswirkungen im Auftrag des Bundesministeriums für Wirtschaft und Technologie. http://www.bmwi.de/DE/Mediathek/publikationen,did=599804.html. Zugegriffen am 12.02.2015.
Jochimsen, Raimut. 1966. *Theorie der Infrastruktur*. Tübingen: Mohr.
Köberlein, Christian. 1997. *Kompendium der Verkehrspolitik*. München: Oldenbourg.
Melo, Patricia, Dan Graham, und Ruben Brage-Ardao. 2013. The productivity of transport infrastructure investment: A meta-analysis of empirical evidence. *Regional Science and Urban Economics* 43: 695–706.
Mueller, Dennis C. 1989. *Public Choice II*. Cambridge: Cambridge University Press.
Nash Chris, und Bryan Matthews. Why reform transport prices? A review of European Research. Paper presented at the 1st IMPRINT Seminar, 21. bis 22. November 2001. Brüssel. http://imprint-eu.org.
Neary, John P. 2001. Of hype and hyperbolas: Introducing the new economic geography. *Journal of Economic Literature* 2: 536–561.
Pflüger, Michael. 2004. A simple, analytically solvable, Chamberlinian Agglomeration Model. *Regional Science and Urban Economics* 5: 565–573.

Romp, Walt, und Jakob de Haan. 2007. Public capital and economic growth: A critical survey. *Perspektiven der Wirtschaftspolitik* 8: 6–52.
Roos, Michael. 2003. Internationale Integration und die Neue Ökonomische Geographie. *Perspektiven der Wirtschaftspolitik* 4(1): 101–121.
Rothengatter, Werner. 2013. Fonds für die Finanzierung der Verkehrsinfrastruktur. *Wirtschaftsdienst* 10: 666–669.
Sandler, Todd, und John T. Tschirhart. 1980. The economic theory of clubs: An evaluation survey. *Journal of Economic Literature* 12: 1481–1521.
Sharkey, William W. 1982. *The Theory of Natural Monopoly*. Cambridge: Cambridge University Press.
Verhoef, Eric. 1996. *Regulating road transport*. Cheltenham: Edward Elgar.
Wissenschaftlicher Beirat beim Bundesminister für Verkehr, Bau und Stadtentwicklung. 2013. Verkehrsfinanzierungsreform – Integration des kommunalen Verkehrs. *Zeitschrift für Verkehrswissenschaft* 84. Jg. 2:81–111.
World, Bank. 1994. *World Development Report 1994, Infrastructure for Development*. Oxford: Oxford University Press.

Lobbying: Zum Verhältnis von Wirtschaftsinteressen und Verkehrspolitik

Benjamin Sternkopf und Felix Nowack

Zusammenfassung
Dieser Beitrag widmet sich dem Phänomen des Lobbying in der verkehrspolitischen Praxis. Die Untersuchung der Kontroversen um die Elektroverkehrsstrategie in der Nationalen Plattform Elektromobilität und um europaweite CO_2-Grenzwerte für Pkw zeigt, dass der politische Prozess unter dem Einfluss von Lobbyismus die Anforderungen einer nachhaltigen Verkehrsentwicklung kaum erfüllt. Statt einer gleichwertigen Einbindung verschiedener Lobbys geriet in beiden Diskursen die Integration der ökonomischen Nachhaltigkeitsdimension in den Vordergrund und überlagerte vor allem die ökologische Dimension.

Schlüsselwörter
Lobbyismus • Nachhaltige Verkehrsentwicklung • Interessenintegration • Nationale Plattform Elektromobilität (NPE) • CO_2-Grenzwerte

1 Einleitung

Wenn Politiker „die Seite wechseln" und im Anschluss an ihre politische Laufbahn in beratender Funktion für ein Unternehmen tätig werden, dann geschieht dies häufig im verkehrspolitischen Bereich. So entfachen jüngste Personalwechsel wie Eckart von Klaedens zur Daimler AG oder Ronald Pofallas zur Deutschen Bahn kurzzeitig eine Debatte, die nur allzu schnell wieder abebbt. Auch Matthias Wissmann, seit mehreren Jahren Präsident des Verbands der Automobilindustrie (VDA),

---

B. Sternkopf (✉)
Fachgebiet Integrierte Verkehrsplanung, Technische Universität Berlin, Berlin, Deutschland
E-Mail: b.sternkopf@gmx.de

F. Nowack
Berlin, Deutschland
E-Mail: f-nowack@mailbox.tu-berlin.de

© Springer Fachmedien Wiesbaden 2016
O. Schwedes et al. (Hrsg.), *Handbuch Verkehrspolitik*, Springer NachschlageWissen,
DOI 10.1007/978-3-658-04693-4_18

nutzt seine als Verkehrsminister erworbenen Kontakte zu Angela Merkel, um im Sinne des Verbands Einfluss auf die Politik auszuüben. Daneben rückt sich die Automobilindustrie durch alljährliche Großspenden an Parteien in ein durch die Öffentlichkeit wahrgenommenes unseriöses Licht (Süddeutsche.de 15.10.2013).

Statt das einengende Bild der Korruption über die Debatte zu stülpen und damit den Eindruck zu vermitteln, hierbei würde es sich jeweils um Ausnahmen von der Regel handeln, sollten die konkreten Wirkungsweisen von Lobbyismus im verkehrspolitischen Tagesgeschäft systematisch analysiert werden. Hierbei geht es darum, nachzuvollziehen, ob und wie die enge Verknüpfung von Lobbyismus und Verkehrspolitik dem allgemein anerkannten Ziel einer nachhaltigen Verkehrsentwicklung entgegenwirkt. Kann hierdurch möglicherweise in Teilen die von vielen Verkehrsplanern bemängelte ‚Diskrepanz zwischen verkehrspolitischem Anspruch und realer Verkehrsentwicklung' erklärt werden (vgl. den Beitrag von Schwedes Verkehrspolitik: Ein problemorientierter Überblick dieses Bandes)?

Dieser Artikel widmet sich deshalb zwei Beispielen der verkehrspolitischen Praxis. Zum einen wird auf deutscher Ebene untersucht, inwiefern in der *Nationalen Plattform Elektromobilität* das traditionelle Leitbild des Automobils in der Elektromobilität aufrecht erhalten werden konnte. Zum anderen betrachtet das zweite Fallbeispiel auf europäischer Ebene, wie in einem mehr als 15-jährigen Prozess verbindliche CO_2-Grenzwerte für Pkw immer wieder verschoben und abgeändert wurden. Verknüpfendes Element beider Fallstudien ist dabei die einflussnehmende Automobilindustrie, welche den Schwerpunkt der Kontroversen in eine ökonomische Richtung drängt.

Den Beispielen geht eine Bestandsaufnahme der Lobbyismusforschung voraus. Hierzu werden die formalen Eigenschaften des Lobbying sowie die Annahme des langfristigen Tauschgeschäfts dargestellt, welche ebenso für die Verkehrspolitik gültig sind. Weiterhin sollen, mit Blick auf die Verknüpfung der Fallstudien, Adressierung und Struktur von Verkehrslobbyismus auf bundes- und europapolitischer Ebene erfasst werden. Danach wird das Phänomen Lobbying in der Verkehrspolitik durch das Konzept der nachhaltigen Verkehrsentwicklung mit den Kontroversen in einen thematischen Bezugsrahmen gesetzt. Im Anschluss an die Beispiele findet im Fazit eine Bewertung aus Sicht der nachhaltigen Verkehrsentwicklung statt.

2 Lobbying und nachhaltige Verkehrsentwicklung

Für die begriffliche Einordnung des Phänomens Lobbying ist zunächst festzustellen, dass keine allgemein anerkannte Definition existiert (vgl. Joos 2011: 20). So differenzieren Thomas Leif und Rudolph Speth (2006: 14) zwischen den Begriffen Interessenvertretung und Lobbying, während Klemens Joos (2011: 18) und Iris Wehrmann (2007: 39) diese synonym ansehen. Aus Sicht von Leif und Speth ist eine Interessenvertretung mit Werten und Ideologie ausgestattet, die sie auch gegenüber der Öffentlichkeit artikuliert, wohingegen Lobbying nicht an die Öffentlichkeit gerichtet und zeitlich auf Gesetzesvorhaben befristet ist. Dauerhafte politische Einflussnahme von Verbänden ist demnach nicht unter dem Begriff Lobbying einzuordnen (vgl. Leif und Speth 2006: 14).

Der vorgeschlagenen Betrachtungsweise schließen wir uns, insbesondere aufgrund der im Fallbeispiel zur CO_2-Grenzwertnormierung auftretenden Einflussnahme von Verbänden bzw. NGOs über die Öffentlichkeit, nicht an. Im Folgenden sind deshalb die Begriffe Lobbying und Interessenvertretung als synonym zu betrachten.

2.1 Organisationsformen und Aufgabenbereiche

Neben der verbandlichen Organisationsform besteht für Interessengruppen die Möglichkeit, Lobbyismus über In-Haus-Interessenvertretungen (Firmenlobbyismus bzw. -repräsentanzen), Public-Affairs-Agenturen (PA-Agenturen) und Anwaltskanzleien zu betreiben (vgl. Leif und Speth 2006: 14; Michalowitz 2007: 74; Wehrmann 2007: 40). Während Firmenlobbyisten vom Unternehmen direkt angestellt sind, handelt es sich bei Agenturen oder Kanzleien um unternehmensfremde Berater, die mit ihren Kontakten und Know-how Lobbying „à la carte" als Dienstleistung vertreiben (vgl. Schröder 2003: 299). Im Gegensatz zum Verbandslobbying ist der Einfluss über eine In-Haus-Interessenvertretung oder Agentur oftmals exakter, da Interessen anderer Verbandsmitglieder nicht aggregiert werden müssen und so der Lobbyist das Anliegen des Auftraggebers direkt artikulieren kann. Die Kombination verschiedener Organisationstypen zur Einflussnahme über mehrere Kanäle wird als „Multi-Voice-Lobbying" bezeichnet (vgl. Lösche 2007: 91).

Die Aufgabenfelder von Lobbyisten lassen sich in politische Analyse (Monitoring) und aktives Lobbying unterteilen, wobei das Monitoring die Grundlage für aktives Lobbying bildet (Michalowitz 2007: 75). Ersteres ist durch ein dauerhaftes Screening der politischen Entwicklungen gekennzeichnet, das, je nach Bedeutung für den Auftraggeber, weiter vertieft wird. Konkrete Handlungsaufgaben sind Informationssammlung und -auswertung sowie die Identifikation von Schlüssel- bzw. Kontaktpersonen. Das aktive Lobbying beginnt mit der Kontaktaufnahme zum politischen Entscheidungsträger. Um das übergeordnete Ziel der Initiative, Verhinderung oder Beeinflussung von Gesetzesvorhaben zu erreichen, versucht der Lobbyist direkt oder indirekt, also über die Öffentlichkeit, Medien und Forschung, auf den Adressaten einzuwirken. Handlungsaufgaben beim direkten Lobbying können die Erstellung von Vorlagen und Positionspapieren als auch die Kontaktpflege zu den Schlüsselpersonen sein (vgl. Wehrmann 2007: 45).

Eine Erklärungsmöglichkeit der Interaktion zwischen Lobbyist und Entscheidungsträger bildet die Annahme des (langfristigen) Tauschgeschäfts (vgl. Bowen 2009: 22; Leif und Speth 2003: 8; Lösche 2007: 61; Wehrmann 2007: 39). Durch den Besitz von Experten- und Insiderwissen (*Informationen*), welches für den Entscheidungsträger von Bedeutung ist, verfügt der Lobbyist selbst über ein Tauschgut. Dieses kann wiederum mit dem Entscheidungsträger gegen Einfluss und Informationen getauscht werden, wodurch die Beziehung wechselseitig gerichtet ist. Da zur langfristigen Einflussnahme das Austauschverhältnis nicht gestört werden darf, muss der Lobbyist Eigenschaften wie Verlässlichkeit, Seriosität und Sachkompetenz aufweisen (vgl. Lösche 2007: 72; Wehrmann 2007: 45).

2.2 Bundes- und Europalobbyismus

Hauptadressaten auf bundes- und europapolitischer Ebene sind in der Regel die Regierung, das Parlament, Ausschüsse sowie die Ministerialbürokratie. Ausschlaggebend für die Attraktivität eines Adressaten ist sowohl die Entscheidungsmacht innerhalb des Gesetzesfindungsprozesses als auch die Möglichkeit, zu einem frühen Zeitpunkt auf die Gesetzesentwicklung einzuwirken. Da mit voranschreitendem Gesetzesfindungsprozess Änderungen erheblich schwieriger umzusetzen sind, ist Lobbying umso effizienter, je früher es stattfindet (vgl. Leif und Speth 2003: 21; Lösche 2007: 68; Wehrmann 2007: 43). So kommt der Ministerialbürokratie eine besondere Rolle zu, da diese die Gesetzesentwürfe formuliert, ehe sie das Parlament erreichen.

Für einen verkehrspolitisch relevanten Lobbyismus auf Bundesebene bedeutet dies, dass vor allem die Bundesregierung und das Verkehrsministerium (BMVI), aber auch das Wirtschaftsministerium (BMWi) sowie das Umweltministerium (BMUB), einschließlich der nachgelagerten Ministerialbürokratie, als Adressaten eine Schlüsselposition einnehmen. Dabei wird ersichtlich, weshalb die im ersten Fallbeispiel betrachtete Arbeit der NPE für eine genauere Untersuchung interessant erscheint; so wurde das Gremium durch die Bundesregierung initiiert, während die Arbeit der Interessenvertreter unter Mitwirkung von BMVI, BMWi, BMBF und BMUB begleitet wurde. Mit Blick auf den Zeitpunkt der Einflussnahme ist herauszustellen, dass die Empfehlungen der NPE noch vor Ausarbeitung des Elektromobilitätsgesetzes ausgesprochen wurden, wodurch der Lobbyismus als effizient vermutet werden kann.

Demgegenüber ist der Hauptadressat von Verkehrslobbyismus auf EU-Ebene die Europäische Kommission mit den Ressorts Verkehr, Umwelt, Klimaschutz, Energie und Industrie sowie deren angehörende Generaldirektionen (GD). Ein attraktivitätsstiftendes Charakteristikum der Einflussnahme durch Interessenvertretungen ist dabei das alleinige Gesetzesinitiativrecht der Kommission und dessen Vorschlagsausarbeitung durch die GDs. Im Gegensatz hierzu kommt dem Parlament und dem Rat durch ihr Änderungs- und Vetorecht erst im späteren Verlauf des Gesetzgebungsverfahrens eine größere Bedeutung zu, sodass die Institutionen für Lobbying-Aktivitäten insgesamt attraktiv erscheinen (vgl. Michalowitz 2007: 71).

Ein wesentlicher Unterschied im Bundes- und Europalobbyismus ist der Zugang zu Informationen und Fachwissen. Durch den verhältnismäßig kleinen Beamtenapparat der Kommission ist diese stärker auf externe Informationen angewiesen (vgl. Hey 1998: 82, 88) als beispielsweise der deutsche Bundestag, dem ein wissenschaftlicher Dienst zur Verfügung steht. Häufig werden Gesetzesvorschläge deshalb unter Vorarbeit von Fachausschüssen erarbeitet, die wiederum mit externen Interessenvertretern besetzt sind (vgl. van Schendelen 2006: 136 f.). In der Folge ist die beschriebene Tauschbeziehung bzw. das Abhängigkeitsverhältnis zwischen

Lobbyist und Entscheidungsträger auf europäischer Ebene in vielen Fällen ausgeprägter als auf Bundesebene.

2.3 Lobbyismus in der Verkehrspolitik vor dem Hintergrund einer nachhaltigen Verkehrsentwicklung

Um eine Einschätzung der konkreten Wirkungsweise von Lobbyismus auf die Verkehrspolitik in den beiden Fallbeispielen vornehmen zu können, bietet es sich an, den Analyserahmen um das Konzept der nachhaltigen Verkehrsentwicklung zu erweitern. Eine nachhaltige Verkehrsentwicklung sieht die gleichwertige Berücksichtigung der Dimensionen Ökonomie, Soziales und Ökologie vor und ist mittlerweile das allgemein akzeptierte Ziel der Verkehrspolitik (vgl. Schwedes 2011). Demnach soll das angestrebte Verkehrssystem ökonomisch effizient, sozial gerecht und ökologisch verträglich sein (vgl. Hopf und Vogt 2004: 22; Schöller 2006: 7).

Wenn also die nachhaltige Entwicklung als ein verkehrspolitisches Ziel (policy) bestimmt werden kann, dann lassen sich ebenso Anforderungen für den Prozess (politics) dorthin – in diesem Fall dem Lobbying – ableiten. So sollten erstens die Lobbygruppen der unterschiedlichen Integrationsstrategien gleichwertigen institutionellen Zugang (polity) erhalten. Zweitens sollten bei der Politikformulierung die Anforderungen verschiedener Lobbys, im Sinne der Nachhaltigkeitstrias, gleichermaßen berücksichtigt werden.[1] Dabei ist zu beachten, dass die verkehrspolitischen Interessengruppen in der Regel nach ökonomisch, sozial oder ökologisch orientierten Zielsystemen klassifiziert werden können, wobei diese gleichzeitig die zentralen Konfliktlinien beschreiben (Schöller 2006: 9, 52 ff.). Hieraus ergibt sich die dritte Anforderungen, nämlich die Minimierung von Konfliktlinien zur bestmöglichen Integration der Zielsysteme.

Bezogen auf die Diskurse zur Elektroverkehrsstrategie der Bundesregierung und der CO_2-Grenzwertsetzung für europäische Pkw bedeutet das Konzept der nachhaltigen Verkehrsentwicklung für die Verkehrspolitik zusätzlich, einen Rahmen festzulegen, um die Diskrepanz zwischen verkehrspolitischem Anspruch und realer Verkehrsentwicklung zu verringern. So könnte beispielsweise durch die Elektroverkehrsstrategie eine neue Mobilitätskultur etabliert werden, welche ressourcenschonender und gleichzeitig mit geringeren externen Kosten in Form von CO_2- und Lärmemissionen verbunden ist (vgl. Rammler in Kap. III. dieses Bandes). Hierfür wird ein erweiterter Betrachtungsrahmen notwendig, der neben dem Automobil auch den Rad- und öffentlichen Personennahverkehr einschließt. Darauf aufbauend setzt die europäische Emissionsnorm CO_2-Grenzwerte für zukünftig hergestellte Pkw fest, um so die negativen Umweltauswirkungen des Verkehrs zu verringern.

---

[1] Ebenso darf die höchst unterschiedliche ökonomische Ausstattung einzelner Interessengruppen, wie sie für den Verkehrslobbyismus erkennbar ist, keine Auswirkungen auf die Berücksichtigung verschiedener Integrationsstrategien haben (vgl. Sternkopf 2013: 14).

Bei beiden Maßnahmen muss mit Blick auf eine nachhaltige Verkehrsentwicklung jedoch auch darauf geachtet werden, den sozialen Aspekt, wie Mobilitätsgerechtigkeit und -kosten, nicht zu konterkarieren und eine ökonomisch effiziente Lösung zu finden.

3 Fallbeispiel 1: Nationale Plattform Elektromobilität

Mit dem bereits seit einigen Jahren andauernden emobility-Hype ist das Thema Elektroverkehr ein weiteres Mal in die breite Öffentlichkeit und vor allem auf die (verkehrs-)politische Agenda gerückt. Der gegenwärtige Diskurs rund um den Elektroverkehr ist jedoch nicht grundlegend neu. Bereits im frühen 20. Jahrhundert kam es zu größeren Praxisanwendungen und danach in den 1990er-Jahren zu einer umfassenden politischen, wissenschaftlichen Auseinandersetzung mit diesem Thema. In beiden emobility-Diskursen, dem jetzigen und dem der 1990er-Jahre, finden sich Gemeinsamkeiten und Differenzen (vgl. Schwedes 2013).

Die wesentliche Gemeinsamkeit bilden dabei in beiden Fällen Wirtschaftskrisen, welche die klassische Automobilindustrie vor erhebliche Probleme stellten und dem Thema Elektromobilität somit Auftrieb verliehen. Hinzu kamen jeweils pro-ökologische Bestrebungen in der Gesellschaft, die in der heutigen Klimadebatte münden. Im Gegensatz zu den 1990er-Jahren stehen beim gegenwärtigen Elektromobilitäts-Hype jedoch die umwelt- und energiepolitischen Gesichtspunkte deutlich stärker im Fokus der Betrachtung (vgl. Schwedes et al. 2011: 44 ff.). Folglich konkurrieren diesmal auch aus der verkehrspolitischen Perspektive die Zielsetzungen einer ökologischen Integrationsstrategie stärker mit denen einer „industriefreundlichen", ökonomischen Integrationsstrategie.

In der deutschen Bundespolitik wird der Gegenstand Elektromobilität mit dem *Integrierten Energie- und Klimaprogramm* im Jahr 2007 wieder aufgegriffen. Ab 2009 wurden dann im Rahmen des *Konjunkturpakets II* der Bundesregierung u. a. Forschungs- und Entwicklungsmaßnahmen im Bereich Elektromobilität mit 500 Millionen Euro gefördert. Noch im selben Jahr mündete diese politische Entwicklung in der Veröffentlichung des *Nationalen Entwicklungsplan Elektromobilität* (ebd.: 14 ff.). Dieser sieht vor, Deutschland als weltweiten Leitmarkt für Elektromobilität zu etablieren. Der Begriff E-Mobilität wird im Zusammenhang mit dem Entwicklungsplan als ein vielschichtiges Gestaltungsfeld verstanden, das über die rein technischen Gesichtspunkte (z. B. Fahrzeuge, Infrastruktur) hinausreicht, und mit dem sich ein Leitbildwandel im Verkehrs- und Energiesektor ausdrückt. Aus verkehrswissenschaftlicher Sicht wird der Terminus dabei auf den Bereich des Straßenverkehrs eingegrenzt (vgl. Bundesregierung 2009: 3 ff.).

Zur Realisierung der im *Nationalen Entwicklungsplan Elektromobilität* definierten Ziele wurde am 3. Mai 2010 die *Nationale Plattform Elektromobilität* durch Bundeskanzlerin Angela Merkel ins Leben gerufen. Sie dient der Bundesregierung als beratendes Expertengremium und setzt sich aus bedeutenden Vertretern von Politik, Wirtschaft, Wissenschaft und Hochschulen, Arbeitnehmerverbänden sowie zivilgesellschaftlichen Organisationen zusammen. Im Kontext der

Plattform-Gründung hat man die Zielsetzung Deutschland als Leitmarkt für Elektromobilität zu etablieren um den Punkt der Leitanbieterschaft (für Produkte und Lösungen in diesem Feld) erweitert (vgl. Bundesregierung 2010: 2).

Die NPE untersucht die gegenwärtigen Entwicklungen auf dem Gebiet der Elektromobilität, entwickelt Maßnahmen und informiert die Bundesregierung in regelmäßigen Zeitabständen, in Form von Berichten, über ihre Arbeitsfortschritte. Darin spricht sie konkrete Handlungsempfehlungen an die Politik aus (vgl. BMUB 2014a). Wird somit die NPE lobbyiert, dann überträgt sich dieser Einfluss indirekt auch auf die Bundesregierung. Mit insgesamt vier Bundesministerien ist zudem eine breite Palette politischer Ressorts in die Arbeit des Gremiums involviert: BMVI, BMWi, BMUB, BMBF (vgl. BMUB 2014b; BMUB 2014c).

Die Organisationsstruktur der Plattform umfasst sieben Arbeitsgruppen mit durchschnittlich 21 Mitgliedern sowie einen sogenannten Lenkungskreis (22 Mitglieder), der diesen vorsteht. In den AGs werden verschiedene Schwerpunktthemen aus dem Bereich Elektromobilität bearbeitet. Das 170-köpfige Personal der NPE lässt sich in acht wesentliche Lobbys einteilen, die jeweils unterschiedlich große Anteile der Mitglieder beherbergen: Fahrzeugindustrie (22 Prozent), Elektroindustrie/IT-Branche (15 Prozent), Wissenschaft/Hochschulen (14 Prozent), Batterie- und Chemieindustrie (14 Prozent), Energiewirtschaft (9 Prozent), Politik/Behörden/Verwaltung (7 Prozent), Vertreter zivilgesellschaftlicher Interessen (3 Prozent), Gewerkschaften (2 Prozent) und Sonstige (14 Prozent), die sich nicht eindeutig einer bestimmten Gruppe zuordnen lassen (vgl. BMUB 2014b; BMUB 2014c). Die Auswahl der Mitglieder ist keinem öffentlich nachvollziehbaren formalen Prozess gefolgt, stattdessen gibt es Hinweise, dass insbesondere persönliche Beziehungen zwischen potentiellen Mitgliedern und der Politik Einfluss auf deren Designation hatten (vgl. Nowack und Sternkopf 2015: 13).

3.1 Lobbying und Arbeitsmechanismen in der NPE

Bei genauerer Betrachtung der internen Arbeitsweise der NPE wird ersichtlich, dass diese durch zahlreiche informelle Verfahren geprägt ist, welche das Lobbying im Allgemeinen begünstigen. Wichtige Anknüpfpunkte bei der Untersuchung bilden die internen Kommunikationsabläufe, die Prinzipien zur Meinungsfindung, die „Spielregeln" für die Arbeit in der Plattform sowie die Berichtsformulierung.

Die interne Verständigung der NPE, insbesondere der AGs untereinander, ist durch das Fehlen formaler Kommunikationswege gekennzeichnet und wurde daher wiederholt im Informellen, zum Teil sogar außerhalb der Plattform, betrieben. In ähnlicher Weise erfolgte die Meinungsfindung im Plenum nach einer Art ‚informellen Konsens' und ohne ein explizites Votum zur Einbeziehung von Minderheitenmeinungen (ebd.: 16 ff.).

Vor diesem Hintergrund erscheint es wenig überraschend, dass keine förmlichen „Spielregeln", wie z. B. im Sinne einer bindenden Geschäftsordnung, für die Arbeit in der NPE existieren. Dennoch wird mithilfe einer informellen Übereinkunft zum Umgang mit den Medien gearbeitet. Arbeitsergebnisse sind dementsprechend als erstes durch die NPE zu kommunizieren, zudem müssen Veröffentlichungen im Vorfeld gemeinschaftlich vereinbart werden. Die Erstellung der offiziellen Berichte (betrifft zumindest 1. und 2. Bericht), in denen die Plattform ihre Resultate und Empfehlungen umfassend darlegt, erfolgte mittels einer informell gebildeten „Redaktionsgruppe". Diese hat sich aus Mitgliedern der Arbeitsgruppen rekrutiert und fungierte auch für den Austausch zwischen den AGs (ebd.: 14 ff.).

Besonders mit Blick auf eine möglichst unverzerrte Einbringung aller Lobbyinteressen sind das fehlende Minderheitenvotum und die „inoffiziellen Presseregeln" der NPE kritisch zu hinterfragen. Die Anliegen kleinerer Lobbygruppen unterliegen somit in Abstimmungsfragen und bei der Berichtsformulierung gegenüber denen der dominanten Lobbys. Während die personelle Zusammensetzung der NPE aus Sicht der Nachhaltigkeitstrias einen klaren ökonomischen Integrationsschwerpunkt aufweist, wird das Ungleichgewicht durch die vielfach unstrukturierten Arbeitsmechanismen weiter verschärft. Vornehmlich profitieren davon die bereits personal- und ressourcenstarken Lobbygruppen im Gremium.

3.2 Lobbying und Arbeitsergebnisse der NPE

In ihrem zweiten Bericht veröffentlichte die NPE eine Reihe von (monetären und nicht-monetären) Anreizmaßnahmen, insbesondere zur Förderung von E-Fahrzeugen, unter der Zielstellung Deutschland zum Leitmarkt für Elektromobilität zu entwickeln (vgl. NPE 2011: 44 ff.). Diese Maßnahmen sind dahingehend von Bedeutung, als dass sie in großen Teilen in das *Regierungsprogramm Elektromobilität* (2011) übernommen wurden und letztlich im *Elektromobilitätsgesetz* (2014) sogar einen konkreten gesetzlichen Niederschlag fanden (vgl. Bundesregierung 2011: 46 ff.; BMUB 2014d). Zunächst zeigt sich anhand dieser Begebenheit jedoch der häufig als subtil wahrgenommene Einfluss des Lobbyings. Während Elektromobilität im Entwicklungsplan noch als ein vielschichtiges Gestaltungsfeld verstanden und auf den gesamten Bereich des Straßenverkehrs bezogen wurde, zielen die besagten Maßnahmen ausschließlich auf den (individuell genutzten) Pkw im klassischen Sinne ab. Weitere Fahrzeugklassen (z. B. E-Busse, E-Zweiräder, E-Nutzfahrzeuge) sowie alternative Nutzungskonzepte bleiben dabei unberücksichtigt. Die Thematik Elektromobilität verengt sich somit im Sinne der Deutungshoheit stark auf den Gegenstand des E-Pkw.

Bei detaillierterer Betrachtung der vorgeschlagenen Maßnahmen wird der (Lobby-) Einfluss zum Vorteil der ökonomischen Integrationsstrategie dennoch greifbarer. So sind finanzielle Anreizmaßnahmen (u. a. Steuerincentives, zinsgünstige Kredite der KfW, Sonderregelung zur Abschreibung von Dienstwagen) entgegen einer fehlenden Übereinstimmung im Gremium letztendlich in den zweiten Bericht der NPE gelangt (vgl. NPE 2011: 45 ff.; Nowack und Sternkopf 2015: 19f.). Legitimiert wurden diese Anreize in erster Linie mit den noch ungleich höheren Gesamtnutzungskosten (Lücke in den *Total Costs of Ownership*) von E-Pkw (verglichen mit konventionellen Pkw), die mithilfe von Modellrechnungen ermittelt wurden (vgl. NPE 2011: 43). Dabei ist ebenfalls kritisch anzumerken, dass die

TCO-Berechnungen entgegen konträrer Positionen im Gremium und Zweifeln hinsichtlich der Nachvollziehbarkeit verwendet wurden. Darüber hinaus bleiben die Grundlagen der Berechnung nebulös (vgl. Nowack und Sternkopf 2015: 19 f.). Dieser Umstand legt nahe, dass vor allem die beteiligte Fahrzeug- und Batterieindustrie eine (auch in Detailfragen) erfolgreiche Lobbyarbeit innerhalb des Gremiums betrieben hat. Schließlich profitierte sie am stärksten von der möglichen Umsetzung derartiger monetärer Kaufanreize.

Als weiteren Teil des Maßnahmenpakets empfiehlt die NPE nicht-monetäre Anreize. Dabei geht es um Parkprivilegien für E-Pkw ebenso wie die Sondernutzung von Bus- und Taxispuren durch selbige. Wenngleich Anreize dieserart im Plenum als (zumindest teilweise) erforderlich eingeschätzt wurden, ist dahinter dennoch ein entsprechender Einfluss der Fahrzeugindustrie zu vermuten. Infolgedessen würde nämlich die Attraktivität eines eigenen Pkw speziell im urbanen Raum erhöht.

Die vorstehend beschriebene Fokussierung auf den Pkw (MIV) wird insgesamt noch dadurch unterstrichen, dass intermodale Verkehrskonzepte im Zusammenhang mit der E-Mobilität, trotz einer größeren Befürwortung im Gremium, nicht vertiefend behandelt wurden (ebd.: 20 f.).

4 Fallbeispiel 2: Europäische CO_2-Grenzwerte für Pkw

Die bis heute andauernde Kontroverse um europaweite CO_2-Grenzwerte im Automobilsektor reicht bis in die 1990er-Jahre zurück und ist durch unterschiedliche Dynamiken, Grenzwertziele und Zielerreichungsmodalitäten geprägt. Bereits 1991 forderte der Rat der EU die Kommission auf, Maßnahmen zur CO_2-Reduktion von Kraftfahrzeugen vorzuschlagen (vgl. Bundesregierung 1996: 1). Unter dem Eindruck des Rahmenübereinkommens der *Vereinten Nationen* über Klimaveränderungen und weiterer Aufforderung des EU-Umweltministerrats teilte die Kommission 1995 in ihrer *Gemeinschaftsstrategie* mit, eine Durchschnittsemission von Neuwagen von 120 gCO_2/km bis 2005 erreichen zu wollen (KOM 1995: 1 ff.). Eine Säule der Strategie ist dabei „eine Vereinbarung der Gemeinschaft und der Automobilindustrie mit eindeutigen Zielen" (ebd.: 17), auf dessen Grundlage die Kommission 1998 bzw. 1999 eine *freiwillige Selbstverpflichtung* mit dem Dachverband der europäischen Autohersteller (ACEA) aushandelte (1999/125/EG). Diese sah ein Emissionsziel von 140 gCO_2/km bis zum Jahr 2008 vor. Weiterhin strebte die Kommission eine durchschnittliche Flottenemission von 120 gCO_2/km bis 2012 an.

Im Februar 2007 musste die Kommission in ihrem jährlichen Monitoringbericht das Scheitern des freiwilligen Ansatzes feststellen (vgl. KOM 2007a: 7). Die Kontroverse gewann in der Folge an Dynamik, da ein rechtlicher Rahmen in Aussicht gestellt wurde, der die Modalitäten für die Erreichung von nun 130 gCO_2/km bis 2012 darlegen sollte.

Unter Berücksichtigung einer Folgenabschätzung und aller relevanten Interessengruppen wurde über das Jahr 2007 hinweg der Verordnungsvorschlag ausgearbeitet.

Durch das Aufwerfen der Frage nach den Durchführungsmodalitäten nahm der Interessenkonflikt zwischen ökologischen und ökonomischen Interessengruppen zu. Nach Verhandlungen von Rat und Parlament im Trilog mit der Kommission wurde der Vorschlag schließlich unter teilweise erheblichen Veränderungen gebilligt. Die im April 2009 veröffentlichte *Verordnung EG 443/2009 zur Festsetzung von Emissionsnormen für Pkw* sieht damit erstmalig ab dem Jahr 2015 verbindliche Grenzwerte für die Gesamtflotte einzelner Hersteller von durchschnittlich 130 gCO_2/km vor, während seit dem Jahr 2012 bereits ein Teil der Flotte dem Grenzwert unterliegt.

Inhaltlich und zeitlich greift der Prozess der Politikformulierung mit der im ersten Fallbeispiel betrachteten Elektroverkehrsstrategie ineinander; so konnten sich die Hersteller im Einführungszeitraum zwischen 2012 und 2014 Niedrigemissions- und Elektrofahrzeuge (<50 gCO_2/km) über ein Bonussystem mehrfach anrechnen lassen. Auch außerhalb dieses Vergütungssystems stellen Elektrofahrzeuge für die Automobilindustrie eine Möglichkeit der Flottenemissionsreduktion dar, da diese – unabhängig von der CO_2-Emission bei der Stromerzeugung – mit 0 gCO_2/km verrechnet werden.

Im weiteren Verlauf der Diskussion (2009–2014) wurden die Modalitäten für die Jahre 2020 und 2021 präzisiert. Auch hier wurde das ursprüngliche Ziel der Kommission korrigiert, sodass der Grenzwert von 95 gCO_2/km statt im Jahr 2020 erst 2021 für die gesamte Herstellerflotte gilt. Ebenso sind Niedrigemissionsfahrzeuge über ein Bonussystem von 2020 bis 2022 mehrfach anrechenbar (EU 333/2014: L 103/18).

Einen Schlusspunkt der Kontroverse stellt die Verordnungsänderung jedoch nicht dar. Einerseits soll die Kommission mögliche Reduktionsziele im Automobilsektor für die Zeit nach 2021 prüfen, um den langfristigen Klimaschutzzielen der EU gerecht zu werden (ebd.: L 103/16). Zum anderen wirft die abnehmende Vergleichbarkeit des bisherigen Messsystems für den CO_2-Grenzwert, dem *Neuen Europäischen Fahrzyklus* (NEFZ), die Frage nach einem neuen Prüfverfahren auf (ebd.). So zeigte sich zuletzt in einem White Paper des International Council on Clean Transportation, dass die realen CO_2-Emissionen für Neuwagen im Jahr 2013 durchschnittlich 30 Prozent über denen des NEFZ lagen (ICCT 2014: 30). Gleichzeitig ist eine zunehmende Verbrauchsabweichung über die letzten Jahre feststellbar. Die sich damit anbahnende Diskussion um die *Worldwide harmonized Light vehicles Test Procedure* (WLTP) kann also als Folgeerscheinung der CO_2-Emissionsnorm gewertet werden.

4.1 Interessengruppen und Einflussmöglichkeiten

In der beschriebenen Kontroverse stellten vor allem Vertreter der ökologischen und der ökonomischen Integrationsstrategie die maßgeblichen Akteure des Lobbying dar. Gleichzeitig wird durch die Interessengruppierung die stärkste Konfliktlinie im politischen Prozess deutlich. Während Umweltverbände sowie ökologische Verkehrsverbände und Think Tanks für eine schnelle Einführung möglichst scharfer

Grenzwerte argumentierten, traten Verbände der Automobilindustrie und Hersteller zumeist für das Gegenteil ein (vgl. SEC 2007: 110). Dabei lässt sich jedoch die europäische Automobilindustrie nicht als monolithische Einheit (vgl. Scharte 2010: 140) oder als *die* Autolobby verstehen, sondern vielmehr als zeitlich begrenzter Zusammenschluss einzelner bzw. länderspezifischer Hersteller. Handelte der ACEA 1998 noch mit der Kommission die freiwillige Selbstverpflichtung aus, konnte der Dachverband im Streit um die herstellerspezifischen Grenzwerte (Verlauf der sog. Grenzwertkurve) während der Gesetzesausarbeitung (ab 2007) keine einheitliche Position beziehen (vgl. Beez 2011: 161 f.; Nowack und Sternkopf 2015: 38). Es findet damit eine *Interessenfragmentierung der europäischen Automobilindustrie* statt. In der Folge intensivierte der VDA ab 2007 seine Lobbyingaktivitäten und trat gegen die Position von französischen und italienischen Herstellern (v. a. PSA, Renault, Fiat) ein. Besonders hervorzuheben ist hierbei das Lobbying-Instrument der *personellen Verflechtungen*. Matthias Wissmann, seit 2007 Vorsitzender des VDA, unterhält laut eigenen Angaben gute Kontakte zu Angela Merkel (FAZ.net 2009). Die Kanzlerin wiederum spielte im Verhandlungsprozess um die Verordnungen EG 443/2009 und EU 333/2014 eine wesentliche Rolle, indem sie sich für die Interessen der deutschen Hersteller einsetzte.

Als wichtigste Vertreter der ökologischen Integrationsstrategie sind Greenpeace, Transport & Environment (T&E) und Friends of the Earth (FoE) zu nennen, wobei sich auch deutsche Interessengruppen wie der Verkehrsclub Deutschland (VCD), der Naturschutzbund Deutschland (NABU), der Bund für Umwelt und Naturschutz Deutschland (BUND), die Deutsche Umwelthilfe (DUH) sowie das Umweltbundesamt (UBA) am Prozess beteiligten. Die europäischen NGOs sind dabei, ebenso wie Automobilverbände und nachgelagerte Hersteller, mit Repräsentanzen in Brüssel vertreten, wodurch ein regelmäßiger Austausch mit den politischen Entscheidern bzw. gegenüber der Ministerialbürokratie gewährleistet wird. Eine Interessendivergenz der ökologischen Interessengruppen ist über den Prozess kaum feststellbar, sodass es hier auch zu keiner Fragmentierung kam.

4.2 Freiwillige Selbstverpflichtungen

Der regelmäßige Austausch mit den politischen Entscheidern ist in der Phase der freiwilligen Selbstverpflichtung besonders für den ACEA erkennbar. Der Dachverband konnte auf formeller Ebene ohne die Einbindung anderer Interessenvertreter mit der Kommission die Vereinbarung aushandeln. Tritt demzufolge nicht nur eine *Unwucht des Wettbewerbsverhältnisses* zwischen den oben beschriebenen Interessengruppierungen auf, muss die frühzeitige Einbindung des ACEA auch auf den Gesamtprozess bezogen werden. So ist Lobbying bekanntermaßen umso effizienter, je früher es stattfindet. Darüber hinaus konnte der Verband über jährlich mit der Kommission herausgegebene „gemeinsame Berichte" formellen Kontakt zur höchsten politischen Ebene wahren (vgl. KOM 2000: 4).

Demgegenüber bleiben die Hinweise des European Environmental Bureau (EEB) und des Sachverständigenrates für Umweltfragen (SRU) von der Kommission unberücksichtigt. So kritisierte das EEB im Jahr 2000, dass es der Kommission an Instrumenten zur Durchsetzung der freiwilligen Selbstverpflichtung mangele (vgl. Beez 2011: 81). 2005 weist der SRU darauf hin, dass auch der ACEA mit nicht ausreichender „Durchsetzungsmacht [...] gegenüber seinen Mitgliedsunternehmen" ausgestattet ist, sodass kaum Verbesserungen gegenüber einem Szenario ohne Selbstverpflichtungen zu erwarten seien (SRU 2005: 46).

Mit Blick auf (umwelt-)effizientere Handlungsalternativen muss deshalb auch der Fokus auf die EU-Kommission gerichtet werden. Diese erkannte die mangelnde Ausgestaltung der Verpflichtung erst im Jahr 2007 an und leitete im Anschluss den Gesetzgebungsprozess ein.

Für die Möglichkeiten der Interessenvermittlung einzelner Lobbys in der nachfolgenden Phase der Gesetzesausarbeitung ist jedoch noch ein weiteres Gremium zu nennen. Die im Jahr 2005 auf Initiative des damaligen Industriekommissars Günter Verheugen initiierte Arbeitsgruppe „Competitive Automotive Regulatory System for the 21st Century" (CARS21) hatte die Zielsetzung, Empfehlungen zur Steigerung der Wettbewerbsfähigkeit der europäischen Automobilindustrie auszuarbeiten und gleichzeitig Regulierungsansätze zu bestimmen (Wissenschaftlicher Dienst des Bundestags 2005: 1). Die Arbeitsgruppe setzte sich hauptsächlich aus Vertretern der Politik und Industrie zusammen.[2] CARS21 (2006: 25 ff.) plädierte in ihrem Abschlussbericht ausdrücklich für den sogenannten *integrierten Ansatz*. Dieser bezieht zur CO_2-Emissionsreduktion von Pkw neben der Automobilindustrie, die bislang hierfür Alleinverantwortliche war, andere „stakeholder" wie Autofahrer, Ölindustrie, Autoverkäufer und die Politik ein.[3] „Hinter [dem integrierten Ansatz] stand nichts anderes als die Frage, wie die zukünftige Lastenteilung im Kontext der CO_2-Emissionsminderung gestaltet werden sollte" (Beez 2011: 90).

4.3 Gesetzesausarbeitung

Der integrierte Ansatz wird von der Kommission in der Überprüfung der Gemeinschaftsstrategie und der Stellungnahme zum Abschlussbericht im Jahr 2007 wieder aufgegriffen und in weiten Teilen übernommen (vgl. KOM 2007a: 8 ff.; KOM 2007b: 10 f.; Nowack und Sternkopf 2015: 28). Gleichzeitig schwächt die

---

[2]Neben den Kommissaren für Umwelt, Verkehr und Industrie sowie Ministern der Staaten Deutschland, Frankreich, Spanien, Italien, Tschechien und dem Vereinigten Königreich ist das Gremium mit zwei Vertretern des Europäischen Parlaments besetzt. Die Industrie wird durch die Autohersteller Renault, Volvo, Fiat, Ford, VW und dem ACEA, dem Verband der europäischen Zulieferer (CLEPA) sowie dem Verband der europäischen Ölindustrie vertreten. Weiterhin gehören dem Gremium ein ökologisch orientierter Think Tank (IEEP), der europäische Metallgewerkschaftsbund und der internationale Dachverband der Autofahrer (FIA) an.

[3]Der integrierte Ansatz war die Überlegung, die CO_2-Emissionsreduktionen neben der motorseitigen Entwicklung auch über kostengünstigere Alternativen wie bspw. verpflichtende Gangwechselanzeige, CO_2-basierte Kfz-Steuer, Alternative Kraftstoffe oder Verkehrsleitsysteme herbeizuführen (CARS21 2006: 25 f.).

Kommission den für die Hersteller ausgegebenen Zielwert von 120 gCO_2/km bis zum Jahr 2012 auf nun 130 gCO_2/km ab (vgl. KOM 2007a: 9).

Aus Sicht der Lobbyinggerechtigkeit zwischen den Akteuren bzw. mit Blick auf die Nachhaltigkeitsdimensionen ist es als problematisch zu bewerten, dass das veränderte Emissionsziel und der integrierte Ansatz noch vor Vorschlagsausarbeitung ausgegeben wurden. In teilweise veränderter Form lassen sich Ziel und Ansatz auch in der abschließenden Verordnung 443/2009 wiederfinden. Durch die nur unzureichende Einbindung aller Interessengruppen im Forum CARS21 wird den ökologischen Interessenvertretern auf formellem Weg erst mit der Internet-Konsultation und der öffentlichen Anhörung die Möglichkeit eingeräumt, ihre Position gegenüber der Kommission dazulegen.

Die Weiterleitung des Vorschlags an Parlament und Rat sorgt für eine Weiterentwicklung des Lobbyingprozesses. So ist durch die vorgeschlagenen Modalitäten zunächst ein höherer Detaillierungsgrad der Diskussion erkennbar. Vor allem die Frage, ob und in welchem Umfang den Herstellern größerer Fahrzeuge[4] ein abgeschwächter Emissionsgrenzwert zugesprochen werden sollte (Verlauf der Grenzwertkurve), führte zu einer Interessendivergenz zwischen den Herstellern (vgl. Beez 2011: 162). Gleichzeitig nimmt die Interessenfragmentierung zwischen den Mitgliedstaaten zu. Dabei sprach sich die Bundesregierung unter der Maßgabe von Kanzlerin Merkel und Umweltminister Gabriel für eine Veränderung des Vorschlags aus, welcher deutsche Hersteller, die größere und schwerere Fahrzeuge produzieren, weniger stark belasten sollte (steile Grenzwertkurve). Die Bundesregierung sorgt über ihre Einflussmöglichkeiten im Rat und einer nahezu identischen Positionierung mit dem VDA somit für eine *Europäisierung von Interessen der deutschen Automobilindustrie* (vgl. Nowack und Sternkopf 2015: 39 f.).

Es sei an dieser Stelle darauf hingewiesen, dass sich die zwischen VDA und Bundesregierung integrierend wirkende Forderung nach einem steilen Verlauf der Grenzwertkurve nicht in der Vorschlagsänderung niederschlug. Jedoch wurde eine andere Forderung unter starken Protesten der Umweltverbände durchgesetzt, nämlich die nach einem Phase-In (schrittweise Einführung). In der Folge wurde der verbindliche Grenzwert für die Gesamtflotte einzelner Hersteller erst ab 2015 statt 2012 gültig.

4.4 Verordnungsänderungen

Die jüngste Phase der Verordnungsänderung zeigt im Lobbyingwettbewerb zwischen ökologischen und ökonomischen Interessengruppen und deren Einflussmöglichkeiten eine hohe Ähnlichkeit zur vorangegangenen Phase auf. Neben dem Bonussystem für Niedrigemissionsfahrzeuge (Supercredits) und dem Phase-In stand der Verlauf der Grenzwertkurve im Mittelpunkt der Diskussion. Besonders

---

[4]Zum damaligen Zeitpunkt war strittig, ob der zugrundeliegende Parameter der „Grenzwertkurve" die Masse oder die Fahrzeugstandfläche (Höhe x Breite) sein sollte.

hervorzuheben ist dabei ein von Günther Oettinger (Energiekommissar) an Martin Winterkorn (VW-Vorstandsvorsitzender) adressierter Brief. In der Erklärung stellt der Kommissar wohlwollend fest, dass die endgültige Fassung des Verordnungsvorschlags nun Verbesserungen für den VW-Konzern vorsieht (Süddeutsche.de 2012). Zu diesen gehören u. a. eine veränderte Grenzwertkurve sowie Supercredits. Zeigt der Briefwechsel damit nicht nur die Einflussmöglichkeiten einzelner Konzerne auf Kommissionsebene auf, bietet er zudem Einblick in die nur schwer nachweisbare informelle Einflussnahme während des gesamten Prozesses. Interessant ist hierbei die Anmerkung des Kommissars, dass durch das Einbringen der Supercredits ein Einstieg in die Diskussion des Beratungsverfahrens gewährleistet wird und somit die Modalitäten weiter „verbessert" werden können. Ähnlich zum integrierten Ansatz in der vorangegangenen Phase wurde für die deutsche Automobilindustrie dadurch ein Anknüpfungspunkt, also ein „Türöffner", für weitere Lobbyingaktivitäten geschaffen.

Im Gegensatz hierzu konnten die ökologischen Interessenvertreter ihre Forderungen nicht durchsetzen. So findet sich weder ein geringeres Grenzwertziel (80 gCO_2/km), die Abschaffung von Supercredits oder ein Emissionsziel für das Jahr 2025 im Kommissionsvorschlag bzw. im Gesetzestext wieder (vgl. Greenpeace 2011: 4 f.; T&E 2011: 4 f.; COM (2012); EU 333/2014). Die formelle Einflussnahme über die öffentliche Anhörung und die Aufnahme von T&E in das weiterhin aktive Beratungsgremium CARS21 scheint somit für die NGOs nicht wirkungsvoll.[5] Deutlich wird dies auch durch die Intervention der Bundesregierung bzw. Angela Merkels im Beratungsverfahren zwischen Rat und Parlament. Die Bundesregierung hatte hier zugunsten der Ausweitung von Supercredits und eines Phase-Ins bereits erzielte Einigungen mehrfach blockiert (Euractiv .de 2013).

5 Fazit

Die beiden Fallstudien der verkehrspolitischen Praxis hatten zum Ziel, einen Erklärungsansatz für die tiefgreifende Diskrepanz zwischen verkehrspolitischem Anspruch und realer Verkehrsentwicklung zu geben. In der Untersuchung offenbarte sich ein ausgeprägtes Machtgefälle zwischen privatwirtschaftlichen und zivilgesellschaftlichen Akteuren, welches dem verkehrspolitischen Ziel einer nachhaltigen Verkehrsentwicklung offensichtlich entgegenwirkt. Die in diesem Zusammenhang aufgeworfene Frage der bestmöglichen Integration der drei Nachhaltigkeitssäulen konzentriert sich in den Kontroversen auf die Verknüpfung der ökologischen und ökonomischen Zieldimension. Zwar spielt die soziale Fragestellung in der wissenschaftlichen Begleitstudie der CO_2-Grenzwertsetzung eine Rolle,

---

[5]Es ist zu vermuten, dass das Gremium CARS21 ähnliche Entscheidungsstrukturen aufweist, wie die hier untersuchte NPE. Eine entsprechende wissenschaftliche Analyse wäre sicherlich aufschlussreich.

jedoch ist hier keine grundsätzliche Konfliktlinie erkennbar. Hierbei ist anzumerken, dass die Gewerkschaften (IG Metall und Europäischer Metallgewerkschaftsbund) mit ihren Forderungen eine Position nahe der ökonomischen Interessengruppen einnahmen. Ebenso sind in der Revision der CO_2-Grenzwertziele zugunsten der Automobilindustrie keine entgegengesetzten Interventionen erkennbar. Auch in der NPE hatte die soziale Integrationsdimension keinen besonderen Stellenwert.

Um eine nachhaltige Verkehrsentwicklung zu gewährleisten, müssen wie im ersten Teil der Arbeit festgestellt, die Lobbygruppen der verschiedenen Zieldimensionen gleichwertigen institutionellen Zugang erhalten. In der NPE ist dies durch die Einbindung von Industrie, Umwelt- und Verbraucherorganisationen sowie Gewerkschaften zwar gegeben, jedoch erweist sich die Besetzungsprozedur als intransparent. Zusätzlich bestehen hohe Ungleichgewichte zwischen den Lobbygruppen. Ebenso weist das richtungsweisende Beratungsgremium der CO_2-Grenzwertgesetzgebung, CARS21, eine starke Unwucht zugunsten der Automobilindustrie auf. In der vorgesetzlichen Phase der freiwilligen Selbstverpflichtung findet gar ein Ausschluss der ökologischen Interessenvertreter statt. Deutlich wird das Machtgefälle zwischen Ökonomie und Ökologie durch den industriepolitisch motivierten Eingriff der Bundesregierung in die europäischen Gesetzesverhandlungen, welcher teilweise durch informelle Kontakte mit der deutschen Automobilindustrie erklärbar ist. Somit kann bei beiden Kontroversen in Bezug auf die Anforderung des institutionellen Zugangs nicht von einer nachhaltigen Verkehrsentwicklung gesprochen werden.

Auch die zweite Anforderung hierfür, nämlich die Berücksichtigung der Interessen verschiedener Lobbys bei der Politikformulierung, ist ebenso gering ausgeprägt. Dies wird innerhalb der NPE vor allem anhand ihrer Arbeitsergebnisse sichtbar und wirkt sich zum Vorteil einer ökonomischen Stoßrichtung in der Verkehrspolitik aus. Es zeigt sich, dass infolge des Lobbying das im Nationalen Entwicklungsplan Elektromobilität festgehaltene Verständnis der Elektromobilität, als ein breites Gestaltungsfeld, alleinig zugunsten des traditionell genutzten Pkws, nunmehr mit einem E-Antrieb, zugespitzt wird. Die im Sinne der Nachhaltigkeit wichtige Zieldimension der „neuen Mobilität", der Entwicklung neuer verkehrlicher Konzepte, bleibt somit weitgehend unberührt und der emobility-Diskurs beschränkt sich auf das technische Artefakt des E-Pkws. Darüber hinaus wird der Schwerpunkt im Hinblick auf die vom Gremium vorgeschlagenen Anreizmaßnahmen weiter in Richtung der ökonomischen Integrationsstrategie verschoben.

Auch in der Kontroverse um einen CO_2-Grenzwert wird die ursprünglich klimapolitische Zielsetzung der verkehrspolitischen Maßnahme in eine vor allem industriepolitische umgedeutet. So konnte die europäische bzw. deutsche Automobilindustrie, im Gegensatz zu ökologischen Lobbygruppen, ihre Interessen erfolgreich einbringen. Dies zeigt sich durch die Implementierung des integrierten Ansatzes bzw. der Supercredits. Hierdurch verlagerte sich der Diskussionsschwerpunkt auf Randfragen der Durchführung und die ökologische Dimension geriet in den Hintergrund.

Mit Blick auf die ökologischen Integrationsaspekte bleiben die Resultate der NPE bzw. der CO_2-Gesetzgebung hinter den im Vorfeld artikulierten Potentialen in der E-Mobilität bzw. ursprünglich angedachten CO_2-Minderungszielen zurück.

Dem übergeordneten verkehrspolitischen Anspruch einer nachhaltigen Verkehrsentwicklung, nämlich dem Ausbalancieren aller drei Integrationsstrategien, werden das vorpolitische Gremium NPE und der Gesetzesfindungsprozess zur CO_2-Grenzwertnormierung somit nicht gerecht.

Bezogen auf die beiden Fallstudien ist die innere Gestaltungskraft der Verkehrspolitik begrenzt und wird zwischen den Ressorts der Industrie- und Umweltpolitik eingezwängt. Mehr noch, die Verkehrspolitik wird von den Lobbys zu einer Art Hilfspolitik degradiert. Folglich sind diese Interessenvertreter keine Lobbyisten der Verkehrspolitik, sondern Lobbyisten *in* der Verkehrspolitik. Hierdurch erklären sich auch die häufig auftretenden Personalwechsel, welche in der Einleitung thematisiert wurden. Die scheinbare Vernachlässigung des Verkehrsressorts führt zu einer hohen Gestaltungskraft gut vernetzter Lobbyisten. Interessengruppen, die sich Lobbyisten *leisten können*, erzielen so einen sehr hohen Return on Investment.

Was muss die Verkehrspolitik also leisten, um einseitige Entwicklungen zugunsten einzelner Interessengruppen, wie in den hier beschriebenen Fallbeispielen, abzuschwächen? Das Verkehrsressort zeichnet sich aufgrund seiner Querschnittsfunktion dadurch aus, alle Nachhaltigkeitsdimensionen vereinen zu können und ist somit prädestiniert, einen gesellschaftlich fairen Konsens zwischen wirtschaftlichen, sozialen und ökologischen Anforderungen zu unterstützen. In diesem Sinne muss das Verkehrsressort zunächst die Deutungsmacht in verkehrspolitisch relevanten Gremien und Gesetzesentwicklungen zurückerlangen. Das heißt, diese Gremien sollten entsprechend den Anforderungen einer nachhaltigen Verkehrsentwicklung besetzt werden und damit in die Lage versetzt werden, systematisch auf dieses politische Ziel hin zu arbeiten. Damit würde das Verkehrsressort bei der Gesetzesentwicklung die Rolle eines Mahners für eine nachhaltige Verkehrsentwicklung übernehmen und als Kontrollinstanz fungieren. Dazu müssen sowohl das Lobbying, als auch die Entscheidungsfindung öffentlich nachvollziehbar organisiert werden. Insofern kommt der Verkehrspolitik die Aufgabe zu, die dazu notwendige Transparenz zu gewährleisten. Gleichzeitig gilt es zu forcieren, dass auch wirtschaftlich schwächere Lobbys entsprechend ihrer gesellschaftlichen Bedeutung adäquat in die politischen Prozesse eingebunden werden. Nur wenn dies gelingt, können die Ansprüche aller Interessengruppen gleichberechtigt artikuliert und politisch berücksichtigt werden.

Literatur

Beez, Fabienne. 2011. Politikformulierung und Interessenvermittlung am Beispiel der Festlegung von CO2-Emissionesgrenzwerten für neue Pkw in der Europäischen Union. Dissertation. Aachen.

BMUB. 2014a. Nationale Plattform Elektromobilität. http://www.bmub.bund.de/themen/luftlaerm-verkehr/verkehr/elektromobilitaet/nationale-plattform-elektromobilitaet/. Zugegriffen am 08.10.2014.

BMUB. 2014b. Nationale Plattform Elektromobilität, Vorsitz und Mitglieder des Lenkungskreises. http://www.bmub.bund.de/fileadmin/Daten_BMU/Download_PDF/Verkehr/nat_plattform_elektromobilitaet_mitglieder_lenkungskreis_bf.pdf. Zugegriffen am 09.10.2014.

BMUB. 2014c. Mitglieder der Arbeitsgruppen 1–7. http://www.bmub.bund.de/fileadmin/Daten_BMU/Download_PDF/Verkehr/nat_plattform_elektromobilitaet_mitglieder_arbeitsgruppen_bf.pdf. Zugegriffen am 09.10.2014.

BMUB. 2014d. Kabinett verabschiedet Elektromobilitätsgesetz. http://www.bmub.bund.de/presse/pressemitteilungen/pm/artikel/kabinett-verabschiedet-elektromobilitaetsgesetz/. Zugegriffen am 17.10.2014.

Bowen, Pieter. 2009. The European Commission. In *Lobbying the European Union*, Hrsg. David Coen und Jeremy Richardson, 19–38. 1. Aufl. Oxford.

Bundesregierung. 1996. Drucksache 13/4847: Maßnahmen der Bundesregierung zur Verringerung des absoluten Kraftstoffverbrauchs. http://dip21.bundestag.de/dip21/btd/13/048/1304847.pdf. Zugegriffen am 06.11.2014.

Bundesregierung. 2009. Nationaler Entwicklungsplan Elektromobilität. http://www.bmub.bund.de/fileadmin/bmu-import/files/pdfs/allgemein/application/pdf/nep_09_bmu_bf.pdf. Zugegriffen am 20.05.2013.

Bundesregierung. 2010. Etablierung der Nationalen Plattform Elektromobilität am 3. Mai 2010, Gemeinsame Erklärung von Bundesregierung und deutscher Industrie. http://www.bmub.bund.de/fileadmin/bmu-import/files/pdfs/allgemein/application/pdf/gemeinsame_erklaerung_elektromobilitaet_bf.pdf. Zugegriffen am 20.05.2013.

CARS21. 2006. A Competitive automotive regulatory system for the 21st century. Final report. Luxemburg.

COM. 2012. Vorschlag zur Änderung der Verordnung (EG) Nr. 443/2009 hinsichtlich der Festlegung der Modalitäten für das Erreichen des Ziels für 2020 zur Verringerung der CO2-Emissionen neuer Personenkraftwagen. Kommission der Europäischen Gemeinschaften. Brüssel.

EG 443/2009: Verordnung zur Festsetzung von Emissionsnormen für neue Personenkraftwagen im Rahmen des Gesamtkonzepts der Gemeinschaft zur Verringerung der CO2-Emissionen von Personenkraftwagen und leichten Nutzfahrzeugen. Straßburg.

EU 333/2014: Verordnung zur Änderung der Verordnung (EG) Nr. 443/2009 hinsichtlich der Festlegung der Modalitäten für das Erreichen des Ziels für 2020 zur Verringerung der CO2-Emissionen neuer Personenkraftwagen. Straßburg.

Euractiv .de (22.07.2013): Merkel gegen alle: Neue CO2-Grenzwerte für Autos „schurkenhaft" blockiert. http://www.euractiv.de/energie-und-klimaschutz/artikel/merkel-gegen-alle-neue-co2-abgas-grenzwerte-fuer-autos-schurkenhaft-blockiert-007803. Zugegriffen am 06.11.2014.

FAZ.net (13.01.2009): Matthias Wissmann. Guter Draht zur Kanzlerin. http://www.faz.net/aktuell/politik/matthias-wissmann-guter-draht-zur-kanzlerin-1750951.html. Zugegriffen am 06.11.2014.

Greenpeace. 2011. Consultation on reducing CO2 emissions from road vehicles. http://ec.europa.eu/clima/consultations/docs/0012/registered/greenpeace_contribution_en.pdf. Zugegriffen am 06.11.2014.

Hey, Christian. 1998. *Nachhaltige Mobilität in Europa : Akteure, Institutionen und politische Strategien*. Opladen.

Hopf, Rainer, und Ulrich Voigt. 2004. *Verkehr, Energieverbrauch, Nachhaltigkeit*, 21–23, DIW, Bd. 36. Heidelberg.

Joos, Klemens. 2011. *Lobbying im neuen Europa. Erfolgreiche Interessenvertretung nach dem Vertrag von Lissabon*. 1. Aufl. Weinheim.

KOM. 1995. Eine Strategie der Gemeinschaft zur Minderung der CO2- Emissionen von Personenkraftwagen und zur Senkung des durchschnittlichen Kraftstoffverbrauchs. Brüssel: Kommission der Europäischen Gemeinschaften.

KOM. 2000. Umsetzung der Strategie der Gemeinschaft zur Minderung der CO2-Emissionen von Personenkraftwagen. Erster Jahresbericht über die Wirksamkeit der Strategie. Brüssel: Kommission der Europäischen Gemeinschaften.

KOM. 2007a. Ergebnisse der Überprüfung der Strategie der Gemeinschaft zur Minderung der CO2-Emissionen von Personenkraftwagen und leichten Nutzfahrzeugen. Brüssel: Kommission der Europäischen Gemeinschaften.

KOM. 2007b. Stellungnahme der Kommission zum Schlussbericht der hochrangigen Gruppe CARS21. Brüssel: Kommission der Europäischen Gemeinschaften.

Kommission der Europäischen Gemeinschaften. 1999. Empfehlung der Kommission über die CO2-Minderung von Personenkraftwagen. 1999/125/EG. Brüssel.

Leif, Thomas, und Rudolf Speth. 2003. Anatomie des Lobbyismus. In *Die stille Macht: Lobbyismus in Deutschland*, Hrsg. Thomas Leif und Rudolf Speth 7–32, 1. Aufl. Wiesbaden.

Leif, Thomas, und Rudolf Speth. 2006. Die fünfte Gewalt: Anatomie des Lobbyismus in Deutschland. In *Die fünfte Gewalt: Lobbyismus in Deutschland*, Hrsg. Thomas Leif und Rudolf Speth, 10–37, Bd. 514. Bonn.

Lösche, Peter. 2007. *Verbände und Lobbyismus in Deutschland*. Stuttgart.

Michalowitz, Irina. 2007. *Lobbying in der EU*. Wien.

Nowack, Felix und Benjamin Sternkopf. 2015. Lobbyismus in der Verkehrspolitik. IVP-Discussion Paper. Heft 1/2015. Berlin.

NPE. 2011. Zweiter Bericht der Nationalen Plattform Elektromobilität. http://www.bmu.de/fileadmin/bmu-import/files/pdfs/allgemein/application/pdf/bericht_emob_2.pdf. Zugegriffen am 17.08.2013.

Scharte, Benjamin. 2010. *Do domestic concern matter? – der Einfluss nationaler Interessengruppen auf die Position von Staaten zur Umweltpolitik auf EU-Ebene*. Mainz: Magisterarbeit.

Schöller, Oliver. 2006. *Mobilität im Wettbewerb. Möglichkeiten und Grenzen einer integrierten Verkehrspolitik im Kontext deregulierter Verkehrsmärkte*. Edition der Hans Böckler Stiftung 162. Düsseldorf.

Schröder, Wolfgang. 2003. Lobby pur. Unternehmerverbände als klassische Interessenvertreter. In *Die stille Macht: Lobbyismus in Deutschland*, Hrsg. Thomas Leif und Rudolf Speth, 281–299. 1. Aufl. Wiesbaden.

Schwedes, Oliver. 2011. Statt einer Einleitung. In *Verkehrspolitik. Eine interdisziplinäre Einführung*, Hrsg. Oliver Schwedes, 14–34. Wiesbaden.

Schwedes, Oliver. 2013. „Objekt der Begierde". Das Elektroauto im politischen Kräftefeld. In *Das Elektroauto. Mobilität im Umbruch*, Hrsg. Marcus Keichel und Oliver Schwedes, 45–71. Wiesbaden.

Schwedes, Oliver, Stefanie Kettner, und Benjamin Tiedtke. 2011. Elektromobilität – Hoffnungsträger oder Luftschloss: Eine akteurszentrierte Diskursanalyse über die Elektromobilität 1990 bis 2010. http://www.ivp.tu-berlin.de/fileadmin/fg93/Forschung/Projekte/e-mobility/Ergebnisbericht_Diskursanalyse_Dez_2011.pdf. Zugegriffen am 18.05.2013.

SEC. 2007. 1723 impact assessment. Proposal for a regulation to reduce CO2-emissions from passenger cars. Commission of the European Communities. Brüssel.

SRU. 2005. Potenziale und Instrumente zur CO2-Verminderung von Pkw. Auszüge aus dem Sondergutachten Umwelt und Straßenverkehr. Sachverständigenrat für Umweltfragen. Berlin.

Sternkopf, Benjamin. 2013. Lobbyismus im Verkehr – Ist die Einflussnahme der Autolobby im Sinne einer nachhaltigen Verkehrspolitik? Berlin: Unveröffentlichte Bachelorarbeit.

Süddeutsche.de (11.10.2012) Oettinger, Freund der Autoindustrie. http://www.sueddeutsche.de/app/downloads/Brief_Oettinger_Winterkorn.pdf. Zugegriffen am 06.11.2014.

Süddeutsche.de (15.10.2013): „Verdacht der Käuflichkeit". http://www.sueddeutsche.de/politik/quandt-grossspende-an-cdu-verdacht-der-kaeuflichkeit-1.1795522. Zugegriffen am 06.11.2014.

T&E. 2011. Consultation Response. Reducing CO2-Emissions from Road Vehicles. http://ec.europa.eu/clima/consultations/docs/0012/registered/t_e_cars_consultation_response_en.pdf. Zugegriffen am 06.11.2014.

van Schendelen, Rinus. 2006. Brüssel. Die Champions League des Lobbying. In *Die fünfte Gewalt: Lobbyismus in Deutschland*, Hrsg. Thomas Leif und Rudolf Speth, 132–163, Bd. 514. Bonn.

Wehrmann, Iris. 2007. Lobbying in Deutschland: Begriff und Trends. In *Lobbying: Strukturen, Akteure, Strategien*, Hrsg. Ralf Kleinfeld, Annete Zimmer und Ulrich Willems, 36–64, Bd. 12, 1. Aufl. Berlin.
Wissenschaftlicher Dienst des Bundestags. 2005. *Der aktuelle Begriff. CARS21. Nr. 06/05.* Verfasserin: Heike Baddenhausen-Lange. Fachbereich XII. Berlin.

Die externen Kosten des Verkehrs

Andreas Brenck, Kay Mitusch und Martin Winter

Zusammenfassung
Der Artikel erklärt zunächst die ökonomischen Grundlagen von externen Kosten und Internalisierungsstrategien. Es folgt ein vergleichender Überblick über Ausmaß und Struktur der externen Kosten des Verkehrs. Sodann werden die Ursachen im Detail analysiert: Stau und Unfälle, lokale Luftschadstoffe und CO_2 sowie Lärm. Schließlich werden die konkreten politischen Instrumente zur Vermeidung oder Anlastung externer Kosten diskutiert, sowohl das Ordnungsrecht und öffentliche Ausgaben als auch markt- bzw. anreizorientierte Instrumente.

Schlüsselwörter
Externe Effekte • Internalisierung • Umweltpolitik

1 Einleitung

Mobilität von Personen und Gütern gilt als hohes Gut, als wichtiger Produktionsfaktor und als Wachstumsvoraussetzung für die Wirtschaft. Sie wird daher vom Staat vielfältig gefördert, insbesondere durch umfangreiche Investitionen und

---

A. Brenck (✉)
IGES Institut GmbH, Berlin, Deutschland
E-Mail: andreas.brenck@iges.de

K. Mitusch
Institut für Volkswirtschaftslehre (ECON), Karlsruher Institut für Technologie (KIT), Karlsruhe, Deutschland
E-Mail: mitusch@kit.edu

M. Winter
Technische Universität Berlin, Berlin, Deutschland
E-Mail: mw@wip.tu-berlin.de

© Springer Fachmedien Wiesbaden 2016
O. Schwedes et al. (Hrsg.), *Handbuch Verkehrspolitik*, Springer NachschlageWissen,
DOI 10.1007/978-3-658-04693-4_19

Unterhaltungsausgaben für Infrastrukturen. Andererseits wirkt sich der Verkehr aber auch negativ auf Gesundheit, Gesellschaft und Natur aus. Seit längerem stehen Luftverschmutzung, CO_2-Emissionen und Lärmbelästigung durch den Verkehr, Belastung der Innenstädte durch parkende und fahrende Autos und Versiegelung, Bodenschäden und Flächenzerschneidung der Landschaft durch Straßen in der Kritik von Öffentlichkeit und Politik. Hinzu kommen sektorinterne Probleme, wie die Überlastung vorhandener Wegekapazitäten durch Staus und die volkswirtschaftlichen Kosten von Verkehrsunfällen.

In der Ökonomie werden diese negativen Auswirkungen als „externe Kosten" des Verkehrs bezeichnet. Nach jüngsten Schätzungen von CE Delft et al. (2011) machen sie insgesamt bis zu 6 Prozent des Bruttoinlandproduktes der Europäischen Union aus. Aufgrund ihrer Bedeutung stellen die externen Kosten einen Schwerpunkt der Verkehrspolitik dar.

Das zweite Kapitel dieses Artikels befasst sich mit dem Begriff der externen Kosten des Verkehrs und mit Internalisierungsstrategien. Im dritten Kapitel wird ein vergleichender Überblick über das Ausmaß und die Struktur der externen Kosten des Verkehrs gegeben, bevor im vierten Kapitel ihre Charakteristika im Detail analysiert werden. Die Vor- und Nachteile konkreter wirtschafts- bzw. verkehrspolitischer Instrumente zur Vermeidung oder Anlastung externer Kosten werden im fünften Kapitel diskutiert. Der Beitrag schließt mit einem Fazit.

2 Externe Kosten und ihre Internalisierung

2.1 Begriff der externen Kosten

„Externe Effekte" treten auf, wenn die Situation eines Menschen (oder eines Unternehmens) durch Konsum- oder Produktionstätigkeit anderer berührt wird, ohne dass diese Auswirkungen über das Preissystem ausgeglichen werden. Es handelt sich also um Interdependenzen oder Interaktionen zwischen Menschen, für die keine Märkte existieren, die also nicht durch Verträge und Preise geregelt werden. (Das Konzept der sog. „pekuniären externen Effekte" ist allenfalls von nachgeordneter Bedeutung und soll hier nicht weiter berücksichtigt werden.) „Externe Kosten" treten auf, wenn sich die Situation des betroffenen Subjekts verschlechtert. Die „sozialen Kosten" sind die Summe der privaten und der externen Kosten, die in der gesamten Gesellschaft anfallen; dabei sind die „privaten Kosten" derjenige Teil der sozialen Kosten, den der Besitzer bzw. Nutzer des Verkehrsmittels selbst trägt.

Zu den privaten Kosten einer Autofahrt gehören z. B. die Benzinkosten, zu den externen Kosten gehört z. B. die Lärmbelästigung anderer Personen. Per Definition kann über den Benzinpreis kein „externer Effekt" auf andere Personen ausgehen; die Benzinnachfrage von Autofahrern hat zwar negative Auswirkungen, z. B. auf Nachfrager von Heizöl, diese Auswirkungen sind jedoch im Benzinpreis selbst schon mit abgegolten und daher nicht korrekturbedürftig. Wären „Lärmrechte" auf einem funktionsfähigen Markt handelbar, dann würde dieser externe Effekt verschwinden, da dann vom „Lärmpreis" die richtigen Anreize zur Vermeidung von

Lärm ausgehen würden. Da ein Markt für lokale Lärmrechte aber nicht gut funktionieren würde, haben wir es hier mit einem Problem der externen Effekte zu tun.[1]

2.2 Optimale Entscheidung über Aktivitäten mit externen Kosten

Es stellt sich die Frage, welche der Aktivitäten, die externe Kosten erzeugen, in welchem Umfang stattfinden sollten. Ökonomen orientieren sich hier am Ergebnis eines Marktes für die störende Eigenschaft, wenn solch ein Umschlagplatz existieren würde. Dort würde die Zahlungsbereitschaft entscheiden. Wäre zum Beispiel ein Autofahrer gewillt, für das „Lautstärkerecht" 150 Euro zu bezahlen, ein betroffener Nachbar aber nur 100 Euro für seine Ruhe, dann *sollte* die Lärm verursachende Aktivität durchgeführt werden. Denn das wäre das ideale Marktergebnis bei *jeder* ursprünglichen Verteilung des Entscheidungsrechtes: Besitzt der Nachbar das Recht, wird er es für einen Preis zwischen 100 und 150 Euro verkaufen; besitzt der Autofahrer das Recht, wird ihm der Nachbar das Recht *nicht* abkaufen, da er nicht mehr als 100 Euro für seine Ruhe zahlen will.

Meistens stellt sich nicht die Alles-oder-Nichts-Frage, sondern es ist über eine Stärke oder Menge zu entscheiden, zum Beispiel die Häufigkeit von Fahrten. Abbildung 1 zeigt die Kosten *pro Einheit*, wenn die Menge (x) variiert wird. Mit *Grenz*kosten (GK) werden die Kosten der *nächsten* (kleinen) Einheit bezeichnet, etwa die Kosten der nächsten einzelnen Fahrt, wenn schon x Fahrten stattfinden. Die Abbildung zeigt sowohl die privaten (PGK) als auch die sozialen Grenzkosten (SGK). Die PGK sind in unserem Beispiel ungefähr konstant (z. B. Ausgaben für Benzin), aber doch leicht ansteigend (z. B. weil mit zunehmender Verkehrsmenge Staus entstehen und jeder Fahrer die ihn persönlich betreffenden Zeitverluste als Kostengröße einkalkuliert). Die SGK beinhalten die privaten, liegen aber höher, so dass hier externe Kosten vorliegen. Bei einer zusätzlichen Fahrt reflektieren diese als externe Grenzkosten (EGK = SGK-PGK) die Staueffekte, die *andere* Fahrer betreffen, aber auch Schäden Dritter durch Lärm, Abgase usw. In der Abbildung wird unterstellt, dass diese Kosten pro Fahrt mit deren Anzahl recht stark zunehmen (z. B. weil die durch ein Fahrzeug bei anderen Verkehrsteilnehmern verursachten Zeiteinbußen mit erhöhtem Verkehrsaufkommen überproportional ansteigen). Schließlich ist auch die Zahlungsbereitschaft der Fahrer *für* eine weitere Fahrt (Grenzzahlungsbereitschaft, GZB) abgebildet, die typischerweise abnehmend ist (da die Fahrten nach ihrer privaten Bedeutung geordnet sind).

Ohne Berücksichtigung externer Kosten wird die Anzahl der Fahrten bis zur Menge x_0 ausgedehnt, bei der die Zahlungsbereitschaft für eine Fahrt gerade den privaten Grenzkosten entspricht. Könnte man hingegen durch einen geeigneten

---
[1] Als Einstiegs- und Überblicksliteratur zur Theorie externer Effekte und der Instrumente der Internalisierung siehe Fritsch (2014, Kap. 4 bis 6) und mit Anwendungen auf den Verkehrssektor Puls (2009). Neuere empirische Studien sind CE Delft et al. (2011) und Ricardo-AEA et al. (2014).

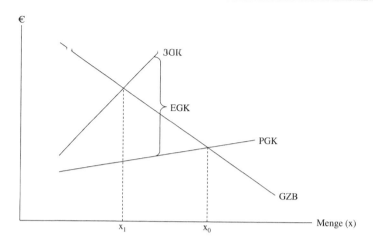

Abb. 1 Die optimale Menge an Fahrten beim Vorliegen externer Effekte. Quelle: Eigene Darstellung

Mechanismus auch die externen Kosten anlasten („Internalisierung"), dann würde die geringere Menge x_1 gewählt. Dies ist die gesellschaftlich optimale Menge von Fahrten.

In einigen Situationen sind direkte Verhandlungen zwischen den Beteiligten möglich, um externe Effekte zu internalisieren. Verhandlungen (d. h. privat arrangierte Märkte) werden jedoch schwierig, wenn viele Personen betroffen sind (unterschiedliches Verhandlungsgeschick und insbesondere *free-rider*-Problem) oder wenn die externen Effekte für die Individuen schwer messbar sind oder wenn die ursprünglichen Rechte nicht klar definiert oder gar nicht regelbar sind. Langfristige Effekte, die zukünftige Generationen betreffen, sind generell nicht über einen Verhandlungsmechanismus adäquat handhabbar (vgl. Rammler in Kap. VIII.5 ▶ Nachhaltige Mobilität: Gestaltungsszenarien und Zukunftsbilder dieses Bandes).

Die Politik muss deshalb durch wirtschaftspolitische Eingriffe wie Verbote, Gebote, technische und Umweltstandards, Gebühren, Steuern oder Umweltzertifikate versuchen, die Erzeugung externer Kosten einzudämmen bzw. sie zu internalisieren. Dies wurde von der EU-Kommission, den europäischen Regierungen und auch der Bundesregierung als ein Ziel der Verkehrspolitik implementiert: „Verkehrsbezogene Entgelte und Steuern müssen umgestaltet werden und mehr dem Prinzip der Kostentragung durch die Verursacher und Nutzer angenähert werden. [...] während die Gesamtbelastung des Sektors die Gesamtkosten des Verkehrs einschließlich der Infrastrukturkosten und externen Kosten widerspiegeln sollte" (EU 2011: Tz. 58).

Die Wirkung von Gebühren oder Steuern kann an Abb. 1 illustriert werden. Wenn ein Steuersatz in Höhe der externen Grenzkosten (EGK) bei optimaler Menge (x_1) erhoben wird, werden die Verkehrsteilnehmer effektiv mit den sozialen Grenzkosten (SGK) konfrontiert und deshalb die für das Gemeinwohl optimale Menge x_1 wählen. Die Steuereinnahmen müssen dabei nicht an die Geschädigten ausgezahlt werden, sondern können vom Staat anderweitig eingesetzt werden. Deutlich wird aber das Problem, Verkehrsaktivität bzw. Emissionen („Menge") zu messen und ihre externen Effekte zu quantifizieren, um die Steuer richtig festzusetzen. Hierauf wird in Abschn. 2.3 Messung der externen Kosten eingegangen.

Am Prinzip der Grenzkostenanlastung wird besonders deutlich, dass einem Verkehrsteilnehmer bzw. Anbieter von Verkehrsleistungen immer die *entscheidungsrelevanten* externen Kosten angelastet werden sollen. Die Umweltschädigungen durch die Produktion und Verschrottung eines Autos sollten den Herstellern angelastet werden, denn diese treffen Design-Entscheidungen bzw. können den Verkaufspreis erhöhen – und so das Kaufverhalten der Konsumenten beeinflussen. Die Umweltbelastungen durch das Autofahren sollten hingegen den Besitzern direkt in Rechnung gestellt werden, damit sie Fahrzeugwahl und Fahrverhalten anpassen.

Einige externe Kosten fallen *innerhalb* desselben (Sub-)Sektors an; dazu gehören Staukosten auf Straßen, an Flughäfen oder an Eisenbahnknotenpunkten und ggf. die Abnutzung der Infrastrukturen. Für diese „sektorinternen" externen Kosten gelten die gleichen Entscheidungsprinzipien wie für andere, insbesondere das Internalisierungsgebot.[2]

Die Nutzung der Infrastrukturen wird zu einem normalen Handelsgut, wenn der Zugang zur Infrastruktur kontrolliert und bepreist werden kann; dies ist zum Beispiel bei der Eisenbahninfrastruktur oder bei bemauteten Autobahnen der Fall. Dann stellt die Abnutzung der Infrastrukturen keinen externen Effekt dar. Bei vielen Straßen sind jedoch Zugang und Nutzungsintensität bis heute noch schwer kontrollier- und messbar, so dass die Handelbarkeit eingeschränkt ist und Aspekte externer Kosten vorliegen. Dies könnte sich im Laufe der nächsten Jahrzehnte infolge technischer Entwicklungen ändern.

Wenn der Staat in Hinblick auf eine Investitions- oder Förderpolitik zwischen verschiedenen Verkehrsoptionen (insb. Verkehrsträgern) abwägt, muss er bei seiner Entscheidung neben seinen „privaten Grenzkosten", also denen, die der öffentlichen Hand direkt anfallen, auch die gesamten externen Grenzkosten der einzelnen Verkehrsmodi mit einbeziehen. Bei solchen „großen" Entscheidungen ist allerdings der Begriff „Grenzkosten", der „kleine" Mengenänderungen unterstellt, nicht mehr angebracht. Man spricht dann von „inkrementellen Kosten".

Schließlich kann auch die Summe aller externen Kosten aller Verkehrsarten ermitteln werden, z. B. die eingangs genannte Zahl von 6 Prozent des Bruttoinlandsproduktes. Man muss sich aber darüber im Klaren sein, dass dies keine entscheidungsrelevante Zahl ist – nicht die vollständige, sondern nur die partielle Substitution des Verkehrs oder eines Verkehrsträgers steht ernsthaft zur Debatte,

---

[2]Die Zuordnung von Staueffekten zu den externen Kosten des Verkehrs ist in der Literatur umstritten. Nach Eckey und Stock (2000: 248) sind „diese Kosten für den Einzelnen extern, für die Masse aller Verkehrsteilnehmer jedoch intern". Die Abgrenzung „des Verkehrssektors" gegenüber dem Rest der Wirtschaft widerspricht jedoch der Definition externer Effekte und ist wenig zielführend, da sie durchgängig, also auch für Gesundheitseffekte, durchgeführt werden müsste und eine zentrale Ineffizienz aus dem Blick geriete.

und hierfür sind die situationsspezifischen externen Kosten und nicht die durchschnittlichen Werte ausschlaggebend. In der Praxis sind daher immer nur die Grenzkosten (oder inkrementellen Kosten) einzelner Verkehrsmittel maßgeblich.

Neben den externen Kosten lassen sich auch *externe Nutzen* des Verkehrs identifizieren, insbesondere der Verkehrsinfrastruktur. Zum Beispiel kann die Verbindung zweier Regionen durch Verkehrsinfrastruktur zu einem größeren Markt für Güter und einer erhöhten Wettbewerbsintensität führen. Es ist jedoch äußerst schwierig, solche Wachstums- oder Beschäftigungseffekte zu quantifizieren und von allen „pekuniären Effekten" – unter Berücksichtigung der alternativen Verwendung der eingesetzten Gelder – zu bereinigen (vgl. hierzu z. B. Rothengatter 1992).

2.3 Messung der externen Kosten

Um eine adäquate Politik der Internalisierung vorzunehmen, http://www.sprachschach.de/komma-vor-um/ ist es notwendig, die externen Kosten des Verkehrs zu ermitteln. Wie an Abb. 1 gezeigt, erfordert dies die Ermittlung der externen und privaten Grenzkosten und der optimalen Aktivitätsniveaus. Besondere Probleme bereiten dabei folgende Aspekte:

- Ökologische Interdependenzen und Unsicherheiten: Die verursachten Umwelt- und Gesundheitseffekte hängen nicht von einem einzelnen Markt ab, sondern von der Gesamtheit der Belastungen. Es besteht also eine hohe wechselseitige Abhängigkeit der jeweiligen externen Grenzkosten. Die Wirkungskette von Emissionen zu Umwelt- und Gesundheitsschäden ist zudem in vielen Fällen unsicher und umstritten.
- Ökonomische Interdependenzen und Unsicherheiten: Nachfrage und Angebot der einzelnen Teilmärkte des Verkehrssektors sind verbunden, so dass optimale Steuersätze nur bei simultaner Betrachtung aller Verkehrsträger ermittelt werden können. Auch hier nehmen mit zunehmender Komplexität die Unabwägbarkeiten über die Wirkungszusammenhänge zu.
- Bewertung externer Kosten: Die Ermittlung der wahren Zahlungsbereitschaften von Individuen, z. B. für die Reduktion von Emissionen, wirft erhebliche Probleme auf. Alle Standardverfahren der Kosten-Nutzen-Analyse (Befragungen oder Analysen verknüpfter Märkte) weisen praktische und konzeptionelle Schwächen und in vielen Fällen auch ethische Probleme auf (vgl. die Diskussion in Endres und Holm-Müller 1998: 18 ff.).

In der praktischen Umweltpolitik muss man vereinfachen. Oft werden Indikatoren und spezifizierte Umwelt- oder Gesundheitsziele definiert. Dabei werden Elemente der Kosten-Nutzen-Analyse um andere Ansätze ergänzt oder von ihnen weitgehend verdrängt. Insbesondere sind hier die ökologisch orientierten Ansätze des *Sustainable Development* zu nennen, bei denen ein gegenwärtiger oder vergangener Umweltzustand als langfristige Zielgröße vorgegeben wird. Damit kann die immense Prognoseunsicherheit hinsichtlich der Tragfähigkeit eines Ökosystems vermieden werden, denn historische Ökosysteme haben diese bereits nachgewiesen.

Eine Qualitätsvorgabe ist bei allen Emissionen möglich (Schadstoffe, CO_2, Lärm) sowie bei stadt- oder landschaftsplanerischen Zielen (z. B. Indikatoren der städtischen Belastung durch fahrende oder parkende Fahrzeuge, Indikatoren der Zerschneidung von Landschaften). Lediglich bei Staus kann die Ausblendung der Nutzenseite von Fahrten problematisch werden; so ließe sich der irreführende Indikator „Zahl der Staustunden" dadurch reduzieren, dass man den Verkehrsfluss noch stärker behindert und damit Menschen zur Aufgabe von Fahrten bewegt – dies wäre natürlich kontraproduktiv. Aber auch hier könnte es möglich sein, Qualitätsindikatoren des freien Verkehrsflusses zu definieren, die für die Politik praxistauglich und zielführend sind.

Ausgehend von einem festgelegten Umweltstandard müssen den Emittenten anschließend Anreize zur Internalisierung gegeben werden, etwa über eine Bepreisung ihrer Emissionen. In diesem Fall sind aber *nicht* mehr die externen Grenzkosten, sondern die Grenzvermeidungskosten relevant. Ein gesellschaftliches Optimum ist gegeben, wenn das angestrebte Umweltziel zu den geringstmöglichen Kosten erreicht wird.[3]

Dazu müssen grundsätzlich alle Emittenten mit den gleichen Kosten (z. B. Steuersatz) pro Emission belastet werden. Denn dies hat den Anreizeffekt, dass die kostengünstigsten Emissionsreduktionen (pro Emission) zuerst in Angriff genommen werden („low hanging fruits" – „niedrig hängende Früchte"), dann die etwas ungünstigeren Maßnahmen usw., so lange, bis die Grenzvermeidungskosten der letzten Maßnahme gerade dem Steuersatz pro Emission entsprechen (siehe zur preislichen Lenkung Abschn. 5.2 Markt- bzw. anreizorientierte Instrumente).

Wenn allerdings starke Komplementaritäten, Skalen- oder Netzwerkeffekte involviert sind, verlieren die *Grenz*vermeidungskosten an Relevanz – und mit ihnen ggf. auch die Anreizperspektive auf individuelles Verhalten. Siehe dazu Überlegungen in Abschn. 4.4 Externe Kosten durch Globalschadstoffe.

3 Vergleichender Überblick über die externen Kosten des Verkehrs

Der Verkehrssektor, insbesondere der Straßenverkehr, ist maßgeblich an den Schadwirkungen von Lärm und Luftverschmutzung und den das langfristige Klima gefährdenden CO_2-Emissionen beteiligt. So fühlten sich im Jahr 2012 54 Prozent der deutschen Bevölkerung durch Straßenverkehrslärm belästigt, 34 Prozent durch

---

[3]Beim Vermeidungskostenansatz wird sozusagen implizit das angestrebte Reduktionsziel als wohlfahrtsökonomisches Optimum angenommen, da nur in diesem Punkt Grenzschadens- und Grenzvermeidungskosten identisch sind.

Tab. 1 Lärmbelästigung der Bevölkerung nach Geräuschquellen in Deutschland im Jahr 2012

Geräuschquelle	Grad der Belästigung (in % der Antworten)				
	äußerst gestört und belästigt	stark gestört und belästigt	mittelmäßig gestört und belästigt	etwas gestört und belästigt	überhaupt nicht gestört und belästigt
Straßenverkehr	0	6	20	28	46
Schienenverkehr	0	3	12	19	66
Flugverkehr	0	1	5	17	77
Industrie/Gewerbe	0	2	11	19	68
Nachbarn	0	3	14	25	58

Quelle: BMU (2013: 52).

Eisenbahn- und 23 Prozent durch Fluglärm; siehe Tab. 1. Damit ist der Verkehr gegenüber anderen Geräuschquellen der Hauptverursacher von Umgebungslärm.

In der Vergangenheit war auch die vom Verkehr verursachte Schadstoffbelastung durch Abgase gravierend. Durch strenge Emissionsvorschriften, ausgereifte Katalysatorentechnik und umweltfreundlichere Kraftstoffe hat sich die Luftqualität in den vergangenen Jahren stetig verbessert. So existieren frühere Probleme mit der Luftverschmutzung durch Kohlenmonoxid (CO), Schwefeldioxid (SO_2) und Blei (Pb) heute kaum mehr. Abbildung 2 verdeutlicht diese positive Entwicklung.

Dennoch bleibt der Verkehrssektor einer der größten Emittenten von Stickoxiden (NO_X) und Partikeln (Feinstaub – PM_{10} und $PM_{2,5}$). Beim Ausstoß von krebserregendem Benzol sowie den Vorläufersubstanzen zur Ozonbildung (neben NO_X sind das vor allem die NMVOC: leicht flüchtige organische Verbindungen ohne Methan, auch als Kohlenwasserstoffe (HC) bezeichnet) ist er nach wie vor eine wesentliche Quelle. Darüber hinaus ist der Verkehr die zweitwichtigste Quelle klimawirksamer CO_2-Emissionen in Europa.

Neben den bisher genannten Effekten treten innerhalb des Verkehrssektors externe Unfall- und Staukosten auf. Beide fallen in erster Linie beim dezentral koordinierten Verkehrsträger Straße an.

Auch die Verkehrsinfrastrukturen rufen externe Effekte hervor, indem sie Siedlungsräume und Ökosysteme zerstückeln. In der Bundesrepublik werden ca. 5 Prozent des Gesamtterrains von Verkehrsinfrastruktur in Anspruch genommen; im Zeitraum 2005–2010 wurden etwa 23 Prozent des zusätzlichen Flächenverbrauchs durch Straßenbau verursacht, insbesondere bei der Erschließung neuer Siedlungsräume (UBA 2012: 60). Weitere Probleme sind Bodenversiegelung und -verdichtung sowie negative Auswirkungen auf den Wasserhaushalt.

Die in der EU durch den Verkehrssektor verursachten externen Kosten exklusive Staukosten summierten sich laut CE Delft et al. (2011) im Jahre 2008 auf 514 Mrd. Euro; das sind rund 23 Prozent weniger als noch von der Vorgängerstudie INFRAS/IWW (2000) ermittelt wurden. Hinzu kommen nach CE Delft et al. (2011) Staukosten in Höhe von 146–242 Mrd. Euro für den Straßenverkehr.

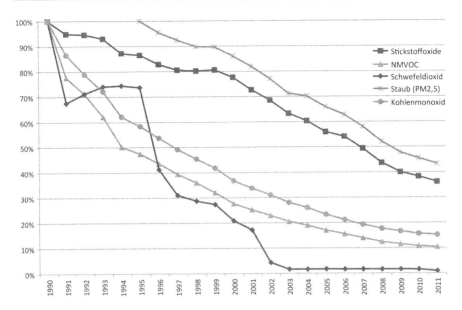

Abb. 2 Entwicklung des Schadstoffausstoßes des Verkehrssektors in Deutschland 1990-2011
Quelle: eigene Darstellung, nach (UBA 2013)

In der Verkehrspolitik spielt der Vergleich der Emissionen und der externen Kosten verschiedener Verkehrsträger eine besondere Rolle. Nach der Studie von CE Delft et al. (2011) sind ca. 95 Prozent der externen Kosten des Verkehrs dem Straßenverkehr (MIV, Lkw) zuzuordnen. Dies ist in erster Linie Folge des außerordentlich hohen Modal-split-Anteils der Straße.[4] Betrachtet man jedoch die spezifischen direkten Emissionen je Verkehrsleistungseinheit in Tonnen- oder Personenkilometer (Tkm bzw. Pkm), sind auch der Busnahverkehr sowie die Luftfahrt relevante Quellen externer Umwelteffekte. Dies illustriert Tab. 2 für den Personenverkehr.

Im Zuge der Energiewende und der allgemeinen Politik zur Senkung von CO_2-Emissionen werden sich die externen Kosten des Verkehrs in den nächsten Jahrzehnten vermutlich stark ändern. Strom soll künftig überwiegend aus erneuerbaren Energien erzeugt werden, und ein relevanter Marktanteil für Elektrofahrzeuge scheint im Personenverkehr und bei Bussen des Nahverkehrs möglich. Fahrzeuge mit elektrischem Antrieb sind praktisch vollkommen emissionsfrei (zu den externen Kosten elektrischer Fahrzeuge siehe Jochem, Doll und Fichtner (2015)),

---

[4]Der MIV erzeugte 2010 rund 80 % der Personenverkehrsleistung (ohne Fahrrad- und Fußwege) in Deutschland. Der Straßengüterverkehr erbrachte 70 % der Güterverkehrsleistung (ohne Luft- und Seeverkehr sowie Rohrfernleitungen, also nur im Vergleich mit Eisenbahn und Binnenschifffahrt). Zudem ist allgemein akzeptiert, dass die Straße *überproportional* zu fast allen externen Effekten beiträgt. Es sei aber auch angemerkt, dass die oft zitierte Studie von CE Delft et al. (2011) – wie schon einige ihrer prominenten Vorgänger-Studien, z. B. INFRAS/IWW (2000) – im Auftrag des europäischen Eisenbahnverbandes UIC entstanden ist und damit nicht ganz interessenfrei sein wird.

Tab. 2 Spezifische CO_2-, NOx- und Feinstaubemissionen je Verkehrsleistungseinheit in Deutschland 2010. Quelle: UBA 2012: 32

	Angenommener Auslastungsgrad	Emissionen der Verkehrsträger in Gramm pro Personenkilometer (g/Pkm)		
		Treibhausgase als CO_2-Äquivalent	Stickstoffoxide (NO_x)	Feinstaub
Pkw	1,5 Pers./Pkw	142,3	0,31	0,0087
Linienbus (Nahverkehr)	21 %	75,0	0,55	0,0067
Straßen-, S- und U-Bahn	20 %	78,1	0,08	k.A.
Eisenbahn-Nahverkehr	21 %	77,9	0,24	0,0028
Reisebus	60 %	30,3	0,25	0,0049
Eisenbahn-Fernverkehr	44 %	45,2	0,06	0,0002
Flugzeug	73 %	230,7*	0,45	0,0060

Anmerkungen: Treibhausgase beinhalten hier: Kohlendioxid, Methan und Distickstoffoxid (CO_2, CH_4 und N_2O). Die indirekten Emissionen, die bei der Erzeugung der Energieträger (Strom, Kerosin, Benzin, Diesel) anfallen, wurden mit berücksichtigt. Nicht berücksichtigt sind jedoch weitere indirekte Emissionen, die etwa beim Bau der Fahrzeuge oder Infrastrukturen anfallen.
* Unter Berücksichtigung aller klimawirksamen Effekte des Flugverkehrs: Durch Multiplikation der Emissionen des Flugverkehrs mit dem „Emission Weighting Factor" (EWF) in Höhe von ca. 2,4 wird die größere Klimawirkung der Gase infolge des Ausstoßes in höheren Lagen berücksichtigt

sowohl hinsichtlich CO_2, Lärm bei langsamer Fahrt als auch Feinstaub (lediglich Aufwirbelungen von bereits vorhandenem Feinstaub können noch eine Rolle spielen). Der elektrifizierte Schienenverkehr wird dann ebenfalls nur sehr geringe CO_2-Emissionen aufweisen. In noch etwas weiterer Ferne könnten auch Lkw und Fernbusse klimaneutral angetrieben werden, sei es elektrisch oder mit aus erneuerbaren Energien erzeugtem Wasserstoff oder mit Biokraftstoffen, die klimaneutral erzeugt werden.

In der recht langen Übergangszeit bis zu diesem angestrebten Zustand ist der ökologische Vorteil elektrogetriebener Fahrzeuge fraglich. Derzeit liegt in Deutschland der Anteil der erneuerbaren Energien bei der Stromerzeugung noch knapp unter 25 Prozent, während über 70 Prozent des Stroms aus Energiequellen stammt, deren externe Kosten mindestens so hoch bewertet werden, wie die eines durchschnittlichen Kohlekraftwerks.[5] Unter diesen Voraussetzungen ist es fraglich,

---

[5]Im Jahr 2013 betrug der Anteil der CO_2-intensiven fossilen Energieträger bei der Stromerzeugung (insb. Kohle) 57 %, der Anteil der Kernenergie 15 %. Nach der Fukushima-Katastrophe befürworten ein überwiegender Anteil der Bevölkerung sowie alle Parteien, die seit 1998 im Deutschen Bundestag vertreten waren, den Ausstieg aus der Kernenergie *noch vor* dem Ausstieg aus der Kohle. Ökonomisch ist dies nach dem Prinzip der „offenbarten Präferenzen" so zu deuten, dass jede aus Kernenergie erzeugte Kilowattstunde als ökologisch belastender bewertet wird als eine durchschnittliche aus Kohle erzeugte Kilowattstunde.

ob elektrogetriebene Schienen- oder Straßenfahrzeuge einen ökologischen Vorteil gegenüber konventionellen, benzin- oder dieselgetriebenen Fahrzeugen aufweisen.

Fraglich ist auch, ob sich ein solcher Vorteil noch herausbilden wird, da auch konventionelle Fahrzeuge optimiert werden (insb. verschärfte EU-Grenzwerte für CO_2-Emissionen von Pkw und Euronormen für Lkw) und auch Biokraftstoffe weiter entwickelt werden können.

Fokussiert man auf den Vergleich Schiene-Straße – und damit auf interurbane Verkehre – so ergeben sich daher geringere Emissionen der Schiene eigentlich nur während einer Übergangszeit und nur dann, wenn die Schiene einen niedrigeren Energieverbrauch pro Personen- bzw. Tonnenkilometer aufweist. Dies ist der Fall bei geeigneten Zugverbindungen, insbesondere bei gut ausgelasteten Güter- oder Personenzügen, die über lange Strecken gleichmäßig (dies ist insb. bei Güterzügen von Bedeutung) fahren können. Ob diese geeigneten Züge eine ausreichende Basis für das populäre und pauschale politische Ziel der Verlagerung des Verkehrs von der Straße (inkl. Busse) auf die Schiene bilden, ist fraglich.

Jahrzehntelang dienten politische Verlagerungsvisionen im Namen der Umwelt überwiegend dazu, öffentliche Gelder für die Schiene zu mobilisieren, mit sehr geringen Modal-split-Effekten. Erst in jüngerer Zeit werden ernsthafte Schritte unternommen, den Straßenverkehr selbst zur Internalisierung seiner externen Kosten zu zwingen. Dies zeigt nun zunehmend Erfolge, und im gleichen Maße sollte das pauschale politische Ziel der Verkehrsverlagerung in den Hintergrund treten.

In Ballungsräumen bleibt allerdings das Problem der Belastung durch fahrende und parkende Straßenfahrzeuge. Dies ist durch eine Vielfalt lokaler Politikmaßnahmen zu lösen (vgl. Abschn. 4): Verkehrslenkung und -management, City-Maut und Parkgebühren, Förderung des ÖSPV und SPNV,[6] Förderung von Park & Ride, unterirdische Fahr- und Parkmöglichkeiten, Taxi und Car-Sharing, Förderung der Nutzung von Zwei- und Dreirädern, neue Formen der City-Logistik usw.

4 Charakteristika externer Kosten des Verkehrs

4.1 Externe Staukosten

Staus treten vor allem beim Verkehrsträger Straße auf, dessen Kapazitätsauslastung dezentral von einer Vielzahl unabhängiger Verkehrsteilnehmer bestimmt wird. Bei Verkehrsträgern, die nach einem festen (Netz-)Fahrplan verkehren (Eisenbahn, Slots auf Flug- und in Seehäfen), treten Staus infolge von Störungen, also Planabweichungen, auf.

---

[6]ÖSPV: Öffentlicher Straßenpersonenverkehr (Busse, Straßenbahnen und U-Bahnen), SPNV: Schienenpersonennahverkehr (insb. regional). S-Bahn-Systeme werden mal der einen, mal der anderen Kategorie zugerechnet.

Auf der Straße entscheidet jeder Nutzer unabhängig, wann und wo er fahren will. Dabei berücksichtigt er seinen persönlichen Nutzen und seine Kosten, inklusive Zeitkosten, für diese Fahrt. Jedes zusätzliche Fahrzeug verlangsamt aber alle anderen Verkehrsteilnehmer und erhöht damit deren private (Zeit-)Kosten. Infolge dieser wechselseitigen Behinderung sinkt mit zunehmendem Verkehrsaufkommen die Durchschnittsgeschwindigkeit, bis hin zum Stop-and-go-Verkehr und – nahe der Kapazitätsgrenze – zum temporären Stillstand.

Die den anderen Verkehrsteilnehmern aufgebürdeten zusätzlichen Kosten einer Fahrt werden als externe Staugrenzkosten bezeichnet. Diese *steigen* mit zunehmender Verkehrsstärke. Folgen sind längere durchschnittliche Reisezeiten, aber auch weniger verlässliche Reise- und Ankunftszeiten. Die verminderte Zuverlässigkeit ist vor allem für Pendler und Geschäftsreisende, aber auch für Gütertransporte bedeutsam.

Die Stärke eines Staus bzw. die Höhe der Staukosten hängt ab von der Relation zwischen Verkehrsaufkommen und „Kapazität" einer Straße. Letztere ist allerdings nicht leicht zu bestimmen; sie hängt von physischen Straßeneigenschaften wie Kurvenradien und Anzahl bzw. Breite der Fahrspuren ab, aber auch von der Qualität der Verkehrslenkung, der Verfügbarkeit von Ausweichstraßen usw.; daneben gibt es exogene Faktoren wie das Wetter.

Stau tritt an räumlich-zeitlichen Engpässen auf, die in der Regel eng begrenzt sind. In zeitlicher Hinsicht treten die stärksten Staus an den morgendlichen und nachmittäglichen Belastungsspitzen (Peaks) auf, in räumlicher Hinsicht betreffen sie die Zufahrtsstraßen zu den städtischen Zentren und die dichtmaschigen Straßennetze im Stadtkern – da dort für den MIV attraktive Ziele wie Arbeitsplätze und Geschäfte zu finden sind – und hier insbesondere die Kreuzungen.

Die Wohlfahrtseinbußen durch Staus können zum einen als Summe der zusätzlichen Zeitkosten der Fahrten bei aktueller Netzbelastung gegenüber dem Referenzzustand „leeres Netz" gemessen werden. Zum anderen kann alternativ auf das ökonomische Konzept des „dead weight loss" zurückgegriffen werden. Hierbei wird eine hypothetische Verringerung der Verkehrsmenge bis zum Wohlfahrtsoptimum betrachtet. Diese Verminderung hätte einerseits höhere Reise- und Transportgeschwindigkeiten für die verbleibenden Fahrten zur Folge, was positiv wirkt, andererseits würde Nachfrage vom Netz verdrängt, was die Wohlfahrt negativ beeinflusst. Beide Komponenten zusammen ergeben den Nettowohlfahrtseffekt nach dem Konzept des „dead weight loss".

Nach CE Delft et al. (2011) betrugen im Jahre 2008 die Staukosten in der EU 146–242 Mrd. Euro (man beachte die hohe Spannbreite der Schätzung). Dabei werden unterschiedliche Kostensätze je Zeiteinheit angesetzt. Einer aktuellen Studie von Planco et al. (2014: 156) folgend werden in der Bundesverkehrswegeplanung künftig für Geschäftsreisende bis zu 75 €/h, für Freizeitfahrten nur bis zu 16 €/h angesetzt.

Die Zeitkosten des Güterverkehrs liegen typischerweise zwischen denen von Geschäfts- und Freizeitreisenden. Beim Einsatz verkehrspolitischer Instrumente zur Steuerung der Kapazitätsauslastung ist allerdings auch zu berücksichtigen, dass Lkw wegen ihres kleineren Beschleunigungsvermögens, der größeren Länge und der geringeren Durchschnittsgeschwindigkeit überproportional an der Verursachung von Staus beteiligt sind.

4.2 Externe Unfallkosten

Wie Stau- sind auch Unfallkosten ein sektorinterner Effekt des Verkehrs. Die Gesamtkosten durch Straßenverkehrsunfälle in Deutschland betrugen im Jahr 2012 32,1 Mrd. Euro, sie entfielen zu 42 Prozent auf Personen- und zu 58 Prozent auf Sachschäden (BaSt 2014). Doch nur ein Teil der Unfallkosten sind extern. Zunächst bietet sich eine Analogie zu Staukosten an: Verkehrsteilnehmer tragen die eigenen Unfallrisiken selbst, berücksichtigen aber nicht, dass sie mit ihrer zusätzlichen Fahrt auch andere Verkehrsteilnehmer gefährden – dies ist der externe Effekt. Diese einfache Überlegung wird allerdings durch die Existenz der Versicherungen stark überlagert: Zum einen können Moral Hazard-Effekte dazu führen, dass sogar die eigenen Risiken zu gering bewertet werden[7] – wobei die Versicherungen bemüht sind, diese Fehlanreize durch Vertragsgestaltung gering zu halten. Zum anderen werden materielle Unfallschäden der unmittelbar Betroffenen durch Ansprüche an gegnerische Kfz-Haftpflicht- sowie Krankenversicherungen abgedeckt – aber auch hier treten wieder Moral Hazard-Effekte auf, so dass die individuell entscheidungsrelevanten Grenzkosten verzerrt sind.

Von zentraler Bedeutung für die Berechnung marginaler externer Unfallkosten ist der Zusammenhang zwischen Verkehrsaufkommen und Unfallrisiko. Dieser Zusammenhang ist jedoch höchst situationsspezifisch: In Ballungsgebieten führt erhöhtes Verkehrsaufkommen zu einem überproportionalen Anstieg des Unfallrisikos, da es dem Fahrer mehr Konzentration abfordert. Im interurbanen Verkehr besteht dagegen ein direkt proportionaler Zusammenhang. Bei bereits hohem Verkehrsvolumen kann sich das Unfallpotential infolge geringerer Durchschnittsgeschwindigkeiten sogar vermindern.

Weitere Bestimmungsfaktoren der Kostenhöhe sind die Fahrzeugkategorie (Lkw verursachen zwar weniger Unfälle pro gefahrenem Kilometer als Pkw, die entstehenden Schäden sind in der Regel jedoch schwerer), die Sicherheitsausstattung und das Alter des Fahrzeugs, die benutzte Straßenkategorie sowie persönliche Merkmale des Fahrers (z. B. Alter, Verhalten, Gesundheit).

In der Studie von CE Delft et al. (2011) wird den externen Unfallkosten ein sehr hoher Wert zugemessen – sie belaufen sich praktisch auf die Hälfte aller externen Kosten des Verkehrs (ohne Staukosten). Dies überrascht, und die Annahmen, die dem zugrunde liegen, sind auch nicht unbestritten (vgl. dazu Puls 2009).

---

[7] Wenn ein Fahrer zu unvorsichtig fährt, weil er weiß, dass er versichert ist, erzeugt dies externe Kosten auf die Versicherungsgemeinschaft. Diese Kosten werden von den Versicherungen auf die Gesamtheit der Versicherten wieder umgelegt. Dies ist wieder eine Analogie zu Stau-Effekten: Sie werden zwar von der Gesamtheit aller Fahrer getragen, aber die individuellen Anreize sind dennoch aufgrund der Externalität verzerrt.

4.3 Externe Kosten durch lokale Luftschadstoffe

Die verkehrsbedingten externen Effekte durch lokale Luftschadstoffe werden im Wesentlichen durch die drei Substanzen $PM_{2,5}$, NO_X und Ozon erzeugt, und zwar in städtischen Räumen, da sich hier sowohl die Hauptbetroffenen (Wohnbevölkerung) als auch die Emittenten (motorisierter Verkehr) konzentrieren. Relativ unbedeutend sind dagegen Beeinträchtigungen natürlicher Ökosysteme und negative Effekte auf das Wachstum von Kulturpflanzen.

Unter NO_X werden Stickstoffmonoxid (NO) und Stickstoffdioxid (NO_2) zusammengefasst. NO_2 wird bereits in geringen Konzentrationen als Reizgas wahrgenommen und führt zu einer akuten Erhöhung der Widerstände in den Atemwegen. Längerfristige, intensive Belastungen können zu Behinderungen des Gasaustausches, zu Entzündungsreaktionen und zu Beeinträchtigungen der Infektionsresistenz führen.

Bodennahes Ozon (O_3) wird nicht direkt emittiert, sondern entsteht durch chemische Reaktionen von Stickoxiden und (von anderen Quellen emittierten) Kohlenwasserstoffen (HC) unter Hitze- und Sonnenlichteinfluss. Hauptangriffsorgan für die gesundheitsschädigenden Wirkungen ist der Atemtrakt. Ozon kann Reizungen der Atemwege, Husten, Kopfschmerz und Atembeschwerden sowie Tränenreiz auslösen.

Bei $PM_{2,5}$ („particulate matter") handelt es sich um Feinstäube, deren Teilchengröße geringer als 2,5 Mikrometer ist. Im Verkehr werden sie vor allem von Verbrennungsmotoren emittiert; hinzu kommen Aufwirbelungen durch die Bewegung der Fahrzeuge (insb. infolge der Reibung von Gummirädern auf Straßen). Chemisch gesehen bestehen sie aus einem Mix organischer und anorganischer Stoffe, der je nach Emissionsquellen räumlich variiert und dementsprechend unterschiedliche Auswirkungen auf die menschliche Gesundheit haben kann. Die Schadstoffpartikel $PM_{2,5}$ sind so fein, dass sie – einmal eingeatmet – bis tief in die Lungen gelangen und sich dort festsetzen können. Ihnen wird die Verursachung bzw. Verstärkung von Atemwegs- und Herz-Kreislauf-Erkrankungen zugeschrieben. Sehr feine Rußpartikel stehen im Verdacht, Lungenkrebs auszulösen.

Die Wirkungskette von Luftschadstoffemissionen über Deposition und Immissionen zu den verursachten Schäden ist äußerst komplex und mit einer Vielzahl von chemischen Prozessen verbunden. Bemerkenswert ist, dass der Schadstoffeintrag einer einzelnen Emissionsquelle nicht nur lokal, sondern über mehrere hundert Kilometer hinweg erfolgen kann, abhängig von den meteorologischen Bedingungen.

In der Regel wird unterstellt, dass die Grenzschadenskosten von Luftschadstoffen bei zunehmendem Verkehrsaufkommen konstant bleiben. Sie variieren mit der geografischen Lage eines Ballungsraumes, seiner Verkehrs- und Bevölkerungsdichte, sind aber keinen nennenswerten tageszeitlichen Schwankungen unterworfen. Tabelle 3 zeigt die Größenordnungen der marginalen Schadenskosten.

Die gesamten externen Kosten des Verkehrsträgers Straße durch Luftschadstoffe werden in der Studie von CE Delft et al. (2011) für 2008 mit 50,6 Mrd. Euro geschätzt (und damit deutlich geringer als die Staukosten, vgl. Abschn. 4.1 Externe

Tab. 3 Marginale Schadenskosten je Tonne Luftschadstoff in deutschen Großstädten (2010)

Schadstoff	(€ pro t)
Kohlenwasserstoffe (HC bzw. NMVOC)	1.858
Schwefeloxide (SO_2)	14.516
Stickoxide (NO_X)	17.039
Feinstaubpartikel (PM2,5)	220.461

Quelle: Ricardo-AEA et al. (2014: 37)

Staukosten). Tabelle 3 legt nahe, dass Feinstaubpartikel mit Abstand die höchste Schadenswirkung aller lokalen Luftschadstoffe haben.

4.4 Externe Kosten durch Globalschadstoffe

Der Treibhauseffekt ist eine wesentliche Determinante der durchschnittlichen jährlichen Temperatur auf der Erde und damit des Weltklimas und der Lebensbedingungen der Menschen. Seit Beginn der Industrialisierung, und insbesondere nach dem Zweiten Weltkrieg, hat sich durch die Verbrennung kohlenstoffhaltiger Energieträger die Konzentration des Treibhausgases CO_2 in der Erdatmosphäre beständig und deutlich erhöht. Dies birgt die Gefahr einer unerwünschten globalen Erwärmung. Gleichzeitig sprechen immer mehr Indikatoren und Untersuchungen dafür, dass sich das Weltklima langfristig jedenfalls nicht abkühlt, sondern eher erwärmt, und dass eine weitere Erwärmung großes Schadenspotenzial birgt. Unabhängig von den Ursachenzusammenhängen der *bisherigen* Entwicklung muss daher mindestens längerfristig die weltweite Emission von Treibhausgasen verringert werden.[8]

Die schädliche Wirkung von Globalschadstoffen wie CO_2 hängt nicht von Ort, Zeit oder Art der Emission oder des Emittenten ab; es kommt allein auf die absolute, weltweit ausgestoßene Menge des Klimagases an. Da ein einzelner Akteur (ja, sogar ein einzelnes Land durchschnittlicher Größe) nur einen kleinen Anteil der globalen Gesamtmenge emittiert, geht man bei diesen Stoffen von konstanten Grenzschadenskosten aus. Für CO_2 sind diese Kosten aufgrund der Komplexität und Langfristigkeit der Klimawirkungen allerdings extrem unsicher. Deshalb werden sie meist näherungsweise mit (marginalen) Vermeidungskosten quantifiziert. Aber auch bei diesem Ansatz weichen die Schätzungen weit voneinander ab, da sie dann wesentlich vom gewählten Zeithorizont und dem unterstellten Reduktionsziel abhängen. Das Umweltbundesamt (UBA 2012) setzt die Umweltkosten für 2010 mit 80 €/t an, während für das Jahr 2030 (im sog. „mittleren Szenario") von 145 €/t ausgegangen wird. Letzterer Wert wird auch für die Bundesverkehrswegeplanung 2015 übernommen.

---

[8] Die Analysen des IPCC (2014) weisen auch auf einen ursächlichen Zusammenhang von bisherigen Treibhausgasemissionen und bisheriger Erwärmung hin. So sehr die Forschung nach den *bisherigen* Ursachen von wissenschaftlichem und allgemeinem Interesse ist, so wird dieser Punkt in der politischen Argumentation u. E. überbetont.

Da die CO_2-Problematik praktisch alle Sektoren der Wirtschaft betrifft, stellt sich die Frage nach der Rolle des Verkehrs (a) hinsichtlich des Anteils an den CO_2-Emissionen und (b) hinsichtlich der Anstrengungen zur Emissionsreduktion. Weltweit ist der Verkehrssektor mit etwa 23 Prozent einer der größten Emittenten von CO_2 (vgl. ITF 2010: 6). Bei zu erwartendem Verkehrswachstum insbesondere in den Ländern nachholender Industrialisierung wird – ohne Gegenmaßnahmen – der Kohlendioxidausstoß des globalen Verkehrssektors ständig anwachsen. Das EU-Weißbuch (EU 2011) prognostiziert auch für die EU für ein „Referenzszenario ohne zusätzliche Maßnahmen", dass der CO_2-Ausstoß des Verkehrs bis 2050 um ein Drittel höher als im Jahr 1990 ausfallen würde. Dieser Trend verläuft entgegengesetzt zur abnehmenden Energieintensität der industriellen Produktion in entwickelten Volkswirtschaften. Offensichtlich ist daher der Verkehrssektor früher oder später in die Reduktionsanstrengungen mit einzubeziehen. Die entscheidende Frage ist jedoch, wann und in welcher Weise und Intensität er mit einzubeziehen ist.

Im Straßenverkehr sind Kraftstoffverbrauch und CO_2-Emissionen sehr stark korreliert, und dieser Zusammenhang wird bis auf Weiteres nicht zu trennen sein. Daher gibt es nur folgende Möglichkeiten der CO_2-Reduktion: (i) den spezifischen Kraftstoffverbrauch senken (etwa durch leichtere Fahrzeuge, effizientere Motoren oder durch einen höheren Anteil etwa der Elektromobilität), (ii) die CO_2-Emissionen kompensieren (etwa durch Biokraftstoffe, die das CO_2 beim Nachwachsen wieder der Atmosphäre entziehen), (iii) die gefahrenen Straßen-Kilometer selbst reduzieren. In allen drei Richtungen werden die (Grenz-)Vermeidungskosten für CO_2-Emissionen derzeit noch als sehr hoch im Vergleich zu einigen anderen Sektoren eingeschätzt (vgl. z. B. IPCC 2014; EU 2011).

Dem Gebot der volkswirtschaftlich kostenminimalen Vermeidung von Emissionen (siehe Abschn. 2.3 Messung der externen Kosten) folgend sollte der Verkehr daher derzeit eigentlich nur einen geringen Beitrag zur gesamten CO_2-Einsparungen leisten. Übertragen auf das Bild eines Obstsammlers, der ein Körbchen zu füllen hat, sollen zunächst die „niedrig hängenden Früchte" geerntet werden, da dies die gesamten Kosten minimiert. Hinsichtlich der zu leistenden CO_2-Einsparungen hängen die im Verkehr möglichen Einsparungen jedoch „hoch", da sie im Vergleich zu denen anderer Wirtschaftssektoren sehr hohe Grenzvermeidungskosten aufweisen.

Das Bild der „niedrig hängenden Früchte" ändert sich allerdings, wenn verschiedene CO_2-Einsparungen in einem gemeinsamen Kontext stehen. Im Bild: sobald man eine Leiter an den Baum anlegen muss, um an mehr Früchte heranzukommen, sollte man alles abernten, was von der Leiter aus erreichbar ist – die „ursprüngliche Höhe" der Früchte ist dann nicht mehr ausschlaggebend. Da man sich in Deutschland für den Vorrang der Energiewende entschieden hat, gibt es zum Beispiel die Option, den Verkehrssektor zunächst *völlig* in Ruhe zu lassen und ihn erst später, nach Umstellung der Stromerzeugung auf (ausreichende) erneuerbare Energien, auf Elektrofahrzeuge umzustellen und dann möglichst umfassend. Andernfalls könnte die aktuelle Gesamtbelastung von Wirtschaft und Gesellschaft zu hoch werden, oder man müsste wieder die Energiewende verlangsamen und würde die dort bereits angelegten „Leitern" nicht effizient nutzen o.ä.

Eine solche Entscheidung könnte daher aus einem auf Deutschland oder die EU verengten Blickwinkel plausibel erscheinen – doch nicht aus weltweiter Perspektive. Denn es gibt schon jetzt weltweit erhebliche Anstrengungen vieler Staaten, den Benzinverbrauch (und damit CO_2-Ausstoß) von konventionellen Autos zu reduzieren (hier wird noch ein technisches Potenzial von bis zu 30 Prozent CO_2-Reduktion vermutet) und den Anteil von Hybrid- oder reinen Elektrofahrzeugen zu erhöhen. Allein um die Skalenerträge eines einheitlichen Weltmarktes für Autos zu nutzen (ebenfalls eine „Leiter am Baum"), ist es folgerichtig, dass auch Deutschland und Europa an dieser Entwicklung teilnehmen.

4.5 Externe Kosten durch Verkehrslärm

Als Lärm wird unerwünschter, als störend empfundener Schall bezeichnet. Aus diesen Störungen resultieren subjektive und objektive Schäden bei Personen, tagsüber vor allem dadurch, dass Konzentration und Kommunikation, nachts dadurch, dass der Schlaf beeinträchtigt wird. Ab welchen Geräuschniveaus Belästigungen auftreten, ist sehr subjektiv und u. a. abhängig von der Art des Lärms (bzw. der Quelle) und vom Alter der betroffenen Person.

Es gibt keine Krankheit, die klar der Lärmbelastung zugeordnet werden kann, sondern die Syndrome sind eher unspezifisch. Es gilt aber als sicher, dass Lärmbelastung zur Entstehung von Stress und Schlafstörungen beitragen kann. Diesen Faktoren kommt wiederum bei Herz-Kreislauf-Erkrankungen und Bluthochdruck eine zentrale Rolle zu (vgl. Babisch 2011).

In den Industriestaaten entfällt der größte Teil der Lärmbelastungen auf den Verkehr, insbesondere den Straßenverkehr. Nach Tab. 1 fühlten sich 2012 über 50 Prozent der Bevölkerung Deutschlands durch Straßenverkehrslärm belästigt oder gestört. Die Anzahl der Betroffenen blieb über die vergangenen Jahre weitgehend konstant. Das deutet darauf hin, dass die in der Vergangenheit erreichten (erheblichen) Reduzierungen der Geräuschpegel von Neufahrzeugen durch das Wachstum des Verkehrsaufkommens kompensiert wurden.

Auffällig ist, dass nach Tab. 1 inzwischen mehr Menschen durch Eisenbahnlärm (34 Prozent, noch 2005 waren es nur 20 Prozent) als durch Fluglärm (23 Prozent, 2005 noch 32 Prozent) gestört werden. Dies liegt sicherlich teils daran, dass mehr Menschen an Bahngleisen als im Einflussbereich von Flughäfen wohnen. Zum anderen Teil ist es Folge der Tatsache, dass seit langem hohe Anstrengungen zur Senkung des Fluglärms unternommen werden, während der Schienengüterverkehr bisher praktisch nicht ernsthaft unter Druck gesetzt wurde – trotz jahrelanger Bürgerproteste entlang der Rheintrassen. Für die Zukunft ist davon auszugehen, dass die Lärmproblematik an Bedeutung gewinnen wird.

Die Zunahme von Schallintensität wird ab einer Hörschwelle zuerst stark und dann schwächer wahrgenommen: Es sind vor allem die ersten Fahrzeuge, die die Ruhe stören. Mit steigendem Verkehrsaufkommen wächst die Ruhestörung degressiv (logarithmisch). Dies führt zunächst zu sehr hohen, im weiteren Verlauf jedoch *sinkenden* Grenzkosten für den Lärm eines Fahrzeugs. Diese Charakteristik des

Lärms steht im Gegensatz zu anderen externen Effekten des Verkehrs, insbesondere der Staus und Luftschadstoffbelastung, die steigende bzw. konstante Grenzkosten aufweisen.

Eine direkte Konsequenz dieser Tatsache für die Verkehrspolitik ist, dass eine hohe Lärmbelastung nur dann wahrnehmbar gemindert werden kann, wenn der Verkehr *drastisch* eingeschränkt wird (z. B. durch verkehrsberuhigte Zonen, deutliche Geschwindigkeitsbegrenzungen oder Nachtfahrverbote). Im Sinne der Schadensvermeidung zu den geringstmöglichen Kosten ist dabei stets zu prüfen, ob nicht fahrzeugseitige oder bauliche Maßnahmen diesen Zweck besser und kostengünstiger erfüllen.

5 Wirtschaftspolitische Instrumente für die Kostenanlastung

Wirtschafts- bzw. verkehrspolitische Instrumente zur Anlastung externer Kosten sollten folgende Anforderungen erfüllen:

a) Für die Minderung einer negativen Externalität ist bis zu einer als optimal angenommenen Menge zu sorgen.
b) Dieses Ziel soll auf möglichst effiziente, d. h. kostenminimale Weise erreicht werden.

Darüber hinaus muss die politische Durchsetzbarkeit der Instrumente bedacht werden. Dies betrifft die konkreten Handlungsanreize von Politikern, Behörden und Verwaltungen, den Einfluss von Interessengruppen und Medien sowie die Meinung und das Wahlverhalten der breiten Öffentlichkeit.

5.1 Ordnungsrechtliche Instrumente und gezielte öffentliche Ausgaben

Ordnungsrechtliche Instrumente – Ge- und Verbote, technische Normen und Standards – sowie gezielte öffentliche Ausgaben für Infrastrukturen oder den ÖPNV werden in der Verkehrspolitik bevorzugt eingesetzt. Von Vorteil ist die im Vergleich zu marktorientierten Instrumenten (siehe Abschn. 5.2 Markt- bzw. anreizorientierte Instrumente) teilweise höhere Treffsicherheit. Zudem sind administrative Maßnahmen gegenüber marktbasierten Instrumenten oft einfacher und kostengünstiger umzusetzen und politisch leichter durchzusetzen, da ihre Funktionsweise politischen Entscheidungsträgern, Verwaltung und Bevölkerung bekannt und nachvollziehbar ist. Dies gilt jedenfalls dann, wenn bereits Institutionen mit ausreichenden Durchführungskompetenzen bestehen.

Nachteilig an diesen Instrumenten ist vor allem der fehlende Bezug zu individuellen Zahlungsbereitschaften und Vermeidungskosten. Dieser Nachteil verliert wiederum an Bedeutung, wenn es um umfassende Systemumstellungen geht, sofern dabei Komplementaritäten und Skaleneffekte eine wichtige Rolle spielen, da in solchen Fällen auch aktuelle Preissignale und Marktresultate verfehlt sein können (z. B. Migration des Verkehrsträgers Straße zur Elektromobilität). Dann bleibt aber das Problem, dass Staat und Gesellschaft sich hinsichtlich der angestrebten zukünftigen Mobilitätsform sehr sicher sein müssen.

5.1.1 Fahrzeugbezogene Schadstoff- und Lärmnormen, flottenbezogene CO_2-Normen

Wie bereits gezeigt (vgl. Abb. 2), konnten bei einigen Schadstoffen durch die stete Verschärfung von Abgasvorschriften für Neufahrzeuge erhebliche Verringerungen der Emissionen von Kraftfahrzeugen erreicht werden, obwohl die Fahrleistungen europaweit stark angestiegen sind. Ein besonders erfolgreiches Instrument sind dabei die Euronormen für Lkw, die schrittweise von EURO-0 im Jahre 1988/90 auf EURO-6, gültig ab 2015, verschärft wurden.

Emissionsgrenzen werden auch eingesetzt, um die CO_2-Emissionen (gleichbedeutend: den Kraftstoffverbrauch) von Pkw zu reduzieren. Hierzu wird in der EU (ähnlich in den USA) zu dem ungewöhnlichen Instrument der „Flottengrenzwerte" gegriffen (EU-Verordnung 443/2009, in Kraft seit 2012): die *durchschnittlichen* Emissionen aller von einem Hersteller während eines Jahres in der EU abgesetzten Fahrzeuge dürfen einen Grenzwert nicht überschreiten. Dabei gelten für verschiedene Hersteller verschiedene Flottengrenzwerte; je größer die durchschnittliche Masse (in kg) der Fahrzeuge eines Herstellers ist, desto höher sind seine Flottengrenzwerte. Hintergrund ist die Tatsache, dass Hersteller größerer Autos höhere Vermeidungskosten haben. (Allerdings ist die Kompensation nicht so groß, dass dadurch der Fehlanreiz entstünde, die durchschnittliche Masse der Autos zu erhöhen.) Dass man überhaupt zu Durchschnittsgrenzwerten greift, soll den Herstellern zusätzliche Flexibilität in ihrer Markt- und Innovationspolitik geben. Modelle mit „zu hohen" Emissionen führen nicht zu Strafzahlungen, wenn der Hersteller sie durch den Verkauf von Modellen mit niedrigeren Emissionen kompensiert. Dabei bieten sich zur Kompensation insbesondere Elektroautos an, da diese in den Flottengrenzwerten als Niedrig-Emittenten stark angerechnet werden („Supercredits"). Die Flottengrenzwerte werden im Zeitablauf gesenkt.

Aus allokationstheoretischer Sicht mutet dieses komplexe Instrument geradezu „barock" an und birgt die Gefahr, unbeabsichtigte Fehlanreize zu erzeugen (zum Beispiel Fusionsanreize zwischen Herstellern großer und kleiner Fahrzeuge). Aus innovationsdynamischer Sicht ist ihm jedoch seine Treffsicherheit nicht abzusprechen: die Automobilkonzerne werden nicht nur gezwungen, CO_2-Einsparungen technisch zu realisieren, sondern auch, Modelle mit geringen Emissionen erfolgreich zu vermarkten (Werbung, Preis-, Image-Politik usw.). Überspitzt formuliert, müssen die Automobilkonzerne die Politik der „erzwungenen" CO_2-Einsparungen beim Käufer/Wähler gleich mit vermarkten. Um auch umweltpolitisch treffsicher zu sein und Innovationen in die richtige Richtung zu lenken, sollte allerdings der sogenannte Messzyklus zur Bestimmung der CO_2-Emissionen eines Typs den realen Fahrbedingungen entsprechen. Dies ist bei dem derzeit noch in Europa verwendeten „Neuen Europäische Fahrzyklus" (NEFZ) nicht gegeben; daher ist ein schneller Wechsel zur international entwickelten „World Harmonized Light Duty Vehicles Test Procedure" (WLTP) angeraten.

Umweltpolitische Normen und Standards dienen auch als Ansatzpunkt für die Tarifdifferenzierung preislicher Maßnahmen wie Kfz-Steuern, Straßenbenutzungsgebühren, Flughafengebühren oder Eisenbahntrassenpreise. So wird etwa die deutsche Lkw-Maut auf Autobahnen danach differenziert, welche EURO-Norm ein Lkw einhält. Analog können diese Normen auch als Anknüpfungspunkte für administrative Vorkehrungen wie zeitlich und räumlich beschränkte Fahrverbote dienen.

5.1.2 Fahrt- und Geschwindigkeitsbeschränkungen

Geschwindigkeitsbeschränkungen können als Instrument eingesetzt werden, um die lokale Umweltqualität zu heben. So wird argumentiert, dass eine Herabsetzung der zulässigen innerörtlichen Höchstgeschwindigkeit von 50 auf generell 30 Stundenkilometer eine deutliche Reduktion der Emissionen von Lärm, Luftschadstoffen und Kohlendioxid zur Folge hätte. In der Praxis sind die Durchschnittsgeschwindigkeiten in deutschen Städten zu den Hauptverkehrszeiten aber deutlich geringer als 30 km/h. Eine Entlastung träte also vorrangig in den Schwachlastzeiten auf, wo die Gesamtbelastung durch Luftschadstoffe geringer ausfällt.

Interessant ist das Konzept selektiver Fahrtbeschränkungen daher insbesondere für den Lärmschutz. Wegen der hohen Lärmgrenzkosten bei geringem Verkehrsaufkommen können Nachtfahrverbote oder befristete Geschwindigkeitsbeschränkungen in Wohngebieten eine sinnvolle Maßnahme sein. Diskutiert wird dieses Instrument auch zur Reduktion des Lärms von Eisenbahngüterverkehren.

Die EU-Richtlinie 1999/30 und ihre Tochterrichtlinien fordern detaillierte Maßnahmenpläne in städtischen oder lokalen Bereichen, falls die dort formulierten Grenzwerte für z. B. PM_{10} und NO_X dauerhaft überschritten werden. Da diese Ziele nicht ohne Beeinflussung des innerstädtischen Verkehrs erreichbar erscheinen, werden verstärkt *selektive Fahrverbote* eingesetzt, die nur für besonders schadstoffreiche Kfz und nur zeitlich und räumlich begrenzt gelten. Eine nach Emissionsklassen differenzierte Umweltzone setzt positive Anreize für die Anschaffung schadstoffarmer Fahrzeuge, vor allem für Betreiber umfangreicher Flotten, z. B. im Lieferverkehr der Speditionen. Auch wohlfahrtstheoretisch ist daher ein nach Schadstoffausstoß differenzierendes Umweltzonensystem zumindest besser als allgemeine Fahrverbote.

5.1.3 Kapazitätserweiterung mit dem Ziel der Staureduktion

Das in der Vergangenheit am häufigsten genutzte Instrument zur Reduktion externer Staukosten war die Erweiterung der physischen Netzkapazitäten, im Straßenverkehr durch den Aus- und Neubau von (unbemauteten) Straßen inklusive Brücken, Tunnelanlagen und Kreuzungen. Dies eröffnet für die Verkehrsteilnehmer neue Routenwahlmöglichkeiten; die Angebotsqualität steigt durch geringere Reisezeiten, weniger lange Peak-Zeiten und eine höhere Zuverlässigkeit der Reiseplanung.

Dem stehen jedoch die hohen Baukosten sowie – vor allem in Ballungsräumen – die Raumknappheit mit entsprechend hohen Grundstückspreisen entgegen.

Als Alternative bietet sich oft eine Erweiterung der *dynamischen* Straßenkapazitäten an, z. B. durch ein effektives Verkehrsmanagement mittels optimierter Ampelsteuerungen, moderner Verkehrsleitsysteme usw.

Eine Kapazitätserhöhung wird in der Regel zu einer verstärkten Nutzung der Straßen führen, so dass nur ein Teil der zusätzlichen Kapazität für die Qualitätserhöhung (d. h. Staureduktion), ein anderer jedoch für die Quantitätserhöhung genutzt wird. Diese Aktivierung bisher latenter Verkehrsnachfrage repräsentiert jedoch ebenfalls einen volkswirtschaftlichen Nutzen. Gegebenenfalls sollte daher die Kapazität noch stärker erhöht werden. Allerdings kann eine korrekte Allokation nur bei adäquater Bepreisung der Straßennutzung – insb. zu Stauzeiten – erreicht werden (vgl. dazu Abschn. 5.2.4 *Nutzungsabhängige Gebühren*).

5.1.4 Förderung alternativer Verkehrsträger

In Ballungsräumen bestehen vergleichsweise enge Substitutionsbeziehungen zwischen ÖPNV und MIV. Die mit relativ hohen Externalitäten verbundene Nutzung des MIV könnte daher auch durch eine finanzielle oder ordnungsrechtliche Förderung des ÖPNV reduziert werden. Hierzu zählen etwa der Kapazitätsausbau beim schienengebundenen ÖPNV, die Förderung von Park & Ride, die Einführung von Busspuren oder die direkte Subventionierung von Bus-, S- oder U-Bahnbetrieben. Insbesondere die Busspur (die auch von Taxis als Teil des ÖPNV genutzt werden kann) hat sich in vielen überlasteten Innenstädten als erfolgreiche Maßnahme zur Erhöhung der relativen Attraktivität des ÖPNV bewährt.

Für eine Förderung des ÖPNV spricht grundsätzlich auch dessen System- oder Netzwerkeigenschaft. Dichtere Taktzeiten und/oder ein ausgedehnteres Routennetz bedeuten eine bessere Servicequalität und damit eine höhere Attraktivität des öffentlichen Nahverkehrs und ziehen damit weitere Nachfrager an (der sog. „Mohring-Effekt" einer positiven Rückkopplung zwischen Menge und Qualität im ÖV – eine sektorinterne *positive* Externalität des Verkehrs). Hier kommen letztlich dieselben Argumente zum Tragen, die für öffentliche Infrastrukturförderung generell geltend gemacht werden.

Der Versuch, die Straßenverkehrsnachfrage indirekt über das ÖPNV-Angebot zu steuern, ist jedoch nicht frei von Problemen. Im Vergleich zu den direkten verkehrlichen Wirkungen etwa einer Straßennutzungsgebühr (siehe Abschn. 5.2.4 *Nutzungsabhängige Gebühren*) sind die Entlastungseffekte auf der Straße durch einen verbesserten öffentlichen Nahverkehr unsicherer. Darüber hinaus wird durch dessen Subvention zusätzliches Verkehrsaufkommen generiert, das sonst gar nicht entstehen würde (da MIV und ÖPNV nur unvollständige Substitute sind). Außerdem kann es sein, dass die Nachfrager gegenüber einem Umsteigen auf Busse und U-Bahnen andere Verhaltensanpassungen bevorzugen würden, wie z. B. Routen-, Abfahrtszeiten- und Fahrtzielwechsel mit dem Pkw. Dann wären andere Instrumente – insbesondere eine treffgenaue Bepreisung der Pkw-Nutzung – vorzuziehen.

Eine zusätzliche Schwierigkeit tritt auf, wenn die Schienenkapazitäten nahezu ausgelastet sind, was innerhalb eines Ballungsraumes etwa zeitgleich mit dem Staumaximum auf der Straße eintritt: Selbst unter Berücksichtigung der größeren dynamischen Kapazität bzw. Massenleistungsfähigkeit des S- und U-Bahnverkehrs dürfte es teurer und damit aus ökonomischer Sicht noch problematischer sein, in Schienenverkehrsinfrastruktur statt direkt in Straßenkapazitäten zu investieren. Darüber hinaus können Subventionen, insbesondere wenn sie als pauschale Defizitabdeckung gezahlt werden, die Anreize zur Steigerung der produktiven Effizienz von ÖPNV-Unternehmen schmälern. Diese Argumente lassen darauf schließen, dass direkt am Verursacher ansetzende Lenkungsinstrumente zur Reduktion externer Kosten wegen ihrer höheren Treffsicherheit und Effizienz gegenüber einer Förderung alternativer Verkehrsträger zu bevorzugen sind.

Die Förderung des ÖV kann jedoch ein sehr sinnvolles ergänzendes Element (Komplement) zu preislichen oder ordnungsrechtlichen Lenkungsinstrumenten sein, da letztere nur dann verhaltensändernd wirken können, wenn Alternativen vorhanden sind.[9] In Hinblick auf (i) den Zeitbedarf von Verhaltensanpassungen und (ii) die o. g. positiven Netzwerkeffekte des ÖV kann es daher ratsam sein, den ÖV wenigstens zeitweise zu subventionieren. Dies illustriert die Notwendigkeit eines verkehrspolitischen Gesamtkonzeptes, eines stimmigen „Policy-Mixes" insbesondere in städtischen Räumen.

Im Fernverkehr können Investitionen in neue Eisenbahnhochgeschwindigkeitsstrecken (HGV) durchschlagende Verlagerungswirkungen von Luft- und Straßenverkehr zur Eisenbahn haben. Dies zeigte sich in Frankreich, Italien und abgemildert auch in Deutschland. Neue HGV-Strecken sind allerdings auch ganz besonders teuer.

Ein spezielles Förderinstrument stellte die „Umwelt- oder Abwrackprämie" der Jahre 2009/2010 dar, mit der ein Autoneukauf bei gleichzeitiger Verschrottung eines Altwagens mit 2.500 Euro gefördert wurde. Sie war in erster Linie ein konjunkturpolitisches Instrument und auch recht erfolgreich in ihrer Wirkung auf die Automobilnachfrage der Krisenjahre. Da Neuwagen im Schnitt emissionsärmer sind, implizierte sie zugleich eine (vorübergehende) Beschleunigung der Emissionsreduzierung der gesamten Fahrzeugflotte. Dieser erwartbare Effekt stand Pate bei der offiziellen Benennung als „Umweltprämie". Seither werden Abwrackprämien als umweltpolitische Instrumente in verschiedenen Kontexten öfters ins Gespräch gebracht, da viele Produkte im Zeitablauf verbrauchsärmer und umweltfreundlicher werden. Nur in Ausnahmesituationen sind sie jedoch ökonomisch empfehlenswert.

5.2 Markt- bzw. anreizorientierte Instrumente

Im Gegensatz zu ordnungsrechtlichen Ge- und Verboten oder gezielten Ausgaben des Staates haben „marktorientierte" Instrumente die Nutzungskosten von Verkehrsträgern als Ansatzpunkt, also den „Preis" der Nutzung im weitesten Sinne.

---

[9] Zudem gibt es sozial- und regionalpolitische Gründe für die Förderung des ÖV, die hier jedoch nicht im Zentrum des Interesses stehen.

Obwohl auch sie das Ziel verfolgen, das Verkehrswahlverhalten zu beeinflussen, lassen sie Haushalten und Unternehmen mehr Wahlfreiheit.

Ökonomische Instrumente haben gegenüber ordnungsrechtlichen Standards einen Effizienzvorteil, da die Verursacher externer Effekte unterschiedlich hohe Grenzvermeidungskosten aufweisen. Bei einer Zuteilung knapper Umwelt- und Infrastrukturnutzungsrechte über Märkte, bzw. bei einer Verteuerung dieser Rechte mittels Lenkungssteuern, verringern insbesondere diejenigen Emittenten ihre Aktivitäten, welche die geringsten Grenzvermeidungskosten aufweisen. Damit sind ökonomische Instrumente grundsätzlich kosteneffizient.

Dieser Vorteil kann jedoch verloren gehen, wenn die angesprochenen Märkte kaum reagieren oder in sehr untypischer bzw. unerwarteter Weise reagieren, oder wenn die intendierte Reaktion des Marktes nur eintritt, wenn der Staat das Instrument unter Einsatz hoher Transaktionskosten erst wirksam machen muss, sei es für die Informationsbeschaffung oder für die Einführung, Kontrolle und Durchsetzung der Instrumente.

Ein weiterer Vorteil ökonomischer Instrumente ist die explizite Berücksichtigung von Zahlungsbereitschaften auch nach der Internalisierung: Ein Verkehrsteilnehmer, der ordnungsrechtliche Vorschriften einhält, ist von allen weiteren Zahlungen befreit; dagegen muss im Fall von Umweltsteuern oder Schadstoffzertifikaten für jede Emissionseinheit gezahlt werden, so dass ein Anreiz besteht, zusätzliche umweltschonende Maßnahmen zu treffen oder zu entwickeln. Dies weist auf eine potenziell höhere dynamische Effizienz im Vergleich zu ordnungsrechtlichen Instrumenten hin.

Nachteilig ist, dass der Einsatz marktbasierter Mechanismen aufgrund der Anpassungsprozesse der Marktteilnehmer mehr Zeit beansprucht und teilweise zu unsichereren Ergebnissen führt, als es bei „harten" ordnungsrechtlichen Vorgaben der Fall ist. So wird oft auf eine geringe Preissensibilität der Verkehrsteilnehmer hingewiesen, insb. in der kurzen Frist. Die Treffsicherheit ökonomischer Instrumente kann daher geringer als die von Gesetzen und Verordnungen sein. Andererseits kann man auch den Standpunkt vertreten, dass preisliche Impulse langfristig doch recht stark wirken. Denn vielleicht ist es kein Zufall, dass der langfristige Trend zu einem veränderten Mobilitätsverhalten vieler jüngerer Menschen in Innenstädten (insb. zu einem deutlich geringeren Motorisierungsgrad) mit dem langfristigen Trend steigender Kosten eines Pkw einhergeht – aber es wird sehr schwer sein, aus dieser Koinzidenz zweier Trends statistisch auf eine Kausalität zwischen ihnen zu schließen. Denkbar ist auch, dass nach einer Gewöhnung an preisliche Instrumente – und mit Unterstützung elektronischer Geräte – eine höhere Reagibilität auch in der kurzen Frist entstehen könnte.

5.2.1 CO_2-Zertifikatshandel für den Verkehr

Seit dem 1. Januar 2005 existiert ein innereuropäischer Zertifikatshandel für Klimagasemissionen von Industrieanlagen, das sog. ETS (European Trading System). Seit 2012 unterliegt auch der innereuropäische Luftverkehr der Zertifikatspflicht. Der außereuropäische Flugverkehr wurde jedoch aufgrund von Protesten außereuropäischer Staaten noch nicht, wie ursprünglich beabsichtigt, mit einbezogen. Auch andere Verkehrsträger nehmen bisher nicht am Zertifikatshandel teil.

Ein Zertifikatshandelssystem beruht darauf, dass der Staat eine zulässige Gesamtemissionsmenge festlegt („cap"), für die er individuelle Emissionsrechte herausgibt. Nur wer diese Zertifikate besitzt, darf die darauf ausgewiesene Menge CO_2 emittieren. Die ursprüngliche Zuteilung kann (vorzugsweise) in Form einer Versteigerung oder aber (sofern rechtlich haltbar) rein „willkürlich" geschehen (z. B. als „Großvaterrechte"). Entscheidend ist die Handelbarkeit der Zertifikate („cap and trade"): Wenn der Markt für Emissionsrechte funktioniert, spiegelt der Marktpreis die volkswirtschaftlichen Kosten zur Erreichung des Gesamtemissionsziels wider. Stehen Emittenten kostengünstige Vermeidungsoptionen zur Verfügung, können sie an einer Reduzierung des Schadstoffausstoßes verdienen, indem sie überschüssige Zertifikate am Markt verkaufen. Potenzielle Käufer sind die Wirtschaftssubjekte, die nur auf kostspieligere Möglichkeiten ausweichen könnten.

Dies ist der entscheidende Vorteil gegenüber ordnungsrechtlichen Instrumenten. Auch positive dynamische Anreizwirkungen können erwartet werden, wie die Entwicklung und der Einsatz emissionsärmerer Technologien.

Der Zertifikatshandel gilt daher perspektivisch als eines der vielversprechendsten Instrumente zur effizienten Regulierung von CO_2-Emissionen. Allerdings befindet sich das ETS faktisch immer noch in einem Aufbau- und Experimentierstadium. Die Zertifikatspreise bewegten sich bisher überwiegend unter 10 Euro pro t CO_2-Emission und sind damit weit entfernt von einem Steuerungssignal, das den umweltpolitischen Zielsetzungen der EU adäquat wäre (vgl. Abschn. 4.4 (Externe Kosten durch Globalschadstoffe) zu den umweltpolitisch bestimmten Grenzvermeidungskosten zwischen 80 und 145 Euro pro t CO_2-Emission).

Um langfristig auch den Straßenverkehr in das ETS mit einzubeziehen, kommt als Ansatzpunkt vor allem die Mineralölindustrie in Frage. Da CO_2-Emissionen ausschließlich von der Art und Menge des Kraftstoffverbrauchs abhängen, kann der Zertifikatserwerb treffsicher direkt an den Verkauf von Treibstoffen gekoppelt werden. Die hohen Grenzvermeidungskosten des Verkehrs würden den Verkehrssektor dann zum Netto-Käufer auf einem Markt für CO_2-Emissionszertifikate prädestinieren. Aber selbst wenn sich die Emissionen des Verkehrs kaum mindern würden, würde die Teilnahme des Verkehrs zu einem Anstieg des Zertifikatspreises führen. Damit wäre unmittelbar eine Reduktion des Klimagasausstoßes in anderen Sektoren mit günstigeren Vermeidungsoptionen verbunden, was aus ökologischer Sicht als äquivalent anzusehen ist.

Aufgrund ihrer ökonomischen Vorteile können Zertifikatshandelssysteme auch zur Regulierung anderer Emissionen in Frage kommen. Allerdings können sie mit recht hohen Implementierungskosten einhergehen. Neben den notwendigen Kontrollen, dass die individuellen Ausstöße die bescheinigten Mengen nicht überschreiten, muss ein börsenartiger, liquider Markt organisiert werden, auf dem Zertifikate ohne hohe individuelle Transaktionskosten gehandelt werden können. Dies erfordert einen homogenen, ausreichend großen Markt, so dass dieses Instrument zum Beispiel nicht für die Internalisierung von kleinräumigen Emissionen oder Stau-Externalitäten in Frage kommt.

5.2.2 Mineralölsteuer

Auch die Mineralölsteuer ist effektiv eine Steuer auf CO_2-Emissionen von Kraftfahrzeugen. Sie ist in dieser Hinsicht verlässlicher als der Zertifikatehandel, solange letzterer nicht zufriedenstellend funktioniert. Wenn sich dies ändert, könnte die Mineralölsteuer durch eine Zertifikatpflicht der Mineralölindustrie ersetzt werden, da dann der Verkehrssektor stets mit den echten und aktuellen gesamtwirtschaftlichen Kosten der CO_2-Vermeidung konfrontiert würde.

Bemerkenswert ist die hohe Varianz der Besteuerung fossiler Energieträger insbesondere auch nach Verwendungszweck, obwohl die Umweltwirkungen (d. h. CO_2-Emissionen) je Energieeinheit (kWh) in etwa gleich sind: Kohle wird mit ca. 0,12 ct./kWh besteuert, Heizöl mit etwa 0,62 ct./kWh, Flugbenzin wird gar nicht besteuert. Hingegen beträgt die Steuerlast für Kraftfahrzeuge bei Benzin ca. 7,3 ct./kWh und bei Diesel 4,7 kWh. Diese Praxis widerspricht der zentralen Effizienzvoraussetzung einheitlicher Steuersätze je klimarelevanter Emissionseinheit und zeigt die zentrale Bedeutung der mit der Mineralölsteuer verbundenen Finanzierungsziele. In anderen EU-Staaten treten ähnliche Inkonsistenzen auf. Bisher sind alle Vorschläge der Europäischen Kommission für eine am spezifischen CO_2-Gehalt orientierte europäische (Primär-)Energiesteuer gescheitert.

Im Hinblick auf andere Schadstoffe oder externe Effekte ist die Mineralölsteuer weniger gut geeignet. Sie kann daher bestenfalls als *second-best*-Instrument für lokal wirkende Schadstoffe betrachtet werden, wenn andere verkehrspolitische Maßnahmen, wie sachlich, räumlich und zeitlich differenzierte Straßenpreise, nicht durchführbar sind.

5.2.3 Kfz-Steuern

Kraftfahrzeugsteuern sind Steuern auf den Kfz-Besitz. Daher sollte die Kfz-Steuer weniger als eine verhaltensorientierte Lenkungssteuer, sondern in erster Linie als Finanzierungssteuer für beispielsweise Verkehrsinfrastruktur betrachtet werden. Durch eine unterschiedliche Besteuerung von Kfz-Klassen nach spezifischem Kraftstoffverbrauch oder Schadstoff- und Lärmemissionen können jedoch Anreize für die Anschaffung umweltfreundlicherer Fahrzeuge geschaffen werden. Derzeit werden in Deutschland neben dem Hubraum auch der CO_2-Ausstoß und die Erfüllung von Abgasnormen berücksichtigt.

Eine orts- und zeitgenaue Beeinflussbarkeit von Lärm- und Schadstoffemissionen ist durch eine Kfz-Steuer jedoch nicht möglich. Von Vorteil ist die administrativ relativ einfache Umsetzung der Besteuerung. Insgesamt sind Kfz-Steuern als begleitendes umweltpolitisches Instrument zu charakterisieren, um verschärfte Emissionsvorschriften früher durchzusetzen und so ein rascheres Einhalten von aktuellen und künftigen Emissionszielen zu erreichen.

5.2.4 Nutzungsabhängige Gebühren

Nutzungsabhängige Gebühren oder Preise werden im Verkehrssektor vielfach eingesetzt, um die Kosten der Infrastrukturen (wenigstens teilweise) zu refinanzieren oder um knappe Infrastrukturkapazitäten effizienter zu allozieren. Seit langem wird auch diskutiert bzw. praktiziert, diese Preise/Gebühren zur Internalisierung externer Effekte einzusetzen. So variieren Flughafengebühren typischerweise mit der Lärmemissionsklasse der Flugzeuge. Bei der Eisenbahn wurde 2013 ein lärmabhängiges Trassenpreissystem (LaTPS) eingeführt. Die deutsche Lkw-Maut auf Autobahnen differenziert nach Emissionsklassen und soll um weitere Komponenten zur Berücksichtigung externer Kosten ergänzt werden.

Die Höhe solcher umweltbezogenen Komponenten kann an der Höhe der externen Grenzkosten oder an der Höhe der Grenzvermeidungskosten orientiert sein (vgl. Abschn. 2.3 Messung der externen Kosten). Gibt es eine dominante technische Maßnahme zur Reduktion einer Emission, so bestimmt diese die Grenzvermeidungskosten sehr konkret. Dies ist z. B. bei dem angesprochenen LaTPS der Fall; es soll Anreize zur Ersetzung einer bestimmten Komponente der Bremsen (sog. Graugruss-Bremssohlen) von Eisenbahngüterwagen setzen.

Das zurzeit technisch anspruchsvollste Projekt einer Straßenbenutzungsgebühr ist die deutsche Lkw-Maut auf Autobahnen, bei der die individuelle Fahrleistung mit Hilfe des GPS (Global Positioning System) streckenbezogen erfasst und per Mobilfunk bepreist wird. Der seit 2005 stabile und störungsfreie Betrieb der deutschen Lkw-Maut zeigt auf, dass in absehbarer Zukunft die technischen Voraussetzungen für eine generelle Bepreisung des Straßenverkehrs gegeben sein werden, mit der Finanzierungs-, Staumanagement- und Umweltziele gleichzeitig erreicht werden können. Auf Dauer werden die fahrzeugseitigen Geräte kaum teurer sein als Autoradio oder Airbag und die zentrale Verarbeitung der großen Datenmengen kein Problem darstellen. Allenfalls die gleichzeitige Erfüllung von Sicherheits- und Datenschutzanforderungen könnte Verzögerungen oder gar dauerhafte Ablehnung hervorrufen. Wenn das technische System aber ausgereift und akzeptiert ist, könnte es alle anderen Formen der Gebührenerhebung im Straßenverkehr ersetzen.

Das gibt Anlass, über eine ideale Ausgestaltung eines differenzierten Tarifsystems für die Straßenbenutzung nachzudenken. Die Grundidee besteht darin, den Verkehrsteilnehmern die von ihnen verursachten externen Kosten bewusst zu machen, damit sie diese in ihre Fahrtentscheidungen integrieren. Im Vordergrund werden dabei stets die Staukosten stehen, doch im Zusammenspiel mit fahrzeugspezifischen Preisdifferenzierungen (z. B. nach Emissionsklassen) ergibt sich auch die Möglichkeit zur zielgenauen Internalisierung lokaler Umwelteffekte. Die potenziell zu erreichende hohe ökologische Treffsicherheit von Road Pricing ist als Vorteil gegenüber anderen, undifferenzierter wirkenden ökonomischen Instrumenten wie Mineralöl- und Kfz-Steuern zu betrachten.

Ein bestehendes Straßennetz wird effizient genutzt, wenn die sozialen Grenzkosten der Nutzung für alle befahrenen Routen zwischen zwei Punkten im Netz gleich groß sind und der Zahlungsbereitschaft für eine zusätzliche Fahrt entsprechen.[10] Ein wohlfahrtsoptimales Gleichgewicht im Netz wird daher nur erreicht,

---

[10]Zusätzlich darf keine der unbenutzten (Alternativ-)Routen geringere soziale Grenzkosten aufweisen als genutzte Routen und die marginale Zahlungsbereitschaft für Fahrten muss hier unter den sozialen Grenzkosten liegen. Das entspricht dem zweiten Wardropschen Prinzip, das die Bedingungen für ein Systemoptimum in einem Straßennetz formuliert.

wenn jeder Straßenzug zu jedem Zeitpunkt mit einer Maut in Höhe der gerade geltenden spezifischen externen Grenzkosten versehen wäre, unter Berücksichtigung von Ausweichrouten usw. Daher müssen letztlich immer Systementscheidungen getroffen werden. Die räumliche Konfiguration einer Stadt wird in jedem Fall entscheidenden Einfluss auf die ideale Ausgestaltung des Road-Pricing-Systems haben. Da Lkw höhere Staugrenzkosten als Pkw verursachen, sollte die Fahrzeugklasse als Differenzierungskriterium für eine Staumaut ebenfalls herangezogen werden.

Auch wenn eine Differenzierung der Maut nach Tageszeiten zurzeit in Singapur praktiziert wird, ist das theoretische Ideal kaum erreichbar. So darf etwa in der Praxis die Variabilität der Preise nicht zu hoch sein, da das Preissystem sonst für den Einzelnen nicht mehr nachvollziehbar ist und die gewünschte Anpassung ausbleibt. Allerdings könnten fahrzeugseitige Routenplaner in Zukunft problemlos nicht nur den kürzesten, sondern auch den preisgünstigsten Weg ermitteln, bzw. eine Differenzierung der Maut nach Tageszeiten könnte in diskreten Schritten erfolgen. Die erwünschten Reaktionen der Verkehrsteilnehmer auf eine differenzierte Bepreisung nehmen die verschiedensten Formen an: Veränderungen der Routenwahl, der Abfahrtszeiten, der Zielwahl, des Grades der Fahrzeugbesetzung, Wechsel des Verkehrsträgers und schließlich der Verzicht auf Fahrten. Hinzu kommen Möglichkeiten wie partielles Umsteigen (z. B. Park & Ride, Car Sharing) oder eine neue Verkettung von Fahrten für unterschiedliche Zwecke.

Dennoch ist die Einführung einer Maut mit realen Wohlfahrtseinbußen für einen Teil der Betroffenen verbunden. Entweder müssen sie eine Nutzungsgebühr entrichten oder ihre Zahlungsbereitschaft reicht nicht mehr aus, um die Mautstraße überhaupt noch zu nutzen. Straßenverkehrsteilnehmer, deren Reisezeit einen sehr großen Wert hat, können netto von den höheren Geschwindigkeiten und der besseren Planbarkeit von Fahrten profitieren. Ausschlaggebend für die Beurteilung der gesamtwirtschaftlichen Wohlfahrtsgewinne ist der Netto-Effekt, für die Akzeptanz dagegen die Verwendung der zum Teil beträchtlichen Mauteinnahmen. Kompensationsmaßnahmen und/oder die Senkung anderer Steuern wären für die Akzeptanz sicherlich unverzichtbar.

6 Fazit

Die externen Kosten des Verkehrs spielen nach wie vor eine wichtige Rolle in der verkehrspolitischen Diskussion. Mit diesem Überblick wurden – ausgehend vom Begriff der externen Kosten und der ökonomischen Theorie der Internalisierung – die Kernpunkte der Debatte um diese Kosten des Verkehrs aus ökonomischem Blickwinkel beleuchtet. Es wird deutlich, dass die differierenden Charakteristika der vom Verkehr verursachten Arten von Externalitäten, wie Stau, Lärm, Umweltschäden und CO_2-Emission, eine unterschiedliche Eignung der vorhandenen wirtschaftspolitischen Instrumente zur Kostenanlastung implizieren. Während vor allem für die Reduzierung von Verkehrslärm ordnungsrechtliche Maßnahmen geeignet erscheinen, sind für eine effiziente Verminderung von CO_2-Emissionen

Tab. 4 Bewertungsmatrix für wirtschaftspolitische Instrumente zur Internalisierung externer Kosten des Verkehrs

Instrument	Stau	Luftschadstoffe	Kohlendioxid	Lärm
Fahrzeugbezogene Schadstoff- und Lärmnormen	--	+	O	+
Fahrt- und Geschwindigkeitsbeschränkungen	O	+	-	++
Kapazitätserweiterung	+	--	--	--
Subventionierung alternativer Verkehrsträger	O	O	O	--
Zertifikatehandel	--	O	++	--
Mineralölsteuern	-	O	+	--
Kfz-Steuern	--	+	O	+
Nutzungsabhängige Gebühren	++	+	O	-

Quelle: Eigene Darstellung. Skala: ++ (sehr gut geeignet), +, O, -, -- (sehr ungeeignet)

markt- bzw. preispolitische Instrumente bevorzugt einzusetzen. Tabelle 4 fasst die Eignung der hier diskutierten Instrumente zur Internalisierung externer Effekte zusammen.

Die Tabelle betrachtet allerdings nicht die Eignung von *Kombinationen* wirtschaftspolitischer Instrumente. Insofern stellt sie nur den Anfang der Bewertung von Instrumenten dar. Denn eine effiziente Verkehrspolitik wird sich auf ein Bündel aus ordnungspolitischen und anreizorientierten Maßnahmen zur Verminderung der externen Effekte des Verkehrs stützen. Die Bestimmung des optimalen „Policy Mixes" unter Berücksichtigung aller Verkehrsträger und aller Verwaltungsebenen (Bund, Länder, Gemeinden) stellt nach wie vor eine große Herausforderung an Wissenschaft und Politik dar.

Zudem ist der Stand unseres Wissens über viele Wirkungszusammenhänge, vor allem bei langfristigen Lärm-, Klima- und Gesundheitswirkungen des Verkehrs, stark verbesserungswürdig. Da diese Kausalitäten die Basis für eine Messung und Bewertung von externen Effekten darstellen, müssen sie interdisziplinär weiter erforscht werden. Ebenso ist die Ausreifung der ökonomischen Verfahren zur Bewertung externer Kosten voranzutreiben, um der Verkehrspolitik verlässliche Entscheidungshilfen bereitzustellen. Nur mit dieser methodischen Weiterentwicklung sowie dem abgestimmten Einsatz eines umfassenden Instrumentenkataloges wird es möglich sein, die Problematik der externen Kosten des Verkehrs langfristig und nachhaltig zu lösen.

Literatur

Babisch, Wolfgang. 2011. Cardiovascular Effects of Noise. *Noise Health* 13: 201–204.
BaSt – Bundesanstalt für Straßenwesen. 2014. Volkswirtschaftliche Kosten von Straßenverkehrsunfällen in Deutschland. Wissenschaftliche Informationen der Bundesanstalt für Straßenwesen 04/2014. Bergisch-Gladbach.

BMU – Bundesministerium für Umwelt, Naturschutz und Reaktorsicherheit. 2013. Umweltbewusstsein in Deutschland 2012 - Ergebnisse einer repräsentativen Bevölkerungsumfrage.
CE Delft et al. – Infras, Fraunhofer ISI. 2011. External Costs of Transport in Europe – Update Study for 2008.
Eckey, Hans-Friedrich, und Wilfried Stock. 2000. *Verkehrsökonomie*. Wiesbaden: Gabler Verlag.
Endres, Alfred, und Karin Holm-Müller. 1998. *Die Bewertung von Umweltschäden*, Stuttgart/Berlin/Köln: Kohlhammer.
EU – Europäische Kommission. 2011. *Fahrplan zu einem einheitlichen europäischen Verkehrsraum – Hin zu einem wettbewerbsorientierten und ressourcenschonenden Verkehrssystem*. Brüssel: Weissbuch.
Fritsch, Michael. 2014. *Marktversagen und Wirtschaftspolitik: Mikroökonomische Grundlagen staatlichen Handelns*. München: Vahlen.
IPCC – Intergovernmental Panel on Climate Change. 2014. Fifth Assessment Report. Genf.
INFRAS/IWW. 2000. *External Costs of Transport; Accident, Environmental and Congestion Costs in Western Europe. Im Auftrag der International Union of Railways (UIC)*. Zürich: Karlsruhe.
ITF – International Transport Forum. 2010. *Reducing Greenhouse Gas Emissions, Trends & Data*.
Jochem, Patrick, Claus Doll und Wolf Fichtner. 2015. *External Costs of Electric Vehicles*. KIT internes Papier, (im Druck).
Planco et al. – Intraplan, TUBS. 2014. Grundsätzliche Überprüfung und Weiterentwicklung der Nutzen-Kosten-Analyse im Bewertungsverfahren der Bundesverkehrswegeplanung. Forschungsprojekt im Auftrag des BMVI.
Puls, Thomas. 2009. *Externe Kosten am Beispiel des deutschen Straßenverkehrs*. Köln: Institut der Deutschen Wirtschaft bzw. IW Medien.
Ricardo-AEA et al. – CAU, DIW ECON, TEPR, TRT. 2014. Update of the handbook on external costs of transport. Report for the European Commission.
Rothengatter, Werner. 1993. *Externalities of transport*. In *European Transport Economics*, Hrsg. Polak, J. and Heertje, A.: Transport economics: A state of the art. Oxford, S. 81–129.
UBA – Umweltbundesamt. 2012. *Daten zum Verkehr*, Ausgabe 2012.
UBA – Umweltbundesamt. 2013. Emissionen ausgewählter Luftschadstoffe nach Quellkategorien. In *Nationale Trendtabellen für die deutsche Berichterstattung atmosphärischer Emissionen, Emissionsentwicklung ab 1990*.

Teil V
Verkehrspolitik als Politik des Sozialen

Mobilitätsarmut: Die Bedeutung der sozialen Frage im Forschungs- und Politikfeld Verkehr

Stephan Daubitz

Zusammenfassung

Mobilitätsarmut ist, trotz der Entwicklung vielfältiger verkehrsplanerischer bzw. verkehrspolitischer Maßnahmen und Projekte, immer noch ein Randthema. Eine Verknüpfung der Armuts- und Exklusionsforschung mit der Mobilitätsforschung könnte eine Grundlage für die Entwicklung von nachhaltigen integrierten Konzepten sein, die die Mobilität von Einkommensarmen verbessern. Die Unterscheidung zwischen Verkehrsarmut (z. B. Fehlen von Verkehrsinfrastruktur oder Verkehrsmitteln) und Mobilitätsarmut (Einschränkung der Antizipation bzw. subjektiven Wahrnehmung potentieller Ortsveränderungen) wäre eine hilfreiche Arbeitsgrundlage, verschiedene Ursachenebenen von eingeschränkter Mobilität miteinander zu verbinden. Für die Entwicklung von entsprechenden Maßnahmen für die Zielgruppe ergibt sich hieraus die Forderung kontinuierliche integrierende Angebote bzw. Konzepte anzubieten, die nicht nur eine Ursachenebene von Verkehrs- bzw. Mobilitätsarmut bearbeiten.

Schlüsselwörter

Mobilitätsarmut • Soziale Exklusion • Soziale Frage

1 Einleitung

Mobilität ist wichtig, um die Teilnahme am öffentlichen Leben zu ermöglichen. Daher ist sie eng mit der sozialen Frage verknüpft. Allerdings ist der Zusammenhang zwischen Mobilität und Armut erst seit den 90er-Jahren des letzten Jahrhunderts Objekt wissenschaftlicher Untersuchungen und Analysen in einigen europäischen Ländern sowie in den USA und Kanada. Ausgangspunkt war die

S. Daubitz (✉)
Institut für Land- und Seeverkehr, Technische Universität Berlin, Berlin, Deutschland
E-Mail: stephan.daubitz@tu-berlin.de

Erkenntnis, dass die bisherige Verkehrspolitik zur Benachteiligung von bestimmten Gruppen oder ganzen Regionen führte. Parallel erkannte man die Möglichkeit, dass eine neu gestaltete Verkehrspolitik die Teilhabe am gesellschaftlichen Leben und damit die soziale Integration durch einen gesicherten Zugang zur Mobilität fördern konnte. Die Zielsetzung, allen Menschen die gleichen Chancen auf uneingeschränkte Mobilität zu ermöglichen erforderte den Entwurf und die Durchführung von verkehrsplanerischen Maßnahmen.

Dies materialisierte sich auf verschiedenen planerischen und politischen Ebenen. So wurden auf der OECD-Konferenz 1996 in Vancouver Leitlinien für ein nachhaltiges verkehrspolitisches und -planerisches Handeln verabschiedet, die mit der Forderung verbunden waren, die grundsätzlichen Verkehrsbedürfnisse von Armen, Frauen, Behinderten, Kindern und Landbevölkerung zu sichern (vgl. OECD 1997). Inzwischen findet sich diese Forderung auch in lokalen Stadt- bzw. Verkehrsplanungen wieder, wie z. B. dem Stadtentwicklungsplan „Verkehr" der Senatsverwaltung für Stadtentwicklung Berlin aus dem Jahre 2011. In diesem Programm wird in seiner Präambel die Zielstellung formuliert, die Mobilität für alle Berlinerinnen und Berliner zu gewährleisten, um die gesellschaftliche Teilhabe zu ermöglichen (vgl. SenStadt 2011). Auf europäischer Ebene wurde z. B. das MATISSE Programm (Methodology for Assessment of Transport Impacts on Social Exclusion) ins Leben gerufen. Es sollte die lokalen Behörden in den Mitgliedsstaaten der EU bei der Entwicklung der entsprechenden Mobilitätsstrategien zur Bekämpfung der sozialen Ausgrenzung unterstützen (vgl. MATISSE 2003). Inzwischen gibt es eine Vielzahl von Projekten und Maßnahmen auf europäischer, nationaler und lokaler Ebene, die versuchen die Mobilität von Einkommensarmen und sozial benachteiligten Menschen zu sichern.

Dennoch ist das Thema der sozialen Frage im Forschungs- und Politikfeld Verkehr nicht wirklich dominant präsent. Es gibt zwar immer wieder Phasen, in denen der Zusammenhang von eingeschränkter Mobilität und sozialer Exklusion öffentlich thematisiert wird. Ein letzter wahrnehmbarer Höhepunkt einer verstärkten Debatte um den Zusammenhang von Sozialpolitik und Verkehrspolitik war im „Windschatten" der Finanzkrise im Jahre 2008 zu beobachten. In dieser Zeit wurde im Bereich der Verkehrspolitik bzw. Verkehrsplanung ein Potenzial gesehen, um diese mit den Politikfeldern Umwelt und Soziales zu verknüpfen (vgl. Meyer-Ohlendorf und Blobel 2008). In Großbritannien wurde die Verknüpfung von sozialer Frage und Mobilität mit der Gründung der *Social Exclusion Unit* durch die Labour Party im Jahre 2003 angestoßen, die durch die liberal-konservative Regierung mittlerweile wieder aufgelöst wurde (vgl. Lucas 2012). Dass die Verknüpfung von Mobilität und sozialer Exklusion nicht kontinuierlich weitergeführt bzw. bearbeitet wird, hat aber nicht nur mit sich verändernden politischen Rahmenbedingungen oder mit der Überwindung ökonomischer Krisen zu tun. Die Gründe für die „Nichtnachhaltigkeit" der Verbindung von sozialer Exklusion und Mobilität in Deutschland sind vielschichtiger. Hierbei ist der Begriff der Mobilitätsarmut zentral, der sich bisher an der angelsächsischen (am Verkehrssystem orientierten) Definition anlehnte. Die verkehrspolitischen Maßnahmen bzw. Projekte, die Mobilität von Einkommensarmen zum Thema haben, sind eher punktuell angelegt.

Es sind zumeist „Einmalveranstaltungen", die nicht in integrierte und kontinuierliche Konzepte eingebettet sind.

2 Armuts- und Exklusionsforschung und das Thema Mobilität

Anders als in Frankreich oder in den angelsächsischen Ländern ist das Thema der Mobilität im Zusammenhang mit Armut bzw. sozialer Exklusion und den damit verbundenen ungleichen Lebenschancen in der deutschen Armuts- und Exklusionsforschung nicht explizit bearbeitet worden. Das Thema Mobilität wurde zumeist unter dem Titel der sozialen Teilhabe subsummiert.

Woran liegt das? Armut ist ein mehrdimensionaler Begriff, der dynamisch und veränderbar ist. Er wird gesellschaftlich durch Politik, Medien und Wissenschaft konstruiert (vgl. Butterwege 2009: 17). Relative Armut wird z. B. im Rahmen politischer Auseinandersetzungen definiert. Das Festsetzen von Armutsgrenzen, Bedarfssätzen etc. ist politisch umstritten. Auch die Wissenschaft, hier insbesondere die Armuts- und Exklusionsforschung, greift das Phänomen Armut recht unterschiedlich auf und beschreibt es mit verschiedenen Schwerpunktsetzungen. Zum einen liegt das in den unterschiedlichen Ansätzen der Definition von Armut begründet. So ist zu unterscheiden zwischen einem Ressourcen- und einen Lebenslagenansatz.

In der Definition der fehlenden Ressource wird Armut definiert durch einen Mangel an Hilfsmitteln, die für ein eigenständiges unabhängiges Handeln zur Verfügung stehen. In diesem Ansatz stehen vor allem die fehlenden monetären Mittel im Mittelpunkt des Interesses (vgl. Hradil 2001: 243). Dreh- und Angelpunkt vor allem in der Betrachtung ungleicher Lebensbedingungen sind die Einkommensgruppen, die aufgrund ihrer monetären Unterversorgung weniger Möglichkeiten der gesellschaftlichen Teilhabe besitzen.

Der Lebenslagenansatz hingegen nimmt für sich in Anspruch, nicht nur die monetären, materiellen Verhältnisse, sondern alle Aspekte der Versorgung zu betrachten. Untersucht „werden Lebensbedingungen wie Ernährung, Bekleidung, Wohnung, Gesundheit, Bildung, Arbeitsplatz, Einkommen, Ansehen, Macht, Integration, Kommunikation, Freizeitchancen, Risiken, gesellschaftliche und politische Partizipation etc." (Hradil 2001: 244). Interessanterweise taucht in dieser Aufzählung der Begriff Mobilität nicht auf.

Nun ist es sicherlich nicht einfach, ein komplexes Wirkgefüge, das die Lebenslage Armut beschreibt, ohne gewisse Schwerpunktsetzungen vorzunehmen. Ungleiche Lebensbedingungen wurden z. B. unter den Blickwinkeln Gesundheit, ungleicher Bildungschancen, Arbeitslosigkeit, schlechter Wohnverhältnisse, Geschlecht bzw. mangelnder politischer und gesellschaftliche Partizipation betrachtet. Gerade im Konzept der „Armut als Lebenslage" werden die zentralen Bereiche Gesundheit, Ernährung, Wohnen und Arbeit angesprochen. Dies macht es für die recht junge Mobilitätsforschung, deren Ziel es ist, die NutzerInnenperspektive zu erforschen, schwer, Anschluss zu finden. An dieser Stelle soll der Frage nachgegangen werden, welche Anknüpfungspunkte die Untersuchungen mit ihren unterschiedlichen Schwerpunktsetzungen zu bieten haben.

2.1 Verkehrs- und Gesundheitsforschung

Die gesundheitswissenschaftliche Forschung hat eine lange Tradition, in der gesundheitliche Ungleichheit aufgrund von Armut beschrieben bzw. als Erklärungszusammenhang genutzt wird. Die Erkenntnisse der Sozialepidemiologie sind etabliert und werden immer wieder durch Gesundheitsberichterstattungen oder Gesundheitsreports dokumentiert (vgl. RKI 2010; 2012). Die breite Definition von Gesundheit durch die Weltgesundheitsorganisation, die Gesundheit als „Zustand des völligen körperlichen, seelischen und sozialen Wohlbefindens und nicht nur das Freisein von Krankheit und Gebrechen" (WHO 1946: 1) beschreibt, ermöglichte insbesondere durch die Verabschiedung der Ottawa-Charta im Jahre 1986, die als das Gründungsdokument der Prävention bzw. Gesundheitsförderung gilt, die Öffnung des Gesundheitsthemas für weitere wissenschaftliche Disziplinen. Auch der veränderte salutogenetische Blickwinkel mit der Fragestellung „Was erhält den Menschen gesund?" machte es möglich, das Thema Armut und Gesundheit nicht ausschließlich aus der epidemiologischen, medizinischen Sichtweise zu betrachten. Der Begriff der Salutogenese ist ein komplementäres Konzept zur Pathogenese. Das Konzept ist eine Ergänzung bzw. Korrektiv zur medizinisch diagnostischen Krankheitsorientierung. (Pschyrembel Sozialmedizin 2007: 434)

War es vorher schon üblich, Unterschiede in der Mortalität bzw. Morbidität im Zusammenhang sozioökonomischer Merkmale zu betrachten, berücksichtigen neuere gesundheitswissenschaftliche Untersuchungen Merkmale wie Ethnizität und Migration, soziale Integration, regionale Bezüge, Verstädterung und Teilhabe an kulturellen Aktivitäten. Des Weiteren wird die subjektive Wahrnehmung der eigenen sozialen Situation in die Betrachtungen von Gesundheit und sozialer Lage mit einbezogen (vgl. Haverkamp 2012). Mobilität als Grundvoraussetzung dieser einzelnen Aspekte spielt in der deutschen Debatte bisher jedoch keine oder eine untergeordnete Rolle. Dabei ist Mobilität, analog zur angelsächsischen Diskussion, ein wichtiges Bindeglied, um Versorgungsangebote des Gesundheitssystems wahrzunehmen.

2.2 Verkehrs- und Bildungsforschung

Einen weiteren großen Strang bei der Untersuchung ungleicher Lebenschancen bildet der Bereich der Bildung. Bildung ist für die Gesellschaften der Moderne ein wichtiges Gut. Sie ist eine wesentliche Grundvoraussetzung, um einen Zugang zum Arbeitsmarkt zu erhalten. Im Armuts- und Reichtumsbericht der Bundesregierung wird Bildung als Voraussetzung für die kulturelle und gesellschaftliche Teilhabe gesehen (vgl. Bundesregierung 2008: 58). Auch Rainer Geißler konstatiert in der Bildung eine entscheidende Ressource der sozialen Platzierung, zieht aber trotz der Bildungsexpansion der letzten Jahrzehnte in der Bundesrepublik eine negative Bilanz bezüglich der Beseitigung von Ungleichheiten der sozialen Schichten. So wurden zwar die Bildungschancen allgemein verbessert, doch die Ungleichheiten blieben bestehen (Geißler 2006).

In den Arbeiten der Armutsforschung mit der entsprechenden Schwerpunktsetzung bzw. in Arbeiten der Bildungsforschung konzentriert sich die Darstellung der wissenschaftlichen Ergebnisse auf verschiedene Teilbereiche der Bildung (z. B. frühkindliche Entwicklung, ungleiche Bildungschancen in allgemeinbildenden Schulen oder in der beruflichen Ausbildung etc.) im Zusammenhang mit sozial prekären Lebenslagen (vgl. Autorengruppe Bildungsberichterstattung 2012). Mobilität bzw. die Erreichbarkeit der Bildungsangebote spielt in den Darstellungen keine Rolle. Angesichts von Schulschließungen aufgrund des demographischen Wandels gerade in ländlichen Räumen, mit der Folge verlängerter Fahrzeiten für die SchülerInnen, ist dies eine kaum zu erklärende Lücke. Hierzu passt die mangelnde Akzeptanz der Bildungs- und Teilhabepakete bzw. „Gutscheine" der Bundesregierung. So wird aus der Beratungspraxis der Jobcenter gerade in ländlichen Räumen die fehlende Mobilität als entscheidende Barriere für die Wahrnehmung des Bildungs- und Teilhabepakets angesehen (vgl. Diakonie 2012:18).

Einen Anknüpfungspunkt des Themas Mobilität mit der Problematik ungleicher Bildungschancen bieten die Arbeiten zur sozialräumlichen Segregation. In den Stadtquartieren, in denen z. B. der Anteil der Kinder mit Migrationshintergrund den der deutschen Bevölkerung übersteigt, findet eine Abwanderung der deutschen Bevölkerung statt, da sie die Bildungschancen ihrer Kinder gefährdet sieht (Häußermann 2008). Letztendlich werden die Arbeiten zu ungleichen Bildungschancen mit der normativen Forderung der „Gewährleistung eines schrankenlosen Zugangs" (Hauser 2001: 6) verbunden; jedoch wird diese Forderung für den Bereich der Erreichbarkeit bzw. Mobilität nicht konkretisiert.

2.3 Verkehrs- und Armutsforschung

Da Erwerbstätigkeit nicht nur die Basis der monetären Teilhabe an der Gesellschaft darstellt, sondern auch mit nicht-monetären Positionierungen innerhalb der Gesellschaft verbunden ist, hat die Armuts- bzw. Exklusionsforschung schon immer Arbeitslose oder Geringverdiener im Fokus ihrer Forschung gehabt. Seit der von Marie Jahoda, Paul Felix Lazarsfeld und Hans Zeisel 1933 durchgeführten Studie „Die Arbeitslosen von Marienthal" kann die Armutsforschung auf ein umfangreiches Œuvre zurückblicken bzw. aufbauen.

Für den Zugang zur Erwerbstätigkeit wird die Mobilität immer wichtiger. Sie wird gegenwärtig auch von den ArbeitnehmerInnen bei qualifizierten Tätigkeiten mit höheren Mobilitäts- und Qualifikationsanforderungen verbunden. Bei den zumutbaren Arbeiten für LeistungsbezieherInnen von sozialen Transferleistungen wird entsprechend gefordert, Einbußen hinsichtlich der Arbeitsbedingungen und immer längere Fahrzeiten zur Arbeitsstätte hinzunehmen (vgl. Haas 2013). In der Betrachtung der Eingliederung von Personen in den Arbeitsmarkt wird das Thema

Mobilität zumindest nicht vergessen. Die Erstattung von Reise- und Bewerbungshilfen, die Finanzierung neuer Arbeitskleidung, die Unterstützung bei Umzügen bzw. eine vorübergehende doppelte Haushaltsführung sind einige arbeitsmarktpolitische Maßnahmen, die sich als Mobilitätshilfen einordnen lassen. Somit hat die Politik das Thema Mobilität auf ihre Weise funktional aufgenommen, um zu garantieren, dass Erwerbslose von ihrer Wohnung zur zukünftigen Arbeitsstätte kommen.

Ähnlich funktional betrachtet die Armuts- und Exklusionsforschung mit dem Fokus der Erwerbstätigkeit das Thema Mobilität. Mobilität wird zwar benannt bzw. wahrgenommen, jedoch nicht tiefergehend erforscht. Verknüpfungen von Arbeitslosigkeit mit den gesundheitlichen Folgen (Depressionen, erhöhte Prävalenz chronischer Erkrankungen etc.) und den geringeren Möglichkeiten der beruflichen Weiterbildung sind hingegen ausführlich dokumentiert. So ist schon an dieser Stelle zu konstatieren, dass die Armuts- und Exklusionsforschung die Themen Bildung, Gesundheit, Wohnen etc. miteinander verknüpft, dass dies mit dem Thema Mobilität jedoch nicht gelingt. Entweder weil es schlicht und einfach nicht mitgedacht wird oder weil ein sehr funktionales Verständnis von Mobilität vorliegt.

Aufgrund des erhöhten Armutsrisikos für Familien mit vielen Kindern und Alleinerziehenden hat sich die Armuts- und Exklusionsforschung dieser Gruppe intensiv gewidmet. So werden „direkte und indirekte Zusammenhänge zwischen Armut und der Persönlichkeitsentwicklung der Kinder" (Alt und Beisenherz 2007:10 ff.) konstatiert. Die Armutsdimensionen und –folgen im Kindes und Jugendalter sind auch hier gut dokumentiert und interdisziplinär insbesondere mit der Sozialisationsforschung und den Gesundheitswissenschaften verknüpft. Dieser Zusammenhang ist von großer Bedeutung, da im Kindes- und Jugendalter die psychische und physische Entwicklungsphase noch nicht abgeschlossen ist und ein gesundheitliches Risikoverhalten irreversible Schäden im späteren Lebensalter nach sich ziehen kann (vgl. Benz 2012). Aus den Ansätzen der Armutsforschung ließen sich unterschiedliche Maßnahmen ableiten, die Ressourcen von Kindern fördern bzw. entwickeln. Bei den für die Armutsforschung relevanten Faktoren war die Mobilität nicht unbedingt eingebettet oder wurde nicht präzisiert. Ein Anknüpfungspunkt für die Mobilitätsforschung bietet jedoch die Arbeit von Karl August Chasse et al. (2010), die in einer qualitativen Studie Kinder unter Armutsbedingungen im Grundschulalter untersucht haben. Hier wird die Erweiterung des Bewegungsradius sowie die Fähigkeit räumliche Mobilität zu erfahren als eine wichtige Ressource identifiziert, um überhaupt soziale Kontakte zu knüpfen und schulische Anforderungen zu bewältigen.

Nach dieser Diagnose aus Sicht der deutschen Armuts- und Exklusionsforschung und deren fehlender Verankerung des Themas Mobilität lässt sich die fehlende Verknüpfung des Themas Mobilität und Armut zwar noch nicht hinreichend, jedoch teilweise erklären. Eigentlicher Treiber für deren Etablierung könnte die Mobilitätsforschung sein. Dies kann aber nur gelingen, wenn sich die Verkehrswissenschaft von einem rein funktionalen Verständnis von Mobilität löst. So ist Mobilität nicht nur „Mittel zum Zweck", um die unterschiedlichen Bedürfnisse (soziale Kontakte, Versorgung, Arbeit, Freizeit etc.) zu befriedigen (vgl. Altenburg et al. 2009). Vielmehr ist ein mehrdimensionales Verständnis von Mobilität nötig, das vor allem die subjektive Wahrnehmung für potenzielle Ortsveränderungen mitberücksichtigt. Auf diese Weise ließe sich eine Verknüpfung zur Armuts- und Exklusionsforschung herstellen, denn die Zielgruppe der Armen ist speziell mit der mentalen Komponente des Rückzugs, also der Ausgrenzung bzw. Selbstausgrenzung, konfrontiert.

3 Die soziale Frage in den Verkehrswissenschaften

In der angelsächsischen Verkehrsforschung wurde der Wirkungszusammenhang Verkehr und Armut explizit im Jahre 2000 aufgenommen und führte zu konkreten verkehrs- und sozialpolitischen Maßnahmen. Die Forschungsergebnisse der von der britischen Labour-Regierung gegründeten *Social Exclusion Unit* stellte die Verbindung zwischen Verkehr und sozialer Ausgrenzung heraus. In diesem Zusammenhang wurde der Begriff „transport poverty" verwandt (Department for Transport 2000; Church et al. 2000). Transport Poverty wird zumeist als Mangel an entsprechenden Verkehrsmitteln (in einigen Veröffentlichungen insbesondere das Auto) oder einer nicht vorhandenen Verkehrsinfrastruktur (nicht vorhandene Verkehrsanbindung, fehlende Haltestellen, schlechte Netz- und Taktdichte etc.) verstanden, von denen besonders Einkommensarme mit der Folge von sozialer Exklusion betroffen sind. Eine offizielle Definition des Begriffes gibt es jedoch nicht.

Die führende Repräsentantin des Themas „Verkehr und soziale Ausgrenzung" in Großbritannien und Forschungsbeauftragte der „Transport Studies Unit" an der *Oxford University*, Karen Lucas, konstatierte, dass verkehrsplanerische Maßnahmen zuerst ökonomische Stellgrößen bearbeiten oder das Umweltbewusstsein der Menschen ansprechen. Demgegenüber bemerkt sie Defizite in den einzelnen Fachdisziplinen bzw. Politikfeldern bei der Betrachtung sozialer Effekte (vgl. Lucas und Markowich 2011). Die Arbeiten von Lucas und die auf die Zielgruppe der Armen gerichteten Maßnahmen in Großbritannien hatten eine große Ausstrahlungskraft auf die internationale Verkehrs- und Mobilitätsforschung.

Vor allem in den USA, Kanada, Australien und Neuseeland entstanden Fallstudien, die eine soziale Perspektive im Hauptfokus ihres Forschungsinteresses haben (vgl. Lucas 2004; Paez et al. 2009; Currie und Delbosc 2011). Ein wichtiger Ausgangspunkt für die Operationalisierungen dieser Studien und die Entwicklung entsprechender Maßnahmen sind die gewählten Begriffe wie Accessibility Disadvantage, Transport Disadvantage, Transport Poverty oder Poor Transport. Diese verschiedenen Begriffe werden von den ForscherInnen mit sehr unterschiedlichen Schwerpunkten gefasst, womit deutlich wird, dass sie ein vielschichtiges, mehrdimensionales Thema bezeichnen. In einem Review von zwölf Beiträgen zum Thema „Transport Disadvantage" zeigen Graham Currie und Alexa Delbosc (2011), wie verschieden die inhaltlichen Akzentsetzungen von den einzelnen AutorInnen gewählt werden. So wird „Transport Disadvantage" einmal an dem Indikator hoher Beförderungskosten festgemacht, ein anderes Mal liegt das Hauptaugenmerk auf physischen oder sozioökonomischen Variablen als bestimmenden

Faktoren. Wieder ein anderer Indikator für verkehrliche Benachteiligung wird in der Verfügbarkeit des Autos gesehen, eine für den US-amerikanischen oder französischen Raum nicht ungewöhnliche Schwerpunktsetzung, an der sich dann auch Maßnahmen des Mobilitätsmanagements anschließen (z. B. die Verfügbarkeit des Autos wieder herzustellen).

Brendon Gleeson und Bill Randolph (2002) sehen den Begriff „Transport Poverty" dadurch geprägt, dass Haushalte gezwungen sind, mehr für Verkehrskosten aufzuwenden als sie sich eigentlich leisten können. Auch hier werden vor allem Kosten durch die Nutzung des Pkws in Betracht gezogen, die die Haushalte zwingen in anderen Lebensbereichen einzusparen. Schon Banister prägte 1994 den Begriff des „Forced–Car Ownership", da durch den Mangel an anderen Verkehrsangeboten Haushalte trotz schwieriger Einkommensverhältnisse gezwungen werden sich den teuren Unterhalt des Autos zu leisten. Hier erklärt sich also der Zwang zum Auto durch fehlende Alternativen.

Janet und John Stanley (2004) griffen diesen Gedanken auf und verbanden den Begriff „Transport Disadvantage" mit dem Mangel an alternativen Verkehrsangeboten. Ähnlich wie bei der Herausstellung des Indikators der Pkw-Verfügbarkeit für die Operationalisierung des Begriffes „Transport Disadvantage" wird mit dem Indikator des Fehlens eines öffentlichen Nahverkehrsangebotes eine einseitige Schwerpunktsetzung vorgenommen.

Festzuhalten bleibt, dass es zurzeit keine allgemeingültige Definition von Verkehrsarmut in der internationalen Debatte gibt und eher die Frage des Zugangs zum Verkehr aus unterschiedlichen Blickrichtungen bestimmend ist. Auch Karen Lucas betont die Mehrdimensionalität des Begriffs, wobei ihr Hauptzugang ebenfalls die Versorgung durch Verkehrsangebote ist. Sie geht davon aus, dass Qualität und Quantität von Verkehrsangeboten nicht für alle Menschen gleich sind (vgl. Lucas 2010). Dabei greift sie die Perspektive des „Forced–Car Ownership" auf und verbindet sie mit einer Gerechtigkeitsdebatte. Denn es sind die höheren Einkommensgruppen, die sich die Bequemlichkeit und den Komfort des Autobesitzes leisten können. In der Herausarbeitung der verschiedenen Ursachenebenen bzw. Barrieren (finanzielle, persönliche, zeitliche, räumliche) hatte die *Social Exclusion Unit* mit ihrer Form des „Accessibility Planning" begonnen, gesellschaftliche Ungleichverteilungen zu bekämpfen. Dennoch ist in der angelsächsischen Debatte eine Verknüpfung der Begriffe Mobility und Poverty eher selten zu finden (vgl. z. B. Paez et al. 2009, die von einem „Lack of Mobility" sprechen).

Im deutschsprachigen Raum wurde die internationale Debatte im Jahre 2005 von Diana Runge aufgearbeitet. Sie betonte die Schwierigkeiten der Definition dieses Begriffes und wies auf die konzeptionellen Probleme hin, ein operationalisierbares Maß für Mobilitätsarmut zu finden. Dennoch unternahm sie einen Definitionsversuch: „Mobilitätsarmut bedeutet die verringerte Möglichkeit zur Verwirklichung vorhandener Mobilitätsansprüche und -bedürfnisse, die zu einer Benachteiligung der Betroffenen in anderen Bereichen des gesellschaftlichen Lebens führt" (Runge 2005: 6).

2009 wurde das Thema des Zusammenhangs von verringerter Mobilität und Armut von Altenburg et al. (2009) wieder aufgegriffen. Sie sprechen zwar nicht von

Mobilitätsarmut, betonen aber ebenfalls die Bedeutung von Verkehr für die soziale Teilhabe. Für sie ist „Mobilität Mittel zum Zweck"; sie versucht die unterschiedlichsten Bedürfnisse nach sozialen Kontakten, der Versorgung, der Arbeit, der Freizeit etc. zu befriedigen (Altenburg et. al.: 10).

Mobilität bedeutet jedoch nicht nur Raumüberwindung, sondern auch geistige Beweglichkeit, wobei der geistige Horizont den Möglichkeitsraum markiert. Es sind nicht nur die räumlichen Begrenzungen, die individuelles Verkehrsverhalten beeinflussen, sondern die Fähigkeit sein eigenes Leben zu planen und zu gestalten. Andauernde finanzielle Beschränkungen durch Langzeitarbeitslosigkeit und die fehlenden Möglichkeiten mobil zu sein schränken die Möglichkeiten potenzieller Ortsveränderungen ein (vgl. Canzler und Knie 1998). Potenzielle Ziele werden aufgrund der hohen Kosten bewusst oder auch unbewusst ausgeschlossen. Biographische Hintergründe, Bildung, der Zugriff auf ein soziales Netzwerk, auch die zur Verfügung stehenden Informationen bestimmen den Möglichkeitsraum. Somit gilt es, den Begriff der Mobilitätsarmut zu erweitern und hierbei den Menschen mit seinen subjektiven Wahrnehmungen in den Mittelpunkt zu stellen. So gesehen ist Mobilitätsarmut als eine Einschränkung der Antizipation potentieller Ortsveränderungen zu verstehen, deren Folge soziale Exklusion sein kann. Demgegenüber bedeutet der Begriff Verkehrsarmut, eng angelehnt an dem angelsächsischen Begriff, das Fehlen von Verkehrsmitteln oder Verkehrsinfrastruktur, wodurch die Möglichkeit tatsächlicher Ortsveränderung eingeschränkt wird. Im Zentrum der Betrachtung steht hier die Verfügbarkeit der Mittel. Aus dieser Sicht lassen sich verkehrsplanerische Maßnahmen in Bezug auf die räumliche und zeitliche Dimension entwickeln. Eine Beschreibung von Mobilitätsarmut muss aber verschiedene Ebenen gleichzeitig und in ihren Wechselwirkungen betrachten. Der Begriff Mobilitätsarmut ist komplex und macht sich nicht nur an der Verfügbarkeit eines bestimmten Verkehrsträgers fest.

4 Verkehrspolitik und die soziale Frage: Erfahrungen und Perspektiven

Verkehrspolitische Maßnahmen, die Mobilitäts- bzw. Verkehrsarmut bekämpfen, sind nicht universell einsetzbar. Jedes Projekt oder jede Intervention muss den lokalen und individuellen Voraussetzungen der Menschen sowie den räumlichen und verkehrlichen Strukturen entsprechen. International und national hat sich ein Maßnahmenspektrum herausgebildet, das sich dem Problem, finanziell unterstützend, Verkehrssystem orientiert oder mit den Methoden des Mobilitätsmanagement nähert.

Im internationalen Vergleich verfügen Länder wie z. B. Großbritannien und Frankreich über eine lange Tradition, die sozialen Aspekte der Mobilität zu analysieren und Maßnahmen zur Verbesserung von Mobilitätschancen umzusetzen. Aufgrund der Operationalisierung von Mobilitätsarmut als „Transport Poverty" sind diese Maßnahmen in Großbritannien eher infrastrukturell, räumlich bezogen. Vor allem aber wurden neue Mobilitätsdienstleistungen für die Zielgruppe der

Armen sowie standortbezogene Maßnahmen entwickelt, welche auf konkrete verkehrserzeugende Standorte wie Sport- oder Musikveranstaltungen, Gewerbezonen, Freizeitanlagen, sowie Messen angewandt wurden. An ihrer Planung und Durchführung wurden nicht nur die zuständigen Organisationen und Behörden, sondern auch die Arbeitgeber, die Arbeitnehmer und die Veranstalter beteiligt.

Eine Hauptstoßrichtung von Maßnahmen die Mobilität von Einkommensarmen zu stärken ist die Bearbeitung der ökonomischen Dimension. Mit Arbeitslosigkeit, vor allem Langzeitarbeitslosigkeit, geht die Abhängigkeit von staatlichen Transferleistungen und mangelnder Kaufkraft einher. Eine angemessene Teilhabe am „Konsumleben" ist nicht mehr möglich. Es findet ein Abwägen statt, in welchem Lebensbereich (z. B. Ernährung, Gesundheit, Kultur, Bildung etc.) eingespart wird. Auf bestimmte Wege wird aus finanziellen Gründen verzichtet oder es werden „illegale" Strategien gewählt (z. B. die fahrscheinlose Nutzung des öffentlichen Nahverkehrs), um Ortsveränderungen zu bewältigen.

Zu den Methoden der finanziell unterstützenden Maßnahmen zählt das Sozialticket, das in einigen Städten durch entsprechende Ratsbeschlüsse eingeführt wurde. Die Sozialticketregelungen sind rabattierte Zeit- oder Einzelfahrscheine, die zumeist 50 Prozent des Normalpreises berechnen. In einigen Städten werden die Sozialtickets mit einem sogenannten Sozialpass kombiniert, der Ermäßigungen etwa für kulturelle Veranstaltungen ermöglicht. Eine ausführliche Dokumentation zu den gegenwärtigen Sozialtickets und den Sozialticketinitiativen hat die Fraktion der Linken im Bundestag erstellt (Die Linke im Bundestag 2010). Im Jahre 2008 starteten die Dortmunder Stadtwerke ein Sozialticket für den Preis von 15 Euro. Das entsprach bundesweit als einziges Sozialticket in etwa der Regelsatzleistung von ALG II BezieherInnen für den Bereich der Mobilität. Inzwischen gibt es das Sozialticket in Dortmund für 29,90 Euro. Hier zeigt sich auch das Problem der Sozialtickets, die in Wahrheit nicht die realen Mobilitätskosten abdecken können. Folglich war in Dortmund mit der Preiserhöhung des Sozialtickets ein erhebliches Absinken der Fahrgastzahlen zu beobachten (vgl. Beushausen 2011), denn selbst das Sozialticket ist für Einkommensarme zu teuer. Auch in anderen Städten verzichten deshalb viele Einkommensarme auf den Kauf des Sozialtickets und lösen, wenn es sich nicht vermeiden lässt, drei bis vier Einzelfahrscheine im Monat. Hier setzt auch die politische Debatte um das Sozialticket an. So fordern Kritiker eine grundsätzliche Anhebung des Regelsatzes.

Eine weitergehende Maßnahme, um die finanziellen Barrieren der Nutzung von Bussen und Bahnen zu beseitigen, ist die gänzliche Subventionierung des öffentlichen Nahverkehrs. Unter dem Begriff Nulltarif versteht man die entgeltfreie Beförderung von Fahrgästen, die historisch bis in die 1960er-Jahre zurück reicht.

In den Jahren 1968–1971 waren die Proteste in der Bundesrepublik Deutschland in vielen Städten gegenüber Fahrpreiserhöhungen der Nahverkehrsbetriebe noch mit der sozialen Frage verbunden. So wurde in den Städten die Aktion Roter-Punkt gestartet, die vor allem von Studenten, Schülern und Lehrlingen getragen wurde. Sie blockierten Bahnen und Busse, bildeten Fahrgemeinschaften mit Privatautos und klebten einen Roten Punkt auf die Windschutzscheiben der Autos, die als alternatives Verkehrsmittel dienten. Die Aktionen wurden durch Komitees organisiert, die insbesondere das Ziel eines Nulltarifs formulierten. Unterstützung erfuhr der Protest von linken Parteien und Verbänden sowie der Gewerkschaftsjugend. Mit der Forderung des Nulltarifs wurden teilweise revolutionäre gesellschaftspolitische Ziele verfolgt, aber primär bestimmten die Debatte um den Nulltarif sozialpolitische und verkehrspolitische Ziele.

Gegenwärtig wird der Nulltarif im öffentlichen Verkehr in den Städten Tübingen und Erfurt diskutiert, wobei in Tübingen das Thema mit Umweltzielen verbunden wird. So will der Oberbürgermeister, Boris Palmer, die Autos aus der Innenstadt verdrängen. In Erfurt wird das Thema von den Linken vorangetrieben und viel stärker mit den zu erwartenden steigenden Mobilitätskosten verknüpft (vgl. Gehrke und Groß 2014). Die Versuche, in Deutschland (wie in z. B. in Templin) den Nulltarif einzuführen, verfolgten vor allem das Ziel, den Status eines Kurbades zu erlangen und zu erhalten. Hierfür mussten Maßnahmen angeboten werden, um den Autoverkehr aus der Kleinstadt herauszuhalten. Aber das Nulltarifthema hat durch die Linken und die Piratenpartei eine Renaissance erlebt.

Ein weiterer verkehrspolitischer Maßnahmenschwerpunkt konzentriert sich auf die räumliche Dimension von Verkehrsarmut, deren Kennzeichen die geographische Konzentration von Armut ist. Die sozialräumliche Segregation bzw. die physische Isolation von benachteiligten Stadtquartieren ist verbunden mit Distanz zum Arbeitsmarkt und schlechter Infrastruktur in allen Lebensbereichen. Für den Bereich Verkehr bedeutet dies eine mangelnde Anbindung bzw. räumliche Organisation von integrierten Verkehrsangeboten. Inadäquate Netz- und Taktdichten, die nicht an den Tagesabläufen der Menschen vor Ort angepasst sind, stellen überdies eine zeitliche Komponente dar, durch die die Benachteiligungen in der räumlichen Dimension verstärkt werden. Exemplarisch für solch eine Maßnahme sei hier das Englische Konzept „Joblink Wirral" dargestellt, das in der Region *Merseyside* vor allem die räumliche Komponente von Armut bearbeitete. Nachdem acht „Strategic Investment Areas" (SIAs) bestimmt worden waren, in denen neue Arbeitsplätze durch erhebliche Investitionen entstehen sollten, musste dort eine entsprechende Verkehrsinfrastruktur zur Verfügung gestellt werden (vgl. Lucas 2004).

Im Jahr 2000 wurde eine Kooperation zwischen dem Verkehrsunternehmen „Merseytravel" und der lokalen Jobagentur geschlossen. Ihr Ziel war, neue Busrouten so festzulegen, dass sie den Einwohnern eine Verbindung zu der ständig wachsenden Anzahl von Arbeitsmöglichkeiten ermöglichen konnten. Die Vertreter des Verkehrsunternehmens, der Jobagentur und der relevanten Behörden konzipierten einen Plan, der sechs neue Routen vorsah. Allerdings waren aufgrund beschränkter Ressourcen nur fünf Busverbindungen realisierbar. Die Fahrpläne wurden den Bedürfnissen der Arbeitnehmer angepasst. So fuhren einige Busse schon vor fünf Uhr morgens los, andere bis spät in die Nacht. Außerdem fuhren sie nur von Montag bis Freitag. Zusätzlich zu den festen Routen gab es einen Service, der die Zeit außerhalb der Fahrpläne abdecken sollte. Dafür wurde ein telefonisches Buchungssystem eingerichtet. Nicht nur die steigende Passagierzahl, sondern auch die indirekten Effekte wie die Senkung der Sozialabgaben und der Gesundheitskosten zeigten, dass die angebotene Leistung ein effektives und erfolgreiches Konzept war (vgl. Lucas und Tyler 2006). Dieses Beispiel steht exemplarisch für viele, deren Schwerpunkt die Herstellung von Erreichbarkeit ist. Die enge Verknüpfung von Jobagenturen, Verkehrsplanern und Verkehrsunternehmen ist sehr erfolgsversprechend. Die Achillesferse dieser Projekte ist deren hohe Subventionierung. Ist der politische Wille zur Finanzierung nicht mehr gegeben, sind solche Projekte grundsätzlich gefährdet.

Bildungs- und Schulungsmaßnahmen setzen bei der persönlichen Dimension von eingeschränkter Mobilität an. Physische und psychische Einschränkungen können die Nutzung der Verkehrsangebote generell erschweren, wenn die Angebote nicht barrierefrei gestaltet sind. Aber auch die biographischen Vorerfahrungen und Kompetenzen in der Nutzung von Verkehrsmitteln können die Mobilität stark beeinflussen. Dies ist eine Dimension, die in der Person begründet ist und deren Selbstwahrnehmung und Bewältigungsstrategien beeinflusst. Beispielhaft sei das Projekt einer sozialen Fahrschule in der Französischen Kommune *Tours* im Departement *Indre-Et-Loire* in der Region *Centre* dargestellt (vgl. Gaulandeau 2008). Sie richtet sich an Menschen mit starken Bildungsdefiziten, die mit einer zielgerichteten Pädagogik die FahrschülerInnen begleiten. Die Ausbildung beginnt mit der Vermittlung der Grundrechenarten und bezieht die Schulung zeitlicher und örtlicher Orientierung mit ein, bevor die gängigen Fahrschulinhalte vermittelt werden. Die Ausbildung wird durch den Betrieb eines sozialen Taxis ergänzt. Das kostenlose Fahrangebot wird durch die ehemaligen Schüler der Fahrschule betrieben, die Fahrpraxis gewinnen und die Mobilität von Personen vor allem im ländlichen Raum ermöglichen. In dem Erwerb des Führerscheins wird in Frankreich eine wesentliche Voraussetzung für soziale Inklusion gesehen.

Solche Maßnahmen müssen sich aber nicht nur auf das Verkehrsmittel Auto beziehen. In Deutschland gibt es einige soziale Träger, die kostenlose Reparaturdienste für Fahrräder oder gar die kostenlose Nutzung von Fahrrädern anbieten (vgl. Daubitz 2011). Wie in Frankreich werden solche Projekte von den Jobagenturen mitgefördert. Aber oft sind diese Möglichkeiten wenig bekannt oder müssen sich erst per „Mundpropaganda" herumsprechen. Hier sind Informations- und Werbekampagnen sehr niedrigschwellige, aber effektive Maßnahmen.

5   Fazit

In Phasen von Wirtschaftskrisen und steigenden Mobilitätskosten geriet das Thema Mobilitätsarmut in der Vergangenheit immer wieder in den Blick. Jedoch konnte sich eine nachhaltige Verknüpfung von Verkehrs- und Sozialpolitik nicht etablieren. Das Thema Mobilitätsarmut ist immer noch ein Randthema. Armuts- und Exklusionsforschung hatten nie wirklich das Thema Mobilität als eigenständige Dimension betrachtet. Im Fokus standen vor allem die ökonomische Dimension von Armut und deren Implikationen für Gesundheit, Bildung und die Wohnverhältnisse. Auf der anderen Seite ist in der Verkehrsforschung der Blick vor allem auf die Verkehrsinfrastruktur und deren Ausgestaltung gerichtet. Verkehrsplanerische bzw. verkehrspolitische Maßnahmen erfassen selten die subjektive Wahrnehmung des persönlichen

Möglichkeitsraumes und der damit unter Umständen verbundenen sozialen Isolation. Stattdessen stehen die Herstellung und Gewährleistung von Erreichbarkeit im Vordergrund. Eine Thematisierung der sozialen Frage in den Verkehrswissenschaften könnte über ein gemeinsames Verständnis von Mobilität der Armuts- und Exklusionsforschung sowie der Verkehrsforschung erfolgen, das aus subjektiver Sicht potenzielle Ortsveränderungen (Beweglichkeit) von Personen thematisiert, die aus räumlichen, physischen, sozialen und virtuellen Rahmenbedingungen resultieren. Hierbei ist die subjektive Wahrnehmung ein wesentliches Element, das bisher kaum berücksichtigt wird. Subjektive Selbstwahrnehmungen des individuellen Versagens und das Gefühl der Nutzlosigkeit sowie Schamgefühle, die entstehen, da eine Kluft zu dem bisherigen sozialen Umfeld wahrgenommen wird, sind z. B. Auslöser für eine zunehmende Ausgrenzung bzw. Selbstausgrenzung. Die Fähigkeit Wünsche und Erwartungen zu formulieren nimmt ab. Soziale wie räumliche Isolation ist immer auch verbunden mit den eingeschränkten Möglichkeiten soziale Beziehungen zu knüpfen. Vereinzelung, Selbstausgrenzung, auch kollektiver Rückzug sind die Kennzeichen von Isolation und Stigmatisierung. Ressourcen des sozialen und kulturellen Kapitals sind es, die Unterstützung, Anerkennung, Hilfen und Wege aus der Krise ermöglichen (vgl. Bourdieu 2005). Aber auch Strategien von Einkommensarmen, die sich bemühen möglichst mobil zu sein bzw. zu bleiben, um der Vereinzelung und Ausgrenzung zu entgehen, unterliegen einem Zwang und haben nichts mit Freiheit zu tun (vgl. Daubitz 2013).

Über diese subjektive Komponente müssen sich die EntwicklerInnen verkehrsplanerischer Konzepte oder Maßnahmen des Mobilitätsmanagements bewusst sein. Die klassischen verkehrspolitischen Instrumente haben eine nur eingeschränkte Reichweite, wenn sie nicht mit sozialpolitischen Instrumenten verbunden sind.

Da die Einkommensarmen eine heterogene Gruppe sind, bedarf es auch einer dementsprechend differenzierten Ansprache und der Einsicht, dass Maßnahmen des Mobilitätsmanagements, wie auch die Maßnahmen der Gesundheitsförderung, keine „Einmalveranstaltungen" sind. Um nachhaltig wirken zu können, müssen sie kontinuierlich beworben, mitgestaltet und angepasst werden. Dabei ist die mangelnde Möglichkeit der Mitgestaltung ein wesentliches Element, das die Verbindung von Verkehrspolitik und Sozialpolitik verstellt. Unterschwellig ist jedoch immer noch eine politische Ausgrenzung auszumachen. Erwartungen und Wünsche an ein öffentliches Nahverkehrsmittel werden für die Gruppe der Arbeitslosen teilweise nicht zur Kenntnis genommen bzw. erhoben. Ebenso fehlen Einkommensarmen oft die Informationen für die Teilhabe, sodass Unterstützungen und Hilfen mangels Wissen nicht in Anspruch genommen werden. Aber auch die gesellschaftliche Stigmatisierung beispielsweise von Hartz IV-EmpfängerInnen als „Sozialschmarotzer" oder die despektierliche Bezeichnung der Arbeitslosen als „captives" (Gefangene) des öffentlichen Nahverkehrs (also nicht Kunden), sind Indikatoren der politischen Ausgrenzung.

Die Verknüpfung von Sozialpolitik und Verkehrspolitik ist anspruchsvoll, da verschiedene Ursachenebenen von Verkehrs- und Mobilitätsarmut gleichzeitig bearbeitet werden müssen. Wichtige Grundlage wäre hierfür ein Forschungsprogramm, das Verkehrs- bzw. Mobilitätsarmut in das Zentrum zukünftiger qualitativer und quantitativer Untersuchungen stellt. Für eine erste Operationalisierung wurde hier zwischen den Begriffen Verkehrsarmut und Mobilitätsarmut unterschieden. Diese konsequente Trennung der Begrifflichkeiten erleichtert in einem ersten Schritt den Zugang zu den verschiedenen Dimensionen von Armut und Mobilität. Interessant für die weitere Forschung ist es daher, die Wechselwirkungen bzw. Wechselbeziehungen zwischen Verkehrsarmut und Mobilitätsarmut zu untersuchen.

Literatur

Alt, Christian, und Gerhard Beisenherz. 2007. Anmerkungen zu Zusammenhängen zwischen Lebenslage und Persönlichkeitsfaktoren von Kindern. Armut und Persönlichkeit. In *Kinderarmut in Deutschland. Lösungsansätze für ein aktuelles Thema.* JUGENDPolitik Ausgabe 01/2007, 10–13.

Altenburg, Sven, Philine Gaffron, und Carsten Geertz. 2009. Teilhabe ermöglichen bedeutet Mobilität zu ermöglichen – Mobilität sozial gestalten. In *WISO Diskurs der Friedrich-Ebert-Stiftung.* Bonn.

Autorengruppe Bildungsberichterstattung. 2012. *Bildung 2012 in Deutschland. Ein indikatorengestützter Bericht mit einer Analyse zur kulturellen Bildung im Lebenslauf.* Bielefeld.

Banister, David. 1994. *Internalising the Social Costs of Transport.* Paris: OECD/ECMT Seminar.

Benz, Benjamin. 2012. Armut im Familienkontext. In *Handbuch Armut und soziale Ausgrenzung,* Hrsg. Ernst-Ulrich Huster, Jürgen Boeckh und Hildegard Mogge-Grotjahn, 434–453. Wiesbaden.

Beushausen, Gregor. 2011. Bus und Bahn in Dortmund DSW meldet weniger Fahrgäste. In *WAZ NewMedia*, 06.01.2011.

Bourdieu, Pierre et al. 2005. *Das Elend der Welt.* Konstanz.

Bundesregierung. 2008. *Lebenslagen in Deutschland. Der 3. Armuts- und Reichtumsbericht der Bundesregierung.* Berlin.

Butterwege, Christoph. 2009. *Armut in einem reichen Land. Wie das Problem verharmlost und verdrängt wird.* Frankfurt a. M.

Canzler, Weert, und Andreas Knie. 1998. *Möglichkeitsräume: Grundrisse einer modernen Mobilitäts- und Verkehrspolitik.* Wien/Köln/Weimar: Böhlau.

Chasse, Karl August, Margherita Zander, und Konstanze Rasch. 2010. *Meine Familie ist arm. Wie Kinder im Grundschulalter Armut erleben und bewältigen.* Wiesbaden.

Church, Andrew, Martin Frost, und Karen Sullivan. 2000. Transport and Social Exclusion in London, *Transport Policy*, 7: 195–205.

Currie, Graham, und Alexa Delbosc. 2011. Transport disadvantage: A review. In *New Perspectives and Methods in Transport and Social Exclusion Research,* Hrsg. Graham Currie, 15–25. Howard House.

Daubitz, Stephan. 2011. Mobilität und Armut – Die soziale Frage im Verkehr. In *Verkehrspolitik. Eine interdisziplinäre Einführung,* Hrsg. Oliver Schwedes, 181–193. Wiesbaden.

Daubitz, Stephan. 2013. Mobilitätsalltag von einkommensarmen im städtischen Raum. In *Räumliche Mobilität in der zweiten Moderne: Freiheit und Zwang bei Standortwahl und Verkehrsverhalten,* Hrsg. Oliver Schwedes, 113–133. Münster.

Department for Transport, Hrsg. 2000. *Social Exclusion and the Provision of Public Transport,* Main Report. London.

Deutsche Rentenversicherung Bund, Hrsg. 2007. *Pschyrembel Sozialmedizin,* 434. Berlin/New York.

Diakonisches Werk der Evangelischen Kirche in Deutschland e.V. 2012. *Diakonie Texte Positionspapier Rechtssicherheit und Fairness bei Grundsicherung nötig.* Stuttgart.

Fraktion DIE LINKE im Deutschen Bundestag, Hrsg. 2010. *Sozialticket kommt in Fahrt Informationen über Initiativen und bestehende Sozialtickets.* Berlin.

Gaulandeau, Julien. 2008. Les innovations sociales spécifiques à la mobilité. Maison de l'emploi. http://www.camargue34.fr/UserFiles/File/PDF/mobilite_test/Recueil_innovations_sociales_mobilite.pdf. Zugegriffen am 28.05.2014.

Gehrke, Marvin, und Stefan Groß. 2014. *Fahrscheinfrei im ÖPNV*. IVP Discussion Paper 03/2014, Berlin.
Geißler, Rainer. 2006. *Die Sozialstruktur Deutschland. Zur gesellschaftlichen Entwicklung mit einer Bilanz zur Vereinigung*. Wiesbaden.
Gleeson, Brendon, und Bill Randolph. 2002. Social Disadvantage and Planning in the Sydney Context. *Urban Policy and Research*, 1: 101–107.
Haas, Anette. 2013. Zur wachsenden Bedeutung berufsbedingten Pendelns – neu gewonnene Freiheit oder Sachzwang. In *Räumliche Mobilität in der zweiten Moderne: Freiheit und Zwang bei Standortwahl und Verkehrsverhalten*, Hrsg. Oliver Schwedes, 257–271. Münster.
Hauser, Richard. 2001. *Armutsforschung und Armutsberichterstattung*. Vortrag beim ZUMA-Workshop über Armuts- und Reichtumsberichterstattung. Mannheim.
Häußermann, Hartmut. 2008. Wohnen und Quartier. Ursachen sozialräumlicher Segregation. In *Handbuch Armut und soziale Ausgrenzung*, Hrsg. Ernst-Ulrich Huster, Jürgen Boeckh und Hildegrad Mogge-Grotjahn, 365–382. Wiesbaden.
Haverkamp, Fritz. 2012. Gesundheit und soziale Lebenslage. In *Handbuch Armut und soziale Ausgrenzung*, Hrsg. Ernst-Ulrich Huster, Jürgen Boeckh und Hildegard Mogge-Grotjahn, 365–382. Wiesbaden.
Hradil, Stefan. 2001. *Soziale Ungleichheit in Deutschland*. Opladen.
Lucas, Karen. 2004. *Running on empty. Transport, social exclusion and environmental justice*. Bristol.
Lucas, Karen. 2012. Transport and social exclusion. Where are we now? *Transport Policy*, 20: 105–113.
Lucas, Karen, und Julia Markovich. 2011. International perspectives. In *New Perspectives and Methods in Transport and Social Exclusion Research*, Hrsg. Graham Currie, 223–239. Howard House.
Lucas, Karen, und Tyler Sophie. 2006. Transport and social exclusion Phase 2: evaluating the contribution of transport projects to welfare to work – an international study: UK national report. A report produced by the Transport Studies Group at the University of Westminster for the FIA Foundation. London.
Lucas, Karen, and Anna Power. 2010: In Two Day Framing Workshop Report Oxford, Hrsg. UKTCR Making Connections http://www.tsu.ox.ac.uk/research/uktrcse/UKTRC-framing_event_report.pdf. Zugegriffen am 04.06.2014.
MATISSE Consortium. 2003. Transport Strategies to Combat Social Exclusion; Final report Part 1. http://www.rupprecht-consult.eu/uploads/tx_rupprecht/MATISSE_Strategic_Paper.PDF. Zugegriffen am 28.05.2014.
Meyer-Ohlendorf, Nils und Daniel Blobel. 2008. Untersuchung der Beiträge von Umweltpolitik sowie ökologischer Modernisierung zur Verbesserung der Lebensqualität in Deutschland und Weiterentwicklung des Konzeptes der Ökologischen Gerechtigkeit. Berlin.
OECD, Hrsg. 1997. OECD Proceedings Towards sustainable transportation. The Vancouver conference Vancouver, 24–27. March 1996, 60–64.
Paez, Antonio, Ruben G Mercado, Steven Farber, Catherine Morency, und Matthew Rooda. 2009. *Mobilty and social exclusion in canadian communities: An empirical investigation of opportunity access an deprivation from the perspective of vulnerable groups*. Toronto.
Robert Koch Institut, Hrsg. 2010. Armut und Gesundheit. In *GBE kompakt 1/2010*. Berlin.
Robert Koch Institut, Hrsg. 2012. Arbeitslosigkeit, prekäre Beschäftigung und Gesundheit. In *GBE kompakt 1/2012*. Berlin.
Runge, Diana. 2005. *Mobilitätsarmut in Deutschland? IVP-Schriften 06*. Berlin.
Senatsverwaltung für Stadtentwicklung. 2011. *Mobilitätsprogramm 2016 des Stadtentwicklungsplans Verkehr*. Berlin.
Stanley, Janet, und John Stanley. 2004. *Improving Public Transport to meet Community Needs*. Melbourne.
WHO. 1946. *Constitution of the world health organization*. New York.

Öffentlicher Verkehr und Gemeinwirtschaftlichkeit: Im Spannungsfeld von Eigenwirtschaftlichkeit, Wettbewerb und Regulierung

Gerold Ambrosius

Zusammenfassung

Das gewandelte Mobilitätsverhalten und die veränderten Verkehrsströme sowie die Ausweitung des europäischen Wettbewerbsregimes auf die infrastrukturellen Märkte hatten seit den 1990er-Jahren tief greifende Folgen für den öffentlichen Verkehr. Eisenbahngesetz und Personenbeförderungsgesetz wurden novelliert und ein Regionalisierungsgesetz neu erlassen. Das Verhältnis von monopolistischen und wettbewerblichen Strukturen der Verkehrsmärkte änderte sich damit ebenso wie das von betrieblicher Steuerung und öffentlicher Regulierung der Verkehrsunternehmen. In dem Zusammenhang musste insbesondere auch das Verhältnis von Eigen- und Gemeinwirtschaftlichkeit im Bereich des Verkehrs neu definiert werden.

Schlüsselwörter

Öffentlicher Verkehr • Gemeinwirtschaftlichkeit • Daseinsvorsorge • Regulierung • Europa

1 Einleitung

Als öffentlichen Verkehr (ÖV) bezeichnet man Verkehrsdienstleistungen, die für jedermann zugänglich sind, insbesondere die des Gütertransports und der Personenbeförderung. Die Merkmale des ÖV sind neben dieser allgemeinen Zugänglichkeit (Beförderungs- bzw. Transportpflicht) die Ausführung durch spezielle, eventuell konzessionierte Verkehrsunternehmen sowie die Fixierung von Beförderungsbedingungen und -preisen in publizierter Form (Fahrplan- und Tarifpflicht). Öffentliche Verkehrsunternehmen sind Teil des ÖV. Davon zu unterscheiden sind

G. Ambrosius (✉)
Fachgebiet 1/Geschichte, Universität Siegen, Siegen, Deutschland
E-Mail: ambrosius@geschichte.uni-siegen.de

die öffentlichen Verkehrsverwaltungen, die entweder als Ordnungsverwaltungen wie die Verkehrspolizei oder als Leistungsverwaltungen wie die Straßen- und Wasserbauverwaltungen auftreten (vgl. Eiermann und Oettle 1986). Die verkehrliche Infrastruktur wird sowohl von Verwaltungen (Straßen- und Binnenwasserstraßen) als auch von Unternehmen (Binnen-, See- und Lufthäfen) bereitgestellt. Öffentliche Transportbetriebe oder kombinierte Beförderungs- und Infrastrukturbetriebe sind demgegenüber fast ausschließlich als Unternehmen tätig (Eisenbahnverkehr, öffentlicher Personennahverkehr (ÖPNV), Linienluftverkehr, Hafenwirtschaft). Private Verkehrsunternehmen sind ebenfalls Teil des ÖV. Sie werden unmittelbar beteiligt, indem sie Konzessionen für öffentliche Liniendienste erhalten. Sie werden mittelbar integriert, indem sie Auftragnehmer von öffentlichen Verkehrsunternehmen sind, etwa im ÖPNV oder bei der Sammlung und Verteilung von Stückgutfracht der Eisenbahn.

Unter Gemeinwirtschaft versteht man den Teil einer prinzipiell privatmarktwirtschaftlichen Ordnung, der aus Einzelwirtschaften besteht, die neben dem betrieblichen Formalziel der Gewinnmaximierung bzw. Defizitminimierung überbetriebliche Sachziele im öffentlichen Interesse verfolgen (vgl. Thiemeyer 1970, 1982). Gemeinwirtschaftliche Unternehmen sind nicht automatisch solche der öffentlichen Hand und umgekehrt; es überwiegt aber die Auffassung, dass es vor allem öffentliche Unternehmen sind, die gemein- bzw. bedarfswirtschaftliche Aufgaben erfüllen, Firmen in Privateigentum demgegenüber eigen- bzw. erwerbswirtschaftliche Interessen verfolgen. Allerdings gibt es die vielen privaten freigemeinwirtschaftlichen Unternehmen des so genannten Dritten Sektors und speziell im ÖV die privaten Unternehmen, die prinzipiell eigenwirtschaftlich handeln, denen aber gemeinwirtschaftliche Verpflichtungen auferlegt werden, für die sie finanziell kompensiert werden.

Die Begriffe ‚Gemeinwirtschaftlichkeit', ‚öffentliches Interesse' oder ‚Gemeinwohl' sind zunächst einmal Leerformeln (vgl. Münkler und Blum 2002). Eine materiell-essentialistische Bestimmung von Gemeinwirtschaftlichkeit kann es heute nicht mehr geben. In freiheitlich-pluralistischen Demokratien hat eine final definierte, Wahrheit beanspruchende Interpretation keinen Platz mehr. Hier bringen Gruppen und Individuen ihre Vorstellungen von Gemeinwirtschaftlichkeit bzw. Gemeinwohl ebenso wie ihre spezifischen Eigeninteressen zur Geltung und es bleibt den rechtsstaatlich verfassten, demokratisch legitimierten Entscheidungsprozessen überlassen, diese zu koordinieren und zu realisieren (vgl. von Beyme 2002). Ein solches prozessual-institutionalistisches Verständnis bedeutet, dass die Formen der gesellschaftlichen Partizipation, der Konfliktregelung und die Konsensmechanismen in den Vordergrund treten. Gemeinwirtschaftlichkeit wird a posteriori bestimmt und ihre Inhalte können revidiert werden (vgl. Münkler.und Blum 2001).

Trotz der Tatsache, dass es keine allgemein anerkannte Definition gibt, können Aufgaben formuliert werden, die sehr generell als gemeinwirtschaftliche gelten und die auch auf den ÖV bezogen werden können: *erstens* die Modernisierung durch Beschleunigung des technischen und gesellschaftlichen Fortschritts (Anreiz-, Innovations-, Pionier-, Schrittmacherfunktionen), *zweitens* die Kontrolle mittels

Selbstbeschränkung in Bezug auf Emissionen, Preise oder Konzentration (Ordnungs-, Ausgleichs-, Korrektiv- oder Regulierungsfunktionen), *drittens* die Ergänzung in Bereichen, in denen andere nicht oder nicht in ausreichendem Maße aktiv werden (Ersatz-, Lückenbüßer- oder Komplementierungsfunktionen) (vgl. Thiemeyer 1975).

2 Bedeutung des öffentlichen Verkehrs und Organisations- und Marktformen der öffentlichen Verkehrsbetriebe

In der Bundesrepublik nahm der Anteil des ÖV am gesamten Verkehr fast permanent ab. Im Personentransport betrug der Anteil der Eisenbahnen am Verkehrsaufkommen bzw. an der Anzahl der beförderten Personen 1950 15,2 Prozent, fiel dann schlagartig bis 1960 auf 6,1 Prozent, ging bis 1990 weiter auf 2,6 Prozent zurück und stieg bis 2005 leicht auf 3,2 Prozent an (vgl. Aberle 2009: 46 ff.). Die entsprechenden Anteile für die Verkehrsleistung, also für die Anzahl der Kilometer, die von Personen zurückgelegt wurden, lauten für die oben genannten Jahre 36,4 Prozent, 16,1 Prozent, 6,2 Prozent und 6,9 Prozent. Der Anteil des öffentlichen Straßenpersonenverkehrs entwickelte sich ähnlich, allerdings nahm er nach 1990 zunächst weiter ab. Beim Verkehrsaufkommen betrug er 1950 39,5 Prozent und 2005 13,5 Prozent, bei der Verkehrsleistung 48,5 Prozent und 7,7 Prozent. Insgesamt ging also der Anteil des öffentlichen Eisenbahn- und Straßenverkehrs am Personenverkehr beim Verkehrsaufkommen von 54,7 Prozent (1950) auf 16,7 Prozent (2005) und bei der Verkehrsleistung von 84,9 Prozent auf 14,6 Prozent zurück. Vergleicht man bei den Verkehrsleistungen nur den Anteil des öffentlichen Eisenbahn- und Straßenverkehrs mit dem des motorisierte Individualverkehr (MIV), war ersterer 1950 fast doppelt so hoch und machte 2005 nur noch ein Fünftel aus. Insgesamt nahm also der Anteil des öffentlichen Eisenbahn- und Straßenverkehrs beim Personenverkehr im Laufe der Zeit dramatisch ab.

Eine ähnliche Entwicklung nahm der öffentliche Güterverkehr, der sich fast ausschließlich auf den der Eisenbahn konzentriert. Sein Anteil am gesamten Verkehrsaufkommen bzw. an der Anzahl der transportierten Tonnen – außer Eisenbahn auch Binnen- und Seeschifffahrt, Straßengüterverkehr, Rohrfernleitung und Luftverkehr – ging von 30,3 Prozent (1950) auf 7,4 Prozent (2000) zurück. Der Anteil an der Verkehrsleistung, also an der Anzahl der Kilometer pro Tonne Frachtgut, fiel im gleichen Zeitraum von 56,6 Prozent auf 14,7 Prozent. Vergleicht man nur den öffentlichen Eisenbahn- mit dem privaten Straßenverkehr im Gütertransport, so war ersterer 1950 fast drei Mal so hoch und machte 2005 nur noch gut ein Fünftel aus.

Was die Rechtsformen anbelangt, so trifft man bei den Verkehrsbetrieben des ÖV fast alle an (vgl. Aberle 2009: 68 ff.). Bis 1993 war die Deutsche Bundesbahn als staatliches Sondervermögen ohne eigene Rechtspersönlichkeit organisiert, seither als Deutsche Bahn Aktiengesellschaft (DB AG). Es gibt Regiebetriebe, die letztlich einen Teil der öffentlichen Verwaltung darstellen und kameralistisch mit Einnahmen und Ausgaben im öffentlichen Etat verankert sind. Es gibt Eigenbetriebe, die mehr oder weniger selbstständig außerhalb der öffentlichen Haushalte geführt werden. Wichtiger ist die Form der Gesellschaft mit beschränkter Haftung (GmbH), die häufig bei Straßenbahn- und Busbetrieben gewählt wird, aber auch bei Flug- und Seehäfen. Beim ÖPNV, bei Binnenhäfen oder beim Luftverkehr gibt es außerdem Aktiengesellschaften. Daneben bestehen noch Genossenschaften und BGB- sowie Kommanditgesellschaften, die aber selten vorkommen. Dominante Rechtsform im ÖV ist die GmbH. Etwa drei Viertel aller 542 im Verband Deutscher Verkehrsunternehmen (VDV) organisierten Einzelwirtschaften besitzen sie (vgl. VDV 2005). Gut ein Zehntel wird als Aktiengesellschaft und knapp ein Zwanzigstel als Eigenbetrieb geführt.

Als weitestgehende Kooperationsform im ÖPNV – nach Verkehrsgemeinschaft und Tarifverbund – ist der Verkehrsverbund zu erwähnen (vgl. Aberle 2009: 77 ff.). Er ist als GmbH oder als BGB-Gesellschaft organisiert, wobei teilweise die DB AG, die Bundesländer und die Kommunen das Gesellschaftskapital halten. Aufgabe des Verkehrsverbundes ist die Fahrplan- und Tarifkoordination, die zentrale Verrechnung der Einnahmen, die gemeinsame Fahrzeugbeschaffung oder das Marketing. Die Verkehrsleistungen der Verbünde werden vom Schienenpersonennahverkehr (SPNV), der DB Regio AG und von nichtbundeseigenen Eisenbahnen (NE), von regionalen Bahnbusgesellschaften sowie Busdiensten der kommunalen und privaten Omnibusbetriebe erbracht.

Im Hinblick auf die Marktformen konnte beim Personenverkehr auf der Schiene die DB AG lange Zeit als Monopolist ohne Monopolmacht bezeichnet werden, weil sie der intensiven Konkurrenz durch den Individualverkehr ausgesetzt ist (vgl. Aberle 2009: 59 ff.) – im Nah- und Mittelstreckenbereich der des MIV, im Langstreckenbereich der des Luftverkehrs. Im ÖPNV konkurriert die DB Regio AG seit der Bahnreform von 1994 außerdem in zunehmendem Maß mit den NE-Bahnen, die 2012 bereits einen Anteil von etwa 15 Prozent besaßen. Die Expansion dritter Bahnen im SPNV wird durch die seit 1996 wirkende Regionalisierung begünstigt, da von nun an Verkehrsdienste von den unteren Gebietskörperschaften bestellt und durch die Bundesländer ausgeschrieben werden. Beim öffentlichen Straßenpersonenverkehr (ÖSPV) verfügen Straßenbahnen, bahneigene, kommunale und private Busbetriebe über Linienkonzessionen und besitzen damit ein linienspezifisches Monopol. Sie befinden sich dabei aber in hochgradiger Substitutionskonkurrenz mit dem MIV.

Ein Buslinienfernverkehr war wegen der restriktiven Genehmigungspraxis zum Schutz der Eisenbahn in Deutschland – im Unterschied zum Ausland – kaum vorhanden. Dies änderte sich erst 2013. Seither entwickelt er sich dynamisch.

Bei den Marktformen im Gütertransport war es aufgrund noch bestehender Marktzugangsregelungen bis 1998 notwendig, zwischen Nah- und Fernverkehr zu unterscheiden (vgl. Aberle 2009: 62 ff). Im Nahverkehr auf der Schiene war die Deutsche Bundesbahn formal Angebotsmonopolist, befand sich aber in Substitutionskonkurrenz zum Straßengüterverkehr. Außerdem gab es in regionalen Teilmärkten die NE-Bahnen. Im Güterfernverkehr auf der Schiene war die Deutsche Bundesbahn und ist die DB AG ebenfalls marktbeherrschend, wobei auch hier der starke intermodale Wettbewerb seitens des Straßengüterverkehrs, der Binnenschifffahrt und partiell des Rohrleitungsverkehrs eine Ausnutzung dieser formal starken Position kaum zuließ. Durch die Bahnstrukturreform und das EU-Recht ist zusätzlich das Streckennetz für Dritte geöffnet worden, so dass sich das traditionelle Monopol des Schienenverkehrsangebots auf eines des Trassenangebots der DB Netz AG reduziert. Damit wird der intramodale Wettbewerb von verschiedenen Eisenbahnunternehmen auf dem Schienennetz möglich. Noch ist der Umfang des Güterfernverkehrs von NE-Bahnen allerdings begrenzt; sein Anteil am gesamten Verkehrsaufkommen dürfte nur wenige Prozent ausmachen. Trotzdem hat die DB AG bzw. ihre Tochter DB Cargo AG die Position des Monopolisten verloren und ist zum Teilmonopolisten, auf bestimmten Märkten auch zum Oligopolisten geworden. Wie im Güternah- ist auch im Güterfernverkehr der wichtigste intermodale Rivale der Straßengüterverkehr. Im Güterverkehr insgesamt machte der Anteil der NE-Bahnen 2012 immerhin 29 Prozent aus.

3 Gemeinwirtschaftlichkeit im öffentlichen Verkehr

3.1 Gemeinwirtschaftlichkeit als Paradigma

(1) Mit dem liberalen Paradigma der jüngeren Vergangenheit schien die Vorstellung von Gemeinwirtschaftlichkeit und Gemeinwohl bei öffentlichen Dienstleistungen in den Hintergrund zu treten. Es schien eine Epoche zu Ende zu gehen, in der der Bürger Anspruch auf eine umfassende Versorgung mit infrastrukturellen Gütern hatte. Stattdessen wurde darüber diskutiert, was als angemessene Grundversorgung bezeichnet werden kann, und ob Bund, Länder und Gemeinden diese nicht mehr selbst bereitstellen müssen, sondern nur noch zu ‚gewährleisten‛ brauchen. Insofern bildet die seit dem ausgehenden 20. Jahrhundert wieder intensiver geführte Auseinandersetzung über die Zukunft des ÖV nur eine Facette der ordnungspolitischen Grundsatzdiskussion über das Verhältnis von Markt und Staat, von Wettbewerb und Gemeinwirtschaftlichkeit, von öffentlichem und privatem Eigentum (vgl. Budäus 2006; Gesellschaft für öffentliche Wirtschaft 2004; Harms und Reichard 2003; Thiemeyer 1982). Die teilweise heftige Kritik am bestehenden System öffentlicher Dienstleistungen stieß allerdings auf einen relativ breiten gesellschaftlichen Konsens, der auch durch die Liberalisierungseuphorie nicht wirklich in Frage gestellt wurde. Er drückt sich traditionell im Paradigma der Daseinsvorsorge aus. Damit ist die Vorstellung gemeint, dass Bund, Länder und Gemeinden – entsprechend dem Sozialstaatspostulat des Grundgesetzes – verpflichtet sind, ihren Bürgern ein stabiles, hochwertiges und preisgünstiges Angebot an öffentlichen Dienstleistungen bereitzustellen. Dies kann, muss aber nicht durch öffentliche Eigenproduktion erfolgen (vgl. Gegner 2007). Das Paradigma oder Konzept der Daseinsvorsorge umfasst mindestens eine rechtsethische, verwaltungsgesetzliche und ordnungspolitische Dimension. In jedem Fall ist es interpretationsbedürftig, da Daseinsvorsorge sich nicht auf einen fest umrissenen Kanon öffentlicher Dienste bezieht, sondern immer wieder neu im Zuge des gesellschaftlichen Wandels interpretiert werden muss. Daseinsvorsorge beinhaltet und konkretisiert Gemeinwirtschaftlichkeit entsprechend dem Zeitgeist. Im Verkehrswesen prägt

sich dieser fortlaufende Wandel besonders markant aus. Der sich dynamisch entwickelnde MIV nach dem Zweiten Weltkrieg und die damit verbundene individuelle Mobilität – lange Zeit, wahrscheinlich immer noch geradezu als Bürgerrecht verstanden – wurden im Sinne von Daseinsvorsorge durch das Vorhalten entsprechender Infrastruktur massiv gefördert. Gleichzeitig verlor der ÖV an Unterstützung. Mit den Ölkrisen der 1970er-Jahre und der sich entwickelnden Umweltbewegung begann das Pendel allmählich in dem Sinne zurückzuschwingen, dass der neue Zeitgeist von Ökologie und Nachhaltigkeit dem ÖV wieder einen höheren Stellenwert im daseinsvorsorgenden Mobilitätsparadigma einräumte.

Daseinsvorsorge im Verkehr zielt letztlich auf die Gleichwertigkeit der Lebensverhältnisse. Dies soll u. a. dadurch erreicht werden, dass eine flächendeckende Mindesterreichbarkeit und -mobilität gewährleistet wird. Speziell auf den ÖV bezogen werden gemeinwirtschaftliche Verpflichtungen auf folgende Weise konkretisiert (vgl. Aberle 2009: 118):

1. Preisgestaltung nach dem Wert der transportierten Güter (Werttarifierung, Belastbarkeitsstaffel) mit dem Ziel der internen Subventionierung geringwertiger Güter;
2. Tarifierung nach bestimmten sozialen Kriterien (auf Güter und Sozialgruppen bezogene Ausnahmetarife);
3. Begünstigung peripherer oder gesamtwirtschaftlich besonders relevanter Regionen und Orte durch entfernungsdegressive oder allgemein günstigere Tarifierung (Entfernungsstaffel);
4. Tarifpflicht (Veröffentlichungspflicht eines allgemein gültigen Preisverzeichnisses);
5. Beförderungspflicht (Kontrahierungszwang);
6. Betriebspflicht (Streckenbedienung gemäß Fahrplan).

Unter gemeinwirtschaftlicher Perspektive soll der ÖV gleichzeitig übergreifende regional-, struktur-, umwelt- oder sozialpolitische Ziele verfolgen. Er soll einen Beitrag zur Nachhaltigkeit wirtschaftlicher, letztlich gesellschaftlicher Reproduktion leisten. Die im Zuge der liberalen Renaissance seit den 1980er-Jahren aufgeworfene Frage, ob der ÖV noch Bestandteil der Daseinsvorsorge ist, kann daher allenfalls als akademische verstanden werden. Schwieriger ist dagegen die Frage zu beantworten, ob Daseinsvorsorge mit einem spezifischen Modell vom ‚eigenproduzierendem Erfüllungsstaat' oder ‚fremdbeziehendem Gewährleistungsstaat' korrespondiert. Selbst wenn in der Realität Daseinsvorsorge auf kommunaler und staatlicher Ebene traditionell mit öffentlichen Unternehmen verbunden wird, bedeutet das nicht, dass dies konzeptionell so angelegt ist. Zumindest ist das „neue" Paradigma der Daseinsvorsorge bzw. Gemeinwirtschaftlichkeit – Ausschreibung und Finanzierung durch den fremde Leistungen beziehenden bzw. gewährleistenden Aufgabenträger – durchaus mit dem ursprünglichen Ansatz von Ernst Forsthoff vereinbar (Gegner 2007).

(2) Es gibt unterschiedliche Gründe dafür, dass das Staatsvertrauen seit den 1980er-Jahren immer stärker von einem Marktvertrauen abgelöst wurde. Ein Grund liegt im wettbewerblichen Ansatz des europäischen Integrationsprojekts.

Mit dem Binnenmarktprogramm ist die Liberalisierung der Versorgungs-, der Kommunikations- und eben auch der Verkehrsmärkte auf die Agenda gesetzt worden. Im Hinblick auf den Transportsektor hat insbesondere die 2000 eingeleitete Lissabonstrategie die Europäische Union (EU) zur Liberalisierung verpflichtet. Wie auf nationaler Ebene ist aber auch auf europäischer der Gedanke der Gemeinwirtschaftlichkeit bzw. des Gemeinwohls damit nicht ad acta gelegt worden. Im Gegenteil, gleichzeitig hat sich die Diskussion darüber verstärkt, wie die europäischen Staaten gemeinwirtschaftliche Vorsorge auf der Grundlage eines gemeinsamen Paradigma sichern können (vgl. Ambrosius und Schmitt-Egner 2006). Eigentlich ist die Verkehrspolitik von Anfang an mit Gemeinwirtschaftlichkeit verbunden (vgl. Frerich und Müller 2004). Schon der ursprüngliche EWG-Vertrag von 1957 kennt so genannte „Dienstleistungen von allgemeinem wirtschaftlichen Interesse", die mit besonderen gemeinwirtschaftlichen Verpflichtungen betraut sind und damit grundsätzlich vom Wettbewerb freigestellt werden können (Art. 106 AEUV; vgl. CEEP 1986). Die eigentlich verbotenen Beihilfen sind dann vertragskonform, wenn sie „den Erfordernissen der Koordinierung des Verkehrs oder der Abgeltung bestimmter, mit dem Begriff des öffentlichen Dienstes zusammenhängender Leistungen entsprechen" (Art. 93 AEUV). Seither gibt es eine permanente Diskussion darüber, wie sich Wettbewerb und Gemeinwirtschaftlichkeit zueinander verhalten sollen. Darüber, dass von den Mitgliedstaaten öffentliche Dienstleistungen mit gemeinwirtschaftlichem Gehalt angeboten werden sollen, hat es nie ernsthafte Zweifel gegeben. Nicht nur nach Auffassung der Kommission machen sie den Kern des „europäischen Gesellschaftsmodells" aus. Allerdings bleibt bei den Dienstleistungen von allgemeinem wirtschaftlichen Interesse, den Diensten von allgemeinem Interesse, den Universaldiensten oder auch bei der – in den EU-Dokumenten in deutscher Sprache wird dieser Begriff verwendet – Daseinsvorsorge unklar, wie konkret sie ausgestaltet werden sollen: Soll es sich dabei um minimale Dienste im Sinne einer Daseinsfürsorge handeln oder um umfangreichere im Sinne der Daseinsvorsorge? Wettbewerbliche Marktstrukturen und gemeinwirtschaftliche Dienstleistungen sollen jedenfalls gleichzeitig realisiert werden. Natürlich spielen auch die unterschiedlichen kulturellen, ordnungspolitischen und rechtlichen Traditionen der Mitgliedstaaten bei der Daseinsvorsorge, beim Service Public oder Servizio Pubblico eine Rolle, die es nur bedingt zulassen, ein gemeinsames Paradigma oder Konzept zu entwickeln. Dies gilt umso mehr, als die Mitgliedstaaten entsprechend dem Prinzip der Subsidiarität grundsätzlich frei darüber entscheiden können, wie stark die Gemeinwirtschaftlichkeit die öffentlichen Dienste prägen soll, wenn sie gleichzeitig den Grundsatz der Verhältnismäßigkeit wahren.

Schon in ihrem Grünbuch zum „Bürgernetz. Wege zur Nutzung des Potentials des öffentlichen Personenverkehrs in Europa" von 1995 erstellt die Kommission eine „Qualitätsprüfliste" für den ÖV, zu der Punkte wie die „Anbindung von ländlichen Gegenden und Randgebieten", „Erbringung von sozialen Leistungen" oder „Reduktion von Schadstoffemissionen" gehören (KOM 1995). Für die Dienstleistungen von allgemeinem Interesse – ein Begriff, der in den 1990er-Jahren eingeführt wurde – sind von der Kommission bisher nur „Leitprinzipien" niedergelegt worden (vgl. KOM 2003: 8). Konkreter formuliert sind die Verpflichtungen, die sich auf die Dienstleistungen von allgemeinem wirtschaftlichem Interesse beziehen (vgl. ebd.: Ziffer 50):

1. Universaldienst: Der Begriff bezieht sich auf einen Bestand an Gemeinwohlauflagen, durch die gewährleistet werden soll, dass in einem liberalisierten Marktumfeld bestimmte netzgebundene Dienstleistungen in festgelegter Qualität sämtlichen Nutzern im gesamten Hoheitsgebiet eines Mitgliedstaates unabhängig vom geografischen Standort und zu erschwinglichen Preisen zur Verfügung stehen. Jeder hat das Recht auf Zugang zu diesen Dienstleistungen, die als Teil einer Grundversorgung angesehen werden.
2. Kontinuität: Diese Anforderung bedeutet, dass der Dienstanbieter verpflichtet ist, den Dienst ohne Unterbrechung bereitzustellen.
3. Qualität: Die Dienste sollen ein „gesellschaftlich akzeptables Qualitätsniveau" besitzen, z. B. im Hinblick auf technische Sicherheit und Service, Richtigkeit und Transparenz der Abrechnung, flächendeckende Versorgung usw.
4. Erschwinglichkeit: Ein Dienst soll so preiswert angeboten werden, dass er für jedermann zugänglich ist. Dabei bedeutet Erschwinglichkeit mehr als angemessene Preisgestaltung und kann unter Umständen auch Unentgeltlichkeit heißen.
5. Nutzer- und Verbraucherschutz: Er umfasst wiederum zahlreiche Elemente wie Gesundheit und Sicherheit, Transparenz in Bezug auf die Bereitstellung der Dienste, Information der Nutzer, Vertretung bzw. Partizipation der Bürger in den Aufsichtsorganen usw. Außerdem werden
6. der freie Zugang und
7. die Interkonnektivität netzgebundener Dienste genannt.

Die Hauptziele des Weißbuches der Kommission von 2001 zur europäischen Verkehrspolitik sind die Gewährleistung sicherer, effizienter und hochwertiger Personalverkehrsdienste durch einen regulierten Wettbewerb, der auch deren Transparenz und Leistungsfähigkeit garantiert und zwar unter Berücksichtigung sozialer, umweltpolitischer und raumplanerischer Faktoren sowie spezieller Tarifbedingungen zugunsten bestimmter Gruppen von Reisenden wie Rentnern oder Schülern (KOM 2001).

(3) Die konkrete Interpretation von Gemeinwirtschaftlichkeit, Gemeinwohl oder öffentlichem Interesse muss, wie gesagt, jeweils neu aus den aktuellen gesellschafts- und verkehrspolitischen Verhältnissen heraus bestimmt werden. Allerdings haben sich die wesentlichen Inhalte im Laufe der Zeit kaum geändert. Eigentlich ging es von Anfang an, d. h. seit dem 19. Jahrhundert, um generelle wirtschafts- und gesellschaftsintegrative Überlegungen, um die innere und äußere Sicherheit, um distributive und allokative Aufgaben (vgl. Ambrosius 1984). Sehr bald sollten beim Eisenbahnbau nicht nur die zentralen Verkehrswege bedient, sondern auch die Flächen und die entlegenen Gebiete der deutschen Staaten bzw. des Deutschen Reiches erschlossen werden. Im regionalen

und lokalen Raum ging es ebenfalls darum, im Zuge von Verstädterung und Industrialisierung die verkehrsinfrastrukturellen Grundlagen einer zunehmend arbeitsteiligen Ökonomie zu schaffen (vgl. Krabbe 1985). Neben regional- und strukturpolitischen Aufgaben sollte der ÖV auch sozialpolitische erfüllen – durch die einheitliche Tarifierung im lokalen Raum und die nach sozialen Gesichtspunkten gestaffelte Preisgestaltung. Für ‚Katheder- oder Munizipalsozialisten' im wilhelminischen Deutschland war es selbstverständlich, dass den Verkehrsunternehmen Verpflichtungen zum Wohle der Allgemeinheit auferlegt wurden. Sie sollten Teil einer modernen Leistungsverwaltung sein, d. h. den Bürgern ein stabiles, qualitativ hohes und preiswertes Verkehrsangebot sichern (vgl. Thiemeyer 1970). Selbst wenn öffentlichen Unternehmen ein relativ großes Vertrauen entgegengebracht wurde, bedeutet dies nicht, dass öffentliche Dienstleistungen vom eigenproduzierenden Erfüllungsstaat angeboten werden mussten. Hinsichtlich der Eigentumsformen war man offen und damit hinsichtlich der Alternative von Eigenproduktion und Fremdbezug. Für diese Art der Versorgung wurde dann seit den 1930er-Jahren der Begriff der Daseinsvorsorge verwendet (vgl. Gegner 2007). Das Paradigma dieser Zeit war nicht mehr, sondern weniger Wettbewerb, nicht weniger, sondern mehr planmäßige Ordnung. Der Höhepunkt gemeinwirtschaftlicher Instrumentalisierung in konzeptioneller Hinsicht wurde nach dem Zweiten Weltkrieg erreicht, als sich der Sozial- und Interventionsstaat voll ausprägte. Jetzt wurde sogar darüber nachgedacht, öffentlichen Unternehmen und damit auch Verkehrsbetrieben nicht mehr nur die traditionellen Aufgaben der sozioökonomischen Integrationspolitik zu übertragen, sondern auch solche der makroökonomischen Globalsteuerung (vgl. Gesellschaft für öffentliche Wirtschaft 1977). Als wirklich neuer Aspekt gemeinwirtschaftlicher Politik trat dann, wie gesagt, seit den 1980er-Jahren die Umweltpolitik bzw. der Gedanke der Nachhaltigkeit zum traditionellen Aufgabenkanon hinzu.

3.2 Gemeinwirtschaftlichkeit als Recht

(1) Es sind im Wesentlichen drei Gründe, die den ÖV in der Bundesrepublik seit den 1990er-Jahren unter Reformdruck setzen und zu rechtlichen Konsequenzen geführt haben, die das Verhältnis von Eigen- und Gemeinwirtschaftlichkeit berühren. *Zum Ersten* zwingt die schwierige Situation der öffentlichen Finanzen Bund, Länder und Gemeinden etwas gegen die hohen Defizite der Verkehrsunternehmen zu tun. *Zum Zweiten* versucht die europäische Wettbewerbspolitik auch die Infrastrukturmärkte zu öffnen. *Zum Dritten* müssen die Verkehrsanbieter auf die veränderte Nachfrage reagieren, d. h. auf sinkende Schülerzahlen, weiter zunehmenden MIV etc. Es war zunächst vor allem die Deutsche Bundesbahn mit ihren enormen Defiziten, auf die sich der Wille zur Veränderung konzentrierte. Zentrale Ziele der Bahnstrukturreform Anfang der 1990er-Jahre waren, die Leistungsfähigkeit der Eisenbahnen zu erhöhen, sie von politischen Einflüssen zu befreien, den Schienenpersonenverkehr zu

regionalisieren und das Haushaltsrisiko für den Bund zu verringern. Letztlich wird davon aber der gesamte ÖV in seiner gemeinwirtschaftlichen Dimension berührt.

Mit der Bahnstrukturreform ist zum ersten Mal beim Schienenpersonenverkehr der Nah- vom Fernverkehr abgespalten und damit eine neue Unterscheidung geschaffen worden. Nach dem Allgemeinen Eisenbahngesetz (AEG) von 1993 dienen Eisenbahnen „dem öffentlichen Verkehr (öffentliche Eisenbahnen), wenn sie als 1. Eisenbahnverkehrsunternehmen gewerbs- oder geschäftsmäßig betrieben werden und jedermann sie nach ihrer Zweckbestimmung zur Personen- oder Güterbeförderung benutzen kann (öffentliche Eisenbahnverkehrsunternehmen), 2. Eisenbahninfrastrukturunternehmen Zugang zu ihrer Eisenbahninfrastruktur gewähren müssen (öffentliche Eisenbahninfrastrukturunternehmen), 3. Betreiber der Schienenwege Zugang zu ihren Schienenwegen gewähren müssen (öffentliche Betreiber der Schienenwege)" (§ 3 lit.1). Eisenbahnen sollen nun nach Art. 87e Grundgesetz als „Wirtschaftsunternehmen in privat-rechtlicher Form" geführt werden. Allerdings soll der Bund weiterhin gewährleisten, „dass dem Wohl der Allgemeinheit, insbesondere den Verkehrsbedürfnissen, beim Ausbau und Erhalt des Schienennetzes der Eisenbahnen des Bundes sowie bei deren Verkehrsangeboten auf diesem Schienennetz, soweit diese nicht den Schienenpersonennahverkehr betreffen, Rechnung getragen wird". Zwar hatte schon § 28 des alten Bundesbahngesetzes ähnliche Vorgaben formuliert, wonach die Bahn einerseits nach „kaufmännischen Grundsätzen" geführt werden und nur in diesem Rahmen ihre gemeinwirtschaftlichen Aufgaben erfüllen sollte, wonach sie andererseits aber verpflichtet war, bei ihren Maßnahmen der Politik der Bundesregierung Rechnung zu tragen, insbesondere der Verkehrs-, Wirtschafts-, Finanz- und Sozialpolitik. Nach der Reform soll im Fernverkehr nun aber eindeutig unternehmerisches Handeln, letztlich Rentabilität im Vordergrund stehen. Zwar soll die DB AG auch weiterhin gemeinwirtschaftliche Ziele verfolgen, d. h. verkehrs-, umwelt- oder sozialpolitische. Dabei soll sie aber konsequenter als bisher erwerbs- bzw. eigenwirtschaftlich geführt werden. Das AEG dient „der Gewährleistung eines sicheren Betriebs der Eisenbahn und eines attraktiven Verkehrsangebotes auf der Schiene sowie der Sicherstellung eines wirksamen und unverfälschten Wettbewerbs auf der Schiene bei dem Erbringen von Eisenbahnverkehrsleistungen und dem Betrieb von Eisenbahninfrastrukturen" (§ 1 lit.1). Letztlich wird der Personenfernverkehr auf der Schiene durch die Bahnstrukturreform von gemeinwirtschaftlichen Verpflichtungen befreit (Muthesius 1997). Der Bund hat dabei den Ausbau und den Erhalt der Infrastruktur zu gewährleisten, ohne dass jedoch klar zwischen eigenwirtschaftlichen und gemeinwirtschaftlichen Bestandteilen der Infrastruktur unterschieden wird.

Nur in Parenthese sei angemerkt, dass mit dem neuen Personenbeförderungsgesetz (PBefG) seit 2013 im Straßenpersonenfernverkehr die bis dahin bestehenden Beschränkungen für Fernbuslinien parallel zum Schienenpersonenverkehr sowie der bisherige Konkurrentenschutz gegenüber anderen Fernbusunternehmen aufgehoben worden ist. In Abgrenzung zum ÖPNV, in dem weiterhin Schutz vor Parallelverkehren gegeben ist, sind solche Verkehre nur dann unzulässig, wenn sie einen Haltestellenabstand von unter 50 km bedienen oder ein paralleles Angebot im Schienenverkehr mit Reisezeiten von unter einer Stunde existiert. In solchen Fällen gilt für Fernbusse ein Verbot der Unterwegsbedienung. Von einer gemeinwirtschaftlichen Ausrichtung des Straßenpersonenfernverkehrs kann somit ebenfalls keine Rede sein.

Bei der Bahnstrukturreform ging es aber nicht nur um den Fern-, sondern auch um den Nahverkehr. Im Zusammenhang mit ihr wurde ein ‚Gesetz zur Regionalisierung des öffentlichen Personennahverkehrs' (RegG) verabschiedet, das 1996 in Kraft trat. Im § 1 (1) wird ausdrücklich bestimmt, dass die „Sicherstellung einer ausreichenden Bedienung der Bevölkerung mit Verkehrsleistungen im öffentlichen Personennahverkehr [...] eine Aufgabe der Daseinsvorsorge" ist. Öffentlicher Nahverkehr ist danach „die allgemein zugängliche Beförderung von Personen mit Verkehrsmitteln im Linienverkehr, die überwiegend dazu bestimmt sind, die Verkehrsnachfrage im Stadt-, Vororts- oder Regionalverkehr zu befriedigen. Das ist im Zweifel der Fall, wenn in der Mehrzahl der Beförderungsfälle eines Verkehrsmittel die gesamte Reiseweite 50 Kilometer oder die gesamte Reisezeit eine Stunde nicht übersteigt." Zur Erfüllung dieser Aufgabe können nach § 4 „gemeinwirtschaftliche Verkehrsleistungen" nach Maßgabe der europäischen Verordnungen mit den Verkehrsunternehmen vertraglich vereinbart oder ihnen auferlegt werden. Die Länder haben Gesetze zur Neuregelung des Ordnungsrahmens erlassen, die den ÖPNV ebenfalls als Aufgabe der Daseinsvorsorge qualifizieren, allerdings nicht als originäre, sondern nur als subsidiäre: Die kommunalen und regionalen Gebietskörperschaften üben insofern nur eine Gewährsträgerfunktion aus, d. h., sie brauchen nur dann tätig zu werden, wenn die Märkte eine ausreichende Verkehrsbedienung nicht eigenwirtschaftlich sicherstellen können. Dies muss allerdings politisch entschieden werden. Länder bzw. Zweckverbände werden zu Aufgabenträgern bzw. Bestellern von Verkehrsleistungen im SPNV, Kommunen zu solchen im ÖSPV. Die dafür notwendigen Mittel werden ihnen vom Bund zur Verfügung gestellt. Gemeinwirtschaftlichkeit ist im Nahverkehr also beim Aufgabenträger angesiedelt, Erwerbswirtschaftlichkeit beim Verkehrsunternehmen – so zumindest die Norm oder Theorie. In der Praxis übernehmen die (kommunalen) Unternehmen häufig selbst die eigentlich den behördlichen Aufgabenträgern vorbehaltenen Aufgaben (Karl 2008: 312).

Eine weitere Facette des Dualismus von Gemein- und Eigenwirtschaftlichkeit besteht also darin, dass im ÖPNV zwei Ansätze nebeneinander existieren: Zum einen gibt es den ÖSPV, zu dem „die entgeltliche oder geschäftsmäßige Beförderung von Personen mit Straßenbahnen, mit Oberleitungsbussen (Obussen) und mit Kraftfahrzeugen" gehören (PBefG § 1 lit. 1). Er wird durch das PBefG reguliert (vgl. Knauff 2004). Nach dem im Zusammenhang mit der Bahnstrukturreform novellierten PBefG von 1990 sollte die Genehmigungsbehörde „im Interesse einer ausreichenden Bedienung der Bevölkerung mit Verkehrsleistungen (...) sowie einer wirtschaftlichen Verkehrsgestaltung für eine Integration der Nahverkehrsbedienung" sorgen. Zugleich wurde allerdings darauf hingewiesen, dass die Verkehrsleistungen vorrangig eigenwirtschaftlich erbracht werden sollten (§ 8 Abschn. 4). Es wurde zwar deutlicher als bis dahin zwischen Eigen- und Gemeinwirtschaftlichkeit unterschieden, letztlich blieb aber unklar, wie sich beide zueinander verhalten sollten. Im novellierten PBefG, das seit 2013 in Kraft ist, wandelt sich dagegen der Genehmigungsstatus der Verkehrsunternehmen von der Eigen- zur Gemeinwirtschaftlichkeit. Im alten Gesetz erfasste der Begriff der Eigenwirtschaftlichkeit die allermeisten Verkehrsleistungen. Grundsätzlich hält das neue Gesetz zwar am Vorrang der eigenwirtschaftlichen Verkehre fest, fasst den Begriff der Eigenwirtschaftlichkeit aber so eng, dass eigenwirtschaftlich nur noch solche Verkehre sein können, die – abgesehen von Ausgleichsleistungen aus allgemeinen Vorschriften – ohne jegliche öffentliche Ausgleichszahlung oder Gewährung ausschließlicher Rechte auskommen. Ausschließlich Rechte bedürfen nach europäischem Recht immer eines Dienstleistungsauftrags und beinhalten damit automatisch gemeinwirtschaftliche Verkehrsleistungen im Sinne des Gemeinschafts- rechts. Für die regelmäßig defizitären kommunalen Verkehrsunternehmen kommt jedenfalls nur noch ein gemeinwirtschaftlicher Verkehrsantrag in Frage. Anders als nach dem alten PBefG ist nach dem novellierten für die im steuerlichen Querverbund finanzierten Verkehrsleistungen Eigenwirtschaftlichkeit ausgeschlossen. Die traditionellen Elemente gemeinwirtschaftlicher Verkehrsleistungen, die sich schon im ursprünglichen Gesetz von 1934 befanden, sind weiterhin kodifiziert: etwa das Gebot zur Leistungsaufnahme nach erteilter Erlaubnis zum Marktzutritt, die Verpflichtung, während der Genehmigungsdauer den Betrieb den öffentlichen Verkehrsinteressen und dem neuesten Stand der Technik entsprechend aufrechtzuerhalten, die Verpflichtung zum Leistungsangebot in Form einer generellen Beförderungs- und Betriebspflicht oder die Verpflichtung zur Leistungserweiterung.

Neben dem ÖSPV gibt es den SPNV, zu dem die Regionalzüge und die S-Bahnen gehören. Seine Leistungen gelten als gemeinwirtschaftlich und unterliegen dem Bestellerprinzip. Er wird durch das AEG von 1993 und die Regulierungsgesetze der Länder geregelt und ist zumindest grundsätzlich dem Wettbewerb um Subventionen über Ausschreibungen ausgesetzt; eine generelle Ausschreibungspflicht besteht allerdings nicht.

Beim Güterverkehr führte der sich seit dem Ersten Weltkrieg entwickelnde Wettbewerb zwischen Schiene und Straße zur Unterscheidung zwischen Güternah- und Güterfernverkehr auf der Straße, wobei letzterer als unmittelbarer Konkurrent zu dem auf der Schiene restriktiv reglementiert wurde (vgl. Karl 2008). Entsprechend dem alten Güterkraftverkehrsgesetz (GüKG) galten für den Güternahverkehr das „öffentliche Verkehrsinteresse" und die „befriedigende Verkehrsbedienung". Beim Güterfernverkehr waren „bei Festsetzung der Beförderungsentgelte unbillige Benachteiligungen landwirtschaftlicher und mittelständischer Wirtschaftskreise sowie wirtschaftlich schwacher und ungünstig gelegener Gebiete zu vermeiden." Von diesen Bestimmungen ist im novellierten GüKG von 1998 nichts übrig geblieben. Der Güterverkehr auf der Straße ist somit von gemeinwirtschaftlichen Pflichten befreit.

(2) Das AEG und das PBefG aus den 1990er-Jahren gingen u. a. auf die Verordnung Nr. 1191 der europäischen Kommission von 1969 zurück. Grundsätzlich nahm das Gemeinschaftsrecht gerade für den Verkehrssektor wohl am konkretesten auf die Kategorie der öffentlichen Dienstleistungen Bezug. Bereits im EWG-Vertrag von 1957 wird, wie erwähnt, unter dem Titel ‚Verkehr' in Art. 77 (93 AEUV) ausdrücklich festgehalten, dass es „bestimmte mit dem Begriff des öffentlichen Dienstes zusammenhängende Leistungen" gibt. Auch die Texte des abgeleiteten Rechts benutzen diesen Begriff. Die Verordnung Nr. 1191 spezifizierte dann die Dienstleistungen, die den Verkehrsunternehmen auferlegt werden konnten, „um insbesondere unter Berücksichtigung sozialer, umweltpolitischer und landesplanerischer Faktoren eine ausreichende Verkehrsbedienung sicherzustellen oder um Sondertarife für bestimmte Gruppen von Reisenden anzubieten." Diese Betriebs-, Beförderungs- und Tarifleistungen wurden als Pflichten verstanden, die das Verkehrsunternehmen „im eigenen wirtschaftlichen Interesse nicht oder nicht im gleichen Umfang und nicht unter den gleichen Bedingungen übernehmen würde". Die novellierte Fassung der Verordnung von 1991 verfolgte dann vornehmlich das Ziel, die Verkehrsunternehmen von gemeinwirtschaftlichen Leistungen bzw. von „Verpflichtungen des öffentlichen Dienstes" zu befreien. Sie wollte die wirtschaftliche Eigenständigkeit der Verkehrsunternehmen weiter stärken und hob grundsätzlich die gemeinwirtschaftlichen Verpflichtungen durch einseitigen hoheitlichen Akt auf und ersetzte sie durch Leistungsverträge zwischen Behörden, die Verkehre nachfragen, und Unternehmen, die sie anbieten. Allerdings konnten Stadt-, Vorort- und Regionalverkehr weiterhin ausgenommen werden.

Im Zuge der Lissabonstrategie zur Liberalisierung des Transportsektors wurde mit der Verordnung 1370/2007 ein neuer europarechtlicher Rahmen für die „öffentlichen Personenverkehrsdienste auf Schiene und Straße" geschaffen. Die Verordnung trat Ende 2009 in Kraft und ersetzt die von 1969 bzw. 1991. Ihr Ziel ist „die Gewährleistung sicherer, effizienter und hochwertiger Personenverkehrsdienste durch einen regulierten Wettbewerb, der auch die Transparenz und Leistungsfähigkeit öffentlicher Personenverkehrsdienste garantiert, und zwar unter Berücksichtigung sozialer, umweltpolitischer und raumplanerischer Faktoren oder das Angebot spezieller Tarifbedingungen zugunsten bestimmter Gruppen von Reisenden" (Erwägung 4). Dazu bedarf es entsprechender Maßnahmen der „zuständigen Behörden", denn „viele Personenlandverkehrsdienste, die im allgemeinen wirtschaftlichen Interesse erforderlich sind, (werden) derzeit nicht kommerziell betrieben". Die Behörden können „gemeinwirtschaftliche Verpflichtungen" – so der immer wiederkehrende Terminus – festlegen, die vom Verkehrsunternehmen erfüllt werden müssen. Das sind – wie in der Verordnung von 1969 – „bestimmte Anforderungen im Hinblick auf die Sicherstellung von im allgemeinen Interesse liegenden öffentlichen Personenverkehrsdiensten, die der Betreiber unter Berücksichtigung seines eigenen wirtschaftlichen Interesses nicht oder nicht im gleichen Umfang oder nicht zu den gleichen Bedingungen ohne Gegenleistung übernommen hätte" (Art. 2 lit. e). Für die gemeinwirtschaftlichen Verpflichtungen werden „Ausgleichsleistungen" von den zuständigen Behörden gezahlt. Mit ihnen ist jeder Vorteil gemeint, „insbesondere finanzieller Art, der mittelbar oder unmittelbar von einer zuständigen Behörde aus öffentlichen Mitteln während des Zeitraums der Erfüllung einer gemeinwirtschaftlichen Verpflichtung oder in Verbindung mit diesem Zeitraum gewährt wird" (Art. 2 lit. g). Zweck dieser Verordnung ist daher in erster Linie, transparente Regeln für die Erfüllung gemeinwirtschaftlicher Verpflichtungen und/oder der Vergabe ausschließlicher Rechte bei der Durchführung von Personenverkehrsdiensten zu schaffen. Sie stellt einheitliche Wettbewerbsregeln für Verkehre als Dienstleistungen von allgemeinen wirtschaftlichen Interessen auf und verbindet damit Vergabe- und Beihilferecht. Öffentliche Personennahverkehrsdienste können eben nicht ohne finanzielle Ausgleichsleistungen von Seiten der öffentlichen Hand auskommen.

Grundsätzlich kennt die Verordnung drei Arten der Vergabe von öffentlichen Dienstleistungsaufträgen: Direktvergabe, Vergabe im Rahmen eines wettbewerblichen Verfahrens (bei dem Qualitäts-, Sozial- und Arbeitsstandards festgelegt werden) und Vergabe im Wettbewerb. In jedem Fall sollen die Ausgleichzahlungen so „berechnet werden, dass übermäßige Ausgleichsleistungen vermieden werden. Beabsichtigt eine zuständige Behörde die Vergabe eines öffentlichen Dienstleistungsauftrags ohne wettbewerbliche Vergabeverfahren, so sollte sie auch detaillierte Bestimmungen einhalten, mit denen die Angemessenheit der Ausgleichsleistung gewährleistet wird und die der angestrebten Effizienz und Qualität der Dienste Rechnung tragen" (Erwägung 27). Hier greift die Verordnung auf das Altmark-Urteil des Europäischen Gerichtshofes (EuGH) von 2003 zurück, das insofern für den ÖV relevant ist, als es bestätigt, dass Art. 93 AEUV (73 EGV) eine besondere Regelung zum Art. 106 Abschn. 3 AEUV (86 Abschn. 3 EGV) darstellt, der wiederum die Regeln festlegt, die für finanzielle Zuwendungen für gemeinwirtschaftliche Verpflichtungen im ÖV gelten: Ausgleichzahlungen, die den Bestimmungen von Art. 93 widersprechen, sind staatliche Beihilfen, die mit dem AEUV nicht vereinbar sind. Mitgliedstaaten müssen bei Ausgleichzahlungen für gemeinwirtschaftliche Verpflichtungen, die keinen Beihilfecharakter haben sollen, die *vier Altmark-Kriterien* erfüllen:

1. Das begünstigte Unternehmen ist tatsächlich mit der Erfüllung gemeinwirtschaftlicher Verpflichtungen betraut worden und diese sind klar definiert (Betrauungsgrundsatz);
2. die Parameter zur Berechnung des Ausgleichs sind zuvor objektiv und transparent aufgestellt worden (Vorherigkeits- und Transparenzgebot);
3. der Ausgleich geht nicht über das hinaus, was erforderlich ist, um die Kosten der Erfüllung der gemeinwirtschaftlichen Verpflichtungen zu decken (Kostendeckungsgrundsatz);
4. wenn keine Ausschreibung erfolgt, ist die Höhe des Ausgleichs auf der Grundlage eines Vergleichs mit einem „durchschnittlichen, gut geführten, angemessen ausgestatteten Unternehmen" zu bestimmen (Gebot der Verfahrensadäquanz mit ersatzweiser Marktanalyse).

Sinn und Zweck der Reform der rechtlichen Rahmenbedingungen für den ÖV, die mit der Lissabonstrategie 2000 eingeleitet wurde, ist es, ihn einem stärkeren Wettbewerb auszusetzen. Hiervon erhofft man sich eine höhere Kosten-, Markt- bzw. Preis- und Qualitätseffizienz. Die wesentlichen Elemente dieses Wettbewerbskonzepts sind (a) die Öffnung der Schieneninfrastruktur für private Unternehmen, (b) die schärfere Trennung von Eigen- und Gemeinwirtschaftlichkeit, (c) die Ausschreibungspflicht für Verkehre mit gemeinwirtschaftlichen Leistungen und (d) die Gebietskörperschaft als Besteller von Verkehrsleistungen und als Gewährsträger der Gemeinwirtschaftlichkeit. Während man aber zunächst der Eigenwirtschaftlichkeit weitgehend Vorrang eingeräumt hat, ist die Verordnung 1370/2007 stärker an den Dienstleistungen von allgemeinem (wirtschaftlichem) Interesse mit ihren gemeinwirtschaftlichen Verpflichtungen ausgerichtet.

(3) Verlässt man die aktuelle Perspektive und wendet sich wiederum der historischen zu, so gehört der Verkehr zu den am frühesten und intensivsten regulierten Sektoren. Schon die ersten Eisenbahngesetze der deutschen Staaten seit den 1830er-Jahren als auch die späteren Neben- und Kleinbahngesetze beinhalteten letztlich ganz ähnliche gemeinwirtschaftliche Tatbestände wie die einschlägigen Gesetze, insbesondere das PBefG heute (vgl. Ambrosius 1997). Schon im 19. Jahrhundert wurden im Rahmen der subjektiven Zulassungsbedingungen personenbezogene Anforderungen an den Antragsteller, der ein Verkehrsunternehmen betreiben wollte, und den mit der Geschäftsführung beauftragten Personen gestellt. Es gab objektive Genehmigungsbeschränkungen zum Schutz des ÖV als eines wichtigen Gemeinschaftsgutes. Bei den Vorgaben für die Leistungserstellung ging es um eine besondere Betriebs- und Verkehrssicherheit, um das Gebot der Leistungsaufnahme und der dauerhaften Betriebsführung, um die Beförderungs- und Betriebspflicht. Bei den Regelungen der Leistungsabgaben behielten sich die Behörden auch schon damals ein Mitspracherecht bei der Preisgestaltung, der Linienführung und Verkehrsfrequenz im öffentlichen Interesse vor. Auch das schwierige Verhältnis von Gemein- und Eigenwirtschaftlichkeit wurde gesetzlich und vertraglich in dem Sinne thematisiert, dass beispielsweise nach § 14 des preußischen Kleinbahngesetzes von 1892 die Genehmigungsbehörden bei der Festsetzung der Höchstgrenzen der Beförderungspreise „auf die finanzielle Lage des Unternehmens und auf eine angemessene Verzinsung und Tilgung des Anlagekapitals" Rücksicht nehmen sollten. Ähnliche Bestimmungen wurden in die folgenden Gesetze übernommen. Diese gemeinwirtschaftliche Ausrichtung des Verkehrssektors, die in der Zwischenkriegszeit seit langem selbstverständlich war, wurde 1934 im ‚Gesetz über die Beförderung von Personen zu Lande' (PBefG) ausdrücklich festgehalten. Allerdings wurde wie in den Gesetzen zuvor zwischen Eigen- und Gemeinwirtschaftlichkeit nicht klar unterschieden. Durch die Be- und Verhinderung von Konkurrenz auf der Straße hoffte man bei den Eisenbahnen weiterhin beide zu erreichen.

3.3 Gemeinwirtschaftlichkeit als Politik

(1) Im Folgenden sollen vier Aspekte des schwierigen Verhältnisses von Gemeinwirtschaft und Politik aufgegriffen werden. Beim ersten Aspekt geht es nicht um den beschriebenen – wenn man so will – programmatischen (theoretischen) Diskurs über Gemeinwirtschaftlichkeit, sondern um die praktischen politischen Auseinandersetzungen. Etwas vereinfacht und pointiert standen und stehen sich zwei Positionen gegenüber. Im Rahmen der ersten Position sind gemeinwirtschaftlich ausgerichtete öffentliche Dienstleistungssysteme bzw. Verkehre Ausdruck einer überkommenen Gesellschaftskonzeption. Sie würden ein Verhältnis von Staat und Bürger repräsentieren, das nicht mehr aktuell sei, da die privaten Nachfrager nach Dienstleistungen den öffentlichen Anbietern nicht mehr in einem ‚staats'bürgerlichen Verhältnis begegnen würden, sondern in einem rein privatwirtschaftlichen. Sie seien Überbleibsel des paternalistischen Wohlfahrtsstaates mit seiner traditionellen Leistungs- und Hoheitsverwaltung. Heute gehe es dagegen darum, den Wildwuchs der sozialen Transfers zurückzuschneiden, damit sich Leistung wieder lohne und das marktwirtschaftliche System zu seiner alten Dynamik zurückfinde. Schließlich seien sie Fremdkörper in einem System, dessen zentrale Ordnungselemente das Privateigentum und der wettbewerbliche Markt seien, weil sie meist monopolistische Privilegien genießen würden und sich damit dem Konkurrenzdruck entziehen könnten. Unnötige Subventionen würden gezahlt, Managerpositionen von unfähigen Parteifunktionären besetzt und qualitativ schlechte Dienste angeboten. Als Folge verschlechtere sich die gesamtwirtschaftliche Allokationseffizienz und volkswirtschaftliche Ressourcen würden vergeudet. In der politischen Auseinandersetzung sind es vor allem liberale Parteiflügel, Wirtschaftsverbände, private Verkehrsunternehmen und Unternehmensberater, die diese Position vertreten. Im Rahmen der zweiten Position sind gemeinwirtschaftlich ausgerichtete öffentliche Dienstleistungssysteme und damit öffentliche Verkehre dies alles gerade nicht. Sie werden weiterhin als Daseinsvorsorge verstanden. Sie würden weiterhin wichtige sozial-, raum-, gewerbe- oder gesellschaftspolitische Funktionen erfüllen und seit der jüngeren Vergangenheit auch umweltpolitische. Sie seien Ausdruck der kommunalen Selbstverwaltung, Subsidiarität und „materiellen Demokratie". Diese Position vertreten vornehmlich „linke" Parteiflügel, bestimmte Gemeindepolitiker, kommunale Verkehrsbetriebe und ihre Verbände.

Beim zweiten Aspekt geht es um die tatsächlich verfolgten Ziele von Verkehrsunternehmen. Lässt man die gemeinwirtschaftlichen Ziele, die heute in der Praxis verfolgt werden, Revue passieren, so ist wohl an erster Stelle das Ziel der Versorgungssicherheit zu nennen (vgl. Eichhorn 1983; Eichhorn und Greiling 1997; Oettle 1983). Verkehrsunternehmen werden hinsichtlich ihrer Einsatzmöglichkeiten und Kapazitäten so ausgelegt, dass sie nicht nur die durchschnittliche, sondern auch die zu Spitzenzeiten auftretende Verkehrsnachfrage befriedigen können. Im Zusammenhang damit werden auch die Präferenzen spezifischer Nachfrager berücksichtigt, beispielsweise die des Berufs-,

Einkaufs- oder Freizeitverkehrs. Ebenfalls eng mit der Versorgungssicherheit verbunden ist die Gewährleistung eines Siedlungsflächen deckenden Angebots an Verkehrsdienstleistungen. Der ÖV bedient nicht nur viel befahrene, rentable Strecken, sondern auch weniger lukrative oder defizitäre. Wenn sich die DB AG aus der Fläche und kommunale Verkehrsgesellschaften aus bestimmten Stadtteilen zurückziehen, bedeutet das einen Verlust an einem gemeinwirtschaftlichen Verkehrsangebot. Der ÖV trägt zudem dazu bei, eine hohe Massenmobilität zu sichern, Straßen zu entlasten und einem Verkehrsinfarkt entgegen zu wirken. Voraussetzung dafür ist neben hoher Taktfrequenz und Pünktlichkeit ein an der neuesten Technik ausgerichtetes Verkehrssystem mit Vorrangschaltung für den ÖV. Die Sicherung einer hohen Mobilität berührt unmittelbar die sozialpolitischen Ziele. Nach wie vor ist insbesondere der ÖPNV dem Postulat der Preiswürdigkeit verpflichtet. Kindern, Auszubildenden, Berufspendlern, Behinderten oder Rentnern wird Mobilität zu tragbaren Tarifen angeboten. Als weiteres Element einer gemeinwirtschaftlichen Politik ist sicherlich auch das relativ hohe Maß an Betriebs-, Verkehrs- und Kundensicherheit zu nennen. Zunehmend wichtiger ist in den letzten Jahren die Umweltverträglichkeit des Verkehrs geworden. Der ÖV leistet außerdem einen Beitrag zur Raumplanung und -entwicklung. Ob angesichts des Bevölkerungsrückgangs und der damit verbundenen Schrumpfungsprozesse dieses Ziel an Bedeutung verlieren wird, ist noch nicht abzusehen (vgl. Canzler in diesem Band: ▶ Die soziale Aufgabe von Verkehrsinfrastrukturpolitik). Nach wie vor gilt aber, dass neue Wohn- und Gewerbegebiete nur dann angenommen werden, wenn sie vom ÖV erschlossen sind. Die Auflistung dieser Ziele verbunden mit der Behauptung, dass sie tatsächlich verfolgt werden, mag ein idealisiertes Bild der Wirklichkeit zeichnen. Häufig und zunehmend werden sie „ausgedünnt" oder ganz aufgegeben. Letztlich wird man aber bei der ganz überwiegenden Zahl der Aufgabenträger konstatieren müssen, dass sie grundsätzlich solche Ziele verfolgen wollen und die Verkehrsunternehmen dazu anhalten sie umzusetzen.

Beim dritten Aspekt geht es um die Möglichkeiten der öffentlichen Aufgabenträger bzw. Leistungsbesteller, die privaten oder öffentlichen Verkehrsunternehmen bzw. Leistungsersteller zu gemeinwirtschaftlichem Verhalten anzuhalten. Unternehmen des ÖV können prinzipiell auf drei Arten auf solche gemeinwirtschaftlichen Ziele verpflichtet werden: mit Hilfe von Regulierung, Verträgen und Eigentümersteuerung. Der ÖV wird seit langem reguliert, wobei der Gesetzgeber im öffentlichen Interesse die wirtschaftlichen Dispositionen der Unternehmen beeinflusst. Auch dies ist eine idealisierte Sichtweise. Die Vorschriften gelten für alle Betreiber, d. h. für öffentliche und private Unternehmen. Ihre Einhaltung kontrollieren unternehmensexterne Regulierungsstellen. Auf einige der vielfältigen Bestimmungen im PBefG zur Sicherung einer gemeinwirtschaftlichen Verkehrsbedienung, zur Gewährleistung der Verkehrssicherheit und zur Organisation eines geordneten Verkehrsnetzes wurde bereits hingewiesen. Darüber hinaus gibt es Vorschriften zu subjektiven Zulassungsbedingungen und objektiven Zulassungsbeschränkungen, zu Leistungserstellungsvorgaben, Leistungserweiterungsverpflichtungen und Leistungsabgaberegelungen.

Vertragliche Beziehungen regeln das Verhältnis zwischen öffentlichen Aufgabenträgern und privaten bzw. öffentlichen Verkehrsunternehmen. Das gilt auch für das zwischen öffentlichen Verkehrsunternehmen und privaten Subunternehmen. Bei solchen vertraglichen Beziehungen kommt es darauf an, dass die Verkehrsleistungen einschließlich der gemeinwirtschaftlichen Verpflichtungen präzise formuliert werden. Nur so ist es möglich, ihre Erfüllung zu überprüfen und zwar auf gerichtsfeste Weise; bei Nichterfüllung kann dann erfolgreich der Rechtsweg beschritten werden, Außerdem verlangt das europäische Beihilferecht, wie erwähnt, eine genaue Definition, um die Ausgleichszahlungen für gemeinwirtschaftliche Verpflichtungen berechnen zu können.

Die bisherigen Möglichkeiten, gemeinwirtschaftliche Politik durchzusetzen, lassen sich nur bedingt mit denen vergleichen, die ein öffentlicher Träger besitzt, um auf sein eigenes öffentliches Unternehmen einzuwirken, obwohl es sich hierbei auch um vertragliche Beziehungen handelt. (vgl. Eichhorn und Greiling 1997: 63; Henke et al. 2005). Dabei hängt es wesentlich von den Organisations- und Rechtsformen der Unternehmen ab, inwieweit die inhaltlichen Zielvorgaben gemeinwirtschaftlicher Politik tatsächlich umgesetzt werden. Das trägerbezogene Instrumentarium zur Überwachung der öffentlichen Aufgabenerfüllung reicht grundsätzlich von Zielvorgaben, Planwerken und sonstigen Ex-ante-Berichtspflichten über zustimmungsbedürftige Geschäfte, Alleinentscheidungsrechte, Eingriffsmöglich- keiten in die laufende Geschäftsführung bis zu ex post anzusetzenden gesellschaftsrechtlichen und sonstigen Prüfungen. Generell kann man sagen, dass der Aufgabenträger umso größeren Einfluss auf die Aufgabenerfüllung nehmen kann, je enger der Verkehrsbetrieb an ihn, d. h. an die politische Gebietskörperschaft, gebunden ist (vgl. Greiling 1996, 1998; Schuppert 1990). Besonders eng ist dieses Verhältnis bei den Eigenbetrieben, während Gesellschaften mbH und Aktiengesellschaften mehr oder weniger selbstständig sind. Eine noch größere Distanz zur politischen Körperschaft entsteht dann, wenn privates Kapital beteiligt ist, was zu gemischtwirtschaftlichen Unternehmen bzw. Öffentlich-Privaten Partnerschaften führt. Aber selbst bei privatrechtlichen Konstruktionen eröffnet das Gesellschafts- bzw. Aktienrecht grundsätzlich die Möglichkeit, das öffentliche Interesse durchzusetzen. Ist eine entsprechende Formulierung in der Satzung festgehalten, kann die öffentliche Hand ihre Ziele zum Unternehmenszweck machen und die Gesellschaft auf dessen Verfolgung bzw. Einhaltung verpflichten. Allerdings müssen auch hier die öffentlichen Vorgaben ausreichend präzise formuliert werden, damit aus ihnen operative Handlungsanweisungen für das Management hergeleitet und die Zielerreichungen überprüft werden können. Sie dürfen auch nicht gegen die Eigeninteressen des Unternehmens verstoßen, womit wiederum der Grundkonflikt zwischen Eigen(Erwerbs-)wirtschaftlichkeit und Gemein(Bedarfs-)wirtschaftlichkeit angesprochen wird (vgl. Himmelmann 1990; Marszalek 2005). Generell gehören die Unternehmen des ÖV zu denjenigen mit starkem Gemeinwirtschaftlichkeitsbezug, bei denen es relativ einfach ist, konkrete Zielvorgaben zu formulieren, sie zu operationalisieren und ihre Umsetzung zu kontrollieren. Allerdings droht auch bei ihnen der gemeinwirtschaftliche Gehalt der Zielvorgaben ausgedünnt zu werden, insbesondere wenn – wie bei der DB AG – betriebliche Einheiten abgespalten und in mehreren kleineren Unternehmen weitergeführt oder Subunternehmen beauftragt werden. Das übergeordnete gemeinwirtschaftliche Verantwortungsbewusstsein kann verloren gehen und jede der neuen Firmen kann sich nur noch den eigenen spezifischen Interessen verpflichtet fühlen.

Beim vierten Aspekt geht es daher um die Gefahr, dass das gemeinwirtschaftliche ‚Ethos' in öffentlichen Unternehmen immer mehr in den Hintergrund tritt. Mit der sich seit den 1990er-Jahren erneut verstärkenden Tendenz zur Verselbstständigung öffentlicher Unternehmen ist nicht nur eine Veränderung der Organisations- und Rechtsformen verbunden, sondern auch ein Wandel des Normen- und Wertesystems der handelnden Akteure. Manager, aber auch Politiker fühlen sich immer weniger gemeinwirtschaftlichen Sach- und immer mehr eigenwirtschaftlichen Formalzielen verpflichtet (vgl. Budäus 2006; Ruter et al. 2005; Ludewig 2001). Allgemeine, wenig verbindliche Vorgaben von Seiten der Politik führen zu vergleichsweise weiten Handlungs- und Zielsetzungsspielräumen für das Management, die zu einer wachsenden Markt- und Wettbewerbsorientierung genutzt werden. Die Tatsache, dass sich Politiker und Manager immer weniger einem gemeinwirtschaftlichen Ethos verpflichtet fühlen, kann auf die sich verändernden *objektiven* Rahmenbedingungen zurückgeführt werden, in denen sich ihre Betriebe neu orientieren müssen – von den finanziellen Restriktionen der öffentlichen Haushalte über die wettbewerbliche Öffnung der Märkte bis zur sich immer noch verschärfenden Konkurrenz des MIV. Es hat aber auch etwas mit der sich im Zusammenhang mit der liberalen Renaissance vollziehenden *subjektiven* Diskreditierung des ‚öffentlichen Interesses', des ‚Gemeinwohls' oder der ‚Gemeinwirtschaftlichkeit' zu tun. Hier scheint sich aber in jüngster Zeit eine Trendwende anzudeuten. Mit der fortschreitenden Privatisierung öffentlicher Unternehmen und den steigenden Tarifen für die Ver- und Entsorgung nimmt die Kritik der Bürger an der – zumindest subjektiv so empfundenen – Dominanz der Erwerbswirtschaftlichkeit zu. Mit der Rekommunalisierungsbewegung ist die Idee verbunden, die Ver- und Entsorgungswirtschaft und damit auch den ÖV wieder stärker an den lokalen und regionalen Verhältnissen, d. h. an gemeinwirtschaftlichen Zielen, auszurichten. Auch die DB AG steht in dieser Hinsicht zunehmend unter öffentlichem Druck.

(2) Auf europäischer Ebene waren und sind die politischen Auseinandersetzungen zwischen den Befürwortern einer konsequenten Liberalisierung und Privatisierung öffentlicher bzw. gemeinwirtschaftlicher Dienstleistungen und denen einer Fortsetzung der traditionellen Daseinsvorsorge mindestens ebenso hart wie auf mitgliedstaatlicher Ebene. Sie sind schon deswegen ausgesprochen schwierig, weil es eben ganz unterschiedliche nationale Traditionen gibt. Um nach 30jähriger Untätigkeit in den 1990er-Jahren überhaupt damit zu beginnen, das gemeinschaftliche Wettbewerbsregime auf die Märkte öffentlicher

Dienstleistungen zu übertragen, wurde die Kommission gezwungen die Initiative zu ergreifen, ohne sich anfangs offensichtlich über das schwierige Verhältnis von Wettbewerb und Gemeinwirtschaftlichkeit klar zu sein. Anfangs waren es sektorspezifische Richtlinien insbesondere für Post und Telekommunikation, mit denen die Kommission versuchte, sowohl allgemeine Leitprinzipien zur Gemeinwirtschaftlichkeit öffentlicher Dienstleistungen zu formulieren als auch bestimmte Tatbestände der Gemeinwirtschaftlichkeit zu präzisieren. Der Verkehr stand dabei zunächst nicht im Vordergrund. Aber gerade die Debatten um den Verkehr zeigten in der Folgezeit, wie schwierig und politisch kontrovers es war, beide Prinzipien zu versöhnen. Die Vielzahl der Papiere, die zwischen Kommission, Parlament und Ministerrat in der Vergangenheit zirkulierten, machen deutlich, wie groß die Unsicherheit über die Ausrichtung der Politik war. Immerhin scheint mit der Verordnung 1370/2007 ein zumindest vorläufiger Kompromiss gefunden worden zu sein.

(3) Ein Rückblick in die Geschichte zeigt wiederum, dass all dies so neu nicht ist. Neben- und Kleinbahnen wurden seit dem 19. Jahrhundert fast durchweg in privatrechtlicher Form gegründet und geführt (vgl. Ambrosius 2000). Nur etwa ein Drittel befand sich vor dem Ersten Weltkrieg ausschließlich im Eigentum von Gemeinden und Kreisen, ansonsten waren Private, in wenigen Fällen auch der Staat beteiligt. Straßenbahnen, die nicht selten mit privatem ausländischem Kapital gebaut wurden, besaßen anfangs ebenfalls meist die Rechtsform der Aktiengesellschaft. Auf die gemischtwirtschaftlichen Kleinbahnen bzw. auf die privaten Eisenbahnbetriebsgesellschaften versuchten die öffentlichen Eigentümer ihren Einfluss unmittelbar über entsprechende Sitze im Aufsichtsrat oder Vorstand und/oder über Betriebsführungs- und Pachtverträge zu sichern. Der „Konzessionsvertrag" und das „öffentliche Unternehmung" in privatrechtlicher Form waren privatrechtliche Instrumente zur Steuerung des ÖV. Insofern wählten die Gemeinden nicht das öffentliche Recht bzw. die hoheitlich-administrative Regulierung, um ihre Ziele zu erreichen, sondern nahmen den „Umweg" über das Zivilrecht und über mehr oder weniger eigenständige Betriebseinheiten. Private Verkehrsunternehmen wurden kommunalisiert, weil das damalige Vertragsmanagement nicht ausreichte, um sie auf gemeinwirtschaftliche Ziele zu verpflichten – auch dann nicht, wenn die Gemeinden bereit waren, über reduzierte Konzessionsabgaben finanzielle Ausgleichszahlungen für gemeinwirtschaftliche Verpflichtungen zu leisten.

Von Beginn an erkannte man auch das Problem, dass die Möglichkeiten, öffentliche Unternehmen im Dienste gemeinwirtschaftlicher Zwecke zu instrumentalisieren, geschwächt wurden, wenn sie in privatrechtliche Organisationsformen umgewandelt wurden. Für die damaligen Akteure war klar, dass mit der formellen Privatisierung die öffentlichen Verfügungsrechte ausgedünnt wurden und die politischen Trägerkörperschaften an Einfluss verloren (vgl. Ambrosius 1984). Dennoch bildete sich schon seit Ende des 19. Jahrhunderts ein Trend zur Verselbstständigung heraus. Man glaubte zu erkennen, dass es betrieblichen Verwaltungseinheiten bzw. Regiebetrieben an Wirtschaftlichkeit mangelte und wollte diesem Defizit begegnen, indem man privatwirtschaftliche

Organisations- und Rechtsformen übernahm und sogar privates Kapital beteiligte. Die Verselbstständigung der Regiebetriebe und die verschiedenen Betriebs- und Betreibermodelle, die gerade im Verkehrssektor erprobt wurden und sich immer mehr durchsetzten, zeigen dies. Insofern wurde auch die Instrumentalisierung öffentlicher Unternehmen zu überbetrieblichen Zwecken schon ganz früh durch das Spannungsverhältnis von Eigen- und Gemeinwirtschaftlichkeit gekennzeichnet.

4 Fazit und Perspektiven einer gemeinwirtschaftlichen Verkehrspolitik

Die Reform des Eisenbahnwesens und die Einbeziehung der Infrastrukturmärkte in das europäische Wettbewerbsregime seit den 1990er-Jahren hatten tief greifende Konsequenzen für den ÖV. Das letzte Ziel dieser umfassenden Veränderungen war eine Steigerung der (Kosten-)Effizienz des Verkehrs, die mit mehr Eigenwirtschaftlichkeit, weniger Gemeinwirtschaftlichkeit und einer klareren Trennung zwischen beiden erreicht werden sollte. In den folgenden Jahren entstand eine unübersichtliche Gemengelage aus Forderungen nach mehr Wettbewerb und gleichzeitiger Berücksichtigung gemeinwirtschaftlicher Dienstleistungen von allgemeinem (wirtschaftlichem) Interesse, aus europäischem Vergabe- bzw. Beihilferecht und deutschem Eisenbahn- und Beförderungsrecht, aus spezifischen Regelungen für den Fernverkehr und solchen für den Nahverkehr. Der Gedanke der Gemeinwirtschaft schien dabei auf der Strecke zu bleiben. In der Zwischenzeit haben sich die Dinge bis zu einem gewissen Grad geklärt. Auf der europäischen Ebene haben sowohl die legislativen und exekutiven Organe als auch der Europäische Gerichtshof dafür gesorgt, dass sich das Verhältnis von Eigen- und Gemeinwirtschaftlichkeit entspannt hat. Es kann keinen Zweifel mehr daran geben, dass die Notwendigkeit gemeinwirtschaftlicher Verkehrsleistungen im gemeinschaftlichen Wettbewerbsregime nicht mehr ernsthaft in Frage gestellt wird. Auf der nationalen Ebene hat insbesondere das novellierte PBefG dafür gesorgt, dass Gemeinwirtschaftlichkeit endgültig den konstitutiven Ausgangspunkt des ÖPNV darstellt. Gleichzeitig scheint der Glaube an den Segen formeller und materieller Privatisierung zu erodieren. Allerdings bleibt es bei der Unterscheidung zwischen eigenwirtschaftlichem Fernverkehr und gemeinwirtschaftlichem Nahverkehr. Dabei dürfte die Zersplitterung der DB AG in verschiedene Einzelunternehmen und die Zulassung des Busfernverkehrs zusätzlich dazu beitragen, dass Gemeinwirtschaftlichkeit im Fernverkehr kaum noch eine Rolle spielt. Gemeinwirtschaftliche Verkehre werden also auch in Zukunft von Bedeutung sein, vielleicht in geringerem Umfang als bisher, aber präziser definiert und wahrscheinlich sogar rechtssicherer. Natürlich muss den demografischen und wirtschaftlichen und daraus folgend den räumlichen Veränderungen Rechnung getragen werden, die schon heute und erst recht in Zukunft dazu führen, dass der Anspruch auf eine „flächendeckende Grundversorgung" mit ÖV – soweit er überhaupt noch besteht – auf traditionelle Weise nicht mehr befriedigt werden kann. Aber selbst wenn der ÖV in absehbarer Zeit an

Umfang verlieren wird, werden gemeinwirtschaftliche Verkehre ein wichtiges Element föderaler Sozialstaatlichkeit bleiben. Dazu trägt auch die Einsicht bei, dass der ÖV als Dienstleistung von allgemeinem (wirtschaftlichen) Interesse einen kollektiven Nutzen schafft, wenn man externe, d. h. lokal-, regional- oder volkswirtschaftliche, Effekte berücksichtigt. Eine genauere Formulierung, präzisere Umsetzung und schärfere Kontrolle gemeinwirtschaftlicher Verpflichtungen sind auch angesichts der finanziellen Probleme von Bund, Ländern und Kommunen notwendig. Dies alles läuft auf eine Regionalisierung, Lokalisierung und Individualisierung des ÖV und damit der Gemeinwirtschaftlichkeit hinaus, die im Übrigen der notwendigen Integration bzw. Vernetzung der verschiedenen Verkehre nicht im Wege zu stehen brauchen.

Literatur

Aberle, Gerd. 2009. *Transportwirtschaft. Einzelwirtschaftliche und gesamtwirtschaftliche Grundlagen*. München.

Ambrosius, Gerold. 1984. *Der Staat als Unternehmer. Öffentliche Wirtschaft und Kapitalismus seit dem 19. Jahrhundert*. Göttingen.

Ambrosius, Gerold. 1997. Zurück zu den Anfängen? Die institutionelle Entwicklung des öffentlichen Nahverkehrs bis zum Zweiten Weltkrieg unter der Perspektive der aktuellen Regionalisierung. In *Der regionalisierte Nahverkehr*, Hrsg. Günter Püttner, 11–49. Baden-Baden.

Ambrosius, Gerold. 2000. Public Private Partnership und Gemischtwirtschaftlichkeit – neue Formen öffentlich-privater Kooperation in historischer Perspektive. In *Kommunen und Unternehmen im 20. Jahrhundert. Wechselwirkungen zwischen öffentlicher und privater Wirtschaft*, Hrsg. Matthias Frese und Bernd Zeppenfeld, 199–214. Essen.

Ambrosius, Gerold, und Peter Schmitt-Egner, Hrsg. 2006. *Europäisches Gemeinwohl. Historische Dimension und aktuelle Bedeutung*. Baden-Baden.

Beyme, Klaus von. 2002. Gemeinwohlorientierung und Gemeinwohlrethorik bei Parteieliten und Interessengruppen. In *Gemeinwohl und Gemeinsinn. Rhetoriken und Perspektiven sozialmoralischer Orientierung*, Hrsg. Herfried Münkler und Karsten Fischer, Bd. 2,137–156. Berlin.

Budäus, Dietrich, Hrsg. 2006. *Kooperationsformen zwischen Staat und Markt. Theoretische Grundlagen und praktische Ausprägungen von Public Private Partnership*. Baden-Baden.

CEEP – Europäischer Zentralverband der öffentlichen Wirtschaft Deutsche Sektion, Hrsg. 1986. *Europa, Wettbewerb und öffentliche Dienstleistungen*. Berlin.

Eichhorn, Peter. 1983. Aufgabenwandel bei der Deutschen Bundesbahn. In *Aufgaben öffentlicher und gemeinwirtschaftlicher Unternehmen im Wandel*, Hrsg. Peter Eichhorn und Paul Münch, 145–155.

Eichhorn, Peter, und Dorothea Greiling. 1997. Öffentlicher Personennahverkehr durch öffentliche und/oder private Unternehmen? In *Der regionalisierte Nahverkehr*, Hrsg. Günter Püttner, 51–69. Baden-Baden.

Eiermann, Rudolf, und Karl Oettle. 1986. Verkehrsunternehmen. In *Die Unternehmen der öffentlichen Wirtschaft in der Bundesrepublik Deutschland. Ein Handbuch*, Hrsg. Helmut Brede und Achim von Loesch, 137–157. Baden-Baden.

Frerich, Johannes, und Gernot Müller. 2004. *Europäische Verkehrspolitik. Von den Anfängen bis zur Osterweiterung der Europäischen Union*. Bd. 1, Politisch-ökonomische Rahmenbedingungen. Verkehrsinfrastrukturpolitik. München/Wien.

Gegner, Martin. 2007. Verkehr und Daseinsvorsorge. In *Handbuch Verkehrspolitik*, Hrsg. Oliver Schöller, Weert Canzler und Andreas Knie, 455–470. Wiesbaden.

Gesellschaft für öffentliche Wirtschaft und Gemeinwirtschaft, Hrsg. 1977. *Öffentliche Unternehmen in Rezession und Aufschwung. Eine Diskussion*. Berlin.

Gesellschaft für öffentliche Wirtschaft und Gemeinwirtschaft, Hrsg. 2004. *Public Private Partnership: Formen – Risiken – Chancen*. Berlin.

Greiling, Dorothea. 1996. *Öffentliche Trägerschaft oder öffentliche Bindung von Unternehmen? Eine teleologische Betrachtung am Beispiel der Kredit-, Verkehrs- und Versorgungswirtschaft*. Baden-Baden.

Harms, Jens, und Christoph Reichard, Hrsg. 2003. *Die Ökonomisierung des öffentlichen Sektors: Instrumente und Trends*. Baden-Baden.

Henke, Hans Jochen, Rainer Hillebrand, und Silke Steltmann. 2005. Müssen öffentliche Unternehmen anders gesteuert werden als private? In *Public Corporate Governance. Ein Kodex für öffentliche Unternehmen*, Hrsg. Rudolf X. Ruter, Karin Suhr und Georg Graf Waldersee, 27–36. Wiesbaden.

Himmelmann, Gerhard. 1990. Grenzen der Instrumentalisierung öffentlicher Unternehmen. In *Instrumentalfunktion öffentlicher Unternehmen*, Hrsg. Theo Thiemeyer, 71–86. Baden-Baden.

Karl, Astrid. 2008. *Öffentlicher Verkehr im Gewährleistungsstaat. Der ÖPNV zwischen Regulierung und Wettbewerb*. Berlin.

Knauff, Matthias. 2004. *Der Gewährleistungsstaat. Reform der Daseinsvorsorge – eine rechtswissenschaftliche Untersuchung mit besonderer Berücksichtigung des ÖPNV*. Berlin.

KOM – Kommission der Europäischen Gemeinschaften. 1995. *Das Bürgernetz. Wege zur Nutzung des Potentials des öffentlichen Personenverkehrs in Europa*. Brüssel.

KOM – Kommission der Europäischen Gemeinschaften. 2001. *Weissbuch: Die europäische Verkehrspolitik bis 2010: Weichenstellungen für die Zukunft*. Brüssel.

KOM – Kommission der Europäischen Gemeinschaften. 2003. Mitteilung: Leistungen der Daseinsvorsorge in Europa (2001/C 17/04). Brüssel.

Krabbe, Wolfgang R. 1985. *Kommunalpolitik und Industrialisierung. Die Entfaltung der städtischen Leistungsverwaltung im 19. und frühen 20. Jahrhundert. Fallstudien zu Dortmund und Münster*. Stuttgart.

Ludewig, Dieter. 2001. Dienstleistungen im Bereich des Nahverkehrs. In *Öffentliche Dienstleistungen im Konflikt zwischen Gemeinwohlverpflichtung und Wettbewerb*, Hrsg. Gesellschaft für öffentliche Wirtschaft, 24–33. Berlin.

Marszalek, Dieter. 2005. Eigenerstellung und Wettbewerb im ÖPNV – Perspektiven für Rollenverständnis von Aufgabenträgern und Unternehmen. In *Öffentliche Dienstleistungen zwischen Eigenerstellung und Wettbewerb*, Hrsg. Gesellschaft für öffentliche Wirtschaft, 125–134. Berlin.

Münkler, Herfried, und Harald Blum. 2002. Einleitung: Gemeinwohl und Gemeinsinn zwischen Normativität und Faktizität. In *Gemeinwohl und Gemeinsinn. Zwischen Normativität und Faktizität*, Hrsg. Herfried Münkler und Harald Blum, Bd. 4, 9–18. Berlin.

Münkler, Herfried, und Harald Blum, Hrsg. 2001. *Gemeinwohl und Gemeinsinn. Historische Semantiken politischer Leitbegriffe*, Bd. 1. Berlin.

Muthesius, Thomas. 1997. Die gesetzlichen Regelungen für den regionalisierten Nahverkehr: Ein Überblick. In *Der regionalisierte Nahverkehr*, Hrsg. Günter Püttner, 71–88. Baden-Baden.

Oettle, Karl. 1983. Aufgabenwandel im öffentlichen Personennahverkehr. In *Aufgaben öffentlicher und gemeinwirtschaftlicher Unternehmen im Wandel*, Hrsg. Peter Eichhorn und Paul Münch, 157–182. Baden-Baden.

Ruter, Rudolf X., Karin Sahr, und Georg Graf Waldersee, Hrsg. 2005. *Public Corporate Governance. Ein Kodex für öffentliche Unternehmen*. Wiesbaden.

Schuppert, Gunnar Folke. 1990. Probleme der Steuerung und Kontrolle öffentlicher Unternehmen. In *Instrumentalfunktion öffentlicher Unternehmen*, Hrsg. Theo Thiemeyer, 139–162. Baden-Baden.

Thiemeyer, Theo. 1970. *Gemeinwirtschaftlichkeit als Ordnungsprinzip. Grundlegung einer Theorie gemeinnütziger Unternehmen*. Berlin.

Thiemeyer, Theo. 1975. *Wirtschaftslehre öffentlicher Betriebe*. Reinbek bei Hamburg.

Thiemeyer, Theo. 1982. Gemeinwirtschaft. In *Handwörterbuch der Wirtschaftswissenschafte*. 3. Bd., 525–540. Stuttgart/New York/Tübingen/Göttingen/Zürich.

VDV – Verband Deutscher Verkehrsunternehmen. 2005. *Jahresbericht 2004*. Köln.

Verringerung der sozialen Kosten des Verkehrs: Stressfreie Mobilität inmitten eines sozial- und umweltverträglichen Verkehrs

Antje Flade

Zusammenfassung
Die sozialen Kosten des Verkehrs sind externe Kosten, die dem einzelnen Menschen aufgebürdet werden, die sein Wohlbefinden und seine Gesundheit schmälern, die seinen Handlungsspielraum und seine Lebensmöglichkeiten einschränken und die bewirken, dass sich eine negative Haltung zu den nichtmotorisierten Fortbewegungsarten und zur Nutzung öffentlicher Verkehrsmittel herausbildet. Die vielfältigen sozialen Kosten des Verkehrs werden dargestellt und vorgestellt. Theoretische Basis ist insbesondere das Stress-Modell.

Schlüsselwörter
Stress • Lärm • Verkehrsunsicherheit • Kontrollverlust • Verkehrsbezogene Einstellungen

1 Einleitung

In den 1990er-Jahren wurde vom Bundesforschungsministerium ein neues verkehrspolitisches Leitbild vorgestellt, das darauf abzielte, die unerwünschten Folgen des Verkehrs spürbar zu reduzieren, ohne jedoch die individuelle Mobilität einzuschränken (vgl. Hautzinger et al. 1997). Als wichtige Strategie neben der Verkehrsvermeidung und der Effizienzsteigerung bei der Verkehrsabwicklung galt dabei die Reduzierung der unerwünschten Verkehrsfolgen.

Unerwünschte Folgen des Verkehrs sind nicht intendierte negativ bewertete Begleiterscheinungen, die entstehen, wenn sich viele Menschen räumlich fortbewegen. Aus volkswirtschaftlicher Sicht sind es externe Kosten, die nicht in Rech-

---

A. Flade (✉)
Angewandte Wohn- und Mobilitätsforschung, Hamburg, Deutschland
E-Mail: awmf-hh@web.de

nung gestellt werden, so dass sie dem Staat und den Bürgern aufgebürdet werden (vgl. Brenck et al. in Kap. IV.5 in diesem Band: ▶ Die externen Kosten des Verkehrs). Dazu sind insbesondere Lärm, Luftverschmutzung, Unfälle und Staus zu rechnen. Externe Kosten schlagen als soziale Kosten zu Buche, wenn sie das Wohlbefinden und die Gesundheit des Individuums sowie seine Handlungs- und Lebensmöglichkeiten schmälern und schlechte Erfahrungen beim zu Fuß gehen, Radfahren und der Nutzung öffentlicher Verkehrsmittel bewirken, dass sich negative Einstellungen zu den umwelt- und sozial verträglicheren Fortbewegungsarten herausbilden. Gesundheit wird hier im Sinne der WHO-Definition als Zustand des physischen, psychischen und sozialen Wohlbefindens und nicht allein als Abwesenheit von Krankheit verstanden.

Die sozialen Kosten unterscheiden sich hinsichtlich der Dauer, mit der sie nachwirken. Unmittelbare bzw. primäre Kosten sind z. B. die Auswirkungen von Verkehrslärm auf eine gerade stattfindende Unterhaltung, sekundär sind die dadurch bedingten Hörschäden und die beeinträchtigte Sprachentwicklung bei Kindern, die an einer verkehrsbelasteten Straße wohnen.

2 Forschungsansatz

In Tab. 1 sind die wesentlichen Aspekte aufgeführt, die bei der Analyse der sozialen Kosten des Verkehrs zu berücksichtigen sind.

Dass die sozialen Kosten des Verkehrs nur bezogen auf die Volkswirtschaft und nicht auf das Individuum erfasst werden, könnte einer der Gründe für die Diskrepanz zwischen dem programmatischen Anspruch des verkehrspolitischen Leitbilds und dessen realer Umsetzung sein. Die Kosten erscheinen als geringer, wenn eine Ebene außer Acht gelassen wird. Von einer annähernd vollständigen Erfassung kann nicht die Rede sein, solange das Augenmerk allein auf eine volkswirtschaftliche Betrachtung gerichtet ist. Doch der Verkehr wirkt sich nicht nur auf die Umwelt, die Natur, die Stadt und das Zusammenleben der Menschen aus, also auf die Makro- und Mesoebene, sondern stets auch auf den einzelnen Menschen, d. h. die Mikroebene. Bei einer vollständigen Erfassung der sozialen Kosten, die auch die Mikroebene einbezieht, also die psychologischen Kosten, wird außerdem sichtbar, dass die auf der Makroebene veranschlagten Kosten faktisch „individualisiert", d. h. den einzelnen Menschen angelastet werden. So werden z. B. die Zeitverluste, die durch Staus im Berufsverkehr entstehen, volkswirtschaftlich veranschlagt, letztlich trägt die Kosten aber der einzelne Verkehrsteilnehmer, denn wenn er mehr Zeit für seinen Arbeitsweg benötigt, ist das seine persönliche Angelegenheit, mit der er sich selbst auseinander setzen muss.

Viele Folgen sind langwierig. So ist z. B. ein Unfall ein traumatisches Ereignis, das über den Augenblick hinausgehende Auswirkungen hat. Nach Verkehrsunfällen bleiben schwerverletzte Personen nicht selten lebenslang behindert. Oder fortgesetzte Lärmeinwirkungen vermindern die Fähigkeit zu hören, was vor allem bei Kindern gravierende Auswirkungen hat, die im Begriff sind, sprechen und lesen

Tab. 1 Forschungsdesiderate bei der Untersuchung der sozialen Kosten des Verkehrs

1	Die unerwünschten Folgen müssen auf allen Ebenen erfasst werden.
2	Die Langfristigkeit der Folgen ist in Rechnung zu stellen.
3	Die Dynamik der Mensch-Umwelt-Beziehungen ist zu berücksichtigen.
4	Sämtliche soziale Kosten des Verkehrs sollten betrachtet werden.

Quelle: Eigene Darstellung

zu lernen. Das bedeutet, dass sich je nach Analysezeitpunkt die negativen Folgen unterschiedlich darstellen. Diese Langfristigkeit bleibt unberücksichtigt, wenn man die Auswirkungen nur einmal registriert und damit auf diesen einen Zeitpunkt fixiert. Querschnittsdaten, mit denen man sich bei der Folgenabschätzung oftmals begnügt, reichen indessen nicht aus, um das tatsächliche Ausmaß der sozialen Kosten abschätzen zu können.

Mit dem dritten Punkt in der Tab. 1 wird die Dynamik der Wechselbeziehungen zwischen dem Menschen und seiner Umwelt angesprochen. Der Mensch ist grundsätzlich ein aktives Lebewesen, er nimmt Beeinträchtigungen nicht einfach hin, sondern wird normalerweise versuchen, diese zu reduzieren oder zu vermeiden. Wenn z. B. ein Radfahrer eine Straße als gefährlich wahrnimmt, weicht er auf eine Alternativroute aus. Verkehrsunfälle sind deshalb auch kein Spiegelbild des „wahren" Unfallrisikos, denn sobald auf wahrgenommene Verkehrsunsicherheit reagiert wird, erfolgt eine Entkoppelung von objektiver Gefährlichkeit und registrierter Unfallhäufigkeit. So würden auch Kinder erheblich häufiger verunglücken, wenn Eltern keine Prävention betreiben würden (vgl. Scheffen 1999).

Im vierten Punkt der Tab. 1 wird die Vielfalt der sozialen Kosten thematisiert. Damit diese Vielfalt überhaupt sichtbar werden kann, müssen Menschen in ihren unterschiedlichen Rollen gesehen werden. Kruse (1995) hat drei Rollen identifiziert: Menschen sind „Täter", indem sie zu den sozialen Kosten des Verkehrs beitragen, und sie sind „Opfer", die von den negativen Begleiterscheinungen des Verkehrs betroffen werden wie z. B. alle diejenigen, die an verkehrsbelasteten Straßen oder in der Nähe eines Flughafens wohnen. Als dritte Rolle nannte sie die des „Problembewältigers". Die Rollen wechseln und überlagern sich. Beispielsweise trägt ein Autofahrer zu der hohen Verkehrsdichte bei, er fühlt sich als Opfer des Staus, doch weil er die Situation nicht ändern kann, konzentriert er sich schließlich auf die Klänge eines Musikstücks, das im Autoradio übertragen wird.

Ein heuristisches Modell, mit dem die Prozesse beschrieben und erklärt werden können, die stattfinden, wenn ein Mensch seine Umwelt als belastend erlebt, ist das Stress-Modell (vgl. Schönpflug 1996; Bell et al. 2001; Hellbrück und Kals 2012). Stress entsteht, wenn zwischen den wahrgenommenen Umweltanforderungen und den individuellen Handlungsmöglichkeiten ein Ungleichgewicht besteht (vgl. Evans und Cohen 1987; Greitemeyer et al. 2005). Maßgeblich sind damit *zwei* Komponenten: das Ausmaß der wahrgenommenen Belastungen und die individuellen Fähigkeiten und Möglichkeiten, damit fertig zu werden. In dem ablaufenden Prozess können folglich zwei Phasen unterschieden werden (Schönpflug 1996):

- Phase 1: Die Umweltbedingungen werden als Stressoren wahrgenommen, die Stress hervorrufen. Emotionale, vegetative und hormonale Reaktionen sind die unmittelbare Folge.
- Phase 2: Die individuellen Möglichkeiten des Coping, die Stressoren zu „entschärfen" und den Stress zu bewältigen, werden abgeschätzt. Der Stress verstärkt sich, wenn sich ergibt, dass es nicht möglich ist, die Beeinträchtigungen zu beseitigen oder die Bedrohungen abzuwehren.

Inwieweit der Stress eigenständig bewältigt werden kann, hängt wesentlich von der Art der Stressoren ab. Evans und Cohen (1987) haben zwischen Katastrophen, ambienten Stressoren und alltäglichen Ärgernissen *(daily hassles)* differenziert. Katastrophen im Verkehrsbereich sind z. B. ein Flugzeugabsturz, ein Schiffsuntergang oder ein Zugunglück. Hier sind die Möglichkeiten einer individuellen Stressbewältigung sehr eingeschränkt. Das ist auch bei kontinuierlich einwirkenden ambienten Stressoren wie Verkehrslärm und Luftverschmutzung der Fall. Ein Beispiel für ein alltägliches Ärgernis ist der zur Rushhour auftretende Stau, der von den davon betroffenen Autofahrern als Barriere erlebt wird, die das Vorankommen behindert. Individuelle vorausschauende Bewältigungsstrategien könnten die Nutzung öffentlicher Verkehrsmittel und die Ausnutzung flexibler Arbeitszeiten sein.

Die Menschen setzen sich im Allgemeinen mit Belastungen aktiv auseinander; sie nehmen diese nicht einfach hin, sondern versuchen, mit Hilfe verschiedener Coping-Strategien damit fertig zu werden. Welche Effekte ein Stressor schließlich hat, hängt von dessen Wirksamkeit ab. Die gesteigerten Anstrengungen oder aber die Resignation sowie das Gefühl der Hilflosigkeit können langfristig zu psychosomatischen Erkrankungen wie Migräne, Kreislaufstörungen, Verdauungsstörungen, Ängsten, Depressionen und einer herab gesetzten Resistenz gegenüber Belastungen führen (Schönpflug 1996).

Anzumerken ist hier, dass Menschen nicht nur „Einzelwesen", sondern auch in partnerschaftliche, familiäre und nachbarliche Beziehungen eingebundene „Sozialwesen" sind. So haben beispielsweise Schneider et al. (2002) die durch berufliche Mobilität geprägten partnerschaftlichen und familiären Lebensformen aus stresstheoretischer Perspektive untersucht.

3 Beeinträchtigung des Wohlbefindens und der Gesundheit

Zu den sozialen Kosten des Verkehrs, welche die Lebensqualität des Menschen spürbar verringern, sind Lärm, Luftschadstoffe und Reizarmut zu rechnen. Besonders intensiv wurden und werden die Auswirkungen von Verkehrslärm untersucht, darunter vor allem die Effekte von Fluglärm (Schreckenberg et al. 2012). Der motorisierte Verkehr ist ein Hauptemittent von Schadstoffen in der Luft, die gesundheitliche Beschwerden und Erkrankungen zur Folge haben können. Weniger im Blickfeld der Forschung ist der Stress angesichts einer Umwelt, die durch den Bau von Verkehrsanlagen ihren Anregungsreichtum und damit ihre Schönheit eingebüßt hat. Doch auch hier entstehen soziale Kosten. Wohlbefinden und

Tab. 2 Symptome und Reaktionen infolge von Lärm

physiologische Symptome/ Reaktionen	psychologische Symptome/ Reaktionen
Kopfschmerzen	Ärger und Verdruss
Anstieg des Blutdrucks	negative Gestimmtheit
hormonale Störungen	Depressionen
Verlangsamte Verdauungsvorgänge	Leistungseinbußen
Herzrhythmusstörungen	Verringerte Konzentrationsfähigkeit
Schlafstörungen	Beeinträchtigung der Erholung
	Störungen der Kommunikation

Quellen: Bronzaft 2002; Hellbrück und Guski 2005

Gesundheit werden in dem Maße geschmälert, wie sich die Möglichkeiten verringern, verlärmten, luftverschmutzten und hässlichen Umwelten zu entkommen.

3.1 Lärm

Unter Lärm versteht man Geräuscheinwirkungen, die als lästig erlebt werden und sich negativ auf die Gesundheit, das Wohlbefinden, die Leistungsfähigkeit und das Zusammenleben der Menschen auswirken (vgl. Hellbrück und Guski 2005). Das Ausmaß der Beeinträchtigung hängt nicht allein von akustischen Merkmalen wie dem Schalldruck und der Frequenzverteilung ab, sondern auch von nicht akustischen Faktoren wie der Tageszeit, der Art der Situation sowie der individuellen Lärmempfindlichkeit, der Absehbarkeit und der Einstellung zur Lärmquelle, den gesundheitlichen Befürchtungen und vor allem auch dem subjektiven Bewältigungsvermögen (vgl. Bronzaft 2002). Zu unterscheiden sind physiologische und psychologische Reaktionen und Symptome (vgl. Tab. 2).

Die Wirkung, die am engsten mit den physikalischen Größen korreliert, ist eine gestörte Kommunikation in Gesprächen und beim Telefonieren. Je lauter es ringsum ist, umso mehr wird der Informationsaustausch erschwert. Leistungseinbußen treten umso häufiger auf, je ungleichmäßiger die Geräusche und je schwieriger und anspruchsvoller die zu erledigenden Aufgaben sind. Lärm und fehlende Ruhe führen zu vegetativer Labilität, Kopfschmerzen, Konzentrationsstörungen und Schwerhörigkeit. Störungen des Nachtschlafs gehören zu den gesundheitlich bedenklichsten Lärmwirkungen, da der Schlaf eine wichtige Erholungsfunktion hat. Die Lernfähigkeit und das Leistungsvermögen am folgenden Tag sind verringert, wenn der Schlaf gestört wurde (vgl. Hellbrück und Guski 2005; Guski 2013).

Die Geräusche des Straßenverkehrs setzen sich aus mehreren Komponenten zusammen. Hauptursachen sind vor allem Motor- und Reifengeräusche. Die Lautstärke der letzteren nimmt mit der Fahrgeschwindigkeit zu. Bei den modernen Autos übertönen die Reifengeräusche den Motor bereits ab einer Geschwindigkeit von 40 km/h, d. h. das Abrollen des Reifens ist (bei normalem Fahrverhalten) lauter als der laufende Motor. Reifen verursachen Geräusche, weil die Reifen schwingen und aerodynamische Geräusche (Luftgeräusche) zwischen Reifen und Fahrbahn entstehen. Angesichts der Zunahme der Zahl der Autos auf den Straßen schlägt die in technischer Hinsicht erfolgreiche Minderung der Antriebsgeräusche indessen kaum zu Buche (Guski 2013).

Eine vom Lärm besonders betroffene Gruppe sind Kinder, denn chronischer Lärm beeinträchtigt die bei Kindern noch nicht abgeschlossene Sprachentwicklung und damit auch ihre kognitive Entwicklung. Bereits Cohen et al. (1973) haben heraus gefunden, dass die Lesekompetenz von Kindern je nach der Stärke des Verkehrslärms in ihrem Wohnumfeld unterschiedlich ist. Untersucht wurden Kinder, die in Hochhäusern in der Nähe einer Autobahn wohnten. Verglichen wurden die Lesefähigkeiten von Kindern aus den unteren Stockwerken, in denen es am lautesten war, mit denen aus den oberen, ruhigeren Stockwerken. Die Kinder aus der ersten Gruppe schnitten in dem Lesekompetenz-Test signifikant schlechter ab. Lärmbelastung in der Schule erschwert ebenfalls das Lesenlernen, wie Bronzaft und McCarthy (1975) nachweisen konnten. Evans und Maxwell (1997) haben erneut bestätigt, dass permanente Ruhestörung und unterdurchschnittliche Lesefähigkeit korrelieren.

Die Erklärung liegt auf der Hand: Die akustische Verdeckung sprachlicher Information durch Verkehrslärm bewirkt, dass wichtige phonologische Elemente von Wörtern und Sätzen nicht erkannt werden (Guski 2013). Dass Kinder größere Schwierigkeiten haben als Erwachsene, Sprache in Störgeräuschsituationen zu verstehen, haben Imhof und Klatte (2011) nachgewiesen.

Ein Wohngebiet, das durch den Autoverkehr „verlärmt" wird und sich in der Folge zu einem „Lärmghetto" entwickelt hat, in dem nur noch diejenigen wohnen, die nicht wegziehen können, weil sie keine Alternative haben, ist für die verbleibenden Bewohner ein mit eigenen Mitteln kaum zu lösendes Problem. Der Rückzug in Innenräume ist keine wirkliche Lösung, da jedes Öffnen der Fenster stets mit Lärm einhergeht und sich bestimmte Schwingungen in den Gebäuden fortsetzen. Am wenigsten erfolgreich ist der Rückzug nach drinnen bei Fluglärm.

Lärm hat noch vielerlei Auswirkungen, z. B. beeinträchtigt er die Erholungswirkung, die ein Aufenthalt in der freien Natur normalerweise hat, was Benfield et al. (2010) in einem Experiment nachgewiesen haben. Darin beurteilten Versuchspersonen Bilder aus fünf großen Nationalparks, darunter dem Yellowstone und dem Grand Canyon. Während der Bilderbetrachtung waren Geräusche zu hören. Die Baseline bildeten natürliche Geräusche wie Vogelgesang und Wind, diesen wurden je nach Versuchsbedingung weitere Geräusche wie menschliche Stimmen, Autoverkehrs- und Flugverkehrsgeräusche hinzugefügt. Sind natürliche, zu den Naturbildern passende Geräusche zu hören, fallen die Urteile vergleichsweise positiv aus. Man ist entspannter, erlebt mehr Ruhe und Gelassenheit und hat den Eindruck, dass die jeweiligen Geräusche das Naturerleben vertiefen. Kommen vom Autoverkehr verursachte Geräusche hinzu, verringert dies die Erlebnisqualität. Am stärksten ist die Beeinträchtigung bei Fluglärm.

Guski (2013) hat drei Arten von Lärmschutzmaßnahmen unterschieden: Maßnahmen an der Quelle, zwischen Quelle und Empfänger und am Empfänger. Maßnahmen an der Quelle und am Ausbreitungsweg sind in erster Linie eine politische Aufgabe. Lärmschutzmaßnahmen am Empfänger umfassen auch die individuellen Coping-Strategien.

3.2 Luftverschmutzung

Die Gesundheit schädigende Auswirkungen des Verkehrs rühren wesentlich von den Luftschadstoffen aus den Verbrennungsmotoren her, die die Atemwege angreifen. Der motorisierte Verkehr produziert zum einen Stickoxide, die zu Erkrankungen der Atemorgane, zu chronischem Husten und Bronchitis und einer Schwächung der Infektionsabwehr führen. Zum anderen ziehen die Emissionen von Kohlenmonoxid infolge der Unterversorgung des Gehirns mit Sauerstoff vielfältige Symptome wie Kopfschmerzen, Schwindelgefühle, Übelkeit, Herzkreislauferkrankungen, eine Schwächung der allgemeinen körperlichen Belastbarkeit, negative Gestimmtheit und Depressionen nach sich. Evans und Jacobs (1981) konnten nachweisen, dass ein hoher Kohlenmonoxidgehalt in der Luft die Leistungsfähigkeit bei Aufgaben verringert, die eine fortgesetzte Aufmerksamkeit erfordern. Hinzu kommen noch Feinstaube und flüchtige organische Verbindungen (VOC), die krebserregend wirken, sowie der vor allem aus dem Reifenabrieb stammende Straßenstaub (vgl. Moshammer et al. 2002). Auch hier sind Kinder stärker betroffen, denn sie sind körperlich anfälliger für Schadstoffe (vgl. Köster 1999; Limbourg et al. 2000).

Eine häufig praktizierte Coping-Strategie angesichts verschmutzter Luft ist ähnlich wie bei Lärm der Rückzug in geschlossene Räume. Während sich Erwachsene ohnehin relativ häufig in Innenräumen aufhalten, gilt das für Kinder weitaus weniger. Dementsprechend gravierend ist für sie die Einschränkung ihrer Bewegungs- und Aktionsspielräume und der Kontakte zu anderen Kindern. Sie haben auch kaum Verständnis dafür, warum sie z. B. wegen des Sommersmogs bei schönstem Sommerwetter im Haus bleiben sollen (vgl. Köster 1999), so dass zu den Restriktionen noch Auseinandersetzungen und Frustrationen hinzukommen, die das Familienklima verschlechtern.

3.3 Ästhetische Verluste und Reizarmut

Die Umweltverschmutzung betrifft nicht nur das Hören und das Riechen, sondern im weiteren Sinne auch das Sehen. Der Aufenthalt in einer Umgebung oder Straße ohne Autos wie z. B. den Fußgängerzonen in Altstädten macht bewusst, dass der Autoverkehr – auch wenn er ruht – eine Umgebung nachteilig verändert. Ein Ansatz, um ästhetische Qualität von Umwelten zu erfassen, stammt von Nasar (1990). Bewohnern und Passanten wird die Frage gestellt, welche Orte und Gebiete ihnen in der Stadt am besten gefallen und welche am wenigsten. Die Auswertung der Aussagen ergibt eine „evaluative map". Nasar wendete dieses Verfahren in zwei Städten an. Die Wahrscheinlichkeit, dass ein Element (ein Bauwerk, eine Straße, ein Platz usw.) genannt wird, hängt zum einen davon ab, wie deutlich es sich aus dem städtischen Hintergrund hervor hebt, und zum anderen, wie eindeutig das ästhetische Urteil ist. Größere Verkehrsanlagen, darunter auch Parkplätze und Parkhäuser, erfüllten durchweg das Kriterium der Abgehobenheit. Auch das ästhetische Urteil war eindeutig: Sie wurden überwiegend als hässlich bezeichnet.

Nach Ansicht von Schönhammer (1994) schwingt in dem Wort „Landschaftsverbrauch" mit, dass der Straßenbau im Gegensatz zur Landschaft steht. Besonders augenfällig wird dies bei Luftaufnahmen von Autobahnkreuzen. Dabei geht es nicht nur um das ökologische Problem der Versiegelung von Bodenflächen, sondern auch um ästhetische Verluste. Das Erscheinungsbild wird beeinträchtigt, es geht *schöne* Landschaft verloren. Der Wunsch, möglichst schnell das Ziel zu erreichen und damit gedanklich bereits über den gegenwärtigen Ort hinaus zu sein, führt zu Rücksichtslosigkeit gegenüber örtlichen Strukturen. Manche Straßen seien, wie Schönhammer (1994) bemerkt hat, anders als mit dem Auto kaum noch zumutbar; Fußgänger und Radfahrer würden von der Trostlosigkeit und Unwirtlichkeit geradezu erdrückt.

Inwieweit Umgebungen als stimulierend oder im Gegenteil als eintönig und monoton erlebt werden, beruht auf deren Anregungsgehalt. Dass Menschen reizarme Umwelten nicht nur wegen ihrer mangelnden Ästhetik meiden, sondern dass sie es darin auch nicht lange aushalten, ohne psychisch aus dem Gleichgewicht zu geraten, wurde in Untersuchungen über die Auswirkungen sensorischer Deprivation nachgewiesen (vgl. Bell et al. 2001). Maßgeblich für den ästhetischen Eindruck sind bestimmte Reizqualitäten, darunter mittlere Grade an Komplexität (vgl. Berlyne 1971). Welches Ausmaß an Komplexität eine Landschaft oder Umgebung besitzt, hängt davon ab, wie viele verschiedenartige Einzelelemente sie aufweist und wie diese aufeinander bezogen sind. Elemente, die asymmetrisch, lückenhaft, bewegt und ungleich sind, erhöhen die Komplexität. Ein Fußgängertunnel, der aus Betonwänden zusammen gefügt ist, und ein großer leerer Parkplatz, der nur aus einem Element, nämlich einer ausgedehnten Asphaltfläche besteht, sind visuell nicht komplex. Fehlende Komplexität bzw. wahrgenommene Monotonie kann nach der Ästhetiktheorie des Vandalismus der Auslöser für das destruktive Verhalten sein. Durch Graffiti und Zerstörung wird Komplexität geschaffen (vgl. Allen 1984). Reizarme unattraktive Verkehrsanlagen sind nach dieser Theorie Objekte, die beschädigt oder zerstört werden, um sie visuell komplexer und anregender zu machen. Der Ansatz, mangelnde ästhetische Qualitäten in Form monotoner oder in anderer Hinsicht unattraktiver Verkehrsanlagen als ambienten Stressor zu verstehen, auf den mit Vermeidungsverhalten oder auch Vandalismus reagiert wird, ist in der Verkehrsforschung bislang nicht aufgegriffen worden.

Eine naheliegende Coping-Strategie ist, reizarme Umwelten möglichst zu vermeiden oder zumindest die Aufenthaltsdauer zu minimieren. Dass diese Strategie angewendet wird, haben Skjaeveland und Gärling (1997) empirisch bestätigt. Sie stellten fest, dass eine unschöne Wohnumgebung bewirkt, dass sich die Bewohner weniger draußen aufhalten, was wiederum zu einer Verringerung der nachbarlichen Kontakte führt.

3.4 Kontrollverluste

Unternehmen und Arbeitgeber wünschen sich leistungsfähige Angestellte und Arbeitnehmer, die ausgeruht und nicht vom langen Weg erschöpft zur Arbeit kommen. Schon in den 1970er-Jahren haben Taylor und Pocock (1972) in London eine Studie zum Stress von Berufspendlern durchgeführt. Bei den von ihnen erfassten rund 2.000 Angestellten – zu 95 Prozent Nutzer öffentlicher Verkehrsmittel – lag der Medianwert für den Arbeitsweg bei einer Stunde. Hauptergebnis war eine signifikante Korrelation zwischen der Häufigkeit des Umsteigens und der Zahl der Krankheitstage. Häufiger krank waren auch diejenigen, die für ihren Weg zur Arbeit mehr als 1,5 Stunden benötigten. Die Angestellten, die mit dem Pkw zur Arbeit kamen, wiesen höhere Krankheitsraten auf als die ÖV-Nutzer.

Lundberg (1976) und Singer et al. (1978) untersuchten Berufspendler, die ihre Arbeitsstelle in Stockholm mit dem Morgenzug der Nynashamu-Stockholm-Linie erreichten. Rund die Hälfte der „Versuchspersonen" stieg in Nynashamu ein, die andere Hälfte in der Mitte der Strecke. Für die eine Gruppe betrug die Fahrtdauer 79, für die Zugestiegenen 43 Minuten. Der mit physiologischen Messungen erfasste Stress korrelierte in erster Linie mit den Bedingungen während der Fahrt und weitaus weniger mit der Fahrzeit. Die Zugestiegenen erlebten trotz der deutlich kürzeren Fahrtdauer mehr Stress, wobei die Auslöser vor allem die Beengtheit und die fehlenden Sitzmöglichkeiten waren. Ähnlich fanden Stokols und Novaco (1981) und Stadler et al. (2000), dass das Erleben von Beengtheit im öffentlichen Verkehrsmittel, die Umsteigehäufigkeit und die Zahl der Stationen wesentliche Einflussfaktoren sind. Koslowsky (1997) hob die mangelnde Kontrollierbarkeit und den Zeitdruck als Auslöser des Pendlerstress hervor. White und Rotton (1998) wiesen eine verringerte Frustrationstoleranz als Folge von Stress nach. Sie verglichen zwei Pendlergruppen, Autofahrer und Nutzer des ÖV, mit einer Kontrollgruppe von Nichtpendlern. Zur Erfassung der Frustrationstoleranz verwendeten sie wie auch andere Autoren, lösbare und unlösbare Puzzle Aufgaben. Die abhängigen Variablen waren die Zahl der Versuche, die Puzzles zu lösen, und die dafür aufgewendete Zeit. Bei den Pendlern war die Frustrationstoleranz signifikant geringer als bei den Nichtpendlern. Der Vergleich der beiden Gruppen ergab, dass der Stress bei den Nutzern des ÖV schneller abgebaut wird. Bei ihnen sank der erhöhte Blutdruck nach der Fahrt rascher auf das übliche Niveau. Evans et al. (2002) erklären diesen Unterschied zwischen Pkw-Fahrern und ÖV-Nutzern mit der unterschiedlichen Art der Belastung. Pkw-Fahrer haben Kontrolle über ihr Verkehrsmittel, Stress auslösend ist bei ihnen der Verlust an *Verhaltens*kontrolle z. B. in Situationen hoher Verkehrsdichte. Bei Personen, die den ÖV nutzen, ist der Stressor dagegen eine mangelnde *kognitive* Kontrolle, d. h. das Nichtwissen, ob man pünktlich ankommt und die Verbindungen klappen.

Dass berufsbedingte mobile Lebensformen belastender sind als nichtmobile, haben Schneider et al. (2002) nachgewiesen. Je nach der Art der Fortbewegung ist die Belastung unterschiedlich. Bei den Fernpendlern, die für den täglichen Weg zur Arbeit (Hinweg) im Durchschnitt rund 100 Minuten benötigen, ist die Belastung der Verlust an persönlicher Zeit; bei den „Shuttles", die wöchentlich pendeln und vier bis fünf Tage am Arbeitsort sind, ist ein zusätzlicher Stressor der Wechsel zwischen zwei disjunkten Lebenswelten. Zeitaufwändige Arbeitswege haben eine Reduzierung sozialer Kontakte, eine geringere Präsenz in der Familie und mangelnde Zeit für Erholung und Freizeit zur Folge. Von den berufsbedingten

Mobilitätsanforderungen sind nicht allein die jeweiligen Personen, sondern darüber hinaus auch die Partnerschaft und Familie betroffen (vgl. Schneider et al. 2002).

Die Untersuchung von Blumen (2000) in Israel, in der berufstätige Mütter, die längere Strecken pendeln müssen, befragt wurden, ergab, dass die Frauen das Pendeln dann nicht negativ beurteilten, wenn die Fahrt für sie die Gelegenheit bot, sich in dieser Zeit von den Verpflichtungen beider Lebensbereiche, der Familien- und der Erwerbsarbeit, zu lösen und sich zu erholen. Dies galt unabhängig davon, ob für den Arbeitsweg der Pkw oder der ÖV genutzt wurde.

Stress lässt sich an der physiologischen Aktivierung ablesen. Autofahren während der Rushhour geht mit einer erhöhten Herzschlagrate und einem erhöhten Blutdruck sowie Unregelmäßigkeiten im Elektrokardiogramm einher. Dies zeigte sich in realen Situationen (Littler et al. 1973) und auch in Simulationsstudien (vgl. Heimstra 1970). Auswirkungen von Beengtheit sind eine übermäßige sensorische Stimulation, Kontrollverluste und eine Verringerung von verfügbarem Raum und anderer Ressourcen (vgl. Bell et al. 2001). Häufige Coping-Strategien sind, Informationen auszublenden und weniger auf soziale Botschaften und Kontakte zu achten. Chronische Beengtheit zieht eine erhöhte Daueraktivierung, eine subjektiv negative Befindlichkeit, Leistungsdefizite und gestörte soziale Beziehungen und Interaktionen nach sich. Eine zu hohe Dichte im öffentlichen Verkehrsmittel ist nach den Ergebnissen von Lundberg (1976) und Singer et al. (1978) ein wesentlicher Stressor. Die Zugestiegenen sind wegen der Enge stärker belastet als diejenigen, die länger, aber weniger beengt reisen. Beengtheit im Straßenverkehr führt aus anderen Gründen zu Störungen der sozialen Interaktionen: Autofahrer sind – im Unterschied zu den ÖV-Nutzern – ausgesprochen egozentrisch; die anderen Autofahrer werden vorwiegend aus dem Blickwinkel wahrgenommen, ob sie einen am Weiterkommen behindern. Auch eine kommunikative Abstimmung ist in dieser Situation nur in rudimentärer Form möglich (vgl. Bliersbach 1978). Geringer Zeitaufwand ist ein zentrales Motiv der Verkehrsmittelwahl (vgl. Flade 2013b: 91). Wenn die Absicht, schnell voran zu kommen, durchkreuzt wird, löst die erlebte Frustration nicht selten Aggressionen aus.

4 Einschränkung von Handlungs- und Lebensräumen

Handlungsräume sind allein schon dadurch begrenzt, dass sich Menschen räumliche Ressourcen teilen müssen. Weitere Einschränkungen erfolgen, um Stress zu verringern. Für den Autofahrer ist der Stau eine extern bedingte Einschränkung, denn die Intention, ohne Zeitverluste voran zu kommen, wird blockiert. Für die Bewohner an verkehrsbelasteten Straßen erstrecken sich die Einschränkungen auf den gesamten Lebensalltag. Aufenthalts-, Begegnungs-, Spiel- und Bewegungsräume gehen durch den Flächenbedarf des motorisierten Verkehrs sowie dessen Begleiterscheinungen wie Gefährlichkeit, Lärm und Luftschadstoffe verloren. Ein gravierender Stressor ist wahrgenommene Verkehrsunsicherheit. Auf den dadurch hervorgerufenen Stress wird oftmals mit einer Einschränkung des Aktionsraums reagiert. Ein zentrales Motiv ist die Reduzierung von Verkehrsunsicherheit, was unter anderem durch die Begrenzung der unabhängigen Mobilität bei Kindern und den Verzicht auf Lebensmöglichkeiten erreicht wird.

4.1 Beseitigung von Verkehrsunsicherheit durch Einschränkungen

Eine krasse Manifestation der Kosten des Verkehrs sind Unfälle im Straßenverkehr, bei denen Menschen verunglücken. Nach Angaben der *Bundesanstalt für Straßenwesen* (BASt) belaufen sich die monetären Kosten der Personen- und Sachschäden in Deutschland jährlich auf über 30 Milliarden Euro. Ein vorrangiges verkehrspolitisches Ziel ist deshalb, die Zahl der Unfälle zu reduzieren und die Verkehrssicherheit zu erhöhen, so dass Unfälle weniger wahrscheinlich werden. Eine beim Autofahrer ansetzende Strategie sind Fahrerassistenzsysteme (FAS) (vgl. Kobiela 2011). Angesichts der Komplexität des Verkehrsgeschehens, der hohen Verkehrsdichte und der hohen Geschwindigkeiten des Autoverkehrs sollen sie dem möglicherweise überforderten Fahrer helfen, in kritischen Situationen richtig zu handeln, z. B. frühzeitig zu bremsen, so dass Kollisionen vermieden werden. Fahrerassistenzsysteme sollen Notbremsmanöver autonom einleiten und durchführen, wodurch dem Autofahrer die Kontrolle über sein Fahrzeug entzogen wird. Kobiela (2011) hat untersucht, wie sich Fahrer bei einem solchen Eingriff verhalten und wie sie diesen erleben. Die Mehrheit der Fahrer möchte die Kontrolle nicht der Maschine überlassen. Systeme, die nicht ausgeschaltet werden können, sind für die Fahrer frustrierend. Ein weiterer negativer Effekt des erlebten Kontrollverlusts ist die Veränderung des Situationsbewusstseins. Je automatisierter die Fahrhandlung ist, d. h. je weniger frei der Autofahrer agieren kann, umso mehr verringert sich sein Situationsbewusstsein (ebd.: 80). Der Verlust an Autonomie führt so letztlich tatsächlich zu einer Abhängigkeit von dem FAS.

Von mangelnder Verkehrssicherheit betroffen sind vor allem Kinder und Jugendliche, die auf ihren alltäglichen Wegen zu Fuß oder mit dem Fahrrad unterwegs sind. In Tab. 3 sind die Ergebnisse einer Befragung von Eltern wiedergegeben (vgl. Flade 1994). Die Aussagen und Reaktionen machen deutlich, dass die mangelnde Verkehrssicherheit einen gravierenden Stressor darstellt.

Tab. 3 Folgen des motorisierten Straßenverkehrs für 3- bis 13-Jährige aus der Sicht der Eltern

Folgen	Rangplatz
Hohes Unfallrisiko für Kinder	1
Man hat ständig Angst, dass dem Kind etwas passieren könnte	2
Luftverschmutzung	3
Einschränkung des Bewegungsraums des Kindes	4
Schwund an Spielmöglichkeiten für Kinder	5
Das Kind muss ständig begleitet werden	6
Lärm	7

Quelle: Flade 1994: 164

Die häufigsten Coping-Strategien von Eltern sind die Einschränkung des Aktionsraums des Kindes und dessen Begleitung auf seinen Wegen. Zweifellos geht damit ein erhöhter Betreuungsbedarf einher, der eine zusätzliche zeitliche Belastung bedeutet, was die Vereinbarkeit von Familie und Beruf erschwert. Auch der Versuch von Eltern, Ausgleichsangebote für mangelnde Bewegungsfreiheit und den Schwund an Spielmöglichkeiten zu schaffen, schlägt sich in einem vermehrten Betreuungsbedarf nieder.

Ein weiterer Ansatz, um die Verkehrssicherheit zu erhöhen, ist die Nachschulung verhaltensauffälliger Kraftfahrer (vgl. Kalwitzki und Brieler 2013). Hier wird vorübergehend der Handlungsraum des „Täters" eingeschränkt. In den meisten Fällen handelt es sich um Delikte wie Fahren unter Alkohol- oder Drogeneinfluss und zu schnelles Fahren. Ziel der verkehrspsychologischen Interventionen ist eine Einstellungsänderung, die zu einem verantwortlicheren Fahrverhalten führt.

4.2 Beeinträchtigung des Wohnens und des Lebensalltags

Die Untersuchung von Appleyard und Lintell (1972) in San Francisco hat erstmals anschaulich empirisch belegt, dass das Alltagsleben der Menschen in vielerlei Hinsicht verändert wird, wenn sie an verkehrsbelasteten Straßen wohnen. Die Forscher verglichen drei Straßenabschnitte, bei denen die durchschnittliche Zahl der Kraftfahrzeuge pro Tag bei rund 16.000, 8.000 und 2.000 lag. Die objektiven Belastungen wurden durch Messungen und Beobachtungen ermittelt; die subjektive Sicht wurde durch Befragung der Bewohner über die wahrgenommene Verkehrssicherheit, über Lärm, soziale Beziehungen und über die Wahrnehmung der räumlichen Umgebung in den drei Straßenabschnitten erfasst. Die Fragen lauteten beispielsweise: Bis wohin erstreckt sich Ihr Zuhause gefühlsmäßig? Was betrachten Sie als Ihr persönliches Territorium?

Wie aus Tab. 4 zu entnehmen ist, wurde die Straße mit der höchsten Verkehrsbelastung durchgehend am negativsten beurteilt. Der räumliche Bereich, mit dem sich die Bewohner identifizieren und den sie als „ihre" Umwelt ansehen, reichte bei der Straße mit viel Verkehr nicht über das Haus hinaus, während die Bewohner der nur wenig belasteten Straße den Straßenraum als zu ihrer Wohnumwelt zugehörig ansahen. Damit verbunden war ein größerer Freiraum für Kinder, die auch alleine draußen spielen durften und die mehr Freunde in der Nähe hatten.

Auch Blinkert (1993) hat festgestellt, dass die Aufenthaltsdauer von Kindern im Außenraum der Wohnung von der Verkehrsbelastung im Wohngebiet abhängt. In einem vom Straßenverkehr kaum beeinträchtigten Wohngebiet spielen Kinder durchschnittlich 1,5 Stunden täglich draußen ohne Aufsicht. Für Kinder, die in verkehrsbelasteten Wohngebieten aufwachsen, ist dieser Zeitraum signifikant kürzer. Die vielfältigen Folgen eines reduzierten Aktionsraums hat Hüttenmoser (1994) in einer Untersuchung im Raum Zürich offen gelegt. Er verglich zwei Gruppen von Familien miteinander, wobei die eine in einer vom Straßenverkehr belasteten, die andere in einer nicht belasteten Gegend wohnte. Bildungsstand und Einkommen waren in beiden Gruppen ähnlich. Erfasst wurden die sozialen Kontakte zwischen Erwachsenen im Wohnumfeld, das Ausmaß der Selbstständigkeit

Tab. 4 Bewertungen von Wohnumwelt-Merkmalen durch die Bewohner unterschiedlich belasteter Wohnstraßen

Fragenkomplex	Verkehrsbelastung*		
	stark	mittel	gering
Verkehrssicherheit	3.8	3.0	2.5
Lärm und Vibration durch den Verkehr	3.7	2.5	2.4
Luftverschmutzung, Gerüche, Auspuffgase	3.4	2.9	2.0
Eignung der Straße als Treffpunkt	4.4	3.2	1.4
Eignung der Straße zum Kinderspiel	4.5	3.0	1.7
Freunde und Bekannte in der Straße	4.2	3.2	2.8
Die Straße wird als zur Wohnumwelt gehörig erlebt	3.0	2.3	1.2
Verantwortung für die Gepflegtheit des Außenraums	2.6	2.8	1.3
Bereitschaft, die eigene Wohnumwelt gegenüber Kritik Außenstehender zu verteidigen	3.0	2.2	1.6

*Die Skalenwerte liegen zwischen 1 und 5. Ein niedriger Skalenwert bedeutet eine positive Bewertung.
Quelle: Zusammenstellung aus Appleyard und Lintell 1972.

sowie die motorische und soziale Entwicklung der Kinder und die elterliche Situation. Daten wurden über Eltern-Interviews, Tests und Verhaltensbeobachtungen gewonnen. Wie der Vergleich der beiden Gruppen ergab, erwiesen sich als Folgen einer hohen Verkehrsbelastung:

- die Reduzierung der Häufigkeit und Dauer des Kinderspiels draußen,
- die Einschränkung der Kontakte mit Gleichaltrigen,
- die Verzögerung der motorische Entwicklung,
- die Verzögerung der sozialen Entwicklung und der Selbstständigkeit,
- das Organisieren müssen von Spielkontakten der Kinder,
- die Reduzierung nachbarlicher Beziehungen,
- eine Verringerung nachbarlicher Unterstützungsleistungen.

Gärling et al. (1984) und Gärling und Gärling (1990) verglichen die Aussagen von Eltern zwei- bis zwölfjähriger Kinder und von Kinderlosen in mehr oder weniger verkehrsbelasteten Wohngebieten in Schweden. Eltern und Nichteltern schätzten das Unfallrisiko von Kindern ähnlich ein. Nur in der Gruppe der Eltern wurde indessen die Wohnzufriedenheit durch die wahrgenommene Verkehrsunsicherheit der Kinder reduziert.

Die Einschränkung des kindlichen Aktions- und Bewegungsraums sowie die Begleitung bzw. der Transport des Kindes auf seinen Wegen, sind zwar unmittelbar erfolgreiche Strategien, weil das Unfallrisiko vermindert wird, im Grunde sind sie jedoch eine Einschränkung des Lebensraums (vgl. Flade 1999). Dies gilt in doppelter Hinsicht: Freiraum als unverbauter nutzbarer Raum sowie als Raum, der frei ist von elterlicher Kontrolle. Fehlende Freiräume sind gleichbedeutend damit, dass sensorische und soziale Anregungen fehlen, häusliche Enge nicht kompensiert werden kann, raumgreifende Aktivitäten nicht ausgeübt werden können, kindliche

Autonomie nirgendwo möglich ist und eine Auseinandersetzung mit Herausforderungen in der Welt draußen nur begrenzt stattfinden kann. Viele Eltern sind bestrebt, das Anregungspotential in der Wohnung zu erhöhen, um auf diese Weise die fehlenden Erfahrungs- und Handlungsmöglichkeiten im Außenraum der Wohnung auszugleichen.

Für den Rückzug aus den als unsicher erlebten Außenräumen wurde der Begriff „Verhäuslichung" geprägt (vgl. Nokielsky 1985). Nach Ansicht von Zinnecker (2001) spiegelt sich in diesem Begriff eine spezifische zivilisatorische Entwicklung wider. Verhäuslichung bedeutet zum einen, dass ehemals haus-, hof- und straßenöffentliche Tätigkeiten in die private Sphäre der Wohnung verlegt wurden, zum anderen, dass Aktivitäten nicht mehr individuell frei, sondern geplant in Institutionen stattfinden. Bestätigungen für das Phänomen der Verhäuslichung haben verschiedene Untersuchungen geliefert. Nach Funk und Fassmann (2002) nutzt heute nur noch die Hälfte der Kinder den wohnungsnahen Außenraum für Spiel und Sport, bei den unter Sechsjährigen sind es mit rund einem Drittel noch weniger. Der fehlende Aufenthalt draußen hat verschiedene unerwünschte Folgen, darunter Bewegungsmangel, Defizite an Kontakt mit Gleichaltrigen, exzessiven Fernsehkonsum und Unselbstständigkeit (Fölling-Albers 2002). Viele Schulkinder sind inzwischen nicht mehr fähig, einfache psychomotorische Leistungen zu erbringen (Kunz 1993; Zimmer 1996; Eggert et al. 1997). Sie sind z. B. weniger in der Lage, rückwärts zu gehen und die Bewegungen von Armen und Beinen zu koordinieren; ihre Muskulatur ist weniger ausgebildet; hinzu kommen Haltungsschäden (vgl. Limbourg et al. 2000: 66). Sichtbare Auswirkungen eingeschränkter Bewegungsmöglichkeiten sind, wie Napier et al. (2011) feststellten, mangelnde körperliche Bewegung, Inaktivität und Übergewicht. In ihrer Untersuchung haben sie drei Gebietstypen verglichen und zwar „walkable", „mixed" und „less walkable" communities. In den drei Gebietstypen wurden insgesamt 335 Eltern von Fünftklässlern befragt. Es zeigte sich, dass es von der „walkability" eines Gebiets abhängt, wie viel Bewegungsfreiheit Kindern eingeräumt wird. Die Einschränkung der kindlichen Bewegungsmöglichkeiten in „less walkable" Gebieten ist für die betroffenen Kinder mittel- bis langfristig äußerst nachteilig (Tab. 5).

Dass es sich um ein weltweites Problem handelt, zeigen die zahlreichen Untersuchungen dazu, die im Laufe der Jahre in vielen Ländern durchgeführt worden sind, worauf Villanueva et al. (2012) hingewiesen haben. Die Forschergruppe befasste sich mit der Frage des Zusammenhangs zwischen der eigenständigen Mobilität 10- bis 12-Jähriger und der von den Eltern wahrgenommenen Verkehrsbelastung in Wohnumgebungen in Perth in Australien. Die „IM" (independent mobility) erwies sich als signifikant geringer in Gebieten, die als verkehrsunsicher wahrgenommen wurden. Die Einschränkung der unabhängigen Mobilität ist insbesondere wegen der langfristigen Folgen schwerwiegend: „Restricting IM not only reduces children's physical activity levels but also has the potential to influence their mental and social delevopment" (Villanueva et al., 2012: 680).

Die „Verhäuslichung" betrifft indessen nicht nur Kinder. So gehen auch Erwachsene weniger zu Fuß, wenn die Bedingungen für diese Art der Fortbewegung ungünstig sind. Die damit verbundenen sozialen Kosten sind

Tab. 5 Verhäuslichte Kindheit

„Straßenkindheit"	Verhäuslichte Kindheit
Nahraum mit vermischten Tätigkeits- und Lebensbereichen	Stadtinseln mit weitgehend entmischten Bereichen
Hoher Erfahrungsgehalt des Nahraumes draußen	Ausgedünnter Erfahrungsgehalt in Außenräumen, angereicherter Erfahrungsgehalt drinnen
altersübergreifende Spielgruppen	altershomogene Gruppen
Mit vielen Kindern sporadisch verflochten sein	Intensivierung von Einzelspiel und privaten Zweierfreundschaften
Zeitliche Verkürzung des Schon- und Bewahrungsraums Kindheit und geringere Qualifizierung in nicht-pädagogischen Räumen	Zeitlich expandierende Betreuung und höhere Qualifizierung in materiell und pädagogisch erweiterten Räumen
Wenig Raum und Gegenstände im Hausinnern zur Verfügung haben und sein Eigen nennen können (Wohnfläche, Spielzeug usw.)	Reich equipierte Kindheit im Hausinnern und individueller Besitz

Quelle: Auszug aus Zinnecker 2001: 41 f.

Bewegungsarmut und eine beeinträchtigte Gesundheit (vgl. Giles-Corti und Donovan 2003). Erwachsenen steht indessen noch eine weitere Coping-Strategie zur Verfügung, nämlich die „Flucht ins Grüne". Ungünstige Wohnumgebungen sind nach Bucheker et al. (2003) ein Push-Faktor, auf den mit Abwendung reagiert wird. Eine negative Entwicklung wird in Gang gesetzt, wenn Bewohner wegen einer hohen Verkehrsbelastung in ihrem Wohngebiet buchstäblich die Flucht ergreifen. Die unerwünschte Verkehrsfolge ist in diesem Fall die Entstehung zusätzlichen Verkehrs.

4.3 Begleitmobilität

Jede Ortsveränderung ist mit einem Aufwand an Zeit verbunden, die damit für andere Aktivitäten nicht mehr zur Verfügung steht. Wie hoch das individuelle Mobilitätszeitbudget ist, hängt von den jeweiligen Mobilitätsanforderungen, den räumlichen Strukturen und Verkehrsangeboten ab. Die Anforderungen an das individuelle Zeitpläne steigen, wenn andere Personen begleitet werden müssen (vgl. Buhr 1999; Scheffen 1999). Zum zusätzlichen Zeitbedarf kommt noch die Notwendigkeit der Koordinierung verschiedener Zeitpläne dazu. Zeitstress kann so auch durch Synchronisationsanforderungen entstehen. Die zu begleitenden Personen sind in erster Linie Kinder.

In den letzten Jahrzehnten haben sich die Möglichkeiten für eine unbegleitete selbstständige Teilnahme am Straßenverkehr für Kinder deutlich verschlechtert. Während in den 1970er-Jahren im Durchschnitt noch 92 Prozent der Erstklässler den Schulweg ohne Begleitung Erwachsener zurücklegten (Schulte 1978), waren es im Jahr 2000 nur noch 52 Prozent (Funk und Fassmann 2002). Begleitpersonen sind überwiegend Frauen. Wie neuere Untersuchungen ergeben haben, ist in kinderlosen Haushalten kein signifikanter Unterschied im Mobilitätsverhalten von Frauen und

Männern festzustellen. In Haushalten mit Kindern ist der Unterschied indessen deutlich. Vor allem Frauen sind mit der Kinderbetreuung befasst, was Begleitwege einschließt (Infas 2010, Rüger 2010).

Björklid (1997) stellte in Schweden fest, dass bei kinderfreundlicher Verkehrsraumgestaltung über 90 Prozent der Schulkinder ohne Begleitung Erwachsener zu Fuß zur Schule gehen, während es in weniger kinderfreundlichen Umgebungen nur rund 50 Prozent sind. In England gingen Hillman et al. (1990) der Frage nach, wie sich die Zunahme des Verkehrs auf das Mobilitätsverhalten von 7- bis 15-jährigen Kindern auswirkt, wobei sie die Jahre 1971 und 1990 verglichen haben. Während 1971 noch 80 Prozent der Kinder alleine zur Schule gingen, waren es 1990 nur noch 15 Prozent.

Der Anteil der Kinder, die mit dem Auto zum Kindergarten oder zur Schule gefahren werden, hat im Laufe der Jahre zugenommen: In den 1970er-Jahren waren es fünf Prozent, in den 1980er-Jahren 6,5 Prozent und im Jahr 2000 zwölf Prozent der Fünf- bis Zwölfjährigen (vgl. Schulte 1978; Wittenberg et al. 1987; Funk und Fassmann 2002). Diese Entwicklung besagt, dass gesellschaftliche Kosten des Verkehrs „individualisiert" werden, denn nicht die Gesellschaft in Gestalt der Schulbehörde oder Schule, sondern die aufsichtspflichtigen Eltern müssen dafür sorgen, dass Kinder sicher zur Schule kommen. Die Aufsichtspflicht der Schule erstreckt sich nicht auf den Schulweg (vgl. Scheffen 1999).

Begleitung ist in den letzten Jahrzehnten zu einem „Wegezweck" und zugleich zu einem nicht mehr hinterfragten Normalzustand geworden. Im Jahr 2008 entfielen darauf 8 Prozent der Wegezwecke (Infas/DLR 2010).

Die Zunahme der Begleitmobilität, die für die begleitenden Personen einen vermehrten Zeitaufwand und für die Begleiteten mangelnde Autonomie bedeutet (vgl. Villanueva et al. 2012), ist ein weltweites Phänomen. So haben Napier et al. (2011) bemerkt, dass im Vergleich zu früher „ [...] children throughout the world are less likely to be able to walk without adult accompanient from homes to a variety of destinations" (ebd.: 45). In den USA erreichten laut amtlicher Statistik im Jahr 1969 schätzungsweise noch 41 Prozent der Kinder die Schule zu Fuß oder mit dem Fahrrad, 2001 waren es nur noch 13 Prozent. Den Grund für diesen Rückgang sieht die Forschergruppe in einem „Komplex von Veränderungen": Das Mobilitätsverhalten auf dem Schulweg wird bedingt durch den physischen, sozialen und gesellschaftlichen Kontext. Es ist eine Kombination aus elterlichen Ängsten, Zeitstress und veränderten Umweltbedingungen, die allesamt bewirken, dass der Raum, in dem sich Kinder frei bewegen können, eingeschränkt wird und der Anteil begleiteter Kinderwege zunimmt.

5   Entwicklung nichtnachhaltiger Einstellungen

Die sozialen Kosten des Verkehrs, die durch negative Erfahrungen im Straßen- und im öffentlichen Verkehr entstehen, sind unsichtbar: Es sind Einstellungen bzw. Haltungen, in einer bestimmten Art und Weise auf etwas zu reagieren. Negative Erfahrungen im öffentlichen Verkehr wie Unsicherheitsgefühle auf bestimmten

Linien bzw. zu bestimmten Zeiten schlagen sich in der Einstellung nieder, dass es unangenehm ist, mit öffentlichen Verkehrsmitteln unterwegs zu sein (vgl. Hochbahn et al. 2005). Oder negative Erfahrungen, die Jugendliche machen, wenn sie mit dem Rad unterwegs sind, bewirken, dass sie im Erwachsenenalter umso entschiedener Auto fahren wollen (Flade et al. 2002). Einstellungen dieser Art sind ein gravierendes Hindernis für ein umwelt- und sozialverträglicheres Mobilitätsverhalten.

Nicht nachhaltige Einstellungen entstehen indessen nicht nur durch negative Erfahrungen beim Zufußgehen, Radfahren und der Nutzung öffentlicher Verkehrsmittel, sondern auch beim Autofahren. Hohe Gebühren für subjektiv geringfügige Geschwindigkeitsübertretungen, Überwachungssysteme, die als heimtückische Fallen wahrgenommen werden, sind negative Erfahrungen, die bewirken, dass sich Autofahrer herein gelegt und ungebührlich bestraft fühlen. „Erfolgreiche" Radarfallen, die den Kommunen viel Geld einbringen, sind aus lernpsychologischer Sicht ein falscher Ansatz. Richtig ist, erwünschtes Verhalten zu belohnen bzw. zu verstärken statt unerwünschtes Verhalten zu bestrafen. Erfolgt die Bestrafung in der Weise, dass an bestimmten Stellen Radarmessgeräte installiert werden, die dann auch noch als Radarfallen erlebt werden, wird mit Abwehr reagiert, es entsteht Reaktanz (vgl. Dickenberger et al. 2001). Man wehrt sich gegen die Willkür und die als Zumutung empfundene Einschränkung. Die Folge ist, dass die vorgeschriebene Geschwindigkeit nur dort eingehalten wird, wo man ein Radarmessgerät vermutet. Man ist frustriert und verärgert, wenn man sich als Opfer erlebt, das in eine Falle getappt ist, wodurch eine feindselige Haltung und aggressives Verhalten gefördert werden.

Sozialverträgliches Fahrverhaltens wird unterstützt und gestärkt, wenn man sich als ein selbst verantwortlich Handelnder wahrnimmt. Ein konkreter Ansatz in dieser Richtung ist die Ankündigung von Geschwindigkeitskontrollen in der Weise, dass der Autofahrer vorab auf das Messgerät hingewiesen wird (Achtung Radar!). Die Ankündigung dieser Maßnahme verschafft ihm Verhaltenskontrolle. Er hat es selbst in der Hand, ob er bestraft werden wird oder nicht. Fährt er so, dass keine Bestrafung erfolgt, wird er – lernpsychologisch gesehen – belohnt. Auf diese Weise wird das gewünschte Verhalten bekräftigt. Diese sinnvolle Strategie, deren Ziel es ist, nachhaltige verkehrsbezogene Einstellungen zu fördern, ist politisch jedoch nicht durchsetzbar, wenn ökonomische Interessen dominieren und es letztlich darum geht, „erfolgreiche" Radarfallen zu installieren, die den Kommunen möglichst viel Geld einbringen.

Von besonderer Relevanz sind die verkehrsbezogenen Einstellungen Jugendlicher, die in wenigen Jahren über einen Führerschein verfügen werden. In einer Befragung 13- bis 14-Jähriger erwiesen sich rund 45 Prozent als „autoorientiert", d. h. sie stellen sich vor, als Erwachsene sehr viel oder viel Auto zu fahren, weitere 44 Prozent hatten die Vorstellung, dass sie als Erwachsene je nach Situation auf das Auto zugreifen werden, nur 11 Prozent meinten, dass sie das Auto selten oder gar nicht nutzen werden (vgl. Flade et al. 2002). Als bedeutender Einflussfaktor stellte sich die Verkehrsmittelnutzung der Eltern heraus. Eine autoorientierte Haltung ist bei Jugendlichen umso wahrscheinlicher, je autofixierter deren Eltern sind. Hier zeigt sich, dass Einstellungen nicht nur auf den selbst gemachten direkten Erfahrungen beruhen, sondern dass auch Eltern sowie andere persönlich wichtige Bezugspersonen Modelle sind, deren Verhalten Vorbildfunktion hat und übernommen wird.

Die These, dass sich die jungen Erwachsenen zunehmend vom Auto ab- und anderen Verkehrsmitteln zuwenden, stellt die Prägung des Mobilitätsverhaltens durch Bezugspersonen in Frage. Anhand verkehrsstatistischer Daten lässt sich in der Tat eine Verringerung der Autokilometer bei einer insgesamt nicht abnehmenden Verkehrsleistung bei jungen Erwachsenen feststellen (vgl. Flade 2013a). Das bedeutet: Einen größeren Teil der Strecken bestreiten die jungen Erwachsenen heutzutage mit anderen Verkehrsmitteln. Dass sie jedoch nach wie vor die Möglichkeit haben möchten, automobil sein zu können, belegen die Statistiken des Zentralen Fahrerlaubnisregisters. Hier wird deutlich, dass der Pkw-Führerschein nach wie vor ein Garant für eine eigenständige Automobilität ist, die jederzeit möglich ist, auch ohne das man ein eigenes Auto besitzt oder eines im Haushalt vorhanden ist. Die Fahrerlaubnis eröffnet außerdem den Zugang zu Angeboten wie dem Car Sharing. Abnehmende Autokilometer bei einer gleichbleibend hohen Führerscheinquote bringen zum Ausdruck, dass es sich nicht um eine Abkehr vom Auto handelt, sondern stattdessen um eine Loslösung von der Fixierung auf das eigene Auto und der ausschließlichen oder überwiegenden Nutzung des Pkw, auch wenn es durchaus akzeptable alternative Möglichkeiten gibt. Im multimodalen Verkehrsverhalten deutet sich ein Einstellungswandel an, der Voraussetzung für einen Paradigmenwechsel im Verkehr ist.

6 Fazit

Das Fortbestehen der unerwünschten Verkehrsfolgen trotz des expliziten Ziels, diese spürbar zu reduzieren, ist ein Paradebeispiel für die Diskrepanz der Verkehrspolitik zwischen programmatischem Anspruch und realer Umsetzung. Der mögliche Einwand, dass der Anspruch zu hoch sein könnte, lässt sich mit der Definition von unerwünschten Folgen als Gefährdung der physischen und psychischen Gesundheit sowie einer fortgesetzten Beeinträchtigung des Wohlbefindens entkräften, sofern man nicht in Frage stellt, dass die Erhaltung der Gesundheit ein wichtiges gesellschaftspolitisches Ziel ist. Konsens ist, dass Lärm und Luftverschmutzung Stressoren sind, die sowohl gesundheitsschädigend wirken als auch durch die Bemühungen einzelner Menschen nicht bewältigt werden können. Verglichen damit wurden die Auswirkungen des Verlusts der ästhetischen Qualität von Wohnumgebungen, Städten und Landschaften durch Verkehrsanlagen bislang kaum beachtet. Doch auch eine verringerte Nutzung des Wohnumfelds, verbunden mit einer der Gesundheit abträglichen Bewegungsarmut und einer Reduzierung sozialer Kontakte, sind gravierende negative Folgen des motorisierten Verkehrs, welche die Lebensqualität mindern. Die Problemlösung wird indessen nicht als Aufgabe der Verkehrspolitik gesehen. Auch dass Kinder und Familien die unerwünschten Folgen des Verkehrs besonders zu spüren bekommen, wird nicht als ein Problem, das die Verkehrspolitik angeht, wahrgenommen. Es müsste also entweder das Aufgabenfeld der Verkehrspolitik erweitert oder die Vernetzung der Verkehrs- und der Gesundheits- und Familienpolitik, voran getrieben werden, damit die sozialen Kosten nicht mehr so leicht weggeschoben und individualisiert werden können. Eine Erschwernis ist die Betrachtung des Menschen ausschließlich als Verkehrsteilnehmer oder „Beförderungsfall". In seiner Rolle als Bewohner, der unter der Verkehrsbelastung in seinem Wohngebiet leidet, ist er bislang kein Gegenstand der Verkehrspolitik.

Ein Ressort übergreifendes gesellschaftspolitisches Ziel ist seit Längerem die nachhaltige Entwicklung. Neben Umweltverträglichkeit und Wirtschaftlichkeit ist die Erfüllung der menschlichen Bedürfnisse nicht nur für die heutige, sondern auch für künftige Generationen sicher zu stellen. Im Verkehrsbereich dominieren indessen ökonomische und technische Themen so stark, dass kaum noch Raum zu bleiben scheint, sich mit der gleichen Gründlichkeit wie in den dazu geführten kontroversen Debatten z. B. über die Entwicklung und den Einsatz von Technik zur Verhinderung von Staus, über die Einführung von Straßenbenutzungsgebühren, über Ansätze zur Senkung des Kraftstoffverbrauchs usw. auch noch mit den sozialen Kosten des Verkehrs zu befassen. Deutlich ist jedenfalls, dass die soziale Dimension der Nachhaltigkeit nicht vergleichbar intensiv behandelt wird wie die ökologische und die ökonomische. Ein Grund ist, dass die Verkehrspolitik auf der Aggregatebene operiert, so dass die psychologischen und sozialen Folgen überhaupt nicht ins Blickfeld geraten.

Die Entwicklung nichtnachhaltiger Einstellungen, die das Verkehrsverhalten mitbestimmen, ist wegen der langfristigen Wirkung besonders schwerwiegend. Eine solche nichtnachhaltige Einstellung ist die Autoorientierung, die schon bei vielen 13- und 14-Jährigen sehr ausgeprägt ist. Einstellungen dieser Art werden in autoorientierten Gesellschaften erworben. Um die sozialen Kosten des Verkehrs mittel- bis längerfristig spürbar zu reduzieren, müssten sich Einstellungen herausbilden können, die zu einem pragmatischeren und insgesamt weniger autoorientierten Verkehrsverhalten führen. Verkehrs- und Mobilitätserziehung können diese Zielsetzung zwar unterstützen (Flade und Hacke 2004); sie reichen aber nicht aus, um konträre Einflüsse der familiären und kommunalen Umwelt außer Kraft zu setzen.

Literatur

Allen, Vernon L. 1984. Toward an Understanding of the Hedonic Component of Vandalism. In *Vandalism*, Hrsg. Claude Levy-Leboyer, 77–89. Amsterdam.

Appleyard, Donald, und Mark Lintell. 1972. The Environmental Quality of City Streets: The Residents Viewpoint. *Journal of the American Institute of Planners* 38: 84–101.

Bell, Paul A., Greene, Thomas C., Fisher, Jeffrey D., und Andrew Baum. 2001. *Environmental Psychology*. Fort Worth.

Benfield, Jacob A., Paul A. Bell, Lucy J. Troup, und Nicholas C. Soderstrom. 2010. Aesthetic and Affective Effects of Vocal and Traffic Noise on Natural Landscape Assessment. *Journal of Environmental Psychology* 30: 103–111.

Berlyne, Donald, E. 1971. *Aesthetics and Psychobiology*, New York.

Björklid, Pia. 1997. Parental Restrictions and Children´s Independent Mobility. In *Internationale Konferenz Mobilität und Sicherheit. Schlussbericht*, Hrsg. Kuratorium für Verkehrssicherheit. Wien.

Bliersbach, Gerhard. 1978. Interaktionsmuster und Interaktionskonflikte beim Autofahren. *Gruppendynamik* 9: 238–248.

Blinkert, Baldur. 1993. *Aktionsräume von Kindern in der Stadt*. Pfaffenweiler.
Blumen, Orna. 2000. Dissonance in Women´s Commuting? The Experience of Exurban Employed Mothers in Israel. *Urban Studies* 37; 731–748.
Bronzaft, Arline L. 2002. Noise Pollution: A Hazard to Physical and Mental Well-being. In *Handbook of Environmental Psychology*, Hrsg. Robert B. Bechtel und Azra Churchman, 499–510. New York.
Bronzaft, Arline L., und Dennis P. McCarthy. 1975. The Effect of Elevated Train Noise on Reading Ability. *Environment and Behavior* 7: 517–527.
Bucheker, Matthias, Marcel Hunziker, und Felix Kienast. 2003. Participatory Landscape Development: Overcoming Social Barriers to Public Involvement. *Landscape and Urban Planning* 64: 29–46.
Buhr, Regina. 1999. Das Auto: ein Mittel zur Erleichterung der Haushaltsführung? In *Frauen und Männer in der mobilen Gesellschaft*, Hrsg. Antje Flade und Maria Limbourg, 155–173. Opladen.
Cohen, Sheldon, David G. Glass, und Jerome E. Singer. 1973. Apartment Noise, Auditory Discrimination and Reading Ability in Children. *Journal of Experimental Social Psychology* 9: 407–422.
Dickenberger, Dorothee, Gisla Gniech, und Hans Joachim Grabitz. 2001. Die Theorie der psychologischen Reaktanz. In *Theorien der Sozialpsychologie*, Hrsg. Dieter Frey und Martin Irle, Bd. 1, 243–274. Bern.
Eggert, Dietrich, K. Brandt, H. Jendritzki, und B. Küppers. 1997. Untersuchung zur motorischen Entwicklung von Kindern im Grundschulalter in den Jahren 1985 und 1995. *Praxis der Psychomotorik* 22: 101–107.
Evans, Gary W, und Cohen, Sheldon. 1987. Environmental Stress. In *Handbook of Environmental Psychology*, Hrsg. Daniel Stokols und Irwin Altman, 571–610. New York.
Evans, Gary W., und Stephan V. Jacobs. 1981. Air Pollution and Human Behaviour. *Journal of Social Issues* 37: 95–125.
Evans, Gary W., und Lorraine E. Maxwell. 1997. Chronic Noise Exposure and Reading Deficits: The Mediating Effects of Language Acquisition. *Environment and Behavior* 29: 638–656.
Evans, Gary W., Richard E. Wener, und Donald Phillips. 2002. The Morning Rush Hour. Predictability and Commuter Stress. *Environment and Behavior* 34: 521–530.
Flade, Antje. 1994. Effekte des Straßenverkehrs auf das Wohnen. In *Mobilitätsverhalten*, Hrsg. Antje Flade, 155–169. Weinheim.
Flade, Antje. 1999. Begleitung und Transport von Kindern. In *Frauen und Männer in der mobilen Gesellschaft*, Hrsg. Antje Flade und Maria Limbourg, 257–262. Opladen.
Flade, Antje. 2013a. Abkehr vom Auto. *Internationales Verkehrswesen* 65(1): 48–49.
Flade, Antje. 2013b. *Der rastlose Mensch. Konzepte und Erkenntnisse der Mobilitätspsychologie*. Wiesbaden.
Flade, Antje, Ulrike Hacke, und Günter Lohmann. 2002. Wie werden die Erwachsenen von morgen unterwegs sein? *Internationales Verkehrswesen*, 11: 542–547.
Flade, Antje, und Ulrike Hacke. 2004. Von der „klassischen" Verkehrs- zur zeitgemäßen Mobilitätserziehung. *Internationales Verkehrswesen* 7/8: 322–326.
Fölling-Albers, Maria. 2002. Veränderte Kindheit, Kindheitsforschung und Schule. *Pädagogische Rundschau* 56: 379–391.
Funk, Walter, und Hendrik Fassmann. 2002. *Beteiligung, Verhalten und Sicherheit von Kindern und Jugendlichen im Straßenverkehr*. Bergisch Gladbach.
Gärling, Anita, und Tommy Gärling. 1990. Parents Residential Satisfaction and Perceptions of Children' Accident Risk. *Journal of Environmental Psychology* 10: 27–36.
Gärling, Tommy, Anita Svensson-Gärling, und Jan Valsiner. 1984. Parental Concern about Children's Traffic Safety in Residential Neighbourhoods. *Journal of Environmental Psychology* 4: 235–252.
Giles-Corti, Billie, und Robert J. Donovan. 2003. Relative Influences of Individual, Social Environmental, and Physical Environmental Correlates of Walking. *American Journal of Public Health* 93: 1583–1589.

Greitemeyer, Tobias, Peter Fischer, und Dieter Frey. 2005. Stress. In *Psychologie in Gesellschaft, Kultur und Umwelt*, Hrsg. Dieter Frey und Carl Graf Hoyos, 181–186. Weinheim: Handbuch.
Guski, Rainer. 2013. Verkehrslärm/Weniger Lärm – Maßnahmen zum Schutz gegen Verkehrslärm. In *Der rastlose Mensch. Konzepte und Erkenntnisse der Mobilitätspsychologie*, Antje Flade, 162–171. Wiesbaden.
Hautzinger, Heinz, Andreas Knie, und Manfred Wermuth. 1997. *Mobilität und Verkehr besser verstehen. Dokumentation eines interdisziplinären Workshops am 5. und 6. Dezember 1996 im WZB*. Berlin.
Heimstra, Norman W. 1970. The Effects of „Stress Fatigue" on Performance in Simulated Driving Situation. *Ergonomis* 13: 209–218.
Hellbrück, Jürgen, und Rainer Guski. 2005. Lärm. In *Psychologie in Gesellschaft, Kultur und Umwelt*, Hrsg. Dieter Frey und Carl Graf Hoyos, 361–367. Weinheim: Handbuch.
Hellbrück, Jürgen, und Elisabeth Kals. 2012 *Umweltpsychologie*. Wiesbaden.
Hillman, Mayer, John Adams, und John Whitelegg. 1990. *One False Move. A Study of Children´s Independent Mobility*. London.
Hüttenmoser, Marco. 1994. Auswirkungen des Straßenverkehrs auf die Entwicklung der Kinder und den Alltag junger Familien. In *Mobilitätsverhalten*, Hrsg. Antje Flade, 171–181. Weinheim.
Imhof, Margarete, und Maria Klatte, Hrsg. 2011. *Hören und Zuhören als Voraussetzung und Ergebnis von Unterricht und Erziehung*. Weinheim.
Infas/DLR. 2010. Mobilität in Deutschland 2008. Im Auftrag des BMVBS www.mobilitaet-in-deutschland.de.
Kalwitzki, Klaus Peter, und Paul Brieler. 2013. Verkehrspsychologische Interventionen. In *Der rastlose Mensch. Konzepte und Erkenntnisse der Mobilitätspsychologie*, Hrsg. Antje Flade, 204–223. Wiesbaden.
Kobiela, Fanny. 2011. *Fahrerintentionserkennung für autonome Notbremssysteme*. Wiesbaden.
Koslowsky, Meni. 1997. Commuting Stress: Problems of Definition and Variable Identification. *Applied Psychology* 46: 153–174.
Köster, Dorothea. 1999.Auswirkungen von Schadstoffen – Erkenntnisse der Umweltmedizin. In *Frauen und Männer in der mobilen Gesellschaft*, Hrsg. Antje Flade und Maria Limbourg, 277–288. Opladen.
Kruse, Lenelis. 1995. Globale Umweltveränderungen. Eine Herausforderung für die Psychologie. *Psychologische Rundschau* 46: 81–92.
Kunz, Torsten. 1993. *Weniger Unfälle durch Bewegung*. Schorndorf.
Limbourg, Maria, Antje Flade, und Jörg Schönharting. 2000. *Mobilität im Kindes- und Jugendalter*. Opladen.
Littler, William A., A.J. Honour, und Peter Sleight. 1973. Direct Arterial Pressure and Electrocardiagram During Motor Car Driving. *British Medical Journal* 2: 273–277.
Lundberg, Ulf. 1976. Urban Commuting: Crowdedness and Catecholamine Excretion. *Journal of Human Stress* 2: 26–32.
Moshammer, Hanns, Erik Petersen, und Gaudenz Silberschmidt. 2002. Ökologische und gesundheitliche Folgen der Mobilität. *Verkehrszeichen* 4: 4–9.
Napier, Melissa A., Barbara B. Brown, Carol M. Werner, und Jonathan Gallimore. 2011. Walking to School: Community Design and Child and Parent Barriers. *Journal of Environmental Psychology* 31: 45–51.
Nasar, Jack L. 1990. The Evaluative Image of the City. *APA Journal* 41: 41–53.
Nokielsky, Hans. 1985. Straße als Lebensraum? Funktionalisierung und Revitalisierung sozialer Räume. In *Kommunale Sozialpolitik*, Hrsg. Jürgen Krüger und Eckart Pankoke, 129–155. München.
Rüger, Heiko. 2010. Berufsbedingte räumliche Mobilität in Deutschland und die Folgen für Familie und Gesundheit. *Bevölkerungsforschung aktuell* 31(2): 8–12.
Scheffen, Erika. 1999. Aufsichtspflicht und Haftungsfragen im Rahmen der Kinderbetreuung. In *Frauen und Männer in der mobilen Gesellschaft*, Hrsg. Antje Flade und Maria Limbourg, 263–276. Opladen.

Schneider, Norbert F., Ruth Limmer, und Kerstin Ruckdeschel. 2002. *Mobil, flexibel, gebunden. Familie und Beruf in der mobilen Gesellschaft.* Frankfurt am Main.
Schönhammer, Rainer. 1994. Dialektik von Straße und Landschaft. In *Mobilitätsverhalten*, Hrsg. Antje Flade, 81–100. Weinheim.
Schönpflug, Wolfgang. 1996. Umweltstress. In *Ökologische Psychologie. Ein Handbuch in Schlüsselbegriffen*, Hrsg. Lenelis Kruse, Carl Friedrich Graumann und Ernst-Dieter Lantermann, 176–180. Weinheim.
Schreckenberg, D., T. Eikmann, Guski Rainer, und Klatte Maria. 2012. NORAH – Noise Realted Annoyance, Cognition and Health – Konzept einer Studie zur Wirkung von Verkehrslärm bei Anwohnern von Flughäfen. *Lärmbekämpfung* 6(3): 107–114.
Schulte, Werner. 1978. *Straßenverkehrsbeteiligung von Kindern und Jugendliche.* Köln.
Singer, Jerome E., Lundberg, Ulf, und Frankenhaeuser, Marianne. 1978. Stress on the Train: A Study of Urban Commuting. In *Advances in Environmental Psychology*, Hrsg. Andrew Baum, Jerome E. Singer und Stuart Valins, Bd. 1, 41–56. Hillsdale.
Skjaeveland, Oddvar, und Tommy Gärling. 1997. Effects of Interactional Space on Neighbouring. *Journal of Environmental Psychology* 17: 181–198.
Stadler, Peter, Wolfgang Fastenmeier, Herbert Gstalter und Jochen Lau (2000): Beeinträchtigt der Berufsverkehr die Gesundheit und das Wohlbefinden von Beschäftigten? Eine empirische Studie zu Belastungsfolgen durch den Berufsverkehr. *Zeitschrift für Verkehrssicherheit* 2:56–66.
Stokols, Daniel und Novaco, Raymond W. 1981. Transportation and Well-being. In *Transportation and Behaviour*, Hrsg. Irwin Altman und Joachim F. Wohlwill, 85–130. New York.
Taylor, Peter J., und Stuard J. Pocock. 1972. Commuter Travel and Sickness Absence of London Office Workers. *British Journal of Preventive Social Medicine* 26: 165–172.
Hochbahn, Institut Wohnen und Umwelt/RNV/HSB. 2005. *SuSi PLUS. Subjektives Sicherheitsempfinden im Personennahverkehr mit Linienbussen, U-Bahnen und Stadtbahnen*, Darmstadt.
Villanueva, Karen, Billie Giles-Corti, Max Bulsara, Anna Timperio, Gavin McCormack, Bridget Beesley, Georgina Trapp, und Nicholas Middleton. 2012. Where do Children Travel to and what Local Opportunities are Available? The Relationship between Neighborhood Destinations and Children's Independent Mobility. *Environment and Behavior* 45: 679–705.
White, Steven M., und James Rotton. 1998. Type of Commute, Behavioral Aftereffects, and Cardiovascular Activity. A Field Experiment. *Environment and Behavior* 30: 763–780.
Wittenberg, Reinhard, Ingrid Wintergerst-Gaasch, Jürgen Passenberger und Birgitta Büschges. 1987. *Straßenverkehrsbeteiligung von Kindern und Jugendlichen.* Bergisch Gladbach.
Zimmer, Renate. 1996. *Motorik und Persönlichkeitsentwicklung bei Kindern. Eine empirische Studie zur Bedeutung der Bewegung für die kindliche Entwicklung.* Schorndorf.
Zinnecker, Jürgen. 2001. *Stadtkids. Kinderleben zwischen Straße und Schule.* München: Weinheim.

Die soziale Aufgabe von Verkehrsinfrastrukturpolitik

Weert Canzler

Zusammenfassung

Die Verkehrs- und Verkehrsinfrastrukturpolitik gerät angesichts erheblicher demografischer und wirtschaftsstruktureller Veränderungen verstärkt unter Druck. Sie muss auf die Gleichzeitigkeit von „Schrumpfen und Wachsen" reagieren. In den schrumpfenden Regionen Ostdeutschlands scheint wie im Zeitraffer eine Entwicklung vorweg genommen zu werden, die auch in anderen Teilen Deutschlands abseits der Wachstumsregionen bevorsteht. Die Abkehr von einer kompensatorischen Infrastrukturpolitik im Verkehr und der Umstieg auf eine Nutzerfinanzierung bedeuten auch den verstärkten Wechsel von einer Objekt- zur Subjektförderung. An die Stelle eines flächendeckenden Angebots von Bussen und Bahnen werden bei Bedürftigkeit zunehmend individuelle Hilfen treten, um individuelle Mobilität dort zu sichern, wo kollektive Verkehrsangebote nicht mehr hinreichend vorhanden sind.

Schlüsselwörter

Demografischer Wandel • Verkehrsinfrastruktur • Schrumpfen und Wachsen • Staatsverständnis

1 Einleitung

In einigen Regionen Deutschlands schrumpft die Bevölkerung. Nach zwei Jahrzehnten Bevölkerungsverlust in den neuen Bundesländern schrumpft in den nächsten Jahren auch die Einwohnerschaft vieler Städte und Gemeinden in den alten Bundesländern. Dabei ist *Schrumpfen* auch in Deutschland keineswegs ein neues Phänomen; unter dem Etikett des Strukturwandels waren seit Ende der 1960er-

W. Canzler (✉)
Wissenschaftszentrum Berlin für Sozialforschung gGmbH, Berlin, Deutschland
E-Mail: weert.canzler@wzb.eu

Jahre der Verlust von Arbeitsplätzen in altindustriellen Sektoren wie Kohle und Stahl und der Aufbau neuer Wirtschaftsstrukturen in den so genannten High-Tech-Branchen und in den Dienstleistungen zu beobachten (vgl. Hamm und Wienert 1990). Auch in der Stadtsoziologie sind die Probleme „schrumpfender Städte" schon in den 1970er- und 1980er-Jahren aufgeworfen worden (vgl. Göb 1977; Häußermann und Siebel 1988). Aufsehen erregend ist vor allem die *Koinzidenz* von demografischen Umbrüchen und wirtschafts- sowie regionalstrukturellen Verwerfungen, wie sie seit Anfang der 1990er-Jahre besonders in den neuen Bundesländern und eben zunehmend auch in den alten Bundesländern stattfinden. Eine unterdurchschnittliche Erwerbsquote und eine mangelnde ökonomische Dynamik fallen mit einer altersselektiven Abwanderung von Bewohnern und einer dadurch beschleunigten Alterung der Gesellschaft zusammen. Umgekehrt werden die endogenen Potenziale durch den Weggang gut ausgebildeter und ehrgeiziger Arbeitskräfte zusätzlich geschwächt. Leer stehende Häuser und der Abriss von Plattenbauten liefern medienwirksame Bilder einer bereits fortgeschrittenen Entleerung ganzer Stadtteile und Regionen. Zwischen 1990 und 2010 hat sich die Bevölkerung in den neuen Bundesländern (ohne Ostberlin) von 14,7 auf knapp 12,8 Millionen vermindert (Statistisches Bundesamt, WZB 2013: 13). In den Prognosen des Statistischen Bundesamtes wird ein weiterer Rückgang bis 2030 auf weniger als 11 Millionen erwartet (vgl. Statistisches Bundesamt 2009). Dieser Bevölkerungsschwund schlägt sich nicht zuletzt in einer abnehmenden Nutzung von Infrastrukturen nieder, die neben den Netzindustrien Wasser, Energie, Telekommunikation sowie den „Punktinfrastrukturen" Schulen, Krankenhäuser und andere soziale Einrichtungen eben auch den Verkehr betrifft. So ist beispielsweise das Verkehrsaufkommen, also die Zahl der beförderten Personen, im öffentlichen Straßenpersonenverkehr in den neuen Bundesländern (und Berlin als Ganzes) in den Jahren 1993 bis 2003 um mehr als 13 Prozent, nämlich von 2.213 auf 1.918 Millionen Fahrgäste, gesunken (eigene Berechnung nach Daten aus BMVBW 2005: 232 f.). Auch in den Jahren 2004 bis 2010 ist der ÖPNV – abgesehen von Berlin, wo es vor allem beim Regionalverkehr auf der Schiene und bei der S-Bahn erhebliche Zuwächse gab - in den neuen Bundesländern erneut um annähernd 4 Prozent gesunken (vgl. Statistisches Bundesamt 2014). Die nachholende Motorisierung und sinkende Schülerzahlen haben dazu geführt, dass in vielen ländlichen Regionen Ostdeutschlands kaum noch ein regelmäßiger öffentlicher Verkehr zu finden ist. Statt auf Linienbusse setzen viele Verkehrsunternehmen auf „flexible Bedienformen", die als „Rufbusse" oder „Anrufsammeltaxis" nur bei Bedarf fahren. Der Branchenverband Vereinigung Deutscher Verkehrsunternehmen (VDV) erwartet vor diesem Hintergrund einen Rückgang des im ÖPNV im ländlichen Raum erbrachten Transportvolumens von 37 Milliarden Personenkilometer pro Jahr 2007 auf 33,8 Milliarden Personenkilometer im Jahr 2025 (VDV 2009: 40). Erhebliche finanzielle Belastungen für die Länder und die Kommunen verursachen darüber hinaus auch der Unterhalt und die Instandsetzung von Straßen.

Parallel zu den Schrumpfungstendenzen finden wir in Deutschland – eben gleichzeitig – klassische Wachstumszonen. Räumlich befinden sich diese im Süden Deutschlands, in einigen Ballungsräumen entlang des Rheins, in und um Hamburg sowie eher als kleine Inseln in Sachsen und Thüringen. Dort wächst die Wirtschaft überdurchschnittlich, die Erwerbsquote ist hoch und überdies werden Arbeitskräfte gesucht. Bei weiter zunehmender Bevölkerung durch Zuwanderung aus dem In- und Ausland und somit abgemilderter Alterung kann von einer Unterauslastung der Infrastruktur hier in der Regel keine Rede sein. In den Wachstumszonen steigt die Verkehrsleistung, und zwar sowohl im motorisierten Individualverkehr (MIV) als auch im öffentlichen Verkehr (ÖV) (vgl. Statistisches Bundesamt 2014).

Die Folgen der sich bereits abzeichnenden demografischen und wirtschaftsstrukturellen Dynamiken in den nächsten Jahrzehnten – als *Gleichzeitigkeit von Entleerungs- und Boomprozessen* – sind für die Verkehrsinfrastrukturpolitik gravierend. Nicht nur wanken die Annahmen über Infrastrukturpolitik als Strukturpolitik und Investitionen in Infrastruktur als volkswirtschaftlich unverzichtbare Vorleistung, wie sie seit den 1970er-Jahren in den sozial- und wirtschaftswissenschaftlichen Debatten Konsens waren (vgl. im Überblick: Simonis 1977). Auch der rechtliche Rahmen und die Finanzierung des Verkehrs als Teil der staatlichen Daseinsvorsorge geraten unter erheblichen Veränderungsdruck. In drei Schritten werden im Folgenden die Auswirkungen des demografischen und wirtschaftsstrukturellen Wandels auf den Personenverkehr und die dafür notwendigen technischen und infrastrukturellen Voraussetzungen im Lichte der aktuellen verkehrswissenschaftlichen Diskussion skizziert und abgeschätzt. Im *ersten* Schritt werden die zentralen demografischen, wirtschaftsstrukturellen und gesellschaftlichen Entwicklungen im zeitlichen Horizont bis 2030 zusammengefasst, im *zweiten* geht es um Herausforderungen an die Infrastrukturpolitik, die aus diesen Entwicklungen erwachsen. Der *dritte* Schritt umfasst die Produktion von und den Zugang zu öffentlichen Gütern unter Bedingungen der Europäisierung und der Globalisierung. Besondere Berücksichtigung findet hier die Rolle des Autos für Mobilität und gesellschaftliche Teilhabe. Im abschließenden Resümee und Ausblick wird auf zentrale Reformperspektiven im Verkehrssektor und ihre Realisierungschancen eingegangen.

2 Demografische und wirtschaftsstrukturelle Tendenzen in Deutschland bis 2030

Die wesentlichen Trends des demografischen Wandels in den nächsten Jahrzehnten in Deutschland lassen sich in vier Dimensionen zusammenfassen: erstens die *Alterung der Gesellschaft*, zweitens die *Schrumpfung der Gesellschaft*, drittens die *Zuwanderung und ihre Auswirkungen* und viertens die *sozialräumlichen Unterschiede der Bevölkerungsentwicklung*. Jeder der vier Aspekte birgt für sich bereits erheblichen Anpassungsbedarf. Zusammen genommen führen sie zu einem hohen Reformdruck auf allen politischen Ebenen. Mittlerweile ist ins öffentliche Bewusstsein vorgedrungen, dass nicht nur das Alterssicherungs- und das Gesundheitssystem „demografiefest" werden müssen, sondern dass sämtliche Politikfelder tangiert sind. Die kaum wesentlich zu beeinflussenden demografischen Verschiebungen bis 2030 werden unter anderem zu teilweise drastischen Rückgängen bei den

Schülerzahlen führen und in einigen Segmenten des Arbeitsmarktes zu einer verschärften, vor allem auch internationalen Konkurrenz um qualifizierte Arbeitskräfte beitragen.

Die absehbaren genannten Trends werden in den Zukunftsabschätzungen zum Verkehr mit dem Horizont 2030 mehr oder weniger berücksichtigt (siehe im Überblick: Ahrens und Kabitzke 2011). Bevölkerungsprognosen über 2030 hinaus werden mit noch weitaus gravierenderen Konsequenzen für beinahe alle wirtschaftlichen und gesellschaftlichen Bereiche verbunden. Allerdings sind diese Voraussagen naturgemäß viel unsicherer, denn weder sind künftige Geburtenraten noch das Migrationsverhalten über einen Zeitraum von mehr als 15 Jahren seriös zu berechnen.

Die derzeit absehbaren Haupttrends der demografischen Entwicklung in den verschiedenen Dimensionen bis zum Jahr 2030 – und auf weniger stabiler Datenbasis auch darüber hinaus – sind:

- *Alterung*: Wenn die Gesellschaft altert, steigt der Anteil der älteren und betagten Menschen und der Anteil der Jüngeren und der Kinder sinkt. Nicht nur nimmt das Durchschnittsalter der Einwohner in Deutschland zu, der Altersaufbau verschiebt sich zugunsten der Angehörigen älterer Jahrgänge, aus der Bevölkerungspyramide zu Beginn des 20. Jahrhunderts wird mehr und mehr ein Baum mit einer ausladenden Krone in den höheren Alterszonen. Das Generationenverhältnis und damit der Generationenvertrag sind betroffen, die darin über Jahrzehnte erfolgreich verankerte Solidarität zwischen den Altersklassen wird auf die Probe gestellt (vgl. Zander 2004). Die Basis der sozialen Sicherungssysteme droht zu erodieren, zusätzlich verschärft durch die Folgen der Finanzkrise (Streeck 2010). Die Versorgungslasten, die von den zukünftigen Erwerbstätigen getragen werden müssen, wiegen schwerer, weil sie auf immer weniger Schultern verteilt werden können. So sinkt zum Beispiel der Anteil der 20- bis 40-Jährigen an der deutschen Bevölkerung, also der beruflichen Anfänger und ein wichtiger Teil der Leistungsträger, von 2010 bis 2030 von 26 auf 22 Prozent, in absoluten Zahlen bedeutet das ein Minus von mehr 3,5 Millionen Personen im erwerbsfähigen Alter. Gleichzeitig wächst der Anteil der über 65-Jährigen von 21 auf 29 Prozent (vgl. Statistisches Bundesamt 2009).

  Verschärft wird die Alterungsdynamik dadurch, dass gerade bei den geburtenstarken Jahrgängen der beginnenden 1960er-Jahre die durchschnittliche Kinderzahl besonders stark zurückgegangen ist. Nur noch statistische 1,3 Kinder hat jede Frau aus dieser Generation geboren. Die Baby-Boomer von einst haben nun die wenigsten Kinder, was sich als Knick in der Geburtenentwicklung niedergeschlagen hat, der das „Gesamtreproduktionsniveau" selbst für den Fall auf ein signifikant niedrigeres Level absinken lässt, dass aufgrund einer wirksamen Familienförderung und einer neuen gesellschaftlichen Wertschätzung eigener Kinder die Geburtenrate künftig wieder ansteigen sollte. Zudem gehen genau diese Baby-Boomer ab 2020 vermehrt in den Ruhestand, was zu einer Zusatzbelastung der Rentenkassen führen kann. Schließlich ist davon auszugehen, dass die Lebenserwartung wegen einer insgesamt besseren Ernährung und dank guter medizinischer Versorgung weiter steigen wird (vgl. BMI 2011: 21 ff.). Schon heute ist die am schnellsten wachsende Altersgruppe die der über 80-Jährigen. Gegenüber 2010 wird sich ihre Zahl im Jahr 2030 bei einer insgesamt leicht abnehmenden Gesamtbevölkerung voraussichtlich von 4,3 Millionen auf 6,4 Millionen erhöhen. Auch danach wird diese Gruppe der heute noch so genannten „Hochbetagten" nicht nur relativ, sondern auch absolut stark wachsen und erst nach 2050 auf den allgemeinen Schrumpfungspfad einschwenken (vgl. Kaufmann 2005, Statistisches Bundesamt 2009). Auf diesen „langen Trend" der steigenden Lebenserwartung in wohlhabenden modernen Gesellschaften als Grund für die Alterung weisen vor allem Vertreter der historischen Demografie hin (vgl. Ehmer 2004). Insofern handelt es sich weniger um eine Alterung der Gesellschaft als vielmehr um ihre „Entjüngung" (Kaufmann 2005).

- *Schrumpfung*: Im Gegensatz zur Alterung setzt die Schrumpfung der Bevölkerung insgesamt in Deutschland erst viel später ein. Bis 2030 ist bei einer unterstellten Nettozuwanderung von 200.000 Personen pro Jahr und bei einer etwa konstanten Geburtenrate mit einem Bevölkerungsrückgang von maximal einem Prozent zu rechnen. Die deutsche Gesellschaft altert zwar kräftig, dank unterstellter stetiger Immigration und längerer Lebenszeit bleibt sie jedoch vom Umfang her in den nächsten beiden Jahrzehnten beinahe konstant. Erst danach schrumpft die Bevölkerung spürbar, bei leicht variierten Annahmen bis 2050 um sechs bis 15 Prozent auf dann 68 bis 77 Millionen (vgl. Statistisches Bundesamt 2009; BMI 2011). Nach 2030 macht sich der rapide gesunkene Nachwuchs dann auch in der Bevölkerungsstatistik bemerkbar. Kaufmann spricht daher vom „progressiven Charakter des Bevölkerungsrückgangs" und macht das an einer einfachen Rechnung über vier Generationen von Frauen deutlich: „Wenn – wie dies seit drei Jahrzehnten in der Bundesrepublik mit kleinen Schwankungen kontinuierlich der Fall ist – sich eine Frauengeneration über die Generationen hinweg nur noch etwa zu zwei Dritteln ersetzt, so bedeutet dies, dass 1000 Frauen nur noch 667 Töchter und 444 Enkelinnen und 296 Urenkelinnen bekommen" (Kaufmann 2005: 52). Mit diesem exponentiellen Verlauf der Geburtenentwicklung begründet Kaufmann auch seine Warnung, die Schrumpfung nicht zu unterschätzen, die in den nächsten 10-15 Jahren kaum auffällt, aber nach 2030 beschleunigt auftreten und dann umso radikalere Anpassungen erfordern wird. Demografen sprechen vom „Echoeffekt" bereits temporär niedriger Geburtenraten, der im Nachhinein selbst durch ein deutlich höheres Reproduktionsniveau nicht mehr ausgeglichen werden kann. Alle offiziellen Vorausberechnungen der Bevölkerung implizieren eine konstante oder leicht erhöhte Geburtenrate für die nächsten Jahrzehnte; mit je nach Variante der Vorausberechnungen 1,4 bis 1,6 Kindern pro Frau wird die durchschnittliche Geburtenhäufigkeit der letzten Jahrzehnte im Kern fortgeschrieben, (vgl. Statistisches Bundesamt 2009).

Zuwanderung: Unterstellt wird in allen demografischen Modellrechnungen, dass eine Nettozuwanderung im Umfang von durchschnittlich 100.000 pro Jahr bis Mitte des Jahrhunderts eintritt. Bei den optimistischen Varianten der Bevölkerungsvorausberechnungen werden jährliche Migrationsgewinne von 200.000 Personen angenommen (vgl. Statistisches Bundesamt 2009). Angesichts von erheblicher Ab- bzw. Rückwanderung bedeutet das eine Bruttozuwanderung von ca. einer Million Personen pro Jahr. Ein Blick in die jüngere bundesdeutsche Geschichte zeigt, wie ambitioniert diese Zielgröße ist: In den 1980er- und 1990er-Jahren wurde zeitweilig eine solche Nettozuwanderung von 200.000 bis 300.000 erreicht, in der zweiten Hälfte der 1990er-Jahre lag die Zahl der Immigranten allerdings nur noch knapp über der Zahl der Emigranten. In dem Jahrzehnt von 2000 bis 2010 gab es erhebliche Schwankungen, durchschnittlich lag das Wanderungsplus bei knapp 109.000 per anno. Erst in Folge der Finanz- und Eurokrise nach 2010 stieg der Zuzug nach Deutschland kräftig an, im Jahr 2011 lag der Saldo bei 279.000 und 2012 bei 369.000 (vgl.: Statistisches Bundesamt 2013). Die in den Bevölkerungsprognosen angenommene Zuwanderung über einen so langen Zeitraum ist keineswegs sicher. Verschärfend kommt hinzu, dass es voraussichtlich einen verstärkten Wettbewerb zwischen den OECD-Ländern um gut qualifizierte Zuwanderer geben wird, weil alle früh industrialisierten Länder in ähnlicher Weise vom demografischen Wandel betroffen sind und mit einem mittelfristigen Mangel an qualifizierten Arbeitskräften rechnen müssen. Sollen über einen Zeitraum von mehreren Jahrzehnten die bisher in den Bevölkerungsprognosen angenommenen Zuwanderungen realisiert werden, bedarf es erheblicher zusätzlicher Integrationsanstrengungen. Ansonsten drohen neue soziale Konflikte und neue soziale Spaltungen, die sich entlang ethnografischer und kultureller Demarkationslinien verfestigen (vgl. Heitmeyer und Imbusch 2005). Voraussetzung für eine erfolgreiche Migrationspolitik ist aus dieser eher skeptischen Perspektive schließlich neben einem modernen Zuwanderungsrecht eine hohe Attraktivität für qualifizierte Zuwanderer und nicht zuletzt die Bereitschaft und Offenheit der deutschen Mehrheitsgesellschaft für eine anhaltend hohe Immigration. Ohne wesentlich mehr Investitionen in die Eingliederung vor allem durch mehr Bildung und Ausbildung werden die bereits bestehenden Probleme größer und die erhofften demografischen Kompensationseffekte kaum zu erreichen sein. Vor diesem Hintergrund ist es fraglich, ob die unterstellten Zuwanderungsraten über solch einen langen Zeitraum überhaupt realistisch und wünschenswert sind.

- *Sozialräumliche Verteilung*: Überlagert werden die skizzierten demografischen Trends der Alterung, Schrumpfung und Zuwanderung durch eine höchst ungleiche räumliche Verteilung von Bewohnern, von Alten und Jungen sowie von armen und wohlhabenden Haushalten innerhalb der Bundesrepublik Deutschland. Neben dem klassischen Nord-Süd-Gegensatz schon aus den 1980ern hat sich seit den 1990er-Jahren ein demografischer Ost-West-Gegensatz herausgebildet. Der Osten Deutschlands hat im ersten Jahrzehnt nach der Wiedervereinigung etwa eine Million Bewohner verloren (vgl. Ehmer 2004: 16 f.). Massive Geburtenrückgänge und massenhafte Abwanderung fielen zusammen, umgekehrt siedelten sich kaum Menschen aus dem Ausland dort an. Besonders junge Frauen und qualifizierte Erwerbstätige mit Karriereambitionen verließen – und verlassen bis heute – die neuen Bundesländer in Scharen und gingen in den Westen der Bundesrepublik und auch ins Ausland. „Altersselektive Wanderung" wird dieses Phänomen in der demografischen Forschung bezeichnet (vgl. Mai

2004). Alle Prognosen gehen davon aus, dass dieser Trend nur leicht abgemildert weiter gehen wird (vgl. BBR 2006; BMI 2011). Der für Deutschland insgesamt erst noch bevorstehende Bevölkerungsrückgang findet in einigen Regionen Ostdeutschlands seit Jahren statt und setzt sich fort: Im Landkreis Oberspreewald-Lausitz im südlichen Brandenburg beispielsweise schrumpft die Bevölkerung bis 2030 gegenüber dem Jahr 2010 noch einmal um mehr als 21 Prozent (vgl. Amt für Statistik Berlin und Brandenburg 2013: 34). Dann werden dort weit überproportional viele Ältere und Empfänger von staatlichen Transferzahlungen leben. Zuwanderer aus dem Ausland kommen voraussichtlich auch künftig nicht, denn sie werden von einem desolaten Arbeitsmarkt und zudem von einer aggressiven Fremdenfeindlichkeit abgeschreckt. Entleerte Regionen und ländliche Gebiete mit extrem geringer Besiedlung zeichnen sich bereits heute ab.

Bis auf einige „Speckgürteleffekte" rund um Berlin, Leipzig, Dresden und im nordwestlichen Mecklenburg sowie vereinzelte Wachstumsinseln ist beinahe das gesamte Gebiet der ehemaligen DDR von der beschleunigten Entleerung betroffen. Besonders gilt dies für periphere Räume und mittelgroße Städte, die zu DDR-Zeiten Standorte von Industriekombinaten waren, für Thüringen und Sachsen-Anhalt werden besonders hohe Schrumpfungszahlen erwartet (vgl. BMI 2011: 38). Die regional unterschiedliche demografische Entwicklung ist aber nicht allein ein Problem der östlichen Bundesländer, insgesamt haben laut dem jüngsten Raumordnungsbericht des Bundesamtes für Bauwesen und Raumordnung (BBR) ungefähr ein Drittel der deutschen Gemeinden seit Beginn der 1990er-Jahre an Einwohnern verloren, darunter auch viele Kommunen im Westen. Dieser Trend hält an: „Die Zahl der Gemeinden mit schrumpfender Bevölkerung steigt laufend. Ihr Anteil an der Gesamtbevölkerung wächst. Die Diskrepanz in der Dynamik von wachsenden und schrumpfenden Gemeinden wird ebenfalls größer" (BBR 2005: 30). Die Bundesregierung rechnet in ihrem Demografiebericht auch damit, dass Schrumpfung in Zukunft der Regelfall sein wird und eine Bevölkerungszunahme nur noch in „Wachstumsinseln" stattfinden wird (BMI 2011: 38).

Der demografische Wandel, die Alterung und die trotz Zuwanderung mittel- und langfristig durchschlagende Schrumpfung der Gesellschaft machen eine Seite der sich ankündigenden Umbrüche aus, die die sozialen und politischen Grundlagen der bundesdeutschen Gesellschaft zu erschüttern drohen. Die andere Seite sind die wirtschafts- und regionalstrukturellen Verschiebungen, die mit einer ungleichzeitigen wirtschaftlichen Entwicklung einhergehen und die die beschriebenen Binnenwanderungen in Deutschland und Europa zur Folge haben oder zumindest verstärken. Schon immer hat es seit der Industrialisierung große Migrationsbewegungen von Arbeitswilligen und ein Auskommen suchenden Menschen gegeben. Das heute von Bevölkerungsverlusten gebeutelte Ruhrgebiet hat seit Ende des 19. Jahrhunderts mehrere Wanderungswellen von Arbeitskräften und ihren Familien erlebt. Zu seinen Hoch-Zeiten war es ein starker Magnet für Landflüchtige aus ganz Europa und hat noch in den 1960er-Jahren ein stürmisches Wachstum erlebt. Auch Berlin ist in den letzten beiden Jahrzehnten des 19. Jahrhunderts nur deswegen so stark gewachsen, weil Hunderttausende von Arbeitern aus der deutschen Provinz, aber auch aus Polen und Frankreich in der Hoffnung kamen, sich und ihre Angehörigen hier ernähren zu können (vgl. Ehmer 2004)

Verschiedene Trends überlagern sich jedoch in einer für die deutsche Nachkriegsgeschichte neuartigen Weise. Diesen Pfadwechsel diagnostiziert auch der Raumordnungsbericht 2005: „Die durch wirtschaftliches Wachstum geprägte Raumentwicklung der 1970er-Jahre ist heute durch den demografischen und regionalstrukturellen Wandel gebrochen: Neben wachsenden und weiter prosperierenden Regionen sind weite Teile Deutschlands von Rückgang und Schrumpfung betroffen" (BBR 2005: 85). Die heutigen Binnenwanderungsbewegungen zeichnen sich dadurch aus, dass zu einem erheblichen Teil hoch qualifizierte Arbeitskräfte in die Boomregionen gehen, während weniger Qualifizierte, Arbeitslose und Alte in den wirtschaftlich schwachen Gebieten zurück bleiben. Die „Hoffnungsträger" für einen ökonomischen Aufschwung, die von Wirtschaftswissenschaftlern so genannten „endogenen Potenziale", fehlen in den Abwanderungsgebieten ebenso wie externe Investoren. So verschärfen sich bestehende Disparitäten und auch die Ausstattung mit öffentlichen Gütern entwickelt sich regional höchst ungleich. Nehmen wir als Beispiel erneut das Land Brandenburg: Außerhalb des Berliner Speckgürtels – in den so genannten berlinfernen peripheren Regionen Brandenburgs – sind in den letzten Jahren zahlreiche Schulen geschlossen worden, weil nicht mehr genügend Schüler vorhanden waren. Für das Jahr 2030 rechnet die Landesregierung damit, dass in den Regionen außerhalb des hauptstädtischen Ballungsraums die Zahl der Einschulungen gegenüber dem Vergleichsjahr 2011 noch einmal um ca. 50 Prozent sinken wird (vgl. Land Brandenburg 2013: 15). Ein Teufelskreis setzt ein: Denn für die übrig bleibenden Schüler bedeutet das in vielen Fällen noch längere Anfahrtswege zum Unterricht. Der durchschnittliche Einzugsbereich eines Brandenburger Gymnasiums umfasst bereits ab dem Schuljahr 2007/2008 circa 350 Quadratkilometer, was beinahe der Größe des Bundeslandes Bremen entspricht. Selbst bei den berlinfernen Grundschulen in Brandenburg hat das Einzugsgebiet eine durchschnittliche Größe von mehr als 112 Quadratkilometer (ebd.: 21).

Eine schleichende Rezentralisierung bei wichtigen Versorgungsleistungen wie Bildung und Ausbildung oder ärztlicher Behandlung hat längst begonnen. Die Attraktivität peripherer Standorte sinkt also für Schüler und Eltern noch einmal rapide. Viele Brandenburger mit Kindern, die noch nicht weggezogen sind, werden es sich ein weiteres Mal überlegen und dann möglicherweise intensiv nach einer neuen Wohnung Ausschau halten. Brandenburg ist schon jetzt gespalten. Es gibt keine Anzeichen dafür, dass diese Kluft auf kurze oder mittlere Sicht aufgehoben werden könnte. So geht die Landesregierung von Brandenburg davon aus, dass bis zum Jahr 2030 die Bevölkerung der hauptstadtnahen Landkreise Havelland um 11,4 und Potsdam-Mittelmark um 6,2 Prozent gegenüber dem Jahr 2010 wachsen, während die äußeren Landkreise Oberspreewald-Lausitz im gleichen Zeitraum 21,6 und Prignitz 24,1 Prozent ihrer Bewohner verlieren werden (Amt für Statistik Berlin-Brandenburg 2013: 13).

Zwar sind auch im Westen wirtschaftsstrukturelle Verwerfungen seit langem ein Problem. Nicht nur das Ruhrgebiet erlebt seit dem Zechensterben in den 1970ern einen Strukturwandel, den es bis in die 1990er-Jahre hinein auch mit einigem Erfolg beherrschte. Seit mehr als zehn Jahren jedoch hinkt die wirtschaftliche und soziale Entwicklung des ehemaligen „Ruhrpotts" der Dynamik in der Bundesrepublik insgesamt und der im restlichen Nordrhein-Westfalen hinterher. Seither hat sich auch der Wegzug der wohlhabenderen Haushalte, vor allem im nördlichen Ruhrgebiet, in die umliegenden Landkreise im südlichen Münsterland und am Niederrhein beschleunigt. Hier findet sich der gleiche großräumliche Segregationseffekt wie in den wirtschaftlich schwachen Regionen Ostdeutschlands: Die Familien mit höherem Einkommen, die unternehmungslustigen Jungen und die qualifizierten High Professionals verlassen das nördliche Ruhrgebiet, zurück bleiben die immobilen Alten, die wenig qualifizierten Jungen, ungenügend integrierte und von Arbeitslosigkeit besonders betroffene Zuwanderer und Arbeitslose. Im Gegensatz zur Situation in den neuen Bundesländern bleibt das nördliche Ruhrgebiet jedoch noch relativ stark verdichtet. Der Bevölkerungsrückgang führt zwar zu einzelnen Schließungen öffentlicher Einrichtungen, und Schulen werden verkleinert oder zusammengelegt. Auch kann die sonstige kommunale Infrastruktur oft nur mit Mühe aufrechterhalten werden, weil die von Bevölkerungsschwund geplagten Kommunen mit hohen Schulden und sinkenden Steuereinahmen kämpfen. Ein Grundbestand an Infrastruktur bleibt jedoch weiter bestehen, die Gefahr der totalen Entleerung wie im Osten besteht nicht.

Ob in den neuen Bundesländern oder im alten industriellen Westen, problematisch ist das Zusammentreffen von demografischen Veränderungen mit wirtschafts- und regionalstrukturellen Krisenerscheinungen. Die Schere zwischen armen und reichen Regionen ist weit geöffnet. Es findet nicht nur kein wirksamer Ausgleich zwischen den sich höchst unterschiedlich entwickelnden Landesteilen mehr statt. Die Divergenz wird durch das ungebrochene Wanderungsverhalten verschärft. So hat sich die regional höchst unterschiedliche Arbeitslosigkeit vielfach verfestigt, auch wenn andere Indikatoren der Standortbeschreibung auf eine Abflachung der Ungleichentwicklung hindeuten (vgl. BBR 2012).

Zusätzlich ist zu konstatieren, dass die Pendlerverflechtungen eng sind. Im Jahr 2009 pendeln 41 Prozent der sozialversicherungspflichtig Beschäftigten, d. h., sie überschreiten beim Weg von der Wohnung zum Arbeitsplatz die Gemeindegrenze (vgl. ebd: 77). Die durchschnittlichen Entfernungen, die sie zurücklegen, nehmen seit nunmehr Jahrzehnten zu, allein zwischen 1999 und 2009 von durchschnittlich 14,6 auf 16,6, Kilometer (ebenda). Vor allem in den strukturschwachen Gebieten Ostdeutschlands sind diese Distanzen stark gestiegen. Gleichzeitig werden die Pendelbewegungen infolge des Siedlungsverhaltens insgesamt disperser, was eben auch auf die zusätzlichen Optionen hinweist, die das Auto auf dem engmaschigen Straßennetz bietet. Diese Trends bestätigt wiederum der Raumordnungsbericht 2011, in dem es heißt: „In Deutschland bieten insbesondere die Oberzentren hochqualifizierte Arbeitsplätze. Gute Verkehrsverbindungen zwischen den Oberzentren ermöglichen zudem auch die tägliche Bewältigung langer Pendeldistanzen" (ebd: 78). Vorhandene Verkehrsinfrastruktur bestimmt Richtung und Entfernung der Pendlerverflechtungen.

Die skizzierten demografischen und wirtschaftsstrukturellen Veränderungen der modernen bundesrepublikanischen Gesellschaft stellen für sich genommen bereits eine dramatische Entwicklung dar. Schrumpfung erscheint für bestimmte Regionen als dauerhafte Perspektive. Die damit verbundenen Prozesse sind bisher als Abweichung vom Normalverlauf empfunden worden und sind im kollektiven Gedächtnis lediglich als „vormodernes" Ergebnis von Zwang, Niederlage und Fremdbestimmung bekannt. Nun ist die Situation jedoch eine vollkommen andere: Weniger Kinder und ein längeres durchschnittliches Lebensalter, weil das moderne Leben friedvoller, gesünder und im Großen und Ganzen auch finanziell gesicherter als je zuvor gelebt werden kann, führen jetzt auf mittlere und lange Sicht dazu, dass die Gesellschaft schrumpft. Franz-Xaver Kaufmann bringt die historisch neue Lage auf den Punkt: „Die verhängnisvolle Wirkung eines langfristigen Bevölkerungsrückgangs resultiert aus dem Umstand, dass er sich nahezu in allen gesellschaftlichen Teilbereichen in gleichsinniger Weise auswirkt und dadurch auch geeignet ist, Wechselwirkungen auszulösen oder zu verstärken. (...) Der Bevölkerungsrückgang wirkt relativ unspezifisch, aber umfassend in regressiver Richtung auf wirtschaftliche, soziale und wohl auch politische Verhältnisse ein" (Kaufmann 2005: 62).

In welchem Verhältnis steht der demografische Wandel zu den gesellschaftlichen Entwicklungstendenzen moderner Gesellschaften, die in der soziologischen Diskussion mit den Begriffen „Individualisierung", „Pluralisierung von Lebensformen" und „soziale Exklusion" gekennzeichnet werden? Es besteht Konsens darüber, dass die von Kaufmann hervorgehobenen Wechselwirkungen zwischen demografischen und wirtschaftsstrukturellen Effekten in der alternden und langfristig schrumpfenden Gesellschaft unter dem Vorzeichen einer fortschreitenden sozialen Differenzierung stehen. Die schrumpfende ist zugleich eine sich weiter individualisierende Gesellschaft. Die klassischen Indikatoren der Individualisierung, beispielsweise die Haushaltsform und -größe sowie die Scheidungsrate, deuten darauf hin. Durchschnittlich gehören Haushalten immer weniger Personen an, Ehen büßen wie schon in den letzten Jahrzehnten weiterhin an Dauer und Stabilität ein. Moderne Biografien werden auch künftig vom Einzelnen komponiert, obgleich die Spielräume enger sind, als in den 1970er-Jahren mit dem Aufkommen der Individualisierungsthese angenommen worden ist. Ihre Protagonisten räumen ein, dass die individuellen Lebensläufe wieder stärker von Schicht- und Milieuzugehörigkeit und von der ungleichen Mitgift familialer Sozialisation bestimmt werden, nachdem das Zusammenspiel von stetem Wirtschaftswachstum und relativer Vollbeschäftigung nachhaltig gestört ist (vgl. Hradil 2005).

In der jüngeren sozialwissenschaftlichen Diskussion werden überhaupt verstärkt die ambivalenten Folgen gesellschaftlicher Modernisierung betont. Dass diese einschließlich der damit eng verbundenen Individualisierung und Pluralisierung der Lebensformen auf der einen Seite zwar neue Handlungsoptionen für den Einzelnen eröffnen, doch auf der anderen Seite wachsende Teile der Gesellschaft faktisch herausfallen oder sich subjektiv vor dem Absturz wähnen (vgl. Vester et al. 2001), hat die Debatte über soziale Ex- und Inklusion der letzten Jahre gezeigt. Die gesellschaftliche Modernisierung kennt nicht nur Gewinner. In dem davon abgekoppelten Teil zeigen sich zunehmende Tendenzen der Deprivation und (Selbst-)ghettoisierung. Der Sektor der Modernisierungsverlierer und -verweigerer wird voraussichtlich künftig noch breiter werden, er ist jedoch nach Einschätzung der Exklusions-Hypothese in sich sehr heterogen und in seiner Abwehrhaltung gegenüber den Herausforderungen der Moderne be- und gefangen (vgl. Kronauer 2002; Castel 2009). Die materielle Seite der wachsenden sozialen Spaltung wird sich in der bevorstehenden Alterung massiv zeigen, wenn nicht wider Erwarten sozialpolitisch energisch gegengesteuert wird. Aufgrund hoher Zahlen von Menschen mit unvollständigen Erwerbsbiografien und damit lückenhafter Altersabsicherung ist künftig mit einer wachsenden Armut in diesem Lebensabschnitt zu rechnen (siehe verschiedene Beiträge in Vogel und Motel-Klingebiel 2013).

Neben der auseinander laufenden Einkommens- und Vermögensverteilung ist eine weitere Erosion gesamtgesellschaftlicher Kohärenz zu beobachten. Die Individualisierung wird in modernisierungstheoretischer Perspektive auch in der sich abzeichnenden schrumpfenden Gesellschaft mit einer Pluralisierung von Lebensformen und Milieus einhergehen. Damit verbunden ist ein fortschreitender Bedeutungsverlust kollektiver Sinndeutungen und gemeinschaftlicher Handlungsmuster infolge ihrer Fragmentierung. In diesem Sinne bedeutet Individualisierung zugleich eine Erosion sozialer Institutionen und hat folglich auch eine individualpsychologische Dimension, nach der Lebensgestaltung in erster Linie selbstbestimmt realisiert wird und werden muss. Dazu gehören mehr Freiräume, aber auch mehr Zumutungen für den Einzelnen. Seine Autonomisierung kann letztlich nur gelingen, wenn – wie Norbert Elias in seiner Zivilisationstheorie betont – sich „beständig die Fremdzwänge in Selbstzwänge" verwandeln (Elias 1976: 340).

3 Herausforderungen für die künftige Verkehrsinfrastrukturpolitik

Die doppelte Zeitdiagnose der demografischen Entwicklungen in Richtung Alterung und Schrumpfung einerseits und der fortschreitenden Individualisierung moderner Gesellschaften andererseits hat Konsequenzen für alle Politikbereiche. Auch die Infrastrukturpolitik ist betroffen (vgl. Wieland in Kap. IV.3 dieses Bandes: ▶ Verkehrsinfrastruktur: Volkswirtschaftliche und ordnungspolitische Aspekte). Denn in historischer Perspektive waren Infrastrukturen, und das gilt besonders für die des Verkehrs, Wechsel auf eine bessere Zukunft. Friedrich List hat sein Eintreten für mehr Eisenbahnverbindungen in der ersten Hälfte des 19. Jahrhunderts genau so begründet. „Je leichter es also dem Menschen gemacht wird, sich von einem Ort zum anderen zu bewegen, umso mehr wird er hierdurch an Zeit sparen und den Raum einengen; umso mehr werden die Entwicklung und Wirkung seiner Kräfte zunehmen, umso besser könnte er die Unzulänglichkeit seiner geistigen und physischen Natur überwinden und umso mehr besäße der menschliche Geist die Mittel, um die Kräfte und materiellen Reichtümer der Natur für seine Zwecke zu nutzen" (List 1989: 71). In den früh industrialisierten westlichen Gesellschaften stand das *nation building* Pate für den Aufbau und die Regulierung von Infrastrukturen. Dieser nationalstaatliche Antrieb war in Deutschland verspätet, aber umso stärker wirksam. Die Zusammenführung eines zersplitterten Straßenwesens und der Aufbau eines unbeschränkten Fernwegenetzes im 19. Jahrhundert waren eine „nationale Aufgabe" und politisch und wirtschaftlich mit großen Erwartungen verbunden. Der uneinheitliche und überdies mit ständig wechselnden Mautforderungen verbundene Zugang zur Verkehrsinfrastruktur, der der Kleinstaaterei geschuldet war, hatte sich ebenso wie die Zölle nicht nur als Hemmschuh für die politische Einigung, sondern vor allem als Blockade für den Handel und die Erschließung neuer Märkte erwiesen.

Nationale Motive für den Infrastrukturausbau vermischten sich Ende des 19. Jahrhunderts in Deutschland mit regionalen und kommunalen Interessen. Denn das dynamische Wachstum der frühen Industrialisierung führte zu einer bis dahin nicht gekannten Verstädterung. Boomtowns entstanden, sie mussten organisiert werden (vgl. Ehmer 2004). Wasserver- und -entsorgung, Energie für die Fabriken, aber auch logistische Erfordernisse und Wohnraum für die zuströmenden Arbeiter und ihre Familien wuchsen den Gemeinden als Aufgaben zu. Die kommunale Daseinsvorsorge entstand (vgl. Ambrosius in Kap. V.2 dieses Bandes: ▶ Öffentlicher Verkehr und Gemeinwirtschaftlichkeit: Im Spannungsfeld von Eigenwirtschaftlichkeit, Wettbewerb und Regulierung). Auch die Transportbedürfnisse stiegen enorm an, weil in Folge des massenhaften Zuzugs in die innerstädtischen Gebiete viele Fabrikationsstätten an den Stadtrand auswichen. Der sprichwörtliche tosende Verkehr der Städte war das Ergebnis, er war im Übrigen zunächst beinahe ausschließlich kollektiver Transport, der von privaten Anbietern betrieben wurde (vgl. Bendikat 1999).

Kommunale Vorsorge für lebenswichtige Funktionen ist keine moderne Errungenschaft. Es gibt sie, seit es Bürgerschaften gibt. Stadtmauern waren ebenso wie öffentliche Marktplätze und das mitteleuropäische Postsystem bereits immer von den Gemeinden erbrachte Leistungen. Mit der Industrialisierung verbreitete sich jedoch ihre Reichweite dramatisch: Aus Vorsorge- und Infrastrukturleistungen für wenige wurden öffentliche Überlebenshilfen für viele. Insofern bedeutete die Verstädterung in der sich entwickelnden industriellen Gesellschaft eine Demokratisierung früherer Bürgerprivilegien. Die Ver- und Entsorgung wurde ebenso wie der Schulbesuch zur Pflicht der Bürger. Sie konnten sich weder der Schulpflicht für ihre Kinder noch verschiedenen Netzanschlüssen für ihre Haushalte entziehen. Im Fall der Schulerziehung hatte dies sicher auch einen Disziplinierungscharakter im Foucaultschen Sinne.

Bei den obligatorischen Netzanbindungen für die städtische Kanalisation, für die Gas- und für die Elektrizitätsversorgung waren jedoch Wirtschaftlichkeitskalkulationen ausschlaggebend. Die Investitionen in neue oder erweiterte Infrastrukturnetze waren immens, die Refinanzierung sollte durch einen zwangsweisen Anschluss von Nutzern gesichert werden. Später kamen militärische Motive hinzu. Es ist kein Zufall, dass alle Gesetze, die Bürger und Unternehmen zum Anschluss an verschiedene Ver- und Entsorgungsnetze verpflichteten, in den 1930er-Jahren erlassen wurden – Ausdruck des damaligen autoritären Staatsverständnisses. Der Anschlusszwang findet sich durchgängig in den klassischen „harten Infrastruktursektoren". In der ersten Hälfte des 20. Jahrhunderts wurden in diesen Sparten gesetzliche Festlegungen getroffen, die einen Anschluss- bzw. Bedienzwang mit einem regionalen oder temporären Monopol verbanden. So atmet auch das Personenbeförderungsgesetz

(PbefG) diesen Geist der Zwangsbewirtschaftung. Bewilligungen für den Regelbetrieb im öffentlichen Verkehr sind nach dem PbefG an die allgemeine Betriebs- und Beförderungspflicht geknüpft. Dafür sind die Genehmigungsinhaber wie die Lizenznehmer vor Konkurrenz geschützt.

Aus einer funktionalistischen Perspektive gab es plausible Gründe dafür, warum in der ersten Hälfte des 20. Jahrhunderts ein solch autoritärer Weg der staatlichen Versorgung mit Infrastrukturen und daran gebundenen Dienstleistungen eingeschlagen wurde. Nur so war eine ausreichende Auslastung von aufwändigen Netzen zu gewährleisten. Nur so ließ sich eine flächendeckende Verbreitung von Wasser-, Gas- oder Stromnetzen, aber auch von kostspieligen Straßen-, Schifffahrts- und Schienenwegen erreichen. Die Bürger wurden zu ihrem Fortschritt gezwungen. Der Rückblick auf mehr als 150 Jahre Verkehrsinfrastrukturaufbau bestätigt Friedrich List, der schon 1837 apodiktisch verkündete: „Gleichzeitig mit der Verbesserung und dem Fortschritt der Transportmittel stellt man bei den Nationen ein proportionales Wachstum der Bevölkerung und des Wohlstandes fest" (List 1989: 75).

Doch wie sieht die Situation zu Beginn des 21. Jahrhunderts aus? Generell haben sich die gesellschaftlichen Verhältnisse in Deutschland wie in allen westlichen Ländern gegenüber der Industrialisierung und der Phase des organisierten Kapitalismus grundlegend geändert. Stürmisches Städtewachstum und Landflucht gehören längst der Vergangenheit an. Die Innenstädte haben in den letzten Jahrzehnten des 20. Jahrhunderts fast ausnahmslos Bewohner verloren und die parallele Suburbanisierung hat eine Zersiedlung hervorgebracht, die von Raumplanern als „Zwischenstadt" charakterisiert wird (vgl. Sieverts 1998). Trotz seit einigen Jahren erneut steigender Ungleichheit in der Vermögens- und Einkommensverteilung ist das ehemals städtische Proletariat der Armut insgesamt entwachsen. Eine Grundversorgung mit kollektiven Gütern wie Strom, Wasser, Müllentsorgung und Heizenergie ist gesichert. Die dafür benötigten Netzinfrastrukturen sind seit langem flächendeckend vorhanden. Die klassischen Infrastruktursektoren befinden sich vielmehr in einem späten Abschnitt ihres Lebenszyklusses. Nicht mehr der Neubau, sondern vor allem die Instandhaltung und die Bewirtschaftung bestehender Netze und Anlagen stehen im Mittelpunkt. Für das bundesrepublikanische Fernstraßennetz liegen beispielsweise Abschätzungen für Ersatz- und Instandhaltungsinvestitionen vor, in denen erheblich steigende volkswirtschaftliche Kosten prognostiziert werden (vgl. Kunert und Link 2001). Von Seiten der Verkehrswissenschaft wird eine chronische Unterfinanzierung der gesamten Verkehrsinfrastruktur beklagt (Wissenschaftlicher Beirat beim BMVBS 2013).

Unter verstärkten Druck geraten die Infrastrukturen und ihre Finanzierung nicht nur, weil sie sich oftmals am Ende ihrer Lebensdauer befinden und damit generell der Wartungs- und Reparaturaufwand zwangsläufig steigt. Zusätzlich werden sie durch eine auseinanderdriftende Nutzungsintensität zwischen prosperierenden und schrumpfenden Regionen belastet. Eine abnehmende Nutzung von Infrastrukturen ist eines der sichtbaren Merkmale von Schrumpfungsregionen. Es lassen sich in Deutschland zwei Varianten von Schrumpfungsregionen unterscheiden. Zum einen altindustrielle und ländliche Regionen in den neuen Bundesländern, die nach dem Zusammenbruch der DDR-Ökonomie mit dramatischen Einschnitten bei den

Arbeitsplätzen in Industrie und Landwirtschaft fertig werden mussten. Die wirtschaftliche Basis zerbröselte nach dem Beitritt der fünf neuen Länder zur Bundesrepublik innerhalb weniger Jahre. Die unter dem Primat der Politik und gegen den Rat von Bundesbank und Wirtschaftsexperten beschlossene Währungsunion im Sommer 1990 ließ den meisten Unternehmen keine Chance, zu wettbewerbsfähigen Bedingungen weiter zu produzieren. Zeitversetzt zum ökonomischen Niedergang setzte in diesen Regionen eine massive Abwanderung vor allem in die alten Bundesländer ein. Nicht zuletzt um dieser Entwicklung entgegen zu wirken, wurde – und wird – im Rahmen der Aufbauhilfe Ost verstärkt in die Modernisierung und in den Neuaufbau der Infrastruktur in den betroffenen Gebieten investiert. Hinter dieser strukturpolitischen Strategie stand die Hypothese, dass staatliche Vorleistungen gewerbliche Aktivitäten nach sich ziehen und private Investoren anlocken. Das war bis auf wenige Ausnahmen jedoch nicht der Fall. In vielen Regionen in den neuen Bundesländern gibt es keine sich selbst tragende Wirtschaftsstruktur, die Arbeitslosigkeit liegt vielerorts bei 20 Prozent und mehr, die Zahl der Transferempfänger übertrifft nicht selten die Zahl derer, die von eigenem Einkommen leben (vgl. Gesprächskreis Ost der Bundesregierung 2004).

Nach dem Erlöschen der Strohfeuereffekte im Baugewerbe und mit der Ernüchterung über die ausbleibenden Wachstumsimpulse der aufwendigen Infrastrukturvorleistungen aus dem Staatssäckel schwollen die Abwanderungszahlen Mitte der 1990er-Jahre an. Der Infrastrukturaufbau ging weiter, die Entleerungsspirale jedoch auch. Verschärfend kommen die drastisch gesunkene Geburtenrate und die „altersselektive Abwanderung" hinzu (vgl. Mai und Scharein 2009). Besonders viele junge Frauen haben die peripheren Gebiete und auch die strukturschwachen Klein- und Mittelstädte in Richtung Berlin und süd- sowie westdeutsche Ballungszentren verlassen (vgl. Kühntopf und Stedtfeld 2012).

Die zweite Variante der Schrumpfungsregion ist die altindustriell geprägte Großstadt in den westlichen Bundesländern, die sich seit vielen Jahren im Strukturwandel befindet, diesen aber nur unvollkommen bewältigt hat. Die nördlichen Ruhrgebietsstädte gehören dazu, aber auch einige mittelgroße Städte mit industrieller Tradition in anderen Bundesländern. Diese Städte und Stadtregionen verlieren schon seit vielen Jahren durch Suburbanisierung Einwohner. Die Abwanderung ist eher „schichten-" als „altersselektiv", die städtische Mittelschicht verschwindet. Vor allem Familien mit Kindern und Gutverdienende ziehen ins Umland, eine beschleunigte Segregation setzt ein und Armuts- und Migrantenviertel entstehen, was wiederum auch diejenigen anstachelt, die zunehmend verelendende Stadt zu verlassen, die eigentlich gar nicht weg wollten und sich den Umzug auch nur mit Mühe leisten können. Ein Ergebnis dieses Teufelskreises einer Entmischung städtischen Wohnens ist ein massiver Bewohnerverlust. So hat beispielsweise Gelsenkirchen in den 1990er-Jahren fast 20 Prozent seiner Einwohner verloren. Eine Folge: Die Infrastruktur ist zum Teil überdimensioniert bzw. unterausgelastet und mit hohen Betriebs- und Instandhaltungskosten verbunden, die die angespannten kommunalen Haushalte und über Gebührenanhebungen auch die privaten Haushalte zusätzlich belasten.

Es hat sich sowohl in den neuen Bundesländern als auch in den altindustriellen Regionen Westdeutschlands gezeigt, dass das konventionelle Konzept der

Strukturpolitik durch Investitionen in die Infrastruktur kaum gefruchtet hat. Vermutlich ist das Scheitern der „Strategie der infrastrukturellen Vorleistung" dem Umstand zuzuschreiben, dass im verstärkten Standortwettbewerb um Investoren und Unternehmen eine gute Infrastrukturausstattung als selbstverständlich angenommen wird. Gerade im Verkehr ist dies deutlich, weil in Deutschland und in großen Teilen Europas beinahe alle Wirtschaftsstandorte auf gute Anbindungen auf der Straße, auf der Schiene und auch in der Luft verweisen können. Komparative Vorteile aus einer vorzüglichen Verkehrsinfrastruktur zu ziehen, kann kaum gelingen, wenn sie überall gut ist.

Im Verkehr kommt im Vergleich zu anderen Netzinfrastrukturen als Besonderheit hinzu, dass sich das private Auto als dezentrale Technik durchgesetzt hat und es dem öffentlichen Verkehr schwer macht. Das Auto bedarf zwar des allen zugänglichen Straßennetzes und ebenso einer polizeilich überwachten Straßenverkehrsordnung, seine Benutzung liegt jedoch im Belieben jedes einzelnen Privatbesitzers. Es bietet dem Nutzer mehr Handlungsoptionen als jedes noch so gut ausgebaute öffentliche Bus- und Bahnangebot. Vor allem stellt der Pkw für seine Nutzer einen selbst bestimmten Raum dar, er ist routinemäßig zu nutzen und er erleichtert Wegeketten in einer komplexen Alltagsorganisation (vgl. Heine et al. 2001). Das Auto ist das ideale verkehrstechnische Unterpfand einer zu Individualisierung und Flexibilisierung treibenden Gesellschaft. Darin liegt nicht zuletzt der entscheidende Vorteil dieses Transportmittels gegenüber dem öffentlichen Verkehr (vgl. Canzler und Knie 1998; Projektgruppe Mobilität 2004).

Der Siegeszug des Automobils hat in Deutschland vor allem seit den 1970er-Jahren zur Massenmotorisierung geführt. Im Jahre 2011 konnten 78 Prozent der bundesdeutschen Haushalte über mindestens ein Auto verfügen, in 29 Prozent der Haushalte standen sogar zwei und mehr Autos zur Verfügung (vgl. Statistisches Bundesamt/WZB 2011: 154; DIW/Infas 2009: 49). Zu berücksichtigen ist bei diesen aggregierten Zahlen, dass es ein erhebliches Gefälle in der Fahrzeugverfügbarkeit zwischen Stadt und Land gibt. Allgemein gilt: Je dichter die Besiedlung, desto geringer ist die Fahrzeugausstattung der privaten Haushalte. In den Stadtstaaten Berlin, Hamburg und Bremen besitzen mehr als 40 Prozent der Haushalte kein eigenes Auto, während in ländlichen Regionen 95 Prozent der Haushalte motorisiert sind (vgl. DIW/Infas 2009). Aufschlussreich ist auch die Entwicklung der Fahrerlaubnisse: Lediglich bei den über 60-Jährigen, vor allem bei den älteren Frauen, gibt es auf dem Lande noch einen nennenswerten Anteil von Führerscheinlosen. Bei allen anderen Altersgruppen liegt die Führerscheinquote bei 80 bis 90 Prozent. Nur Kinder und Jugendliche haben außer dem Fahrrad keine Alternative zum ÖV.

In der Verfügbarkeit über Autos und in den Zahlen der Fahrerlaubnisse spiegeln sich konkret die demografischen Phänomene der „Alterung und Entjüngung" der deutschen Gesellschaft wider. Während die Gruppe der Führerscheinlosen, also beinahe ausschließlich die Schüler und Auszubildenden, signifikant kleiner wird, werden die Alten absolut und relativ zur Gesamtbevölkerung mehr und mehr. Die zukünftigen Kohorten älterer Jahrgänge werden im Gegensatz zu den bisherigen in ihrer großen Mehrheit sowohl mit einem Führerschein ausgestattet sein als auch über Fahrpraxis und einen eigenen Pkw verfügen. Die spezifischen (Auto-)Mobilitätsraten der über 65-Jährigen von morgen werden aller Voraussicht nach steigen. Statt beruflich werden mehr autoaffine Freizeitwege absolviert. Wie stark sie sich an die durchschnittlichen Mobilitätsraten der jüngeren Altersgruppen annähern, ist eine offene und empirisch noch zu klärende Frage. Gewinner wird aber aller Voraussicht nach das Auto als flexibler und selbstbestimmter Verkehrsträger sein, dabei handelt es sich „nicht um einen Entwicklungs-, sondern um einen Kohorteneffekt" (Schlag 2013: 122). Nach vorläufigen Modellberechnungen mit einer unterstellten erhöhten Mobilitätsrate künftiger älterer Kohorten für das Jahr 2030 muss – bei einer stagnierenden Gesamtverkehrsleistung – mit einem Rückgang für den öffentlichen Personennahverkehr (ÖPNV) in der Größenordnung von 15 bis 20 Prozent gerechnet werden (vgl. Sommer 2006).

Auch der Unterschied in der Autonutzung zwischen den Geschlechtern verringert sich. Bei den jüngeren Altersgruppen haben sich Führerscheinbesitz und Pkw-Verfügbarkeit mittlerweile ausgeglichen (vgl. DIW/Infas 2008). Wir nähern uns also der Vollmotorisierung und damit der „Selbstbeweglichkeit" als dem Normalfall im Verkehr. Trotzdem können niemals alle automobil sein. Kinder, Behinderte und die wachsende Zahl an Hochbetagten werden auch künftig auf die Hilfe anderer angewiesen sein, um ihre Mobilitätsbedürfnisse zu befriedigen.

Als eine neue Randbedingung schält sich eine zunehmende Stadt-Land-Spaltung heraus: In der verdichteten Stadt bildet der öffentliche Verkehr das Rückgrat einer effizienten Verkehrsorganisation. Das gilt umso mehr für prosperierende Städte und Ballungsräume. Schon aus Platzgründen wäre eine weitere Zunahme des Autoverkehrs völlig dysfunktional. Anders sieht es in weniger verdichteten, insbesondere in ländlichen Regionen aus. Dort, wo es genügend Verkehrsflächen und eine beinahe Vollmotorisierung gibt, ist die Finanzierung des ÖV aus Steuermitteln nur mit sozial- und umweltpolitischen Argumenten zu begründen. Genau das passiert seit vielen Jahren. Wesentlichen Anteil hat der Schüler- und Ausbildungsverkehr, von dem weithin akzeptiert ist, dass er als öffentliche Aufgabe zu behandeln ist. Bildung und Ausbildung waren ein wichtiger Treiber in der Verkehrsdynamik der letzten Jahrzehnte. Die Beförderung dieser Personengruppen wurde zu einer festen Größe für den ÖV.

Was ist zu tun, wenn zentrale Stützen des öffentlichen Verkehrs wie der für Schüler und Auszubildende mangels Nachfrage und wegen einer nachlassenden Bündelungsfähigkeit einknicken? Diese Frage ist berechtigt, denn die bisherigen Argumente für einen aus Steuermitteln großzügig unterstützten öffentlichen Verkehr bröckeln umso mehr, je lockerer die Besiedlung und je stärker die Vollmotorisierung ist. Der Vorteil des Linienbusses gegenüber dem MIV in der Umweltbilanz ist bereits kräftig geschmolzen, weil seine Auslastung so niedrig ist, während auf der anderen Seite die Schadstoffemissionen von Neuwagen signifikant gesunken sind. Der Anteil derer, die auf öffentliche Verkehrsangebote angewiesen sind, weil sie selbst nicht fahrtauglich sind, über keinen Führerschein verfügen oder keinen Zugang zu einem Auto haben, ist historisch einmalig niedrig.

Eine Voraussetzung für einen effizienten Bus- und Bahnverkehr, nämlich die Bündelung von Nachfrage, droht außerhalb der verdichteten Städte zu entfallen.

Darüber herrscht in der verkehrswissenschaftlichen Diskussion Einigkeit (vgl. z. B. Topp 2006; Holz-Rau et al. 2010)). An die Stelle der „Großraumgefäße" kann daher eigentlich nur ein innovatives flexibles Angebot treten, das mit kleinen Fahrzeugen, mit Taxen, mit Vans oder Kleinbussen realisiert wird. Beispiele gibt es genügend: Anrufbusse, Sammeltaxen, Bürgerbusse etc. Schon seit mehr als 15 Jahren werden flexible Bedienformen propagiert (vgl. Fiedler 1991), schrumpfende ländliche Regionen bieten sich geradezu an für „neue Gemeinschaftsverkehre". Einzelbeispiele sowohl für Anruf- als auch für Bürgerbusse machen immer wieder positive Schlagzeilen. Doch liegen die Hürden für die Realisierung und für die Finanzierung im Regelbetrieb hoch. Dafür müssen elastische Angebote in das rechtliche Korsett des Personenbeförderungsgesetzes (PbfG) gepresst werden. Das PbfG schreibt nicht nur die Bedienpflicht vor, sondern auch in welcher Form ihr nachzukommen ist. Die Kehrseite des einstmals funktionalen Anschlusszwanges ist das geschützte Angebotsmonopol sowie eine starre Linienführung und fixe Fahrpläne. Innovationen, die von diesen Vorgaben abweichen, müssen sich mit dem Ausnahmestatus im Rahmen der Öffnungsklausel im PbfG abfinden oder als Forschungsvorhaben projektiert werden (vgl. Ruhrort 2005; Karl und Canzler 2011).

4 Daseinsvorsorge und Sicherung der Verkehrsinfrastruktur angesichts der Gleichzeitigkeit von „Schrumpfen und Wachsen"

In der klassischen volkswirtschaftlichen Kategorisierung sind Verkehrswege Teil der materiellen Infrastruktur und „damit der Teil des Realkapitalstocks einer Wirtschaft, der dazu dient, Nutzungen zu erzeugen, die überwiegend als Vorleistungen in die Produktion von Gütern und Diensten eingehen" (Jochimsen und Gustafsson 1977: 39). Seit Jahrzehnten wird darüber hinaus der ÖV als Aufgabe der staatlichen Daseinsvorsorge definiert. Nicht zuletzt werden die sehr weitgehende Reglementierung des ÖV durch das Personenbeförderungsgesetz und hohe Mittelzuweisungen aus dem Staatsetat mit dieser Zuordnung gerechtfertigt.

Es kann jedoch kritisch eingewandt werden, dass angesichts der annähernden Vollmotorisierung und in der Folge eines sinkenden Ausbildungsverkehrs die gesellschaftlich erwartete Mobilität der Bürger auch ohne den öffentlichen Verkehr weitgehend gesichert ist. Die klassische Legitimation des öffentlichen Verkehrs als Teil staatlicher Daseinsvorsorge ist brüchig geworden. Diese Erosion wird verstärkt durch die Folgen des demografischen Wandels, weil die künftigen Alten, abgesehen von den Hochbetagten, in ihrer großen Mehrheit keine *captives*, sondern ans Autofahren gewöhnte Verkehrsteilnehmer mit eigenem Gefährt sein werden. Der Staat ist angesichts dieser Randbedingungen nur mehr in der Pflicht, einerseits eine Grundversorgung für diejenigen zu sichern, die nicht auf ein Auto zugreifen können, und andererseits öffentliche Verkehrsalternativen in den Städten zu gewährleisten, wo die Dominanz des Autos ansonsten zu Stillstand und mangelnder Erreichbarkeit führt. Das kann er auf verschiedenen Wegen tun, ohne selbst Produzent von Verkehrsleistungen sein zu müssen oder kaum nachgefragte

Verkehrsleistungen zu beauftragen. In schrumpfenden, dünnbesiedelten Regionen kann die Verkehrsplanung lange als unkonventionell geltende Maßnahmen umfassen, wie Holz-Rau et al. (2010) in ihrer Analyse „Daseinsvorsorge ist keine Dortseinsvorsorge" resümieren: „Zusätzlich gilt es Wege zum Ziel der Erreichbarkeitssicherung zu erkennen und zu beschreiben, die sich konkreter an das individuelle Handeln richten. Hierzu gehören zum Beispiel Ansätze des betrieblichen Mobilitätsmanagements und, gerade bei älteren Menschen, zur Verbesserung der Mobilitätskompetenzen und des Anstoßes zu einer Wohnstandortwahl, die den eigenen langfristigen Mobilitätsressourcen und – kompetenzen entspricht" (503).

Hinter diesen Veränderungen bei den Angeboten des öffentlichen Verkehrs steht ein genereller Wandel im Staatsverständnis. Gemeint ist damit der Rollenwechsel des Staates vom produzierenden und eng regulierenden Akteur mit autoritativem Habitus zum eher zurückhaltenden und privates Engagement fördernden Gewährleistungsstaat. Triebkräfte sind weniger eine weise Selbstbeschränkung des Staates als vielmehr seine gesunkene Steuerungsfähigkeit infolge von Globalisierung und Europäisierung sowie die Erosion seiner Loyalitätsbasis, das „Goldene Zeitalter moderner Nationalstaatlichkeit" ist vorbei (Leibfried und Zürn 2006: 34 ff.).

Die politische Denationalisierung sowie die wirtschaftliche und kulturelle Globalisierung verringern jedoch nicht nur die Handlungsautonomie des Nationalstaates. Sie beeinflussen auch die Erwartungshaltungen der Bürgerinnen und Bürger stärker als je zuvor, denn sie vergleichen nicht nur regional und national, sondern auch im europäischen oder gar im weltweiten Maßstab den Output des politischen Systems. Arbeitslosenquoten, CO_2-Emissionen und andere Indikatoren politischer und wirtschaftlicher Performanz werden primär komparativ betrachtet, nicht so sehr historisch oder methodenkritisch. Diese Beispiele für eine Denationalisierung der politischen und gesellschaftlichen Auseinandersetzungen belegen, so argumentieren die Vertreter der „Theorie der reflexiven Moderne", grundlegende Verschiebungen in der Perzeption von Problemen und ihren möglichen Lösungen auf Seiten der Bürger und Wähler (vgl. Beck 2004).

Gleichzeitig sind im Zuge der beschleunigten Globalisierung sozial- und regionalstrukturelle Verschiebungen zu erkennen, die auf die Formel „globale Abnahme und nationale Zunahme von sozialer Ungleichheit" gebracht werden können. Diese gegenläufigen Entwicklungen können an gängigen Wohlstandsindizes wie „verfügbares Einkommen pro Haushalt" oder „Bruttosozialprodukt pro Kopf" festgemacht werden. Die darin zum Ausdruck kommende Konvergenz zwischen der alten OECD-Welt und den aufstrebenden Regionen Asiens, Südamerikas und Osteuropas hat ihre Triebkraft in der forcierten weltwirtschaftlichen Integration und in der damit verbundenen Mobilität von Arbeitskräften, Kapital und Unternehmen. Die Informations- und Kommunikationstechnologien sowie der boomende Fernreisesektor heizen die Globalisierung an. Gleichzeitig leiden sozialstaatliche Ausgleichs- und Konsenstraditionen gerade in den kontinentaleuropäischen Nationalstaaten unter der Durchlässigkeit der Grenzen und der Angleichung von Lohnniveaus bzw. der Absenkung von Sozialstandards. Von Beschäftigungs- und Einkommensverlusten sind in den früh industrialisierten Ländern vor allem diejenigen mit geringen Qualifikationen bedroht, aber auch zunehmend Fachkräfte in standardisierten und nicht lokal gebundenen Tätigkeitsabläufen. Daraus erwachsen gravierende Akzeptanzprobleme für die jeweiligen Nationalregierungen – bis hin zum Aufkommen nationalistisch-populistischer Parteien und globalisierungskritischer Bewegungen. Gleichwohl ist eine Trendumkehr in der Globalisierung und Denationalisierung wenig wahrscheinlich, für eine „Ent-Transnationalisierung" in Ökonomie, Politik und Kultur gibt es wenig Anzeichen.

Die ökonomische und kulturelle Globalisierung bedeutet jedoch nicht, dass sich die Bürgerinnen und Bürger nicht mehr am Nationalstaat als politischem Rahmensetzer orientieren und darüber hinaus die lokale und regionale politische Ebene obsolet wird. Auch wenn sich in einigen schmalen gesellschaftlichen Segmenten eine neue transnational-europäische und sogar globale Mobilität mit einem entsprechenden kosmopolitischen Selbstverständnis herausgebildet hat (vgl. Verwiebe 2004; Bonß et al. 2004), ist bei der überwältigenden Mehrzahl der Bürgerinnen und Bürger das nationalstaatliche Territorium nach wie vor der persönliche Bezugsrahmen sowohl für die Arbeitsplatzwahl als auch für die Siedlungsentscheidung. Der Nationalstaat ist allen Kompetenzeinschränkungen zum Trotz, denen er im Zuge der Globalisierung und Europäisierung unterliegt, auch weiterhin der wichtigste politische Orientierungsanker für seine Bürger. Darin herrscht Einigkeit in der Politikwissenschaft: „Öffentliche Diskurse über politische Themen finden nach wie vor innerhalb nationaler Gemeinschaften statt und nur in wenigen Ausnahmefällen auch auf europäischer Ebene" (Leibfried und Zürn 2006: 49). Es tut sich jedoch ein Dilemma von faktischer Denationalisierung einerseits und einer „symbolischen Nationalisierung" seiner Effekte andererseits auf. Fritz Scharpf spricht in seiner Analyse der europäischen politischen Integration von einer „Negativbilanz in der Legitimation nationalstaatlicher Politik", weil die Folgen der europäischen Marktöffnung und der dadurch verschärften Standortkonkurrenz auf der nationalen Ebene anfielen, aber zugleich die Steuerungsmöglichkeiten des Nationalstaates schwänden (Scharpf 1999). Schrumpfen und Wachsen, nicht zuletzt auch Teil globaler Umstrukturierungen von Produktion und Wertschöpfung, innerhalb des Staatsgebietes, manchmal sogar innerhalb einer Region oder innerhalb eines Landkreises, wird von den Bürgerinnen und Bürgern sensibel registriert.

In der Stadt- und Raumplanung werden die Probleme hinsichtlich der Anpassungsleistungen in den Infrastrukturen insbesondere in den Schrumpfungsregionen ausführlich diskutiert (vgl. im Überblick: Schiller und Siedentop 2005; Holz-Rau 2009). Im Rahmen des Stadtumbaus Ost stand der kontrollierte Rückbau von Infrastrukturen über viele Jahre im Vordergrund. Bei geringerer Auslastung von Infrastrukturen steigt die Kostenbelastung für die und den einzelnen Nutzer : „Infrastrukturkosten werden zum begrenzenden Faktor für die städtebaulichen Gestaltungsspielräume" (Schiller und Siedentop 2005: 91). Wachsende Finanzierungslasten für öffentliche Infrastrukturen zwangen vielerorts zum Abbau öffentlicher Dienstleistungen und zur Installierung neuer privater Betreibermodelle (vgl. Deutsche Bank Research 2004). Der Verkauf kommunalen Eigentums und *public private partnerships* wurden in vielen Städten und Gemeinden der Hoffnungsanker, wenn sie auch oft nicht strategisch angegangen, sondern aus der Not prekärer Haushaltslagen geboren wurden.

Die Anpassungen in der Verkehrspolitik an die demografisch und wirtschafts- sowie regionalstrukturell verstärkten Verschiebungen in der Nachfrage in den verschiedenen Transportmärkten zum einen und an die Gleichzeitigkeit von Schrumpfen und Wachsen zum anderen stehen erst am Anfang. Eine kritische Überprüfung der im Bundesverkehrswegeplan (BVWP) fest geschriebenen Infrastrukturinvestitionen ist von prioritärer Bedeutung (vgl. Wissenschaftlicher Beirat beim Bundesminister für Verkehr, Bau und Stadtentwicklung (2009); Umweltbundesamt 2012; Heuser und Reh in Kap. III.6 dieses Bandes: ▶ Die Bundesverkehrswegeplanung: Anforderungen an die zukünftige Verkehrsinfrastrukturpolitik des Bundes). Denn der BVWP ist ein Infrastrukturausbauinstrument und beruht nach wie vor auf dem generellen Wachstumsparadigma, ihm steht noch bevor, was in den Verkehrswissenschaften als Paradigmenwechsel vollzogen wurde und in der Konsequenz auch eindeutig formuliert wird: „In the future, the planners's main task will be *re*structuring, rather than enlarging infrastructure" (Zumkeller et al. 2004: 9).

Zum anderen gehört die gesamte gesetzliche Basis der bisherigen Verkehrspolitik, vom Personen- beförderungsgesetz (PbfG) über das Allgemeine Eisenbahngesetz (AEG) und das Gemeindeverkehrs- finanzierungsgesetz (GVFG) bis hin zu den ÖPNV-Gesetzen der Länder, auf den Prüfstand. Eine erforderliche Skalierung des Angebotes im Verkehr ist in diesen Gesetzen nicht vorgesehen. Ziel der Novellierung der gesetzlichen Grundlagen im Verkehrssektor muss es daher sein, zum einen Fehlinvestitionen zu vermeiden und zum anderen Produktinnovationen, insbesondere bei den flexiblen und den „neuen Bedienformen", zu ermöglichen. Dafür bedarf es einer stärkeren Eigenverantwortung der Verkehrsanbieter und unternehmerischer Initiative sowie – besonders in Entleerungsräumen – bürgerschaftlichen Engagements.

Erste Schritte auf dem Weg einer „innovationsorientierten Deregulierung" im Verkehr ist das Land Brandenburg gegangen, als es 2005 das ÖPNV-Gesetz reformierte und erstmals die Verteilung von Landesmitteln an Fahrgastzuwächse knüpfte (vgl. Hickmann et al. 2005). Damit könnten Verkehrsunternehmen Anreize erhalten, mit attraktiven Produkten neue Kunden zu gewinnen und nicht nur „bestellten Verkehr" zu verwalten. Mittlerweile sind andere Bundesländer nachgezogen und haben sich nach Brandenburger Vorbild ebenfalls ein ÖPNV-Gesetz gegeben, das ihnen zusätzliche Spielräume eröffnet. Inzwischen ist Anfang 2013 auch das PBfG novelliert worden, wobei die Öffnung des Fernbusmarktes – präziser: die Schaffung eines Fernbusmarktes – die wichtigste Änderung darstellt. Insgesamt hat sich die Novelle am Status quo orientiert, faktisch dürfte der Anteil von Ausschreibungen im ÖPNV entgegen den ursprünglichen Absichten im Novellierungsprozess auch künftig gering bleiben (vgl. Karl 2014). Anreize für eine überfällige konsequente Orientierung am Kunden werden mit dem neuen PBfG auch nicht gegeben.

Allerdings ist der ÖV nicht isoliert zu betrachten. Im Mittelpunkt einer notwendigen Anpassungsstrategie muss die Reform der Finanzierung von Verkehr und seiner Infrastruktur insgesamt stehen. Dazu gehört ebenso der Abbau steuerlicher Abzugsmöglichkeiten wie die Entfernungspauschale, die das berufliche Pendeln begünstigt. Nicht zuletzt unter den Zwängen der Haushaltskonsolidierung, vor allem in Folge der „Schuldenbremse" ist zu erwarten, dass die Finanzhilfen des Bundes an die Länder, die seit Mitte der 1990er-Jahre das Regionalisierungsgesetz für den Nahverkehr vorsieht, in den nächsten Jahren nicht steigen oder mittelfristig sogar auslaufen. Sinken die Regionalisierungsmittel, müssen entweder die Länder und Kommunen selbst einen höheren Zuschuss für den ÖPNV leisten oder dessen Angebot wird entsprechend den Kürzungen ausgedünnt. Eine andere Reaktion könnte sein, die Fahrgasteinnahmen über höhere Fahrpreise und/oder mehr Fahrgäste zu steigern. In diesem Fall sind die Verkehrsunternehmen gefordert. Sie müssen stärker denn je kundenorientiert arbeiten und sich um neue Produkte bemühen.

Die Ziele einer Finanzreform im Verkehrssektor lassen sich pointiert so formulieren: Es gilt zum einen die Fehlallokationen öffentlicher Mittel bei Investitionen und Betriebszuschüssen sowie durch steuerliche Anreize zu vermeiden. Zum anderen bedarf es der Internalisierung externer Kosten durch den Einstieg in eine Nutzerfinanzierung sowie durch den Abbau innovationshemmender Überregulierungen und Subventionen.

5   Fazit

Doch geht es nicht „nur" um eine Anpassung der Verkehrspolitik und der Umsteuerung in der Verkehrsinfrastrukturfinanzierung an veränderte Rahmenbedingungen einer gleichzeitig in einigen Regionen wachsenden und in anderen Regionen schrumpfenden Gesellschaft. Im Kern ist mit den skizzierten Folgen des demografischen und wirtschaftsstrukturellen Wandels das Selbstverständnis der bundesdeutschen Nachkriegsdemokratie tangiert. Hochkonsensuale Hintergrundannahmen des „Modells Deutschland" geraten ins Wanken. Zu Ernüchterung und breiter Verunsicherung führen vor allem zwei Erkenntnisse aus dem Befund der Gleichzeitigkeit von Schrumpfen und Wachsen (vgl. Canzler und Knie 2005; Müller 2007):

- *Die Infrastruktur-Wachstums-Hypothese stimmt nicht (mehr)*: Verschiedene Regionen in Deutschland driften auseinander, obwohl auf dem Wege politisch organisierter Solidarität mit erheblichen finanziellen Transfers Infrastrukturvorleistungen getätigt werden. Offenbar ist der einst harte Standortfaktor Infrastruktur für Unternehmen und Bürger nicht so relevant, als dass Entscheidungen, sich niederzulassen, davon maßgeblich bestimmt werden. Mehr und bessere Infrastruktur führen offensichtlich nicht automatisch zu mehr Wachstum. Weder im Osten, wo neue Straßen, Hochleistungsdatenleitungen und komplett vorbereitete Gewerbegebiete oft nur wenige Investoren locken können. Noch im alten Westen, wo es z. B. im Ruhrgebiet und auch in den Mittelstädten des Saarlandes oder in Rheinland-Pfalz an infrastrukturellen Anbindungen oder an preisgünstigen Gewerbeflächen wahrlich nicht mangelt. Infrastrukturvorleistungen sind nicht der Schlüssel zum ökonomischen Erfolg einer Region.

Wenn diese Kausalverbindung je gestimmt hat, dann vermutlich unter Bedingungen mangelnder Straßen- und Bahnverbindungen oder als Gewerbeflächen rar waren, weil großindustrielle Nutzer so viel für sich in Beschlag nahmen. Diese Zeiten sind längst Vergangenheit.

- *Einheitliche staatliche Regulierungen stoßen an Grenzen*: Wenn die Unterschiede zwischen Boomregionen hier und Entleerungszonen dort zu groß sind, ist es sinnlos, dass für beide Fälle die gleiche staatliche Regelungsdichte gilt. Die Einheitlichkeit der Rechtsverhältnisse als abstraktes Verfassungsprinzip wird zur Parodie, wenn beispielsweise die Restbestände des öffentlichen Nahverkehrs in der Uckermark genauso genehmigt, ausgeschrieben und mit Bonus-Malus-Zahlungen belegt werden wie der sehr dichte und lukrative ÖPNV in München. Dort wo es kaum eine Nachfrage nach öffentlichen Gütern gibt, ist eine engmaschige Kontrolle potenzieller Anbieter kontraproduktiv. Eine hohe Regelungsdichte schreckt jeden Anbieter ab, zivilgesellschaftlich organisierte Angebote werden abgewürgt. Ausnahmeklauseln in einzelnen Regelwerken sind lediglich Hilfskonstruktionen, weil sie zeitlich begrenzt sind und letztlich dem Gutdünken der Genehmigungsbehörden unterliegen.

Über die Konsequenzen aus diesen Erkenntnissen für die Erstellung öffentlicher Güter gibt es seit langem politische und wissenschaftliche Auseinandersetzungen, in denen es um das Verhältnis von privater und öffentlicher Verantwortung und um die Gewährleistung einer Mindestversorgung geht (z. B. Naschold et al. 1996; Miegel 2005; Leibfried 2001; Eppler 2005). Diese politische Grundsatzdebatte könnte jedoch von den Realentwicklungen überholt werden. Mehr noch als alle ordnungspolitischen Argumente oder Imperative der Effizienzverbesserung könnten die demografischen und wirtschaftsstrukturellen Dynamiken in Deutschland zu einem Pfadwechsel zwingen. In der Verkehrspolitik würde dies die Neuordnung der gesetzlichen Grundlagen für den öffentlichen Verkehr und insbesondere die Neuausrichtung der Infrastrukturpolitik und -finanzierung bedeuten, wie es der Wissenschaftliche Beirat beim Verkehrsministerium Anfang 2004 mit aller ihm eigenen Zurückhaltung in seinen Handlungsempfehlungen formuliert hat: „Es erscheint begründet, den finanziellen Ansatz für die Infrastrukturerhaltung sowie für eine Effizienzsteigerung der Infrastrukturnutzung durch Verkehrs-System-Management und Mobilitätsmanagement zu Lasten des Infrastrukturneubaus und -ausbaus zu verstärken, um damit kurz- und mittelfristige Kapazitätsengpässe begrenzter Zeitdauer bewältigen zu können, ohne langfristig ineffiziente Überkapazitäten bereit zu stellen." (Wissenschaftlicher Beirat beim BMVBW 2004: 414 f.). Im Sommer 2013 hat der Wissenschaftliche Beirat diese Empfehlung erneuert und zusätzlich eine stärkere Nutzerfinanzierung gefordert, deren Vorzüge die Probleme einer gerechten Anlastung und eines nicht zu vermeidenden Verwaltungsaufwandes überwiegen würden: „Hinsichtlich der effizienten Steuerung der Politik hat Nutzerfinanzierung den Vorteil der Verstetigung der Einnahmen, so dass die Finanzierung der Infrastruktursektoren nicht mehr so stark von wechselnden Haushaltslagen oder kurzfristigen politischen Prioritäten abhängt. […]. Es ist zu vermitteln, dass den Abgaben eine klare (und von den Nutzern gewünschte) Gegenleistung gegenüber steht und dass die individuelle Höhe der Kosten durch Verhaltensänderungen und Wahl von Fahrzeug oder Verkehrsmittel beeinflusst werden kann" (Wissenschaftlicher Beirat beim BMVBS 2013: 144).

Jeder Wechsel im Modus der Finanzierung öffentlicher Güter ist politisch heikel, weil er neben potenziellen künftigen Gewinnern eben auch faktische gegenwärtige Verlierer hervorbringt. Ein Kurswechsel ist noch schwieriger, wenn der sich abzeichnende demografische Wandel zwar mittlerweile Teil des öffentlichen Diskurses geworden ist, aber massive Auswirkungen der alternden und schrumpfenden Gesellschaft erst später zu spüren sind. Die Abkehr von einer kompensatorischen Infrastrukturpolitik im Verkehr und der Umstieg auf eine Nutzerfinanzierung bedeuten auch den Wechsel von einer Objekt- zur Subjektförderung, wie sie im Wohnungsbau bereits realisiert worden ist. An die Stelle eines flächendeckenden Angebots von Bussen und Bahnen würden bei Bedürftigkeit individuelle Hilfen treten. Ein Mobilitätsgeld, Taxi-Gutscheine oder sogar Beihilfen für eine Autoanschaffung könnten sinnvolle Instrumente sein, um individuelle Mobilität dort zu sichern, wo kollektive Verkehrsangebote nicht mehr vorhanden sind (vgl. Karl und Canzler 2011).

Resümierend ist festzuhalten, dass die Verkehrs- und Verkehrsinfrastrukturpolitik vor dem Hintergrund erheblicher Veränderungen in den Rahmenbedingungen verstärkt unter Druck geraten wird. Der demografische und wirtschafts- sowie regionalstrukturelle Wandel, aber auch die fortschreitende gesellschaftliche Individualisierung und die chronische Krise der öffentlichen Haushalte zwingen zu einer Neujustierung staatlichen Handelns. Am dringlichsten, aber im Übrigen durchaus mit Innovationschancen verbunden, ist dies in den sich rapide entleerenden Regionen Ostdeutschlands. Dort haben sich staatliche Vorleistungen für Verkehrstrassen und kommunale Gewerbeparks oft nicht gelohnt. Ihre Wirkungen waren sogar bisweilen kontraproduktiv. Gerade gut ausgebaute Verkehrswege – noch dazu kaum frequentiert und damit fast immer leer – laden geradezu zum Fernpendeln ein. Gleichsam im Zeitraffer scheint eine Entwicklung vorweg genommen worden zu sein, die auch in anderen Teilen Deutschlands bevorsteht. Es spricht also viel dafür, diese Erfahrungen ernst zu nehmen, um die richtigen Schlussfolgerungen zu ziehen, wie denn eine angemessene Verkehrspolitik in Zukunft aussehen kann.

Literatur

Ahrens, Gerd-Axel, und Ute Kabitzke. 2011. Zukunft von Mobilität und Verkehr. Auswertung wissenschaftlicher Grunddaten, Erwartungen und abgeleiteter Perspektiven des Verkehrswesens in Deutschland, Forschungsbericht FE-Nr.: 96.0957/2010 im Auftrag des BMVBS. Dresden.

Amt für Statistik Berlin und Brandenburg. 2013. *Bevölkerungsprognose für das Land Brandenburg 2011- 2030*. Potsdam.

BBR – Bundesamt für Bauwesen und Raumordnung. 2005. Raumordnungsbericht 2005. Berichte Bd. 21. Bonn.

BBR – Bundesamt für Bauwesen und Raumordnung. 2006. Raumordnungsprognose 2020/2050. Berichte Bd. 23. Bonn.

BBR – Bundesamt für Bauwesen und Raumordnung. 2012. Raumordnungsbericht 2011. Bonn.
Beck, Ulrich. 2004. *Der kosmopolitische Blick oder: Krieg ist Frieden*. New York: Frankfurt am Main.
Bendikat, Elfi. 1999. *Öffentliche Nahverkehrspolitik in Berlin und Paris 1890–1914*. Berlin/New York.
Berlin-Institut/Institute for Advanced Sustainability Studies. 2013. *Vielfalt statt Gleichwertigkeit. Was Bevölkerungsrückgang für die Versorgung ländlicher Regionen bedeutet*. Berlin.
BMI – Bundesministerium des Inneren. 2011. Demografiebericht. Bericht der Bundesregierung zur demografischen Lage und künftigen Entwicklung des Landes. Berlin.
BMVBW – Bundesministerium für Verkehr, Bau- und Wohnungswesen. 2005. Verkehr in Zahlen 2005. Hamburg.
Bonß, Wolfgang, Sven Kesselring, und Anja Weiß. 2004. „Society on the Move". Mobilitätspioniere in der Zweiten Moderne. *Entgrenzung und Entscheidung: Was ist neu an der Theorie reflexiver Modernisierung?* Hrsg. Ulrich Beck und Christoph Lau, 258–280. Frankfurt am Main.
Canzler, Weert, und Andreas Knie. 1998. *Möglichkeitsräume. Grundrisse einer modernen Mobilitäts- und Verkehrspolitik*. Wien/Köln/Weimar.
Canzler, Weert, und Andreas Knie. 2005. Verkehrte Infrastrukturpolitik. Nicht intendierte Effekte guter Erreichbarkeit. *WZB-Mitteilungen* 110: 37–39.
Canzler, Weert, und Andreas Knie. 2009. Auf dem Weg zum Gewährleistungsstaat: Verkehrte Infrastrukturpolitik. Nicht intendierte Effekte guter Erreichbarkeit. *WZB-Mitteilungen* 110: 37–39.
Castel, Robert. 2009. Die Wiederkehr der sozialen Unsicherheit. In *Prekarität, Abstieg, Ausgrenzung. Die soziale Frage am Beginn des 21. Jahrhunderts*, Hrsg. Robert Castel und Klaus Dörre, 21–34. Frankfurt a. M.
Deutsche Bank Research. 2004. *Demografische Entwicklung verschont öffentliche Infrastruktur nicht*. Aktuelle Themen, Nr. 294, Demografie Spezial, Autor: Tobias Just.
DIW/Infas. 2009. *Mobilität in Deutschland 2008*. Berlin.
Ehmer, Josef. 2004. *Bevölkerungsgeschichte und Historische Demographie 1800–2000*. München.
Elias, Norbert. 1976. *Über den Prozeß der Zivilisation. Soziogenetische und psychogenetische Untersuchungen*, Bd. 2: Wandlungen der Gesellschaft. Entwurf zu einer Theorie der Zivilisation. Frankfurt a. M.
Eppler, Erhard. 2005. *Auslaufmodell Staat*, Frankfurt a. M.
Fiedler, Joachim. 1991. Öffentlicher Personennahverkehr – Teil einer differenzierten Bedienung. *Verkehr und Technik* 5: 172–192.
Gesprächskreis Ost der Bundesregierung. 2004. *Kurskorrektur des Aufbau Ost*, Redaktion Klaus von Dohnanyi und Edgar Most, 28. Juni. Hamburg/Berlin.
Göb, Rüdiger. 1977. Die schrumpfende Stadt. *Archiv für Kommunalwissenschaften* 2:149–177.
Hamm, Rüdiger, und Helmut Wienert. 1990. *Strukturelle Anpassung altindustrieller Regionen im internationalen Vergleich*. Berlin.
Häußermann, Hartmut, und Werner Siebel. 1988. Die schrumpfende Stadt und die Stadtsoziologie. *Kölner Zeitschrift für Soziologie und Sozialpsychologie*, Sonderheft 29: 78–94.
Heine, Hartmut, Rüdiger Mautz, und Wolf Rosenbaum. 2001. *Mobilität im Alltag. Warum wir nicht vom Auto lassen*. Frankfurt a. M.
Heitmeyer, Wilhelm, und Peter Imbusch, Hrsg. 2005 *Integrationspotenziale einer modernen Gesellschaft*. Wiesbaden.
Hickmann, Gerd, Felix Berschin, Eckhard Karwiese, und Evelin Schulz. 2005. Reform der ÖPNV-Finanzierung im Bundesland Brandenburg. *Der Nahverkehr* 5: 46–52.
Holz-Rau, Christian. 2009. Raum, Mobilität und Erreichbarkeit – (Infra-)Strukturen umgestalten? *Informationen zur Raumentwicklung* 12, BBSR: 797–804. Bonn.
Holz-Rau, Christian, Stephan Günthner, und Florian Krummheuer. 2010. Daseinsvorsorge ist keine Dortseinsvorsorge. Hinweise zur Planung in dünn besiedelten Gebieten. *Informationen zur Raumentwicklung* 7: 489–504.

Hradil, Stefan. 2005. Die „neue" soziale Ungleichheit. Warum werden die meisten entwickelten Gesellschaften wieder ungleicher? *Kölner Zeitschrift für Soziologie und Sozialpsychologie*, Sonderheft 45:460–483.

Jochimsen, Reimut, und Knut Gustafsson. 1977. Infrastruktur. Grundlage der marktwirtschaftlichen Entwicklung. In *Infrastruktur. Theorie und Politik*, Hrsg. Udo E. Simonis, 38–53. Köln.

Karl, Astrid. 2014. Strukturelle Reformblockaden im öffentlichen Verkehr – Zu den Herausforderungen von Organisation und Rechtsrahmen. In *Öffentliche Mobilität. Perspektiven für eine nachhaltige Verkehrsentwicklung*, 2. aktuelle und erweiterte Aufl., Hrsg. Oliver Schwedes, 71–95. Wiesbaden.

Karl, Astrid, und Weert Canzler. 2011. *Innovativer Landverkehr – Subjektförderung durch Mobilitätsgutscheine*. Berlin: InnoZ-Bausteine 9.

Kaufmann, Franz-Xaver. 2005. *Schrumpfende Gesellschaft. Vom Bevölkerungsrückgang und seinen Folgen*. Frankfurt a. M.

Kersten, Jens, Claudia Neu, und Berthold Vogel. 2012. *Demografie und Demokratie. Zur Politisierung des Wohlfahrtsstaates*. Hamburg.

Kronauer, Martin. 2002. *Exklusion. Die Gefährdung des Sozialen im hochentwickelten Kapitalismus*. New York: Frankfurt am Main.

Kühntopf, Stephan, und Susanne Stedtfeld. 2012. Wenige junge Frauen im ländlichen Raum: Ursachen und Folgen der selektiven Abwanderung in Ostdeutschland, BiB Working Paper 3/2012. Wiesbaden.

Kunert, Uwe, und Heike Link. 2001. Prognose des Ersatzinvestitionsbedarfs für die Bundesverkehrswege bis zum Jahre 2020. DIW Beiträge zur Strukturforschung , Heft 187. Berlin.

Land Brandenburg. 2013. Bericht der Demografie-Kommission: Empfehlungen für künftige Modelle der Grundschulversorgung im ländlichen Raum im Land Brandenburg, Potsdam 18. November 2013.

Leibfried, Stephan. 2001. Über die Hinfälligkeit des Staates der Daseinsvorsorge. Thesen zur Zerstörung des äußeren Verteidigungsringes des Sozialstaates. *Die Zukunft der Daseinsvorsorge. Öffentliche Unternehmen im Wettbewerb*, Hrsg. Schader-Stiftung, 158–166. Darmstadt.

Leibfried, Stephan, und Michael Zürn. 2006. Von der nationalen zur post-nationalen Konstellation. In *Transformation des Staates?* Hrsg. Stepfan Leibfried und Michael Zürn, 19–65. Frankfurt a. M.

List, Friedrich. 1989. *Das nationale System der politischen Oekonomie. Der internationale Handel, die Handelspolitik und der deutsche Zollverein*, unveränderter Nachdruck der 1. Aufl. Stuttgart von 1841. Tübingen.

Mai, Rarf, und Manfred Scharein. 2009. Effekte der Binnenmigration auf die Bevölkerungsentwicklung und Alterung in den Bundesländern. In *Die Bevölkerung in Ost- und Westdeutschland: Demografische, gesellschaftliche und wirtschaftliche Entwicklungen seit der Wende*, Hrsg. Insa Cassens, Marc Luy und Rembrandt Scholz, 75–99.Wiesbaden.

Miegel, Meinhard. 2005. *Epochenwende. Gewinnt der Westen die Zukunft?* Berlin.

Müller, Bernhard. 2007. Wachstum und Schrumpfung in Deutschland - Trends, Perspektiven und Herausforderungen. In *Wie gestalten wir Veränderungen? Herausforderungen für die Kommunen durch den demographischen Wandel*, Hrsg. Horst Zillessen und Stefan Kessen, 10–20. Frankfurt a. M.

Naschold, Frieder, Dietrich Budäus, Werner Jann, Erika Mezger, Maria Oppen, Arnold Picot, Christoph Reichard, Erich Schanze, und Nikolaus Simon. 1996. *Leistungstiefe im öffentlichen Sektor. Erfahrungen, Konzepte , Methoden*. Berlin.

Projektgruppe Mobilität. 2004. *Die Mobilitätsmaschine. Versuche zur Umdeutung des Autos*. Berlin.

Ruhrort, Lisa. 2005. Zu den Auswirkungen mentaler und struktureller Innovationsblockaden im Kontext aktueller Reformversuche. In *Öffentliche Mobilität. Perspektiven für eine nachhaltige Verkehrsentwicklung*, Hrsg. Oliver Schöller, 128–154. Wiesbaden.

Schader-Stiftung, Hrsg. 2001. *Die Zukunft der Daseinsvorsorge – Öffentliche Unternehmen im Wettbewerb*. Darmstadt.

Scharpf, Fritz, W. 1999. Demokratieprobleme in der europäischen Mehrebenenpolitik. In *Demokratie in Ost und West*, Hrsg. Wolfgang Merkel und Andreas Busch, 672–694, Frankfurt a. M.
Schiller, Georg, und Stefan Siedentop. 2005. Infrastrukturfolgekosten der Siedlungsentwicklung unter Schrumpfungsbedingungen. *DISP* 160(1): 83–93.
Schlag, Bernhard. 2013. Persönliche Veränderungen der Mobilität und der Leistungsfähigkeit im Alter. In *Mobilität und demografische Entwicklung. Eine Schriftenreihe der Eugen-Butz-Stiftung*, Hrsg. Bernhard Schlag und Klaus J. Beckmann, 119–143. Köln.
Schöller, Oliver, Hrsg. 2005. *Öffentliche Mobilität. Perspektiven für eine nachhaltige Verkehrsentwicklung*. Wiesbaden.
Sieverts, Thomas. 1998. *Zwischenstadt zwischen Ort und Welt, Raum und Zeit, Stadt und Land*. Braunschweig.
Simonis, Udo E., Hrsg. 1977. *Infrastruktur. Theorie und Politik*. Neue Wissenschaftliche Bibliothek Wirtschaftswissenschaften, Bd. 88. Köln.
Sommer, Carsten. 2006. Gehen dem ÖPNV die Fahrgäste aus? – Abschätzung der Nachfrage vor dem Hintergrund des demografischen Wandels in Deutschland. *Der Nahverkehr* 5: 8–11.
Statistisches Bundesamt. 2009. Bevölkerung Deutschlands bis 2060. 12. koordinierte Bevölkerungsvorausberechnung. Wiesbaden.
Statistisches Bundesamt. 2013. Wanderungen. https://www.destatis.de/DE/ZahlenFakten/GesellschaftStaat/Bevoelkerung/Wanderungen/Tabellen/WanderungenAlle.html. Zugegriffen am 28.01.2014.
Statistisches Bundesamt/WZB. 2013. Datenreport 2013: Ein Sozialbericht für die Bundesrepublik Deutschland. Bonn.
Statistisches Bundesamt. 2014.: Fachserie 8, Reihe 1.1: *Verkehr aktuell*. Wiesbaden.
Streeck, Wolfgang. 2010. Noch so ein Sieg, und wir sind verloren: Der Nationalstaat nach der Finanzkrise. *Leviathan* 38(2): 159–173.
Topp, Hartmut H. 2006.: Demografischer Wandel und Verkehr: Wirkungen und Konsequenzen. *Internationales Verkehrswesen* 3: 85–91.
Umweltbundesamt. 2012. : Grundkonzeption einer nachhaltigen Bundesverkehrswegeplanung, erstellt von Klaus J. Beckmann, Anne Klein-Hitpass und Werner Rothengatte. Dessau. http://www.uba.de/ubainfomedien/4318.htm. Zugegriffen am 28.01.2014.
Urry, John. 2013. *Societies Beyond Oil. Oil Dregs and Social Futures*. New York: London.
VDV – Vereinigung Deutscher Verkehrsunternehmen. 2009. *Finanzierungsbedarf des ÖPNV bis 2025*. Köln.
Verwiebe, Roland. 2004. *Transnationale Mobilität innerhalb Europas*. Berlin.
Vester, Michael, Peter von Oertzen, und Heiko Geiling. 2001. *Soziale Milieus im gesellschaftlichen Strukturwandel. Zwischen Integration und Ausgrenzung*. Frankfurt a. M.
Vogel, Claudia, und Andreas Motel-Klingebiel, Hrsg. 2013. *Altern im sozialen Wandel : die Rückkehr der Altersarmut?* Wiesbaden.
Wissenschaftlicher Beirat beim Bundesminister für Verkehr, Bau und Stadtentwicklung. 2009. Krise als Chance: Neue Prioritäten in der Verkehrspolitik. Berlin.
Wissenschaftlicher Beirat beim BMVBW-Bundesminister für Verkehr, Bau- und Wohnungswesen-2004. Demographische Veränderungen – Konsequenzen für Verkehrsinfrastrukturen und Verkehrsangebote. *Informationen zur Raumentwicklung* 6 : 401–417.
Wissenschaftlicher Beirat beim BMVBS. 2013. Verkehrsfinanzierungsreform – Integration des kommunalen Verkehrs, Stellungnahme vom Juli 2013. http://www.dstgb.de/dstgb/Home/Schwerpunkte/Verkehrspolitik/Stra%C3%9Fe%20und%20Stra%C3%9Fenverkehrsrecht/Verkehrsfinanzierungsreform/0110%20wiss%20Beirat%20Finanzierung%20des%20kommunalen%20Verkehrs.pdf. Zugegriffen am 27.01.2014.
Zander, Margherita. 2004. Zwischen Konflikt und solidarischem Ausgleich. Die Generationenperspektive im demografischen Wandel. *Herausforderung demografischer Wandel*, Hrsg. Bernhard Frevel, 102–120. Wiesbaden.
Zumkeller, Dirk, Bastian Chlond, und Wilko Manz. 2004. Infrastructure development under stagnating demand conditions – a new paradigm? IfV-Report Nr. 04_1, Karlsruhe.

Raumzeitpolitik: Zeitliche Dimensionen der Verkehrspolitik

Dietrich Henckel

Zusammenfassung
Für die Verkehrsplanung hat der Faktor Zeit schon immer eine besondere Bedeutung, etwa wenn es um die Erstellung von Fahrplänen, die Sicherstellung von Verbindungen und die Steuerung von Geschwindigkeiten geht. In der Stadt- und Regionalplanung fallen zwar implizit auch zahlreiche Entscheidungen von erheblicher zeitlicher Relevanz. Sie werden allerdings selten offensichtlich. Erst im Zuge insbesondere der technischen Entwicklung und des gesellschaftlichen Wandels ist die Zeit als eigener Forschungsgegenstand wieder stärker in den Fokus wissenschaftlichen Interesses geraten. Die nicht auf den Raum bezogene Zeitforschung ist mittlerweile etabliert. Ebenfalls seit langem etabliert sind Raumforschung und -planung. Aber die engen Verknüpfungen zwischen den zeitlichen Mustern einer Gesellschaft und den räumlichen Folgen wie auch zwischen den räumlichen Strukturen und ihren Folgen für die Zeit spielten lange Zeit – abgesehen von einer ersten Phase der Zeitgeographie in den 1970er-Jahren – einer eher untergeordnete Rolle. Dies beginnt sich zu ändern. Dazu haben insbesondere auch die Ansätze der zeitlichen Steuerung auf kommunaler Ebene in den Kommunen Italiens beigetragen. Aber obwohl die Sensibilität für die Raumzeitfragen gewachsen ist, die Forschung deutlich zugenommen hat und eine Reihe von expliziten planerischen Verknüpfungen von räumlicher und zeitlicher Steuerung unternommen worden sind, steht eine wirkliche Integration von räumlicher und zeitlicher Planung noch am Anfang. Der Beitrag stellt den Stand der Diskussion dar und zeigt die Bedeutung einer expliziten Auseinandersetzung mit den raumzeitlichen Implikationen gesellschaftlicher Veränderungen, wenn auf Dauer nachhaltige Strukturen entwickelt werden sollen.

D. Henckel (✉)
Institut für Stadt- und Regionalplanung, Technische Universität Berlin, Berlin, Deutschland
E-Mail: d.henckel@isr.tu-berlin.de

Schlüsselwörter
Flexibilisierung · Raumplanung · Raumzeitplanung · Zeiteffizienz · Zeitgerechtigkeit · Zeitkonflikte · Zeitplanung

1 Einführung

In der Metro in Paris konnte man vor einiger Zeit einen von der Verkehrsgesellschaft RATP selbst geklebten Sticker an den Türen finden: „1 seconde perdue en station = du retard sur toute la ligne". An immer mehr Straßen werden die Entfernungen nicht mehr in Kilometern, sondern in Minuten oder Stunden angegeben. Die Staumeldungen haben sich in jüngster Zeit dahingehend erweitert, dass nicht mehr nur die Umleitungsempfehlung formuliert wird, sondern die Autofahrer auf die zu erwartenden „Zeitverluste" hingewiesen werden.

Dies sind nur drei Beispiele dafür, wie die Temporalität und insbesondere Schnelligkeitsimperative immer expliziter im öffentlichen Raum sichtbar werden. Der Zusammenhang zwischen Raum und Zeit ist altbekannt, aber nur selten erfolgt im Rahmen öffentlicher Regulierung und Planung eine explizite Auseinandersetzung damit, auch wenn implizit auf vielen Ebenen dauernd raumzeitlich relevante Entscheidungen getroffen werden.

Wir befinden uns in Zeiten weit reichender Veränderungen. Bezogen auf den Raum sind sie im Wesentlichen durch den wirtschaftlichen Strukturwandel und die ihm zugrunde liegenden technischen Entwicklungen ausgelöst. Diese ökonomische Umgestaltung geht damit einher, dass neue wirtschaftliche Aktivitäten andere räumliche Anforderungen haben und sich dadurch neue Verteilungen und Ballungen von Unternehmen und Branchen im Raum ergeben. Mit den Folgen dieser komplexen Prozesse beschäftigt sich traditionell die Raumforschung in ihren unterschiedlichen Facetten.

Bezogen auf die Zeit belegen historische Analysen, dass mit dem technischen Wandel (neben etwa Prozessen kultureller Abgrenzungen (vgl. Rinderspacher et al. 1994)) auch weit reichende Veränderungen gesellschaftlicher Zeitstrukturen verbunden sind (vgl. Rifkin 1988). Mit den zeitstrukturellen Umbildungsprozessen und ihren Folgen für das soziale Zusammenleben im weitesten Sinn ist die Zeitforschung befasst, die allerdings in geringerem Umfang etabliert ist als die Raumforschung.

Bislang noch weniger entwickelt ist die Verbindung von beiden Analysesträngen, also eine Raumzeitforschung, die systematisch die räumlichen Implikationen zeitlicher Veränderungen, die zeitlichen Folgen räumlicher Veränderungsprozesse, die Verflechtung von Aktivitäten in Raum und Zeit sowie die Folgen von Regulierung und Planung in Raum und Zeit in den Blick nimmt. Etwas hochtrabend könnte man ein solches Forschungsgebiet als Chrono-Urbanistik oder Chrono-Geographie bezeichnen.

Zwar ist eine Verknüpfung der Betrachtung von Raum und Zeit nicht völlig neu, denn schon in den 1970er-Jahren entwickelte sich – auf den Arbeiten des schwedischen Geografen Thorsten Hägerstrand (1970) aufbauend – eine Zeitgeografie. Die nach ihrem Entstehungsort so genannte Lund-Schule markiert eine erste Phase, in der versucht wurde, die gegenseitige Bedingtheit von Raum und Zeit theoretisch zu thematisieren und empirisch zu erfassen. Das Grundkonzept der Zeitgeografie ist der Aktionsraum, definiert als die Menge der einem Individuum zur Verfügung stehenden räumlichen Gelegenheiten, deren Inanspruchnahme durch unterschiedliche Typen von Restriktionen beschränkt wird. Auch erste Überlegungen zur Verzeitlichung des Raumes und der Verräumlichung der Zeit („spacing time and timing space") wurden in damaligen Forschungen angestellt (vgl. Parkes und Thrift 1975).

Einen anderen Zugang markiert die Studie von Kevin Lynch (1972) „What time is this place?". Einerseits geht es ihm darum zu zeigen, dass Räume je nach (Tages-)Zeit unterschiedliche Charakteristiken aufweisen. Zum anderen setzt er sich damit auseinander, wie Wandel organisiert wird und wie sich historische Epochen im Bild der Stadt verknüpfen und sichtbar bleiben oder gemacht werden sollen.

Dass diese Forschungen in den 1970er-Jahren entstanden beruht darauf, dass die 1970er-Jahre eine Periode waren, in der der Strukturwandel in Richtung Tertiärisierung an Fahrt gewann, was gegenüber den starren Regelungen der industriellen Epoche auch eine Reihe von Neuerungen in der Zeitorganisation mit sich brachte. Das entscheidende Stichwort ist hier die „Gleitzeit", die in beschränktem Umfang die individuelle Dispositionsfreiheit über Zeit erhöhte. Mit der zunehmenden Mobilität und vor allem Motorisierung traten erste Überlastungserscheinungen der öffentlichen Verkehrsmittel und der Straßen auf, so dass auch schon damals der Ruf nach einer „Neuordnung der Zeit" (Chalendar 1972) erschallte oder sogar – allerdings weitgehend folgenlos – die Einführung einer kommunalen Zeitplanung gefordert wurde (vgl. Jüchser 1972).

Der dynamische Aspekt der Stadtentwicklung spielt in der Forschung nur eine relativ untergeordnete Rolle. Es herrschen nach wie vor querschnittsorientierte oder bestenfalls komparativ-statische Ansätze vor, in denen zwei Zeitpunkte miteinander verglichen werden. Frühe Bemühungen, die Stadt als *dynamisches* System zu begreifen (vgl. Forrester 1969) wurden kaum fortgesetzt und werden erst in jüngster Zeit wieder aufgegriffen.

Das breite Spektrum von Konzepten der Raum-Zeit-Theorie blieb lange Zeit ohne tiefer gehende Auswirkungen auf die Praxis der Raumforschung. Noch heute herrschen etwa in der Verkehrsplanung aggregierte gleichgewichtsorientierte Denkmodelle vor, während sich neuere disaggregierte „aktivitätsorientierte" Ansätze, die versuchen, menschliche Mobilität als Raumüberwindung zur Durchführung von Aktivitäten abzubilden, erst langsam durchzusetzen beginnen (vgl. Beckmann in Kap. VII.3 dieses Bandes: ▶ Verkehrspolitik und Mobilitätsforschung: Die angebotsorientierte Perspektive).

Untersuchungen von Zahavi (1979) zeigten, dass vor allem Geld- und Zeitbudgets das Mobilitätsverhalten von Haushalten bestimmen: Sie maximieren im Rahmen dieser Etats räumliche Gelegenheiten, an denen sie ihre Wünsche verwirklichen können. In der Praxis bedeutet das erstaunlicherweise die Maximierung von Reiseentfernungen. Diese Einsicht steht im Gegensatz zu den üblichen Annahmen, dass Individuen versuchen, Reisezeit und Fahrtkosten zu minimieren. Sie erklärt jedoch, warum Beschleunigung und Verbilligung der Raumüberwindung nicht zu mehr Freizeit und Muße, sondern zu mehr Mobilität und Verkehr führen (vgl. Wegener und Spiekermann 2002). Die Einzugsbereiche dehnen sich aus, Suburbanisierung, Zersiedelung, Flächenverbrauch und Umweltbelastung und letztlich sogar größerer Zeitaufwand für die Zurücklegung der Strecken sind die Folge.

Mit dem fortschreitenden technischen Wandel und seinen Folgen auch für die Zeitorganisation in den Betrieben rückte auch das Thema Zeit für die Städte wieder in den Vordergrund (vgl. Henckel et al. 1989). In seiner Studie über die Postmoderne entwickelt Harvey (1990a) das Konzept der Raum-Zeit-Kompression *(space time compression)* und formuliert, dass damit die objektiven Qualitäten des Raums und der Zeit revolutioniert werden: „A revolution in temporal and spatial relations often entails, therefore, not only a destruction of ways of life and social practices built around preceding time-space systems, but the ‚creative destruction' of a wide range of physical assets embedded in the landscape" (Harvey 1990b: 425).[1]

Insgesamt hat sich in der Folgezeit, also in den 1990er- und 2000er-Jahren nicht nur die Zeitforschung (vgl. u. a. Young 1988; Adam 1990; Zöpel 1987; Gründung der Zeitschrift Time and Society 1992, Gründung der Deutschen Gesellschaft für Zeitpolitik 2002), sondern vor allem auch die zeitorientierte Raumforschung deutlich intensiviert und ausdifferenziert (vgl. u. a. Edensor (2010), Henckel et al. 2013a, Lefebvre 2004, Levine 1997, Mückenberger 2004).

In Italien gewann die Raumzeitperspektive an Aufmerksamkeit, weil sich zeigte, dass die Organisation der Zeiten öffentlicher Dienstleistungen, vor allem infolge wachsender Frauenerwerbstätigkeit, zu immer mehr Konflikten führte. Frauengruppen, Gewerkschafterinnen und Forscherinnen formten Ende der 1980er-Jahre die Initiative „Frauen verändern die Zeiten". Sie stellten damit einen Zusammenhang her zwischen der Qualität der Stadt und der Organisation des Alltags. Dieser zeitpolitische Impetus hat in Italien zu weit reichenden Konsequenzen selbst in der Gesetzgebung geführt. Mittlerweile haben die Bürgermeister der Städte nicht nur das Recht zur Koordination von Zeiten, sondern sogar die Pflicht zur Einrichtung eines Büros für Zeitplanung (s. ausführlich Abschn. 2). Dieses italienische Vorbild hat in anderen Ländern mittlerweile zu einer Vielzahl von Zeitgestaltungsprojekten geführt – etwa in Deutschland und Frankreich (vgl. Boulin und Mückenberger 1999, Mückenberger 2004, Heitkötter 2005, Mückenberger 2011).

---

[1] Als ein bemerkenswertes Beispiel kann der Ausbau des ÖPNV in Paris mit einer Ringerschließung angesehen werden, die darauf zielt, die Erreichbarkeit im Stadtgebiet insgesamt deutlich zu erhöhen, also zu beschleunigen.

2 Räumliche Veränderungen – zeitliche Veränderungen

Die Notwendigkeit, räumliche und zeitliche Perspektiven zu verbinden, erfordert als Grundlage, sich die Veränderungen des Raums und die für die Zeit daraus resultierenden Folgen vor Augen zu führen und umgekehrt zu analysieren, welche Konsequenzen zeitliche Veränderungen für den Raum haben.

2.1 Räumliche Veränderungen

Zu den markanten räumlichen Umgestaltungsprozessen gehört der Ausbau der Verkehrssysteme. In den letzten Jahrzehnten ist ein kontinuierlicher Ausbau aller Verkehrssysteme erfolgt: Flughäfen, Häfen, Eisenbahnen, vor allem Schnellbahnen – verbunden mit einer Aufwertung von Bahnhöfen – und Straßen einschließlich entsprechender Logistikeinrichtungen für den Güterverkehr. Dieser Ausbau der Verkehrssysteme, obwohl er langsam erfolgt und langfristige Bindung von Kapital bedingt, ist gleichzeitig eine zentrale Voraussetzung für die Beschleunigung der Wirtschaft.

In vielen Bereichen vollzog und vollzieht sich eine räumlich stärkere funktionale Spezialisierung, gemischte Nutzungen sind vielfach auf dem Rückzug, was zwangsläufig zu einem höheren Verkehrsaufwand führt. Dies ist häufig verbunden mit einer Konzentration von Funktionen in Großstrukturen, oft am Rande der traditionellen Städte, mittlerweile aber auch zumindest für einzelne Bereiche verstärkt in den Innenstädten – Einzelhandel, Freizeit, Logistik mögen hier als Andeutungen genügen.

Schon lange ist eine räumliche Dispersion zu beobachten. Die Gebiete mit hoher Verdichtung dehnen sich immer weiter aus, die Kleinstädte in der Nähe hochverdichteter Agglomerationen wachsen überproportional, die Zersiedelung nimmt zu und damit der notwendige Verkehr (vgl. Kutter in Kap. III.5 dieses Bandes: ▶ Siedlungsstruktur und Verkehr: Zum Verständnis von Sachzwängen und individueller Verkehrserreichbarkeit in Stadtregionen). Dies widerspricht auch nicht grundsätzlich gleichzeitig beobachtbaren Rezentralisierungen, neuen Formen der Nutzungsmischung und einer „Renaissance der Städte".

Neue Konzepte, die einerseits durch die technische Entwicklung erst möglich wurden, andererseits durch Strategien der Effizienzsteigerung und der Rückführung des Staatsanteils bedingt sind, führten zu einer Reorganisation vieler Infrastrukturen. Infrastrukturen wurden privatisiert, was das räumliche und soziale Angebot teilweise deutlich veränderte, sie wurden entbündelt, was Kreuzsubventionierungen, wie sie bei den Stadtwerken zwischen Strom und ÖPNV üblich waren, unmöglich machte, und sie wurden teilweise auf bestimmte Nutzergruppen hin spezifiziert, bis hin zu Sonderinfrastrukturen (vgl. Graham und Marvin 2001). Auch wenn es gegenwärtig eine Entwicklung in entgegengesetzte Richtung, der Rekommunalisierung von Netzinfrastrukturen, gibt, ist noch kein grundsätzlicher Trend zu erkennen, der zu einer vollständigen Rücknahme der erfolgten Reorganisationen führen würde (vgl. Ambrosius in Kap.V.2 dieses Bandes: ▶ Öffentlicher Verkehr und Gemeinwirtschaftlichkeit: Im Spannungsfeld von Eigenwirtschaftlichkeit, Wettbewerb und Regulierung).

Diese räumlichen Veränderungen haben erhebliche Folgen für die Organisation von Zeiten und die Zeitbudgets von Personen. Eine zentrale Folge vor allem der Umgestaltung der Verkehrsinfrastrukturen ist, dass der Raum schrumpft und verbogen wird. Schrumpfung bedeutet, dass durch die Beschleunigung der Verkehrsmittel die Zeitdistanzen zwischen in das System eingebundenen Orten abnehmen. Je schneller ein neues Verkehrsmittel, umso größer die Distanzen, die damit im Vergleich zu vorher in der gleichen Zeit überwunden werden können. Die „Schrumpfung" des Raumes bedeutet gleichzeitig, dass sich die Einzugsbereiche ausdehnen – ins Umland, in die Region oder für manche Formen der Arbeitsteilung gar weltweit. Gleichzeitig wird der Raum aber auch „verbogen". Diese Torsion führt dazu, dass entfernte Orte zeitlich näher rücken, während nahe Orte nur mit hohem Zeitaufwand zu erreichen sind, weil sie nicht in die entsprechenden Verkehrssysteme eingebunden sind oder weil es erforderlich ist, sehr oft zwischen verschiedenen Verkehrsträgern umzusteigen. Es erfolgt also eine Neukonfiguration von Raumzeitdistanzen, die entsprechende Verteilungswirkungen hat und Zugangschancen verändert.

Ähnliches passiert bei einer Neuausrichtung der Infrastruktur im Zuge von Privatisierung. Wenn – bezogen auf das Verkehrssystem – bestimmte Strecken nicht mehr oder nur noch ausgedünnt bedient werden, können sich die Zeitdistanzen für die betroffenen Bevölkerungsgruppen dramatisch ändern, was sich u. a. auch auf Zugangschancen auf dem Arbeitsmarkt auswirkt. Auch die Neudefinition der Zentralörtlichkeit in Zeitdistanzen von 30 Minuten für bestimmte Einrichtungen bezogen auf den Individualverkehr, statt wie vormals auf den ÖPNV, führt zu einer sozialen und räumlichen Umverteilung von Zugangschancen.

Die funktionale Spezialisierung und die räumliche Konzentration von Gelegenheiten verteilen ebenfalls die Zeitdistanzen, die Zugangsmöglichkeiten und die Koppelungsmöglichkeiten um (im Sinne von Zeit sparen durch die Wahrnehmung unterschiedlicher Funktionen am gleichen Ort), mit erheblichen Rückwirkungen auf die individuelle Zeitorganisation. Gleichzeitig werden die zeitlichen Charakteristika von Orten verändert, wenn sich ihr Funktionszuschnitt wandelt. Ursprünglich halbwegs lebendige Quartiere können durch die Abnabelung vom Verkehr bei hoher Arbeitslosigkeit zu zwangsverlangsamten und zeitlich entstrukturierten Orten werden. (vgl. Jahoda et al. 1975; Herkommer 2006). Andere Distrikte können sich in Richtung auf eine kontinuierliche Rund-um-die-Uhr-Aktivität entwickeln.

Durch Telekommunikation kann räumliche Nähe teilweise substituiert werden. Deshalb werden die Zeitdistanzen bei Aktivitäten, die nicht auf unmittelbaren Kontakt angewiesen sind, praktisch auf Null reduziert. Gerade die Mobilkommunikation trägt zu einer ortsunabhängigen, allgemeinen und permanenten Erreichbarkeit bei und verändert das alltägliche Verhalten durch die Verfügbarkeit einer Vielzahl von Informationen und Anwendungen (Apps), die es beispielsweise erlauben, das individuelle Verkehrsverhalten durch einen Wechsel der Verkehrsmittel zeitlich zu optimieren.

Bezogen auf die Alltagsorganisation stellt Mückenberger (2004) eine Verknüpfung zwischen sozialen, räumlichen und zeitlichen Veränderungen her. Wenn sich, so sein Fazit, in einem der drei Bereiche Verkehr, Arbeit oder Arbeitsteilung der Geschlechter etwas verändert, hat dies weit reichende Auswirkungen auf die Funktionsweise des gesamten Gefüges.

2.2 Zeitliche Veränderungen

Die zeitlichen Veränderungen in der Gesellschaft können – auch wenn die verschiedenen Dimensionen nicht unabhängig voneinander sind – analytisch sinnvoll in vier verschiedene Teilaspekte getrennt werden:

- Beschleunigung (vgl. Reheis in Kap VIII.2 dieses Bandes: ▶ Beschleunigung versus Entschleunigung: Zwei konträre Leitbilder der Verkehrspolitik). Die Moderne wird von zahlreichen Autoren als ein Zeitalter der allgemeinen Mobilmachung (z. B. Sloterdijk 1989) gesehen. Viele Bereiche von Wirtschaft und Gesellschaft sind gegenwärtig von Beschleunigungstendenzen gekennzeichnet. Sie reichen von der Verkürzung der Produktlebenszyklen darüber, dass Verkehrsmittel immer schneller werden, bis zur Beschleunigung durch die telekommunikative Vernetzung. Dies hat u. a. Folgen für die räumliche Ausdifferenzierung der Arbeitsteilung, die Größe der Einzugsbereiche, die Lebensdauer von Standorten bis hin zur Notwendigkeit des lebenslangen Lernens.
- Flexibilisierung. Sie umfasst die Auflösung starrer und „massenhafter" Rhythmen, durch die die Industrialisierung und die Vollbeschäftigungsära gekennzeichnet waren. Besonders deutlich wird dieser Aspekt zeitlicher Veränderungen im Arbeitsbereich. Es werden nicht nur Beschäftigungsverhältnisse flexibilisiert, sondern vor allem differenzieren sich die Arbeitszeiten nach Dauer und Lage aus. Damit werden die zeitlichen Rhythmen individualisiert, vom kollektiven Metrum abgekoppelt und die Koordination wird dem Einzelnen überantwortet: Jede/r muss die eigenen Zeiten „zusammenbasteln", so gut sie/er kann.
- Ausdehnung. Dabei geht es darum, dass wirtschaftliche Aktivitäten in bisher geschützte Zeiten vordringen, vor allem den Abend, die Nacht, das Wochenende sowie Feiertage. Die logische Endstufe der Ausdehnung ist die 24/7-Gesellschaft, die rund um die Uhr und die Woche aktiv ist (Eberling und Henckel 2002; Crary 2013).
- Verdichtung, Simultanität. Verdichtung oder Zeitvertiefung bedeutet, dass mehrere Aktivitäten gleichzeitig ausgeführt werden können. Insbesondere durch die neuen Techniken der Informationsverarbeitung und der Telekommunikation sind diese Möglichkeiten erheblich erweitert worden. Infolge der allgemeinen Erreichbarkeit durch Mobilkommunikation werden berufliche Aktivitäten stärker in andere Bereiche (Freizeit, häusliche Verrichtungen etc.) integriert; Laptops und Smartphones machen den Aufenthalt in Verkehrsmitteln immer mehr zur Arbeitszeit im engeren Sinn.

Die Folgen dieser zeitlichen Veränderungen für den Raum sind vielfältig und treten in sehr unterschiedlichen Dimensionen auf.

Die bereits angesprochene Schrumpfung und Torsion des Raumes verteilt relative Entwicklungschancen selektiv. Die Zeit- und nicht die Raumdistanzen üben einen entscheidenden Einfluss auf die Standortwahl von Betrieben und Bewohnern aus und können im Extremfall langfristig das Wanderungsverhalten beeinflussen. Dabei spielen gerade unter Bedingungen der Informations- und Wissensgesellschaft die Notwendigkeit des (häufigen) persönlichen Kontakts und damit die Voraussetzung raumzeitlicher Nähe sowie die Zeitsensibilität von Produkten und Informationen eine entscheidende Rolle für die Standortwahl: Deswegen sind die Finanzdienstleistungen in extremer Weise räumlich konzentriert, obwohl sie im Wesentlichen „nur" mit Informationen handeln, die theoretisch technisch beliebig übertragbar sind (vgl. Henckel 2006; Henckel und Herkommer 2011).

An dieser Stelle ist man auch bei der Frage nach der zukünftigen Bedeutung der Stadt oder allgemeiner des Raumes. Einige Autoren haben mit den neuen Telekommunikationstechniken das Ende der Stadt oder der Geografie vorausgesagt. Mitchell (1995) formuliert, dass „the very idea of the city is challenged", Cairncross (1997) schreibt über den Tod der Distanz und die völlige Beliebigkeit der Standortwahl, die die große Stadt in Frage stelle. Friedman geht, davon aus, dass die Welt flach werde (2005). Aber gerade Ökonomen wie Krugman (1999) oder Glaeser machen darauf aufmerksam, dass „economists still like cities" (Glaeser 1996), wobei die raumzeitliche Nähe ein wesentlicher Faktor von Agglomerationseffekten und damit für die systematischen Vorteile von Städten ist (Glaeser 2011).

Ein Aspekt von neu entstehender raumzeitlicher Nähe sind neue Kristallisationskerne der Urbanisierung und Urbanität. Die Schrumpfung der Zeitdistanzen vollzieht sich besonders ausgeprägt an den Knotenpunkten der Verkehrsachsen. Diese werden massiv aufgewertet. Ein Stichwort in diesem Zusammenhang ist die „Renaissance der Bahnhöfe" (BDA 1997), die zu Einkaufszentren, Kongresshallen und Freizeiteinrichtungen aufgerüstet werden. Ähnliche Entwicklungen sind an Flughäfen zu beobachten, die als integrierte Städte entwickelt werden, denen im Wesentlichen nur eine Funktion, das Wohnen, fehlt (vgl. Christiaanse 2006). Insofern sind gegenläufige Tendenzen festzustellen: Entmischung und neue Mischung gleichzeitig.

Trotz dieser neuen Verdichtungsprozesse an den Schnittstellen von Massenverkehren muss man sich bewusst sein, dass gerade die zeitlichen Veränderungen individuelle Verkehre begünstigen. Denn vor allem im Nahbereich sind öffentliche Transportmittel auf eine entsprechende Konzentration der Nachfrage zur jeweils gleichen Zeit angewiesen. Mit der Flexibilisierung und Ausdehnung von Arbeitszeit (die z. B. nachts in der Regel noch nicht auf dem gleichen Aktivitätsniveau wie am Tage erfolgt) werden individuelle Transportentscheidungen begünstigt. Dies wird zusätzlich verstärkt, wenn die Arbeitsformen stark flexibilisiert sind und eine Vielzahl wechselnder Projekte mit unterschiedlichen Partnern die Mobilitätsentscheidungen bestimmt. Ein extremes Beispiel dieser Entwicklung war die Umstellung der Arbeitszeiten bei VW auf die berühmte Vier-Tage-Woche, die einherging mit einem sehr starken Anstieg von unterschiedlichen – bis zu 150 – Arbeitszeitmodellen. In der Folge sank die Zahl der Abonnenten im öffentlichen Nahverkehr der Stadt Wolfsburg um die Hälfte (vgl. Eberling und Henckel 1998).

Diese strukturelle Begünstigung der Individualverkehrsmittel bedeutet, dass die öffentlichen Nahverkehrsträger vor hohen Anforderungen stehen, sich diesen Folgen der zeitlichen Veränderungen anzupassen bei gleichzeitig wachsenden Schwierigkeiten, die Nachfrage prognostizieren zu können. Dies gilt selbst dann, wenn die Träger des ÖPNV von einer generellen Zunahme des Verkehrs, der auch die Nachfrage nach öffentlichem Verkehr erhöht, profitieren.

Zeitliche Veränderungen haben noch eine weitere und völlig andere Dimension von Folgen für den Raum: Durch die Ausdehnung wirtschaftlicher Tätigkeiten in die Nacht kann die Verträglichkeit zwischen unterschiedlichen Funktionen beeinträchtigt werden. Selbst wenn es sich um nicht störende Aktivitäten im engeren Sinn handelt, werden doch vor allem Wohnfunktionen dadurch beeinflusst, dass der Verkehr für die Beschäftigten, Kunden, für die An- und Ablieferung von Material zu ungewöhnlichen Zeiten zunimmt. Solche Konflikte sind nicht nur bei Freiluftkneipen zu beobachten, sondern auch bei kulturellen oder anderen wirtschaftlichen Unternehmungen, die mit größeren Zahlen von Publikum oder Beschäftigten verbunden sind und daher Verkehr erzeugen.[2]

Beschleunigungen in der Wirtschaft und die Verkürzung der Produktlebenszyklen können bis auf eine Reduzierung der Nutzungszyklen von Gebäuden und Anlagen durchschlagen. Die Empirie dazu ist zwar nicht schlüssig, aber es gibt eine Reihe von Hinweisen, dass sich zumindest in einigen Teilbereichen (insbesondere bei Freizeitimmobilien) die Lebenszeiten verringern (vgl. Bunzel und Henckel 2003). Anhaltspunkte dafür gibt es auch in einigen Sektoren der Büroimmobilien. Dass die Nutzungsdauer abnimmt und die Fluktuation der Nutzer steigt, lässt sich an den sinkenden Laufzeiten von Mietverträgen im Gewerbebereich ablesen. Wenn sich solche Effekte auch auf die Umbaugeschwindigkeit von Quartieren und Stadtteilen übertragen, wird dies schließlich auf das Bild der Stadt sowie auf ihre Identität und die Identifikationsmöglichkeiten der Bewohner rückwirken. Diese Beschleunigung des Stadtumbaus und des Stadtneubaus ist besonders eindrücklich im globalen Süden zu beobachten.

Letztlich führt die Tempoerhöhung auch zu veränderten Anforderungen der Unternehmen an (kommunale) Politik und Planung. Daher sind mittlerweile deutliche Beschleunigungen im Recht und in der Handhabung von Gesetzen festzustellen.

3 Von der Raumplanung über die Zeitplanung zur Raumzeitplanung

Paul Virilio (1978) hat schon Ende der 1970er-Jahre formuliert, dass dem Ministerium für Raum- das für Zeitplanung folgen werde. Das war insofern hellsichtig, als er erkannte, dass die zeitliche Dimension der gesellschaftlichen und gerade auch

---

[2]Ein zusätzlicher Konflikt, der häufig mit zeitlicher Ausdehnung verbunden ist, ist die Zunahme nächtlicher Beleuchtung. Einerseits ist künstliche Beleuchtung Voraussetzung der Ausdehnung, andererseits sind mit der immer weiter zunehmenden Beleuchtungsintensität auch Störungswirkungen unterschiedlicher Art verbunden, die unter dem Stichwort „Lichtverschmutzung" diskutiert werden (vgl. Henckel et al. 2013).

der räumlichen Ordnung für die explizite Steuerung an Bedeutung gewinnen würde. Auch wenn wir heute noch lange nicht so weit sind, dass die Zeitplanung institutionalisiert wäre, kann man doch Indizien dafür erkennen, dass Schritte in diese Richtung unternommen werden.

Implizit ist Raumplanung immer schon auch Zeitplanung gewesen. Aufgabe der Raumordnungspolitik ist es traditionell, einerseits Effizienz und Wachstum zu fördern und andererseits einen Ausgleich räumlicher Disparitäten im Sinne der Herstellung gleichwertiger Lebensbedingungen herbeizuführen. Diese Aufgabe wird bei der Einbeziehung zeitlicher Aspekte sowohl dringlicher als auch schwieriger.

Viele sektorale Politiken wie u. a. die Arbeitszeit- und die Sozialpolitik, vor allem aber die mit dem Raum befassten – wie Verkehr, Telekommunikation (Stiens spricht in diesem Zusammenhang von den einschlägigen Ministerien als Beschleunigungsministerien) und die Bereitstellung anderer technischer und sozialer Infrastrukturen – sind implizit immer zeitbezogen, ohne dass dies explizit gemacht wird (vgl. Stiens 2002). Vor dem Hintergrund der dargestellten Veränderungen und der wachsenden Bedeutung zeitlicher Aspekte wird es in Zukunft darum gehen, der Raumpolitik mit ihrer bisher *impliziten* eine *explizite* Zeitpolitik zur Seite zu stellen und sie damit zur Raumzeitpolitik weiterzuentwickeln.

Ein wesentlicher Ausgangspunkt einer (kommunalen) Zeitpolitik sind Konflikte, die in Phasen gravierender zeitstruktureller Veränderungen zunehmen. Diese Divergenzen können entlang des Begriffspaares „Taktgeber/Taktnehmer" – dabei geht es um die Akteure/Institutionen, die Zeiten vorgeben können, und solche, die sich anpassen müssen –, klassifiziert werden (vgl. Eberling und Henckel 1998), um das Geflecht wechselseitiger Beeinflussung ordnen zu können. Zeitkonflikte lassen sich auf diese Weise in drei Kategorien einteilen:

- Konflikte zwischen verschiedenen Taktgebern. Man denke beispielsweise an die Divergenzen zwischen Unternehmen, die im internationalen Wettbewerb stehen und bestrebt sind, die Betriebszeiten auszudehnen und geschützteren Wirtschaftsbereichen, die an tradierten Zeiten festhalten wollen.
- Konflikte zwischen Taktgebern und Taktnehmern. Als typisches Exempel können die Uneinigkeiten zwischen den Anforderungen und Zeitvorgaben der Betriebe und den Arbeitszeitwünschen der Beschäftigten gelten. Hier treffen die Eigenlogik der Wirtschaft und die Interessen (Sozialzeiten, Freizeit) und Eigenzeiten (Biorhythmus) der Arbeitnehmer aufeinander. Wichtige Teilaspekte dieses Konfliktes werden gegenwärtig unter der Überschrift work life balance verhandelt.
- Konflikte zwischen Taktnehmern. Als ein Beispiel können die Bedürfnisse berufstätiger Eltern hinsichtlich der Öffnungszeiten von Kinderbetreuungseinrichtungen einerseits und die Arbeitszeitvorstellungen der dort Beschäftigten sowie die Zeitwünsche (oder die Zeitnotwendigkeiten auf der Basis pädagogischer Konzepte) der Kinder andererseits herangezogen werden. In diesen Bereich der Konflikte zwischen Taktnehmern gehören aber auch die zwischen den Geschlechtern, zwischen Alten und Jungen usw.

Hiermit sind vor allem die „institutionellen" Kontroversen beschrieben. Die Situation wird noch erheblich komplexer: Zeitkonflikte treten häufig in einer Person – z. B. als Arbeitnehmer, als Konsument von Freizeitdienstleistungen, als Nachfrager von Infrastrukturdienstleistungen – auf und müssen von ihr „ausgefochten" werden. Es sind gerade diese inneren Konflikte, die zur Reflexion von Zeit beitragen, die Frage nach ihrer Gestaltbarkeit aufwerfen und zu dem Boom an Zeitratgebern beitragen.

Die Beispiele von expliziter Raumzeitpolitik sind noch nicht sehr zahlreich. Zum Teil kann man bestimmte Verkehrsplanungen durchaus in diese Richtung einordnen, wie etwa die Schweizer Politik des integrierten Taktfahrplans zur flächendeckenden Erschließung des Landes mit Eisenbahnen und der ausdrücklichen Berücksichtigung der Geschwindigkeiten auf den einzelnen Strecken, um sicherzustellen, dass Bahnhöfe zu „Märkten" für Umsteigemöglichkeiten werden (vgl. Stohler 1994). Das Ziel ist die Erhöhung der Gesamtgeschwindigkeit und der Erreichbarkeit im Netz – durchaus verbunden mit Verlangsamungen auf einzelnen Streckenabschnitten – und nicht die Maximierung der Geschwindigkeit auf Einzelstrecken, wie sie eher durch die Hochgeschwindigkeitsbahnen im französischen und deutschen Schnellbahnnetz angelegt ist.

Weitere Ansätze einer expliziten Raumzeitpolitik können in der italienischen kommunalen Zeitpolitik gesehen werden. Durch ein Gesetz aus dem Jahre 2000, dem *legge Turco* (Legge 8 Marzo 2000), benannt nach der damaligen zuständigen Ministerin, sind die italienischen Kommunen verpflichtet, sich mit den zeitlichen Aspekten ihrer Planung auseinanderzusetzen und so genannte Zeitleitpläne zu entwickeln (vgl. Mareggi 2000). Deren Inhalte sind u. a. Koordinationen von Öffnungszeiten öffentlicher Einrichtungen und so genannte Mobilitätspakte. Letztere sollen die Mobilität in einem Gebiet durch die Kooperation der unterschiedlichen Akteure besser steuern (vgl. Bonfiglioli 2000) – etwa indem intermodale Umsteigevorgänge zeitlich optimal abgestimmt werden (vgl. Heitkötter 2005). Trotz der gesetzlichen Verankerung ist eine systematische Integration von räumlicher und zeitlicher Planung nach wie vor eher rudimentär. In jüngerer Zeit ist insbesondere die Stadt Bergamo in Italien besonders weit gegangen, die räumliche und die zeitliche Planung systematisch zu integrieren (vgl. Zambianchi 2013).

Im Rahmen der EXPO 2000 in Hannover wurden im Kontext der dezentralen Projekte durch den so genannten Nordverbund der drei Städte Hamburg, Bremen und Hannover erstmals auch in Deutschland explizite raumzeitliche Steuerungsansätze erprobt. Während das Hamburger Projekt einen räumlichen Focus auf einen Stadtteil – Barmbek-Uhlenhorst – hatte, war das Bremer Projekt eher sektoral auf Zeiten der Bildung und Betreuung sowie der Polizei ausgerichtet, weil sich gezeigt hat, dass die Zeiten der Schule und die Zeiten der nichtschulischen Kinderbetreuung von unterschiedlichen institutionellen Zeitlogiken bestimmt sind und eine Abstimmung dringend erforderlich ist und die Polizei in ihrem Rund-um-die-Uhr-Betrieb durch Schichtsysteme geprägt ist, die keinen Bezug zu der zeitlich sehr unterschiedlich ausgeprägten Nachfrage nach polizeilichen Diensten hat. Das Hannoveraner Projekt bezog sich auf die Arbeitszeiten in einem Großbetrieb und die Folgen für die Infrastruktur (Eberling und Henckel 2001).

Bremen hat als erste Stadt mit einem Zeitbüro nach italienischem Vorbild experimentiert. Dabei ging es um die Koordination vor allem öffentlicher Zeiten – etwa des Dienstleistungstages mit den Markttagen – sowie um Mobilitätspakte, also die Abstimmung der Fahrzeiten unterschiedlicher Verkehrsträger (vgl. Heitkötter 2005). Darüber hinaus hatte Bremen für raumzeitpolitische Überlegungen auch weiterhin eine Art Führungsrolle unter den deutschen Städten übernommen. So trug das Projekt, mit dem die Kommune an dem BMBF-Förderschwerpunkt „Stadt 2030" beteiligt war, den Titel „Bremen – zeitbewusste Stadt" (vgl. Mückenberger und Timpf 2005). Gleichwohl gilt auch hier, dass es sich um erste Ansätze handelt, die teilweise nicht weitergeführt wurden.

Im Rahmen eines Forschungsprojektes zur „Verzeitlichung des Raumes" wurden in Hamburg (neugebaute Hafencity, Veränderung des Schanzenviertels) und Bremen (Stephianiviertel im Übergang zu einer 24/7 Zone) begleitend die raumzeitlichen Veränderungen und Interventionsmöglichkeiten (so genannte Realexperimente) untersucht (Läpple et al. 2010). Darauf aufbauend konnte Mückenberger in ersten Evaluationen auch zeigen, dass mit städtischen Zeitpolitiken Verbesserungen zu erreichen sind (vgl. Mückenberger 2013).

Die beschriebenen Ansätze und die einschlägigen Veröffentlichungen belegen eine generelle Diffusion der Sensibilität für die Bedeutung zeitlicher Aspekte für die Entwicklung und Planung von Städten. Mittlerweile enthalten viele städtische Pläne zumindest Hinweise auf die Problematik. Auf der Ebene der Bewusstseinsbildung und Sensibilisierung sind auch die Empfehlung und der Beschluss des Europarates zu sehen (Council of Europe 2010a und b), die u. a. die Berücksichtigung des Rechts auf eigene Zeit, der Konzepte Zeitwohlstand und zeitliche Lebensqualität sowie eine explizite Zeitpolitik für die Kommunen empfehlen (vgl. Mückenberger 2011).

Aus der in Italien gegründeten Bewegung Slow Food ist 1999 ein Netzwerk CittàSlow hervorgegangen, das es sich zur Aufgabe gemacht hat, vor allem die lokalen Bezüge zu fördern, die Diversität zu erhalten und zur Entschleunigung beizutragen. Das Netzwerk hat sich mittlerweile in Europa verbreitet, in Deutschland gehören 13, vor allem kleinere, Kommunen dem Netzwerk an (vgl. BMVBS 2013). Im Jahre 2013 ist schließlich eine Initiative der Stadt Bad Kissingen unter dem Titel ChronoCity gestartet worden. Unter der Leitung des Amtes für Wirtschaftsförderung wird in Kooperation mit einer Vielzahl von Akteuren in der Stadt versucht, die Stadt nach chronobiologischen Kriterien „umzubauen" (Bad Kissingen 2013).

Wesentliche Voraussetzung für die Etablierung einer Raumzeitpolitik ist die Intensivierung der Forschung zu raumzeitlichen Entwicklungen. Erst wenn die Zusammenhänge auch empirisch fundierter nachvollzogen werden können, kann das Steuerungsinstrumentarium entsprechend entwickelt und geschärft werden. Die letzten Jahre haben eine Vielzahl neuer Forschungsergebnisse – theoretisch, empirisch und methodisch (z. B. Bonfiglioli und Mareggi 1997, Edensor 2010, Henckel et al. 2013, Herkommer 2006, Läpple et al. 2010, Mückenberger 2011, senseable city o. J., van Schaick 2011/2013) hervorgebracht. Allerdings bleiben nach wie vor viele Fragen offen (Henckel et al. 2013b). Offenkundig wird dabei, dass es bei einer

Raumzeitpolitik trotz der zentralen Bedeutung des Verkehrs nicht nur um die Zeiten des Verkehrs und dessen Folgen geht, sondern um eine Koordination von sozialen Zeiten in den räumlichen Strukturen in einem umfassenderen Sinne.

Viele der neuen Ergebnisse sind ermöglicht durch die Zunahme an Daten und deren Verfügbarkeit sowie die ständige Weiterentwicklung von Analysemethoden. Dabei ist offenkundig, dass die zugrunde liegenden Analysemethoden für sehr unterschiedliche Zwecke genutzt werden können, beispielsweise:

- Forschung: Die Nutzung neuer Datenbestände (beispielswiese Mobilfunkdaten) (senseablecity o. J) ermöglicht es, städtische Rhythmen zu analysieren und damit die Funktionsweise von Stadt besser zu verstehen und den systematischen Städtevergleich, der bezogen auf zeitrelevante Fragestellungen immer noch sehr unterentwickelt ist, zu intensivieren. Die systematische Auswertung der Fahrpläne öffentlicher Nahverkehrssysteme etwa und ihre Einspeisung in die automatische Erstellung von Isochronenkarten für beliebige Haltestellen ermöglicht den Vergleich der Zugänglichkeit unterschiedlicher Stadtgebiete für Städte, für die die Daten zur Verfügung stehen (Mapnificent o. J.). Darauf aufbauend lassen sich öffentliche Nahverkehrssysteme anpassen.
- Immobilienwirtschaft: Analysetools, die die Gelegenheitsstrukturen innerhalb fußläufiger Erreichbarkeit ermitteln (walkscore o. J.) erlauben neben dem wissenschaftlichen Vergleich auch die Nutzung für die bessere Vermarktung von Immobilien, die eine hohe belegbare Erreichbarkeit aufweisen.
- Alltagspraktische Anwendung: Die Verfügbarkeit von real time Daten in zahlreichen – vor allem auch verkehrsrelevanten Apps – erlaubt beispielsweise eine unmittelbare Anpassung des Verhaltens und damit eine zeitliche Optimierung der Mobilität in der Stadt (und darüber hinaus), auch im Sinne einer Erhöhung der Zeiteffizienz.
- Überwachung. Die automatische Erhebung vieler Nutzungs- und Bewegungsdaten ist nicht nur für die Stadtforschung von Interesse, sondern auch für vielfältige kommerzielle Interessen (Konsumforschung) und Erstellung von Bewegungsprofilen zur Ermittlung „abweichenden Verhaltens", also als Gegenstand von Sicherheitsfragestellungen.

4 Zeiteffizienz und Zeitgerechtigkeit

Ein wichtiger Teilbereich einer intensiveren Auseinandersetzung mit einer expliziten Raumzeitpolitik ist die Frage nach der Zeiteffizienz und Zeitgerechtigkeit einer Stadt. Eine ganze Reihe von Erwartungen von Bürgern an die Stadt und zahlreiche Steuerungsansätze von Seiten der Kommunen können unter der Überschrift Zeiteffizienz und Zeitgerechtigkeit zusammengefasst werden (Henckel und Thomaier 2013). Es lassen sich eine Vielzahl von zeitlichen Ineffizienzen nachweisen, die sich in Zeitverlusten (z. B. im Stau oder durch andere vermeidbare Wartezeiten) oder Unzufriedenheit der Bürger (z. B. über Pendelzeiten) widerspiegeln. Damit verbunden sind häufig Verteilungsprobleme, weil die negativen Effekte oder die besonderen Chancen von Zugänglichkeit sozial und räumlich sehr ungleich verteilt sind.

Untersuchungen anhand von Isochronenkarten der Pariser Verkehrgesellschaft RATP zeigen, wie extrem ungleich das Pariser Stadtgebiet bezogen auf die Zeitdistanzen erschlossen ist (vgl. Henckel und Thomaier 2013), was eine Folge des radial ausgelegten Schienennetzes ist. Um eine größere Gleichverteilung zu erreichen, ist geplant, ein Ringbahnnetz zu etablieren.

Ein markantes Beispiel für die *implizite* Entscheidung über Zeiten einerseits und die Relevanz der Entscheidungen für Effizienz und Verteilung sind die Zeiten, die die Notrufeinsatzwagen benötigen, um nach Eingang des Notrufs am Einsatzort zu sein, und die Vorgaben, die gemacht werden, in welcher Zeit sie am Einsatzort sein sollen. Je nach Vorgabe, nach tatsächlicher Eintreffzeit und der räumlichen Differenzierung ergeben sich im Notfall unterschiedliche Überlebenswahrscheinlichkeiten für die Betroffenen (vgl. Henckel und Thomaier 2013: 105).

Gerade im Verkehr lassen sich zahlreiche Maßnahmen finden, die auf eine Erhöhung der Zeiteffizienz zielen, beispielhaft seien einige wenige genannt, die auf unterschiedlichen Instrumenten beruhen:

- Zu Vermeidung von Staus und zur Beschleunigung des ÖPNV werden in zahlreichen Städten mittlerweile Busspuren eingerichtet, einige Städte arbeiten mit einer Innenstadtmaut (congestion charge).
- Vor allem auf Fernstraßen werden Mindestbesetzungen von Fahrzeugen festgelegt, um die Belastung der Straßen zu reduzieren und den Durchfluss zu verbessern.
- Für Mautstellen sind Telebuchungssysteme etabliert worden, die Wartezeiten verhindern oder zumindest deutlich reduzieren.
- Eine extreme Idee war der Vorschlag für die Oxford Street in London, den Bürgersteig zu teilen und eine „Fast Lane" einzurichten (vgl. z. B. Pedestrian Speed Lanes 2010).
- Vielfältige Methoden der Informationsverbesserung sind etabliert worden, die eine verbesserte Anpassung der Verkehrsteilnehmer an die jeweilige Situation erlauben:
  - Zeitdistanzangaben statt Entfernungsangaben (das erste Beispiel war wohl der boulevard peripherique in Paris),
  - Hinweise auf den Zeitverlust durch Verkehrsbelastungen oder Stau,
  - Ampeln, die die Restzeit bis zu nächsten Grünphase angeben,
  - Wartezeitangaben an Haltestellen bis zum Eintreffen des nächsten Verkehrsmittels.
- Individualisiert werden mittlerweile in unterschiedlichen Apps für Smartphones viele zeitrelevante Informationen bereitgestellt – und die Zahl der Apps nimmt kontinuierlich zu:
  - Optimierte Wege für den ÖPNV,
  - Nachverfolgung einzelner Verkehrsmittel,
  - Verfügbarkeiten von Mietwagen, Mietfahrrädern etc.

- Auch für Fußgänger wurden – vor allem in Touristenstädten – in den letzten Jahren die Hinweissysteme deutlich verbessert und mit Zeitangaben versehen (vgl. Wilke 2013).
- Viele Ansätze für Smart Cities (insbesondere das Beispiel Rio) zeigen, dass mit den neuen Methoden der Teleüberwachung und Telesteuerung weit reichende Versuche unternommen werden, Städte zeiteffizienter zu machen.

Die wenigen Beispiele für die Diffusion praktischer Anwendungen für die Bereitstellung zeitlicher Informationen oder für zeitliche Steuerungen belegen, wie weit zumindest die implizite Zeitplanung zur Erhöhung der Effizienz voranschreitet. Die Erhöhung der Zeiteffizienz bedeutet nur die Optimierung innerhalb gegebener Rahmenbedingungen, nimmt aber nicht unbedingt gleichzeitig die Frage nach der Zeitgerechtigkeit mit in den Blick. Unter Nachhaltigkeitsgesichtspunkten – hier besonders bezogen auf die soziale Nachhaltigkeit – ist aber der Aspekt der Zeitgerechtigkeit, der sozial und räumlich verteilten zeitlichen Zugangschancen von entscheidender Bedeutung.

5 Chancen und Hemmnisse einer Raumzeitpolitik

Eine – aus meiner Sicht erforderliche – *explizite* Raumzeitpolitik weist eine Reihe von Analogien zur Umweltpolitik auf. Neue Politikfelder werden konzipiert und etabliert, wenn durch Veränderungen von Rahmenbedingungen neue Konflikte auftreten oder längst vorhandene deutlich an Schärfe gewinnen, so dass sie mit den alten Methoden nicht mehr angemessen bearbeitet werden können. Die Geschichte der Umweltpolitik, auch auf kommunaler Ebene, zeigt, wie mit zunehmenden Umweltschäden und wachsendem Bewusstsein dafür der Druck auf die Etablierung eines eigenen Politikfeldes wuchs (vgl. Rammler in Kap. VIII.5 dieses Bandes: ▶ Nachhaltige Mobilität: Gestaltungsszenarien und Zukunftsbilder). Allerdings konnte noch 1973 die kommunale Gemeinschaftsstelle für Verwaltungsvereinfachung (Kommunale Gemeinschaftsstelle 1973) formulieren, dass Umwelt ein Querschnittsthema sei, dass in allen Politikfeldern zu berücksichtigen sei und sich nicht für eine eigenständige Institutionalisierung eigne. Die Entwicklung zeigt, dass offenbar doch die Schaffung einer autonomen Administration erforderlich war, um die ökologischen Probleme angemessen zu behandeln. Gleichzeitig wird erkennbar, wie lang und mühevoll der Weg einer Institutionalisierung ist und dass mit ihrer Etablierung noch lange nicht die Gewähr dafür geboten ist, dass die entsprechenden Ziele auch effizient umgesetzt werden (können). Man muss der oben erwähnten Einschätzung von Virilio (1978), dass das Ministerium für Raum- durch das für Zeitplanung abgelöst werde, nicht uneingeschränkt folgen und kann trotzdem zu dem Schluss kommen, dass eine explizite Auseinandersetzung mit der zeitlichen und raumzeitlichen Entwicklung unserer Gesellschaft auf Dauer unumgänglich ist, weil andernfalls eine Reihe von Konflikten vermutlich nicht angemessen zu lösen ist oder nicht intendierte Folgen entstehen.

Eine weitere Analogie zur Umweltpolitik besteht in der Rolle von externen Effekten und öffentlichen Gütern in beiden Politikfeldern. Ein wesentliches Ziel der Umweltpolitik ist die Internalisierung externer Auswirkungen, das heißt, dass die Schäden, die durch Produktion entstehen, auch in der Kostenkalkulation des Unternehmers auftauchen und nicht wie bislang üblich in Form von Luftverschmutzung, Wasserverunreinigung, Bodenverseuchung etc. zumindest in großen Teilen von der Allgemeinheit getragen werden. Negative externe Effekte führen immer dazu, dass das Angebot der entsprechenden Güter auf dem Markt über dem gesellschaftlichen Optimum liegt, weil die Produzenten nicht die gesamten Kosten der Erstellung tragen (vgl. Brenck et al. in Kap. IV.5 dieses Bandes: ▶ Die externen Kosten des Verkehrs).

Auch bei zeitlichen Veränderungen treten in hohem Maße externe Effekte auf, etwa in Form von höheren Unfallrisiken durch Zunahme von Nacht- und Schichtarbeit und Übermüdung, durch die Verlagerung der zeitlichen Koordinationskosten auf das Individuum, durch die Zunahme gesundheitlicher Beeinträchtigungen infolge des Beschleunigungsdrucks. Die Gefahr ist groß, dass diese Kosten extrem hoch werden und daher eine öffentliche Intervention notwendig ist, um ein Minimum an kollektiven Zeiten und Rhythmen zu sichern und um die Transaktionskosten zu reduzieren. Anders formuliert heißt dies, dass die Sicherung von kollektiven Rhythmen und anderen Zeitinstitutionen deshalb eine öffentliche Aufgabe ist, weil es sich um die Produktion öffentlicher Güter handelt.

Wenn man über die Etablierung eines neuen Politikfeldes nachdenkt, steht – zumindest implizit – ein Leitbild, eine Vision für eine Verbesserung der Situation Pate. Bei der Entwicklung kultureller Zeitordnungen bestehen zwar große individuelle Freiheitsgrade. Gleichwohl bleibt ein gesellschaftlicher Grundrhythmus wichtig bzw. ist es erforderlich, dass in ausdifferenzierten Gesellschaften das Netz unterschiedlicher Zeitstrukturen und -rhythmen aufeinander abgestimmt ist (Held und Kümmerer 1998). Damit wird deutlich, dass es bei Zeitpolitik um die bewusste, rationale Gestaltung eines Feldes geht, das bislang nicht systematisch bearbeitet wurde. Wenn ein wesentlicher Auslöser für die Etablierung von Zeitpolitik das verstärkte Auftreten negativer externer Effekte und zahlreicher Konflikte um die Zeitordnung ist, wird deutlich, dass es bei Zeitpolitik um einen Prozess des Interessenausgleichs, um die Sicherung einer Machtbalance, letztlich also um die Herstellung von sozialer Gerechtigkeit geht, wobei dies bei einer Raumzeitpolitik zusätzlich in einen expliziten räumlichen Kontext gerückt wird.

Zur Vision einer (kommunalen) Raumzeitpolitik sollten u. a. folgende Bestandteile gehören:

- Die möglichst weitgehende Sicherung individueller Zeitautonomie, die die Möglichkeit für den Einzelnen bietet, mit der Zeit souverän umzugehen, gleichzeitig aber die sozialen Bezüge und Rahmenbedingungen berücksichtigt. Es geht also um die Etablierung des Rechtes auf eigene Zeit, das auch die sozialen Eigenzeiten im Blick behält (vgl. Mückenberger 2004).
- Die Berücksichtigung der raumzeitlichen Zugangschancen für unterschiedliche Bevölkerungsgruppen, also Zeitgerechtigkeit als wichtigen Bestandteil sozialer

Gerechtigkeit sieht (vgl. Goodin 2010); damit sind ausdrücklich raumordnerische und verkehrspolitische Konzepte angesprochen.
- Die Erhaltung, Sicherung und gegebenenfalls Wiederherstellung von Rhythmen und Eigenzeiten von Lebewesen, sozialen und technischen Systemen.
- Die Wahrung und Schaffung einer zeitlichen und räumlichen Differenzierung und Diversifizierung, also die Sicherung von „Chronotopen", von unterschiedlichen „Zeitlandschaften", in denen das Schnelle ebenso seinen Platz hat wie das Langsame.
- Die Sicherung gemeinsamer Zeiten von Familien und anderen Gruppen, der unter einer sozialen Perspektive eine herausragende Bedeutung zukommt. Gemeinsame Zeiten sind nur sicherzustellen, wenn die Zeitkoordination nicht zu prohibitiven individuellen Kosten führt.
- Die Einbeziehung der erheblichen Rückwirkungen veränderter Zeitordnungen auf die Umwelt.
- Die Sicherung der sozialen Orientierungsfunktion von Zeit und damit der Sicherung (raum-)zeitlicher Identitäten und Spezifika.
- Die Sicherstellung demokratischer Teilhabe in der Ausgestaltung dieser genannten Aspekte.

Zeit- und Raumzeitpolitik haben einen hohen normativen Gehalt und führen daher zwangsläufig zu erheblichen Auseinandersetzungen. Insofern besteht eine wesentliche Aufgabe darin, einen Prozess des fairen Interessenausgleichs zu organisieren (vgl. Mückenberger 2004). Problematisch an der Etablierung einer expliziten Raumzeitpolitik ist, dass es sich bei „Zeit", trotz aller individueller Erfahrung, um einen relativ abstrakten Gegenstand handelt, der sich der leichten Institutionalisierung entzieht. Es gibt gerade aufgrund der extremen Interessendivergenzen keinen geborenen Akteur einer Zeit- oder Raumzeitpolitik. Das bedeutet, dass die spezifischen Formen der Institutionalisierung ihrerseits erst entwickelt werden müssen. Die Debatte um Zeit und die bewusste raumzeitliche Gestaltung hat erst in Ansätzen begonnen.

Zeitbewusste Stadtpolitik bedeutet nicht nur, sich mit den gängigen Vorurteilen auseinander zu setzen, lokale Zeitpolitik verursache nur Kosten und bringe nichts. Sie setzt auch voraus, dass man bereit ist, sich den bislang noch unzureichend gelösten Problemen der Definition von Kosten und Nutzen und ihrer Verteilung, dem Problem der „Fühlbarkeit von Kosten", ihrer Zurechenbarkeit, ihrer tatsächlichen Zurechnung oder ihrer Externalisierbarkeit zu stellen. Das heißt, es wäre notwendig, sowohl Forschung zu unterstützen wie auch auf schmaler Informationsbasis Entscheidungen zu treffen.

Auch wenn ich in den vorangegangen Ausführungen teilweise den eigenständigen Aspekt von Zeitpolitik deutlicher herausgehoben habe, geht es im Kern darum, den Zusammenhang räumlicher und zeitlicher Entwicklung und Steuerung zu betonen. Folgende Voraussetzungen und Ausgangspunkte können meines Erachtens allerdings formuliert werden:

- Berücksichtigung von Raum-Zeit-Verhältnissen als Ausgangspunkt. Dazu gehört an erster Stelle, dafür zu sorgen, dass die Vernachlässigung zeitpolitischer

Implikationen von Fachpolitiken abgestellt wird (Beispiele: Infrastruktur- und Raumplanung, Erreichbarkeit und Umverteilung zulasten privater Zeitbudgets).
- Externalisierung als Ausgangspunkt. Da die zeitlichen Veränderungen in wesentlichen Punkten zu einer Externalisierung von Zeitkosten führen, kommt es darauf an, diese Kosten zu (re-)internalisieren.
- Raumzeitkonflikte und Regeln ihres Austragens. Die Lösung raumzeitlicher Konflikte setzt zunächst voraus, diese als solche zu erkennen und des weiteren Regeln für die Bewältigung solcher Konflikte und Ansätze gesellschaftlicher Intervention zu entwickeln (vgl. Mückenberger 2004).
- Verhältnis von Stabilität und Wandel. Die dynamische Perspektive muss stärker in den Blick genommen werden, dann wird die politische Gestaltung von Raumzeitverhältnissen als Steuerung von Stabilität und Wandel erkennbar.

6 Fazit

Die Zusammenhänge zwischen räumlicher und zeitlicher Struktur und Entwicklung sind zwar vielfach nicht offensichtlich, aber von extrem großer Bedeutung. Die Sensibilität für die Bedeutung der Zusammenhänge steigt zwar, aber obwohl implizit dauernd Entscheidungen mit wechselseitigen Folgen und vor allem Folgen für die raumzeitliche Organisation der Gesellschaft und die Verteilung von Zugangschancen getroffen werden, ist eine öffentliche Debatte über die Notwendigkeit und die Chancen und Risiken einer expliziten Zeit- und Raumzeitpolitik immer noch am Anfang. Das hat zu tun mit der Sperrigkeit des Gegenstandes, den häufig nicht offensichtlichen Zusammenhängen und Wirkungen, schlicht auch dem Mangel an Wissen. Es ist aber auch eine Folge der Schwierigkeiten der Organisation und Institutionalisierung. Zeitfragen sind immer auch Machtfragen, also umkämpft, aber die „Kampfzonen" und Positionen sind nicht immer eindeutig, weil die Interessen auch mit sozialen Rollen teilweise wechseln. Aber nur, wenn man die Debatte öffentlich führt, besteht auch die Chance einer demokratisch getragenen Gestaltung der zukünftigen Raumzeitordnung der Gesellschaft.

Mit Raumzeitplanung sind große Fragen der Gesellschaft aufgeworfen: Es geht um die Verteilung von (Zugangs)Chancen, es geht um zentrale Aspekte der Gerechtigkeit in der Gesellschaft, es geht um die Verträglichkeit, die Nachhaltigkeit und damit die Zukunftsfähigkeit unterschiedlicher Konzepte. Nur wenn man sich damit auseinandersetzt, kann ein Gestaltungsanspruch auch umgesetzt werden.

Die gesellschaftliche Gestaltung von Zeit als Aufgabe zu erkennen setzt voraus, dass zunächst das Bewusstsein über die zeitlichen Veränderungen und deren Chancen und Risiken geschärft wird. Eine wesentliche Voraussetzung dafür ist es, die theoretische und empirische Forschung zur raumzeitlichen Entwicklung zu intensivieren. Dazu muss sich auch die Verkehrsforschung und Verkehrspolitik den zeitlichen Dimensionen der Veränderungen in der Gesellschaft stärker öffnen. Es geht nicht nur um Fahrpläne und intermodale Koordination, sondern auch um raumzeitliche Zugänglichkeit und zeitliche Verteilung, die Sicherung von zeitlichen Orientierungsmarken, also die Sicherung von Zeitinstitutionen. Damit wird deutlich, dass es nicht nur um die Nutzung der Zeit als Ressource und um ein besseres Zeitmanagement im Sinne einer Effizienzsteigerung geht, sondern in hohem Maße auch um die soziale und kulturelle Bedeutung von Zeit, die Verfügung(-srechte) über eigene Zeit und die langfristige soziale „Verträglichkeit" von Zeitstrukturen, also um Nachhaltigkeit.

Raumzeitpolitik wird gegenwärtig noch teilweise in gleicher Weise belächelt und für überflüssig oder nicht organisierbar gehalten, wie es lange Zeit für die Umweltpolitik der Fall war. Dieses Politikfeld bedarf eines mindestens so langen Atems wie der Einsatz für Umweltbelange. Sie verspricht wenig kurzfristige Erfolge. Aber – auch dies lehrt die Umweltpolitik – mit dem nötigen Engagement und den richtigen Argumenten sind auf Dauer Verbesserungen zu erwirken.

Literatur

Adam, Barbara. 1990. *Time and social theory*. Cambridge: Polity Press.
Bad Kissingen. 2013. Bad Kissingen – the first ChronoCity in the world, http://www.badkissingen.de/de/wirtschaftsfoerderung/web-blog-neu/chronobiologie/20019.Bad_Kissingen__The_first_ChronoCity_in_the_world.html. Zugegriffen am 28.12.2013.
BDA – Bund Deutscher Architekten, Hrsg. 1997. *Renaissance der Bahnhöfe. Die Stadt im 21. Jahrhundert*. Berlin.
BMVBS – Bundesministerium für Verkehr, Bauen und Stadtentwicklung. Hrsg. 2013. *Lokale Qualitäten, Kriterien und Erfolgsfaktoren nachhaltiger Entwicklung kleiner Städte*. Berlin: Cittaslow.
Bonfiglioli, Sandra. 2000. Das Mobilitätsabkommen. Inhalt und Perspektiven für eine Phase zeitpolitischer Maßnahmen in Europa. In *Città di Bolzano. Patto della mobilità e Piano die tempi e degli orari. Una prospettiva europea*, Hrsg. Sandra Bonfiglioli, Maco Mareggi und Roberto Zedda, 16–21 Urbanistica Quaderni 26. Collana dell'Istituto Nazionale di Urbanistica Anno VI. Rom.
Bonfiglioli, Sandra, und Marco Mareggi, Hrsg. 1997. *Il tempo e la città fra natura e storia. Atlante di progetti sui tempi della città. Urbanistica Quaderni 12*, Collana dell'Istituto Nazionale di Urbanistica Anno III. Rom.
Boulin, Jean-Yves, und Ulrich Mückenberger. 1999. Times of the City and Quality of Life. *Bulletin of European Studies on Time (BEST)*, Heft 1. Dublin.
Bunzel, Arno, und Dietrich Henckel. 2003. Verkürzung von Nutzungszyklen bei Gewerbeimmobilien – ein Problem für die Stadtplanung? *Raumforschung und Raumordnung*, 6: 423–435.
Cairncross, Frances. 1997. *The death of distance. How the communications revolution will change our lives*. London: Harvard Business School Press.
Chalendar, Jacques de. 1972. *Die Neuordnung der Zeit*. Aldingen.
Christiaanse, Kees. 2006. MUD – Multi Use Develoment. In *Time Space Places*, Hrsg. Dietrich Henckel and Elke Pahl-Weber. Frankfurt a. M: Peter Lang Verlag.
Council of Europe. 2010. Social time, leisure time: Which local time planning policy? The Congress of Local and Regional Authorities, 19th session, 26.–28. Oktober 2010, Recommendation 295.
Council of Europe. 2010. Social time, leisure time: Which local time planning policy? The Congress of Local and Regional Authorities, 19th session, 26.–28. Oktober 2010, Resolution 313.
Crary, Jonathan. 2013. *24/7. Late capitalism and the ends of sleep*. London: Verso.
Deutsche Gesellschaft für Zeitpolitik (o. J.): http://www.zeitpolitik.de/. Zugegriffen am 28.12.2013.
Eberling, Matthias, und Dietrich Henckel. 1998. *Kommunale Zeitpolitik. Veränderungen von Zeitstrukturen – Handlungsoptionen der Kommunen*. Berlin: edition sigma.

Eberling, Matthias, und Dietrich Henckel. 2001. Zeitpolitik als kommunales Handlungsfeld – Analyse der Zeitgestaltungsprojekte des EXPO-Nordverbundes Bremen – Hamburg – Hannover. In *zeiten der stadt*, Hrsg. Freie und Hansestadt Hamburg, Senatsamt für die Gleichstellung, 103–159. Hamburg.
Edensor, Tim, Hrsg. 2010. *Geographies of Rhythm. Nature, Place, Mobilities, and Bodies*. Farnham: Ashgate.
Forrester, Jay W. 1969. *Urban dynamics*. Cambridge, MA: MIT Press.
Friedman, Thomas L. 2005. *The world is flat: A brief history of the twenty-first century*. New York: Farrar, Straus and Giroux.
Glaeser, Edward. 1996. Why economists still like cities. *City-Journal* 6(2): 70–89.
Glaeser, Edward. 2011. *Triumph of the city. How our greatest invention makes us richer, smarter, greener, healthier, and happier*. New York: The Penguin Press.
Goodin, Robert E. 2010. Temporal justice. *Journal of Social Policy* 39: 1–16.
Graham, Steve, und Simon Marvin. 2001. *Splintering Urbanism. Network infrastructures, technological mobilities and the urban condition*. London: Routledge.
Hägerstrand, Torsten. 1970. What about people in regional science? *Papers of the Regional Science Association* 24: 7–21.
Harvey, David. 1990a. *The condition of postmodernity. An enquiry into the origins of cultural change*. Cambridge, MA: Blackwell.
Harvey, David. 1990b. Between space and time: Reflections on the geographical imagination. *Annals of the Association of American Geographers* 80(3): 418–434.
Heitkötter, Martina. 2005. *Sind Zeitkonflikte des Alltags gestaltbar? Prozesse und Gegenstände lokaler Zeitpolitik am Beispiel des Zeitbüroansatzes*. Frankfurt a. M: Peter Lang.
Held, Martin, und Klaus Kümmerer. 1998. Alles zu seiner Zeit und an seinem Ort. Eine andere Zeitkultur als Perspektive. In *Die Nonstop-Gesellschaft und ihr Preis*, Hrsg. Barbara Adam, Karlheinz A. Geißler und Martin Held, 239–257. Stuttgart/Leipzig: Hirzel.
Henckel, Dietrich. 2005. Raumzeitstrukturen. In *Handwörterbuch der Raumordnung*, Hrsg. ARL – Akademie für Raumforschung und Landesplanung, 911–919. Hannover.
Henckel, Dietrich, Busso Grabow, Heidrun Kunert-Schroth, Erwin Nopper, und Nizan Rauch. 1989. *Zeitstrukturen und Stadtentwicklung*. Stuttgart: Kohlhammer
Henckel, Dietrich. 2006. Building High and Running Fast. In *Time Space Places*, Hrsg. Dietrich Henckel und Elke Pahl-Weber. Frankfurt a. M: Peter Lang.
Henckel, Dietrich, und Benjamin Herkommer. 2004. Gemeinsamkeiten räumlicher und zeitlicher Strukturen und Veränderungen. In *Die europäische Stadt*, Hrsg. Walter Siebel, 52–66. Frankfurt a. M: Suhrkamp.
Henckel, Dietrich, und Benjamin Herkommer. 2011. Zeit und Nähe in der Wissensgesellschaft. In *Räume der Wissensarbeit. Zur Funktion von Nähe und Distanz in der Wissensökonomie*, Hrsg. Oliver Ibert und Hans Joachim Kujath, 189–217. Wiesbaden: VS.
Henckel, Dietrich, und Susanne Thomaier. 2013. Efficiency, temporal justice, and the rhythm of cities. In *Space Time Design for the Public City*, Hrsg. Henckel et al., 99–118. Dordrecht: Springer.
Henckel, Dietrich, Benjamin Könecke, Susanne Thomaier, Stefano Stabilini, und Roberto Zedda, Hrsg. 2013a. *Space Time Design for the Public City*. Dordrecht: Springer.
Henckel, Dietrich, Josinane Meier, Merle Pottharst, und Florian Wukovitsch. 2013b. Verlust der Nacht in der 24-Stunden-Gesellschaft. In *Das Ende der Nacht. Lichtsmog: Gefahren – Perspektiven – Lösungen*, Hrsg. Thomas Posch, Franz Hölker, Anja Freyhoff und Thomas Uhlmann, 205–224. Weinheim: Wiley
Herkommer, Benjamin. 2006. Fast city – slow city. An exploration to the city of variable speed. In *Time Space Places*, Hrsg. Dietrich Henckel und Elke Pahl-Weber. Frankfurt a. M: Peter Lang.
Jahoda, Marie, Paul F. Lazarsfeld, und Hans Zeisel. 1975. *Die Arbeitslosen von Marienthal. Ein soziographischer Versuch über die Wirkungen langdauernder Arbeitslosigkeit*. Wiederauflage von 1933. Frankfurt a. M: Suhrkamp.
Jüchser, Jürgen. 1972. Zeitplanung. *Stadtbauwelt* 36: 318–323.

Kommunale Gemeinschaftsstelle für Verwaltungsvereinfachung. 1973. Organisation des Umweltschutzes. Bericht Nr. 26.
Krugman, Paul. 1999. Looking Backward. In *The accidental theorist and other dispatches from a dismal science*, Hrsg. Paul Krugman, 196–204. London: Penguin.
Läpple, Dieter, Ulrich Mückenberger, und Jürgen Oßenbrügge. Hrsg. 2010. *Zeiten und Räume der Stadt. Theorie und Praxis*. Opladen: Barbara Budrich.
Lefebvre, Henri. 2004. Rhythmanalysis. Space, time and everyday life. Wirral, Cheshire.
Legge 8 marzo 2000, n. 53, http://www.handylex.org/stato/l080300.shtml, Zugegriffen am 15.02.2007.
Levine, Robert. 1997. *A geography of time*. New York: Basic Books.
Lynch, Kevin. 1972. *What time is this place*. Cambridge, MA.
Mapnificent. o.J. http://www.mapnificent.net/ Zugegriffen am 29.12.2013.
Mareggi, Marco. 2000. *Le politiche temporali urbane in Italia*. Firenze.
Mitchell, William. 1995. *City of bits. Space, place, and the Infobahn*. Cambridge, MA.
Mückenberger, Ulrich. 2004. *Metronome des Alltags. Betriebliche Zeitpolitiken, lokale Effekte, soziale Regulierung*. Berlin: edition sigma.
Mückenberger, Ulrich. 2011. Local time policies in Europe. *Time and Society* 20(2): 241–273.
Mückenberger, Ulrich. 2013. In *Space Time Design for the Public City. Do urban time policies have a real impact on quality of life? And which methods are apt to evaluate them?*. Hrsg. Henckel et al., 289–300. Dordrecht: Springer.
Mückenberger, Ulrich, und Siegfried Timpf, Hrsg. 2005. *Bremen 2030, eine zeitgerechte Stadt. Vier Gespräche zur Stadtentwicklung*. Bremen.
Parkes, Don N, und Nigel Thrift. 1975. Timing space and spacing time. *Environment and Planning A* 7(6): 651–670.
Pedestrian Speed Lanes. 2010. http://www.bbc.co.uk/news/business-12073140. Zugegriffen am 25.05.2011.
Rifkin, Jeremy. 1988. *Uhrwerk Universum. Die Zeit als Grundkonflikt des Menschen*. München: Piper.
Rinderspacher, Jürgen P., Dietrich Henckel, und Beate Hollbach-Grömig, Hrsg. 1994. *Die Welt am Wochenende. Entwicklungsperspektiven der Wochenruhetage – ein interkultureller Vergleich*. Bochum.
Senseable city (o. J): http://senseable.mit.edu/. Zugegriffen am 01.01.2014.
Sloterdijk, Peter. 1989. *Eurotaoismus: Zur Kritik der politischen Kinetik*. Frankfurt a. M: Suhrkamp.
Stiens, Gerhard. 2002. Wie unterschiedliche „Timescapes" Staatsraum und Landschaften verändern können. In *Raumzeitpolitik*, Hrsg. Dietrich Henckel und Matthias Eberling, 163–186. Opladen: Leske und Budrich.
Stohler, Werner. 1994. Zeitdistanzen statt Raumdistanzen. Flächendeckende Angebotskonzepte für Bus und Bahn. In *„Um die Wette leben" – Geschwindigkeit, Raum und Zeit*. Bericht über die gemeinsame Tagung der Akademie der Diözese Rottenburg-Stuttgart und der Fachgruppe Forum Mensch und Verkehr in der Vereinigung für Stadt-, Regional- und Landesplanung (SRL), SRL Schriftenreihe 39, 96–106. Bochum.
Van Schaick, Jeroen. 2011. *Time space matters. Exploring the gap between knowing about activity patterns of people and knowing how to design and plan urban regions*, Delft.
Van Schaick, Jeroen. 2013. Revisiting exemplars of the Times-of-the-City approach: The viability of the ‚Neodiscipline' claim. In *Space Time Design for the Public City*, Hrsg. Henckel et al., 195–215. Dordrecht: Springer.
Virilio, Paul. 1978. *Fahren, fahren, fahren*. Berlin.
Walkscore. o. J. http://www.walkscore.com/. Zugegriffen am 28.12.13.
Wegener, Michael, und Klaus Spiekermann. 2002. Beschleunigung und Raumgerechtigkeit. In *Raumzeitpolitik*, Hrsg. Dietrich Henckel und Matthias Eberling, 127–144. Opladen: Leske und Budrich.

Wilke, Henry. 2013. Raum ist Zeit. Zeitentfernungskarten als Orientierungssystem im städtischen Fußverkehr. Berlin. http://www.isr.tu-berlin.de/fileadmin/i40/ipz/download/publikationen/graue_reihe/Graue_Reihe_-_Heft_48_-_Raum_ist_Zeit.pdf. Zugegriffen am 28.12.2013.

Young, Michael. 1988. *The Metronomic Society. Natural Rhythms and Human Timetables*. Cambridge, MA: Harvard University Press.

Zahavi, Yacov. 1979. *The ‚UMOT' Project*. Washington, DC: US Department of Transportation.

Zambiachi, Marina. 2013. The Area Governance Plan and the Territorial Time Plan of the City of Bergamo: An Example of Temporal City Planning. In *Space Time Design for the Public City*, Hrsg. Henckel et al., 227–243. Dordrecht: Springer.

Zöpel, Christoph. 1987. Die Zeit – ein Politikfeld der Zukunft. In *Neuorganisation der Zeit*, Hrsg. Johann J. Hesse und Christoph Zöpel. Baden-Baden: Nomos.

Alltagsmobilität: Eine soziale Herausforderung für die Verkehrspolitik

Wolf Rosenbaum

Zusammenfassung

Die Strukturen moderner Gesellschaften zwingen die Bürger zu hoher Mobilität. Zugleich erweitert das Angebot moderner Verkehrssysteme ihre Handlungs- und Entscheidungsmöglichkeiten. Die meisten Menschen kennen und erleben die negativen Folgen der Mobilität, sie sind jedoch kaum in der Lage noch bereit, die Nutzung der Verkehrsmittel, vor allem des Autos einzuschränken. Im Bezug auf Ausmaß und Formen der Nutzung der unterschiedlichen Verkehrsmittel unterscheiden sich die verschiedenen Bevölkerungsgruppen erheblich. Die Alltagsmobilität der Bürger ist infolge ihrer Eigendynamik und Differenziertheit schwer gezielt zu beeinflussen.

Schlüsselwörter

Mobile Vergesellschaftung • Mobilitätskritik • Verkehrsmittelwahl

1 Einleitung – Mobilität im Blickfeld der Soziologie

Im Vordergrund eines Handbuchs zur Verkehrspolitik stehen die politischen Akteure, ihre Motive und Ziele, ihre Instrumente und Handlungen bei der Gestaltung des Verkehrsgeschehens. Der folgende Beitrag wechselt die Perspektive: Er betrachtet das „Objekt" dieser Politik als eigenwilliges Subjekt gesellschaftlicher Praxis, in die die politischen Akteure gezielt eingreifen (wollen). Vermutlich sind in der Verkehrspolitik „Steuerungsillusionen" verbreiteter als in anderen Politikfeldern, weil in der Vergangenheit – in der Eisenbahnzeit – der Staat weitgehend über die Verkehrsmittel und -wege verfügte, d. h. die gesellschaftlichen Gegebenheiten

W. Rosenbaum (✉)
Institut für Soziologie der Sozialwissenschaftlichen Fakultät, Georg-August-Universität Göttingen, Göttingen, Deutschland
E-Mail: wrosenb@gwdg.de

in von ihm bestimmte Bahnen lenken konnte. Mit dem Übergang zum „motorisierten Individualverkehr" hat sich das jedoch grundlegend geändert. Jetzt ergeben sich als Resultanten aus dem massenhaften Verkehrshandeln Realitäten, mit denen sich staatliche Politik „herumschlagen" muss. Der folgende Beitrag beschäftigt sich mit der Eigendynamik sozialer Praxis, mit Mobilitätsbedürfnissen und Verkehrshandeln unterschiedlicher Akteure in verschiedenen Konstellationen des Alltags.

Mobilität wird in der Soziologie nahezu ausschließlich im Zusammenhang mit vertikaler sozialer Ungleichheit behandelt, also als sozialer Aufstieg oder Abstieg in der Hierarchie sozialer Schichten. Räumliche Mobilität, also der Wechsel zwischen unterschiedlichen Bereichen sozialen Handelns, das an verschiedenen Orten stattfindet und das deshalb mit der Überwindung von Entfernungen verbunden ist, wird erst in jüngerer Zeit intensiver diskutiert.

Unter dem Rubrum „Verkehr" hat sich die Stadtsoziologie des Gegenstandes in einer spezifischen Perspektive angenommen: Verkehrssysteme, vor allem Verkehrsmittel und -wege und ihre Entwicklung haben einen großen Einfluss auf die Gestalt und die Entwicklung von Städten; der Siegeszug der Automobilität hat die traditionelle Urbanität europäischer Städte ganz fundamental infrage gestellt.

Als soziales Problem sind Mobilität und Verkehr einer der zentralen Gegenstände der sich in den zurückliegenden drei Jahrzehnten entfaltenden Umweltsoziologie geworden: Die moderne hochmobile Lebensweise ist auf ein Verkehrssystem angewiesen, das Klimabelastungen, Luftverschmutzungen, Lärmbelästigungen hervorbringt sowie eine enorme Fläche beansprucht.

Im Unterschied zur Stadtsoziologie, die sich vorrangig mit den Verkehrssystemen und deren Auswirkungen befasst, beschäftigen sich die durch die Umweltfolgen des Verkehrs motivierten soziologischen Arbeiten vor allem mit dem Mobilitäts- und Verkehrshandeln. Im Zentrum stehen dabei die Motive, Bedürfnisse und sozialen Zwänge zur Mobilität und Teilnahme am Verkehr, die Entscheidungen für die verschiedenen ökologisch unterschiedlich problematischen Verkehrsmittel sowie die Beeinflussbarkeit des Verkehrshandelns durch politische Maßnahmen.

Der folgende Beitrag bezieht sich primär auf Material aus dieser Literatur, aus der heraus neuerdings auch Ansätze zu einer umfassenderen Soziologie des Verkehrs und der räumlichen Mobilität hervorgegangen sind.

Unter „Alltagsmobilität" wird hier verstanden die täglichen Bewegungen von der Wohnung aus zu den Stätten der unterschiedlichsten alltäglichen Aktivitäten (Arbeit, Schule, Einkauf, Kultur, Unterhaltung, Sport, Besuch bei Freunden und Verwandten usw.) und wieder zurück (zirkuläre Mobilität).[1] Eher am Rande interessiert der Urlaubsverkehr. Der Weg zur und von der Arbeit gehört natürlich zum Alltagsverkehr, ausgespart bleibt jedoch das berufsmäßige Reisen von Vertretern, Geschäftsleuten usw. Gänzlich ausgeklammert wird die residentielle Mobilität, also der Wechsel des Wohnquartiers, des Wohnortes sowie die Migration in andere Länder.

---

[1] Vom Volumen her dominiert der Alltags-Personen-Verkehr in der Region das reale Verkehrsgeschehen, vgl. dazu die Angaben bei Kutter in Kap. II, 2 dieses Bandes.

2 Die Moderne als mobile Vergesellschaftung

Mobilität ist der Wechsel zwischen unterschiedlichen Gedanken, Tätigkeiten, sozialen Handlungszusammen- hängen und dinglichen, sinnlich erfahrbaren Welten[2]. Räumliche Mobilität, um die es im Folgenden geht, ist der Wechsel zwischen solchen verschiedenartigen Tätigkeiten und sozialen Handlungen, die an unterschiedlichen Orten stattfinden. Die Distanz zu überwinden, den Weg zu machen, kostet Zeit und materielle Ressourcen. Da Menschen und ihre Tätigkeiten Platz brauchen, ist gesellschaftliches Zusammenleben immer mit der Verteilung der unterschiedlichen Akteure und Aktivitäten auf unterschiedliche Orte im Raum verbunden. Neben der Verschiedenheit von Zielorten gehört zur Mobilität ein System von Transporträumen (z. B. Wegen, Straßen, Bahnhöfen), Transportmitteln, Verkehrshandeln sowie Verkehrsgewohnheiten und -regeln.

Vormoderne Gesellschaften waren wenig mobile Vergesellschaftungen. Die Masse der Bevölkerung handelte in einem sehr begrenzten geographischen Raum. Ihre Interaktionspartner fanden die Menschen in unmittelbarer Nähe, unterschiedliche soziale Tätigkeitsbereiche waren noch wenig ausdifferenziert. Längere Wege zu machen, kostete zudem viel Zeit und Aufwand, war verbunden mit Gefahren und Unannehmlichkeiten. Nur eine – sehr heterogene – Minderheit war mobil: Adelige, Teile des Klerus, Händler, Vagabunden.

Im Allgemeinen gehen hohe Ortsbindung und relativ stabile Einbindung in vorgegebene soziale Kollektive Hand in Hand. Die moderne Gesellschaft ist in ihrem Kern fortschreitende Mobilisierung, d. h. Erweiterung der für die Menschen denkbaren und erreichbaren „Möglichkeitsräume" (vgl. Canzler und Knie 1998): Geistige Mobilisierung durch Bildung und Zirkulation von Information; soziale Mobilität im Sinne von Auf- und Abstieg; berufliche und biographische Mobilität; und vor allem: ständig sich steigernde räumliche Mobilität. Wie unterschiedlich auch immer in der Soziologie die Strukturmerkmale der modernen Gesellschaft beschrieben bzw. akzentuiert wurden, immer gehört auch wachsende räumliche Mobilität dazu.

Zunehmende funktionale, arbeitsteilige Ausdifferenzierung als Charakteristikum der Moderne beinhaltet die soziale Verselbständigung einzelner Tätigkeiten zu eigenständigen Organisationen und damit in aller Regel auch deren räumliche Trennung. Hierzu gehört die Separierung von landwirtschaftlicher und gewerblicher Produktion und die damit verbundene Trennung von Land und Stadt, aber auch die ständig fortschreitende Ausdifferenzierung und Spezifizierung von verschiedenartigen Gewerben, die sich an unterschiedlichen Orten niederlassen.

Die Modernisierung lässt sich auch als Ausbreitung der kapitalistischen Produktionsweise charakterisieren. Damit wird der permanente Expansionsdruck in Richtung erweiterter Markträume und der damit verbundene Warenverkehr, die sich ständig vergrößernde Menge der zu transportierenden Güter sowie das Entstehen neuer Produktionsstätten und die Verlagerung von Wirtschaftsräumen thematisiert.

---

[2] Zum Folgenden vor allem Rammler 2001, Urry 2007.

Vor allem führt die mit dem Kapitalismus verbundene massenhafte Lohnarbeit zur räumlichen Mobilität der Arbeitskräfte: Zuwanderung in die Industriezentren und insbesondere der tägliche Weg von der Familien-Wohnung zum davon sozial und räumlich getrennten Betrieb.

Zu den Kennzeichen der Modernisierung gehört darüber hinaus die Bildung von Territorialstaaten mit ihrer intensivierten herrschaftlichen Durchdringung des jeweiligen Gebietes. Das erfordert räumliche Mobilität der Verwalter sowie des Militärs; zu diesem Zweck bauen die Staaten die inneren Verkehrswege aus und fördern damit zugleich die räumliche Ausdehnung der Märkte und die weitere Ausdifferenzierung der Gewerbe.

In den modernen Gesellschaften entsteht mit der räumlichen Mobilisierung ein eigenständiges Verkehrssystem, das entweder von Unternehmen betrieben oder – sofern es der Staat betreibt – von Großunternehmen beliefert wird und infolgedessen eine eigene kapitalistische Dynamik entwickelt. Es werden immer neue Verkehrsmittel angeboten, die einen Sog in Richtung weiterer Mobilität entfalten. Sie erweitern Möglichkeitsräume, indem sie vorgedachte Möglichkeiten real erreichbar machen. Vor allem der vollständig von der kapitalistischen Dynamik beherrschte expansive Automobilismus beschleunigte die massenhafte räumliche Mobilität im Laufe des 20. Jahrhunderts.

Räumliche Mobilität ist also zentraler, konstitutiver Bestandteil der Struktur moderner Gesellschaften, vor allem auch der in ihr institutionalisierte Druck – und Sog – immer weiter fortschreitender Mobilisierung. An diesem Faktum kommt jede Politik, die die negativen Folgen von Mobilität und Verkehr bekämpfen will, nicht vorbei.

3 Mobilitätskritik und Alltagsmobilität

Moderne Verkehrsmittel und die damit verbundenen Möglichkeiten haben Fortschrittsoptimisten schon von Anbeginn an fasziniert. Eisenbahn, Dampfschiff, Straßen- und Untergrundbahn, Automobil und Flugzeug wurden als Symbole nicht nur des technischen, sondern auch des sozialen Fortschritts gefeiert.

Doch ebenfalls von Anfang an waren sie begleitet von vielstimmigem und unüberhörbarem Tadel. Bei Architekten und Stadtplanern breitete sich seit Mitte des 20. Jahrhunderts – nach einer euphorischen Phase der Konzepte rationaler Verkehrs- und Stadtplanung – die Kritik an der Zerstörung der Urbanität und des städtischen Raumes durch die modernen Massenverkehrswege aus. Während diese Experten-Kritik nur begrenzte öffentliche Resonanz erfuhr, sind die ökologischen Beanstandungen an den Umweltfolgen von Massenmobilität und -verkehr schon seit einiger Zeit im öffentlichen Bewusstsein verankert.

Viel älter und bis heute lebendig ist der zivilisationskritische Diskurs über Mobilität und über die verkehrsdurchdrungene moderne Großstadt. Dabei geht es um die Folgen für die Individuen und deren soziale Beziehungen sowie um die Gefahren für soziale Integration und Stabilität: Zerstörung von Gemeinschaftsbindungen, Dominanz von Anonymität, Entfremdung, Massengesellschaft; Überforderung, Überreizung und Oberflächlichkeit durch Hetze und permanente Beschleunigung; Individualisierung und Gefährdung sozial integrierender Orientierungen. Alle diese Diskurse sind – sofern sie nicht defätistisch-resignativ getönt sind – von der Hoffnung getragen, dass die Menschen, wenn ihnen von aufklärenden Argumenten die Augen geöffnet werden, einsehen könnten, wie schädlich dies alles für die Qualität ihres eigenen Lebens ist. Für die mangelnde Einsicht werden häufig als Erklärungen angeboten: Einerseits die Meinungsmacht mächtiger Akteure (Automobil- und Mineralölindustrie) und eine zu stark von deren Interessen beeinflusste staatliche Politik; zum anderen die durch die gesellschaftlichen Verhältnisse deformierten Charakter- und Bedürfnisstrukturen moderner Menschen (Auto-Neurotiker, Status orientierte Autobesitzer, zwanghafter Konsum). Andere Kritiken sehen die Individuen in der Mobilitätsgesellschaft als Opfer übermächtiger sozialer Strukturen, die sie zu Mobilität und Teilhabe am Verkehr nötigen („Zwangscharakter" von Mobilität). Die räumliche Verteilung von Arbeitsplätzen und Einkaufsstätten, von Freizeitgelegenheiten, Schulen, Bildungsstätten, Ämtern usw. zwinge die Menschen zu einem Ausmaß von Mobilität und Verkehrsteilnahme, das ihnen zunehmend lästig wird, deren Folgen sie durchaus kennen und an denen sie leiden. Aber sie hätten in der bestehenden Gesellschaft keine realistischen Alternativen.

Aus der Perspektive der Handelnden – und diese steht hier im Zentrum – bedeutet die mit der Modernisierung verbundene Mobilisierung jedoch überwiegend etwas ganz anderes: durch Zirkulation von Informationen erweiterte Denkhorizonte und Realisierbarkeit von Handlungsalternativen, d. h. Erweiterung von Möglichkeitsräumen. Das beginnt mit der Flucht des armen, unfreien Landbewohners in die Stadt: „Stadtluft macht frei". Das setzt sich fort in der Abwanderung vom Land in die städtischen Zentren und aufstrebenden Regionen im Zuge der Industrialisierung und in den massenhaften Emigrantenströmen innerhalb Europas und nach Übersee. Die kapitalistische Modernisierung in anderen Ländern und Regionen ist weniger eine Bedrohung, sie schafft vielmehr Alternativen, bietet die Möglichkeit, die eigenen Lebensverhältnisse zu verbessern, wofür vor Ort keinerlei realistische Chancen bestehen. In der Industriestadt selbst bietet sich die Gelegenheit, in günstigen wirtschaftlichen Situationen einen besseren Arbeitsplatz zu finden; dafür müssen allerdings oft längere Fußwege oder Fahrradfahrten in Kauf genommen werden. Wie sehr die Mobilitäts- und Verkehrskritik in Gefahr ist, die Perspektive „von unten" auszublenden, lässt sich an verschiedenen Beispielen veranschaulichen: Mit der viel kritisierten Suburbanisierung und dem Ausbau der innerstädtischen Verkehrssysteme bekommen die unteren Mittelschichten Zugang zu besseren Wohnungen; traditionell lebten sie in den Schattenwelten der europäischen Städte, die Sonnenseite der Urbanität genossen die wohlhabenden Bürger. Die Kinder vom Land und aus den Arbeiterbezirken werden heute zu Fahrschülern, wenn sie weiterführende Schulen besuchen wollen, aber immerhin haben sie jetzt diese Chance. Der Kaufpark am Stadtrand bietet preisgünstige und rationale Einkaufsalternativen. Durch Auto und Flugzeug haben sich für die Masse der Bevölkerung Freizeit- und Urlaubsmöglichkeiten eröffnet, von denen ihre Eltern bzw. Großeltern kaum träumen konnten. Im Medium von räumlicher Mobilität, von Bahn, Bus, U-Bahn, Auto, Flugzeug, Eigenheim im Grünen, Urlaubsreise hat sich eine Demokratisierung der Gesellschaft vollzogen, die für den Alltag der Bevölkerung vermutlich eine weitaus größere Errungenschaft darstellt als die politische Demokratisierung.

Modernisierung und die mit ihr untrennbar verbundene räumliche Mobilisierung fördern die Individualisierung, einen für die westliche Kultur zentralen Wert. Die größere Vielfalt von zugänglichen Möglichkeiten eröffnet individuelle Entscheidungsmöglichkeiten für die Wahl des Bildungsweges, des Arbeitsplatzes, des Wohnsitzes, aber auch der sozialen Kontakte und Kollektive, die nun nicht mehr auf dem Nahraum begrenzt bleiben müssen. Die durch soziale Differenzierung und Vergrößerung des sozialen Raumes in der Moderne geschaffenen Interaktionen mit Fremden bzw. nur mit partiell bekannten Personen – also die Prozesse der Vergesellschaftung – erweitern die Zahl und die Reichweite der Interaktionen. Sie zerstören damit aber keineswegs zwangsläufig – wie vielfach vorschnell geschlossen wird – gemeinschaftliche Einbindungen. Meist sind an die Stelle der alten dörflichen Gemeinschaften städtische Nachbarschaften, Arbeitervereine, Sport- und Freizeitgemeinschaften, und Gemeinschaften von Migranten getreten. Individualisierung in der mobilen Moderne beinhaltet keineswegs Vereinzelung, sondern Wahl und Entscheidungsfreiheiten hinsichtlich der Kollektive, denen man angehören will.

Mobilität fördert Individualisierung und unter den Verkehrsmitteln ist in dieser Hinsicht das – in ökologischer und stadtsoziologischer Perspektive durchaus zu Recht kritisierte – Automobil kaum zu übertreffen (vgl. Burkart 1994; Canzler 2000; Franzpötter 1999). Es bietet ein Höchstmaß an individueller Wahlfreiheit über das Ziel, den Weg, die Zeit. Es gestattet die je individuelle Verknüpfung von unterschiedlichen Aktivitäten auf einem Weg und ermöglicht so, in einer begrenzten Zeit die verschiedensten Aktivitäten zu realisieren. Im heutigen Massenverkehr garantiert es – im Unterschied zu den öffentlichen Verkehrsmitteln – einen individuellen Schutzraum. Schließlich erlaubt das heutige differenziertere Angebot von Automobilen, in der Wahl des Autos seinen eigenen Stil auszudrücken, ganz ähnlich wie in der Kleidung oder der Wohnungseinrichtung. Das Auto hat sich als das die Gegenwart prägende Verkehrsmittel durchgesetzt, weil es dem Bedürfnis nach individueller Entscheidungsautonomie am besten entspricht. Dies belegt eindrücklich die Geschichte der Automobilisierung: In der Frühphase standen die mächtigen gesellschaftlichen Akteure eher gegen das Auto: der Staat förderte die Eisenbahn und die innerstädtischen öffentlichen Verkehrsmittel; die großen Industrien – Stahl, Maschinenbau – florierten als deren Lieferanten; die Autos wurden von wirtschaftlich kaum bedeutenden kleinen und mittleren Betrieben hergestellt. Der Siegeszug des Autos beruht auf dem Nachfragesog der Privatleute. Der Staat lief mit dem Straßenbau der Entwicklung zunächst immer hinterher und hat jedenfalls die Durchsetzung des Automobils nicht wesentlich gefördert. Man kann ihm bestenfalls vorwerfen, dass er diese Dynamik nicht aktiv zu verhindern versucht hat (vgl. Glaser (▶ Zum kulturellen Bedeutungswandel des Verkehrs in der Menschheitsgeschichte), Meyer (▶ Forschungsförderung, Verkehrspolitik und Legitimität: Die Folgen heterogener Rationalitäten in politischen Prozessen) und

Haefeli (▶ Entwicklungslinien deutscher Verkehrspolitik im 19. und 20. Jahrhundert) in Kap. II.3 dieses Bandes).

Fühlen sich die Menschen von der Notwendigkeit, an immer mehr Mobilität teilzunehmen, überfordert, wie die alte und neue Zivilisationskritik an der hochmobilen Großstadt und am Verkehr, vor allem aber am Autoverkehr behauptet? Zunächst einmal ist festzuhalten, dass die Großstadt mit der Vielzahl ihrer Aktivitätsmöglichkeiten und vor allem auch die modernen Verkehrsmittel sehr viele Menschen fasziniert und angezogen haben. Tempo und Komplexität der Großstadt und ihres Verkehrs haben den Neuankömmling vom Land zunächst sicher auch verwirrt und verunsichert. Doch sehr bald hatte er sich an die impliziten Regelmäßigkeiten und Normen gewöhnt und die notwendige Zeit- und Verhaltensdisziplin entwickelt. Dazu kommt, dass die behördliche Regulierung und Normierung des Großstadtverkehrs zunehmend für Ordnung, Sicherheit und Berechenbarkeit sorgte (vgl. Borscheid 2004: 215 ff.). Mit der Ausbreitung des Automobils entstand auch ein ganzes System von expliziter Verkehrsschulung und Verkehrserziehung. Ganz offensichtlich bringt die Moderne im Laufe der Zeit einen neuen Menschen-Typus hervor, der mit wachsender Mobilität und ständiger Beschleunigung umgehen kann, dem dies attraktiv erscheint, ja sogar zu einem Bedürfnis geworden ist. Im Übrigen verdrängt die Zivilisationskritik an der Reizüberflutung und der vermeintlichen Oberflächlichkeit in der modernen, hochmobilen Gesellschaft die Enge, Borniertheit, Reiz- und Anregungsarmut, die Blockierung menschlicher Möglichkeiten des Dorfes und der traditionellen Kleinstadt.

Es gehört zu den unterschwelligen Gewissheiten bei der Bewertung gesellschaftlicher Prozesse, dass soziale Stabilität mit Verhältnissen assoziiert wird, die sich über längere Zeit in der gleichen Form reproduzieren. Jedoch haben sich Marktvergesellschaftung, Kapitalismus, Modernisierung als vergleichsweise beständige Strukturen erwiesen, obwohl sie den permanenten sozialen Wandel institutionalisiert haben. Dennoch dominiert bis heute – bei aller Anerkennung der gestiegenen materiellen Leistungsfähigkeit – die Wahrnehmung einer permanenten Krise von sozialer Ordnung und Integration. Das verstellt allzu leicht den Blick auf die stabilisierenden und sozial integrierenden Wirkungen von Individualisierung und Mobilität – vor allem auch räumlicher Mobilität und Teilnahme am Verkehr. Indem Mobilität eine wachsende Vielfalt von Optionen erschließt und die Teilhabe an Angeboten der Gesellschaft eröffnet, ist sie ein Medium der sozialen Integration (vgl. Burkart 1994). Die Erreichbarkeit von Alternativen, die Möglichkeit und die Praxis des Wechsels vermitteln Erfolgserlebnisse, Auswege aus Krisen und Konfliktkonstellationen, Alternativen für als problematisch empfundene Gemeinschaften, Nachbarschaften, Arbeitsverhältnisse. In einer hochmobilen Gesellschaft müssen Wechsel und Mobilität, Wahl zwischen Alternativen nicht notwendig Unsicherheiten und Orientierungsprobleme mit sich bringen. Nicht nur die Reproduktion der überkommenen Lebens- und Arbeitsform kann Stabilität, Ordnung und Orientierung garantieren, sondern auch die nach bekannten Regeln ablaufenden Entscheidungen und Veränderungen. Mobilität und Verkehrsteilnahme und die damit verbundene Chance, Entscheidungen treffen zu können, waren traditionell ein Privileg der oberen Schichten. Inzwischen sind große Teile der Bevölkerung in den Genuss dieser Möglichkeiten gekommen und das integriert sie in die Gesellschaft. Sie werden nicht nur eingebunden durch staatliche Leistungen und autoritär gesetzte Regeln, sondern integrieren sich selbst durch eigenes Handeln.

Für eine kritische Sozialwissenschaft mag das Vorstehende nach allzu viel Apologie des modernen mobilen und flexiblen Kapitalismus klingen. Doch so lange man nicht die sozialen Errungenschaften zur Kenntnis nimmt, die für die Mehrheit der Bevölkerung die Teilnahme an Mobilität und Verkehr bedeuten, kann man nicht begreifen, warum sich, trotz aller Informiertheit über deren negativen Nebenfolgen das Verhalten nicht ändert. Lässt sich beim Berufsverkehr noch mit fremd gesetzten Zwängen argumentieren, so gilt das schon weit weniger für den massenhaften Umzug in die Vorstädte und die daraus folgenden längeren täglichen Wege und am wenigsten für Freizeitmobilität und -verkehr, die inzwischen quantitativ am bedeutsamsten geworden sind. Die Warnungen vor den Zerstörungen des Stadtraumes durch die Verkehrsadern, vor den Lärmbelastungen, dem Flächenverbrauch für Straßen, Parkplätze, Eisenbahntrassen, Flugplätze, dem Ressourcenverbrauch, den Luft- und Klimabelastungen – diese Warnungen sind nur allzu berechtigt, ebenso wie die Befürchtungen, dass hier folgenreiche, vielfach kaum noch revidierbare Fehlentwicklungen ablaufen. Dies alles ist den meisten durchaus bewusst, doch ihre Bilanz zwischen Chancen und Risiken bzw. negativen Nebenfolgen fällt eindeutig aus.

Die meisten Angehörigen der Mittel- und Unterschichten haben sicher auch einen weniger nostalgischen Blick auf die Vergangenheit als viele bürgerliche Beobachter. Das ortsgebundene Leben auf dem Lande bedeutete Eingeschlossenheit, Mangel an Chancen; das Leben in der traditionellen „Stadt der kurzen Wege" bedeutete schlechte und enge Wohnungen; attraktive Freizeit- und Urlaubsorte waren nicht erreichbar. Die Schattenseiten von Mobilität und Verkehr erlebt man heute durchaus am eigenen Leibe. Doch Lösungen, die allzu sehr vom Geist der Vergangenheit inspiriert sind – die (Wieder-)Entdeckung der Langsamkeit, der Reiz der Nähe sowie einer Kultur der Genügsamkeit (vgl. Reheis in Kap. VIII.2 dieses Bandes: ▶ Beschleunigung versus Entschleunigung: Zwei konträre Leitbilder der Verkehrspolitik) – finden in der Alltagspraxis wenig Resonanz.

Zwei Zielrichtungen bestimmten die vorangehende Argumentation: zum einen herauszuarbeiten, dass moderne Gesellschaften mobile und mobilisierende Vergesellschaftungen sind, also Mobilität und Verkehr zu ihren konstitutiven Merkmalen gehören. Zum anderen – und für Überlegungen zur Alltagsmobilität ausschlaggebend – sollte herausgearbeitet werden, dass die Teilnahme an Mobilität und Verkehr nicht primär als fremd gesetzter äußerer Zwang, sowie als Leid und Verlust erfahren wird. Der Grundgedanke ist, dass in den vergangenen Jahrzehnten die Mehrheit der Bevölkerung im Medium von Mobilität und Verkehr in die Gesellschaft integriert wurde und von deren Chancen Gebrauch machen konnte.

Allerdings ist „Mehrheit der Bevölkerung" ein allzu pauschaler Begriff, eine *black box*. Im Folgenden werden die deutlichen Unterschiede zwischen verschiedenen Bevölkerungsgruppen sowie die Verschiedenartigkeit von Mobilitätshandeln, -stilen und Verkehrsteilnahme herausgearbeitet.

4 Die Vielfalt in der Alltagsmobilität

In dem Maße, in dem das durchschnittliche Niveau der Mobilität und der Verkehrsbeteiligung gestiegen ist, werden auch die Unterschiede zwischen verschiedenen Gruppen der Bevölkerung sichtbar. Nur diejenigen, die hochmobil sind, können die Vielfalt der Chancen, die moderne Gesellschaften für die individuelle Entfaltung bieten, tatsächlich nutzen. Das setzt ein hohes Maß an Fertigkeiten, Initiative und persönlichen Ressourcen voraus. Ob die enorm ausgeweiteten Möglichkeiten für Mobilität traditionelle soziale Ungleichheiten abbauen, verstärken oder vielleicht sogar neue Ungleichheiten schaffen, wird in anderen Beiträgen behandelt (vgl. Daubitz und Flade in Kap. V.3 dieses Bandes: ▶ Verringerung der sozialen Kosten des Verkehrs: Stressfreie Mobilität inmitten eines sozial- und umweltverträglichen Verkehrs).

Die Vielfältigkeit der Alltagsmobilität stellt eine besondere Herausforderung für die Verkehrspolitik dar. Soweit diese sich um die Kanalisierung des Güterverkehrs bemüht, hat sie es mit einer einigermaßen übersichtlichen Problemkonstellation zu tun: Es gibt bestimmbare wirtschaftliche Interessen an kostengünstigen, flexiblen und zeitsparenden Verkehrsleistungen und es gibt die Interessen des Verkehrsgewerbes. Die Schwierigkeiten für politische Gestaltungen bestehen vor allem darin, die öffentlichen Belange (Umweltschutz, Lärmschutz, städtische Lebensqualität) gegen die wirtschaftlichen Interessenten durchzusetzen, ohne dabei in die Falle ständig steigender Subventionierungen des Gütertransports auf der Schiene zu geraten.

Die politische Modellierung des Alltagsverkehrs der Bevölkerung ist dem gegenüber mit einer ganz unübersichtlichen Ausgangskonstellation konfrontiert. Es gibt ein ständig wachsendes Bedürfnis und Interesse an Mobilität und Verkehrsleistungen, das man nicht blockieren kann und will. Doch die Motive und Verhaltensweisen sind zwischen Berufs-, Einkaufs- und Freizeitverkehr höchst unterschiedlich und das erschwert ein gezieltes Vorgehen. Dazu kommen die großen Variationen in Mobilitätsbedürfnissen und -verhalten bei den verschiedenen Gruppen der Bevölkerung. Je nach Mobilitätsart und Zielgruppe müssen unterschiedliche Maßnahmen und Instrumente eingesetzt werden – und es ist schwer vorherzusehen, wie die Betroffenen darauf reagieren.

Lange Zeit hat die Verkehrspolitik sich darauf konzentriert, die für die Massenmotorisierung notwendigen Straßen auszubauen. Stadtplanerische und ökologische Erwägungen haben jedoch in den letzten Jahren zu Bemühungen geführt, im Fernverkehr, vor allem aber im städtischen Nahverkehr Autofahrer zum Umsteigen auf öffentliche Verkehrsmittel zu bewegen. Allerdings kann man nicht von einer wirklichen Wende der Verkehrspolitik sprechen, vor allem auch deswegen nicht, weil die Resonanz auf derartige Anstrengungen bisher eher enttäuschend ausgefallen ist.

Die sehr begrenzten Erfolge der Anstrengungen, den öffentlichen Verkehr attraktiver zu machen, löste eine Vielzahl von Untersuchungen zu Mobilitätsbedürfnissen, Verkehrsverhalten und Verkehrsmittelwahl von unterschiedlichen Bevölkerungsgruppen aus. Kommunen und Verkehrsträger hoffen, dadurch

Anhaltspunkte für eine gezielte und wirksame Politik zur stärkeren Nutzung öffentlicher Verkehrsmittel zu bekommen. Die meisten Untersuchungen beschäftigen sich mit Mobilität und Verkehrsmittelwahl unterschiedlicher, nach sozialdemographischen Merkmalen abgegrenzter Bevölkerungsgruppen:

- Jugendliche
- Familien mit Kindern
- ältere, nicht mehr erwerbstätige Menschen
- Frauen und Männer im Vergleich
- Stadtbewohner und Landbevölkerung im Vergleich.

Daneben, teilweise aber auch mit eben genannten Fragestellungen verbunden, beschäftigen sich Untersuchungen mit dem Verhältnis zum Pkw und dessen Gebrauch. In diesen Zusammenhang gehören auch Erhebungen bei jenem Fünftel aller Haushalte, die keinen Pkw haben.

Sozialwissenschaftlich besonders interessant sind solche Untersuchungen, die versuchen, unterschiedliche Typen von Mobilität und Stile von Verkehrsverhalten in der Bevölkerung zu identifizieren. Sie gehen von der plausiblen Hypothese aus, dass sich Mobilität und Verkehrsverhalten nicht unmittelbar aus der jeweiligen sozialen Lage ergeben, die man über sozialdemographische Merkmale erheben kann. Vielmehr spielen unterschiedliche Einstellungen, Werthaltungen und Lebensstile eine große Rolle, die nicht einfach Ausdruck von objektiven Lebensumständen sind.

Im Folgenden werden die wesentlichen Befunde dieser Untersuchungen dargestellt. Es ergibt sich daraus ein differenziertes, mitunter verwirrendes Bild über die Alltagsmobilität und die Verkehrsmittelwahl in der deutschen Gesellschaft. Die Ergebnisse der verschiedenen Erhebungen sind nicht immer widerspruchsfrei, sie lassen sich auch – da von unterschiedlichen Fragestellungen geleitet – nicht ohne weiteres integrieren. Dennoch überwiegen die Übereinstimmungen in den Befunden. Für die konkrete Verkehrspolitik lassen sich daraus manche Hinweise dafür ableiten, wie Zielgruppen besser erreicht werden könnten.

4.1 Jugendliche

Die Mehrheit der Jugendlichen (beiderlei Geschlechts) hat ein sehr hohes Mobilitätsbedürfnis und befriedigt das auch im Alltag[3]. Unabhängig davon verlangen heutige Bildungs-, Ausbildungs- und Berufsanforderungen von Jugendlichen eine hohe Mobilität und Verkehrsbeteiligung. Die Hälfte der dafür notwendigen Wege werden entweder mit motorisierten Zweirädern oder mit dem Auto zurückgelegt, jeweils ca. 14 Prozent mit dem Fahrrad und mit den öffentlichen Verkehrsmitteln, über 20 Prozent zu Fuß.

---

[3]Der folgende Abschnitt beruht im Wesentlichen auf den Veröffentlichungen: Flade und Limbourg 1997; Hunecke, et al.2002; Tully 2000; 1999; 1998; 2013.

Der Führerschein vermittelt nicht nur praktisch, sondern auch symbolisch den Übergang in den Status eines vollgültigen Mitglieds der Mobilitätsgesellschaft. Nach dem 17. oder 18. Geburtstag den Führerschein zu machen, ist selbstverständlich: bei den 20-Jährigen haben ihn über 80 Prozent. Die in früheren Jahrzehnten deutlichen Unterschiede zwischen jungen Männern und Frauen sind nahezu vollständig verschwunden. Inzwischen gibt es einen Land-Stadt Unterschied: Jugendliche in der Stadt erwerben des Führerschein später, eine zunehmende Minderheit hat gar keinen.

Auto- und Technikfans sind jedoch eine Minderheit, unter den jungen Männern allerdings eine starke. Motorrad, Mofa und Auto werden auch von den anderen als die besten, flexibelsten Verkehrsmittel für die Wege zur Schule, zum Ausbildungsbetrieb und zum Arbeitsplatz angesehen. Öffentliche Verkehrsmittel haben ein eher negatives Image: eng, voll, heiß, langweilig, unbequem. Sie werden genutzt, solange man kein eigenes Auto hat und die Wege für das Fahrrad zu lang und zu anstrengend sind. Vor allem in der Freizeit stehen Mofa, Roller und Auto hoch im Kurs. Sie sind flexibel und individuell verfügbar und erlauben, spontan gewählte Ziele zu erreichen und rasch zu wechseln. Individuell verfügbare Verkehrsmittel garantieren den höchsten Grad an Autonomie. Öffentliche Verkehrsmittel sind lediglich in den Großstädten eine Alternative, sofern sie abends, nachts und an Wochenenden regelmäßig und auf vielen Linien verkehren – und das findet man nicht sehr häufig.

Mehr als jedes andere Verkehrsmittel verhilft der Pkw Jugendlichen dazu, sich aus der für die Kindheit typischen Bindung an den Familien-Ort und damit an die Familie lösen zu können und sich von den Eltern zu emanzipieren. Das geschieht vor allem in der Freizeit und an Wochenenden. Im Bereich von Schule, Berufsausbildung und Beruf fühlen sich Jugendliche unter fremd gesetzten Zwängen. Das eher negative Image, das öffentliche Verkehrsmittel bei Jugendlichen haben, resultiert vermutlich nicht zuletzt daraus, dass sie vor allem in diesen Zusammenhängen genutzt werden (müssen). Sie gehören zum Reich der Notwendigkeit. Freizeit ist das Reich der Freiheit. Unterwegs sein, Tempo, rascher Wechsel zwischen Orten gehört zu den Bildern und Vorbildern, an denen sich die Mehrheit der Jugendlichen orientiert. Das schlägt sich nieder im Jugendjargon, in den Motiven von Kult-Filmen und den Themen und Titeln vieler populärer Musikstücke.

Unter den Jugendlichen, vor allem unter Gymnasiastinnen und Gymnasiasten und Studierenden gibt es eine starke Minderheit mit hoher Sensibilität für Umweltprobleme generell und für die durch das Auto verursachten. Doch nur eine kleine Minderheit von ihnen ist konsequent und verzichtet auf ein Auto und lehnt es auch ab, sich in Zukunft eines anzuschaffen. Im Osten Deutschlands gibt es diese Gruppe fast gar nicht, im Westen nimmt sie vermutlich weiter ab.

Seit der Jahrtausendwende zeichnet sich – nicht nur in Deutschland – eine bemerkenswerte Veränderung im Verkehrsverhalten junger Erwachsener (zwischen 18 und 30 Jahren) ab.[4] Bis dahin waren in dieser Gruppe die zurückgelegten Entfernungen, vor allem auch die im Auto, ständig gestiegen; sie war die Pkw-intensivste

---

[4]Institut für Mobilitätsforschung 2011. Die Untersuchung bezieht sich auf Deutschland, Frankreich, Großbritannien, Norwegen, USA und Japan.

Altersgruppe. Seitdem ist die Autonutzung ganz erheblich zurückgegangen; sie liegt inzwischen unter dem Niveau der 30–64-Jähringen (bei denen ist sie weiter gestiegen). In Deutschland legten (2007) die jungen Erwachsenen 16 Prozent aller Strecken mit öffentlichen Verkehrsmitteln zurück (1997 nur 8 Prozent); sie sind auch mehr mit dem Fahrrad und zu Fuß unterwegs als früher. Allerdings: für immer noch die Hälfte aller Wege wird das Auto genommen (1997 aber waren es zwei Drittel). Nach wie vor verfügen fast zwei Drittel über ein Auto, aber sie nutzen es nicht mehr so häufig. Diese Entwicklung beruht fast ausschließlich auf dem gegenüber früheren Generationen stark veränderten Mobilitätsverhalten der heutigen jungen Männer. Die Frauen haben schon seit Längerem zu den Männern aufgeschlossen – doch vor allem haben sich die Männer im letzten Jahrzehnt den Frauen angenähert. Offensichtlich hat die Autofixierung junger Männer nachgelassen, vielleicht richtet sich ihre Technikbegeisterung inzwischen eher auf Informationstechnologien und auch auf high-tech Fahrräder. Eine weitere Erklärung liegt in längeren Ausbildungszeiten (bei niedrigem Einkommen) und stärkerer Konzentration von Auszubildenden und Studierenden in großen Städten mit gutem öffentlichen Nahverkehr. Es bleibt offen, ob dieses Mobilitätsverhalten in höherem Alter beibehalten wird.

4.2   Familien mit Kindern

Im Unterschied zu Jugendlichen, bei denen die erlebnisorientierte Freizeitmobilität eine zentrale Rolle spielt, handelt es sich hier um ein Bevölkerungssegment, das einen sehr hohen, aber ganz andersartigen Mobilitätsbedarf hat[5]. Im Vergleich zu allen anderen Haushaltstypen (Single-Haushalte; Mehr-Personen-Haushalte ohne Kinder) ist hier zudem der Automobilisierungsgrad am höchsten: deutlich mehr als 90 Prozent verfügen über mindestens ein Auto, mehr als 40 Prozent über zwei und mehr.

Die Alltagsmobilität steht hier im Zusammenhang mit Erwerbstätigkeit, Einkaufen und Versorgung, Kinderbegleitung und -betreuung sowie Freizeitaktivitäten der ganzen Familie und einzelner Erwachsener. Der Pkw spielt dafür eine große Rolle, daneben aber auch öffentliche Verkehrsmittel, Fahrrad und Fußwege. Lust am Autofahren, Spaß am Unterwegssein, emotionale Fixierung auf das Auto stehen nicht im Vordergrund. Man sieht sich auf das Auto angewiesen, weil es in die Befriedigung vielfältiger Bedürfnisse eingebunden ist, die jenseits des Autos selbst liegen. Mobilität und Verkehrsmittelwahl lassen sich interpretieren als überwiegend rationaler Umgang mit den äußeren Lebensumständen, den engen Zeitspielräumen, die sich aus den Anforderungen von Erwerbstätigkeit, Haushalt und Familie ergeben, sowie den heute typischen Ansprüchen und Bedürfnissen, die man im Alltag erfüllt sehen möchte. Die sozialen Strukturen sind gegenüber

---

[5]Der folgende Abschnitt beruht auf einem von Hartwig Heine und mir verfassten unveröffentlichten Manuskript „Gesellschaftlicher Fortschritt durch Automobilität und die ökologische Autokritik" sowie auf den Ergebnissen einer empirischen Erhebung im Großraum Hannover (vgl. Heine et al. 2001).

früheren Zeiten räumlich ausgedehnter und vor allem stärker funktional differenziert: Einkaufs- und Dienstleistungszentren, Sport- und Freizeitzentren, die Trennung von Wohngebieten und Arbeitsstätten, vor allem im Zuge der Suburbanisierung. Damit kann vieles im Alltag nur noch erledigt werden, wenn man Verkehrsmittel nutzt, und im Gesamtzusammenhang eines Familienhaushaltes wird das Auto nahezu unverzichtbar.

Die Auswirkungen dieser Gegebenheiten lassen sich jedoch nur dann angemessen verstehen, wenn man sie im Kontext äußerlich weniger sichtbarer, aber nicht minder realer sozialer Standards des richtigen (Mittelklasse)-Lebens sieht, die Autobesitz und regelmäßige Autonutzung voraussetzen: das „natürliche" Anrecht, Wohn- und Arbeitsort weitgehend voneinander zu entkoppeln; der Anspruch, die Familiengründung mit einem Haus (oder wenigstens mit einer Wohnung) im Grünen an der städtischen Peripherie zu verbinden[6] ‚das Recht des modernen Mannes, neben der Arbeitszeit über ein angemessenes Quantum an Frei- bzw. Familienzeit zu verfügen (weshalb die alltäglich mit eigener Fortbewegung verbrachte Zeit zu minimieren ist); der Spagat der modernen Frau zwischen Haushalt, Mutterrolle und Erwerbstätigkeit, der sie dort, wo nur ein Auto zur Verfügung steht, im Alltag oft zu dessen Hauptnutzerin macht; die Rationalisierung und zivilisatorische Erleichterung der familiären Versorgung; die Standards dafür, welche Begleitdienste gute Eltern zu absolvieren haben, die ihren Kindern größtmöglichen Schutz bieten und gleichzeitig eine umfassende geistige, körperliche, musische und soziale Entwicklung sichern wollen; das Netz sozialer Kontakte, welches unabhängig von räumlicher Nähe aufrecht zu erhalten und zu pflegen ist. Und nicht zu vergessen: die Fernreise in den Urlaub. Alles dies sind mobilitätsintensive Verhaltensstandards, die – vom Auto mit ermöglicht – inzwischen normativ so hoch besetzt sind, dass ein Autoverzicht eben nicht nur als Unbequemlichkeit, sondern auch als zivilisatorischer Rückfall, als Preisgabe individueller Selbstverwirklichung, als Pflichtverletzung (z. B. der Eltern gegenüber ihren Kindern), als Autonomieverzicht, als Treuebruch (z. B. gegenüber nicht mehr besuchten Freunden und Verwandten) wahrgenommen wird. Damit gerät die Automobilität in den Bannkreis eines normativ hoch aufgeladenen sozialen Bewusstseins, das sich mit dem europäischen Wohlfahrtsstaat etablierte und Gesellschaft und Politik in der Verantwortung sieht, demokratische Partizipationsgarantien durch kollektive Vorsorge sozial abzusichern. Das Auto, für viele seiner Kritiker Inbegriff einer fehlgeleiteten und materialistischen Zivilisationsentwicklung, erscheint aus dieser Perspektive als einer der Garanten sozial erfüllter Demokratie: als Voraussetzung gesellschaftlicher Teilhabe. Das neuartige sind überwiegend nicht die Wertorientierungen, die sich mit diesen Standards verkörpern (es sei denn man sieht z. B. dem heutigen Standard vom „richtigen Urlaub" eine solche Neuigkeit): Der Traum vom Wohnen im Grünen ist fast so alt wie die Urbanisierung selbst, das Wohl der Kinder hatten Eltern auch schon im vorautomobilen Zeitalter im Auge, ebenso wie es damals Freundschaften und Familiensinn gab. Aber das Massenkonsumgut

---

[6]Die Wahl des Wohnstandortes geschieht weitgehend ohne Rücksicht auf den damit verbundenen Mobilitätsbedarf (Dittrich-Wesbuer et al. 2013).

Auto hat es möglich gemacht, dass sich diese Werte in neuen Verhaltensmustern umsetzten, deren gemeinsames Merkmal ihre Mobilitätsintensität ist.

Aus dieser Perspektive ist die Entwicklung der Jahrzehnte, in denen das Auto zum Massenkonsumgut wurde, in der Hauptsache Fortschritt. Zwar kann man sich nostalgisch der Zeiten erinnern, in denen die Kinder noch „auf der Straße spielten", man noch „um die Ecke einkaufen" und „zu Fuß zur Arbeit gehen" konnte. Aber die heute vorhandenen Möglichkeiten, sich für eine Wohnung im Grünen und fern vom eigenen Arbeitsplatz zu entscheiden, die aufwändig gewordene familiäre Versorgung weitgehend durch einen einzigen wöchentlichen Großeinkauf zu erledigen, den Kontakt zu Freunden zu halten, auch wenn sie weg gezogen sind, den Arzt und Geigenlehrer der Kinder nicht unter dem Diktat räumlicher Nähe, sondern nach Qualität und Vertrauenswürdigkeit auszusuchen – dies alles sind Besitzstände, die umso weniger leichtfertig aufs Spiel zu setzen sind, als ihnen noch der Charakter des schon lange Selbstverständlichen fehlt. Andererseits haben sich die Maßstäbe dieser vom Automobil ermöglichten Lebensweise so weit etabliert, dass ihnen nicht mehr der Glanz des Neuen, gänzlich Ungewohnten anhaftet. Auch weil die Schattenseiten der Automobilität ins gesellschaftliche Bewusstsein getreten sind, hat das mit ihr verbundene Fortschrittsbewusstsein einen guten Teil seiner früheren emphatischen Konnotationen verloren, es ist nüchterner und reflexiver geworden. Aber dies bedeutet nicht, dass die normative Verfestigung einer mobilitätsintensiven Lebensweise nun zu bröckeln begänne: Spätestens dann, wenn der Autoverzicht konkret diskutiert und auf die Konsequenzen für die eigene Lebensführung hin abgeklopft wird, tritt auch die Gewissheit ins Bewusstsein, auf keinen Fall hinter geltende Standards des richtigen Lebens zurückfallen zu wollen. So bewirkt zwar die ökologisch motivierte Autokritik, dass die Ideologie des automobilen Fortschritts an Strahlkraft verlor, aber ihr Zerfall legt ein Fortschrittsbewusstsein frei, dessen Normativität sich gerade dann, wenn es infrage gestellt wird, als übermächtig erweist. Mit anderen Worten: geht man der Eigendynamik und Widerständigkeit der Mobilität auf den Grund, so tritt ein gesellschaftlich immer noch präsentes Fortschrittsbewusstsein zutage, das keiner ideologischen Unterfütterung à la „freie Fahrt für freie Bürger" bedarf. Zu ihm gehört das Wissen, dass den erlebten und erinnerten Veränderungen ein Moment irreversibler Gerichtetheit innewohnt – und dass die Rücknahme dieser Veränderungen dem durchschnittlichen Gesellschaftsmitglied teilweise nicht machbar, auf jeden Fall aber nicht wünschbar erscheint, da sie mit dem Rückfall hinter inzwischen verankerte zivilisatorische Standards gleichzusetzen wäre.

4.3 Mobilität älterer Menschen

Die Gruppe der älteren Menschen spielt im Bereich von Mobilität und Verkehr eine immer weiter wachsende Rolle[7]. Insgesamt machen die nicht-erwerbstätigen Älteren

---

[7] In diesem Abschnitt werden im Wesentlichen die Ergebnisse aus folgenden Veröffentlichungen zusammengefasst: Brieler 1997; Flade et al. 2001; Jansen 2001; Schlag und Megel 2002.

mehr als ein Viertel der Bevölkerung aus. Dabei handelt es sich inzwischen um Altersjahrgänge, die in der hochmobil gewordenen Nachkriegsgesellschaft teils aufgewachsen sind, auf jeden Fall aber in dieser den größten Teil ihres Lebens verbracht haben. Sie sind also an die Möglichkeiten und Standards einer Mobilitätsgesellschaft, vor allem auch einer automobilen Gesellschaft gewöhnt und wollen diese auch nach ihrem Ausscheiden aus dem Erwerbsleben beibehalten. Da inzwischen der größte Teil des Verkehrs mit Einkauf und Freizeit zusammenhängt, geht die Verkehrsbeteiligung mit dem Ausscheiden aus dem Erwerbsleben nicht wesentlich zurück. Viele können ihre Mobilitätsbedürfnisse, weil sie nun mehr Zeit haben, erst jetzt richtig ausleben. Ein erheblicher Teil der Älteren ist gesund, leistungsfähig, aktiv und ökonomisch abgesichert. Die Mobilität nimmt erst bei den über 75-Jährigen deutlich ab.

Im Vergleich zu den Jüngeren nimmt die Zahl der Fußwege zu, vermutlich vor allem Spaziergänge, für die man früher wenig Zeit hatte.[8] Obwohl die Berufswege weggefallen sind, spielt der Pkw für die Mehrzahl der Älteren eine ganz entscheidende Rolle. Allerdings muss hier eine wichtige Differenzierung eingeführt werden, die im folgenden Abschnitt noch einmal aufgegriffen wird: Gut 50 Prozent aller Haushalte mit einem über 65-jährigen Haushaltsvorstand verfügen über kein Auto. Die verkehrsstatistischen Erhebungen über Verkehrsmittelnutzung und Verkehrsbeteiligung geben leider nur Durchschnittswerte für die jeweiligen Altersgruppen an. Damit „übertreiben" sie die Rolle des Autos für die eine Hälfte der Älteren – und sie „untertreiben" sie für die andere, autobesitzende Hälfte. Aber auch an den Durchschnittswerten wird deutlich, dass die über 65-Jährigen täglich im Auto (als Fahrer und Mitfahrer) fast genauso viel Zeit zubringen wie mit Fußwegen. Ganz entscheidend ist jedoch das Auto für die Ausdehnung des alltäglichen Aktionsraumes: Die meisten Kilometer (ca. 75 Prozent) legen auch die Älteren als Fahrer oder Mitfahrer im Pkw zurück. Während sich die im Durchschnitt aller Erwachsenen täglich im PKW zurückgelegte Strecke in den vergangenen Jahren nicht verändert hat, hat sie sich bei den über 65-Jährigen deutlich erhöht – sie liegt allerdings (weil die Berufswege weggefallen sind) um ein Drittel unter dem Durchschnitt aller Erwachsenen (Kunert et al. 2012). In der Autoverfügbarkeit und der -nutzung (einschließlich dem Führerscheinbesitz) zeigt sich immer noch ein erheblicher Unterschied zwischen älteren Männern und Frauen, aber er wird bei den „jüngeren" Alten immer geringer.

Doch gerade im Alter ist das Auto vorwiegend (noch) eine Domäne der Männer. Pkw-gewohnte Männer haben offenkundig die größten Schwierigkeiten, auf öffentliche Verkehrsmittel umzusteigen, auch dort, wo das Angebot an sich gut ist. Auto fahren und über ein Auto zu verfügen, bedeutet für sie, wie bisher an der Gesellschaft und ihren Möglichkeiten teilhaben zu können und vor allem ihre Rolle als „Haushaltsvorstand" (dazu gehört die Ehefrau als Mitfahrerin) aufrecht zu erhalten.

---

[8]Daten zum modal split der 60–74-Jährigen (in Klammern für die 30–59-Jährigen): Zu Fuß zurückgelegte Wege: 30 % (20 %); mit dem Auto: 53 % (66 %); mit dem Fahrrad: 10 % (9 %); mit öffentlichen Verkehrsmitteln: 6 % (6 %) (Mobilität in Deutschland 2008).

Wichtig ist vor allem auch das Gefühl, über Wege, Ziele und Zeiten selbst bestimmen zu können. Die Abgabe – oder gar der Entzug – des Führerscheines markiert den unwiderrufbaren Übergang in das „wirkliche" Alter und symbolisiert den Verlust der Unabhängigkeit. Die besondere symbolische Bedeutung des Autos im Alter zeigt sich auch daran, dass im Vergleich zu allen anderen Altersgruppen die Männer zwischen 65 und 75 Jahren vorwiegend fabrikneue Autos kaufen und die PS-stärksten Wagen fahren.

Diejenigen, die ihr Leben lang an das Auto gewöhnt waren, bleiben offenbar solange es geht beim Auto. Für Einkäufe und Freizeitaktivitäten wird es genau so wie vorher, oder sogar noch intensiver genutzt. Der Anteil der Wege, die mit öffentlichen Verkehrsmitteln zurückgelegt werden, nimmt erst bei den über 75-Jährigen deutlich zu. Zwar empfinden die meisten Älteren, dass Autofahren anstrengender und tendenziell auch gefährlicher wird, doch das bringt sie überwiegend nicht zu den öffentlichen Verkehrsmitteln. Dies hat nicht allein, oft nicht einmal vorrangig, mit den körperlichen Anforderungen zu tun: längere Fußwege und Treppen von und zu den Haltestellen und beim Umsteigen, anstrengende Ein- und Ausstiege sowie mangelnde Standsicherheit während der Fahrt. Vor allem diejenigen, die nicht schon vorher an öffentliche Verkehrsmittel gewöhnt waren, haben große Schwierigkeiten, sich die notwendigen Informationen über Abfahrtszeiten, Linienführungen und Anschlüsse zu beschaffen. Auch die Orientierung in Bahnhöfen und an Umsteigeplätzen fällt ihnen ziemlich schwer. Eine erhebliche Barriere ist zudem der Kartenverkauf an Automaten.

Dazu kommt, dass sich Ältere in öffentlichen Verkehrsräumen in großen Städten oft unbehaglich fühlen und besonders abends Angst haben. Diese Räume werden dominiert von Jüngeren, die es eilig haben, drängeln und mitunter andere anrempeln. Man begegnet hier zwangsläufig vielen Menschen, mit denen man nichts zu tun haben will, denen gegenüber man verhaltensunsicher ist und die man sich als Älterer nur schwer vom Leibe halten kann: Bettler, Nicht-Sesshafte, Alkoholiker, Ausländer, Gruppen lauter, etwas aufgedrehter Jugendlicher. Bahnhöfe sind zugig, mitunter schmutzig. Graffiti an Wänden, Mauern und Zügen erwecken den Eindruck, dass diese Orte von den Ordnungskräften nicht ausreichend kontrolliert werden.

Die Verkehrsbetriebe haben in jüngerer Zeit vieles versucht, um ältere Menschen als Kunden zu gewinnen. Die Erfolge sind begrenzt, die Konkurrenz mit dem Auto ist angesichts der strukturellen Bedingungen und des Images der öffentlichen Verkehrsmittel kaum zu gewinnen. Und viele Ältere, die kein Auto haben, bleiben – vor allem abends – eher zu Hause als Bus, U-Bahn oder S-Bahn zu nutzen.

4.4 Haushalte ohne Auto

Die These, dass ein Auto in der modernen hochmobilen Gesellschaft nahezu unverzichtbar ist, um von den Möglichkeiten, die die Gesellschaft bietet, angemessen Gebrauch machen zu können, verlangt eine Gegenprobe: Was sind die Konsequenzen von Autolosigkeit? Immerhin knapp ein Viertel aller Haushalte verfügte (2008) über kein Auto (1962 waren es noch 73 Prozent).[10] In diesen Haushalten leben ca. 15 Prozent der Bevölkerung. Sind diese Menschen sozial weniger integriert, von gesellschaftlichen Möglichkeiten ausgeschlossen oder nutzen sie erfolgreich die Verkehrsalternativen, die unsere Gesellschaft bietet? Autobesitz ist vielleicht doch kein „Sachzwang", sondern könnte auf dem kollektiven Vorurteil einer autofixierten Mehrheit beruhen, ohne Pkw nicht mithalten zu können.

Was Autolosigkeit erklärt und was sie bedeutet, wird deutlicher, wenn man die sozialdemographischen Merkmale autoloser Haushalte zusammenträgt. Diese konzentrieren sich in den Großstädten: in Gemeinden unter 5.000 Einwohnern haben 12 Prozent, in Gemeinden über 500.000 Einwohnern haben über 40 Prozent der Haushalte kein Auto (2003). Das Netz öffentlicher Verkehrsmittel in Großstädten ist jedenfalls eine Voraussetzung für das Leben ohne Auto (in den USA hatten 1995 nur 8 Prozent aller Haushalte kein Auto). Der Schwerpunkt der Autolosigkeit liegt bei Ein-Personen-Haushalten (49 Prozent ohne Auto; bei Männern 36 Prozent, bei Frauen 55 Prozent) und bei Alleinerziehenden (35 Prozent ohne Auto); bei Ehepaaren mit Kindern (die oben betrachtet wurden) sind es nur 5 Prozent. Überwiegend sind es Nicht-Erwerbstätige (48 Prozent der Haushalte mit nicht-erwerbstätigem Haushaltsvorstand haben kein Auto, nur 13 Prozent der Haushalte mit erwerbstätigem Haushaltsvorstand) und Haushalte mit niedrigem Einkommen. Es dominieren unter den Autolosen die Jungen (Haushaltsvorstand unter 25 Jahren: 39 Prozent autolos) und die Älteren (Haushaltsvorstand über 65 Jahre: 55 Prozent autolos); von den ausländischen Haushalten haben 32 Prozent kein Auto.

Autolosigkeit konzentriert sich also in Großstädten und dort auf Ein-Personen-Haushalte, überwiegend in Kombination mit niedrigem Einkommen. Aus den weiteren Merkmalen lassen sich drei Hauptgruppen identifizieren: junge Leute (unter 25, vornehmlich Auszubildende und Studierende), die nicht mehr bei den Eltern wohnen; Alleinerziehende mit niedrigem Einkommen; ältere Alleinlebende, vor allem ältere Frauen. Der große Stadt-Land-Unterschied lässt sich zum einen dadurch erklären, dass junge Leute in der Ausbildung, die nicht mehr im Elternhaus leben, sich in den Städten konzentrieren. Zum anderen können Einkommensschwache, die hart rechnen müssen, aber doch noch finanziellen Spielraum haben, zwar in der Stadt, nicht aber auf dem Land zur Not auf ein Auto verzichten.

Es mag auf den ersten Blick erstaunen, dass eine Befragung von Autolosen in München ergab, dass nur die wenigsten von ihnen sich dadurch aus der Gesellschaft ausgeschlossen fühlen. Für die jungen Autolosen ist das allerdings leicht zu

---

[9]Vgl. zum folgenden Abschnitt: Preisendörfer und Rinn 2003; Reutter und Reutter 1994. Neuere Untersuchungen gibt es für die Schweiz (Haefeli und Bieri 2008; Steiner 2009). Nach Angaben des schweizerischen Statistischen Bundesamtes hatten 2010 21 % der Haushalte kein Auto.

[10]Hier ist eine Anmerkung zu den – auch an anderen Stellen dieses Beitrages verwendeten – Mobilitätsdaten angebracht: Nach der Einkommens- und Verbrauchsstichprobe des Statistischen Bundesamten hatten 23 % der Haushalte (2008) kein Auto; nach der Erhebung „Mobilität in Deutschland" waren dies lediglich 18 %. Das Statistische Bundesamt, das „Deutsche Mobilitätspanel" und „Mobilität in Deutschland" erheben ihre Daten auf der Basis unterschiedlicher Stichproben und Methoden.

erklären: In einer Stadt mit meist gut ausgebautem Nahverkehr haben sie diesen als Alternative, dazu kommt das Fahrrad. Allein lebende Frauen der älteren Generation haben vielfach keinen Führerschein (unter den 65–74jährigen Frauen hatten 2002 50 Prozent keinen Führerschein, 2008 waren es 30 Prozent, Männer 5 Prozent), sie haben vermutlich auch geringere Partizipationsansprüche – und die meisten haben schon immer die öffentlichen Verkehrsmittel genutzt. In dieser Hinsicht befindet sich eine Familie mit zwei Kindern, in der der Mann voll und die Frau halbtags erwerbstätig ist, in einer ganz anderen Situation: Es sind große Einkäufe notwendig, Kinder müssen zum Kindergarten, zur Schule oder zu besonderen Aktivitäten gebracht werden, gelegentlich werden gemeinsame Ausflüge unternommen und die Eltern wollen auch noch etwas in ihrer Freizeit unternehmen. Dies ohne Auto zu bewerkstelligen, dürfte auch in München schwierig werden. Wenn nur 5 Prozent aller Familien mit Kindern kein Auto haben, fällt es schwer, bei allen übrigen eine kollektive Autofixierung und mangelnden Realismus hinsichtlich der Vorzüge des öffentlichen Nahverkehrs zu unterstellen. (Das ist vielleicht eher angebracht in Bezug auf die vielen nicht-erwerbstätigen älteren männlichen Autofahrer, jedenfalls sofern sie in einer Großstadt mit gut ausgebautem öffentlichem Verkehr leben.)

4.5 Unterschiede in Mobilität und Verkehrsverhalten zwischen Frauen und Männern

Viele Untersuchungen arbeiten deutliche Unterschiede zwischen Männern und Frauen in Mobilität, Verkehrsverhalten und Verkehrsmittelwahl heraus: Frauen verbringen im Alltag mehr Zeit im Haus und dessen Umfeld[11]. Für ihre außerhäuslichen Wege benutzen sie häufiger als Männer öffentliche Verkehrsmittel und sie machen mehr Wege zu Fuß. Vor allem sind Frauen weniger autoorientiert: Mehr Frauen haben keinen Führerschein, verfügen nicht über einen Pkw oder haben als Fahrzeugbesitzerinnen ein stärker instrumentelles Verhältnis dazu. Männer besitzen größere Autos, sie fahren aggressiver, verursachen mehr Unfälle und begehen deutlich mehr schwere Verkehrsdelikte.

Diese Befunde zum Auto- und Verkehrsverhalten decken sich mit den gängigen Stereotypen über Geschlechtsrollen und geschlechtsspezifisches Verhalten. Bei näherem Hinsehen stellt sich jedoch heraus, dass man aus solchen statistisch durchaus signifikanten Durchschnittswerten kaum aussagekräftige analytische Schlüsse ziehen oder Hinweise für zielgruppenspezifische verkehrspolitische Maßnahmen ableiten kann. Die Unterschiede innerhalb der Geschlechter sind größer als die Abweichungen zwischen den Durchschnittswerten für die beiden Geschlechter. So sind nicht „die" Männer, sondern nur 9 Prozent unter ihnen „aggressive

---

[11]Der folgende Abschnitt stützt sich im Wesentlichen auf die folgenden Veröffentlichungen: Flade und Limbourg 1999; Flade 1999; Buhr 1999; Blöbaum und Felscher-Suhr 1997; Heine und Mautz 2000.

Autofahrer" (bei den Frauen sind es 3 Prozent); ein Drittel der Männer sind „aktivdynamische Fahrer mit Spaß am Autofahren" – das trifft aber auch für ein Drittel der Autofahrerinnen zu (vgl. Hebenstreit 1999). Die deutliche Überrepräsentanz von Männern bei den Verkehrsdelikten, vor allem auch den schweren, darf nicht überinterpretiert werden – es handelt sich um eine Minderheit unter den Auto fahrenden Männern, mit einem erheblichen Anteil von Mehrfachtätern (vgl. Hansjosten 1999). Die Unterscheidung zwischen den Mobilitätsstilen bestätigen auch nur auf den ersten Blick die Geschlechtsstereotype (vgl. Götz et al. 1998): 90 Prozent der „Autofixierten" in Freiburg waren danach Männer – doch diesen Mobilitätsstil praktizierten überhaupt nur 20 Prozent aller Befragten; andererseits waren 65 Prozent der „statusorientierten Automobilen" Frauen. In Schwerin machten Frauen immerhin ein Drittel der „aggressiven Autofahrer" aus und die Hälfte der „verunsicherten Statusorientierten", für die das Auto einen hohen symbolischen Wert hat.

Im Bezug auf die Verkehrsmittelwahl zeigt sich, dass auch die Frauen den größten Teil der Zeit, die sie im Alltag für außerhäusliche Wege verwenden, im Auto zubringen (vgl. Küster 1999): knapp 50 Prozent – Männer 61 Prozent. Die größeren durchschnittlichen Zeiten in öffentlichen Verkehrsmitteln (17 Prozent gegenüber 14 Prozent bei den Männern) und für Fußwege (22 Prozent gegenüber 14 Prozent bei den Männern) lassen sich nur interpretieren, wenn man das statistische Kollektiv der Frauen in homogene Teilgruppen auflöst. Ein erheblicher Teil der Unterschiede in den statistischen Durchschnittswerten liegt an einer Generationen-Differenz bei den Frauen: In der Generation der heute über 65-Jährigen haben 40 Prozent der Frauen keinen Führerschein (dagegen weniger als 10 Prozent der Männer); diese Frauen können nur als Beifahrerinnen im Auto unterwegs sein. Doch diese traditionelle geschlechtstypische Differenz gibt es bei den Jüngeren nicht mehr: nur noch 5 Prozent der unter 50jährigen Frauen haben heute keinen Führerschein (Männer: 4 Prozent).

Innerhalb der Gruppe der Frauen ergeben sich deutliche Unterschiede in Bezug auf die relative Bedeutung der verschiedenen Verkehrsmittel aus den jeweiligen Lebensumständen. Grundsätzlich gilt das auch für Männer, doch bei Frauen sind die Umbrüche zwischen den verschiedenen biographischen Phasen viel ausgeprägter. Bei Jugendlichen sind die früher bemerkenswerten Unterschiede fast vollständig verschwunden. Eine völlig veränderte Situation für Mobilität und Verkehrsmittelwahl entsteht in jungen Familien mit Kindern (vgl. Heine et al. 2001). Das gilt zwar auch für Männer, aber ganz besonders für Frauen. Sie verbringen meist mehr Zeit als ihre Männer mit außerhäuslichen Wegen und vor allem auch mit Autofahrten. Nur mit Hilfe des Pkw lassen sich ihre Verpflichtungen und selbst gesetzten Ansprüche als Hausfrau und Mutter und das Interesse an Erwerbstätigkeit gleichzeitig realisieren. Sofern die Familie sich keinen Zweitwagen leisten kann oder will, verfügen überwiegend die Frauen alltags über das Auto. Bei den Familienfahrten am Wochenende und im Urlaub sind sie dann allerdings wieder Beifahrerinnen.

Das Verhältnis zwischen Auto und öffentlichen Verkehrsmitteln ist in Haushalten ohne Kinder (auch: wenn die Kinder aus dem Haus sind) deutlich anders. Hier dürften die Geschlechterunterschied ausgeprägter sein: Dominanz des Autos beim Mann, stärkere Nutzung der öffentlichen Verkehrsmittel durch die Frau. Dies finden wir dann auch in den Haushalten von nicht mehr Erwerbstätigen und vermutlich auch bei Alleinlebenden mittleren Alters.

Alles in Allem: die Geschlechtszugehörigkeit spielt bei Mobilität, Verkehrsverhalten und Verkehrs- mittelwahl durchaus eine Rolle; doch diese lässt sich erst im Kontext von unterschiedlichen Lebenslagen, Milieus und Mobilitätsstilen adäquat erfassen. Eine allein auf die Differenz zwischen „den" Frauen und „den" Männern fixierter Analyse führt in die Irre: Sie verdrängt die Gemeinsamkeiten (Dominanz des Autos, nachgeordnete Bedeutung des ÖV); sie vernachlässigt die gravierenden Veränderungen in den verschiedenen Lebensabschnitten und Familienkonstellationen; sie ignoriert mit ihren Durchschnittswerten die sehr großen Unterschiede innerhalb der beiden Geschlechtergruppen.

4.6 Mobilitätsorientierungen und Mobilitätsstile

Die Mehrzahl der vorliegenden empirischen Untersuchungen zu Mobilität und Verkehrsverhalten bezieht sich auf nach sozialdemographischen Merkmalen abgegrenzte Bevölkerungsgruppen[12]. Darin werden Trends sichtbar, durch die sich diese Gruppen (Jugendliche, Familien mit Kindern, Ältere) unterscheiden, sowie erhebliche Differenzen innerhalb der jeweiligen Gruppen. Ausgewählte Befunde dieser Erhebungen wurden oben zusammengestellt.

Einen anderen Weg hat das Institut für sozial-ökologische Forschung mit einer Untersuchung zu Mobilitätsstilen (in zwei Städten: Freiburg/Br. und Schwerin) gewählt (vgl. Götz et al. in Kap. VII.5 dieses Bandes: ▶ Mobilitätsstile und Mobilitätskulturen – Erklärungspotentiale, Rezeption und Kritik). Der Ansatz geht davon aus, dass es in der Bevölkerung (und auch innerhalb der nach sozialdemographischen Merkmalen abgrenzbaren Bevölkerungsgruppen) unterschiedliche Einstellungen zu Mobilität sowie, damit verbunden, zu den verschiedenen Verkehrsmitteln und ihren Vor- und Nachteilen gibt. Diese Einstellungen haben einen wesentlichen Einfluss auf das Verkehrsverhalten und auf die Akzeptanz verkehrspolitischer Maßnahmen und Vorhaben. Die Bedingungen der Lebensphasen (Jugendliche, Elternsituation, Ältere) sowie der Lebenslagen (erwerbstätig; nicht-erwerbstätig; Stadt, Land) schlagen – so die plausible Annahme – nicht unmittelbar auf Mobilitätsverhalten durch, sondern sie werden im Medium von unterschiedlichen Einstellungen und Orientierungen zu Mobilität und Verkehr verarbeitet und beantwortet. Die Art des Umgangs mit den jeweiligen Bedingungen steht im Zusammenhang mit den je unterschiedlichen allgemeinen Lebensstilen der Handelnden. Verdichtet man die erhobenen Mobilitätsorientierungen zu unterschiedlichen Typen, so stellt man fest, dass in ihnen jeweils verschiedene sozialdemographisch definierte Gruppen vertreten sind, allerdings mehr oder weniger stark. So sind die „risikoorientierten Autofans" – zu diesem Typus gehören in Freiburg 20 Prozent der

---

[12]Zum folgenden: Götz et al. 1998; Götz 2000.

Befragten – fast ausschließlich Männer, überwiegend junge und erwerbstätige. Bei anderen Mobilitätstypen ist die Korrelation zwischen den damit erfassten spezifischen Einstellungen und Orientierungen bezüglich Mobilität und Verkehrsmitteln einerseits und Lebenslagen und Lebensphasen andererseits zum Teil weniger ausgeprägt.

5 Wirkungen von ökologischer Autokritik und Umweltbewusstsein

Die die moderne Mobilitätsgesellschaft tragenden Verkehrsmittel bewirken zunehmende, z. T. bereits heute unübersehbare Umweltprobleme[13]. Das gilt selbstverständlich auch für Eisenbahnen, Busse, U-Bahn, Straßenbahn: hoher Energieverbrauch, Flächenverbrauch, Lärm. Im Zentrum steht jedoch das Auto und dies in einem doppelten Sinn: als Umweltbelaster aber auch als zentraler Eckpfeiler attraktiver und individualisierter Mobilität.

In nahezu allen Untersuchungen zeigt sich, dass die Mehrheit der Bevölkerung von den Umweltproblemen weiß und auch den Autoverkehr als einen Hauptverursacher ansieht (in Westdeutschland ist diese Mehrheit deutlicher als in den neuen Bundesländern). Die oben zitierte Arbeit über Mobilitätsstile erlaubt, dafür genauere Abstufungen zu identifizieren: Am einen Ende des Spektrums steht die Minderheit von Autobegeisterten bzw. von Autofixierten, die die ökologischen Folgen nicht interessieren bzw. diese bagatellisieren. Am anderen Ende stehen die ökologisch Entschiedenen (die es als nennenswerte Gruppe allerdings nur in Westdeutschland gibt), die den Automobilismus nicht nur grundsätzlich kritisieren, sondern die auch konsequent auf das Auto verzichten. Dazwischen liegen Mobilitätstypen mit abgestuften Einstellungen zu Umweltproblemen (und zum Auto als Umweltproblem) und starker bis moderater Autonutzung. Schaut man nach der Verkehrsmittelnutzung, so steht bei allen Mobilitätstypen, ebenso wie bei fast allen sozialdemographisch bestimmten Gruppen das Auto im Vordergrund, nicht ganz so deutlich im Berufsverkehr, aber ganz dominant in der Freizeit.

Wenn auch der heutige Stand der Mobilität ungebrochen als Errungenschaft gesehen und verteidigt wird, hinter dem man auf keinen Fall zurückgedrängt werden will, so darf das nicht als Fixierung auf den Status quo überinterpretiert werden. Vor allem die ökologische Kritik hat die meisten Autofahrer sensibilisiert für mögliche Langzeitfolgen, aber auch für die von jedem beobachtbaren aktuellen Schädigungen durch den Autoverkehr. Wir werden nur wenige finden, die von diesen Schattenseiten der Automobilität nichts wissen wollen oder sie ernsthaft bestreiten. Allerdings werden wir auch fast niemanden finden, der aus ökologischen Motiven heraus sein Autoverhalten erheblich verändert hätte. Umweltbezogene

---

[13]Zu diesem Thema gibt es eine Fülle von Veröffentlichungen. Der folgende Abschnitt stützt sich vor allem auf: Franzen 1997; Petersen 1995; Preisendörfer 1999; Heine et al. 2001: 152 ff.

Argumente werden immer wieder erwähnt, aber fast immer nur, um aus anderen Gründen getroffenen Entscheidungen einen ökologischen Touch zu geben. Dies ist eine der Formen, die durchaus empfundene Dissonanz zwischen eigenem Umweltbewusstsein und Autoverhalten zu verarbeiten. Verbreitet ist auch die Haltung selbstanklägerischer Zerknirschung, teilweise ehrlich empfunden, teilweise nur politisch korrekt. Im übrigen hat fast jeder ein ökomoralisch verwendbares Argument, dass sein Autoverhalten durchaus maßvoll sei: Im Unterschied zu vielen anderen habe man keinen Zweit- oder Drittwagen in der Familie, man fahre auf der Autobahn nicht (mehr) 160 Stundenkilometer, der Wagen habe selbstverständlich einen Katalysator, man nutze mehr als früher das Fahrrad, fahre mit öffentlichen Verkehrsmitteln zur Arbeit und – nicht zu vergessen – man verhalte sich im Haushalt schon sehr umweltbewusst: Energiesparen, Mülltrennung, keine scharfen Reinigungsmittel. Präsent ist auch das Kollektivgut-Dilemma: Was nutze es der Umwelt, als einzelner die vielen Nachteile des Autoverzichts auf sich zu nehmen, wenn alle anderen unbekümmert weiter fahren.

Dennoch hat die ökologische Kritik zur Autogesellschaft nicht lediglich das schlechte Gewissen beigesteuert. In Befragungen zeigt sich die Mehrheit bereit, verkehrspolitische Regulierungen zu akzeptieren, die dem Autofahrer auch deutliche Beschränkungen zumuten würden: konsequente Vorfahrt der öffentlichen Verkehrsmittel im Stadtverkehr, Verbesserungen für Fahrradfahrer zu Lasten des Autoverkehrs, Ausdehnung von Fußgänger- und verkehrsberuhigten Zonen, maßvolle Tempolimits usw. Gefordert wird die Verlagerung des Güterverkehrs auf die Bahn und auch ein stärkerer politischer Druck auf die Autoindustrie, technische Lösungen für weniger umweltschädliche Autos zu entwickeln, und vor allem diese auch umzusetzen. Den „autolibertären" Typus, der „freie Fahrt für freie Bürger", den forcierten Ausbau des Straßennetzes und die Rücknahme der eingeführten Einschränkungen des Autoverkehrs verlangt, findet man nicht (mehr) sehr häufig; die Mehrheit ist bereit, maßvolle umweltpolitisch begründete Einschränkungen zu akzeptieren, lässt aber in einer Hinsicht nicht mit sich reden: den Autoverkehr über deutlich höhere Kraftstoffpreise einzudämmen. Man vermutet – und befürchtet – dass dies das möglicherweise wirkungsvollste Mittel wäre, doch damit würde das Auto als soziale Errungenschaft vor allem für Einkommensschwächere infrage gestellt. Auch von denjenigen, die deswegen nicht auf das Auto verzichten müssten, wird es als ein unakzeptablerer Rückschritt angesehen, wenn die Verfügung über ein Auto primär wieder ein Privileg der „Reichen", der „Besserverdienenden" würde.

6   Fazit

Die soziale Eigendynamik und die Komplexität der Mobilität der Bürger stellt die Verkehrspolitik vor schwer zu bewältigende Herausforderungen. Privatwirtschaftliche Interessen und Entscheidungen bestimmen wichtige Rahmenbedingungen für die Alltagsmobilität: Standortwahlen der beschäftigenden Unternehmen, des Einzelhandels und der Freizeitindustrie; die ständig verbesserten, verlockenden Angebote der Autohersteller. Nicht nur die Arbeitsplatzwahl der Bürger, sondern auch ihr Einkaufsverhalten, ihre Wohnbedürfnisse und ihre Ansprüche an die Freizeit führen zu ständig wachsender Mobilität. Die Attraktivität des Autos als dominierendes Verkehrsmittel bleibt trotz aller ökologischer Kritik ungebrochen.

Die Verkehrspolitik der Nachkriegszeit hatte sich zunehmend zur Autopolitik entwickelt: Teils hatte sie den Automobilismus aktiv gefördert, überwiegend hatte sie lediglich reagiert, indem sie sich bemühte, das Straßennetz dem wachsenden Verkehr anzupassen. Seit einiger Zeit – unter dem Druck der ökologischen Kritik – versucht man, durch Restriktionen für den Autoverkehr in den Städten und durch Förderungen des öffentlichen Verkehrs die Autofahrer zum Umsteigen zu bewegen, mit sehr begrenztem Erfolg. Hat gestaltende Politik in diesem Feld überhaupt eine Chance?

Als Vorbild wird vielfach auf die Schweiz verwiesen. Anders als in Deutschland wurde das Eisenbahnnetz nicht ausgedünnt und der öffentliche Verkehr in den Städten deutlich erweitert. Die Schweizer legten (2011) 23 Prozent ihrer täglichen Wegstrecken in öffentlichen Verkehrsmitteln zurück – die Deutschen lediglich knapp 14 Prozent. Allerdings wird auch in der Schweiz für die meisten Wege das Auto genommen und entsprechend wurde auch das Straßennetz stark ausgebaut (Haefeli 2008; Berger et al. 2009; Maggi und Geninazzi 2010). Die täglich zurückgelegten Entfernungen haben sich – gefördert durch die Verkehrspolitik – stark erhöht; der Anteil der Pendler an den Erwerbspersonen verdoppelte sich gegenüber 1970 auf 66 Prozent. Inzwischen melden sich immer mehr Kritiker zu Wort.[14] Zum einen wird kritisiert, dass durch den ständigen Ausbau des Straßennetzes aber eben auch durch die Förderung des öffentlichen Verkehrs die Zersiedelung des Landes, vor allem in dem weiten, wenig verdichteten Umfeld der Metropolregionen stark zugenommen hat. Zum anderen seien die progressiv steigenden Kosten nicht mehr tragbar: 11 Prozent der Ausgaben der öffentlichen Haushalte gehen in den Verkehr (in Deutschland 3 Prozent), die Hälfte davon in den öffentlichen Verkehr, der aber nur für knapp ein Viertel der Verkehrsleistungen steht. Der Verkehr wird von Bund, Kantonen und Gemeinden jährlich mit 2.000 Franken pro Kopf subventioniert; beim Schienenverkehr tragen die Nutzer nur 38 Prozent der Kosten (im Gesundheitswesen dagegen 66 Prozent). Die Förderung des öffentlichen Verkehrs hat offensichtlich nicht den Straßenverkehr reduziert, sondern das Verkehrsvolumen noch einmal gesteigert.

Es sind also durchaus Zweifel angebracht, ob dies eine vorbildliche, ökologisch, sozial und wirtschaftlich vernünftige Politik sein kann. Notwendig wäre der Übergang von der *Verkehrspolitik* zu einer *Mobilitätspolitik*, in der die ausufernde räumliche Mobilität, die diese Verkehrspolitik fördert, zur Diskussion gestellt werden müsste.

---

[14]Die Neue Zürcher Zeitung veröffentlichte in ihrer Serie „Die Zukunft des öffentlichen Verkehrs" eine Vielzahl kritischer Beiträge zu diesem Thema.

Literatur

Berger, Hans-Ulrich, Peter Güller, Samuel Mauch, und Jörg Oetterli. 2009. *Verkehrspolitische Entwicklungspfade in der Schweiz. Die letzten 50 Jahre.* Zürich, Chur: Rüegger.
Blöbaum, Anke, und Ute Felscher-Suhr. 1997. Ein feministischer Blick auf die Verkehrswende. In *Verkehr ohne (W)Ende*, Hrsg. Eckhard Giese, 147–164. Tübingen: Dgvt-Verl.
Borscheid, Peter. 2004. *Das Tempo-Virus. Eine Kulturgeschichte der Beschleunigung.* Frankfurt a. M./New York: Campus.
Brieler, Paul. 1997. Ältere Menschen und Verkehr. In *Verkehr ohne (W)Ende*, Hrsg. Eckhard Giese, 173–182. Tübingen: Dgvt-Verl.
Buhr, Regina, Hrsg. 1999. *Bewegende Moderne.* Berlin: Edition Sigma.
Buhr, Regina. 1999. Neue Nutzungskontexte – zur Bedeutung des Autos im Alltag von Frauen. In *ewegende Moderne*, Hrsg. Buhr, Regina, 105–131. Berlin: Edition Sigma.
Burkart, Günter. 1994. Individuelle Mobilität und soziale Integration. *Soziale Welt* 2: 216–241.
Canzler, Weert. 2000. Das Auto im Kopf und vor der Haustür. Zur Wechselbeziehung von Individualisierung und Autonutzung. *Soziale Welt* 2: 191–208.
Canzler, Weert, und Andreas Knie. 1998. *Möglichkeitsräume. Grundrisse einer modernen Mobilitäts- und Verkehrspolitik.* Wien/Köln/Weimar: Böhlau.
Dittrich-Wesbuer, Andrea, Rebekka Oostendorp, und Frank Osterhage. 2013. Wohnstandortentscheidungen von Familien mit Kindern: zwischen Wohnwünschen und Alltagsorganisation. In *Räumliche Mobilität in der Zweiten Moderne*, Hrsg. Oliver Schwedes, 155–174. Münster: Lit.
Flade, Antje. 1999. Einstellungen zur Verkehrsmittelnutzung von Jungen und Mädchen. In Erziehung zur Mobilität, Hrsg. Claus J. Tully, 107–128. Frankfurt a. M.: Campus.
Flade, Antje, und Maria Limbourg. 1997. *Das Hereinwachsen in die motorisierte Gesellschaf.* Darmstadt/Essen: Wohnen und Umwelt.
Flade, Antje, Maria Limbourg, und Bernhard Schlag, Hrsg. 2001. *Mobilität älterer Menschen.* Opladen: Leske+Budrich.
Franzen, Axel. 1997. *Umweltbewusstsein und Verkehrsverhalten. Empirische Analysen zur Verkehrsmittelwahl und zur Akzeptanz umweltpolitischer Maßnahmen.* Zürich: Rüegger.
Franzpötter, Reiner. 1999. Der Sinn fürs Auto und die Lust an der Unterscheidung – Zur Praxeologie des Automobils in der Erlebnisgesellschaft. In *Technik und Gesellschaft. Jahrbuch 10: Automobil und Automobilismus*, Hrsg. Gert Schmidt, 41–61. Frankfurt a.M./New York: Campus.
Götz, Konrad. 2000. Mobilitätsstile als Konfliktgeneratoren. In *Ökologisches Handeln als sozialer Konflikt. Umwelt im Alltag*, Hrsg. Hellmuth Lange, 81–99. Opladen: Leske+Budrich.
Götz, Konrad, Thomas Jahn, und Irmgard Schultz. 1998. *Mobilitätsstile – Ein sozial-ökologischer Untersuchungsansatz*, 2. Aufl., Freiburg (Breisgau): Öko-Inst.
Haefeli, Ueli. 2008. *Verkehrspolitik und urbane Mobilität: deutsche und Schweizer Städte im Vergleich 1950-1990.* Stuttgart: Steiner.
Haefeli, Ueli, und Oliver Bieri. 2008. *Der autofreie Lebensstil.* Luzern: :Interface-Inst. f. Politikstudien.
Hansjosten, Elfriede. 1999. Delinquentes Verhalten im Verkehr. In *Frauen und Männer in der mobilen Gesellschaft*, Hrsg. Antje Flade, und Maria Limbourg, 115–136. Opladen: Leske +Budrich.
Hebenstreit, Benedikt. 1999. Fahrstiltypen beim Autofahren. In *Frauen und Männer in der mobilen Gesellschaft*, Hrsg. Antje Flade, und Maria Limbourg , 109–113. Opladen: Leske +Budrich.
Heine, Hartwig, und Rüdiger Mautz. 2000. Die Mütter und das Auto – PKW-Nutzung im Kontext geschlechtsspezifischer Arbeitsteilung. In *Ökologisches Handeln als sozialer Konflikt. Umwelt im Alltag*, Hrsg. Hellmuth Lange, 119–142. Opladen: Leske+Budrich.
Heine, Hartwig, Rüdiger Mautz, und Wolf Rosenbaum. 2001. *Mobilität im Alltag. Warum wir nicht vom Auto lassen.* Frankfurt a.M./New York: Campus.

Hunecke, Marcel, Claus J.Tully, und Doris Bäumer, Hrsg. 2002. *Mobilität von Jugendlichen*. Opladen: Leske+Budrich.
Institut für Mobilitätsforschung, Hrsg. 2011. *Mobilität junger Menschen im Wandel – multimodaler und weiblicher*. München: Institut f. Mobilitätsforschung.
Jansen, Luise. 2001. *Mobilität und Sicherheit älterer Menschen: Standortbestimmung und Perspektiven*. Bonn: PACE GmbH.
Kunert, Uwe, Sabine Radke, Bastian Chlond, und Martin Kagerbauer. 2012. Auto-Mobilität: Fahrleistungen steigen 2011 weiter. *DIW-Wochenbericht* 47: 3–14.
Küster, Christine. 1999. Die Zeitverwendung für Mobilität im Alltag. In *Frauen und Männer in der mobilen Gesellschaft*, Hrsg. Antje Flade und Maria Limbourg, 185–206. Opladen: Leske+Budrich.
Maggi, Ricco, und Angelo Geninazzi. 2010. *Verkehrt: Plädoyer für eine nachhaltige Verkehrspolitik*. Zürich: Verlag Neue Züricher Zeitung.
Mobilität in Deutschland. 2008. *Ergebnisbericht 2010*. Bonn/ Berlin: Inst. f. Angewandte Sozialwissenschaft.
Petersen, Rudolf. 1995. Umweltbewusstsein und Umweltverhalten – Das Beispiel Verkehr. In *Umwelt und Gesellschaft*, Hrsg. Wolfgang Joußen und Armin G. Hessler, 89–104. Berlin: Akad.-Verl.
Preisendörfer, Peter. 1999. *Umweltbewusstsein und Verkehrsmittelwahl*. Bremerhaven: Wirtschaftsverlag NW.
Preisendörfer, Peter, und Maren Rinn. 2003. *Haushalte ohne Auto. Eine empirische Untersuchung zum Sozialprofil, zur Lebenslage und zur Mobilität autofreier Haushalte*. Opladen: Leske+Budrich.
Rammler, Stephan. 2001. *Mobilität in der Moderne. Geschichte und Theorie der Verkehrssoziologie*. Berlin: Edition Sigma.
Reutter, Oscar, und Ulrike Reutter. 1994. Autofreie Haushalte: Daten zur Sozialstruktur einer unterschätzten Bevölkerungsgruppe. *RaumPlanung* 65: 112–118.
Schlag, Bernhard, und Katrin Megel. Hrsg. 2002. *Mobilität und gesellschaftliche Partizipation im Alter*.Stuttgart: Kohlhammer.
Statistisches Bundesamt. 2013. *Verkehr auf einen Blick*. Wiesbaden.
Steiner, Dieter. 2009. *Das Mobilitätsverhalten von Personen in autofreien und autobesitzenden Haushalten*. Zürich: Club der Autofreien Schweiz.
Tully, Claus. J. 1998. *Rot, cool und was unter der Haube. Jugendliche und ihr Verhältnis zu Auto und Umwelt. Eine Jugendstudie*. München Verlag Olzog.
Tully, Claus J. Hrsg. 1999. *Erziehung zur Mobilität*. Frankfurt a.M.: Campus.
Tully, Claus J. 2000. Konsequent inkonsequent – Umwelthandeln, Mobilitätspraxis und Mobilitätsstile Jugendlicher. In *Ökologisches Handeln als sozialer Konflikt. Umwelt im Alltag*, 163–182. Opladen: Leske+Budrich.
Tully, Claus J. 2013. Jugend und Mobilität. In *Handbuch Jugend – evangelische Perspektiven*, Hrsg. Yvonne Kaiser, 148–154. Opladen: Leske+Budrich.
Urry, John. 2007. *Mobilities*. Oxford: Polity Press.

Teil VI
Verkehrspolitik als Technologiepolitik

Verkehrstechnik und Gesellschaft: Techniksoziologische Perspektiven auf das Wechselverhältnis von sozialen und technischen Entwicklungen

Ulrich Kirchner und Lisa Ruhrort

Zusammenfassung

Verkehrstechnik, wie Automobil oder Eisenbahn prägt die Gesellschaft. Zugleich wird sie selbst in sozialen Kontexten geformt. Erfolg oder Scheitern technischer Innovationen sind nicht allein auf technisch-naturwissenschaftliche Sachzwänge zurückführbar, sondern sind auch Produkte sozialer Aushandlungsprozesse. Der Prozess der sozialen Konstruktion technischer Innovation wird anhand von Erkenntnissen der Technikgeneseforschung dargestellt und an den beiden Fallstudien, Airbus und Transrapid, illustriert. Dabei werden auch Spielräume der politischen Gestaltung technischer Entwicklung sichtbar.

Schlüsselwörter

Entstehungsbedingungen von Technik • Steuerbarkeit von Technik • Technik als sozialer Prozess • Soziale Konstruktion von Technik • Technikgeneseforschung

1 Einleitung

Um das Verhältnis von Technik und Verkehr zu begreifen, ist es aus sozialwissenschaftlicher Perspektive entscheidend, die wechselseitige Bedingtheit dieser beiden Bereiche in den Blick zu nehmen. Die sozialwissenschaftliche Technikforschung leistet hier zweierlei. Zum einen zeigt sie, wie tiefgreifend gesellschaftliche Realität gerade in der Moderne durch die technische Entwicklung und insbesondere

U. Kirchner (✉)
Duisburg, Deutschland
E-Mail: ulrich.kirchner1@gmx.de

L. Ruhrort
InnoZ – Innovationszentrum für Mobilität und gesellschaftlichen Wandel GmbH, Berlin, Deutschland
E-Mail: lisa.ruhrort@innoz.de

durch die des Verkehrs geprägt wurde. Zum anderen verdeutlicht sie umgekehrt, dass (Verkehrs-) Technik in sozialen Aushandlungsprozessen erzeugt wird, und bis in die Details der Konstruktion durch soziale Faktoren geformt ist. Technik erscheint damit nicht als gesellschaftsexternes Element, das sich nach eigenständigen Fortschrittsgesetzmäßigkeiten entwickelt und die Gesellschaft mit neuen Möglichkeiten und Problemen konfrontiert. Stattdessen konzipiert die sozialwissenschaftliche Perspektive Technik als sozialen Prozess (vgl. Weingart 1989) bzw. als soziale Institution, die in einem Kraftfeld gesellschaftlicher Interessen „gemacht" bzw. geformt wird.

Über Erfolg und Scheitern einer Technik entscheiden demnach weder allein technisch-naturwissenschaftliche Kriterien noch effizienz-ökonomische Parameter. Auch die Konstruktions*form* einer bestimmten Technik wird nicht in einem Optimierungsverfahren nach objektiven Kriterien „herausgemendelt", so dass sich immer „automatisch" die beste technische Lösung durchsetzt. Stattdessen wird Technik in einem Kontext von Interessenlagen sozialer Akteure geformt; kulturelle Leitbilder und systemische Dynamiken tragen dabei zur Stabilisierung von einmal geschaffenen Kernkonzeptionen und Verwendungsweisen einer Technik bei.

Vor dem Hintergrund dieser Ausgangsthesen beleuchten die folgenden Ausführungen in drei Schritten das Verhältnis von Verkehrstechnik und Verkehrspolitik: Dargestellt wird zunächst der bedeutende Einfluss technischen Fortschritts auf die gesellschaftliche Realität namentlich in der Moderne, wobei gerade der Verkehrstechnik eine herausragende Rolle zukommt. Die prägende Kraft von Technik lässt sich dabei bis in die feinsten Grundstrukturen der gesellschaftlichen Realität verfolgen. Ein zweiter Schritt klärt die Bedeutung verkehrstechnischer Entwicklung für die Verkehrs*politik*: Einerseits bestand und besteht Verkehrspolitik in weiten Teilen auch in der Förderung technischer Neuerungen und Infrastrukturen; andererseits ist die Verkehrspolitik mit der Notwendigkeit konfrontiert, die (negativen) Nebenfolgen der Verkehrstechniken zu bearbeiten. In einem dritten Schritt werden die Entstehungsbedingungen von Technik in den Blick genommen und damit die Frage geklärt, wie die Gesellschaft zu einem gegebenen historischen Zeitpunkt zu einer bestimmten technischen Ausstattung kommt. Technik wird dabei als Produkt sozialer Aushandlungsprozesse verstehbar. Genau wie der Kurs der Technikgeschichte insgesamt wird die spezifische Form eines jeden technischen Artefakts in einem Kraftfeld gesellschaftlicher Interessen und Interpretationen erzeugt. Diese Perspektive auf Technikgenese zeigt dabei Spielräume für interessengeleitete Entscheidungen auf, ohne aber damit eine beliebige Steuerbarkeit technischer Entwicklungspfade zu unterstellen.

2 Die Verkehrstechnik als prägende Kraft gesellschaftlicher Entwicklungsdynamik

Kaum ein Faktor hat die historische Entwicklung von Mobilität stärker geprägt und getragen als die Invention und Verbreitung neuer Verkehrstechniken. Die Verfeinerung von Navigationstechniken in der portugiesischen Seefahrt des 16.

Jahrhunderts öffnete neue globale Mobilitätsräume (vgl. Law 1986). Durch die Eisenbahn wurden ganze Länder und Territorien mit einer hochkomplexen technischen Infrastruktur überzogen; Verkehrserschließung war hier gleichbedeutend mit einer Technologisierung der Umwelt und der Bewegung in ihr. Mit dem Verbrennungsmotor als neuer Antriebstechnik wurde dann ein Individualfahrzeug praktikabel, das in puncto Geschwindigkeit ähnliche Dimensionen wie die Eisenbahn erreichte und dadurch individuelle Mobilitätsräume schlagartig ausweitete. Deren Grenzen wurden häufig vom Grad der technischen Leistungsfähigkeit bestimmt. So rücken mit jedem Rekord der Hochgeschwindigkeitszüge Städte und Ballungsräume potenziell enger zusammen. Mit den Worten „die Eisenbahn tötet den Raum" charakterisierte Heinrich Heine schon in der ersten Hälfte des 19. Jahrhunderts die umwälzende Wirkung dieses neuen Verkehrsmittels. Andererseits wird die Zukunft des gesamten Verkehrssystems Automobil möglicherweise von der erfolgreichen Entwicklung alternativer Antriebstechniken abhängen.

Nicht weniger eng ist das Verhältnis von Verkehrstechnik und sozialer Umwelt, deren Entwicklung, das fällt zunächst ins Auge, von der Verbreitung bestimmter Verkehrstechniken maßgeblich mitgestaltet wurde. Dies erfolgte indirekt, indem die durch diese Techniken ermöglichte Mobilität gesellschaftliche Verflechtung erhöhte und Wandlungs- und Wachstumsprozesse beschleunigte, und direkt, indem die *technischen* Eigenschaften der Verkehrsträger ihre Verwendungskontexte prägten: Zum einen verlangen technische Infrastrukturen häufig nach tiefgreifenden Umgestaltungen der natürlichen Umwelt. Zum anderen musste zumeist auch die Gesellschaft so angepasst werden, dass sie die Voraussetzungen für das reibungslose Funktionieren der Verkehrsmittel erfüllte. So erzeugte zum Beispiel das Automobil schon in den Anfängen seiner Verbreitung neue Ansprüche an das disziplinierte Verhalten der Verkehrsteilnehmer: Die Verkehrserziehung wurde hier als „sozialtechnisches" Mittel eingesetzt, um die Zahl der durch das Automobil mitverursachten Unfälle zu reduzieren. Zugleich gewöhnte die zunehmende Menge von Automobilen breite Bevölkerungsschichten an einen alltäglichen Umgang mit einer technisch komplexen Fortbewegungsmaschine. Vor diesem Hintergrund kann die Verkehrstechnik geradezu als eine zentrale Prägestätte der modernen technikdominierten Zivilisation betrachtet werden, denn Mobilität ist fast immer, mit der Ausnahme des Zufußgehens, technikvermitteltes Handeln (vgl. Rammler 2001). Die Sozialwissenschaft bringt diese herausragende Rolle der Verkehrstechnik mit den Begriffen der „Eisenbahngesellschaft" bzw. der „Autogesellschaft" auf den Punkt (vgl. Berger 1986).

Der engen Verflechtung von verkehrstechnischer und gesellschaftlicher Entwicklung entspricht in doppelter Hinsicht ein starker Zusammenhang von Verkehrspolitik und Verkehrstechnik. Auf der einen Seite ist die Verkehrspolitik mit den *Folgewirkungen* technologischer Entwicklungen konfrontiert. So entzünden sich zentrale verkehrspolitische Diskussionen an den technischen Eigenschaften und insbesondere den negativen Begleiterscheinungen der Verkehrsträger. Die Frage nach der optimalen Antriebstechnik für das Automobil beispielsweise wird durch die problematischen Nebenwirkungen des Schadstoffausstoßes und Ressourcenverbrauchs zu einem unmittelbar politisch relevanten Thema.

Auf der anderen Seite sind Verkehrstechniken oft mit Hilfe staatlicher Förderung erst projektiert bzw. zur Marktreife gebracht worden. Die zeitweilig zu 90 Prozent von staatlichen Subventionen getragene Entwicklung der Magnetbahn Transrapid bietet hierfür ein Beispiel. Doch massiver staatlicher Subventionen zu ihrer *Durchsetzung* bedurften auch im privaten Sektor entstandene Verkehrstechniken. Sie sind in vielen Fällen auf groß angelegte infrastrukturelle Vorleistungen angewiesen, um sich zu einer für die Nutzer praktikablen und attraktiven Alternative zu entwickeln. Was für die infrastrukturlastige Eisenbahn offensichtlich ist, gilt ebenso für das Automobil: Ohne speziell auf diese Technik zugeschnittene Straßen, kombiniert mit einer systematischen Politik der „autogerechten Stadt", hätte dieses scheinbar ganz unabhängig und individuell bewegliche Verkehrsmittel seine besonderen Vorzüge, vor allem in puncto Geschwindigkeit und Vielseitigkeit, kaum je entfalten können (vgl. Kuhm 1997). Das Beispiel nimmt damit schon eine zentrale Erkenntnis der sozialwissenschaftlichen Technikforschung vorweg: Es zeigt sich hier, dass die Entwicklung eines in sich funktionstüchtigen technischen Artefaktes allein nicht genügt. Eine Technik wird nicht „in die Welt gesetzt" und verbreitet sich dann rein gemäß den Mechanismen einer vorher gegebenen Nachfrage. Vielmehr spiegelt sich in dem Funktionieren des gesamten „großtechnischen Systems" des Automobilismus auch der politische Wille, eine bestimmte Technik durchzusetzen und zu verbreiten (vgl. Kuhm 1997; Canzler 1997; Mayntz und Hughes 1988).

Mit den gesellschaftlichen Konsequenzen technischer Entwicklung befassen sich u. a. die sozialwissenschaftlichen Ansätze der Technikfolgenabschätzung (vgl. Dierkes 1993). Die Bemühungen um die Erforschung der (unerwünschten) Folgen und Nebenfolgen technischer Entwicklungen auf die gesellschaftliche Umwelt führte zugleich zu der Frage nach den sozialen *Entstehungs*bedingungen von Technik. In der deutschsprachigen Sozialwissenschaft entfaltete sich hieraus ein Forschungsprogramm der Technikgeneseforschung, dessen politischer Impetus auf der Suche nach den Möglichkeiten einer „gesellschaftsverträglichen" Technikentwicklung fußte (vgl. Dierkes und Knie 1997). Zugleich erfuhr die Technikforschung in der angelsächsischen Sozialwissenschaft eine entscheidende Weiterentwicklung in Form des Ansatzes der *Social Shaping of Technology* (vgl. MacKenzie und Wajcman 1985). Insbesondere im Laufe der 80er- und 90er-Jahre befassten sich beide Ansätze vor allem in Form von historischen Fallstudien mit der Evolution von Technik, wobei u. a. auch verkehrstechnische Innovationen Berücksichtigung fanden.

Für Autoren wie Bijker et al. (1987) diente dabei die Wissenschaftssoziologie als Vorbild, die die Rolle von explizit sozialen Einflussfaktoren für die Entwicklung der scheinbar gesellschaftsexternen Wissenschaft herausgearbeitet hatte. In der traditionellen Wissenschafts- und Technikgeschichte hatten die einzelne Erfindung und die Leistungen einzelner Erfinderpersönlichkeiten im Mittelpunkt der Betrachtung gestanden. Gesellschaftliche Umstände fanden hier am ehesten als hemmende Kräfte auf dem Weg der Durchsetzung des „eigentlich rationalen" technischen bzw. theoretischen Ansatzes Berücksichtigung (vgl. Bijker und Pinch 1984). Die folgenden Ausführungen werden verdeutlichen, wie die sozialwissenschaftliche

Technikforschung, sowohl in Form der neueren Technikgeschichte als auch in Form der soziologischen Technikgeneseforschung, diese einseitige Perspektive relativiert und Technik selbst als soziale Institution, getragen von Interessen und Interpretationen, rekonstruiert. Anhand von zwei Fallbeispielen politisch geförderter technologischer Projekte, Airbus und Transrapid, wird sodann die Auffassung von Technikentwicklung als Produkt sozialer Aushandlungsprozesse illustriert.

3 Entstehungsbedingungen von Technik

3.1 Welche Kräfte formen die technische Ausstattung der Gesellschaft?

Schon der oberflächliche Blick auf den engen Zusammenhang von Technik und Gesellschaft rückt die Frage in den Mittelpunkt, welche historisch spezifischen Faktoren jeweils die technische Ausstattung einer Gesellschaft beeinflussen und mitformen. Warum ist beispielsweise das Automobil ein flächendeckend verbreitetes Verkehrsmittel, der Transrapid aber nicht? Zunächst könnte die Antwort darauf einfach erscheinen: Gemäß der Auffassung der traditionellen Technikgeschichtsschreibung würde das Spektrum heute existierender Techniken als Ergebnis einer Fortschrittsdynamik betrachtet werden, die immer neue, den Vorgängerlösungen jeweils überlegene Ausformungen schafft.[1] Politischer Wille, dem gerade im Bereich verkehrstechnischer Großprojekte offensichtlich eine gewichtige Rolle zukommt, würde demnach die Durchsetzung der „progressiveren" Alternative zwar hemmen oder fördern; dieser Einflussnahme vorgängig sei aber die ursprüngliche Erfindung der technischen Grundkonzeption. Technologische Entwicklung wird so als linearer Prozess gedacht, bei dem veraltete Techniken durch eine verbesserte, insgesamt rationalere und effizientere Alternative abgelöst werden. Umgekehrt folgt aus dieser Konzeption, dass konkurrierende technologische Entwürfe, die sich nicht durchsetzen, als minderwertige Alternativen in Bezug auf technische bzw. effizienz-ökonomische Kriterien betrachtet werden müssen.[2]

Die sozialwissenschaftliche Technikforschung konnte jedoch anhand einer Vielzahl von Fallstudien dieses monokausale Erklärungsmuster relativieren. Anstatt die Details der technischen Konstruktion als Domäne der ingenieurswissenschaftlichen

---

[1] Diese Schule der Technikgeschichtsschreibung entstand an der Wende vom 19. zum 20. Jahrhundert (vgl. Albrecht 1993b: 20-23; Gleitsmann 1991: 111-129). Als Mitbegründer und typischer Vertreter dieser „klassischen" Technikgeschichte gilt z. B. Conrad Matschoß (1908). Für einen generellen Überblick über die Technikgeschichte in Deutschland vgl. Radkau 1989.

[2] In den 1960er-Jahren entwickelte sich dagegen eine neue Richtung der Technikgeschichtsschreibung, die den Anspruch hatte, durch Typisierung und Generalisierung die Strukturen, das Allgemeine im geschichtlichen Prozess herauszuarbeiten (vgl. Albrecht 1993b: 23–29; König 1997: 14 f. Gleitsmann 1991: 129-133). In den 1990er Jahren setzten sich die Historiker, angeregt durch die sozialwissenschaftliche Technikforschung, dann auch mit dem Prozess der Technikgenese auseinander (vgl. Albrecht 1993a: 468; Braun 1993; Hellige 1993; König 1993).

Perspektive aus ihrem Blickfeld auszuklammern oder nur rein deskriptiv zu erfassen, analysiert sie die Wirkungsmechanismen sozialer Einflussfaktoren gerade auf dieser Ebene. Der soziologische Blick beschränkt sich so nicht mehr auf die sozialen Randbedingungen technischer Entwicklung, wie Akzeptanzprobleme oder Nebenfolgen, sondern untersucht die konstruktive Leistung sozialer Faktoren bei der Formung von Technik. Die Fallstudien aus diesem Bereich zeigen dabei, wie insbesondere Akteursinteressen und Interpretationen die Auswahl bestimmter technischer Optionen beschränken und kanalisieren, in dieser Weise aber auch den schließlich erfolgreichen Technologien erst zu ihrer Realisierung verhelfen.

Als Beispiel für eine solche Analyse lässt sich die Geschichte des Dieselmotors heranziehen, dessen Existenz der gängigen Interpretation von Fortschritt zufolge aufgrund seiner Dominanz im Motorenbereich selbsterklärend sein müsste: Sein Erfolg und seine Stabilität würden als Beweis seiner Überlegenheit über andere technische Alternativen, wie etwa die der Dampfmaschine, verstanden werden. Als entscheidende Faktoren für die Auswahl und Förderung des neuen Motors kämen zunächst rein technische Effizienzkriterien in Betracht, insofern sie den Interessen bestimmter Akteure entgegen kommen: Die Hersteller „mussten" den Dieselmotor entwickeln und verbreiten, schlicht weil sie erkannten, dass es sich um das leistungsfähigere Modell handelte.

Die theoretische Perspektive der Techniksoziologie macht in diesem Fall jedoch deutlich, dass der Dieselmotor anfangs keinesfalls als „geniale Erfindung" und technisch rationalere Alternative zum Status Quo der Entwicklung „erkannt" werden musste. Stattdessen wurde Diesels Konstruktionsversuchen zunächst nicht nur der Anspruch auf Durchführbarkeit abgesprochen, sondern auch bezweifelt, dass sie im Vergleich zur Dampfmaschine zweckmäßiger seien. Weder aus ökonomischer noch aus technischer Sicht erschien Diesels Motor als eine Neuheit, auf die ‚die Welt gewartet' hatte. Auch nachdem der Erfinder durch seine organisatorischen Fähigkeiten wichtige Unterstützer gewonnen hatte, erwies sich der Motor zunächst als problematische Investition anstatt als geniale Erfindung: Immer wieder mussten die Mängel der bereits verkauften Exemplare mit hohem technischen und finanziellem Aufwand ausgeglichen werden. Erst nach einer langen „Stützungsphase" konnte der Motor als attraktive Alternative etabliert werden (vgl. Knie 1991).

Diese und ähnliche Fallstudien dienen der sozialwissenschaftlichen Technikforschung als Basis für tiefgreifende Schlussfolgerungen in Bezug auf die Formung von Technik: Indem die Vorstellung vom linearen Fortschritt aufgegeben wird, werden Spielräume für Akteure sichtbar, interessengeleitete Wahlentscheidungen zu treffen. Akteure mussten sich für das Projekt Dieselmotor entscheiden, ohne wissen zu können, ob es am Ende lukrativ sein würde. Der Soziologe Bruno Latour folgert daraus zugleich, dass die Unterscheidung zwischen „lohnenden", d. h. technisch machbaren und schließlich auch ökonomisch effizienten technischen Entwürfen einerseits, und „unrealistischen" Konzepten andererseits als Produkt des historischen Rückblicks selbst betrachtet werden müsse. Welche Ideen sich als machbar erweisen, basiert demnach auf der kontingenten, d. h. immer auch anders möglichen Entscheidung von Akteuren für ein Projekt. Sie verleihen ihm

Realität und Robustheit auch angesichts auftretender technischer Schwierigkeiten, indem sie ihre Interessen in die Konstruktion des Prototyps einfließen lassen und Ressourcen zur Verfügung stellen (vgl. Latour 1996). Aus dieser Perspektive wird der Einfluss technisch-ökonomischer Sachzwänge relativiert. Stattdessen erscheint Technik als soziale Institution, zusammengesetzt aus den materiellen, im engeren Sinne technischen Elementen und den sie tragenden gesellschaftlichen Strukturen und Interessenkonstellationen (vgl. Dierkes und Knie 1997; Latour 1996; Hughes 1983; Rammert 1993).

Mit Hilfe dieser Konzeption kann einerseits eine Antwort darauf gefunden werden, warum einige Techniken heute wie selbstverständlich zu unserem (Mobilitäts-)Alltag gehören, andere sich aber nicht durchgesetzt haben. Zugleich kann damit der Status quo der technologischen Entwicklung ins Kreuzfeuer genommen werden: So lässt sich beispielsweise die Frage formulieren, warum sich bestimmte Aspekte der Automobiltechnik als derartig dauerhaft erweisen, anstatt ständiger Veränderung und Anpassung unterworfen zu sein. Als Antwort reicht nun nicht mehr aus, dass die „beste" Technik diese Stabilität bewirke, sondern vielmehr die Interessen, die mit einer Technik verknüpft sind.

3.2 Technikentwicklung als soziale Konstruktionsleistung

Entscheidend für das Konzept der sozialen Konstruktion von Technik sind die Verknüpfungspunkte, an denen technologische Bausteine mit den Interessen und Interpretationen von Akteuren „aufgeladen" werden. Bijker und Pinch (1984) zeigen am Beispiel des Fahrrades, wie die Zwecksetzungen spezifischer sozialer Gruppen in die Konstruktionsmerkmale des Fahrrades eingeschrieben sind. Im Sinne der oben dargelegten Zweifel, dass der jetzige Stand der Dinge auf einer Abfolge rein technischer Verbesserungen beruhe, fragen die Autoren, wie die heute gängige und selbstverständliche Bauweise des Fahrrades sich historisch herausgebildet hat. Dabei widerlegen sie zunächst die Vorstellung, es habe sich in diesem Prozess die „technisch überlegene" Gestaltung durchgesetzt. Die Qualität einzelner Konstruktionsalternativen lässt sich ihrer Darstellung zufolge nur jeweils relativ zu den Interessen und Nutzungsansprüchen verschiedener gesellschaftlicher Gruppen bewerten. Beispielsweise stellten Männer und Frauen unterschiedliche Ansprüche an die Nutzung des Fahrrades und räumten jeweils anderen Eigenschaften, z. B. Wendigkeit oder Sicherheit, Priorität ein. Die große Bandbreite an Entwürfen, die heute in Technikmuseen als Kuriositätenkabinett erscheint, bildet für die Entstehungsphase des Fahrrades diese unterschiedlichen Nutzerbedürfnisse ab. Bijker und Pinch zeigen in ihrer Studie, wie die soziale Auseinandersetzung um die dominanten Zwecksetzungen auch auf der Ebene der kleinsten Konstruktionsdetails geführt wurde. An die Stelle eines technischen Sachzwangs zur Optimierung einer Technik tritt hier ein Spielraum für interessengeleitete Gestaltungsentscheidungen, die die Autoren als *interpretive flexibility* bezeichnen.

Auch Latour (1996) betont in seiner Studie zur Projektgeschichte der automatisierten Kabinenbahn ARAMIS die Rolle von Interpretationsleistungen als

Nexus zwischen Akteuren und technischen Konstruktionsmerkmalen. Bei dem Untersuchungsgegenstand handelt es sich um ein gescheitertes Projekt, das von den Beteiligten im Nachhinein als „technisch nicht machbar" eingestuft wird. Dieser Eindruck erweist sich in Latours Analyse als Artefakt des historischen Rückblicks selbst, der übersieht, dass an jedem Punkt der Projektgeschichte ein anderer Entwicklungspfad hätte eingeschlagen werden können.

Latour verdeutlicht an diesem Fallbeispiel die Dynamik der interessengeleiteten Interpretation. Ein ursprünglicher Entwurf für die Kabinenbahn gewinnt hier zunächst dadurch an Realität, dass die Pariser Nahverkehrsgesellschaft (RATP) ihn als Faustpfand für ihre technologische Vorreiterrolle *interpretiert*. Ganz im Sinne des Verständnisses, dass Technik ein Mittel zu einem bestimmten Zweck ist, setzt dieser Akteur daraufhin Ressourcen ein, um weitere Unterstützung für das Projekt zu rekrutieren. Zugleich schränkt die von RATP von Anfang an vorgegebene Interpretation aber die Spielräume der technisch möglichen Konstruktionsalternativen ein. Als noch problematischer aber erwies sich, dass die Akteure, die für eine Beteiligung gewonnen werden konnten, ihre eigenen Deutungen entwickelten. Das Aufeinandertreffen all der unterschiedlichen Interpretationen habe, so Latour, dazu geführt, dass das Projekt am Ende als „technisch nicht machbar" abgebrochen wurde: So ergab sich beispielsweise aus dem Stellenwert von ARAMIS als einem Prestigeprojekt der RATP die Forderung nach komplexen technischen Elementen, die den Avantgarde-Charakter des Vorhabens unterstreichen sollten. Zugleich sollte es, ebenso aus Prestigegründen, unter allen Umständen in der Innenstadt von Paris umgesetzt werden, woraus wiederum vielfältige Komplikationen folgten, die technisch nicht mehr eingeholt werden konnten. Das Beispiel verdeutlicht damit, wie eng technische Konstruktion und soziale Zwecksetzungen im Prozess der Technikentwicklung verknüpft sind und kombiniert wirken, um einem technischen Entwurf Realität zu verleihen bzw. seine Umsetzung zu behindern (vgl. Latour 1996).

In umgekehrter Hinsicht lässt sich die Gestalt technischer Artefakte aus der Perspektive der Techniksoziologie so als Produkt geronnener gesellschaftlicher Machtgefälle, Wertvorstellungen und Zwecksetzungen verstehen (vgl. z. B. Rammert 1993; Bijker et al. 1987).

Zugleich ist aber zu beachten, dass die interessengeleitete Formung von Technik, vom ersten Entwurf zur Realisierung als Artefakt, immer „im Dialog" mit den im engeren Sinne technisch-naturwissenschaftlichen Möglichkeiten stattfindet. Latour (1996) schlüsselt dieses Wechselspiel detailliert auf und kommt zu der Konzeption eines „saumlosen" Ineinandergreifens von sozialen und materiellen Faktoren: Die technischen Komponenten und Konstruktionsmöglichkeiten sind ein „Akteur" neben anderen in einem Kraftfeld, in dem eine bestimmte technische Form entsteht (vgl. auch Hughes 1986). Damit schwächt die soziologische Akteur-Netzwerk-Theorie, die den Technikgeneseansatz radikal weiterentwickelt hat, die Unterscheidung von sozialen und technisch-materiellen Bausteinen immer weiter ab, indem sie beiden den Status von „Aktanten" in einem Netzwerk von Akteuren zuspricht (vgl. Latour 2001; Rammert 2003; Law 1986). Zugleich verwendet sie für die Beschreibung technischer Entwicklungsprozesse den Begriff des *heterogeneous engineering* (vgl. MacKenzie 1990), um zu verdeutlichen, dass materielle und soziale Faktoren gleichermaßen manipuliert werden müssen, um technischen Projekten zur Realisierung zu verhelfen.

Der Verweis auf die Interaktion von materiellen und sozialen Faktoren bei der Technikentwicklung erinnert aber zugleich daran, dass soziale Konstruktion nicht mit beliebiger Formbarkeit gleichgesetzt werden kann. Nicht alles ist technisch möglich. Genauso wenig ist der soziale Aushandlungsprozess beliebig steuerbar. Die technischen Voraussetzungen setzen dem Aushandlungsspielraum ebenso enge Grenzen wie die sozialen Einflussfaktoren.

3.3 Welche Faktoren bestimmen über Erfolg oder Scheitern einer Technik?

Ausgehend von der Konzeption von Technik als Produkt sozialer Konstruktionsprozesse konnte die sozialwissenschaftliche Technikforschung eine Vielzahl von Faktoren identifizieren, die den Erfolg bestimmter Techniken fördern bzw. hemmen.

Wie gerade das oben erwähnte Beispiel des Dieselmotors zeigt, setzt sich ein technischer Entwurf in der Regel nicht aufgrund seiner immanenten Rationalität und seiner Überlegenheit gegenüber dem überkommenen Status quo durch. Stattdessen muss die Phase der Entwicklung von unterstützenden Akteuren getragen werden. Deren Netzwerk erfolgreich zu organisieren, gehört dabei zu den wesentlichen Faktoren für die Durchsetzung neuer technischer Entwürfe. Als eine Voraussetzung für den Erfolg identifiziert Thomas P. Hughes (1987) die Qualitäten eines „Erfinder- Unternehmers". Wie seine Studien zeigen, entsteht eine erfolgreiche Technik oftmals nicht unmittelbar aus einer „genialen" Idee, sondern aus Weiterentwicklungen bereits bestehender technologischer Ansätze durch einen geeigneten zentralen Akteur. Dieser muss die Fähigkeit besitzen, Unterstützer zu gewinnen, indem er die Interessen potenzieller Träger in Konstruktionsmerkmale „übersetzt". Der technische Entwurf wird so in einem aktiv vorangetriebenen Aushandlungsprozess an ein gesellschaftliches Umfeld angepasst (vgl. auch Knie 1994).

Neben der Rolle des Erfinder-Unternehmers erweist sich die erfolgreiche Organisation von Schließungsprozessen als entscheidender Erfolgsfaktor im Prozess der Technikgenese. Im historischen Rückblick lässt sich eine bestehende Technik meist auf einen oder mehrere Grundentwürfe zurückbeziehen. Diese Entwürfe eines grob umrissenen Funktionsprinzips eröffnen ein weites Spektrum möglicher Ausgestaltungen und Anwendungskontexte. Von dort führt zunächst nicht nur *ein* möglicher Entwicklungspfad zu einer Optimierung der Technik. Stattdessen ist der Entwurf offen für die Interpretation durch potenzielle unterstützende Akteure. Den Erkenntnissen der techniksoziologischen Forschung zufolge ist jedoch eine baldige Schließung, mit der ein Entwicklungspfad festgelegt wird, unabdingbare Voraussetzung für die erfolgreiche Realisierung und Durchsetzung einer Technik (vgl. Bijker und Pinch 1984; Knie 1994).

Umgekehrt erweisen sich diese frühen Festlegungen allerdings als äußerst stabil und können im Laufe der folgenden Entwicklungsphasen oft kaum mehr aufgebrochen werden. Sie werden damit zu einem „Trägheitsmoment", das Innovationsprozessen mitunter enge Grenzen setzt. Vor allem mit Blick auf die verkehrspolitische Relevanz der Technikforschung sind daher auch jene techniksoziologischen Ansätze besonders interessant, die solche Trägheitsmomente, u. a. in Form von gesellschaftlichen Leitbildern (vgl. Dierkes et al. 1992; Canzler 1997) und systemischen Eigendynamiken (vgl. Kuhm 1997; Mayntz und Hughes 1988) erforschen. Im Mittelpunkt steht dabei die oben schon erwähnte Frage nach der Stabilität eines technischen Status quo, wie sie etwa von Canzler und Knie (1994) am Beispiel des Automobils untersucht wurde. Ähnlich wie bereits Callon (1980) fragte, warum neue Antriebstechniken sich bisher noch nicht gegen den dominanten Verbrennungsmotor durchsetzen konnten, setzt die Leitbildforschung bei den Gründen für das Beharrungsvermögen einer über 100 Jahre alten technologischen Grundkonzeption an. Warum, so die Ausgangsfrage, weist das Automobil seit seiner Erfindung bis in die Antriebstechnik hinein eine derartige Stabilität auf? Gerade im Kontext der Versuche von einer Reihe von Industriestaaten, Autos mit elektrischem Antrieb zu fördern, kommt diesen Fragen momentan wieder eine neue Aktualität zu (vgl. z. B. Ruhrort et al. 2014; Woodjack et al. 2012; Canzler und Knie 2011; Rammler und Weider 2011). Warum also wurde das gesellschaftlich so zentrale technische Objekt Automobil seit seiner Entwicklung kaum von grundlegenden Innovationsschüben verändert, obwohl sich seine soziale Umwelt und damit die Bedingungen seiner Verwendung beständig gewandelt haben?

Canzler und Knie (1994) relativieren dabei zunächst im Sinne der oben stehenden Argumentation, dass Verweise auf die Unvollkommenheiten und technischen Probleme sowie Nebenwirkungen *alternativer* Techniken keine ausreichende Erklärung für das Scheitern dieser Alternativen bieten. Zwar hätten beispielsweise elektrisch angetriebene Fahrzeuge eine geringere Reichweite und müssten leichter und kleiner gebaut sein; aber auch die bestehende Technik des Verbrennungsmotors setzt voraus, dass ein ganzer Katalog von vielfältigen negativen Nebenfolgen und Nachteilen, u. a. in Bezug auf den Ressourcenverbrauch, in Kauf genommen wird (vgl. ebd.).

Anstatt also den Verbrennungsmotor als vorläufig „beste" Antriebstechnik fraglos zu akzeptieren, untersucht die Leitbildforschung die Kriterien, welche die Entscheidung *für* den Status quo und *gegen* die potenziellen Alternativen anleiten. Sie erarbeitet dabei das Konzept eines kulturellen Leitbildes, das die Bewertung einer Technik nach reinen Effizienzgesichtspunkten einschränkt und der Suche nach alternativen Lösungen Grenzen setzt. Sowohl bei den Nutzern als auch bei den Herstellern des Automobils finden die Autoren die Vorstellung von der „Renn-Reise-Limousine" fest verankert, die ein Paket von Anforderungen an das technische Artefakt Automobil impliziert: Ein Auto muss demnach sowohl alltägliche kurze Wege, gerade auch im städtischen Raum, überbrückbar machen, als auch für die lange Urlaubsfahrt geeignet sein. Zugleich muss es Stauraum für größere und kleinere Ladungen bieten und mindestens vier Personen transportieren können (vgl. ebd.).

Diese Kombination von Eigenschaften erscheint dabei als Produkt der Verwendungsgeschichte bzw. der Interpretation des technischen Artefakts Automobil. Davon abweichend wären auch andere Verwendungsgewohnheiten denkbar: Im Kontext eines anderen kulturellen Leitbildes könnte es selbstverständlich sein, unterschiedliche Verkehrsmittel für Kurz- bzw. Langstrecken zu benutzen bzw. die Verkehrsmittel gar nicht selbst zu besitzen, sondern je nach Anlass gemietete Fahrzeuge und öffentliche Verkehrsmittel zu kombinieren. Die Bedeutung des Leitbildes liegt aber gerade darin, dass auch die gesamte *technische* Basis des Automobils auf dieses Paket von Anforderungen ausgerichtet ist. Bei der Einführung neuer Antriebstechniken ergibt sich daraus die Notwendigkeit, dasselbe Leistungsspektrum abzudecken wie die herkömmliche Technik. Dies ist wiederum zumindest vorläufig mit den *technischen* Möglichkeiten der Elektroantriebe noch nicht gelungen. Die „Mängel" der alternativen Technik erscheinen somit aber nicht als objektive Schwächen, sondern als Schwächen relativ zu einer bestimmten Vorstellung vom Automobil. Zusätzlich stabilisiert werden solche Leitbilder durch die Interessen von „Stakeholdern" an der Technik, so wie etwa die am Verbrennungsmotor geschulten Ingenieure und die Automobilunternehmen als Träger einer hochgradig auf einen bestimmten technischen Standard spezialisierte Produktionsmaschinerie (vgl. Knie 1994).

Im Kontext dieses Forschungsansatzes kann zugleich noch einmal herausgehoben werden, dass das Konzept der sozialen Konstruktion von Technik keineswegs mit beliebiger Steuerbarkeit von Technikentwicklung gleichzusetzen ist. Im Gegenteil zeigt gerade die Leitbildforschung, dass die Prägekraft von sozial verankerten Vorstellungen stabiler ist als jedes materielle Artefakt. Das Leitbild fungiert als „sinnstiftender Kern", um den herum sich die Anstrengungen in Forschung, Entwicklung, Produktion und Marketing der fertigen Produkte konzentrieren. Damit bildet es zugleich den festen Rahmen, innerhalb dessen technische Möglichkeiten nutzbar gemacht werden oder ungenutzt bleiben.

Umgekehrt zeigen gerade die Ergebnisse der Leitbildforschung, dass technische Innovationen zu ihrer erfolgreichen Durchsetzung der Einbettung in einen „Funktionsraum" bedürfen, zu dem neben infrastrukturellen Faktoren auch kulturelle Muster neuer Verwendungsgewohnheiten gehören (vgl. Knie 1998).

Zu den kulturellen Faktoren treten systemische „Trägheitsmomente" hinzu. Mit dem Konzept des „großtechnischen Systems" analysiert die sozialwissenschaftliche Technikforschung die Integration technischer Artefakte in einen infrastrukturellen und institutionellen Kontext. So zeigt Kuhm (1997) am Beispiel des „großtechnischen Systems des Automobilismus", dass hinter der individuellen Nutzung von Kraftfahrzeugen ein eng verflochtenes Netz von industriellen Produktionszweigen steht, das von der Autoherstellung selbst bis zur Fertigung von Fahrbahnbelägen reicht. Zugleich ragt das System des Automobilismus in weite Teile der gesamtgesellschaftlichen institutionellen Landschaft hinein, beispielsweise in Form von spezialisierten Diensten wie der Verkehrspolizei, dem Verkehrsrecht oder einer auf Verkehrsunfälle spezialisierten Medizin. Aus dieser Verflechtung schließt Kuhm auf ein systemisches Trägheitsmoment, das Innovationsversuchen gerade im Bereich der Verkehrstechnik tendenziell entgegenwirkt (vgl. auch Mayntz und Hughes 1988).

Auf Basis der hier skizzierten Befunde zu den Wirkungsmechanismen technischer Konstruktionsprozesse hat sich im Bereich der Technikgeneseforschung eine Unterscheidung zwischen drei Stadien des Geneseprozesses etabliert: In einer *Öffnungsphase* versuchen Akteure, für einen breit angelegten, noch relativ unkonkreten technischen Entwurf Unterstützung zu rekrutieren. Ein weiter Spielraum für die interessengeleitete Interpretation des Projekts durch potenzielle Unterstützer ist dabei von entscheidender Bedeutung, um einer mitunter zum Teil auch utopisch oder unrealistisch erscheinenden „Vision" den Weg zu einer ersten Konkretisierung zu eröffnen. Für einen erfolgreichen Konstruktionsprozess erweist sich allerdings im Anschluss daran der Übergang in eine *Schließungsphase* als bedeutsam, bei der das Spektrum der technisch möglichen Gestaltungsformen und Anwendungsmöglichkeiten zunächst eingeschränkt wird. Diese Auswahl aus der Fülle möglicher Entwicklungspfade kann dabei einen wichtigen Beitrag zur Festigung des Akteursnetzwerks leisten, das dem Projekt Ressourcen und Unterstützung zur Verfügung stellt. Sofern dies gelingt, kann das Projekt in eine *Stabilisierungsphase* überführt werden, in der es unter anderem gilt, das Unterstützernetzwerk um potenzielle Kunden zu erweitern und das Projekt in einen Funktionsraum einzubetten.

4 Technik als Produkt sozialer Aushandlungsprozesse: Zwei Fallbeispiele

Anhand von zwei Fallbeispielen aus der Technikgeschichte können nunmehr die theoretischen Konzepte und Ergebnisse der sozialwissenschaftlichen Technikforschung veranschaulicht werden. Der Kontrast zwischen einem zu erfolgreicher Durchsetzung gelangten verkehrstechnischen Projekt, dem Airbus, und der vorläufig als gescheitert zu betrachtenden Entwicklung des Transrapid lässt die Faktoren erkennen, die Technikgenese als sozialen Konstruktionsprozess strukturieren und Erfolg und Scheitern beeinflussen. Zugleich illustrieren die beiden politisch geförderten Großprojekte den zentralen Stellenwert von Technik im Bereich der Verkehrspolitik.

4.1 Der Airbus als Beispiel für die erfolgreiche Durchsetzung eines verkehrstechnischen Projekts

4.1.1 Öffnungsphase

Die Ursprünge des Airbus-Projekts lassen sich auf vielfältige Anstöße zurückführen.[3] Der daran beteiligte Unternehmer Ludwig Bölkow erzählt in seinen Lebenserinnerungen von einer entscheidenden Begegnung deutscher und französischer

---

[3]Zur zivilen Flugzeugentwicklung der Nachkriegszeit bis 1972 vgl. Kirchner 1998; zum Airbus-Projekt vgl. Kirchner 1997; Braunberger 2006. Zum Flugzeugbau in der ehemaligen DDR vgl. Michels und Werner 1994; Ciesla 1997.

Wirtschaftsakteure auf dem Internationalen AERO-Salon in Le-Bourget, der größten europäischen Luft- und Raumfahrtschau. Die Amerikaner traten dort als unumstrittene Weltmarktführer auf. In seinen „Erinnerungen" bemerkt Bölkow dazu: „Auf dem Stand von Boeing ärgerten wir (Ludwig Bölkow und Dr. Bernhard Weinhardt; UK/LR) uns sehr über deren Hochnäsigkeit, denn sie ließen jeden spüren, dass sie fast 70 Prozent des Weltmarkts an Passagierflugzeugen beherrschten. Ich bemerkte zu Weinhardt: ‚Denen müsste man einmal eins draufgeben.' Er darauf: ‚Machen wir doch zusammen mit den Franzosen ein eigenes Verkehrsflugzeug!'" (Bölkow 1994: 275). Noch während der Luft- und Raumfahrtschau im Juni 1965 führten Ludwig Bölkow (Bölkow GmbH) und Dr. Bernhard Weinhardt (Siebelwerke-ATG GmbH) ein erstes Gespräch mit General André Puget (Präsident der französischen Firma Sud-Aviation). Als dritte Nation kam kurz darauf Großbritannien hinzu. Ausschlaggebend für den Beginn dieses Projekts war demnach zunächst weder politischer Wille noch eine bestehende Nachfrage, sondern eine Initiative von Akteuren aus der Industrie.

Zwei der drei genannten Einzelpersonen waren zum damaligen Zeitpunkt Außenseiter im Luftfahrtbereich. Lediglich Air-Force-General André Puget, der drei Jahre zuvor zum Chef der französischen Sud-Aviation ernannt worden war, war aufgrund seiner Beteiligung am britisch-französischen Concorde-Projekt kein Neuling. Die beiden Deutschen jedoch waren vollkommene Newcomer: Weinhardt hatte als Mitarbeiter des Flick-Konzerns weltweit Waggons verkauft, und Bölkow hatte drei Jahre nach Kriegsende in Stuttgart ein Ingenieurbüro gegründet, das sich zunächst mit der Automatisierung von Fabrikationsanlagen und neuen Bauverfahren beschäftigte. Erst nach Erlangung der Souveränität im Mai 1955, als sich die Bundesrepublik wieder mit dem Flugzeugbau beschäftigen durfte, begann Bölkow mit Aktivitäten in der Luftfahrt. Mit ihrer Idee, gemeinsam mit den Franzosen ein Verkehrsflugzeug zu entwickeln, machte sich „Riesenentsetzen bei (Bölkows; UK/LR) alten Kollegen, den Luftfahrtleuten" breit (Bölkow 1993).

Zugleich waren die Europäer gegenüber den Amerikanern Außenseiter. Die Deutschen hatten nach dem Zweiten Weltkrieg lediglich kleinere Projekte, wie das Geschäftsflugzeug Hansa-Jet (HFB-320) der Hamburger Flugzeugbau GmbH, verwirklicht, und die beiden führenden europäischen Nationen im Flugzeugbau – Frankreich und Großbritannien – hatten ihren Vorsprung gegenüber den Amerikanern verloren. Die Briten hatten mit der DH 106 Comet 1952 zwar das erste Düsenverkehrsflugzeug im Liniendienst eingesetzt, und die Franzosen führten sieben Jahre später mit der Caravelle das erste Mittelstrecken-Düsenflugzeug auf den europäischen Linien ein, doch die Amerikaner wurden zur weltweit führenden Flugzeugnation. Ausschlaggebend hierfür waren der Auftrag der amerikanischen Luftverkehrsgesellschaft Pan Am vom 13. Oktober 1955, der auch Jahre später noch als der bedeutendste Auftrag in der Geschichte des Luftverkehrs galt – 20 Boeing 707 und 25 Douglas DC-8 im Wert von 296 Millionen US-Dollar –, und die Unfallserie der britischen Comet, die aus dem Verkehr gezogen werden musste.

Da Vertreter der Herstellerseite am Ursprung des Projekts beteiligt waren, entwickelten sie auch als erste Akteursgruppe Aktivitäten. Dabei wurden sie von unterschiedlichen Zielvorstellungen geleitet: Das entscheidende Motiv der deutschen Zellenfirmen war die Hoffnung, endlich in den Bau von modernen Verkehrsflugzeugen einsteigen zu können. Die Motivation der französischen und britischen Firmen lag hingegen in erster Linie darin, die Dominanz amerikanischer Unternehmen im Zivilflugzeugbau zu brechen. In den ersten bundesdeutschen Entwürfen klingt der von Bölkow verfolgte Systemgedanke an, der eine verkehrsträgerübergreifende Vernetzung des Airbus vorsah. Die deutschen Hersteller wollten ein Airbus-System schaffen, das neben dem Flugzeug auch den Zubringerverkehr und die gesamte Abfertigung umfasste. Weiter sahen die Ausarbeitungen in Anlehnung an Boeings Entwurf der B747 eine zweigeschossige Bauweise vor – dies wurde erst mit dem A380 realisiert, der im April 2005 seinen Erstflug absolvierte.

Die europäischen Luftverkehrsgesellschaften waren sich über die Auslegung des Flugzeugs uneinig, und für die Deutsche Lufthansa waren einige Gestaltungsvorschläge inakzeptabel. Daneben war ungewiss, ob das Vorhaben überhaupt verwirklicht werden könne, weil sich die Regierungen mit finanziellen Zusagen zurückhielten.[4] Ferner sorgten sich die Gesellschaften um die Wirtschaftlichkeit, und – was besonders gravierend war – es bestand zu diesem Zeitpunkt kein oder nur ein sehr geringer Bedarf. Ein weiterer Hemmschuh war, den Airbus in Flotten eingliedern zu müssen, die weitgehend aus amerikanischen Flugzeugen bestanden, was zusätzliche Kosten bedeutete. Von einer bereits bestehenden Nachfrage kann als Anstoß für das Airbus-Projekt demnach nicht die Rede sein.[5]

Aus techniksoziologischer Perspektive veranschaulicht dieser Aspekt die oben entwickelte These, dass namentlich für technische Großprojekte eine Nachfrage oft erst konstruiert werden muss. Ökonomische Effizienz wird somit als Erfolgsfaktor für die Durchsetzung einer Technik relativiert. Umgekehrt folgt daraus, dass die Palette der erfolgreichen Techniken nicht automatisch als Auswahl der „besten", technisch und ökonomisch effizientesten Alternativen betrachtet werden kann. Stattdessen erscheint der Entwicklungspfad des technischen „Fortschritts" als Produkt von Akteursinteressen und -entscheidungen.

In Bezug auf die Gestaltung des Flugzeugs war jede der drei Regierungen bemüht, für ihre Luftfahrtindustrie das Maximum herauszuholen. Aus diesem Grund bestimmten sie die Auslegung des Flugzeugs entscheidend mit. Besonders deutlich wird dies bei der Wahl des Triebwerks: Für die britische Regierung war die Verwendung eines heimischen Motors Voraussetzung für die Beteiligung am Projekt. Die Entscheidung zugunsten des Triebwerks RB.207 der Firma Rolls-Royce bedeutete, dass das britische Unternehmen im Triebwerkbereich die Federführung übernahm. Da sich aber auch Frankreich als führende Flugzeugnation Europas betrachtete, beanspruchte und erhielt das Land im Bereich des Flugzeug-

---

[4] Großprojekte leiden oftmals unter dem Problem der Kostenexplosion und der Frage, wer hierfür aufkommen soll. Als Beispiel sei der Hochtemperaturreaktor genannt, bei dem die Gesamtkosten von ca. 350 Millionen Euro auf ca. 2,2 Milliarden Euro stiegen (vgl. Kirchner 1991: 79, 155).
[5] Billig-Airlines, wie es sie zu Beginn des 21. Jahrhunderts gibt, existierten zu jener Zeit nicht. Zu deren heutigen Bedeutung vgl. Braunberger 2006: 194 f., 208–213.

zellenbaus die führende Rolle. Diese politische Einmischung in der technischen Auslegung des Flugzeugs führte zur weiteren Verstimmung bei den Luftverkehrsgesellschaften, die das Triebwerk JT9D von Pratt & Whitney favorisierten, weil dieses bereits erprobt war und in der Boeing 747 Verwendung finden sollte. Dagegen existierte das für den Airbus vorgesehene Rolls-Royce-Triebwerk noch gar nicht. Die bundesdeutsche Seite war durch diese Verteilung zwar unterrepräsentiert, doch entsprach dies ihrer durch die Nachkriegsentwicklung bedingten schwachen Gesamtposition unter den europäischen Nationen. Da es keine Alternativen gab, musste man sich mit dieser untergeordneten Rolle abfinden.

4.1.2 Schließungsphase

Der Eintritt in die Schließungsphase (1967–1978) erfolgte durch den Beschluss der drei Regierungen, eine einjährige Definitionsphase für das Projekt zu finanzieren. Zu einer zeitweiligen Krise kam es, als Großbritannien Ende 1968 zu erkennen gab, aussteigen zu wollen. Hintergrund dafür war die Haltung von Rolls-Royce: Als Entwicklungsprobleme beim Motor aufkamen und die Firma zum Ergebnis kam, dass mit dem Airbus kein großer Gewinn erzielt werden könne, ließ sie das Projekt fallen. Die britische Regierung folgte dieser Auffassung und erklärte im April 1969 den Rückzug aus dem Vorhaben. Diese Krise konnte aufgrund der geschlossenen Haltung der französischen und deutschen Regierung gemeistert werden: Am 29. Mai 1969 unterzeichneten der Bundesminister für Wirtschaft, Karl Schiller, und der französische Verkehrsminister, Jean Chamant, das deutsch-französische Regierungsabkommen über den Bau des Airbus. Entscheidend für diese Entschlossenheit auf deutscher Seite war die drohende Arbeitslosigkeit im Flugzeugbau: Die militärischen Projekte liefen aus, und Anschlussvorhaben waren nicht in Sicht. Durch den Austritt Großbritanniens veränderte sich die Konstellation zugunsten der deutschen Seite. Als im Dezember 1970 die Airbus Industrie in Paris gegründet wurde, übernahmen die Aérospatiale und die Deutsche Airbus GmbH jeweils 50 Prozent der Gesamtentwicklungskosten. Die beiden Akteursgruppen – Hersteller und Regierungen – hatten sich als fähig erwiesen, ihre durchaus divergierenden Interessen und Vorstellungen derart miteinander zu verknüpfen, dass sie gemeinsam ein Projekt durchführen konnten. Dieses soziale Netzwerk war flexibel und nahm weitere interessierte Unternehmen und Regierungen auf: So beteiligte sich neben der niederländischen Regierung die britische Firma Hawker Siddeley Aviation ebenso am Airbus wie später (1972) das spanische Unternehmen Construcciónes Aeronáuticas (CASA). Durch entsprechende Verträge und Vereinbarungen verpflichteten sich die einzelnen Akteure untereinander. Hiermit formulierten die Beteiligten Ziele und signalisierten ihre Bereitschaft, Risiken einzugehen, um diese Ziele zu erreichen. Im Unterschied zur eher diffusen Akteurskonstellation der Öffnungsphase hatte sich ein soziales Netzwerk formiert, in dem strategiefähige Akteure miteinander kooperierten. Gegenüber den Gesprächen der Außenseiter zu Beginn des Airbus-Projekts und den im Rückblick teilweise utopisch anmutenden Ideen der Herstellerindustrie war der Airbus aus seinem Ursprungskontext herausgelöst worden, und weitere Akteure aus anderen Bereichen waren dem Unterstützernetzwerk beigetreten.

Da sich die Regierungen und Hersteller über die Bedeutung der Kunden in einem solchen Projekt bewusst waren, kamen sie den Vorstellungen der Luftverkehrsgesellschaften entgegen. So behandelten sie nochmals die Triebwerkfrage, da sich die europäischen Airlines gegen das Triebwerk von Rolls-Royce ausgesprochen hatten. In der zweiten Hälfte des Jahres 1969 fiel dann die Entscheidung zugunsten des General-Electric-Triebwerk CF-6-50, das als das stärkste der Welt galt, weniger Lärm produzierte und 25 Prozent weniger Treibstoff verbrauchte. Dabei zeigten sich die Hersteller flexibel und ließen den Luftverkehrsgesellschaften die Möglichkeit offen, das Flugzeug auch mit Triebwerken von Pratt & Whitney oder Rolls-Royce auszurüsten. Der Bau des A300 bewies dann die Fähigkeit der Europäer, ein technisch und auch wirtschaftlich den Amerikanern vergleichbares Flugzeug zu konstruieren. Im Oktober 1972 absolvierte der A300 seinen Erstflug, im Mai 1974 nahm die staatliche Air France als erste Luftverkehrsgesellschaft einen A300 in Betrieb.

Doch die Hoffnung, dass sich weitere europäische Fluggesellschaften nun für den Airbus entscheiden würden, erfüllte sich nicht. Zum einen gab es allgemeine Probleme bei den Luftfahrtunternehmen, wie bestehende Überkapazitäten, zum anderen gab es spezifische Vorbehalte gegenüber dem Airbus-Vorhaben, wie fehlendes Vertrauen in die europäische Flugzeugindustrie und in die Produktunterstützung sowie zu großer staatlicher Einfluss. Bei den amerikanischen Airlines kam noch erschwerend hinzu, dass die amerikanischen Flugzeugproduzenten und die US-Regierung keine ausländischen Flugzeugverkäufer in ihr Terrain eindringen lassen wollten. Zudem hatten es die europäischen Flugzeugproduzenten aufgrund ihres schlechten Images – hervorgerufen durch die Unfälle der Comet – bei den amerikanischen Luftverkehrsgesellschaften schwer.

Aufgrund dieser schwierigen Situation liebäugelte manche Herstellerfirma mit anderen Partnern, um neue Konsortien für alternative Verkehrsflugzeugprojekte zu bilden. Auch bei den Regierungen der beteiligen Ländern kam es zeitweise zu unterschiedlichen Auffassungen. Bereits 1973 überlegten sich die Deutschen und Engländer, zusammen mit Boeing ein dreimotoriges leichtes Flugzeug mit 180 bis 200 Sitzen zu bauen. Drei Jahre später entschloss sich dann Frankreich zur Unterzeichnung einer Absichtserklärung mit Boeing für das 7N7-Projekt, favorisierte aber kurz darauf die Zusammenarbeit mit McDonnell Douglas. Doch auf französischer Seite wurden die amerikanischen Kooperationsofferten schließlich als taktische Manöver aufgefasst. Man mutmaßte, die US-Angebote zielten in erster Linie darauf ab, ein europäisches Konkurrenzflugzeug für den Mittelstreckenbereich hinauszuzögern bzw. zu verhindern. Da sich weder die französische Industrie noch die französische Regierung mit der von den Amerikanern zugedachten untergeordneten Rolle abfinden wollten, entschied sich die französische Regierung, das Airbus-Projekt weiter zu führen. Somit stärkten die amerikanischen Offerten letztlich das europäische Netzwerk. Vor diesem Hintergrund ist die Entscheidung Frankreichs zur Fortführung des Airbus-Projekts eher als eine Kapitulation vor den sachlichen Notwendigkeiten denn als eine begeisterte Hinwendung zum europäischen Gemeinschaftsprojekt zu verstehen. Für die deutsche Seite gab es aufgrund ihrer schwachen Stellung keine Alternative, als das Airbus-Projekt zu favorisieren. Diese bundespolitische Entscheidung folgte nicht der Logik des Marktes – die bisherigen geringen Verkäufe rechtfertigten keine Fortsetzung des Programms –, sondern der Angst vor Arbeitslosigkeit und der Sorge, den technologischen Anschluss zu verpassen. Zudem wurden bei einer Beendigung des Projekts von bundesdeutscher Seite aufgrund der abgeschlossenen Verträge langwierige Auseinandersetzungen mit Frankreich befürchtet.

4.1.3 Stabilisierungsphase

Mit der Hinwendung zur europäischen Kooperation begann die Stabilisierungsphase (1978-1980). Die deutsche und französische Regierung einigten sich darauf, einerseits so schnell wie möglich eine neue Version des Airbus mit 210 Plätzen zu bauen (A310) und andererseits eine weitere kleinere Maschine mit 120 bis 160 Plätzen (A200) zu entwickeln. Mit dieser politischen Entscheidung wurde das soziale Netzwerk, bestehend aus Herstellern und Regierungen, gefestigt. Die dritte Akteursgruppe, die Fluggesellschaften, stand aber immer noch außerhalb. Einige von ihnen traten jedoch nun dem sozialen Netzwerk bei und bekundeten ihre Bereitschaft, den Airbus in ihre Flotten zu integrieren. Für dessen Durchsetzung war dies entscheidend.

Bereits ab Mitte der 1970er-Jahre gab es von Seiten der Luftverkehrsgesellschaften Anregungen für eine mögliche Auslegung des nächsten Airbus. Denn die Kunden, vorwiegend Air France und Deutsche Lufthansa AG, waren mit der Zuverlässigkeit des A300 und dem Kundendienst zufrieden. Deshalb unterstützte die deutsche Fluggesellschaft das Bestreben von Airbus Industrie, eine 210-sitzige Variante zu entwickeln und bot hierfür ihre Mitarbeit an.

Gleichzeitig gelang Airbus Industrie der lang ersehnte Einstieg in den US-amerikanischen Absatzmarkt. Der europäische Hersteller hatte der Eastern Airlines 1977 vier Maschinen sechs Monate lang kostenlos zur Verfügung gestellt. Als dieses Luftfahrtunternehmen dann im April 1978 23 Airbus-Flugzeuge bestellte, durchbrach es einen jahrzehntelang geltenden Grundsatz der amerikanischen Luftfahrt. Airbus Industrie gab die A300-Flugzeuge zu außergewöhnlich günstigen Finanzierungsbedingungen ab. Ohne massive staatliche Subventionen wäre eine solche Verkaufsstrategie kaum möglich gewesen.[6] Die Veräußerung an Eastern Airlines war der Auslöser eines Airbus-Booms: In den ersten acht Monaten des Jahres 1978 betrug der Anteil der abgesetzten A300-Flugzeuge am weltweiten Verkauf von Großraumflugzeugen über 50 Prozent. Im Jahre 1979 lagen 283 Bestellungen und Optionen für den A300 vor. Dabei kam es der europäischen Industrie zugute, dass Boeing die Pläne für eine B727-300, die eine Konkurrentin für den Airbus dargestellt hätte, aufgegeben hatte.

Eine wichtige Rolle für die Verkäufe spielte die Energieverteuerung in der ersten Hälfte der 1970er-Jahre. Diese hatte sich zunächst ungünstig auf den Airbus-Absatz ausgewirkt, weil sich die Luftverkehrsgesellschaften mit Käufen zurückhielten. Dadurch entstand bei den Fluglinien ein Ersatzbedarf, so dass die Nachfrage Ende des Jahrzehnts stark anstieg. Von diesem Nachfrageschub

---

[6]Zu den weiteren Hintergründen des Verkaufs und zu den Verkaufsstrategien von Airbus allgemein vgl. Braunberger 2006: 52–54, 60–66, 98–105.

profitierte der A300 aufgrund seines vergleichsweise niedrigen Treibstoffverbrauchs. Nach den beiden Ölpreisschüben wurde diese Komponente zu einem bedeutenden Kostenfaktor im Flugverkehr: Während der US-Durchschnittspreis für Strahlflugzeugkraftstoff im Jahre 1973 bei 12,9 Cent pro Gallone (3,78 Liter) gelegen hatte, betrug dieser Ende 1979 88 Cent. Der Anteil der Kraftstoffkosten an den direkten Betriebskosten der großen US-Inlandgesellschaften kletterte von 25 Prozent im Jahre 1970 auf knapp 60 Prozent im Jahre 1980.

Bei der Festlegung der Flugzeugauslegung für den Nachfolge-Airbus spielten die Luftverkehrsgesellschaften eine andere Rolle. Während beim A300 die politische Seite zunächst wichtige Teile der Auslegung vorgeschrieben hatte, erhielten nun die Meinungen der Käufer von Beginn an ein stärkeres Gewicht. Dies hatte die politische Seite auch ausdrücklich verlangt. Airbus Industrie setzte sich das Ziel, von zwei europäischen Gesellschaften und mindestens einem amerikanischen Kunden Zusagen zu erhalten. Neben der Deutschen Lufthansa AG bekundete die Swissair Interesse an der neuen Version des Flugzeugs; beide erarbeiteten stellvertretend für eine Reihe von Fluggesellschaften eine gemeinsame Spezifikation. Als die Lufthansa auf einer Verringerung der Flugkilometerkosten bestand, was einen anderen Flügel erforderlich machte, wurde dieser vollkommen neu konstruiert. Airbus Industrie war es durch die Zurückhaltung der beteiligten Regierungen möglich geworden, sich flexibler zu zeigen.

Diese Episode macht die entscheidende Rolle von Übersetzungsleistungen für den Konstruktionsprozess von Technik sichtbar. Die erfolgreiche Durchsetzung einer neuen Technik setzt Spielräume voraus, innerhalb derer wichtige unterstützende Akteure, in diesem Fall die Kunden, ihre Interessen in Form von Konstruktionsmerkmalen in die Technik „einschreiben" können.

Am 6. Juli 1978 unterschrieb die Deutsche Lufthansa AG einen Vorvertrag über den Kauf von A310-Flugzeugen. Kurz darauf folgten entsprechende Erklärungen von Swissair (sechs Bestellungen) und Air France (vier Bestellungen). Im April 1979 bestellte die deutsche Luftverkehrsgesellschaft dann 25 A310; nahezu zeitgleich orderten Swissair und die Königlich Niederländische Luftverkehrsgesellschaft (KLM) jeweils zehn Flugzeuge.

Das soziale Netzwerk wurde auch auf Regierungsebene erweitert. Großbritannien wurde zum 1. Januar 1979 wieder vollwertiges Mitglied im Konsortium. Aérospatiale und Deutsche Airbus GmbH hielten nun je 37,9 Prozent, British Aerospace 20 Prozent und die spanische CASA 4,2 Prozent. Das niederländische Unternehmen Fokker-VFW NV und die belgische Belairbus waren assoziierte Mitglieder.

Die weitere Entwicklung zeigt die Fähigkeit, gemeinsam weiter zu arbeiten, obwohl es für den jeweils nächsten Programmschritt divergierende Ansichten der einzelnen Akteure gab und auch die Möglichkeit einer Kooperation mit amerikanischen Herstellern immer wieder aufkeimte. Mit den weiter entwickelten Typen vergrößerte Airbus die Produktpalette zu einer Flugzeugfamilie.[7] So kann heute

---

[7] Zur Entwicklung der einzelnen Airbus-Typen nach dem A300 und zur Organisation von Airbus bzw. EADS vgl. Braunberger 2006.

jede Luftverkehrsgesellschaft für ihren Bedarf einen Airbus kaufen. Die Entwicklungsdynamik folgt nunmehr den Anforderungen des Marktes, und die Luftverkehrsgesellschaften bestimmen die Entwicklungsschritte mit. Im technischen Bereich wurde der europäische Flugzeugbauer sogar zum Schrittmacher, wie zum Beispiel beim supersonischen Flügel, bei der Steuerung des Großraumflugzeugs mit nur zwei Piloten und beim *fly-by-wire*-System. Auch im organisatorischen Bereich wurde weiter Einigung erzielt: Im Juli 2000 fusionierten die beiden führenden Luft- und Raumfahrtunternehmen Frankreichs und Deutschlands – Aérospatiale und Daimler-Chrysler Aerospace (DASA) – mit der spanischen CASA zur European Aeronautic Defence and Space Company (EADS). Zu Jahresbeginn 2014 nahm diese den Namen ihrer größten Tochterfirma an und firmiert unter der Bezeichnung Airbus Group.

4.2 Der Transrapid als Beispiel für die Nichtdurchsetzung eines Verkehrsmittels

4.2.1 Öffnungsphase

Das technische Prinzip der Magnetschwebebahn lässt sich bis zu den Entwürfen des emsländischen Diplom-Ingenieurs Hermann Kemper zurückverfolgen.[8] Dieser stellte, der Überlieferung nach inspiriert durch den Lärm, den die an seinem Haus vorbeifahrende Eisenbahn verursachte, 1922 erste Überlegungen zum magnetischen Schweben an. Am 14. August 1934 erhielt Kemper das Deutsche Reichspatent Nr. 643316 für eine „Schwebebahn mit räderlosen Fahrzeugen, die an eisernen Fahrschienen mittels magnetischer Felder schwebend entlang geführt werden". Damit war der technische Rahmen abgesteckt, auf dessen Basis sich schließlich der Transrapid entwickeln sollte: Verzicht auf die Rad/Schiene-Technik, Konstruktion für hohe Geschwindigkeitsbereiche, eigenes Hochgeschwindigkeitsnetz und Aufständerung des Fahrwegs. In der Folgezeit beschäftigte sich Kemper weiter mit dem magnetischen Schweben; seiner Einschätzung zufolge waren Ende der 1940er-Jahre die Forschungen so weit vorangeschritten, dass der Realisierung eines Magnetbahnsystems keine unlösbaren Probleme mehr im Wege stünden. Doch im Nachkriegsdeutschland war für innovative Verkehrskonzepte kein Platz. Hermann Kemper war es, der dann Mitte der 1960er-Jahre Kontakt mit Ludwig Bölkow aufnahm, der so nicht nur im Kontext des Airbus-Projekts, sondern auch bei der Entwicklung des Transrapid als Akteur in Erscheinung treten sollte. Bölkow stellte daraufhin ein kleines Team in Ottobrunn zusammen, das sich mit Schnelltransportsystemen auseinandersetzte. Ob er die Magnetbahn mit dem Airbus-System verbinden wollte, ist allerdings nicht geklärt. 1968 gründeten die spätere Messerschmitt-Bölkow-Blohm GmbH (MBB) und die Strabag Bau-AG

---

[8]Zum Transrapid vgl. Kirchner und Weyer 1997; Büllingen 1997. Zum Vergleich des Transrapid mit der Rad-Schiene-Hochgeschwindigkeitsbahn vgl. Schach et al. 2006.

unter Beteiligung der Deutschen Bundesbahn (DB)[9] die Autoschienenbahn Studien- und Entwicklungsgesellschaft GmbH, die sich im Jahr darauf in Hochleistungs-Schnellbahn-Studiengesellschaft mbH (HSB) umbenannte.

4.2.2 Schließungsphase

Zu Beginn der Schließungsphase (1969–1987) erteilte Bundesverkehrsminister Georg Leber der HSB den Auftrag, eine Studie über ein Hochleistungs-Schnellbahn-System zu erstellen. Insbesondere der Verkehrsminister bestand darauf, die Hochgeschwindigkeitsbahn nicht nur für Personen, sondern auch für Pkw, Lkw und Container auszulegen. In der Studie, die 1971 vorgelegt wurde, wurde ein Bedarf für einen neuen Verkehrsträger konstatiert, indem sie eine „Geschwindigkeitslücke" zwischen Auto und Flugzeug behauptete. Es sollten die bundesdeutschen Ballungszentren in Nord-Süd-Richtung – von Hamburg über Bremen, das Ruhrgebiet, den Rhein-Main-Raum, die Rhein-Neckar-Region bis nach München – verbunden werden, wobei sich in einer zweiten Stufe neben dem Anschluss der Industriegebiete von Franken, Nordhessen und Niedersachsen der europaweite Ausbau anbot. Bundesverkehrsminister Leber reagierte enthusiastisch. „Wer Georg Leber näher kennt, weiß, wie sehr sich der Minister in das HSB-Vorhaben verliebt hat und wie intensiv er hier eine Chance wittert, als der Schöpfer eines neuen Verkehrsträgers in die Verkehrsgeschichte, wenn nicht die Geschichte einzugehen" (Wirtschafts-Correspondent 1971). Leber wollte das Projekt mit aller Kraft vorantreiben. Mit Blick auf die wachsende Bedeutung des Hochgeschwindigkeitsverkehrs trat das Bundesministerium für wissenschaftliche Forschung (BMwF) als weiterer Akteur auf den Plan. Dessen Engagement in diesem Bereich, das ein Eindringen in die Domäne des Bundesverkehrsministeriums (BMV) bedeutete, lässt sich auch mit der Suche nach einem neuen Profil und unbesetzten Nischen erklären. Das BMwF bzw. das später zuständige Bundesministerium für Bildung und Wissenschaft (BMBW) richtete den Bereich „Neue Techniken für den Verkehr" ein und konstituierte ein Expertengremium, dessen Aufgabe es war, ein Forschungsprogramm für den Hochgeschwindigkeitsverkehr zu entwickeln. Teilnehmer waren Industriefirmen wie AEG-Telefunken, Brown, Boveri & Cie. AG, Dornier-System, Krauss-Maffei, Friedr. Krupp, MAN, Rheinstahl (Henschel) und Siemens. Im Juni 1971 legte das Gremium die so genannte „Komponentenstudie" vor, die die technologischen Aspekte einer Hochgeschwindigkeitsschnellbahn behandelte und zur Einrichtung des „Förderprogramms Bahnsystem" durch das BMBW führte.

Neben der Konkurrenzsituation bei den Ministerien kam es auch zu einem Wettbewerb auf Seiten der Industrie, da vier Funktionsprinzipien für die berührungsfreie Fahrtechnik vorlagen. Diese konnten bis 1974 auf die beiden Alternativen der elektrodynamischen Schwebetechnik (verfolgt von AEG-Telefunken, Brown, Boveri & Cie. AG und Siemens) und der elektromagnetischen Schwebetechnik

---

[9]Wenn in diesem Beitrag von Deutscher Bahn gesprochen wird, dann ist die Bundesbahn bzw. ab 1994 die Deutsche Bahn AG gemeint.

(verfolgt von MBB und Krauss-Maffei) heruntergebrochen werden. Als Alternative zur Magnetbahn blieb noch das Rad/Schiene-System offen, das ebenfalls weiter vom Bundesforschungsminister gefördert wurde (grundsätzlich zur Forschungsförderung im Verkehrssektor durch das Bundesforschungsministerium vgl. Meyer in Kap. VI.2 dieses Bandes: ▶ Forschungsförderung, Verkehrspolitik und Legitimität: Die Folgen heterogener Rationalitäten in politischen Prozessen).

1974 wurden im Rahmen der Bildung des ersten Kabinetts unter Helmut Schmidt (SPD) ein neuer Minister und ein neuer Staatssekretär ins BMV berufen. Das Ministerium setzte in der Folgezeit die Priorität im Bahnsektor auf die Gesundung der Finanzen der DB und distanzierte sich zunehmend vom Magnetbahnprojekt. Ausschlaggebend waren einschneidende Kürzungen im Ressortetat und wachsende Fehlbeträge bei der DB, die zu einem immer größeren Risiko für den Bundeshaushalt wurden. Zudem zeichnete sich ab, dass die verkehrsentlastenden Effekte einer Magnetbahn frühestens in den späten 1990er-Jahren zum Tragen kommen würden, eine Modernisierung der Bahn aber bereits kurzfristig zu verkehrlichen Entlastungseffekten beitragen könnte. Damit zog sich die ursprünglich treibende Kraft des Projekts zurück und favorisierte in der Folgezeit das konkurrierende Rad/Schiene-System. Der Rückzug des Ministeriums, in dessen Kompetenz vor allem der Betrieb von Verkehrssystemen fiel, war ein Signal dahingehend, dass ein Bedarf für diesen neuen Verkehrsträger (im eigenen Land) nicht bestehe und das Vorhaben somit verkehrspolitisch nicht zu rechtfertigen sei.

Das Scheitern des Projekts Magnetbahn verhinderte das nun für Forschung und technologische Entwicklung zuständige Bundesministerium für Forschung und Technologie (BMFT). Damit erhielt das Projekt ein neues Profil: Im Zentrum standen nun nicht mehr verkehrspolitische Interessen, sondern technologie- und industriepolitische Ziele. Mit dieser Rollenverteilung zwischen den beiden Ministerien war der spätere Konflikt zwischen dem Rad/Schiene-System ICE (getragen vom BMV und von der DB) und der Magnetbahn Transrapid (getragen vom BMFT und der Versuchs- und Planungsgesellschaft für Magnetbahnsysteme mbH [MVP][10]) bereits vorprogrammiert.

Das BMFT entschied im Jahre 1977 aufgrund eines Gutachtens zugunsten des elektromagnetischen Systems. Ebenfalls wurde das Konzept des Mischverkehrs aufgegeben, womit eine wichtige verkehrspolitische Legitimation des Projekts wegfiel, die in der beabsichtigen Entlastung der Fernstraßen bestanden hatte. Der Transrapid war nun ein reines Personentransportmittel.

Aus techniksoziologischer Sicht markiert letzterer Schritt einerseits eine wichtige Phase im Schließungsprozess, der den Übergang von der groben technischen Vision zu konkreten Testversionen ermöglicht. Andererseits zeigt sich in der

---

[10]Gesellschafter der 1981 gegründeten MVP waren zu je einem Drittel: Deutsche Bahn, Deutsche Lufthansa AG und Industrieanlagen-Betriebsgesellschaft mbH (IABG). Die beiden letztgenannten zogen sich später aus der Firma zurück, so dass die MVP 2003 eine hundertprozentige Tochterfirma der Deutschen Bahn AG wurde und bis zur Auflösung am 30. September 2008 unter der Bezeichnung DB Magnetbahn GmbH firmierte. Die Teststrecke in Lathen befand sich hingegen bis zur Stilllegung Ende 2011 im Besitz der IABG.

historischen Rückschau mit Blick auf Latours Analyse des ARAMIS-Projekts, wie ein breit angelegtes technisches Funktionsprinzip in einer Kette kontingenter Entscheidungen auf eine bestimmte Zweckinterpretation festgelegt wird (vgl. Latour 1996). Solche frühen Zielsetzungen folgen zumeist keiner technischen Notwendigkeit, sondern reflektieren die momentanen Interessenlagen im Akteursnetzwerk. Zugleich erweisen sie sich aber häufig in der weiteren Entwicklung als extrem stabile Rahmeninterpretationen.

Zum Zeitpunkt der positiven Entscheidung des BMFT war das soziale Netzwerk – bestehend aus BMFT, Hersteller und der MVP – geschlossen. Um das System zu erproben, wurde eine Versuchsanlage in Lathen (Emsland) errichtet. Auf dieser Transrapid-Versuchsanlage Emsland (TVE) fand in den Jahren 1984 bis 1987 der Testbetrieb statt. Ein Prototyp wurde entwickelt, und mit verschiedenen Modellen konnten Weltrekorde für trassengebundene Fahrzeuge aufgestellt werden (im Januar 1988 mit 412,6 Kilometer/Stunde). Der ICE erreichte kurz darauf, am 1. Mai 1988, fast die gleiche Geschwindigkeit (406,7 Kilometer/Stunde) – ein neues Transrapid-Modell erreichte dann im Dezember 1989 435 Stundenkilometer.[11] Trotz des erfolgreichen Betriebs der Versuchsanlage drohte das Magnetbahn-Netzwerk zu zerfallen: Seine Mission, aus mehreren möglichen Konstruktionsvarianten eine auszuwählen und auf dieser Grundlage einen funktionsfähigen Prototypen herzustellen, war erfüllt. Die Aufgaben der folgenden Stabilisierungsphase, nämlich die Erweiterung des Netzwerks um potenzielle Kunden und die Einbettung in einen Funktionsraum, konnte das Netzwerk aufgrund seiner sozialen Zusammensetzung nicht bewältigen. Vor allem fehlte ein Betreiber. Der Kandidat, der am besten dafür geeignet schien – die DB –, favorisierte eindeutig die Rad/Schiene-Technik: Ende der 1960er-Jahre war die Entscheidung für die DB-Neubaustrecke Hannover–Würzburg gefallen. Auch weitere Planungen der DB berücksichtigten die Magnetbahn nicht: Im Juli 1982 beschloss sie, die ersten beiden Neubaustrecken Mannheim–Stuttgart und Hannover–Würzburg weiter zu bauen und zwei Jahre früher als geplant fertig zu stellen. Im Mai 1984 entschied sich die DB für den Einsatz des ICE auf ihren Neubaustrecken (mit einer Reisegeschwindigkeit von 250 Kilometern/Stunde). Der ICE wurde zum 150-jährigen Jubiläum der DB im Jahre 1985 fertig gestellt; drei Jahre später erteilte sie der Herstellerindustrie einen Großauftrag im Wert von ca. 900 Millionen Euro für mehrere ICE, die seit 1991 auf den beiden Strecken Hamburg–Hannover–Würzburg–München und Hamburg–Hannover–Frankfurt–Stuttgart–München im Einsatz sind. Da einige der Firmen, die an der Transrapid-Entwicklung beteiligt waren, auch an der Entwicklung des ICE mitarbeiteten, befanden sie sich in einem Dilemma, da ein zu energischer Einsatz für den Transrapid möglicherweise Einfluss auf die Auftragsvergabe für den ICE gehabt hätte. Hier winkten kurzfristige Aufträge im Inland und – wie man hoffte – im Ausland, während der Transrapid allenfalls eine Zukunftsoption darstellte.

---

[11]Zu den bisher erzielten Höchstgeschwindigkeiten beim Rad-Schiene-System und Transrapid vgl. Schach et al. 2006: 160–171, zur Entwicklung des ICE s. ebd., S. 19–30.

4.2.3 Stabilisierungsphase

Aus diesem Grund wurden nun die Bemühungen verstärkt, potenzielle Nutzer einzubeziehen; Politiker und Hersteller bemühten sich, einen Bedarf zu konstruieren. Damit beginnt die Stabilisierungsphase (seit 1987). Die Transrapid-Befürworter traten über den Rahmen des engen Unterstützungsnetzwerks der Schließungsphase hinaus und wurden verstärkt in der Öffentlichkeit aktiv. Ihre Marketing-Kampagnen wurden begleitet von einer intensiven politischen Diskussion um mögliche Einsatzstrecken für den Transrapid. Im Vordergrund stand nun nicht mehr der Nachweis der Funktionsfähigkeit der neuen Technik, sondern ökonomische, ökologische und politische Fragen. Die Intensität der Debatte um den Transrapid ist vor allem darauf zurückzuführen, dass politische, finanzielle und streckenbezogene Entscheidungen über den ICE anstanden. Für die Akteure der Magnetbahn begann ein Wettlauf mit der Zeit, denn es war absehbar, dass sich die Perspektiven für den Transrapid nach der Markteinführung des ICE erheblich verschlechtern würden. Ein weiteres Motiv, eine Anwendungsstrecke rasch festzulegen, bildete die Klagedrohung der Europäischen Gemeinschaft aus dem Jahre 1989, die gegen die Förderung der Magnetbahn durch das BMFT gerichtet war. Die 90-prozentige finanzielle Unterstützung durch die öffentliche Hand sollte wegen Wettbewerbsverzerrungen auf 30 Prozent reduziert werden.

Durch die öffentliche Diskussion über eine Referenzstrecke wurde das in die Krise geratene Transrapid-Netzwerk notdürftig zusammengehalten; konkrete Entscheidungen zeichneten sich jedoch nicht ab. Nach wie vor bestand das Problem, einen Anwender für die neue Technik zu finden. Dazu mussten neue Akteure mobilisiert und ein neues Netzwerk geschaffen werden.

Als Referenzstrecke boten sich verschiedene Varianten an.[12] Nach der Vereinigung der Bundesrepublik Deutschland und der Deutschen Demokratischen Republik fiel 1994 die Entscheidung zugunsten der Transrapid-Trasse Hamburg–Berlin, um die neue Hauptstadt stärker an den Westen anzubinden. Diese Entscheidung war möglich, weil das soziale Netzwerk um den Akteur Bundesverkehrsministerium erweitert werden konnte. Hier waren mit Günter Krause (CDU) und später Matthias Wissmann (CDU) wieder Befürworter der Magnetbahn an die Spitze dieses Ministeriums gerückt.

Politiker und Hersteller bemühten sich darum, die DB, die bereits an der MVP beteiligt war, als Betreiberin für die Referenzstrecke zu gewinnen. Eine enge Zusammenarbeit mit der Bahn war erforderlich, da der Transrapid nur wenige Haltepunkte (Regelabstände von 100 bis 300 Kilometer) benötigt und keine ausreichende Netzbildungsfähigkeit besitzt. Deshalb ist er auf ein komplementäres Verkehrssystem angewiesen, das den Vor- und Nachlauf von und zu den Stationen der Magnetbahn abwickelt. Zum Teil muss der Transrapid auch bestehende Trassen der DB nutzen, weshalb diese als Partner unverzichtbar war und ist. Dieser Aspekt

---

[12]Seit der ersten Entscheidung zum Bau einer Transrapid-Strecke im Jahre 1989 wurden in Deutschland insgesamt 13 Strecken untersucht. Daneben gab es noch fast 20 weitere Projekte weltweit (vgl. hierzu Schach et al. 2006: 55 f., 60–68).

des Fallbeispiels verweist zugleich auf die These von Latour (1996), der zufolge die *technischen* Eigenschaften eines Projekts als ein Faktor unter anderen den gesamten Konstruktionsprozess strukturieren. Unter anderem legen sie fest, welche Bündnispartner für das soziale Trägernetzwerk von besonderer Bedeutung sind.

Bei der Finanzierung einigten sich Staat und Betreibergesellschaft darauf, eine bundeseigene Fahrweg- und eine private Betriebsgesellschaft zu gründen. Erstere sollte für den Bau der Strecke, die Betriebsgesellschaft zunächst für Planung und Vorbereitung des Betriebs, später dann für die Unterhaltung der Betriebsanlagen sowie die Bereitstellung der Fahrzeuge verantwortlich sein. Der reine Bahnbetrieb sollte von einer Management-Gesellschaft, bestehend aus DB und Lufthansa, durchgeführt werden. Der Staat sollte also, wie bei Schiene und Straße, die Kosten für den Streckenbau übernehmen. Gerade mit der Entscheidung zur Finanzierung kam man dem möglichen Betreiber weiter entgegen, um die Technik aus dem bisherigen Trägerkontext heraus zu lösen und in Nutzerkontexte einzubetten.

Doch das soziale Netzwerk der Stabilisierungsphase ist brüchig. Der Grund der bisherigen Nichtdurchsetzung ist in der fehlenden Einbindung eines potenziellen Betreibers zu sehen. Denn es ist nicht gelungen, mögliche Betreiber so weit einzubeziehen, dass sie das Projekt mit eigenem Engagement vorantreiben. Dies Problem zeigte sich insbesondere bei der Streckenplanung. So lehnte die DB bereits in den 1980er-Jahren die Strecke ab, die die besten wirtschaftlichen Ergebnisse versprach: die Verbindung der Ballungszentren Rhein/Ruhr–Rhein/Main. Stattdessen wurde eine Neubaustrecke mit konventioneller Rad/Schiene-Technik von Köln über Frankfurt nach Mainz realisiert und im Jahre 2002 in Betrieb genommen. Der ICE 3 erreichte hier eine Geschwindigkeit von bis zu 300 Stundenkilometern und verkürzte die Reisezeit von Köln nach Frankfurt von 134 auf 76 Minuten. Nachdem die Bundesregierung im Februar 2000 entschieden hatte, die zwischen Hamburg und Berlin geplante Transrapid-Strecke nicht zu bauen, wurde das Verkehrsprojekt Deutsche Einheit Nr. 2 mit dem ICE verwirklicht. Mit einer Geschwindigkeit bis 230 Stundenkilometer verkürzte sich die Reisezeit auf rund eineinhalb Stunden; 1990 hatte sie noch ca. vier Stunden betragen. Das geringe Interesse der DB am Transrapid hängt auch damit zusammen, dass die Eisenbahn mit der konventionellen Rad/Schiene-Technik mittlerweile in Tempobereiche vorgestoßen ist, die in den 1960er- und 1970er-Jahren unerreichbar schienen. Hinzu kommt die zunehmende Einbettung in ein europäisches Hochgeschwindigkeitszugnetz, die dem Transrapid fehlt. Ebenso ungeklärt ist die Frage der Mitbenutzung von Bahnanlagen. Bis heute fehlt es an einer überzeugenden Integration der Magnetbahn in verkehrspolitische Konzepte.

Aus Sicht der DB gab und gibt es also wenig gute Gründe, die Realisierung des Transrapid aktiv voranzutreiben. Vieles spricht auch dafür, dass es in erster Linie politischer Wille war, der die DB – als Staatsbahn (bis 1994) – zur Teilnahme an der Magnetbahn verpflichtete, während das Unternehmen selbst zu dem Projekt eine eher skeptische Haltung einnahm und nur desinteressiert mitspielte. Die Deutsche Lufthansa AG, die ursprünglich ebenfalls als Betreiberin des Transrapid in Frage kam, lehnte es ab, sich finanziell zu beteiligen und zog sich aus dem Projekt zurück.

Bereits die Auswahl der Referenzstrecke Hamburg–Berlin war eine primär politische Entscheidung, die ohne maßgebliche Rücksprache mit den anderen Akteuren zustande gekommen war. Dabei waren für den Staat mögliche Exportchancen, die Schaffung von Arbeitsplätzen und die symbolische Bedeutung als ‚Aushängeschild' deutscher Potenz in der Hochtechnologie vorrangige Ziele. Es zeigt sich, dass die einflussreiche Rolle des Staates beim Transrapid diesem nicht zum entscheidenden Durchbruch verholfen hat und verdeutlicht, dass sich Technikentwicklung in einem Kraftfeld gesellschaftlicher Interessen vollzieht und von interessengeleiteten Akteursentscheidungen getragen werden muss. Zugleich wirkt diese Abhängigkeit, z. B. von den Interessen politischer Akteure, als Beschränkung möglicher Entwicklungspfade einer Technik, die sich für die Durchsetzung als hinderlich erweisen kann.

Auch die Hoffnung, über Exporte dem Transrapid zum Erfolg zu verhelfen, erfüllte sich nicht. Zwar konnte Ende 2002 eine Magnetschwebebahn in Shanghai (Volksrepublik China) als Flughafenverbindung mit einer Strecke von 30 Kilometern Länge in Betrieb genommen werden. Bis Anfang 2014 konnte jedoch aufgrund der hohen Verluste kein Anschlussprojekt realisiert werden. Inwieweit die Entscheidung des chinesischen Staates durch den schweren Unfall in Lathen am 22. September 2006 mit 23 Toten beeinträchtigt wurde, lässt sich nicht eindeutig klären.[13]

Die vorangegangenen Ausführungen machen deutlich, dass im Fall der Magnetbahn keineswegs ein starkes, leistungsfähiges Netzwerk autonomer Partner entstanden ist, die ihre Handlungsstrategien koppeln, um gemeinsam „Gewinne" zu erzielen. Das Transrapid-Netzwerk der Stabilisierungsphase erscheint vielmehr als ein schwaches, brüchiges Netzwerk.

5 Fazit

Die Eingangsthese dieser Darstellung lautete, dass (Verkehrs-)Technik nicht nur maßgeblich Gesellschaft prägt, sondern auch selbst in einem gesellschaftlichen Kontext entsteht und geformt wird. Vor dem Hintergrund der Fallbeispiele stellt sich nunmehr die Frage nach den Schlussfolgerungen, die sich für die Betrachtung von Verkehrspolitik aus den Erkenntnissen der sozialwissenschaftlichen Technikforschung ergeben.

Gerade aus verkehrspolitischer Sicht ist es hilfreich, nicht nur die Folgewirkungen von Techniken für die Gesellschaft im Blick zu haben, sondern auch auf die theoretischen und empirischen Ressourcen zu den *Entstehungs*bedingungen von Techniken zurückzugreifen: Technik entsteht in sozialen Kontexten und erhält ihre spezifische Form in Kraftfeldern gesellschaftlicher Interessenlagen. Diese Erkenntnis lässt sich für die verkehrspolitische Diskussion fruchtbar machen, sofern dabei

---

[13] Zum chinesischen Transrapid-Projekt vgl. Schach et al. 2006: 31, 50–52, 57–60.

auch die begrenzte Steuerbarkeit von technischen Entwicklungsprozessen mit in Betracht gezogen wird.

Die techniksoziologische Perspektive öffnet dabei Räume für politische Einflussnahme, indem sie die gegebene Form einer Technik als Produkt eines sozialen Aushandlungsprozesses erkennbar macht, in denen über Zwecksetzungen und Interpretationsvorgänge die Interessen bestimmter sozialer Gruppen bzw. politischer oder wirtschaftlicher Akteure in die gegenwärtig dominante Form einer Technik eingeschrieben sind. Insofern, als die gängige Form einer Technik als *Produkt* der gesellschaftlichen Auseinandersetzung von Interessengruppen betrachtet wird, kann sie aus politischer Sicht auch wieder zum *Gegenstand* aktiver Auseinandersetzung gemacht werden.

Ausgehend von dieser Perspektive kann das theoretische Instrumentarium der Technikforschung dabei Anhaltspunkte für die Förderung von politisch erwünschten Innovationen geben. Auch wenn eine gezielte Steuerung der Technikentwicklung aufgrund der Komplexität des sozialen Aushandlungsprozesses kaum möglich erscheint (vgl. u. a. Dierkes und Knie 1997), könnte doch das Wissen um die Faktoren, die die erfolgreiche Durchsetzung von Techniken beeinflussen, sich für die Suche nach Problemlösungen als instruktiv erweisen (zum Ansatz des Technology Forcing als Beispiel für ein verkehrspolitisches Steuerungsinstrument im Bereich der Technikentwicklung vgl. Jöhrens und Hildermeier in Kap. VI.4 dieses Bandes: ▶ Umweltinnovation im Pkw-Bereich: Kann die Politik Technologiesprünge erzwingen?).

Umgekehrt erscheint von großer verkehrspolitischer Relevanz auch die Möglichkeit, scheinbar technische Sachzwänge zu hinterfragen und damit bisher nicht wahrgenommene Spielräume für (politische) Entscheidungen aufzuzeigen. Mit den Mitteln der sozialwissenschaftlichen Technikforschung kann die Bedeutung technischer Schwächen relativiert werden und die Analyse sozialer Einflussfaktoren bis auf die Ebene der technischen Konstruktionselemente herunter gebrochen werden: So hat die historische Perspektive immer wieder gezeigt, dass auch letztlich erfolgreiche Techniken umfangreicher Stützungsmaßnahmen bedurften, um zur Marktreife bzw. zur allgemeinen Verbreitung zu gelangen. Technische Schwächen zu überwinden, erscheint demnach in vielen Fällen als eine Frage der Entscheidung von Akteuren, anstatt als rein technisch-naturwissenschaftlicher Sachzwang.

Ein weiterer Anhaltspunkt für die Verkehrspolitik liegt in der Untersuchung von Trägheitsmomenten. Technische Sachzwänge müssen häufig im Kontext von Leitbildern betrachtet werden, die sich als „Trägheitsmoment" im Entwicklungsprozess von technologischen Lösungen bemerkbar machen können. Eine Verkehrspolitik in Form von Technologiepolitik kann so gegebenenfalls versuchen, an den Leitbildern selbst anzusetzen, um bestimmte Innovationsprozesse zu fördern.

Will man das Potenzial der techniksoziologischen Erkenntnisse im Kontext verkehrspolitischer Fragestellungen nutzbar machen, müssen allerdings auch die Grenzen politischer Steuerung in Betracht gezogen werden. Der Begriff der „sozialen Konstruktion" von Technik darf hier nicht in die Irre führen: Soziale Aushandlungsprozesse lassen sich *nicht beliebig* steuern. Einmal stabilisierte Leitbilder sind oft aufs Engste mit gesellschaftlich etablierten Wertvorstellungen und praktischen

Interessenlagen verflochten, und entfalten dadurch mitunter eine enorme Widerstandskraft gegen Innovationsversuche. Zudem existiert in der „funktional differenzierten Gesellschaft" der Gegenwart ohnehin keine zentrale Instanz, die Technikentwicklung zielgerichtet steuern könnte (vgl. Luhmann 2004). Die Frage allerdings, inwieweit eine solche zentralisierte Steuerungsmacht überhaupt wünschenswert wäre, muss der gesellschaftspolitischen Diskussion überlassen bleiben.

Literatur

Albrecht, Helmuth. 1993a. Technik – Gesellschaft – Zukunft. In *Technik und Gesellschaft, Reihe Technik und Kultur*, Hrsg. Helmut Albrecht und Charlotte Schönbeck, Bd. 10, 449–474. Düsseldorf.

Albrecht, Helmuth. 1993b.Technik als gesellschaftliches Phänomen. In *Technik und Gesellschaft, Reihe Technik und Kultur*, Hrsg. Helmut Albrecht und Charlotte Schönbeck, Bd. 10, 3–31. Düsseldorf.

Berger, Johannes, Hrsg. 1986. *Die Moderne – Kontinuität und Zäsuren?* Soziale Welt, Sonderband 4. Göttingen.

Bijker, Wiebe E., Thomas P. Hughes, und Trevor J. Pinch, Hrsg. 1987. *The Social Construction of Technological Systems*. Cambridge, MA.

Bijker, Wiebe E., und Trevor J. Pinch. 1984. The social construction of facts and artefacts: or how the sociology of science and the sociology of technology might benefit each other. *Social Studies of Science* 14(3): 399–441.

Bölkow, Ludwig. 1993. Ludwig Bölkow im Gespräch mit Ulrike Emrich und Hendric L. Wuermeling, Bayerischer Rundfunk. – 60-minütige Fernsehsendung.

Bölkow, Ludwig. 1994. *Erinnerungen*. München, Berlin.

Braun, Hans-Joachim. 1993. Einleitung (zum Themenheft Technikgenese. Entscheidungszwänge und Handlungsspielräume bei der Entstehung von Technik). *Technikgeschichte*, 3: 181–185.

Braunberger, Gerald. 2006. *Airbus gegen Boeing : Wirtschaftskrieg der Giganten*. Nördlingen.

Büllingen, Franz. 1997. *Die Genese der Magnetbahn Transrapid: Soziale Konstruktion und Evolution einer Schnellbahn*. Wiesbaden.

Callon, Michel. 1980. The state and technical innovation: a case study of the electrical vehicle in France. *Research Policy* 9:358–376.

Canzler, Weert. 1997. Der Erfolg des Automobils und das Zauberlehrlings-Syndrom. In *Technikgenese. Befunde aus einem Forschungsprogramm*, Hrsg. Meinolf Dierkes, 99–129. Berlin.

Canzler, Weert, und Andreas Knie. 1994. *Das Ende des Automobils. Fakten und Trends zum Umbau der Autogesellschaft*. Heidelberg.

Canzler, Weert, und Andreas Knie. 2011. *Einfach aufladen: Mit Elektromobilität in eine saubere Zukunft*. Oekom.

Ciesla, Burghard. 1997. Die Transferfalle: Zum DDR-Flugzeugbau in den fünfziger Jahren. In *Naturwissenschaft und Technik in der DDR*, Hrsg. Dieter Hoffmann und Kristie Macrakis, 193–211. Berlin.

Dierkes, Meinolf. 1993. *Die Technisierung und ihre Folgen*. Berlin: Zur Biographie eines Forschungsfeldes.

Dierkes, Meinholf, Ute Hoffmann, und Lutz Marz. 1992. *Leitbild und Technik. Zur Entstehung und Steuerung technischer Innovationen*. Berlin.

Dierkes, Meinolf, und Andreas Knie. 1997. Technikgeneseforschung in der Warteschleife? Eine Einleitung. In *Technikgenese. Befunde aus einem Forschungsprogramm*, Hrsg. Meinolf Dierkes, 7–13. Berlin.

Gleitsmann, Rolf-Jürgen. 1991. Technik und Geschichtswissenschaft. In *Technik und Wissenschaft, Reihe Technik und Kultur*, Hrsg. Armin Hermann und Charlotte Schönbeck, Bd. 3, 111–136. Düsseldorf.

Hellige, Hans Dieter. 1993. Von der programmatischen zur empirischen Technikgeneseforschung: Ein technikhistorisches Analyseinstrumentarium für die prospektive Technikbewertung. *Technikgeschichte* 3:186–223.
Hughes, Thomas Parke. 1983. *Networks of power: electrification in western society, 1880–1930.* Baltimore.
Hughes, Thomas Parke. 1986. The seamless web: technology, science, etcetera, etcetera. *Social Studies* 16(2): 281–292.
Hughes, Thomas Parke. 1987. The evolution of large technological systems. In *The social construction of technological systems,* Hrsg. Wiebe E. Bijker, Thomas P. Hughes und Trevor J. Pinch, 51–81. Cambridge, Mass.
Kirchner, Ulrich. 1991. *Der Hochtemperaturreaktor: Konflikte, Interessen, Entscheidungen.* Frankfurt a. M.
Kirchner, Ulrich. 1997. Das Airbus-Projekt (1965–1990). Genese, Eigendynamik und Etablierung am Markt. In *Technik, die Gesellschaft schafft : Soziale Netzwerke als Ort der Technikgenese,* Hrsg. Johannes Weyer, Ulrich Kirchner, Lars Riedl und Johannes F.K. Schmidt, 101–146. Berlin.
Kirchner, Ulrich. 1998. *Geschichte des bundesdeutschen Verkehrsflugzeugbaus: Der lange Weg zum Airbus.* Frankfurt a. M.
Kirchner, Ulrich, und Johannes Weyer. 1997. Die Magnetbahn Transrapid (1922–1996). Ein Großprojekt in der Schwebe. In *Technik, die Gesellschaft schafft : Soziale Netzwerke als Ort der Technikgenese,* Hrsg. Johannes Weyer, Ulrich Kirchner, Lars Riedl und Johannes F.K. Schmidt, 227–275. Berlin.
Knie, Andreas. 1991. *Diesel – Karriere einer Technik. Genese und Formierungsprozesse im Motorenbau.* Berlin.
Knie, Andreas. 1994. *Wankel-Mut in der Autoindustrie. Anfang und Ende einer Antriebsalternative.* Berlin.
Knie, Andreas. 1998. Die Technik und ihr Funktionsraum. Der technische Wandel in der Automobilindustrie als dreifache Erfindungsleistung. In *Technik Gestalten,* Hrsg. Christine Wächter, Günter Getzinger, Ines Oehme, Harald Rohracher, Arnim Spök, Jürgen Suschek-Berger, Wibke Tritthart und Peter Wilding, 253–260. Wien.
König, Wolfgang. 1993. Technik, Macht und Markt. Eine Kritik der sozialwissenschaftlichen Technikgeneseforschung. *Technikgeschichte,* 3:243–266.
König, Wolfgang. 1997. Einführung in die „Propyläen Technikgeschichte". In *Landbau und Handwerk: 750 v.Chr. bis 1000 n.Chr.,* Reihe Propyläen Technikgeschichte, Hrsg. Dieter Hägermann und Helmuth Schneider, Bd. 1, 11–16. Berlin.
Kuhm, Klaus. 1997. *Moderne und Asphalt. Die Automobilisierung als Prozeß technologischer Integration und sozialer Vernetzung.* Pfaffenweiler.
Latour, Bruno. 1996. *Aramis or the Love of Technology.* Cambridge, MA.
Latour, Bruno. 2001. *Das Parlament der Dinge.* Frankfurt a. M.
Law, John, Hrsg. 1986. On the methods of long distance control: vessels, navigation, and the Portuguese route to India. In *Power, action and belief: A new sociology of knowledge?* Sociological Review Monograph, 32:234–263.
Luhmann, Niklas. 2004. *Einführung in die Systemtheorie,* Hrsg. Dirk Baecker. Heidelberg.
MacKenzie, Donald. 1990. *Inventing Accuracy.* Cambridge, MA.
MacKenzie, Donald, und Judy Wajcman, Hrsg. 1985. *The social shaping of technology.* London.
Matschoß, Conrad. 1908. *Die Entwicklung der Dampfmaschine.* Berlin.
Mayntz, Renate, und Thomas P. Hughes, Hrsg. 1988. *The development of large technical systems.* Frankfurt a. M.
Michels, Jürgen, und Jochen Werner, Hrsg. 1994. *Luftfahrt Ost 1945-1990. Geschichte der deutschen Luftfahrt in der Sowjetischen Besatzungszone (SBZ), der Sowjetunion und der Deutschen Demokratischen Republik (DDR).* Bonn.
Radkau, Joachim. 1989. *Technik in Deutschland: Vom 18. Jahrhundert bis zur Gegenwart.* Frankfurt a. M.

Rammert, Werner. 1993. *Technik aus soziologischer Perspektive. Forschungsstand – Theorieansätze – Fallbeispiele. Ein Überblick*. Opladen.
Rammert, Werner. 2003. Technik in Aktion: Verteiltes Handeln in soziotechnischen Konstellationen. In *Autonome Maschinen*, Hrsg. Thomas Christaller und Josef Wehner, 289–315. Wiesbaden.
Rammler, Stephan. 2001. *Mobilität in der Moderne. Geschichte und Theorie der Verkehrssoziologie*. Berlin.
Rammler, Stephan, und Marc Weider, Hrsg. 2011. *Das Elektroauto: Bilder für eine zukünftige Mobilität*. Berlin: LIT Verlag.
Ruhrort, Lisa, Josephine Steiner, Andreas Graff, Daniel Hinkeldein, und Christian Hoffmann. 2014. Carsharing with electric vehicles in the context of users' mobility needs – results from user-centred research from the BeMobility field trial. In International Journal of Automotive Technology and Management. 14 Aufl., No.3/4: 286–305. Berlin.
Schach, Rainer, Peter Jehle, und René Naumann. 2006. *Transrapid und Rad-Schiene-Hochgeschwindigkeitsbahn: Ein gesamtheitlicher Systemvergleich*. Berlin/Heidelberg/New York.
Weingart, Peter, Hrsg.1989. *Technik als sozialer Prozeß*. Frankfurt a. M.
Wirtschafts-Correspondent. 1971. Fata Morgana oder ein ernsthaftes Projekt? *Wirtschafts-Correspondent*, 52: 3, 31. Dezember 1971.
Woodjack, Justin, Dahlia Garas, Andy Lentz, Thomas S. Turrentine, Gil Tal, und Michael A. Nicholas. 2012. Consumer perceptions and use of driving distance of electric vehicles: Changes over time through lifestyle learning process. *Transport Res Rec* 2287: 1–8.

Forschungsförderung, Verkehrspolitik und Legitimität: Die Folgen heterogener Rationalitäten in politischen Prozessen

Uli Meyer

Zusammenfassung
Verkehrspolitik ist die Folge der Aktivitäten einer Vielzahl von Akteuren und Organisationen. Ziel dieses Artikels ist es aufzuzeigen, dass diese verschiedenen Akteure zum Teil sehr unterschiedliche Orientierungen und Zielsetzungen haben. Anders formuliert: Sie handeln nach unterschiedlichen Rationalitäten. Aus neo-institutionalistischer Perspektive zeigt der Artikel am Beispiel von Forschungsförderung, dass Verkehrspolitik nur verstanden werden kann, wenn man sie als das Ergebnis des Zusammen- (oder auch Gegeneinander-) wirkens dieser unterschiedlichen Rationalitäten versteht und analysiert.

Schlüsselwörter
Forschungsförderung • Rationalitäten • Verkehrspolitik • Legitimität • Institutionalisierung

1 Einleitung

Verkehrspolitik wird oft als ein Politikfeld beschrieben, in dem die Kluft zwischen Anspruch und Wirklichkeit besonders groß ist (vgl. Schöller 2006). Ob sie wirklich größer ist als in anderen Politikbereichen oder nur aufgrund der Allgegenwart der Verkehrsproblematik im Alltag stärker zu Tage tritt, sei dahingestellt. Dass eine Differenz besteht, kann jedoch kaum bestritten werden. Ziel dieses Artikels ist es, am Beispiel der Förderung von Verkehrs- und Mobilitätsforschung aufzuzeigen, dass einer der Gründe für diese Abweichung darin zu suchen ist, dass die daran beteiligten Organisationen je nach Bereich nach unterschiedlichen Rationalitäten (Weber 1979

U. Meyer (✉)
Organisationssoziologie, Technische Universität Berlin, Berlin, Deutschland
E-Mail: uli.meyer@tu-berlin.de

[1920])[1] handeln. Diese unterschiedlichen Rationalitäten, so die These, sind ein Grund dafür, dass es nur selten gelingt, Forschungsprojekte von der Formulierung verkehrspolitischer Ziele, ihrer Umsetzung in Förderprogramme bis hin zu den entsprechenden Forschungsergebnissen linear zu steuern. An Forschungsprojekten beteiligte Organisationen sind bestrebt, die dort geltenden (Spiel-)Regeln ihren Interessen entsprechend auszulegen. Die daraus resultierenden Anwendungen der Regeln sind nicht zwingend konform mit den Ideen, aufgrund derer sie formuliert wurden.

Eine wichtige Grundannahme dieses Artikels ist, dass es eines der zentralen Ziele für Organisationen ist, Legitimität zu erreichen und aufrechtzuerhalten. Legitimität wiederum beruht auf unterschiedlichen Bewertungskriterien, je nach der jeweils dominanten Rationalität. Darauf aufbauend lassen sich viele Aktivitäten von Administrationen, Ministerien, aber auch Unternehmen begründen, die sich nur schwer erklären lassen, wenn man eine einheitliche Rationalität der Verkehrspolitik zur Bewertungsgrundlage macht.

Dazu soll im Folgenden zuerst mit Hilfe des soziologischen Neoinstitutionalismus eine theoretische Grundlage geschaffen werden, die die Funktion und den Nutzen von Legitimität für Organisationen beschreibbar macht. Anschließend werden auf dieser Grundlage verschiedene Rationalitäten und darauf aufbauende Handlungsorientierungen von Einrichtungen betrachtet, die Forschungsförderung betreiben. Als zentrales Beispiel dient das Bundesforschungsministerium. Andere Ebenen der Verkehrsforschung, wie etwa die der EU, werden an einigen Punkten ergänzend herangezogen. Daran anschließend werden die Rationalitäten geförderter Organisationen beschrieben. Hier liegt der Schwerpunkt auf Unternehmen und deren Forschungsabteilungen. Zum Schluss wird noch einmal zusammenfassend dargestellt, welche Folgen sich daraus für Forschungsförderung im Verkehrsbereich ergeben.

Das Ziel ist es dabei weniger, einen umfassenden Katalog von organisationalen Handlungsmustern im Kontext der Forschungsförderung aufzustellen, sondern vielmehr exemplarisch die Bedeutung von unterschiedlichen Rationalitäten, Legitimität und sich daraus ableitenden Handlungsorientierungen darzustellen. Das empirische Material, auf dem dieser Artikel basiert, wurde vorwiegend zu Forschungsprojekten im Automobilsektor erhoben.[2] Die aufgezeigten Strukturen gelten jedoch nicht nur für diesen Förderungsbereich oder auf Technikentwicklung ausgerichtete Projekte, sondern finden sich auch in anderen Gebieten der Verkehrs- und Mobilitätsforschung.

---

[1]Rationalität wird hier im Sinne Webers gebraucht. Auch wenn – oder gerade weil – die Frage nach der Rationalität bzw. den Rationalitäten westlicher Gesellschaft eine der zentralen Fragen seiner Forschung darstellt (Weber 1979 [1920]: 9 ff.), finden sich bei ihm sehr unterschiedliche Sichtweisen auf das Phänomen (z. B. Weber 1976 [1921]: 12 f.). Hier wird es in einem sehr allgemeinen Sinne verstanden als Ordnung, Systematisierung und Bewertung nach von Menschen selbst gesetzten Kriterien (vgl. Kaesler 2000: 198 f.).

[2]Die primäre Datenquelle sind leitfadengestützte Experteninterviews, die zwischen 2004 und 2006 von mir durchgeführt wurden. Zitate daraus werden in anonymisierter Form wiedergegeben. Nach jedem Zitat ist jeweils angegeben, in welchem Bereich (Unternehmen, Fördereinrichtung, Forschungsinstitut) die zitierte Person tätig ist.

2 Erwartungsdruck der Umwelt

Organisationen gestalten ihre Strukturen nicht nur entsprechend den Anforderungen, die sich aus ihren Aktivitäten und Zielen ergeben, sondern folgen dabei ebenso den Erwartungen ihrer Umwelt (Meyer und Rowan 1977). Strukturelle Elemente werden adaptiert, „um der Organisation Legitimität zu verschaffen" (Walgenbach 2002: 319). Verschiedene Teile der Umwelt einer Organisation definieren und legitimieren organisationale Strukturen und Aktivitäten als angemessen und befördern auf diese Weise eben diese.

Dies gilt für alle Organisationen, aber im Besonderen für solche, die sich in einer hochgradig institutionalisierten Umwelt befinden (Scott und Meyer 1991: 122 f.). Solche Umwelten sind dadurch charakterisiert, dass sich die Güter und Leistungen, die in ihnen erzeugt werden, nur schwer in ihrem Wert bestimmen lassen. Organisationen, die in ihnen agieren, müssen vor allem den Regeln und Erwartungen gerecht werden, um die Unterstützung und Legitimität zu erhalten, die sie für ihre Existenz benötigen.[3] Fördereinrichtungen wie das Bundesministerium für Bildung und Forschung (BMBF) agieren in solchen, stark institutionell geprägten Umwelten. Solange ihr Handeln als legitim angesehen, ihre Daseinsberechtigung nicht in Frage gestellt wird und sie weiterhin finanziert werden, ist ihr Fortbestehen gesichert. Dies ist unabhängig davon, wie „effizient" solche Einrichtungen Fördergelder einsetzen, solange ihre Vergabepraxis als legitim betrachtet wird.[4]

Bei Forschungsabteilungen, z. B. solchen der Automobilkonzerne, sieht es ähnlich aus. Von ihnen wird nicht erwartet, dass ihre Aktivitäten kurzfristig positiven Einfluss auf Umsatz- oder Gewinnsteigerungen haben. Wichtig ist dagegen, dass ihre Arbeit als sinnvoll und nützlich, also als legitim angesehen wird. Ist dies der Fall, wird die Forschungsabteilung weiter bestehen.

Eine Organisation, die institutionelle Erwartungen ihrer Umwelt übernimmt, erhöht ihre Legitimität. Außerdem erleichtert die Übernahme entsprechender Strukturen die Interaktion mit anderen Organisationen. Diese „wissen", womit sie es zu tun haben und schätzen die Organisation als vertraut und berechenbar ein.

Eine solche Anpassung an externe Erwartungen mag in dem Sinne ineffizient bzw. irrational erscheinen, dass Strukturen denkbar wären, die für die Erreichung der primären Ziele geeigneter erscheinen. Allerdings kann es für eine Organisation letztendlich doch „rationaler" sein, den Erwartungen der Umwelt zu entsprechen, da eine Nichterfüllung dieser Erwartungen eine Reihe von negativen Konsequenzen nach sich ziehen kann. Bei Forschungseinrichtungen ist der Verlust von Fördergeldern

---

[3]Institutionelle Umwelten wurden ursprünglich von technischen Umwelten unterschieden. Diese Unterscheidung ist nicht unumstritten, und es ist fraglich, ob Organisationen in technischen Umwelten nicht auch bestimmten Erwartungen gerecht werden müssen, damit ihr Handeln als legitim angesehen wird (vgl. Scott 1992). In neueren Veröffentlichungen wird die Trennung zwischen technischen und institutionellen Umwelten daher als eine analytische beschrieben (vgl. Walgenbach 2002: 328).

[4]Als legitim wird eine Organisation dann betrachtet, wenn ihre Ziele, Strukturen und Verfahren nicht in Frage gestellt werden und als sinnvoll und wichtig anerkannt sind.

ein nahe liegendes Beispiel. Eine Möglichkeit, unterschiedlichen Anforderungen – den Erwartungen von außen und der Erreichung bestimmter Ziele – gerecht zu werden, ist, verschiedene Teile der Organisation voneinander zu entkoppeln (Meyer und Rowan 1977). Auf diesem Wege können dann externe Erwartungen bedient und gleichzeitig intern nötige Verfahren aufrechterhalten werden, die diesen widersprechen. Das funktioniert jedoch nur, wenn diese einander widersprechenden Bereiche ausreichend voneinander getrennt sind, so dass die Gegensätze nicht regelmäßig in Erscheinung treten (vgl. DiMaggio und Powell 1983).

Von zentraler Bedeutung ist für Organisationen, effizient und rational zu erscheinen, was jedoch nicht zwingend mit der effizienten Verwendung der eingesetzten Technologie einhergehen muss. „Viele der in Organisationen vorzufindenden Stellen, Abteilungen, Verfahrensweisen oder Programme werden aufgrund der öffentlichen Meinung und der Sichtweisen wichtiger Kunden erforderlich oder durch Gesetze erzwungen, sie werden adoptiert, und zwar unabhängig von ihren Auswirkungen auf das Arbeitsergebnis" (Walgenbach 2002: 320). Diese Anforderungen können sich je nach Organisation und nach Kontext unterscheiden. Konkret bedeutet dies: Die Erwartungen, die an eine Fördereinrichtung gerichtet werden, sind deutlich verschieden von denen, die an eine geförderte Forschungsabteilung gestellt werden. Gleichzeitig hat diese ihrerseits andere Erwartungen an die Förderinstitution als die politische Verwaltung usw. Das bedeutet, dass Organisationen mit abweichenden oder sogar widersprüchlichen Anforderungen konfrontiert sind und mit anderen Organisationen interagieren, die in anderen Kontexten mit entsprechend anderen Rationalitäten agieren.

3 Handlungslogiken der Fördereinrichtungen

Idealtypische Beschreibungen öffentlicher Forschungsförderung betonen oft die Notwendigkeit politischer Steuerung und sehen Forschungsförderung als das passende Instrument dafür an:

> Direkte Fördermaßnahmen „werden dann angewandt, wenn der Staat ganz bestimmte Ziele verwirklichen will. Die staatliche Bürokratie legt also fest, was die geförderten Forschungs- und Entwicklungsinstitutionen machen sollen. Dafür hat der Bundesforschungsminister einen bestimmten Rahmen geschaffen: die Fachprogramme. Direkte Projektförderung wird vor allem in solchen Bereichen eingesetzt, wo der Markt nicht greift, wo also die Unternehmen sich nicht oder aber nicht ausreichend mit ihrer Forschung engagieren (...). Oft geht es um gesellschaftliche Bedarfe, die von der Politik formuliert werden müssen, weil die einzelnen Individuen nicht bereit sind, entsprechende Güter nachzufragen bzw. aus ihrem Portemonnaie zu bezahlen" (Welsch und Schneider 1995: 126 f.).

Bei näherer Betrachtung zeigt sich jedoch, dass sowohl die Gründe für Forschungsförderung als auch die Kontexte, in denen Fördereinrichtungen agieren, deutlich komplexer und vor allem widersprüchlicher sind, als es das Zitat vermuten lässt. Fördereinrichtungen müssen mit verschiedensten Erwartungen umgehen, die aus ihrer Umwelt an sie gestellt werden. So soll etwa das BMBF die verkehrspolitischen Vorgaben der jeweiligen Bundesregierung in ihren Förderstrategien umsetzen und durch gezielte Förderung vielversprechender Innovationen den Wirtschaftsstandort Deutschland stärken. Gleichzeitig soll es aber auch – je nach Perspektive – seinen Einflussbereich gegenüber den Ansprüchen der Bundesländer verteidigen, ausbauen oder einschränken. Dies alles muss innerhalb von behördentypischen Strukturen und den sich daraus ableitenden Rationalitäten geleistet werden.

Eine Ministerialorganisation wie das BMBF muss die eigenen Aktivitäten gegenüber einer Reihe unterschiedlicher Akteure legitimieren. Dazu gehören Parlament, Regierungen mindestens auf Bundes- und auf Landesebene, Parteien, die Öffentlichkeit, Großforschungseinrichtungen, Universitäten und diejenigen Firmen, die für eine Förderung in Frage kommen (vgl. Lange 2005: 150 f.). Ohne dass diese Akteure dem Ministerium ein Mindestmaß an Legitimität zubilligen und eine gewisse Bereitschaft zur Kooperation zeigen, wären Förderprogramme nicht erfolgreich durchführbar (vgl. Stucke 1993: 89).

3.1 „Innovation ist doch wichtig"

Ein Sachverhalt, der Fördereinrichtungen allgemein und speziell hinsichtlich von Verkehrsforschung einen gewissen Spielraum gegenüber Umwelterwartungen verschafft, ist die Tatsache, dass Forschung und vor allem Innovation in vielen Kontexten zunehmend per se positiv belegt sind. Der Begriff des *ubiquitious innovating* beschreibt, dass wissenschaftliche Methoden zur Hervorbringung von Innovationen sich zunehmend verbreiten und institutionalisieren, aber vor allem, dass damit eine normative Aufladung einhergeht: „(Es) ist zu beobachten, wie in der Politik der Begriff ‚Innovation' in ähnlicher Weise wie ‚Freiheit' und ‚Gleichheit' dazu verwendet wird, normative Urteile über Sachverhalte abzugeben, wobei das Innovative mit dem Wünschenswerten und das Bestehende mit dem Veränderungsbedürftigen assoziiert wird" (Braun-Thürmann 2005: 12 f.).

Eine Organisation, deren definiertes Ziel es ist, Innovationen zu fördern, hat daher unabhängig von ihren eigentlichen Aktivitäten einen gewissen Vorschuss an Legitimität:

> „Innovation ist doch wichtig, haben Sie da einen Zweifel dran? Schauen Sie doch mal, mit welcher Nonchalance jetzt hier beispielsweise die großen Forschungsorganisationen eben mal fünf Prozent drauf kriegen. (...) Und die Rechtfertigung eines BMBF: Es reicht völlig aus, wenn sie sagen (...) Forschungsausgaben von auf soundsoviel gesteigert. Wunderbare Sache das. Da sind alle glücklich. Die Effizienz des Systems intern, die interessiert doch gar keinen. Das ist doch eine Black-Box" (Unternehmen).

Allerdings besteht die Gefahr, dass Fördereinrichtungen, die sich zu sehr auf die grundsätzliche Erwünschtheit von Innovationen zurückziehen, ohne aber weitere Begründungen für ihre Aktivitäten zu liefern, diesen Bonus schnell wieder verspielen. Aber erst einmal müssen Aktivitäten, die Innovation befördern, nicht weiter erklärt oder gerechtfertigt werden und können so oft in ihrer konkreten Ausgestaltung an anderen Rationalitäten – wie etwa die im Folgenden beschriebene Verwaltungslogik – ausgerichtet werden.

3.2 Historisch begründete Handlungslogiken

Fördereinrichtungen können auf eine mehr oder weniger lange Geschichte zurückblicken, die oft von großer Bedeutung für ihr Selbstverständnis und die Anforderungen ist, die von Seiten der Umwelt an sie gerichtet werden.

Die Aktivitäten, z. B. des BMBF und seiner Vorgänger, lassen sich nur plausibel erklären, wenn man berücksichtigt, dass dieses ursprünglich aus dem Atomministerium hervorgegangen ist und Zuständigkeiten für andere Bereiche der Forschungsförderung erst im Laufe der Zeit hinzugekommen sind. Die Handlungsspielräume musste das Ministerium dabei immer gegen Ansprüche der Länder verteidigen, „die mit der Gründung der Bundesrepublik Deutschland die wissenschaftliche Forschung auch rechtlich als ihre Domäne verankern konnten" (Stucke 1993: 36). Diese Rahmenbedingungen hatten bedeutenden Einfluss auf die sich herausbildenden Akteurskonstellationen und die Zuständigkeitsbereiche der einzelnen Akteure in der Forschungspolitik.

Die Vorgängerorganisation des BMBF, das Bundesministerium für wissenschaftliche Forschung (BMwF), entstand 1962 aus dem 1955 gegründeten Bundesministerium für Atomfragen (BMAt). Bundeskanzler Adenauer verfolgte damit das Ziel, die Kompetenzen des Bundes in der Forschungsförderung auszubauen. Dabei ging es unter anderem darum, die Zuständigkeiten des Forschungsministeriums gegenüber den Bundesländern auszuweiten. Um das zu erreichen, nutzte die Bundesregierung die europäische Raumfahrt als „Vehikel" (Weyer 2005: 10). Durch die noch weitgehende Ungeklärtheit der Zuständigkeiten in diesem Bereich konnte der Bund diesen für sich in Anspruch nehmen. Er ordnete ihn dem Ministerium für Atomfragen zu und benannte dieses in Bundesministerium für wissenschaftliche Forschung um, womit ein erster bedeutender Schritt hin zu einem vollwertigen Bundesforschungsministerium getan war (vgl. Weyer 2005: 1). Die Zuweisungen weiterer Kompetenzen erfolgten danach recht schnell. Schon kurz nach der Umbenennung erhielt das Ministerium die Zuständigkeit für „Allgemeine Wissenschaftsförderung", gefolgt von weiteren Fachkompetenzen, etwa für Meeresforschung, Datenverarbeitung und Neue Technologien (vgl. Stucke 1993: 15).

In dieser Etablierung über Atom- und Raumfahrtforschung kann der Grund dafür gesehen werden, dass das Forschungsministerium „stets auf Technologieprogramme fixiert (blieb) (z.B. internationale Großprojekte der bemannten Raumfahrt), die vorrangig von einer politischen Rationalität geprägt waren und bei denen die Interessen von Wissenschaft und Forschung oftmals nur eine untergeordnete Rolle spielten" (ebd.). Seitdem war und ist das Forschungsministerium gezwungen, mit seinen Aktivitäten nicht nur sich selbst, sondern auch die „Sinnhaftigkeit einer Bundesforschungspolitik" (ebd.) zu rechtfertigen und unter Beweis zu stellen.

Das Querschnittsreferat „Neue Technologien" hatte zum Ziel, ein möglichst umfassendes Forschungsgebiet abzudecken. Es war deswegen nicht auf eine bestimmte Technologie festgelegt, sondern sollte neue Industrietechnologien identifizieren, die dann Ziel einer umfassenden Innovationsförderung werden sollten. Damit wurde eine Möglichkeit geschaffen, problemlos weitere Bereiche zu integrieren (vgl. Stucke 1993: 121 f.).

Als eine Unterabteilung des Querschnittsreferats „Neue Technologien" wurde „Verkehr & Transport" eingerichtet. 1970 umfasste es die Themen Hochleistungsschnellbahn, Urbane Verkehrssysteme und Massenguttransportschiffe (vgl. Stucke 1993: 125). Eines der ersten und zugleich größten Projekte war die primär industriepolitisch motivierte Förderung des Transrapid, dessen regulärer Betrieb ursprünglich ab 1985 geplant war (vgl. Büllingen 1997: 5). Die Magnetschwebebahn sollte „die Leistungsfähigkeit des Industriestandortes Deutschland demonstrieren" (Rade und Rosenberg 1995: 35) und war Kern einer Innovationsoffensive im Bereich der Spitzentechnologie, die als dringend geboten angesehen wurde (vgl. ebd.). Ursprünglich war der Transrapid vom Verkehrsministerium (BMV) gefördert worden. Als die Entwicklung ins Stocken geriet, übernahm dies das Forschungsministerium.[5] Der Schwerpunkt der Transrapid-Forschung verlagerte sich nun von verkehrspolitischen auf technologie- und industriepolitische Ziele. Diese Abkopplung von verkehrspolitischen Rationalitäten wird einerseits als Grund dafür gesehen, dass die Forschung am Transrapid weitergeführt werden konnte und zugleich dafür, dass bei der Durchsetzung als Verkehrsmittel massive Probleme auftraten (vgl. Kirchner und Weyer 1997: 240 sowie Kirchner und Ruhrort in Kap. VI.1 dieses Bandes: ▶ Verkehrstechnik und Gesellschaft: Techniksoziologische Perspektiven auf das Wechselverhältnis von sozialen und technischen Entwicklungen).

Unabhängig vom verkehrspolitischen Effekt war der Transrapid für das Forschungsministerium von großem Nutzen. Die Förderung eines völlig neuen, innovativen Verkehrsträgers war eine Möglichkeit, den eigenen programmatischen Standpunkt zu definieren und die Ansprüche auf den Bereich Forschungs- und Technologieförderung weiter zu konsolidieren. Eine Abgrenzung der Kompetenzen gegenüber anderen Organisationen war in diesem Fall nicht nur gegenüber den Ländern und z. B. Großforschungseinrichtungen möglich, sondern auch gegenüber dem BMV (vgl. Rath 1993: 6 f.).

Aus diesem Blickwinkel

> „waren Steuerungsambitionen des Forschungsministeriums gegenüber seiner gesellschaftlichen Umwelt lange Zeit nicht notwendig, um die Partikularinteressen der Administration (Domänengewinn/Budgeterweiterung) zu befriedigen. Im Gegenteil: Unter den Rahmenbedingungen eines stark wachsenden Forschungshaushalts konnte die Administration ihre Expansionsinteressen am besten realisieren, indem sie eine großzügige Förderpolitik betrieb und sich damit die gesellschaftliche Unterstützung wichtiger Gruppen sicherte, ohne eine inhaltliche Feinsteuerung des Forschungssystems zu versuchen" (Stucke 1993: 260 f.).

Hat eine Fördereinrichtung zum Ziel, erst einmal die eigene Position zu festigen und die eigenen Aktivitäten zu legitimieren, können sich enge Vorgaben gegenüber geförderten Organisationen durchaus nachteilig auswirken. Sind diese doch ein wichtiger Teil der Umwelt der fördernden Institution und können am ehesten durch

---

[5]Der damalige Vorstandsvorsitzende der Deutschen Bahn, Heinz Dürr, wird mit den Worten zitiert, aus der Sicht der Bahn sprächen die Fakten gegen den Transrapid. Sie würden aber mitmachen, weil die Bundesregierung Industriepolitik wolle (vgl. Kirchner und Weyer 1997: 259).

freigiebige Förderpolitik zu einer unterstützenden Haltung gewonnen werden. Die Konsequenz für eine auf die Stabilisierung der eigenen Position orientierten Förderadministration ist, dass verkehrliche oder auch marktliche Kriterien nur von nachrangiger Bedeutung sein können und dürfen (vgl. Büllingen 1997: 164).

3.3 Verwaltungslogik

Das Bundesforschungsministerium ist wie viele andere Fördereinrichtungen eine Behörde. Diese tendieren dazu, eine von den Organisationszielen relativ unabhängige interne Verwaltungsrationalität auszubilden. Fördereinrichtungen auf EU-Ebene haben z.B. oft den Ruf, dass sie geförderten Projekten einen hohen bürokratischen Aufwand abverlangen. Auch werden Projekte nicht ausschließlich danach bewertet, inwieweit sie den Richtlinien der Förderpolitik – also etwa politischer Steuerung oder Innovationsförderung – entsprechen, sondern auch danach, ob sie bei der Weiterführung, Verlängerung, Abwicklung u. ä. den Interessen der eigenen Organisation Rechnung tragen (vgl. Stucke 1993: 26). Für den Transrapid hatten diese „Spielregeln der öffentlichen Verwaltungsorganisation" (Büllingen 1997: 165) zur Folge, dass das Projekt nicht vorzeitig eingestellt wurde, weil ein solches Eingeständnis des Misserfolgs dem Image der verantwortlichen Fachreferate und des Forschungsministerium insgesamt geschadet hätte. Es wäre außerdem zu befürchten gewesen, dass Schaden nicht nur auf einer legitimatorischen Ebene auftreten würde, sondern eine entsprechende Verringerung der Haushaltsmittel mit sich bringen würde. Das Transrapidprojekt hatte seinerseits Rückwirkungen auf das BMBF, die weit über die Förderdauer hinausreichten. Im Laufe der Förderung hatten sich als Konsequenz innerhalb des Ministeriums umfangreiche Strukturen ausgebildet. So waren beispielsweise Referate und Unterabteilungen gegründet worden und dem Verkehrsbereich waren darauf ausgerichtete Etats zugeteilt worden usw. Eine (theoretische) Möglichkeit wäre gewesen, diese Strukturen nach Ende der Förderung aufzulösen oder neuen Schwerpunkten bzw. anderen Abteilungen zuzuordnen.

> „(Die Förderung des Transrapid) fiel dann weg. (I)(?) ch meine, auch als Minister, als Leiter des Hauses wirst du ja dann nicht sagen: O.K., den Posten geben wir zurück, können wir in den Bereich Hochschulförderung packen oder können wir in den Bereich innere Sicherheit. Das wurde ja nicht, das ist ja klar. Da haben sich dann die Interessen artikuliert, ja, es gibt ja auch noch andere Probleme im Verkehr, wo Forschungsbedarf ist und dann hat man angefangen mit Telematik natürlich. Oh ja, mit Informationstechnik den Verkehrsfluss verbessern und so weiter und so hat sich das dann ergeben" (Forschung).

Diese Aussage gibt keine Auskunft darüber, ob die an das beendete Projekt anschließende Verkehrsforschung inhaltlich sinnvoll ist. Deutlich wird jedoch, dass die Entscheidung, weiterhin Verkehrsforschung zu fördern, sich nicht alleine daraus begründet, dass verkehrspolitische Ziele erreicht werden sollten, sondern auch daraus, anderen Anforderungen, wie der Eigenlogik der entstanden Organisation, gerecht zu werden.

Es gibt Aktivitäten, wie Ausschreibung, Vergabe, Durchführung und Abschluss von Förderprogrammen, die sich gut mit den internen Strukturen einer

Fördereinrichtung vereinbaren lassen. Wenn dagegen ein Projekt vorzeitig beendet oder nicht im geplanten Umfang durchgeführt wird, stört dies die Routinen und ist zudem mit einem erheblichen bürokratischen Mehraufwand verbunden. Oft existieren keine klaren Kriterien, unter welchen Bedingungen ein Abbruch oder eine Reduzierung angemessen ist (vgl. Büllingen 1997: 165). Ebenso ist es für eine Organisation wesentlich einfacher, Projekte regulär und vollständig abzurechnen. Wird ein Teil der zugesagten Fördersumme nicht abgerufen, muss mit den verbleibenden Geldern in einer Weise umgegangen werden, die nicht dem Standard entspricht. Das kann in seltenen Fällen für Mitglieder in den Fördereinrichtungen einen zusätzlichen Freiraum bedeuten, da sie dieses Geld relativ flexibel weiterverwenden können.

Normalerweise bedeuten nicht abgerufene Projektmittel jedoch zusätzliche Arbeit, ohne dass die Fördereinrichtung davon profitiert, vor allem, wenn sie die Gelder nicht selbst anderweitig zuteilen kann, sondern z. B. an den Bund zurückgeben muss.

„Das Dumme ist: Du hast ja für jedes Projekt in deinem Haushalt so ein kleines Teilchen. Wenn du plötzlich sagst: Oh, das Projekt kann ich nicht mehr fortführen, dann kannst du das Geld nicht einem anderen Titel zuweisen. Das verfällt. Und der Finanzminister sammelt das ein. Und dann zum Schluss sagt er, soviel Geld wolltest du haben, soviel hattest du und soviel hast du eigentlich tatsächlich nur ausgefüllt. Also bekommst du nächstes Jahr entsprechend weniger" (Unternehmen).

Hinzu kommt, dass sich Projekte, die allen formalen Anforderungen entsprechen, auch inhaltlich einfacher als erfolgreich darstellen lassen, als dies bei nur teilweise durchgeführten oder vorzeitig beendeten der Fall ist.

„Deswegen ist es ihnen eigentlich lieber, unehrliche Projekte zu haben, Hauptsache, sie können es abrechnen. Wie bei uns: Hey, wir haben doch keine Kosten und wir können Teile des Programms nicht abwickeln, also wollen wir eigentlich stoppen. Und dann sagen die lieber: Guckt doch mal, ob ihr nicht noch irgendwo anders ein paar Kosten herkriegt, die ihr darunter verbuchen könnt" (Unternehmen).

Wird bei Projekten vor allem Wert darauf gelegt, dass sie formal erfolgreich abgeschlossen werden, ergibt sich für die Fördereinrichtung anschließend die Notwendigkeit, den inhaltlichen Nutzen der finanzierten Forschung nachzuweisen, um die Förderentscheidung zu legitimieren (vgl. Büllingen 1997: 165). Das Problem, das für Organisationen entsteht, die mit einander widersprechenden Rationalitäten operieren, ist jedoch nicht nur, dass sie ihre Aktivitäten nach außen hin nachträglich als legitim darstellen müssen. Intern können derart kontradiktorische Anforderungen ebenfalls Spannungen in bedeutendem Ausmaß erzeugen (vgl. DiMaggio und Powell 1983: 56 f.)

„Auf der anderen Seite werden sie sich natürlich nicht selber den Ast absägen, auf dem sie sitzen und sagen, wir müssen jetzt Tabula rasa machen und wir müssen im Grunde bestimmte Teile der Förderung komplett einstampfen, das wird eh nicht viel ändern am Output oder wir sollten jetzt ganz neu nachdenken. Das werden sie auch nicht machen. D.h. sie sind immer – und das macht die Frustration aus bei denen – dass sie auf der einen Seite sehen, wo die Problematik ist, auf der anderen Seite radikale Lösungen aber nicht machen können" (Forschung).

Eine Lösung stellt die Förderung von Projekten dar, bei denen davon auszugehen ist, dass Abweichungen vom routinemäßigen Ablauf relativ unwahrscheinlich sind. Eine Möglichkeit ist die Förderung von Unternehmen, die das Bedürfnis der Fördereinrichtungen nach formal korrekter Abwicklung kennen und bei Störungen selbständig darauf reagieren, so dass widersprüchliche Anforderungen nicht innerhalb der Fördereinrichtung aufeinander treffen, sondern schon vorher aufgelöst werden.

> „Also eine Rückabwicklung von Projekten gibt es faktisch nicht. So, d. h., es ist denen lieber, wenn es eine Routine gibt. Deswegen haben die auch eine Affinität zu größeren Unternehmen, weil die wissen: O.K., die haben zwar jetzt ihr Projekt verbockt, aber schieben jetzt irgendwelche Kosten jetzt da rein und wickeln die Kosten damit ab. Es ist immer dasselbe: Hauptsache Kosten, irgendwas ist ausgegeben worden und dann gibt es vom BMBF eine Refinanzierung" (Forschung).

Aus der Zuweisung von festen Etats zu jedem Förderprogramm ergibt sich eine bestimmte Rationalität der Förderung, der auch als doppelter Zwang zur Förderung beschrieben werden kann. Einerseits müssen die zugewiesenen Mittel in einem bestimmten Zeitraum vergeben werden. Geschieht dies nicht, verfallen sie wie zwar bewilligte, aber nicht abgerufene Mittel.

> „Durch die politischen Vorgabe, die hier im Haus und das ist in jedem Haus so, weil das eben haushaltspolitisch determiniert ist auch durch Haushaltsrecht, da wird immer drauf geguckt: Was haben die denn mit dem Geld gemacht. Und dann versuchen sie natürlich, ihr Budget möglichst gut auszulasten" (Fördereinrichtung).

Zum anderen bemisst sich das Fördervolumen in jedem Jahr alleine an den tatsächlich zur Verfügung stehenden Geldern. Falls aufgrund zu geringer Mittel nicht alle förderungswürdigen Projekte finanziert werden können, stellt dies die Legitimität von Fördereinrichtungen nicht in Frage. Sie thematisieren in solchen Fällen dieses Problem durchaus öffentlich. Doch auch der umgekehrte Fall, dass mehr Gelder zur Verfügung stehen als Projekte, die den Kriterien der Förderbarkeit entsprechen, ist nicht nur ein theoretisches Gedankenspiel.

> „Gleichzeitig (gibt es) natürlich kein Interesse, Verkehrsforschung am BMBF grundsätzlich in Frage zu stellen. Deswegen immer Suche nach neuen Themen. Um es ganz hart zu sagen: die haben Geld und wissen nicht, wofür sie es ausgeben sollen" (Forschung).

Der erste Fall – weniger Mittel als förderbare Projekte – kann durchaus legitimitätssteigernd wirken. Die fördernde Organisation versucht, aus den bestehenden schwierigen Rahmenbedingungen das Beste zu machen. Nicht optimale Förderungspolitik ist dann nicht so sehr die Schuld der Fördereinrichtung selbst, sondern den Zwängen geschuldet, denen sie unterliegt. Anders sieht das dagegen beim zweiten Fall aus – mehr Mittel als förderbare Projekte. Es ist aus verschiedenen Gründen schwer vorstellbar, dass eine Fördereinrichtung zur Verfügung stehende Mittel mit der Begründung nicht vergibt, eingereichte Anträge hätten nicht das erforderliche Niveau besessen bzw. wären unter verkehrspolitischen Gesichtspunkten nicht förderwürdig gewesen. Das ist einerseits den internen Bewertungskriterien für eine gute Administration von Förderprogrammen geschuldet.

„Der Mittelabfluss ist das entscheidende Kriterium. Ist ein Programm erfolgreich, kannst du sehr viele Mittel abfließen lassen. Das gilt auch immer noch: Der beste Administrator (innerhalb) des BMBF ist der, der sagt: Mein Programm ist schon wieder ausverkauft" (Unternehmen).

Anderseits würde eine Organisation, die öffentlich die Qualität der Anträge als Grund für zu geringe Mittelvergabe benennt, ihre Legitimierung durch das Förderumfeld aufs Spiel setzen und gleichzeitig riskieren, dass nicht nur die nicht vergebenen Gelder verfallen, sondern darüber hinaus auch noch ihre Mittel oder sogar die Abteilungsgröße permanent reduziert werden würde. Eine nahe liegende Lösung dieses Problems ist, die Förderkriterien entsprechend flexibel auszulegen, die Fördermittel vollständig zu vergeben und das Problem weder extern noch intern in großem Umfang zu thematisieren.

3.4 Präferenz für große Unternehmen

Nicht zuletzt als Folge der beschriebenen Verwaltungslogik bietet die Förderung von großen Unternehmen im Vergleich zur Förderung von kleinen Unternehmen deutliche Vorteile für Fördereinrichtungen. Es stellt eine praktikable Möglichkeit dar, die Unsicherheiten im Bezug auf die Kalkulierbarkeit der zu erwartenden Kosten deutlich zu reduzieren.

„Warum gerade große Unternehmen? Da ist es auch wieder das: Da kann man immer was abrechnen. Das ist sicherer als bei einer kleinen innovativen Bude. Wobei die innovativen sind natürlich auch so, dass die sehen: Ah, da gibt es Förderung. Bei der Windkraft in den 70ern war das so. Die haben dann die Kohle abgegriffen und danach waren sie verschwunden. Aber die Frage, wie kann ich Fördergelder so vergeben, dass es nachher auch was bringt, das ist immer noch auf der Tagesordnung. Dafür gibt es keine Patentlösung" (Unternehmen).

Die Konsequenz aus der Erfahrung in der Abwicklung größerer Projektaufträge bei bestimmten Unternehmen beschreibt Stucke als die „Etablierung eines quasi institutionellen Förderzusammenhangs" zwischen diesen geförderten und fördernden Unternehmen, der – einmal etabliert – dafür sorgt, dass Fördereinrichtungen fortgesetzt den Weg des geringsten Risikos wählen und große Zuwendungsempfänger mit der größten Routine bevorzugen (Stucke 1993: 165).

Ein weiterer Vorteil der Zusammenarbeit mit großen Unternehmen ist, dass diese ebenfalls umfassende interne bürokratische Strukturen ausgebildet haben. Das macht es für Fördereinrichtungen deutlich einfacher, mit ihnen zu interagieren als z.B. mit kleinen, neu gegründeten Unternehmen, die auf flache Hierarchien und flexible Strukturen setzen. Diese Vorteile werden durch wiederholte Kooperationen noch verstärkt, da große Unternehmen in solchen Fällen spezielle Stellen oder Abteilungen für die Zusammenarbeit aufbauen, die den Erwartungen und Anforderungen in besonderem Maße gerecht werden können. Diese „Vorliebe" für strukturell ähnliche, berechenbare Organisationen kann schon für die Förderung des Transrapids gezeigt werden.

„Die Chance zur Verwirklichung einer ‚Technikvision' (und) die strukturelle und organisatorische Kompatibilität zwischen Antragstellern und BMFT (...) waren wesentliche Faktoren, die zu einer direkten Förderung der Magnetbahn durch den BMFT führten" (Büllingen 1997: 163).

Schon bei der Atomforschung wurde schwerpunktmäßig privatwirtschaftliche Forschung subventioniert. Dieses Modell, einmal etabliert, wurde auf weitere Technologien wie Weltraumforschung und Datenverarbeitung übertragen. Das hatte zur Folge, dass sich sowohl diese Art der Projektförderung als auch die Beziehungen zu den geförderten Unternehmen schon sehr früh institutionalisierten (vgl. Stucke 1993: 260).

3.5 Projektträger und Verbundforschung

Verbundforschung wurde eingeführt, weil sich das Forschungsministerium Vorwürfen ausgesetzt sah, durch die Förderung einzelner Organisationen zu Wettbewerbsverzerrungen beizutragen. Zurzeit werden vorwiegend eine Reihe von Organisationen, meistens Unternehmen und Forschungsinstitute bzw. Universitäten, gemeinsam gefördert. Ein weiteres Ziel dieser Praxis ist es, die unterschiedlichen Projektteilnehmer zu einer Kooperation anzuregen. Die Koordination der Projekte wird von den Teilnehmern solcher Verbundprojekte selbst durchgeführt. Auch hier stellt sich die Frage, inwieweit eine solche Akteurskonstellation noch Möglichkeiten der politischen Steuerung erlaubt. Bei Verbundprojekten handelt es sich um komplexe organisationale Strukturen, die grundsätzlich schon schwer zu koordinieren sind. Für das BMBF reduziert sich die Steuerbarkeit noch weiter dadurch, dass es durch die Delegation der Koordination wichtige Einblicke in diese und die dort herrschende interne Rationalität verliert (vgl. Lütz 1993: 25).

Das BMBF ist dazu übergegangen, vor allem bei Verbundförderung so genannte Projektträger mit der Abwicklung von Forschungsprojekten zu betrauen. Solche Trägerschaften wurden aufgrund von Personalmangel erstmals zu Beginn der 1970er-Jahre eingerichtet. Projektträger sind entweder Großforschungseinrichtungen wie die Fraunhofer Gesellschaft oder in jüngerer Zeit auch Organisationen wie der TÜV oder der VDE/VDI (vgl. Lütz 1993: 67). In diesen Fällen hat das BMBF die Kontrolle über die Projekte praktisch an den Projektträger abgetreten.

Damit einher geht ein „faktischer Steuerungsverzicht" (Stucke 1993: 166), da Projektträger in der Position eines ‚lachenden Dritten' (vgl. Burt 1992; Simmel 1908) zwischen Projekt und Ministerium stehen und den Informationsfluss den eigenen Zielen entsprechend strukturieren können. Als Resultat haben sich im Laufe der Zeit Beziehungen zwischen Projektträgern und -nehmern entwickelt, die für das BMBF wenig transparent sind (vgl. Stucke 1993: 166). Vor allem bei Trägern, die per se schon eine gewisse Affinität zu Wirtschaftsunternehmen haben, wird es unwahrscheinlich, dass sie diese im Sinne bestehender verkehrspolitischer Ziele beeinflussen. Gedacht als Möglichkeit der Entlastung – in Bezug auf Arbeitsaufwand und Legitimierungsdruck – führte die Einführung von Projektträgern in vielen Fällen zu faktischem Steuerungsverzicht.

4 Unternehmen und Forschungsförderung

Von Forschungsförderung profitierende Einrichtungen können danach unterschieden werden, in welchen Kontexten sie agieren und somit welchen unterschiedlichen Anforderungen sie gerecht werden müssen. Eine Gemeinde, die an einem Projekt zur Erprobung neuer Ampelschaltungen teilnimmt, folgt anderen Rationalitäten und hat andere Interessen als eine außeruniversitäre Forschungseinrichtung, die sich an einem EU-Projekt beteiligt oder eine Forschungsabteilung eines Automobilherstellers, die an einem Verbundprojekt teilnimmt. Im Nachfolgenden soll vor allem – exemplarisch – die Perspektive von Herstellern und Zulieferern einerseits und den Forschungsabteilungen in solchen Firmen andererseits dargestellt werden.

Für Unternehmen kann eine öffentliche Förderung in unterschiedlicher Art und Weise nutzbringend erscheinen. Am nächstliegenden sind sicherlich der finanzielle Vorteil und die Legitimierung der eigenen Aktivitäten, wenn diese durch öffentliche Gelder gefördert werden. Im Gegensatz zu z. B. öffentlichen Forschungseinrichtungen werden Forschungsprojekte von Firmen in den allermeisten Fällen nicht vollständig, sondern nur mit einem bestimmten Prozentsatz der Projektkosten gefördert, so dass Unternehmen einen so genannten Eigenanteil leisten müssen. Bei vom BMBF geförderten Projekten liegt dieser in vielen Fällen bei 50 Prozent.

Falls ein Unternehmen Forschungsförderung ausschließlich als zusätzliche Einnahmequelle betrachtet, steht es vor der Frage, welche Art von Projekten dafür am besten geeignet ist. Wie eine Firma Fördergelder dieser ökonomischen Rationalität folgend verwendet, entspricht nicht unbedingt den Zielen, die Fördereinrichtungen mit der Vergabe von Fördermitteln erreichen wollen. Ein wichtiger Grund dafür, dass Forschungsprojekte in Unternehmen nur teilfinanziert werden, ist, dass damit verhindert werden soll, dass sie nur aufgrund des finanziellen Nutzens durch die Förderung durchgeführt werden. Dahinter steht die Erwartung, dass Firmen sich nur Forschungsvorhaben fördern lassen sollen, an denen sie auch ein inhaltliches Interesse haben. Diese ‚Spielregel' erfüllt ihren Zweck insofern, dass es für Unternehmen deutlich unattraktiver wird, sich Projekte ohne inhaltliche Relevanz fördern zu lassen. Nichtsdestotrotz versuchen Unternehmen, die Projektförderung unter ökonomischen Gesichtspunkten sehen, diese auch weiterhin so zu optimieren, dass sie vor allem als Einnahmequelle ein Erfolg ist.

Ein einfacher Weg für eine Firma, Forschungsförderung primär zur Kostenreduzierung einzusetzen, ist es, sich solche Projekte fördern zu lassen, die ohnehin durchgeführt worden wären. Bekommt sie Fördergelder für ein Vorhaben, das als notwendig oder so wichtig angesehen wird, dass es auch ohne diesen Zuschuss realisiert worden wäre, dann bedeuten 50 Prozent Eigenanteil für das Unternehmen nicht, dass 50 Prozent der Kosten selbst getragen werden müssen, sondern vielmehr, dass 50 Prozent der anfallenden Kosten durch öffentliche Gelder refinanziert werden. Aus dem Blickwinkel der Forschungsförderung handelt es sich in diesem Fall zwar eindeutig um Projekte, an denen das Unternehmen ein inhaltliches Interesse hat. Allerdings kann nicht die Rede davon sein, dass auf diese Art Forschung ermöglicht wurde, die ohne die Fördergelder nicht stattgefunden hätte.

Faktisch handelt es sich in diesem Fall vielmehr um Wirtschaftsförderung: Firmen erhalten die Möglichkeit, für sie notwendige Forschung zu deutlich geringeren Kosten durchzuführen, als ihnen dies ohne Förderung möglich wäre. Das verbessert die Bilanz des Unternehmens, jedoch nicht die Forschungsaktivitäten. Dass die aus Unternehmenssicht ohnehin notwendige Forschung dabei nicht nur quasi subventioniert wird, sondern durch die Bewilligung öffentlicher Gelder als im öffentlichen Interesse legitimiert wird, ist innerhalb einer solchen Rationalität sicherlich ein positiver Nebeneffekt, aber nicht zentral.

Eine weitere Möglichkeit, die einem Unternehmen – das in Bezug auf Forschungsförderung primär an den Geldern interessiert ist – eine Reihe von Vorteilen bringt, ist, sich Projekte öffentlich fördern zu lassen, die identisch oder zumindest in ähnlicher Art intern schon durchgeführt und erfolgreich abgeschlossen wurden. Die Kosten für das ‚neue' Forschungsprojekt sind sehr gering. Das Geld, das zur Realisierung des Projektes zugeteilt wird, kann relativ flexibel eingesetzt werden. Oder aus der Perspektive eines Unternehmens formuliert:

> „Und dann haben wir ein Lastenheft von vor zwei Jahren genommen. Das haben wir ein bisschen umgebaut, dann war es der Projektantrag. Das Ergebnis hatten wir entsprechend auch schon in der Schublade und dafür gab es dann die Kohle. (...) Das ist doch schönes Spielgeld. Mit dem konnten sie dann machen, was sie wollen. Das ist wunderbar. (...) Dann können sie Sachen machen, die sie aus dem normalen Budget nicht finanziert kriegen. (...) Ich sage jetzt lieber nichts über das, was das juristisch bedeutet, was wir da treiben" (Unternehmen).

Es ist deutlich, dass zumindest den Akteuren des hier beschriebenen Unternehmens durchaus bewusst ist, dass ein solches Projekt den Förderkriterien nicht genügt. Der Nutzen eines solchen Vorgehens und die geringe Gefahr des Bekanntwerdens dieser Vorgehensweise macht das nachträgliche Beantragen von Fördermitteln für bereits abgeschlossene Projekte jedoch trotzdem attraktiv. Wichtig ist für die Unternehmen nur, dass es ihnen gelingt, interne Strukturen, in denen das geförderte Projekt schon abgeschlossen ist, von den externen Aktivitäten zu entkoppeln, in denen es als in der Durchführung befindlich dargestellt werden muss (vgl. Meyer und Rowan 1977: 57 f.).

Bei Projekten, die tatsächlich noch durchgeführt werden müssen, kommt es dagegen vor, dass Unternehmen die dafür kalkulierten Kosten so hoch ansetzen, dass sie mit den 50 Prozent Förderanteil die tatsächlich anfallenden Kosten durchaus zu 100 Prozent decken können.

> „Das wurde dann als Erfolgsprojekt dargestellt. Stimmt ja auch. Wenn man allerdings sieht was intern passiert. (...) Die haben schlicht und ergreifend beschissen. Die Personalkosten waren viel zu hoch angesetzt. (...) Wenn man dann nur ungefähr die Hälfte der Leute drauf arbeiten lässt, kommt man mit Fördergeldern ganz gut aus" (Unternehmen).

Diese Herangehensweise ermöglicht es, ein Unternehmen über längere Zeit vollständig mit Fördermitteln zu finanzieren. Begünstigt werden solche Strategien dadurch, dass sich die Anforderungen an Anträge, Abschlussberichte u. ä. in vielen Fällen mehr auf die formale Korrektheit als auf inhaltliche Kriterien beziehen:

„Einen Abschlussbericht für die EU schreiben. Da brauche ich kein Forschungsprojekt zu machen zu. Das kann ich ihnen auch so machen. (...) Ich kenn auch genug bei (der Firma XY), die das aus dem Stand hinkriegen" (Unternehmen).

Als Extremfall kann es somit möglich sein, Projekte formal erfolgreich abzuschließen, die niemals stattgefunden haben. Im Gegensatz zu der Möglichkeit, die Kosten für Projekte systematisch zu hoch anzusetzen, um so den Förderanteil faktisch zu erhöhen, ist jedoch eine Praxis, in der eine Firma sich daraufbeschränkt, formal einwandfreie Projektberichte abzuliefern, ohne je inhaltliche Aktivitäten an den Tag zu legen, nur schwer vorstellbar.

Der zweite wichtige Nutzen, den Forschungsprojekte für Unternehmen bringen, ist Legitimität, denn ein Projekt wird durch die öffentliche Förderung als förderwürdig ausgewiesen. Dies kann für Unternehmen von Vorteil gegenüber anderen politischen Akteuren, Kunden usw. sein. Einen besonderen Fall stellen dabei Forschungsabteilungen innerhalb von Unternehmen dar, die Förderungen in vielen Fällen benötigen, um die eigenen Aktivitäten innerhalb des Unternehmens, in das sie eingebunden sind, legitimieren zu können.

Zum einen kann Forschungsförderung dazu dienen, Projekte durchzuführen, die von der Unternehmung selbst nicht finanziert worden wären.

„Und teilweise haben wir auch Unternehmen, die haben relativ rigide Spartenorganisationen. Und wenn sie dann dummerweise noch eine Sparte haben F&E und die müssen betteln gehen in den anderen Sparten, um ihre Ressourcen zu bekommen, dann ist das äußerst schwierig. Und insofern suchen die sich dann auch solche Geldgeber für ihre Ideen von außen. Und auch als Unterstützer, für den internen Kampf um Mittel" (Fördereinrichtung).

Zum andern haben solche Forschungsabteilungen das Problem, nicht direkt zum operativen Geschäft beizutragen und daher die eigenen Aktivitäten immer wieder rechtfertigen zu müssen. Zusätzlich bedeutet eine externe Finanzierung für Forschungsabteilungen in vielen Fällen einen Legitimitätsgewinn. Innovationen werden innerhalb der Organisation, in der sie entstanden sind, nicht immer automatisch als legitim angesehen. Im Gegenteil: als Neuerungen stellen sie per Definition bestehende Strukturen und/oder Praktiken, Geschäftsmodelle usw. in Frage und müssen sich erst gegen die daraus entstehenden Vorbehalte behaupten (vgl. Dougherty und Heller 1994).

Schon alleine die Förderung eines Projektes durch öffentliche Mittel ist da eine wertvolle Ressource für Legitimität. Die Anerkennung, die ein Forschungsvorhaben von außen stehenden Akteuren durch eine Förderung erfährt, kann wichtiger sein, als die Quantität der konkreten finanziellen Leistungen:

„(Das Unternehmen X) kann auf (einige hunderttausend) Euro locker verzichten. Das ist ein Witz, vor allem, da die das noch mal aufteilen und dies und jenes. Aber: du kommst in einen Diskurs viel besser rein, wenn du sagst: Hey, ich habe Kohle von außen gebracht. Und wenn es dann auch nur 2,5 Euro sind. Ah, Geld von außen, das ist was" (Forschung).

Erfolgreich abgeschlossene Projekte erhöhen darüber hinaus vor allem die Legitimität gegenüber der Fördereinrichtung und damit die Wahrscheinlichkeit einer erneuten Förderung.

Unter dem letztgenannten Gesichtspunkt besitzt es noch einen zusätzlichen Reiz, sich intern bereits durchgeführte Projekt fördern zu lassen: Da in diesen Fällen auch schon die Ergebnisse bekannt sind, kann ein Unternehmen auf diesem Wege die Unsicherheiten bzw. Gefahren vermeiden, die mit der Möglichkeit des Scheiterns und/oder den negativen Ergebnissen eines Projektes verbunden sind. Sind die Bewertungskriterien der Fördereinrichtung hinreichend bekannt, kann das Forschungsprojekt so ausgewählt werden, dass eine positive Beurteilung sicher ist. Ein Angestellter innerhalb eines großen Unternehmens beschrieb diese Verfahrenslogik recht lapidar:

> „(A)lso wenn ich ein Projekt mache, dann habe ich doch Erfolg, oder? Wie kann ich denn Erfolg sicherstellen? Ich weiß es vorher!" (Unternehmen).

Es ist auch möglich, dass sich die durch den Status eines geförderten Projektes gewonnene Legitimität für das Unternehmen direkt wieder in finanziellem Nutzen ausdrückt, z. B. dann, wenn die Förderung von Projekten ein Kriterium für finanzielle Zuwendungen von anderer Seite ist:

> „(W)o auch Banken sagen, wenn das BMBF das finanziert, wenn die zu dem Urteil kommen, dass das was taugt, dann verlängern wir die Kreditlinie. Das ist natürlich hoch gefährlich" (Unternehmen).

4.1 Forschungsförderung für periphere Unternehmensbereiche

Eine weitere Strategie von Firmen, die den formalen Zielen von Forschungsförderung entgegensteht, ist, sich hauptsächlich zweitrangige oder unsichere Projekte öffentlich fördern zu lassen. Interne Eigenentwicklungen sind vor allem bei zentralen Bereichen für Unternehmen von hoher Attraktivität (vgl. Lütz 1993: 16).

> „Öffentliche geförderte Projekte sind immer fünftes Rad am Wagen. Die sind nie strategisch. Ganz wichtig. Weil alles das, was wirklich strategisch ist, macht man selber" (Unternehmen).

Die in diesem Zitat zum Ausdruck kommende Sichtweise ist sicherlich nicht allgemeingültig. Allerdings hat die Beantragung von Förderung für Projekte, deren Bedeutung noch nicht abschätzbar ist oder deren Umsetzbarkeit fraglich ist, gleich mehrere Vorteile. Auf diese Weise können Unternehmen das Risiko von unsicherer Forschung reduzieren, da ein Teil der Kosten von den Fördereinrichtungen übernommen wird. Außerdem können Firmen sich so nach außen durch sichtbare Forschungsaktivitäten als innovativ darstellen, ohne gleichzeitig wichtige Planungen und Entwicklungen öffentlich preisgeben zu müssen.

> „Also, das sind für die eher so Spielwiesen und uninteressante Dinge, wo die sagen, ja das könnte sein, dass das was bringt. Es kann ja nicht schaden, wenn wir davon 50 Prozent Förderung kriegen. Dann machen wir das jetzt mal. Außerdem beweisen wir dadurch, dass wir Forschungsaktivitäten entfalten" (Forschung).

„Es gibt das Konzept bei (verschiedenen Unternehmen), dass, wenn man Projekte machen will, deren Ergebnisse nie in die Anwendung kommen: Dann geh zum BMBF und hol dir dein Geld" (Forschung).

In Unternehmen, in denen sich ein solches Verständnis von geförderter Forschung herausbildet, kann eine öffentliche Förderung in Umkehrung der üblichen Logik sogar ein Nachteil für die Legitimität eines Projektes sein.

„Bei (Unternehmen XY) wenn jemand über Forschungsgelder finanziert ist: Forschungsknete gleich: Aha, da wird eine Spielwiese organisiert. Das ist irgendwas, was du nachher nicht anwenden willst. Wenn du was anwenden willst, dann muss das ruckzuck schnell gehen" (Forschung).

Eine interne Finanzierung für ein Projekt zu erhalten, hat in diesem Fall als Zeichen von hoher Priorität mehr Gewicht als öffentliche Gelder bewilligt zu bekommen, die mit einer mangelnden Akzeptanz innerhalb des Unternehmens gleichgesetzt werden. Diese Sichtweise steht in starkem Gegensatz zu der vorher beschriebenen Möglichkeit, dass externe Förderung intern Legitimität verleiht. Hier wird wiederum deutlich, dass innerhalb von Unternehmen keinesfalls nur eine kohärente Rationalität existiert und bestimmte Ereignisse je nach Kontext durchaus gegensätzliche Interpretationen hervorrufen können.

4.2 Nutzung der Rationalitäts- und Legitimitätszwänge von Fördereinrichtungen

Die Tatsache, dass Fördereinrichtungen – wie oben beschrieben – einen bestimmten Etat haben, den sie in einem bestimmten Zeitraum ausgeben müssen, ist auch den Unternehmen bekannt, die in den Bereichen besonders aktiv sind. Außerdem ist zu erwarten, dass Fördereinrichtungen, z. B. in Bezug auf Verkehr, verschiedene Bereiche abdecken müssen, um sich gegenüber den verschiedenen Interessenvertretungen, etwa verschiedenen Verkehrsträgern, nicht angreifbar zu machen. Dies beziehen Firmen durchaus in ihr Kalkül mit ein und richten Förderanträge danach aus.

„(Das Unternehmen XY) sagt, hey, da ist das BMBF. Die wollen was für (einen bestimmten Bereich) tun, weil sie das aus politischen Gründen müssen. Dann guckt (Unternehmen XY) in (sich) rein, haben wir da nicht Projekte, die wir uns mal fördern lassen wollen. Aber das müssen gar nicht so wichtige Projekte sein, irgendwas. Und dann definieren da irgendwelche Leute irgendwas. Projekte, die sie sowieso haben, Eigenanteile müssen die da reinrechnen und dann sammeln die die und dann nimmt das BMBF die für bare Münze und tut tatsächlich Bewilligungsbescheide ausstellen. Dann kommt die Bewilligung zurück, das Projekt ist schon fast vergessen. O.K., das müssen wir jetzt machen" (Unternehmen).

Wenn ein Unternehmen in einem verkehrspolitisch wichtigen Bereich tätig ist, kann es davon ausgehen, dass es, falls es nicht gar zu ungeschickt agiert, Förderung erhalten wird. Es kann sich darauf verlassen, dass die entsprechenden Fördereinrichtungen aus Legitimitätsgründen mit hoher Sicherheit Projekte auf diesem Gebiet unterstützen werden.

4.3 Verbundprojekte und vorwettbewerbliche Kooperation

Das Modell der Verbundprojekte ist in seiner Bedeutung für die Steuerungsmöglichkeiten des BMBF schon kurz beschrieben worden. Wie stellen sich solche Projekte für die daran beteiligten Firmen dar? Eines der Ziele, das damit erreicht werden sollte, ist, durch die Beteiligung mehrerer Organisationen diese dazu zu bringen, miteinander zu kooperieren. Dazu werden die Förderzusagen an Kooperationsauflagen geknüpft. Nur wer bereit ist, mit anderen zusammenzuarbeiten, erhält auch Fördermittel (vgl. Lütz 1993: 20). Die Erklärung, warum konkurrierende Firmen zur Zusammenarbeit bereit sein sollen, liefert der Entwicklungsgrad der geförderten Innovationen. Das Ziel ist es, im *vorwettbewerblichen Bereich* zu fördern, also Produkte, die noch weit von der Markteinführung entfernt sind, so dass Unternehmen bereit sind, Grundfunktionen und Standards gemeinsam zu entwickeln, selbst wenn sie nachher auf diesem Gebiet Konkurrenten sein werden (Garud und Jain 2002).[6]

> „Die Fiktion heißt ja dann immer vorwettbewerblicher Bereich, d. h. man tut sich zusammen, aber du hast dann natürlich immer die Spannung, wenn es wirklich im vorwettbewerblichen Bereich ist, dann ist es soweit weg vom Wettbewerb, dass es auch nicht ernst genommen wird. Ja, könnte man mal machen, aber... Wenn es aber ernst genommen wird, dann ist es ganz schnell raus aus dem vorwettbewerblichen Bereich, weil dann geht es nämlich ganz klar darum, wir müssen das ganz schnell einführen, schneller als die anderen" (Forschung).
>
> „Bei Verbundprojekten, das konnte man bei MoTiV (Mobilität und Transport im intermodalen Verkehr) wunderbar sehen. Da ließ einer den anderen überhaupt nicht reingucken. Es war nur: Das BMBF will ein Verbundprojekt, also kriegt es ein Verbundprojekt" (Forschung).

Das Problem ist klar: Bei zu abstrakten Projekten besteht die Gefahr, dass Unternehmen kein großes Interesse daran haben und sich entsprechend wenig engagieren. Sind die Projekte zu konkret oder eigentlich schon über die vorwettbewerbliche Stufe hinaus fortgeschritten, wird jedes Unternehmen bestrebt sein, soviel Informationen wie möglich über die Aktivitäten der Konkurrenten zu bekommen, ohne selbst relevante Informationen weitergeben zu müssen.

Zusammenfassend lässt sich sagen, dass es für Firmen eine Reihe unterschiedlicher Anreize gibt, sich Projekte durch öffentliche Mittel fördern zu lassen. Die Zielsetzungen, mit denen Unternehmen an Projekten teilnehmen, bzw. die Art und Weise, wie Unternehmen Fördermittel zur Finanzierung anwenden, ist nicht immer konform mit den Intentionen, die die fördernden Organisationen bei der (Teil-)Finanzierung von Projekten haben. In solchen Fällen kommt es dazu, dass Projekte gefördert werden, die nicht oder nur sekundär den Zwecken dienen, die grundsätzlich mit öffentlich geförderter Forschung verbunden werden, deren Durchführung aus der Logik der Firmen heraus aber durchaus erfolgreich ist.

---

[6]Aus der Innovationsforschung ist dieses Modell als „Coopetition" bekannt (vgl. Garud et al. 2002).

5 Komplementarität der Ziele von Fördereinrichtungen und Unternehmen

Die Tatsache, dass geförderte Unternehmen und fördernde Organisationen nach unterschiedlichen Rationalitäten agieren, die schon jeweils für sich betrachtet nur in den seltensten Fällen konsistent sind, bedeutet jedoch nicht zwingend, dass sich diese nicht miteinander kombinieren lassen. Die Zielsetzungen mögen zwar kein kohärentes Ganzes ergeben, können sich aber durchaus – zumindest auf einer praktischen Ebene – sinnvoll ergänzen.

Wie beschrieben können Organisationen durch die Befolgung von Gesetzen, das Erfüllen von Erwartungen und eben auch durch die Teilnahme an Forschungsprojekten an Legitimität gewinnen. Nun sind aber gerade die großen Firmen, für die Fördereinrichtungen eine gewisse Präferenz zeigen, in nicht unerheblichem Ausmaß in der Lage, bereits vorher Einfluss auf die Inhalte und die Ausgestaltung der Projekte zu nehmen. Auf diese Art und Weise gelingt es ihnen, sich bis zu einem gewissen Grad die Umwelt selbst zu gestalten, die sie dann legitimiert, gerade weil sie als extern und nicht zu dem Unternehmen gehörend angesehen wird. Der Einfluss der Firmen darf nur nicht zu sehr in den Vordergrund rücken. Das würde einen Verlust des legitimierenden Effektes bedeuten. Für Fördereinrichtungen bedeutet eine solche Beeinflussung zwar den Verlust von politischer Steuerungsfähigkeit. Diese ist aber wie gesehen nicht immer das Ziel von Forschungsförderung. Unter anderen Gesichtspunkten profitiert auch die Förderinstitution. Ein von den geförderten Organisationen selbst definiertes und ausgestaltetes Projekt hat wesentlich größere Erfolgsaussichten als eines, das den gleichen Organisationen aus politischen Gründen aufgedrängt wurde. Im Endeffekt sorgen somit Unternehmen dafür, dass durch die Anpassung von Förderprojekten ihre Aktivitäten legitimiert werden, was als Rückkopplung wiederum die Tätigkeit der Einrichtung legitimiert, die diese Projekte formal initiiert hat und fördert.

Unter dem Gesichtspunkt, dass Fördereinrichtungen als Bürokratien ein großes Interesse an einem möglichst reibungslosen Ablauf von Förderprojekten haben, können bestimmte oben beschriebene Strategien von Unternehmen, Forschungsförderung aus einer rein ökonomischen Rationalität heraus zu betrachten, durchaus Vorteile bieten. So stellt z. B. die Praxis von Firmen, schon intern durchgeführte Projekte nachträglich noch einmal öffentlich fördern zu lassen unter administrativen Gesichtspunkten für Forschungseinrichtungen eine große Sicherheit dar:

> „Du machst irgendwas und versuchst das, was du sowieso machst, noch mal durch BMBF-Kohle doppelt zu finanzieren. Für das BMBF hat das eine riesige Sicherheit, weil: Du hast immer Kosten, die du abrechnen kannst" (Unternehmen).

In diesem Fall profitiert das Unternehmen vor allem finanziell von dem Projekt. Schließlich bedeutet dies zusätzliches Kapital. Für die Fördereinrichtung dagegen bedeutet ein solches Projekt Erwartungssicherheit und zwar sowohl was den organisatorischen Ablauf als auch den Legitimitätsgewinn für die Fördereinrichtung angeht. Schließlich ist davon auszugehen, dass Firmen nur Projekte nachträglich finanzieren lassen, die intern ein Erfolg waren. Somit werden sie im Nachhinein auch für die Fördereinrichtung ein ‚Erfolg'. Hier wird deutlich, dass die oben beschriebene Entkopplung der internen Strukturen von den externen Aktivitäten nicht nur für das Unternehmen bedeutsam ist. Würde bekannt werden, dass es Geld für bereits durchgeführte Projekte erhält, würde das nicht nur dessen Image schädigen, sondern auch das der fördernden Organisation und somit die Legitimität deren Aktivitäten in Frage stellen.

Ein weiteres Problem für jede Organisationen, die sich an dem Prozess der Förderung beteiligt, ist, dass es bestimmte Moden oder Hypes (vgl. Guice 1999) gibt. Bestimmte Themen werden in den Medien diskutiert oder politisch forciert, andere dagegen erscheinen unbedeutend oder unmodern. Die Förderung solcher veralteter Ansätze kann für Fördereinrichtungen schnell zu einem Legitimitätsproblem werden: entweder weil sie den Eindruck erweckt, nicht die relevanten Fragestellungen aufzugreifen, oder weil sie zu diesem Thema bereits mehrere Projekte finanziert hat und auch deren Qualität in Frage stellen würde, wenn sie die gleichen Themen noch einmal untersuchen lassen würde. Das ist für Firmen oder Forschungseinrichtungen besonders dann problematisch, wenn sie Vorhaben verfolgen, die länger dauern als die üblichen Förderzeiträume. Wenn dann das Forschungsgebiet nicht mehr in die aktuelle Forschungspolitik passt, müssen solche Firmen und Institute kreativ werden, wollen sie weiterhin gefördert werden. Eine Möglichkeit ist, dass sie sich nach außen hin mit aktuellen Themen beschäftigen, intern aber in den ursprünglichen Bereichen weiterarbeiten. Das setzt wiederum voraus, dass interne Aktivitäten zumindest teilweise von externen entkoppelt werden. Dies ist dort notwendig, wo Forschungsbereiche nicht einfach ‚umetikettiert' werden können. Eine solche „Umetikettierung" ermöglicht der Förderorganisation, bestehende Projekte, mit denen sie vertraut ist, unter anderem Label weiter zu finanzieren. Durch das neue Etikett erbringt sie gleichzeitig in der Außendarstellung den Nachweis, gesellschaftsrelevante und am aktuellen Bedarf ausgerichtete Forschung zu unterstützen (vgl. Stucke 1993: 178 f.). Eine solche Strategie stellt für fördernde Einrichtungen eine Möglichkeit dar, bestimmte Projekte über die eigentliche Förderdauer hinaus weiter zu fördern, ohne in Gefahr zu geraten, den Eindruck zu erwecken, nicht innovativ genug in der Auswahl der geförderten Bereiche zu sein.

Eine vor allem in Unternehmen vorherrschende Praktik ist es – wie beschrieben – nur eher randständige Themen fördern zu lassen, die als nicht besonders wichtig eingestuft werden oder deren Bedeutung und Erfolgsaussichten unklar sind. Das ist zwar für Forschungsförderung durchaus ein Problem, da dies dazu führen kann, dass gerade die wichtigen Themen nicht mehr gefördert werden und die Bereiche, die gefördert werden, von den Firmen unter Umständen nicht wirklich ernst genommen werden. Anderseits sind solche unsicheren Projekte einer der Ansatzpunkte, an denen durch gezielt eingesetzte Forschungsförderung im Hinblick auf politische Steuerung etwas erreicht werden kann. Bei solchen Projekten macht eine externe Förderung unter Umständen genau den Unterschied aus, ob eine Forschungs- oder Entwicklungsrichtung weiter verfolgt wird oder nicht. Innerhalb von Unternehmen können dadurch bestimmte Forschungsstränge an Bedeutung gewinnen, da sich mit ihnen Fördermittel einwerben lassen und die somit zum Erfolg des Unternehmens beitragen.

6 Fazit

Aus der Tatsache, dass eine Vielzahl verschiedener Rationalitäten existieren, kann nicht der Schluss gezogen werden, dass Forschungsförderung im Verkehrsbereich grundsätzlich weder verkehrs- noch wirtschaftspolitisch nützlich ist und nur den Eigeninteressen der daran beteiligten Firmen dient. Die aufgezeigten Dynamiken existieren zwar, und die Prozesse und Strukturen der Verkehrsforschung sind sicherlich komplexer als dies oft dargestellt wird. Das bedeutet jedoch nicht, dass Verkehrsforschung ausschließlich Partikularinteressen bedient.

Selbst Projektzusammenhänge, in denen die beteiligten Organisationen primär daran interessiert sind, die eigenen Interessen abzusichern, können durchaus von verkehrspolitischem Nutzen sein. Eine der einfachsten Möglichkeiten, die Legitimität der eigenen Aktivitäten sicherzustellen ist weiterhin, einfach die offiziellen Spielregeln zu befolgen. Aber auch Projekte, in denen dies nicht geschieht, sind aus verkehrspolitischer Sicht nicht zwingend zum Scheitern verurteilt.

Ein Beispiel dafür sind Forschungsprojekte, die intern in Unternehmen schon durchgeführt wurden und die sich diese nachträglich noch refinanzieren lassen. Diese entsprechen ihrem Wesen nach erst einmal nicht der Idee, die hinter Forschungsförderung steht. Gleichzeitig hat eine solche Praxis zur Folge, dass vorher intern durchgeführte Forschung durch die öffentliche Förderung und die daran geknüpften Bedingungen öffentlich bekannt und verfügbar wird. Als Konsequenz wurde dadurch zwar keine Forschung angestoßen, aber immerhin das Ergebnis eines als sinnvoll betrachteten Projektes öffentlich zugänglich gemacht.

Betrachtet man die Struktur von Verbundprojekten, mag es illusorisch erscheinen, dass Politik durch Forschungsförderung direkt steuernd eingreifen kann, vor allem wenn man berücksichtigt, dass ein möglicher steuernder Einfluss von Fördereinrichtungen in vielen Fällen erst indirekt, vermittelt über einen Projektträger, wirken kann. Allerdings können solche Projekte zur Folge haben, dass sich die an einem Verbundprojekt beteiligten – oft miteinander in Konkurrenz stehenden – Unternehmen dadurch auf einheitliche Standards oder Entwicklungsrichtungen einigen.

> „Da würden wir uns auch überheben, dass wir hier bestimmte Technologielösungswege präferieren. Wir sind eine Ebene, die viel mehr die Möglichkeiten für Standardisierung öffnen müssen" (Fördereinrichtung).

Das ist zwar oft weniger, als durch die Kooperation der Verbundteilnehmer im vorwettbewerblichen Kontext erreicht werden soll; ein solcher Schließungsprozess im Sinne der Engführung auf gemeinsame Standards ist jedoch zentral, damit Technologien erfolgreich weiterentwickelt werden können (vgl. Knie 1994). Forschungsförderung kann also eine Schließung für Bereiche herbeiführen, in denen sie dies für besonders notwendig oder sinnvoll hält. Dies eröffnet zumindest in begrenztem Rahmen Möglichkeiten der politischen Steuerung und Innovationsförderung (vgl. Jöhrens und Hildermeier in Kap. VI.4 dieses Bandes: ▶ Umweltinnovation im Pkw-Bereich: Kann die Politik Technologiesprünge erzwingen?).

Neben der Möglichkeit, Teilrationalitäten und Legitimierungsbestrebungen von Organisationen bewusst mit in die Planung und Konzeption einzubeziehen, ergeben sich aus Projekten vielfach positive, nicht intendierte Nebenfolgen von Aktivitäten, die ursprünglich zur Erreichung anderer Ziele unternommen wurden. Eines der bekanntesten Beispiele ist sicherlich die Förderung der Forschung am Rad-Schiene-System, die letztendlich zur Entwicklung des ICEs führte. Diese Förderung fand statt, um die starke Fokussierung der Forschungsmittel zu legitimieren, die das Forschungsministerium für den Transrapid bereitstellte. Das Ziel war jedoch ursprünglich, die definitiven Grenzen dieser alten Technologie aufzuzeigen und so die Notwendigkeit der Entwicklung eines völlig neuen Verkehrssystems auf der Basis der Magnetschwebetechnik zu belegen (vgl. Büllingen 1997: 146). Manchmal ist Forschungsförderung eben gerade dann aus verkehrspolitischer Perspektive rational, wenn ein Projekt primär nur der Legitimierung bestimmter Aktivitäten dienen soll und dieses Ziel auch noch verfehlt wird.

Eine Forderung, die sich aus den beschriebenen Dynamiken von Förderprojekten jedoch ableiten lässt, ist die nach einem Projektmanagement, das Projektdynamiken reflexiv in die Planung zukünftiger Projekte integriert. Windeler (2004) spricht in diesem Zusammenhang von „Projektnetzwerken", in denen die in Projekten bestehenden Praktiken kontinuierlich ausgewertet werden. Die daraus gewonnenen Erfahrungen dienen als Grundlage für die Ausgestaltung der Handlungsbedingungen (Regeln) für neue Projekte. Aufgabe von Fördereinrichtungen sollte es also sein, die jeweiligen Rationalitäten der an Forschungsprojekten beteiligten Organisationen systematisch zu erfassen und bei der Konzeption zukünftiger Projekte zu berücksichtigen. Bei der Formulierung neuer Projekte ist es dabei von zentraler Bedeutung, dass die gewählten Vorgaben und Strukturen nicht nur für sich betrachtet die angestrebten verkehrspolitischen Ziele widerspiegeln, sondern vor allem ihre Anwendung in der Praxis dazu beiträgt, dass diese erreicht werden.

Literatur

Braun-Thürmann, Holger. 2005. *Innovation*. Bielefeld: Transcript-Verlag.
Büllingen, Franz. 1997. *Die Genese der Magnetbahn Transrapid: soziale Konstruktion und Evolution einer Schnellbahn*. Wiesbaden: Dt. Univ.-Verl.
Burt, Ronald S. 1992. The social structure of competition. In *Networks and organizations: structure, form, and action*, Hrsg. Nitin Nohria und Robert G. Eccles, 57–91. Boston: Harvard Business School Press.
DiMaggio, Paul J., und Walter W. Powell. 1983. The iron cage revisited: institutional isomorphism and collective rationality in organizational fields. *American Sociological Review* 48(2): 147–160.
Dougherty, Deborah, und Trudy Heller. 1994. The Illegitimacy of Successful Product Innovation in Established Firms. *Organization Science* 5(2): 200–218.
Garud, Raghu, Sanjay Jain, und Arun Kumaraswamy. 2002. Institutional Entrepreneurship in the Sponsorship of Common Technological Standards: the Case of Sun Microsystems and Java. *Academy of Management Journal* 45(1): 196–214.
Guice, Jon. 1999. Designing the Future: the Culture of New Trends in Science and Technology. *Research Policy* 28(1): 81–98.

Kaesler, D., Hrsg. 2000. Max Weber (1864-1920). In *Klassiker der Soziologie*, 2. durchgesehene Auflage, 190–212. München: C. H. Beck

Kirchner, Ulrich, und Johannes Weyer. 1997. Die Magnetbahn Transrapid (1922–1996). Ein Großprojekt in der Schwebe. In *Technik, die Gesellschaft schafft. Soziale Netzwerke als Ort der Technikgenese*, Hrsg. Johannes Weyer, Ulrich Kirchner und Lars Riedel, 227–275. Berlin: edition sigma.

Knie, Andreas. 1994. *Wankel-Mut in der Autoindustrie: Anfang und Ende einer Antriebsalternative*. Baden-Baden: edition sigma.

Lange, Stefan. 2005. Legitimitätsprobleme in der Organisationsgesellschaft. In *Organisationsgesellschaft*, Hrsg. Wieland Jäger und Uwe Schimank, 148–185. Wiesbaden: VS Verlag für Sozialwissenschaften

Lütz, Susanne. 1993. *Steuerung industrieller Forschungskooperation: Funktionsweise und Erfolgsbedingungen des staatlichen Förderinstruments Verbundforschung*. Frankfurt: Campus-Verl.

Meyer, John W., und Brian Rowan. 1977. Institutionalized organizations: formal structures as myth and ceremony. *American Journal of Sociology* 83(2): 240–363.

Rade, Andreas, und Werner Rosenberg, Hrsg. 1995. *Transrapid in der Diskussion*. Berlin: Kooperationsstelle Wissenschaft/Arbeitswelt an der Zentraleinrichtung Kooperation der TU.

Rath, Alexander. 1993. *Möglichkeiten und Grenzen der Durchsetzung neuer Verkehrstechnologien: dargestellt am Beispiel des Magnetbahnsystems Transrapid*. Berlin: Duncker & Humblot.

Schöller, Oliver. 2006. *Mobilität im Wettbewerb. Möglichkeiten und Grenzen einer integrierten Verkehrspolitik im Kontext deregulierter Verkehrsmärkte*. Düsseldorf: Hans-Böckler-Stiftung.

Scott, Richard W. 1992. The organization of environments: network, cultural, and historical elements. In *Organizational environments. Ritual and rationality*, Hrsg. John W. Meyer und Richard W. Scott, 155–175. Newbury Park: Sage.

Scott, Richard W., und John W. Meyer. 1991. The organization of societal sectors: propositions and early evidence. In *The new institutionalism in organizational analysis*, Hrsg. Walter W. Powell und Paul DiMaggio, 108–140. Chicago: University of Chicago Press.

Simmel, Georg. 1908. *Soziologie*. Berlin: Duncker & Humblot.

Stucke, Andreas. 1993. *Institutionalisierung der Forschungspolitik: Entstehung, Entwicklung und Steuerungsprobleme des Bundesforschungsministeriums*. Frankfurt a. M.: Campus.

Walgenbach, Peter. 2002. Institutionalistische Ansätze in der Organisationstheorie. In *Organisationstheorien*, Hrsg. Alfred Kieser, 319–353. Stuttgart: Kohlhammer.

Weber, M. 1976[1921]. *Wirtschaft und Gesellschaft*. Tübingen: Mohr.

Weber, M. 1979[1920]. *Die protestantische Ethik I*. Gütersloh: Siebenstern.

Welsch, Johann, und Roland Schneider. 1995. *Technik gestalten – Zukunft gewinnen: Standortsicherung durch Förderung von Technologie, Innovation und Beschäftigung*. Köln: Bund-Verlag.

Weyer, Johannes. 2005. *Die Raumfahrtpolitik des Bundesforschungsministeriums*. Soziologische Arbeitspapiere. Dortmund.

Windeler, Arnold. 2004. Organisation der TV-Produktion in Projektnetzwerken: Zur Bedeutung von Produkt- und Industriespezifika. In *Organisation der Content-Produktion*, Hrsg. Jörg Sydow und Arnold Windeler, 55–76. Wiesbaden: Verlag für Sozialwissenschaften.

Ingenieurswissenschaft und Verkehrstechnologie: Analyse eines Herrschaftszusammenhangs

Hermann Knoflacher

Zusammenfassung

Bisher überschritten technische Verkehrsmittel immer wieder die menschlichen Erfahrungsgrenzen und beherrschten die Verkehrspolitik. Diese wiederum widmete sich der Behandlung der Symptome und nicht den Ursachen. Das Verkehrswesen wurde damit zum einzigen Bereich der Entwicklung, bei dem mit steigendem Wohlstand die Probleme nicht ab- sondern zugenommen haben. Erst das Verständnis des Menschen und seiner evolutionären Ausstattung führt zu einer wirksamen Verkehrspolitik, die das System beherrscht.

Schlüsselwörter
Verkehrspolitik • Symptombehandlung • Fehlinvestition • Erfahrungsgrenzen

1 Einleitung

Verkehrstechnologien, aus heutiger Sicht den Ingenieurleistungen zuzurechnen, wie das Rad, Boote, Seilaufzüge oder Informationstechnologien und -techniken werden seit Jahrtausenden für den Nachrichten-, Güter- und Personentransport verwendet. Zwar ist die kreisrunde Form schon bei den Einzellern, wie den Rädertierchen zu finden, nirgends aber als Rad im Sinne technischer Verkehrsmittel. Keinem Lebewesen sind in der Entwicklungsgeschichte Räder „angewachsen". Die Evolution mag das Rad milliardenfach erfunden, aber ebenso oft verworfen haben. Allein ist es zu ineffizient und braucht zur Erfüllung sinnvoller Funktionen zumindest Bremsen und Lenkung. Auch hat es eine viel zu große Oberfläche für nur eine einzige Funktion, die sich natürliche Systeme nicht leisten

H. Knoflacher (✉)
Fachbereich Verkehrsplanung und Verkehrstechnik, Institut für Verkehrswissenschaften, Wien, Österreich
E-Mail: hermann.knoflacher@tuwien.ac.at

können und braucht auch eine relativ ebene Fahrbahn. Dieser Aufwand hat dazu geführt, dass in bestimmten Gebieten, wie in Ägypten und Mesopotamien nach Anfängen einer „Radkultur" diese aufgegeben und von der der Lasttiere wieder abgelöst wurde. Bei diesen entfällt der Ballast des Rades und des Wagens, ebenso wie die Notwendigkeit geeigneter befestigter Fahrbahnen in einem Gelände, das sich nicht besonders für das Rad eignet, wenn der Boden zu weich, zu uneben oder zu steil ist. Diese „solarbetriebene" Transporttechnik hat sich bis heute nicht nur im Himalaja, sondern auch in manchen Gebieten Afrikas und des arabischen Raumes, aber auch in Teilen Indiens erfolgreich gehalten. Mit geringem Aufwand kann man bei Last- und Tragtieren den gleichen Zweck erreichen. Der Steigbügel, von Reitervölkern der asiatischen Steppe entwickelt, tauchte in China einige Jahrhunderte nach Beginn unserer Zeitrechnung auf und viel später erst in Europa, eine technische Innovation, die bei kriegerischen Auseinandersetzungen entscheidende Vorteile besaß.

Diese Technologien hatten sowohl Auswirkungen auf die Wirtschaft als auch tiefgreifende Folgen für die damaligen politischen Machtverhältnisse. Von den Reitervölkern wurde seinerzeit die bekannte Welt in ihrer Gesamtheit beeinflusst und erschüttert. Voraussetzung dafür waren aber nicht nur die Technologie der Verkehrsmittel, des Reitpferdes samt seiner Ausstattung, sondern auch ein in der späteren Verkehrsentwicklung wieder wichtiger werdendes Wissen, das heute mit dem Begriff Logistik bezeichnet wird. Erst deren Methoden machten aus den Reiterheeren der ostasiatischen Steppen jenes schlagkräftige Werkzeug der Machtpolitik, das Eroberungen in größerem Maßstab ermöglichte. Dass die Vorbedingung für die physischen Bewegungen schon damals der Nachrichtenverkehr gewesen sein muss, wird oft übersehen.

2 Informationstechnologie überrollt die Politik

Heute wird das Verkehrswesen durch die Informationstechnologien stärker als je zuvor geprägt, weil man endlich erkannt hat, dass die Information die Grundlage jeder Verkehrsbewegung ist. Schon die Ureinwohner Australiens haben die Europäer damit überrascht, weil sie Nachrichtenübermittlung über große Distanzen beherrschten und dafür eine hoch entwickelte Technik der Kommunikation einsetzten. Zu diesem Zweck mussten die Nachrichten kodiert, entschlüsselt und von Sender und Empfänger in gleicher Art und Weise verstanden werden. Die Technologie war Feuer- bzw. Rauchtelegrafie, geeignet für die offenen weiten Steppen Australiens. Nachgewiesen sind Informationsübertragungen über ca. 500 Kilometer pro Tag – und das großflächig, beinahe wie ein Internet aus der Zeit der Eroberung dieses Kontinents. Aus dem fünften Jahrhundert vor Christus sind uns Quellen über derartige Formen der Fernübertragung von Zeichen (Fackeltelegrafie) bekannt, Hannibals Heer hatte eine eigene Telegrafenabteilung. Im Japan des siebten Jahrhunderts gab es eine staatlich eingerichtete Feuertelegrafie zwischen den Inseln. Diese optischen Signale waren vermutlich in allen besiedelten gebirgigen Ländern im Einsatz, auch wenn sie nicht gut dokumentiert sind.

In Urwaldgebieten versagt diese Technologie. Informationen konnten aber über Trommeltelegrafie übertragen werden, die einen vollständigen Ersatz der optischen Telegrafie bildet. Postenketten konnten Übermittlungsgeschwindigkeiten von 1.500 bis 2.000 Kilometer pro Tag erzielen und dabei Nachrichten sogar in verschiedene Sprachgebiete weiterreichen. Dieser hoch entwickelten Technologie der Urwaldvölker Südamerikas, Afrikas, Neuguineas und der Südsee hatten die Europäer bis ins 19. Jahrhundert nichts Vergleichbares entgegenzusetzen.

Aufwändiger und auch langsamer konnten vorher verabredete Meldungen durch Rufposten, Pfeif- oder Glockensignale weitergegeben werden. Diese seit dem sechsten Jahrhundert vor Christus belegte akustische Nachrichtenübertragung erforderte eine ausgestaltete Organisation und konnte im alten Persien eine Tagesleistung von 750 Kilometern erzielen. Eingesetzt wurden diese Technologien des Verkehrssystems in der Regel zur Machterhaltung und -ausdehnung von und für die Herrschenden.

Boote – eine intelligente Form des Güter- und Personentransportes – auf Flüssen, Seen und Meeren wurden in vielfacher Form von Handwerkern gefertigt, wobei Erfahrung die Unkenntnis über physikalische Gesetze über Jahrtausende kompensieren konnte und eine Vielzahl von wassertauglichen Transportmitteln für verschiedene Einsatzzwecke schuf – vom einfachen Kahn auf einem Binnenteich bis zu den riesigen Hochseeseglern des Admirals Zheng He von 1421, die ein hoch entwickeltes Ingenieurwesen voraussetzten und die erfolgreiche Weltumseglung von Teilen seiner Flotte möglich gemacht haben soll. Der wichtigste Zweig des Verkehrswesens, die Informationstechnologie, spielt auch bei der Seeschifffahrt, ebenso wie beim Durchqueren von Wüsten und großen Steppen eine entscheidende Rolle: Man musste seine Position ermitteln, wozu man sich der Gestirne bediente und versuchen, die Zeit so genau wie möglich zu bestimmen. Der Grund für die Bedeutung von Informationsübermittlung lag in der begrenzten verfügbaren Energie für Verkehrssysteme der damaligen Zeit. Man war daher zur geistigen Beweglichkeit – zur ingenieurmäßigen Leistung – gezwungen. Je besser die Information, umso geringer der Aufwand. Energie, die zur Verfügung stand, war Solarenergie, vorwiegend indirekt über Lebensmittel, die Tiere, den Wind und das fließende Wasser. Es galt das Maximum aus der verfügbaren Menge vorhandener Energie herauszuholen, ein Grundprinzip des Ingenieurwesens, das auch zu den verschiedenen Lasthebemaschinen bis zu den Aufzügen führte, um den vertikalen Transport zunächst möglich zu machen und ihn später sicher und weitgehend komfortabel zu gestalten.

Treibende Kräfte in der Entwicklung der Verkehrstechnologie waren neben der Kultur vor allem das Militär und die Wirtschaft. Ziel der Ingenieure war es, die gestellten Aufgaben vor allem technisch perfekt und möglichst ökonomisch zu bewältigen. Über den Zweck ihrer Tätigkeit im größeren Zusammenhang nachzudenken, war keine primäre Ingenieuraufgabe. Auch für die sozialen Folgen war das Ingenieurwesen blind – damit hatten sich andere abzugeben. Was gewünscht war, war ein sicheres, verlässliches, wirtschaftliches Verkehrssystem. Die Geschwindigkeiten waren bescheiden, das Maximum über mittlere Distanzen erreichte die Brieftaube. Den wirtschaftlichen Vorteil aus dem Informationsvorsprung wusste man schon immer zu nutzen. Wer einen Vorsprung in den Informationen hat, kann diesen nicht nur wirtschaftlich nutzen, wie die Fugger, sondern auch politisch, wozu die Staaten bis heute auch ihre Geheimdienste finanzieren und mit speziellen Privilegien ausstatten.

Dass Informationstechnologien zur Kernkompetenz der Kriminellen gehören wird oft übersehen, ebenso auch der Umstand, dass für den Fall, dass die Politik die Wirkungen neuer Technologien nicht rechtzeitig begreift, um die Wirtschaft und die Bevölkerung vor deren gefährlichen und schädlichen Folgen zu bewahren, ein Risiko entstehen kann, das die Existenz ganzer Staaten gefährdet. Die derzeitige anhaltende Destabilisierung der Finanzwirtschaft durch unkontrollierte Bankentätigkeit ist eine Folge der unfassbar naiven politischen Deregulierung des Finanzwesens und der elektronische Geldtransfer im Hochfrequenzhandel der Börsen. Hilflos stehen die Staaten den Raubzügen und Täuschungsmanövern der Investmentbanker gegenüber, die zur treibenden Kraft für die Entwicklung immer schnellerer Rechner wurden. Es handelt sich genau genommen um die gleiche Strategie, wie jene der einstigen berittenen Räuberbanden – nur mit zeitgemäßen Mitteln. Die Finanzpolitik versagt hier völlig, weil sie nicht zu begreifen in der Lage scheint, dass Geldverkehr ein Teil des Verkehrswesens ist und daher nur funktionieren kann, wenn es strengen und konsequent überwachbaren Regeln unterliegt. Das Ausmaß der Naivität in der Politik gegenüber den technologischen Entwicklungen im Geldverkehr ist mehr als fahrlässig, kennt man die Folgen neuer Technologien im Nachrichtenverkehr für die Deregulierung im Finanzwesen und die Grenzen der Regulierung durch die Staaten. Diese Tatsache wird durch die Hilflosigkeit der politischen Akteure in diesem Gebiet bestätigt, die der Entwicklung der neuen Technologien offensichtlich nicht gewachsen sind. Aber damit unterscheidet sich die Finanzpolitik nicht von der traditionellen Verkehrspolitik, die den technologischen und technischen Entwicklungen etwa im Autoverkehr ebenso wenig folgen konnte, wie im Geldverkehr.

3   Die Mühe des aufrechten Ganges

Sechs Millionen Jahre schleppt der Mensch die Mühe seines aufrechten Ganges mit sich. Knappe acht Prozent seiner Muskelenergie können in Bewegungsenergie umgesetzt werden, um mit dieser späten evolutionären Errungenschaft weiterzukommen. Die Geschwindigkeit ist bescheiden, die Reichweite begrenzt. Das Verlangen nach müheloser Fortbewegung war die längste Zeit ein unerfüllbarer Wunschtraum (und ist es für die Mehrzahl der Menschen immer noch), bis die neuen technischen Verkehrssysteme, angetrieben aus scheinbar unerschöpflicher fossiler Energie diesem Zustand ein erfreuliches Ende bereiteten.

Jede Art von Verkehrstechnologie wurde von Beginn an mit Vorliebe von den Mächtigen dieser Welt für ihre Zwecke eingesetzt, um schneller an Information und damit an Waren, aber auch an Personen heranzukommen und um ihre Macht zu festigen oder/und auszubauen. Alle großen Reiche bedienten sich der Verkehrstechnologie und setzten Ingenieure ein, um physische Widerstände abzubauen, oft auch mit dem Zweck, politische Widerstände schon im Keim zu ersticken. Die bis heute begeh- und zum Teil befahrbaren römischen Bogenbrücken zeugen von der hohen Kunst der Baumeister dieser Zeit. Nach dem Verfall des römischen Reiches und der Blütezeit lokaler Herrschaftsstruktur war weniger eine Verkehrstechnologie für „Megaprojekte" gefragt als vielmehr die Erhaltung und Verbesserung der feinmaschigen Netze zur Stärkung der lokalen Wirtschaft und Macht. Nicht mehr römisches, staatlich verordnetes Einheitsmaß, sondern die Vielfalt lokaler, den örtlichen Verhältnissen angepasste Lösungen waren das Ergebnis. Beinahe jedem Fluss und Kanal wurde ein eigenes Schiff angemessen, um den Transport auf den Binnengewässern zu optimieren. Die Verkehrstechnologie diente vor allem dem Abbau physischer Widerstände vor Ort, der Vergrößerung der Bequemlichkeit, der Erhöhung der Sicherheit von Verkehrsanlagen und später auch von Verkehrsmitteln. Die von den Ingenieuren wahrgenommenen Systemgrenzen waren die Transportmittel und die Verkehrsanlagen. Die Folgen darüber hinaus blendete man aus.

Die Welt, in der Ingenieure lebten und leben, ist die der Moleküle, also an der Komplexität ihrer Lebewesen gemessen einfache evolutionäre Strukturen. Um sich gegen das Versagen von Bauwerken oder Maschinen abzusichern, wurde und wird überdimensioniert. Je weniger man einen Stoff kennt, umso größer ist der Sicherheitszuschlag. Was technisch machbar war, wurde auch gemacht, brachte es doch unmittelbare Vorteile. Daraus entstand der irreführende Anspruch der Laien an Ingenieure: „Dem Ingenieur ist nichts zu schwer." Die Energie rasch bewegter Moleküle gezielt zu nutzen, um Maschinen anzutreiben, die Räder bewegten, veränderte die Randbedingungen im Verkehrswesen und darüber hinaus grundlegend. Die Energie bewegter Moleküle wurde in der Dampfmaschine und im Explosionsmotor gezielt dazu genutzt, um Räder erstmals mit künstlicher, meist fossiler Energie zu bewegen. Damit wurde ein Verkehrssystem geschaffen, dessen Wirkungen die evolutionären Erfahrungsgrenzen überschritten.

3.1 Die Eisenbahn

Mit den Eisenbahnen begann das Zeitalter der modernen Verkehrstechnologie. Man löste die Aufgabe, große Massen mit ungewohnt hohen Geschwindigkeiten sicher zu transportieren. Geeignete tragfähige und glatte Fahrbahnen mussten entwickelt werden, die Freizügigkeit der Trassenwahl war wegen der geringen Haftreibung zwischen Schiene und Eisenrad gegenüber der Straße sehr eingeschränkt. Die Eisenbahn erhöhte dank der physischen Kraft die Geschwindigkeit weit über das menschliche Maß, allerdings fehlte ihr das dazu passende Hirn. Die mangelnden Fähigkeiten der Menschen, mit hohen Geschwindigkeiten umzugehen, musste man sicherungstechnisch kompensieren, um diese neue, mächtige, kollektive Bewegungsprothese handhaben zu können. Tausende Menschen sorgten für die Signale, die Schrankenanlagen an Eisenbahnkreuzungen, die Weichenstellen und die Einhaltung der Betriebsbedingungen, um Unfälle zu vermeiden.

Gesellschaft und Politik waren jedenfalls von den Leistungen der Techniker begeistert, die sich nun Ingenieure nannte), und verlangten nach immer mehr (der

Begriff geht auf den Festungsbaumeister Sebastien le Pestre de Vauban (1633-1707) zurück). Um die Folgen dieser Eingriffe brauchte man sich deshalb kaum zu kümmern, denn die Politik stand auf der Seite der Ingenieure und beide Seiten wollten das, was man als Fortschritt bezeichnete. Ingenieure zeichnen sich neben dem analytischen Denken und der Praxisorientiertheit durch eine Vorgehensweise aus, die auf kurzfristige Umsetzung orientiert ist und daher einer auf kurzfristige Erfolge ausgerichteten Politik gut entspricht. Sozusagen nach dem Motto „zuerst bauen und dann schauen", also dem Prinzip von „trial and error", wie in den Zünften seit je her. Das Ingenieurwesen entspricht daher eher dem Zunftwesen als den Ansprüchen der Wissenschaft, was nicht ohne Folgen bleibt. Kaum jemand befasste sich daher im Verkehrswesen mit den Folgen dieser faszinierenden Technologie auf andere Gebiete. Der Oberinspektor der privaten Österreichischen Nordwestbahn, Eduard Lill, veröffentlichte 1889 „Die Grundgesetze des Personenverkehrs", eine Studie, in welcher er nachweisen konnte, dass Reisehäufigkeit multipliziert mit Reiseweite einen konstanten Wert ergaben, der für alle Länder der K.-u.-K.-Monarchie gleich war. Ein ähnliches Gesetz konnte er auch für die russischen Staatsbahnen – wenn auch mit einer anderen Konstante – nachweisen. Diese so genannten „Konstanten" ergeben sich aus den jeweiligen strukturellen Randbedingungen eines Verkehrssystems. Implizit enthält dieses Gesetz bereits den Beweis für die Konstanz des Reisezeitbudgets (vgl. Knoflacher 1995a).

Der Zugang zu entfernten Ressourcen war mit der Eisenbahn leichter, sicherer und billiger. Arbeitsplätze, früher dispers verteilt, konnten nun in großen Betrieben konzentriert und effizienter genutzt werden, die Disparitäten im Raum nahmen zu, weil viele lokale früher erfolgreichen Firmen durch die großen aus dem Markt verdrängt wurden, was man aber nicht in Beziehung zu dieser Veränderung im Verkehrssystem setzte. Das Proletariat des Industriezeitalters wurde geschaffen. Obwohl längst nachgewiesen ist, dass hohe Geschwindigkeiten räumliche Disparitäten erhöhen, werden von Planern schnelle Verkehrssysteme als Mittel zum Abbau der Ungleichheiten angesehen und damit gerade das Gegenteil bewirkt. Wird dieser Irrtum aber aufrechterhalten, sichern sich Politik und Wirtschaft durch Vergrößerung und Perpetuierung der Probleme permanente Planungs- und Bauaufträge. Begreift die Politik das nicht, wird sie zur Verursacherin von Sozial-, Wirtschafts- und ökologischen Problemen, wie dies bis heute der Fall ist.

Älter als bei Landverkehrsmitteln ist der Einfluss der Ingenieure auf die Technologie des Schiffsbaues und damit auf die Verkehrs- und Machtpolitik. Das Gefälle zwischen den Nutznießern in den Industrieländern und den Betroffenen in den Kolonien konnte durch die leistungsfähigeren Dampfschiffe weiter vergrößert werden, um nur einen Aspekt der schon damals globalen Politik zu erwähnen. Damit wurden die globalen Disparitäten, die vor drei Jahrhunderten kaum bestanden, bis zur heutigen Größenordnung erzeugt.

Die unübersehbar werdenden Spannungen im Sozialsystem, ein Symptom dieser Entwicklung, zwangen zu politischen Eingriffen, wobei der Zusammenhang mit der Industrie und deren Proponenten, nicht aber mit der Technologie und dem Verkehrssystem wahrgenommen wurde. Es schien ausgeschlossen, dass eine von Menschen geschaffene Einrichtung, die so gut funktioniert und viele Dinge so erleichtert, möglicherweise auch die Ursache von Problemen in ganz anderen Bereichen sein könnte.

Die vernetzten, vielfältigen Wirkungen, die Veränderungen in der Raum-Zeit-Beziehung auslösen, tauchen hier erstmals massiv in ganz anderen Gebieten auf; im Sozialsystem, im Wachstum der Städte, den Gesundheitsproblemen der Arbeiterviertel. Erfreut registriert wurde aber die zunehmende Konzentration von Kapital in den Händen weniger, die die Vorteile dieser technischen Entwicklung nutzen konnten. Eine bis heute von der Industrie politisch massiv vertretene Auffassung für immer leistungsfähigere, schnellere und billigere Verkehrssysteme – natürlich von der Öffentlichkeit errichtet und erhalten. Neue Formen wirtschaftlicher Aktivitäten, zunächst als Dienstleistungen für die Gesellschaft gedacht, konnten sich bald aus der lokalen Bindung lösen und entfalteten als Kapitalgesellschaften, die ja auch die Eisenbahnen selbst waren, zunehmend Einfluss und Macht.

Die Geschwindigkeiten brachten die Ferne in die Nähe – und verschoben die politische Verantwortung in die Ferne. Es faszinierte die wachsende Erreichbarkeit ferner Ziele, die Nähe war man gewohnt, genauso wie die gute Luft, die Verluste dort wurden nicht beachtet. Vieles wurde leichter, Probleme mussten nicht mehr lokal gelöst werden, man konnte örtliche Mängel mit Hilfe der billigen und leicht verfügbaren fossilen Energie durch ein Ausweichen in die weite Welt kompensieren. Makromobilität wurde immer wichtiger, die über Jahrtausende strukturerhaltende Mikromobilität der Menschen, die ja Fußgänger sind, bis zur Bedeutungslosigkeit abgewertet. Die Theorien in den Wirtschaftswissenschaften, wie *economy of scale* oder „Die Theorie der komparativen Kostenvorteile", lieferten einen theoretischen Rahmen, der manche Erscheinungsformen des Wirtschaftens überzeugend zu beschreiben schien, wenngleich sie das Element, auf dem sie aufbauen, ausklammern: das Verkehrssystem (vgl. Knoflacher 1995b).

3.2 Die Autos

Das Auto setzte auf die Technologie der Kutsche und des Fahrrades und begann seine Karriere als belächeltes Sportgerät, als seltenes Ereignis in einer Welt der Menschen, der Fußgänger und der immer stärker werdenden Eisenbahn. Henry Ford gelang das Kunststück, seine Arbeiter nicht nur als Arbeitskräfte, sondern auch als Käufer für die von ihnen selbst produzierten Fahrzeuge zu gewinnen und damit doppelt auszubeuten, eine von den Wirtschaftswissenschaften, bis heute uneingeschränkt bewunderte und als sozial verstandene Tat. Ingenieuren gelang es in wenigen Jahrzehnten aus dem ehemals anspruchsvollen Sportgerät ein Fahrzeug für jedermann zu schaffen. Die individuelle Reichweite nahm zu, man konnte durch die Erhöhung der Geschwindigkeit die Reisezeit zwischen zwei Punkten verkürzen. Die Folgen dieser Entwicklung wurden zwar bald an den Unfallzahlen, um nur eine zu nennen, sichtbar, die Wirkungsmechanismen dahinter aber weder von der Fachwelt noch von der Politik verstanden.

Je mehr sich die Verkehrstechnologie ausbreitete, umso mehr wurden die Gesellschaft und die Politik aber von ihr so abhängig, dass sie sich schon selbst mit dieser Technologie soweit identifizieren, dass andere Entwicklungspfade nahezu undenkbar erscheinen. Im gleichen Ausmaß nahm die Bedeutung der Ingenieure zu, von denen man sich für alle immer häufiger auftretenden Probleme Lösungen erwartete und immer noch erwartet, ohne auf die erreichte Bequemlichkeit verzichten zu wollen. Dass es aber gerade diese Zunft, gemeinsam mit der Politik war, die zu den Problemen führte, vor denen die Menschen heute stehen, wird dabei leider übersehen. Dass die „Experten" selbst die fundamentalen Fehler in der Einschätzung der Systemwirkungen machten, hielt man für unwahrscheinlich, ja für unmöglich.

Diese individuelle Erfahrung der „Zeiteinsparung durch Geschwindigkeit" wurde auf das System extrapoliert und bis heute berechnen Wirtschaftswissenschafter und Ingenieure den Nutzen für Verkehrsinvestitionen, vor allem aus der Zeiteinsparung durch Geschwindigkeitserhöhung. Ingenieure waren stolz, wenn sie durch ihre Anlagen die wachsenden Verkehrsmengen bewältigen konnten und fühlten sich – falls sie herkömmlich ausgebildet wurden – schuldig, wenn der Verkehrsfluss stockte. Denn unter „Verkehr" wird möglichst unbehindertes Autofahren verstanden. Die Experten dieser Provenienz berechnen daher „Kosten" als Folge des Staus auf dem Straßennetz, der nach ihren Angaben bis zu zwei Prozent des Bruttoinlandsprodukts ausmacht. Dem linearen Denken entsprechend musste daher beim Auftreten von Problemen die Lösung entweder in einer verbesserten Technologie oder in einer Erweiterung der Verkehrsanlagen gefunden werden. So folgte auf den erfolgreichen Versuch Verkehrsprobleme „wegzubauen", der Versuch diese „wegzusignalisieren", und in der Folge „wegzumanagen", das Verkehrsmanagement. Heute weckt man die Hoffnung, durch die Informationstechnologie das immer weiter wachsende Problem in den Griff zu bekommen. Stau, so wird angenommen, sei nur eine Folge des allgemeinen Informationsmangels der Autofahrer. Um dieses Defizit zu beheben, werden enorme Summen in neue und weniger neue Kommunikationstechnologien gesteckt. Keine Mittel bekommt man allerdings für Forschungen, die dem besseren Systemverständnis dienen sollen, was durch die Strategie der Forschungsförderung sichergestellt wird (vgl. Meyer in Kap. VI.2 dieses Bandes: ▶ Forschungsförderung, Verkehrspolitik und Legitimität: Die Folgen heterogener Rationalitäten in politischen Prozessen). Dass das Verkehrssystem Auto aus dem Ruder läuft ist keineswegs neu, wie es die „Wiederentdecker" der Zunft meinen.

3.3 Der fundamentale Fehler der Verkehrspolitik

Im städtischen Gebiet sahen sich Europas Verkehrsingenieure und Städteplaner bereits im dritten Jahrzehnt des 20. Jahrhunderts mit dem Dilemma konfrontiert, dass mit zunehmendem Autobesitz die Abstellflächen knapper wurden, weil die Fahrzeugbesitzer – meist waren es Personen aus wohlhabenden und einflussreichen Bevölkerungsgruppen – ihre Automobile immer häufiger im öffentlichen Straßenraum stehen ließen. In den USA gab es kaum historische Städte mit engen Straßen und daher keine Notwendigkeit, das Problem zu beheben. Anders war die Situation in Europa, wo man sich mit diesem neuen Phänomen auseinandersetzen musste. Die Lösung kam aus Deutschland und diesmal aus der Politik. Am 17. Februar 1939 wurde die Reichsgaragenordnung (RgaO) erlassen, die am 1. April des gleichen Jahres in Kraft trat. Die Präambel: „Die Förderung der Motorisierung ist das vom Führer und Reichskanzler gewiesene Ziel" mit den bis heute in allen Bauordnungen übernommenen entscheidenden Prinzipien des Paragraph 2, der die Schaffung von Abstellplätzen regelte:

> „(1) Wer Wohnstätten, Betriebs-, und Arbeitsstätten oder ähnliche bauliche Anlagen errichtet oder Um- und Erweiterungsbauten ausführt, die den Wert solcher baulichen Anlagen erheblich steigern, hat für die vorhandenen und zu erwartenden Kraftfahrzeuge der Bewohner, des Betriebes und der Gefolgschaft einen Stellplatz in geeigneter Größe, Lage und Beschaffenheit samt den notwendigen Zubehöranlagen auf dem Baugrundstück oder in der Nähe zu schaffen.
> (2) Wenn durch die Errichtung baulicher Anlagen voraussichtlich ein erheblicher zusätzlicher Zu- und Abgangsverkehr entstehen wird, ist ein Stellplatz auch für die nach Art des Betriebes gleichwertig anwesenden Kraftfahrzeuge der Besucher und Benutzer zu schaffen, soweit es die hiernach zu erwartenden Verkehrsverhältnisse erfordern."

Die Folgen dieser Formulierung wurden bis heute nicht erkannt obwohl sie die Welt in der wir leben grundlegend veränderte, und von der Politik – der „linken" wie der „rechten" – ganz im Sinn des Führers und Reichskanzlers mit aller Konsequenz und Brutalität umgesetzt wird. Instinktsicher war diese Formulierung deshalb, weil sie den tief liegenden Wünschen der Menschen nach rücksichtslosem Egoismus Rechnung trägt und systemunkundig, weil sie keinerlei Rücksicht auf mögliche Folgen nimmt. Bis in die Gegenwart wurde die Tragweite dieser verkehrspolitischen Entscheidung nicht erkannt. Die Bestimmung wurde in der Praxis sogar noch verschärft. Wer nicht ausreichend Abstellplätze auf eigenem Grund oder in der Nähe zur Verfügung stellt oder stellen kann, muss eine Ausgleichszahlung leisten. Damit wird Zwang zur Schaffung von Abstellplätzen – ohne Rücksicht auf die Folgen – ausgeübt. Diese Bestimmung führt zur Abwertung der Fußgänger und Radfahrer, zerstört das urbane Umfeld und den Lebensraum der Kinder und ruiniert außerdem den öffentlichen Verkehr (ÖV) durch die absolute Priorität für das Auto. Die Marktbedingungen für den ÖV werden bedingungslos zugunsten des Autos verfälscht. Der Autobesitzer hat direkten Zugang zu den hohen Geschwindigkeiten und erhält damit eine räumliche Freiheit, die weit über die Grenzen aller Kommunen reicht. In der Folge entfernen sich Wohn- und Betriebsstrukturen aufgrund der Zeitkonstanz aus den historischen Siedlungskernen und optimieren ihre Situation entsprechend individueller Mobilitätsbedürfnisse ohne Rücksicht auf die Folgen des Gesamtsystems. Damit einher geht die Hilflosigkeit der kommunalen Verkehrs- und – was noch folgenschwerer wiegt – der kommunalen Wirtschaftspolitik einher. Nicht mehr die Kommunen bestimmen wie früher über die Lage der Betriebe, sondern die Betriebe, die durch diese Regelung zu mächtigen internationalen Konzernen werden konnten, diktieren den Kommunen die Bedingungen für ihre Ansiedlung. Diese Bestimmung in den Bauordnungen entzieht den Kommunen die wirtschaftlichen Grundlagen, macht sie erpressbar und verhindert jede wirksame

Verkehrspolitik – auf allen Ebenen, von der kleinsten Kommune bis zur EU. Dort beschäftigt man sich ohnehin verkehrspolitisch nur mit den Symptomen eines Geschehens, das man offensichtlich nicht versteht. Das äußert sich in der Berechnung der wirtschaftlichen Schäden die angeblich durch den Autostau entstehen, die auf eine Größe zurückgehen, die es im Verkehrssystem gar nicht gibt: Zeitverluste oder Zeitgewinne durch Stau oder durch höhere Geschwindigkeiten. Die Reisezeit im Verkehrssystem ist eine Konstante – zum Unterschied vom individuellen Erleben. Wird das System schneller, werden nur die Wege länger und die Strukturen ändern sich.

Obwohl Auto und öffentlicher Verkehr vergleichbare Geschwindigkeiten anbieten, wurden sie durch die Reichsgaragenordnung prinzipiell voneinander getrennt. Durch sie wird der Parkplatz, der der Haltestelle des öffentlichen Verkehrs entspricht, die auf das Gesamtsystem bezogen wird, ohne Rücksicht auf die Folgewirkungen im Gesamtsystem individualisiert. Verbunden mit dieser Regelung ist außerdem der Zwang zur Erschließung aller räumlichen Strukturen durch Fahrbahnen – aber keineswegs mit dem öffentlichen Verkehr. Die Reichsgaragenordnung erzwingt durch diese Vorschrift außerdem eine massive einseitige Förderung und Subvention des Autoverkehrs. Die Verkehrspolitik hat noch nicht begriffen, dass etwas nur wachsen kann, wenn es übermäßige Privilegien erhält und dieses Wachstum auf Kosten der Schrumpfung des Fußgänger-, Rad- und öffentlichen Verkehrs stattfindet. Die Ursachen dafür liegen nicht im Fließverkehr, dieser ist ja nur das Symptom, sondern in der Organisation der Abstellplätze.

4 Planung, ohne den Menschen zu kennen

Verkehrsingenieure werden ausgebildet, um Einrichtungen technischer Systeme, die meist aus Elementen der toten Materie bestehen, zu gestalten, zu warten und zu betreiben. Dies stellt einen sehr kleinen Systemausschnitt dar und hat handfeste Vorteile: Die technischen Lösungen sind (zunächst) billig, die Bearbeitungszeit kurz und es kommt das heraus, was der Auftraggeber will. Die Kenntnis von den Menschen und deren Handlungen beschränkt sich in der herkömmlichen Verkehrsplanung bestenfalls darauf, Verhalten zu observieren, statistisch auszuwerten und zu versuchen, die Beobachtungen in Modellen nachzubauen, um für die Praxis brauchbare Abbilder von Entwicklungen oder Szenarien zu erzeugen. Herkömmliche Verkehrsplanung ist diesbezüglich recht erfolgreich und verwendet Analogiemodelle aus der Naturwissenschaft mit guter Abbildungstreue für den Auto- und auch für den öffentlichen Verkehr. Dargestellt werden dabei jedoch Symptome eines Prozesses, wobei menschliches Verhalten nur in den Erscheinungsformen, nicht aber in den Ursachen dargestellt wird. Im Zentrum der Betrachtungen – und auch der Verkehrspolitik – war dabei der Autoverkehr (vgl. Haefeli in Kap. II.3 dieses Bandes: ▶ Entwicklungslinien deutscher Verkehrspolitik im 19. und 20. Jahrhundert).

Die Mängel dieser Vorgangsweise fielen nicht besonders auf, denn die Bemessungseinheit nicht nur für die Verkehrs, sondern auch für die Raum- und Stadtplanung in den vergangenen fünf Jahrzehnten war der Pkw, auf den alle anderen Verkehrsarten umgerechnet wurden. Auch der Begriff „Verkehr" war lange Zeit auf den Autoverkehr reduziert. Wenn andere Verkehrsarten mit berücksichtigt werden sollten, sprach man von „alternativen Verkehrsformen" oder vom „multimodalen Verkehr". Die Faszination von Technologie und Technik verstellte den Blick auf die realen Zusammenhänge. Die Lösungen für die Probleme suchte und sucht man bis heute außerhalb, beim Fahrzeug, seinem Motor, den Verkehrsanlagen, den Finanzbedingungen, dem Umfeld des und der Menschen und nicht in diesen selbst. Die verbesserte Rechnertechnologie weckte die Hoffnung, man könne durch Zergliederung der Gesellschaft in immer kleinere Gruppen der Sache näher kommen. Wermuth (1973) wies aber nach, dass dieser Weg nicht zielführend sein kann. Die Qualität der Modelle kann durch zunehmende Komplexität und noch detailliertere Daten wegen der statistisch auch zunehmenden Fehler nicht gesteigert werden.

Der Politik werden daher Maßnahmen empfohlen, die offensichtlich nicht wirksam sind, wie *road pricing*, Parkraumbewirtschaftung und ähnliches. Ideologie hat sich ausgebreitet und eine Planungskultur des Ratens und Beschwörens hervorgebracht, die fallweise brauchbare Resultate liefert, ohne aber zu wissen warum. Und so ziehen diese Büros durch die Lande, wie einst die Kanonenbauer mit ihren Erfahrungen, die aber keine Ahnung von den Fallgesetzen und den thermodynamischen Prozessen schneller Verbrennungen in einem geschlossenen Raum hatten und doch ganz gute Kanonen bauten. Wenn es durch erprobte Eingriffe in Einzelfällen gelingt den öffentlichen Verkehr zu erhöhen, werden die Maßnahmen emsig verkehrspolitisch kopiert und versagen dann doch vielfach, weil kopieren nicht mit kapieren zu verwechseln ist. Die Erfolge werden eher durch Versuch und Irrtum und oft hohen Kosten errungen und nicht durch ursachenbezogenes qualifiziertes Vorgehen. Im System ändert sich dadurch nur sehr wenig. Der öffentliche Verkehr stagniert in Deutschland bei rund 17 Prozent der technisch-mechanischen Mobilität, während er 1950 noch bei 65 Prozent lag. Lösungen sucht man im Fließverkehr. Dieser ist aber nur das Symptom tiefer liegender Ursachen, die vor allem an den Anfangs- und Endpunkten der Wege zu suchen sind.

5 Wirkungen der Reichsgaragenordnung

Mit der Reichsgaragenordnung und ihrer Fortsetzung in den Bauordnungen wurden nicht nur die physischen Strukturen zugunsten des Autoverkehrs und zuungunsten aller anderen Verkehrsarten so grundlegend verschoben, dass sie durch andere Maßnahmen nicht mehr kompensiert werden können. Es wurde mit der RGaO auch eine völlig einseitige, massive Subvention des Autos erzwungen, die den Einzelnen wie auch die Kommunen, Länder und Staaten trifft. Und schließlich wurde ein Bruch im Ordnungssystem und in der Organisation durch diese Reichsgaragenordnung herbeigeführt, den man verkehrspolitisch bisher nicht wahrgenommen hat. Der öffentliche Verkehr muss dem Gesamtsystem entsprechend organisiert und seine Haltestellen müssen in Bezug auf die räumliche Erschließung optimiert werden. Die RGaO und alle auf ihr aufbauenden Bauordnungen nehmen auf das Gesamtsystem aber keine Rücksicht. Man nimmt sein Auto, sucht sich das preiswerteste Grundstück innerhalb der Reichweite des bestehenden Verkehrssystems und optimiert seine individuelle Situation. Für den Rest haben dann Kommunen und der Staat zu sorgen. Die Rücksichtslosigkeit des Einzelnen wird damit über das Gemeinwohl und die Gemeinwohlinteressen gestellt und die Folgekosten der Allgemeinheit aufgelastet. Ein derart mit individueller Maximierung der Einzelelemente ohne Rücksicht auf die Gesamtfunktion organisiertes System, muss zwangsläufig Probleme und Schwierigkeiten erzeugen.

Das fundamentale Missverständnis der heutigen Verkehrspolitik liegt bereits in der Sprache. Technische Verkehrssysteme sind nicht „entstanden" und kein Naturphänomen, sondern von Menschen gemacht und müssen von diesen auch verantwortet werden (vgl. Kirchner und Ruhrort in Kap. VI.4 dieses Bandes: ▶ Verkehrstechnik und Gesellschaft: Techniksoziologische Perspektiven auf das Wechselverhältnis von sozialen und technischen Entwicklungen). Autoverkehr „wächst" daher nicht, Autoverkehr wird durch die Randbedingungen, also die Strukturen baulicher, finanzieller und organisatorischer Art gemacht. Man kann Autoverkehr auch reduzieren, wie es qualifizierte Verkehrsplaner seit mindestens drei Jahrzehnten nicht nur versuchen, sondern auch realisieren, wenn sie Partner in der Verwaltung und in der Politik finden. Da Mobilität sich immer auf Bedürfnisse, also Reisezwecke, zurückführen lässt und diese grundsätzlich gleich geblieben sind, hat sich auch die Wegezahl nicht geändert. Soziodemografische Veränderungen, wie abnehmende Familiengröße, Singlehaushalte und dergleichen und die Verlagerung von Aktivitäten aus den Haushalten, liefern die Erklärung für die minimalen Steigerungsraten der durchschnittlichen täglichen Wegezahl, die in keinem Verhältnis zur zunehmenden Motorisierung steht. In fußläufigen Strukturen ist die Zahl der Wege, wenn man sie sorgfältig erhebt, sogar größer als in einer Gesellschaft der Autofahrer. Untersuchungen über die Zahl der Wege in autofreien fußläufigen Strukturen, wie etwa Höfe mit Eigenversorgung oder Häuser mit eigenen Nutzgärten, zeigen eine Wegehäufigkeit, die weit größer ist als in Strukturen, die vom Auto erschlossen sind. Zu erklären ist dies durch den fließenden Übergang vom privaten zum öffentlichen Raum im erst genannten Fall.

Das „steigende", scheinbar unaufhaltsame „Wachstum" der Motorisierung ist daher eine Folge politischer Entscheidungen und der durch sie herbeigeführten künstlichen, baulichen, finanziellen und organisatorischen Strukturen. Es sind diese, die nun auf das Verhalten der Menschen wirken. Durch Technologie – ohne Berücksichtigung dieses Verhaltens – wird dieses Problem nicht gelöst. Auch kann man bauliche Fehler nicht durch finanzpolitische Maßnahmen kompensieren, wie dies derzeit in vielen Städten und Ländern mit dem *road pricing* oder anderen Mautsystemen versucht wird.

Das Auto greift auf die vermutlich tiefste Evolutionsschicht des Menschen zu, Körperenergie verrechnet wird. Hier passiert das evolutionäre Wunder, das den Menschen zum Autofahrer umwandelt – eine Spezies mit völlig anderen Raumansprüchen, mit einem Wertesystem außerhalb der bisherigen Zivilisation und Kultur menschlicher Gesellschaften (Abb. 1).

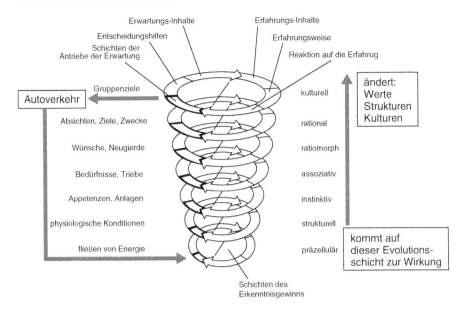

Abb. 1 Das von Ingenieuren in der jüngsten Phase der Evolution geschaffene Auto geht mit seinem Benutzer eine Verbindung auf einer der ältesten Evolutionsschichten ein und ändert damit alle darüber liegenden in seinem Sinne (vgl. Knoflacher 1987). Quelle: nach Riedl 1985

5.1 Grundlegende Veränderung der Wertehierarchie in der Autogesellschaft gegenüber der menschlichen

Die Veränderung auf dieser Schicht nimmt alle darüber liegenden Evolutionsschichten „mit" und damit auch die Skala aller Werte. Was im Strafgesetzbuch verboten ist, wie die Bedrohung der Gesundheit oder des Lebens anderer, wird beim Autoverkehr weitgehend toleriert, zumindest, wenn es indirekt passiert, wie durch Lärm und Abgase. Die Emission von Giftstoffen und Gasen mit mutagenen Wirkungen ist, wenn es ein Mensch mit einer Spraydose macht, eine kriminelle Handlung, beim Autoverkehr normal. Ein Betrunkener, der die Nachtruhe stört, wird in polizeilichen Gewahrsam genommen, der Autoverkehr, der durch die Städte und Täler tost, wird hingenommen. Mit dem Parkplatz bei den Wohn-, Arbeits- und Einkaufsgebäuden wird den Menschen die Möglichkeit genommen, sich frei zwischen Auto und öffentlichem Verkehr zu entscheiden und der Versuch einer Maßregelung über „marktgerechte" Parkgebühren führt dazu, dass auf die grüne Wiese oder in die Nachbargemeinde ausgewichen wird, die sich am Zuwachs an Steuern freut.

So bewahrheitet sich auf der kommunalen Ebene Thomas Hobbes' Vorstellung von der Gesellschaft, in der jeder gegen jeden agiert. Die Politik steht diesem Geschehen verständnis- und hilflos gegenüber. Dass die Technik den Menschen so grundlegend verändert, ist in ihrem Konzept nicht vorgesehen. Denn sie dient zum Nutzen der Menschen und scheint dies ja gerade mit dem Auto so nachdrücklich zu beweisen, dass kaum jemand darauf verzichten möchte. Und dagegen ist oder scheint die Politik ohnmächtig zu sein. Dass diese Technologie Rückkopplungen, direkter und indirekter Art in verschiedenster Form erzeugt und unabsehbare unerwünschte Folgen hat, kann man sich noch im sozialen Bereich vorstellen, aber nicht in den physischen Grundstrukturen menschlichen Verhaltens. Die wissenschaftlichen Untersuchungen zu diesem Thema zeigen, dass der Ersatz der körpereigenen Energie – des aufrechten Ganges, eine mühsame Fortbewegungsform – durch die heutige fossile Energie technischer Verkehrssysteme, insbesondere des Autos, durch grundlegende Verhaltensgesetze erklärt werden kann. Durch Symptombehandlung, wie sie heute im Fließverkehr betrieben wird oder durch Preispolitik des fließenden Autoverkehrs oder Parkgebühren, kann man keine Probleme im Verkehrswesen lösen.

Die Wirtschaftswissenschaften ahmen, manche behaupten, sie äffen, die Naturwissenschaft nach, halten sich aber nicht an deren strenge Regeln. In den Naturwissenschaften ist ein Joule immer ein Joule, unabhängig welches System man behandelt. Die Wirtschaftswissenschaft setzt sich über dieses fundamentale Prinzip hinweg und hat über den Geldwert ein Verrechnungssystem geschaffen, bei dem ein Joule eingesparter Körperenergie zwei oder drei Zehnerpotenzen fossiler Joules gleichgesetzt wird – und wundert sich dann über die Wirkungen im System. Wenn ein Markt um zwei Größenordnungen verfälscht ist, wie im Autoverkehr, kann man ihn durch punktuelle symptomatische Behandlung nicht wieder herstellen. Nicht bei den Symptomen, sondern bei den Ursachen ist die Lösung anzusetzen; nicht im Fließverkehr, sondern in der Organisation des Parkraumes.

Wenn das, was die Politik, die Ökologie und die Sozialwissenschaften fordern, nämlich Freiheit der Verkehrsmittelwahl, gesunde Umgebung, Minimierung des Kosten- und Flächenaufwandes und eine sichere Umgebung, realisiert werden soll, muss man die baulichen, finanziellen und organisatorischen Strukturen des Verkehrssystems ändern. Um Wahlfreiheit zwischen öffentlichem Verkehr und Auto zu schaffen, müssen die Fußwegedistanzen zur Haltestelle sowie zum geparkten Fahrzeug zumindest gleich lang sein. Um den menschlichen Grundbedürfnissen nach Sicherheit, Gesundheit und freier Mobilität für alle zu entsprechen, müssen die Autos außerhalb der Siedlungsräume abgestellt werden.

In der heutigen Siedlungsstruktur werden aber durch das Parken bei den Gebäudeobjekten Lärm, Abgase, Schmutz, Feinstaub und Hässlichkeit der Verkehrsanlagen bis in die intimen Wohnbereiche der Bevölkerung getragen. Eine kultivierte Wohnung ist daran zu erkennen, dass man die „Schuhe im Vorzimmer auszieht", das heißt, die Autos vor dem Siedlungsraum stehen lässt und das Ziel zu Fuß oder mit dem öffentlichen Verkehr oder dem Fahrrad erreicht. Dass dies nicht nur naturwissenschaftlich-technisch wissenschaftlich begründet werden kann, hat der Ökonom Jansson (2003) mit seiner Arbeit „Counterfactual Analysis of Urban Transport Development" wirtschaftswissenschaftlich allein aus den Unfallkosten nachgewiesen. Nüchterne Analysen physikalischer Größen, soziologischer Effekte sowie solide, wirtschaftswissenschaftliche Arbeiten führen in diesem Fall ebenso wie gefühlmäßig begründete Wünsche nach gesundem und sicherem Leben zum gleichen Ziel: autofreie Siedlungen, autofreie Strukturen. Erst in diesem

Umfeld können sich zukunftsorientierte nachhaltige Technologien des Verkehrswesens wieder sinnvoll entwickeln. Derzeit ist die Entwicklung blockiert, und gefährdet die Zukunft.

6 Technologiegetriebene Politik

Unter Technologie versteht man die Gesamtheit der Verfahren zur Produktion von Waren und Dienstleistungen, die einer Gesellschaft zur Verfügung steht. Unter Technik versteht man Verfahren und Fähigkeiten zur praktischen Anwendung der Naturwissenschaften und zur Produktion industrieller, handwerklicher oder künstlerischer Erzeugnisse. Technologie und Technik stehen in enger Wechselbeziehung zueinander, erstere liefert die Grundlagen für die Technik, die wiederum Ansprüche an die Technologie stellt, wodurch beide Bereiche ihren Einfluss auf die Gesellschaft in den letzten beiden Jahrhunderten erweitern konnten.

Technische Innovationen, oft aus einem sehr engen Blickwinkel des Erfinders entstanden, setzten sich wirtschaftlich durch und wurden zur treibenden Kraft der Entwicklung der beiden letzten Jahrhunderte. Damit nahmen aber Techniker nicht nur Einfluss auf die Technologie, sondern auf alle davon berührten Bereiche des Lebens, der Gesellschaft und der Politik. Waren zu Beginn technische Neuerungen den Erfindern und dem Zufall überlassen, kam und kommt es dann im Verein mit der Wirtschaft zu Rückkopplungen und gegenseitigen Verstärkungen. Einmal eingerichtete Technologien werden oft mit allen Mitteln gegen neue verteidigt und manche bessere wird aufgekauft und verschwindet. Schwerindustrie und Eisenbahn sind nicht voneinander zu trennen und stützen sich gegenseitig. Wirtschaftliche Macht wurde und wird eingesetzt, um selektiv Technologien zu fördern um ihren Zwecken zu dienen. Karriere und Einkommen der Ingenieure wurden immer mehr von der von ihnen selbst erzeugten Systemkonformität abhängig. Auch an den Universitäten werden Institute nicht nach der wissenschaftlichen Qualifikation im Sinne des zukünftigen Gesamtwohls der Gesellschaft, sondern im Ingenieurwesen auch nach den hinter den Fächern stehenden Interessen der einschlägigen Lobbygruppen oder Konzerne besetzt – manchmal ausschließlich. *More of the same* war und ist dabei die Parole einer erfolgreichen technologischen Entwicklung im Verkehrssektor. Daran hat sich bis heute nichts geändert, manche Technologiezweige stehen miteinander in Konkurrenz, wie etwa Schiene und Straße, andere wie die Informationstechnologie versuchen, Verbündete in beiden Bereichen zu finden und bauen daneben noch neue Märkte im Nachrichtenbereich auf, von denen der erfolgreichste die Telekommunikation in den verschiedenen Formen geworden ist.

Es sind aber nicht nur Ingenieure, die die Technologie entscheidend beeinflussen, sondern auch die Nutznießer der wirtschaftlichen Vorteile. Diese setzen Techniker nicht als Selbstzweck, sondern als Mittel zum Zweck der Gewinnmaximierung ein. Ansehen und Einkommen der Ingenieure hängen daher auch von den jeweils dominierenden, immer kurzlebiger werdenden Megatrends der technologischen Entwicklung ab. Nun wird diese nicht von den Ingenieuren allein beeinflusst, sondern immer mehr von den Kapital- und Lobbyinteressen. Ginge es nach den

Vorstellungen der Techniker, hätte man schon längst automatische Geschwindigkeitsbegrenzer in den Fahrzeugen eingebaut oder nach außen sichtbare Geschwindigkeitsanzeigen oder automatische Gewichtsanzeigen bei den Schwerfahrzeugen. Die Entwicklung der Technologien wird daher nicht nur durch den Erfindergeist der Ingenieure auf einem freien Markt bestimmt und davon dann die Politik beeinflusst, sondern oft umgekehrt. Den freien Wissenschaftsmarkt gibt es in dieser Disziplin schon lange nicht mehr, falls er überhaupt je existiert hat. Heute bestimmen in erster Linie strategisch wirtschaftliche Überlegungen der Kapitalgesellschaften in Form der Konzerne die Technologieentwicklung und die Einflussnahme auf die Politik.

Viele Zweige der Technologieentwicklung dienen keineswegs nur mehr dem technischen – oder gar gesellschaftlichen – Fortschritt, sondern vor allem dem Ausbau der Konzernmacht und dem wirtschaftlichen Gewinn. Immer mehr Ingenieure wurden damit zu Abhängigen der von ihnen selbst entwickelten Technologie eines von ihnen oft selbst entworfenen Systems mit individuell immer mehr eingeschränkten Spielräumen.

Am erfolgreichsten ist Verkehrstechnologie dort, wo sie der individuellen Bequemlichkeit im engsten Sinn dient, ohne Rücksicht auf die sonstigen Folgewirkungen. Die der evolutionären Entwicklung des Menschen am besten angepasste scheint bisher das Auto zu sein, mit dem die Mühsal der Distanzüberwindung scheinbar mit Leichtigkeit bewältigt wurde, weil der physikalische Aufwand zum Transport des Körpers von der individuellen Wahrnehmung der Gesamtbelastung des Systems erfolgreich entkoppelt werden konnte. Für ein Joule eingesparter Körperenergie werden zwar im System mehrere hundert Joule fossiler Energie eingesetzt, der Nutzer verrechnet aber nur seine individuellen Empfindungen. Und diese signalisieren ihm eine Halbierung des eigenen Energieaufwandes bei gleichzeitig müheloser Beschleunigung in Geschwindigkeitsbereiche weit außerhalb seiner evolutionären Erfahrung. Diese Erfahrung der mühelosen Fortbewegung jenseits der evolutionären Grenzen des Menschen ist so faszinierend und greift auf so tiefe Schichten unseres Wesens zu, dass sich höhere Schichten der Evolution von der Psyche über das Sozialsystem bis zur Politik mühelos dieser Technologie anpassen und ihre Durchsetzung auf allen Schichten gesellschaftlicher Ebenen fordern. Da alles Gebaute aus dem Kopf kommt, kommt daher aus Köpfen, die vom Auto beherrscht werden eine Welt für Autos heraus, in der Menschen keinen Platz mehr haben. Was in den Köpfen der Politiker ist, erkennt man an ihren Entscheidungen und Handlungen. Es sind die inneren Strukturen die die äußeren machen und weil alle Verkehrsstrukturen von Menschen gemacht werden, müssen sie auch von jenen verantwortet werden, die darüber entscheiden (Abb. 2).

Die Kenntnis der Wirkungen der künstlichen Umwelt auf das individuelle und kollektive Verhalten fehlte sowohl in den Verkehrsdisziplinen wie auch in der Verkehrspolitik und schuf damit eine riesige Grauzone für politische Willkür und fachliche Verantwortungslosigkeit. Dass aus solchen Grundlagen eine Fülle von Problemen wachsen kann, darf daher nicht verwundern. Technologiefolgeabschätzungen gab es zum Zeitpunkt dieser Entwicklungen noch nicht, so dass eine unbehinderte Entwicklung mehrerer aufeinander abgestimmter Technologien einsetzen konnte, die heute weitgehend ausgereift ist. Die Dimensionen des Autos erforderten

Abb. 2 Da die Verkehrspolitik immer in Strukturen eingreift, ist die Kenntnis der Beziehungen und Rückkopplungen zwischen Strukturen, den damit ausgelösten Verhaltensweisen und den daraus beobachteten Indikatoren Voraussetzung für verantwortliches Handeln. Quelle: Knoflacher 1987

eine andere Dimensionierung der Fahrbahnen, die Ingenieure schufen die dazu geeigneten Trassierungsrichtlinien, um die Umwelt so zu vereinfachen, dass der Autofahrer, der nur mit den Sinnesleistungen des Menschen ausgestattet ist, einigermaßen sicher überleben konnte.

Die Dichte der Informationen in einem natürlichen oder auch künstlich gestalteten historischen Umfeld wäre für die Sinnesleistungen von Menschen viel zu groß, um sich schnell bewegen zu können. Diese miserable evolutionäre Ausstattung, um hohe Geschwindigkeiten zu meistern, führte zu einer technologisch erzwungenen Vereinfachung der Umwelt, die auf die Fahrzeugkonstruktion rückgekoppelt und Schritt um Schritt weitergestaltet wurde bis zu den heutigen Autobahnen und den äußeren und autointernen Leitsystemen, die eigentlich nichts anderes sind als zusätzliche Bewegungsprothesen.

Durch die zunehmende Spezialisierung des Ingenieurwesens in Verbindung mit Baufirmen, Banken und Politik wurde die Simplifizierung zu einem Machtfaktor ausgebaut. Innerhalb des Ingenieurwesens wurden Verfahren und Technik entwickelt – und gelehrt –, die eine endlose Perpetuierung von Fahrzeugstau – Straßenausbau – Fahrzeugstau usw. sicherstellen. Mit dem so genannten *level of service* wurden Standards für den Autoverkehr festgelegt, die unabhängig vom Zweck des Autoverkehrs oder von seinem Besetzungsgrad, nur anhand äußerer Erscheinungsformen immer die gleiche Qualität des Auto-Verkehrsflusses gewährleisten sollen. Dazu wurden willkürlich niedrig gewählte Werte als Vergleichsgrößen eingesetzt, womit ein permanenter Zwang zum Ausbau entsteht. Je mehr Probleme entstehen, umso wichtiger ist der Ingenieur, der vorgibt sie zu lösen. Dass er selbst die Ursache und der Erzeuger der Probleme ist, wird bei dieser Methode verdeckt.

Voraussetzung dafür war eine von allen Zwecken losgelöste Definition der Mobilität, meist eingeschränkt nur auf den Autoverkehr, die ständig zu wachsen schien. Dass die Ursache der Zunahme der beschriebene Mechanismus war und ist, nimmt das Ingenieurwesen nicht zur Kenntnis. Da Mobilität immer mit einer Intention verbunden ist, kann sie nur steigen, wenn deren Zahl zunimmt. Nun zeigen aber sämtliche Untersuchungen, dass durch die Motorisierung die Zahl der

Zwecke nicht zugenommen hat, so dass die Anzahl der Wege auch gleich geblieben ist. Mobilität erhöht sich spezifisch daher nicht oder nur mit der Einwohnerzahl, sie wird nur verlagert: in den letzten 200 Jahren vom umweltfreundlichen Zufußgehen und Radfahren zunächst zum öffentlichen Verkehr und später zunehmend zum Auto auf Kosten aller anderen Fortbewegungsformen. Technik, wie die Ingenieure ihre Verkehrsanlagen gestalten, entstammt keineswegs einer systemumfassenden Einsicht, sondern beschränkt sich auf einen relativ kleinen Ausschnitt des gesamten Verkehrsgeschehens, nämlich den des mechanischen Transportes – meist sogar eingeschränkt nur auf das Auto. Dass es damit zu Konflikten mit allen anderen Bereichen des Lebens kommen muss, ist zwingend vorgezeichnet. Ein Ingenieurwesen dieser Art entspricht daher wesentlich mehr einer Zunft, die auf Glauben und Erfahrung beruht, als auf naturwissenschaftlich nüchternen Denkstrukturen. Eine Eigenschaft der Macht ist es, dass sie sich nicht ändern und nicht lernen will. Es war daher naheliegend, dass die Machtkonzentration von Ingenieuren, Baufirmen und Banken sowie Politik seit mehr als 50 Jahren bemüht ist, Technologien und Techniken zu entwickeln, um die Strukturen des Autoverkehres aufrecht zu erhalten, je mehr erkennbar wird, wie obsolet sie für die Gesellschaft und die Zukunft der Menschheit sind. Und dieser Machtkomplex ist es auch, der die Politik seit vielen Jahrzehnten in seinem Sinn erfolgreich instrumentalisiert.

7   Bruch der Unabhängigkeit

Voraussetzung für eine objektive Kontrolle ist immer die Unabhängigkeit der Prüfer vom geprüften Objekt oder Projekt. Wird Befangenheit vermutet oder nachgewiesen, wird das Ergebnis der Inspektion in der Regel aufgehoben und im zweiten Fall der Prüfer ausgeschlossen. Dieses elementare Prinzip gesellschaftlicher und politischer Fairness und Ethik gilt im Verkehrswesen nicht, wo Projektbetreiber der öffentlichen Hand oder privater Gesellschaften gleichzeitig auch Auftragnehmer für von ihnen bezahlte Prüfer sind, die die von ihnen betriebenen Projekte auf Umwelt- oder sonstige Verträglichkeit zu prüfen haben. Techniker haben in dem Zusammenhang Technologien ausgearbeitet, die unabhängige Kontrollen a priori ausschalten: Sie verwehren allen anderen Disziplinen, die nicht Planungs- und Baukompetenz besitzen, Leistungen in diesen Bereichen zu beurteilen und dies, obwohl die Maßnahmen der Techniker massiv in Systeme eingreifen, für die diese ihrerseits keine Kompetenz besitzen, wie etwa die Natur, das Sozialsystem, die Kultur, aber auch viele Zweige der Wirtschaft, die nicht von ihrer Tätigkeit profitieren.

Eine Umweltverträglichkeitsprüfung von Verkehrsanlagen müsste in einem Rechtsstaat grundsätzlich in einer unabhängigen Institution, die weder wirtschaftlich noch administrativ mit den Planern, Bauherren und Betreibern dieser Verkehrsanlagen verflochten ist, durchgeführt werden. Geeignet dafür wäre eine auftragsunabhängige Institution außerhalb der Fachgebiete sowie Ministerien, deren Kerngebiete der Baubetrieb und die Planung von Verkehrsanlagen sind.

Noch gravierender sind die Eingriffe in die Staatskasse durch das Verkehrswesen, wenn dieses, wie das zunehmend der Fall ist, nicht mehr durch rationale sachlich fundierte Verkehrspolitik, sondern durch von Banken, Baufirmen und Konzerninteressen beeinflusst, ja determiniert wird, weil sich Konzernvertreter direkten Zugang zu den Machtzentren gesichert haben und damit auch in der Lage sind, den politischen Akteuren ihnen genehme so genannte Experten unterzuschieben. Der Staat, die Länder und Städte werden heute mit einer hochentwickelten Strategie von wissenschaftlichen Vorfeldorganisationen, die im Interesse der Lobbys eingerichtet und gefördert werden strategisch auch über die öffentlichen Medien gezielt verkehrspolitisch manipuliert (vgl. Novack und Sternkopf in Kap. IV.3 dieses Bandes: ▶ Lobbying: Zum Verhältnis von Wirtschaftsinteressen und Verkehrspolitik).

8 Überrollt von der Technologie

Die Erfolgsgeschichte des Ingenieurwesens der vergangenen 200 Jahre hat Abhängigkeitsverhältnisse der Menschen zu der von ihnen entwickelten Technologie entstehen lassen, auf die die Gesellschaft nicht vorbereitet ist und die sie bis heute nicht begriffen hat. Das Verständnis für die komplexen Systemwirkungen bewegt sich auf viel zu jungen und daher leicht erfassbaren Schichten der Beschreibung von Symptomen, die in durchaus faszinierender Form auftreten und der Gegenstand von Untersuchungen von einschlägigen Disziplinen sind. Die tiefer liegenden Schichten der Ursachen dieses Verhaltens, die den Energiehaushalt des Menschen massiv beeinflussen, stammen zwar aus Erkenntnissen aus der Psychophysiologie, die die Richtung gewiesen haben, werden aber von heute in der Disziplin Arbeitenden kaum akzeptiert, die sich viel stärker den weit darüber liegenden Schichten sozialen Verhaltens zuwenden.

Dessen Ursache liegt allerdings wesentlich tiefer. Jagdtrieb, Lebensstile, Siedlungsformen, wie wir sie heute in vielfältiger Ausprägung erleben, ändern sich, entzieht man den Ersatz der Körperenergie durch billige, massenhaft verfügbare externe, derzeit fossile Energie. Ein Auto wird sehr schnell zur Belastung, wenn der Motor nicht funktioniert oder der Tank leer ist. Was vorher als positiv gegolten hat, wird als negativ empfunden, ist man mit dem wahren Zusammenhang mit dem System konfrontiert, in dem man parasitiert. Die Technologieentwicklung hat im System negativ zu Buche schlagende Größen, wie den Aufwand an Kilometern, ins Gegenteil verkehrt und bewertet dies als „Verkehrsleistung" positiv. Kein Wunder, wenn dann die Politik, die an solches glaubt, die falschen Entscheidungen trifft. Herkömmliches Verkehrswesen als Zunft bedient sich durchaus der mythischen Sprache und beschreibt einen technisch erzeugten, künstlichen Vorgang als „Wachstum", das es nicht gäbe, wenn der Produktionsprozess eingestellt werden würde.

Dass die Einflüsse der Ingenieure auf die Technologie derart fundamentale Wirkungen auf das Individual-, Gesellschafts- und Wirtschaftsverhalten ausüben, war natürlich nicht vorauszusehen. Die zum Teil verheerenden Folgewirkungen dieser Technologieentwicklungen hätten, würde die Technologie nicht so tief auf das Wesen des Menschen zugreifen, in einer menschlichen Gesellschaft längst zu massiven Gegenreaktionen geführt. Es ist ein Glück für die Ingenieure des Verkehrswesens, dass durch das Auto der Mensch zum Autofahrer mutiert, dem übernatürlichen Wesen, das sich über menschliche Werte hinwegsetzen kann, die bisher die Grundlage jeder menschlichen Gesellschaftspolitik waren. Das Auto wirkt auf die Gesellschaft wie ein Virus auf das Verhalten einer Körperzelle. Beide machen das, was das Virus will und nicht mehr das, was lebenserhaltend ist. Die Verkehrspolitik des 20. Jahrhunderts war daher grundsätzlich lebensfeindlich und ist es immer noch, da global 1,2 Millionen Menschen jährlich bei Verkehrsunfällen getötet und über vier Million frühzeitig an den Folgen der Autoabgase sterben müssen. Eine Gesellschaft der Autofahrer die jährlich millionenfache Tötung an Menschen gnädig verzeiht und von dieser Technologie gar nicht genug haben kann, ist daher nicht zukunftsfähig. Dies ist auch durchaus verständlich, greift doch das Auto auf tiefere Evolutionsschichten zu als die ansonsten verbotenen Drogen. Es verändert Geist und Wesen der Menschen so grundlegend, dass diese – sich als Supermenschen fühlend – in ihren Vorschriften zwar keine Lebensräume für die Kinder vorsehen, dafür aber umso strenger bedacht sind, Räume für die Bewegungsprothese Auto zu sichern. Und die Politik fürchtet sich vor diesen übernatürlichen Wesen Autofahrer, zu dem sie sich meist selbst zählt.

9 Fazit

Ingenieure als Entwickler von Technologien arbeiten naturgemäß nicht nur im Interesse der Gesellschaft, sondern auch in ihrem eigenen und vor allem im Interesse ihrer Auftraggeber. Das Ergebnis dieser Arbeiten sind nicht nur Technologien, sondern auch Techniken, mit denen bestimmte Technologien gefördert und unterstützt, andere unterdrückt oder in ihrer Entwicklung behindert werden. Dass sich Techniker nicht mit dem Menschen, sondern vor allem mit der Materie auseinandersetzen, war ihnen lange Zeit nicht bewusst, und daher ebenfalls nicht, dass sie damit auch Prozesse auslösen, deren Folgewirkungen in einer Gesellschaft menschlicher Werte und Kultur weder zulässig noch erwünscht waren. Die Auswirkungen auf die Umwelt sind heute allgemein bekannt, weniger bewusst werden die auf den Arbeitsmarkt, das Sozialsystem und die Kultur wahrgenommen. Das Auto als Substitution für die Mühsal des aufrechten Ganges ist nicht nur ein Verkehrsmittel, sondern inkorporiert den Menschen in einer lange Zeit nicht verstandenen Form: Es macht aus ihm ein anderes Wesen, den „Autofahrer", mit einem völlig anderen Wertesystem, als es in der menschlichen Gesellschaft über Jahrtausende üblich war. Diesen Wirkungsmechanismen konnte sich auch die Verkehrspolitik nicht entziehen und hat deshalb die durch ihre Maßnahmen entstehenden Effekte nicht zur Kenntnis genommen. Dass mit der Veränderung der Raumwiderstände die Strukturen des Raumes ebenfalls grundlegend verändert werden, dass statt des erwünschten Abbaus von Disparität diese zunehmen, wenn die Widerstände verringert werden, und dies auf die Wirtschaft, den Arbeitsmarkt, die Kosten- und Preisstrukturen (nicht des Verkehrssystems) wirkt – all diese Faktoren werden nicht mit den Maßnahmen im Verkehrsbereich in Beziehung gesetzt, sondern sehr häufig als selbständige Phänomene behandelt, liegen sie doch außerhalb des Spektrums der Verkehrspolitik. Weder Ingenieure noch die von ihnen erzeugte und geförderte Technologie werden daher in diesem Kontext angesprochen, ungeachtet dessen, dass sie Mitverursacher von zahlreichen dieser Entwicklungen sind. Obwohl Ingenieure einer allgemeinen Ethik verpflichtet wären, entledigen sie sich dieser Aufgabe durch die Schaffung von Gremien, die von ihresgleichen besetzt werden und die die jeweiligen Standards festlegen, innerhalb derer jede Art der Tätigkeit des Berufsstandes geschützt werden kann. Sie immunisieren sich damit – zumindest bisher erfolgreich – gegen Kritik von außen, indem sie ihre Verantwortung gegenüber der Tiefe der Eingriffe in das komplexe System von Natur und Gesellschaft auf nahezu Null reduzieren. Dazu gehören die Normenausschüsse, die früher auf nationaler Ebene im Interesse der jeweiligen Industrie Produkte und Fertigungsverfahren sowie Abmessungen bestimmter Elemente festlegten. Heute wird die Normierung auf die europäische Ebene verlagert und immer weniger von unabhängigen Wissenschaftlern beeinflusst, die aufgrund der budgetären Sparmaßnahmen der Staaten von solchen Gremien ausgeschlossen werden, sondern zunehmend von Konzernvertretern und ihren wirtschaftlichen Interessen bestimmt. Im Verkehrswesen, das in der herkömmlichen Praxis ohne solide wissenschaftliche Grundlagen arbeitete, sondern eher eine Zunft war, bemühte man sich, Verkehrsanlagen durch „Richtlinien" zu standardisieren, die nur teilweise Berechtigung haben, wie etwa im Eisenbahnwesen, wo Spurweite, Energieversorgung oder Signalsysteme zu vereinheitlichen sind, aber im städtischen Straßenverkehr mit seinen individuellen Anforderungen an Topografie oder Bebauung nur bedingt sinnvoll sind. Diese Uniformierung reduziert die Ansprüche für technisch mögliche und zweckmäßige Ingenieurleistungen auf ein Minimum und führt zu verzerrten, ja geradezu kontraproduktiven Wertmaßstäben, wenn für die in der Regel sehr einfache und primitive Projektierung von Autobahnen weit höhere Tarife bei den Ingenieurleistungen bezahlt werden als für die hoch qualifizierte, anspruchsvolle Planung feingliedriger, nachhaltiger Verkehrsstrukturen für Fußgänger, Radfahrer und den öffentlichen Verkehr im städtischen Umfeld. Diese Abschirmungs- und Immunisierungsmechanismen verführen die Politik zu dem unzulässigen Glauben an die technische Machbarkeit und zum Verzicht auf grundlegende Werte, an denen sie sich zu orientieren hätte.

Die Verwendung falscher und irreführender Indikatoren wie etwa der Bezugsgröße Pkw anstatt Mensch, die Vertauschung der Vorzeichen sowie die Unkenntnis menschlicher Verhaltensweisen im Verkehrswesen haben dazu geführt, dass sich diese Art von Verkehrsingenieurwesen jeder Kritik zu entziehen glaubte, obwohl es durch Perpetuierung falscher Methoden und falscher Ansichten nachweisbar zu einer Disziplin wurde, die Verkehrsprobleme mit jenen Techniken und Technologien erzeugt, mit denen sie vorgibt, diese zu lösen. Die Bewertung und Beurteilung ihrer Leistungen erfolgte jahrzehntelang intern. Externe wurden als inkompetent abqualifiziert und von jeder Einflussnahme ausgeschaltet, obwohl das Versagen der von dieser Art betriebenen Verkehrstechnologie und -technik an den Unfallzahlen, an der Naturzerstörung, an den zunehmenden Lärmproblemen und der Abgasbelastung unübersehbar und offensichtlich ist. Gegen Kritik von außen immunisiert sich diese Disziplin; gegen Kritik von innen schützt sie sich durch Mehrheitsbildung auf ideologischer Basis gegen unangenehme wissenschaftliche Erkenntnisse einerseits und durch systematische Ausgrenzung wissenschaftlich qualifizierter kritischer Experten andererseits.

Das zunehmende Versagen des System als Folge dieser Vorgangsweise wird von den Nutznießern dieser Degradierung des Ingenieurwesens im Verkehrsbereich zur Entwicklung symptombezogener Technologien und Techniken eingesetzt, deren finanzieller Aufwand umgekehrt proportional zu ihren Wirkungen steht. Beispiele dafür sind die Versuche, über ein *road pricing* Fehler physischer Infrastruktur im Verkehrswesen zu kompensieren oder Informationstechnologien zu nutzen, mit denen der Kollaps bestehender Systeme nur ausgeweitet wird. Wo Verkehrspolitik sein sollte, herrscht, von wenigen Ausnahmen abgesehen, Verwirrung, Hilflosigkeit und Verständnislosigkeit. Ziele von außen werden in dieser geschlossenen Gesellschaft, die den Blick auf längerfristige Lösungen und gesellschaftliche Verantwortung zugunsten kurzfristiger analytischer Symptombehandlung aufgegeben hat, nicht akzeptiert. Es gibt weder Sozialverträglichkeitsprüfungen von Projekten noch Bedarfsnachweise unter Einbeziehung der kurz- und längerfristigen Folgewirkungen. Durch die Fokussierung auf kurzfristige praxisrelevante Erfolge haben sich Ingenieure zu beliebten Partnern einer ebenfalls auf kurzfristige Zeithorizonte fixierten Politik gemacht und dabei übersehen, dass viele ihrer Maßnahmen langfristige Folgewirkungen nach sich ziehen, die weder von den Planern noch von den Ausführenden und der Verkehrspolitik verantwortet werden. Wo Verantwortungsethik notwendig ist, herrscht Meinungsethik vor. Die rasche Entwicklung technischer Verkehrsmittel hat außerdem dazu geführt, dass das Verkehrsingenieurwesen ebenso wie die neuzeitliche Stadt- und Raumplanung über keine geeigneten wissenschaftlichen Grundlagen verfügt, sondern auf plausiblen Annahmen aufbauend wie eine traditionelle Zunft agiert, allerdings mit dem Unterschied, dass die Ergebnisse ihrer Tätigkeit Folgewirkungen außerhalb der evolutionären Wahrnehmung des Menschen erzeugen und damit nicht der Verantwortung des Einzelnen überlassen werden können. Planer und Ingenieure greifen über die Politik daher in Systeme weit mehr ein, als sie verantworten können. Der Erfolg im 19. und teilweise im 20. Jahrhundert hat die Politik glauben gemacht, man könne mit Hilfe der Ingenieure auch soziale oder wirtschaftliche Probleme lösen. Daraus entstand zum Teil sogar die AnmaßungArroganz mancher auf dem Ingenieurwesen aufbauenden Industriezweige, ein *political engineering* zu fordern, eine ohnehin bekannte Technik, die man üblicherweise als Lobbyismus bezeichnet.

Die Reduktion auf den ausschließlich wirtschaftlichen Erfolg in den letzten Jahrzehnten hat die gesellschaftliche Verpflichtung der Ingenieure gegenüber den Menschen noch weiter in den Hintergrund treten lassen. Die Entwicklungen im Verkehrszweig der Informationstechnologie werden rücksichtslos von der Finanzindustrie global eingesetzt, die sich gegen politische demokratische Kontrolle immunisierte, weil die Politik dieser Entwicklung geistig nicht folgen konnte. Die Dominanz demokratischer Institutionen wird durch diesen Verkehrszweig des materialfreien Geldverkehrs ausgehebelt, weil versäumt wurde die für jede Lebenserhaltung notwendigen negativen Rückkopplungen einzubauen. Das heutige Finanzsystem, vergleicht man es mit einem Auto, wird laufend mit Energie versorgt und scheint nur einen Gashebel aber keine Bremse zu haben. Die Folgen sind dementsprechend und zunehmend katastrophal für die Umwelt wie auch für die Menschheit.

Wenn das Ingenieurwesen verantwortlich am politischen Geschehen teilnehmen soll, wird es sich neuer wissenschaftlicher Grundlagen bedienen und sich weniger der Maschine als vielmehr dem Menschen zuwenden müssen. Der Mensch im herkömmlichen Ingenieurwesen war Mittel zum Zweck, ebenso wie in der Ökonomie, die ihn zum Produktionsfaktor degradierte. Das Verkehrssystem bestand im reibungslosen Funktionieren der Maschine und eines Maschinensystems losgelöst von übergeordneten Zwecken. Das Ingenieurwesen wird erst dann zu einem soliden Partner einer zukunftsorientierten Verkehrspolitik, wenn es sich von dieser Illusion verabschiedet, und Maschinen und Techniken nicht als Endzweck, sondern als Mittel zum Zweck für den Menschen und seine Weiterentwicklung begreift. Das Ingenieurwesen wird sich an externen Zielen orientieren müssen und nicht wie bisher nur an eigenen internen oder ökonomischen.

Literatur

Jansson, Jan Owen. 2003. Counterfactual Analysis of Urban Transport Development. In *16th International ECMT Symposium on Theory and Practice in Transport Economics*, October 2003, Budapest, 29–31.

Knoflacher, Hermann. 1987. *Verkehrsplanung für den Menschen*. Bd. 1: Grundstrukturen, Wien: Orac Verlag.

Knoflacher, Hermann. 1995a. Das Lill'sche Reisegesetz – das Weber-Fechner'sche Empfindungsgesetz - und was daraus folgt. In *Mobilita '95, The 6th International Scientific Conference*, 16.-18. Mai 1995, Bratislava, 1.41–1.45.

Knoflacher, H. 1995b. Economy of Scale – Die Transportkosten und das Ökosystem. In *GAIA*, Heft 2, 100–108.

Knoflacher, Hermann. 1996. *Zur Harmonie von Stadt und Verkehr. Freiheit vom Zwang zum Autofahren*. Zweite verbesserte und erweiterte Aufl. Wien/Köln/Weimar: Böhlau Verlag.

Knoflacher, Hermann. 1997. *Landschaft ohne Autobahnen. Für eine zukunftsorientierte Verkehrsplanung*. Wien/Köln/Weimar: Böhlau Verlag.

Knoflacher, Hermann. 2007. *Grundlagen der Verkehrs- und Siedlungsplanung*, Bd. 1 Verkehrsplanung, 2009, Bd. 2 Siedlungsplanung. Wien/Köln/Weimar: Böhlau Verlag.

Koflacher, Hermann. 2009. *Virus Auto. Die Geschichte einer Zerstörung*. Berlin/Wien: Böhlau Verlag.

Knoflacher Hermann. 2013. *Zurück zur Mobilität*. Wien: Ueberreuter Verlag.

Lill, Eduard. 1889. Die Grundgesetze des Personenverkehrs. In *Zeitschrift der Eisenbahnen und Dampfschiffahrt der österreichisch-ungarischen Monarchie*, Heft 35, 697–706 und Heft 36, 713–725.

RgaO – Verordnung über Garagen und Einstellplätze (Reichsgaragenordnung). 1939. Vom 17. Februar 1939. In *Beilage zum Zentralblatt der Bauverwaltung vereinigt mit Zeitschrift für Bauwesen*, Heft 10. Berlin.

Riedl, Rupert. 1985. *Die Spaltung des Weltbildes. Biologische Grundlagen des Erklärens und Verstehens*. Berlin/Hamburg: Verlag Paul Paray.

Wermuth, Manfred. 1973. Genauigkeit von Modellen zur Verkehrsplanung. In *Veröffentlichungen des Instituts für Städtebauwesen*, Technische Universität Braunschweig, Heft 12, 57–98.

Umweltinnovation im Pkw-Bereich: Kann die Politik Technologiesprünge erzwingen?

Julius Jöhrens und Julia Hildermeier

Zusammenfassung
Dieser Beitrag vergleicht die ordnungspolitischen Ansätze bezüglich der Förderung alternativer Antriebstechnologien in Kalifornien und Europa. Die Kernfrage ist, wie effektiv damit alternative Antriebe in die Strategien der Hersteller integriert werden können.

Schlüsselwörter
Elektrofahrzeug • CO_2 • Grenzwert • Supercredits • Technology Forcing

1 Einleitung

Jahrzehntelang waren Verbrennungsmotoren beim Antrieb von Kraftfahrzeugen quasi konkurrenzlos. Das Aufkommen des Autos als Massentransportmittel nach dem Zweiten Weltkrieg zog dabei eine Reihe von Wirkungen auf Umwelt und Wirtschaft nach sich, die Auslöser für regulatorische Aktivitäten in Bezug auf die Fahrzeuge waren. So führte die starke Luftbelastung durch Autoabgase ab 1970 zur Einführung von Grenzwerten für automobile Schadstoffemissionen, die die Kommerzialisierung des Dreiwegekatalysators nach sich zog. Durch die Ölkrise verteuerte sich in den 70er-Jahren das Autofahren; der amerikanische Gesetzgeber reagierte mit Mindestanforderungen für die Fahrzeugeffizienz. Seit der Klimakonferenz in Rio (1992) ist der Klimawandel in den Fokus der Politik gerückt und

---

J. Jöhrens (✉)
ifeu – Institut für Energie- und Umweltforschung, Heidelberg, Deutschland
E-Mail: julius.joehrens@ifeu.de

J. Hildermeier
Ecole Normale Superieure Cachan, Frankreich und Humboldt-Universität Berlin, Berlin, Deutschland
E-Mail: julia.hildermeier@ens-cachan.fr

damit die Frage, wie in den nächsten Jahrzehnten radikale Minderungen des CO_2-Ausstoßes erreicht werden können. Der Verkehrssektor wurde als wichtiger Treibhausgasemittent identifiziert. Gleichzeitig eröffnet der technische Fortschritt neue Optionen für alternative Antriebstechnologien mit hohem Potential zur Treibhausgasminderung, die nun das faktische Monopol der Verbrennungsmotoren brechen könnten. Die Einführung dieser alternativen Antriebe stellt sämtliche Akteure im Automobilbereich vor große Herausforderungen, aus denen sich vielfältige Hemmnisse für die Etablierung der alternativen Antriebe ergeben.

Dieser Beitrag fragt nach möglichen politischen Strategien, mit denen solche Hemmnisse überwunden und Umweltinnovationen im Kfz-Bereich erfolgreich am Markt etabliert werden können. Zwei Fallbeispiele werden dafür herangezogen: Zum einen die Emissionsregulierung und die gleichzeitige Förderung der Entwicklung des Elektroautos in Kalifornien, die den Begriff „Technology Forcing" in der Verkehrspolitik geprägt hat (Abschn. 2). Zum anderen fragen wir vergleichend, welchen Einfluss die Idee des politischen Erzwingens von Technologiesprüngen im Pkw-Bereich auf den europäischen Markt und die europäische Emissionspolitik im Automobilsektor (insbesondere bezüglich alternativer Antriebe) ausgeübt hat (Abschn. 3). Im Fazit bewerten wir die Regulierungsformen anhand des Handlungspotentials für zukünftige Emissionspolitik sowie ihrer Umweltwirkung.

Der Begriff „Technology Forcing" wurde am Fallbeispiel Kalifornien geprägt und ist damit ein weitgehend empirisch hergeleiteter Begriff. Er bezeichnet die Erzwingung einer bestimmten technologischen Entwicklung durch das Setzen geeigneter Standards. Ordnungspolitische Maßnahmen (z. B. Emissionsstandards, Sanktionen) sollen Unternehmen zwingen, in einem bestimmten Zeitraum den Standards gemäße Technologien bzw. Produkte auf den Markt zu bringen. Damit soll eine innovative Entwicklung planbar beschleunigt werden. Gerard und Lave (2004) haben anhand der Entwicklung in Kalifornien zwei Definitionsmerkmale von Technology Forcing entwickelt, die diese Art der verkehrspolitischen Regulierung von anderen Formen unterscheiden.

(1) ‚Erzwungen' werden sollen explizit Investitionen in eine zum Zeitpunkt des Verabschiedens noch nicht marktreife Technologie.
(2) Durch diesen gezielten Eingriff in die Strategien der Hersteller sind Konflikte bei der Umsetzung dieses Ziel ‚vorprogrammiert'.

Aus dem Vergleich mit der Situation in Kalifornien bezüglich der Einführung von Elektrofahrzeugen ergibt sich ein weiteres Merkmal, dass man der Definition von Technology Forcing hinzufügen könnte:

(3) Die Regierung hat eine spezifische Vision von der Rolle, die die neue Technologie in der Industrie und wirtschaftlichen Entwicklung spielen soll.

„The dominant feature of models of technology-forcing regulations is the interaction between regulators and firms, where both the firms' R&D decisions and the regulator's enforcement decisions are treated as endogenous. The challenge for regulators is to prod firms to expend their R&D dollars on the development of new technologies given their objective profit maximization." (Gerard und Lave 2004: 764). Auf der anderen Seite können diese R&D-Investitionen den Firmen mittel- bis langfristig einen Wettbewerbsvorteil verschaffen und sich insgesamt volkswirtschaftlich positiv auswirken, z. B. durch Reduktion der Kosten für Energie sowie der externen Kosten von Umweltverschmutzung.

Vorgaben des Technology Forcing zeichnen sich somit durch drei typische Merkmale aus:

(1) Sie sind ambitioniert und mit bisher marktgängiger Technologie nicht einzuhalten
(2) Sie werden vom Gesetzgeber (mehr oder weniger) einseitig erlassen, ohne die regulierte Industrie einzubeziehen
(3) Sie fordern entweder explizit bestimmte Technologien ein oder die Standards sind so gestaltet, dass sie de facto nur mittels bestimmter Technologien erreicht werden können (implizite Variante).

Diese Merkmale stellen drei wesentliche Dimensionen dar, anhand derer umweltbezogene Regulierungsansätze allgemein klassifiziert werden können. Neben dem inhaltlichen Anspruch der Vorgaben (Merkmal 1) muss also generell zwischen kooperativem und restriktivem Politikstil auf der einen Seite (Merkmal 2) und technologiespezifischer bzw. technologieneutraler Regulierung auf der anderen Seite (Merkmal 3) differenziert werden. Ausschlaggebend ist bei der Unterscheidung des *Politikstils* das Verhältnis von öffentlicher Administration und Industrie. Unter kooperativen Regulierungsmustern verstehen wir, dass Politikinstrumente durch Zusammenarbeit mit Vertretern der Industrie erst zustande kommen, die ‚Verträglichkeit' also im Kompromissverfahren mit allen Parteien abgestimmt wird – im Falle der europäischen Emissionsregulierung mit den Autoherstellern, Zulieferern und Unternehmen in der nachgelagerten Wertschöpfungskette, Gewerkschaften sowie anderen zivilgesellschaftlichen ‚Stakeholdern' wie Umwelt- oder Konsumentenverbänden. Demgegenüber zielt das Technology Forcing darauf ab, gewichtige Strategie-Veränderungen bei der Industrie im Zweifelsfall auch gegen ihre Zustimmung zu erwirken. Hohe Standards ziehen bestimmte Investitionen, Forschungs-, Entwicklungs- und Produktionskosten nach sich, die die betroffenen Unternehmen antizipieren müssen. Technology Forcing kann mit öffentlicher Innovationsförderung oder vorteilhaften gesetzlichen Rahmenbedingungen für die neuen Technologien (z. B. Emissionshandel) gekoppelt sein, um diese Kosten abzufedern.

Das Maß an *Technologiespezifität* stellt einen weiteren Freiheitsgrad der Gesetzgebung dar. Dabei können entweder explizit bestimmte Technologien adressiert werden (wie z. B. bei der niedrigeren Besteuerung von Dieselkraftstoff gegenüber Benzin in Deutschland) oder es können sich implizit technologische Ausschlusskriterien aus der Höhe der zu erreichenden Grenzwerte ergeben (wie z. B. das faktische Glühlampenverbot in der EU, das eine notwendige Folge der festgeschriebenen Energieeffizienz ist). Aus einer Regulierung des Technology

Forcing ergeben sich entweder explizit oder implizit Anforderungen an die für eine Erfüllung der Vorgaben benötigte Technologie. Im Beispiel der Abgasnormen implizierte das Ausmaß der geforderten Minderung (um 90 %) beispielsweise die Nutzung eines Katalysators, da solche Minderungen allein durch innermotorische Maßnahmen nicht zu erreichen waren (Lee et al. 2011). In der aktuellen kalifornischen Gesetzgebung wurden Kategorien für bestimmte Technologiepakete eingeführt, für die jeweils eigene regulatorische Vorgaben gelten (California Air Ressources Board 2012).

Nimmt man beide Kriterien zusammen, kann Technology Forcing deshalb in Bezug auf den Grad an gesetzlichem Zwang als Gegenstück zu „Enabling"-Ansätzen gesehen werden, die die Diffusion von neuen Technologien über Nachfrage und damit über den Markt steuern. Technology Forcing argumentiert vom Angebot her, das sich seinen Markt schafft.

In seinem Beitrag zur ersten Auflage des „Handbuchs Verkehrspolitik" resümierte Marc Weider im Jahr 2007[1]: „Obwohl das US-amerikanische Regulierungsmuster nicht auf Europa übertragen werden kann, wird sein grundsätzliches Anliegen zukünftig auch für die deutsche und europäische Verkehrspolitik im Rahmen einer verkehrlichen „Umweltinnovationspolitik" an Relevanz gewinnen. [...] Es scheint für den deutschen und europäischen Kontext deswegen erforderlich, technologieerzwingende Elemente in bestehende Verhandlungslösungen oder zukünftige Instrumente zu integrieren" (Weider 2007: 680). Im vorliegenden Beitrag untersuchen wir, inwiefern dies bereits erfolgt ist, welche Impulse die aktuelle Gesetzgebung (EU-Richtlinie zu Flottengrenzwerten für den CO_2-Ausstoß von Pkw) für die Einführung innovativer Technologien bietet, wie sich in der Zwischenzeit die Gesetzgebung in Kalifornien (dem „Kernland" des Technology Forcings) weiterentwickelt hat und welche Erkenntnisse sich aus dem Vergleich der ordnungspolitischen Ansätze für die künftige Weiterentwicklung der Umweltgesetzgebung im Automobilbereich gewinnen lassen.

2 Fallstudie 1: Technology Forcing bei Nullemissionsfahrzeugen in Kalifornien

2.1 Historische Entwicklung

Historisch tauchte das Prinzip des Technology Forcing zum ersten Mal in den Vereinigten Staaten im Zuge der „Clean Air Act Amendments" auf, die im Jahr 1970 beschlossen wurden (vgl. Weider 2007). Aufgrund der in Kalifornien besonders gravierenden Umweltprobleme hatte das California Air Resources Board (CARB), das dort seit 1967 für die Durchführung der Regulierung im Bereich Luftqualität verantwortlich war, von der US-Regierung die Freiheit erhalten, für

---

[1]Zu diesem Zeitpunkt war es absehbar, dass die freiwillige Selbstverpflichtung der europäischen Autohersteller zur Emissionsminderung ihrer Neuwagenflotten nicht mehr einzuhalten war.

Kalifornien schärfere Grenzwerte als die auf Bundesebene gültigen zu erlassen. Dadurch festigte Kalifornien seine Rolle als Vorreiter einer progressiven Abgasgesetzgebung. Im Jahr 1990 erließ die CARB dann die sog. Low-Emission-Vehicle-and-Clean-Fuels-Verordnung, die für den Schadstoffausstoß der Neuwagenflotten der einzelnen Hersteller stufenweise schärfere Grenzwerte einführte. Teil dieser Verordnung war auch das „ZEV mandate", das für die Jahre 1998, 2001 und 2003 einen jeweils steigenden Anteil an Nullemissionsfahrzeugen an den gesamten Verkäufen eines Herstellers explizit vorschrieb. Ausschlaggebend war hier die Präsentation des Konzeptfahrzeugs „Impact" durch General Motors, das später als „EV1" das erste in großer Stückzahl produzierte Elektroauto wurde. Zum Zeitpunkt des Inkrafttretens der Regulierung war also die prinzipielle Machbarkeit der Technologie unter Beweis gestellt, ihre Alltagstauglichkeit und wirtschaftliche Profitabilität aber noch nicht gegeben.

Interessanterweise ging man bei der Verabschiedung der Flottengrenzwerte des Low-Emission-Vehicle-Programms davon aus, dass die Werte (unabhängig von der vorgeschriebenen ZEV-Quote) nur durch einen gewissen Anteil an Nullemissionsfahrzeugen einzuhalten wären. Dies erwies sich im Laufe der Zeit als Irrtum – die Potentiale der Abgasreinigung konventioneller Antriebe waren dramatisch unterschätzt worden. Dies erhöhte allerdings den Druck auf das ZEV-Mandat, das von den Herstellern als willkürlicher staatlicher Eingriff in ihre Strategie aufgefasst wurde. Sie argumentierten unter anderem, nach den batteriebetriebenen Fahrzeugen bestehe keine signifikante Nachfrage. Gemeinsam mit der Mineralölindustrie unternahm die Automobilindustrie nun große Anstrengungen, sowohl den öffentlichen als auch den wissenschaftlichen Diskurs zu diesem Thema in ihrem Sinne zu beeinflussen sowie gezielten Einfluss auf politische Entscheidungsträger auszuüben (vgl. (Weider 2007) sowie ausführlicher in (Shnayerson 1996)). Vor diesem Hintergrund wurden die Vorgaben des ZEV-Mandats als Ergebnis der periodischen Anhörungen bei CARB sowie juristischer Auseinandersetzungen bis zum Jahr 2003 in mehreren Stufen entschärft. Dies geschah im Wesentlichen dadurch, dass zwei neue Fahrzeugkategorien als „Partial Zero Emission Vehicles" (PZEVs) ins ZEV-Mandat integriert wurden. Dadurch konnten auch Hybridfahrzeuge, Gasfahrzeuge sowie sehr saubere konventionelle Fahrzeuge auf Teile der geforderten ZEV-Quote angerechnet werden. Zudem fand die Brennstoffzellentechnologie als konkurrierende Nullemissionstechnologie Eingang ins ZEV-Mandat: Die Bereitstellung einer geringen Zahl von Brennstoffzellenfahrzeugen entband die Hersteller von der Verpflichtung, ihre ZEV-Quote zu erfüllen.[2]

Durch diese Änderungen am ZEV-Mandat waren die Hersteller nicht länger verpflichtet, den Kunden batterieelektrische Fahrzeuge zur Verfügung zu stellen.

---

[2]Die Brennstoffzellentechnologie geriet nach dem Jahrtausendwechsel zunehmend in den Blickpunkt und eröffnete die Aussicht auf Mobilität mit unbegrenzter Reichweite bei gleichzeitiger Emissionsfreiheit. Von den Herstellern wurde sie daher favorisiert und infolgedessen auf deren Wunsch in das ZEV Mandat aufgenommen. Dies wurde von Verfechtern der Batteriefahrzeuge heftig kritisiert; ein Vertreter eines großen Elektrizitätsunternehmens sprach in diesem Zusammenhang von „ruse" (einer List).

Sie schufen daraufhin rasch Fakten und zogen die zum größten Teil nur verleasten Elektrofahrzeuge wieder von den Kunden ein, um sie anschließend zu verschrotten.[3] Die Kunden waren jedoch meistenteils von den Autos regelrecht begeistert gewesen und bildeten fortan den Kern einer engagierten Bewegung, die sich auf politischer Ebene für die Einführung von Elektrofahrzeugen einsetzt.[4]

Anhand dieser historischen Entwicklung lassen sich einige für das Technology Forcing typische Muster und Zusammenhänge gut illustrieren:

- Der Prozess beginnt mit dem Erlass einer ambitionierten Regulierung unter dem Eindruck hohen öffentlichen (Verbraucher-)Drucks bzw. eines hohen Problembewusstseins
- Darauf folgend findet eine intensive Auseinandersetzung um die Vorgaben auf politischer und juristischer Ebene statt, während derer die öffentliche Meinung durch die betroffene Industrie beeinflusst werden kann (z. B. mittels gezielter Studien[5] und Impact Assessments). Parallel gewinnen die Unternehmen weitere technische Erkenntnisse, auf deren Grundlage sie abschätzen, welche Zugeständnisse sie im weiteren Prozess machen können bzw. wollen.
- Durch die Unsicherheiten bezüglich der geforderten Technologie können Widersprüche zu anderen Politikzielen konstruiert werden, wie bei den Clean Air Acts Amendments (CAAA) in Bezug auf die Kraftstoffeffizienz.
- Die Akzeptanz der geforderten Technologie bei den Verbrauchern kann von der Industrie aufgrund hoher Anfangskosten angezweifelt werden. Dies gilt umso mehr, wenn die geforderte Technologie zudem Auswirkungen auf das Nutzerverhalten hat (wie bei Batteriefahrzeugen aufgrund der beschränkten Reichweite).
- Das Aufkommen weiterer Technologievarianten (wie z. B. der Hybridfahrzeuge bzw. Brennstoffzellenfahrzeuge) stellt eine Politik des Technology Forcings vor Herausforderungen: Solche Technologien müssen nachträglich integriert werden, ohne die Glaubwürdigkeit der Regulierung zu beschädigen.
- Die Aufsicht über die Regulierung obliegt in Kalifornien einer separaten Behörde (CARB), die finanziell gut ausgestattet ist und weitgehend unabhängig vom politischen Tagesgeschäft agieren kann. Die Interaktion mit den betroffenen Stakeholdern erfolgt weitgehend formalisiert über öffentliche Anhörungen sowie über Gerichtsverfahren.

---

[3]Der damalige GM-Chef Rick Wagoner räumte später öffentlich ein, diese Entscheidung sei ein schwerer Fehler gewesen, da hierdurch sowohl immenser Imageschaden für GM entstand als auch die Technologieführerschaft bei elektrischen Antrieben eingebüßt wurde (vgl. Neil 2009).

[4]Hier ist bspw. die Organisation *Plug In America* zu nennen, die aus der Kampagne „*Don't Crush*" hervorgegangen ist.

[5]Zum Beispiel wurde in einer Studie behauptet, die Verwendung von Bleibatterien in Elektrofahrzeugen führe zu gesundheitsschädlichen Bleiemissionen; später stellte sich jedoch heraus, dass diese Behauptung nicht haltbar war (vgl. Weider 2007).

2.2 Aktuelle Gesetzgebung

In den letzten Jahren erlangte die Debatte um Nullemissionsfahrzeuge in Kalifornien durch eine Reihe von Entwicklungen wieder neuen Auftrieb. Der Klimawandel (und die besondere Verwundbarkeit Kaliforniens[6]) ist mittlerweile stark im Bewusstsein angelangt. Gouverneur Schwarzeneggers Executive Order[7] aus dem Jahr 2005 mündete in die Verabschiedung des „Global Warming Solutions Act" (AB 32) ein Jahr später, der das CARB ermächtigt, Regularien zu erlassen, um die dort formulierten Ziele zu erreichen.

Auch auf technischer Seite hat sich einiges getan: Die Beliebtheit von mobilen elektronischen Geräten wie Notebooks und Smartphones hatte die Entwicklung von leistungsfähigen Lithium-Ionen-Batterien stark vorangetrieben, die den herkömmlichen Bleibatterien und anderen in den 90er-Jahren erprobten Batterietechnologien in puncto Energiedichte, Lebensdauer und Handhabbarkeit deutlich überlegen sind. Zwar gibt es hier nach wie vor technische Herausforderungen für den Einsatz im Automotive-Bereich, die Anstrengungen konzentrieren sich aber mittlerweile vor allem auf die Kostenreduktion der Batterien.

Schließlich führte die Finanzkrise ab 2008 auch zu einer schweren Krise der amerikanischen Automobilindustrie, in deren Folge General Motors teilweise verstaatlicht wurde (U.S. Department of the Treasury 2012). In diesem Zusammenhang nutzte der amerikanische Staat die Gelegenheit, den zwischenzeitlich technologisch eher konservativ aufgestellten Autobauer durch zweckgebundene Finanzspritzen wieder zur Aufnahme seiner Entwicklungstätigkeit bei alternativen Antrieben zu bringen.[8] Aber auch Ford, Nissan und Tesla erhielten erhebliche finanzielle Unterstützung für die Entwicklung von alternativen Antrieben (U.S. Department of Energy 2014).

Vor diesem Hintergrund erließ CARB im Jahr 2009 eine Neuauflage des ZEV-Mandats (California Air Ressources Board 2012). Für die Jahre 2012 bis 2014 wurde die ZEV-Quote (inklusive PZEV) auf 12 % angehoben, wobei diese nun auch wieder einen „ZEV floor" von 0,79 % beinhaltete, also einen Anteil von Fahrzeugen, die im Betrieb tatsächlich keinerlei CO_2 ausstoßen dürfen. Der ZEV floor gilt allerdings nur für die sechs absatzstärksten Autohersteller in Kalifornien (Honda, GM, Toyota, Nissan, Ford und Chrysler). Die Ziele werden bis zum Jahr 2025 stufenweise anspruchsvoller. Im Zuge des Aufkommens von Plug-in-Hybridfahrzeugen (PHEV)[9] sind die Regelungen zur Anrechnung der einzelnen

---

[6]Kaliforniens Küsten sind dicht besiedelt, zudem gefährdet der Klimawandel die Wasserversorgung für Kaliforniens sehr fruchtbare landwirtschaftliche Gebiete.

[7]Diese Executive Order ruft das Ziel aus, Kaliforniens Treibhausgasausstoß (alle Sektoren) bis zum Jahr 2020 auf das Niveau von 1990 zu senken und bis zum Jahr 2050 weitere 80 % der Emissionen einzusparen. Das Ziel für 2050 ist somit identisch mit dem entsprechenden Ziel der deutschen Bundesregierung.

[8]Dies erfolgte in enger Zusammenarbeit mit dem staatlich betriebenen Argonne National Laboratory, wo wesentliche Teile der Batterietechnologie entwickelt wurden.

[9]Hybridfahrzeuge mit großer Batterie, die längere Strecken ausschließlich mit Strom fahren können und aus dem Stromnetz betankt werden können.

Fahrzeugtypen wiederum komplizierter geworden. Zudem können „Credits" für die Produktion von anrechenbaren Fahrzeugen zwischen den Fahrzeugherstellern gehandelt werden, was der Autoindustrie bei der Erfüllung der ZEV-Quote eine gewisse Flexibilität einräumt.

Zur Festlegung der ZEV-Quoten für die einzelnen Jahre nutzte CARB entsprechend dem Grundgedanken des Global Warming Solutions Acts einen Backcasting-Ansatz; d. h. es wurde von den kalifornischen Treibhausgasminderungszielen ausgegangen und die ZEV-Quoten wurden so berechnet, dass die Ziele erreicht werden können (unter Berücksichtigung geplanter Maßnahmen in anderen Sektoren). Dies stellt einen wesentlichen Streitpunkt mit der Automobilindustrie dar, die mit den ab 2018 erlassenen Zielwerten daher nicht einverstanden ist und sie aufzuweichen versucht (Jöhrens 2013b). Ob es hier abermals zu juristischen Auseinandersetzungen kommt, ist derzeit allerdings unklar. Das CARB sieht die Ableitung der Werte hingegen als Teil einer „pretty coherent overarching policy" (Jöhrens 2013a), zu der bspw. auch Maßnahmen zur Reduktion der Treibhausgasemissionen bei der Strom- und Kraftstoffherstellung gehören.

Bezüglich der aktuellen kalifornischen Pkw-Gesetzgebung lässt sich also folgender Stand festhalten:

- Das ZEV-Mandat, das sich ursprünglich nur auf reine Batteriefahrzeuge bezog, ist heute ein sehr komplexes Regelwerk, das verschiedene Pakete von Umwelttechnologien im Fahrzeug berücksichtigt.
- Das wachsende Bewusstsein für den Klimawandel, technologischer Fortschritt in anderen Sektoren und staatliche Konjunkturprogramme in der Wirtschaftskrise haben sich positiv auf den technischen Fortschritt bei alternativen Antrieben und somit auch auf die Durchsetzbarkeit der TF-Maßnahmen ausgewirkt.
- Dennoch bleibt das Setzen von Standards, die radikale Innovationen erfordern, weiterhin kontrovers und wird von der Industrie angefochten.
- Die TF-Maßnahmen sind in eine kohärente sektorenübergreifende Umweltpolitik eingebettet, die in der Bevölkerung breite Akzeptanz genießt. Die gesetzten Technologieziele für Pkw sind in nachvollziehbarer Weise aus den übergeordneten Umweltzielen abgeleitet.

2.3 Markt für alternative Antriebe in den USA

Auch auf Seiten der Nachfrage unterliegt der Markt für Elektrofahrzeuge in den USA und insbesondere in Kalifornien wichtigen staatlichen Einflüssen. Da diese allerdings nicht den Fokus dieses Beitrags darstellen, können sie hier nur kurz erwähnt werden:

- *fiskalische Anreize*: Je nach Batteriegröße können bis zu 7500 $ von der Steuerschuld des Fahrzeugkäufers abgezogen werden.[10] Die einzelnen Bundesstaa-

---

[10] Diese Regelung begann im Jahr 2010 und ist auf 200.000 Fahrzeuge pro Hersteller begrenzt. siehe http://www.irs.gov/Businesses/Plug-In-Electric-Vehicle-Credit-%28IRC-30-and-IRC-30D%29.

ten gewähren oftmals zusätzliche Zuschüsse, in Kalifornien derzeit 2500 $. Viele Experten halten diese Förderung für den wesentlichen Faktor in dieser frühen Phase der Markteinführung.
- *nicht-monetäre Anreize*: v. a. Aufhebung der Nutzungsbeschränkung von Carpool-Spuren für Elektrofahrzeuge, freie Parkplätze.
- *Informationskampagnen*, z. B. auf der Informationsseite der EPA zu Energieeffizienz bei Pkw.[11]

Der Verkauf von signifikanten Mengen an Elektrofahrzeugen begann in den USA mit Beginn des Jahres 2011; zu diesem Zeitpunkt wurden mit dem Nissan Leaf (batteriebetrieben) und dem Chevrolet Volt (PHEV) die zwei derzeit beliebtesten Modelle auf den Markt gebracht. Nach zögerlichem Beginn haben die Verkaufszahlen seitdem deutlich angezogen; insgesamt wurden (Stand Juni 2014) bisher etwa 220.000 Elektrofahrzeuge (BEV und PHEV) in den USA verkauft. Ihr Marktanteil liegt aktuell bei ca. 0,8 %, bzw. 0.35 % reine Batteriefahrzeuge. Kalifornien stellt dabei den größten Markt mit etwa 1,4 % Marktanteil der Elektrofahrzeuge im Jahr 2013 dar (vgl. Shahan 2014). Der Marktanteil der reinen Batteriefahrzeuge in Kalifornien (die auf den ZEV floor angerechnet werden können) dürfte sich damit insgesamt in der Größenordnung des für die Periode 2012–2014 geforderten ZEV floors von 0,79 % bewegen. Die Berechnung der ZEV-Credits für die einzelnen Fahrzeuge ist allerdings komplex und hängt außer von technischen Eigenschaften wie der elektrischen Reichweite auch vom Einsatzszenario der Fahrzeuge ab, weshalb die geforderte Quote nicht notwendigerweise auch dem realen Anteil der Fahrzeuge an der Neuwagenflotte entspricht.[12]

Aufgrund der Vielfalt an regulatorischen und sonstigen Einflussfaktoren ist es kaum möglich, zwischen der Marktentwicklung und dem in Kalifornien praktizierten Technology Forcing einen direkten Zusammenhang herzustellen. Aussagekräftiger ist es, vor dem Hintergrund der Regulierung die F&E-Aktivitäten der Autohersteller und Zulieferer zu beleuchten, die sich zum Beispiel in Gestalt der Anzahl an Patenten auf bestimmte Arten von Technologien quantifizieren lassen. Für die Abgasregulierung wurden solche Untersuchungen bereits durchgeführt (vgl. Lee et al. 2011), mit dem Ergebnis, dass es einen systematischen Zusammenhang zwischen dem Anspruch der Vorgaben und den Entwicklungserfolgen der Hersteller gibt. Für den Fall der ZEV-Regulierung kommen Untersuchungen bezüglich der ersten Regulierungsphase zu einem umgekehrten Schluss: der Anspruch der Vorgaben war dermaßen hoch, dass er sein Ziel einer beschleunigten Entwicklungsaktivität in der Industrie verfehlte und stattdessen deren Widerstand gegen die Regulierung forcierte (vgl. Pilkington und Dyerson 2006). Für die Neuauflage des ZEV-Mandats ab 2009 liegen hier bisher jedoch noch keine Untersuchungen vor.

---

[11] www.fueleconomy.gov.

[12] Beispielsweise werden solche Fahrzeuge mit einem höheren Faktor auf die Quote angerechnet, die in Transportsystemen eingesetzt werden, wie z. B. im CarSharing-Betrieb.

Die kalifornische Firma Tesla spielt auf dem Emobil-Markt derzeit eine besondere Rolle. Sie produziert ausschließlich batterieelektrische Fahrzeuge und dominiert nach rasantem Wachstum in den vergangenen Jahren mittlerweile das Premiumsegment der Elektrofahrzeuge.[13] Sie ist weitgehend vertikal integriert und erbringt daher einen großen Teil ihrer Wertschöpfung in Kalifornien, während die etablierten Autohersteller so gut wie gar nicht in Kalifornien produzieren. Tesla stellt daher aus kalifornischer Sicht auch ein gewichtiges wirtschaftliches Argument für ambitionierte ZEV-Ziele dar. Da Tesla keine konventionellen Fahrzeuge baut, hat das Unternehmen stets einen großen Überschuss an ZEV-Credits, die in der Vergangenheit in der Regel gewinnbringend an andere Hersteller verkauft werden konnten. Auf diese Weise wirkte das ZEV-Mandat indirekt als Subvention für die Nullemissionstechnologie. Es bleibt abzuwarten, ob ein Überangebot an ZEV-Credits durch spezialisierte Firmen wie Tesla die Entwicklungsbemühungen bei den etablierten Autoherstellern abschwächt. Im ungünstigen Fall findet eine Aufteilung des Marktes statt, die dazu führen könnte, dass einige etablierte Hersteller in der herkömmlichen Technologie „gefangen" bleiben und eine breite Technologieumstellung somit auf lange Sicht gefährdet wird.

Doch auch bezüglich der Elektrofahrzeuge, die von den großen Autoherstellern auf den Markt gebracht werden, bleiben im Hinblick auf den angestrebten Technologiebruch Fragezeichen. Bei einigen dieser Fahrzeuge gibt es starke Indizien, dass sie von den Herstellern vornehmlich zur Erreichung der ZEV-Quote konzipiert wurden und die Konzernstrategie über diese Notwendigkeit hinaus für die Fahrzeuge keine weitere Verbreitung vorsieht. Solche Fahrzeuge werden gemeinhin „Compliance Cars" genannt; folgende Merkmale sind für diese Fahrzeuge typisch:

- Sie werden ausschließlich in Kalifornien und denjenigen Staaten verkauft, die das ZEV-Mandat übernommen haben (derzeit Connecticut, Maryland, Massachusetts, New York, Rhode Island, Oregon und Vermont)
- Sie werden in sehr kleinen Stückzahlen produziert und sind oftmals selbst in den teilnehmenden Bundesstaaten schwer zu bekommen.
- Sie verfügen über ein sehr dünnes Netz von autorisierten Werkstätten, was im Servicefall zum ernsten Problem werden kann
- Es handelt sich um einfache Anpassungen konventioneller Fahrzeuge, bei denen allein der Antriebsstrang ausgetauscht wurde.
- Man kann sie nicht kaufen, sondern ausschließlich leasen
- Sie werden nur für Fahrzeugflotten angeboten.

---

[13] Als reiner Elektrofahrzeug-Hersteller unterscheidet sich Tesla erheblich von den traditionellen Automobilherstellern. Nach dem weltweiten Erfolg seiner Premium-Limousine „Model S" hat das Unternehmen für die kommenden Jahre mehrere neue elektrische Modelle angekündigt, dann auch im mittleren Preissegment. Entscheidend für den Erfolg könnte allerdings Teslas aggressive Infrastrukturstrategie sein: Durch den Ausbau eines dichten Netzes an Schnellladestationen macht Tesla nicht nur etablierten Herstellern, sondern auch Energieanbietern und bestehenden Kooperationen zwischen beiden Akteuren Konkurrenz.

- Der Hersteller kommuniziert öffentlich, dass diese Fahrzeuge für ihn ein Verlustgeschäft bedeuten und er nicht gedenkt, sie in größeren Mengen abzusetzen.

Dies muss allerdings nicht zwangsläufig an Innovationsresistenz der betreffenden Hersteller liegen, sondern kann auch Ausdruck einer anderen Strategie in Bezug auf alternative Antriebe sein. Toyota kommuniziert beispielsweise bereits seit längerem, dass es im rein batterieelektrischen Antrieb keine Zukunft sieht, sondern auf die Brennstoffzelle setzt. Im Jahr 2015 möchte die Firma das erste Brennstoffzellen-Serienfahrzeug auf den Markt bringen (vgl. Greimel 2014). Der Antriebsstrang des von Toyota angebotenen Elektrofahrzeugs RAV4 EV wurde konsequenterweise auch nicht von Toyota selbst, sondern von Tesla entwickelt. General Motors wiederum setzt in seiner Strategie stark auf Plug-in-Hybridfahrzeuge wie den Chevy Volt, während der Chevy Spark EV, ein rein batterieelektrisches Fahrzeug, nach den oben genannten Kriterien eher ein Compliance Car darstellt. Um zukünftig die benötigten ZEV-Credits ausschließlich aus den Verkäufen von PHEV generieren zu können, arbeitet GM derzeit nach eigenen Angaben darauf hin, die Berechnungsvorschrift im ZEV-Mandat so zu ändern, dass nicht die Fahrzeugtechnologie als solche, sondern der Anteil der rein elektrisch gefahrenen Strecke zugrunde gelegt wird.

2.4 Charakteristika und wichtige Treiber der kalifornischen Gesetzgebung

Im Folgenden fassen wir einige wichtige Merkmale des kalifornischen Ansatzes des Technology Forcings zusammen, die die aktuelle Situation kennzeichnen:

Während in den Anfängen des ZEV-Mandats die Diskussion zum großen Teil durch die Luftqualitätsprobleme bestimmt war, haben mittlerweile auch drei weitere Aspekte als *Treiber* große Bedeutung erhalten. Zum einen die Reduktion der Treibhausgasemissionen, die gleichzeitig formal gesehen die wesentliche Legitimation bietet (Global Warming Solutions Act), auf deren Grundlage CARB regulativ tätig ist. Zum zweiten die Unabhängigkeit vom Öl, die eher eine strategische Erwägung darstellt und deshalb gerade auch für eher politisch konservative Interessensgruppen eine wesentliche Rolle spielt. Schließlich sind auch die Chancen für die kalifornische Volkswirtschaft durch die Entwicklung und Produktion alternativer Antriebe wichtig, gerade weil Innovationskraft und der Mythos des „Silicon Valley" mittlerweile eng mit dem kalifornischen Selbstverständnis verknüpft sind. Die kometenhafte Entwicklung der Firma Tesla trägt derzeit ihren Teil dazu bei.

Die *Voraussetzungen* für ambitionierte Elektromobilitätsziele sind in Kalifornien günstig: Kaliforniens Automarkt macht etwa ein Fünftel des Volumens des gesamten US-Markts aus; es hängen aber nur wenige kalifornische Jobs von der klassischen Autoindustrie ab. Der kalifornische Strommix ist durch einen hohen Anteil von Wasserkraft relativ CO_2-arm. Der zusätzliche Strombedarf durch die Einführung von Elektromobilität würde nach aktuellen Studien im Wesentlichen durch Gaskraftwerke im Kraft-Wärme-Kopplungsbetrieb bereitgestellt, wodurch sich in der Gesamtbetrachtung well-to-wheel[14] die Treibhausgasemissionen beim Ersatz eines konventionellen durch ein Elektrofahrzeug deutlich vermindern lassen. Die staatlichen Aktivitäten bei der Elektromobilität adressieren zudem auch mit vielen einzelnen Maßnahmen bestehende Hürden auf Kundenseite (Governor's Interagency Working Group on Zero-emission Vehicles 2013). Schließlich gibt es eine relativ starke Gruppe von „early adopters", die bereits während der ersten Phase des ZEV-Mandats Elektromobilität real erleben konnten und das Thema von Kundenseite daher politisch vorantreiben (z. B. die Organisation *Plug In America*).

2.5 Zwischenfazit

Rückblickend weist die Geschichte des ZEV-Mandats in Kalifornien viele Anpassungen der Regulierung auf, die sowohl qualitativer wie auch quantitativer Natur waren. Von regulatorischer Kontinuität kann daher nur eingeschränkt gesprochen werden. Zum Teil waren diese Änderungen der fortschreitenden technologischen Entwicklung geschuldet (Integration von Brennstoffzellenfahrzeugen bzw. Hybrid- und Gasfahrzeugen in die Regulierung). Daran zeigt sich eine potentielle Schwachstelle technologiespezifischer Regulierung: Das Aufkommen neuer Technologien bzw. unterschiedlich starke Fortschritte bei existierenden Technologien bieten tendenziell Angriffsfläche für politischen Druck auf die geltende Regulierung. Längerfristig können häufige Änderungen auch das Vertrauen in ein Regulierungsregime untergraben.

Während das kalifornische Technology Forcing sich definitiv positiv auf die Entwicklung neuer Unternehmen im Bereich der alternativen Antriebe ausgewirkt hat (Beispiel Tesla), ist die Wirkung auf die Strategie der etablierten Autohersteller noch nicht eindeutig zu beurteilen. Vieles spricht dafür, dass einige Unternehmen einen raschen Markthochlauf von Elektrofahrzeugen nicht als strategisches Ziel sehen. Dazu gehört sowohl die Erfüllung der ZEV-Quote mittels „Compliance Cars" als auch die Tatsache, dass über die Quoten für die Zeit nach 2017 eine heftige Auseinandersetzung im Gange ist.

3 Fallstudie 2: CO_2-Gesetzgebung für Pkw in der EU

3.1 Rückblick: Die freiwillige Selbstverpflichtung der Automobilindustrie

Im Jahr 1992 wurden in der EU kilometerbasierte Grenzwerte für Abgasemissionen von Pkw festgelegt[15] und seitdem stufenweise verschärft; ab September 2014 gilt der Euro-6-Standard für alle neuen Pkw. Die Frage, ob es auch für die Energie-

---

[14]unter Einbeziehung des Fahrzeugbetriebs sowie der Energiebereitstellung.
[15]Richtlinie 91/441/EWG („Euro 1").

effizienz von Pkw und damit für den CO_2-Ausstoß der Fahrzeuge verpflichtende Standards geben sollte, wurde in Europa erst seit der Mitte der 1990er diskutiert. Nicht zuletzt angesichts der Erfahrungen, die die amerikanische Automobilindustrie mit der Regulierung in Kalifornien gemacht hatte (das Gesetz zur Festschreibung der Quoten von Nullemissionsfahrzeugen war dort seit 1990 in Kraft), versuchten die europäischen Hersteller von Beginn an, das Setzen restriktiver Standards zu vermeiden. Treibende Kraft war hier vor allem die deutsche Automobilindustrie, die aufgrund ihrer starken Präsenz in den oberen Fahrzeugsegmenten argumentierte, von einer Regulierung am stärksten betroffen zu sein. Im Jahr 1998 einigte sich die Vereinigung der europäischen Automobilhersteller (ACEA[16]) mit der Europäischen Kommission darauf, dass es anstatt von verbindlichen und sanktionierten Grenzwerten eine freiwillige Selbstverpflichtung der Hersteller geben sollte. Sie sah vor, die durchschnittlichen Emissionen aller Neufahrzeuge über einen Zeitraum von 10 Jahren, also bis zum Jahr 2008, auf 140 g/km zu senken. Dies sollte über individuelle Ziele ermöglicht werden, die den unterschiedlichen Produktstrategien und Emissionsdurchschnitten der Premium- und Volumenhersteller Rechnung tragen sollten. Die Automobilindustrie bekam so die Möglichkeit, während dieser Zeit weitere technische und politische Entwicklungen zu antizipieren.

Mehrere Faktoren trugen zu dieser Entscheidung bei: Erstens war das Instrument der freiwilligen Selbstverpflichtung Teil eines neuen Politikstils, der mit der Entwicklung hin zu „Governance" in der Europäischen Industriepolitik in den 1990er-Jahren Einzug gehalten hatte (vgl. Lenschow und Rottmann 2005). Anfang der 2000er zogen andere Sektoren wie die IT-, Kommunikations- und Elektronikindustrie in Bezug auf energieeffiziente Elektrogeräte nach. Im 2001 veröffentlichten *White Paper on Governance* argumentiert die EU Kommission explizit dafür, kooperative Regulierung und freiwillige Selbstvereinbarungen als Regulierungsinstrument zu stärken (vgl. Europäische Kommission 2001: 12).

Zweitens diente die in Deutschland zwischen dem Verband der deutschen Automobilhersteller (VDA) und der Bundesregierung 1995 getroffene Vereinbarung über Emissionsgrenzen als Vorbild. Sie sah vor, „den durchschnittlichen Kraftstoffverbrauch der von [der deutschen Automobilindustrie] hergestellten und in Deutschland abgesetzten Pkw/Kombi allein bis zum Jahr 2005 um nochmals 25 Prozent, gemessen am Stand des Jahres 1990 zu verringern" (VDA 1995: 4). Dieses Ziel wurde durch die freiwillige Selbstverpflichtung mit 3 Jahren Verschiebung letztlich auf EU-Ebene übertragen.

---

[16]Die Association des Constructeurs d'Automobiles Européens vertritt alle Europäischen Fahrzeughersteller. Wie in einer Evaluierung der frw. Selbstvereinbarung der Hersteller 2003 präzisiert (vgl. European Federation for Transport and Environment, 2000), waren zur Zeit des Abschlusses der Vereinbarung folgende Unternehmen Mitglied: BMW AG, Daimler-Benz AG, Fiat Auto S.p. A., Ford of Europe Inc, General Motors Europe AG, F. Porsche AG, PSA Peugeot Citroën, Renault SA und Volkswagen AG. Diese Unternehmen schließen auch die Marken Audi, Opel; Rover; Saab, Seat, Skoda und Volvo ein.

Drittens ist der Einfluss der Automobilindustrie auf die Europäischen Entscheidungsprozesse in den 1990ern nicht zu unterschätzen, während auf der anderen Seite Stakeholder aus dem Umwelt-, Konsumenten- und Arbeitnehmerbereich sehr schwach vertreten waren. Der Industrie kam dabei weiterhin entgegen, dass die Kommission in den Ressorts Umwelt und Industrie keine einheitliche Position vertrat. So war es möglich, dass der Interessenausgleich zwischen den Herstellern allein durch den Branchenverband ACEA durchgeführt wurde, dessen Kompromissvorschlag die EU-Kommission faktisch anerkannte (vgl. Europäische Kommission 1999).[17]

Ein allmähliches Aufbrechen dieses Machtgefälles lässt sich seit der Jahrtausendwende beobachten (vgl. Sternkopf und Nowack in Kap. IV.3 dieses Bandes). Wichtiger Hebel war dabei – scheinbar paradoxerweise – die freiwillige Selbstvereinbarung. Das EU-Parlament, das dem Kompromiss kritisch gegenüberstand, hatte seine Zustimmung an die Bedingung geknüpft, ab dem Jahr 2000 einen sogenannten „Monitoring-Prozess" einzuführen: Die ACEA musste dem Europäischen Parlament jährlich Bericht über die Fortschritte bei der Emissionsminderung erstatten.[18] Die dabei erhobenen Daten mussten zunächst von der ACEA selbst bezogen werden, konnten aber ab 2003 unabhängig durch die europäische Umweltagentur erhoben werden. So stand nach wenigen Jahren ein Datensatz zur Verfügung, der einen Vergleich der einzelnen Hersteller in Bezug auf ihre Erfolge bei der Emissionsminderung ermöglichte.[19]

Dies ermöglichte insbesondere Umweltverbänden, sich als politische Akteure im Netzwerk der Entscheidungsträger zu etablieren. Ein Beispiel hierfür ist der Umweltverband *Transport&Environment*, der seit dem Jahr 2006 in jährlichen Berichten die Fortschritte der einzelnen Hersteller kritisch analysierte. Dieses öffentliche Ranking machte Umweltperformance zunehmend zum Wettbewerbsfaktor. Die Berichte fanden viel Aufmerksamkeit und trugen dazu bei, dass sich der Druck auf die EU-Administration verstärkte, nach einer neuen Lösung zu suchen. Bereits 2006/2007 wurde deutlich, dass der angestrebte Zielwert von 140 g/km für das Jahr 2008 nicht mehr einzuhalten war; tatsächlich lagen die durchschnittlichen Emissionen für dieses Jahr bei 154 g/km (vgl. European Federation for Transport and Environment 2009).

3.2 Flottengrenzwerte für die Jahre 2012–2015

Auf dieser Grundlage konnte die EU Kommission im Jahr 2009 schließlich eine verbindliche Gesetzgebung durchsetzen, die für das Jahr 2015 einen verbindlichen

---

[17]Dies erforderte eine beachtliche Koordinationsleistung zwischen den französischen und italienischen Herstellern auf der einen Seite, die vor allem Kleinwagen mit relativ geringen CO_2-Emissionen produzieren, und den deutschen Herstellern andererseits.

[18]Entscheidung 1753/2000/EC.

[19]Auf diese Weise wurden Daten veröffentlicht, die bislang unter dem ‚Schutz' der freiwilligen Selbstverpflichtung nicht-öffentlich zugänglich waren. Dies hatten sich die Autohersteller bei den Verhandlungen 1998 ausbedungen.

Durchschnittswert von 130 g/km und für den Fall der Nichterreichung Strafzahlungen festlegte (vgl. EU 2009).[20] Den (vor allem deutschen) Herstellern mit Schwerpunkt im Premiumsegment wurde dabei entgegengekommen, indem der von den einzelnen Herstellern zu erreichende Grenzwert in Abhängigkeit ihres durchschnittlichen Fahrzeuggewichts berechnet wurde; schwere Fahrzeuge dürfen somit mehr CO_2 emittieren. Des Weiteren gilt bis zum Jahr 2018 für die ersten 3 Gramm CO_2 über dem vereinbarten Grenzwert eine deutlich mildere Sanktionierung.[21] Ein weiteres Zugeständnis an die Autohersteller bestand in der schrittweisen Einführung der Grenzwerte: Beginnend im Jahr 2012 mussten zunächst nur bestimmte Anteile der Neuwagenflotten den Grenzwert einhalten („Phase-in"), bis er ab dem Jahr 2015 für die gesamte Flotte gilt.[22]

In Bezug auf alternative Antriebe stellt die Verordnung einleitend Folgendes fest: „The development of innovative propulsion technologies should particularly be promoted, as they result in significantly lower emissions than traditional passenger cars" (EU 2009: 2). Umgesetzt wird dies insbesondere durch folgende Aspekte der Verordnung:

- Die Verordnung bezieht sich ausschließlich auf die *Auspuffemissionen*. Der Betrieb von Fahrzeugen mit Strom aus dem Netz wird somit im Rahmen der Verordnung als CO_2-frei angesehen, auch wenn die Stromerzeugung in der Regel mit CO_2-Emissionen verbunden ist.
- *Bonus für alternative Antriebe („Supercredits")*: Pkw mit spezifischen CO_2-Emissionen von weniger als 50 g CO_2/km wurden seit dem Jahr 2012 mit einem Faktor von 3,5 auf den Flottendurchschnittswert angerechnet. Dieser Bonus wird bis zum Jahr 2016 schrittweise wieder aufgehoben; im Rahmen der neuen Verordnung für die Grenzwerte ab 2021 wird aber eine ähnliche Regelung wieder eingeführt (vgl. EU 2014).
- *Öko-Innovationen*: Auf Antrag eines Zulieferers oder Herstellers kann eine Anrechnung von bis zu 7 g auf den Grenzwert durch von der Kommission zu genehmigende „innovative Technologien" erfolgen. Dabei handelt es sich vor allem um Maßnahmen zur Verringerung des Nebenverbrauchs, die im aktuellen Typgenehmigungsverfahren keinen Effekt haben, weil sämtliche Nebenverbrau-

---

[20]Leichte Nutzfahrzeuge, d. h. Kraftfahrzuge zum Transport von Gütern und Personen bis zu 3,5 t, waren erst ab 2011 Gegenstand der Regulierung (vgl. EU 510/2011). Hier galt ab 2011 ein Ziel von 175 g/km für 2017; das in den Verhandlungen 2013 auf 147 g/CO2 im Jahr 2020 fortgeschrieben wurde (s. u.). Im folgenden Text wird nur auf die Regulierung für Hersteller mit mehr als 300.000 Fahrzeugen jährlichem Absatz in der EU eingegangen. Für Hersteller mit geringerem Absatz gelten etwas andere Regeln.

[21]Von 2012 bis 2018 gilt für die ersten 3 g Überschreitung eine abgestufte Strafhöhe, bei einer Überschreitung von 0 bis 1 g/km fallen pro g/km 5 €/g, bei 1 bis 2 g/m 15 €/g und bei 2 bis 3 g/km 25 €/g an. Liegt die Überschreitung über 3 g/km, dann fallen 95 €/g an. Ab 2019 gilt dann der volle Satz von 95 €/g pro gCO2/km Überschreitung.

[22]Im Jahr 2012 sollten nur 65 % aller neu zugelassenen Pkw unter die Regulierung fallen; 75 % im Jahr 2013, 80 % im Jahr 2014. Erst im Jahr 2015 wird die Regulierung für alle neu zugelassenen Pkw gelten.

cher (z. B. Licht, Heizung, Klimaanlage) bei den Tests abgeschaltet sind. Aus Sicht der Politik soll der Mechanismus der Öko-Innovationen bei den Herstellern Anreize setzen, auch die Energieeffizienz der Nebenverbraucher zu optimieren, anstatt die Effizienz einseitig auf den Prüfzyklus zu optimieren.

Die „Supercredits" stellen eine (implizit) technologiespezifische Komponente in der ansonsten weitgehend technologieneutralen CO_2-Gesetzgebung dar: Solch niedrige Emissionen sind mit Verbrennungsmotoren mittelfristig nicht erreichbar, sondern nur mit (teil-)elektrifizierten Antrieben. Für die 2015er Grenzwerte wird diese Komponente jedoch aller Voraussicht nach nur eine geringe Rolle spielen, da der Marktanteil elektrischer Antriebe noch sehr gering ist. Nach aktuellem Stand werden dennoch alle großen Hersteller ihre Flottenzielwerte für das Jahr 2015 erreichen (siehe Abb. 1).[23] Die Reduktionen wurden hauptsächlich durch Effizienzsteigerungen der Verbrennungsmotoren sowie durch Hybridisierung, insbesondere im Premiumsegment, erreicht. Zudem gelang es den Herstellern, die Antriebe in zunehmendem Maße auf den *Neuen Europäischen Fahrzyklus* (NEFZ) zu optimieren, der bei der Typgenehmigung durchlaufen wird (sog. „Cycle-Beating"). Der Rückgang der Emissionen im realen Betrieb fiel daher deutlich schwächer aus (vgl. ICCT 2012).[24]

3.3 Grenzwertgesetzgebung ab dem Jahr 2020

Bei der Fortführung der Grenzwertgesetzgebung nach dem Jahr 2015 könnten sich die genannten Aspekte ändern. Im Frühjahr 2014 beschlossen Europäischer Rat und Parlament die Richtlinie zur Weiterentwicklung der Grenzwertgesetzgebung, die für das Jahr 2021 durchschnittliche Emissionen von 95 g CO_2/km vorsieht und im Jahr 2020 mit einem Phase-in beginnt (vgl. EU 2014).[25] Die Supercredits werden wieder eingeführt, und zwar mit einem Faktor 2 im Jahr 2020 für Fahrzeuge unter 50 g CO_2/km, der bis zum Jahr 2023 linear abgeschmolzen wird. Durch Supercredits dürfen bis zu 7,5 g/km an Zielverfehlung kompensiert werden. Bei einem

---

[23]Einige Hersteller werden ihre Verpflichtungen voraussichtlich übererfüllen (ICCT 2014b: 6), so z B. der PSA-Konzern sowie Toyota, der als einziger Hersteller derzeit Hybridantriebe auch im unteren Segment zu wettbewerbsfähigen Kosten anbietet. Von Umweltverbänden werden diese Übererfüllungen als Indiz gesehen, dass die Automobilindustrie auch anspruchsvollere Standards erreichen könnte.

[24]Bei der Grenzwertregulierung muss generell berücksichtigt werden, dass der Realverbrauch um bis zu 40 % vom Normverbrauch abweichen kann (vgl. ICCT 2012). Dieses Problem wird mit der Einführung der „Worldwide harmonized Light vehicles Test Procedures" (WLTP) aufgegriffen, die u. a. einen realitätsnäheren Prüfzyklus definieren. Die Umsetzungsmodalitäten und insbesondere die Berücksichtigung bei der Grenzwertgesetzgebung sind derzeit allerdings noch in Diskussion, und so bleibt fraglich, ob das WLTP dazu beitragen kann, der Grenzwertgesetzgebung künftig realitätsnähere Emissionswerte zugrunde zu legen.

[25]Das Europäische Parlament hatte auch die Aufnahme eines Zielwerts für das Jahr 2025 in die Verordnung gefordert. Die Entscheidung darüber wurde jedoch auf die nächste Verhandlungsrunde vertagt.

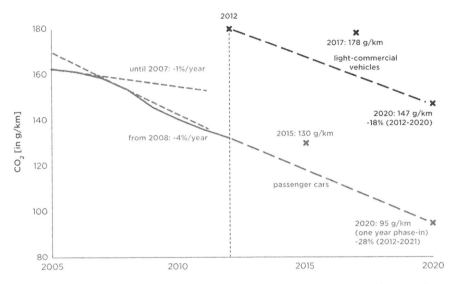

Abb. 1 Entwicklung der durchschnittlichen CO_2-Emissionen der europäischen Neuwagenflotte und gesetzliche Ziele (Graphik entnommen aus (ICCT 2014b: 7))

Markthochlauf von Elektrofahrzeugen entsprechend dem aktuellen mittleren Szenario im Auftrag der *Nationalen Plattform Elektromobilität* (NPE) wäre im Jahr 2020 mit etwa 130.000 Neuzulassungen dieser Fahrzeuge zu rechnen (vgl. Fraunhofer ISI 2013: 121), was etwa 4,5 % der gesamten deutschen Neuzulassungen ausmacht. Damit erscheint es zumindest für den deutschen Markt realistisch, dass die Erleichterung des Zielwerts um 7,5 g/km auch ausgeschöpft wird.

Die Grenzwerte für die Jahre ab 2020 stellen demnach starke Anreize für die Hersteller dar, alternative Antriebe in den Massenmarkt einzuführen. Die Vehemenz, mit der insbesondere deutsche Hersteller auf eine Ausweitung der Supercredits gedrungen haben (vgl. Krust 2013), lässt den Schluss zu, dass Entwicklung und Verkauf von Elektrofahrzeugen mittlerweile nicht mehr ausschließlich als Marketing- und Imagemaßnahme zu verstehen sind, sondern fester Bestandteil ihrer längerfristigen Strategie geworden sind. Dies zeigt sich auch an den Fahrzeugen, die seit 2013 auf den Markt gekommen sind: Beim e-up! von Volkswagen wurde der elektrische Antrieb bereits zu einem frühen Entwicklungszeitpunkt mit berücksichtigt, BMW hat beim i3 unter eigener Marke sogar ein komplett neues Fahrzeugkonzept entwickelt. Unabhängig von den Verkaufszahlen der Elektrofahrzeuge in Europa lässt sich demnach festhalten, dass die jüngste europäische Grenzwertgesetzgebung ein wichtiges Ziel des Technology Forcing, nämlich die Integration neuer Technologien in die Herstellerstrategien, zumindest unterstützt hat.

Die technologiespezifischen Regelungen, insbesondere die Supercredits, stellen aus Sicht von Kritikern (insbesondere Umweltverbänden) allerdings eine Aufweichung der Grenzwertgesetzgebung dar, da sie alle dazu führen, dass der faktisch einzuhaltende Durchschnittswert über dem offiziell kommunizierten Wert liegt. Insbesondere wird argumentiert, dass hierdurch die Anreize zur Effizienzsteigerung konventioneller Fahrzeuge vermindert werden, die mittelfristig weiterhin den Markt dominieren werden. Zudem wurde gefordert, nicht nur den starken Absatz alternativer Antriebe zu honorieren, sondern auch einen geringen Absatz dieser Fahrzeuge mit einer Absenkung des zu erreichenden Zielwerts zu bestrafen und somit ein Bonus-Malus-System zu schaffen.[26] Dieser Ansatz, der einen wesentlichen Schritt in Richtung des Technology Forcings nach kalifornischem Modell bedeutet hätte, wurde allerdings nicht in die Richtlinie übernommen.

Dagegen argumentieren die Autohersteller mit Mehrkosten in Milliardenhöhe, die den Herstellern durch die ab 2020 gültige Regulierung entstünden. Dieses Verhalten erinnert an die Verhandlungspraxis der Hersteller während der freiwilligen Selbstverpflichtung, wenn etwa der BMW-Chef Norbert Reithofer sich öffentlich beklagt, dass die Interessen der Automobilindustrie bei der EU-Kommission kein Gehör fänden.[27]

3.4 Flankierende Maßnahmen zur Förderung alternativer Antriebe

Neben der ordnungspolitischen Ebene hat die Europäische Union die Entwicklung alternativer Antriebe auch durch ihre Förderpolitik zu beschleunigen versucht, insbesondere im Kontext der weltweiten Wirtschaftskrise seit 2008, von der die Autohersteller stark betroffen waren. Die Förderung steht jedoch auch in der Kritik, da es zum Teil an Abstimmung zwischen den einzelnen Programmen (Zubaryeva und Thiel 2013; Hildermeier 2014) sowie an einer übergeordneten Vorstellung fehlt, welchen Beitrag man sich von Elektromobilität zum Umweltschutz verspricht und welche Rolle Elektromobilität in zukünftigen Verkehrssystemen spielen kann (vgl. Canzler und Knie 2011: 8).[28] Elektromobilität wird oft ausschließlich als Technologie („Austausch des Antriebs") begriffen, während Implikationen auf das Nutzerverhalten und entsprechende (ordnungs-)rechtliche Konsequenzen noch zu wenig Beachtung finden.

Anders als in den USA gibt es in der EU keine gemeinsame Politik bezüglich der fiskalischen Förderung von alternativen Antrieben auf Nutzerseite. Einzelne Staaten gewähren hohe Zuschüsse beim Kauf von Elektrofahrzeugen bzw. haben wirkungsvolle Steuerprivilegien für solche Fahrzeuge eingeführt (vgl. ICCT 2014a).[29] Die aktuelle Marktentwicklung bei den alternativen Antrieben ist in erster Linie vor dem Hintergrund dieser Förderung zu sehen, so dass hieraus zum jetzigen

---

[26]Dieser Vorschlag stammt von der Berichterstatterin des europäischen Parlaments, Fiona Hall (vgl. Hall 2013: 32 f.).

[27]Norbert Reithofer in der Automobilwoche vom 29. Mai 2014, URL: http://www.automobilwoche.de/apps/pbcs.dll/article?AID=/20140529/NACHRICHTEN/140529914/co2-vorgaben-ohne-absprache-mit-unternehmen#.U75gXvl_sU8.

[28]vgl. hierzu Kalifornien, wo die ZEV-Quote nachvollziehbar aus den Klimazielen des Staates abgeleitet wird.

[29]In den Niederlanden summieren sich diese Privilegien bspw. auf fast 75 % des Fahrzeugpreises.

Zeitpunkt keine Schlüsse in Bezug auf die Effektivität der ordnungspolitischen Maßnahmen bei der Förderung alternativer Antriebe gezogen werden können. Zudem spielen nicht-monetäre Anreize teilweise eine erhebliche Rolle; so ist es Elektrofahrzeugen in Oslo beispielsweise erlaubt, Busspuren zu nutzen, was insbesondere Berufspendlern aufgrund der angespannten Verkehrssituation zugutekommt (vgl. Myklebust 2013). Vor diesem Hintergrund ist der Anteil der Elektrofahrzeuge an den Neuzulassungen im Jahr 2013 in Norwegen und den Niederlanden auf über 5 % gestiegen, während er in den großen Märkten bei unter einem Prozent liegt.

3.5 Zwischenfazit

Zusammenfassend ist festzustellen, dass sich mit der Einführung verbindlicher Flottengrenzwerte auf europäischer Ebene ein stark institutionalisierter Politikprozess unter Federführung der Europäischen Kommission etabliert hat, bei dem folgende Stufen durchlaufen werden:

- Vorschlag ambitionierter Zielwerte für einen Zeitpunkt, der 10–15 Jahre in der Zukunft liegt
- Prüfung dieses Vorschlags durch Studien zur Wirkungsabschätzung im Auftrag der EU-Kommission („Impact Assessments")
- Konsultation der Stakeholder
- Festlegung verbindlicher Zielwerte und Umsetzungsmodalitäten durch Europäischen Rat und Europäisches Parlament.

Insbesondere der erste Schritt wird auch von Kritikern als wichtiger Meilenstein beurteilt, da von ihm eine Symbolwirkung in Richtung einer strikteren Politik ausgeht. Neben den Umweltverbänden insistierte auch die EU Kommission darauf, die vereinbarten Langfristziele aufgrund ihrer stabilisierenden Wirkung beizubehalten. Grenzwerte seien wichtige Signale für die Entwicklung einer Regulierung und dienen dazu, die Strategie-Orientierung für Unternehmen zu steuern, aber auch zu erleichtern (vgl. Europäische Kommission 2012).

Die Faktengrundlage für den Politikprozess ist dabei mittlerweile weitgehend öffentlich einsehbar und ermöglicht auch allen anderen Stakeholdern wie Nichtregierungsorganisationen, sich sachkundig zu positionieren. Dies ist notwendig, da die Diskussion um adäquate Grenzwerte ein hohes Maß an technischer Expertise von allen Beteiligten voraussetzt. Das Ergebnis der freiwilligen Selbstverpflichtung von 1998 sowie das begleitende Monitoring bereiteten insofern den Weg für eine Verlagerung eines wichtigen Teils der Umweltpolitik im Automobilsektor hin zu öffentlichen Kontrollinstanzen.

Die zweite Runde der Grenzwertgesetzgebung (ab 2020) weist im Vergleich zur ersten zunehmend wirksame technologiespezifische Züge auf. Durch die bloße Bevorzugung alternativer Antriebe, ohne Forderung nach bestimmten Absatzanteilen, lässt sie den Herstellern jedoch viel Spielraum bei ihrer technologischen

Strategie. Mit anderen Worten: Die Technologiespezifität wirkt sich mindernd auf die regulatorische Konsequenz aus. Die Frage, ob die Grenzwerte ab 2020 den Einsatz von Elektrofahrzeugen implizieren oder ob sie im Wesentlichen mittels konventioneller Technologie inklusive Hybridisierung erreicht werden können, kann derzeit noch nicht sicher beantwortet werden. In jedem Fall macht es die mehrfache Anrechenbarkeit von besonders emissionsarmen Fahrzeugen für die Hersteller attraktiv, alternative Antriebstechnologien in ihre technologischen Strategien langfristig zu verankern.

Im Vergleich zum Technology-Forcing kalifornischer Prägung lässt die Europäische Fahrzeugregulierung den Herstellern Flexibilität und ein hohes Maß an institutionell kanalisiertem Einfluss bei der Gestaltung der Emissionsgrenzwerte. Insofern ist es bei diesem Vorgehen erforderlich, Regulierungsmaßnahmen stärker auch industriepolitisch zu rechtfertigen, als dies beim kalifornischen Modell der Fall ist. Hierbei müssen zudem die durchaus heterogenen Interessen der einzelnen Autohersteller berücksichtigt werden. Dennoch hat man sich in Europa schließlich auf einen Regulierungspfad geeinigt, der starke Anreize für eine Einführung von elektrischen Antrieben in den Massenmarkt bietet.

4 Schlussbewertung

Anhand eines Vergleichs der ordnungspolitischen Rahmenbedingungen bezüglich emissionsarmer Fahrzeuge und alternativer Antriebstechnologien in Kalifornien und Europa haben wir gefragt, ob Politik Technologiesprünge erzwingen kann. In den Abschn. 2 und 3 haben wir diesbezüglich zwei unterschiedliche ordnungspolitische Instrumente in ihrem jeweiligen Entstehungskontext aufgezeigt. Im Fazit diskutieren wir nun kritisch, inwieweit beide Instrumente ihr jeweiliges Handlungspotential ausschöpfen konnten. Zur Beurteilung dieser Frage stützen wir uns auf zwei Kriterien:

1. die Konsequenz, mit der die im betreffenden Automobilmarkt ansässigen Hersteller Elektrofahrzeuge in ihre Produkt- und Marktstrategie aufnehmen
2. den Einfluss der politischen Instrumente auf die Senkung der Gesamtemissionen der bestehenden und zukünftigen Fahrzeugflotten.

Bezüglich des *ersten Kriteriums* ist für den Erfolg der Instrumente ausschlaggebend, auf welche Weise alternative Antriebe bei der Pkw-Regulierung auf beiden Seiten des Atlantiks adressiert werden, wie die Autohersteller sich dazu positionieren und welche Auswirkungen auf die angebotene Modellpalette sichtbar sind.[30]

---

[30]Die staatliche Förderung alternativer Antriebe durch fiskalische sowie nicht-monetäre Maßnahmen, die ebenfalls erhebliche Auswirkungen haben können, behandelt dieser Beitrag hingegen nur am Rande.

In Kalifornien hat sich durch eine Vielzahl von treibenden Faktoren (Luftqualitätsprobleme, zunehmendes Bewusstsein für den Klimawandel, der Wunsch nach Unabhängigkeit vom Öl sowie Chancen für die heimische High-Tech-Industrie) ein „Window of Opportunity" für ambitionierte Vorgaben beim Markthochlauf alternativer Antriebe geöffnet. Unterstützt durch einen umfassenden Maßnahmenkatalog und finanzielle Kaufanreize der US-Regierung für Elektrofahrzeuge entwickelt sich der Absatz der Fahrzeuge dort derzeit in etwa entsprechend dieser Vorgaben (vgl. Governor's Interagency Working Group on Zero-emission Vehicles 2013). Das Instrument der verpflichtenden Marktquote für Elektrofahrzeuge (ZEV Mandate) hat insbesondere in seiner Anfangszeit (90er-Jahre) eine Innovationsdynamik bei den etablierten Herstellern (insbesondere General Motors) im Bereich Forschung und Entwicklung ausgelöst. Die Regulierung hat darüber hinaus strategische ‚Nischen' begünstigt, die sich zum Massenphänomen entwickeln und den Markt signifikant im Sinne der Gesetzgebung verändern könnten. Tesla hat beispielsweise nach der Strategie des „Leapfrogging" erfolgreich das Premiumsegment der Elektrofahrzeuge besetzt, und dabei auch durch innovationspolitische Offenheit die Marktgesetze der etablierten Automobilindustrie in Frage gestellt.[31] Technology Forcing in Kalifornien hat somit auch über die primären Effekte der Regulierung eine erhebliche Innovationsdynamik geschaffen.

Die Radikalität des Instruments ist aber gleichzeitig seine Schwäche: Denn auf der anderen Seite haben die kalifornischen Vorgaben das Phänomen der sogenannten „Compliance Cars" hervorgerufen, die dazu dienen, den regulatorischen Anforderungen zu genügen und gleichzeitig den Eingriff in die Konzernstrategie zu minimieren bzw. den Herstellern Zeit für politische Interventionen zu verschaffen. So versuchen die großen Hersteller derzeit sowohl die längerfristigen regulatorischen Vorgaben (ab 2018) für den Marktanteil alternativer Antriebe in Kalifornien als auch die Übertragbarkeit der kalifornischen Regulierung auf andere US-Bundestaaten auf politischer Ebene abzuwenden. Diese Situation macht eine Antizipation des weiteren Entscheidungsprozesses schwer absehbar und könnte den weiteren Markthochlauf dort hemmen. Insgesamt hat das kalifornische Technology Forcing somit realpolitisch an Wirkungspotential eingebüßt.

In Europa kommt man zu einer umgekehrten Einschätzung. Umweltvorgaben wurden für Fahrzeuge traditionell in enger Kooperation mit der Automobilindustrie entwickelt und sind damit stark von deren umweltpolitischer Positionierung abhängig. Einerseits stellten die gegenüber der gescheiterten freiwilligen Selbstverpflichtung zur Emissionsminderung im Jahr 2009 beschlossenen Flottengrenzwerte einen deutlichen Schritt in Richtung von mehr Verbindlichkeit und Transparenz dar. Andererseits begrenzt die enge Beteiligung der Hersteller am Gesetzgebungsprozess die erreichbare Stringenz der Grenzwerte. Der im Vergleich zum kalifornischen Technology Forcing kooperative Politikstil erschwert zwar das Setzen von

---

[31]Tesla hat mit der Freigabe seiner Patente nach der Idee der ‚Open Innovation' eine neue Grundlage für den offenen Wettbewerb geschaffen. Dieses neue Modell könnte die etablierten Hersteller weiter unter Druck setzen.

ambitionierten Zielen, stärkt aber die Identifikation der Hersteller mit den beschlossenen Zielen und kann bei ihrer Implementierung größere Konflikte wie in den USA vermeiden helfen. Langfristig kann sich so – empirisch gesehen – durchaus ein ähnlicher Effekt wie der des prinzipiell radikaleren Technology Forcings entfalten. Dafür gibt es in Europa einige Indizien.

So kann man feststellen, dass die europäischen Hersteller etwa mit Beginn der Grenzwertgesetzgebung begannen, in die Entwicklung von elektrischen Serienfahrzeugen zu investieren. Während Volumenhersteller Volkswagen verschiedene Antriebsformen in alle Marken und Segmenten integriert und die Modelle der Kompaktklasse zunehmend auch in elektrischen Varianten anbietet,[32] haben die Premium-Hersteller die Frage des ‚Greening' mit einer Doppelstrategie beantwortet: sie haben zum einen die Hybridisierung der Premiumfahrzeuge verstärkt, zum anderen das Kleinwagensegment (z. B. Smart) ausgebaut und elektrifiziert.

Von der Möglichkeit einer Mehrfachanrechnung von Elektrofahrzeugen auf ihre durchschnittlichen Flottenemissionen erhoffen sich die europäischen Hersteller insbesondere ab 2020 weitere Vorteile und nutzen die elektrische Fahrzeugtechnologie, um die Grenzwerte weiterhin einhalten zu können und die Kosten für die Optimierung konventioneller Antriebe im Rahmen zu halten. Die Wiedereinführung der Mehrfachanrechnung für die Zeit ab 2020 ging wesentlich auf den Druck der Hersteller zurück und ist somit ein Indiz für deren strategische Bestrebung, einen Massenmarkt für Elektrofahrzeuge zu schaffen. In den USA sehen die dortigen Flottengrenzwerte[33] zwar auch Supercredits für Elektrofahrzeuge vor. Die Grenzwerte sind aber weniger anspruchsvoll als in Europa; die Umweltbehörde EPA geht daher davon aus, dass die Grenzwerte für die Hersteller auch allein durch Verbesserung konventioneller Technik einzuhalten sind und die Supercredits somit keinen wesentlichen Treiber für die Entwicklung von Elektrofahrzeugen darstellen (vgl. Jöhrens 2013c).

Im Vergleich muss in Bezug auf das Kriterium der nachhaltigen Verankerung alternativer Antriebe in den Herstellerstrategien zwischen möglichen Effekten und realem Status Quo unterschieden werden. Die kalifornische Variante des Erzwingens eines Technologiesprungs birgt das Potential eines raschen Wandels, ihre Wirkung wird allerdings durch die realpolitische Notwendigkeit von Kompromissen sowie juristische Unwägbarkeiten eingeschränkt. Die Opposition durch die etablierten Autohersteller gegen die ZEV-Regulierung ist nach wie vor erheblich, und das heterogene regulatorische Umfeld in den USA ist für langfristige strategische Entscheidungen der Autohersteller nicht unbedingt förderlich. Umgekehrt ist der europäische Ansatz per definitionem daran gebunden, mit den Autoherstellern einen Grundkonsens bezüglich deren strategischer und techni-

---

[32]Der VW Golf beispielsweise ist mittlerweile mit sämtlichen heute verfügbaren alternativen Antriebsvarianten erhältlich (batterieelektrisch, als Plug-In-Hybridfahrzeug sowie mit Erdgasantrieb).
[33]Corporate Average Fuel Economy Standards, kurz CAFE-Standards.

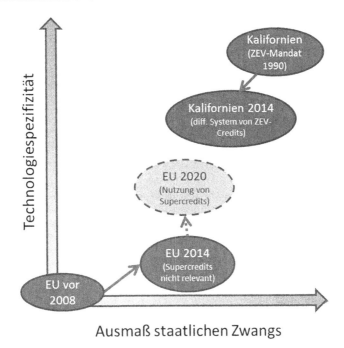

Abb. 2 Entwicklung der staatlichen Regulierung im Kfz-Bereich in der EU und Kalifornien (Quelle: Eigene Darstellung)

scher Ausrichtung sowie zukünftiger Mobilität insgesamt zu erreichen. Daraus können sich sowohl Hemmnisse als auch Chancen für die Einführung von Elektrofahrzeugen ergeben.

Dieses Bild spiegelt sich auch in den derzeitigen Märkten wieder. Zwar ist der Marktanteil von Elektrofahrzeugen in Kalifornien derzeit höher als im europäischen Mittel, es ist jedoch schwer zu sagen, inwiefern dies auf die Politik des Technology Forcings zurückgeht; vieles spricht dafür, dass hier die fiskalische Förderung auf Nutzerseite eine wesentliche Rolle spielt. Der zeitliche Versatz beim Markthochlauf könnte für die europäischen Hersteller möglicherweise zum strategischen Vorteil werden, da sie so von den amerikanischen Erfahrungen bei der Markteinführung elektrischer Antriebe und den weiterhin fallenden Batteriepreisen profitieren können.

Trotz der unterschiedlichen Handlungslogik, die den Instrumenten in Kalifornien und Europa zugrunde liegt, kann man im Ergebnis anhand der eingangs genannten regulatorischen Freiheitsgrade empirisch einen Trend zur Konvergenz feststellen (vgl. Abb. 2): Die europäischen Flottengrenzwerte bedeuteten, verglichen mit der freiwilligen Selbstverpflichtung, eine wesentlich höhere Verbindlichkeit, durch die zunehmende Relevanz der Supercredits nimmt für die Zukunft zudem die Technologiespezifizität zu. Kalifornien war hingegen ursprünglich auf Nullemissionsfahrzeuge festgelegt, hat die Palette der anrechenbaren Fahrzeuge aber mittlerweile deutlich erweitert und differenziert. Im selben Maße, wie sich die Kenntnisse zum technologischen Potential von Elektrofahrzeugen weiterentwickeln und Erfahrungen zu ihrem Marktpotential vorliegen, ist längerfristig auch mit einer weiteren Konvergenz der regulatorischen Ansätze zu rechnen.

Ob erzwungene oder kooperative Grenzwertregulierung: Ordnungspolitische Maßnahmen sind nur eines von mehreren Elementen, die nötig sind, um einen Technologiesprung zu erreichen. Notwendig ist zudem, dass

(1) die Voraussetzungen für einen Technologiebruch günstig sind („window of opportunity", z. B. durch massive Umweltprobleme oder gezielte Förderungen aufgrund der Finanzkrise);
(2) es ausreichend flankierende Maßnahmen gibt, um Akzeptanz und Nachfrage in der Markteinführungszeit positiv zu beeinflussen; und
(3) die regulierende Körperschaft mit ausreichend Autonomie (organisatorisch und finanziell) ausgestattet ist, um die Interessen der einzelnen Akteure in angemessener Weise gegen das Allgemeinwohl abzuwägen und die beschlossene Regulierung gegen Widerstände zu verteidigen.

Der Erfolg (und damit auch die Akzeptanz) von staatlichen Eingriffen in den Automobilmarkt hängt längerfristig davon ab, ob die neuen Technologien von den Kunden angenommen werden und die Kosten mit denen konventioneller Fahrzeuge wettbewerbsfähig werden. Ein wichtiger Treiber ist dabei die globale Konkurrenz: Auch in Japan und China wird spätestens seit 2008/09 gezielt Technologiepolitik zur Förderung des E-Autos betrieben (für Japan vgl. Faivre d'Arcier und Lecler 2014). In China richtet sich die Förderung direkt auf die Entwicklung von batteriebetriebenen Fahrzeugen. Im globalen Wettbewerb verfolgt China damit die Strategie des „Leapfrogging", das heißt, einen Technologiesprung bewusst hervorzubringen, um die Relevanz der herkömmlichen Technologie, bei der die eigene Wettbewerbsfähigkeit nicht gegeben ist, zu mindern (vgl. Wang und Kimble 2013).

In Bezug auf das *zweite Bewertungskriterium*, die Senkung der Gesamtemissionen, hat die Einführung der europäischen Flottengrenzwerte zu einer deutlichen Minderung der CO_2-Emissionen um etwa 4 % pro Jahr geführt (vgl. Abb. 1). Auch in den USA ist ein deutlicher Zusammenhang zwischen den Flottenzielwerten für den Fahrzeugverbrauch (CAFE-Standard) und den Emissionen der Neuwagenflotte zu verzeichnen (U.S. Department of Transportation 2013). Dagegen hat die kalifornische ZEV-Quote allein schon wegen des vergleichsweise geringen Anteils der betroffenen Fahrzeuge derzeit keinen nennenswerten Effekt auf die Flottenemissionen. Bei einer Ausweitung der ZEV-Quote sind Wechselwirkungen mit den Flottenzielwerten zu berücksichtigen.

Die regulatorische Begünstigung alternativer Antriebe innerhalb einer für alle Fahrzeuge geltenden Emissionsregulierung birgt bezüglich der Umweltbewertung Risiken und ist in ihrer Bewertung komplex. Grundsätzlich hängt eine substantielle Treibhausgasreduktion durch solche Politikmaßnahmen von zwei notwendigen Bedingungen ab:

Erstens müssen trotz Supercredits weiterhin Anreize für die Hersteller bestehen, die konventionellen Antriebe zu optimieren. Hier besteht momentan das mit Abstand größte Potential zur Minderung der jährlichen Treibhausgasemissionen. Diese Antriebe werden zudem auch langfristig für einige Anwendungen eine wichtige Rolle spielen. Konkret bedeutet das, dass Supercredits die Senkungen der Emissionen im gesamten Flottendurchschnitt nicht aufheben oder gar konterkarieren sollten. Diese Gefahr besteht vor allem bei den Herstellern im Oberklassebereich, wo die Leistungsmerkmale der Fahrzeuge entscheidende Kaufargumente darstellen und eine Elektrifizierung mit größeren Schwierigkeiten verbunden ist. Kritische Stimmen sprechen daher mit Blick auf die Supercredits von „perverse incentives". Beim kalifornischen Modell besteht dieses Problem nicht, da die Erreichung der ZEV-Quoten hier von den Flottengrenzwerten entkoppelt ist.

Zweitens ist es notwendig, auch die Emissionen der Strombereitstellung für Elektrofahrzeuge in der Bewertung zu berücksichtigen. Wenn auch der Trend langfristig allein schon aus Gründen der Wirtschaftlichkeit und Ressourcenverfügbarkeit in Richtung einer weitgehend erneuerbaren Stromerzeugung geht, werden doch auf absehbare Zeit fossile Energieträger auch im Stromsektor noch eine Rolle spielen. In Deutschland ist beispielsweise seit dem Jahr 2010 der CO_2-Emissionsfaktor der Stromerzeugung wieder angestiegen, hauptsächlich durch die Zunahme der Braunkohleverstromung bei gleichzeitigem Ausbau der erneuerbaren Energien (vgl. Icha 2014). Ohne explizite politische Weichenstellungen ist der tatsächliche Beitrag von Elektrofahrzeugen zur Treibhausgasreduktion somit fraglich.

Insgesamt bleiben Maßnahmen des Technology Forcings der Logik eines angebotsbestimmten Automobilmarktes verhaftet, der implizit Annahmen zur stabilen Nachfrage nach Fahrzeugen und einer Kultur der Automobilität voraussetzt. Diese Faktoren haben jedoch begonnen, sich zu verändern, insbesondere bei der jüngeren Generation in Metropolregionen. Vor diesem Hintergrund werden Ergänzungen zur reinen Technologieförderung ebenfalls in beiden untersuchten Regionen diskutiert. Durch die geschickte Förderung der Nachfrage nach alternativen Mobilitätsformen jenseits „privater Automobilität" kann man implizit auch technologischen Innovationen einen Markt schaffen. So ist die gezielte Förderung von geteilter Nutzung von elektrischen Fahrzeugen z. B. durch öffentliches Car-Sharing denkbar, indem man statt dem elektrischen Antrieb in der Berechnung des Flottendurchschnitts auch den Nutzungsmodus der Fahrzeuge einbezieht.[34] So kann das Erzwingen eines Technologiesprungs weitere Veränderungen in Nutzungsmustern und Mobilitätsverhalten begünstigen und weit über einen „Ersatz" des Verbrennungsmotors hinausgehen.

---

[34]In Kalifornien werden beispielsweise Fahrzeuge, die in „transportation systems" eingesetzt werden, mit einem höheren Faktor auf die ZEV-Quote angerechnet (vgl. California Air Ressources Board 2012).

Literatur

California Air Resources Board – CARB. 2012. Zero emission vehicle standards for 2009 through 2017 model year passenger cars, light-duty trucks, and medium-duty vehicles. http://www.arb.ca.gov/regact/2012/zev2012/zev2012.htm. Zugegriffen am 06.03.2015.

Canzler, Weert, und Andreas Knie. 2011. *Einfach aufladen. Mit Elektromobilität in eine saubere Zukunft*. München: Oekom Verlag.

Europäische Union – EU. 2009. Regulation EC-No 443/2009 of the European Parliament and of the Council of 23 April 2009 setting emission performance standards for new passenger cars as part of the Community's integrated approach to reduce CO_2 emissions from light-duty vehicles. *Official Journal of the European Union* L 140/1, 5.06.2009. Brüssel.

Europäische Kommission. 1999. Commission Recommendation of 5 February 1999 on the reduction of CO2 emissions from passenger cars. *Official Journal of the European Communities* L 40/49, 13.02.1999. Brüssel.

Europäische Kommission. 2001. European governance – A white paper. *Official Journal of the European Communities* C 287/1, 12.10.2001. Brüssel.

Europäische Kommission. 2012. Impact assessment – accompanying the documents proposal for a regulation of the European Parliament and of the Council amending Regulation EC-No 443/2009 to define the modalities for reaching the 2020 target to reduce CO_2 emissions from new passenger cars. http://ec.europa.eu/agriculture/organic/documents/eu-policy/policy-development/impact-assessment/impact-assessment-part1_en.pdf. Zugegriffen am 06.03.2015.

European Federation for Transport and Environment – T&E. 2000. The drive for less fuel – will the motor industry be able to honour its commitment to the European Union? http://www.transportenvironment.org/publications/drive-less-fuel-te-0001. Zugegriffen am 06.03.2015.

European Federation for Transport and Environment – T&E. 2009. Reducing CO_2 emissions from new cars: a study of major car manufacturers' progress in 2008. http://www.transportenvironment.org/sites/te/files/media/2009_09_car_company_co2_report_final.pdf. Zugegriffen am 06.03.2015.

Faivre d'Arcier, Bruno, und Lecler Yveline. 2014. Promoting next generation vehicles in Japan: the smart communities and their experimentations. *International Journal of Automotive Technology and Management* 14(3/4): 324–346.

Fraunhofer ISI. 2013. Markthochlaufszenarien für Elektrofahrzeuge Langfassung. P. Plötz, T. Gnann, A. Kühn, M. Wietschel. Fraunhofer Institut für System und Innovationsforschung. http://www.isi.fraunhofer.de/isi-media/docs/e/de/publikationen/Fraunhofer-ISI-Markthochlaufszenarien-Elektrofahrzeuge-Langfassung.pdf. Zugegriffen am 06.03.2015.

Gerard, David, und Lester B. Lave. 2004. Implementing technology-forcing policies: The 1970 Clean Air Act Amendments and the introduction of advanced automotive emissions controls in the United States. *Technological Forecasting and Social Change* 72(7): 761–778.

Governor's Interagency Working Group on Zero-emission Vehicles. 2013. – ZEV action plan – a roadmap toward 1.5 million zero-emission vehicles on California roadways by 2025.

Greimel, Hans. 2014. Toyota fuel cell car to cost $69,000 in Japan, debut in U.S., Europe in 2015. In Automotive News vom 6.08.2014, http://www.autonews.com/article/20140625/OEM05/140629935/toyota-fuel-cell-car-to-cost-%2469000-in-japan-debut-in-u.s.-europe-in. Zugegriffen am 06.03.2015.

Hall, Fiona. 2013. Report on the proposal for a regulation of the European Parliament and of the Council amending Regulation EC-No 443/2009, http://www.europarl.europa.eu/sides/getDoc.do?pubRef=-//EP//NONSGML+REPORT+A7-2013-0151+0+DOC+PDF+V0//EN. Zugegriffen am 06.03.2015.

Hildermeier, Julia. 2014. Sustainable mobility in European cities. European Commission Spend on Local Electric Mobility. Paper presented on GERPISA International Conference, Kyoto, June 4–6, 2014 (unpublished). http://gerpisa.org/node/2410. Zugegriffen am 06.03.2015.

International Council for Clean Transportation – ICCT. 2012. Discrepancies between type- approval and „real-world" fuel- consumption and CO_2 values. http://www.theicct.org/fuel-consumption-discrepancies. Zugegriffen am 06.03.2015.
International Council for Clean Transportation – ICCT. 2014a. Driving electrification: a global comparison of fiscal incentive policy for electric vehicles. http://www.theicct.org/sites/default/files/publications/ICCT_EV-fiscal-incentives_20140506.pdf. Zugegriffen am 06.03.2015.
International Council for Clean Transportation – ICCT. 2014b. EU CO_2 emission standards for passenger cars and light-commercial vehicles. http://www.theicct.org/eu-co2-standards-passenger-cars-and-lcvs. Zugegriffen am 06.03.2015.
Icha, Petra. 2014. Entwicklung der spezifischen Kohlendioxid-Emissionen des deutschen Strommix in den Jahren 1990 bis 2013. http://www.umweltbundesamt.de/sites/default/files/medien/376/publikationen/climate_change_23_2014_komplett.pdf. Zugegriffen am 06.03.2015.
Jöhrens, Julius. 2013a. Interview mit Daniel Sperling, Mitglied des California Air Resources Board.
Jöhrens, Julius. 2013b. Interview mit einem Vertreter von General Motors.
Jöhrens, Julius. 2013c. Interview mit Jeff Alson und David Ganss, EPA.
Krust, Matthias. 2013. CO2-Regeln: Reithofer fordert Supercredits. Automobilwoche 28.10.2013. http://www.automobilwoche.de/apps/pbcs.dll/article?AID=/20131028/NACHRICHTEN/131029947/reithofer-fordert-supercredits#.U-TKsf6XWO0. Zugegriffen am 06.03.2015.
Lee, Jaegul, Francisco M. Veloso, und David A. Hounshell. 2011. Linking induced technological change, and environmental regulation: Evidence from patenting in the U.S. auto industry. *Research Policy* 40(9): 1240–1252.
Lenschow, Andrea, und Rottmann, Katja. 2005. „Privatising" EU governance: emergence and characteristics of voluntary agreements in European environmental policy. Paper prepared for scientific workshop „soft modes of governance and the private sector – the EU and the global experience", Darmstadt, 1.–3. November 2005. http://www.mzes.uni-mannheim.de/projekte/typo3/site/fileadmin/research%20groups/6/Papers_Soft%20Mode/Lenschow%20Rottmann.pdf. Zugegriffen am 06.03.2015.
Myklebust, Benjamin. 2013. EVs in bus lanes – controversial incentive. Paper presented at EVS27 international battery, hybrid and fuel cell electric vehicle symposium. http://e-mobility-nsr.eu/fileadmin/user_upload/downloads/info-pool/EVs_in_bus_lane_Benjamin_Myklebust_ZERO_EVS27.pdf. Zugegriffen am 06.03.2015.
Neil, Dan. 2009. The Rick Wagoner vehicles: hits and misses. Los Angeles Times 21.03.2009. http://articles.latimes.com/2009/mar/31/business/fi-gm-cars31. Zugegriffen am 06.03.2015.
Pilkington, Alan, und Romano Dyerson. 2006. Innovation in disruptive regulatory environments development. *European Journal of Innovation Management* 9(1): 79–91.
Shahan, Cynthia. 2014. Top electric car states – which has the highest percentage of electric cars? 3.02.2014. http://cleantechnica.com/2014/02/03/top-electric-car-states-highest-percentage-electric-cars. Zugegriffen am 06.03.2015.
Shnayerson, Michael. 1996. *The car that could*. New York: Random House.
U.S. Department of Energy. 2014. Loan program office projects. http://energy.gov/lpo/projects. Zugegriffen am 06.03.2015.
U.S. Department of the Treasury. 2012. Auto industry financing program. http://www.treasury.gov/initiatives/financial-stability/TARP-Programs/automotive-programs/Pages/Program-Results.aspx?Program=Auto+Industry+Financing+Program. Zugegriffen am 06.03.2015.
U.S. Department of Transportation. 2013. Average fuel efficiency of U.S. light duty vehicle. http://www.rita.dot.gov/bts/sites/rita.dot.gov.bts/files/publications/national_transportation_statistics/html/table_04_23.html. Zugegriffen am 06.03.2015.
Verband der Automobilindustrie - VDA. 1995. Auto 94/95 - Jahresbericht des Verbandes der Automobilindustrie e.V. https://www.vda.de/dam/vda/publications/1318237659_de_408829382.pdf. Zugegriffen am 06.03.2015.

Wang, Hua, und Chris Kimble. 2013. Innovation and leapfrogging in the chinese automobile industry: Examples from Geely, BYD, and Shifeng. *Global Business and Organizational Excellence* 32(6): 6–17.
Weider, Marc. 2007. Technology Forcing – Verkehrspolitik und Umweltinnovation. In Handbuch der Verkehrspolitik, Hrsg. Oliver Schöller, Weert Canzler und Andreas Knie, 663–686. Wiesbaden: VS-Verlag für Sozialwissenschaften.
Zubaryeva, Alyona, und Christan Thiel. 2013. Paving the way to electrified road transport Publicly funded research, development and demonstration projects on electric and plug-in vehicles in Europe. http://publications.jrc.ec.europa.eu/repository/bitstream/111111111/27868/1/report_e-mobility_projecs_final_online.pdf. Zugegriffen am 06.03.2015.

Teil VII
Verkehrspolitik als Mobilitätsforschung

Verkehrsgeneseforschung: Wie entsteht Verkehr?

Joachim Scheiner

Zusammenfassung
Der Beitrag untersucht die Strukturen und Entwicklungen, vor deren Hintergrund Personenverkehr in seinen verschiedenen Formen entsteht. Verschiedene definitorische Zugänge zu den Begriffen Mobilität und Verkehr werden dargestellt und eingeordnet, ein Überblick über die Dimensionen der Verkehrsnachfrage wird gegeben, und die Debatte um Erklären vs. Verstehen wird diskutiert. Es folgt ein Überblick über die wesentlichen Einflussgrößen der Verkehrsnachfrage (Zeit, Raum, Gesellschaft, Ökonomie, Psychologie, Technologie, Politik). In einem Fazit werden Perspektiven für die Forschung und Konsequenzen für die Verkehrspolitik diskutiert.

Schlüsselwörter
Verkehrsgenese • Verkehrsentstehung • Verkehrsursachen • Verkehrsnachfrage • Mobilität

1 Einleitung

Die Personenverkehrsentwicklung der vergangenen Jahrzehnte in Deutschland lässt sich – sehr grob zusammengefasst – durch fünf Merkmale charakterisieren (vgl. für einen Überblick Schmitz 2001): erstens ein relativ konstantes Verkehrsaufkommen pro Person und Zeiteinheit, zweitens ein relativ konstantes Reisezeitbudget pro Person und Zeiteinheit, drittens eine Verlagerung der Verkehrsmittelnutzung zum

---

J. Scheiner (✉)
Fakultät Raumplanung Verkehrswesen und Verkehrsplanung, Technische Universität Dortmund, Dortmund, Deutschland
E-Mail: joachim.scheiner@tu-dortmund.de

motorisierten Individualverkehr (MIV) auf Kosten der Fußwege, viertens eine Ausdehnung der Aktionsräume und ein Wachstum der Distanzen sowie fünftens zunehmende Reisegeschwindigkeiten. In der jüngsten Prognose für das BMVBS wird bis 2025 im Wesentlichen mit einer Fortsetzung des Verkehrswachstums der letzten Jahrzehnte und einer Verlagerung zugunsten des MIV gerechnet. Als Gründe werden die Zunahme der Motorisierung, die siedlungsstrukturelle Entwicklung und die zunehmende Freizeitmobilität genannt (vgl. ITP und BVU 2007). Zudem wird für die Luftfahrt eine Verdoppelung im Zeitraum 2004 bis 2025 prognostiziert, so dass insgesamt mit einer Verschärfung der Situation zu rechnen ist.

Allerdings wird entgegen dieser Prognose in der wissenschaftlichen Diskussion seit einigen Jahren eine Abnahme der Pkw-Nutzung und, insbesondere bei jungen Erwachsenen, auch der Motorisierung beobachtet (Metz 2013, Kuhnimhof et al. 2012). Die Beobachtung eines ‚Peak car' ist inzwischen empirisch gut abgesichert und stützt sich u. a. auf demografische (Alterung, Schrumpfung), ökonomische (Kostensteigerung, Stagnation der Einkommen, soziale Spaltung) und räumliche (Reurbanisierung) Trends. Ob sich diese Entwicklung auch in den für das Bundesverkehrsministerium erstellten Prognosen widerspiegeln wird, bleibt abzuwarten; eine Aktualisierung ist gegenwärtig in Arbeit.

Mit den Ursachen der Verkehrsentstehung, -entwicklung und -ausformung sowie deren Wechselwirkungen mit anderen gesellschaftlichen Veränderungsprozessen beschäftigt sich eine ganze Reihe wissenschaftlicher Subdisziplinen in Verkehrsplanung, Ökonomie, Geografie, Soziologie, Psychologie und Politologie. Dabei werden auch interdisziplinäre Ansätze zur Überwindung spezifischer Defizite einzelner Disziplinen entwickelt. Das Interesse verschiedener Fächer an der Verkehrsgenese deutet zum einen auf die hohe Komplexität dieses Themas und zum zweiten auf ein vorhandenes Manko bisheriger Forschungen hin. Letzteres erstaunt, weil bereits seit den 1970er-Jahren disaggregierte Simulationsmodelle[1] in großem Umfang in der Verkehrsplanung eingesetzt werden und diese eine Kenntnis der Bestimmungsgrößen des Verkehrs eigentlich voraussetzen.

Das Kapitel zielt auf eine Bestandsaufnahme der bestehenden Erklärungsansätze zur Verkehrsgenese ab. Diese werden systematisiert und hinsichtlich der Rolle disziplinärer Beiträge beleuchtet. Des Weiteren wird gefragt, inwiefern die vorhandenen Forschungen der komplexen Herausforderung Verkehrsgenese gerecht werden bzw. wo Defizite erkennbar sind. Die Darstellung beschränkt sich auf eine exemplarische Auswahl deutschsprachiger und internationaler Forschungsarbeiten.

---

[1]Diese unterscheiden im Gegensatz zu aggregierten Modellen zwischen verschiedenen, üblicherweise soziodemografisch definierten Bevölkerungsgruppen. Zweitens erlauben sie durch die Integration personenbezogener Daten des Verkehrsverhaltens auch die Abbildung des nicht motorisierten Verkehrs.

Eine weitere Einschränkung ergibt sich durch die Fokussierung auf den Personenverkehr, während der Gütertransport hier nur am Rande betrachtet wird.[2]

Die verkehrspolitische Relevanz von Kenntnissen der Ursachen und Hintergründe der Verkehrsentstehung liegt vor allem in deren Grundlagencharakter für die Erzeugung von Zustandsdaten des Verkehrs, ihrem prognostischen Potenzial und in Wirkungsanalysen (verkehrs-)politischer Maßnahmen und Konzepte. Darüber hinaus wird in fachpolitischen Diskussionen vielfach mit Bestimmungsgrößen des Verkehrs auch argumentativ operiert. Ein Beispiel bildet die Relation zwischen Wirtschafts- und Verkehrswachstum, die je nach argumentativem Kontext als Ursache-Wirkungs-Beziehung in der einen oder anderen Richtung eingesetzt wird. Eine Systematisierung dieser Zusammenhänge der Verkehrsentstehung bildet somit eine wichtige Grundlage für die (verkehrs-)politische Diskussion.

2 Verkehrsgenese – was wird da eigentlich generiert?

2.1 Verkehr und Mobilität

Die Begriffe Verkehr und Mobilität werden je nach Autor oder wissenschaftlicher Disziplin verschieden verwendet. Nach der klassischen Definition von Pirath (1949: 3) handelt es sich bei Verkehr um die „Ortsveränderung von Personen, Gütern und Nachrichten", also um Bewegungen zwischen zwei Orten. In der Praxis wird dies normalerweise beschränkt auf Bewegungen über Grundstücksgrenzen hinaus, eine Ausnahme bildet der Werksverkehr. Individuelles Verkehrsverhalten wird häufig auch als Mobilität bezeichnet, während soziale Mobilität und Wanderungsmobilität in der verkehrswissenschaftlichen Begriffsbildung ausgeklammert bleiben. Die gebräuchlichsten Unterscheidungen zwischen Verkehr und Mobilität sind:

In der Verkehrswissenschaft wird Verkehr in der Regel einem Raum zugeordnet (z. B. Durchfluss an einem Straßenquerschnitt, Verkehr in einer Stadt), Mobilität dagegen einer Person oder Personengruppe (z B. mittlere tägliche Wegeanzahl einer Bevölkerungsgruppe).

Von einigen Verkehrswissenschaftlern sowie Soziologen wird betont, dass der Begriff Mobilität in seiner ursprünglichen Semantik Beweglichkeit bezeichnet, also eine Option oder ein Potenzial. Verkehr bezeichne dagegen realisierte Bewegung (auch als „Mobilitätspraxis" oder „realisierte Mobilität" bezeichnet). Mobilität ergibt sich danach aus den Qualitäten von Verkehrssystemen auf der Angebotsseite und der individuellen Lebenslage (z. B. Gesundheit) auf der Nachfrageseite. Verkehr dagegen entsteht wenn ein Zielort

---

[2]Güter haben im Gegensatz zu Menschen keine Bedürfnisse, kein Verhalten und sie treffen keine Entscheidungen. Trotz der Rede von der „Gütermobilität" sind sie also nicht im gleichen Sinne wie Personen beweglich (= mobil), denn sie bewegen sich nicht, sondern sie werden bewegt. Gleichwohl ist die Entstehung und Abwicklung von Güterverkehr von vielfältigen Akteursentscheidungen abhängig, die im Wesentlichen die Produktions- und Logistikkonzepte und damit auch den Gütertransport betreffen. Der Güterverkehr unterliegt also andersartigen, obwohl gleichfalls komplexen Entscheidungsprozessen (vgl. Plehwe in Kap. IV.2 dieses Bandes: ▶ Güterverkehr und Logistik: Zielkonflikte nachhaltigen Wachstums im Straßen- und Schienenverkehr).

tatsächlich aufgesucht wird. In eine ähnliche Zielrichtung geht die Definition von Mobilität als ein Bedürfnis, von Verkehr als eines Instruments zur Erfüllung dieses Bedürfnisses.

Gelegentlich werden auch einige Indikatoren des Verkehrsverhaltens als Mobilität bezeichnet, andere Indikatoren dagegen als Verkehr. So schreiben Brög und Schädler (1999), die Veränderungen der Verkehrsmittelnutzung zugunsten des MIV im Zeitverlauf habe die Mobilität praktisch nicht verändert, weil die tägliche Zahl der Wege und Aktivitäten gleich geblieben sei. In dieser Definition wird die verkehrspolitische Zielrichtung besonders deutlich: Wenn der Pkw offenbar keinen Einfluss auf die Mobilität hat, legt dies eine autokritische Verkehrspolitik nahe und impliziert darüber hinaus, der Pkw habe auch für seine Nutzer keine nennenswerten Vorteile.

Schließlich betrachten einige (wenige) Forscher die Freiheit der Verkehrsmittelwahl als Mobilität, die gar ein „Menschenrecht" darstelle (Ronellenfitsch 1995). Dies schließt durchaus an das Verständnis der Mobilität als Potenzial oder Option an, allerdings nicht auf der Ebene des Zugangs zu einem Zielort, sondern des Modus der Fortbewegung. Auch diese Definition zielt in eine bestimmte verkehrspolitische Richtung, nämlich auf die freie Entscheidung des Einzelnen über die Verkehrsmittelnutzung (gemeint ist hier insbesondere der Pkw) ohne Rücksicht auf überindividuelle Belange. Daraus leitet sich eine an der erwarteten Nachfrage orientierte Verkehrspolitik („Anpassungsplanung" oder predict and provide) ab. Mit dem gesamtgesellschaftlich orientierten Leitbild der Nachhaltigkeit und dem Anspruch einer gestaltenden Politik ist dies nicht vereinbar.

Auffallend ist schließlich, dass der Begriff Verkehr häufig negativ konnotiert ist, Mobilität dagegen positiv. So wird beispielsweise vom Verkehrsinfarkt, Verkehrskollaps oder Verkehrschaos gesprochen, nicht aber vom Mobilitätsinfarkt, Mobilitätskollaps oder Mobilitätschaos.

In der Verkehrsgeneseforschung geht es immer auch um Mobilität, welche – unabhängig von der definitorischen Abgrenzung zu Verkehr – stets ein Element zur Erklärung der Verkehrsentstehung sein kann. Wie Mobilität auf einer grundlegenden Ebene entsteht („Mobilitätsgenese"), ist Gegenstand anthropologisch orientierter Überlegungen, die in der Regel recht spekulativ moderne Mobilität in den Kontext archaischer Überlebensstrategien und einer ‚Urlust an der Bewegung' stellen (vgl. Romeiß-Stracke 1997). Allerdings: Auch wenn man sicher davon ausgehen darf, dass Leben ohne physische Bewegung nicht möglich ist, sagt uns dies nichts über die heutigen differenzierten Formen von Mobilität und Verkehr: Was verstehen wir unter ‚hoher' oder ‚eingeschränkter' Mobilität? Was sind die wesentlichen Bestimmungsmerkmale dafür? Wie können wir die verschiedenen Formen der realisierten Mobilität – d. h. des Verkehrs – besser verstehen und gegebenenfalls (verkehrs-)politisch steuern?

2.2 Was wird in der Verkehrsgeneseforschung untersucht?

Verkehrsgeneseforschung bezeichnet die Erforschung der Gründe und Ursachen für die Entstehung von Verkehr, d. h. Verkehr soll verstanden oder erklärt werden. Dabei geht es einerseits um die Entstehung von Verkehr an sich. Dieser ist häufig funktional verursacht, entsteht also durch Bedürfnisse, die außerhäuslich befriedigt werden (Arbeit, Versorgung, Kontakt usw.). Verkehr kann aber auch als Selbstzweck aus dem Bedürfnis nach Fortbewegung und/oder Ortsveränderung entstehen („intrinsisch" motivierter Verkehr).

Andererseits geht es auch – und dies betrifft den größten Teil des Forschungsfeldes – um die Differenzierung der Formen des Verkehrs, die erklärt oder verstanden werden sollen. Wenn das oben Gesagte in der Frage zusammengefasst werden kann, warum es Verkehr gibt, dann geht es hier eher um Fragen des Typs: Warum gibt es immer mehr Verkehr? Warum handeln Personen unter gleichen Rahmenbedingungen unterschiedlich und erzeugen damit unterschiedliche Formen und Mengen von Verkehr?

Diese Differenzierungen werden unter vielen verschiedenen Aspekten („zu erklärenden" Größen) untersucht, die vielfach auch miteinander kombiniert werden. Deren wichtigste sind die Mobilitätsbeteiligung (Außer-Haus-Anteil), Verkehrszwecke (Aktivitäten), Reise- und Wegehäufigkeiten (Verkehrsaufkommen), Verkehrsmittelnutzung, zurückgelegte Distanzen (Verkehrsaufwand, auch „Verkehrsleistung"), Aktionsräume (räumliche Verteilung der Zielorte von Wegen) und Reisezeitbudgets (Zeitaufwand für Wege). Daneben werden auch zeitliche Verteilungen, Maße der zeitlichen, räumlichen und modalen Variabilität bzw. Stabilität des Verhaltens sowie die Komplexität von Verhaltensmustern untersucht. Mobilität als Potenzial verstanden wird vorwiegend unter dem Gesichtspunkt der Verfügbarkeit von Mobilitätswerkzeugen (z. B. Pkw, ÖPNV-Zeitkarten) untersucht.

2.3 Erklären oder Verstehen?

Der Mainstream der Verkehrswissenschaften ist dem positiven bzw. positivistischen Erkenntnisideal der orthodoxen Sozialwissenschaften (normatives Paradigma) verpflichtet, d. h. mit einem hohen Allgemein- gültigkeitsanspruch sollen Gesetzmäßigkeiten des Verkehrs oder des Verkehrsverhaltens aufgedeckt werden. Dieser Anspruch speist sich einerseits aus der Notwendigkeit, für Prognosen Verkehr in Modellen abzubilden. Andererseits spielt hier auch die naturwissenschaftlich-technische Tradition der Verkehrswissenschaft eine große Rolle, mit der in hohem Maß Berechenbarkeit, Planbarkeit und Beherrschbarkeit des Gegenstandes verbunden ist. In der jüngeren Verkehrsforschung setzt sich allerdings zunehmend die Einsicht durch, dass Verkehrsteilnehmer durchaus eigensinnig sind und sich allzu schlichten planerischen Ursache-Wirkungs-Annahmen häufig widersetzen.

Inzwischen haben sich in der Verkehrsforschung Ansätze etabliert, die im Sinne der verstehenden Soziologie bzw. des interpretativen Paradigmas versuchen, aus der Innenperspektive beforschter Subjekte deren Handeln zu verstehen. Dabei wird in der Regel induktiv und mit qualitativen Methoden gearbeitet. Allerdings besitzt auch die verstehende Forschung durchaus erklärenden Anspruch im Sinne einer Verallgemeinerung idiografischen Wissens. Dieser Anspruch ist jedoch nicht mit Kausaldenken verknüpft. Im positivistischen Denken wird Handeln auf (äußere) Ursachen zurückgeführt, die ein gleichsam mechanisches, reaktives Verhalten provozieren. In der verstehenden Forschung werden dagegen die Gründe, Deutungsmuster und Entscheidungslogiken des Handelnden herangezogen. Damit korrespondierend wird in der verstehenden Forschung der Handlungsspielraum des

Individuums stärker betont als die einschränkenden *constraints* und Determinanten. Dies ist einer der Gründe dafür, statt des seit den 1970er-Jahren gebräuchlichen Begriffs Verkehr*ursachen* das neutralere ‚Verkehrsgenese' zu verwenden.

Die stärkere Verknüpfung der beiden Erkenntnismodi ‚Erklären' und ‚Verstehen' sowie entsprechender Methoden bleibt ein wichtiges methodisches Ziel, denn einerseits verbaut die ‚verstehende' Innenperspektive Erkenntnismöglichkeiten über strukturelle Rahmenbedingungen außerhalb des Erfahrungshorizonts der einzelnen Individuen und andererseits können nur unter Reflexion dieser Innensicht durch den Forscher der Eigensinn des Verkehrshandelns und die zugrunde liegenden subjektiven Rationalitäten erfasst werden, die für eine adäquate Erklärung des Handelns notwendig sind. Provokativ formuliert: Die Verkehrsforschung kann die Verkehrsnachfrage nicht adäquat erklären, solange sie sie nicht verstehen kann.

Die beiden skizzierten Perspektiven spiegeln sich zu einem gewissen Grad in der aktuellen Debatte um die ‚klassische' (eher positivistisch-hypothesenprüfende) Verkehrsgeographie gegenüber dem von John Urry (2000) begründeten jüngeren, soziologisch orientierten ‚new mobilities paradigm' (Shaw/Hesse 2010). Beide Zugänge haben in vielfältiger Weise zum Verständnis der Verkehrgenese beigetragen und sollten insofern nicht gegeneinander ausgespielt, sondern zielführend weiterentwickelt werden.

3 Einflussfaktoren der Verkehrsnachfrage

In der Verkehrsgeneseforschung wird eine Vielzahl von Einflussfaktoren des Verkehrshandelns untersucht, die nachfolgend – unterteilt nach strukturellen Rahmenbedingungen und individuellen Handlungsvoraussetzungen – dargestellt werden. Die Zuordnung einzelner Faktoren zu diesen zwei Teilbereichen kann sehr unterschiedlich vorgenommen werden. So sind beispielsweise die „individuelle" Lebenslage und die „individuelle" Verkehrsmittelverfügbarkeit im Haushaltskontext zu sehen, können also aus individualistischer Perspektive auch als Teil der sozialen Umwelt und damit der strukturellen Rahmenbedingungen verstanden werden. Raum- und Siedlungsstrukturen erscheinen aufgrund ihrer Persistenz häufig als strukturelle Bedingungen, sind aber aus der Perspektive eines Haushalts veränderbar – nämlich durch Wohnmobilität (Fortzug). Zudem stehen diese Einflussfaktoren nicht unabhängig nebeneinander, sondern wirken in vielfältiger Weise aufeinander ein – was im Einzelnen nicht immer einfach zu untersuchen ist (und oft empirisch auch nicht eingelöst wird).

Zu beachten ist auch, dass bestimmte Faktoren sowohl auf struktureller als auch auf individueller Ebene untersucht werden können. So kann beispielsweise das ökonomische Vermögen der *Bevölkerung* eines Wohngebiets die Zielwahl eines Bewohners beeinflussen (etwa beim Einkaufen, wenn im Wohngebiet aufgrund der schwachen ökonomischen Lage der Gesamtbevölkerung bestimmte Angebote nicht vorhanden sind). Die Zielwahl wird aber auch durch das *individuelle* ökonomische Vermögen beeinflusst. Beides geschieht nicht unbedingt in gleicher Weise, sondern es können sich komplizierte Interaktionseffekte ergeben (Zielwahl von „reichen"

Personen in „reichen" Gebieten vs. „reichen" Personen in „armen" Gebieten). Um ökologische Fehlschlüsse zu vermeiden, sind beide Ebenen analytisch streng zu trennen, auch wenn sie nicht unabhängig voneinander sind.

Die vermutlich dominierende Rolle zur Erklärung und Abbildung des Verkehrshandelns spielen die aktivitätsbasierten Ansätze. Diese gehen im Wesentlichen auf die Aktionsraumforschung und Zeitgeografie der frühen 1970er-Jahre zurück, in der individuelle Raum-Zeit-Pfade aus restriktiven Rahmenbedingungen erklärt wurden: *capability*, *coupling* und *authority constraints* (vgl. Hägerstrand 1970). Grundlegend waren weiterhin der Einbezug von Entscheidungen (Chapin 1974) sowie Routinen (Cullen und Godson 1975) in Erklärungsmodelle (vgl. auch Busch-Geertsema et al. in Kap. VII.4 dieses Bandes: ▶ Mobilitätsforschung aus nachfrageorientierter Perspektive: Theorien, Erkenntnisse und Dynamiken des Verkehrshandelns). In der Verkehrsforschung finden sich frühe Anwendungen bei Kutter (1973) mit dem Konzept der verhaltenshomogenen Gruppen sowie im Haushalts-Aktivitäts-Verkehrsmodell der Oxford Transport Studies Group (Jones et al. 1983). Darüber hinaus spielen in Deutschland Brögs Situationsansatz (Brög et al. 1981) oder der Budget- und Regimeansatz von Heidemann (1981) eine wichtige Rolle. In alle genannten Ansätze gehen sowohl strukturelle Rahmenbedingungen des Handelns als auch Handlungsvoraussetzungen auf der Individual- oder Haushaltsebene ein. Leitender Gedanke ist in der Regel das Prinzip der Nutzenmaximierung. Die individuelle Verkehrsentscheidung ist in dieser Logik abhängig von den verfügbaren Wahlalternativen (Raumstruktur/Destinationen, Verkehrsangebote), der aktuellen Handlungssituation (z. B. definiert durch Wegezweck, Wetter usw.) sowie individuellen Präferenzen („Geschmack") und Handlungsvoraussetzungen, die durch soziodemografische Merkmale abgebildet werden sollen (Überblick bei Schwanen und Lucas 2011).

3.1 Strukturelle Rahmenbedingungen

3.1.1 Zeitstrukturen

Bereits seit den 1960er-Jahren hat die Zeitgeografie die Bedeutung individueller Zeitbudgets und gesellschaftlicher Zeitstrukturen für die Mobilität hervorgehoben (vgl. Hägerstrand 1970; für einen aktuellen Überblick vgl. Shaw 2012 und die Beiträge im gleichen Heft). Die theoretische Erklärung hierfür liegt darin, dass Wege Zeit erfordern und Zeit ein knappes Gut bildet, dem ein Wert zugeordnet werden kann (Jara-Diaz und Guevara 2003). Der Zeitaufwand für Wege („Reisezeitbudget") bildet auch einen wesentlichen Teil der generalisierten Nutzerkosten im Verkehr (siehe u.).

In den letzten zwei Jahrzehnten unterlag die zeitliche Verteilung gesellschaftlicher Aktivitäten einem starken Wandel (vgl. Henckel in Kap. V.6 dieses Bandes: ▶ Raumzeitpolitik: Zeitliche Dimensionen der Verkehrspolitik). Als wesentliche Tendenzen lassen sich dabei die Flexibilisierung, Fragmentierung und zeitliche Verdichtung von Aktivitäten sowie die Ausdehnung von Aktivitätszeiten (Abend- und Nachtstunden, Wochenende) festhalten. Beispiele sind die Ausweitung der

Betriebszeiten, die Differenzierung und Flexibilisierung der Arbeitszeiten und die Verlängerung von Angebotszeiten für Konsumenten (Ladenöffnungszeiten, Sendezeiten der Medien). Mit diesen Entwicklungen verlieren lange Zeit allgemein verbindliche soziale Rhythmen wie der Tag oder die Woche ihre Taktgeber- und Synchronisierungsfunktion.

Als Folge des zeitstrukturellen Wandels lässt sich die weitere Lockerung von Standortbindungen (bezüglich Wohnen und Aktivitäten) mit der Folge höherer Distanzen, disperserer Verflechtungen und Veränderungen der Verkehrsmittelwahl (MIV als flexibles Verkehrsmittel) vermuten. Auch Modifikationen des Freizeitverkehrs aufgrund größerer Freizeitblöcke und zeitlicher Verlagerung in Schwachlastzeiten mit Kapazitätsreserven sind möglich. Des Weiteren haben sich langfristige Entwicklungen in den letzten Jahren zum Teil umgedreht, beispielsweise die Verkürzung der Wochenarbeitszeit. Einen Überblick aus verkehrsplanerischer Perspektive gibt ein Hinweispapier der FGSV (2006).

Von solchen makrostrukturellen Entwicklungen müssen zeitstrukturelle Koordinierungszwänge innerhalb privater Haushalte und Familien unterschieden werden, die sich durch Kinder im Haushalt oder Doppelerwerbstätigkeit ergeben (vgl. Abschnitt 2.2).

3.1.2 Raum- und Siedlungsstrukturen

Neben zeitlichen setzen auch räumliche Strukturen den Kontext für menschliches Handeln. Eine Vielzahl von – vorwiegend verkehrswissenschaftlichen und geografischen – Studien beschäftigt sich mit raumstrukturellen Einflüssen auf das Verkehrshandeln (vgl. auch die Beiträge von Kutter und Kurath in Kap. III.5 dieses Bandes: ▶ Siedlungsstruktur und Verkehr: Zum Verständnis von Sachzwängen und individueller Verkehrserreichbarkeit in Stadtregionen). Dabei werden vorwiegend siedlungsstrukturelle Kenngrößen wie Dichte, Größe und Lage sowie die räumliche Verteilung von Flächennutzungen untersucht. Die vorliegenden Studien basieren in aller Regel auf Querschnittsvergleichen verschiedener Siedlungsstrukturen. Sie lassen sich zum einen nach der Maßstabsebene typisieren. Zum anderen sind Fallbeispiele mit idiografischem Charakter zu unterscheiden von Studien, die eher verallgemeinernd mit Siedlungstypisierungen arbeiten.

Die Ergebnisse lassen sich zu drei Kernaussagen zusammenfassen: *Erstens* sind die wesentlichen siedlungsstrukturellen Faktoren, die mit verkehrssparsamem Verhalten korrespondieren, Dichte, Kompaktheit und Nutzungsmischung. *Zweitens* sind die gleichen Merkmale – Dichte, Kompaktheit und Nutzungsmischung – zugleich auch die wesentlichen Faktoren für einen hohen Anteil der Verkehrsmittel des Umweltverbundes (zu Fuß, Fahrrad, ÖPNV) am Gesamtverkehr. *Drittens* ist die Lage im Stadtraum und in der Region ein wichtiger Einflussfaktor der Reisedistanzen. Vor allem im Berufsverkehr, aber auch beim Einkauf und bei der Ausbildung steigt der Verkehrsaufwand mit der Entfernung zum nächsten (Sub-)Zentrum stark an.

Diese Befunde lassen sich im Wesentlichen damit begründen, dass das hohe Potenzial an Aktivitätsgelegenheiten (Arbeitsplätze, Einzelhandel, Freizeitgelegenheiten usw.) in dichten und durchmischten Strukturen notwendige Voraussetzung einer verkehrssparsamen Lebensweise ist. Gleichzeitig ermöglichen solche Strukturen auch ein tragfähiges und hochwertiges öffentliches Nahverkehrsangebot, das eine Alltagsorganisation ohne eigenen Pkw ermöglicht. Dies ist ein entscheidender Faktor für die MIV-sparsame Verkehrsbilanz der Großstädte, denn die siedlungsstrukturellen Differenzen werden im Wesentlichen vom Anteil der Personen ohne Pkw bestimmt.

Im Einzelnen sind diese Kernaussagen allerdings erheblich zu relativieren und mit Problemen bezüglich der Interpretation und hinsichtlich der planerischen Konsequenzen behaftet: Erstens bestehen erhebliche Unsicherheiten über die Relevanz und das Zusammenwirken verschiedener Faktoren. Da etwa zentrale Lage, Dichte und Nutzungsmischung in der Praxis in der Regel gemeinsam auftreten, lassen sie sich in empirischen Studien nur begrenzt systematisch variieren.

Zweitens werden verschiedentlich hohe Dichte bzw. fehlende Freiräume als Auslöser von „Fluchtmobilität" in der Freizeit betrachtet: kurze Alltagswege am Werktag, aber Flucht ‚ins Grüne' am Wochenende (vgl. Holden und Norland 2005). Es gibt aber auch Befunde, die dieser Kompensationshypothese widersprechen (vgl. Dijst et al. 2005). Für Deutschland lässt sich zeigen, dass v. a. die Bevölkerung der Großstädte sich an Fernreisen beteiligt (Holz-Rau et al. 2014). Allerdings kann eine hohe Wohnqualität in den Kernstädten Bevölkerung binden und zur Vermeidung der Randwanderung mit ihren Verkehrsfolgen beitragen.

Drittens – dies ist ein meist vernachlässigter Punkt – impliziert ein verkehrssparsames Handeln der Bewohner der großen Zentren keineswegs, dass dies den Zentren als Verkehrssparsamkeit angerechnet werden darf: Der Bedeutungsüberschuss der Zentren impliziert ja gerade deren Attraktivität und verursacht lange Wege für die einpendelnde Bevölkerung, sei es zum Arbeitsmarkt, zum Kulturevent oder zum Großeinkauf am Wochenende. Der Verkehrsaufwand insgesamt (Quell- und Zielverkehr) hängt demnach wesentlich von einer ausgewogenen Nutzungsmischung ab (vgl. Holz-Rau und Kutter 1995: 51 ff.). Ein sinnvoller Maßstab der Mischung variiert dabei stark nach dem Grad der Spezialisierung von Aktivitäten bzw. Angeboten (Grundversorgung vs. spezialisierte Einrichtungen).

Viertens stellt die selektive Wohnstandortwahl der privaten Haushalte die Kausalität eines Einflusses räumlicher Strukturen auf das Verkehrshandeln in Frage (siehe unten).

Alles in allem dürfte die Wirkung von Siedlungsstrukturen auf den Verkehr mit den „Revolutionen der Erreichbarkeit" (Schmitz 2001) – Auto, Verkehrsinfrastruktur, Telekommunikation usw. – im vergangenen halben Jahrhundert an Relevanz deutlich verloren haben. Welches Gewicht raumstrukturellen Faktoren insgesamt zukommt, wird weiterhin intensiv diskutiert.

3.1.3 Verkehrssysteme

Verkehrsteilnahme und Verkehrsmittelwahl lassen sich in starkem Maße aus den generalisierten Nutzerkosten im Verkehr erklären. Diese werden im Wesentlichen über den Zeitaufwand und die monetären Kosten (ggf. plus „Kosten der Unbequemlichkeit") für Wege abgebildet. Damit sind sie bestimmt durch die Existenz und Ausgestaltung von Verkehrsangeboten. Aus diesem Grund werden Wechselwirkungen zwischen Verkehrsangeboten und -nachfrage unter anderem im Kontext siedlungsstrukturell orientierter Studien (siehe oben.) vielfach thematisiert. Besonders offensichtlich sind diese Wechselwirkungen beim ÖV, bei dem ein tragfähiges Angebot ein ausreichendes Nachfragepotenzial und damit eine hohe Siedlungs- und Bevölkerungsdichte voraussetzt, während der Individualverkehr auf ein ubiquitäres Straßennetz zurückgreifen kann.

Historisch haben sich die Verkehrssysteme zeitgleich mit der Siedlungsstruktur sowie mit ökonomischen und sozialen Verflechtungen ausgebreitet und über die Zunahme der Reisegeschwindigkeit die Ausdehnung der Aktionsräume ermöglicht. Standortentwicklungen und Verkehrsnachfrage gingen also mit dem Ausbau der Verkehrsnetze Hand in Hand (vgl. Heinze 1979). Dies setzt sich heute fort mit dem Ausbau der Straßen- und Schienen-Hochgeschwindigkeitsnetze sowie den Flughafenausbauten. Verkehr lässt sich so als Teil einer „Wachstums-Spirale" aus Standortwahl, Verkehrsinfrastruktur und Verkehr verstehen.

Dies wird auch als sekundär induzierter Verkehr beschrieben. Unter induziertem Verkehr verstehen wir Verkehr, der durch Kapazitäts- und Attraktivitätssteigerungen des Verkehrsangebots zusätzlich ermöglicht und in der Folge von Verkehrsteilnehmern tatsächlich realisiert wird (vgl. Cerwenka und Hauger 1996). In der Regel wird als Verkehrsangebot vor allem die Verkehrsinfrastruktur betrachtet; aber auch Änderungen in Betrieb, Preisen, Information usw. können Verkehr induzieren (z. B. Kapazitätserhöhung durch Verkehrsleitsysteme).

Kurzfristig kann hierdurch die Aktivitätsnachfrage erhöht oder mit der Folge höherer Distanzen räumlich umgelenkt werden (primär induzierter Verkehr, vgl. z. B. Cerwenka und Hauger 1996). Mittel- bis langfristig können sich durch Infrastrukturausbau siedlungsstrukturelle Veränderungen ergeben, die zusätzlichen Verkehr sekundär induzieren (vgl. Holz-Rau und Kutter 1995: 61 ff.; Hymel et al. 2010). Auch der Ausbau des ÖPNV-Netzes führt nicht nur zur Substitution von Pkw-Verkehr durch ÖPNV, sondern (neben der Substitution von Wegen zu Fuß und mit dem Fahrrad) auch zu neuen Verflechtungsmustern. So können radial ausgerichtete ÖV-Netze, wie z. B. der Bau von S-Bahnen, indirekt neuen Pkw-Verkehr produzieren, indem die Tangentialverkehre im Umland, die in Folge der Suburbanisierung entstehen, für Einkauf, Freizeit oder sonstige Erledigungen mit dem MIV abgewickelt werden.

3.1.4 Ökonomische Rahmenbedingungen

Zunehmende räumliche Arbeitsteilung und stärkere Spezialisierung führten im historischen Ablauf bisher stets zu mehr Austausch und in der Folge zu mehr Verkehr. Mit dem Strukturwandel von der Industrie- zur Dienstleistungsgesellschaft, in der die Erhöhung der Produktivität nicht automatisch mit einer Verstärkung der materiellen Transportvorgänge verknüpft ist, verbindet sich die Hoffnung, Verkehrs- und Wirtschaftswachstum voneinander zu entkoppeln. Der Entkopplungsgedanke fußt im Wesentlichen auf zwei Säulen: Erstens auf einer höheren Effizienz, wodurch die Fahrleistungen im Güterverkehr bei gleichem Verkehrsaufwand durch verbesserte Logistik und stärkeren Wettbewerb der Transportwirtschaft reduziert werden und zweitens auf einer zunehmenden Virtualisierung,

d. h. darauf, dass physischer Verkehr durch eine zunehmende elektronische Vernetzung („virtuelle Mobilität") substituiert und der Verkehrsaufwand reduziert wird.

Entsprechende empirische Untersuchungen lassen eine Entkopplung nur begrenzt erkennen (vgl. Banister und Stead 2002); zudem ist auch hier die kausale Richtung des Zusammenhangs nicht klar (vgl. Liddle 2009).

Allerdings gibt es durchaus Länder mit hoher Motorisierung und relativ geringer Wirtschaftskraft (Italien) und andererseits Länder mit geringer Motorisierung und relativ hoher Wirtschaftskraft (Dänemark). Auch im internationalen und nationalen Städtevergleich zeigen sich „keine plausiblen Zusammenhänge zwischen dem regionalen BIP und der Höhe der Autonutzung" (Bratzel 1999: 49). Es scheinen also durchaus Handlungsspielräume für eine Entkopplung von Verkehr und Wirtschaftsentwicklung zu bestehen.

3.1.5 Neue Technologien

Neue Verkehrstechnologien waren häufig in der Geschichte Auslöser verkehrlicher Entwicklungen auf der Nachfrageseite. Die Eisenbahn löste einen Reiseboom sowie eine verstärkte räumliche Arbeitsteilung aus, der Pkw führte zu einer wahren Explosion des Verkehrsaufwandes im 20. Jahrhundert und trug zur flächendeckenden räumlichen Erschließung von Siedlungsstandorten mit der Folge disperser Verflechtungsstrukturen und der Nivellierung des Stadt-Land-Gegensatzes bei. Auch die Telekommunikation lässt sich als Verkehrstechnologie bezeichnen. In der Verkehrswissenschaft gibt es gegenwärtig eine breite Diskussion um die Auswirkungen von Telearbeit, Teleshopping oder Telebanking auf die Verkehrsnachfrage.

Am Beispiel des Teleshoppings (internetbasiertes Einkaufen) entstehen direkte Verkehrskonsequenzen auf der *Angebotsseite*: Kleinteiligere und individualisierte Produkte mit flexiblen Vertriebswegen führen über die Zustellung von Paketen in Privathaushalte dazu, dass sich das Güterverkehrsaufkommen in Wohngebieten und vermutlich auch insgesamt erhöht.[3] Indirekte Verkehrskonsequenzen können sich als Folge veränderter Standortentscheidungen der Anbieter ergeben (Diskussion in Cairns 2005).

Die Konsequenzen auf der *Nachfrageseite* erweisen sich als komplex und trotz umfangreicher Forschungen bisher weitgehend ungeklärt (vgl. Diskussion in Aguiléra et al. 2012). Auf der einen Seite wird von einer Substitution physischer Wege durch Telekommunikation ausgegangen, was von verschiedenen Studien gestützt wird. Auf der anderen Seite kann im Sinne eines konstanten Reisezeitbudgets die geringere Wegehäufigkeit etwa von Telearbeitern beispielsweise durch die Ausdehnung des Suchradius bei der Arbeitsplatzwahl oder die Wahl eines weiter entfernten Wohnstandortes kompensiert werden (Kompensationshypothese). Auch

---

[3]Das Verkehrsaufkommen bemisst sich nach der Menge der transportierten Güter (im Personenverkehr nach der Anzahl zurückgelegter Wege), während im Verkehrsaufwand (auch: Verkehrsleistung) zusätzlich die zurückgelegten Distanzen berücksichtigt werden.

hierfür gibt es empirische Belege (Zhu 2013). Dabei kann die Kausalität auch in der anderen Richtung bestehen: Erwerbstätige mit langen Arbeitswegen dürften sich eher zur Telearbeit motivieren lassen. Eine weitere Form der Kompensation sind häufigere oder weitere Wege zu anderen Zwecken. So kann die geringere Häufigkeit persönlicher Kontakte bei Telearbeitern zu verstärktem Freizeitverkehr führen (vgl. Harvey und Taylor 2000).

Verstärkte Kommunikation kann auch vermehrte physische Kontakte zur Folge haben (Komplementaritäts- oder Induktionshypothese). Telekommunikation führt demnach zur großräumigeren Verteilung der Kommunikationspartner und stärkerer räumlicher Arbeitsteilung sowie in Folge dessen zur Erhöhung der Reisedistanzen in Privathaushalten und Betrieben, möglicherweise insbesondere zu mehr Flugverkehr. Die Modal-Split-Hypothese schließlich besagt, dass die Nutzung von Telekommunikation infolge damit verbundener zeitlicher und räumlicher Flexibilisierung und Dezentralisierung den Pkw stärkt und die ÖPNV-affinen raumzeitlich gebündelten Verflechtungen schwächt (vgl. Vogt 2000). Die eingesparten Arbeitswege von Telearbeitern werden möglicherweise dadurch kompensiert, dass der Pkw zuhause anderen Haushaltsmitgliedern zur Verfügung steht.

3.1.6 Handeln von Akteuren aus Politik und Planung

Teil der strukturellen Rahmenbedingungen des Verkehrs ist auch das Handeln von Akteuren aus Politik und Planung, wie bereits am Beispiel des induzierten Verkehrs deutlich wurde. Ein Extrembeispiel dafür bildet die vorauseilende Planung der autogerechten Stadt in der Nachkriegszeit, die in vielen Großstädten zum Abriss ganzer Straßenzüge und Quartiere für eine Minderheit von motorisierten Haushalten führte und große urbane Räume städtebaulich stark entwertete.

Auch heute ist die Verkehrsplanung trotz rückläufiger Bevölkerungsprognosen und der seit einigen Jahren zu beobachtenden Stagnation des Personenverkehrs von weiterem Infrastrukturausbau geprägt (Autobahnen, kommunale Straßen, Luftverkehr, ICE-Netz). Die Verkehrsplanung zielt damit noch immer stark auf Wachstum und Verringerung der Raumwiderstände ab. Zugrunde liegt die ökonomische Rationalität, Reisezeit als verlorene Zeit und damit als Kostenfaktor zu betrachten, den es zu verringern gilt.

Des Weiteren sind Förderprämissen, Infrastrukturfinanzierung und finanzielle Rahmenbedingungen in hohem Maß durch Widersprüche, Zielkonflikte und Einflussnahme von lokalen/regionalen Politiken und Lobbys geprägt, die beispielsweise die angeblich zu hohe finanzielle Belastung von Autofahrern für ihre verkehrspolitischen Ziele instrumentalisieren, obwohl die Nutzerkosten des MIV weit hinter den Gesamtkosten einschließlich der externen Kosten zurückbleiben (Brenck et al., in Kap. IV.3 dieses Bandes: ▶ Die externen Kosten des Verkehrs).

Akteursanalysen zeigen die unterschiedlichen, widersprüchlichen und konkurrierenden Interessen und Ziele der verschiedenen Akteursgruppen in Planung, Politik und Wissenschaft bezüglich der Verkehrsentwicklung (Bratzel 1999; Low 2005). Beispiele dafür sind die interkommunale Konkurrenz und die der Länder um BVWP-Projekte. Erschwert wird dies durch fehlende oder nicht durchsetzungsfähige regionale Planungsinstitutionen, Interessenkonflikte und Kommunikationsprobleme zwischen Fachämtern (Umweltamt, Tiefbauamt, Planungsamt) und das Spannungsverhältnis zwischen der Kurzfristigkeit des Handelns politischer Entscheidungsträger und den langfristigen Wirkungen im Verkehrssektor.

Aber auch unter den gegebenen Rahmenbedingungen gibt es durchaus politische Handlungsspielräume, die Verkehrsentwicklung im Sinne stärkerer Nachhaltigkeit zu beeinflussen. Bratzel (1999) arbeitet anhand der vier Beispielstädte Amsterdam, Groningen, Zürich und Freiburg i.Br. heraus, dass eine umweltorientierte städtische Verkehrspolitik das Wachstum des MIV zumindest vermindern kann.

3.2 Individuelle Handlungsvoraussetzungen

In praktisch allen bedeutenden theoretischen Ansätzen der Verkehrsverhaltensforschung spielen auf der Individual- oder Haushaltsebene wirksame Handlungsvoraussetzungen in Form von Ressourcen und soziale Rollen eine wichtige Rolle. Nachfolgend werden fünf wesentliche Gruppen solcher Einflussfaktoren diskutiert: Lebenslage; Lebensstile und Mobilitätsstile; die Wohnstandortwahl; Einstellungen und (Umwelt-) Normen sowie die Verfügbarkeit von ‚Mobilitätswerkzeugen'.

3.2.1 Lebenslage

Im Begriff der Lebenslage lassen sich soziale Rollen, Ressourcen und Restriktionen zusammenfassen, mit denen objektive, strukturelle und mittelfristig relativ stabile Ungleichheiten beschrieben werden, die den Handlungsspielraum einer Person oder eines Haushalts umreißen (Berger und Hradil 1990:10). Dagegen betont der Lebensstil mehr die selbst gewählten Aspekte der eigenen Lebensgestaltung.

Die Lebenslage spielt als Begriff für die Verkehrsforschung keine bedeutende Rolle, als implizites Konzept dafür umso mehr. Der Beginn der modernen Verkehrsgeneseforschung um 1970, die zunächst vor allem das Ziel der Entwicklung disaggregierter Verkehrsberechnungsmodelle verfolgte, basierte im Grunde auf dem Konzept der Lebenslage. So sind die verhaltenshomogenen Gruppen von Kutter (1973) durch Merkmale der Lebenslage definiert: Stellung im Erwerbsprozess, Altersgruppe, Geschlecht und Pkw-Verfügbarkeit. Die theoretische Begründung dafür bilden soziale Rollen, die sich in den genannten Merkmalen ausdrücken und an bestimmte Aktivitäten gekoppelt sind: Erwerbstätige gehen zur Arbeit, Studierende gehen zur Universität, Hausfrauen gehen einkaufen usw. Die Rollen werden also im Wesentlichen als restriktiv für das Verhalten betrachtet.

In verkehrswissenschaftlichen Studien wird die Lebenslage häufig – ohne ihre Bedeutung wirklich zu hinterfragen – als „soziodemografische Faktoren" zusammengefasst. Im Einzelnen spielen dabei eine Vielzahl von Merkmalen eine wichtige Rolle: Alter, Geschlecht, Erwerbstätigkeit, sozialer Status (mit Variablen wie Stellung im Beruf, Einkommen, Bildung umschrieben), Haushaltsstruktur (Kinder im Haushalt, Haushaltstyp). Aber auch weniger häufig betrachtete Kennzeichen wie Gesundheit und körperliche Unversehrtheit lassen sich als Teil der Lebenslage begreifen und spielen eine wichtige Rolle für die Verkehrsnachfrage.

Hinter den einzelnen Merkmalen verbergen sich oft komplexe Zusammenhänge. So stehen hinter den häufig gefundenen Alterseffekten auf die Verkehrsnachfrage zumindest ein Lebensalter- und ein Kohorteneffekt (Dargay 2001). Der Lebensaltereffekt beschreibt die veränderte Verkehrsnachfrage abhängig vom Lebensalter, was in starkem Bezug zum Lebens-, Erwerbs- und Familienzyklus steht. Der Kohorteneffekt bezeichnet die sich wandelnde Verkehrsnachfrage jüngerer im Vergleich zu vorherigen Geburtskohorten bei gleichem Lebensalter, etwa die mit jeder Geburtskohorte bis zu den 1980er-Jahren zunehmende Motorisierung.

Insgesamt wird in der Verkehrsforschung vermutet, dass individuelle (Lebenslage-)Charakteristika von Personen für die Verkehrsnachfrage eine größere Bedeutung besitzen als (raum-)strukturelle Determinanten (vgl. Stead et al. 2000). Verkehrspolitisch sind strukturelle Rahmenbedingungen dennoch relevanter, weil die Lebenslage von Personen oder Haushalten nicht Gegenstand der traditionellen Felder von Verkehrspolitik und -planung sind. So ist etwa die Frage einer geschlechtsspezifischen Arbeitsteilung Gegenstand der Familien- oder Arbeitsmarktpolitik; ihre Folgen für die Mobilität sind jedoch nicht Gegenstand der Verkehrspolitik.

3.2.2 Lebensstile und Mobilitätsstile

In der soziologischen Ungleichheitsforschung wird seit den 1980er-Jahren verstärkt darauf hingewiesen, dass die traditionellen Klassen- und Schichtenmodelle soziale Ungleichheit nicht mehr ausreichend erklären können, sondern ergänzende soziokulturelle Differenzierungen erforderlich sind. In Folge dieser Debatte erlebte vor allem das Konzept der Lebensstile eine Blüte, das seit Mitte der 1990er-Jahre auch die Mobilitätsforschung prägt.[4]

Dabei erwiesen sich Lebensstile in ersten Versuchen aufgrund ihres mangelnden direkten Bezugs zum Thema Verkehr als eher unergiebig. Konsequenterweise wurden sie in modifizierter Form zu Mobilitätsstilen weiterentwickelt, die eine Typisierung der Bevölkerung anhand von mobilitätsspezifischen Einstellungen oder Orientierungen erlauben (vgl. Götz et al. in Kap. VII.5 dieses Bandes: ▶ Mobilitätsstile und Mobilitätskulturen – Erklärungspotentiale, Rezeption und Kritik). Auf diesem Weg werden symbolische Faktoren der Mobilität konzeptualisiert und in Erklärungen einbezogen.

In der US-amerikanischen Verkehrsforschung wird ebenfalls zunehmend mit Einstellungen operiert, die den Mobilitätsstilen ähnlich sind, ohne dass dieser Begriff verwendet wird (vgl. Bagley und Mokhtarian 2002; Handy et al. 2005). Der theoretische Hintergrund ist dabei weniger sozialwissenschaftlich fundiert, aber das empirische Erkenntnisinteresse ist vergleichbar.

Die wichtigste praktische Anwendung von Mobilitätsstilen besteht in neuen Zielgruppendefinitionen für verkehrspolitische und -planerische Maßnahmen. Im Gegensatz zu traditionellen Zielgruppen werden diese Gruppen nicht mittels soziodemografischer Attribute (z. B. jung/alt) definiert, sondern mittels Einstellungen

---

[4]Frühere Lebensstilansätze in der Verkehrsforschung (vgl. Salomon/Ben-Akiva 1983) basieren nach heutigem Begriffsverständnis im Grunde auf Konzeptualisierungen der Lebens*lage*.

und Orientierungen, die besonders die emotional-symbolischen Determinanten der Verkehrsteilnahme betonen. Damit wird eine Entwicklung nachvollzogen, die in der Autoindustrie seit langem zur Marketingpraxis gehört.

3.2.3 Wohnstandortwahl

Anhand der Zusammenhänge zwischen Siedlungsstrukturen und Verkehr wurde bereits deutlich, dass die Verkehrsnachfrage in starkem Maß von der Entwicklung der Standorte von Wohnen und anderen Nutzungen (Arbeitsplätze, Versorgung, Schulen…) beeinflusst wird. Die Wohnstandortwahl privater Haushalte lässt sich als eine langfristig angelegte verkehrsrelevante Entscheidung betrachten, die den eigentlichen Verkehrsentscheidungen vorgelagert ist (ähnlich wie der Pkw-Kauf). Allerdings lassen viele Untersuchungen offen, ob und inwieweit die Verkehrsnachfrage ein Effekt der räumlichen Strukturen am Wohnstandort oder der individuellen Entscheidung für einen bestimmten Wohnstandort ist. Das Verhältnis zwischen objektiven, strukturellen Ursachen und individuellem (Standort-)Verhalten bleibt damit ungeklärt.

Jüngere Ansätze versuchen dieser Frage und damit gleichzeitig auch den Wechselwirkungen zwischen Wohnstandortwahl und Verkehr auf die Spur zu kommen. Dabei spielen unter anderem längsschnittorientierte Ansätze eine wichtige Rolle. So finden Handy et al. (2005), dass sich nach Wanderungen die Verkehrsmittelnutzung häufig ändert, auch wenn soziodemografische Veränderungen und Einstellungen kontrolliert werden. Sie schließen daraus, dass es sich bei den Unterschieden in der Verkehrsmittelnutzung zwischen verschiedenen Siedlungstypen nicht nur um einen Effekt selektiver Wanderungen von Bevölkerungsgruppen mit bestimmten Verkehrsmittelpräferenzen handelt, sondern *auch* um kausale Einflüsse der Siedlungsstruktur auf die Verkehrsmittelnutzung. Zu vergleichbaren Ergebnissen kommt auch Scheiner (2005), der darüber hinaus aber auch innerhalb des gleichen Siedlungstyps Unterschiede in der Motorisierung zwischen Abwanderern *vor* dem Umzug und Zurückbleibenden (*mover* vs. *stayer*) findet. Demnach spielen auch Effekte der Selbstselektion eine Rolle, also die gezielte Wanderung in Gebiete, die zu dem ohnehin gewohnten Verkehrshandeln ‚passen': Pkw-Nutzer wandern eher in ‚pkw-affine', ÖPNV-Nutzer eher in ‚ÖPNV-affine' Siedlungsstrukturen. Ein Überblick über diese Forschungsrichtung findet sich in Cao et al. (2009).

Neben Wohnstandortpräferenzen und Wohnstandortwahl spielen auch Wanderungsdistanzen eine Rolle für die Genese von Verkehr. So bringen mittel- bis langfristig persistente aktionsräumliche Orientierungen nach Umzügen je nach Aktivität hohe Reisedistanzen mit sich, etwa um private Kontakte aufrecht zu erhalten (Scheiner 2009, S. 162 ff).

3.2.4 Verfügbarkeit und Besitz von ‚Mobilitätswerkzeugen'

Mit dem räumlichen Umfeld und damit der Wohnstandortwahl eng verbunden sind die am Wohnort vorfindbaren Verkehrsangebote und -bedingungen. Menschen benötigen deshalb ‚Mobilitätswerkzeuge', etwa Autos, Fahrräder oder ÖPNV-Zeitkarten, die ihnen erlauben, sich in ihrem räumlichen Kontext effizient zu bewegen. Deshalb variiert etwa das Niveau der Motorisierung eng mit dem räumlichen Umfeld. Die Anschaffung von Mobilitätswerkzeugen ist also neben finanziellen und anderen

Ressourcen abhängig von den Rahmenbedingungen der Siedlungsstruktur. Auf der anderen Seite kann sie eine Voraussetzung sein, in einem bestimmten räumlichen Umfeld zu siedeln (siehe den Abschnitt über die Wohnstandortwahl). Die Anschaffung eines Pkw etwa stellt weniger eine Determinante der Verkehrsmittelwahl als selbst bereits eine Verkehrsmittel(-vor-)entscheidung dar, allerdings mit einer längerfristigen Perspektive als das alltägliche Verkehrshandeln.

Aufgrund der Interaktionen zwischen Personen eines Haushalts ist es dabei wesentlich, nicht nur den Besitz eines Mobilitätswerkzeugs zu betrachten, sondern auch das Maß der Verfügbarkeit zu differenzieren. Der Kauf eines Pkw ist in der Regel keine individuelle, sondern eine Haushaltsentscheidung. Beim Besitz eines Haushalts Pkw kann dessen Verfügbarkeit für die Mehrzahl der Haushaltsmitglieder stark eingeschränkt sein, wenn eine Person beispielsweise mit dem Pkw zur Arbeit fährt. Dies ist ein wesentlicher Grund für die geschlechtsspezifische Verkehrsmittelnutzung (Scheiner und Holz-Rau 2012).

3.2.5 Einstellungen und Normen

Mobilitäts- und erreichbarkeitsspezifische Einstellungen wurden bereits in den Abschnitten zu Lebensstilen und Wohnstandortwahl diskutiert. Darüber hinaus sind individuelle Einstellungen, persönliche und soziale Normen, Intentionen und Motive Gegenstand sozialpsychologischer Forschungen zur Verkehrsnachfrage. Häufig basieren diese Ansätze auf der Theorie des geplanten Verhaltens (vgl. Ajzen und Fishbein 1980). Bamberg et al. (2003) erweitern diese Theorie unter Betonung des habituellen Verhaltens für die Verkehrsmittelnutzung. Alternativ schlägt Hunecke (2000) ein Norm-Aktivations-Modell vor und findet, dass auch ökologische Normorientierungen eine – wenn auch schwache – Bedeutung für die Verkehrsmittelnutzung haben. Auf sehr begrenzte derartige Zusammenhänge deuten auch die Befunde von Susilo et al. (2012) aus Großbritannien.

Stärker auf affektive Einstellungen fokussiert ist eine psychoanalytisch geprägte Forschungsrichtung, die im Pkw eine Art ‚Verlängerung' der personalen Identität sieht, was den funktionalen Aspekt als Beförderungsmittel stark überlagere.

Die genannten Modelle sind wichtige Bausteine der Verkehrsforschung, bleiben aber bisher aus theoretischen Gründen auf die Verkehrsmittelnutzung beschränkt und zeigen keinen Weg zu einer allgemeinen Erklärung des Verkehrshandelns unter Einbezug von Aktivitäts- und Zielortentscheidungen und damit auch der zurückgelegten Distanzen oder zur Erklärung der Bildung von Wegeketten.

3.3 Komplexe Zusammenhänge: einige Beispiele

Im vorigen Abschnitt wurde eine Vielzahl von Einflussgrößen der Verkehrsgenese diskutiert, die in den meisten Fällen nicht unabhängig voneinander zu verstehen sind. In den letzten Jahren wird verstärkt versucht, der sich daraus ergebenden Komplexität auch empirisch Rechnung zu tragen.

Lange Zeit wurden vor allem mit Hilfe multipler Regressionsmodelle unterschiedliche Ursachenkomplexe des Verkehrs simultan berücksichtigt. Dabei werden allerdings aufgrund der mathematischen Struktur die vielschichtigen Abhängigkeiten zwischen verschiedenen Einflussgrößen nicht adäquat berücksichtigt. Beispielsweise sind Pkw-Verfügbarkeit oder Wohnstandortwahl nicht nur Determinanten der Verkehrsnachfrage, sondern sie sind ihrerseits unter anderem von der sozioökonomischen Lage des Haushalts, dem Lebensstil oder den Mobilitäts- und Standortpräferenzen abhängig. Dies legt die Anwendung mehrstufiger Modelle unter Integration ‚intervenierender' Variablen nahe. Dafür eignen sich beispielsweise lineare Strukturgleichungsmodelle, die in den letzten Jahren in der Verkehrsforschung verstärkt angewandt werden. So untersuchen Bagley und Mokhtarian (2002) mit diesem Ansatz die Einflüsse von Lebenslage, Lebensstil, Einstellungen (vergleichbar Mobilitätsstilen, vgl. Abschnitt 2.2) und Raumstruktur auf zweck- und verkehrsmittelspezifische Reisedistanzen (vgl. ähnlich Scheiner 2009). Sie kommen zu dem Schluss, dass räumliche Strukturen bei Kontrolle von Lebenslage, Lebensstil und Einstellungen nur einen geringen Einfluss auf die Verkehrsnachfrage besitzen.

Weitere komplexe Zusammenhänge zeigen sich bei der Erforschung von Abhängigkeiten der Verkehrsnachfrage, insbesondere der Beteiligung an verschiedenen Aktivitäten, zwischen den Mitgliedern eines Haushalts heraus. Chung et al. (2004) finden besonders starke Interdependenzen in der Freizeit, was vermutlich auf gemeinsame Unternehmungen hindeutet. Bei der Untersuchung wechselseitiger Abhängigkeiten in Haushalten wird auch die geschlechtsspezifische Arbeitsteilung und ihre Auswirkungen auf die Verkehrsmittelwahl deutlich (Scheiner und Holz-Rau 2012).

Andere Forschungen tragen den Wechselwirkungen zwischen verschiedenen Merkmalen des Verkehrshandelns und damit den Interdependenzen zwischen verschiedenen Verkehrsentscheidungen Rechnung, etwa zwischen Wegehäufigkeit und Reisedistanz. Auch Abhängigkeiten zwischen der Verkehrsmittelnutzung und der räumlichen Verteilung der Ziele (aufgesuchte Zielorte oder zurückgelegte Distanzen) lassen sich auf diese Weise untersuchen.

Solche komplexen Modelle sind ein möglicher Weg, theoretische Ansätze aus verschiedenen Disziplinen zu verbinden. Dabei ist es auch möglich, über die Integration zeitversetzter Variablen Wechselwirkungen empirisch aufzuzeigen und auf dem schwierigen Weg zu einer prozessual orientierten Verkehrs- und Mobilitätsforschung einen Schritt weiter zu kommen, beispielsweise hin zu einer biografischen bzw. lebenslauforientierten Theorie der Mobilität (vgl. Lanzendorf 2003; Scheiner 2003), ähnlich wie sie in der Migrationsforschung bereits existiert (vgl. Birg und Flöthmann 1992).

4 Fazit: Perspektiven der Forschung und Konsequenzen für die Verkehrspolitik

Die derzeit dominierenden Forschungsansätze zur Verkehrsgenese lassen sich durch einige Merkmale und Entwicklungstendenzen kennzeichnen (ausführlich: Lanzendorf und Scheiner 2004). Von den Gravitationsmodellen der 1960er-Jahre bis zu den heutigen sozial und räumlich stark differenzierten Ansätzen ist eine deutliche Tendenz zur Mikroperspektive erkennbar. Damit verbunden ist eine gewisse Abkehr vom deterministischen Denken, weil aggregierte (Makro-)Ansätze explizit oder implizit stets ein mehr oder weniger mechanisches Reagieren der Verkehrsteilnehmer auf Bedingungen der Makroebene unterstellen. Dies bedeutet auch eine zunehmende Betonung des Wahlhandelns von Individuen und Haushalten, während bis etwa in die 1980er-Jahre noch primär von einer durch soziale Rollen, zeitliche und andere Zwänge determinierten Verkehrsnachfrage ausgegangen wurde.

Die Tendenz zur Mikroperspektive ist verbunden mit einer zunehmenden Disaggregierung sowohl auf der Erklärungsebene als auch auf der Ebene der untersuchten Merkmale der Verkehrsnachfrage (z. B. Forschungsfeld Freizeitverkehr). Auf der Erklärungsebene betrifft dies sowohl die zunehmende soziale (z. B. Lebensstile, Milieus) als auch die räumliche Differenzierung (z. B. Forschungsfelder Wohnen und Verkehr, Verkehr in der Region).

Trotz aller Komplexität der Ansätze, die auch durch die zunehmende interdisziplinäre Forschungsarbeit ermöglicht wurden, erweisen sich die „klassischen" Determinanten der Verkehrsnachfrage noch immer als die wichtigsten (z. B. Pkw-Verfügbarkeit, Alter, Erwerbstätigkeit). Insoweit scheint Verkehrshandeln jenseits von symbolischen und emotionalen Aspekten auch stark von eher „banalen" Alltagsumständen bestimmt zu sein. Festzuhalten ist aber auch, dass die Verkehrsnachfrage noch immer nicht „gut erklärbar" ist, sondern einem erheblichen Eigensinn der Verkehrsnachfrager unterliegt. Dies wirft die Frage auf, ob Verkehrshandeln möglicherweise von ganz anderen Parametern, Rationalitäten und Entscheidungslogiken bestimmt ist als denjenigen, die in der Forschung untersucht werden. Insgesamt scheint es sehr zweifelhaft, ob ein umfassendes, alles integrierendes Modell der Verkehrsgenese möglich ist.

Ein möglicher Weg zu einem vertieften Verständnis der komplexen Wechselwirkungen zwischen gesellschaftlichen, räumlichen und verkehrlichen Entwicklungen sind längsschnittorientierte Modelle, mit denen die Prozesshaftigkeit der Verkehrsentwicklung im sozialen und räumlichen Kontext möglicherweise besser als bisher aufgezeigt werden kann. In den dominierenden Querschnittsanalysen bleiben langfristige Effekte von Veränderungen und Maßnahmen im Verkehrs- und Siedlungssystem ebenso ausgeblendet wie individuelle Lebensläufe, etwa die Wohn-, Erwerbs- und Haushaltsbiografie. Das Mobilitätspanel hat neue Möglichkeiten für Längsschnittbetrachtungen geschaffen.Allerdings wären entsprechende Analysen auch auf ein theoretisches Fundament der biografischen und/oder gesellschaftlichen Verkehrs- und Mobilitätsentwicklung zu stellen, das noch seiner Entwicklung harrt.

Verkehrspolitisch ist die Verkehrsgeneseforschung als Grundlagenforschung einzustufen, die allerdings durch ihre Bezugnahme auf verschiedene politische und planerische Handlungsfelder klare Anwendungsbezüge in der Zustandsanalyse, der Verkehrsprognose und der Wirkungsevaluation (verkehrs-)politischer Maßnahmen und Konzepte aufweist. Raumstruktur, Verkehrsangebote, gesellschaftliche Zeitstrukturen, Kosten für Wohnen und Verkehr auf der Nachfrageseite, zielgruppenspezifische Informationsangebote usw. sind Beispiele für aktuelle oder mögliche Felder verkehrlich relevanter politischer Gestaltung. Die Ergebnisse der Verkehrsgeneseforschung machen deutlich, dass auch politische Handlungsfelder, die keinen direkten Verkehrsbezug aufweisen, erhebliche (nicht intendierte) verkehrliche Nebenfolgen aufweisen können, die in der Bewertung von Handlungsalternativen zu berücksichtigen sind. So hat sich die Eigenheimzulage in der öffentlichen Wahrnehmung der letzten Jahre von einem Instrument zur Beschaffung von Wohnraum für breite Bevölkerungsschichten zu einem Förderinstrument der Zersiedelung gewandelt, die Pendlerpauschale von einem ökonomischen Steuerinstrument für die benachteiligte Peripherie zu einer Zersiedlungspauschale.

Gerade wenn die Nebenfolgen politischen Handelns unklar sind, ist eine kritische Reflexion a priori sowie eine fundierte Wirkungsanalyse a posteriori unerlässlich. Dabei kann die Verkehrsgeneseforschung eine zentrale Rolle spielen. Ein Beispiel dafür bietet die noch immer unbeantwortete Frage, ob der Ausbau von Verkehrsinfrastruktur in peripheren Regionen eher diese Regionen unterstützt (Erreichbarkeit von Arbeitsmärkten) oder ob damit eher die Abwanderung als Folge von Fernpendelepisoden und damit die weitere Schwächung der Peripherie gefördert wird (vgl. Wieland in Kap. IV.3 (▶ Verkehrsinfrastruktur: Volkswirtschaftliche und ordnungspolitische Aspekte) und Canzler in Kap. V.4 (▶ Die soziale Aufgabe von Verkehrsinfrastrukturpolitik) dieses Bandes).

Die interdisziplinäre Arbeit spielt bei komplexen Fragestellungen der Verkehrsgenese eine wichtige Rolle. Dabei ist die inhaltliche Verschränkung verschiedener Ansätze über die institutionelle Kooperation hinaus ein wichtiges, aber schwieriges Unterfangen, das weiterhin der öffentlichen Förderung bedarf. Die Erfolge zeigen sich durchaus auch auf der praktischen Ebene der Verkehrsplanung, wo eine Entwicklung von der durch Verkehrsingenieure geprägten Angebotsorientierung („Anpassungsplanung") hin zu stärkerer Nachfrageorientierung und Einbezug von mehr Disziplinen (Mobilitätsmanagement, „Gestaltungsplanung") erkennbar ist (vgl. Beckmann in Kap. VII.3 dieses Bandes: ▶ Verkehrspolitik und Mobilitätsforschung: Die angebotsorientierte Perspektive). Die dabei entwickelten Konzepte sind aufgrund ihrer Abkehr von der rein infrastrukturellen Orientierung häufig von Flexibilität, Fehlerfreundlichkeit und relativ geringem Mitteleinsatz geprägt, was bei zunehmend knappen öffentlichen Kassen zukünftig noch wichtiger werden wird.

Für die Verkehrsgeneseforschung wird es in Zukunft darauf ankommen, die angesprochenen Potenziale weiter zu entwickeln und an Defiziten und Wissenslücken zu arbeiten. Dabei werden Mikroanalysen weiterhin eine zentrale Rolle spielen, weil nur diese die Maßnahmensensitivität von Zielgruppen differenziert abbilden können und damit eine Einschätzung der Effektivität und Effizienz von Konzepten erlauben. Über die analytischen Defizite hinaus bestehen in starkem Maß Umsetzungsdefizite bezüglich der vielfältigen bereits entwickelten Konzepte. Dafür könnte eine konflikt- und akteursorientierte Politikforschung des Verkehrssektors und der damit verbundenen Sektoren entscheidende Beiträge leisten.

Literatur

Aguiléra, Anne, Guillot Caroline, und Rallet Alain. 2012. Mobile ICTs and physical mobility: Review and research agenda. *Transportation Research Part A* 46(4): 664–672.
Ajzen, Icek, und Martin Fishbein. 1980. *Understanding attitudes and predicting social behavior*. Prentice Hall: Englewood Cliffs, N.J.: Prentice Hall
Bagley, Michael N., und Patricia L. Mokhtarian. 2002. The impact of residential neighborhood type on travel behavior: A structural equations modeling approach. *Annals of Regional Science* 36(2): 279–297.
Bamberg, Sebastian, Rölle Daniel, und Weber Christoph. 2003. Does habitual car use not lead to more resistance to change of travel mode? *Transportation* 30(1): 97–108.
Banister, David, und Dominic Stead. 2002. Reducing transport intensity. *European Journal of Transport and Infrastructure Research* 3–4: 161–178.
Berger, Peter, und Stefan Hradil, Hrsg. 1990. *Lebenslagen. Lebensläufe. Lebensstile*. Soziale Welt, Sonderband 7. Göttingen: Otto Schwartz.
Birg, Herwig, und E.-Jürgen Flöthmann. 1992. Biographische Determinanten der räumlichen Mobilität. In *Regionale und biographische Mobilität im Lebensverlauf. Forschungs- und Sitzungsberichte der Akademie für Raumforschung und Landesplanung 189*, Hrsg. ARL – Akademie für Raumforschung und Landesplanung, 27–52. Hannover: Akademie für Raumforschung und Landesplanung.
Bratzel, Stefan. 1999. *Erfolgsbedingungen umweltorientierter Verkehrspolitik in Städten*, Stadtforschung aktuell 78. Basel/Boston/Berlin: Birkhäuser.
Brög, Werner. Erhard Erl, und Otto G. Förg. 1981. *Verkehrsanalyse und -prognose Großraum Hannover*. Berichtsband. München: Socialdata.
Brög, Werner, und Marion Schädler. 1999. Verkehrspolitische Einstellungen und Mobilität. Veränderungen im Zeitverlauf. *Internationales Verkehrswesen* 1–2: 41–43.
Cairns, Sally. 2005. Delivering supermarket shopping: More or less traffic? *Transport Reviews* 1: 51–84.
Cao, Xinyu, Patricia Mokhtarian, und Susan Handy. 2009. Examining the impacts of residential self-selection on travel behaviour: A focus on empirical findings. *Transport Reviews* 29(3): 359–395.
Cerwenka, Peter, und Georg Hauger. 1996. Neuverkehr – Realität oder Phantom? *Zeitschrift für Verkehrswissenschaft* 4: 286–325.
Chapin, Francis. 1974. *Human activity patterns in the city. Things people do in time and in space*. New York: John Wiley & Sons.
Chung, Jin-Hyuk, Seongho Kim, Young-Kyun Lee, und Yun-Sook Choi. 2004. Multilevel structural equation model for activity participation and travel behavior: Data from the Puget sound transportation panel. *Transportation Research Record* 1898: 52–60.
Cullen, Ian, und Vida Godson. 1975. *Urban networks: The structure of activity patterns*. Oxford: Pergamon Press.
Dargay, Joyce M. 2001. The effect of income on car ownership: Evidence of asymmetry. *Transportation Research A* 35(9): 807–821.
Dijst, Martin, Lanzendorf Martin, Barendregt Angela, und Smit Leo. 2005. Second homes in Germany and The Netherlands. Ownership and travel impact explained. *Tijdschrift voor Economische en Sociale Geografie* 96(2): 139–152.
FGSV – Forschungsgesellschaft Straßen- und Verkehrswesen, Hrsg. 2006. *Hinweise zu Wechselwirkungen zwischen veränderten Zeitordnungen und Verkehr*. Köln: FGSV.
Hägerstrand, Torsten. 1970. What about people in regional science? *Regional Science Association Papers* 24(1): 7–21.
Handy, Susan, Xinyu Cao, und Patricia L. Mokhtarian. 2005. Correlation or causality between the built environment and travel behavior? Evidence from Northern California. *Transportation Research D* 10(6): 427–444.

Harvey, Andrew S., und Maria Elena Taylor. 2000. Activity settings and travel behaviour: A social contact perspective. *Transportation* 1: 53–73.
Heidemann, Claus. 1981. Spatial-behavior studies: Concepts and contexts. In *New Horizons in Travel-Behavior Research*, Hrsg. Peter Stopher, Arnim Meyberg und Werner Brög, 289–315. Lexington/Mass: Lexington Books.
Heinze, G. Wolfgang. 1979. Verkehr schafft Verkehr. Ansätze zu einer Theorie des Verkehrswachstums als Selbstinduktion. *Berichte zur Raumforschung und Raumplanung*, 4–5: 9–32.
Holden, Erling, und Ingrid T. Norland. 2005. Three challenges for the compact city as a sustainable urban form: Household consumption of energy and transport in eight residential areas in the greater Oslo region. *Urban Studies* 12: 2145–2166.
Holz-Rau, Christian, und Eckhard Kutter. 1995. *Verkehrsvermeidung. Siedlungsstrukturelle und organisatorische Konzepte*. Materialien zur Raumentwicklung 73. Bonn: Bundesforschungsanstalt für Landeskunde und Raumordnung.
Holz-Rau, Christian, Joachim Scheiner, und Kathrin Sicks. 2014. Travel distances in daily travel and long-distance travel: which role is played by urban form? *Environment and Planning A*. 46, Heft 2, S. 488–507.
Hunecke, Marcel. 2000. *Ökologische Verantwortung, Lebensstile und Umweltverhalten*. Heidelberg: Asanger.
Hymel, Kent M., Kenneth A. Small, und Kurt Van Dender. 2010. Induced demand and rebound effects in road transport. *Transportation Research Part B* 10: 1220–1241.
ITP/BVU. 2007. Prognose der deutschlandweiten Verkehrsverflechtungen 2025. Projektbericht, Kurzfassung, FE-Nr. 96.0857/2005. München/Freiburg : : ITP/BVU.
Jara-Díaz, Sergio R., und Cristián Guevara. 2003. Behind the subjective value of travel time savings: The perception of work, leisure, and travel from a joint mode choice activity model. *Journal of Transport Economics and Policy* 37(1): 29–46.
Jones, Peter, Martin Dix, Mike Clarke, and Ian Heggie. 1983. *Understanding travel behaviour*. Aldershot: Gower.
Kuhnimhof, Tobias, Jimmy Armoogum, Ralph Buehler, Joyce Dargay, Jon Martin Denstadli, und Toshiyuki Yamamoto. 2012. Men shape a downward trend in car use among young adults – evidence from six industrialized countries. *Transport Reviews* 32(6): 761–779.
Kutter, Eckhard. 1973. Aktionsbereiche des Stadtbewohners. Untersuchungen zur Bedeutung der territorialen Komponente im Tagesablauf der städtischen Bevölkerung. *Archiv für Kommunalwissenschaften* 12: 69–85.
Lanzendorf, Martin. 2003. *Mobility biographies. A new perspective for understanding travel behaviour*. Paper presented at the 10th International Conference on Travel Behaviour Research (IATBR), 10–15, August 2003. Luzern.
Lanzendorf, Martin, und Joachim Scheiner. 2004. Verkehrsgenese als Herausforderung für Transdisziplinarität – Stand und Perspektiven der Forschung. In *Verkehrsgenese. Studien zur Mobilitäts- und Verkehrsforschung*, Hrsg. Holger Dalkmann, Martin Lanzendorf und Joachim Scheiner, Bd. 5, 11–37. Mannheim: MetaGIS.
Liddle, Brantley. 2009. Long-run relationship among transport demand, income, and gasoline price for the US. *Transportation Research Part D* 2: 73–82.
Low, Nicholas. 2005. The Gordian Knot: Resisting sustainability in urban transport in Australia. In *Spatial Planning, Urban Form and Sustainable Transport*, Hrsg. Katie Williams, 171–182. Aldershot: Ashgate.
Metz, David. 2013. Peak car and beyond: The fourth era of travel. *Transport Reviews* 3: 255–270.
Pirath, Carl. [1934]1949. *Die Grundlagen der Verkehrswirtschaft*. Berlin: Springer.
Romeiß-Stracke, Felicitas. 1997. Freizeitmobilität – Dimensionen, Hintergründe, Perspektiven. In *Verkehr aktuell: Freizeitmobilität*, Grüne Reihe 38, Fachgebiet Verkehrswesen, Hrsg. Universität Kaiserslautern, 107–123. Kaiserslautern: Universität.
Ronellenfitsch, Michael. 1995. „Menschenrecht" auf Mobilität – kann, darf gegengesteuert werden? Juristische Perspektiven. *Zeitschrift für Verkehrswissenschaft* 3: 207–213.

Salomon, Ilan, und Moshe Ben-Akiva. 1983. The use of the life-style concept in travel demand models. *Environment and Planning A* 5: 623–638.

Scheiner, Joachim. 2003. *Housing mobility and travel behaviour: A process-oriented approach to spatial mobility. Evidence from a new research field in Germany.* Paper presented at the RGS-IBG International Annual Conference „Geography, Serving Society and the Environment", 3–5 September, 2003. London.

Scheiner, Joachim. 2005. Auswirkungen der Stadt- und Umlandwanderung auf Motorisierung und Verkehrsmittelnutzung: ein dynamisches Modell des Verkehrsverhaltens. *Verkehrsforschung Online* 1(1): 1–17.

Scheiner, Joachim. 2009. *Sozialer Wandel, Raum und Mobilität. Empirische Untersuchungen zur Subjektivierung der Verkehrsnachfrage.* Wiesbaden: VS Verlag.

Scheiner, Joachim, und Christian Holz-Rau. 2012. Gendered travel mode choice: a focus on car deficient households. *Journal of Transport Geography* 24: 250–261.

Schmitz, Stefan. 2001. *Revolutionen der Erreichbarkeit. Gesellschaft, Raum und Verkehr im Wandel.* Opladen: Leske+Budrich.

Schwanen, Tim, und Karen Lucas. 2011. Understanding auto motives. In *Auto Motives: Understanding car use behaviours*, Hrsg. Karen Lucas, Evelyn Blumenberg und Rachel Weinberger, 3–38. Bingley: Emerald.

Shaw, Shih-Lung. 2012. Guest editorial introduction: time geography – its past, present and future. *Journal of Transport Geography* 23: 1–4.

Shaw, Jon, und Markus Hesse. 2010. Transport, geography and the ‚new' mobilities. *Transactions of the Institute of British Geographers* 35(3): 305–312.

Stead, Dominic, Jo Williams, und Helena Titheridge. 2000. Land Use, Transport and People: Identifying the Connections. In *Achieving Sustainable Urban Form*, Hrsg. Katie Williams, Elizabeth Burton und Michael Jenks, 174–186. London: E&FN Spon.

Susilo, Yusak O., Katie Williams, Morag Lindsay, und Carol Dair. 2012. The influence of individuals' environmental attitudes and urban design features on their travel patterns in sustainable neighborhoods in the UK. *Transportation Research Part D*, 3: 190–200.

Urry, John. 2000. *Sociology Beyond Societies: Mobilities for the Twenty-first Century.* London: Routledge.

Vogt, Walter. 2000. Verkehrliche Wirkungen von Telearbeit und Telecommerce. In Forschungsgesellschaft für Straßen- und Verkehrswesen. *Zukunftsfähige Mobilität in Stadt und Region*, Hrsg. FGSV-Kolloquium am 31. Mai und 1. Juni 1999 in Bonn, 72–82, Köln: FGSV.

Zhu, Pengyu. 2013. Telecommuting, household commute and location choice. *Urban Studies* 50(12): 2441–2459.

Erhebungsmethoden: Probleme und Lösungen bei der empirischen Analyse des Verkehrsverhaltens

Gerd Sammer

Zusammenfassung

Eine faktenorientierte Verkehrspolitik basiert auf empirischen Daten des Mobilitätsverhaltens. Damit können der Ist-Zustand analysiert, die zukünftige Entwicklung von Maßnahmen abgeschätzt und die Zielerreichung überprüft werden. Die repräsentative und valide Erhebung des Mobilitätsverhaltens ist nicht einfach, weil die Verkehrsteilnehmer bei der Erhebung persönlich mitwirken müssen, wenn man Zweck und Motive der Mobilität erfassen möchte. Die Verkehrsteilnehmer sind unterschiedlich bereit daran mitzuwirken, was durch die Datenschutzproblematik und den Erhebungsaufwand bedingt ist. Das führt zu signifikanten Verzerrungen des Ergebnisses, die nur mit großem Aufwand vermieden oder korrigiert werden können. Neue technologische Instrumente wie GPS und Smartphones liefern derzeit keine zufriedenstellende Lösung.

Schlüsselwörter
Erhebungsverfahren • Mobilitätsverhalten • Verkehrsverhalten • Abbildungsqualität

1 Einführung

Empirische Daten werden gebraucht, um die Vergangenheit in ihrer Entwicklung und den gegenwertigen Zustand des Mobilitäts- sowie Verkehrsverhaltens zu beschreiben und analysieren zu können. Es ist festzuhalten, dass die Begriffe Mobilitäts- und Verkehrsverhalten in der Regel synonym verwendet werden, wobei der erste Begriff häufiger in der jüngeren und der zweite in der älteren deutschsprachigen Verkehrs-

---

G. Sammer (✉)
Department für Raum, Landschaft und Infrastruktur, Institut für Verkehrswesen, Universität für Bodenkultur, Wien, Österreich
E-Mail: gerd.sammer@boku.ac.at

literatur zu finden ist. In der englischen Literatur wird in der Regel von „Verkehrsverhalten" bzw. „travel behaviour" gesprochen. Im folgenden Text wird der Begriff Mobilitätsverhalten verwendet. Diese Daten sind die Voraussetzung, um zukünftige Trendentwicklungen und mögliche alternative Maßnahmenprogramme auf ihre Auswirkungen zu untersuchen und abzuschätzen. Mobilitätsverhaltenserhebungen sind insofern eine Basis und wichtige Entscheidungshilfe, um eine den gesellschaftlichen Zielsetzungen entsprechende Verkehrspolitik realisieren zu können. Dazu zählen z. B. die heute in fast allen Verkehrskonzepten und verkehrspolitischen Programmen genannten Ziele einer „nachhaltigen Entwicklung des Verkehrs und der Mobilität". Es ist immer wieder zu betonen, dass sowohl die Erhebung und Beschreibung des bestehenden Mobilitätsverhaltens, als auch die Abschätzung der zukünftigen Trendentwicklung und zu erwartende Auswirkungen von Maßnahmen mit großen Unsicherheiten behaftet sind. Deshalb kommt der Qualitätssicherung der Datenerhebung des Mobilitätsverhaltens eine wichtige Rolle zu, weil eine prognostische Abschätzung des zukünftigen Verhaltens die möglichen Fehler und Ungenauigkeiten einer Erhebung kumulieren kann. Wenn man die heutigen Planungsgrundlagen und gültigen Planungsrichtlinien unter diesem Blickwinkel ansieht, ist es erstaunlich, wie wenig auf die Offenlegung der Datenqualität eingegangen wird, obwohl im verkehrspolitischen Alltag mitoft kritisch zu hinterfragenden Datengrundlagen weitreichende verkehrspolitische und teure infrastrukturelle Entscheidung getroffen werden (vgl. Sammer und Hauger 2013; FGSV 2012).

Im Konkreten dienen Mobilitätsverhaltenserhebungen den im Folgenden angeführten Zielsetzungen, wobei deren Ergebnisse direkt oder indirekt in verarbeiteter Form einen signifikanten Einfluss auf das Resultat der eingesetzten Entscheidungshilfen und Bewertungsverfahren haben:

- Monitoring von Mobilitätsverhalten: In vielen Maßnahmenprogrammen, Verkehrskonzepten, Umweltverträglichkeitsprüfungen etc. werden z. B. der Modal Split oder zulässige Verkehrsstärken als Indikator für die Erreichung von verkehrspolitischen Zielsetzungen oder Grenzwerten verwendet. Damit kann eine nachvollziehbare und evidenzbasierte Verkehrspolitik betrieben werden: diese ist überprüfbar und damit auch nachbesserbar, wenn Ziele zu einem definierten Zeitpunkt nicht erreicht werden.
- Verkehrsmodelle als Planungsgrundlage für den Personen- und Güterverkehr sind eine wesentliche Voraussetzung, um das Mobilitätsverhalten in der Trendentwicklung als auch als Folge von Infrastruktur- und verkehrspolitischen Maßnahmen abschätzen zu können. Die Erfahrung zeigt, dass heute am Markt befindliche Software von Verkehrsmodellen Daten des Mobilitätsverhaltens vor Ort benötigt, um eine ausreichend valide Abbildung des Mobilitätsverhaltens der Gegenwart und der prognostischen Abschätzungen für die Zukunft benötigt. Mobilitätsverhaltenserhebungen ermöglichen eine Überprüfung und Offenlegung der Abbildungsqualität des verwendeten Verkehrsmodelles (vgl. Sammer et al. 2012).
- Verkehrsnachfragedaten dienen als Eingangsdaten für die Ermittlung und Bewertung der Auswirkungen von verkehrspolitischen Maßnahmen (vgl. FSV 2011) sowie von Nutzen-Kostenuntersuchungen. Sie haben einen starken

Einfluss auf das Bewertungsergebnis. Zum Beispiel bestimmt in einer Kosten-Nutzenanalyse die Verkehrsnachfrage in der Regel etwa 2 Drittel des empirischen Ergebnisses monetärer Nutzen-Kostenkomponenten. Deshalb ist ein besonderes Augenmerk darauf zu richten, dass die Verkehrsnachfragedaten auf qualitativ gut abgesicherten Mobilitätsverhaltensdaten basieren und die Qualität der Erhebungsergebnisse offengelegt wird.
- Eine große Rolle spielen Mobilitätsverhaltensdaten auf die Dimensionierung der Verkehrswege verschiedener Verkehrsmittel. Hier hat der mittels Maßnahmen erreichbare und verkehrspolitisch wünschenswerte Modal Split je nach Planungsphilosophie einen mehr oder wenig entscheidenden Einfluss auf die Dimensionierung der Verkehrswegenetze, je nachdem ob dem Prinzip der Anpassungsplanung oder der zielorientierten integrierten Planung gefolgt wird (vgl. Sammer et al. 2011b).
- Es gibt eine Reihe von speziellen verkehrspolitischen Fragestellungen, zu deren Beantwortung das Mobilitätsverhalten und die Erhebung valider Datengrundlagen von großer Bedeutung sind. Hierzu zählen zum Beispiel die Möglichkeiten der Elektromobilität aus Nutzersicht (vgl. Sammer et al. 2011a), die Lösung der Probleme mobilitätsbeeinträchtigter Personen usw.

2 Messung von Mobilitätverhalten

Die qualitativ hochwertige Messung des Mobilitätsverhaltens ist eine komplexe Fragestellung. Mobilitätsverhalten, sei es im Personen- oder Güterverkehr, hat naturgemäß mit menschlichem oder unternehmerischen Verhalten zu tun. Die Messung berührt deshalb die Privatsphäre des Individuums oder unternehmerische Bereiche. Diese Erhebungen erfolgen, abgesehen von gesetzlich vorgeschriebenen Erhebungen, freiwillig. Sie sind auf die Kooperation mit den betroffenen Personen und Unternehmen angewiesen, wobei die individuellen Datenschutzinteressen gewahrt werden müssen. Eine erfolgreiche Erhebung funktioniert nur, wenn zwischen den Akteuren eine Vertrauensbasis aufgebaut werden kann. Die Erfahrung zeigt, dass in demokratischen Ländern eine gesetzliche Vorschrift für eine verpflichtende Datenerhebung die Antwortbereitschaft und damit die Datenqualität nicht verbessert. Das gilt sowohl für den Personen- als auch den Güterverkehr (vgl. Köstenberger et al. 1983a, Sammer 1997; Sammer et al. 2013). Das betrifft insbesondere die Antwortbereitschaft und die damit zusammenhängende verzerrte Erfassung der Mobilität, die häufig zu einer signifikanten Untererfassung der tatsächlichen Mobilität führt.

2.1 Indikatoren von Mobilitätsverhalten

Wie kann Mobilitätsverhalten gemessen werden? Dazu ist es notwendig, die konkrete Fragestellung der Erhebung zu definieren: Wofür werden die Indikatoren des Mobilitätsverhaltens benötigt? Im Folgenden werden sogenannte Standardindikatoren von beobachteten relativen Mobilitätsverhalten angeführt, die in nahezu jeder

Mobilitätserhebung verwendet werden. Diese beziehen sich auf die Verkehrsnachfrage je Person und Bezugszeitraum, in der Regel pro Tag. Dem gegenüber gibt es auch Indikatoren des beobachteten absoluten Mobilitätsverhaltens einer Personengruppe. Diese beziehen sich auf eine Personengruppe mit definierten Eigenschaften, wie männliche oder weibliche Personen, Bewohner eines definierten Gebietes usw. Darüber hinaus gibt es eine Vielzahl von Indikatoren, die für spezielle Zwecke erhoben werden, wie zum Beispiel „hypothetisches Mobilitätsverhalten" unter neuen Maßnahmen. In diesem Fall handelt es sich um ein Mobilitätsverhalten, das heute nicht in der ausreichenden Repräsentativität beobachtet werden kann, wie es zum Beispiel bei neuen Verkehrsmitteltechnologien oder beim Nutzungs- und Kaufverhalten für Elektrofahrzeuge gegeben sein kann (vgl. Sammer et al. 2011). Analoges gilt für den Güterverkehr.

Wichtige Standartindikatoren des relativen *Mobilitätsverhaltens*:

- Anteil der mobilen Personen [Prozent]: Anteil der Personen an einer definierten Grundgesamtheit, die in einem definierten Zeitraum (z. B. einem Werktag) das Haus für eine Verkehrsaktivität verlassen hat.
- Tageswegehäufigkeit von Personen [Anzahl der Wege pro Person und Tag oder pro mobiler Person und Tag]: Sie beschreibt die Anzahl der realisierten Wege pro Person oder pro mobiler Person einer definierten Grundgesamtheit, die in einem definierten Zeitraum (z. B. einem Werktag), unabhängig mit welchem Verkehrsmittel, zurückgelegt werden. Für diesen Indikator ist es wichtig, die Definition eines Weges festzulegen. In der Regel versteht man unter einem Weg, die Ortveränderung von einer Quelle zu einem Ziel, um eine Aktivität durchzuführen, wie z. B. Einkaufen, unabhängig von der dabei zurückgelegten Distanz. Manchmal kann der Weg selbst den Zweck darstellen, wie z. B. bei einem Spaziergang. Werden zwischen Quelle und Ziel mehrere Verkehrsmittel benutzt, wie z. B. zu Fuß, Bus, Straßenbahn, zu Fuß, so gilt das als ein Weg. Wenn intermodale Mobilitätsverhaltensmuster das Ziel einer Untersuchung sind, so sind die Wege in Wegeetappen, für die jeweils ein anderes Verkehrsmittel genutzt wird, zu unterteilen.
- Tageswegelänge von Personen [km pro Person und Tag oder pro mobiler Person und Tag]: Summe der auf allen Wegen eines definierten Zeitraums (z. B. einem Werktag) zurückgelegten Entfernung je mobiler oder aller Personen.
- Tageswegedauer von Personen [Minuten pro Person und Tag oder pro mobiler Person und Tag]: Summe der für alle Wege eines definierten Zeitraums (z. B. einem Werktag) benötigten Zeit je mobiler oder aller Personen.
- Modal Split (Verkehrsmittelverteilung) [Prozent]: Anteil der Wege, die mit einem sogenannten Hauptverkehrsmittel in einem definierten Zeitraum (z. B. einem Werktag) zurückgelegt werden. Werden auf einem Weg mehrere Verkehrsmittel benutzt, so wird in der Regel das Hauptverkehrsmittel nach der Hierarchie „ÖV zählt vor MIV, MIV vor Rad und Rad vor zu Fuß" festgelegt. Es ist darauf zu achten, dass für Indikatoren der Intermodalität und Multimodalität eine andere Definition der Verkehrsmittelnutzung notwendig ist (vgl. Beutler 2004; Beckmann et al. 2006).

- Verkehrszweckverteilung [Prozent]: Anteil der Wege, die zu einer oder mehreren Aktivitäten am Ziel zurückgelegt werden; Der Zweck wird in Abhängigkeit der am Ziel des Weges durchgeführten Aktivitäten definiert; dazu zählen Wege, die zum Arbeitsplatz (Berufspendlerverkehr), zur Ausbildung (Ausbildungspendlerverkehr), zum Einkaufen, zur Freizeitaktivität (Freizeitverkehr), zur privaten Erledigung führen oder dem Transport einer anderen Person (Serviceverkehr) dienen etc.; der Rückweg nach Hause wird häufig dem Zweck der vorhergehenden Aktivität zugeordnet.

Es gibt je nach Untersuchungsziel eine Reihe weiterer Indikatoren, wie z. B. für die Intermodalität, Tageshäufigkeit von Aktivitäten außer Haus sowie für den Güterverkehr usw. auf die hier nicht weiter eingegangen wird (vgl. Sammer et. al 2011).

2.2 Erhebungsprobleme und Messfehler

Die Messung der Mobilität und damit verbundene relevante Probleme können an dem in Abb. 1 dargestellten Modellkonzept für Erhebungen des Mobilitätsverhaltens gut aufgezeigt werden. Die Zielvariable einer Erhebung sind verschiedene Indikatoren für das Mobilitätsverhalten, die Einstellung zu Verkehrsmitteln, den Informationsstand über Verkehrsmittel, die Personenmerkmale usw. Diese Indikatoren dienen zur Erklärung des Mobilitätsverhaltens im Rahmen der Analyse und werden von der die Erhebung beauftragenden Institution ausgewählt. Da jeder Indikator nur ein vereinfachtes Abbild einer Dimension von Mobilitätsverhalten darstellt, hat die Auswahl und Definition der Indikatoren einen Einfluss auf die Qualität des Ergebnisses. Zwischen der die Erhebung durchführenden Person (Interviewer) und der Zielperson werden im Rahmen der Erhebung Informationen

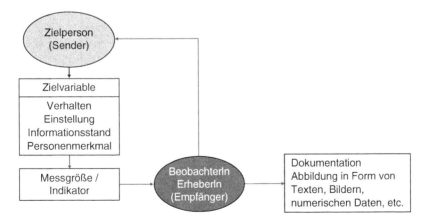

Abb. 1 Modellkonzept für Erhebungen des Mobilitätsverhaltens. Quelle: Sammer 2013: 47 Seiten

ausgetauscht. Es entsteht eine Kommunikationsbeziehung. Nach der Kommunikationstheorie basiert die ausgetauschte Kommunikation auf einem objektiven, aber letztendlich unbekannten Inhalt, einer subjektiven Offenbarung des Senders, einer durch das Erhebungsdesign beeinflusste Beziehung zwischen Sender und Empfänger sowie einem Appell des Senders an den Empfänger (vgl. Schulz 1981). Diese von den jeweiligen Personen abhängigen Faktoren beeinflussen das Ergebnis, die Validität der Abbildung und die Übertragung der in Form von Fragen kommunizierten Information. Schließlich birgt die Dokumentation des Ergebnisses in Form von Texten, Abbildungen, Bildern und numerischen Daten auch eine Vielzahl an Möglichkeiten von Verzerrungen des „objektiven Mobilitätsverhaltens", die als systematische Fehler auftreten. Dementsprechend kompliziert ist eine valide Erhebung von Mobilitätsverhalten.

2.2.1 Zufalls- und systematische Fehler
Mobilitätserhebungen werden in der Regel auf Basis einer Stichprobe durchgeführt, um den zeitlichen und finanziellen Aufwand in Grenzen zu halten. Zwei Arten von Fehlern sind bei Stichprobenerhebungen zu unterscheiden:

2.2.2 Zufallsfehler
Sie entstehen dadurch, dass eine Stichprobe nur einen Teil der Grundgesamtheit von Zielpersonen abbildet. Diese Fehler in der Abbildung der Indikatoren von Mobilitätsverhalten sind zufällig verteilt und können nach der Stichprobentheorie mittels einer definierten Wahrscheinlichkeit, z. B. als Konfidenzintervall, ermittelt werden. Festzuhalten ist, dass die Offenlegung des Zufallsfehlers in der Praxis leider nur bei ganz wenigen Mobilitätsverhaltenserhebungen erfolgt. Häufig werden Entwicklungstendenzen des Mobilitätsverhaltens verschiedener Bezugsjahre unzulässig interpretiert, ohne den Nachweis zu führen, dass die abgebildeten Unterschiede statistisch signifikant sind. Das gilt leider auch für eine der größten Sammlungen von vergleichbaren Mobilitätsindikatoren, bei welchen die systematischen Fehler durch die Verwendung eines einheitlichen Designs relativ gut ausgeschaltet sind (vgl. Socialdata 1989/2014). Allerdings ist der Zufallsfehler nicht nachvollziehbar, da keine Angaben zum Stichprobenumfang, der Streuung etc. dokumentiert sind. Somit ist eine seriöse Interpretation oder ein Vergleich verschiedener Bezugsjahre nicht möglich. Die Größe des Zufallsfehlers ist, abgesehen von dem Stichprobenumfang und der Grundgesamtheit, abhängig von der Streuung und dem Niveau der Disaggregation der betrachteten Indikatoren der Mobilität. Durch Vergrößerung des Stichprobenumfangs kann für einen definierten Indikator des Mobilitätsverhaltens der Zufallsfehler beliebig verkleinert werden, bis hin zu einer Vollerhebung der Grundgesamtheit. Durch eine Hochrechnung wird das Mobilitätsverhaltensmuster der Stichprobe auf die Grundgesamtheit als Schätzung übertragen.

2.2.3 Systematische Fehler
Diese sind schwer abzuschätzen, weil dafür empirisch aufwendige Analysen benötigt werden. Sie stellen das zentrale Problem von Verhaltenserhebungen dar.

Sie entstehen dadurch, dass zwischen dem objektiven Inhalt der Erhebung und der Information, die bei der erhebenden Institution ankommt Abweichungen auftreten. Diese sind oft nicht bewusst oder nicht bekannt. Wenn die Ursache und die Größe dieser Abweichung bekannt sind, kann man diese mit Hilfe eines Gewichtungs- oder Einfügungsverfahrens fehlender Informationen näherungsweise durch Modellierung dieser Informationen kompensieren. In der Praxis ist das selten vollständig möglich. Bei vielen Erhebungen wird eine sozio-demographische Gewichtung als ausreichend angesehen, was für Erhebungen von Mobilitätsverhalten nicht gilt. Es gibt eine Vielzahl von systematischen Fehlerursachen. Dazu zählen z. B. das Erhebungsverfahren und -design, die Abweichungen der Stichprobe von einer Zufallsziehung, unvollständige Ziehungsregister (insbesondere bei rein telefonischen Erhebungen), das Problem der Nichtbeantwortung und selektiver Antwortbereitschaft, die bewusste oder unbewusste Falschbeantwortung, z. B. durch habitualisiertes Verhalten usw. Eine verlässliche Abschätzung ist schwer, aber am ehesten mit von der Erhebung unabhängigen und qualitativ guten Datenquellen möglich.

2.3 Vergleichsprobleme und Messfehler von Mobilitätsverhalten

Im verkehrsplanerischen Alltag ist es oft notwendig und hilfreich, Entwicklungen des Mobilitätsverhaltens verschiedener Bezugsjahre ein und desselben Untersuchungsgebietes zu analysieren oder bei Benchmark-Analysen unterschiedliche Untersuchungsgebiete zu vergleichen. Viele dieser Vergleiche sind nur bedingt zulässig, weil verschiedene Faktoren die zu vergleichenden Ergebnisse beeinflussen, ohne sie ausreichend zu dokumentieren. Dazu zählen vor allem das Erhebungsverfahren, der Erhebungszeitraum, der Raumbezug, die Definition der Grundgesamtheit, die erfassten Verkehrsmittel, Definition der Mobilitätsindikatoren, aber auch Einflüsse wie Datenschutz, finanzielle Ressourcen der Erhebung, Qualitätsstandard des Erhebungspersonals und -leitung, Teilnahmebereitschaft der Zielpersonen usw. Dies ist bei der Interpretation der nachfolgenden Ergebnisse zu beachten.

2.3.1 Europäischer Vergleich verschiedener Mobilitätsindikatoren

Wie schwierig es ist, eine verzerrungsfreie Erhebung durchzuführen und für verschiedene Länder vergleichbar zu machen, zeigt eine Gegenüberstellung der Ergebnisse von EUROSTAT für Länder in Europa (vgl. Cheneby 2013). Ein zentraler Indikator des Mobilitätsverhaltens stellt die Tageswegehäufigkeit pro Person und Wochentag dar (vgl. Abb. 2). Bei der Interpretation ist zu beachten, dass einige Unterschiede der Ergebnisse in der Abbildung angeführt sind: die unterschiedlichen Bezugsjahre von 1995 bis 2010, für Ungarn wurden Wege nach Hause nicht erhoben, für Rumänien wurden nur Pkw-Fahrten erhoben. Lässt man die Ergebnisse für Ungarn und Rumänien außer Acht, so zeigt sich trotzdem eine Spannweite zwischen 1,8 und 3,3 Wege pro Tag und Person. In Deutschland ist die Tageswegehäufigkeit um 83 Prozent höher als in Lettland und der Türkei. Die internationale

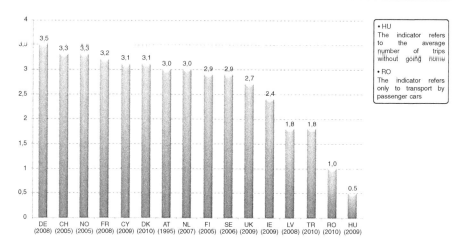

Abb. 2 Europäischer Ländervergleich der Tageswegehäufigkeit pro Person und Wochentag. Quelle: Cheneby 2013: 12

Erfahrung zeigt, dass die Unterschiede der Bezugsjahre nicht als Erklärung herangezogen werden können, da die Tageswegehäufigkeit ein relativ stabiles Verhalten über den Verlauf mehrerer Jahre zeigt. Ebenso liefern sozio-demographische Variablen und Lebensformen, wie z. B. die Beschäftigtenquote, keine ausreichende Erklärung für die unterschiedlichen Ergebnisse. Eine starke Abhängigkeit zeigt sich vor allem vom Erhebungsverfahren und seiner Qualität. Nähere Informationen über die verwendeten Erhebungsverfahren sind aus dem Ergebnisbericht des COST-Projekts SHANTI (2014) zu erfahren (Projekt der „European Cooperation in Science and Technology").

Der Vergleich der Tageswegelänge und der Tageswegedauer einzelner europäischer Länder zeigt ebenso große Unterschiede wie die Tageswegehäufigkeit (vgl. Abb. 3). Nur ein Teil dieser Unterschiede ist durch länderspezifische Rahmenbedingungen erklärbar. Die größten Unterschiede im Berufspendlerverkehr sind mit Tageswegelängen zwischen 7,2 und 14 km pro Tag und Person in Norwegen um 94 Prozent länger als in Finnland und schwer erklärbar. Viel größer und auch nicht durch länderspezifische Verhaltensweisen zu erklären, sind die Unterschiede für den Einkaufsverkehr zwischen rd. 3 km in UK und rd. 30 km in Rumänien. Ähnliche, nicht erklärbare Unterschiede zeigen sich für den Schülerpendlerverkehr (Education) sowie Geschäftsverkehr. Das gilt auch für die Unterschiede der Tageswegedauer und der aus beiden Indikatoren ermittelbaren durchschnittlichen Geschwindigkeit. Der größte Teil der Unterschiede ist auf die Erhebungsverfahren und damit verbundenen systematischen Erhebungsfehler und Definitionsunterschiede zurückzuführen.

In Rahmen des COST-Projektes SHANTI (2014) wurde versucht, die Unterschiede am Beispiel des Mobilitätsindikators „Anteil der nicht mobilen Personen an Werk- und Wochenendtagen" so weit wie möglich durch eine Gewichtung zu kompensieren (vgl. Abb. 4). Es zeigt sich, dass kaum ein Unterschied zu den

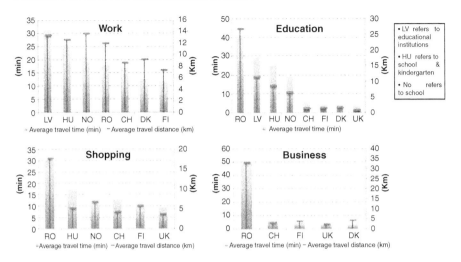

Abb. 3 Europäischer Ländervergleich der werktäglichen Tageswegedauer und der Tageswegelänge pro Person nach Verkehrszwecken. Quelle: Cheneby 2013: 12

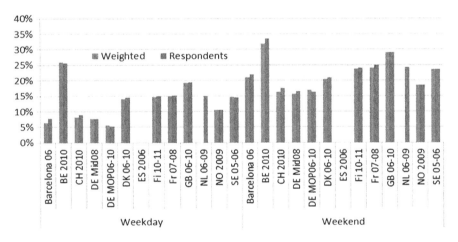

Abb. 4 Europäischer Ländervergleich inklusive der Stadt Barcelona des werktäglichen und wochenendbezogenen Anteils der nicht mobilen Personen, unterschieden nach Rohdaten („Respondents") und gewichteten Daten („Weighted"). Quelle: Cheneby 2013: 12

ungewichteten Daten erkennbar ist. Dies ist zum Teil auf das sehr einfache Gewichtungsverfahren zurückzuführen, das sich im Wesentlichen auf soziodemographische Variablen beschränkt. Sehr interessant sind vor allem die Ergebnisse für den Werktagverkehr, da sich das Wochenende durch sehr unterschiedliche länderspezifische Mobilitätsverhaltensweisen auszeichnet. Im Werktagverkehr reicht die Spannweite von 5 Prozent für Deutschland (Erhebung des Deutschen Mobilitätspanel 2006 - 2010) bis 19 Prozent im UK (2006 - 2010). Dieser Unterschied ist nicht durch länderspezifische Verhaltensunterschiede erklärbar, wohl aber durch die Erhebungsmethode. Neben einem unterschiedlichen Erhebungsdesign (vgl. SHANTI 2014) ist diese Differenz vor allem durch eine Anreizzahlung bei der UK-Erhebung zu interpretieren: Wenn alle Haushaltsmitglieder den schriftlichen Fragebogen ausgefüllt abgeben, erhält der Haushalt eine Geldprämie in bar. Dies konnte von säumigen Haushaltsmitgliedern am leichtesten mit der Antwort erledigt werden, dass sie an den Stichtagen nicht außer Haus gegangen sind. Dies ist ein Hinweis, dass finanzielle Anreize leicht zu Verzerrungen führen können, wie auch bei anderen Erhebungen festzustellen ist.

Problem der Untererfassung der Mobilitätsnachfrage

Generell zeigt sich, dass eine nicht zu vernachlässigende Untererfassung von einzelnen Wegetypen ein zentrales Problem bei Erhebungen der Mobilitätsnachfrage darstellt. Ursachen hierfür sind vor allem eine geringe Antwortbereitschaft, Zeitmangel, Datenschutz etc. Dies wurde schon in der Vergangenheit beim Vergleich von Erhebungen des Mobilitätsverhaltens mit unabhängigen Erhebungen von Querschnittsdaten des Verkehrswegenetzes festgestellt. Es gibt aber auch eine Übererfassung durch freie Stichtagswahl, unsachgemäßes Erhebungsdesign und methodenspezifische Erhebungsursachen. Die zuletzt genannte Ursache kann z. B. mittels der Analyse der Antwortgeschwindigkeit in Relation zum betrachteten Mobilitätsindikator offengelegt werden. Hier wird die Untererfassung näher behandelt, wie sie durch heute im Umlauf befindliche Ergebnisse einzelner Mobilitätsindikatoren, wie Wegehäufigkeit, Modal Split etc. auftreten kann. Im Rahmen des Forschungsprojektes MobiFIT (vgl. Herry et al. 2011) wurde mit Hilfe kombinierter Erhebungsmethoden, die einerseits parallel für dieselben und andererseits für vergleichbare Personengruppen angewendet wurden, die in Tab. 1 dokumentierte Abweichung festgestellt. Die Erhebungsmethoden kombinieren traditionelle postalische Befragungen mit GPS-unterstützten vertieften Haushaltsinterviews. Damit kann aus heutiger Sicht keine Argumentation für den Einsatz von traditionellen Erhebungsmethoden durch GPS-Verfahren abgeleitet werden, da der Aufwand

Tab. 1 Vergleich von Indikatoren der Mobilität mit kombinierten traditionellen postalischen Befragungen mit GPS-unterstützten Verfahren unter Einsatz einer aufwendigen vertieften mündlichen Haushaltsinterviewtechnik

		GPS-Erhebung		Postalisch schriftliche Erhebung	
Tageswegehäufigkeit pro Person		4,4 (+ 36 %)		**3,2**	
Tageswegelänge pro Person km		28,0 (+ 4 %)		27,0	
Tageswegeanzahl je mobiler Person	Fuss	1,2	26 %	**0,8**	25 %
	Rad	0,4	8 %	**0,2**	7 %
	ÖV	0,4	9 %	0,4	**12 %**
	MIV-M	0,4	10 %	0,4	**12 %**
	MIV-L	2,1	47 %	**1,4**	**44 %**
Tageswegeanzahl je mobiler Person	bis 2,5 km	1,7		**1,4**	
	über 2,5 km	1,9		2,0	

Quelle: eigene Darstellung nach Herry et al. 2011 und Kohla und Meschik 2013

derzeit zu hoch und das Risiko von Verzerrungen groß ist, wenn nicht, wie in diesem Projekt, eine aufwendige vertiefte Haushaltsinterviewtechnik angewendet wird.

Die Tageswegehäufigkeit mobiler Personen wird durch traditionelle Methoden im Ausmaß von mehr als einem Viertel untererfasst. Insbesondere betrifft das kurze Wege, die zu Fuß, mit dem Fahrrad oder als Pkw-Lenker zurückgelegt werden, sowie die Wegzwecke Einkaufen und Freizeit. Dies führt in der Folge zu einer Unterschätzung des Anteils der Fuß-, Rad- und Pkw-Lenker-Wege und zu einer Überschätzung der Anteile von ÖV- und Pkw-Mitfahrer-Wegen (vgl. Herry et al. 2011, Kohla und Meschik 2013). Für die Anteile der Wegzwecke ergeben sich auch signifikante Verzerrungen: in traditionellen Erhebungen wird der Pendlerverkehr deutlich überschätzt und der Einkaufs- und Freizeitverkehr unterschätzt. Für die Tageswegelänge zeigt sich nahezu kein Unterschied, da die nicht erfassten Wege kurz sind und lange Wege häufig durch einen Zwischenaufenthalt mit Einkaufsaktivität in kurze Wege geteilt werden.

Eine viel stärkere Untererfassung sowohl für die Fahrtenhäufigkeit als auch die Fahr- und Transportleistung zeigt sich bei Straßengüterverkehrserhebungen, die mittels Befragungen von Unternehmen durchgeführt werden. Im Projekt IMoVe-Güter wurde dies für Ergebnisse der Europäischen und Österreichischen Straßengüterverkehrsstatistik (Eurostat 2009) für den das österreichische Straßennetz tangierenden Güterverkehr nachgewiesen (vgl. Sammer et al. 2013). Die Kontrolle der Erfassung erfolgte durch Daten der streckenweisen Mauteinhebung auf Autobahnen, automatischen Querschnittszählungen und Kontrollbefragungen an Straßenzählstellen mit Hilfe eines speziell entwickelten modellstatistischen Schätzverfahrens. Insgesamt zeigt sich, dass für das Bezugsjahr 2009 die Anzahl der Lkw-Fahrten [Lkw-Fahrten/Jahr] um 31 Prozent, das Lkw-Transportaufkommen [Tonnen/Jahr] um 29 Prozent und die Lkw-Verkehrsleistung [Lkw-km/Jahr] um 26 Prozent untererfasst wird. Dies zeigt, dass das Problem der Untererfassung von Mobilitätsnachfrage insbesondere für alle Befragungen ein systemimmanentes Erhebungsproblem darstellt, das methodisch berücksichtigt werden muss.

3 Repräsentativität und Antwortrate von Mobilitätsverhaltenserhebungen

Ein zentrales Ziel von Mobilitätserhebungen auf Stichprobenbasis ist die Erreichung einer guten Repräsentativität. Das heißt, dass die Antwortrate, sei es der gesamten Zielpersonen (Antwortrate der Erhebungseinheit) oder der personenbezogenen Fragen (Antwortrate einzelner Erhebungsmerkmale der Befragten) die Grundgesamtheit zufriedenstellend widerspiegelt. Weit verbreitet ist die Ansicht, dass durch die zunehmende Nutzung vieler Kommunikationsmedien für Befragungen und Marketing die Antwortraten stark abnehmen, die Antwortrate auf die Erhebungsqualität überbewertet wird, diesbezüglich starke Länderunterschiede durch Mentalitätsdisparitäten existieren, das Erhebungsdesign eine untergeordnete Rolle spielt, häufiges wiederholtes Erinnern die Antwortqualität verringern usw.

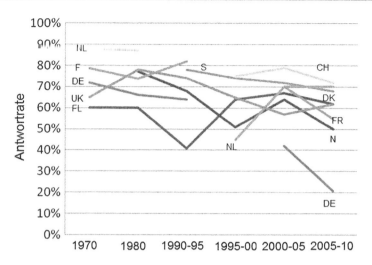

Abb. 5 Antwortraten im Zeitvergleich der letzten 50 Jahre von nationalen Mobilitätsverhaltenserhebungen in Europa. Quelle: SHANTI 2014: 148

Evidenzbasierte Fakten zeigen, dass ein großer Teil dieser Annahmen nicht stimmen und dass der wesentliche Einfluss in der Qualität des Erhebungsdesigns, der Professionalität der Erhebungsverantwortlichen und einer sorgfältigen Felddurchführung (Interviewer-Schulung, laufende Supervision, Vertrauenswürdigkeit) sowie der Datenbearbeitung liegt.

Vergleicht man Antwortraten, so ist es notwendig, diese in eine standardisierte Form zu bringen. Dazu zählt die Definition, welche Informationen für ein „verwertbares Interview" zumindest vorhanden sein müssen (z. B. Wohnadresse, Alter, Geschlecht der Zielpersonen, Start- und Ankunftszeit, Verkehrsmittel und Zielzweck der Wege) und was als „qualitätsneutraler Ausfall" eines Haushaltes oder einer Person zu werten ist (z. B. die Information über verzogen, verstorben, abgemeldet usw.). In der Regel ist die Antwortrate folgendermaßen definiert:

Antwortrate = bereinigte Bruttostichprobe / verwertbare Nettostichprobe.

Die bereinigte Bruttostichprobe errechnet sich aus der Bruttostichprobe abzüglich des qualitätsneutralen Ausfalls. Welche Daten der gezogenen Stichprobe nach der Durchführung zum qualitätsneutralen Ausfall gerechnet werden dürfen, ist genau festzulegen (vgl. Fellendorf et al. 2011). Immer wieder zeigt sich, dass Interviews, die aufgrund von sprachlichen Kommunikationsproblemen nicht durchführbar sind, zum qualitätsneutralen Ausfall gezählt werden, was nicht zulässig ist. Abbildung 5 zeigt die Antwortraten im Zeitvergleich der letzten 50 Jahre von nationalen Mobilitätsverhaltenserhebungen in Europa. Generell ergibt sich eine leicht abnehmende Tendenz, die immer wieder von starken Steigerungen der Antwortrate gegen den Trend unterbrochen wird. Dies weist darauf hin, dass durch eine geeignete Veränderung des Erhebungsdesigns die Antwortrate deutlich gesteigert werden kann.

Dies wird auch dadurch bestätigt, wenn man die große Spannweite der im letzten Jahrzehnt durchgeführten Erhebungen von 21 Prozent in Deutschland (MID) bis 71 Prozent in der Schweiz vergleicht. Eine detaillierte Betrachtung der Erhebungsverfahren zeigt, dass die größten Unterschiede dem Verfahren und dem Design selbst geschuldet sind. Mit einem für Befragte „komfortablen" Design sind heute Antwortraten von über 50 Prozent relativ gut und mit vertretbarem finanziellen Aufwand zu erreichen.

Bei der Betrachtung der Antwortrate stellt sich die berechtigte Frage, inwieweit sie eine Auswirkung auf das Ergebnis der Erhebungen selbst hat. Wie noch später gezeigt wird, ist dies je nach Erhebungsart in unterschiedlicher Weise der Fall. Eine niedrige Antwortrate bedeutet, dass entweder nachgewiesen werden muss, dass die nicht Antwortenden dasselbe Verhalten wie die Antwortenden haben oder dass mittels eines geeigneten Gewichtungsverfahrens die Repräsentativität nachweislich hergestellt wird. Dies ist in der Praxis meist nicht der Fall. Generell ist eine hohe Antwortrate ein wichtiger Qualitätsindikator für eine Erhebung. Ohne zu weit ins Detail zu gehen, werden im Folgenden einige Grundsätze zur Erreichung hoher Antwortraten aufgezählt:

- An oberster Stelle steht die Nutzerfreundlichkeit und Stressminimierung für die Befragten des gesamten Erhebungsablaufs; zu beachten ist, dass dafür das subjektive Empfinden der Befragten maßgeblich ist, das je nach Personengruppe sehr unterschiedlich sein kann. Keineswegs ist eine Expertenmeinung dafür ausreichend, wenn keine Erfahrungen mit einem neuen Verfahren vorliegen. Eine den Befragten überlassene Wahl der Erhebungsmethode und die Betonung der freiwilligen Teilnahme sind optimal und erhöhen die Antwortmotivation. Häufig wird der Fehler gemacht, dass aus Kostengründen einer neuen Erhebungstechnologie der Vorzug gegeben wird, ohne den Qualitätsnachweis durch einen seriösen Pilottest zu erbringen.
- Mit zunehmendem Frageumfang steigt die Belastung der Befragten und die Antwortrate sinkt, was empirisch nachweisbar ist (vgl. Axhausen und Weis 2010). Deshalb ist eine Beschränkung auf das für die Aufgabenstellung Wesentliche oberstes Gebot.
- Das Erhebungsdesign und die Technologie (z. B. postalisch oder mit persönlichem Kontakt, telefonisch, computer- und internetunterstützt, teilautomatisch mit GPS) hat einen extremen Einfluss auf die Antwortrate. So hat jede Technologie je nach Befragtengruppe ihre Vor- und Nachteile und ist sehr sorgfältig zu überlegen.
- Postalische Ankündigungen haben einen Erinnerungs- und Erhöhungseffekt der Antwortrate, der empirisch nachweisbar ist (vgl. Christensen 2011). Mit der Anzahl der Erinnerungsaktivitäten nimmt die Antwortrate zu (vgl. Axhausen und Weis 2010);
- Finanzielle Anreize (z. B. Antwortprämie) können die Antwortbereitschaft erhöhen, sie haben aber ein hohes Risiko einer Verzerrung der Antwortstichprobe.

4 Erhebungsdesign und Technologien

Das Erhebungsdesign hat auf die Qualität des Ergebnisses von Erhebungen des Mobilitätsverhaltens einen wesentlichen Einfluss. Es gliedert sich in folgende 7 Abschnitte (vgl. Sammer 2006; Sammer und Roider 2012): A. Erhebungsrahmen, B. Stichprobendesign, C. Erhebungsinstrumentendesign, D. Erhebungsimplementierung, E. Datenprozess, F. Datenanalyse sowie G. Datendokumentation und Archivierung. Die für die Erhebung eingesetzten Technologien spielen eine wichtige Rolle. Insbesondere bieten sich in den letzten Jahren in den Abschnitten C, D und E eine Vielzahl von Möglichkeiten an, die Chancen und neue Risiken bezüglich der Erhebungsqualität beinhalten. Deshalb wird auf den Abschnitt C. Erhebungsinstrumentendesign und die dafür sich anbietenden Technologien näher, aber ohne Vollständigkeit eingegangen. Es werden die derzeit üblichen Formen behandelt.

Gängige Varianten des Erhebungsinstrumentendesigns

- *Haushaltsbefragung von Angesicht-zu-Angesicht*: Ort des Interviews ist primär die Wohnung. Das heißt, ein oder mehrere Kontakttermine sind zu vereinbaren. Es stellt ein häufig verwendetes Verfahren dar, auch in Kombination mit Fragebogen, wenn kein aktuelles Ziehungsregister vorhanden ist. Ein Vorteil liegt in der Möglichkeit, dass der Interviewer nicht verstandene Fragen und offensichtlich fehlerhafte Antworten klären kann. Dies bringt allerdings das Risiko der Verzerrung durch den Interviewer mit sich. Es stellt ein teures, aufwendiges Verfahren dar, das die Privatsphäre des Befragten stört. Dadurch wird bei diesem Stress ausgelöst, der zu geringer Antwortbereitschaft führen kann.
- *Schriftlich-postalische Haushaltsbefragung mit Telefonunterstützung für Erinnerung und Antwortvalidierung*: dieses Verfahren wurde unter der Bezeichnung „neues KONTIV-Verfahren" optimiert und hat sich weltweit durch hohe Antwortraten und Ergebnisqualität bewährt (vgl. Socialdata 2009); der Befragte kann den Zeitpunkt der Ausfüllung so wählen, dass die Beantwortung möglichst stressfrei erfolgen kann. Jüngste Untersuchungen (z. B. Sammer et. al 2014) zeigen, dass heute mit schriftlich-postalischen Haushaltsbefragungen valide Daten mit hoher Qualität und Antwortraten über 50 Prozent erhoben werden können.
- *Telefonische computerunterstütze Befragung (CATI)*: Ein zentrales Problem bei CATI stellt die Stichprobenziehung dar, weil der Anteil der in Registern verfügbaren Telefonanschlussdaten drastisch abgenommen hat und in den alten EU-Ländern heute deutlich unter 50 Prozent liegt. Eine Unterscheidung in Personen- und Haushaltsanschlüssen ist nicht möglich, die vor allem in den USA eingesetzte zufällige Telefonnummernauswahl liefert verzerrte Stichproben. Dem Vorteil der Kontrolle der Antworten durch den Interviewer steht der Nachteil gegenüber, dass einerseits ein Telefoninterview einen Stresseffekt auf die Befragten ausübt, der sich häufig in vergessenen oder absichtlich nicht berichteten Wegen niederschlägt, um die Dauer des Interviews abzukürzen. Die Qualität hängt stark vom Interviewer ab. Die Zunahme von Telefonmarketing wirkt sich in einer sinkenden Teilnahmebereitschaft aus. CATI-Erhebungen sind relativ billig, aber ohne Abdeckung der nicht telefonisch erreichbaren

Zielpersonen äußerst problematisch bezüglich ihrer Repräsentativität. Sie haben eine starke Tendenz zur Untererfassung von Wegen. Für Haushaltserhebungen, die für die Abbildung haushaltsbezogener Mobilitätsmuster wichtig ist, bereitet die Erfassung aller Haushaltsmitglieder ernste Probleme. Der starke Anteil an Mobiltelefonnutzern, die nicht in Telefonverzeichnissen aufscheinen, erschwert eine valide Stichprobenziehung.

- *Web-basierte computerunterstützte Befragung (CAWI)*: CAWI-Erhebungen sind nur für eine internetaffine Zielgruppe einsetzbar, das sind vor allem junge Personen. Die Bereitschaft, mitzumachen, ist auch bei diesen relativ gering, was durch die Datenschutzdiskussion tendenziell verstärkt wird. Der Vorteil, während des Ausfüllens Plausibilitätskontrollen online durchführen zu können, wird durch die webaffine Zielgruppe der „Multi-Tasking-Generation" teilweise zunichte gemacht, die sich durch eine relativ oberflächliche Ausfüllmentalität ausdrückt und zu einer starken Untererfassung von Wegen führt. CATI-Erhebungen sind relativ billig, aber ohne Abdeckung der nicht internetaffinen Zielpersonen äußerst problematisch bezüglich ihrer Repräsentativität. CATI ist als Ergänzung zu anderen Erhebungsarten zur Erreichung ganz spezifischer Zielgruppen eine Option. Allerdings ist es notwendig, dass die verwendete Software alle Möglichkeiten einer selbsterklärenden Befragung unter Nutzung geeigneter Filtertechniken und Plausibilitätskontrollen beinhaltet. Die Praxis zeigt, dass das aus Gründen der Kostenvermeidung selten der Fall ist.

- *GPS-basierte Befragung mit Unterstützung durch Telefon und Haushaltsbesuch zur Erinnerung, Antwortvalidierung*: Der vordergründig bestechende Vorteil von GPS-Tracking liegt in einer vollständigen Aufzeichnung aller Wege und Wegeetappen, sieht man von den (noch) nicht gelösten Fragen des sogenannten „Kaltstarts" nach Einschalten des GPS-Geräts bei Verlassen des Hauses ‚Ausfällen usw. ab, die unbedingt einen ergänzenden direkten Kontakt mit den Zielpersonen benötigen. Derzeit wird die Idee verfolgt, dass in mehr oder wenig ferner Zukunft eine vollautomatische Erhebung mittels GPS-basierten Geräten, wie Smartphone oder speziell dazu entwickelten, in der Hosentasche tragbaren kleinen Geräten, möglich wird. Wenn auch die Entwicklung der automatischen Verkehrsmittel- und Wegzweckkennung von regelmäßig aufgesuchten Zielen große Fortschritte zeigt, so bleibt doch eine Reihe von Problemen ungelöst. Hierzu zählt neben technischen Problemen, wie eine ausreichende Speicherkapazität, vor allem die mangelnde Akzeptanz und damit eine nicht ausreichende Repräsentativität. Die Bereitschaft der Bevölkerung, solche Geräte für die Erhebung der Mobilität von generellen Bevölkerungsstichproben einzusetzen, liegt derzeit erfahrungsgemäß bei maximal 25 Prozent (vgl. Herry et al. 2011). Es ist zu rechnen, dass diese aus Datenschutzgründen eine abnehmende Tendenz hat. Deshalb ist derzeit der Einsatz von GPS nur als Unterstützung zur vollständigen Aufzeichnung aller Wege und Wegetappen einer kleinen Substichprobe in Verbindung einer mündlichen vertieften Befragung aus Qualitätsgründen vertretbar, die primär zur Entwicklung von Gewichtungsverfahren fehlender Wege und für die Identifikation von Wegeetappen Verwendung finden kann.

Derzeit sind weitere technologische Unterstützungen in Erprobung, wie die Verwendung von Mobilfunk, Smartphone usw. Diese können als unabhängige Datenquellen für eine Validierung Verwendung finden, ein vollständiger Ersatz der direkten Befragung von Zielpersonen ist für die Erhebung von Verkehrsverhalten nicht absehbar.

5 Datengewichtung und Hochrechnung

Datengewichtung ist ein wichtiger Schritt des Erhebungsprozesses, um die in den Rohdaten unvermeidlichen systematischen Fehler sowie fehlende Informationen einzelner Fragen (z. B. „item-non-response" fehlender Wege) so weit wie möglich zu beseitigen. Die Hochrechnung dient dazu, absolute Indikatoren des Mobilitätsverhaltens zu ermitteln, wie z. B. die von der Grundgesamtheit insgesamt zurückgelegten Wege oder Wegentfernung je Beobachtungszeitraum. Die Hochrechnung erfolgt in der Regel mit den gewichteten Stichprobendaten der Erhebung durch eine Multiplikation mit dem Verhältnisfaktor aus der Grundgesamtheit zum Stichprobenumfang, ausgedrückt in Personen. Sie wird im Weiteren nicht behandelt, weil die zentrale Problematik für Erhebungen des Mobilitätsverhaltens in der Gewichtung steckt.

Die Gewichtung zielt auf die Herstellung einer repräsentativen Personenverteilung für bezüglich des Mobilitätsverhaltens maßgebende Personeneigenschaften, wie z. B. Alter, Geschlecht, Haushaltsgröße, Fahrzeugbesitz, Tageswegehäufigkeit, Verhalten von nicht Antwortenden. In vielen Mobilitätsverhaltensdaten wird auch eine Wegegewichtung mittels Korrekturfaktoren vorgenommen, wenn für diese Frage keine geeigneten Verfahren der Personengewichtung zur Verfügung stehen. In diesem Falle erhalten die Wege, eventuell unterteilt nach Wegezwecken, einen eigenen Korrekturfaktor. Es ist festzuhalten, dass dies eine Notlösung darstellt. Eine andere Möglichkeit besteht in der Einfügung modellierter Daten von nicht antwortenden Personen und Haushalten, wenn entsprechende Verhaltensmuster bekannt sind, oder von einzelnen Wegen, wenn es sich um nicht berichtete Wege („item-non-response") handelt. Hierzu können z. B. mittels GPS-unterstützen Erhebungsverfahren geeignete Verhaltensmuster ermittelt werden.

Aus Sicht der Erreichung einer hohen Datenqualität sind zumindest folgende Schritte in der Gewichtung vorzunehmen, oder nachzuweisen, dass einzelne Schritte nicht notwendig sind, da die Stichprobe für diesen Bereich die Grundgesamtheit ausreichend repräsentativ abbildet:

- *Gewichtung nach definierten geographischen räumlichen Einheiten*: Alle Gewichtungsschritte sind nach der kleinsten räumlichen Einheit, wie Verkehrszellen oder Verkehrsbezirke durchzuführen, für die Daten der Grundgesamtheit zur Verfügung stehen. Zu beachten ist hierbei die Sicherstellung des statistisch zulässigen Mindeststichprobenumfangs für die zu untersuchenden Zielvariablen.
- *Stichprobenziehung*: Wenn zwischen der Einheit der Stichprobenziehung und der Erhebung ein Unterschied besteht, so ist dies zu berücksichtigen. Das ist

z. B. der Fall, wenn die Stichprobenziehung aus einem Personenregister erfolgt, obwohl die Erhebungseinheit der Haushalt ist.
- *Gewichtung der nicht Antwortenden*: Diese stellt ein spezifisches Problem dar und wird deshalb im Folgenden vertieft behandelt.
- *Strukturgewichtung der sozio-demographischen Personenmerkmale*: Dazu zählen Alter, Geschlecht, Haushaltsgröße, Bildung und Beruf usw.
- *Erhebungsstichtagsgewichtung*: Dies beinhaltet die Wochentage und bei Langzeiterhebungen auch die saisonale Verteilung.
- *Gewichtung des Fahrzeugbesitzes, der Fahrzeugverfügbarkeit für Pkw, Fahrräder und des ÖV-Dauerkartenbesitzes*: Insbesondere Dienstfahrzeuge und neue Formen des Car-Sharing bereiten auf Grund fehlender verlässlicher Daten Schwierigkeiten.
- *Wegegewichtung mit Hilfe von unabhängigen Zählungen des Wegenetzes*: Diese Art der Gewichtung wird selten durchgeführt, ist aber auf alle Fälle für die Erreichung einer hohen Datenqualität zu empfehlen. Sie bietet die Möglichkeit, dass Verhaltenserhebungen mit gezählten Wegenetzbelastungen validiert werden, so dass zwischen modellierten Verkehrsstärken von Wegenetzabschnitten und Indikatoren des Mobilitätsverhaltens Übereinstimmung entsteht (Sammer et al. 2013). Dies ist heute häufig nicht der Fall, obwohl diese Daten als Basis für verkehrspolitische Entscheidungen verwendet werden.

In der Regel erfolgt eine Gewichtung in einzelnen Schritten, wobei zu beachten ist, dass die in einem Folgeschritt durchgeführte Gewichtung die vorher repräsentativ hergestellte Verteilung wieder zerstören kann. Dies kann man entweder durch ein simultanes oder iteratives Gewichtungsverfahren vermeiden. Es ist zu beachten, dass ein Vergleich von Erhebungsdaten nur dann Sinn macht und richtig zu interpretieren ist, wenn für die zu vergleichenden Datensätze ein verträgliches Gewichtungsverfahren angewendet wird. Andernfalls ist eine kausale Interpretation nicht vertretbar.

5.1 Gewichtung von Nichtantwortverhalten

Wenn eine gute Datenqualität erreicht werden soll, so ist vor allem in Zeiten sinkender Antwortraten bei Mobilitätsverhaltenserhebungen eine Analyse vorzunehmen, ob und welche Auswirkungen dies auf die Ergebnisse hat, gemessen für maßgebende Indikatoren des Mobilitätsverhaltens. Wenn dies der Fall ist, so gibt es verschiedene Möglichkeiten diese Verzerrungen näherungsweise zu beseitigen. In Abb. 6 zeigt die Analyse der Fernreisehäufigkeit und der „Antwortgeschwindigkeit" mit Hilfe der kumulierten Antwortrate nach einer Reihe von Erinnerungsaktionen. Die mittlere Reisehäufigkeit sinkt mit zunehmender Antwortrate für schriftlich-postalische Erhebungsverfahren. Dieser Effekt lässt sich generell für schriftlich-postalische Erhebungen, also auch für die Tageswegehäufigkeit, feststellen. Er ist folgendermaßen zu interpretieren: Personen, die eine höhere mittlere Reisehäufigkeit haben, antworten schneller, weil sie sich von dem Befragungs-

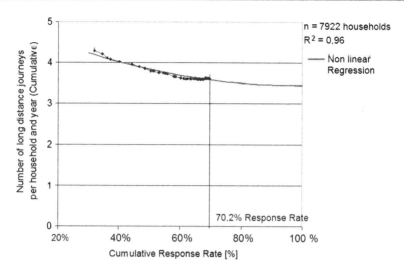

Abb. 6 Methodenbeispiel für die Gewichtung der Verzerrung durch Nichtantworten mittels der Analyse der „Antwortgeschwindigkeit" der Antwortenden einer postalisch-schriftlichen Erhebung der Jahresreisehäufigkeit im Fernreiseverhaltens für Deutschland, Fernreisen pro Jahr und Haushalt, Quelle: Neumann 2003: 260

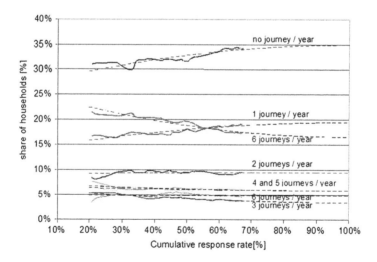

Abb. 7 Methodenbeispiel für die Gewichtung der Verzerrung durch Nichtantwortenden mittels der Analyse der „Antwortgeschwindigkeit" der Antwortenden einer postalisch-schriftlichen Erhebung, Fernreiseverhaltens für Deutschland, gemessen mittels der Jahresreisehäufigkeit pro Person. Quelle: Neumann 2003: 260

thema stärker betroffen fühlen, als Personen, die eine geringere mittlere Reisehäufigkeit haben. Dieser Effekt wird auch durch Abb. 7 bestätigt, in der eine Unterscheidung der Personen nach ihrer Reisehäufigkeit erfolgt. Die erreichte Antwortrate von 70 Prozent ergibt eine Reisehäufigkeit von 3,6 Fernreisen pro Jahr

Erhebungsmethoden: Probleme und Lösungen bei der empirischen Analyse... 719

Tab. 2 Methodenbeispiel für die Gewichtung der Verzerrung durch Nichtantworten mittels einer Exploration von nicht Antwortenden einer postalisch-schriftlichen Erhebung der Jahreshäufigkeit des Fernreiseverhaltens für Deutschland

	Stichprobenumfang	Anzahl der Fernreisen/ Jahr und Haushalt	Standardabweichung	Test Resultat
Haupterhebung	7.922	3,60	4,47	$t_0 =$ 0,29 < 1,65 ($\alpha = 5\,\%$)
Explorationserhebung der nicht Antwortenden	119	3,40	5,43	

Quelle: eigene Darstellung nach DATELINE Consortium 2003 und Neumann 2003: 260

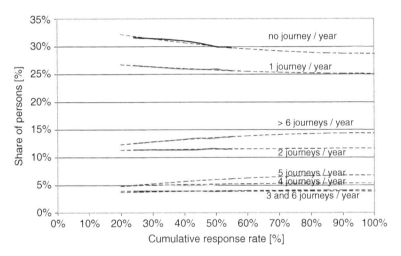

Abb. 8 Methodenbeispiel für die Gewichtung der Verzerrung durch Nichtantworten mittels der Analyse der „Antwortgeschwindigkeit" der Antwortenden einer Telefon- Erhebung (CATI) für die Schweiz, gemessen mittels der Jahresreisehäufigkeit pro Person. Quelle: Neumann 2003: 260

und Haushalt. Durch eine Extrapolation der Antwortrate auf 100 Prozent kann eine Abschätzung der Verzerrung und damit eine Korrektur durch Gewichtung durchgeführt werden. Würde man sich mit einer Antwortrate von etwa 30 Prozent ohne Korrekturgewichtung begnügen, ergäbe sich eine Überschätzung der Reisehäufigkeit von etwa einem Viertel. In Tab. 2 wurde die Analyse derselben Stichprobe der Fernreisehäufigkeit mittels einer kleinen Stichprobe einer Explorationserhebung durchgeführt. Darunter versteht man eine Erhebung von nicht Antwortenden der Hauptstichprobe durch verstärkte Erinnerung mittels telefonischen oder persönlichen Kontakt. Es zeigt sich, dass die kleine Stichprobe die Überschätzung ohne Berücksichtigung der nicht Antwortenden die Ergebnisse bestätigt.

Die Abb. 7 und 8 zeigen die unterschiedliche Tendenz für die Reisehäufigkeit in Relation zur „Antwortgeschwindigkeit" für eine telefonische und eine postalisch-schriftliche Erhebung auf, gemessen mit Hilfe der kumulierten Antwortquote.

Bei diesen beiden Darstellungen wird die Gruppe der Haushalte oder Personen in Klassen je nach Fernreisehäufigkeit (gemessen als Mittelwert der Fernreisen pro Person und Jahr) der befragten Personen bzw. der befragten Haushalte, eingeteilt. Es zeigt sich für postalisch-schriftliche Befragungen derselbe Effekt: Personen bzw. Haushalte mit überdurchschnittlicher Fernreisehäufigkeit antworten rascher, was zu Überschätzung der Reisehäufigkeit führt. Für telefonische Befragungen ergibt sich der gegenteilige Effekt: Personen mit einer unterdurchschnittlichen Fernreisehäufigkeit antworten schneller, sodass es bei geringeren Antwortraten ohne Korrekturgewichtung zu einer Unterschätzung der Fernreisehäufigkeit kommt. Dies erklärt sich dadurch, dass Personen mit geringer Reisehäufigkeit rascher per Telefon erreichbar sind, weil sie weniger oft unterwegs sind. Diese für Fernreiseerhebungen geschilderten Effekte gelten auch für die Erhebung der Tageswegehäufigkeit (vgl. Köstenberger et al. 1983b; Sammer 1997). Die Überschätzung der Reise- und Wegehäufigkeit bei telefonischen Befragungen mit geringer Antwortrate zeigt sich auch für Haushaltsbefragungen mit Besuch von Interviewern, weil wenig mobile Personen eher zu Hause anzutreffen sind. Für Internet-Befragungen (CAWI) gibt es noch keine abgesicherten Ergebnisse. Allerdings ist ebenfalls zu erwarten, dass der Befragungseffekt bei geringer Antwortrate wie bei postalisch-schriftlichen Erhebungen zu einer Überschätzung der Reisehäufigkeit führt.

6 Qualitätssicherung und Ergebnisdarstellung

Wenn man Berichte von Mobilitätsverhaltenserhebungen liest, so ist festzustellen, dass häufig die grundsätzlichen Qualitätsprinzipien zu wenig beachtet werden. Da die Liste und Anregungen zur Beseitigung von Mängeln ein eigenes Buch füllen könnte, soll darauf nur exemplarisch und ohne Vollständigkeit eingegangen werden. Bedauerlicherweise gilt dies nicht nur für Erhebungen der verkehrsplanerischen Praxis, wo auf die Grundsätze des sauberen wissenschaftlichen Arbeitens nicht so geachtet wird, sondern auch für wissenschaftliche Forschungsarbeiten. Kritisch ist es dann, wenn qualitativ minderwertige Daten für die Verkehrsmodellierung und Verkehrsprognosen verwendet werden. Verkehrsmodellrechnungen werden als Basis für verkehrspolitische Entscheidungen verwendet, die erhebliche Auswirkungen auf die Investitions- und Betriebskosten, die Umwelt und soziale Effekte haben. Es ist deshalb eine moralische Verpflichtung, offenzulegen, dass alle Erhebungen mit Unsicherheiten zu tun haben (vgl. Sammer und Hauger 2013). Folgende Grundsätze der Qualitätssicherung sind zu empfehlen, sie gehören zum sauberen wissenschaftlichen und fachspezifischen Arbeiten:

- Transparente und vollständige Dokumentation aller Erhebungsschritte (vgl. Sammer 2012); es wäre wünschenswert, wenn dazu eine Richtlinie existieren würde.
- Vollständige Dokumentation der Stichprobe, insbesondere inwieweit die Stichprobe repräsentativ für die Grundgesamtheit ist und zufällig gezogen wurde. Hierzu sind alle relevanten Kennziffern (z. B. standardisierte Antwortrate) und geeignete statistische Tests anzuwenden und zu interpretieren.

- Offenlegung des Gewichtungs- und Hochrechnungsverfahrens sowie die Behandlung der Nichtantwortenden.
- Offenlegung aller statistischen Kennziffern der Mobilität als Mittelwert und mit ihrer Streuung sowie der Zufallsfehler (Konfidenzintervall). Bei Vergleichen von Kennziffer, insbesondere bei Zeitreihenvergleichen, ist die statistische Signifikanz der Unterschiede offenzulegen und zu interpretieren.
- Zu den wesentlichen Kennziffern der Mobilität zählen die Tageswegehäufigkeit der Mobilen und der Nichtmobilen, die Tageswegelänge, und Tageswegedauer jeweils unterschieden nach Verkehrsmitteln, Verkehrszwecken sowie soziodemographischen Gruppen. Die Offenlegung der Verteilung der Weglängen und Wegedauer nach den vorhin angeführten Merkmalen ist für eine sachgerechte Interpretation der Ergebnisse ebenso von großer Bedeutung.
- Qualitätskontrollen mit unabhängigen Daten, wie z. B. Fahrzeugbesitz, Vergleiche von Querschnittszählungen an Kordon-Zählstellen von Stadt- und Ortsgrenzen, Fahrgastzählungen etc. sind wichtig. Wenn signifikante Unterschiede festgestellt werden, sind diese zu interpretieren und nach Möglichkeit eine Korrektur mit Hilfe einer neuen Gewichtung durchzuführen. Für eine stabile Glaubwürdigkeit soll die Qualitätskontrolle von einer unabhängigen Stelle durchgeführt werden.
- Alle im Laufe der Verarbeitung der Erhebungsdaten durchgeführten Datenkorrekturen sind zu dokumentieren, so dass eine vollständige Nachvollziehbarkeit gewährleistet ist.
- Seriöse Erhebungen der Mobilität umfassen eine transparente und nachvollziehbare Dokumentation aller wesentlichen Schritte der Datenverarbeitung von den Rohdaten bis zu den Ergebnisdaten und stellen diese für weitere Anwendungen unter Einhaltung des Datenschutzes zur Verfügung. Dazu zählen auch die Datenschutzmaßnahmen.
- Für die sachgerechte Archivierung bieten sich internationale Archivierungsstandards an (vgl. Sammer 2006).

7 Fazit

Mobilitätserhebungen stellen die Basis für eine faktenorientierte Verkehrsplanung und Verkehrspolitik und für die Kontrolle von erreichten verkehrspolitischen Zielen dar. Die Erfahrung zeigt, dass die valide Erfassung des Mobilitätsverhaltens eine Reihe von Schwierigkeiten aufweist. Insbesondere stellen die systemimmanente Untererfassung der Wegehäufigkeit, die geringe Antwortrate unter 50 Prozent und damit die mangelnde Repräsentativität vieler Erhebungen der Mobilität ein nicht zu vernachlässigendes Problem dar. Unsichere Erhebungsdaten ohne ausreichende Dokumentation und Transparenz dieser Unsicherheiten können zu Fehlentscheidungen in der Verkehrsplanung führen. Das heute praktizierte Qualitätsniveau von Mobilitätserhebungen ist unter Anwendung des aktuellen Status des Wissens signifikant verbesserbar. Maßgebende Einflussfaktoren auf die Qualität der Erhebungsergebnisse sind das Erhebungsdesign, die einschlägige

Kompetenz der Verantwortlichen und die laufende Qualitätskontrolle während der gesamten Erhebungsdurchführung. Insbesondere ist darauf hinzuweisen, dass eine seriöse Vergleichbarkeit verschiedener Zeitpunkte von Erhebungen nur bei Anwendung desselben Erhebungsdesigns, also ohne großen Wechsel des Erhebungsverfahrens, möglich ist. In der Regel wirken sich Unterschiede des Erhebungsdesigns stärker auf das Ergebnis aus, als zeitliche Veränderungen des Mobilitätsverhaltens. Der insbesondere im deutschsprachigen Raum häufig zu beobachtende Wechsel des Erhebungsdesigns, mit dem Ziel die Erhebungsqualität zu steigern, verbessert nicht unbedingt die Vergleichbarkeit von Mobilitätsverhaltenserhebungen unterschiedlicher Bezugsjahre. Die Hoffnung, dass neue technologische Entwicklungen, wie Mobiltelephon, Smartphone oder GPS die Erhebungsqualität verbessern und den Erhebungsaufwand senken können, hat sich bis heute nicht bestätigt. Diese Technologien bieten zwar gewisse spezifische Vorteile, weisen derzeit aber eine mangelnde Repräsentativität der Stichprobe und eine geringe Antwortbereitschaft der Befragten auf. Um die Qualität von Mobilitätserhebungen zu verbessern und sowohl national als auch international vergleichbar zu machen, wäre ein wichtiger Schritt Erhebungsstandards einzuführen und eine Europäische Richtlinie zur Qualitätssicherung zu erarbeiten. Dies ist laut EUROSTAT der Europäischen Kommission im Rahmen der „Task force on passenger mobility statitics" in Planung.

Literatur

Axhausen, Kai, und Claude Weis. 2010. *Predicting response rate: A natural experiment*. Survey Practice No. 3. E-journal by the American Association for Public Opinion Research.

Beckmann, Klaus, Bastian Chlond, Tobias Kuhnimhof, Stefan von der Ruhren, und Dirk Zumkeller. 2006. Multimodale Verkehrsmittelnutzer im Alltagsverkehr. In *Internationales Verkehrswesen*, Heft 4,138–145, Hamburg.

Beutler, Felix. 2004. *Intermodalität, Multimodalität und Urbanibility – Visionen für einen nachhaltigen Stadtverkehr*. Diskussion Paper SPIII 2004-107. Wissenschaftszentrum Berlin für Sozialforschung.

Cheneby, Monika. 2013. *Eurostat activities and possible future actions – Towards common indicators on passenger mobility?* Presentation at Workshop on Passenger Mobility, Eurostat Unit E6: Transport, 17/06/2013, Brüssel.

Christensen, Linds. 2011. *Experience with web interview as part of the Danish NTS (National Travel Survey)*. Presentation at the Shanti-meeting Vienna, 2011/05/03; DTU Transport, LCH@transport.dtu.dk.

DATELINE Consortium. 2003. *Weighting and Crossing Up Report, DATELINE (Design and Application of a Travel Survey for European Long-Distance Trips*, based on an International Network Expertise), 5th Framework Programme, European Commission-DG TREN, Brussels.

Eurostat – European Commission 2009: ESGVS, Europäische Straßengüterverkehrsstatistik 2009, Luxembourg.

Fellendorf, Martin, Max Herry, Helene Karmasin, Roman Klementschitz, Birgit Kohla, Michael Meschik, Karl Rehrl, Thomas Reiter, Gerd Sammer, Cornelia Schneider, Norbert Sedlacek, Rubert Tomschy, und Eike Wolf. 2011. *KOMOD – Konzeptstudie Mobilitätsdaten Österreichs: Handbuch für Mobilitätserhebungen*. Forschungsbericht. Projektkoordination Institut für Verkehrswesen, Universität für Bodenkultur Wien. Forschungsförderung: Bundesministerium für Verkehr, Innovation und Technologie (bmvit), Österreichische Forschungsförderungsgesellschaft mbH (FFG) im Rahmen des Förderprogramms ways2go, Wien.

FGSV – *Forschungsgesellschaft für Straßen- und Verkehrswesen. 2012. Empfehlungen für Verkehrserhebungen (EVE) – 125, AG 1 Verkehrsplanung*, 1.2 Erhebung und Prognose des Verkehrs, Bonn.

FSV – Österreichische Forschungsgesellschaft Straße, Schiene, Verkehr. 2010. *Nutzen-Kosten-Untersuchung im Verkehrswesen*. RVS 02.01.22, AG Grundlagen des Verkehrswesens, AA Wirtschaftlichkeit und Finanzierung, Wien.

Herry, Max, Rubert Tomschy, Gerd Sammer, Michael Meschik, Birgit Kohla, Rene Wally, und Alexander Fürdös. 2011. *MobiFIT – Mobilitätserhebungen basierend auf intelligenten Technologien*. Forschungsbericht. Projektkoordination Herry Consult. Forschungsförderung: Bundesministerium für Verkehr, Innovation und Technologie (bmvit), Österreichische Forschungsförderungsgesellschaft mbH (FFG) im Rahmen des Förderprogramms ways2go, Wien.

Kohla, Birgit, und Michael Meschik. 2013. Comparing trip diaries with GPS tracking: Results of a comprehensive Austrian study. In *Transport survey methods, best practice for decision making*, Hrsg. Johanna Zmud, Martin Lee-Gosselin, Marcela Munizaga und Juan Antonio Carrasco, Emerald, 337–348, Emerald, United Kingdom.

Köstenberger, Herbert, Kurt Fallast, Gerd Sammer, Werner Brög, und Bernhard Schwertner. 1983a. *Verkehrsverhalten der Grazer Wohnbevölkerung, Grundlagenuntersuchung*, Verlag der Technischen Universität Graz.

Köstenberger, Herbert, Hans Kriebernegg, Gerd Sammer, G. Eccher, Kurt Fallast, Alexander Sadila, und Vinzenz Saurugger. 1983b. *Nahverkehrskonzept Zentralraum Salzburg, Verkehrsverhaltenserhebung*. Im Auftrag der Salzburger Landesregierung und des Magistrates Salzburg et al. Graz.

Neumann, Alexander. 2003. *Korrekturverfahren für Stichproben von Verkehrsverhaltenserhebungen des Personenverkehrs*. Dissertation am Institut für Verkehrswesen der Universität für Bodenkultur Wien, Nr. 1/2003.

Sammer, G. 1997. Problems and solutions in urban travel surveys. In *Urban Travel Survey Methods: Measuring the Presence, Simulating the Future, Les Chemins de la Recherche*, Hrsg. Patrick Bonell, Robert Chapleau, Martin Lee-Gosselin und Charles Raux, Number 42, Programmes Rhones-Alpes, 145–159, Laboratoire d'Economie des Transports, Lyon, Université Lumiere Lyon, Université Laval Québec.

Sammer Gerd. 2006. Processing, analysis and archiving of travel survey data. In *transport survey methods, quality and future directions*, Hrsg. Peter Stopher und Cheryl Stecher, 365–375. Oxford.

Sammer, Gerd. 2013. *Qualität von Verkehrsverhaltenserhebungen im Haushalt – Probleme und Lösungsansätze*. Vortrag am 38. Verkehrsplanerischen und Verkehrsökologischen Kolloquium, Hrsg. Technische Universität Dresden, Sonderveranstaltung mit der DVWG, 26. Juni 2013. Dresden.

Sammer, Gerd, und Georg Hauger. 2013. *Verantwortungsvoller Umgang mit unsicheren Daten bei Verkehrsinfrastrukturentscheidungen?* Ein Denkanstoß, auch zur RVS. Vortrag und in: Österreichische Forschungsgesellschaft Straße – Schiene – Verkehr Hrsg.: Tagungsbericht zum FSV-Verkehrstag am 20.06.2013. Wien.

Sammer, Gerd, Gerald Röschel, und Christian Gruber. 2012. *Qualitätssicherung für die Anwendung von Verkehrsnachfragemodellen und Verkehrsprognosen*. Hrsg. Bundesministerium für Verkehr, Innovation und Technologie, Schriftenreihe Straßenforschung, Heft 604. Wien.

Sammer, Gerd, Gerald Röschel, Gabriela Sammer. 2014. *Mobilitätsverhalten der Grazer Wohnbevölkerung 2013*. Auftraggeber Magistrat der Stadt Graz, Abteilung für Verkehrsplanung, Projektleitung Martin Kroißenbrunner, Barbara Urban, Seite 3. Graz.

Sammer, Gerd, Juliane Stark und Christian Link. 2011a. Einflussfaktoren auf die Nachfrage nach Elektroautos. In *e & i Elektrotechnik und Informationstechnik*, Heft 1–2:1–6.

Sammer, Gerd, und Oliver Roider. 2012. Methoden der Verkehrsbefragung, Teil F der PP-Unterlagen der Lehrveranstaltung 856307 Verkehrsprognosen und Verkehrsmodelle, Institut für Verkehrswesen, Universität für Bodenkultur Wien.

Sammer, Gerd, Oliver Roider, Christian Link, Rudolf Bauer, Werner Schachinger, Christian Vogelauer, Elmar Fürst, Alexander Neumann, und Alexander Schubert. 2013. *IMoVe-Güter - Innovative Modellierung zur Verbesserung der Grundlage der Güterverkehrsstatistik für Österreich,* Forschungsbericht. Projektkoordination. Institut für Verkehrswesen, Universität für Bodenkultur Wien. Forschungsförderung: Bundesministerium für Verkehr, Innovation und Technologie (bmvit), Österreichische Forschungsförderungsgesellschaft mbH (FFG) im Rahmen des Förderprogramms ways2go. Wien.

Sammer, Gerd, Wolfgang J. Berger, Michael Meschik, Ulrike Raich, und Juliane Stark. 2011b. *Schriftliche Unterlagen Verkehrsplanung und Mobilität.* LV 856 102, Institut für Verkehrswesen, Universität für Bodenkultur.

Schulz von Thun, Friedemann. 1981. *Miteinander reden: 1. Störungen und Klärungen.* Hamburg: Allgemeine Psychologie der Kommunikation.

SHANTI – Survey HArmonisation with New Technologies Improvement. 2014. In *COST Action TU 0804,* Hrsg. Jimmy Armoogum, Peter Bonsall, Michael Browne, Linda Christensen, Mario Cools, Eric Cornélis, Marco Diana, Henrik Harder, Kristian Hegner-Reinau, Hubert Jean-Paul, Tobias Kuhnimhof, Jean-Loup Madre, Moiseeva Anastasia, John Polak, und Maria Tébar. Brussels: Funded by the European Commission, Brussels. in: Recherches Les collections de l'INRETS, Marne-la-Vallée.

Socialdata (1989/2010): Mobilitätsdaten. http://www.socialdata.de/info/. Zugegriffen am 18.01.2014.

Socialdata. 2009. Das NEUE KONTIV-Design NKD. Institut für Verkehrs- und Infrastrukturforschung GmbH München. http://www.socialdata.de/info/KONTIV_deu.pdf. Zugegriffen am 17.01.2014.

Verkehrspolitik und Mobilitätsforschung: Die angebotsorientierte Perspektive

Klaus J. Beckmann

Schlüsselwörter
Verkehrssystemgestaltung • Evaluation von Verkehrspolitik • Integrierte Verkehrsentwicklung • Teilnahme • Teilhabe • Mobilitätsmanagement • Verkehrsverhaltensoptionen • Wirkungsanalyse • Verkehrsentwicklungsplanung • Mobilitätsplan

1 Einleitung

Verkehrspolitik und Mobilitätsforschung stehen in einem engen Wechselverhältnis. So setzt einerseits eine zielgenaue, effiziente und nachhaltige Verkehrspolitik belastbare, d. h. gesicherte Erkenntnisse der Mobilitätsforschung zu Verursachungen, Abläufen und Auswirkungen von Verkehr wie auch zu Wirkungen von verkehrspolitischen Maßnahmen voraus. Andererseits ermöglicht Verkehrspolitik neue Erkenntnisse der Mobilitätsforschung, wenn innovative Handlungskonzepte auf Wirkungen untersucht werden.

Aktuelle wie auch zukünftige Probleme der Verkehrssysteme auf allen Betrachtungsebenen (Europa, Bund, Länder, Regionen und Städte) und Ansätze zu deren Lösung erfordern, die Verkehrspolitik durch Ergebnisse der Mobilitätsforschung besser zu fundieren. So hat Mobilitätsforschung Befunde und Wechselwirkungen der Mobilitätsursachen und des Mobilitätsverhaltens zu erkunden und aufzubereiten. Sie hat Wirkungsabschätzungen von Handlungskonzepten oder Einzelmaßnahmen qualifizierend und/oder quantifizierend zu ermöglichen. Evaluationen von Handlungsprogrammen oder Einzelmaßnahmen sind zu leisten (Prozess- und Wirkungsevaluationen).

K.J. Beckmann (✉)
KJB.Kom Prof. Dr. Klaus J. Beckmann Kommunalforschung, Beratung, Moderation und Kommunikation, Berlin, Deutschland
E-Mail: kjbeckmann.kjb@googlemail.com

Als aktuelle Probleme sind beispielhaft zu nennen: zunehmende Finanzierungsengpässe von Bau, Betrieb und Erhaltung der Verkehrssysteme durch öffentliche Haushalte, gleichzeitig steigender Erhaltungsbedarf der Verkehrsinfrastrukturen, Kapazitätsengpässe von Verkehrsteilsystemen („Staus", „Betriebsstörungen im Bahnverkehr"), Forderungen nach verstärkter Verkehrsinfrastrukturfinanzierung durch Nutzer, steigende klimarelevante CO_2-Emissionen durch Verkehre bei steigenden Anforderungen an Klimaschutz, aber auch Lärmminderung und Luftreinhaltung. Hinzu kommen demografische Veränderungen durch quantitative, altersstrukturelle und ethnische Veränderungen der Bevölkerungszusammensetzung.

Die traditionelle Perspektive der Verkehrssystemgestaltung war lange angebots- und dabei vor allem infrastrukturorientiert. Verkehrsinfrastrukturen bereitzustellen, zu betreiben und zu erhalten, wurde und wird als staatliche Aufgabe im Rahmen einer allgemeinen Daseinsvorsorge gesehen (vgl. Ambrosius in Kap. V.2 dieses Bandes: ▸ Öffentlicher Verkehr und Gemeinwirtschaftlichkeit: Im Spannungsfeld von Eigenwirtschaftlichkeit, Wettbewerb und Regulierung). Sie haben daher den Charakter eines öffentlichen Gutes. Dies bedeutet, dass bis auf Ausnahmen niemand von einer Nutzung ausgeschlossen werden kann und dass eine Rivalität der Nutzer nur partiell gegeben ist – beispielsweise in Spitzenzeiten der Verkehrsnachfrage auf Straßen, im Öffentlichen Personennahverkehr oder auch in Parkierungseinrichtungen. Letzteres bedeutet(e) in der Konsequenz, dass Verkehrsinfrastrukturen weitgehend nachfragegerecht ausgebaut und Verkehrsleistungen im Rahmen einer Daseinsvorsorge bereitgestellt werden (vgl. Oettle 1974).

Die Verkehrssystemgestaltung erfolgte daher im Wesentlichen baulich-infrastrukturell sowie betrieblich und ordnungsrechtlich. In der operativen Ausgestaltung bestand und besteht folglich auch heute noch eine Dominanz der Ingenieurdisziplinen (Verkehrs- und Bauingenieure, Informatiker) – unter Einbeziehung von Juristen (Planungs-/Baurecht, Wege-/Verkehrsrecht, Ordnungsrecht). Nationalökonomen leisten vor allem Beiträge, um die Verbindung und Erschließung von Teilräumen wirtschaftspolitisch zu begründen sowie Netze hinsichtlich Trägerschaften, Finanzierungsformen und Zugangsregelungen unter marktwirtschaftlichen Kriterien zu entwickeln und zu betreiben. Soweit der Staat den Betrieb übernahm (z. B. Fernbahnen, öffentlicher Personennahverkehr), überlagerten diese volkswirtschaftlichen Perspektiven auch betriebswirtschaftliche Betrachtungen.

Letztlich ging und geht es darum, den Verkehrsteilnehmern im Personen- und Güterverkehr Mobilitäts- bzw. Transportoptionen zu eröffnen und dabei den gesamtgesellschaftlichen Zielen der sozialen Gerechtigkeit und des sozialen Ausgleiches (Teilhabe- und Teilnahmemöglichkeiten), der wirtschaftlichen Entwicklung sowie der Begrenzung von Ressourcenbeanspruchungen und Umweltbelastungen zu genügen. Rahmensetzungen ordnungsbehördlicher Art begründeten sich aus den Anforderungen, Funktionstüchtigkeit, Leistungsfähigkeit und Sicherheit zu gewährleisten. Insgesamt geht es um eine nachhaltige Gestaltung des Verkehrssystems als Voraussetzung für dauerhaft funktionstüchtige und tragfähige Sozial-, Wirtschafts- und Raumsysteme. Besondere Anforderungen bestehen dabei hinsichtlich einer Integration von Verkehrs-, Raum- und Umweltsystemen.

Die Verkehrssystemgestaltung war bis vor kurzem durch Handlungskonzepte und Maßnahmen im Kontext eines sozialen und ökonomischen „Wachstums" bestimmt. Dabei stand die Erweiterung bzw. Erhaltung von Handlungsoptionen für Einzelpersonen, Haushalte, Unternehmen, Verkehrsdienstleister u. a. im Vordergrund der Betrachtung. Kleine, mittlere oder auch grobe Fehler in der Verkehrssystemgestaltung wurden zwar nicht strukturell, vielfach aber faktisch durch ein ungebremstes Verkehrswachstum „geheilt": Irgendwie und irgendwann erwiesen sich bereitgestellte Verkehrsinfrastrukturen als „notwendig" – z. B. infolge eines sekundär induzierten Verkehrs als Folge von unerwünschten siedlungsstrukturellen Entwicklungen („Suburbanisierung") (vgl. FGSV 2004). Dies bedeutete aber zumeist auch eine wachsende Inanspruchnahme von Umwelt- und Finanzressourcen oder steigende Umweltbelastungen bzw. ungebremste Beiträge zu CO_2-Emissionen als Ursache für Klimaveränderungen.

In dieser Zeit waren die mobilitäts- und verkehrsbezogenen Perspektiven anderer Disziplinen häufig stark selektiv. So bezog sich beispielsweise die Psychologie vor allem auf Fragen der Verkehrssicherheit, der Wahrnehmungs- und Kognitionsprozesse im Verkehr, aber kaum auf Ursachen des alltäglichen („Verkehr") oder des langfristigen Mobilitätsverhaltens („Standortwahlen"). Theoriebildung und praktisches Handeln, fachsektorale Mobilitätsforschung und Verkehrspolitik fielen deutlich auseinander.

Erst mit steigenden Ressourcenbeanspruchungen und Umweltbelastungen, insbesondere aber mit wachsendem Bewusstsein für die Bedeutung ökonomischer, sozialer und demografischer Stagnations- und Schrumpfungsprozesse gewannen die langjährigen Postulate der Integration im Bereich der Mobilitätspolitik zunehmend an Bedeutung (vgl. Beckmann 1993, 2000a, 2000b, 2001a, 2001b, 2001c, 2002c, 2002d, 2003; Holz-Rau und Scheiner 2005; Kutter 2005). Der Grund dafür lag vor allem darin, dass die ursprünglichen Zielfelder der Sicherheit, Wirtschaftlichkeit, Funktions- und Leistungsfähigkeit um die der Nachhaltigkeit/Bestandsfähigkeit, Anpassungsfähigkeit und Nebenwirkungsfreiheit erweitert wurden (vgl. Haase 2005; Pällmann 2005).

In der politischen Verantwortung fallen die Zuständigkeiten – beispielsweise für Raum-/Siedlungsentwicklung sowie Verkehrsentwicklung – zumeist aber weiterhin auseinander, so dass die Zielerreichung („Wirksamkeit") und die Maßnahmeneffizienz zum Teil weiterhin in Frage stehen. Auch scheint die notwendige Kombination der verschiedenen zeitlichen Handlungsebenen noch unzureichend. Eine konsistente Verknüpfung von langfristorientierten Strategien, mittelfristigen Handlungsprogrammen und kurzfristigen Einzelmaßnahmen steht noch weitgehend aus (zu den Potenzialen und Anforderungen vgl. Baum und Beckmann 2002).

Zur Verbesserung von Wirksamkeit, Effizienz, Nebenwirkungsfreiheit, Zukunftsfähigkeit kommt in der Verkehrssystemgestaltung den Menschen als „Akteuren" (Individuen, Haushalte, Unternehmer, Mobilitätsdienstleister) und deren Handlungsmöglichkeiten, Intentionen und Präferenzen eine besondere Bedeutung zu. Indem Einstellungen und Präferenzen, Erfahrungen und Routinen, Regime und Budgets sowie die Entscheidungen dieser Raumakteure verstärkt einbezogen werden, wird eine explizite Verhaltensorientierung geleistet. Dabei müssen sowohl langfristige (Wohnungen) und mittelfristige Standortwahlen (Arbeits- und Ausbildungsplätze, bevorzugte Tätigkeitsstandorte) als auch die Realisierungen des alltäglichen Raum-, Zeit- und Mobilitätsverhaltens (Tätigkeiten, deren Abfolgen, Standorte und Zeitpunkte, Verkehrsmittel- und Wegewahlen usw.) erfasst werden. Dies impliziert, dass eine rein angebotsseitige Perspektive der Verkehrssystemgestaltung obsolet ist – und dies nicht erst in jüngster Zeit. In einigen Forschungsrichtungen hat dies seit mindestens drei Jahrzehnten Eingang gefunden, sich aber nur bedingt durchgesetzt (vgl. Busch-Geertsema et al.: Mobilitätsforschung aus nachfrageorientierter Perspektive: Theorien, Erkenntnisse und Dynamiken des Verkehrshandelns sowie Goetz et al. in Kap. VII.5 ▶ Mobilitätsstile und Mobilitätskulturen – Erklärungspotentiale, Rezeption und Kritik dieses Bandes; auch Heidemann 1985; Kutter 2005; Beckmann 1990, 2002c, 2003; Beckmann et al. 2006b). Ansätze dieser Art erweitern aber die Handlungsmöglichkeiten der Verkehrspolitik auf ökonomische und sonstige Anreize, auf Informationen und Informationsbereitstellung, auf Beratung und Erziehung. Dies korrespondiert mit den Erwartungen der Nutzer, d. h. der Verkehrsteilnehmer, vermehrt Komplettdienste angeboten zu bekommen – also Informationen über Angebote und Nutzungsmöglichkeiten, Nutzungsregelungen und Kosten. Auf dieser Grundlage können die Verkehrsteilnehmer „multimodal", d. h. situationsabhängig ihre Verkehrsmittelwahl tätigen oder auf einzelnen Wegen „intermodal" Verkehrsmittel verknüpfen,

Dies schafft ein Bewusstsein dafür, dass zum einen das Standortwahlverhalten (Wohnung, Arbeits- und Ausbildungsplätze) und die raumstrukturellen Gegebenheiten in das Handlungsfeld der Gestaltung von Mobilität einzubeziehen sind und zum anderen dem Prozess der Beteiligung und Vermittlung im Rahmen der Maßnahmenvorbereitung (Projektmanagement, Prozessgestaltung, „Marketing", Beteiligung) verstärkt Aufmerksamkeit zu schenken ist.

2 Grundprinzipien einer Verkehrssystemgestaltung

Die Begrifflichkeit „Verkehrssystemgestaltung" wird hier beibehalten, da sie gängig ist und die (Personen-)Mobilität und den (Güter-)Transport zusammenführt. Dabei wird davon ausgegangen, dass mit Verkehrssystemgestaltung nicht nur die Beeinflussung von Ortsveränderungen („realisierte Mobilität"), sondern auch von Mobilitätsbedürfnissen und -optionen („Beweglichkeit") – individuenseitig und angebotsseitig – umfasst wird.

Verkehrssystemgestaltung zielt in gesamtheitlicher Auffassung darauf, Mobilitätsbedürfnisse zu befriedigen, d. h. letztlich die Wünsche von Menschen nach Teilhabe und Teilnahme zu erfüllen und ökonomische und sonstige Austauschprozesse zwischen Wirtschaftssubjekten (z. B. Unternehmen, Arbeitnehmer, Kunden) zu sichern. Verkehrssystemgestaltung dient in diesem Rahmen auch dazu, Probleme und unerwünschte Auswirkungen innerhalb des Gesamtverkehrssystems zu beseitigen. Dies bezieht sich vor allem auf vier große Bereiche. Die Gestaltung des Verkehrssystems soll dessen Verlässlichkeit, Sicherheit sowie Funktions- und

Leistungsfähigkeit gewährleisten. Sie hat dafür Sorge zu tragen, dass die zeitlichen und finanziellen Ressourcen der Verkehrsteilnehmer nur in angemessener Weise beansprucht werden, zudem über gesamtgesellschaftliche Ressourcen für Infrastrukturbereitstellung und Betrieb in wirtschaftlich adäquatem Umfang verfügt wird und last but not least die umweltbezogenen Verkehrsauswirkungen und der Verbrauch natürlicher Ressourcen so gering wie möglich gehalten werden.

Wirksame, effiziente sowie nachhaltige Verkehrspolitik muss grundsätzlich als ganzheitliche Verkehrssystemgestaltung aufgefasst werden – unter Einschluss von Verursachungs- und Folgenbereichen. Eine derartige „integrierte Verkehrspolitik" abgestimmter Handlungsfelder ist bisher auf Bundesebene nur begrenzt explizit formuliert (worden). Andere Länder, wie z. B. Schweiz, Niederlande oder Frankreich, und vor allem regionale und lokale Handlungsträger zeigen die Handlungsebenen beispielgebend. Es gibt allerdings strategische Ausrichtungen (vgl. BMVBW 2000) sowie erste Empfehlungen zu Handlungsbausteinen (vgl. Baum und Beckmann 2002) auch in der Bundesrepublik. Dabei sind angebots- und nachfrageseitige Handlungsansätze der Verkehrssystemgestaltung zusammenzuführen, wie exemplarisch Abb. 1 für eine „Integrierte Verkehrspolitik" auf Bundesebene zeigt. Verkehrspolitik auf Bundesebene ist unter den verfassungsmäßigen Rahmenbedingungen vor allem Verkehrsinfrastrukturpolitik – unter Einschluss der Regelung von Wegerecht und Verkehrsrecht sowie der Vereinbarung von Finanztransfers (z. B. Fördertatbestände und Fördermittel). Es fehlt damit aber eine umfassende und konsistente strategische Ausrichtung im Sinne einer ganzheitlichen Mobilitätspolitik. Die Empfehlungen des Wissenschaftlichen Beirats des

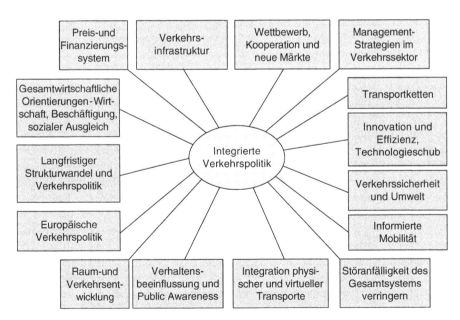

Abb. 1 Handlungsfelder einer „Integrierten Verkehrspolitik" Quelle: Baum und Beckmann 2002: 80

BMVBS (2009) „Strategieplanung Mobilität und Transport – Folgerungen für die Bundesverkehrswegeplanung" warten noch auf eine umfassende Umsetzung.

Um zu klären, wie das Mobilitäts- und Transportsystem gestaltet werden kann bedarf es einer Systemabgrenzung und -analyse. Diese bestimmen sich notwendigerweise aus den Ursachen-Folgen-Konstellationen von

- Teilhabe- und Teilnahmebedürfnissen der Menschen an wirtschaftlichen, sozialen, politisch-gesellschaftlichen, kulturellen, emotionalen und sonstigen Austausch- bzw. Vermittlungsprozessen,
- wirtschaftlichen Austauschprozessen zwischen Wirtschaftssubjekten (Produktion, Handel, Dienstleistung, Entsorgung),
- daraus resultierenden physischen Verkehrs- und Transportvorgängen,
- potenziell substitutiven virtuellen Transportvorgängen (E-Dienste),
- Infrastruktur- und Transportangebotsbereitstellung,
- rechtlichen, betrieblichen und organisatorischen Regelungen,
- Informationsbereitstellung und -vermittlung über Transportangebote, Transportleistungen, aktuelle Verkehrszustände usw.

Es handelt sich damit um die Gestaltung von Hard- und Software eines Verkehrssystems (vgl. Cerwenka 1997; Beckmann 2002c). Diese systemanalytische Herangehensweise gewinnt zunehmend an Bedeutung, wenn neue Technologien oder Dienste in das Verkehrssystem eingebunden werden sollen, Dies gilt beispielsweise für die Förderung und praktische Umsetzung der Elektromobilität, neuer ÖV-Systeme wie Bus-Rapid-Transit-Systeme oder Bürgerbusse, insbesondere aber auch von Leih-/Sharing-Systemen – standortgebundenen oder standortungebundenen – von Pkw oder Fahrrädern („Car-Sharing", „Bike-Sharing").

Verkehrssystemgestaltung bedeutet somit, dass Aspekte der Beeinflussung von Ursachen des Verkehrs gleichermaßen in die Betrachtung einbezogen werden müssen wie Aspekte der Gestaltung von Infrastrukturen, Regelungen, Betrieb und Organisation sowie deren Auswirkungen auf ökonomische, ökologische und soziale Gegebenheiten. Es handelt sich gleichermaßen um langfristig strategische Planungen, um mittelfristig wirksame Handlungskonzepte wie auch um konkrete Maßnahmenbündel oder Einzelmaßnahmen. Das fachliche wie aber auch das politische Verständnis von Verkehrssystemgestaltung hat dabei in den letzten 50 Jahren einen Entwicklungsprozess hinter sich, der erhebliche Implikationen für Arbeitsprozesse, Zuständigkeiten, Akteure und Beteiligte wie auch für verfolgte Ziele und präferierte Handlungskonzepte hatte.

Die „Generalverkehrsplanung" der 1950er- und 1960er-Jahre befasste sich im Sinne einer Auffangplanung damit, schon eingetretene Probleme der Verkehrsentwicklung zu beseitigen, wobei infrastrukturelle Lösungen und der motorisierte Individualverkehr (MIV) in dieser Leitbildphase der „autogerechten Stadt" dominant waren. Die „Gesamtverkehrsplanung" in den 1970er- und 1980er-Jahren dehnte zwar die Betrachtung auf alle Verkehrsmittel aus, favorisierte aber weiterhin infrastrukturelle Maßnahmen – nun mit dem Leitbild der „verkehrsgerechten Stadt". Dieses wiederum wurde in den 1980er- und 1990er-Jahren vom Konzept des „stadtgerechten Verkehrs" abgelöst, das verstärkt die Wirkungen des Verkehrs

("Umweltverträglichkeit", "Stadtverträglichkeit") in den Vordergrund der Betrachtung stellte. Diese Phase der „Verkehrsentwicklungsplanung" erweiterte den Gestaltungsanspruch darauf, Ursachen von Verkehr sowie Wechselwirkungen zwischen ihm und der Siedlungsentwicklung zu beeinflussen, um unerwünschte Zustände und Effekte von Transportvorgängen vorausschauend vermeiden zu können. Betriebliche und verkehrsorganisatorische Maßnahmen erhielten eine wachsende Bedeutung. Seit einigen Jahren wird nun darauf fokussiert, „strategische Mobilitätskonzepte" (z. B. Masterplan Mobilität) zu erarbeiten. Darin werden die Teilnahmebedürfnisse der Bürger, die sich in Mobilität und Transporten ausdrücken, und die wirtschaftlichen Austauschprozesse mit der Ressourcenbeanspruchung und den Umweltbelastungen abgewogen. Im Vordergrund stehen dabei die Prozesse der Konsensfindung für Handlungskonzepte und ihrer gesellschaftlichen Vereinbarung. Gleichzeitig hat sich das Spektrum der Maßnahmen auf solche des Verkehrssystemmanagements (z. B. „Telematik"), des Mobilitätsmanagements (z. B. „neue Dienste"), der Gestaltung finanzieller und sonstiger Anreize (z. B. „Maut"), der Information und Beratung (z. B. „Mobilitätsberatung") erweitert. Damit gehen Modifikationen von Zuständigkeiten – z. B. durch Privatisierung von Infrastruktur- und Leistungsbereitstellung, durch zivilgesellschaftliche Trägerschaft von Verkehrsangeboten (wie etwa Car-Sharing, Mitnahmeorganisation) – einher. Wesentliche technologische Voraussetzungen sind integrierte Informations- und Kommunikationsdienste, die individuell über „Smartphone" u. ä. zugänglich sind und auf der Grundlage von „Apps" für individuelle und aktuelle Informationsbedarfe aufbereitet werden.

Wegen der langjährigen Konzentration der Verkehrssystemgestaltung aller Ebenen (Europa, Bund, Länder, Regionen, Städte und Gemeinden) auf die Bereitstellung und den technischen Betrieb von Infrastrukturen mangelt es an Erfahrungen darüber, wie Verkehrssysteme durch raumstrukturelle Ansätze, innovative Technik-, Dienste- und Organisationsoptionen, finanzielle und sonstige Anreize sowie Information und Beratung gestaltet werden können. Hier ist in den letzten Jahren eine hohe Entwicklungsdynamik zu verzeichnen, bei der Bereitstellung von öffentlich oder privat organisierten Transportdiensten, bei der Bereitstellung von Sharing-Angeboten oder bei der Förderung von Angeboten für inter- und multimodales Verkehrsverhalten.

Zudem fehlen infolge der defizitären Evaluationskultur für öffentliche Maßnahmen, d. h. auch im Verkehrsbereich, für zwei wichtige Ebenen kontrollierte Erkenntnisse: Es ist wenig bekannt über Vorbereitungs- und Umsetzungsprozesse und deren Wirkungen, die durch „Prozess-Evaluationen" erfasst werden müssten. Auch wurden bisher die Wirkungen von Maßnahmen und Handlungskonzepten kaum mithilfe von so genannten „Wirkungs-Evaluationen" geklärt (vgl. Wehmeier et al. 2005).

Für eine erweiterte Systemgestaltung, die bei einer Beeinflussung von Verkehrsursachen ansetzt, erweist es sich aber als erforderlich, individuelle Handlungsgrundlagen einzubeziehen. Dazu gehören für Individuen, Haushalte oder Unternehmensleitungen der Stand der objektiven Kenntnisse und Informationen über Verkehrsangebote. Deren Wahrnehmung wird selektiert durch subjektive Einstellungen, Dispositionen und Präferenzen, die wiederum eng mit den Lebens- und Mobilitätsstilen verbunden sind. Dass Erfahrungen und Routinen für die

Verkehrsmittelwahl entscheidend sind, ist inzwischen durch zahlreiche Untersuchungen belegt. Doch darüber hinaus ist für die jeweiligen Verkehrsmittelwahlen auch entscheidend, über welche Ressourcen die Verkehrsteilnehmer verfügen können. Dabei handelt es sich um Zeit, individuelle Fähigkeiten bzw. Fertigkeiten, die physische und psychische Konstitution, Verkehrsmittelverfügbarkeiten und Budgets. Auf keinen Fall zu vernachlässigen ist der Faktor der Handlungsbereitschaft. Ebenso sind Aspekte der individuellen Raumerfahrung (z. B. Wohnstandortwechsel) wie auch der individuellen Mobilitätssozialisation in die Erklärungsmodelle wie auch in die Entwicklung zielgenauer und wirksamer Handlungskonzepte einzubeziehen.

Nur unter derartigen Voraussetzungen kann es gelingen, Maßnahmen zur Gestaltung des Verkehrs-/Mobilitätssystems zielgruppengenau zu adressieren und situationsspezifisch auszugestalten. Dass eine Orientierung am Verhalten der Verkehrsteilnehmer für die Gestaltung des Verkehrssystems zwingend erforderlich ist, wird häufig erst erkannt und akzeptiert, wenn die erwarteten Effekte z. B. baulicher oder betrieblicher Maßnahmen ausbleiben, sich als kontraproduktiv herausstellen oder es zu unerwünschten Folgewirkungen kommt.

Deshalb sind integrative Handlungsmodelle Voraussetzung dafür, dass die verkehrlichen Wirkungen anderer Politikfelder (man denke an die „heimliche Verkehrspolitik", vgl. Schwedes Verkehrspolitik: Ein problemorientierter Überblick in Kap. I.1 dieses Bandes: ▶ Verkehrspolitik: Ein problemorientierter Überblick) identifiziert, gezielt genutzt oder auch vermieden werden können. Dies gilt insbesondere für vier Politikressorts: Die Raum-, Siedlungs- und Stadtentwicklungspolitik einzubeziehen, ist zwingend, da sie Sachkonfigurationen wie Lage und Erreichbarkeiten bestimmen. Die Steuerpolitik kann entscheidend sein, weil sie einerseits die Mittelverfügbarkeit beeinflusst, andererseits gestaltet, wie Standortwahlen oder Mobilitätsvorgänge begünstigt oder belastet werden (z. B. durch die Pendlerpauschale, die Eigenheimzulage, aber auch ganz einfach durch die Mineralölsteuer oder Straßenmauten). Auch die Wirtschafts- und Forschungspolitik, die verkehrstechnologische Entwicklungen anstoßen und fördern, sind in Betracht zu ziehen (vgl. Meyer, Jöhrens und Hildermeier in Kap. VI.2 dieses Bandes: ▶ Forschungsförderung, Verkehrspolitik und Legitimität: Die Folgen heterogener Rationalitäten in politischen Prozessen sowie Umweltinnovation im Pkw-Bereich: Kann die Politik Technologiesprünge erzwingen?). Nicht anders verhält es sich mit der Bildungs- und der Sozialpolitik, da sie verkehrsrelevante Leistungsstrukturen und -standorte sowie deren räumliche und zeitliche Betriebsformen festlegen.

Vor dem Hintergrund des Postulates einer „integrierten Verkehrspolitik" müssen die notwendigen und zweckmäßigen Integrationsebenen identifiziert und mit entsprechenden Politikprogrammen hinterlegt werden. Die Integrationsebenen sind (siehe Abb. 2):

- maßnahmenbezogen, d. h. bezogen auf Bau, Betrieb, Rechtsetzung, Management, Information, Ausgestaltung von Anreizen oder Beratung
- räumlich (horizontale oder vertikale Integration),
- zeitlich (Integration lang-, mittel- und kurzfristiger Handlungsfelder sowie Wirkungsbereiche),

Verkehrspolitik und Mobilitätsforschung: Die angebotsorientierte... 733

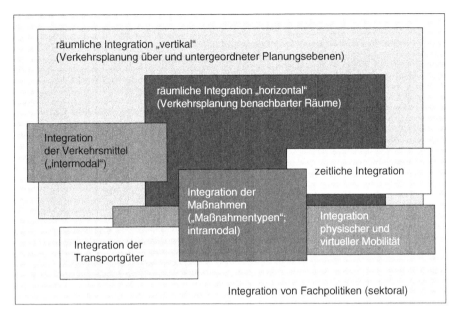

Abb. 2 Integrationsebenen der Verkehrsplanung Quelle: Beckmann 2001b: 270

- modal (Integration aller Verkehrsträger sowie intermodaler Angebote),
- physische und virtuelle Transportkomponenten umfassend,
- sektoral (Integration relevanter Fachpolitiken).

Eine besondere Bedeutung kommt der Integration der Maßnahmen zu, mit denen Verkehrssysteme „direkt" gestaltet werden:

- Bau von Infrastrukturen,
- Betrieb von Infrastrukturen,
- Bereitstellung von Fahrzeugtechnik und Fahrzeugen,
- Organisation von Verkehrsangeboten und Verkehrsabläufen,
- Verkehrs- und Ordnungsrecht,
- finanzielle Anreize (Entgelte, Gebühren) oder sonstige Anreize (Begünstigungen, Belastungen),
- Maßnahmen zur Information über Verkehrsangebote und zur Verkehrslenkung,
- beratende Maßnahmen zum Aufzeigen von Verhaltensoptionen, zur Verkehrsverhaltensbeeinflussung oder zur Mobilitätserziehung.

Einen Ansatz zur „Integrierten Verkehrspolitik" schlagen – mit inhaltlichen Facetten sowie mit prozessualen Aspekten – Baum und Beckmann (2002) vor. Dabei sind die Handlungsfelder zum Teil bewusst „querliegend" zu bisher gewöhnten Politikfeldern formuliert und zudem in ein Zeit- und damit Umsetzungsschema von

- Dialogorientierte Verkehrspolitik
- Integrierte Planungs- und Beteiligungsprozesse
- Dezentralisierung und Regionalisierung der verkehrspolitischen Verantwortung
- Strategische Rationalität und Konsistenz
- Handlungsfelder im Zusammenwirken
- Ursachen- und Folgenstrategie: Verkehr verbessern, unerwünschte Folgen einschränken,
  Transportbedarf senken
- Integrierte Beeinflussungsstrategien: Strukturen, Verhalten, Organisation und Institutionen
- Monitoring und Controlling des verkehrspolitischen Fortschritts
- Akzeptanzförderung als verkehrspolitische Zukunftsaufgabe
- „Innovationsklima" fördern – Experimente, Standards und Anreize
- Kurzfristige Problemschärfung und perspektivische Zukunftsgestaltung

Abb. 3 Prozessgestaltung der integrierten Verkehrspolitik Quelle: Baum und Beckmann 2002: 84

- Engpassbeseitigung und Problemschärfung (kurzfristige Strategie),
- einem funktionsfähigen und nachhaltigen Verkehrssystem, einschließlich Folgenbeseitigung (mittelfristige Strategie),
- Gleichgewichtsperspektive, Senkung des Transportbedarfs und langfristigem Strukturwandel (langfristige Strategie)

eingebunden, um Denkschablonen aufzubrechen. Allerdings zeigt sich, dass das Innovationspotenzial (bisher) nicht ausgeschöpft wird. Daher sind Barrieren bzw. Hemmnisse bei der Umsetzung zu identifizieren. Ursachen der Barrieren liegen vor allem in einem mangelnden Prozessmanagement sowie einer nicht angemessenen Beteiligung relevanter Akteure (vgl. Beckmann 2005a; Witte und Wolf 2005; Guidemaps-Consortium 2004).

Verkehrs- und Mobilitätskonzepte für Großstädte – z. B. Leipzig, Berlin, Düsseldorf, München, Dortmund, Zürich – zeigen durchaus integrierte Ansätze. Dies wäre auf Bundesebene entsprechend zu gewährleisten, wenn die Vorschläge zur Prozessgestaltung und zur Organisation sach- sowie situationsangemessen umgesetzt würden (siehe Abb. 3). Dann wäre es möglich – wenn auch aufgrund externer Einflüsse nur begrenzt –, den Verkehr gezielt und mit hoher Erfolgswahrscheinlichkeit zu beeinflussen hinsichtlich Umfang, Verkehrsleistung, räumlicher und zeitlicher Verteilung, modaler Aufteilung, Abwicklung und Auswirkungen.

Bisher eher unbefriedigende Wirkungen von Handlungskonzepten erfordern Erweiterungen der Betrachtungsperspektiven auf:

- die Gesamtheit der Mobilitätsvorgänge – als Gesamtheit der Alltagsmobilität („Verkehr") und der Langfristmobilität („Standortwahl") unter Einschluss der „virtuellen" Mobilität durch Nutzung von Informations- und Kommunikationstechnologien,

- Wege-/Transportketten („von Haus zu Haus"),
- die Intermodalität („Wechsel der Verkehrsmittel auf einem Weg", z. B. Bike-and-Ride, Park-and-Ride, Fußweg zu/von der Haltestelle und ÖV-Nutzung) sowie die „situationsabhängige" Multimodalität, d. h. die Wahl verschiedener Verkehrsmittel unter spezifischen situativen Bedingungen,
- Maßnahmenoptionen zur Gestaltung von Raumstrukturen/Standortmustern, Zeitstrukturen/Zeitordnungen, Information und Beratung zur Verkehrsverhaltensbeeinflussung,
- räumliche (horizontale und vertikale), modale, zeitliche und sektorale „Integrationen" der Handlungsansätze und Handlungskonzepte.
- kommunikative und konsensorientierte Arbeits-, Beteiligungs- und Entscheidungsprozesse.

Hier sind in den letzten Jahren verbesserte empirische Grundlagen (Mobilität in Deutschland MiD, System repräsentativer Verkehrserhebungen SrV, Mobilitäts-Panel) geschaffen worden, um Befunde zu erfassen und zu sichern sowie Erklärungsansätze zu verbessern und zu validieren. So sind die Befunde relativ neu, dass 40 Prozent der Verkehrsteilnehmer an Werktagen „multimodal" unterwegs sind und 60 Prozent den „Umweltverbund" nutzen.

Abbildung 4 veranschaulicht die Effekte, die Sozialverhältnisse, Zeitordnungen und Sachkonfigurationen auf Mobilität haben – letztere im Sinne von Raumstrukturen, Verkehrsinfrastrukturen und deren Betriebssystemen („Angebote") und von individuell verfügbaren „Geräten" (z. B. Fahrzeuge). Dies zeigt, dass Beeinflussungen des individuellen Mobilitätsverhaltens, der Verkehrsentstehung, damit auch

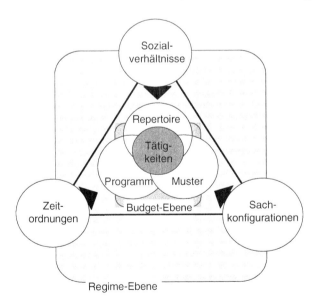

Abb. 4 Erklärungszusammenhang von Tätigkeitsrepertoires, Tätigkeitsprogrammen und -mustern Quelle: Heidemann 1985: 59

der kollektiven Muster und der Auswirkungen des Verkehrs nur wirksam, effizient und dauerhaft gelingen können, wenn zum einen die Veränderungstendenzen der Einflussbereiche berücksichtigt werden. Als Beispiele seien hier demografische und ökonomische Entwicklungen sowie veränderte Raum- und Zeitstrukturen genannt. Zum anderen müssen auch die Möglichkeiten, auf diese Einflussbereiche einzuwirken, aktiv genutzt werden. Zu denken ist etwa an eine Gestaltung der Raumstrukturen und Zeitregelungen und an den Ausbau der Breitbandnetze als Voraussetzung für hochwertige virtuelle Mobilität.

Die vermittelnde Ebene zur individuellen – spontanen, geplanten oder habitualisierten – Ausgestaltung von Tätigkeitsprogrammen und -mustern sowie zu daraus resultierenden Mobilitätsmustern sind individuell wirksame Regime und Budgets. Dabei können diese individuell geprägt sein und zum Teil auch kollektiv beeinflusst werden. Dies betrifft beispielsweise die individuelle Raumlage durch die Wahl von Wohn-, Arbeits-/Ausbildungsplatzstandorten. Dazu gehört auch die Ausstattung der Individuen oder der Haushalte mit „Mobilitätsmitteln" (Pkw, Fahrrad, Monatskarte für den ÖV usw.). So zeigen die Befunde von Ahrens et al. (2011), dass der Pkw-Besitz bei sonst gleichen bzw. ähnlichen sozio-demografischen Merkmale sehr deutlich die individuelle Verkehrsmittelwahl, die Wegehäufigkeiten, die Wegentfernungen und Aktionsräume beeinflussen. Legt man das Konzept des „geplanten Verhaltens" von Ajzen und Fishbein (1980) der Erklärung zugrunde, so haben für spontane und geplante Tätigkeiten und die damit zusammenhängenden Ortsveränderungen individuelle Entscheidungsprozesse, die sozial und zum Teil auch durch räumliche Erfahrungen geprägt sind, eine konstitutive Bedeutung, weil sie Handlungsabsichten und realisierte Aktivitäten beeinflussen. Dies gilt entsprechend für habitualisierte Tätigkeiten und Mobilitätsmuster im Rahmen der Prozesse der Routinisierung.

Infolge der Lockerung („Entkoppelung") von zeitlichen, sozialen und räumlichen Bindungen werden allerdings die kollektiven Beeinflussungsmöglichkeiten von Raum-Zeit- und Verkehrsverhalten erschwert (vgl. Kutter 2005). Längst ist das Zeitregime des Alltags in Bezug auf Arbeit, Einkaufsmöglichkeiten und Freizeitgestaltung flexibilisiert. Variantenreiche individuelle Biografien und die Individualisierung der Lebensstile haben als Kehrseite eine soziale Dissoziation (vgl. Beckmann et al. 2006b). Gleichzeitig hat die Kohäsionskraft von Wohn- und Arbeitsorten durch die erweiterte Verfügbarkeit über „Geräte" des physischen Transports („Motorisierung") und der Kommunikation („virtueller Transport") stark abgenommen. Dennoch verbleiben Möglichkeiten einer „kollektiven" Beeinflussung, etwa durch Erreichbarkeitsgestaltung von Raumstrukturen, Veränderung von Zeitstrukturen (z. B. teilräumliche Gestaltung von Öffnungszeiten, Betriebszeiten des ÖPNV), durch finanzielle und sonstige Anreize sowie durch individuenbezogene Dienste.

Insbesondere durch Ausgestaltung von Informations- und Beratungsangeboten, von Mobilitäts- und Verkehrserziehung ergeben sich Möglichkeiten, auf die individuelle Ausgestaltung von Tätigkeitsrepertoires, -mustern und -programmen einzuwirken. Dazu gehören nicht nur die Vermittlung von Wissen über Verkehrs- und Transportangebote, sondern beispielsweise auch Orientierungshilfen zu Standort- (Wohnungen, Betriebe, Nutzungsangebote usw.) und zu Tätigkeitsangeboten.

3 Angebotsorientierte Perspektive – Bedeutung, Grenzen und Weiterentwicklungserfordernisse

Die Entwicklung eines arbeitsteiligen Gesellschafts- und Wirtschaftssystems wie auch einer funktionsteiligen Raumstruktur setzt physische Transporte von Personen, Gütern und von Informationen voraus. Diese sind nur möglich bei Vorhandensein von

- Verkehrsanlagen, d. h. Verkehrswegen, Zugangs- und Verknüpfungspunkten, Abstellanlagen, Betriebseinrichtungen,
- Verkehrsmitteln/Fahrzeugen,
- Betriebsmitteln (Energie, Personal, sonstige Betriebsmittel),
- Betriebsregelungen (Angebotszeiten, Zugangsvoraussetzungen, Ablaufregeln),
- Verkehrsvorgänge begleitenden oder vorbereitenden Informationen.

Physischer Transport setzt Sach- und Betriebssysteme voraus. Er bedarf somit eines Zusammenwirkens von Infrastruktur- und Betriebsunternehmen, von Informations-Providern sowie des privaten Verkehrsteilnehmers. Die angebotsorientierte Perspektive der Verkehrssystemgestaltung bedeutet somit, Verkehrsanlagen und Transportmittel parat zu halten, Betriebsmittel einzusetzen, also „Transportangebote" zu unterbreiten, und rechtliche sowie organisatorische Betriebsregeln festzulegen sowie Informationen über Transportangebote und Transportbedingungen bereitstellen. Angebote aus Verkehrsanlagen, Verkehrsmittel- und Betriebsmitteleinsatz sind somit unverzichtbare Voraussetzungen für physischen Transport.

Die Bereitstellung von Verkehrsanlagen ist im Regelfall nur langfristig möglich, so dass die entsprechenden strategischen Planungen auf allen Ebenen langfristig angelegt sein müssen wie beispielsweise Konzeption, Finanzierung und Umsetzung der Transeuropäischen Netze (TEN) oder der Bundesverkehrswege (Bundesfernstraßen, Bundesschienenwege, Bundeswasserstraßen), letztlich auch der Infrastrukturvorhaben der regionalen oder lokalen Aufgabenträger.

Diese infrastrukturelle Perspektive ist häufig durch raumstrukturelle und standörtliche Austauscherfordernisse (der „Anbindung", der „Verbindung" oder der „Entlastung") begründet. Sie hat ihrerseits raumstrukturelle Konsequenzen der „Produktion" bzw. der „Attraktivierung" von Standorten für anthropogene Nutzungen durch Veränderung der Erreichbarkeit.

Im Hinblick auf die raumstrukturellen Wirkungen von individuellem Mobilitätsverhalten sind langfristige Effekte – wie z. B. sekundär induzierte Verkehrseffekte durch Standortwahlen von Individuen, Haushalten oder Unternehmen – zu beachten. Zu diesen Wechselwirkungen gibt es derzeit (noch) erhebliche Forschungsdefizite. So kann zwar versucht werden, die Wirtschaftskraft und die Konkurrenzfähigkeit von peripher gelegenen Teilräumen zu fördern, indem Verkehrsinfrastrukturen ausgebaut werden. Unter Umständen führt dies aber kontraproduktiv dazu, dass lokale Arbeitskraftpotenziale durch vermehrtes Fernpendeln geschwächt werden oder dass die Wettbewerbsfähigkeit lokaler

Wirtschaftsunternehmen durch die verstärkte Rivalität mit Anbietern aus entfernten Regionen gemindert wird. Wirkungsintensitäten, möglicherweise sogar Wirkungsrichtungen sind somit „unsicher". Es fehlen belastbare Kenntnisse über mögliche „Kipp-Punkte", an denen attraktivierende Effekte zu abstoßenden Effekten werden (können).

Die Effekte einer konsequenten – allerdings zumeist um Betriebsregelungen, Anreizgestaltungen, Informationen und Beratungsdienste erweiterten – Angebotspolitik zeigen sich exemplarisch an den beobachtbaren modalen Strukturen des Stadt- und Regionalverkehrs für Städte mit dauerhaft konsequenten Verkehrspolitiken wie Münster (Fahrradverkehr), Karlsruhe, Berlin, München, Hamburg (öffentlicher Personennahverkehr) oder Freiburg (Umweltverbund). Dabei sind diese Strukturen zumeist synergetisch geprägt durch angepasste Stadt- und Standortstrukturen (Erreichbarkeiten, Qualitäten), präferierte Verkehrsangebote, begleitende restriktive Maßnahmen (z. B. Parkraummanagement/-bewirtschaftung, Preisbildung für den ‚ruhenden Verkehr'), Maßnahmen der Information und Bewusstseinsbildung sowie eine Herausbildung entsprechender lokaler „Mobilitätskulturen". Sehr konsistent und langdauernd stabil – damit auch erfolgreich – erscheinen beispielsweise die Verkehrspolitiken von Zürich oder Wien. Sie finden einen Ausdruck in einer veränderten Mobilitätskultur und zukunftsfähigen Verkehrsverhaltensmustern. „Ergänzend zur Angebotsseite braucht es auf der Nachfrageseite ‚Soft-Maßnahmen': Es gilt das Bewusstsein für eine stadtgerechte Mobilität zu schaffen und entsprechende Horizonte im eigenen Verhalten zu öffnen. Eine Mobilitätskultur für eine flexible Nutzung aller Verkehrsmittel wird angestrebt: Eine multimodale Mobilität und eine intermodale Vernetzung der Verkehrsmittel untereinander mit attraktiven Umsteigepunkten sind zu schaffen"(Ott 2013, S. 188).

Das bisher dominierende Handlungskonzept der Infrastrukturbereitstellung muss grundsätzlich überprüft und modifiziert werden (vgl. Canzler in Kap. V.4 dieses Bandes: ▶ Die soziale Aufgabe von Verkehrsinfrastrukturpolitik). Dies gilt vor allem vor dem Hintergrund

- mittel- und langfristiger demografischer Effekte – mit eventuell teilräumlich plafonierten oder sogar sinkenden Verkehrsnachfragen und -leistungen,
- kurz-, mittel- und langfristiger finanzieller Engpässe der öffentlichen Haushalte,
- hoher kurz- und mittelfristiger Erfordernisse, vorhandene Verkehrsinfrastruktur zu erhalten („Erneuerungs-Rückstau"),
- eines angestrebten Paradigmenwechsels der Verkehrs(-infrastruktur-)finanzierung von der „Steuer-" zur „Nutzerfinanzierung" (vgl. Wissenschaftlicher Beirat 2005 und 2013; Pällmann 2005).

Bei einer ausschließlich infrastrukturellen Perspektive der Verkehrssystemgestaltung ist zunehmend in Frage gestellt, ob damit die Allokation gesellschaftlicher Ressourcen zweckmäßig erfolgt (vgl. Wieland in Kap. IV.3 dieses Bandes: ▶ Verkehrsinfrastruktur: Volkswirtschaftliche und ordnungspolitische Aspekte). Beispielsweise wird bisher die Betrachtung von Kosten und Nutzen von Bundesverkehrswegen und auch vieler anderer Infrastrukturmaßnahmen in kommunalen und regionalen Verkehrsentwicklungsplänen auf zehn bis 20 Jahre beschränkt. Dies stellt einen methodischen Mangel dar, da dadurch zukünftige demografische Veränderungen und deren Konsequenzen für die Verkehrsnachfrage nicht berücksichtigt werden (vgl. Wissenschaftlicher Beirat 2004). Es fehlt eine Dynamisierung der Einflussgrößen für die Verkehrsnachfrage, der Bewertungsgrößen (z. B. Preise, Zinssätze) und damit der Bewertungen von Projekten. Die politisch begründete Ablehnung einer verstärkten Nutzerfinanzierung (Pkw-Vignette, Pkw-Maut u. ä.) bedeutet eventuell eine suboptimale Zuweisung von Finanzmitteln für Infrastrukturausbau und -erhaltung. Schließlich fehlt weitgehend eine Prüfung, welche Effekte eine verstärkte Mittelallokation auf Maßnahmen des Verkehrs- und Mobilitätsmanagements, der Förderung multimodaler Verkehrsverhaltensweisen (vgl. von der Ruhren und Beckmann 2005; Beckmann et al. 2006a) oder intermodaler Schnittstellen (Park & Ride, Bike & Ride, Kombinierter Ladeverkehr) hat.

Eine langfristig tragfähige, effiziente und finanzierbare – sowie ökologisch und sozial verträgliche – Politik für Verkehrsinfrastrukturen muss deren Bereitstellung um weitere Handlungsbausteine ergänzen. So wäre es wichtig, ein Infrastruktur- und Verkehrsmanagement einzubeziehen. Dazu würden auch kollektive und individuelle Informationen über die Existenz und die Leistungsangebote sowie über die aktuellen Betriebszustände von Infrastrukturen gehören. Deren Nutzung – unter Beachtung von Nutzungsintensitäten und deren Folgewirkungen, aber auch unter Beachtung sozialer, ökonomischer und räumlicher Effekte – zu bepreisen, wäre ein weiteres Desiderat („Internalisierung externer Kosten"). Verstärkt werden müssten zudem die Soft-Policy-Aktivitäten wie Information, Aufklärung, Beratung und Motivation. Dazu gehört unter anderem auch eine frühzeitige und intensive Einbindung der Nutzer und Betroffenen in Planungs- und Entscheidungsprozesse.

Auch wenn eine Verkehrssystemgestaltung bevorzugt „angebotsorientiert" aufgefasst wird, liegen den Maßnahmen und Handlungskonzepten Wirkungsvermutungen und damit Hypothesen über Handlungspräferenzen, Wahrnehmung und Nutzung von Handlungsoptionen und somit über Verhaltenswahrscheinlichkeiten der Verkehrsteilnehmer zu Grunde. Diese Annahmen werden häufig aber nicht (ausreichend) explizit gemacht und nicht ausreichend überprüft. Zudem werden die Effekte durch Art und Form der Beteiligung bei Vorbereitungs- und Entscheidungsprozessen im Rahmen der Verkehrssystemgestaltung geprägt. So ist die Akzeptanz von Car-Sharing-Angeboten, intermodalen Wechselmöglichkeiten oder auch zur Leistungserbringung durch zivilgesellschaftliches Engagement (z. B. Bürgerbusse) vor allem durch die Beteiligungsprozesse geprägt.

Eine ausschließlich angebotsseitige – baulich-physische, infrastrukturelle, betriebliche wie auch raumplanerische – Perspektive ist für eine zielgenaue und vor allem nachhaltige Verkehrssystemgestaltung somit ungenügend. Menschliche Wahrnehmungen, Bewertungen, Reaktionen und Verhaltensweisen müssen vermehrt als „vermittelnde" Größen im Verkehrssystem Berücksichtigung finden. Vermittelnd wirken vor allem Lebenslagen und -phasen, Verhaltensroutinen, Informationsstände, Präferenzen und Einstellungen. Außerdem wirken individuelle

Verfügbarkeiten über Handlungsmittel, Wahrnehmungen von angebotsseitigen Handlungsoptionen sowie individuelle Handlungsfähigkeiten und -restriktionen auf das Verkehrsverhalten. Die Potenziale, die sich daraus für eine zielgruppenorientierte Ausgestaltung von Handlungsansätzen bei der Bereitstellung von Angeboten ergeben, werden bisher nicht ausgeschöpft (vgl. Götz in Kap. VII.5 dieses Bandes: ▶ Mobilitätsstile und Mobilitätskulturen – Erklärungspotentiale, Rezeption und Kritik; auch Langweg et al. 2006).

Die angebotsorientierte Verkehrssystemgestaltung basiert auf vordergründig abgesichert erscheinenden Wirkungserfahrungen. Dabei ist allerdings festzustellen,

a. dass Prozess- und Wirkungsevaluationen durchgeführter Maßnahmen weitgehend fehlen,
b. dass unerwartete Wirkungen häufig nicht identifiziert oder sogar negiert werden,
c. dass erwünschte Wirkungserfahrungen nur eingeschränkt aktiv vermittelt werden (*best practices*).

Wirksamkeit, Effizienz, Verträglichkeit und dauerhafte Bestandsfähigkeit der Verkehrsinfrastrukturen sowie der Betriebs-, Management-, Bepreisungs- und Informationssysteme zu sichern, setzt zwingend voraus, dass zwei Arten von Begleitforschungen durchgeführt werden. Systemanalysen, Auswertungen von Wirkungserfahrungen und der Einsatz von „integrierten" Modellen zur Abbildung von Raumentwicklung, Verkehrsnachfrage und -ablauf sowie von Umweltwirkungen sollten im Vorfeld zu A-priori-Wirkungsuntersuchungen, also als „Ex-ante-Evaluationen", gebündelt werden. Die dann vor diesem Hintergrund durchgeführten Umsetzungsprozesse und die Resultate der Infrastrukturprojekte sollten durch konsequente Ex-Post-Evaluationen dokumentiert und untersucht werden.

Eine besondere Bedeutung haben die Reflexion und Synopse von fachlichen Erfahrungen und Einschätzungen. Diese können unter anderem gewonnen werden durch eine zielgerichtete Konzeption, Umsetzung sowie Evaluierung von Pilotprojekten oder durch vertiefte Analysen von *best practices*. Damit können auch politische und fachliche Handlungsziele identifiziert sowie geeignete Organisationsstrukturen, Vorgehensweisen und Abläufe ermittelt werden. Eine derartig handlungsorientierte Mobilitätsforschung bedarf daher einer Intensivierung. Dies muss notwendigerweise verstärkt inter- bzw. transdisziplinär erfolgen.

4 Erfordernisse einer „integrierten Perspektive"

Angebotsseitige Gestaltungen des Verkehrssystems bedingen Veränderungen von individuellen Handlungsbedingungen. Sie entfalten jedoch erst dann vollständige und zielgenaue Wirkungen auf das Verhalten der Verkehrsteilnehmer, wenn die jeweiligen Neuerungen im Verkehrssystem von den Nutzern wahrgenommen und als verhaltensrelevant eingeschätzt werden, einen Aufforderungsgehalt zur Modifikation des Verhaltens entfalten, dessen Dispositionen (Einstellungen, Präferenzen) beeinflussen und letztlich Handlungsbereitschaft auslösen.

Veränderungen von Mobilitätsoptionen durch angebotsseitige Verkehrssystemgestaltung betreffen in der Regel nicht nur ein klar abgrenzbares Verhaltenssegment der Verkehrsteilnehmer, sondern damit in Wechselwirkung stehende Komplexe des Mobilitätsverhaltens, des alltäglichen wie auch des langfristigen Raum-Zeit-Verhaltens. So bedeutet der Ausbau einer Hauptverkehrsstraße nicht nur eine Verbesserung der Störungsfreiheit des Verkehrsablaufes, eine Verringerung der Reisezeiten, sondern möglicherweise auch eine räumliche (Rück-)Verlagerung von Strömen, die in der ursprünglichen Verkehrssituation verdrängt waren, zeitliche (Rück-)Verlagerungen auf die präferierten Fahrtzeitpunkte in den Zeiten der Spitzenbelastungen, modale (Rück-)Verlagerungen infolge relativer Verbesserungen der Verkehrsangebote im motorisierten Individualverkehr. Sie eröffnen aber auch Optionen zu längeren oder zu mehr Fahrten bei konstantem Zeiteinsatz, damit zu größeren Aktionsräumen oder zur Erweiterung der Tätigkeitsprogramme. Langfristig kann dies zu veränderten Standortwahlen von alltäglichen Aktivitäten wie auch von Wohnungen oder zu neuen Betriebsstandorten führen. Diese – zum Teil erwünschten, zum Teil unerwarteten, zum Teil unerwünschten – „induzierten" Effekte erfordern, dass Maßnahmen und Handlungskonzepte „integriert" umgesetzt werden, um ihre Zielgenauigkeit, Effizienz und Nebenwirkungsfreiheit zu sichern. Die Integration begrenzt gegebenenfalls unerwünschte Nebenwirkungen, verstärkt erwünschte Maßnahmenwirkungen und erschließt synergetische Effekte.

Die Integrationsforderung hat somit verschiedene Perspektiven:

a. die Systemperspektive des gesamtheitlichen Mobilitätsangebotes (alle Verkehrsträger mit ihren System- und Qualitätsmerkmalen; Beeinflussung der Verkehrsmittelwahl),
b. die des alltäglichen Raum-Zeit-Verhaltens („Tätigkeitenprogramme", „Tätigkeitenmuster") wie auch des mittel- und langfristigen Standortwahlverhaltens (bevorzugte Tätigkeitsstandorte, Wohnstandorte, Arbeitsplatzstandorte, Unternehmensstandorte),
c. die der verkehrs-/mobilitäts- und standortwahlrelevanten sonstigen Fachpolitiken und
d. die Zeitperspektive der kurz-, mittel- und langfristigen Handlungsmöglichkeiten und Wirkungen.

Die vorstehenden Perspektiven beziehen sich auf die inhaltliche Ausgestaltung von Handlungsprogrammen. Die zunehmende Erkenntnis, dass Wirksamkeit, Zielgenauigkeit, Effizienz und Nebenwirkungsfreiheit von Handlungsprogrammen vor allem auch von ihrer Akzeptanz und ihrer aktiven Umsetzung durch Verkehrsteilnehmer abhängen, führt dazu, dass ein verstärktes Augenmerk darauf gerichtet werden muss. Vorbereitungs-, Entscheidungs- und Umsetzungsprozesse („Prozessmanagement"), Beteiligungs- und Kooperationsabläufe („Engagement"), sowie Vermittlung und Marketing haben einen zunehmenden Einfluss auf die Akzeptanz von Handlungsprogrammen (vgl. Beckmann 2005a). Dies sind wesentliche Voraussetzungen zum Abbau von Prozessbarrieren.

Wie Beispiele zeigen, sind die Zielkonzepte und Leitbilder der Mobilitätsstrategien, der Stadtentwicklungspläne „Verkehr" oder der Verkehrsentwicklungspläne zunehmend „integriert" konzipiert und fundiert. Sie beziehen sich schwerpunktmäßig auf Ziele der Wirtschaftsentwicklung, der Lebensqualitäten, der Sicherung von Ressourcen und der Nachhaltigkeit (siehe Tab. 1).

Tab. 1 Zielfelder Mobilitäts-/Verkehrskonzepte – Beispiele Berlin, Düsseldorf, Dortmund, München, Wien, Zürich (mit Bearbeitungs- und Beschlussphasen)

Ziele der kommunalen Verkehrsentwicklungsplanung
Dortmund – Masterplan Mobilität (2001–2004)
• Werteziele
– Sicherheit und Unversehrtheit
– nutzerorientierte Verkehrssysteme (gleiche Mobilitätschancen)
– Stärkung Dortmunds
– Informiertheit (Kostenwahrheit, Sensibilisierung)
• Planungsorientierte Handlungsziele
– Vermeiden unnötiger Verkehrsleistung
– Veränderung des Modal Split zu Gunsten des Umweltverbundes
– Erhaltung der Leistungsfähigkeit des Straßennetzes
– Funktionsgerechter und städteverträglicher Wirtschaftsverkehr
– Vernetzung der Verkehrssysteme
– Attraktivierung des Stadtraums
Verkehrsentwicklungsplan München (2000–2005/06)
• Oberziel „Nachhaltige Stadtentwicklung"
– Verbesserung der Erreichbarkeiten
– Unterstützung der Ziele der Stadtentwicklung und des Städtebaus („kompakt – urban –grün")
– Erhaltung und Verbesserung der Nutzbarkeit von Wohngebieten, wohnquartiersbezogenen
– Wohnfolge-, Freizeit- und Naherholungseinrichtungen
– Verbesserung der Umweltqualitäten, Verringerung der unerwünschten Folgewirkungen des Verkehrs
– Erhaltung und Steigerung der Wirtschaftskraft, Verbesserung der Bedingungen für den Wirtschaftsverkehr
– Minimierung der Kosten des Verkehrs
• Verkehrsstrategien
– Stadtverträgliche Verkehrsabwicklung
– modale Verkehrsverlagerung
– Verkehrsvermeidung/Verkehrsaufwandsminderung
Verkehrsentwicklungsplan Düsseldorf (2001–2005/06)
• Funktionsfähigkeit
• Stadt- und Sozialverträglichkeit
• Straßenraumverträglichkeit
• Umweltverträglichkeit
• Sicherheit
• Wirtschaftlichkeit

(Fortsetzung)

Tab. 1 (Fortsetzung)

Stadtentwicklungsplan Verkehr Berlin (2000–2003)
• Leitbild
– Mobilität für alle
– Verkehrssparsame Raumstruktur in der ganzen Stadt
– Metropolregion vernetzt
– Neue Mobilität verträgt sich mit der Stadt
– Neue Balance in der Innenstadt
– Verkehrsinnovationen für die Wirtschaft
– international erreichbar
• 12 Qualitätsziele mit ökonomischen, sozialen, ökologischen und institutionellen Zieldimensionen
• 42 Handlungsziele

Wien – Masterplan Verkehr (2002–2003)
• Leitbild „Intelligente Mobilität – ‚gscheit unterwegs'"
– Nachhaltigkeit (Verkehrsvermeidung, Verkehrsverlagerung, nachhaltige Wirtschaftsentwicklung, nachhaltige soziale Entwicklung, nachhaltige Umweltentwicklung)
– Effektivität (Erhöhung der Wirtschaftlichkeit der Mobilität)
– Akzeptanz (Zusammenspiel Verwaltung – Bürgertum, Gewährleistung ausreichender Information, Kommunikation, Motivation, Information, Beteiligung)
– Kooperation (Wien und Umlandgemeinden, Region, ÖBB, Private (PPP) über Staatsgrenzen)
– Innovation (Verfahren, Organisation, Betrieb, Infrastruktur, Technik)

Zürich - Mobilitätsstrategie „Mobilität ist Kult(ur)" (2000–2001)
• Regeln
– Nachhaltigkeit
– Ausgleichsprinzip
– Entwicklung und Reparatur
– Regionale Zusammenarbeit
– Einbindung der Öffentlichkeit
– Projekt-Controlling
– Strategiekonformität
– Mobilitätsverhalten

Im weitesten Sinn bedarf es einer Einbindung der Maßnahmenentwicklung und -umsetzung in einen erweiterten Marketingprozess. Dafür müssen in einem ersten Schritt die Bedürfnisse, Wünsche und Präferenzen der Verkehrsteilnehmer ermittelt werden. Auf dieser Grundlage können dann die Verkehrsangebote ausgestaltet werden, wobei vor der endgültigen Umsetzung ein Test durchgeführt werden sollte. Ferner ist eine begleitende kommunikative Vermarktung der Maßnahmen und Handlungskonzepte („Produkte") notwendig und auch eine intensive Erfolgskontrolle der Wirkungen (Evaluation) ist obligatorisch (vgl. Langweg et al. 2006).

Diese Prozessgestaltung ist grundsätzlich unverzichtbar, bedarf aber jeweils einer situationsabhängigen sachlichen, zeitlichen, räumlichen, personellen, organisatorischen und medialen Ausgestaltung. Dies gilt insbesondere im Zusammenhang der Einführung und Marktdurchsetzung neuer Systemelemente, wie beispielsweise in den letzten Jahren Elektromobilität, Erweiterung der (standortungebundenen) Car-Sharing-Angebote, Einführung von Mobilitätskarten für ÖPNV, Leihfahrräder und Car-Sharing-Angebote (z. B. Berlin, Düsseldorf). Für alle dieser Angebote ist charakteristisch, dass versucht wird, die Wahlmöglichkeiten der Verkehrsteilnehmer zu erweitern und informationsgestützt zugänglich zu machen (vgl. Valée 2013; Klein-Hitpaß 2013; Beckmann 2013). Dies erleichtert die Verbreitung von Sharing-Angeboten, von Inter- und Multimodalität. Die wachsende Verbreitung des Smartphones und der Flatrates für die Benutzungsintensität sind ebenso stützende Voraussetzungen wie Angebote des Mobilitätsmanagements („lokal/regional" oder „betriebsbezogen").

5 Aufgaben der Mobilitätsforschung im Zusammenhang einer angebotsorientierten Verkehrssystemgestaltung

Mobilitätsforschung soll letztlich dazu dienen, Erkenntnisse über Strukturen, Regelmäßigkeiten, Einflussgrößen und Zusammenhänge des Mobilitätsverhaltens bereitzustellen. Darauf aufbauend können dann wirksame und effiziente Handlungskonzepte der Verkehrssystemgestaltung abgeleitet und potenzielle Wirkungen veränderter Rahmenbedingungen oder realisierter Maßnahmen abgeschätzt werden. Mobilitätsforschung dient aber auch dazu, ein angemessenes Prozessmanagement und geeignete Beteiligungs- und Marketingprozesse zu entwickeln.

Damit wird erkennbar, dass phänomenologische Befunde von angebotsseitigen Verkehrssystemveränderungen auf der einen und von kumulativen Verkehrseffekten (Verkehrsumfang, räumliche, zeitliche und modale Verteilung) auf der anderen Seite zwar Indikatoren für die Existenz von Wirkungen darstellen. Sie lassen aber keine ausreichend gesicherten Aussagen über ihre Ursachen zu. Eine kausalitätsorientierte Forschung setzt vielmehr voraus, dass – zumindest in kontrollierten Pilotprojekten – Wirkungen kaskadenförmig identifiziert werden. Dazu bedarf es eines Einbezugs der Verkehrsteilnehmer. Dies kann über mehrere Stufen der Erhebung erfolgen. Die Verkehrsteilnehmer können hinsichtlich ihrer Kenntnisse über Maßnahmen oder Verkehrsangebote befragt werden, aber auch über ihre Einschätzungen, ob die Maßnahmen verhaltensrelevant sind. Ermittelt werden können ferner die Akzeptanz der Verhaltensoptionen oder -anforderungen, die Veränderungen des Verkehrsverhaltens in Bezug auf Routen- oder Verkehrsmittelwahl und die Modifikationen von Raum-Zeit-Verhalten hinsichtlich der Wegeketten, der Standort- und Zeilwahl, der Tätigkeitsmuster und -strukturen. Es können aber auch langfristige Standortanpassungen durch Wohnungs- oder Arbeitsplatzwechsel und damit zusammenhängende Adaptionen der Verkehrsmittelausstattungen erhoben werden. Und schließlich kann untersucht werden, ob und wie sich Einstellungen von Verkehrsteilnehmern zu Beförderungsmitteln und Fahrverhalten wandeln (z. B. von Pkw als Statussymbol).

Mobilitätsforschung trägt damit direkt oder indirekt zur Theoriebildung und deren Überprüfung bei und muss bei der Untersuchung von Wirkungen überwiegend als Feldforschung erfolgen. Sie kann aber auch durch „Laborarbeit" mit Hilfe des Einsatzes von Maßnahmen-/Handlungsszenarien und explorativer Ermittlung von Reaktionswahrscheinlichkeiten unterstützt werden.

Die Feldforschung ist wegen der zumeist schrittweisen Maßnahmenumsetzung, der häufig sukzessiven Ergänzung um flankierende Maßnahmen, vor allem aber auch der Wirkungslatenz („Anpassungsdauer") nicht allein durch eine Querschnittserhebung zu leisten, da nur ein Zeitquerschnitt der lang laufenden Veränderungsprozesse erfasst wird. Notwendig sind vielmehr Längsschnitterhebungen oder Panelerhebungen. Ausschließlich letztere ermöglichen es, individuelle Veränderungen von Kenntnisständen, Präferenzen, Akzeptanzen und Verhaltensweisen, aber auch von Verkehrsmittelausstattungen, Standorten usw. zu erfassen, da dieselben Personen wiederholt befragt werden. Insgesamt ist den methodischen Anforderungen einer Wirkungsevaluation zu genügen (vgl. Wehmeier et al. 2005), um Netto-Effekte der Maßnahmen ermitteln zu können. Für die überwiegende Mehrzahl der infrastrukturellen Vorhaben der Verkehrssystemgestaltung wird zwar von einer Plausibilität ihrer Effekte ausgegangen, eine empirisch gestützte und überprüfbare Wirkungsevaluierung erfolgt allerdings nicht oder nur höchst unzureichend.

Für langfristige (Wechsel-)Wirkungen – beispielsweise vermittelt über Veränderungen der Raumstrukturen, die „sekundär" Verkehrsaufkommen und -leistungen induzieren – besteht praktisch keine Möglichkeit zu einer zeitnahen Feldforschung, aus der Maßnahmenkorrekturen resultieren könnten. Hier müssen die Potenziale ausgeschöpft werden, die die Abbildungen in individualverhaltensorientierten Simulationsmodellen bieten (vgl. Strauch et al. 2004), deren Reliabilität und Validität aber durchaus zum Teil noch in Frage stehen.

Die Mobilitäts-/Verkehrsforschung ist bisher unzureichend auf die Komplexität der nachfrage- und angebotsseitigen Handlungsmöglichkeiten, deren Wirkungen und Interaktionen ausgerichtet. So fehlen zum einen nachfrageseitig kontrollierte Wirkungsuntersuchungen, die der Komplexität der „Lebensweltlichkeit" der Menschen (Individuen, Haushalte) genügen (vgl. Beckmann und Witte 2006). So blieben beispielsweise häufig biografische Einflüsse oder Verhaltenswechselwirkungen zwischen verschiedenen Personen (z. B. eines Haushalts) unberücksichtigt. Die Mobilitätsforschung fokussiert zum anderen auch zu wenig auf Probleme einer bevorzugt angebotsseitigen Verkehrssystemgestaltung. Aktuelle Beispiele für Defizite sind unter anderem, dass bisher Langfristeffekte der Bereitstellung und Nutzung von Verkehrsinfrastrukturen kaum berücksichtigt werden. Nicht anders verhält es sich bei der Frage, ob Verkehrsangebote für Personenkollektive in einer alternden Gesellschaft geeignet bleiben und wie man die Angebotsgestaltung daran und an sinkende Einwohnerzahlen anpassen und die Nutzenströme entsprechend beeinflussen kann. Auch die Wirkungen ganzheitlicher Bewirtschaftungsstrategien von Verkehrssystemen und die Effekte von Strategien der Nutzerfinanzierung von Infrastrukturen sind in der Forschung bisher zu kurz gekommen.

Trotz dieser unzweifelhaft gegebenen Defizite der Mobilitätsforschung leistet sie für die Verkehrssystemgestaltung dennoch zentrale Beiträge zur Generierung von „innovativen" Konzepten wie auch zur Wirkungsprüfung und Bewertung von Innovationen.

Innovative Mobilitätskonzepte und deren Erprobung sind wesentliche Voraussetzungen zur Förderung einer zukunftsfähigen Verkehrssystemgestaltung. Die zugrunde liegenden Innovationsprozesse beruhen auf Erfindungen („Invention"), Einführung („Innovation") und Verbreitung einer Erfindung („Diffusion") (vgl. Stoneman 1995; Rindsfüser und Beckmann 2005). Gerade die Prozesse der Verbreitung von innovativen Mobilitätskonzepten sind häufig durch Barrieren, insbesondere Kontext- wie auch durch Prozessbarrieren geprägt, so dass der Klärung der Hemmnisse für Invention, Innovation und Diffusion eine besondere Bedeutung zukommt (vgl. Kirchner und Ruhrort in Kap. VI.1 dieses Bandes: ▶ Verkehrstechnik und Gesellschaft: Techniksoziologische Perspektiven auf das Wechselverhältnis von sozialen und technischen Entwicklungen). Dabei ist die Ideengenerierung zwar eine notwendige, aber keine hinreichende Voraussetzung für die Realisierung, da eine Akzeptanz der „innovativen" Konzepte/Maßnahmen durch Fachplaner, Politiker und entscheidungslegitimierte Politikgremien und vor allem durch Verkehrsteilnehmer für die wirksame Umsetzung zwingend erforderlich ist.

Die aktuellen Felder „innovativer" Verkehrsangebote – wie individuelle Elektromobilität mit Elektro-Pkw, Pedelec, E-Bike u. ä. oder Ausbau und Organisation der Sharing-Angebote – zeigen deutlich, dass es zur Wirksamkeit und Effizienz eines Zusammenspiels der Gestaltung von baulichen Anlagen, der Bereitstellung von Fahrzeugen, Diensten und Informationen, aber auch planungs- und verkehrsrechtlicher sowie tariflicher Anpassungsmaßnahmen bedarf. So sind bei der Elektromobilität das Angebot von Fahrzeugen mit nachfragegerechten Leistungsmerkmalen (Kosten, Reichweite, Handhabung) ebenso wichtig, wie mögliche verkehrsrechtliche Privilegierungen (z. B. Parkplätze zur Ladung), die Bereitstellung öffentlicher Lademöglichkeiten und der notwendigen Stromversorgung aus regenerativer Erzeugung. Dies gilt für die Privilegierung von Car-Sharing-Fahrzeugen beim Parken ähnlich.

Im Vorfeld einer Erst-, Nischen-, *best-practice*- oder Regel-Anwendung sollte eine Reihe von Gegebenheiten berücksichtigt werden, die als Hürden bei der Umsetzung wirken können (siehe Abb. 5). Dabei handelt es sich auf Seiten der Akteure darum, dass sie über Innovationen zu wenig informiert sind oder zu wenig Erfahrungsaustausch darüber pflegen. Auch eine zu niedrige Risikobereitschaft gerade bei den entscheidungsvorbereitenden und -legitimierten Instanzen kann ein Hemmnis darstellen, was häufig bei Projekten der Fall ist, die einen hohen Finanzaufwand erfordern und langfristige Wirkungshorizonte haben. Ist die gesellschaftliche Innovationskultur nicht entwickelt oder die „Fehlertoleranz" gegenüber unerwarteten Wirkungen gering, können sich dadurch genauso wie durch zu knappe Finanzmittel oder rechtliche Beschränkungen für Versuchsphasen unüberwindliche Barrieren aufbauen. Nicht anders verhält es sich, wenn die Betrachtungsweisen zu fachsektoral sind, Promotoren fehlen oder das Konkurrenzdenken der Akteure die Auseinandersetzung dominiert. Auch inflexible Organisationsstrukturen und Zuständigkeiten, die die Zusammenarbeit erschweren, oder zu große Arbeitsbelastungen behindern die Einführung neuer Anwendungen. Diese können schließlich auch durch Defizite in der Erkundung von Problemen und ihren Ursachen sowie in der fehlenden Prioritätensetzung und Strategieorientierung verursacht werden.

Verkehrspolitik und Mobilitätsforschung: Die angebotsorientierte... 747

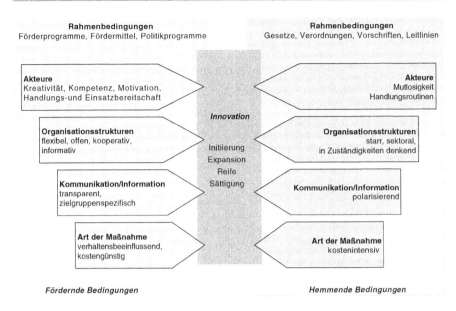

Abb. 5 Einflussbereiche und maßgebliche Einflüsse auf die Umsetzung innovativer Mobilitätsmaßnahmen Quelle: Rindsfüser und Beckmann 2005: 28

Im Bereich der Verkehrssystemgestaltung handelt es sich zumeist weniger um „harte" Innovationen, bei denen neue Basistechnologien (z. B. Bautechnik, Magnetschwebetechnik, Telematik) eingeführt werden, sondern eher um effizienzsteigernde Weiterentwicklungen vorhandener Technologien bzw. um Synergieeffekte erschließende Technologiekombinationen. Zu den „weichen" Innovationen gehören auch Veränderungen rechtlicher Regelungen, organisatorischer Gegebenheiten usw. Mit Beginn des 21. Jahrhunderts kann aber davon ausgegangen werden, dass mit Einführung elektrischer oder hybrider Antriebe, mit Erweiterung von Sharing-Angeboten, mit Ausbau von intermodalen Verknüpfungen, mit integrierten Diensten über verschiedene Verkehrsmittel oder mit bürgerschaftlicher bzw. genossenschaftlicher Erbringung von Mobilitätsdienstleistungen derart viele Teil-Innovationen bereitgestellt werden („inkrementelle Innovationen"), dass für die Verkehrsteilnehmer Wirkungen nahezu wie von „harten" Innovationen entstehen.

Die veränderten oder erweiterten Handlungsoptionen müssen gleichermaßen Fachplanern, Aufgabenträgern, Mobilitäts-/Verkehrsdienstleistern, entscheidungslegitimierten Politikern sowie Verkehrsteilnehmern vermittelt werden. Der Information und Kommunikation kommt somit zur Verbreitung von „Erfindungen" eine besondere Bedeutung zu. Wirksamkeit ergibt sich jedoch zumeist erst in einem diskursiven Prozess mit Entscheidungsträgern und Betroffenen, da nur auf diesem Wege Verständnis, Akzeptanz und gegebenenfalls aktive Unterstützung von innovativen Mobilitätsmaßnahmen gefördert werden können.

Die fördernden Bedingungen einer Umsetzung von Innovationen dienen zum einen dazu, „Zeitfenster" für entsprechende Handlungsansätze zu vergrößern oder sogar erst zu eröffnen. Dies betrifft beispielsweise die Verbesserung von Rahmenbedingungen, indem Handlungsspielräume durch veränderte gesetzliche oder technische Vorschriften, eine Eröffnung von Experimentierklauseln, eine Auslobung von Forschungsprogrammen mit entsprechenden Pilot-Anwendungen („Innovationsanreize") oder durch eine Ausgestaltung entsprechender Förderprogramme erweitert werden.

Fördernde Effekte ergeben sich aus einem Bündel von Voraussetzungen. Von großer Bedeutung ist ein professionelles Projektmanagement, wozu sachliche und zielgruppenspezifische Information und Beteiligung ebenso gehören wie klare Verfahrens- und Zuständigkeitsregelungen. Grundsätzlich sollte ein innovationsfreudiges „Klima" vor Ort in allen Handlungsbereichen gefördert werden, um eine „Kultur" der Innovationsbereitschaft auszubilden. Wichtig ist es auch darzulegen, welchen potenziellen und tatsächlichen Imagegewinn erfolgreiche innovative Mobilitätsmaßnahmen mit sich bringen. Konsequentes Controlling und umfangreiche Ex-ante- und Ex-post-Wirkungsanalysen sind deshalb förderswert, weil sie die Transparenz von Kosten und Effekten stärken.

6 Fazit

Eine strategisch ausgerichtete „integrierte" Verkehrspolitik setzt unter Beachtung externer – nur partiell beeinflussbarer – Rahmenbedingungen die Erarbeitung und Vereinbarung von „Zielkorridoren" sowie von „Lösungspfaden" als Schrittfolgen voraus. Ein derartiger „strategischer Pfad" ist auch über die Zeit zu organisieren. Dabei sind Voraussetzungs-Folgen-Verhältnisse ebenso zu berücksichtigen wie Aspekte der politischen und gesellschaftlichen Konsensfähigkeit bzw. Durchsetzbarkeit.

Wenn Kutter (2005: 1) von einem „Übergewicht der Angebotsplanung" spricht und damit auf „normative Kräfte im Sinne eines fortdauernden Vorrangs für Infrastrukturbereitstellung" schließt, so beschreibt dies sicherlich die beobachtbare Grundstruktur des angebotsseitigen Handelns (vgl. auch Kutter 2005: 40). Das in dem hier vorliegenden Beitrag formulierte Plädoyer für eine „systemische Sicht" – unter Einbindung von Raumstruktur, Standortqualifizierung und Verkehr, von weiteren verkehrsrelevanten fachsektoralen Politikfeldern, von nachfrage(r)- und damit nutzerseitigen Perspektiven – muss das Prüfraster für eine Bewertung der derzeitigen Mobilitäts- und Verkehrsforschung sein.

Eine Angebotspolitik auf der Grundlage von Bereitstellung, Erhaltung und Verbesserung von Infrastruktur wird auch weiterhin erforderlich sein und im Vordergrund der politischen und öffentlichen Behandlung stehen, da investive Haushaltsmittel beansprucht sowie Folgewirkungen strittig beurteilt werden. Gleichzeitig steigt die relative Bedeutung des technikgestützten, organisatorischen sowie des durch Preise/Anreize geprägten Managements der Infrastrukturnutzung. Dabei ist zu beachten, dass derzeit die Diskussion um die Finanzierung von Verkehrsangeboten und -infrastrukturen überwiegend politisch, kaum jedoch wissenschaftlich fundiert geführt wird. So beruhen Diskussionen über Vorschläge zur Umgestaltung oder zum Auslaufen von Regionalisierungsgesetz (RegG) und

Gemeindeverkehrsfinanzierungsgesetz (GVFG) bzw. Entflechtungsgesetz, über Verstärkungen einer Nutzerfinanzierung von Verkehrsinfrastrukturen mehr auf Hoffnungen und Behauptungen als auf begründeten Hypothesen oder belegbaren Befunden. Die Begründungen für infrastrukturelle Ausbau- und Erhaltungsstrategien sind zumindest insofern unzureichend hinterlegt, als die zeitlichen Horizonte von demografischen Veränderungen sowie möglicher Energieverknappung und Energiepreisentwicklung u. a. nicht harmonisiert sind mit den Zeitabläufen von Vorbereitung und Umsetzung von Neubauten oder umfangreichen Ausbauten vorhandener Verkehrsinfrastrukturen (vgl. Beckmann 2005b, 2006; Chlond et al. 2006; FGSV 2006; Wissenschaftlicher Beirat 2004). Es fehlen Forschungen und daraus abgeleitete praktische Handlungsempfehlungen zu einer verbesserten „dynamisierten" Betrachtung von Verkehrsnachfrage und -angeboten sowie Nutzen- und Kostenströmen.

Potenziale zur Effizienzsteigerung bei Nutzung und Betrieb von Verkehrssystemen durch Verkehrsmanagement (Leittechniken, Ramp-Metering, Geschwindigkeitssteuerung, Koordinierung usw.), Mobilitätsmanagement (bedarfsangepasste Transportangebote/-dienste, betriebsbezogene Mobilitätspläne, Mobilitätsberatung usw.) oder umfassendes Mobilitätsmarketing sind bisher zwar in Einzelfacetten, aber nicht in systemhafter Umsetzung untersucht. Dies betrifft insbesondere die Effekte aus fachsektoral übergreifenden Politiken – z. B. von Verkehrssystem- und Raumsystemgestaltung. Es betrifft aber auch die äußerst defizitären Kenntnisse über das Umgehen von Nutzern mit entsprechenden Angeboten (Wahrnehmung, Kognition, Bewertung, Akzeptanz) und über die Wirksamkeit von Rahmenbedingungen der Umsetzung (Recht, finanzielle Anreize, Informations- und Kommunikationsprozesse).

Damit bestehen Defizite hinsichtlich der Forschungen zu geeigneten Ansätzen und Wirkungen von Soft Policies (vgl. Beckmann 2002a). Diese Ansätze haben nicht nur einen originären Wirkungsansatz, sondern vor allem auch ein synergetisches Verhältnis zu „harten" Maßnahmen aus Bau, Betrieb, Organisation, Rechtsetzung, finanziellen Anreizen. So lassen sich beispielsweise im Rahmen der Angebotsgestaltung des ÖV durchaus fruchtbare Anleihen im Marketingprozess für den Verkauf von Pkw nehmen. Dies betrifft nicht nur den Kommunikationsprozess der Werbung und des Verkaufs, sondern gleichermaßen auch die Ermittlung von Nutzerbedürfnissen und die Produktgestaltung (vgl. Langweg et al. 2006). So sind die Konzepte zur Mobilitätsberatung von Neubürgern, von Wohnstandortwechslern, von Arbeitnehmern aus Betrieben, die ihre Betriebsstandorte gewechselt haben, zwar bekannt und sogar in Pilotprojekten umgesetzt (vgl. Beckmann 2002b), aber kaum kontrolliert untersucht hinsichtlich inhaltlicher, funktionaler, informationstechnischer Ausgestaltungen sowie in Bezug auf Anforderungen von Adressatenkreisen. Beratungsinstrumente wie Mobiplan (vgl. Beckmann 2002a, 2002d; Friedrich und Haupt 2001) sind zwar in Entwicklungsprojekten konzipiert und funktional getestet, aber nicht im Großeinsatz überprüft worden. Es fehlen vor allem auch abgesicherte Abgrenzungen und Adressierungsmöglichkeiten von „Marktsegmenten" der Mobilitätskunden – z. B. nach soziodemografischen, sozioökonomischen und biografischen Merkmalen, Lebens- oder Mobilitätsstilen.

Indirekt umfasst die angebotsseitige Perspektive auch die Gestaltungsoptionen des Raumes, da das „erreichbare" Angebot an Teilnahmemöglichkeiten die räumliche Struktur („Orte") der Aktivitätsausübung und die damit implizierten Mobilitätsmuster (Aufkommen, Leistung, Weglängen, Wegzwecke, Verkehrsmitteleinsatz usw.) bestimmt. Dabei ist die „Erreichbarkeit" auch durch Verkehrsinfrastrukturen und Verkehrsangebote determiniert. Die Gestaltungsoptionen von Raumstrukturen und deren Durchsetzbarkeit sowie deren Wirkungsstringenz diskutiert insbesondere Kutter in Kap. III.5 dieses Bandes ▶ Siedlungsstruktur und Verkehr: Zum Verständnis von Sachzwängen und individueller Verkehrserreichbarkeit in Stadtregionen.

Fazit ist, dass es ohne eine angebotsseitige Verkehrssystemgestaltung „nicht geht". Fazit ist aber auch, dass zur Förderung von Zielgenauigkeit und Effizienz die nutzerseitige Perspektive unverzichtbar ist. Dazu bedarf es weiterer vertiefter inter- und transdisziplinärer Forschungsanstrengungen. Für die Praxis der Verkehrssystemgestaltung werden damit Handlungsoptionen erweitert, vermehrt vom „Beton" der Verkehrsanlagen zu nachfragegerechten Angeboten an Mobilitätsdiensten und an Informationsdiensten für Mobilitätsangebote – und damit letztlich zu differenziertem Verkehrsverhalten – zu kommen.

Literatur

Ahrens, Gerd-Axel, Stefan Hubrich, Frank Ließke, und Rico Wittwer. 2011. Potenziale für autoarme Mobilität. In *Nachhaltige Mobilität – Kommunen trauen sich was. Dokumentation der Fachtagung „kommunal mobil" des UBA am 24./25.01.2011 in Dessau-Roßlau*. Difu-Impulse, Hrsg. Deutsches Institut für Urbanistik, Bd. 5, 99–116.

Ajzen, Icek, und Martin Fishbein. 1980. *Understanding attitudes and predicting social behaviour*. New Jersey: Prentice Hall.

Baum, Herbert, und Klaus J. Beckmann. 2002. Integrierte Verkehrspolitik. *Zeitschrift für Verkehrswissenschaft* 2:73–113.

Beckmann, Klaus J. 1990. Handlungsansätze zur Beeinflussung des Verkehrsverhaltens – Strategien, soziale Betroffenheiten und Forderungen. In *Verkehr wohin – Aspekte nach 2000*. FGSV-Kolloquium am 7./8. Mai 1990 in Mainz, Hrsg. Forschungsgesellschaft für Straßen- und Verkehrswesen, 23–37. Köln.

Beckmann, Klaus J. 1993. Integrierte Verkehrsplanung auf kommunaler Ebene – Erfordernisse, Probleme und Chancen. In *Seminarbericht 25. Sommerseminar 1992 „Integration der Verkehrsplanung in die Raumplanung"*, Hrsg. Institut für Städtebau und Landesplanung, Universität Karlsruhe, 93–123. Karlsruhe.

Beckmann, Klaus J. 2000a. Anforderungen einer nachhaltigen Verkehrsentwicklung – Chancen einer Integration von Raum- und Verkehrsplanung. In *Zukunftsfähige Mobilität in Stadt und Region*, Hrsg. Forschungsgesellschaft für Straßen- und Verkehrswesen e.V., 5–22. Köln.

Beckmann, Klaus J. 2000b. Nachhaltiger Verkehr – Ziele und Wege; Aufgaben der Verkehrsentwicklungsplanung. In *Nachhaltige Stadt – Beiträge zur urbanen Zukunftssicherung*, Hrsg. Harald A. Kissel, SRL-Schriftenreihe, 47:127–149.

Beckmann, Klaus J. 2001a. Nahmobilität und stadtplanerische Konzepte. In *Nahmobilität und Städtebau*, Hrsg. SRL – Vereinigung für Stadt-, Regional- und Landesplanung e.V., Schriftenreihe 49, Zusatzband, 1–46. Berlin.

Beckmann, Klaus J. 2001b. Integrierte Verkehrskonzepte. In *Der Ingenieurbau, Verkehr – Straße, Schiene, Luft*, Hrsg. Gerhard Mehlhorn und Uwe Köhler, 269–288. Berlin.

Beckmann, Klaus J. 2001c. Überblick über Verkehrssysteme und deren Integration. In *Handbuch für Bauingenieure*, Hrsg. Konrad Zilch, Claus J. Diederichs und Rolf Katzenbach, 7-3 bis 7–12. Berlin.
Beckmann, Klaus J. 2002a. Soft Policies – Stellenwert in der integrierten Verkehrsplanung und Verkehrspolitik. In *Schriftenreihe der Deutschen Verkehrswissenschaftlichen Gesellschaft e. V.*, Bd. 251, 23–81.
Beckmann, Klaus J. 2002b. Umweltgerechtes Verkehrsverhalten beginnt in den Köpfen. In *Mobilitätsforschung für das 21. Jahrhundert – Verkehrsprobleme und Lösungsansätze*, Hrsg. BMBF/BMVBW – Bundesministerium für Bildung und Forschung/Bundesministerium für Verkehr, Bau- und Wohnungswesen, 213–237. Köln.
Beckmann, Klaus J. 2002c. Integrierte Verkehrssystemgestaltung – Erfordernisse, Chancen, Beschwernisse. In *Perspektiven der Verkehrssystemplanung*. Institut für Verkehrssystemplanung, Hrsg. Georg Hauger, 29–53. TU Wien.
Beckmann, Klaus J. 2002d. Mobiplan – Unterstützung langfristiger Standortentscheidungen durch Mobilitätsplanung im Internet. In *Tagungsband Deutscher Straßen- und Verkehrskongress München 2002*, Hrsg. Forschungsgesellschaft für Straßen- und Verkehrswesen, 225–239. München.
Beckmann, Klaus J. 2003. Neue Möglichkeiten zur Integration von Siedlungsentwicklung und Verkehr. In *Stadtumbau und Verkehr – Entwicklungstrends, Anforderungen und Chancen, innovative Mobilitätskonzepte, Erfahrungsaustausch*, Hrsg. Institut für Städtebau der Deutschen Akademie für Städtebau und Landesplanung Berlin, 67–106. Berlin.
Beckmann, Klaus J. 2005a. Gestaltung von Planungsprozessen in der Verkehrsplanung – einführende Hinweise zu Rahmenbedingungen, Hemmnissen und Handlungsmöglichkeiten. *Stadt – Region – Land*, Tagungsband zum 6. Aachener Kolloquium Mobilität und Stadt „Planungsprozesse und Bürgerbeteiligung in der Verkehrsplanung", 79:5–18. Aachen.
Beckmann, Klaus J. 2005b. Demografischer Wandel: Mobilität und Verkehr im Kontext von Schrumpfung und Wachstum. *Stadt – Region – Land*, 78:67–74. Aachen.
Beckmann, Klaus J. 2006. Folgen des demografischen Wandels in Nordrhein-Westfalen für die Verkehrsentwicklung. In *Demografischer Wandel in Nordrhein-Westfalen*, Hrsg. ARL – Akademie für Raumforschung und Landesplanung, 111–146. Hannover.
Beckmann, Klaus J. 2013. Veränderte Rahmenbedingungen für Mobilität und Logistik – Zeitfenster für Technik-, Verhaltens- und Systeminnovationen. In *Nicht weniger unterwegs, sondern intelligenter? Neue Mobilitätskonzepte*, Hrsg. Klaus J. Beckmann und Anne Klein-Hitpaß, Edition Difu, 31–58.
Beckmann, Klaus J., und Andreas Witte. 2006. StadtLeben – Wohnen, Mobilität und Lebensstil. Neue Perspektiven für Raum- und Verkehrsentwicklung – Praxisrelevante Schlussfolgerungen. In *StadtLeben*, Hrsg. Klaus J. Beckmann, Markus Hesse, Christian Holz-Rau und Marcel Hunecke, 211–241.Wiesbaden.
Beckmann, Klaus J., Bastian Chlond, Tobias Kuhnimhof, Stefan von der Ruhren, und Dirk Zumkeller. 2006a. Multimodale Verkehrsmittelnutzer im Alltagsverkehr. *Internationales Verkehrswesen*, 4:138–145.
Beckmann, Klaus J, Markus Hesse, Christian Holz-Rau, und Marcel Hunecke, Hrsg. 2006b. StadtLeben – *Wohnen, Mobilität und Lebensstil, Neue Perspektiven für Raum- und Verkehrsentwicklung*. Wiesbaden.
BMVBW – Bundesministerium für Verkehr, Bau und Wohnungswesen. 2000. Verkehrsbericht 2000. Integrierte *Verkehrspolitik: Unser Konzept für eine mobile Zukunft*. Bonn.
Cerwenka, Peter. 1997. Verkehrssystemplanung zwischen allen Fronten und Stühlen – Meinung kann nicht Messung ersetzen. *Der Nahverkehr* 11:14–17.
Chlond, Bastian, Klaus J. Beckmann, Felix Huber, und Carsten Sommer. 2006. Verkehrliche Konsequenzen des demografischen Wandels. In *Straßenverkehrstechnik*, FGSV, 50. Jahrgang, 10:602–607. Köln.
FGSV – Forschungsgesellschaft für Straßen- und Verkehrswesen. 2004. *Induzierter Verkehr*. Köln.

FGSV – Forschungsgesellschaft für Straßen- und Verkehrswesen. 2006. *Demografische Entwicklung*. Köln
Friedrich, Markus, und Thomas Haupt. 2001. MOBIPLAN – Mobilitätsplanung im Internet. *Stadt – Region – Land* 71:115–128.
Guidemaps-Consortium. 2004. Successful transport decision-making. *A project management and stakeholder engagement handbook*. Bd. 1 Concepts and tools, Bd. 2 Fact shots. London.
Haase, Ralf. 2005. Verkehrsinfrastruktur in Deutschland und ihre Finanzierung – Verkehrsbeherrschung durch nutzerfinanzierte Verkehrswege. In *Für eine neue deutsche Verkehrspolitik – Mobilität braucht Kommunikation*, Hrsg. Ulrike Stopka und Wilhelm Pällmann, 161–172. Hamburg.
Heidemann, Claus. 1985. Zukunftswissen und Zukunftsgestaltung – Planung als verständiger Umgang mit Mutmaßungen und Gerüchten. In *Langfristprognose – Zahlenspielerei oder Hilfsmittel für die Planung*. Schriftenreihe Report 5, Hrsg. Daimer-Benz AG, 47–62. Düsseldorf.
Holz-Rau, Christian, und Joachim Scheiner. 2005. Siedlungsstrukturen und Verkehr: Was ist Ursache, was ist Wirkung? *Raumplanung*, 119:67–72.
Klein-Hitpaß, Anne. 2013. Elektromobilität eine Standortbestimmung. In *Nicht weniger unterwegs, sondern intelligenter? Neue Mobilitätskonzepte*. Hrsg. Klaus J. Beckmann und Anne Klein-Hitpaß, Edition Difu, 97–112.
Kutter, Eckart. 2005. *Entwicklung innovativer Verkehrsstrategien für die mobile Gesellschaft*. Berlin.
Langweg, Armin, Klaus J. Beckmann, und Marcel Hunecke. 2006. Emotionales Marketing im ÖPNV – Ein Werkstattbericht aus dem Projekt „Lernen vom Pkw". *Stadt – Region – Land* 80: 29–38.
Oettle, Karl. 1974. Über die zukünftige Finanzierung der Aufgaben des öffentlichen Personennahverkehrs. In *Die Kernstadt und ihre strukturgerechte Verkehrsbedienung*, Veröffentlichungen der Akademie für Raumforschung und Landesplanung, Forschungs- und Sitzungsberichte, Bd. 92, 149–165. Hannover.
Ott, Ruedi. 2013. In *„Eine bestands- und verträglichkeitsorientierte Mobilitätsstrategie – Das Beispiel Zürich"*, Hrsg. Klaus J Beckmann und Anne Klein-Hitpaß, 179–197.
Pällmann, Wilhelm. 2005. Zehn Thesen zur künftigen Verkehrspolitik. In *Für eine neue deutsche Verkehrspolitik – Mobilität braucht Kommunikation*, Hrsg. Stopha Ulrich und Wilhelm Pällmann, 173–180. Hamburg.
Rindsfüser, Guido, und Klaus J. Beckmann. 2005. Fördernde und hemmende Faktoren bei der Umsetzung innovativer Ansätze in der kommunalen Verkehrsplanung. *Stadt – Region – Land* 78:15–36.
Stoneman, Paul. 1995. *The handbook of economics of innovation and technical change*. Cambridge, MA.
Strauch, Dirk, Rolf Moeckel, Manfred Wegener, Jürgen Gräfe, Heike Mühlhans, Guido Rindsfüser, und Klaus J. Beckmann. 2004. Linking transport and land use planning. In *GeoDynamics*, Hrsg. Peter M. Atkinson, Giles M. Foody, Stephan E. Darby und Fulong Wu, 295–311. Boca Raton.
Valée, Dirk. 2013. *Innovative kommunale Verkehrskonzepte*. In Hrsg. Klaus J Beckmann und Anne Klein-Hitpaß, 162–178.
Wissenschaftlicher Beirat für Verkehr des Bundesministers für Verkehr, Bau- und Wohnungswesen. 2004. Demographische Veränderungen – Konsequenzen für Verkehrsinfrastrukturen und Verkehrsangebote. *Zeitschrift für Verkehrswissenschaft*, 1:1–24.
Wissenschaftlicher Beirat für Verkehr des Bundesministers für Verkehr, Bau- und Wohnungswesen. 2005. Privatfinanzierung der Verkehrsinfrastruktur. Gutachten vom März 2005. *Internationales Verkehrswesen*, 7+8:303–310.
Wissenschaftlicher Beirat für Verkehr beim Bundesminister für Verkehr, Bau- und Wohnungswesen. 2009. Strategieplanung „Mobilität und Transport – Folgerungen für die Bundesverkehrswegeplanung". *Zeitschrift für Verkehrswissenschaft*, 3:155–190

Wissenschaftlicher Beirat für Verkehr beim Bundesminister für Verkehr, Bau- und Wohnungswesen. 2013. kommunale Verkehrsinfrastrukturfinanzierung *Zeitschrift für Verkehrswissenschaft*, 2:138 ff.
von der Ruhren, Stefan, und Klaus J. Beckmann. 2005. Bestimmung multimodaler Personengruppen. *Stadt – Region – Land*, 78:115–128.
Wehmeier, Thomas, Klaus J. Beckmann, und Sebastian Bamberg. 2005. Evaluation verkehrlicher Maßnahmen und Programme – Leitlinien für die Praxis. *Stadt – Region – Land* 78:5–14.
Witte, Andreas, und André Ch. Wolf. 2005. Warum scheitern Verkehrsplanungsprozesse? Ergebnisse, Beobachtungen und Lösungsansätze aus dem Guidemaps-Projekt? *Stadt – Region – Land* 79:29–42.

Mobilitätsforschung aus nachfrageorientierter Perspektive: Theorien, Erkenntnisse und Dynamiken des Verkehrshandelns

Annika Busch-Geertsema, Martin Lanzendorf,
Hannah Müggenburg und Mathias Wilde

Zusammenfassung
Der vorliegende Beitrag befasst sich mit neueren Erkenntnissen zur Erklärung von Verkehrshandeln. Aus der Perspektive verschiedener Disziplinen wird die Wechselwirkung zwischen Mobilität und sozialen Strukturen dargestellt und hinsichtlich ihrer Bedeutung für eine innovative Verkehrs- und Mobilitätspolitik bewertet. Zunächst wird das Verhältnis von Raumstrukturen und Mobilität geklärt, bevor grundlegende Theorien der Umweltpsychologie erläutert und Routinen sowie deren Brüche im Lebenslauf dargestellt werden. Folgerungen für eine zukünftige Mobilitätspolitik schließen den Beitrag ab.

Schlüsselwörter
Verkehrspolitik • Mobilitätsmanagement • Raumstruktur • Routinen • Verkehrshandeln • Mobilitätsbiographien

1 Einleitung

Individuelles Verkehrshandeln ist nur zu verstehen in enger Wechselwirkung mit sozialen Strukturen, die zugleich Voraussetzung wie auch Ergebnis des individuellen Handelns sind. In den letzten Jahrzehnten wurden aus zahlreichen theoretischen Perspektiven Versuche unternommen, die Entstehung von Verkehr mit den jeweils theoriespezifischen Besonderheiten zu erklären. Auch wenn die Bedeutung dieser verschiedenen Zugänge innerhalb der Verkehrs- und Mobilitätsforschung sowohl hinsichtlich der Stellung im wissenschaftlichen Diskurs als auch hinsichtlich der Wirkung auf die politische Praxis sehr unterschiedlich ist, so sind doch jeweils

---

A. Busch-Geertsema (✉) • M. Lanzendorf • H. Müggenburg • M. Wilde
Institut für Humangeographie, Goethe-Universität Frankfurt, Frankfurt am Main, Deutschland
E-Mail: busch-geertsema@geo.uni-frankfurt.de; lanzendorf@geo.uni-frankfurt.de; mueggenburg@geo.uni-frankfurt.de; wilde@geo.uni-frankfurt.de

spezifische Erkenntnisse aus diesen Forschungsperspektiven bedeutsam für die Weiterentwicklung verkehrspolitischer Strategien.

Das wissenschaftliche Interesse am Verstehen und Erklären des individuellen Verkehrshandelns begann etwa Ende der 1960er-Jahre. Seitdem wurden vorwiegend ökonometrische Methoden zur Erklärung des individuellen Verkehrshandelns angewendet und weiterentwickelt, die die traditionellen Disziplinen der Verkehrsforschung, insbesondere Ökonomie und Ingenieurwesen, bis heute dominieren. Die sozialwissenschaftlichen und wissenschaftstheoretischen Grundannahmen dieser ökonometrischen Handlungserklärungen wurden lange Zeit nicht oder nur wenig hinterfragt. So wird etwa der Mensch als rationaler Entscheider konzeptualisiert, der vollkommen über alle Alternativen und deren Konsequenzen informiert ist und schließlich die beste der Alternativen auswählt. Trotz grundlegender Kritik dominieren diese Erklärungsansätze bis heute die Verkehrsforschung.

Auch wenn die Erklärungsmodelle mit unbestreitbaren Erfolgen verbunden sind, die unser Verständnis von Mobilität und Verkehr verbessert haben – etwa zur Bedeutung von Zeit und Kosten beim Verkehrshandeln, neuerdings auch zur Rolle von Einstellungen und anderen sozial-psychologischen Konstruktionen – und obwohl zwischenzeitlich auch einige der restriktiven und realitätsfernen Grundannahmen abgeschwächt wurden, sind diese Erklärungen weiterhin mit Defiziten verbunden. Alternative Erklärungen hinterfragen heute die klassischen Ansätze oder versuchen diese durch neue, „realistischere" Handlungstheorien abzulösen, insbesondere solche aus der Sozialpsychologie.

Ziel des vorliegenden Beitrages ist es, die neueren Erkenntnisse zur Erklärung des individuellen Verkehrshandelns in Wechselwirkung mit sozialen Strukturen aus verschiedenen wissenschaftlichen Disziplinen darzustellen und hinsichtlich ihrer Bedeutung für die Weiterentwicklung einer innovativen Verkehrs- und Mobilitätspolitik zu bewerten. Der Beitrag baut dazu in wesentlichen Teilen auf der Darstellung von Harms et al. (2007) in der ersten Auflage des vorliegenden Handbuches zur Verkehrspolitik auf. Dort lag das Schwergewicht auf der Verknüpfung raum- und verkehrswissenschaftlicher sowie umweltpsychologischer Erkenntnisse zur Erklärung der Mobilitätsnachfrage und zur Ableitung verkehrspolitischer Implikationen. Zugleich sollen die damals bereits aufbereiteten Argumentationen um weitere Perspektiven ergänzt und erweitert werden. Dies betrifft sowohl die Interaktion von räumlichen und sozialen Strukturen – häufig mit dem Schlagwort Selbstselektion zusammengefasst – als auch die Weiterentwicklung der umweltpsychologischen Modelle zur Erklärung des Verkehrshandelns. Zudem – und dies ist der Kern des vorliegenden Beitrags – sollen darauf basierend Erkenntnisse aus einer dynamischen Perspektive zur Entstehung und Erklärung des Verkehrshandelns näher vorgestellt werden, indem auf die Bedeutung von Routinen, Kontextwechsel, Umbruchsituationen und das Konzept der Mobilitätsbiographien näher eingegangen wird.

Die Bedeutung dieser theoretischen Erklärungskonzepte wird bei den verkehrspolitischen Implikationen deutlich, die abschließend abgeleitet werden. Dort wird zum einen auf aktuell beobachtbare Veränderungen im Mobilitätssystem Bezug genommen, wie die Vervielfältigung des Angebots von Mobilitätsdienstleistungen, die geringere Automobilorientierung junger Heranwachsender in urbanen Räumen sowie die wachsende Bedeutung von Multimodalität, also der Nutzung verschiedener Verkehrsmittel auf unterschiedlichen Wegen. Zum anderen werden diese Veränderungen in ihrer Bedeutung für die Entwicklung verkehrspolitischer Strategien angesichts der Bedeutung von Umbruchsituationen ausgewertet.

Entsprechend gliedert sich der nachfolgende Beitrag in fünf Abschnitte: nach der Einleitung wird zunächst auf die Bedeutung räumlicher Strukturen für die mittel- und langfristige Entwicklung des Mobilitätssystems und auf die Wechselwirkung von räumlichen und sozialen Strukturen eingegangen. Anschließend werden psychologische Handlungsmodelle aus der umweltpsychologischen Forschung, die für das Erklären des Verkehrshandelns besonders relevant erscheinen, vorgestellt. Es folgen die dynamischen Erklärungen des Verkehrshandelns aus mobilitätsbiographischer Perspektive. Abschließend werden verkehrspolitische Konsequenzen aus der nachfrageseitigen Betrachtung gezogen.

2 Raumstrukturen und Mobilität

Verkehrshandeln ist ein Phänomen, das kaum ohne die Kategorie *Raum* gedacht werden kann. Dementsprechend setzen sich eine Vielzahl von Modellen, Konzepten und Theorien der nachfrageorientierten Mobilitätsforschung mit dem Zusammenhang von Raum, Mobilität und Verkehr auseinander. Nachfolgend wird die Aktionsraumforschung als ein Ansatz vorgestellt, der die Alltagswege und -aktivitäten der Menschen in ihren räumlichen Zusammenhängen darstellt. Daran schließt sich eine Übersicht zum Konzept der Erreichbarkeit an. Abschließend wird der Einfluss von Siedlungsstrukturen auf das Verkehrshandeln erläutert.

2.1 Aktionsraumforschung und soziale Netzwerke

Die Aktionsraumforschung beschäftigt sich mit Alltagswegen und -orten der Menschen. Ein Aktionsraum versteht sich dabei als eine geographische Zone, innerhalb derer ein Mensch seine alltäglichen Aktivitäten ausführen kann (vgl. Hesse 2011). Die Aktionsraumforschung geht aus der Zeitgeographie hervor, die Hägerstrand in den 1970er-Jahren maßgeblich prägte. In seinen Analysen zum raum-zeitlichen Handeln von Menschen konzentriert sich Hägerstrand (1970) auf die zeitliche Kontinuität und stellt die räumlichen Bezüge von Aktivitäten in den Mittelpunkt. Er geht davon aus, dass verschiedene äußere Restriktionen das raumbezogene Handeln beschränken. Die Restriktionen ergeben sich aus Verboten, beschränkten Ressourcen oder Zeitbudgets. Der aktivitätenbasierte Erklärungsansatz der Zeitgeographie entwickelte sich rasch zu einem wichtigen theoretischen Konzept der Mobilitätsforschung, auf dem eine Vielzahl von Studien zum raum-zeitlichen Handeln der Menschen basieren (z. B. Klingbeil 1978, Dijst 1999). Obwohl für spezielle Fragen der Mobilitätsforschung auch weiterhin Aktionsräume betrachtet werden, hat in der letzten Zeit das Interesse an raum-zeitlichen Analysen stark nachgelassen. Die Aktionsraumforschung sieht sich der Kritik ausgesetzt, dass sie das raumbezogene Handeln eines Menschen weniger als Ergebnis von Entscheidungen interpretiere, sondern vielmehr als reine Reaktion auf äußere Strukturen. Indem sich der Ansatz auf äußere Restriktionen beschränkt, schlüsselt er die Gründe von Mobilität daher nur unzureichend auf. Scheiner (1998) und auch Pohl (2009) nehmen sich der Kritik an und betten die Aktionsraumforschung stärker in Handlungstheorien ein. Die nachfrageorientierte Mobilitätsforschung scheint sich dennoch Ansätzen zuzuwenden, die das selbstbestimmte Handeln der Akteure betonen, wie es etwa in den Konzepten der Lebensstile und Mobilitätskulturen angelegt ist (vgl. Götz et al. in Kap. VII.5 dieses Bandes: ▶ Mobilitätsstile und Mobilitätskulturen – Erklärungspotentiale, Rezeption und Kritik).

Eine Variante, räumliche Mobilität von Menschen über eher soziokulturelle Ansätze zu verstehen und dennoch die geographische Ausprägung von Aktionsräumen einzubeziehen, versucht die Netzwerkforschung. Über die gleichzeitige Berücksichtigung von sozialen, geographischen und technischen Netzen betrachtet sie die Bedeutung von sozialen Beziehungen für die Konstruktion von Mobilität und deren geographische Muster (vgl. Kesselring 2006). Anders als die Aktionsraumforschung setzen Netzwerkanalysen weniger die Aktivitäten der Menschen in raumzeitliche Zusammenhänge, sondern sehen soziale Kontakte als Knoten in einem Netz, das auf das jeweilige raumbezogene Handeln des Einzelnen wirkt. In der Mobilitätsforschung gehen Netzwerkanalysen davon aus, dass soziale Kontakte und die Ausprägung räumlicher Mobilität eng miteinander verwoben sind. Mobilität wird als eine Grundvoraussetzung verstanden, um Freunden, Bekannten oder Verwandten zu begegnen und soziale Kontakte aufrechtzuerhalten. Von diesen Gedanken ausgehend untersuchen Larsen et al. (2006) die soziale Dimension von Mobilität. Konkret analysieren sie die Interaktion von Personen im Zusammenhang mit der Entfernung zwischen ihren jeweiligen Lebensmittelpunkten. Demnach verbinden sich soziale Netzwerke zu komplexen Konstellationen, die sich über Zeit und Raum erstrecken. Dabei gilt Mobilität als jene Handlungsweise, mit der Kopräsenz hergestellt wird. Mobilität trägt somit maßgeblich zum Erhalt sozialer Kontakte bei.

2.2 Erreichbarkeit aus nachfrageorientierter Perspektive

Erreichbarkeit aus nachfrageorientierter Perspektive beschreibt zumeist die Möglichkeiten, die einer Person oder Personengruppe gegeben sind, bestimmte Aktivitätsorte aufsuchen zu können (vgl. Geurs und van Wee 2013). Erreichbarkeitsuntersuchungen finden sich vor allem in der Raum- und Verkehrsplanung oder in Studien zur sozialen Exklusion. Hier geht man davon aus, dass die Erreichbarkeit von Arbeitsplätzen, Freizeiteinrichtungen und Lebensmittelläden wesentlich zur Lebensqualität der Menschen beiträgt und die soziale Inklusion fördert. Die Raumplanung versteht deswegen die Sicherung der Erreichbarkeit von wichtigen Aktivitätsorten als eine Aufgabe der Daseinsvorsorge (vgl. Straatemeier 2008). In Großbritannien wurde die Sicherung von Erreichbarkeit als ein explizites Ziel der Verkehrspolitik aufgenommen. Seitdem sind Erreichbarkeitsindikatoren und das

Monitoring dieser Indikatoren zentrale Bausteine der lokalen Verkehrs- und Entwicklungspläne (vgl. etwa Preston und Rajé 2007).

Zu den wesentlichen Aspekten von Erreichbarkeit gehören die geographische Lage von Orten, die Verkehrsinfrastruktur einer Region und die individuellen Voraussetzungen der Person. Erreichbarkeit ist aber weit mehr als die Lage von Gelegenheiten und eine möglichst einfache Bewältigung von Distanzen. Erreichbarkeit verlangt auch nach einer Überwindung von Barrieren, die sich aus sozialen Wirklichkeiten, Zeitzwängen, Unwissen oder Diskriminierung ergeben. Konzepte, die versuchen Erreichbarkeit zu messen, befassen sich gewöhnlich mit einem an den jeweiligen Zweck angepassten Ausschnitt. Dabei reicht die Perspektive von standortbezogenen Betrachtungen, über die Analyse individueller Gegebenheiten von Personengruppen bis zur Berechnung von wirtschaftlichen Vorteilen hoher Erreichbarkeit (vgl. Hine 2008; Gather 2008). Geurs und van Wee (2004) führen verschiedene Interpretationen zusammen und entwickeln eine umfangreiche Sicht auf Erreichbarkeit. Sie verwenden vier Dimensionen, die in ihrem Zusammenspiel den Grad der Erreichbarkeit und damit den Zugang zu Aktivitätsorten bestimmen sollen: (1) Siedlungsstruktur, (2) Verkehrssystem, (3) individuelle Charakteristiken sowie (4) zeitliche Gegebenheiten (Abb. 1).

In der Siedlungsstruktur sehen Geurs und van Wee einen zentralen Faktor: Die Siedlungsstruktur gibt die Verkehrsnachfrage vor, aus ihr ergeben sich zeitliche Zwänge und sie bestimmt, welche Gelegenheiten eine Person vorfindet. Die Ausgestaltung des Verkehrssystems bestimmt andererseits, wie die Gelegenheiten erreicht werden können. Hierzu gehören nicht allein verfügbare Verkehrsmittel, sondern auch Qualitätsmerkmale wie Geschwindigkeit, Kosten oder Komfort. Ein weiterer Faktor sind zeitliche Zwänge, die Aktivitäten erlauben oder verhindern (vgl. Henckel in Kap. VII.5 dieses Bandes: ▶ Raumzeitpolitik: Zeitliche Dimensionen der Verkehrspolitik). Öffnungs- oder Arbeitszeiten etwa können den Besuch mancher Gelegenheitsorte einschränken. Auch Reisezeiten können ein Hemmnis sein, wenn mehrere Tätigkeiten miteinander kombiniert werden müssen (vgl. Rosenbaum in Kap. V.6 dieses Bandes: ▶ Alltagsmobilität: Eine soziale Herausforderung für die Verkehrspolitik). In diesem Verständnis von Erreichbarkeit fügen sich die Siedlungsstruktur und das Verkehrssystem zu einem Raumbild zusammen, das im Wesentlichen aus Distanzen, Lagerelationen und den Möglichkeiten der Raumüberwindung besteht. Somit ist Raum als ein System von Lagebeziehungen materieller Objekte definiert; Kenngrößen wie Dichte, Verteilung und Entfernung charakterisieren die Anordnung von Menschen und Objekten. Die individuellen Aspekte, also jene Faktoren, die bei den Personen liegen, werden je nach Konzept unterschiedlich betont. Sie reichen von der einfachen Skizzierung mittels soziodemographischer Indikatoren über die Definition von Bedürfnissen bis hin zu finanziellen Ressourcen oder dem Gesundheitszustand (vgl. Bocarejo und Oviedo 2012).

Aus der sozialwissenschaftlichen Mobilitätsforschung sind Konzepte hervorgegangen, die versuchen Erreichbarkeit noch deutlicher vom Menschen aus zu denken. So entwirft etwa Kaufmann (2002) den Ansatz der Motilität (*motility*) und umschreibt damit das Potenzial einer Person, sich räumlich zu bewegen. Drei Faktoren bestimmen die Ausprägung der Motilität eines Menschen: Die

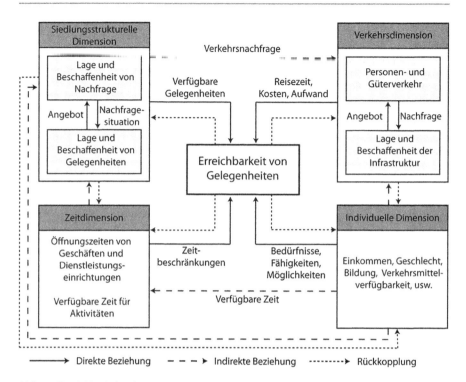

Abb. 1 Erreichbarkeit; Elemente und Beziehungen. Quelle: verändert nach Geurs und van Wee 2004, S. 129

Erreichbarkeit von Aktivitätsoptionen, die Fähigkeiten der Person, verschiedene Formen von Bewegung zu vollziehen, sowie die Interpretation der Möglichkeiten, die sich aus Erreichbarkeiten und Fähigkeiten ergeben (vgl. auch Dangschat 2013).

2.3 Der Einfluss von Siedlungsstrukturen auf das Verkehrshandeln

Ob jemand Aktivitäten nah- oder fernräumlich durchführen kann wird maßgeblich durch die Siedlungsstruktur und das Verkehrssystem bestimmt. Dabei sind für die Siedlungsstruktur sowohl regionale Eigenschaften relevant als auch städtische oder quartiersbezogene Charakteristiken (vgl. Stead et al. 2000). Aus planerischer Sicht wird oft das Leitbild einer dezentralen Konzentration verfolgt. Funktionale Einrichtungen sollen dabei idealerweise so verteilt sein, dass sich Subzentren herausbilden, mit denen sich Wegeentfernungen stark verkürzen lassen (vgl. Rodrigue 2013). Subzentren vereinfachen die Erschließung durch öffentliche Verkehrsmittel und fördern somit den Umweltverbund.

Dichte, Nutzungsmischung und Gestaltung des öffentlichen Raums sind wesentliche Rahmenbedingungen zur Reduzierung von Verkehr und zur Förderung des

Umweltverbundes im städtischen und quartiersbezogenen Maßstab (vgl. Elldér 2014; Bandeira et al. 2011). Dabei geht man davon aus, dass je dichter und funktionsgemischter ein Stadtteil besiedelt ist, desto kürzer sind die Wege zu bestimmten Gelegenheitsorten. Kurze Wege beeinflussen wiederum Verkehrsmittelbesitz und -nutzung (vgl. Mindali et al. 2004; Deffner 2011).

Eine Vielzahl von Studien untersucht den Einfluss der Siedlungsstruktur auf das Verkehrshandeln (vgl. etwa Haixiao Pan et al. 2009, King et al. 2012). Demnach sind Menschen, die in Vororten leben, häufiger mit dem Auto unterwegs und gehen weniger zu Fuß als ihre Vergleichsgruppe aus Innenstädten. Gleichwohl ist mit dem Vorhandensein guter siedlungsstruktureller und verkehrlicher Angebote noch nicht garantiert, dass sie tatsächlich genutzt werden. Deswegen verweisen andere Studien darauf, dass allein mit Siedlungsstrukturen vorhandene Unterschiede im Verkehrshandeln nicht erklärt werden können (vgl. etwa Cao et al. 2009b). Räumliche Mobilität ist vielmehr Ausdruck von zahlreichen individuellen Entscheidungen, weswegen die indirekte Steuerung der Verkehrsentwicklung über die Siedlungsstrukturen nur begrenzt gelingen kann (vgl. Hesse 1999; Beckmann et al. 2006).

Die Wechselwirkung zwischen Siedlungsstrukturen und deren speziellen Bevölkerungsstrukturen wird in der Literatur als Selbstselektionseffekt (*residential self-selection*) beschrieben (vgl. van Wee 2009). Er bezeichnet den Umstand, dass die Zu- und Fortzüge oder aber auch das Bleiben von Haushalten in Wohnvierteln selektiv erfolgen. Dabei bevorzugen Menschen auf der Suche nach einer neuen Wohnung oft solche Quartiere, in denen sie auch ihre priorisierte Lebensweise und Mobilitätsform fortführen können (vgl. Cao et al. 2009a). Gebiete mit einem gut ausgebauten ÖV werden etwa von jenen Personen bevorzugt, die ohnehin häufig öffentliche Verkehrsmittel nutzen (vgl. Schwanen und Mokhtarian 2005).

Um die Bedeutung des Selbstselektionseffektes wird eine kontroverse Debatte geführt. Die einen betonen das selektive Vorgehen der Menschen bei der Wohnstandortwahl, andere wiederum legen ein stärkeres Gewicht auf Raumstruktureffekte (vgl. Scheiner 2013; Cao et al. 2009b). Dass sich das Verkehrshandeln nicht eindeutig auf einen Effekt zurückführen lässt, zeigen Schwanen und Mokhtarian (2005) am Beispiel von San Francisco. Demnach spielt in Vororten die Raumstruktur eine wichtigere Rolle für die Verkehrsmittelwahl als individuelle Vorlieben, wohingegen in der Innenstadt individuelle Präferenzen und Raumstruktur gleichermaßen das Verkehrshandeln beeinflussen. Für die nachfrageorientierte Mobilitätsforschung lässt sich daraus die Notwendigkeit ableiten, neben räumlichen Faktoren für die Erklärung des Verkehrshandelns ebenso auch intrapersonale Faktoren einzubeziehen.

3 Psychologische Handlungsmodelle zur Erklärung des Verkehrshandelns

Um Verkehrshandeln zu verstehen und zu erklären, betrachtet die nachfrageorientierte Mobilitätsforschung nicht allein Raum, zeitliche Restriktionen, Kosten, Erreichbarkeiten und soziale Netzwerke, sondern berücksichtigt auch intrapersonale

Faktoren wie Werte, Normen, Einstellungen, Bedürfnisse und Vorlieben einer Person. Die Differenzierung zwischen raumstrukturellen und individuellen, personenbezogenen Faktoren ist dabei nicht als strikte Trennung zu betrachten, da auch soziale Wirklichkeiten und Räume durch subjektive Wahrnehmungen konstruiert sind und umgekehrt äußerliche Rahmenbedingungen in Vorlieben einer Person Ausdruck finden. Die Differenzierung liefert jedoch eine Systematisierung der verschiedenen Ansätze, deren Fokus eher außerhalb oder innerhalb der Person liegt (vgl. Gather et al. 2008). Daher werden Ansätze zur Erklärung intrapersonalen umweltbewussten Handelns, die in der Mobilitätsforschung häufig Anwendung finden, beschrieben.

Die Ansätze zur Beschreibung umweltbewussten Handelns konzentrieren sich entweder auf Eigennützigkeit oder auf pro-soziale Ziele. Auf Basis jeweils unterschiedlicher psychologischer Handlungsmodelle konzentrieren sich die einen auf individuelle Nutzenmaximierung, während die anderen eher altruistische Motive berücksichtigen. Als die bekanntesten Vertreter gelten die Theorie des geplanten Verhaltens und das Norm-Aktivations-Modell, die im Folgenden dargestellt werden. Im Anschluss wird ein Handlungsmodell beschrieben, das beide Theorien integriert.

3.1 Die Theorie des geplanten Verhaltens

Die Theorie des geplanten Verhaltens (*theory of planned behavior*; TPB) nach Ajzen (1991) ist ein Modell der Sozialpsychologie, das zur Erklärung von Handeln entwickelt und inzwischen vielfach auf unterschiedliche Bereiche, wie z. B. Umwelthandeln, transferiert wurde. Grundannahme ist, dass Intention unter willentlicher Kontrolle stehendes Handeln beeinflusst und dessen einzige direkte Determinante ist. Handeln setzt sich nach Ajzen aus drei Konstrukten zusammen: Einstellung, subjektive Norm und wahrgenommene Verhaltenskontrolle. Einstellung definiert Ajzen als die positive oder negative Bewertung einer Verhaltensweise.[1] Subjektive Norm beschreibt er als die Erwartung, dass sich für das Individuum wichtige Personen für oder gegen die Ausführung des Verhaltens aussprechen. Die wahrgenommene Verhaltenskontrolle wiederum beschreibt den Grad der Schwierigkeit, mit dem eine Person glaubt, ein bestimmtes Verhalten ausführen zu können. Dies beinhaltet sowohl vergangene Erfahrungen als auch subjektiv wahrgenommene Hindernisse. Das Verhalten kann in manchen Fällen auch direkt von der wahrgenommenen Verhaltenskontrolle beeinflusst werden, indem das Konstrukt die Wahrscheinlichkeit für eine Verhaltensausführung erhöht oder senkt. Die Entscheidung für eine bestimmte Handlungsweise wird also nach

---

[1]Diese Definition wird oft auch als persönlicher Nutzen einer Handlung oder Überzeugung über Handlungskonsequenzen aufgefasst und ist damit von anderen theoretischen Konzeptionalisierungen in der Sozialpsychologie bzw. Forschung zu Einstellungen zu unterscheiden (siehe Eagly und Chaiken 1993).

Ajzen durch rationale Überlegungen zur Maximierung von individuellem Nutzen und Kosten determiniert und ist daher der ökonomischen Verhaltenstheorie nahe.

Auch in der Mobilitätsforschung findet das Modell vielfach Anwendung, um z. B. die Verkehrsmittelwahl zu erklären und daraus schlussfolgernd zu verändern (vgl. Heath und Gifford 2002). In diesem Kontext finden immer wieder Bestrebungen statt, das Modell mit weiteren Konstrukten, wie Gewohnheiten (siehe nachfolgendes Kapitel; vgl. auch Bamberg 1996) oder persönlicher Norm (vgl. Harland et al. 1999) zu ergänzen. Auch das *needs-opportunities-abilities* (NOA) Modell (vgl. Vlek 2000) integriert die Theorie des geplanten Verhaltens mit den Konstrukten Bedürfnisse (*needs*), Gelegenheiten (*opportunities*) und Fähigkeiten (*abilities*).

Eine Anwendung der TPB in der Praxis ist die Evaluation von Interventionen anhand einer Prä-Post Analyse der TPB Konstrukte. Zudem kann die TPB die Basis einer theoriegeleiteten Analyse objektiver Rahmenbedingungen und sozialer Einflüsse in der Planungspraxis darstellen (vgl. Bamberg 2004).

3.2 Das Norm-Aktivations-Modell

Das *Norm-Aktivations-Modell* (NAM) (Schwartz und Howard 1981) geht von Handeln aufgrund normativer Motive aus. Es wurde im Gegensatz zur TPB speziell für die Erklärung altruistischen Handelns entwickelt und als bewährte sozialpsychologische Theorie inzwischen auch für den Umweltkontext als Spezialfall helfenden Handelns angewandt (vgl. Klöckner 2013b; Thøgersen 1996). Schwartz postuliert das handlungsweisende Konstrukt der persönlichen Norm als Aktivierung von Werten. Persönliche Norm definiert er dabei als „feelings of moral obligation to perform or refrain from specific actions"(vgl. Schwartz und Howard 1981, S. 191). Diese begreift er als der Person inne liegende Werte, deren Nichtbeachtung das eigene Selbstkonzept gefährdet, und unterscheidet sie somit klar von subjektiver Norm im Sinne von Ajzen, die er als Erwartungen, Verpflichtungen und Sanktionen in für die Person wichtigen Referenzgruppen verankert sieht (vgl. Schwartz 1977). Er beschreibt das Modell mit einem prozesshaften Charakter: eine Person nimmt zunächst (1) Bedürfnisse wahr, aktiviert (2) Normen, wodurch ein Gefühl der Verpflichtung entsteht, was wiederum dazu führt, dass die Person (3) Konsequenzen und Kosten bewertet sowie je nach Ergebnis der Bewertung die Situation redefiniert, was schließlich (4) eine Aktion auslöst. In der Wahrnehmungsphase geschieht nach Schwartz (1975; 1977) die Aktivierung der persönlichen Norm durch folgende vier Faktoren: Einer Person muss bewusst sein, 1. dass ein anderes Individuum Hilfe benötigt (*awareness of need*), 2. welche Konsequenzen das Verhalten nach sich zieht (*awareness of consequences*), 3. welche Verantwortlichkeit sie hat (*ascription of responsibility*) und 4. muss die Person glauben die Fähigkeit zu besitzen, das notwendige Verhalten ausführen zu können. Das letzte Konstrukt ist vergleichbar mit der wahrgenommenen Verhaltenskontrolle der TPB. Die formale Struktur der Theorie wurde von Schwartz und Howard nicht beschrieben und führt daher aufgrund unterschiedlicher kausaler Interpretationen (Abb. 2) zu verschiedenen Umsetzungen in der Anwendung (vgl. Klöckner 2013a; Steg und Nordlund 2013).

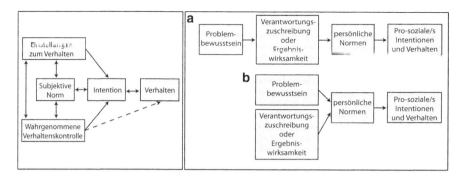

Abb. 2 Links: Die Theorie des geplanten Verhaltens. Rechts: Das Norm-Aktivations-Modell nach Schwartz in zwei möglichen Interpretationen. Quelle: eigene Darstellung nach Ajzen (1991; links) und Steg und Groot (2010; rechts)

Blöbaum et al. (1997) übertragen das Modell auf die Mobilitätsforschung, wo es inzwischen in verschiedenen Varianten angewendet wird (vgl. Eriksson et al. 2006; Harland et al. 2007). Im Zuge der Anwendung des Modells wurden ebenfalls zahlreiche Anpassungen vorgenommen und Konstrukte integriert, wie z. B. die wahrgenommene Verhaltenskontrolle aus der TPB (vgl. Hunecke et al. 2001) oder Gewohnheiten (vgl. Klöckner und Matthies 2004). Stern (2000) erweitert das Modell zu einer Wert-Erwartungs-Theorie. Dieser Ansatz geht davon aus, dass das Konstrukt der wahrgenommenen Konsequenzen von ökologischen Weltansichten und Werten beeinflusst wird. Praxisimplikationen aus dem Modell für den Bereich Mobilitätsmanagement sind die Verstärkung der Problemwahrnehmung, der persönlichen Verantwortlichkeit und des Aufzeigens von Lösungsstrategien (vgl. Steg und Groot 2010).

Jede der beiden Theorien liefert relevante Konstrukte zur Erklärung des umweltbewussten Handelns – das belegen vergleichende Studien (vgl. Bamberg und Möser 2007; Gardner und Abraham 2008). Jedoch scheint die Erklärungskraft sich je nach Schwierigkeit des Umwelthandelns zu unterscheiden: das NAM erklärt besonders gut Umwelthandeln, das mit geringen Kosten und Restriktionen verbunden ist (*low-cost behaviour*), während die TPB sich besser eignet, um Umwelthandeln zu erklären, das durch hohe individuelle Einschnitte gekennzeichnet ist (vgl. Abrahamse und Steg 2009). So zeigen Bamberg und Schmidt (2003) zur Erklärung des Autofahrverhaltens von Studierenden für ihre Daten, dass die TPB mehr Varianz im Handeln aufklären kann als das NAM. Steg und Nordlund (2013) vermuten, dass die TPB übergreifende Faktoren, die unabhängig vom Umweltkontext sind, miteinbeziehet und daher möglicherweise eine höhere Vorhersagekraft aufweisen kann. Wall et al. (2007) wiederum finden konträre Ergebnisse und zeigen, dass das NAM mehr Varianz aufklären kann. Trotz dieser Vergleiche fehlen systematische Betrachtungen der verschiedenen Anwendungen, deswegen kann nicht abschließend beurteilt werden, welches Modell den höheren Erklärungswert liefert.

3.3 Integratives Modell

In der Literatur wird Handeln gewöhnlich entweder als Nutzenmaximierung oder als pro-soziales Handeln aufgefasst. Diese Zweiteilung wird mittels integrativer Modelle zu überwinden versucht. Integrative Modelle kombinieren beide Theorien, um umweltbewusstes Handeln zu erklären (Harland et al. 1999; Klöckner und Blöbaum 2010). Im Folgenden wird das Modell von Bamberg (2013b) skizziert, welches die TPB und das NAM in das *stage model of self-regulated behavioral change* (SSBC) integriert (Abb. 3). Dabei greift Bamberg auf Grundlagen der Motivationspsychologie zurück. Er unterscheidet zeitlich aufeinanderfolgende Phasen von der Aktivierung des Bewusstseins, der Bildung einer Motivation bis zum tatsächlichen Handeln. In jeder Phase bewältigt das Individuum verschiedene Aufgaben. In der ersten Phase reflektiert es konkurrierende Wünsche (z. B. schnell und umweltfreundlich reisen) und bildet im Hinblick auf die Wünschbarkeit und Umsetzbarkeit daraus eine Zielintention (Reduktion der Autonutzung). Dieser Prozess führt in die prä-aktionale Phase, in der die beste Strategie unter mehreren Alternativen (z. B. Nutzung des Umweltverbundes anstelle des Autos) ausgewählt und damit eine Verhaltensintention gebildet wird. Dies führt in die aktionale Phase, in der die notwendigen Voraussetzungen geplant und umgesetzt werden. Das neue Verhalten wird schließlich durch die Formung einer *implementation intention* erleichtert, bei der eine enge mentale Verbindung zwischen einer zukünftigen Situation und dem gewünschten Verhalten gebildet wird (wenn ich zur Arbeit fahre, dann nehme ich Linie 8). Daran schließt sich die postaktionale Phase an, in der das Individuum das erreichte Ziel reflektiert und bewertet.

Das NAM integriert Bamberg in die prä-dezisionale Phase. Es erklärt damit, wie reflektiertes, aktives Entscheiden durch die Aktivierung der persönlichen Norm nach den oben dargestellten Faktoren motiviert wird. Die dabei entstehenden Emotionen stellen den Anreiz zur Bildung der Zielintention dar. Ob diese tatsächlich gebildet wird, hängt im weiteren Schritt von der wahrgenommenen Schwierigkeit der Zielerreichung ab. In der prä-aktionalen Phase zur Bildung der Verhaltensintention integriert Bamberg die Konstrukte Einstellung und wahrgenommene Verhaltenskontrolle aus der TPB. Den Einfluss der subjektiven Norm sieht er bereits in der prä-dezisionalen Phase und modelliert ihn daher in Einklang mit Meta-Analysen (vgl. Armitage und Conner 2001; Bamberg und Möser 2007) nicht als direkten Prädiktor der Verhaltensintention.

Das Phasenmodell bietet die theoretische Grundlage für zielgruppenspezifische Interventionen in den verschiedenen Phasen (vgl. Abrahamse et al. 2007). Im Mobilitätsmanagement können Interventionen für die Phase, in der sich die Zielgruppe befindet, entwickelt und sowohl Zielgruppe als auch Intervention ausdifferenziert werden. So sollten etwa Maßnahmen für Personen, die sich in der prä-dezisionalen Phase befinden, nach dem Modell eher die Bildung einer Zielintention fördern und daher „normaktivierende Elemente, bewusstseins- und selbstaufmerksamkeitsfördernde Elemente sowie zielsetzungs- und zielbindungsfördernde Elemente enthalten" (Bamberg 2012, S. 89). Eine Anwendung des Modells im Bereich Interventionen in der Mobilität zeigt, dass die anhand der Phasen orientierten Interventionen die

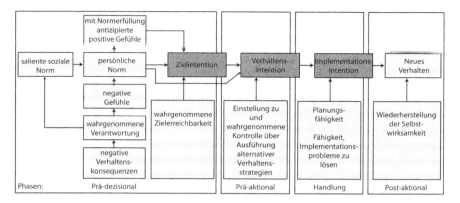

Abb. 3 Das Selbstregulationsmodell der Verhaltensänderung. Quelle: eigene Darstellung nach Bamberg (2013b)

Autonutzung signifikant reduzieren und den Übergang in eine nächste, aktionsorientiertere Phase initiieren (vgl. Bamberg 2013a). Das Modell wird zurzeit in verschiedenen Studien als theoretische Grundlage aufgegriffen und getestet, deren Resultate noch nicht vorliegen (vgl. z. B. Mack und Tampe-Mai 2013).

4 Routinen, Schlüsselereignisse und Mobilitätsbiographien

4.1 Verkehrshandeln als Routine

Erklärungen von Verkehrshandeln, die auf sozialpsychologische Modelle zurückgreifen, beschreiben gewöhnlich eine aktive, möglicherweise einmalige, oft als „frei" bezeichnete Entscheidungssituation. Jedoch kann Verkehrshandeln aufgefasst werden als ein wiederkehrendes, alltägliches Phänomen, das nicht jeden Tag neu überdacht und unter Berücksichtigung aller Merkmale neu entschieden wird. Für solche wiederkehrenden Situationen wurde in der Psychologie das Konzept der Gewohnheiten (*habits*) entwickelt – nachfolgend als Routinen bezeichnet –, welches annimmt, dass in sich wiederholenden Alltagssituationen Komplexitätsreduktionen stattfinden und somit kognitive Kapazitäten für andere Aktivitäten frei werden. Ein solches Routinehandeln wird oft als „automatisches" Handeln bezeichnet.

Je nachdem welche theoretischen psychologischen Annahmen zugrunde liegen, wird das Konzept der Routinen unterschiedlich definiert. Klöckner und Matthies (2012) unterscheiden drei Ansätze: den assoziativen, den heuristischen und den skript-basierten. Sie fassen „freie" und „automatische" Entscheidungen als zwei gegensätzliche Pole eines Kontinuums oder als zwei grundsätzlich verschiedene und unabhängige Abläufe auf. Schwanen et al. (2012) begreifen hingegen Routinen aus philosophischer Sicht als *body-mind-world assemblage*, womit sie die von ihnen kritisierte Perspektive des automatischen, sich wiederholenden Verhaltens überwinden wollen.

Entsprechend der konzeptionellen Definition von Routinen variiert die Operationalisierung, um Routinen messbar zu machen und zur Verhaltenserklärung heranziehen zu können. Dabei werden Routinen als vergangenes Verhalten (vgl. Triandis 1977) oder vergangenes Verhalten in stabilen Kontexten (vgl. Wood et al. 2005) operationalisiert oder mit den entwickelten Instrumenten von der Gruppe um Verplanken (*response-frequency measure of habit* (vgl. Verplanken et al. 1994)) und dem weiterentwickelten *self-report index of habit strength*, SRHI, (vgl. Verplanken und Orbell 2003) gemessen (Abb. 4).

Den verschiedenen Definitionen ist gemein, dass sie Routinen durch folgende Merkmale charakterisiert sehen: Habituelles Verhalten wird aktiviert durch bestimmte situationale Hinweisreize, wird weniger beeinflusst durch Intentionen und zeichnet sich durch eine geringere Aufmerksamkeit auf Informationssuche zu Alternativen aus (vgl. Verplanken et al. 2008).

4.2 Kontextänderungen als Auslöser für Verhaltensänderungen

Ändert sich jedoch der Verhaltenskontext – verstanden als physische Umwelt mit Infrastruktur sowie räumlichen, sozialen und zeitlichen Faktoren, die Verhalten beeinflussen (vgl. Verplanken et al. 2008) –, ist es möglich, dass die Reize, die üblicherweise ein routinisiertes Verhalten auslösen, nicht mehr funktionieren. In diesem Falle werden Entscheidungen wieder bewusster getroffen, bevor sich erneut auf die veränderten Umstände angepasste Routinen einstellen können. Dieser Zeitpunkt wird im Mobilitätsmanagement oftmals als „Gelegenheitsfenster" (vgl. Franke 2001 S. 174) begriffen, also als Zeitpunkt oder Phase, in der einstellungs- und verhaltensbeeinflussende Kommunikationsstrategien auf erhöhte Aufmerksamkeit stoßen und damit mit dem Potenzial zu Verhaltensveränderungen zu führen (*habit discontinuity hypothesis*; Verplanken et al. 2008). Solche Kontextwechsel

---

Self-Report Habit Index

Verhalten X ist etwas …

1) … das ich häufig tue.
2) … das ich automatisch tue.
3) … das ich tue ohne mich bewusst daran erinnern zu müssen.
4) … das mir ein seltsames Gefühl gibt, wenn ich es nicht tue.
5) … das ich tue ohne darüber nachzudenken.
6) … das Aufwand erfordern würde, es nicht zu tun.
7) … das zu meiner (täglichen, wöchentlichen, monatlichen) Routine gehört.
8) … das ich anfange zu tun, bevor ich realisiere, dass ich es tue.
9) … das ich schwer finde nicht zu tun.
10) … worüber ich nicht nachdenken muss.
11) … das typisch für „mich" ist.
12) … das ich seit langer Zeit tue.

Die Items werden auf einer Skala mit den Polen Zustimmung/Ablehnung in 5 oder mehr Stufen bewertet.

Abb. 4 Beispiel zur Erfassung von Gewohnheiten, frei übersetzt nach dem Self-Report Habit Index (Verplanken und Orbell 2003)

können einerseits durch biographische Ereignisse ausgelöst werden, wie etwa die Geburt eines Kindes, andererseits gibt es externale Auslöser, wie etwa eine Straßensperrung auf einer persönlich häufig frequentierten Strecke. Der Erweiterung der TPB, dem NOA folgend, kommt es dann zu Änderungen in den Mobilitätsbedürfnissen, -gelegenheiten und/oder -fähigkeiten (vgl. Vlek 2000). Hierdurch kann sich, angelehnt an die TPB, ein Einstellungswandel ergeben oder sich die (subjektiv oder objektiv vorhandene) Kontrolle über die Nutzung des bisher favorisierten Verkehrsmittels in der neuen Situation verändern.

Die Mobilitätsforschung benennt solche Kontextwechsel als Schlüsselereignisse (*key events*) (vgl. z. B. Lanzendorf 2003; Scheiner 2007), gelegentlich findet sich auch der Begriff *life (course) event*, eine aus der Psychologie abgeleitete Formulierung (z. B. Klöckner 2005). Mobilitätsbezogene Schlüsselereignisse umfassen wichtige Ereignisse im persönlichen Leben, welche einen Prozess auslösen, bei dem das aktuelle Verkehrshandeln überdacht wird (vgl. van der Waerden et al. 2003). Sie können absehbar oder gar geplant sein, aber auch plötzlich auftreten. Sie können eine direkte Beziehung zu Mobilität aufweisen (z. B. Führerscheinerwerb) oder eine indirekte Beziehung (z. B. Berufseinstieg) und schließlich können sie zu einem bestimmten Zeitpunkt auftreten oder, zeitlich weniger konkret, eine Phase bilden.

Um die vielfältigen Schlüsselereignisse ordnen zu können, unterteilen wir sie in drei Kategorien (Abb. 5).

(1) Die erste beinhaltet eng mit der Biographie verknüpfte, persönliche Lebensereignisse im Bereich des Privaten sowie des Beruflichen. Im Privaten zählen v. a. Änderungen in der Haushaltszusammensetzung, z. B. die Geburt eines Kindes (vgl. Lanzendorf 2010), der Auszug des Kindes bzw. der Kinder (Eltern-/Kindperspektive), das Zusammenkommen mit einem/r Partner/in bzw. das Zusammenziehen oder Heiraten, genauso wie Trennung, Auszug oder Tod des/r Partners/in zu mobilitätsrelevanten Schlüsselereignissen (vgl. Beige und Axhausen 2012; Dargay und Hanly 2004). Weniger erforscht ist die Ebene des Beruflichen. Hierzu gehören die Aufnahme einer Ausbildung sowie deren Abschluss und der damit verbundene Start ins Berufsleben (vgl. Fuji und Gärling 2003; Seebauer et al. 2010), Job-/Einkommenswechsel bzw. Arbeitsplatzverlust (vgl. Beige und Axhausen 2008; Prillwitz und Lanzendorf 2006) sowie der Renteneintritt (vgl. Hjorthol et al. 2010).

(2) Die zweite Kategorie umfasst Anpassungsprozesse im Bereich langfristiger Mobilitätsentscheidungen. Hierzu zählen einerseits Wohnumzüge (vgl. Groot et al. 2011; Scheiner und Holz-Rau 2013b; Klinger und Lanzendorf 2012), andererseits das An- oder Abschaffen eines Pkws, einer ÖV-Zeitkarte sowie der Führerscheinerwerb bzw. -verlust (vgl. Scheiner und Holz-Rau 2013a; Beige und Axhausen 2012) oder der Beitritt zum CarSharing (vgl. Harms 2003).

(3) Eine dritte Kategorie fasst exogene Interventionen zusammen, die entweder direkt auf eine Änderung des Mobilitätsverhaltens abzielen oder ohne die eigentliche Intention einer konkreten Verhaltensänderung trotzdem eine solche bewirken können. Im Bereich der zielgerichteten Maßnahmen können

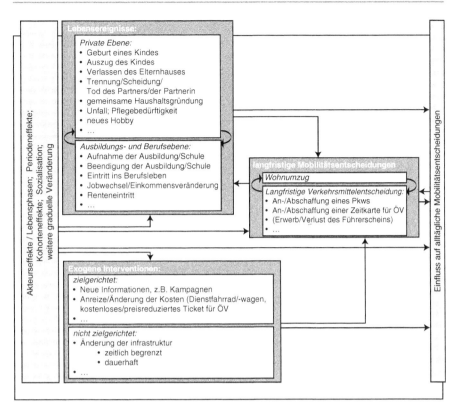

Abb. 5 Verschiedene Formen von Schlüsselereignissen. Quelle: eigene Darstellung

z. B. Anreize für Verhaltensänderungen (vgl. Ben-Elia und Ettema 2011) wie bspw. ein vergünstigtes bzw. temporär kostenloses Ticket für den ÖV (vgl. Bamberg et al. 2003; Thøgersen 2009) eingeordnet werden. Der Bereich der nicht zielgerichteten exogenen Interventionen hingegen umfasst z. B. Änderungen in der Infrastruktur, die zeitlich begrenzt (z. B. Straßensperrung (vgl. Fuji und Gärling 2003)) oder dauerhaft (z. B. Einrichtung einer neuen ÖV-Verbindung) sein können.

Häufig interagieren Ereignisse in diesen drei Kategorien, so kann bspw. der Jobwechsel auch zum Wohnumzug sowie zur Anschaffung eines Dienstwagens führen. Die Ereignisse und die resultierende Änderung im Mobilitätsverhalten erfolgen nicht zwangsläufig zeitgleich. Oft gibt es zeitliche Verzögerungen (vgl. Dargay 2001), so dass Schlüsselereignisse eigentlich mehr als Phase denn als Ereignisse im Sinne eines spezifischen Zeitpunkts zu sehen sind. Die meisten Anpassungsprozesse finden jedoch innerhalb eines Jahres statt (vgl. Beige und Axhausen 2012). Mitunter setzen bei vorhersehbaren Schlüsselereignissen bereits vorher Denk- oder gar Anpassungsprozesse ein (vgl. Schäfer et al. 2012). Die Schlüsselereignisse können dabei zwar schematisch in die genannten Kategorien eingeteilt werden, müssen jedoch nicht zwingend permanent der gleichen Kategorie zugeordnet bleiben. So ist der Wohnumzug nicht unbedingt klar trennbar vom persönlichen Ereignis des Zusammenziehens mit dem/r Partner/in.

Weiterhin gilt es anzumerken, dass Schlüsselereignisse nur Gelegenheitsfenster öffnen. Gerade bei stark ausgeprägten Einstellungen und Routinen erfolgt nicht zwangsläufig eine Verhaltensänderung. Solche Schlüsselereignisse können eingebettet in einen Entscheidungprozess gesehen werden, wie etwa Klöckner (2005) oder Gatersleben und Appleton (2007) es darstellen. Dabei kann ein Schlüsselereignis dazu führen, dass jemand, der sich in einer frühen Phase der Verhaltensänderung befindet, z. B. in der *preaction*-Phase nach Bamberg (2013b), in die nächste Phase der Verhaltensänderung (*action*) übertritt – dies kann stattfinden, muss aber nicht.

4.3 Mobilitätsbiografien

Die Längsschnittperspektive, nicht nur angewendet zur Betrachtung eines Schlüsselereignisses, sondern auf den gesamten Lebensverlauf, ist unter dem Begriff der Mobilitätsbiografien bekannt. Nach Scheiner (2007) beschreiben Mobilitätsbiografien die Entwicklung der Verkehrsnachfrage im Lebensverlauf. Lanzendorf (2003) entwickelte aufbauend auf das *life style concept* von Salomon (1983) das Konzept der Mobilitätsbiografien, das zwischen drei einander nachgeschalteten Ebenen unterscheidet, in denen Schlüsselereignisse mit Auswirkungen auf das Mobilitätsverhalten möglich sind: Die oben benannten Lebensereignisse, die sowohl im Privaten als auch im Beruflichen stattfinden können, finden in der (1) Lebensstilebene statt. Diese können Veränderungen auf der (2) Erreichbarkeitsebene mit sich bringen, z. B. durch die Veränderung des Wohn- oder Arbeitsortes, und sich weiterhin auf die (3) Ebene der Mobilitätsressourcen und des Verkehrshandelns auswirken. Ein klassisches Beispiel hierfür ist der Umzug in eine größere Wohnung „im Grünen" aufgrund von Familiennachwuchs und wegen der veränderten Erreichbarkeiten die Anschaffung eines Pkws. Der Ablauf muss jedoch nicht zwangsläufig der Hierarchie der drei nacheinander geschalteten Ebenen folgen. Lanzendorf (2003) betont, dass die Effekte auch umgekehrt auftauchen können und Rückkopplungen möglich sind.

Abseits der Schlüsselereignisse sind in der Mobilitätsbiografie weitere Prozesse zu beachten. Die Mobilitätssozialisation, also die konkrete Entwicklung von Individuen als Teilnehmende der Mobilitätsgesellschaft mit den jeweils individuellen Unterschieden und Vorlieben, findet v. a. im Kindes- und Jugendalter statt (vgl. Baslington 2008; Haustein et al. 2009).

Beige und Axhausen (2008) stellen in ihrer Untersuchung zum Besitz von Verkehrsmitteln fest, dass mit zunehmendem Alter die Änderungswahrscheinlichkeit sinkt und ab einem Alter von etwa 30 Jahren Verkehrsmittelentscheidungen stabiler zu sein scheinen. Auch Franke (2004) sieht in ihrer Betrachtung von Multimodalen, dass die Offenheit bezüglich der Nutzung verschiedener Verkehrsmittel ab Mitte 40 abnimmt und im Zuge von zeitlichen und organisatorischen

Anforderungen durch Familie und Beruf ein Bedürfnis nach höherer Routinisierbarkeit der Verkehrsmittelnutzung, also nach stabilerer Monomodalität, wahrscheinlicher wird. Auch die Ergebnisse von Heath und Gifford (2002) liefern Hinweise bezüglich dieser These. Dabei zeigte sich, dass die TPB Verkehrsmittelentscheidungen besser bei Jüngeren aufklären konnte als bei Älteren, bei denen sich die Verhaltensmuster schon stärker etabliert haben.

Gerade in dieser jüngeren Altersphase sind aktuell v. a. im Städtischen eine ganze Reihe an Veränderungen festzustellen: Nicht zuletzt durch die Entwicklung der Informations- und Kommunikationstechnologie, allen voran der Smartphones, und damit verbunden des vereinfachten Zugriffs auf (Echtzeit-) Informationen sowie durch die Schaffung neuer Angebote wird das Mobilitätsverhalten junger Erwachsener zunehmend multimodal. Erste Anzeichen deuten auf eine Bedeutungsabnahme des Pkws als Statussymbol hin, dessen Nutzung zurückgeht und sich rationaler gestaltet (vgl. Kuhnimhof et al. 2012; Schönduwe et al. 2012).

5 Fazit

Auch wenn die Erfolge nachfrageorientierter Strategien zur Gestaltung von Verkehr unverkennbar und an zahlreichen Beispielen belegbar sind, so handelt es sich auf Bundesebene letztlich nur um Einzelbeispiele, die in der Regel als Pilotvorhaben gefördert wurden. Ein systematisches, institutionell verankertes Mobilitätsmanagement fehlt bislang in der Bundes- und den Landespolitiken. Allenfalls auf kommunaler oder regionaler Ebene wird gelegentlich ein systematisches Mobilitätsmanagement verfolgt.

Nachdem die tradierten und überwiegend infrastrukturbezogenen Instrumente der deutschen Verkehrspolitik den neuen Herausforderungen nicht mehr gerecht werden, wird immer häufiger die Forderung nach einer neuen Verkehrs- und Mobilitätspolitik erhoben. Mit einer Mobilitätspolitik soll in einem umfassenderen Sinne als mit der bisherigen Verkehrspolitik auf die Mobilitätswünsche, -notwendigkeiten und -zwänge von Individuen, Unternehmen und Institutionen eingegangen werden. Eine Mobilitätspolitik zielt darauf ab, Mobilität zu ermöglichen, worunter eine hohe Erreichbarkeit von Gelegenheiten gemeint ist und wohingegen die weitere Erzeugung von Verkehr vermieden werden soll. Somit ist Mobilitätspolitik dann erfolgreich, wenn sie sich der spezifischen Bedürfnisse von Privatpersonen und Unternehmen annimmt, aber zugleich auch Verkehr – inklusive der damit verbundenen unerwünschten Nebenwirkungen – reduziert. Insofern steht eine neue Mobilitätspolitik schon in der grundsätzlichen Herangehensweise im Gegensatz zur angebotsorientierten Verkehrspolitik, die lange Zeit einseitig auf den weiteren Ausbau von Verkehrsinfrastruktur fixiert war und sich seit Kürzerem auch um die Sanierung von Verkehrsinfrastruktur sorgt.

Eine innovative Mobilitätspolitik, die Mobilität sozial gerecht, ökologisch verträglich und ökonomisch effizient gestalten und sich dabei gleichermaßen globalen (Ressourcenverbrauch, Klimawandel, nachhaltige Entwicklung) wie lokalen

Herausforderungen (Lärm, Schadstoffe, Flächenverbrauch, Unfälle, Lebensqualität in Städten etc.) stellen will, zeichnet sich durch Strategien aus, die neben einer effizienten Erreichung von Zielen auch auf eine hohe Akzeptanz der angewandten Instrumente setzen. Hierfür bietet Mobilitätsmanagement – häufig als Überbegriff für Maßnahmen verwendet, die zuweilen auch als „Soft Policies" bezeichnet werden – einen zentralen Ansatzpunkt. Die zahlreichen Erfahrungen mit lokalem und regionalen Mobilitätsmanagement in der jüngeren Vergangenheit zeigen, dass es als Teil einer übergeordneten Strategie zur nachhaltigen Mobilitätsentwicklung sehr erfolgreich sein kann, weil Ziele effizient erreicht werden und dies zugleich von breiter gesellschaftlicher Akzeptanz getragen wird (vgl. Stiewe und Reutter 2012).

5.1 Umbruchsituationen eröffnen Möglichkeiten zur Intervention

Die zum Teil detailliert evaluierten Erfahrungen mit Mobilitätsmanagement zeigen, dass Umbruchsituationen oft eine günstige Gelegenheit zur Veränderung des Verkehrshandelns bieten, weil dann Individuen routiniertes Handeln hinterfragen und offen für neue Handlungsoptionen sind. Mittlerweile gibt es eine Vielzahl erfolgreicher Beispiele, die Umbruchsituationen nutzen, um auf das Verkehrshandeln einzuwirken (z. B. Neubürgermarketing). Eine besondere Gelegenheit zur langfristig wirksamen Handlungsänderung bieten die Anzeichen für eine Autoabwendung der jüngeren Generationen. Gerade die Häufung von Umbruchsituationen im jüngeren Erwachsenenalter und deren zurückgehende Bedeutung mit zunehmendem Alter lassen erwarten, dass geeignete Strategien hier nicht nur kurzfristig, sondern auch mittel- und langfristig handlungsrelevant werden können. Die empirischen Befunde einer abnehmenden Automobilorientierung und einer stärkeren Multimodalität von Heranwachsenden bedeuten nicht alleine größere Chancen für ein erfolgreiches Mobilitätsmanagement aufgrund veränderter Rahmenbedingungen, sondern zugleich ein mittel- und langfristig erhebliches Wirkungspotenzial.

5.2 Spielräume für das Handeln politischer Akteure

Die Maßnahmen des Mobilitätsmanagements gewinnen aber auch aufgrund gesellschaftlicher Veränderungen an Bedeutung, die als Rahmenbedingungen die Verkehrsentstehung bedingen. In den letzten Jahren hat sich die Alltagsmobilität sowohl angebots- als auch nachfrageseitig erheblich verändert. Zum einen vervielfältigen sich die Optionen von Mobilitätsdienstleistungen zunehmend. Mit der Entwicklung neuer Verkehrsangebote (z. B. Sharing-Systeme, Elektromobilität, Mitfahrgelegenheiten, Fernbusse), der multimodalen Integration von Angeboten, neuen Informationsdienstleistungen und neuen Akteuren am Markt (multimodale Anbieter, Energieversorger, Google etc.) erweitern sich die Möglichkeiten, insbesondere in urbanen Räumen. Zeitgleich zeigen empirische Befunde, dass die Alltagsbedeutung multimodaler Verkehrsmittelnutzung steigt. Auch wenn viele dieser neuen und veränderten Nutzungsformen im Detail noch wenig verstanden sind, scheinen sich hier fundamentale Veränderungen im Mobilitätssystem abzuzeichnen – ganz gleich, ob die Handlungsänderungen mit einer erhöhten Kostensensibilität der jüngeren Generationen oder einer symbolisch-affektiven Abwendung vom Automobil und dessen Ersatz durch neue technische Artefakte, z. B. der Informationstechnologien, zu tun haben. Die abnehmende Fixierung auf ein dominantes Verkehrsmittel – wie das Automobil in der Vergangenheit – wird neue Spielräume für das Handeln politischer Akteure in der Zukunft eröffnen, insbesondere für Optionen des Mobilitätsmanagements.

5.3 Geeignete ordnungspolitische, ökonomische und infrastrukturelle Rahmenbedingungen schaffen

Der optimistische Blick auf die Optionen des Mobilitätsmanagements zur Änderung individuellen Verkehrshandelns ist gleichwohl auf die Schaffung geeigneter ordnungspolitischer, ökonomischer und infrastruktureller Rahmenbedingungen angewiesen. Es wird also auch darauf ankommen, dass entsprechende Instrumente zur Anwendung kommen, die für Privatpersonen und Unternehmen Rahmenbedingungen zur Förderung einer nachhaltigen Mobilitätsentwicklung schaffen. Gerade auch geeignete Raumstrukturen sind eine zentrale Voraussetzung für die Stärkung einer multimodalen und weniger autofixierten Mobilität.

Die klassische Raum- und Verkehrsplanung geht bislang häufig noch von traditionellen Mobilitätsmustern aus und vernachlässigt neue, zum Teil hochmobile Lebensweisen, die sich etwa bei Multilokalität – der Konzentration von Lebensschwerpunkten in räumlich voneinander entfernten und nur mit gewissem Aufwand überbrückbaren Distanzen – erheblich auf die Alltagsmobilität auswirken. Auch der Bedeutungsgewinn moderner Dienstleistungsarbeitsplätze mit mobilem Büro, mehreren Arbeitsplätzen o. ä. wird bislang nur ungenügend berücksichtigt. Gerade diese neuen mobilen Lebensweisen verdienen jedoch die besondere Aufmerksamkeit der Mobilitätspolitik: eben weil sie einen überproportional hohen Anteil an dem verursachten Verkehr (und mithin an den zurückgelegten Distanzen und CO_2-Emissionen) haben, weil sie ein besonderes Interesse an innovativen Mobilitätslösungen haben und weil sie bislang in besonderer Weise von der Verkehrspolitik übersehen werden. Dafür ist es unabdingbar die Verkehrsplanung zu einer „Mobilitätsplanung" weiterzuentwickeln, die die siedlungsstrukturellen Voraussetzungen stärker aus Sicht der Mobilitätsnachfrage in den Blick nimmt und insbesondere stets Optionen für eine autounabhängige Mobilität (mit-)entwickelt.

Literatur

Abrahamse, Wokje, und Linda Steg. 2009. How do socio-demographic and psychological factors relate to households' direct and indirect energy use and savings? *Journal of Economic Psychology* 30:711–720.
Abrahamse, Wokje, Linda Steg, Charles Vlek, und Talib Rothengatter. 2007. The effect of tailored information, goal setting, and tailored feedback on household energy use, energy-related behaviors, and behavioral antecedents. *Journal of Environmental Psychology* 27:265–276.
Ajzen, Icek. 1991. The theory of planned behavior. *Organizational Behavior and Human Decision Processes* 50:179–211.
Armitage, Christopher J., und Mark Conner. 2001. Efficacy of the theory of planned behaviour: A meta-analytic review. *British Journal of Social Psychology* 40:471–499.
Bamberg, Sebastian. 1996. Habitualisierte Pkw-Nutzung: Integration des Konstrukts „Habit" in die Theorie des geplanten Verhaltens. *Zeitschrift für Sozialpsychologie* 26:243–262.
Bamberg, Sebastian. 2004. Sozialpsychologische Handlungstheorien in der Mobilitätsforschung: Neue theoretische Entwicklungen und praktische Konsequenzen. In *Verkehrsgenese – Entstehung von Verkehr sowie Potenziale und Grenzen der Gestaltung einer nachhaltigen Mobilität*, Studien zur Mobilitäts- und Verkehrsforschung, Bd. 5, Hrsg. Holger Dalkmann, Martin Lanzendorf und Joachim Scheiner, 51–70. Mannheim: MetaGIS Infosysteme.
Bamberg, Sebastian. 2012. Wie funktioniert Verhaltensänderung? Das MAX-Selbstregulationsmodell. In *Mobilitätsmanagement. Wissenschaftliche Grundlagen und Wirkungen in der Praxis*. ILS-Schriftenreihe, Hrsg. Mechtild Stiewe und Ulrike Reutter, 76–89. Essen: Klartext Verlag.
Bamberg, Sebastian. 2013a. Applying the stage model of self-regulated behavioral change in a car use reduction intervention. *Journal of Environmental Psychology* 33:68–75.
Bamberg, Sebastian. 2013b. Changing environmentally harmful behaviors: A stage model of self-regulated behavioral change. *Journal of Environmental Psychology* 34:151–159.
Bamberg, Sebastian, und Guido Möser. 2007. Twenty years after Hines, Hungerford, and Tomera: A new meta-analysis of psycho-social determinants of pro-environmental behavior. *Journal of Environmental Psychology* 27:14–25.
Bamberg, Sebastian, und Peter Schmidt. 2003. Incentives, morality, or habit? Predicting students' car use for university routes with the models of Ajzen, Schwartz, and Triandis. *Environment & Behavior* 35:264–285.
Bamberg, Sebastian, Daniel Rölle, und Christoph Weber. 2003. Does habitual car use not lead to more resistance to change of travel mode. *Transportation* 30:97–108.
Bandeira, Jorge M., Margarida C. Coelho, Maria Elisa Sá, Richard Tavares, und Carlos Borrego. 2011. Impact of land use on urban mobility patterns, emissions and air quality in a Portuguese medium-sized city. *Science of The Total Environment* 409(6):1154–1163.
Baslington, Hazel. 2008. Travel socialization: A social theory of travel mode behavior. *International Journal of Sustainable Transportation* 2:91–114.
Beckmann, Klaus J, Markus Hesse, Christian Holz-Rau, und Marcel Hunecke, Hrsg. 2006. *Stadt-Leben - Wohnen, Mobilität und Lebensstil. Neue Perspektiven für Raum und Verkehrsentwicklung*. Wiesbaden: VS Verlag für Sozialwissenschaften.
Beige, Sigrun, und Kay W. Axhausen. 2008. Long-term and mid-term mobility decisions during the life course. Experiences with a retrospective survey. *International Association of Traffic and Safety Science Research* 32:16–33.
Beige, Sigrun, und Kay W. Axhausen. 2012. Interdependencies between turning points in life and long-term mobility decisions. *Transportation* 39:857–872.
Ben-Elia, Eran, und Dick Ettema. 2011. Changing commuters' behavior using rewards: A study of rush-hour avoidance. *Transportation Research Part F: Traffic Psychology and Behaviour* 14:354–368.
Blöbaum, Anke, Marcel Hunecke, Ellen Matthies, und Rainer Höger. 1997. *Ökologische Verantwortung und private Energie- & Pkw-Nutzung. Institutsbericht der Arbeitseinheit für Kognitions- und Umweltpsychologie Nr. 49*. Bochum.

Juan Pablo, Bocarejo S., und Oviedo H. Daniel Ricardo. 2012. Transport accessibility and social inequities. A tool for identification of mobility needs and evaluation of transport investments. *Special Section on Theoretical Perspectives on Climate Change Mitigation in Transport* 24:142–154.

Cao, Xinyu, Patricia L. Mokhtarian, und Susan L. Handy. 2009a. Examining the impacts of residential self-selection on travel behaviour. A focus on empirical findings. *Transport Reviews* 29(3):359–395.

Cao, Xinyu, Patricia L. Mokhtarian, und Susan L. Handy. 2009b. The relationship between the built environment and nonwork travel. A case study of northern California. *Transportation Research Part A: Policy and Practice* 43(5):548–559.

Dangschat, Jens S. 2013. Der Motilitäts-Ansatz. Einordnung und Kritik. In *Mobilitäten und Immobilitäten*, Menschen – Ideen – Dinge – Kulturen – Kapital. Blaue Reihe. Dortmunder Beiträge zur Raumplanung, Bd. 142, Hrsg. Joachim Scheiner, Hans Heinrich Blotevogel, Susanne Frank, Christian Holz-Rau und Nina Schuster, 49–60. Essen: Klartext Verlag.

Dargay, Joyce. 2001. The effect of income on car ownership: Evidence of asymmetry. *Transportation Research Part A* 35:807–821.

Dargay, Joyce, und Mark Hanly. 2004. *Volatility of car ownership, commuting mode and time in the UK*. Paper presented at the World Conference on Transport Research, Istanbul, Juli 2004.

de Groot, Carola, Clara H. Mulder, Marjolijn Das, und Dorien Manting. 2011. Life events and the gap between intention to move and actual mobility. *Environment and planning A* 43:48–66.

Deffner, Jutta. 2011. Fuß- und Radverkehr. Flexibel, modern und postfossil. In *Verkehrspolitik. Eine interdisziplinäre Einführung*, Hrsg. Oliver Schwedes, 361–387. Wiesbaden: VS Verlag für Sozialwissenschaften.

Dijst, Martin. 1999. Action space as planning concept in spatial planning. *Journal of Housing and the Built Environment* 14(2):163–182.

Eagly, Alice H, und Shelly Chaiken. 1993. *The psychology of attitudes*. Forth Worth et al: Harcourt Brace Jovanovich College Publishers.

Elldér, Erik. 2014. Residential location and daily travel distances. The influence of trip purpose. *Journal of Transport Geography* 34:121–130.

Eriksson, Louise, Jörgen Garvill, und Annika M. Nordlund. 2006. Acceptability of travel demand management measures: The importance of problem awareness, personal norm, freedom, and fairness. *Journal of Environmental Psychology* 26:15–26.

Franke, Sassa. 2001. *Car Sharing: Vom Ökoprojekt zur Dienstleistung*. Berlin: Edition Sigma.

Franke, Sassa. 2004. Die neuen Multimodalen. Bedingungen eines multimodalen Verkehrsverhaltens. *Internationales Verkehrswesen* 56:105–106.

Fuji, Satoshi, und Tommy Gärling. 2003. Development of script-based travel mode choice after forced change. *Transportation Research Part F* 6:117–124.

Gardner, Benjamin, und Charles Abraham. 2008. Psychological correlates of car use: A meta-analysis. *Transportation Research Part F: Traffic Psychology and Behaviour* 11:300–311.

Gatersleben, Brigitta, und Katherine M. Appleton. 2007. Contemplating cycling to work: Attitudes and perceptions in different stages of change. *Transportation Research Part A: Policy and Practice* 41:302–312.

Gather, Matthias. 2008. Transport infrastructure, accessibility and access – An ambiguous triangle for regions and people. In *How to define and measure access and need satisfaction in transport*, Hrsg. Udo Becker, Juliane Böhmer und Regine Gerike, 127–136. Dresden: Dresdner Institut für Verkehr und Umwelt.

Gather, Matthias, Andreas Kagermeier, und Martin Lanzendorf. 2008. *Geographische Mobilitäts- und Verkehrsforschung*. Berlin u. a Borntraeger Verlagsorte: Berlin, Stuttgart.

Geurs, Karst T, und Bert van Wee. 2013. Accessibility. Perspectives, measures and applications. In *The transport system and transport policy. An introduction*, Hrsg. Bert van Wee, Jan Anne Annema und David Banister, 207–226. Cheltenham, Northampton, MA : Edward Elgar.

Geurs, Karst T., und Bert van Wee. 2004. Accessibility evaluation of land-use and transport strategies. Review and research directions. *Journal of Transport Geography* 12(2):127–140.

Hägerstrand, Torsten. 1970. What about people in regional science? *Papers in Regional Science* 24(1):7–21.

Harland, Paul, Henk Staats, und Henk A.M. Wilke. 1999. Explaining proenvironmental intention and behavior by personal norms and the theory of planned behavior. *Journal of Applied Social Psychology* 29:2505–2528.

Harland, Paul, Henk Staats, und Henk A.M. Wilke. 2007. Situational and personality factors as direct or personal norm mediated predictors of pro-environmental behavior: Questions derived from norm-activation theory. *Basic and Applied Social Psychology* 29:323–334.

Harms, Sylvia. 2003. *Besitzen oder Teilen. Sozialwissenschaftliche Analyse des Carsharings.* Zürich, Chur: Rüegger-Verlag.

Harms, Sylvia, Martin Lanzendorf, und Jan Prillwitz. 2007. Mobilitätsforschung in nachfrageorientierter Perspektive. In *Handbuch Verkehrspolitik*, Hrsg. Oliver Schöller, Weert Canzler und Andreas Knie, 1. Aufl., 738–760. Wiesbaden: VS Verlag für Sozialwissenschaften.

Haustein, Sonja, Christian A. Klöckner, und Anke Blöbaum. 2009. Car use of young adults: The role of travel socialization. *Transportation Research Part F* 12:168–178.

Heath, Yuko, und Robert Gifford. 2002. Extending the theory of planned behavior: Predicting the use of public transportation. *Journal of Applied Social Psychology* 32:2154–2189.

Hesse, Markus. 1999. Die Logik der kurzen Wege. räumliche Mobilität und Verkehr als Gegenstand der Stadtforschung. *Erdkunde* 53(4):317–329.

Hesse, Markus. 2011. Aktionsraum. In *Raumwissenschaftliche Basics. Eine Einführung für die Soziale Arbeit*, Hrsg. Christian Reutlinger, Caroline Fritsche und Eva Lingg, 25–33. Wiesbaden: VS Verlag für Sozialwissenschaften.

Hine, Julian. 2008. Transport and social justice. In *Transport geographies. Mobilities, flows and spaces*, Hrsg. Richard D Knowles, Jon Shaw und Iain Docherty, 49–61. Malden, MA: Wiley-Blackwell.

Hjorthol, Randi J., Lena Levin, und Anu Sirén. 2010. Mobility in different generations of older persons. *Journal of Transport Geography* 18:624–633.

Hunecke, Marcel, Anke Blöbaum, Ellen Matthies, und Rainer Höger. 2001. Responsibility and environment: Ecological norm orientation and external factors in the domain of travel mode choice behavior. *Environment and Behavior* 33:830–852.

Kaufmann, Vincent. 2002. *Re-thinking mobility. Contemporary sociology.* Aldershot: Ashgate.

Kesselring, Sven. 2006. Topographien mobiler Möglichkeitsräume. Zur sozio-materiellen Netzwerkanalyse von Mobilitatspionieren. In *Qualitative Netzwerkanalyse. Konzepte, Methoden, Anwendungen*, Hrsg. Betina Hollstein und Florian Straus, 333–358. Wiesbaden: VS Verlag für Sozialwissenschaften.

King Tania, L., Lukar E. Thornton, Rebecca J. Bentley, und Anne M. Kavanagh. 2012. Does parkland influence walking? The relationship between area of parkland and walking trips in Melbourne, Australia. *International Journal of Behavioural Nutrition and Physical Activity* 9(1):115.

Klingbeil, Detlev. 1978. *Aktionsräume im Verdichtungsraum. Zeitpotentiale und ihre räumliche Nutzung.* Kallmünz/Regensburg: Lassleben.

Klinger, Thomas, und Martin Lanzendorf. 2012. *Built environment or attitudes: What affects the travel behavior of new residents?* Paper presented at the 13th International Conference on Travel Behaviour Research (IATBR), Toronto, Juli 2012.

Klöckner, Christian A. 2005. Können wichtige Lebensereignisse die gewohnheitsmäßige Nutzung von Verkehrsmitteln verändern? Eine retrospektive Analyse. *Umweltpsychologie* 9:28–45.

Klöckner, Christian A. 2013. A comprehensive model of the psychology of environmental behaviour – A meta-analysis. *Global Environmental Change* 23:1028–1038.

Klöckner, Christian A., und Anke Blöbaum. 2010. A comprehensive action determination model: Toward a broader understanding of ecological behaviour using the example of travel mode choice. *Journal of Environmental Psychology* 30:574–586.

Klöckner, Christian A. 2013b. How powerful are moral motivations in environmental protection? In *Handbook of moral motivation*, Hrsg. Karin Heinrichs, Fritz Oser und Terence Lovat, 447–472. Rotterdam: Sense Publishers.

Klöckner, Christian A., und Ellen Matthies. 2004. How habits interfere with norm-directed behaviour: A normative decision-making model for travel mode choice. *Journal of Environmental Psychology* 24:319–327.

Klöckner, Christian A., und Ellen Matthies. 2012. Two pieces of the same puzzle? Script-based car choice habits between the influence of socialization and past behavior. *Journal of Applied Social Psychology* 42:793–821.

Kuhnimhof, Tobias, Ralph Buehler, Matthias Wirtz, und Dominika Kalinowska. 2012. Travel trends among young adults in Germany: Increasing multimodality and declining car use for men. *Journal of Transport Geography* 24:443–450.

Lanzendorf, Martin. 2003. Mobility biographies. *A new perspective for understanding travel behaviour*. Paper Presented at the 10th International Conference on Travel Behaviour Research, Lucerne, August 2003.

Lanzendorf, Martin. 2010. Key events and their effect on mobility biographies: The case of childbirth. *International Journal of Sustainable Transportation* 4:272–292.

Larsen, Jonas, John Urry, und Kay W. Axhausen. 2006. *Mobilities, networks, geographies*. Farnham: Ashgate.

Mack, Birgit, und Karolin Tampe-Mai. 2013. Handlungsunterstützendes Informationskonzept für Smart Meter-Feedbacksysteme aus VerbraucherInnensicht – eine explorative Fokusgruppenstudie. *Umweltpsychologie*, 2:27–53.

Mindali, Orit, Adi Raveh, und Ilan Salomon. 2004. Urban density and energy consumption: A new look at old statistics. *Transportation Research Part A* 38(2):143–162.

Pan, Haixiao, Qing Shen, und Ming Zhang. 2009. Influence of urban form on travel behaviour in four neighbourhoods of Shanghai. *Urban Studies* 46(2):275–294.

Pohl, Thomas. 2009. *Entgrenzte Stadt. Räumliche Fragmentierung und zeitliche Flexibilisierung in der Spätmoderne*: Transcript. Bielefeld.

Preston, John, und Fiona Rajé. 2007. Accessibility, mobility and transport-related social exclusion. *Journal of Transport Geography* 15(3):151–160.

Prillwitz, Jan, und Martin Lanzendorf. 2006. *The importance of life course events for daily travel behaviour – a panel analysis*. 11th International Conference on Travel Behaviour Research Kyoto, August 2006.

Rodrigue, Jean-Paul. 2013. *The geography of transport systems*, 3. Aufl. New York: Routledge.

Salomon, Ilan. 1983. Life styles – A broader perspective on travel behaviour. In *Recent advances in travel demand analysis*, Hrsg. Susan Carpenter und Peter Jones, 290–310. Aldershot: Gower.

Schäfer, Martina, Melanie Jaeger-Erben, und Sebastian Bamberg. 2012. Life events as windows of opportunity for changing towards sustainable consumption patterns? *Journal of Consumer Policy* 35(1):65–84.

Scheiner, Joachim. 1998. Aktionsraumforschung auf phänomenologischer und handlungstheoretischer Grundlage. *Geographische Zeitschrift* 86(1):50–66.

Scheiner, Joachim. 2007. Mobility biographies: Elements of a biographical theory of travel demand. *Erdkunde* 61:161–173.

Scheiner, Joachim. 2013. Wohnstandortwahl und Verkehrshandeln im Kontext von Individualisierung und strukturellen Zwängen. In *Räumliche Mobilität in der zweiten Moderne. Freiheit und Zwang bei Standortwahl und Verkehrsverhalten*, Hrsg. Oliver, Schwedes, 137–154. Münster: LIT Verlag.

Scheiner, Joachim, und Christian Holz-Rau. 2013a. A comprehensive study of life course, cohort, and period effects on changes in travel mode use. *Transportation Research Part A: Policy and Practice* 47:167–181.

Scheiner, Joachim, und Christian Holz-Rau. 2013b. Changes in travel mode use after residential relocation: A contribution to mobility biographies. *Transportation* 40(2):431–458.

Schönduwe, Robert, Benno Bock, und Inga Deibel. 2012. Alles wie immer, nur irgendwie anders? Trends und Thesen zu veränderten Mobilitätsmustern junger Menschen. InnoZ-Baustein 10. Online verfügbar unter http://www.innoz.de/fileadmin/INNOZ/pdf/Bausteine/innoz-baustein-10.pdf. Zugegriffen am 06.02.2015.

Schwanen, Tim, und Patricia L. Mokhtarian. 2005. What affects commute mode choice: Neighborhood physical structure or preferences toward neighborhoods? *Journal of Transport Geography* 13(1):83–99.

Schwanen, Tim, David Banister, und Jillian Anable. 2012. Rethinking habits and their role in behaviour change: The case of low-carbon mobility. *Journal of Transport Geography* 24:522–532.

Schwartz, Shalom H. 1975. The justice of need and the activation of humanitarian norms. *Journal of Social Issues* 31:111–136.

Schwartz, Shalom H. 1977. Normative influences on altruism. In *Advances in experimental social psychology*, Hrsg. Leonard Berkowitz, Bd. 10, 221–279. New York: Academic Press.

Schwartz, Shalom H, und Judith A. Howard. 1981. A normative decision-making model of altruism. In *Altruism and helping behavior, social, personality and developmental perspectives*, Hrsg. J. Philippe Rushton und Richard M. Sorrentino, 189–211. Hillsdale, NJ: L. Erlbaum Associates.

Seebauer, Sebastian, Otto Bodi, Andrea Damm, Max Herry, Angelika Kufleitner, und Herwig Schöbel et al. 2010. Energieverbrauch von Lebens- und Mobilitätsstilen. Eine Analyse kritischer Gruppen. Studie im Auftrag des Klima- und Energiefonds. Online verfügbar unter https://www.klimafonds.gv.at/assets/Uploads/Blue-Globe-Reports/Forschung/2008-2010/BGR 52010KB07EZ2F44348FSEnergiestil.pdf. Zugegriffen am am 06.02.2015.

Stead, Dominic, Jo Williams, und Helena Titheridge. 2000. Land use, transport and people: Identifying the connections. In *Achieving sustainable urban form*, Hrsg. Katie Williams, Elizabeth Burton und Mike Jenks. London, New York: E & FN Spon.

Steg, Linda, und Judith Groot. 2010. Explaining prosocial intentions: Testing causal relationships in the norm activation model. *British Journal of Social Psychology* 49:725–743.

Steg, Linda, und Annika M. Nordlund. 2013. Models to explain environmental behavior. In *Environmental psychology. An introduction*, Hrsg. Linda Steg, Agnes E. Van den Berg, & Judith I. M. De Groot, 185–195: John Wiley & Sons. Chichester.

Stern, Paul C. 2000. Toward a coherent theory of environmentally significant behavior. *Journal of Social Issues* 56:407–424.

Stiewe, Mechthild, und Ulrike Reutter. 2012. *Mobilitätsmanagement. Wissenschaftliche Grundlagen und Wirkungen in der Praxis*: Klartext Verlag. Essen.

Straatemeier, Thomas. 2008. How to plan for regional accessibility? *New Developments in Urban Transportation Planning* 15(2):127–137.

Thøgersen, John. 1996. Recycling and morality: A critical review of the literature. *Environment and Behavior* 28:536–558.

Thøgersen, John. 2009. Promoting public transport as a subscription service: Effects of a free month travel card. *Transport Policy* 16(6):335–343.

Triandis, Harry C. 1977. *Interpersonal behavior*: Brooks/Cole Pub. Co. Monterey, CA.

van der Waerden, Peter, Harry Timmermans, und Aloys Borgers. 2003. *The influence of key events and critical incidents on transport mode choice switching behaviour: A descriptive analysis*. Paper Presented at the 10th International Conference on Travel Behaviour Research, Lucerne, August 2003.

van Wee, Bert. 2009. Self-selection. A key to a better understanding of location choices, travel behaviour and transport externalities? *Transport Reviews* 29(3):279–292.

Verplanken, Bas, und Sheina Orbell. 2003. Reflections on past behavior: A self-report index of habit strength. *Journal of Applied Social Behavior* 33:1313–1330.

Verplanken, Bas, Henk Aarts, Ad. van Knippenberg, und Carina van Knippenberg. 1994. Attitude versus general habit: Antecedents of travel mode choice. *Journal of Applied Social Behavior* 24:285–300.

Verplanken, Bas, Ian Walker, Adrian Davis, und Michaela Jurasek. 2008. Context change and travel mode choice: Combining the habit discontinuity and self-activation hypotheses. *Journal of Environmental Psychology* 28:121–127.

Vlek, Charles. 2000. Essential psychology for environmental policy making. *International Journal of Psychology* 35:153–167.

Wall, Robert, Patrick Devine-Wright, und Greig A. Mill. 2007. Comparing and combining theories to explain proenvironmental intentions: The case of commuting-mode choice. *Environment and Behavior* 39:731–753.

Wood, Wendy, Leona Tam, und Melissa Guerrero Witt. 2005. Changing circumstances, disrupting habits. *Journal of Personality and Social Psychology* 88:918–933.

Mobilitätsstile und Mobilitätskulturen – Erklärungspotentiale, Rezeption und Kritik

Konrad Götz, Jutta Deffner und Thomas Klinger

Zusammenfassung

Die Konzepte der Mobilitätsstil- und Mobilitätskulturforschung sind dadurch charakterisiert, dass sie soziokulturelle und diskursive, also sog. weiche Faktoren bei der Untersuchung von Verkehrsverhalten und -politiken berücksichtigen. Wir beschreiben kurz den Entstehungskontext und nehmen eine Kontrastierung der Zugänge mit deterministischen Erklärungsweisen vor. Sowohl das Mobilitätsstilkonzept als auch das umfassendere Konzept der Mobilitätskulturen werden einschließlich ihrer Rezeption und Kritik dargestellt. Der Beitrag endet mit einem Ausblick, der für die beiden Konzepte unterschiedlich ausfällt.

Schlüsselwörter

Mobilitätsstile • Lebensstile • Mobilitätskultur • Nachhaltige Verkehrsentwicklung

1 Einleitung

Nachfolgend werden die Forschungskonzepte zu Mobilitätsstilen und zu Mobilitätskulturen in einem übergreifenden Artikel dargestellt. Das weist darauf hin, dass die beiden Ansätze Gemeinsamkeiten haben:

Beide Zugänge sind in einer Zeit entstanden, als die raumorientierten Verkehrswissenschaften damit begannen, sich selbstkritisch mit den Defiziten einer zu ge-

---

K. Götz (✉) • J. Deffner
Institut für sozial-ökologische Forschung (ISOE), Frankfurt am Main, Deutschland
E-Mail: goetz@isoe.de; deffner@isoe.de

T. Klinger
Institut für Humangeographie, Goethe-Universität Frankfurt, Arbeitsgruppe Mobilitätsforschung, Frankfurt am Main, Deutschland
E-Mail: klinger@geo.uni-frankfurt.de

ringen Einbeziehung sozialwissenschaftlicher Erkenntnisse auseinanderzusetzten (vgl. z. B. Holz-Rau 1997), bzw. sich damit auseinandersetzen mussten, da sie von den Sozialwissenschaften auf diesen Mangel hingewiesen wurden (vgl. Wehling und Jahn 1997). Die Diskussion über diese Fragen – insbesondere welche Faktoren für Praxisintervention entscheidend sind, die ‚harten' (zwingenden) oder die ‚weichen', ist immer noch in vollem Gange (vgl. die Kontroverse zwischen Kutter 2013a; 2013b und Scheiner 2013).

Bei den beiden im Weiteren beschriebenen Erklärungsmodellen von Mobilität und Verkehr[1] wird davon ausgegangen, dass es wichtig, sinnvoll und entscheidend ist, soziale, soziokulturelle und kulturelle Faktoren miteinzubeziehen. Es handelt sich um Ansätze, die entscheidende Impulse aus der Sozialforschung bekamen, aber erst in der transdisziplinären Forschung mit Methoden anderer Disziplinen (Geographie, Ingenieurwissenschaften, Umweltwissenschaften) verknüpft und praktisch angewendet wurden.[2] Im Unterschied zu einer inter- und multidisziplinären Forschung ist transdisziplinäre Forschung durch eine problemorientierte Integration unterschiedlicher Wissensformen und Methoden charakterisiert. Bei der Problembearbeitung werden Disziplingrenzen regelgeleitet überschritten, wissenschaftliches Wissen mit Praxiswissen verknüpft, sodass praxisrelevante Handlungs- und Lösungsstrategien ebenso formuliert werden können wie neue Erkenntnisse für die Wissenschaft (vgl. Jahn 2008: 25–35).

Beim Forschungskonzept der Mobilitätsstile geht es darum, Methoden der Lebensstilforschung mit denen der Verkehrsverhaltensforschung zu kombinieren und auf Probleme der Nachhaltigkeit zu beziehen.

Die Lebensstilforschung mit ihren Wurzeln in der Ethnomethodologie und in der verstehenden Soziologie ist nämlich dazu in der Lage, bis dahin in der Verkehrsforschung vernachlässigte Bedeutungs- und Einstellungsdimensionen zu berücksichtigen, die häufig als ‚subjektiv' bezeichnet werden, sich tatsächlich aber in sozialen Milieus und in sozialen Subgruppen der Gesellschaft konstituieren und handlungsbeeinflussend wirken (zum Lebensstilansatz allgemein vgl. Rössel und Otte 2011, zur Lebensstilforschung in der transdisziplinären Nachhaltigkeitsforschung vgl. Götz at al. 2011).

Zum zweiten gehen wir auf das Konzept der Mobilitätskulturen ein, das eine andere und breitere Perspektive wählt: Es geht darum, das Mobilitätsgeschehen sozial-räumlicher Einheiten, also von Städten, Regionen, Ländern vergleichend zu

---

[1] Unter Mobilität verstehen wir das Potenzial der Beweglichkeit zur Bedürfniserfüllung, unter Verkehr die Handlungen, Mittel und Infrastrukturen, mit denen die dazu notwendigen Bewegungen im Raum vorgenommen werden. Insofern unterscheiden wir zwischen Mobilität und Verkehrsverhalten (in Anlehnung an Rammler 2001 und Götz 2007).

[2] Beide Ansätze wurden in Projekten des ISOE – Institut für sozial-ökologische Forschung, Frankfurt am Main, erarbeitet. Der Begriff und das Konzept der Mobilitätsstile wurde im Kontext des BMBF-Förderschwerpunktes Stadtverträgliche Mobilität im Projekt CITY:*mobil* (vgl. Götz et al. 1997) ausgearbeitet. Das Konzept Mobilitätskultur wurde in einem FOPS-Projekt des BMVBS ausformuliert (vgl. Deffner et al. 2006) – den Begriff gab es bereits.

analysieren und als komplexe Interdependenz infrastruktureller, baulicher, diskursiver, sozialer, soziokultureller und handlungsbezogener Faktoren zu beschreiben.

Beide Konzepte haben seit ihrer Erstpublikation eine starke Rezeption, Weiterentwicklung und auch Kritik erfahren (vgl. weiter unten).

Die darin erfolgte Berücksichtigung sozialwissenschaftlicher Methoden und Erkenntnisse im interdisziplinären verkehrswissenschaftlichen Diskurs hat mehrere Ursprünge.

- Räumliche Mobilität und Verkehr sind bis in die 1980er-Jahre von den Sozialwissenschaften fast völlig ignorierte Themen. Mobilität wird, mit wenigen Ausnahmen,[3] als soziale Mobilität, also Beweglichkeit zwischen unterschiedlichen sozialen Positionen (z. B. Statuspositionen), als Bewegung von Kulturelementen durch Wanderung oder als Migrationsmobilität diskutiert und erforscht. Es besteht somit eine Forschungs-, Theorie- und Erkenntnislücke. In Deutschland wird diese in den 1990er-Jahren erst allmählich geschlossen, als die Sozialwissenschaften im Zuge der Forschungsförderung für eine umweltfreundliche bzw. der Nachhaltigkeit verpflichtete Mobilität das Thema zu erforschen beginnen. International stellen etwa zur gleichen Zeit Sheller und Urry von der Universität Lancaster einen plural definierten Begriff ‚Mobilities' zur Diskussion und nehmen ihn zum Ausgangspunkt eines gesellschaftskritischen Forschungsprogramms über verschiedenste Formen der Bewegung von Menschen, Dingen und Ideen (vgl. Sheller und Urry 2006).
- Eine weitere Ursache der Einbeziehung sozialwissenschaftlicher Erkenntnisse und Methoden ist die Tatsache, dass die klassischen Verkehrswissenschaften mit ihren Annahmen, Methoden und Theorien an ihre Grenzen geraten. Mit der krisenhaften Zuspitzung der Verkehrsprobleme ist es nicht mehr ausreichend, der Massenmotorisierung und ihren destruktiven Folgen für Mensch und Umwelt mit deterministischen Modellen und Folgerungen für Planung und Steuerpolitik zu begegnen – zumal deutlich wird, dass die autogerechte Stadt seit den 1960er-Jahre eine in Beton gegossene Wirklichkeit ist, die nicht so einfach umgebaut werden kann.
- Den am verkehrspolitischen Diskurs beteiligten Akteuren wird allmählich klar, dass es bei der Verkehrsproblematik immer auch um sozial eingebundene Subjekte geht, die Entscheidungen treffen, die Einstellungen haben und die eine Mitverantwortung für den massenhaften Kauf und die Nutzung des Autos tragen. Denn der motorisierte Individualverkehr gilt als Hauptverursacher der verkehrsbedingten Umweltverschmutzung, der Lärm- und Flächenproblematik, eines entscheidenden Beitrags zum Klimawandel, zur Flächennutzungsverschiebung und zur Biodiversitätsreduktion.

Erst mit der Öffnung der Verkehrswissenschaften in Richtung Soziologie, Sozialpsychologie, Psychologie und dem Entstehen einer transdisziplinären Forschung,

---

[3]Vgl. Krämer-Badoni et al. 1971.

die den Anspruch hat, wissenschaftliche Exzellenz mit praktischer Intervention zu verbinden, bilden sich die Konturen einer problemorientierten, integrativen Mobilitätsforschung heraus, die Begriffe unterschiedlicher Disziplinen miteinander verknüpft, Konzepte miteinander verbindet und unterschiedliche Wissensformen hervorbringt (vgl. Jahn 2008: 26).

2 Erklärungsansätze klassischer Verkehrsforschung

Deterministisch ausgerichtete Erklärungsansätze haben eine lange Tradition in der Verkehrsforschung. Grundlegend ist dabei eine Denkweise, wonach Verkehr als eine abgeleitete Größe (*derived demand*) verstanden wird. Verkehrliche Aktivitäten werden demnach von äußeren Rahmenbedingungen wie raumstrukturellen oder sozioökonomischen Gegebenheiten derart bestimmt, dass eine präzise Kenntnis dieser Voraussetzungen zur Vorhersage von Verkehrsflüssen genutzt werden kann. Entsprechend werden sie häufig auch als harte oder objektive Einflussfaktoren bezeichnet (Scheiner und Holz-Rau 2007) und bilden bis heute die Basis von Verkehrsprognosemodellen. Im Folgenden möchten wir die diesen Konzepten zugrunde liegende Logik am Beispiel von Raumstruktur und sozioökonomischen Merkmalen skizzieren.

2.1 Raumstrukturelle Einflussfaktoren

In der Planungspraxis wird Verkehr in der Regel als „vor allem abhängig von der Flächennutzung (…) sowie bedingt von der Lage des Verkehrsbezirks im Untersuchungsgebiet und im Verkehrsnetz" (Schnabel und Lohse 2011: 236) konzeptualisiert. In entsprechenden Verkehrsmodellen werden die Quell- und Zielgebiete des Verkehrs sowie zu überbrückende Distanzen und der Ausbaustandard der vorhandenen oder geplanten Infrastruktur definiert. Das hieraus abgeleitete Verkehrsaufkommen ergibt sich im Kern aus den Prinzipien der Gravitation: Große Zentren ziehen mehr Verkehr auf sich als kleine Siedlungen und mit zunehmenden Distanzen erhöht sich der Raumwiderstand und das Verkehrsaufkommen geht entsprechend zurück. Dieses Grundprinzip wurde zwischenzeitlich in vielfältiger Weise angereichert, etwa durch die Hinzunahme von soziodemographischen oder haushaltsbezogenen Komponenten. Nichtsdestotrotz liegt all diesen modellhaften Abstraktionen ein Verständnis zugrunde, wonach Räume aufgefasst werden als Systeme von Lagebeziehungen materieller Objekte, die quasi zwangsläufig verkehrliche Bewegungen nach sich ziehen. Individuelle Entscheidungsprozesse und das eigensinnige Verhalten von Subjekten oder sozialen Gruppen werden hierbei ausgeblendet.

Gerade für die Beschreibung des Verkehrsgeschehens in Städten und Stadtregionen hat sich die Bezugnahme auf raumstrukturelle Erklärungsmuster als einflussreich und gewinnbringend erwiesen. Die für die Verkehrserzeugung relevanten siedlungsstrukturellen Merkmale wurden dabei prägnant anhand der sogenannten drei D's – Dichte, Durchmischung sowie Design und Stadtgestaltung – beschrieben (Cervero und Kockelman 1997, vgl. auch Busch-Geertsema et al. in Kap. VII.4 dieses Bandes: ▶ Mobilitätsforschung aus nachfrageorientierter Perspektive: Theorien, Erkenntnisse und Dynamiken des Verkehrshandelns). Zahlreiche empirische Arbeiten zeigen, dass eine hohe Bebauungsdichte, eine kleinräumige Nutzungsmischung sowie eine Gestaltung des öffentlichen Raums, die alle VerkehrsteilnehmerInnen angemessen berücksichtigt, eine Reduzierung der zurückgelegten Distanzen und eine vermehrte Nutzung von ÖPNV und nicht motorisierten Verkehrsmitteln zur Folge hat (für eine Übersicht vgl. Ewing und Cervero 2010).

Planungsleitbilder wie die *Stadt der kurzen Wege* (Kemper et al. 2012) oder *dezentrale Konzentration* (vgl. Busch-Geertsema et al. in Kap. VII.4 dieses Bandes: ▶ Mobilitätsforschung aus nachfrageorientierter Perspektive: Theorien, Erkenntnisse und Dynamiken des Verkehrshandelns) nehmen unmittelbar Bezug auf das anhand der drei D's beschriebene Verhältnis von Siedlungsstruktur und Verkehr. Diese Leitbilder haben gerade im Zusammenhang mit einer Rückbesinnung auf das Ideal der *Europäischen Stadt* (Siebel 2004) und den Bemühungen um eine *nachhaltige Mobilität* (Banister 2008) zunächst Anlass zu weitreichenden Erwartungen gegeben. „Wenn man die räumlichen Rahmenbedingungen, unter denen ein erwünschtes Verhalten zu beobachten ist, an anderen Stellen schafft, hofft man auch dort auf das erwünschte Verhalten." (Holz-Rau 1997: 26). Diese vor allem in den 1990er-Jahren vorherrschende Erwartungshaltung wurde rückblickend folgerichtig auch als „Siedlungsstruktur-Euphorie" (Scheiner 2009: 36) bezeichnet.

2.2 Sozioökonomische Einflussfaktoren

Neben der Raumstruktur werden auch sozioökonomische Rahmenbedingungen zu den deterministischen Einflussfaktoren des Verkehrsverhaltens gezählt. So zeigen etwa die Ergebnisse einer vergleichenden Studie auf Basis von US-amerikanischen und britischen Daten, dass ein niedriges Haushaltseinkommen und vergleichsweise hohe Kosten für den Besitz eines Autos eine bewusstere und effizientere Verkehrsmittelnutzung nach sich ziehen (Giuliano und Dargay 2006).

Auch in der Debatte um die soziale Exklusion bestimmter Bevölkerungsgruppen, etwa durch den fehlenden oder unzureichenden Zugang zu bestimmten Mobilitätsoptionen, spielen sozioökonomische Gesichtspunkte eine prominente Rolle (vgl. Daubitz in Kap. V.1 dieses Bandes: ▶ Mobilitätsarmut: Die Bedeutung der sozialen Frage im Forschungs- und Politikfeld Verkehr). Als wichtige Pionierarbeit im Zusammenhang mit sozioökonomischen Merkmalen gelten die von Kutter (1972) definierten *verhaltenshomogenen Gruppen*, die sich etwa anhand von Geschlecht oder Erwerbsstatus voneinander unterscheiden.

Ergänzend argumentiert Götz (2009: 18), dass die Erreichbarkeit von spezifischen Orten auch von Bildungsniveau, der Kenntnis kultureller Techniken oder der geschlechtsspezifisch ungleichen Verteilung von Kindererziehung und haushaltsbezogenen Aufgaben abhängt. Entsprechend weist Scheiner (2010: 687) nach, dass die Arbeitswege männlicher Partner in Paarbeziehungen dann deutlich länger sind als die der Partnerinnen, wenn Kinder im gemeinsamen Haushalt leben.

Die dargelegten Zusammenhänge zwischen den objektiv-strukturellen Rahmenbedingungen und dem Verkehrsverhalten sind vor allem dann plausibel, wenn das Verkehrsverhalten zu einem bestimmten Zeitpunkt analysiert wird. Dabei wird aber vernachlässigt, dass etwa der Wohnort zuvor den eigenen Präferenzen und Bedürfnissen entsprechend ausgewählt worden ist, ein Gedanke, der grundlegend für das Konzept der *residential self-selection* ist (vgl. Busch-Geertsema et al. in Kap. VII.4 dieses Bandes: ▶ Mobilitätsforschung aus nachfrageorientierter Perspektive: Theorien, Erkenntnisse und Dynamiken des Verkehrshandelns). Holz-Rau (1997: 83) fasst die Wirksamkeit von Siedlungsstruktureffekten einerseits und andererseits individuellen Präferenzen treffend zusammen: „Der Lebensort beeinflusst die Lebensweise; gleichzeitig ist der Lebensort aber auch Ausdruck individueller Lebenswünsche". Dieser Sichtweise folgend erscheint eine stärkere Fokussierung auf Präferenz- und Einstellungsmuster lohnend. Dies versucht das Konzept der Mobilitätsstile zu leisten.

3 Mobilitätsstile

Mit der Forschung über Mobilitätsstile wird das Lebensstilkonzept als anerkannter sozialwissenschaftlicher Zugang zur Erfassung sozialer Differenzierung mit langer Diskurstradition,[4] theoretischer Fundierung und empirischer Operationalisierbarkeit in die Verkehrswissenschaft eingebracht und mit Methoden der Verkehrsverhaltensforschung[5] verknüpft. Das Konzept ermöglicht es, in einem transdisziplinären Brückenschlag Erkenntnisse der gesellschaftlichen Pluralisierung und Individualisierung auf Verkehrsmobilität zu beziehen und daraus Schlüsse für Maßnahmen in Richtung Nachhaltigkeit zu ziehen.

3.1 Lebensstile

Simmel führt den Begriff Lebensstil im Jahr 1900 in die Soziologie ein, um den Einfluss der modernen Geldwirtschaft auf die Menschen zu beschreiben und Weber (1984) benutzt ihn zwanzig Jahre später zur Charakterisierung des asketischen Protestantismus. Noch einmal 50 Jahre später erforscht Bourdieu Lebensstile empirisch als zusammenhängende Praxisformen völlig heterogener Handlungsfelder

---

[4]Zur empirischen Lebensstilforschung allgemein vgl. Rössel und Otte (2011) und Berger und Hradil (1990), zur poststrukturalistischen Variante vgl. Bourdieu (1991) in der Variante der sozialen Milieus Schulze (1993), Grathoff (1995) und die Publikationen des Sinus-Instituts (Sinus 2011).

[5]Zu Methoden der standardisierten Verkehrsverhaltensforschung vgl. z. B. die Veröffentlichungen zur „Mobilität in Deutschland 2008" (infas 2010) und aus dem internationalen Diskurs z. B. Axhausen 2005.

(Bourdieu 1991: 212–213). In Deutschland verzweigt sich die Debatte in den 1980er- / 90er-Jahren: Auf der einen Seite jene Soziologen, die einen an Alfred Schütz Lebensweltkonzept orientierten Milieubegriff entwerfen (Grathoff 1995). Auf der anderen Seite jene, die Lebensstile für die historische Überwindung von Schicht- und Klassenkonzepten halten (vgl. Hradil 2005: 488). Heute hat die Wissenschaft die Gegenüberstellung von Sozialstruktur vs. Lebensstile weitgehend hinter sich gelassen. Aber die Diskussion, welche zusätzliche Varianzaufklärung Lebensstilfaktoren im Vergleich zu soziodemographischen Variablen bringen, ist wieder in vollem Gange (vgl. Otte 2011: 388–390).

Im Sinne einer Integration von Soziodemographie und „inneren Haltungen" (Hradil 2005) verstehen wir Lebensstile als „abgrenzbare, alltagsweltlich identifizierbare, d. h. durch Fremd- und Selbsttypisierung hergestellte soziale Formationen", die durch raum-zeitlich strukturierte Muster der Lebensführung konstituiert werden (in Anlehnung an Hörning und Michailow 1990: 502). Dies geschieht durch „sozial distinktive Varianten kultureller Praktiken, denen in der Regel individuell nicht willkürlich wechselbare soziale Lagen entsprechen. In Lebensstile gehen immer auch die subjektiven und gruppenbezogenen Konstruktionsleistungen von Akteuren ein, die dadurch ihre Wirklichkeit gestalten, ihr einen spezifischen Sinn verleihen, sie mit Bedeutung ausstatten und diese performativ zum Ausdruck bringen" (Berking und Neckel 1990: 482).

Die erwähnten raum-zeitlichen Muster werden u. a. durch physische Bewegung im Raum, also durch Verkehrsverhalten konstituiert. Die dabei genutzten und besessenen Fortbewegungsformen und Verkehrsmittel sind relevanter Bestandteil der Fremd- und Selbsttypisierung. Wenn wir in diesem Sinne Lebensstile in symbolischer und materieller Hinsicht auf Mobilität und Verkehr beziehen, sprechen wir von Mobilitätsstilen.

3.2 Lebensstile und Mobilität

Entwickelt und erstmals in die Mobilitätsdiskussion eingeführt wurde das Konzept der Mobilitätsstile Mitte der 1990er-Jahre bei einer stadtökologischen Untersuchung zu Mobilitätsleitbildern in Freiburg und Schwerin. Mit Hilfe eines mehrstufigen Untersuchungsdesigns wurden seinerzeit entscheidende Gründe und Motive des Verkehrsverhaltens (z. B. Risikoorientierung) herausgearbeitet und als bereichsspezifische Orientierungen im Feld Mobilität definiert (zur Unterscheidung bereichsübergreifender und bereichsspezifischer Lebensstilforschung vgl. Otte und Rössel 2011: 16).[6] Auf Grundlage einer qualitativ-hermeneutischen Teilstudie gelang es, Elemente von Mobilitätsleitbildern herauszuarbeiten und zu verstehen. Danach wurde eine standardisierte Befragung (N = 1000) durchgeführt und über Faktorenanalysen Zusammenhänge zwischen den Leitbildelementen identifiziert,

---

[6]Auf die Kritik, bereichsspezifische Typologien seien in ihrem Erklärungswert für Verhalten tautologisch, wird in Götz und Ohnmacht (2011: 102-103) eingegangen.

die als Mobilitätsorientierungen definiert wurden. Eine nachfolgende Clusteranalyse diente dazu, je eine Typologie pro Stadt zu erstellen (zu den Problemen dieser Methode vgl. Hartmann 2011. 67–76).

Allgemeine Lebensstildimensionen werden, ebenso wie die sozialstrukturellen Variablen, in diesen Modellen beschreibend, nicht jedoch Cluster konstituierend eingesetzt. Die folgenden Bezeichnungen der Freiburger Typologie spiegeln ein wenig den Zeitgeist und die Fragestellungen der 1990er-Jahre (die Beschreibung der Typologie und die Ergebnisse zu Schwerin sind in Götz et al. 1997 ausführlich dargestellt):

- *Die traditionell Häuslichen (24 Prozent)*
- *Die risikoorientierten Autofans (20 Prozent)*
- *Die statusorientierten Automobilen (15 Prozent)*
- *Die traditionell Naturorientierten (24 Prozent)*
- *Die ökologisch Entschiedenen (17 Prozent)*

3.3 Verkehrsverhalten

Ob sich die Mobilitätsstile nicht nur anhand ihrer Orientierungen, sondern auch hinsichtlich ihrer Handlungen unterscheiden, wird mittels des methodisch getrennt erhobenen Verkehrsverhaltens erst nach der Entwicklung der Typologie berechnet. Um Vergleichbarkeit mit anderen Untersuchungen (z. B. den KONTIV - und MiD-Untersuchungen) herzustellen, wird die Handlungsdimension in Anlehnung an eingeführte Methoden der Verkehrsverhaltensforschung erhoben. Erst den Zusammenhang von Orientierungen und Verhalten nennen wir Mobilitätsstil. Das Ergebnis zeigt einen erstaunlich starken Zusammenhang zwischen Orientierungen und Verhalten: So saßen die „Ökologisch Entschiedenen" nur bei 10 Prozent aller Fahrten am Steuer eines Autos, die „Risikoorientierten Autofans" dagegen bei 56 Prozent (vgl. Abb. 1).[7]

3.4 Rezeption und Kritik

3.4.1 Lebensstil

Kritisiert wird zunächst, dass allgemeine Lebensstildimensionen nicht Typ konstituierend, sondern nur beschreibend eingesetzt werden (vgl. Hunecke 2000). In einem Nachfolgeprojekt wurde deshalb die Mobilitätsstil-Typologie auf Grundlage allgemeiner Lebensstilorientierungen und nicht auf Basis von Mobilitätsorientierungen entwickelt (vgl. Götz et al. 2003). Ergebnis sind wiederum fünf Typen, deren Bezeichnung nun auf übergreifende Lebensstile verweisen:

---

[7]Mit Regressionsmodellen wurde in dieser Phase der Mobilitätsstilforschung nicht gearbeitet, da es darum ging, Zusammenhänge festzustellen, nicht jedoch lineare Kausalitäten zu beweisen.

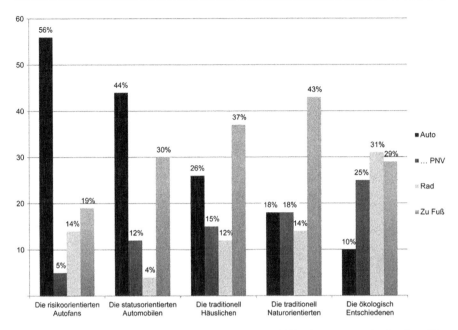

Abb. 1 Mobilitätsstile in Freiburg (Verkehrsmittelwahl/Fortbewegungsart). Quelle: Götz et al. 1997: 80

- *Benachteiligte (11 Prozent)*
- *Modern-Exklusive (17 Prozent)*
- *Fun-Orientierte (22 Prozent)*
- *Belastet-Familienorientierte (24Prozent)*
- *Traditionell-Häusliche (26 Prozent).*

Die Varianz(-aufklärung) des Verkehrsverhaltens ist bei diesem Modell geringer. Den höchsten MIV-Anteil weisen die Belastet-Familienorientierten mit 61,5 Prozent auf, den niedrigsten die Traditionell-Häuslichen mit 37,5 Prozent. Dass eine allgemeine Lebensstiltypologie das Verkehrsverhalten weniger gut erklärt als eine bereichsspezifische Typologie, entspricht der Theorie und auch den Ergebnisse anderer Studien (vgl. Hunecke und Schweer 2006: 156). Die Ergebnisse zum Verkehrsverhalten wurden – auf Grundlage von Berechnungen des Öko-Instituts – erstmals mit einem Emissionsmodell verbunden und so lebensstilspezifische Emissionsprofile erarbeitet. Dabei wiesen die Fun-Orientierten die höchsten und die Traditionell-Häuslichen die niedrigsten Emissionen auf (vgl. Götz et al. 2003: 191 ff.; siehe Abb. 2). Ein ähnliches Verfahren wurde später auch von Hunecke in dem Projekt Mobilanz angewendet (vgl. MOBILANZ 2008).

Weitere Forschungen des ISOE zu Mobilitätsstilen folgen, darunter eine Untersuchung zur Freizeitmobilität in Agglomerationen der Schweiz, die zusammen mit der Hochschule Luzern durchgeführt wird (vgl. Götz und Ohmacht 2011).

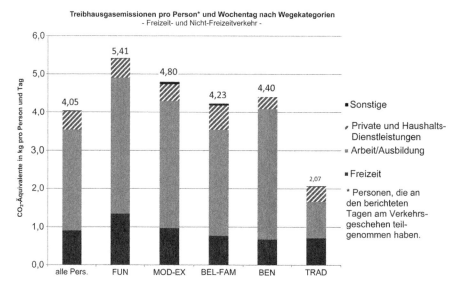

Abb. 2 Treibhausgasemissionen pro Person und Wochentag nach Wegekategorie (Freizeit und Nicht-Freizeitverkehr). Quelle: Götz et al. 2003: 142

3.4.2 Raumstruktur

Zentraler Kritikpunkt aus der Verkehrsforschung ist die mangelnde Einbeziehung raumstruktureller Einflüsse. Eine Kritik, aus der vielfältige Schlüsse gezogen werden: Fliegner (2002) bezieht in seiner Mobilitätsstil-Studie die „Wohnstandortwahl als mobilitätsvorgelagerte Rahmenbedingung" ein und auch Lanzendorf (2000) nutzt Indikatoren der Raumstruktur, als er in seiner Dissertation zu Mobilitätsstilen 1000 Personen in fünf Kölner Stadtteilen befragt. Auch das Projekt StadtLeben setzt sich kritisch mit der mobilitätsbezogenen Lebensstilforschung auseinander. Zunächst kommen Jürgens und Kasper (2006) zu der Feststellung, dass je nach abhängiger Variable (Aktivität, Verkehrsmittelausstattung, Verkehrsmittelwahl) Lebensstile zwar einen signifikanten Einfluss zeigen, allerdings seien „die Unterschiede zwischen den Lebensstilgruppen überwiegend auf soziodemographische Merkmale zurückzuführen" (Jürgens und Kasper 2006: 141). In einem Teilprojekt wird die Varianzaufklärung unterschiedlicher Modelle verglichen. Dabei wird deutlich, dass sich die aufgeklärte Varianz kontinuierlich erhöht, wenn das räumliche Modell um soziodemographische Variablen und Lebensstile erweitert wird (Hunecke und Schweer 2006: 156). Scheiner (2006) kommt über pfadanalytische Verfahren zu dem Ergebnis, dass Lebensstile zwar einen geringeren Einfluss haben als die Lebenslage, aber vermittelt über die Standortwahl eigenständig wirken. Innerhalb der vielfältigen Forschungen von StadtLeben liefert schließlich eine Mobilitätstypologie, die weitgehend dem Ansatz der Mobilitätsstile des ISOE entspricht, die höchste Verhaltensvorhersage für die Verkehrsmittelwahl (Hunecke und Schweer 2006: 156).

3.4.3 Theoretische Fundierung

Ein weiterer Kritikpunkt betrifft die mangelnde theoretische Fundierung (vgl. Rössel 2011: 35). Dabei muss beachtet werden, dass es in unterschiedlichen wissenschaftstheoretischen Traditionen unterschiedliche Theorieverständnisse gibt. In den auf die Gesamtgesellschaft bezogenen Traditionen – z. B. der Frankfurter Schule – werden Theorien meist als gesellschaftstheoretische Rahmenkonzepte verstanden. Ein anderes Theorieverständnis findet sich in mikrosoziologisch oder sozialpsychologisch ausgerichteten Studien. Hier geht es um theoretische Konstrukte, die zum einen der empirischen Operationalisierung dienen, die aber auch mit statistischen Verfahren überprüft oder widerlegt werden können. So z. B. bei Hunecke (2000), der als Umweltpsychologe seine empirische Mobilitätsuntersuchung innerhalb des Norm-Aktivations-Modells verortet und entsprechende theoretische Konstrukte testet. Dabei geht es u. a. um die Frage, wie sich mobilitätsbezogene Lebensstilfaktoren in den persönlichen Normen wiederfinden und wie diese mit Verkehrsverhalten zusammenhängen. Als stabile Verhaltensprädiktoren erweisen sich demnach Autonomie, Erlebnis, Status und Privatheit (Hunecke 2000: 177–199). Dennoch bleibt die theoretische Integration von sozialpsychologischem Modell und Lebensstilansatz auch aus Sicht des Autors unbefriedigend (ebd.: 225).

Der Lebensstilansatz im Kontext der transdisziplinären Nachhaltigkeitsforschung (Götz et al. 2011) bewegt sich zwischen diesen Theorieverständnissen: Zum einen bezieht sich der Forschungsansatz auf die „Theorie gesellschaftlicher Naturverhältnisse" (vgl. Becker et al. 2011) als Rahmenkonzept und Forschungsprogramm, zum anderen werden theoretische Konstrukte auf einer mittleren Ebene (Lebensstile in der Stadt) überprüft: nämlich, dass Grundorientierungen mit hoher symbolischer Bedeutung, also Mobilitäts- und Lebensstilorientierungen auf das Handeln im Raum messbaren Einfluss haben und dass sich diese Einflüsse in unterschiedlichen Mobilitätsstilgruppen signifikant unterscheiden. Damit wird eine These der Sozialen Ökologie, dass Materielles immer auch symbolisch repräsentiert wird, bestätigt (vgl. dazu Becker at al. 2006:193).

3.4.4 Praxistauglichkeit

Mit der Feststellung, „Mobilitätsforschung – wenig hilfreich für die Problemlösung im Stadtverkehr" bezweifelt Kutter (2010: 42) nicht nur jede Relevanz von Mobilitätsstilen, sondern weist auch den Begriff als nicht zielführend für Interventionen in Richtung Nachhaltigkeit zurück (vgl. auch Kutter in Kap. III.5 dieses Bandes: ▶ Siedlungsstruktur und Verkehr: Zum Verständnis von Sachzwängen und individueller Verkehrserreichbarkeit in Stadtregionen). Das geht vielleicht etwas zu weit, aber es stellt sich doch die Frage, warum die Ergebnisse zu Mobilitäts- und Lebensstilen nur selten Eingang in politisches und planerisches Handeln finden. Ein Teil der Antwort ist, dass Verkehrspolitik Teil der Gesetzespolitik ist und von der Gleichheit der Bürgerinnen und Bürger vor dem Gesetz ausgehen muss. Verkehrsschilder können nicht zielgruppenspezifisch aufgestellt werden und Politik darf sich nicht nach Lebensstilen richten, weil sie sich sonst einem Manipulations- und Diskriminierungsverdacht aussetzt.[8] Aber ein Teil der politischen Gestaltung von Verkehr wird ja an wirtschaftliche Akteure oder Dienstleister delegiert, die ihre Aktivitäten mehr oder weniger an Kunden ausrichten (z. B. die Verkehrsverbünde). Hier sind lebensstilbasierte Zielgruppensegmentationen durchaus nützlich und werden auch genutzt.

Das könnte auch für eine moderne Verkehrsplanung gelten. Solange diese aber ausschließlich als „Gestaltung von Erreichbarkeit als Funktion der räumlichen Verteilung von Gelegenheiten und der Verfügbarkeit von Verkehrsmitteln" verstanden wird (Kutter 2010: 48), kommen darin menschliche Entscheidungsprozesse nicht vor. Berufliche Kompetenzen für das Verstehen von Einstellungen, die die Verkehrsmittelwahl- und Wohnstandortentscheidungen beeinflussen, sind dann nicht Teil der Ausbildung von Planerinnen und Planern. Es fehlt an Qualifikation für das Drehen an dieser ‚Stellschraube'.

Eine weitere Kritik bezieht sich auf die Verwendung von Mobilitätsstilen als Zielgruppenmodelle. Monheim et al. (2011: 171–172) kritisieren, dass Fahrradverleihsysteme – wenn man den Ergebnissen der Mobilitätsstilstudien folgt – nur auf urbane, multimodale Zielgruppen zugeschnitten sein könnten. Es gehe aber darum, alle Altersgruppen und Gebietstypen einzubeziehen. Das mag durchaus richtig sein. Aber auch wenn eine Gestaltung ‚für alle' geplant ist, sollten dennoch die Nutzungsbedürfnisse aller relevanten, auch extremer Zielgruppen bekannt sein. Denn nur so kann die gesamte Breite des Nutzungsspektrums und auch der Gestaltungsoptionen richtig abgesteckt werden.

4 Mobilitätskultur

Im Zentrum der Mobilitätsstilforschung stehen sozial eingebettete Subjekte und deren Verhalten im Raum. Das nachfolgend beschriebene Konzept der Mobilitätskultur hat sozial-räumliche Einheiten im Fokus, in denen jedoch Lebens- und Mobilitätsstile ein wichtiges Element sind. Der Begriff Mobilitätskultur wird mittlerweile vielfach im Kontext stadtverträglicher Verkehrsentwicklung verwendet (z. B. KOM 2007), aber er wird meist nicht genau definiert. Auch das Konzept der Mobilitätskultur gründet auf der Erkenntnis, dass die symbolischen mit den materiellen bzw. die ‚weichen' und die ‚harten' Faktoren zwar zunächst getrennt analysiert, in ihrer Wirkung aber zusammen betrachtet werden müssen (Götz und Deffner 2009). Damit meinen wir: Die Bedeutungen, die den Dingen gegeben werden, sind ebenso wie die Bewertungen Bestandteil dieser Dinge und des Umgangs mit ihnen (vgl. Jahn und Wehling 1997). Das Konzept in seiner ausgearbeiteten Form basiert auf einer Vergleichsstudie deutschsprachiger Großstädte in Norditalien, Österreich, der Schweiz und Deutschland. Es umfasst theoretische Eckpfeiler, eine Definition und eine Methode zur Analyse städtischer Mobilitätskulturen. So wie es hier ausgearbeitet wird, basiert es auf mehreren Vorannahmen und Zielen. Es hat eine analytische und eine damit zusammenhängende transformative

---

[8]Ganz anders die Parteien, die seit langem mit Milieu- und Lebensstilmodellen arbeiten.

Funktion. Zum einen sollen Wirkmechanismen identifizierbar werden, die es Kommunen ermöglichen, eine Transformation des Mobilitätssystems in Richtung Nachhaltigkeit zu gestalten. Mit der eingeführten Trias ‚ökonomisch', ‚ökologisch' und ‚sozial' wird der normative Rahmen bestimmt, wie sich Verkehr und Mobilität entwickeln sollen. Dabei meint ‚sozial' nicht nur Vermeidung von Benachteiligung und Ungleichheit, sondern auch die Ermöglichung soziokultureller Vielfalt von Lebens- und damit Mobilitätsstilen. Die Berücksichtigung dieser Vielfalt bedeutet, dass eine nachhaltigere Mobilitätskultur multimodal und – aus der Sicht der Nutzerinnen und Nutzer – multioptional sein soll. Eine zweite Grundannahme ist, dass Kulturen plural und relational betrachtet werden. Der Kulturbegriff wird also nicht normativ und nicht aus einem Alltagsverständnis heraus im Sinne einer ‚Zivilisierung des unkultivierten Verkehrs' verstanden, sondern analytisch zur Unterscheidung von Kulturen mit unterschiedlichen Eigenschaften und Möglichkeiten zur Transformation. Da verschiedene Mobilitätskulturen unterschieden werden können, gibt es auch unterschiedliche Wege hin zu einer nachhaltigeren Mobilitätskultur. Geprägt durch den Zugang über sozial-ökologische Systeme (bspw. Becker et al. 2011) geht das Konzept drittens davon aus, dass solche Transformationen stark durch Akteursorientierungen geprägt sind. Die Definition von Mobilitätskultur, die den holistischen Zugang ausdrückt, umfasst „die Ganzheit der auf Beweglichkeit und Fortbewegung bezogenen materiell und symbolisch wirksamen Praxisformen. Dies schließt die Verkehrsinfrastruktur und Stadtgestaltung ebenso ein wie Leitbilder, verkehrspolitische Diskurse, Verhalten der Verkehrsteilnehmenden und die dahinter stehenden Mobilitäts- und Lebensstilorientierungen. [...] Sie bezeichnet das prozessuale Ineinanderwirken städtischer Akteure, Infrastrukturen und Techniken als ein ‚verortetes' soziotechnisches System" (Götz und Deffner 2009: 40–41). Diese Definition bezieht Verkehrsmittel, Infrastruktur, Gebäude, Stadt und Natur als hergestellten Raum mit ein. Wichtig ist, dass die Phänomene, mit denen handelnd und Bedeutung gebend umgegangen wird, auch in ihrer zeitlich-historischen Genese betrachtet werden. Der zugrunde liegende Kulturbegriff bringt zum Ausdruck, dass die Vorstellung einer linearen Steuerung des Verkehrssystems allein durch Infrastruktur und Veränderung räumlicher Gegebenheiten fragwürdig ist. Denn mit bebautem Raum wird handelnd umgegangen (z. B. durch Wohnstandortentscheidungen), Verkehrsmittel werden auf Grundlage von Mobilitätsorientierungen genutzt und Verkehrspolitik hängt von städtischen Diskursen und von Akzeptanz der Verkehrspolitik ab. Bei verkehrspolitischen Interventionen kann es neben den intendierten auch zu nicht intendierten Effekten und zu komplexen Rückkopplungen kommen (Abb. 3).[9]

---

[9]Als ein Beispiel für nicht intendierte Effekte einer grundsätzlich erfolgreichen Intervention (Fahrradförderpolitik) kann man die Stellplatznot an niederländischen Bahnhöfen sehen. Zunächst sollte das Fahrrad als Alltagsverkehrsmittel gefördert werden. Durch die inzwischen massenhafte Fahrradnutzung auch für Wege zu und von den Bahnhöfen entstand eine starke Flächennachfrage für das Fahrradparken im Umfeld der Bahnhöfe, der nicht einfach entsprochen werden konnte. Hier entstand nun wiederum der Bedarf, geeignete Maßnahmen und Kommunikationsprozesse zu entwickeln, die Abhilfe schaffen.

Abb. 3 Einflussfaktoren auf die Mobilitätskultur. Quelle: Götz und Deffner 2009 (S. 40–41)

Die Analyse von Mobilitätskulturen versucht, innerhalb dieser Komplexität Gestaltungsmöglichkeiten für Politik und Praxisakteure zu identifizieren. In der eingangs genannten Studie werden Schlüsselfaktoren identifiziert, die für die Gestaltung von Mobilitätskulturen zentral sind:

- Voraussetzung tiefgreifender Veränderungen der Mobilitätskultur einer Stadt ist ein Partei übergreifender und Legislaturperioden überdauernder *Basiskonsens* über grundsätzliche Ziele der städtebaulichen und verkehrlichen Entwicklung in der Stadtpolitik. Er gilt Fraktionen übergreifend und schließt Verwaltung ebenso ein wie die Bürgerschaft.
- Zu Beginn braucht es *Schlüsselakteure*, die auch gegen Widerstände des Mainstream für ihre Entscheidungen eintreten.
- Ein neuer verkehrspolitischer Weg muss nicht nur auf dem Papier, sondern durch Entscheidungen, die den Charakter *strategischer Weichenstellungen haben, dauerhaft verankert werden*. Sie sind Ausdruck von Innovationsfähigkeit und Entscheidungsbereitschaft. Beispiel hierfür ist der Ausbau von Straßenbahnnetzen zu Zeiten, als andernorts U-Bahnen und Bussysteme aufgebaut wurden.
- Der Veränderungsprozess braucht ein positiv besetztes *verkehrsinfrastrukturelles Rückgrat*. Ein solches Rückgrat ist die kaum revidierbare Infrastruktur, die in der Gestaltung des öffentlichen Raums für alle sichtbar ist. Sie kann, wenn sie symbolisch hochwertig ist, zugleich imageprägend als auch traditionsbildend zur Identifikation einladen.
- Als wichtig erweist sich weiterhin ein *übergreifendes Stadtentwicklungsparadigma*. Am Konzept der Aufenthaltsqualität wird deutlich, dass Mobilität Bestandteil eines übergreifenden, identitätsstiftenden Ziels sein kann.

- Zudem braucht es kontinuierliche *Feedback- und Partizipationsmöglichkeiten*, die den Kontakt zu den Meinungen und Einstellungen der Bürgerinnen und Bürgern halten.
- Daneben zählt eine integrierte *Kommunikationsstrategie* zu den Erfolgsfaktoren. Die verschiedenen Akteure von Kommunikationskampagnen müssen sich abstimmen. Integrierte Kommunikation bedarf kohärenter, ästhetischer und emotionaler Qualitäten, die auf Zielgruppen, auf Verkehrsmittel, räumliche Einheiten und Probleme zugeschnitten sind. Ob auch Möglichkeiten der *Selbstorganisation* und Interaktion der VerkehrsteilnehmerInnen dazu gehören, hängt vom Einzelfall und einer durchdachten Gestaltung ab.
- Es klingt trivial, ist aber nicht selbstverständlich: Sowohl bei der Gestaltung verkehrstechnischer als auch kommunikativer Lösungen muss kontinuierlich und mit geradezu perfektionistischer *Detailtreue* vorgegangen werden.

Die Umgestaltung einer Mobilitätskultur zielt darauf ab, eine bewusste Änderung der Wechselbeziehungen von materiellen und symbolischen Prozessen im räumlich-organisatorischen Kontext, z. B. einer Stadt, zu gestalten. Das dazu notwendige Instrumentarium geht über Methoden der Planung und eines integrierten Mobilitätsmanagements hinaus.

4.1 Praxistauglichkeit

Einige der Schlüsselfaktoren sind in der Praxis im Sinne offener Planungsstrategien anwendbar. So haben wir seit der Erarbeitung des Konzepts zahlreiche Beispiele und Entwicklungen beobachtet, in denen diese Maximen in der kommunalen Verkehrsplanung beachtet wurden:

- Partizipation und Feedback der Bürgerschaft (Diskurs um Möglichkeiten der Mitbestimmung bei Verkehrsprojekten)
- Stärkung der Interaktion der VerkehrsteilnehmerInnen (Diskurs und Erprobung von Shared Space und verwandten Ansätzen)
- Tür-zu-Tür denken in der Gestaltung von inter-/bzw. multimodalen Angeboten
- Aufenthaltsqualität als Paradigma zur Gleichberechtigung nicht-motorisierter VerkehrsteilnehmerInnen im Verkehrsgeschehen
- Abstimmung von Kommunikationsstrategien zwischen unterschiedlichen Aufgabenträgern, Verkehrsverbünden, Verkehrsunternehmen
- Professionalisierung strategischer und zielgruppenorientierter Kommunikation
- Durchdachte Ausführung und Qualitätssicherung (z. B. von der Ausführungsplanung über die Leistungsbeschreibung und Ausführungskontrolle im Baubereich)
- Schwieriger wird es bei der Stärkung der Zusammenarbeit verschiedener Fachdezernate und Abteilungen in der kommunalen Verwaltung (gilt auch für regionale oder nationale Strukturen)

Schon in der Ausgangsstudie haben wir Parallelen zur Gestaltbarkeit von Organisationskulturen gezogen. Es wäre jedoch vermessen, für die angestrebten Konsens einen Organisationsentwicklungsprozess vorzuschlagen. Beobachtet haben wir aber die Bedeutung einiger wichtiger Führungspersonen, die es vermögen, ungewohnte Kooperationen in den Verwaltungen zu initiieren und damit ein gemeinsames Verständnis und Richtungssicherheit zu erzeugen. Zu überprüfen wäre auch, inwiefern der Ansatz geeignet ist, um zum Beispiel verkehrspolitische Konflikte nicht nur zu analysieren, sondern auch zu lösen. So könnten die Analyseergebnisse und auch die Methode als Mediationsinstrument, mit dem Handlungsblockaden aufgelöst werden können, weiterentwickelt werden.

4.2　Rezeption

Das hier vorgestellte Konzept städtischer Mobilitätskulturen (Deffner et al. 2006; Götz und Deffner 2009) ist eine von mehreren Arbeiten, die in den letzten Jahren die soziokulturelle Dimension des Mobilitätsgeschehens in den Mittelpunkt der Betrachtung stellen, so dass der Begriff der Mobilitätskultur inzwischen Eingang in Überblicksliteratur und Nachschlagewerke gefunden hat (Ahrend et al. 2013). Parallel hat jedoch eine weitere auf Kultur bezogene Theoriebildung statt gefunden. Hier ist insbesondere das „new mobilities paradigm" (Sheller und Urry 2006) zu berücksichtigen. Dieser Konzeptualisierungsvorschlag setzt zunächst konventionellen Ordnungsschemata, die auf Sesshaftigkeit und Verortung ausgerichtet sind (z. B. Nationalstaaten, Städte, Wohnungen), mobile Vergemeinschaftungsformen und Praktiken wie etwa das „dwelling-in-motion" (Urry 2007: 11) entgegen. Darüber hinaus diskutieren die Autoren auch Formen kultureller Differenzierung von Mobilität, etwa als „constellations of mobility as historically and geographically specific formations of movements, narratives about mobility and mobile practices" (Cresswell 2010: 17) oder als „flows of meanings" and „cultures of movements" (Jensen 2009: 139), womit implizit auf Gesellschaft als konstruierte Wirklichkeit verwiesen wird. Mobilitätskulturen werden also in das Wissenschaftsparadigma des sozialen Konstruktivismus eingebettet, ein Denkmodell, das auch den Vergleichsstudien von Aldred und Jungnickel (2014) sowie von Scheiner und Witte (2013) zugrunde liegt, die deutlich machen, dass selbst in Städten, in denen sich eine gewisse Fahrradkultur etabliert hat, diese dennoch mit jeweils völlig anderen Zuschreibungen assoziiert werden kann. Auch Buba et al. (2010: 39–41) weisen in ihrer Annhäherung an den Begriff der Mobilitätskultur darauf hin, dass gesellschaftlich tradierte und durch Sozialisation vermittelte Rollen- und Interpretationsmuster einen derart institutionellen Charakter annehmen können, dass sie handlungsleitend wirken (vgl. auch Rammler 2011: 39). Diese Theorieangebote machen zwei Dinge deutlich:

Alle Konzeptvorschläge zum Begriff der Mobilitätskultur bewegen sich im Spannungsfeld von Struktur und Handlung (Giddens 1997), wobei je nach disziplinärer und wissenschaftstheoretischer Positionierung die stabilisierende Funktion von Ideologien und Leitbildern (Ahrend et al. 2013: 42) oder die dynamisierende Wirkung sozialer Praktiken betont werden. Soziale Praktiken werden dabei verstanden als habitualisierte Verhaltensmuster, die auf gesellschaftlich tradiertes Wissen zurückgreifen und immer auch in körperlichen Aktivitäten ihren Ausdruck finden (Shove et al. 2012: 1–19). Sie fungieren somit als vermittelnde Instanz zwischen strukturellem Rahmen und individueller Handlungsebene und ermöglichen einen empirischen Zugriff, um sozialen Wandel zu untersuchen. So betonen Aldred und Jungnickel (2014: 79), dass „practice theory retains room for agency by focusing on activities rather than primarily on systems constraining choices. This approach can help us explore what helps to stabilize cultures and what makes them change". Allen Ansätzen liegt also die Überlegung zugrunde, dass die Dichotomie zwischen ‚harten' Rahmenbedingungen und ‚weichen' Faktoren wie Einstellungen und Präferenzen aufgelöst und in einem integrativen Gesamtkonzept zusammengeführt wird.

Begriffe wie „toolkit of resources" (ebd.) sowie „Interpretationsmuster" (Buba et al. 2010: 39) verweisen auf kognitive Ressourcen, die als gesellschaftlich geteilte Wissensbestände die Grundlage von Mobilitätskulturen bilden und damit einen wissensorientierten Kulturbegriff ansprechen (vgl. Hörning 1999: 99).

Neben diesen theoretisch-konzeptionellen Arbeiten sind inzwischen einige empirische Fallstudien vorgelegt worden, die das Konzept städtischer Mobilitätskulturen aufgreifen. In einer Längsschnittuntersuchung rekonstruieren Scheiner und Witte (2013) die Entwicklung der Fahrradförderung in Münster und Bocholt und kommen dabei zu dem Schluss, dass in beiden Städten zunächst eine hohe Radorientierung innerhalb der Bevölkerung vorhanden war, auf die die städtische Planung dann im Sinne einer nachholenden Entwicklung reagiert hat. Das spricht dafür, dass insbesondere der Radverkehr, für den eine gut ausgebaute Infrastruktur zwar förderlich aber nicht zwingend notwendig ist, vergleichsweise gut anhand von Lebensstil- und Einstellungsmustern erklärt werden kann, so dass entsprechend oft auf integrative und kulturbezogene Konzepte zurückgegriffen wird, um ihn zu analysieren (vgl. auch Aldred und Jungnickel 2014; Carstensen und Ebert 2012; Underwood und Handy 2012). Ebenfalls historisch angelegt ist der von Blechschmidt (2012) angestellte Vergleich der Mobilitätskulturen in Zürich und Frankfurt am Main. Er konzentriert sich dabei jeweils auf verkehrspolitische Weichenstellungen, nämlich die ablehnenden Referenda zum U-Bahn-Bau in Zürich in den 1970er-Jahren einerseits sowie der von Bürgerinitiativen vorangetriebene Erhalt einer innerstädtischen Straßenbahnverbindung Mitte der 1980er-Jahre in Frankfurt am Main andererseits, und kommt im Rahmen einer Diskursanalyse zu dem Schluss, dass formelle wie informelle Beteiligungsprozesse für die Ausrichtung von städtischen Mobilitätskulturen entscheidend sein können. Die Bedeutung von strategischen Weichenstellungen aber auch von krisenhaften Umbruchsituationen für die Entwicklung des Mobilitätsgeschehens in einer Stadt wurde inzwischen auch in zahlreichen politik- und planungswissenschaftlichen Arbeiten thematisiert (Bratzel 1999; Marsden und Docherty 2013).

Klinger et al. (2013) analysieren urbane Mobilität in komparativer Perspektive. Dabei gruppieren sie deutsche Großstädte auf Basis von Raumstruktur, sozioökonomischer Situation und verkehrsinfrastrukturellem Angebot, beziehen aber – dem integrativen Charakter der konzeptionellen Grundlage entsprechend – auch subjektive Kennwerte wie etwa die Zufriedenheit mit dem verkehrlichen Angebot mit ein.

4.3 Kritik

4.3.1 Eurozentrismus

Das Konzept städtischer Mobilitätskulturen wurde am Beispiel von mittelgroßen Städten in westlichen Demokratien entwickelt. Es steht zur Diskussion, ob das Modell auch auf Gesellschaften übertragbar ist, die in stärkerem Maße von ökonomischen und politischen Zwängen gekennzeichnet sind. Dieser Frage wurde in einem interdisziplinären Postgraduiertenkolleg nachgegangen (ifmo 2013), in dessen Rahmen auf der Basis von angebots- und nachfrageorientierten Daten aus 41 internationalen Metropolen zunächst eine Vergleichsstudie durchgeführt wurde (Priester et al. 2013). Weiterhin entstanden acht Fallstudien zu Mobilitätskulturen von vorrangig im globalen Süden gelegenen Megacities. Auffällig ist, dass dabei Themen wie sozioökonomische Disparitäten, etwa entlang von ethnischen und klassenbezogenen Trennlinien, und soziale Exklusion im Vordergrund stehen (da Silva Costa 2013; Joubert 2013; Paget-Seekins 2013). Ob unter derartig limitierenden Umständen Lebensstilmuster eine nennenswerte Rolle spielen können, bleibt umstritten. Aus unserer Sicht wird aber an diesen Beispielen deutlich, dass das Konzept flexibel gehandhabt werden sollte. Je nach ortsspezifischer Ausprägung kann es sinnvoll sein, bestimmte Aspekte des Konzepts, in Megacities etwa die sozioökonomischen Restriktionen, in den Vordergrund zu rücken. Zentral ist u. E. allerdings, dass man bei der Recherche zu einem empirischen Fall zunächst alle Aspekte städtischer Mobilitätskulturen im Blick behält, bevor man sich auf die jeweils besonders relevanten Teilbereiche und Wechselwirkungen konzentriert.

4.3.2 Kritik am Kulturbegriff

Der flexible und umfassende Charakter des Konzepts kann gleichzeitig als eine Schwäche ausgelegt werden. Dass im Sinne eines catch all-Ansatzes nahezu alle denkbaren Gesichtspunkte städtischer Mobilität integriert werden, führe demnach zu einem Rückgang seines Erklärungspotenzials. Letztlich habe der Anspruch, alles erklären zu wollen, zur Folge, nichts erklären zu können. Das Konzept verkomme somit zum *empty signifier* (Laclau 2007: 15) und „Modebegriff". Einer „oberflächlichen Verwendung des Begriffs Mobilitätskultur" (Ahrend et al. 2013: 42) seien Tür und Tor geöffnet. In eine ähnliche Richtung zielt eine von VertreterInnen der *Kritischen Geographie* vorgebrachte Kritik, wonach Kulturkonzepte zwangsläufig auf sich selbst bezogen und daher im Kern tautologisch und wenig aussagekräftig sind. So argumentiert Belina (2008: 17), dass „zur Bestimmung von ‚Kultur' immer dieselben Phänomene herangezogen werden, die mittels der ‚Kultur' erklärt werden sollen". Mit Blick auf das Themenfeld städtischer Mobilität hieße das also beispielsweise, dass in Münster Fahrrad gefahren wird, weil es zur Kultur von Münster gehöre, Fahrrad zu fahren[10]. Dieser „infinite regress" führe dazu, dass der Kulturbegriff

---

[10] Das Beispiel wurde gewählt in Anlehnung an Belina (2008: 17). Dort heißt es: „ ‚Rockstars zertrümmern Hotelzimmer, weil es zur Kultur von Rockstars gehört, Hotelzimmer zu zertrümmern' ".

"slips away into meaningless" (Mitchell 1995: 107 ff.). Aus dieser Kritik ziehen wir den Schluss, dass es – insbesondere im Städtevergleich – zentral ist, genau zwischen erklärenden und erklärten Faktoren zu unterscheiden.

4.3.3 Kritik der unzulässigen Homogenisierung

Eine weitere Kritik an kulturbezogenen Modellen ist, dass durch die Ausrufung einer einheitlichen Kultur ein vermeintlich homogenes Gebilde konstruiert werde, wo Gesellschaft eigentlich durch Vielfalt, Auseinandersetzung und Reibung gekennzeichnet sei (Mitchell 1995: 108). Diese Vorgehensweise sei eine bewusste Verschleierung politischer Konflikte zur Durchsetzung von Partikularinteressen (ebd.: 103). Demnach würden Kulturalisierungsstrategien zielgerichtet eingesetzt, um eine Homogenität zu konstruieren, die dann gegenüber anderen sozialen Interessen abzugrenzen und ggf. auch durchzusetzen sei. U.E. wird jedoch die wichtige Dimension von Machtverhältnissen und politischen Konflikten in dem Mobilitätskulturkonzept durchaus berücksichtigt. Es wird ja gerade ausgeführt, dass die Konstituierung und Transformation städtischer Mobilitätskulturen auch durch Konflikte und Diskurse geschieht. Dennoch weist die Kritik zurecht darauf hin, dass eine systematischere Konzeptualisierung von Konflikten und Machtverhältnissen das Konzept durchaus stärken würde.

5 Fazit

5.1 Mobilitätsstile

Die Forschung über Mobilität und Lebensstile ist mittlerweile etabliert. Alle Ergebnisse zeigen, dass es einen – mehr oder weniger starken – eigenständigen Einfluss von Lebensstil- bzw. Mobilitätsorientierungen auf das Verkehrsverhalten gibt. Weitere Projekte sind geplant, sowohl von akademischer Seite als auch in der praxisorientierten Begleitforschung.

Dennoch stellt sich die Herausforderung einer Aktualisierung: Zum einen gilt es, die Entwicklungen im Zeitalter der digital natives zu berücksichtigen. Es gibt starke Hinweise, dass es sich nicht nur um einen Generationenwechsel hin zur Smartphone-Generation handelt, sondern um einen Epochenbruch, der völlig andere Anforderungen an die soziale Integration stellt (vgl. Schipperges 2011). Vor allem aber bleibt die Frage der Theorie über die Gesellschaft: Immer noch werden Lebensstilansätze mit Entwicklungen von Individualisierung und Pluralisierung begründet, die in den 1970er-Jahren entstanden und in den 1980er-Jahren beschrieben worden sind (Beck 1986). Handelt es sich bei Individualisierung und Pluralisierung um unumkehrbare Prozesse, die auch nach der Jahrtausendwende unter anderen Vorzeichen weiter bestehen? Oder haben die seither entstandenen

---

[10]Das Beispiel wurde gewählt in Anlehnung an Belina (2008: 17). Dort heißt es: „ ‚Rockstars zertrümmern Hotelzimmer, weil es zur Kultur von Rockstars gehört, Hotelzimmer zu zertrümmern' ".

Formen gesellschaftlicher Spaltung und Krise längst andere Formen sozialer Differenzierungen hervorgebracht? Wenn die These von Hörning und Michailow (1990: 304 ff.) stimmt, dass Lebensstile Ausdruck der Entkopplung von System und Sozialintegration sind, wäre zu prüfen, ob diese Entkopplung in Zeiten der Krise wieder rückläufig ist und somit Lebensstildistinktion an Relevanz verliert. Oder ob gerade die Entkopplung von eigensinnigen Lebensstilen eine Strategie der sozialen Resilienz in Krisenzeiten ist.

5.2 Mobilitätskultur

In transdisziplinären Prozessen der Gestaltung gesellschaftlicher Transformation in Richtung Nachhaltigkeit ist es mit dem Konzept der Mobilitätskultur und den damit durchgeführten Analysen von Einflussfaktoren möglich, dass wissenschaftliche, politische, fachliche und zivilgesellschaftliche Akteure zu gemeinsamen Problembeschreibungen gelangen und an Lösungen arbeiten. Die bisherigen Ansätze, das Konzept empirisch umzusetzen, zeigen, dass es sowohl um heuristische Analysen als auch um valide statistische Verfahren gehen kann. Inwiefern aber sehr komplexe Analysen von Mobilitätskulturen tatsächlich dazu herangezogen werden können, um verkehrspolitische Prozesse auf lokaler oder regionaler Ebene anzuleiten, hängt davon ab, ob es gelingt, die Methodik – im Sinne gut handhabbarer Indikatoren – deutlich zu vereinfachen. Damit kann eine Bewertung des Status-Quo und die Identifikation von Handlungsfeldern für Kommunen oder Regionen angeleitet werden. Die andere Möglichkeit einer praktischen Umsetzung ist die Nutzung des Konzepts im Sinne eines „code of conduct" bzw. als inkrementelle oder Emergenz einbeziehende Planungs- und Gestaltungsprozesse. In dieser Hinsicht ist der Ansatz vor allem für Praxisakteure wie Verkehrsdienstleister oder Kommunen anwendbar. Und er ist besonders geeignet, Mobilitätskulturen im Kontext westeuropäischer Einwanderungsländer zu analysieren, da er in der Lage ist, die unterschiedlichen oder sogar gegensätzlichen soziokulturellen Zuschreibungen und Symboliken von Infrastruktur, Verkehrsmitteln, aber auch Verhalten, aufzugreifen.

Im Vergleich zu der wichtigen und inzwischen weit entwickelten Theorie sozialer Praktiken ist die theoretische Fundierung des Mobilitätskulturansatzes unscharf. Eine bessere theoretische Ausarbeitung, inwiefern der Ansatz kompatibel mit sozial-ökologischen oder soziotechnischen Systemen ist, steht noch aus. In diesem Zusammenhang müsste auch die Frage klarer beantwortet werden, für welche räumliche Maßstabsebene (lokal, regional, national etc.) der Ansatz als Analyse- und Gestaltungsinstrument vor allem passt.

Literatur

Ahrend, Christine, Oliver Schwedes, Stephan Daubitz, Uwe Böhme, und Melanie Herget. 2013. Kleiner Begriffskanon der Mobilitätsforschung. IVP-Discussion Paper, Heft 1. Berlin: TU Berlin. http://www.ivp.tu-berlin.de/fileadmin/fg93/Dokumente/Discussion_Paper/DP1_Ahrend_et_al.pdf. Zugegriffen am 21.01.2014.

Aldred, Rachel, und Katrina Jungnickel. 2014. Why culture matters for transport policy: the case of cycling in the UK. *Journal of Transport Geography* 34: 78–87.
Axhausen, Kay W., Hrsg. 2005. Moving through nets: The physical and social dimensions of travel. Selected papers from the 10th International Conference on Travel Behaviour Research. Amsterdam: Elsevier.
Banister, David. 2008. The sustainable mobility paradigm. *Transport Policy* 15(2): 73–80.
Beck, Ulrich. 1986. *Risikogesellschaft. Auf dem Weg in eine andere Moderne*. Frankfurt am Main.
Becker, Egon, Diana Hummel, und Thomas Jahn. 2011. Gesellschaftliche Naturverhältnisse als Rahmenkonzept. In *Handbuch Umweltsoziologie*, Hrsg. Matthias Groß, 75–96. Wiesbaden: VS Verlag.
Becker, Egon, Thomas Jahn, und Diana Hummel. 2006. Strukturen gesellschaftlicher Naturverhältnisse. In *Soziale Ökologie. Grundzüge einer Wissenschaft von den gesellschaftlichen Naturverhältnissen*, Hrsg. Egon Becker und Thomas Jahn, 169–235. Frankfurt am Main/New York: Campus.
Belina, Bernd. 2008. „We may be in the slum, but the slum is not in us!" Zur Kritik kulturalistischer Argumentationen am Beispiel der Underclass-Debatte. *Erdkunde* 62(1): 15–26.
Berger, Peter, und Stefan Hradil, Hrsg. 1990. *Lebenslagen, Lebensläufe, Lebensstile*. Göttingen: Otto Schwartz.
Berking, Helmuth, und Sighard Neckel. 1990. Die Politik der Lebensstile in einem Berliner Bezirk. Zu einigen Formen nachtraditionaler Vergemeinschaftung. In *Lebenslagen, Lebensläufe, Lebensstile*, Hrsg. Peter Berger und Stefan Hradil, 481–500. Göttingen: Otto Schwartz.
Blechschmidt, Andreas. 2012. *„Mobilität ist Kultur"? Die Beteiligung der Bevölkerung an der Entwicklung der Mobilitätskultur in Zürich und Frankfurt am Main im Vergleich Forum Humangeographie*, Bd. 7. Frankfurt am Main: Goethe-Universität.
Bourdieu, Pierre. 1991. *Die feinen Unterschiede. Kritik der gesellschaftlichen Urteilskraft*, Frankfurt am Main (erstmals auf Deutsch 1982): Suhrkamp.
Bratzel, Stefan. 1999. Conditions of success in sustainable urban transport policy. Policy change in ‚relatively successful' European cities. *Transport Reviews* 19(2): 177–190.
Buba, Hanspeter, Jochen Grötzbach, und Rolf Monheim. 2010. *Nachhaltige Mobilitätskultur. Studien zur Mobilitäts- und Verkehrsforschung*, Bd. 22. Mannheim: MetaGIS.
Carstensen, Trine A., und Anne-Katrin Ebert. 2012. Cycling cultures in northern Europe: From ‚Golden Age' to ‚Renaissance'. In *Cycling and sustainability, Transport and sustainability*, Bd. 1, Hrsg. John Parkin, 23–58. Bingley: Emerald Publishing Group.
Cervero, Robert, und Kara Kockelman. 1997. Travel demand and the 3Ds. Density, diversity, and design. *Transportation Research Part D* 2(3): 199–219.
Cresswell, Tim. 2010. Towards a politics of mobility. *Environment and Planning D* 28(1): 17–31.
da Silva Costa, Marcela. 2013. São Paulo: Distinct worlds within a single Metropolis. In *Megacity mobility culture. How cities move on in a diverse world*, Hrsg. ifmo – Institute for Mobility Research, 127–148. Heidelberg et al.: Springer.
Deffner, Jutta, Konrad Götz, Steffi Schubert, Christoph Potting, Gisela Stete, Astrid Tschann, und Willi Loose. 2006. *Schlussbericht zu dem Projekt „Nachhaltige Mobilitätskultur". Entwicklung eines integrierten Konzepts der Planung, Kommunikation und Implementierung einer nachhaltigen, multioptionalen Mobilitätskultur*. Hrsg. v. ISOE – Institut für sozial-ökologische Forschung. Frankfurt am Main: ISOE.
Ewing, Reid, und Robert Cervero. 2010. Travel and the built environment. A meta-analysis. *Journal of the American Planning Association* 76(3): 265–294.
Fliegner, Steffen. 2002. *Car Sharing als Alternative? Mobilitätsstilbasierte Potenziale zur Autoabschaffung*. Mannheim: MetaGIS.
Giddens, Anthony. 1997. *Die Konstitution der Gesellschaft. Grundzüge einer Theorie der Strukturierung*, 3. Aufl. Frankfurt am Main/New York.
Giuliano, Genevieve, und Joyce M. Dargay. 2006. Car ownership, travel and land use. A comparison of the US and Great Britain. *Transportation Research Part A* 40(2): 106–124.

Götz, Konrad. 2007. *Freizeit-Mobilität im Alltag oder Disponible Zeit, Auszeit, Eigenzeit – warum wir in der Freizeit raus müssen*. Berlin: Duncker & Humblot.
Götz, Konrad. 2009. The interdependence of subjective and objective factors. In *Subject-oriented approaches to transport*, Hrsg. Christian Holz-Rau und Joachim Scheiner, 16–23. Dortmund: TU Dortmund.
Götz, Konrad, und Jutta Deffner. 2009. Eine neue Mobilitätskultur in der Stadt – praktische Schritte zur Veränderung. In *Urbane Mobilität. Verkehrsforschung des Bundes für die kommunale Praxis*, Hrsg. BMVBS – Bundesministerium für Verkehr, Bau und Stadtentwicklung, 39-52. Bonn: BMVBS.
Götz, Konrad, Jutta Deffner, und Immanuel Stieß. 2011. Lebensstilansätze in der angewandten Sozialforschung – am Beispiel der transdisziplinären Nachhaltigkeitsforschung. In *Lebensstilforschung. Kölner Zeitschrift für Soziologie und Sozialpsychologie*, Hrsg. Jörg Rössel und Gunnar Otte, Sonderheft 51/2011: 86–112.
Götz, Konrad, Thomas Jahn, und Irmgard Schultz. 1997. *Mobilitätsstile – ein sozial-ökologischer Untersuchungsansatz. Forschungsbericht Stadtverträgliche Mobilität*, Bd. 7. Frankfurt am Main.
Götz, Konrad, und Timo Ohnmacht. 2011. Research on mobility and lifestyle, what are the results? In *Mobilities: New perspectives on transport and society*, Hrsg. Margaret Grieco und John Urry, 91–109. Aldershot: Ashgate.
Götz, Konrad, Willi Loose, Martin Schmied, und Steffi Schubert. 2003. *Mobilitätsstile in der Freizeit. Minderung der Umweltbelastungen des Freizeit- und Tourismusverkehr*. Berlin: Schmidt.
Grathoff, Richard. 1995. *Milieu und Lebenswelt. Einführung in die phänomenologische Soziologie und die sozial-phänomenologische Forschung*. Frankfurt am Main: Suhrkamp.
Hartmann, Peter H. 2011. Methodische und methodologische Probleme der Lebensstilforschung. In *Lebensstilforschung, Kölner Zeitschrift für Soziologie und Sozialpsychologie*, Hrsg. Jörg Rössel und Gunnar Otte, 2011, Sonderheft 51/2011:62–85.
Holz-Rau, Christian. 1997. *Siedlungsstrukturen und Verkehr Materialien zur Raumentwicklung*, Bd. 84. Bonn: BfLR.
Hörning, Karl H. 1999. Kulturelle Kollisionen. Die Soziologie vor neuen Herausforderungen. In *Widerspenstige Kulturen. Cultural Studies als Herausforderung*, Hrsg. Hörning, Karl H. und Rainer Winter, 84–115. Frankfurt am Main: Suhrkamp.
Hörning, Karl H, und Matthias Michailow. 1990. Lebensstil als Vergesellschaftungsform. In *Lebenslagen, Lebensläufe, Lebensstile*, Hrsg. Peter Berger und Stefan Hradil, 1990. Göttingen: Otto Schwartz.
Hradil, Stefan. 2005. *Soziale Ungleichheit in Deutschland*. Wiesbaden: VS Verlag.
Hunecke, Marcel. 2000. *Ökologische Verantwortung, Lebensstile und Umweltverhalten. Dissertation*. Bochum: Asanger.
Hunecke, Marcel, und Indra R. Schweer. 2006. Die Lebensstile in StadtLeben. In *StadtLeben – Wohnen, Mobilität und Lebensstil*, Hrsg. Klaus J. Beckmann, Markus Hesse, Christian Holz-Rau und Marcel Hunecke, 2006, 55–61. Wiesbaden: VS Verlag.
ifmo – Institute for Mobility Research, Hrsg. 2013. *Megacity mobility culture. How cities move on in a diverse world*. Heidelberg et al.: Springer.
infas/DLR. 2010. Mobilität in Deutschland. 2008. Ergebnisbericht. Struktur – Aufkommen – Emissionen – Trends. Bonn/Berlin. http://www.mobilitaet-in-deutschland.de/pdf/MiD2008_Abschlussbericht_I.pdf. Zugegriffen am 05.02.2014.
Jahn, Thomas. 2008. Transdisziplinarität in der Forschungspraxis. In *Transdisziplinäre Forschung*, Matthias Bergmann und Engelbert Schramm, 21–37. Frankfurt/New York: Campus.
Jahn, Thomas, und Peter Wehling. 1997. Mobility – A new conceptual approach to urban traffic research and planning. In *International Conference Urban Ecology, Leipzig*, Hrsg. UFZ Centre for Environmental Research Leipzig-Halle/BMBF. Leipzig-Halle.
Jensen, Ole B. 2009. Flows of meaning, cultures of movements – Urban mobility as meaningful everyday life practice. *Mobilities* 4(1): 139–158.

Joubert, Johan W. 2013. Gauteng: Paratransit – Perpetual pain or potent potential? In *Megacity mobility culture. How cities move on in a diverse world*, Hrsg. ifmo – Institute for Mobility Research, 107-126. Heidelberg et al.: Springer.

Jürgens, Claudia, und Birgit Kasper. 2006. Alltagsmobilität, Raum und Lebensstile. In *StadtLeben – Wohnen, Mobilität und Lebensstil – Neue Perspektiven für Raum- und Verkehrsentwicklung*, Hrsg. Beckmann et al.,125–141. Wiesbaden: VS Verlag.

Kemper, Franz-Josef, Elmar Kulke, und Marlies Schulz. 2012. *Die Stadt der kurzen Wege. Alltags- und Wohnmobilität in Berliner Stadtquartieren*. Wiesbaden: Springer VS.

Klinger, Thomas, Jeffrey R. Kenworthy, und Martin Lanzendorf. 2013. Dimensions of urban mobility cultures – A comparison of German cities. *Journal of Transport Geography* 31: 18–29.

KOM – Kommission der Europäischen Gemeinschaften. 2007. *Grünbuch: Hin zu einer neuen Kultur der Mobilität in der Stadt*. Brüssel: Europäische Kommission.

Krämer-Badoni, Thomas, Herbert Grymer, und Marianne Rodenstein. 1971. *Zur sozio-ökonomischen Bedeutung des Automobils*. Frankfurt am Main: Suhrkamp.

Kutter, Eckhard. 1972. *Demographische Determinanten städtischen Personenverkehrs. Veröffentlichungen des Instituts für Städtebau*, Bd. 9. Braunschweig: TU Braunschweig.

Kutter, Eckhard. 2010. Mobilitätsforschung – wenig Hilfreich für die Problemlösung im Stadtverkehr. *Verkehr und Technik* 1: 3–7 und 2: 46–49.

Kutter, Eckart. 2013a. Nachhaltige Weiterentwicklung der mobilen Gesellschaft. Teil 1. *Verkehr und Technik* 6: 195–198.

Kutter, Eckart. 2013b. Nachhaltige Weiterentwicklung der mobilen Gesellschaft. Teil 2. *Verkehr und Technik* 7: 235–238.

Laclau, Ernesto. 2007. *Emancipation(s)*. London/New York: Verso.

Lanzendorf, Martin. 2000. *Freizeitmobilität. Unterwegs in Sachen sozial-ökologischer Mobilitätsforschung*. Trier: Universität Trier.

Marsden, Greg, und Iain Docherty. 2013. Insights on disruptions as opportunities for transport policy change. *Transportation Research Part A* 51: 46–55.

Mitchell, Don. 1995. There's no such thing as culture: Towards a reconceptualization of the idea of culture in geography. *Transactions of the Institute of British Geographers* 20(1): 102–166.

MOBILANZ. Schlussbericht. Download unter http://eco.psy.ruhr-uni-bochum.de/mobilanz/pdf/bmbffkz07ngs07.pdf. Bochum, Lüneburg, Wuppertal 2008.

Monheim, Heiner, Christian Muschwitz, Johannes Reimann, und Markus Streng. 2011. *Statusanalyse Fahrradverleihsysteme. Potentiale und Zukunft kommunaler und regionaler Fahrradverleihsysteme in Deutschland*, Hrsg. raumkom. Trier.

Otte, Gunnar. 2011 Die Erklärungskraft von Lebensstil- und klassischen Sozialstrukturkonzepten. In *Lebensstilforschung, Kölner Zeitschrift für Soziologie und Sozialpsychologie*, Hrsg. Jörg Rössel und Gunnar Otte, 2011, Sonderheft 51/2011: 361–398.

Otte, Gunnar, und Jörg Rössel. 2011. Lebensstile in der Soziologie. In *Lebensstilforschung. Kölner Zeitschrift für Soziologie und Sozialpsychologie*, Hrsg. Jörg Rössel und Gunnar Otte, Sonderheft 51/2011: 7–34.

Paget-Seekins, Laurel. 2013. Atlanta: Scarcity and abundance. In *Megacity mobility culture. How cities move on in a diverse world*, Hrsg. ifmo – Institute for Mobility Research, 149–160. Heidelberg et al.: Springer.

Priester, Roland, Jeffrey R. Kenworthy, und Gebhard Wulfhorst. 2013. The diversity of megacities worldwide: Challenges for the future of mobility. In *Megacity mobility culture. How cities move on in a diverse world*, Hrsg. ifmo – Institute for Mobility Research, 23–54. Heidelberg et al.: Springer.

Rammler, Stephan. 2001. *Mobilität in der Moderne – Geschichte und Theorie der Verkehrssoziologie*. Berlin: Edition Sigma.

Rammler, Stephan. 2011. Verkehr und Gesellschaft. Verkehrspolitik als Mobilitätsdesign. In *Verkehrspolitik. Eine interdisziplinäre Einführung*, Hrsg. Oliver Schwedes, 37–55. Wiesbaden: VS Verlag.

Rössel, Jörg. 2011. Soziologische Theorien in der Lebensstilforschung. In *Lebensstilforschung. Kölner Zeitschrift für Soziologie und Sozialpsychologie*, Hrsg. Jörg Rössel und Gunnar Otte, Sonderheft 51/2011: 35–61.
Rössel, Jörg, und Gunnar Otte, Hrsg. 2011. *Lebensstilforschung, Kölner Zeitschrift für Soziologie und Sozialpsychologie*, Sonderheft 51/2011: 452–458.
Scheiner, Joachim. 2006. Wohnen und Aktionsraum: Welche Rolle spielen Lebensstil, Lebenslage und Raumstruktur? *Geographische Zeitschrift* 1: 43–62.
Scheiner, Joachim. 2009. *Sozialer Wandel, Raum und Mobilität. Empirische Untersuchungen zur Subjektivierung der Verkehrsnachfrage*. Wiesbaden: VS Verlag.
Scheiner, Joachim. 2010. Social inequalities in travel behaviour: Trip distances in the context of residential self-selection and lifestyles. *Journal of Transport Geography* 18(6): 679–690.
Scheiner, Joachim. 2013. Mobilitätsforschung contra Verkehrsplanung. *Verkehr und Technik* 11: 403–409.
Scheiner, Joachim, und Christian Holz-Rau. 2007. Travel mode choice: Affected by objective or subjective determinants? *Transportation* 34(4): 487–511.
Scheiner, Joachim, und Hanna Witte. 2013. Die Fahrradstadt. Beispiel für die Entstehung einer Mobilitätskultur. *RaumPlanung* 167: 46–50.
Schipperges, Michael. 2011. Soziale Milieus und Generationenwechsel in der Stadtgesellschaft, Workshop 20 Jahre Wuppertal-Institut. http://20jahre.wupperinst.org/fileadmin/contrib/Schipperges_Stadtgesellschaft.pdf. Zugegriffen am 05.02.2014.
Schnabel, Werner, und Dieter Lohse. 2011. *Straßenverkehrstechnik*, Bd. 2, 3. Aufl. Berlin et al.: Beuth.
Schulze, Gerhard. 1993. *Die Erlebnisgesellschaft. Kultursoziologie der Gegenwart*. Frankfurt am Main/New York: Campus.
Sheller, Mimi, und John Urry. 2006. The new mobilities paradigm. *Environment and Planning A* 38(2): 207–226.
Shove, Elizabeth, Mika Pantzar, und Matt Watson. 2012. *The dynamics of social practice. Everyday life and how it changes*. Los Angeles: Sage.
Siebel, Walter, Hrsg. 2004. *Die europäische Stadt*. Frankfurt am Main: Suhrkamp.
Sinus. 2011. Informationen zu den Sinus-Milieus 2011. Heidelberg. http://www.sinus-institut.de/uploads/tx_mpdownloadcenter/Informationen_Sinus-Milieus_042011.pdf. Zugegriffen am 05.02.2014.
Underwood, Sarah, und Susan L. Handy. 2012. Adolescent attitudes towards active transportation: Bicycling in youth in retrospect from adulthood. Institute of Transportation Studies. Davis. www.its.ucdavis.edu/wp-content/themes/ucdavis/pubs/download_pdf.php?id=1664. Zugegriffen am 21.01.2014.
Urry, John. 2007. *Mobilities*. Cambridge/UK et al.: Polity Press.
Weber, Max. 1984. *Die protestantische Ethik I. Eine Aufsatzsammlung*, Hrsg. v. Johannes Winckelmann, 7. Aufl. Gütersloh: Mohn.
Wehling, Peter, und Thomas Jahn. 1997. Verkehrsgeneseforschung. Ein innovativer Ansatz zur Untersuchung der Verkehrsursachen. Arbeitsbericht Subprojekt 4. Forschungsbericht „*Stadtverträgliche Mobilität*", Bd. 11. Frankfurt am Main.

Teil VIII
Verkehrspolitik als Zukunftspolitik

Verkehrtes Wachstum: Zur Verkehrsentwicklung im Rahmen der kapitalistischen Verwertungslogik

Elmar Altvater

Zusammenfassung

Erst seit der industriell-fossilen Revolution in der zweiten Hälfte des 18. Jahrhunderts steigt die wirtschaftliche Wachstumsrate auf durchschnittlich 2,2 Prozent pro Jahr und Kopf in realen Größen. Aber die Lebensrhythmen der Menschen in den Industrieländern werden erst im 20. Jahrhundert durch die Hektik des „time is money" bestimmt, auch wenn dieses Wort von Benjamin Franklin bereits aus dem Jahr 1748 stammt. Daher kommt eine „Wachstumsmanie" auch erst im 20. Jahrhundert im Laufe des Systemwettbewerbs im „Kalten Krieg" auf. Die Verkehrssysteme werden ein wichtiger Bestandteil jener Infrastruktur, die die Beschleunigung aller Prozesse und daher die Steigerung der Wachstumsraten ermöglicht. Allerdings machen sich immer stärker Grenzen des Wachstums bemerkbar: die Endlichkeit der Ressourcen, aus denen die fossilen Treibstoffe gewonnen werden, die Klimafolgen des Kraftstoffverbrauchs, aber auch die Begrenztheit verfügbarer Flächen, so dass die Fahrzeuge des Individualverkehrs immer deutlicher die Eigenschaften „positioneller Güter" erlangen. Sie können nicht mehr von allen gleichzeitig genutzt werden, ohne das (Auto)mobil in ein Immobil zu verwandeln. Durch Verkehr werden Territorien erschlossen. Diese sind aber keine „ewige" Gegebenheit, sie verändern sich im Zuge von Verdichtung und Ausdünnung, von Entstehen und Verschwinden von Ballungsgebieten, von Industrialisierung und Deindustrialisierung, aber auch im Zuge der sozialen und altersmäßigen Veränderung einer Wohnbevölkerung. Die Verkehrssysteme müssen sich diesem qualitativen Wandel im Zuge des quantitativen Wachstums anpassen.

E. Altvater (✉)
Associate Fellow des Institute for International Political Economy der Hochschule für Wirtschaft und Recht Berlin, Berlin, Deutschland
E-Mail: elmar.altvater@fu-berlin.de

Schlüsselwörter
Wirtschaftliches Wachstum • Verkehrssysteme • Systemwettbewerb

1 Einleitung

Wirtschaftliches Wachstum ist bislang in aller Regel mit einem überproportional steigenden Verkehrsaufkommen von Personen und Gütern verbunden, und das wird nach Angaben der OECD auch in Zukunft so bleiben. Sie rechnet damit, dass im Jahr 2050 vier bis fünf Mal mehr Kilometer von den Straßenfahrzeugen gefahren werden als heute. Mit Blick zurück auf das Verkehrsaufkommen in der zweiten Hälfte des 20. Jahrhunderts schreibt das Umweltbundesamt (UBA), dass

> „der Verkehr (...) deutlich schneller gewachsen (ist) als die Wirtschaftsleistung. Allein der Personenverkehrsaufwand (ist) in Deutschland, gemessen in Personenkilometern (Pkm), seit 1960 um mehr als das 3,5-fache gestiegen. Der Autoverkehr trug überdurchschnittlich zu dieser Entwicklung bei. Heute werden fast 80 Prozent aller Wege mit dem Auto zurückgelegt. Den größten Anteil am gesamten Personenverkehrsaufwand hat mit fast 50 Prozent der Freizeit- und Urlaubsverkehr, ein knappes Drittel entfällt auf den Berufs- und Einkaufsverkehr und immerhin knapp 18 Prozent auf den Geschäfts- und Dienstreiseverkehr. (...) Ähnlich dynamisch sah die Entwicklung des Güterverkehrs aus. Zwischen 1960 und 2001 erhöhte sich der gesamte Güterverkehrsaufwand um knapp 360 Prozent, der Straßengüterverkehr nahm sogar um ca. 770 Prozent zu. So stieg der Anteil des Straßengüterverkehrs am gesamten Güterverkehrsaufwand von knapp einem Drittel auf fast 70 Prozent" (UBA 2005: 7).

Auch der IWF erwartet bis 2030 mehr als eine Verdoppelung der globalen Automobilflotte von 751 Millionen Einheiten zu Beginn des Jahrhunderts auf 1.660 Millionen. In der OECD soll im gleichen Zeitraum die Zahl der Automobile von 625 Millionen (davon in den USA 234 Millionen) auf 920 Millionen (USA 312 Millionen) anwachsen. In China werden die 2002 gezählten 21 Millionen Kfz auf 387 Millionen im Jahr 2030 ansteigen, in der Nicht-OECD-Welt insgesamt im selben Zeitraum von 126 Millionen auf 741 Millionen. Das Umweltbundesamt prognostiziert bis 2020 eine hohe und die gesamtwirtschaftlichen Wachstumsraten bei weitem überflügelnde Zunahme des Verkehrsaufwandes, insbesondere im Luftverkehr. Dieser soll sich bei der Personenbeförderung um 300 Prozent und beim Gütertransport gar um 600 Prozent erhöhen. Vorhersagen dieser Art befinden sich allerdings immer unter dem Schirm der Ceteris-paribus-Klausel, können also sehr schnell im Regen stehen, wenn der Schirm hinweg argumentiert wird, z. B. weil neue Daten zur Verfügung stehen.

Es können nämlich begründete Zweifel an dieser Fortschreibung von Trends aus der Vergangenheit vorgebracht werden. Denn die fossilen Energieträger, vor allem Öl und Gas, die vor allem den Individualverkehr antreiben, werden knapp und teuer und die abflachenden gesamtwirtschaftlichen Wachstumsraten, die Alterung der Bevölkerung in den meisten Industrieländern, die Schrumpfung von ehemals blühenden Industriestädten und die Ausdünnung von Regionen werden voraussichtlich den Verkehr der Zukunft nicht nur auf neue Spuren umleiten, sondern insgesamt wohl dessen Zunahme bremsen (vgl. Canzler ▶ Die soziale Aufgabe von

Verkehrsinfrastrukturpolitik in Kap. V.4 dieses Bandes). So wie die zweite Hälfte des 20. Jahrhunderts durch das ungestüme Ansteigen des Verkehrs und den Übergang zur durchgreifenden Automobilisierung in den Industrieländern und in den urbanen Zentren der Schwellenländer gekennzeichnet war, könnte in der ersten Hälfte des 21. Jahrhunderts das Verkehrsaufkommen weniger stark zunehmen oder gar stagnieren. Dabei könnte es geschehen, dass sich die relative Bedeutung der Verkehrsträger verändert. Die individuelle Mobilität, die sich vorwiegend mit dem Automobil auf im Vergleich zu anderen Verkehrssystemen überdurchschnittlich ausgebauten Straßen realisieren lässt, wird teuer und daher könnte das Interesse an anderen Beförderungskonzepten steigen. Obendrein haben Verkehrssysteme, die den Individualverkehr bevorzugen, die Eigenschaft des „positionellen Gutes" (vgl. dazu Hirsch 1980): Je mehr Menschen es nutzen, desto geringer der Gebrauchswert. Aus dem Automobil wird das Autoimmobil, die neuen Möglichkeiten der Mobilität erzwingen diese zwar zuerst, führen aber schließlich für viele zu einer Einbuße an Beweglichkeit im Raum (vgl. Läpple 1997: 206). Trotz dieser Tendenzen ist der Anteil der fossilen Treibstoffe und Antriebe auch im zweiten Jahrzehnt des 21. Jahrhunderts überwältigend. In Deutschland werden, wie das Deutsche Institut für Wirtschaftsforschung resümiert (Kunert und Radke 2013: 22), „98 von 100 neuen Pkw mit Otto- oder Dieselmotor zugelassen."

Verkehrssysteme haben mit der zugehörigen Infrastruktur als „Raumüberwindungssysteme" (Läpple 1997: 198) eine physische Dimension. Sie sind integraler Bestandteil des von David Harvey (1982/2006) so genannten „spatial fix", sie sind „produzierte Natur", das „built environment" und haben als solches Eigenschaften, die mit dem Energiesystem, den technischen Bedingungen von Produktion und Reproduktion, der Qualifikationsstruktur der Arbeitskräfte und der Reichweite und Vertiefung der Arbeitsteilung, wie sie in Handelsbeziehungen, Wirtschaftsverflechtungen durch transnationale Konzerne und Finanzbeziehungen zum Ausdruck kommen, kompatibel sein müssen. Das alles gerät aus dem Blickfeld, wenn vor allem die monetär gemessenen Raten des Wirtschaftswachstums betrachtet werden. Dieses ist wichtig, da es in einer kapitalistischen Ökonomie Ausdruck des produzierten Überschusses ist, ohne den die Erzielung von Profiten auf vorgeschossenes Kapital dauerhaft nicht möglich ist. Doch „virtuelles" Wachstum ohne materielle oder physische Basis ist eine Illusion. Finanzströme, so heißt es, lösen keine neuen Verkehrsströme aus, jedenfalls nicht direkt. Ist also die eklatante Zunahme der Transaktionen auf globalen Finanzmärkten – von 1993 bis 2005 um jährlich 8,8 Prozent in den USA, 10,4 Prozent in Großbritannien, 10,9 Prozent in der Eurozone, 14,2 Prozent in China (vgl. *Financial Times* vom 18. Januar 2006) – folgenlos für den Verkehr, sind Wachstum und Verkehr tatsächlich entkoppelt? Hat die Finanzkrise seit dem Platzen der Immobilienblase in den USA 2007/2008 oder die Krise des Euroraums seit 2010 keine Auswirkungen auf die Verkehrsströme, auf die gefahrenen Fahrzeugkilometer, auf den Automobilabsatz oder den Mix der Verkehrsträger? Der Schein trügt, denn indirekt können von den vermehrten Finanzanlagen Verkehrsströme ebenso ausgelöst werden wie die Finanzkrisen dazu führen, dass Verkehr eingeschränkt oder manchmal sogar eingestellt wird.

Die Vorstellung einer Zunahme virtueller zu Lasten der physischen Kommunikation enthält wenig Realismus. Trotz aller Virtualität im elektronischen Netz bleiben Face-to-Face-Treffen notwendig, und das Verkehrsaufkommen ist (wegen der vielen Interkontinentalflüge) bei internationalen Konferenzen, Beratungsgesprächen, Konsortialmeetings etc. beträchtlich. Ein Großteil des Absatzes von höherwertigen Pkws findet als Dienstwagen Verwendung. Die im elektronischen Kommerz georderten Waren müssen möglichst schnell an die Käufer geliefert werden, und so wächst mit der virtuellen elektronischen Ökonomie die überhaupt nicht virtuelle, global ausgreifende und gut ausgebaute infrastrukturelle Netzwerke verlangende Logistiksparte. Zur Verbreitung des Telefons bemerkt Wolfgang Sachs, dass es auf der einen Seite physischen Verkehr ersetze, „nur um auf der anderen Seite aufgrund der neuen Streuung und Dichte der Kontakte zusätzlichen Verkehr hervorzurufen" (Sachs 1997: 193). Die Globalisierung der Finanzmärkte seit ihrer Liberalisierung gegen Ende der 1970er-Jahre hat obendrein die Standortkonkurrenz der Finanzplätze verschärft, deren Attraktivität von hohen Zinsen und Renditen abhängt. Diese sind nach oben konkurriert worden, so dass die „harte Budgetrestriktion des Geldes" (Kornai 1986) einen enormen Druck auf die reale Ökonomie ausübte, die realen Wachstumsraten zu steigern. Erstens gelingt dies nicht einfach. Denn je höher bereits das Niveau des Nationaleinkommens ist, desto mehr zusätzliche Stoff- und Energietransformationen sind (absolut) notwendig, um auch nur die (relative) Wachstumsrate zu halten. Daraus ergeben sich nicht nur ökologische Folgewirkungen einschließlich der Anforderungen an Transportleistungen. Auch ökonomisch werden Grenzen erreicht, so dass alle „reifen" Länder in der Tendenz bestenfalls lineares Wachstum (der absoluten Zunahmen) und mithin fallende Wachstumsraten verzeichnen. Nur jene Volkswirtschaften, die sich in der Phase des Aufholens befinden, können vorübergehend sehr rasch wachsen. Das ist ein „Wirtschaftswunder", das Deutschland in den 1950er- und 1960er-Jahren, Japan in den 1970er- und 1980er-Jahren, China und Indien im ersten Jahrzehnt des neuen Jahrhunderts erlebten. Wunder haben es an sich, nicht von ewiger Dauer zu sein.

Zweitens kann bei rückläufigen realen Wachstumsraten eine Finanzkrise ausbrechen, weil die Zinsen und Renditen nicht mit den realen Überschüssen ebenfalls geringer werden. Die finanzielle Globalisierung hat im „finanzgetriebenen Kapitalismus" die Folge, dass die finanziellen Forderungen auch dann noch steigen, wenn die realen Überschüsse bereits abnehmen. Finanzielle Forderungen können nicht bedient werden und die ihnen zu Grunde liegenden Wertpapiere und andere Geldvermögen verlieren an Wert und müssen schließlich abgeschrieben werden. Die Finanzkrise bricht aus. Wie im Jahr 2008 sichtbar wurde, ist nun auch die reale Wirtschaft betroffen: Erst traf die Krise Lehman Brothers, dann General Motors.

Zwar steht angesichts von Massenarbeitslosigkeit ein nahezu unbegrenztes Arbeitspotenzial zur Verfügung. Aber Kapitalinputs werden teurer. Zum einen steigen mit dem technischen Fortschritt in aller Regel Kapitalintensität und -koeffizient. Zum zweiten wachsen mit hohem Realzinsniveau auf internationalen Kapitalmärkten und mit hohen Renditeansprüchen von international operierenden Kapitalanlegern die Finanzierungskosten von realen Investitionen selbst in der Finanzkrise.

Denn das billige Geld, das die Zentralbanken bereitstellen, wird nicht an die reale Wirtschaft weiter gereicht, sondern dort häufig wegen der größeren Sicherheit und trotz niedrigerer Rendite angelegt. Zum dritten erhöht sich der Aufwand für Kapitalinputs zum Erwerb natürlich begrenzter Rohstoffe, vor allem für den Kauf von Öl und Gas. Deren Angebot kann nicht wesentlich gesteigert werden, obwohl die Nachfrage zunimmt, weil alle Welt und nicht nur die eine oder andere Nation die Wettbewerbsfähigkeit und damit ihr Nationaleinkommen zu steigern bestrebt ist und zu diesem Zweck auf den Einsatz von fossilen Energieträgern angewiesen ist. Denn nur mit ihrem Einsatz kann bei gegebener Technik die Produktivität der Arbeit gesteigert werden. Es ist auch zu vermerken, dass mit der Erhöhung des Nationaleinkommens in aller Regel ein Wandel des Lebensstils einhergeht (vgl. Götz in Kap. VII.5 dieses Bandes: ▶ Mobilitätsstile und Mobilitätskulturen – Erklärungspotentiale, Rezeption und Kritik). Es bilden sich neue Mobilitätsmuster heraus mit mehr Individualverkehr und größeren Radien, die eine energieintensive Beschleunigung der Verkehrsmittel verlangen.

Je deutlicher natürliche, soziale, auch immanent ökonomische Grenzen des Wachstums sichtbar werden, desto mehr wird – scheinbar paradoxerweise – versucht, es zu steigern. Dies als „Wachstumsmanie" zu bezeichnen, ist durchaus keine Übertreibung. Mit ihr setzen wir uns im ersten Abschnitt auseinander. Im Anschluss daran geht es zuerst um die Beziehungen zwischen Wachstum und Verkehr und dann um die zwischen Verkehr, Wachstum und Schrumpfung. Im letzten Abschnitt werden die physischen und sozialen Grenzen von Wachstum diskutiert, die sich aus der Tatsache ergeben, dass Verkehr vor allem ein Medium der Erschließung des Territoriums ist, das aber keine „ewige" Gegebenheit bildet, sondern sich im Zuge von Verdichtung und Ausdünnung, von Entstehen und Verschwinden von Ballungsgebieten, von Industrialisierung und Deindustrialisierung, also im Zuge der natürlichen und sozialen Veränderung von Landschaften entwickelt.

2   Die Wachstumsmanie

Wachstum wird zu einem Fetisch, nachdem es seit der industriell-fossilen Revolution dramatisch gesteigert werden konnte. Die jahresdurchschnittliche Wachstumsrate des Bruttoinlandsprodukts (in realen Dollarwerten von 1990) verzehnfachte sich zwischen 1820 und 1998 auf einen globalen Durchschnitt von etwa 2,2 Prozent pro Jahr, nachdem sie in den Jahrtausenden zuvor bei höchstens 0,2 Prozent gelegen hatte (vgl. Maddison 2001). Inzwischen ist Wachstum eine zentrale Kategorie in modernen ökonomischen Diskursen. Das war nicht immer so. In der klassischen politischen Ökonomie von Adam Smith, Thomas Robert Malthus oder David Ricardo spielt Wachstum im Unterschied zur (funktionalen) Verteilung zwischen den Einkommensklassen (Lohn, Rente, Profit) keine herausgehobene Rolle. Durch Vertiefung der Arbeitsteilung sei eine Spezialisierung möglich, und diese erhöhe die Arbeitsproduktivität. Der Ausstoß von Gütern und mit ihm der „Wohlstand der Nationen" nehme zu. Der Anstieg der Arbeitsproduktivität ist freilich nur möglich, wenn immer mehr Arbeiter durch Kapital ersetzt und freigesetzt werden. So wird eine „Überflussbevölkerung" (*redundant population*) erzeugt (vgl. Ricardo 1959). Ricardo war optimistisch und ging davon aus, dass die Freisetzungen – durch Wachstum – kompensiert werden könnten. Heute wissen wir, dass ein Großteil der *redundant population* nicht wieder in den formellen Arbeitsprozess integriert wird, sondern bestenfalls im informellen Sektor zumeist prekäre Beschäftigung findet (vgl. Altvater und Mahnkopf 2002).

Aus der Kompensationsthese ergab sich bei Ricardo keine Wachstumstheorie. Daher ist es kein Bruch, wenn in der Tradition der klassischen Politischen Ökonomie John Stuart Mill eine stationäre Ökonomie der kontemplativen Selbstgenügsamkeit, ohne Akkumulation und Wachstum denkt (vgl. Mill 1871; auch Luks 2001). Niemand habe auf dem Niveau des erreichten Wohlstands Anlass, noch reicher werden zu wollen. Daher könne der wirtschaftliche Fortschritt gänzlich der Verkürzung der Arbeitszeit und der Ausdehnung freier Zeit zu Muße und Bildung dienen. Hier wirkt die Verankerung des Lebens in landwirtschaftlich geprägten Milieus mit ihren langsamen Rhythmen und engen Horizonten nach. Im Mittelalter oder in der frühen Neuzeit vor der industriellen Revolution einen Menschen auf wirtschaftliches Wachstum anzusprechen, wäre sinnlos gewesen, hätte bestenfalls Verwunderung ausgelöst. Selbst in dem halben Jahrhundert der „schweren Industrialisierung" von 1780 bis 1830 erreichte Großbritannien ein reales Wirtschaftswachstum von nicht mehr als 0,4 Prozent pro Kopf und Jahr. Heute würde dieser Wert als Indiz einer „Sklerose" missfällig interpretiert. In vorindustriellen Zeiten beruhte das Wachstum des Sozialprodukts in allererster Linie auf der Zunahme der Bevölkerung, und diese wiederum hing von der Zunahme der Güter und Dienste zur Subsistenz und Reproduktion der Menschen ab. Dies war der rationale Kern der Theorie von Robert Malthus (1970). In nicht-fossiler, agrarischer Gesellschaft war das Wachstum der Bevölkerung im Wesentlichen begrenzt durch die Zunahme des Angebots an Lebensmitteln auf lokalen Märkten, weil der darüber hinaus gehende Handel vor allem die Luxusbedürfnisse der herrschenden Klassen mit entsprechender Kaufkraft befriedigte, nicht aber die Lebensbedürfnisse der ländlichen und städtischen Massen (vgl. z. B. Pirenne 1976). Seit der industriellen Revolution jedoch ist das Wachstum nicht mehr hauptsächlich von der Zufuhr von Arbeitskräften und der Fruchtbarkeit der Böden abhängig, sondern vom Anstieg der Produktivität industrieller Arbeit.

Erst mit der Industrialisierung und später mit der fordistischen Durchrationalisierung aller Lebenssphären ist der landwirtschaftliche Anker gelichtet worden, bzw. die Landwirtschaft ist inzwischen so durchindustrialisiert wie andere Industriezweige auch. Das Leben wird hektisch, und Wachstum wird eine Norm. Kontemplation passt nicht in das neue Zeitregime der Atemlosigkeit, weder in der Fabrik noch auf dem Lande, weder im Haushalt noch im Transport von Gütern und Personen. „Empfindsame Reisen durch Frankreich und Italien" (Lawrence Sterne 1768) oder die gemächlichen Reisen nach und durch Italien, die Johann Wolfgang Goethe (1786–1788) oder Heinrich Heine (1828) in Reisetagebüchern für die Daheimgebliebenen und die Nachgeborenen festhielten, gehören der Vergangenheit an. Mit dem Wachstumsdiskurs verändert sich also auch die Vorstellungswelt von Geschwindigkeit und Entfernung, von Zeit und Raum. Empfinden,

Erfahrung und Erkenntnis haben mit den möglichen Tempi und räumlichen Reichweiten von Verkehrsmitteln zu tun (vgl. Glaser in Kap. II.1 dieses Bandes: ▸ Zum kulturellen Bedeutungswandel des Verkehrs in der Menschheitsgeschichte).

Diese wandeln sich im Verlauf des 19. und 20. Jahrhunderts mehrfach qualitativ, man kann ohne Übertreibung sagen, sie machen einen revolutionären Wandel durch: von der von Pferden gezogenen Postkutsche zur Eisenbahn und später zum Automobil, vom Segelschiff zum Dampfschiff und später zum mit Öl betriebenen Passagier- und Frachtschiff und dann im 20. Jahrhundert die Erfindung und Nutzung des Flugzeugs als Massentransportmittel. Diese für den Verkehr so bedeutenden Sprünge stehen im Kontext der gesamtwirtschaftlichen Entwicklung, die den Hintergrund der Entwicklung der Verkehrsmittel bildet (vgl. Meyer in Kap. II.2 dieses Bandes: ▸ Zur historischen Genese der Verkehrsträger). Dies zeigt die Urbanisierung, die mit der Industrialisierung einhergeht, besonders deutlich. Es sind die neuen Verkehrssysteme von der Pferdebahn über die „Elektrische" bis zur Untergrund-Bahn, die die Grenzen beseitigen, die dem Größenwachstum einer Stadt gesetzt sind, wenn Fußgänger und Pferdedroschken die Raumüberwindung besorgen. Es scheint so, als ob es künstlich ohne Naturbegrenzungen gesteigert werden könne. Erst jetzt ist die materielle Grundlage für die Entstehung der Wachstumsmanie gegeben.

Die ökonomische Wachstumstheorie kommt schon in den 1920er-Jahren in der frühen Sowjetunion auf. Sie war eine Notwendigkeit, als die staatliche Planung der Wirtschaft begann. Denn jetzt kommt es darauf an, dass die Proportionen der Branchen und Abteilungen (Investitions- und Konsumgüter) stimmen und die „ursprüngliche sozialistische Akkumulation" dadurch beschleunigt wird, dass Arbeit und Produktionsfonds aus der Erzeugung von Konsumgütern in die von Produktionsmitteln umgeleitet werden. Nicht zufällig stammt eine der ersten ausformulierten Wachstumstheorien mit explizitem Bezug auf die Marx'schen Reproduktionsschemata im zweiten Band des „Kapital" (Marx 1970b) von einem Sowjetökonomen, von Gregorij A. Feldman (1965). Dieser Ansatz blieb zunächst auf die sowjetische Planwirtschaft begrenzt. Erst mit der keynesianischen makroökonomischen Wende nach dem großen Schock der Weltwirtschaftskrise von 1929 kommt die Wachstumsfrage auch in der westlichen ökonomischen Theorie auf die Agenda, zumal inzwischen der „friedliche Wettbewerb der Systeme" ausgebrochen ist, in dem der Erfolg an der wirtschaftlichen Steigerungsrate des Bruttoinlandsprodukts gemessen wird.

Die Wachstumstheorie ist heute voll in keynesianische ebenso wie in neoklassische Theorieansätze integriert (vgl. Frenkel und Hemmer 1999: 9–25; Kromphardt 1993). Bei ersteren sind Spar- und Investitionsquote sowie Annahmen über das Verhältnis von Kapital und Einkommen (Kapitalkoeffizienten) die wesentlichen Parameter, während die neoklassischen Ansätze exogene Faktoren, insbesondere den technischen Fortschritt und die Entwicklung des „Humankapitals" als langfristig wirkende Triebkräfte des Wachstums identifizieren. Die „neue" endogene Wachstumstheorie integriert, anders als die neoklassischen und keynesianischen Ansätze, in ihre Modelle auch die Erzeugung von Humankapital und die sozialen, kulturellen und andere ökonomische und nicht-ökonomische Bedingungen für technische Innovationen. Zu letzteren gehören auch die Veränderungen der Verkehrsinfrastruktur und der Technik der Transportmittel (Automobil, Eisenbahn, Flugzeug, Schiff, Pipeline etc.) (vgl. Wieland in Kap. IV.3. ▶ Verkehrsinfrastruktur: Volkswirtschaftliche und ordnungspolitische Aspekte und Kirchner und Ruhrort in Kap. VI.1: ▶ Verkehrstechnik und Gesellschaft: Techniksoziologische Perspektiven auf das Wechselverhältnis von sozialen und technischen Entwicklungen dieses Bandes), die ohne Zweifel ihren Beitrag zum Wachstum der vergangenen zwei Jahrhunderte seit der industriellen Revolution geleistet haben. Sie sind ein Gutteil des „spatial fix" (Harvey 1982/2006), ohne den eine Ökonomie gar nicht funktionieren kann.

Die endogene Theorie beherrscht inzwischen die wirtschaftspolitischen Diskurse. Wachstum kann „gemacht" werden, wenn nur die Politiken stimmen: durch Bildung von Humankapital, durch Forschungsförderung, die angebotspolitische Begünstigung von Gewinnen und damit – so wird unterstellt – von wachstumsfördernden Investitionen. Einige *Pro Growth Principles* sollten daher unbedingt Beachtung finden, meint der US-amerikanische *Council of Economic Advisers* des Präsidenten. Dazu gehören unter anderen: die Stärkung von „ökonomischen Freiheiten" sowie von Wettbewerb und Unternehmertum, makroökonomische Stabilitätspolitik, Privatisierungsmaßnahmen, Öffnung der Märkte für Warenhandel und ausländische Direktinvestitionen und die Liberalisierung der Finanzmärkte (ERP 2003: 213 ff.).

Diese Prinzipien endogenen Wachstums sind inzwischen in Leitlinien der *good governance* enthalten, wie sie etwa von der Weltbank oder der OECD entwickelt worden sind, um an Hand der erzielten wirtschaftlichen Steigerungsrate Regierungshandeln im internationalen Vergleich bewerten zu können. Die Weltökonomie muss wachsen, lautet das Credo, das unzählige Male wiederholt wird. Denn Wachstum hat im Alltagsverständnis nur positive Auswirkungen. Es ist „gut für die Armen", behaupten Weltbank-Autoren (Dollar/Kraay 2001) und diese kontrafaktische Trostformel wird in den Berichten über die Millenniumsziele und inwieweit sie erreicht werden, wiederholt. Kaum ein Regierungsprogramm, das nicht höheres Wachstum als unter einer Vorgängerregierung verspricht. Die CDU/CSU-SPD-Regierung hat sich in ihrem Koalitionsvertrags vom November 2005 auf „neues Wachstum" verpflichtet, eine Formel, die noch durch den nachfolgenden Koalitionsvertrag von CDU/ CSU und FDP 2009 und das dabei beschlossene „Wachstumsbeschleunigungsgesetz" getoppt worden ist. In Brasilien hatte schon vorher die eher linke Regierung unter Präsident Lula da Silva einen „Wachstumsbeschleunigungspakt" aufgelegt. Der Wachstumsimperativ ist also fest verankert in den ökonomischen und politischen Diskursen. Je höher das Wachstum, desto weniger wirtschaftliche, soziale und politische Probleme werden erwartet bzw. versprochen – und umgekehrt.

Wachstum ist eine Folge der systematischen Nutzung von Wissenschaft und Technik zur Entwicklung der Produktivkräfte (Werkzeuge, Maschinen etc.), also der technischen Inkorporierung der von Max Weber so bezeichneten „okzidentalen Rationalität der Weltbeherrschung" in Produktionsmittel und Organisation des Produktionsprozesses. „Denn während der konfuzianische Rationalismus (...)

rationale Anpassung an die Welt" bedeutet, ist „der puritanische Rationalismus: rationale Beherrschung der Welt" (Weber 1986: 534) und dazu gehört auch die Verkehrserschließung der Räume auf lokaler, nationaler oder globaler Ebene.

Hinzu kommen die soziale Organisation der kapitalistischen Mehrwertproduktion, wie sie von Marx vor allem in „Das Kapital" (1970a, b, c) analysiert worden ist, und die Transformation der Ökonomie zur Marktwirtschaft, die aus der Gesellschaft entbettet ist – das große Thema von Karl Polanyi (1944/1957). Das alles wäre unvollständig ohne den massiven Einsatz fossiler Energieträger zum Antrieb der Werkzeuge, Maschinen und Transportmittel des Industriezeitalters, den die thermodynamische Ökonomie eines Nicholas Georgescu-Roegen (1971) verständlicher macht.

Wachstum wird zu einem Element der alltagsweltlichen Erfahrung und dabei zu einer ihre Voraussetzungen und Folgen nicht mehr reflektierenden Selbstverständlichkeit (vgl. Easterlin 1998), die überhaupt nicht selbstverständlich ist. Dies lässt sich auch am Beispiel der globalen Krise der Automobilindustrie darstellen, und damit finden wir einen unmittelbaren Bezug von Wachstum und Verkehr: Die Entwicklung des Kapitalismus des 20. Jahrhunderts wäre gar nicht denkbar ohne das Automobil. Es ist das entscheidende Symbol für Modernität, Wohlstand, Mobilität und Dynamik, es hat einen zentralen Stellenwert bei der Ankurbelung der Konjunktur und bei der Sicherung der Wettbewerbsfähigkeit von „Standorten". Die Automobil- und mit ihr verbundenen Industrien (Vorleistungen, Zulieferer, Service etc.) hatten über Jahrzehnte überdurchschnittliche Zuwachsraten. Die Entwicklung einer eigenständigen Automobilindustrie gilt schlechthin als Schlüssel der Industrialisierung im 20. und auch im 21. Jahrhundert. Die Städte, die Kommunikations- und Transportinfrastrukturen sind auf das Automobil zugeschnitten, also auf Beschleunigung und Expansion – und auf Individualisierung. Das gilt zunächst in erster Linie für den Personen-, inzwischen aber noch mehr für den Güterverkehr.

Das Automobil ist das paradigmatische Produkt des fossilen Zeitalters, der „spatial fix" ist diesem Zeitalter angemessen. Ohne Öl kein Auto, und ohne Auto nicht die Art von Mobilität, die das 20. Jahrhundert und den Beginn des 21. Jahrhunderts prägt – so lange die Versorgung mit Öl reicht. Der Fossilismus hat sich mit dem Automobil und allen seinen Begleiterscheinungen in den Lebenswelten eingenistet, zu einer Kultur verdichtet, er ist zu Beton geworden und manifestiert sich in entsprechenden Stadtlandschaften – für die Generationen der Öl-Bonanza, für spätere Generationen nicht mehr. Auch ist zu berücksichtigen, dass die verkehrsbedingten Treibhausgase – immerhin etwa 20 Prozent aller klimaschädlichen Emissionen – einen beträchtlichen Beitrag zum globalen Temperaturanstieg mit seinen schon heute spürbaren negativen Effekten (ungewöhnliche Wetterereignisse, Veränderungen der Klima- und daher Vegetationszonen etc.) leisten. Ob andere Antriebsenergien Öl ersetzen können, wenn der Treibstoff knapp und teuer wird, ist heute kaum abzusehen. Die Wahrscheinlichkeit ist aber eher gering, auch wenn mit dem Wasserstoffauto geliebäugelt wird und unter den fossilen Energieträgern ein Substitutionsprozess vom Öl zum Gas und zu „nicht-konventionellen" Treibstoffen stattfindet. Die Kohle, deren Vorräte noch wesentlich länger reichen, könnte Ersatz darstellen. Doch ihre Verflüssigung ist teuer, und der Klimaeffekt der Kohleverbrennung ist größer als bei Gas und Öl.

Die Wachstumsmanie stammt nicht nur aus den Investitionen, sondern auch aus dem Konsum. Wachstum wird zum Fetisch, dessen Lebenssaft aus fossilen Energieträgern, vor allem aus Öl besteht. Damit geht eine paradoxe Verkehrung einher. In der Frühzeit der kapitalistischen Industrialisierung gegen Ende des 18. Jahrhunderts ermöglichte die Nutzung fossiler Energieträger, um das System industrieller Werkzeuge anzutreiben, eine sprunghafte Steigerung des Wachstums, für das jedoch in jener Epoche kein gesellschaftlicher Imperativ existierte. Denn die Gesellschaften waren noch nicht komplett durchkapitalisiert. Es gab Räume, in denen das Gesetz von Profit, Akkumulation und Zins keine volle Gültigkeit hatte. Heute hingegen ist Wachstum in die gesellschaftlichen Verhältnisse, in Produktion und Konsumwelt gleichermaßen eingeschrieben, es ist eine politische Leitidee, der von den Akteuren des Systems alternativlos gefolgt wird. Doch die Möglichkeiten, das Wachstum zu stimulieren, verringern sich an dessen Grenzen, die vor allem wegen der beschränkten Verfügbarkeit fossiler Energieträger und wegen der klimatischen Folgen der Treibhausgasemissionen Besorgnisse auslösen. Zunächst drücken sich diese „Grenzen des Wachstums" (Meadows et al 2006) als Preissteigerung aus, dann aber auch als physische Knappheit, wenn immer mehr Verbraucher auf eine Produktion zurückgreifen, die den Höhepunkt erreicht – ein Zusammenhang, der im Falle der Ölproduktion als *peak oil* bezeichnet wird (vgl. Campbell und Laherrère 1998; Global Challenges Network 2003).

3   Wachstum und Verkehr

Wenn wir über Wachstum und Verkehr sprechen, müssen wir auch über Kapitalismus reden. Ohne Wachstum gibt es keine Überschüsse, und Überschüsse (der Mehrwert) sind die Basis der Profite. Diese wiederum sind die Voraussetzung für die Akkumulation von Kapital, die als Wachstum der Wirtschaft erscheint. Der damit verbundenen Steigerung der Produktivkräfte wird auch der Umgang mit Zeit und Raum angepasst. Deren Kompression ist gleichbedeutend mit einer Missachtung der Natur, bis zu dem Moment, an dem sich die durch Verdichtung von Raum und Beschleunigung in der Zeit komprimierte Natur zurückmeldet – in Gestalt von Umweltschäden und gesundheitlichen Belastungen, die sehr teuer werden können (vgl. Reheis in Kap. VIII.2 dieses Bandes: ► Beschleunigung versus Entschleunigung: Zwei konträre Leitbilder der Verkehrspolitik). Dann sind die Ökonomen gern bereit, die Natur in ihre Modelle und Kalkulationen aufzunehmen, als „ökonomische Natur", als „Kostenfaktor Natur". Ihre „Natürlichkeit" hat die Natur im Prozess der „Entbettung" der Marktökonomie aus Natur und Gesellschaft längst eingebüßt.

Die Beschleunigung in der Zeit und die Expansion im Raum verlangen jene Techniken, die diese Zielrichtung unterstützen. Dazu sind die fossilen Energieträger besonders geeignet. Ihre Nutzung und die Anwendung der industriellen Technik zur Kapitalakkumulation stellen sich als unschlagbare Trias (von Kapitalismus,

Fossilismus und Industrialismus) heraus. Doch Kohle, Gas und Öl wandeln sich nicht nur in nützliche Arbeit, sondern bekanntlich auch in die Verbrennungsprodukte CO_2 und andere Gase, die für den Klimawandel verantwortlich sind.

Beschleunigung und Expansion aller ökonomischen und sozialen Abläufe in einer kapitalistischen Marktwirtschaft werden auch durch Entgrenzung, durch Deregulierung staatlicher Auflagen, durch die Abschaffung von Zollgrenzen oder eine Vereinheitlichung von Normen unterstützt. Die Politik zieht sich zurück und überlässt es den privaten Akteuren, die kapitalistische Akkumulation auf liberalisierten Märkten zu gestalten. So wird ein Raum erzeugt, der nicht nur immer größer, sondern auch „freier" wird. Die Zeit wird zunehmend an den Grenzwert Null getrieben, und der Raum wird durch die Zeit (und die Beschleunigung) vernichtet. Heinrich Heine bemerkte anlässlich der Eröffnung der Eisenbahnlinie von Paris nach Rouen, dass „durch die Eisenbahnen der Raum getötet (wird) und es bleibt uns nur noch die Zeit übrig" (zitiert nach Läpple 1997: 203).

Das moderne Transport- und Kommunikationssystem ist genauso Innovationen unterworfen wie andere Bereiche der Produktion und der Reproduktion, der Betriebe und der Haushalte. Das beginnt mit den Verbesserungen im Schiffsbau schon vor der Zeit der großen Entdeckungen, mit Kompass und nautischen Instrumenten. Sie haben dazu beigetragen, dass die Expansion in alle Welt und die frühe Entstehung des kapitalistischen Weltsystems mit seinen Kolonialreichen (vgl. Braudel 1986a, b) überhaupt möglich wurde und auch die Umwelt imperialistisch globalisiert werden konnte (Crosby 1991; Ponting 1991). Ähnliches ließe sich für den Landtransport ab dem 19. Jahrhundert und den Luftverkehr im 20. Jahrhundert sagen. Modernisierung und Ausdehnung des Verkehrssektors sind mithin eine direkte Manifestation der Prinzipien von Beschleunigung und Expansion, eine Folge der kapitalistischen Strategie der Produktivkraftsteigerung also.

Die liberale politische Ökonomie und die Politiker, die das Prinzip der Beschleunigung, Deregulierung und Entbettung zu dem ihren machen, folgen einem Credo, das da lautet „Freihandel". Er gilt, wie von David Ricardo zu Beginn des 19. Jahrhunderts ausgearbeitet, auch heute als das möglicherweise wichtigste Theorem der Ökonomie überhaupt. Warum ist dies so? Weil Freihandel ein faszinierendes Versprechen enthält: Der Wohlstand der Nationen steigt, wenn sie Handel treiben, und dieser Handel möglichst unbehindert durch tarifäre und nicht-tarifäre „Handelshemmnisse" abgewickelt werden kann. Daher reichen Abkommen zur Absenkung der Zölle oder Kontingente nicht aus, es müssen auch die sozialen, ökologischen und kulturellen Bedingungen von Produktion und Handel möglichst weitgehend vereinheitlicht werden, wie etwa im atlantischen oder im pazifischen Raum durch die „Partnerschaftsabkommen" zwischen den USA und den europäischen bzw. asiatischen Handelspartnern. Die Ausweitung und Vertiefung des Handels erlaube, so lautet die Argumentation eine größere Spezialisierung zwischen den Produzenten verschiedener Länder. Die Produktivität könne steigen, in der gleichen Zeiteinheit werden mehr Güter und Dienstleistungen erzeugt, so dass dann auch das zur Verteilung verfügbare Güterbündel zunimmt. Das größere und vielfältigere Güterangebot ist gleichbedeutend mit einer Steigerung des Wohlstands aller Partner in dem Raum des Freihandels. Es ist selbstverständlich, dass bei einer

Zunahme der Produktion und bei der Ausdehnung ihrer Reichweite auch die Transporte, gleich welcher Art, zunehmen und die Produktivitätssteigerungen auch im Transportsektor stattfinden.

Der Wohlstand ist im Verlauf der Entwicklung seit der industriellen Revolution in den Industrieländern tatsächlich größer geworden, das kann gar nicht bestritten werden. Es ist in dieser Zeit aber auch die Ungleichheit in der Welt angestiegen, eine Ungleichheit, die so in vorkapitalistischen Zeiten nicht existiert hatte (vgl. die Daten von Maddison 2001). Sie wird zum Politikum, weil die Menschen in den verschiedenen Weltregionen voneinander wissen. Denn die Beschleunigung und Ausweitung von Transporten und Kommunikation haben eine neue Nähe erzeugt, die die Unterschiede der Einkommen und der Ausstattung mit Gütern und Diensten des täglichen Bedarfs und der Daseinsvorsorge schmerzlich fühlen lässt.

Freihandel und seine den Wohlstand der Nationen steigernde Wirkungen sind etwas Gutes für die Konsumenten. Doch muss man eine Einschränkung machen. Er ist nur gut für jene, die über die entsprechende monetäre Kaufkraft verfügen. Haben sie diese nicht, können sie auf dem Markt ihre Rolle nicht spielen. Und dann haben sie nichts von dem Wohlstand, der mit steigender Produktivität produziert worden ist. Auch das ist ein Ausdruck von Ungleichheit, selbst in den reichen Industrieländern. Hinzu kommt, dass im Zuge der Produktivitätserhöhung die Produzenten des „Wohlstands der Nationen" zum Teil freigesetzt werden. David Ricardo war optimistisch genug zu meinen, dass die „Überflüssigen" wieder in den Produktionsprozess integriert, die Freisetzungen durch Wachstum also kompensiert werden könnten. Marx hat diese „Kompensationstheorie" bissig kritisiert (vgl. Marx 1970a: 461–470). Am Anfang des 21. Jahrhunderts wissen wir, dass er Recht hatte. Massenarbeitslosigkeit und die Verdrängung vieler Menschen in die informelle Ökonomie prekärer Jobs sind ein Charakteristikum der Arbeitsmärkte in allen Weltregionen. Die Zunahme des Güterverkehrs durch Ausdehnung des Handels gemäß dem Freihandelsprinzip ist auch dafür verantwortlich, dass die Emissionen von Treibhausgasen erheblich angestiegen sind.

Globalisierung ist die Folge der Beschleunigung aller Prozesse in der Zeit (in der Produktion ebenso wie im Transport) und der Expansion in alle Räume mit Waren, Dienstleistungen, Kapital, Menschen (vgl. Lenz und Liedtke in Kap. VIII.3 dieses Bandes: ▶ Globaler Verkehr I: Entwicklung des globalen Personenverkehrs und verkehrspolitische Implikationen sowie ▶ Globaler Verkehr II: Entwicklung der globalen Güterverkehre und verkehrspolitische Implikationen). Globalisierung erfordert daher in zunehmendem Maße gemeinsame weltweite Standards. Eine gemeinsame Sprache bildet sich in rudimentären Ansätzen heraus, ein globales System „weichen" Rechts entsteht auf informelle Weise, bevor es zum Teil von Nationalstaaten oder supranationalen Organisationen übernommen und auf diese Weise „gehärtet" und formalisiert wird (vgl. Günther und Randeria 2001). Technische und soziale Normen, Konsummuster und Lebensstile, Produktionstechniken, Arbeitsweisen, Geschmack und Design werden international weitgehend – also nicht völlig – vereinheitlicht. Auf der Basis dieser Vereinheitlichungen gibt es dann auch wieder lokale Ausprägungen, weil offensichtlich bestimmte Geschmäcker nicht globalisierbar sind und man den regionalen Gepflogenheiten Rechnung zu tragen hat, um Geschäfte machen zu können.

Die ökonomische Expansion auf globalisierten Märkten (auf Gütermärkten ebenso wie auf Finanzmärkten und selbst Arbeitsmärkten) ist transportintensiv. In diesem Zusammenhang sollen lediglich drei Aspekte hervorgehoben werden.

(1) Die Individualisierung ist eine Begleiterscheinung der globalen Vermarktwirtschaftlichung, einer Entbettung des Marktes aus den gesellschaftlichen Kontexten. In deren Verlauf werden gesellschaftliche Individuen in individuelle Marktteilnehmer verwandelt. Die Globalisierung ist somit eine Begleiterscheinung der Individualisierung, und umgekehrt. Die Folgen sind individuelle Lebensstile, das schnelle Essen, *fast food*, das beschleunigte Leben, das ein schnelles Auto, die schnelle Flugreise verlangt. Hetze und Zeitnot bestimmen das Lebensgefühl.

Hohe individuelle Mobilität ist ein Aspekt der Individualisierung. Daraus resultiert, dass der Individual- dem Kollektivverkehr vorgezogen wird, das Automobil der „guten alten" Eisenbahn. Das ist nicht von ungefähr und wird umgesetzt in Politiken (vgl. Haefeli in Kap. II.1 dieses Bandes: ▶ Entwicklungslinien deutscher Verkehrspolitik im 19. und 20. Jahrhundert). Projekte der Weltbank im Verkehrssektor Afrikas oder Lateinamerikas favorisieren in aller Regel den Straßenbau und nicht den Bau von Schienenwegen – von seltenen Ausnahmefällen abgesehen, wenn es um die Massenbeförderung von Rohstoffen geht.

Die Individualisierung von Zeitmustern hat auch zur Folge, dass viele Transporte notwendig werden, um den Raum zwischen Arbeitsplatz, Wohnung, Freizeitgelegenheiten etc. zu überwinden. Urlaub wird in weiten Entfernungen vom Lebensmittelpunkt gemacht, und daraus resultiert das paradoxe Konstrukt des „individualisierten Massentourismus": Ferienreisen als Massenware, die zu individualisierten Modulen zusammengesetzt werden kann, die kaufkräftigen Konsumenten angeboten werden. Für die Erziehung und Bildung der Kinder sind von der Wohnung entfernte Einrichtungen zuständig. Wenn öffentliche Verkehrsmittel nur unzureichend zur Verfügung stehen, müssen die Kinder mit dem Pkw zu den Lernorten gebracht werden. Die Lösung der im disparaten Raum entstehenden Zeitkonflikte erfolgt durch Ausdehnung und Beschleunigung des Transports (vgl. Kutter in Kap. III.5: ▶ Siedlungsstruktur und Verkehr: Zum Verständnis von Sachzwängen und individueller Verkehrserreichbarkeit in Stadtregionen und Rosenbaum in Kap. V.6 dieses Bandes: ▶ Alltagsmobilität: Eine soziale Herausforderung für die Verkehrspolitik).

(2) Die Globalisierung ist höchst transportintensiv auch wegen des Drucks der Konkurrenz auf globalen Märkten. Wettbewerbsfähigkeit ist ein Attribut des „Standorts". Wie sind Standorte wettbewerbsfähig zu machen? Natürlich durch Kostenreduktion, also durch Steigerung der Produktivität. Diese aber ergibt sich, wie wir gesehen haben, aus einer Beschleunigung aller Produktions- und Transportprozesse. Die Zeitkompression macht entsprechend beschleunigte Transporte erforderlich.

Aber es kommt noch etwas anderes hinzu: Man sucht sich diejenigen „Standorte" in den Konzern-Zentralen aus, wo die Kosten einer arbeitsteiligen Fabrikation minimiert und folglich das Produktionsergebnis und der *shareholder value*, optimiert werden können. Also wird der Herstellungsprozess in einzelne Abschnitte der Produktions- und Wertschöpfungskette zergliedert. Das Beispiel des Joghurtbechers, dessen Bestandteile die 9.000-Kilometer-Reise durch ganz Europa machen, ist bekannt. Die Nordsee-Krabben, die vor Grönland gefischt, in Marokko entschalt und in Deutschland verkauft werden, sind ein weiteres Beispiel. Die *fish and chips* in britischen Fast-food-Restaurants stammen häufig von Kabeljau, der in der Barentssee zum Teil illegal gefangen und nach China transportiert wird, um in Filets zerlegt zu werden, die dann nach Grimsby und Hull an der britischen Nordseeküste gebracht und an britische Supermärkte und Restaurants verkauft werden (vgl. Leigh und Evans 2006).

Aber auch Autoteile werden überall in der Welt produziert, um dann an irgendeinem Ort endmontiert zu werden. Die Teile für Opel-Fahrzeuge fehlen in Antwerpen, wenn in Bochum gestreikt wird. Auch ein Blick in das Innere eines Computer lässt die vielen Herkunftsbezeichnungen aus aller Welt erkennen; die disparaten Bestandteile werden an einem Ort zum PC zusammengesetzt und dann wohl verpackt in alle Welt geliefert. Die Zergliederung der Produktionsstrukturen und -ketten aufgrund von Wettbewerbsentscheidungen, mit dem Ziel, die Gewinne zu steigern, führt unweigerlich zu vielen Transporten.

(3) Auch die Konkurrenz auf den Finanzmärkten hat Auswirkungen auf Transporte. Anders als die auf Warenmärkten hat sie zur Folge, dass der Preis, der für das Produkt – nämlich für einen Kredit, ein Finanzpapier etc. – gezahlt werden muss, nicht herunter gehandelt wird und sinkt, sondern im Gegenteil steigt. Die Finanzplätze rivalisieren ja mit attraktiven Angeboten für diejenigen, die Kapital anzulegen haben, und zwar bei liberalisierten Märkten weltweit. Das hat zur Folge, dass die Zinsen nach oben getrieben werden. Diese Tendenz können wir seit dem Ende der 1970er-Jahre, als die Liberalisierung der globalen Finanzmärkte beschleunigt wurde, feststellen (vgl. genauer Altvater 2004). Die Realzinsen sind hoch und bleiben hoch, auch wenn die Nominalzinsen wegen der niedrigen Inflationsraten in vielen Ländern gesunken sind. Denn Realzinsen sind Nominalzinsen abzüglich der Inflationsrate. Wenn die Nominalzinsen sinken, bedeutet dies nicht unbedingt ein Sinken der Realzinsen, wenn die Inflationsrate ebenfalls zurückgeht.

Hohe Zinsen aber verursachen hohe Lagerkosten. Also gibt es schon seit Jahren die Strategie von Unternehmen, just in time zu produzieren und zu liefern. Um Zinskosten zu verringern, wird die Lagerhaltung so weit wie möglich reduziert. Sie wird „auf die Straße verlagert". Dadurch, dass die Waren just in time, also genau zum vereinbarten Zeitpunkt beim Verwender ankommen müssen, werden zur Sicherheit, um die Situation „just im Stau" zu vermeiden, zwei Lastwagen auf verschiedenen Routen in Bewegung gesetzt. Just in time führt also zu zusätzlichen Verkehrsleistungen. Private Kosten der Lagerhaltung werden in soziale Kosten umgewandelt. Die Gesellschaft muss die externalisierten Kosten, den Verkehrslärm und die sonstigen Belästigungen und die Folgen des Klimaeffekts tragen (vgl. Brenck et al. in Kap. IV.5 dieses Bandes: ▶ Die externen Kosten des Verkehrs).

Dies alles zusammengenommen lässt verstehen, warum der Verkehrssektor in den Projektionen von Energieverbrauch und Treibhausgasausstoß führend ist. Während in Europa (und in der gesamten Welt) alle anderen Wirtschaftsbereiche ihre Emissionen reduzieren können, steigen sie im Verkehrssektor.

Das Wachstum der Wirtschaft wirkt sich also auf den Verkehr aus und es ist für Folgewirkungen verantwortlich, unter denen der Treibhauseffekt die gefährlichste ist. Monetär bemessenes Wachstum hat also natürliche (und soziale) Konsequenzen, die ihrerseits auf die Entwicklung der Ökonomie zurückwirken.

4 Verkehrsinfrastruktur jenseits des Wachstums

Die Verkehrsinfrastruktur ist ebenso Folge des wirtschaftlichen Wachstums wie seine Voraussetzung (vgl. Wieland in Kap. IV.3 dieses Bandes: ▶ Verkehrsinfrastruktur: Volkswirtschaftliche und ordnungspolitische Aspekte). Was ist aber, wenn Steigerungsraten abflachen, wenn gar die Bevölkerungszahl zurückgeht und gleichzeitig die Bevölkerung altert, wenn Regionen und Städte schrumpfen? Der Verkehrsaufwand mit den verschiedenen Verkehrsträgern ist schließlich auch abhängig davon, welche erschließende Verkehrsinfrastruktur die Bewohner eines Territoriums brauchen; Verkehrssysteme sind ja „Raumüberwindungssysteme" (Läpple 1997: 198) und daher bestimmt von der sozialen Konstruktion des Raums. Dieser lässt sich nicht allein aus den tatsächlichen oder politisch angestrebten Wachstumsraten der Wirtschaft ableiten. Eine abnehmende und alternde Bevölkerung in manchen Regionen, wo Städte schrumpfen und die Siedlungsdichte in der Fläche zurückgeht, hat einen geringeren Bedarf an Verkehrsdienstleistungen als eine junge und zunehmende Bewohnerschaft in urbanen und wirtschaftsstarken Regionen (vgl. Canzler in Kap. V.4 dieses Bandes: ▶ Die soziale Aufgabe von Verkehrsinfrastrukturpolitik). Dabei sind nicht nur die quantitativen Ausmaße von Bedeutung, sondern auch Qualität und Mix der Verkehrsträger sowie die sich wandelnden Bedürfnisse. Diese werden dann besonders wichtig, wenn sie sich in kaufkräftige Nachfrage transformieren. Denn die Tendenz, Verkehrssysteme einschließlich der Bahn (nicht nur in Deutschland) zu privatisieren, hat zur Folge, dass nur die Bedarfe befriedigt werden, die sich monetär auf Märkten äußern und bei deren Befriedigung Geld zu verdienen ist. Andere werden gar nicht oder schlecht bedient.

In der ökonomischen Theorie ist der Sachverhalt des ungleichen und unausgeglichenen Wachstums bekannt. Neben den *growing points* breiten sich die *lagging regions*, also Gebiete mit zurückbleibender Entwicklung aus. Und mehr noch: *growing points* können sich im Verlauf der Zeiten in *lagging regions* verwandeln. Das Ruhrgebiet, die Autostadt Detroit, die Region um Halle an der Saale etc. sind bekannte Beispiele. Wenn Wachstum überproportionale Steigerungsraten des Verkehrsaufkommens provoziert, resultiert dann die Schrumpfung von Bevölkerungszahl und Ökonomie in einer vielleicht ebenfalls überproportionalen Abnahme des Verkehrs? Das wird dann der Fall sein, wenn auch die Einkommen der Bevölkerung zurückgehen und Verkehrsdienstleistungen daher weniger nachgefragt oder die billigeren Varianten (z. B. Fahrgemeinschaften) gesucht werden. Unter diesen Umständen kann es sinnvoll sein, die Verkehrsinfrastruktur zurückzubauen. Die quantitative und qualitative Versorgung mit Verkehrsdienstleistungen ist also von der Höhe und der Verteilung der Einkommen abhängig (vgl. Wermuth in Kap. IV.1 dieses Bandes: ▶ Personenwirtschaftsverkehr: Die empirische Analyse eines unterschätzten Teils des Straßenverkehrs).

Doch kann auch das Gegenteil geschehen, wenn nämlich Verkehrspolitiker der Auffassung zuneigen, dass eine modernisierte und effiziente Verkehrsinfrastruktur die Ökonomie eines „Standorts" beleben könne: Verkehr erzeugt Wachstum. Allerdings stellt sich die Frage, wo? Denn Verkehrsadern innerhalb einer Region und solche, die nach außen führen, erleichtern und verbilligen Transporte. Das Pendeln in weiter entfernte Orte kann attraktiv werden und Regionen erst recht in Schlaflandschaften verwandeln. Es wird auch günstiger, Produkte aus anderen Regionen einzuführen, weil dies billiger kommen kann, als eine neue Produktionsstätte zu errichten. Mit anderen Worten: Verbesserte Verkehrsverhältnisse können der Deindustrialisierung von Regionen und der Schrumpfung von Städten Vorschub leisten, die Abwanderung von jungen und mobilen Arbeitskräften befördern und somit erst recht zum Altern einer lokalen Bevölkerung beitragen. Auch wenn generell Wachstum und Verkehr positiv korreliert sind, gibt es Situationen, in denen dieser positive Zusammenhang nicht existiert.

Der Grund ist in der erwähnten Ungleichheit und Ungleichzeitigkeit des Wachstums in kapitalistischen Gesellschaften zu erblicken, und diese betrifft gleichermaßen Raum und Zeit: Die Wachstumsraten sind zu verschiedenen Zeiten unterschiedlich hoch, wobei die Tendenz des Rückgangs aus den bereits erörterten Gründen vorherrschend ist, und sie differieren regional. Dies ist für das Verkehrssystem wichtig. Denn im Unterschied zum monetären Wachstum ist es mit seiner Infrastruktur im Raum und letztlich auch über lange Zeit fixiert. Das *built environment* ist fixes Kapital, das als „a physical framework for production (e.g. factories)" (Harvey 1989: 64) funktioniert. Auch Straßen oder Eisenbahnen gehören zu diesem *built environment* für die Produktion und die Zirkulation. Für die Konsumtion gilt Ähnliches: „Some items are directly enclosed within the consumption process (consumer durables such as stoves, washing machines etc.), while others act as a physical framework for consumption (houses, sidewalks, etc.) – the latter I call the built environment for consumption" (ebd.). Marx spricht in diesem Zusammenhang von den „allgemeinen Bedingungen der Produktion", die vor allem durch den Staat als öffentliche Güter bereitgestellt werden müssen, da sie in aller Regel durch privates Engagement nicht mit Gewinn hergestellt werden können (Marx 1953: 422 ff.). Beim „spatial and temporal fix" handele es sich dabei nicht um einen „minor sector of the economy", denn dieser kann große Massen von Kapital und Arbeit binden, „particularly under conditions of rapid geographical expansion and intensification" (Harvey 2003: 63). So ist das *built environment* ein Kernstück der Akkumulation und infolge dessen auch eine Ursache sowohl für die Dynamik als auch für die Krisentendenzen kapitalistischer Entwicklung.

Die Infrastruktur wird zu einem bedeutenden Teil vom Staat als öffentliches Gut bereitgestellt, der daher ein entscheidender Mediator zwischen Verkehr und Wachstum ist (vgl. Ambrosius in Kap V.2 dieses Bandes: ▶ Öffentlicher Verkehr und Gemeinwirtschaftlichkeit: Im Spannungsfeld von Eigenwirtschaftlichkeit, Wettbewerb und Regulierung). In den Institutionen des Staates wird entschieden, wozu die Infrastruktur dient: dem privaten Kommerz, wie Adam Smith meinte, der menschlichen oder der öffentlichen Sicherheit. Allerdings verändert sich der Staat in diesem und durch diesen Prozess. Denn die Verkehrsinfrastruktur als bedeutender Teil des *built environment* erlaubt die Ausweitung und Beschleunigung der Kapitalakkumulation in dem Maße wie sie räumlich ausgreift und die Zeiten der Mobilität von Personen und Produkten verkürzt. Mit der Ausdehnung von Märkten, mit der Regionalisierung und Globalisierung der Wirtschaft wandelt sich der Nationalstaat in den stärker internationalisierten Staat, zum Wettbewerbsstaat.

Dann wächst auch der Druck, die allgemeinen Produktionsbedingungen, u. a. die Verkehrsinfrastruktur zumindest teilweise zu privatisieren. Das gilt für Eisenbahnlinien, Flughäfen, Seehäfen etc., die zum Anlageobjekt potenter Finanzinvestoren werden. Das nationalstaatlich errichtete *built environment* erhält eine Funktion innerhalb des Prozesses der Globalisierung, und es ist einerseits den komplementären Tendenzen von Deregulierung und Privatisierung unterworfen, andererseits aber auch abhängig von den Krisentendenzen der kapitalistischen Akkumulation. Die schwere Finanz- und Währungskrise nach 2007 hat viele Tendenzen der Privatisierung öffentlicher Güter, auch von Verkehrsinfrastruktur angehalten, weil die Rentabilität des privaten Betriebs nicht mehr gewährleistet war.

5 Fazit

Der Verkehr zu Beginn des 21. Jahrhundert ist immer noch zum überwältigenden Teil von fossiler Energie abhängig: das Automobil, das Flugzeug, das Schiff, in geringerem Umfang die Bahn. Die fossilen Energieträger haben auch das Wachstum „geölt". Doch sie werden knapp und daher teuer, so dass auch Verkehrsleistungen mittelfristig teurer werden, auch wenn immer noch mit Schnäppchenangeboten bei Flugreisen zu absurd niedrigen Preisen geworben wird. Obendrein ist der Transportsektor mit mehr als einem Fünftel hauptverantwortlich für den Ausstoß von Treibhausgasen. Schon aus Gründen des Klimaschutzes und infolge der sich abzeichnenden Versorgungskrise mit fossilen Energieträgern ist eine Reduzierung des Verkehrsaufkommens unvermeidlich (vgl. generell: Heinberg 2004). Doch eine bloß quantitative Drosselung ist ausgeschlossen, das Verkehrssystem ist in den Gesamtkomplex der globalisierten kapitalistischen Gesellschaft integriert. Es muss qualitativ umgebaut werden, so wie es schon mehrfach in der Geschichte radikal transformiert worden ist. Aber ohne Berücksichtigung der gesellschaftlichen Gesamtzusammenhänge, ohne Veränderung der Produktions- und Konsummuster kann man den Verkehrssektor nicht reformieren. Von erneuerbaren Energieträgern wird heute sehr häufig gedacht, sie könnten an die Stelle der fossilen treten und alles andere bleibe gleich. Das Auto bekomme eine Brennstoffzelle oder einen Motor, der Bio-Diesel verbrennt, und ansonsten ändere sich nichts. Doch es ist zweifelhaft, ob der Übergang zu einem Regime basierend auf erneuerbaren Energien so einfach sein kann. Weniger global ausgreifende Raum- und langsamere Zeitmuster erfordern daran angepasste Produktionsmethoden und -technologien, veränderte Konsumgewohnheiten und urbane Siedlungsweisen und *last but not least* eine den veränderten Wachstumsbedingungen adäquate Verkehrsinfrastruktur.

Literatur

Altvater, Elmar. 2004. Inflationäre Deflation oder die Dominanz der globalen Finanzmärkte. In *PROKLA – Zeitschrift für kritische Sozialwissenschaft*, 34(1), 41–60.

Altvater, Elmar, und Birgit Mahnkopf. 2002. *Globalisierung der Unsicherheit – Arbeit im Schatten, schmutziges Geld und informelle Politik*, Münster.

Braudel, Fernand. 1986a. Der Handel. In *Sozialgeschichte des 15. bis 18. Jahrhunderts*. Frankfurt a.M. Kindler-Verlag.
Braudel, Fernand. 1986b. Aufbruch zur Weltwirtschaft. In *Sozialgeschichte des 15. bis 18. Jahrhunderts*.. Frankfurt a.M. Kindler-Verlag.
Campbell, Colin, und Jean H. Laherrère. 1998. The End of Cheap Oil. In Scientific American, March 1998, (http://dieoff.org/page140.htm).
Crosby, Alfred. 1991: *Die Früchte des weißen Mannes. Ökologischer Imperialismus 900–1900*, Darmstadt.
Dollar, David, und Aart Kraay. 2001. Trade, Growth and Poverty. Development Research Group, The World Bank, www.econ.worldbank.org/file/2207_wps2615.pdf
Easterlin, Richard A.1998. *Growth Triumphant. The Twenty-first Century in Historical Perspective*. Ann Arbor. The University of Michigan Press.
ERP. 2003. *Economic Report of the President together with The Annual Report of the Council of Economic Advisors*. Washington D.C: United States Government Printing Office.
Feldman, Grigorij A. 1965. On the Theory of Growth Rates of National Income. In *Foundations of Soviet Strategy for Economic Growth – Selected Essays, 1924–1930*, Hrsg. Nicholas Spulber. Bloomington. Indiana University Press.
Frenkel, Michael, und Hans-Rimbert Hemmer. 1999. *Grundlagen der Wachstumstheorie*. München.
Global Challenges Network, Hrsg. 2003. *Ölwechsel! – Das Ende des Erdölzeitalters und die Weichenstellung für die Zukunft*. München.
Gorgescu-Roegen, Nicholas. 1971. *The Entropy Law and the Economic Process*. London. Harvard University Press.
Günther, Klaus, und Shalini Randeria. 2001. Werner Reimers Stiftung, Schriftenreihe Suchprozesse für innovative Fragestellungen in der Wissenschaft – keine Verlagsveröffentlichung!!! Harvard University Press.
Harvey, David. 1982/2006. *The Limits to Capital*. London/New York
Harvey, David. 1989. *The Urban Experience*, (Oxford University Press) Oxford.
Harvey, David. 2003. The ‚New' Imperialism: Accumulation by Dispossession, In *The New Imperial Challenge. Socialist Register 2004*, Hrsg. Leo Panitch und Colin Leys, 63-87. London.
Heinberg, Richard. 2004. *The Party's Over: Oil, War and the Fate of Industrial Societies*. Gabriola Island, BC.
Hirsch, Fred. 1980. *Die sozialen Grenzen des Wachstums*. Reinbek.
Kornai, János. 1986. The Soft Budget Constraint. *Kyklos* 39:3–30.
Kromphardt, Jürgen. 1993^3. *Wachstum und Konjunktur*. Göttingen.
Kunert, Uwe, und Sabine Radke. 2013. *Nachfrageentwicklung und Kraftstoffeinsatz im Straßenverkehr: Alternative Antriebe kommen nur schwer in Fahrt*. DIW Wochenbericht, Nr. 50 (2013), 13-23. Berlin,.
Läpple, Dieter. 1997. Grenzen der Automobilität? In *PROKLA – Zeitschrift für kritische Sozialwissenschaft*, 107(2): 195–216
Leigh, David, und Rob Evans. 2006. Cod Sold in Hundreds of Chippies Linked to Russian Black Market. In *The Guardian*, 20. Februar 2006, 15.
Luks, Fred. 2001. *Die Zukunft des Wachstums. Theoriegeschichte. Nachhaltigkeit und die Perspektiven einer neuen Wirtschaft*. Marburg.
Maddison, Angus. 2001. *The World Economy: A Millennial Perspective*. Paris: OECD.
Malthus, Thomas Robert. 1970. *An Essay on the Principle of Population and a Summary View of the Principle of Population*, Reprint. Harmondsworth.
Marx, Karl. 1953. *Grundrisse der Kritik der Politischen Ökonomie*. Berlin. Dietz-Verlag.
Marx, Karl.1970a, b, c. *Das Kapital, 3 Bände, Marx-Engels-Werke*, Bd. 23, 24, 25. Berlin.
Meadows, Donella, Dennis L. Meadows, und Jørgen Randers. 2006. *Grenzen des Wachstums - Das 30-Jahre-Update*. Stuttgart.
Mill, John St. 1871. *Principals of political economy*. London.

Pirenne, Henri. 1976. *Stadt und Handel im Mittelalter*. München. Anaconda - Verlag.
Polanyi, Karl. 1944/1957. *The Great Transformation: The Political and Economic Origins of Our Time*. New York. Suhrkamp – Verlag.
Ponting, Clive. 1991. *A Green History of the World – The Environment and the Collapse of Great Civilizations*. Harmondsworth. Penguin Books.
Ricardo, David. 1959. *Über die Grundsätze der Politischen Ökonomie und der Beteuerung*. Übers. und mit einer Einleitung versehen von Gerhard Bondi. Berlin.
Sachs, Wolfgang. 1997. Geschwindigkeit und Ökologie. Eine Skizze. In *PROKLA – Zeitschrift für kritische Sozialwissenschaft*, 107(2), 181–194.
Sterne, Lawrence. 1994. *Tristram Shandy*, neu übersetzt von Michael Walter, 9 Bände, München (dtv Klassik).
UBA – Umweltbundesamt. 2005. Determinanten der Verkehrsentstehung. Nur als Download: http://www.umweltbundesamt.org/fpdf-l/2967.pdf.
Weber, Max. [1920]1986. *Gesammelte Aufsätze zur Religionssoziologie*. Tübingen. J. C. B. Mohr.

Beschleunigung versus Entschleunigung: Zwei konträre Leitbilder der Verkehrspolitik

Fritz Reheis

Zusammenfassung
Thematisiert man Verkehrspolitik im Zusammenhang von Raum und Zeit, so kann grob zwischen Be- und Entschleunigung als konträre Leitbilder unterschieden werden. Aus empirischer und analytischer Perspektive skizziert der Beitrag zunächst den grundsätzlichen Zusammenhang zwischen Beschleunigung und Moderne und stellt den Bezug zur Beschleunigung des Verkehrs her. Aus normativer Perspektive wird sodann nach Maßstäben für einen angemessenen Umgang mit Zeit gefragt und der konsequent disziplinübergreifende Ansatz einer „Ökologie der Zeit" vorgestellt. Auf dieser Grundlage werden abschließend Vorschläge eines zeitökologisch reflektierten und insofern entschleunigten Verkehrs diskutiert.

Schlüsselwörter
Zeit • Moderne • Kapitalismus • Evolution • Nachhaltigkeit

1 Einleitung

Bis vor wenigen Generationen war die *Geschwindigkeit des Transports von Nachrichten, Gütern und Menschen* durch die natürliche Physiologie von Tier und Mensch begrenzt. Heute sind wir bei der Übertragung von Informationen bereits bei der *Geschwindigkeit des Lichts* angelangt, bei der Beförderung von Materie gibt es noch Nachholbedarf, aber die *Geschwindigkeit des Schalls* ist längst um ein Vielfaches überschritten. Raketen der neuesten Generation bewegen sich mit über 10.000 Kilometer in der Stunde, seriengefertigte Automobile haben die 400 Stundenkilometergrenze erreicht. Und der *Kampf gegen die Zeit* geht weiter: Das

---

F. Reheis (✉)
Lehrstuhl für Politische Theorie, Otto-Friedrich-Universität, Bamberg, Deutschland
E-Mail: fritz.reheis@uni-bamberg.de

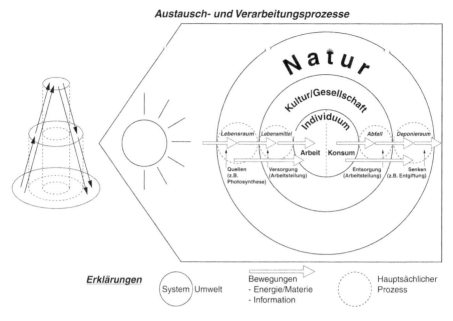

Abb. 1 Austausch und Verarbeitungsprozesse

Massachusetts Institut of Technology entwirft einen Transrapid, der mit Tempo 7.400 Stundenkilometer in einer Vakuum-Röhre unter dem Atlantik New York mit London verbindet. Und die amerikanische Luftwaffe plant den Bau von Flugzeugen, die innerhalb von zwei Stunden eine Ladung von sechs Tonnen Bomben an jeden Ort der Erde transportieren können. Erstes Fazit: Vergangenheit und Zukunft des Verkehrs können offenbar mit Fug und Recht als gigantische Beschleunigungsgeschichte erzählt werden.

Im *ersten, längeren Teil des Beitrags* werden nach einer kurzen Vorklärung zum Begriff von „Beschleunigung" zunächst die Bereiche und Formen der modernen Beschleunigung skizziert. Danach werden Faktoren, Folgen und Wechselwirkungen dargestellt. Abschließend wird ein Überblick über unterschiedliche Interpretationsansätze und Bewertungen dieser Entwicklung gegeben.

Im *zweiten, kürzeren Teil* wird die seit Anfang der 1990er-Jahre vertretene Option einer Entschleunigung des Verkehrs aufgegriffen. Weil die bisherigen Analysen und Vorschläge sich meines Erachtens als nur begrenzt anschlussfähig erweisen, wird ein integrativer Neuansatz vorgestellt, mit dessen Hilfe die Entschleunigung des Verkehrs mit der des Lebens insgesamt kontextualisiert werden kann. So wie der Verkehr grundsätzlich als Katalysator von Produktion und Konsumtion begriffen werden kann, wirkt auch die Beschleunigung des Verkehrs katalytisch (vgl. Altvater in Kap. VIII.1 dieses Bandes: ▶ Verkehrtes Wachstum: Zur Verkehrsentwicklung im Rahmen der kapitalistischen Verwertungslogik). Aus der Perspektive des radikal integrativen Ansatzes einer „Ökologie der Zeit" lassen sich drei fundamentale Diskurse der Verkehrswissenschaft und -politik aus einem Guss thematisieren: *erstens* das Thema Verbesserung (vor allem Verlagerung) versus Vermeidung von Verkehr, *zweitens* die Frage nach der Einbindung von Verkehrsverhalten in die innere und äußere „Natur" des Menschen (z. B.Präferenz für das Auto, Umweltbilanzen) und *drittens* der Zusammenhang zwischen Deskription/Analyse und Präskription (d. h. Ethik des Verkehrs).

2 Beschleunigung

2.1 Grundlegendes

2.1.1 Terminus

Der Terminus „Beschleunigung" ist eine seit dem 17. Jahrhundert auftretende Ableitung des Adverbs „schleunigst" bzw. des Adjektivs „schleunig" mit der mittel- und althochdeutschen Bedeutung *„eilig"* bzw. *„sofort"*. Relativ spät wurde das Wort zu einem physikalischen Fachbegriff für die Erhöhung von Geschwindigkeit (vgl. Duden 1963: 610). Heute heißt „Beschleunigung", dass etwas *„früher"* oder *„schneller"* geschieht oder dass etwas schneller wird (vgl. Duden 1985: 134). Im Folgenden soll von der neuen und spezifischen Bedeutung ausgegangen werden: Beschleunigung als Erhöhung von Geschwindigkeit.

2.1.2 Begriff

Für eine begriffslogische Klärung ist der Bezug auf die Kategorie Zeit erforderlich. Aber auch die ist als solche nicht direkt fassbar, sondern nur über ihre Manifestation in Gestalt von Veränderung. Zeit und damit auch Beschleunigung können wir nach einer weit verbreiteten philosophischen Betrachtung an drei Arten von Veränderungen erfahren: erstens die der Gestalt, die wir *Entwicklung* nennen, zweitens die des Zustands bzw. der Situation, die wir als *Prozess* bezeichnen, und drittens die der Konstellation bzw. des Ortes, worunter wir *Bewegung* verstehen. Dem sind aus philosophischer Perspektive auch jeweils drei Arten von Beschleunigung zuzuordnen, wobei die beschleunigte Bewegung im Raum den uns hier interessierenden „Verkehr" betrifft.

2.1.3 Formen/Bereiche

Natur: Folgt man zunächst der Brockhaus-Enzyklopädie, so ist der Beschleunigungsbegriff den Bereichen *Chemie* (Erhöhung der Geschwindigkeit einer chemischen Reaktion z. B. durch Katalysatoren), *Medizin* (Empfindung und Belastung des Körpers aufgrund der Einwirkung einer Kraft z. B. in der Flugmedizin) und *Physik* (Erhöhung der Geschwindigkeit eines Körpers z. B. bei ungleichförmigen Bewegungen) zugeordnet (Brockhaus Enzyklopädie 1993, Bd. 3: 200 f.). Darüber hinaus kann im Kontext der *biologischen Evolutionstheorie* auch die Geschichte der Entstehung natürlicher Arten, vom einfachsten Leben bis hin zum Menschen, als Beschleunigung gedeutet werden, denn die Zeit, die für das Auftreten neuer biotischer Formen notwendig war, wurde immer kürzer.

Grundtatbestände von Kultur und Gesellschaft: Der Kulturbegriff wird im Folgenden begriffslogisch auf das Mensch-Natur-Verhältnis, der Gesellschaftsbegriff auf die Mensch-Mensch-Relation bezogen. Die sie jeweils charakterisierenden Formen von Arbeit und Interaktion (Habermas 1968) sind in der Realität eng miteinander verschränkt. Sowohl materielle Arbeitsgeräte wie immaterielle Interaktionsmittel- und formen veränderten sich im Laufe der Geschichte von Kultur und Gesellschaft mit zunehmendem Tempo. Als Beispiel für die *kulturelle Evolution* sei auf die Entwicklung der Kommunikationsmedien verwiesen. Vor 50.000 Jahren entstand z. B. die Sprache, vor 5.000 Jahren die Schrift, vor 500 Jahren der Buchdruck, vor rund 50Jahren der Computer und vor rund 20 Jahren das Internet. Vergleichbares gilt für die *soziale Evolution*: Am Prinzip der Reziprozität orientierte man sich bei der Gestaltung arbeitsteiliger Beziehungen über Jahrtausende, an dem der Redistribution immerhin einige tausend Jahre, Markttausch und Kapitalismus existieren erst seit ein paar hundert Jahren (vgl. Harris 1987: 122–150).

Fasst man die Grundtatbestände der Kultur- und Sozialentwicklung zusammen, so zeigt sich die Beschleunigung ähnlich wie bei der Evolution der Natur zweifach: erstens in der Erhöhung der Geschwindigkeit einer *einzelnen* kulturellen oder sozialen Aktivität, z. B. bei der Herstellung eines Exemplars eines Nahrungsmittels oder beim Austausch einer Nachricht, zweitens in der Erhöhung der Innovationsgeschwindigkeit und damit der Verkürzung der Lebensdauer einer neu geschaffenen *Art* von Produkten bzw. Leistungen.

Wirtschaft: Im Bereich von Produktion und Konsumtion zeigt sich die Beschleunigungstendenz erstens als Steigerung der Geschwindigkeit der *Herstellung* eines einzelnen Produkts bzw. einer einzelnen Dienstleistung. Insofern kann die gesamte Technik- und Wirtschaftsgeschichte vor allem seit dem ausgehenden Mittelalter als Kulturgeschichte der Beschleunigung verstanden werden (vgl. Henckel 2001; Borscheid 2004). Und zweitens zeigt sich die ökonomische Beschleunigung im steigenden *Innovationstempo* bzw. in der Verkürzung der Lebensdauer der Typen von Produkten und Dienstleistungen. Die Beschleunigung der Wirtschaft betrifft alle drei Sektoren: die Landwirtschaft, die gewerbliche Produktion und die Dienstleistungen.

Gesellschaft: Im Zusammenhang mit zwischenmenschlichen Interaktionen zeigt sich die Beschleunigung in zweierlei Hinsicht. Mit Zunahme des *Lebenstempos* ist die Steigerung der Handlungs- und/oder Erlebnisepisoden pro Zeiteinheit gemeint. Sie äußert sich in der Erhöhung der Handlungsgeschwindigkeit, in der Verkürzung der Pausen, in der Vergleichzeitigung der Handlungen und in dem Gefühl, dass die Zeit schneller vergeht (vgl. Geißler 2002; Rosa 2005). Mit Beschleunigung des *sozialen Wandels* ist gemeint, dass sich die soziokulturellen Gegebenheiten (Produkte, Strukturen etc.) immer schneller verändern. Diese zweifache Beschleunigung im Kontext von Gesellschaft gilt als Inbegriff der Moderne und ihres Begriffs von Fortschritt und Emanzipation (vgl. Bender 2001; Rosa 2005). Sie lässt sich in allen zentralen Gesellschafts- bzw. Aktivitätsbereichen wie z. B. Medien (vgl. Beck 1994; Schneider und Geißler 1999; Kirchmann 2004), Lernen/Erziehung/Bildung (vgl. Posod 1997; Reheis 2005 und 2007) und Kunst (vgl. Bickenbach 2004; Rohrmeier 2004) nachweisen.

Staat: Der politisch definierte Rahmen, innerhalb dessen Arbeit und Interaktion stattfinden, weist ebenfalls eine zweifache Spur der Beschleunigung auf. Einmal die Verkürzung der für die einzelnen *Akte der kollektiven Willensbildung* zur Verfügung stehenden Zeiträume (vgl. Eberling 1996), zum anderen die Erhöhung des Zeitdrucks für die erforderlichen *Innovationen* in Bezug auf die Rahmensetzung. Hier geht es auch um den Zusammenhang zwischen Herrschaft und Zeit: Der Herrschende lässt warten, der Beherrschte wartet. Und der Herrscher hat das Monopol über die schnellsten Kommunikations- (z. B. Brieftauben), Transport- (z. B. Galeerenschiffe) und Vernichtungsmittel (z. B. Langstreckenraketen). Die Beschleunigung im Kontext von Staat und Politik ist auch staats- und demokratietheoretisch bedeutsam (vgl. Reheis 1999; Häberle 2000). Und in demokratischen Staaten wird häufig die Langsamkeit der Politik in Relation zur Schnelligkeit der Wirtschaft konstatiert. Im Kontext der Politik ist die temposteigernde Wirkung von Kriegen offensichtlich (vgl. Virilio 1980).

Verkehr: Beim Transport von Informationen/Nachrichten (Daten), Gütern und Personen als Teilbereich der Wirtschaft zeigt sich die Beschleunigung prinzipiell genauso wie bei anderen Dienstleistungen in Bezug auf Einzelleistung und Innovationstempo. Bei Einzelleistungen kann zwischen der *Vermehrung der Bewegungen* im Raum und der *Verkürzung der Zeitspanne*, die für die Raumüberwindung erforderlich ist, unterschieden werden. Beide Effekte verstärken sich wechselseitig, wie der Ferntourismus besonders drastisch vor Augen führt. Die größte Geschwindigkeitssteigerung gab es beim Datenverkehr. Beim Güter- und Personenverkehr bildet der motorisierte Luftverkehr die Spitze, gefolgt vom motorisierten Straßen-, Schienen- und Wasserverkehr (vgl. Pahl und Léonardi 2003). Die Beschleunigung des Datenverkehrs (z. B. Telefon, E-Mail, SMS) dient bekanntlich der beschleunigten zwischenmenschlichen Kommunikation, wobei diskutiert wird, inwieweit dieser nicht-materielle den materiellen Verkehr tatsächlich ersetzt. Auch hier gilt für beide Arten von Raumüberwindung: Es war der Transport von Soldaten und Waffen, der die Beschleunigung des Verkehrs beispiellos vorangetrieben hat.

2.2 Geschichte

Unabhängig davon, wie Historiker, Kultur- und Sozialwissenschaftler die mit der Renaissance erstmals aufscheinende „neue Zeit" bewerten, sind sie sich in einem Punkt weitgehend einig: Mit dieser neuen Zeit geht eine veränderte Wahrnehmung und Praxis des Umgangs mit Raum und Zeit einher (vgl. Virilio 1980; Kern 1983; Elias 1988; Berman 1988; Radkau 1998; Conrad 1999). Eine der ausdruckstärksten Formulierungen hierfür findet sich im Manifest der Kommunistischen Partei von Karl Marx und Friedrich Engels: „Die fortwährende Umwälzung der Produktion, die ununterbrochene Erschütterung, aller gesellschaftlichen Umstände, die ewige Unsicherheit und Bewegung zeichnet die Bourgeoisepoche vor allen anderen aus. Alle festen, eingerosteten Verhältnisse (…) werden aufgelöst, alle neugebildeten veralten, ehe sie verknöchern können. Alles Ständische und Stehende verdampft" (Marx und Engels 1848: 465; dazu auch Reheis 2011, v. a. Kap. 4 und Kap. 9) Peter

Borscheid (2004) unterscheidet im Kontext dieser vom Bürgertum vorangetriebenen Kulturgeschichte der neuzeitlichen Beschleunigung drei grundlegende Phasen: die Start-, die Beschleunigungs- und die Tempophase.

2.2.1 Startphase

Gemessen an der Menschheitsgeschichte handelt es sich bei der generellen Beschleunigung um ein junges Phänomen moderner kapitalistischer Gesellschaften. Noch die Gesellschaften des Mittelalters und der frühen Neuzeit waren dadurch charakterisiert, dass das Leben in die gleichmäßigen *Geschwindigkeiten natürlicher Prozesse* eingebettet war. Sonne und Mond waren die wichtigsten Taktgeber des Alltags, das Wetter sorgte für Veränderungen innerhalb eines insgesamt stabilen Rahmens. „Warum schneller pflügen oder die Schafe schneller scheren, wenn die dadurch gewonnene Zeit nicht zur Verbreiterung der Nahrungsgrundlage zu nutzen oder mit sinnvollen Tätigkeiten auszufüllen ist" (Borscheid 2004: 29)?

Die Anfänge des Beschleunigungsprinzips, in Europa etwa ab 1450, hängen damit zusammen, dass sich der Handel zwischen den Städten intensivierte. Hauptantreiber sind die *Kaufleute*, denen es um die schnelle Überwindung der Distanzen zwischen den Handelsorten geht. Dies sind aber erst „Geschwindigkeitsinseln" (ebd.: 71) in einem Meer von insgesamt durch und durch gleichförmigen Verhältnissen. Seit die *Eisen- und Textilindustrie* in Europa Fuß gefasst hat, werden Produktion, Transport, Verteilung und Verbrauch der Güter auf der Grundlage eines neuen Prinzips verkoppelt: der abstrakten Zeit (vgl. ebd.: 110). Ab jetzt werden systematisch Zeitverkürzungsmaschinen und -techniken eingesetzt, Zeit wird bewirtschaftet, die *Uhr* wird zur *Schlüssel-Maschine* des Industriezeitalters (Lewis Mumford). Die Intensivierung der Arbeitsteilung erzeugt neuartige Synchronisationszwänge und das vorgestreckte Anlagekapital drängt auf Beschleunigung des Zusammenhangs von Produktion und Konsumtion zum Zwecke seiner möglichst schnellen Amortisation. Jetzt beginnt auch die Disziplinierung des Arbeiters und aus der Erkundung der außereuropäischen Welt wird Schritt um Schritt deren Unterwerfung. Es entstehen zwar, auch vorangetrieben durch den Geist der Aufklärung, länderübergreifende *Transport- und Kommunikationsnetze*, aber noch immer bleiben Mensch und Pferd die wichtigsten Transportmittel auf dem Lande (vgl. zur Verkehrsgeschichte auch die Beiträge von Glaser (▶ Zum kulturellen Bedeutungswandel des Verkehrs in der Menschheitsgeschichte), Meyer (▶ Forschungsförderung, Verkehrspolitik und Legitimität: Die Folgen heterogener Rationalitäten in politischen Prozessen) und Haefeli (▶ Entwicklungslinien deutscher Verkehrspolitik im 19. und 20. Jahrhundert) in Kap. II.3 dieses Bandes:).

2.2.2 Beschleunigungsphase

Etwa ab 1800 kann von einer Beschleunigungsphase gesprochen werden. Die „Zeit des Dampfes" beginnt (Borscheid 2004: 115). Auf der Schiene, auf Flüssen und Meeren wird systematisch Geschwindigkeit produziert und durch die Verkürzung der für die Raumüberwindung erforderlichen Zeiträume die Welt quasi verkleinert. Dazu trägt auch die sich rasch ausbreitende Telegrafie bei. So entsteht eine neue Form der materiellen und „elektromagnetischen Nähe" (ebd.: 142). „Fortschritt ist nicht mehr wie im Zeitalter der Aufklärung ein vorsichtiges Vortasten, sondern ein mutiges Vorpreschen und Hasten, vorangetrieben von hochaktiven Machern, welche die Zeit als ein knappes Gut betrachten und keinen Grund sehen, auf das Zeitsparen zu verzichten: bei der Güterproduktion und der Überwindung von Distanzen wie auch bei der künstlichen Beschleunigung von chemischen Prozessen. Dieses Prinzip kennt keine Beschränkung, es ist auf Steigerung programmiert" (ebd.: 144).

Die *Techniker* der Beschleunigung werden zu den *Heroen des neuen Zeitalters*, das in fantastischen Romanen wie „Die Reise um die Erde in 80 Tagen" und „Von der Erde zum Mond" von Jules Verne verarbeitet wird. Im Sport wird der athletische Körper zum neuen Körperideal, zum Symbol von Fortschritt. Der Ingenieur Frederick W. Taylor errechnet mit Stoppuhr und Notizblock den leistungsstärksten Arbeiter. Es stellt sich heraus, dass Spitzenleistungen im Sport wie in der mechanischen Arbeit nur durch Ausschaltung des Bewusstseins möglich werden, die „Körper-Maschine" muss automatisch funktionieren (vgl. Borscheid 2004: 191). Geschwindigkeit wird zum Selbstzweck, der alle Lebensbereiche erfasst und auch die Vorstellung von kultureller Entwicklung verändert. Jede erreichte Leistung wird, kaum ist sie erbracht, als Zwischenstadium zu noch Höherem begriffen. Tempo und Mobilität nehmen religiöse Züge an (vgl. ebd.: 238). Gleichzeitig werden „rasende Kriegsmaschinen" wie die Flüssigtreibstoff-Rakete A4 (die spätere „Vergeltungswaffe" V2) und die Feststoff-Rakete V4 entwickelt, die eine fünf- bzw. sechsfache Schallgeschwindigkeit erreichen.

Bis zur Mitte des 20. Jahrhunderts hat die Beschleunigungskultur endgültig *alle Lebensbereiche* erfasst. In der Wirtschaft wird die Nutzung der Ressource Zeit Schritt für Schritt betriebswirtschaftlich optimiert – der Schnelle frisst den Langsamen, heißt das Motto. Im Alltag wird die „amerikanische Nervosität" zum typischen Krankheitsbild auch des europäischen Großstädters, die es mit entsprechenden Medikamenten gegen Stress zu kurieren gilt (vgl. ebd.: 298 f.). Taylorismus im Betrieb, im Haushalt, beim Essen und Genießen. Auch die zwischenmenschlichen Beziehungen werden beschleunigt, von den schnellen Geschäftskontakten bis hin zur intim-erotischen Begegnung. Keine Zeit zu haben, wird zum Statussymbol. Die Fähigkeit zu einem ausgeklügelten Zeitmanagement gilt als Schlüsselqualifikation der Beschleunigungs- und Nonstop-Gesellschaft.

2.2.3 Tempophase

Die Gegenwart, wie sie sich Borscheid zufolge etwa ab 1950 abzeichnet, ist vor allem durch die *Demokratisierung* jenes Tempos gekennzeichnet, das davor nur einen Teil der Gesellschaft und zudem nur sporadisch erfasst hatte. Jetzt werden die letzten „Ruhezonen" beseitigt und zugleich beginnt die „Jagd nach der Nanosekunde" (ebd.: 346). In der Wirtschaft setzt sich endgültig die Erkenntnis durch, dass denjenigen, der zu spät kommt, der Markt bestraft. Speed-Management ist angesagt. Durch den Wegfall des Eisernen Vorhangs und dem Globalisierungsschub seit den 1990er-Jahren, wird der gesamte Globus von der Tempophase erfasst. Schlüsseltechnologien sind der Computer, mit dem die Datenverarbeitung beschleunigt wird, und die Gentechnologie, durch die dasselbe der Evolution widerfährt.

Die Demokratisierung des Tempos zeigt sich besonders deutlich im *Konsumbereich*, z. B. im Fastfood, in der Abfolge von Modeströmungen oder im Massentourismus. Nicht zuletzt die mittlerweile weltweite Ausbreitung von Raketentechnologien im *Militärbereich*, die auf dem Zusammenwirken lichtschneller Lenkungs- und überschallschneller Transportmittel beruhen, belegt die universelle Durchsetzung der Tempophase.

2.3 Systematik

2.3.1 Faktoren

Unterschieden werden kann zunächst zwischen ermöglichenden und erfordernden Faktoren. Grundsätzlich wird die Beschleunigung *durch Produktivitätssteigerung ermöglicht*, die daraus resultiert, dass die Kenntnisse über die Bedingungen für Entwicklungen, Prozesse und Bewegungen sich ausweiten. Damit einher gehen Vertiefung und Spezialisierung in der Arbeitsteilung sowie der Einsatz neuer Materialien und Energiequellen. In der Wirtschaft war lange Zeit die gezielte Züchtung von Pflanzen und Tieren der hauptsächliche kulturell-technische Beschleunigungsfaktor. Für die gewerbliche Produktion der Neuzeit haben vor allem die Entdeckung des „unterirdischen Waldes" im 19. Jahrhundert (Sieferle 1982) und die Miniaturisierung der Informationsspeicherung/-verarbeitung und die Gentechnik im 20. Jahrhundert eine große Bedeutung als Beschleunigungsfaktoren erlangt.

Zu diesen Produktivitätspotenzialen kommen die *Erfordernisse der Produktionsverhältnisse*, also die Eigenart des gesellschaftlich-wirtschaftlichen Anreizsystems. Die seit ca. 200 Jahren sich durchsetzende Steuerung des Wirtschaftsgeschehens durch Markt- und Kapitalprozesse erfordert die umfassende Steigerung von Geschwindigkeiten in allen Bereichen: der kulturellen und gesellschaftlichen Grundtatbestände, der Wirtschaft, der Gesellschaft, des Staates und des Verkehrs. Beide Arten von Faktoren ermöglichten und erforderten auch die Beschleunigung des Verkehrs: durch Leistungssteigerung bei den Transportmitteln und Abbau der Raumwiderstände (Einebnung, Begradigung) bei den Transportwegen.

2.3.2 Folgen

Die Beschleunigung von Entwicklungen, Prozessen und Bewegungen, also auch der Produktion, der Konsumtion und des Verkehrs von Personen, Gütern und Informationen *erhöht* und *bereichert* zunächst ganz grundsätzlich die menschlichen *Möglichkeiten*, in die Umwelt *einzugreifen*. Dazu gehört die räumliche Erschließung der Welt, die Erhöhung des materiellen Wohlstands bzw. die Verkürzung der erforderlichen Zeit, um ihn bereitzustellen, und nicht zuletzt die Lust an der Geschwindigkeit, die z. B. im Motto „Freie Fahrt für freie Bürger" ideologisch überhöht wird. In diesem Kontext sind auch die subjektiven Motive für die Beschleunigung angesiedelt.

Ihre Folgen müssen sowohl in Hinblick auf die Seins-Bereiche *Natur* (vor allem Ökologie), *Kultur* (vor allem Technik), *Gesellschaft* (vor allem Institutionen und

Normen) und *Individuum* (vor allem Verhalten, Denken, Fühlen) untersucht werden. So sind viele Formen der Verkehrsbeschleunigung mit Verlusten sinnlicher Erfahrung und Qualitätseinbußen verbunden (man vergleiche eine Auto- mit einer Fahrradfahrt) (vgl. Adam 2004). Diskutiert wird auch die Frage, ob Beschleunigungsbemühungen immer effizienzsteigernd sind (vgl. Backhaus und Bonus 1998). Zweifel daran sind etwa angebracht, wenn durch eine zu schnelle Produktfolge z. B. bei Autos die einzelnen Neuerungen vom Kunden nicht mehr wahrgenommen werden oder durch unausgereifte Produkte die Anzahl der Rückrufaktionen beständig steigt.

Aus einer sehr grundsätzlichen Perspektive kommen im Kontext der Beschleunigungswirkungen zwei Dimensionen in Betracht. Bei der *energetisch-materiellen Dimension* geht Beschleunigung in aller Regel einerseits mit einem erhöhten Aufwand an Energie einher, andererseits wird die Reichweite menschlichen Handelns und Erlebens ausgeweitet und vervielfacht. In Bezug auf die *informationelle Dimension* bedeutet Beschleunigung zunächst gesteigerte Veränderung.

Je mehr sich wandelt, desto mehr müssen sich einerseits Lebewesen an neue Umgebungsverhältnisse anpassen, was für sie mehr Steuerung und Informationsverarbeitung bedeutet, desto weiter ist jedoch andererseits der Horizont menschlichen Handelns und Erfahrens. Aus *thermodynamischer* Perspektive, die beide Dimensionen zusammenfasst, kann die entropiesteigernde Wirkung der Beschleunigung festgehalten werden. Was den immer schneller werdenden Transport von Menschen, Sachen und Informationen betrifft, besteht die zentrale Folge darin, dass die zurückgelegten Strecken verlängert, die erschlossenen Flächen vergrößert und die räumlichen Vernetzungen bzw. Abhängigkeiten gesteigert werden. Die Geschichte der Verkehrsbeschleunigung geht einher mit der Kolonialisierung und Globalisierung der Welt (vgl. Dörre et al. 2009).

2.3.3 Wechselwirkungen

Grundsätzlich gilt, dass mit der Beschleunigung von Entwicklungen, Prozessen und Bewegungen die Produktivkräfte *weiter gesteigert* werden und die Produktions- bzw. Anreizverhältnisse gleichzeitig immer höhere Geschwindigkeiten erfordern. Dazu kommt, dass durch die Intensivierung der Arbeitsteilung die *wechselseitigen Abhängigkeiten* zunehmen, was schließlich zu einem *Zwang zur Beschleunigung* führt. Dies ruft wiederum *Gegentendenzen* hervor, die sich im Bedürfnis nach Orientierung und in Kräften der Stabilisierung und Beharrung äußern, aber auch in immer längeren immobil verbrachten Teilen der Freizeit (z. B. vor dem Fernseher), in verlängerten Ausbildungs- und biografischen Wartephasen, im Stau auf der realen und der Datenautobahn, in der Erstarrung der Politik.

Auch die *raumausgreifende Wirkung* des beschleunigten Verkehrs führt vor allem im 20. und 21. Jahrhundert nicht nur zu kulturellen und sozialen *Vereinheitlichungen* (kulturelle/soziale Entropie), sondern auch zu *Auseinanderentwicklung*, *Regionalisierung* und lokaler *Abschottung*. Diese Tendenzen werden im wissenschaftlichen Diskurs unterschiedlich gewichtet. Barbara Adam (2004) macht darauf aufmerksam, dass mit der Beschleunigung von Verkehr neue *räumliche* und *soziale Ungleichheiten* entstehen können: Wo beispielsweise schnelle und deshalb schwere Fahrzeuge mit hoher kinetischer Energie sich mit langsamen und ungeschützten Verkehrsteilnehmern auf ein und derselben Bahn fortbewegen, entsteht ein ungleich verteiltes Verletzungs- und Todesrisiko. Dies führt wieder dazu, dass langsame und unerfahrene Verkehrsteilnehmer (Alte und Kinder) gesondert geschützt werden müssen und somit zusätzlicher Autoverkehr entsteht (vgl. auch Flade in Kap. V.3 dieses Bandes: ▶ Verringerung der sozialen Kosten des Verkehrs: Stressfreie Mobilität inmitten eines sozial- und umweltverträglichen Verkehrs).

2.4 Interpretationen

Grundsätzlich kann die *Kulturgeschichte als Fortsetzung der Naturgeschichte* gedeutet werden (vgl. Meyer-Abich 1990). Die Beschleunigung im Bereich der Kultur würde demzufolge letztlich aus den Gesetzmäßigkeiten der natürlichen Evolution resultieren. Allerdings muss dann erklärt werden, warum der Mensch mit seiner artspezifischen Begabung zu Vernunft und elaborierter Kommunikation die *Gefahren und Risiken* der Beschleunigung offenbar nicht ausreichend erkennt und nicht entsprechende Konsequenzen zieht. Borscheid (2004) und auch andere diagnostizieren, dass es mehrere kulturelle Gegenbewegungen gibt, die dem Beschleunigungsprinzip Grenzen setzen, darunter vor allem die natürlichen Lebensgrundlagen (die Quellen und Senken des Naturhaushalts), die Belastbarkeit des menschlichen Wahrnehmungs-, Denk- und Affektapparats (etwa bei der emotionalen Verarbeitung von Reizen), die ungeplanten gesellschaftlichen Nebenfolgen (wie Stau auf der realen und der Datenautobahn) und auch die bewusste Entschleunigung (vgl. auch Geißler 2004; Glauber 2006).

2.4.1 Eine biologische Interpretation

Aus der biologischen Perspektive z. B. von Eibl-Eibesfeldt (1998) wird die Bedeutung der Evolution der Natur und der *genetischen Speicherung und Weitergabe* evolutionärer Erfahrungen unterstrichen. Für Eibl-Eibesfeldt ist kulturelle und soziale Beschleunigung letztlich ein Erbe der natürlichen Evolution. „In der Hand die Atombombe, im Inneren die Gene der steinzeitlichen Vorfahren" – so wird die Situation des modernen Menschen oft beschrieben.

Um die permanente Tempozunahme zu begrenzen, muss diese Lücke zwischen weit fortgeschrittenen technischen Möglichkeiten einerseits und weit zurückgebliebenen moralisch-ethischen Dispositionen andererseits schnell geschlossen werden. Aus evolutionstheoretischer Sicht wird dabei auf die *Kultivierung* des als natürlich angesehenen menschlichen Egoismus gesetzt. Dabei stützt man sich auf die spieltheoretisch nachgewiesene Erkenntnis, dass Spieler eigennützig zusammenarbeiten, wenn sie genug Zeit haben, um Vertrauen in die Kooperationsbereitschaft des Gegners zu entwickeln (vgl. Neumann et al. 1999).

2.4.2 Eine kultur- und geisteswissenschaftliche Interpretation

Aus kultur- und geisteswissenschaftlicher Perspektive wird die Beschleunigung in der Moderne im Kontext des Umbruchs des Welt- und Menschenbildes zwischen ausgehendem Mittelalter und beginnender Neuzeit gesehen. Als Beispiel sei die Sicht *Marianne* Gronemeyers (1993) angeführt. Je größer in dieser Umbruchsphase die Zweifel wurden, ob es ein Leben nach dem Tode gibt, das dann die eigentliche Erfüllung des Menschseins bedeute, desto mehr wurde sich der Mensch bewusst, dass das irdische Dasein quasi die *letzte Gelegenheit* ist, etwas daraus zu machen, also möglichst viel in es hineinzupacken und es so quasi zu verlängern. Damit wird die Erfahrung von Zeitknappheit und Hetze zur Grunderfahrung der Moderne. Auch die gegenwärtigen gentechnischen Versuche, das Leben zu verlängern oder sogar zu klonen, können als eine vorläufig letzte Konsequenz dieses kulturell-geistigen Umbruchs verstanden werden (vgl. Gronemeyer 2000).

2.4.3 Eine politökonomische Interpretation

Aus politökonomischer Perspektive kann die Beschleunigung je nach zugrunde liegendem politökonomischem Paradigma und vor allem je nachdem, wie Geld konnotiert ist, gegensätzlich gedeutet werden.

Im klassisch-neoklassischen Ansatz, der im 18. Jahrhundert aufkam und dem methodologischen Individualismus folgt, resultiert die ökonomische Praxis letztlich aus den Präferenzen der Individuen und den von der Natur gesetzten Knappheiten (vgl. Reheis 1986). Tausch und Geld haben demzufolge rein *vermittelnd-instrumentelle* Bedeutung. Wenn fast alles immer schneller vonstatten gehe, so sei dies letztlich auf die Bedürfnisse der Konsumenten nach „Schneller-Höher-Weiter" zurückzuführen.

Eine fundamental andere Interpretation ergibt sich aus der Sicht der Kritik der Politischen Ökonomie, wie sie von Marx begründet und insbesondere durch die Kritische Theorie weiter entwickelt wurde. Danach haben Ware, Geld und Kapital als gesellschaftliche Produkte des Menschen längst ein Eigenleben (Fetisch) angenommen, das die Menschen beherrscht, statt ihnen zu dienen. Die *Selbstverwertung von Wert*, von Marx als Produktion um der Produktion willen und heute als *shareholder-value*-System bezeichnet, hat sich von den Bedürfnissen der Konsumenten längst abgekoppelt. Geld ist so zum zentralen Wachstumsmotor der Ökonomie geworden (vgl. Binswanger und Flotow 1994). Dies betrifft natürlich die Geschwindigkeiten von Entwicklungen, Prozessen und Bewegungen. Eine Begrenzung oder Umkehr der Beschleunigung ist demzufolge nur über eine Neubestimmung der politischen und ökonomischen Grundordnung möglich.

2.4.4 Eine soziologische und sozialpsychologische Interpretation

Aus soziologischer Perspektive hängt die zwischenmenschliche Beschleunigung zunächst damit zusammen, dass die *wechselseitige Abhängigkeit* durch die sich vertiefende Arbeitsteilung ständig zunimmt. Die Akteure, vor allem die Händler, müssen sich jeweils am Anderen orientieren, eine universelle Zeitordnung konstituieren und anerkennen und das eigene Tempo an das der Anderen anpassen (vgl. Sorokin und Merton 1937; Elias 1988). Verwiesen wird auch auf die mit der Beschleunigung in der Moderne einher gehende raum-zeitliche *Entbettung* (vgl. Giddens 1990) und *Nomadisierung* (vgl. Baumann 2003) des Lebens. Für die soziologische Analyse bedeutet dies, dass statt fester Strukturen *dynamische*

Prozesse als Gegenstände der Untersuchung immer wichtiger werden. Sie diagnostiziert, dass alles in Bewegung gerät, sich verflüssigt und immer mehr individuelle und kollektive Möglichkeitsräume aufgerissen werden (vgl. Urry 2000).

Besonders interessiert sich die Soziologie für die Folgen dieser umfassenden gesellschaftlichen Dynamisierung auf das Individuum. Für den neueren Diskurs ist die These *Richard Sennetts* über den „flexiblen Menschen" wichtig geworden. „Es ist die Zeitdimension des neuen Kapitalismus, mehr als die High-Tech-Daten oder der globale Markt, die das Gefühlsleben der Menschen außerhalb des Arbeitsplatzes am tiefsten berühren" (Sennett 1998: 29). Das sichtbarste Zeichen des Wandels vom alten zum „neuen Kapitalismus", so der Ausgangspunkt von Sennetts Deutungsversuch, ist das Motto des neuen Kapitalismus: „Nichts Langfristiges" (ebd.: 25)!

Dieses Leitmotiv, so Sennetts Pointe, erweist sich als verhängnisvoll für die charakterliche Entwicklung des Menschen. Haltungen wie Vertrauen, Loyalität und gegenseitige Verpflichtung brauchen Zeit, um sich zu entwickeln „und in den Nischen und Spalten von Institutionen Wurzeln zu schlagen" (ebd.: 28). Je mehr der Zeitrahmen in modernen Institutionen begrenzt ist, desto schlechter sind die Bedingungen für das Heranreifen von Loyalität und Vertrauen. Dies aber hat Konsequenzen für das Verhältnis des Menschen zu sich selbst. Die zeitlichen Bedingungen des „neuen Kapitalismus" lassen besonders jene Charaktereigenschaften erodieren, die Menschen miteinander verbinden und dem einzelnen ein stabiles Selbstgefühl geben. Es wird immer schwerer, im eigenen Leben Kontinuität zu erfahren. Das Prinzip „Nichts Langfristiges!" führt so zu einem grundsätzlichen *Konflikt zwischen Erfahrung und Charakter*: „Die Erfahrung einer zusammenhanglosen Zeit bedroht die Fähigkeit der Menschen, ihre Charaktere zu durchhaltbaren Erzählungen zu formen" (ebd.: 37).

2.4.5 Eine sozial- und moralphilosophisch-ethische Interpretation

Die empirisch unstrittige These von der Dynamisierung der Gesellschaft und der Flexibilisierung des Menschen berührt fundamental normative Fragen. So erinnert z. B. *Christiane* Bender (2001) an den *emanzipatorischen Anspruch*, der ursprünglich mit technischem Fortschritt und gesellschaftlicher Beschleunigung verbunden war. Heute zeigt sich zweierlei: Erstens kann die Beschleunigung sozialer Prozesse neben Freiheit und Kreativität genauso gut Zwang und Konformitätsdruck freisetzen. Und zweitens wird die Gefahr immer größer, dass auf der Basis der immer verzweigter und dichter werdenden sozio-technischen Netzwerke die komplexen und komplizierten Abläufe der öffentlichen Willensbildung verkürzt und durch nichtöffentliche, technokratische Entscheidungen ersetzt werden, die autoritär vorgegeben und mit dem Verweis auf Sachzwänge gerechtfertigt werden. Dies hat gravierende Konsequenzen, da es mit den Leitideen der Moderne nicht kompatibel ist, dass Menschen nicht mehr die Zeit haben, ihren Umgang mit ihr zu reflektieren und bewusst zu gestalten. Wo sich eine Gesellschaft die Zeit nicht lässt, sich über ihre Ziele zu verständigen, sind die Erinnerung an ihre Geschichte, der Vorgriff auf ihre Zukunft und schließlich der Konsens in der Gegenwart existenziell bedroht (vgl. ebd.: 64).

Ein sozial- und moralphilosophisch-ethisch besonders brisanter Aspekt der Beschleunigungszwänge, der auch in Hinblick auf das Thema Verkehr wichtig ist, ist das in Verfassungen, Verträgen der Europäischen Union und der Vereinten Nationen fixierte *Recht auf Freizügigkeit*. Am Beispiel von Arbeitsmigration stellt sich die Frage nach moralisch-ethischen Grenzen dieses Rechts mit besonderer Schärfe. *Norbert Brieskorn* erinnert unter Hinweis auf u. a. Kant und Hegel daran, dass Leben und Kultur immer nach Begrenzungen verlangen. Daraus ergibt sich die Aufgabe, Grenzen zu ziehen und gleichzeitig für deren Transparenz und Durchlässigkeit zu sorgen. Wenn seit der Moderne das Partizipationsrecht als Grundrecht gilt, so hat die Politik dem Menschen *Gemeinschaften in einer Größenordnung anzubieten*, in welchen er sein Mitbestimmungsrecht verwirklichen kann. Würde dieses Prinzip ernst genommen, könnte die Zwangsmobilität von Arbeitskräften auf ein Minimum zurückgefahren und auch die faktische Freizügigkeit für Güter und Dienstleistungen stark beschränkt werden. Dies liefe auf eine „weltweite Neuordnung von Staatsgrenzen, Zugängen zu den Reichtümern der Erde und Ansiedlungsrechten" (Brieskorn 2004: 101) hinaus, die dann gerecht wäre, wenn sie bei Fragen der Migration die Interessen von Zuwanderern und Einheimischen berücksichtigen und sich am Leitbild eines „menschenrechtlichen Solidarismus" orientieren würde (vgl. auch Lesch 2004: 142).

Noch konkreter auf den Verkehr bezogen ist das von Ulli Zeitler entwickelte Konzept einer expliziten *„Transport-Ethik"*: ein präskriptives System zur Beurteilung der Auswirkungen des Personenverkehrs auf die menschliche und außermenschliche Natur im Kontext des Verbrauchs von gelebtem Raum und gelebter Zeit (vgl. Zeitler 1997).

2.5 Beschleunigung und Moderne – ein soziologischer Erklärungsversuch

Der Soziologe *Hartmut Rosa* knüpft in seiner Studie „Beschleunigung" mit dem Untertitel „Die Veränderung der Zeitstruktur in der Moderne" (2005) zum Teil an Sennett an und entwickelt dabei eine umfassende Theorie über Formen, Triebkräfte und Konsequenzen der modernen Beschleunigung. Dabei geht er sowohl auf die technische und soziale Beschleunigung wie auch auf die Selbstverhältnisse und Identitätsfragen des Individuums ein. Rosa ist davon überzeugt, dass eine „temporalanalytische Zugangsweise" zu gesellschaftstheoretischen Fragestellungen einen entscheidenden Vorzug gegenüber anderen Zugangsweisen hat: Zeitstrukturen und -horizonte stellen einen oder sogar „*den* systematischen Verknüpfungspunkt für Akteurs- und Systemperspektiven" dar (vgl. Rosa 2005: 24 f.; Hervorh. i. Orig.).

2.5.1 Akzelerationszirkel
Während Sennetts Vorstellungen von den Ursachen der modernen Beschleunigung sehr auf die Ökonomie fixiert sind, entwickelt Rosa ein komplexes Modell eines „Akzelerationszirkels" (ebd.: 243 ff.). Danach gibt es drei Formen von Beschleunigung, die sich gegenseitig steigern, und jeder dieser Formen ist zudem ein

externer Motor zugeordnet. Die erste Form ist die *technische Beschleunigung*, also die Verkürzung von Produktions-, Verkehrs- und Kommunikationszeiten. Ihr zugeordnet ist der ökonomische Motor, der in der Moderne dem Imperativ „Zeit ist Geld" folgt.

Die zweite Form ist die *Beschleunigung des sozialen Wandels*, also der Geschwindigkeit der Veränderung von Institutionen, Normen, Strukturen etc., die den Individuen vorgegeben sind und in die es sich einzufügen hat. Dass sich der soziale Wandel immer schneller vollzieht, ist Rosa zufolge sowohl eine Folge der technischen Entwicklung wie auch des im Modell extern zugeordneten sozialstrukturellen Motors der „funktionalen Differenzierung".

Auf den dritten Modus kommt es in unserem Zusammenhang hauptsächlich an: die *Beschleunigung des Lebenstempos*. Gemeint ist damit sowohl die objektive Verkürzung von Handlungs- und Kommunikationsakten wie das subjektive Gefühl, dass alles immer schneller geht, obwohl ja eigentlich aufgrund der technischen Beschleunigung immer mehr Zeit und Muße zur Verfügung stehen müsste. Auch das Schnellerwerden des Lebenstempos wird doppelt verursacht: Einmal im Inneren des Akzelerationszirkels durch den immer rastloseren sozialen Wandel, weil sich durch ihn für die Akteure die Stabilität von Zeithorizonten verkürzt bzw. ein wachsendes Auseinanderfallen von „Erfahrungsraum und Erwartungshorizont" stattfindet. Die Akteure stehen gewissermaßen „auf rutschenden Abhängen" (ebd.: 249). Den externen Antrieb, nennt Rosa den kulturellen Motor: die für die Moderne kennzeichnende so genannte „Verheißung der Beschleunigung". Weil in der Moderne der Glaube an ein Leben nach dem Tod abhanden gekommen ist (vgl. oben Gronemeyer 1993) und weil sich gleichzeitig die Schere zwischen „Welt- und Lebenszeit" (Hans Blumenberg) immer mehr öffnet, geraten die Individuen in immer existenziellere Zeitnöte.

2.5.2 Situative Identität und Politik

Rosa kennzeichnet die Identität des spät- oder postmodernen Menschen in Abgrenzung zum vormodernen und modernen Sozialcharakter (vgl. Rosa 2005: 352 ff.). Die *vormoderne Identität* war „a priori", weil sie zutiefst in der transzendentalen Bestimmtheit begründet war. Die der Moderne war „a posteriori", weil die Individuen dazu bestimmt waren, ihr Leben selbst zu gestalten und es quasi zu verzeitlichen (vgl. auch Glaser in Kap. II.1 dieses Bandes: ▶ Zum kulturellen Bedeutungswandel des Verkehrs in der Menschheitsgeschichte). In der *Spät- bzw. Postmoderne* entwickelt sich eine Form von Identität, die Rosa „situativ" nennt und die er durch eine „Verzeitlichung der Zeit" begleitet sieht. Menschen haben keine Berufe mehr, sondern sind gerade mit einer bestimmten Tätigkeit beschäftigt, sie kommen nicht mehr aus einem bestimmten Ort, sondern leben dort zur Zeit, sie gehören nicht einer bestimmten Konfession an, sondern konstruieren sich ihre letzten Sinnbezüge selbst, so wie sie zur momentanen Situation am besten passen. Alle Persönlichkeitsmerkmale sind in der Spät- und Postmoderne mit einem „Zeitindex" zu versehen (ebd.: 364), das Leben wird zum „Projekt" umgestaltet (ebd.: 366), die Subjekte werden zum „Spieler" (ebd.: 369).

Rosas These lautet: Die Individuen werden dazu gezwungen, Zeithorizonte und -perspektiven permanent synchron und diachron flexibel und variabel zu halten: „Wo Vergangenheit, Gegenwart und Zukunft immer wieder neu und situativ verknüpft und gedeutet werden, ändert sich auch die Konzeption dessen, *wer man war, ist und sein wird*, stets aufs Neue" (ebd.: 371; Hervorh. i. Orig.). Die Pointe in Rosas Argumentation ist, dass mit dieser situativen Identität das hoch beschleunigte Leben im biografischen Vollzug seine Richtung verliert, es kann nicht mehr narrativ gedeutet und im Sinne einer Entwicklungsgeschichte rekonstruiert werden. „Das Leben bewegt sich nirgendwo hin, es tritt letztlich mit hohem (Veränderungs-)Tempo auf der Stelle" (ebd.: 384), es kommt zum „rasenden Stillstand" (Paul Virilio) (ebd.: 385).

Dies zeigt sich auch in der Politik: Das Ringen zwischen Konservativen und Progressiven um die langfristige Gestaltung von Zukunft wird dadurch ersetzt, dass kurzfristig auf immer schneller wechselnde Situationen reagiert wird. Dabei erweisen sich demokratische Abläufe immer deutlicher als zeitlich inkompatibel mit der Dynamik des technischen und gesellschaftlichen Wandels. „*Situative Politik* ist daher ein kollektives Korrelat zur spätmodernen Form *situativer Identität*" (Rosa 2005: 418; Hervorh. i. Orig.). Grenzenlose Beschleunigung an der Oberfläche, Erstarrung in der Tiefe – so gelangt das *Projekt der Moderne* als emanzipatorisches Projekt der bewussten Gestaltung von Gesellschaft zwangsläufig an ihr *Ende*. Die wahrscheinlichste Zukunft ist für Rosa die *Apokalypse*, sei es in Gestalt einer globalen und finalen *ökologischen*, sei es einer *sozialen* Katastrophe.

3 Entschleunigung

3.1 Einige Vorschläge

Die Vorschläge zur Begrenzung von unerwünschter Beschleunigung im Kontext von Entwicklungen, Prozessen und Bewegungen lassen sich zunächst grob in zwei Kategorien unterteilen. Erstens *individuelle Entschleunigungsmaßnahmen* wie z. B. Askese, Rückkehr zum natürlichen Maß, freiwillige Beschränkungen von Größe oder/und Geschwindigkeit in einzelnen Bereichen. In Bezug auf den Verkehr fallen hierunter z. B. Selbstverpflichtungen von Automobilherstellern in Bezug auf die Höchstgeschwindigkeiten ihrer Produkte. Zweitens *politische Entschleunigungsmaßnahmen* wie z. B. gesetzliche Vorschriften, welche auf das Tempo von Entwicklungen, Prozessen und Bewegungen Einfluss nehmen (vgl. Henckel in Kap. V.5 dieses Bandes: ▶ Raumzeitpolitik: Zeitliche Dimensionen der Verkehrspolitik). Solche Einflussnahmen können entweder direkt durch Vorschriften über Richt- und Höchstgeschwindigkeiten, Fahrverbote für bestimmte Fahrzeuge oder die Einrichtung verkehrsberuhigter und -freier Zonen, die den Verkehr synchronisieren und beschränken, oder indirekt über Steuern/Abgaben und Subventionen erfolgen. Grundprinzip vieler verkehrspolitischer Maßnahmen ist die *Internalisierung der Kosten* der Beschleunigung, so dass ihre Profiteure für die Zeitersparnis selbst zahlen müssen.

In Bezug auf die Verkehrspolitik findet sich ein relativ geschlossenes und konkretes Programm zur Etablierung eines „rechten Maßes für Raum und Zeit" in der bekannten Wuppertal Studie „Zukunftsfähiges Deutschland" (BUND und MISEREOR 1996). Dieses Programm hat zwei Säulen: *Langsamere Geschwindigkeiten* sollen den für Fahrzeuge und Verkehrswege aufzuwendenden Naturverbrauch senken. Und *kürzere Distanzen* zwischen den Orten des Wohnens, Arbeitens und der Freizeitgestaltung sowie der Produktion und des Konsums von Gütern können möglichst große Teile des Verkehrs überflüssig werden lassen (vgl. ebd.: 160 ff.). Von ökologisch ausgerichteten Verkehrswissenschaftlern und -politikern wird auch gern auf das Beispiel der Schweiz verwiesen: auf das dortige nationale Forschungsprogramm „Verkehr und Umwelt" (www.nfp41.ch) und auf das Leitbild „Langsamverkehr" (www.astra.admin.ch/html/de/bundesamt/strassennetze/langsamverkehr.php), das gezielt den Fahrrad- und Fußgängerverkehr als *human powered mobility* fördern möchte.

An dieser Stelle sei auf die Debatte über ein generelles Tempolimit auf deutschen Autobahnen verwiesen. Dazu hat z. B. im September 2004 eine Gruppe von Verkehrsprofessoren in einer Eingabe an den Bundesverkehrsminister eine Höchstgeschwindigkeit von 130 bis 140Kilometer/Stunde für Pkws und 110 bis 120Kilometer/Stunde für Kleintransporter gefordert (vgl. Zellner 2005). In ihrer Begründung verweisen sie auf die positiven Konsequenzen für die Verkehrsabwicklung, für die Verkehrssicherheit, für die Mobilität älterer Verkehrsteilnehmer, für die Ökologie und die technische Entwicklung, für die Verbesserung der Fahrkultur und nicht zuletzt die längst fällige Angleichung an den europäischen Standard. In seiner Antwort beruft sich der Verkehrsminister vor allem auf die geringe Akzeptanz einer solchen Vorgabe unter den Autofahrern, auf die guten Erfahrungen mit den bisherigen Regelungen in Deutschland, auf die zu erwartende Beeinträchtigung der Absatzchancen für deutsche Pkws und auf die Nichtzuständigkeit der EU in diesem Politikfeld (vgl. Pressemitteilung Nr. 59/2006). Von den Gegnern eines generellen Tempolimits auf Autobahnen werden zudem die technischen Verbesserungen im Fahrzeugbau (Aerodynamik, ABS) und die Einschränkung der persönlichen Freiheit ins Feld geführt.

Noch weiter gehende Vorschläge in Bezug auf Geschwindigkeitspolitik zielen auf die Festsetzung von *Einheitsgeschwindigkeiten* und ein generelles *Überholverbot* in Ortschaften und auf Landstraßen (vgl. Winning 2004). Ein „konkurrenzfreier Autoverkehr" würde es erlauben, so die an diesen Vorschlag geknüpfte Erwartung, die Fahrzeuge in Bezug auf Leistung und Gewicht abzurüsten, ohne den Sicherheitsstandard zu senken, damit die Energiebilanz des Baus und Betriebs von Pkws beträchtlich zu verbessern und zudem das Autofahren insgesamt zu zivilisieren.

Neuere Entschleunigungsvorschläge zielen auf die Einrichtung von *Zeitbüros*, *Zeitbörsen* und *Räumen der kurzen Wege* (Harris et al. 2004): Kommunale Zeitbüros, wie es sie in Norditalien und Bremen bereits gibt, synchronisieren Dienstleistungen im kommunalen Umfeld mit den Zeitmustern der Bürgerinnen und Bürger. Regionale Zeitbörsen, von denen es in England bereits rund 50 gibt, ermöglichen den Austausch von Zeiten, in denen Menschen an unterschiedlichen Orten Leistungen erbringen (z. B. eine Stunde Rasenmähen gegen eine Stunde

Einkaufen), ohne die entsprechenden Distanzen selbst zurücklegen zu müssen. Und Räume der kurzen Wege ermöglichen es den Menschen, mit einem Minimum an Aufwand von Energie, Geld und Zeit alle wesentlichen Bedürfnisse zu befriedigen.

Als Zeichen der wachsenden Sensibilisierung für die Notwendigkeit einer Korrektur unserer Vorstellungen über Geschwindigkeiten im Verkehr kann das 10. Forum des Deutschen Verkehrssicherheitsrates im Herbst 2004 in München gewertet werden. Mit dem Thema „Entschleunigung – Eine Gesellschaft auf der Suche nach Gelassenheit" hat sich dieses Beratungsgremium der Bundesregierung ins Zentrum unserer Thematik vorgewagt. In Vorträgen über „Mobilität und Gesundheit", „technische Entwicklung und menschliche Bedürfnisse", „Unternehmenskultur und Entschleunigung" etc. wurde ein weiter Bogen gespannt und dabei das Problem des angemessenen Umgangs mit Zeit als gemeinsames Fundament erkannt. Weitere Vorschläge, die auf der Grundlage einer umfassenden Analyse der postfossilen Mobilität entwickelt wurden, finden sich in Schindler und Held 2009.

3.2   Begrenzte Anschlussfähigkeit

Die praktische Umsetzung solcher Vorschläge hat allerdings einige Voraussetzungen, deren Vorliegen oder Herstellbarkeit höchst fraglich ist. Sollen die Vorschläge umgesetzt werden, indem die persönlichen Verhaltensweisen und/oder die Leitlinien der Verkehrspolitik korrigiert werden, sind nämlich erstens Individuen erforderlich, die nicht nur flexibel auf äußere Zwänge reagieren, sondern die ihr eigenes Leben als etwas Gerichtetes und bewusst zu Gestaltendes erfahren, für das sie Verantwortung zu übernehmen bereit sind, und zweitens eine Politik, die mehr als nur situativ und symbolisch ist. Wenn Borscheid am Ende seines Durchgangs durch die Kulturgeschichte der Beschleunigung aus „Momo" zitiert und den Verlust von „Leben" infolge des fortwährenden Zeitsparens beklagt (vgl. Borscheid 2004: 378) und Rosa angesichts der zu erwartenden Apokalypse eine letzte Chance in einer „tiefgehenden" und „konsequenten" „Soziologie" sieht (vgl. Rosa 2005: 490), wird deutlich, dass hier eine theoretische Brücke zur *philosophischen Anthropologie* in zugleich *deskriptiv-analytischer* und *präskriptiver* Absicht unausweichlich ist. In neueren Veröffentlichungen, die sich dem Problem der Entfremdung als Beschleunigungsfolge zuwenden, plädiert Rosa für die Neuausrichtung unseres Umgangs mit Zeit am Erfordernis der Resonanz (Rosa 2012).

Allerdings erscheinen mir auch die Ansätze von Borscheid und Rosa nur begrenzt anschlussfähig. Denn wenn es eine Chance jenseits der sich selbst aufhebenden Moderne geben soll und wenn die Wissenschaft bei der Realisierung dieser Chance behilflich sein soll, darf diese Wissenschaft nicht bei der Beschreibung und Analyse des Beschleunigungszusammenhangs stehen bleiben. Sie muss mehr als „Kulturgeschichte" und „soziologische Theorie" zu bieten haben. Sie muss als deskriptiv-analytische Bemühung einerseits materialistisch fundiert, andererseits präskriptiv auf die moralisch-ethische Dimension der Be- und Entschleunigung, auch des Verkehrs, ausgerichtet sein. Sie muss fragen, welche Zeitmaße im

Kontext von Produktion, Konsumtion und Verkehr als Katalysator insgesamt angemessen sind. Borscheids und Rosas Analysen haben ein entscheidendes Defizit: Sie eröffnen keine Brücke zum naturwissenschaftlichen Zeitdiskurs. Dieser ist aber für unser Thema zweifach wichtig: einmal in Bezug auf die innere, zum andern in Bezug auf die äußere Natur des Menschen. Ein integrativer wissenschaftlicher Ansatz, der dem Thema Be- und Entschleunigung gerecht werden will, muss die ökologischen, sozialen und kulturellen wie auch die individuellen Faktoren der Beschleunigung und ihrer Begrenzung ‚aus einem Guss' thematisieren, wenn er helfen soll, eine Zukunft jenseits der Apokalypse zu begründen. Als zeitpraktische Antithese zu Rosa kann vor dem Hintergrund des folgenden radikal integrativen Ansatzes eine doppelte These gewagt werden. Erstens: Ein *Ausstieg* aus dem Beschleunigungszirkel ist möglich. Zweitens: Ein *Maßstab* für angemessenere Geschwindigkeiten existiert, er muss nur bewusst und mehrheitsfähig gemacht werden.

3.3 Integrativer Neuansatz: die „Ökologie der Zeit"

Der Terminus „Ökologie" bezeichnet bekanntlich die Lehre von den Wechselwirkungen zwischen Lebewesen und ihren Umwelten. Unter den vielfältigen Wortverbindungen mit dem Begriff findet sich u. a. die „Landschaftsökologie", deren Ziel es ist, diese Wechselwirkungen in Hinblick auf die Dimension des Raumes zu untersuchen. Was aber ist eine „Ökologie der Zeit"? „Die Zeitdimension", so die Grundannahme, die im „Projekt Zeitökologie" an der Evangelischen Akademie Tutzing seit Anfang der 1990er-Jahre entwickelt wird, „hat für das Verständnis der Stellung des Menschen in der Natur und der von ihm geschaffenen Kultur (einschließlich Technik und Wirtschaft) eine zentrale Bedeutung. Die ökologische Krise ist dadurch mitverursacht, dass dies bisher nur unzureichend beachtet wird" (Geißler und Held 1995: 194). Die folgende Skizze baut auf den Tutzinger Ergebnissen auf (vgl. Held und Geißler 1993, 1995; Adam et al. 1998; Albert 2000; Held et al. 2000; Sabelis et al. 2006), geht aber in Bezug auf die Systematisierung und vor allem die sozial- und politökonomische Konkretisierung über sie hinaus (ausführlicher Reheis 1996, 2005).

Um leben zu können, braucht der Mensch *Energie/Materie*, die er in Nahrung, Kleidung etc. umwandelt, wobei er Müll hinterlässt. Dazu greift er auf *Informationen* zurück und hinterlässt neue Sachverhalte als Stoff für neue Informationen. Das besondere Interesse der Ökologie der Zeit gilt nun dem Umstand, dass diese Interaktionsprozesse bestimmte Zeiträume erfordern und in der Regel immer wieder zu ähnlichen Zuständen zurückführen. In der Sprache der Ökologie der Zeit: Interaktionen haben ihre inhärenten *Systemzeiten*, welche die Grundlage für ihre *Eigenzeiten* bilden. Während die Systemzeiten sich auf ein isoliert gedachtes einzelnes System beziehen, ergeben sich die Eigenzeiten empirisch aus der Tatsache der vielfältigen Verbundenheit dieser Systeme durch Wechselwirkungen. System- und Eigenzeiten sind durch ihre *Dauer* und ihre *Zyklizität* bestimmt. Man denke z. B. an die Atmung, die Ernährung, den Schlaf-Wach-Rhythmus und die Informationsverarbeitung. Auch die artspezifische Fähigkeit zur Reflexion und zum Handeln sind aus zeitökologischer Perspektive zyklische Bewegungsformen mit den Phasen Problemwahrnehmung, Analyse, Korrektur bzw. Zielsetzung, Mitteleinsatz, Abschluss.

Für den Umgang mit der außermenschlichen Natur gibt es mittlerweile präzise *zeitökologisch begründete Managementregeln* (Held et al. 2000), welche als Leitplanken jeglicher institutioneller und normativer Überlegungen beim Übergang von der kapitalistischen in eine nachkapitalistische Moderne unverzichtbar sind. Leitidee ist dabei die Nachhaltigkeit (vgl. Rammler in Kap. VIII.5 dieses Bandes: ▶ Nachhaltige Mobilität: Gestaltungsszenarien und Zukunftsbilder). Für den Umgang des Menschen mit sich selbst, für seine Personalität und Subjektivität als Grundlage aller moralphilosophisch-ethischer Reflexionen, kann aus zeitökologischer Perspektive an die Philosophie der Person von Dieter Sturma (1992, 1997) angeschlossen werden. Es handelt sich dabei um ein Konzept von *Einheitsarbeit durch Zeitneutralität*, nämlich eine gedankliche Bewegung von der Gegenwart über die Vergangenheit in die Zukunft und wieder zurück in die Gegenwart, als Voraussetzung für deren personale Ausbalancierung im Individuum und die Herausbildung fester Werthaltungen. Für den Umgang des Menschen mit seinem kulturellen und sozialen Umfeld schließlich dürfte der Anschluss an die von Habermas vorgeschlagenen Zentralbegriffe „Arbeit und Interaktion" sowie die gesellschaftstheoretische Fortführung in einer arbeitswertorientierten Politischen Ökonomie einerseits und einer ressourcenorientierten Interaktionstheorie andererseits fruchtbar sein, weil beide im Kern auf die Zeitlichkeit der thematisierten Austausch- und Verarbeitungsprozesse zielen (vgl. Reheis 2005: 127 ff.).

Die kapitalistische Moderne, so meine Grundthese, beschleunigt und entrhythmisiert aufgrund ihrer geldgetriebenen Wachstums- und Produktionslogik alle energetischen/materiellen und informationellen Interaktionsprozesse, ohne Rücksicht auf die reproduktiven Erfordernisse zu nehmen, also die evolutionär gegebenen System-/Eigenzeitlichkeiten. Sie betreibt Produktion um der Produktion willen (Marx) und vernachlässigt damit *systematisch* die Reproduktion – und zwar auf allen drei Ebenen. Ein Großteil der existenziellen Probleme der Spät- bzw. Postmoderne erweist sich vor diesem Hintergrund als Symptom einer kapitalistisch produzierten Beschleunigungskrankheit (vgl. Reheis 1996: 82 ff., 2003).

3.3.1 Fehlerfreundlichkeit – und ihre Gefährdung durch das Große und Schnelle

Um abschätzen zu können, was die Evolution in Zukunft mit dem Menschen vorhat, ist es sinnvoll, sich anzusehen, wie sie in der Vergangenheit für das Fortleben von Arten und die Entwicklung neuer Arten gesorgt hat. Vermutlich war für beide Vorgänge ein Umstand verantwortlich, der als *Inbegriff evolutionärer Klugheit* gelten kann: die Fehlerfreundlichkeit. Wenn etwas dazwischen kommt, wenn etwas nicht ganz „nach Plan" verläuft, ist dennoch dafür gesorgt, dass sich die Folgen in Grenzen halten, dass es nicht gleich zum Untergang des gesamten Organs, des gesamten Lebewesens oder der gesamten Spezies kommen muss. Deshalb hat die Evolution zum Beispiel einige lebenswichtige Organe des Menschen gleich doppelt ausgebildet, wie zum Beispiel das Auge und das Ohr. Und deshalb ist die Leistungsfähigkeit vieler Organe so ausgelegt, dass beim Ausfall eines Organs ein anderes dessen Funktion übernehmen kann. In der Technik nennt man dies „doppelte Absicherung".

Genau deshalb, und darauf kommt es hier an, sorgt die Evolution für „Vielfalt und Gemächlichkeit", wie der Astrophysiker Peter Kafka (1994) das evolutionäre Erfolgsgeheimnis nennt. Nur wenn Organismen die Möglichkeit haben, sich zwischen vielfältigen Formen und Zuständen elastisch hin und her zu bewegen, ohne gleich unterzugehen, sind sie einigermaßen gegenüber Fehlern geschützt, können sie neue Formen und Zustände ausprobieren und testen, ob in ihnen alles besser zusammenpasst als in den alten oder nicht. Das aber setzt eine gewisse Gemächlichkeit voraus. Denn wenn der Test vorschnell abgebrochen wird, kann sich das Ergebnis nicht einstellen und können natürlich auch Konsequenzen nicht gezogen werden. Ohne Vielfalt und Gemächlichkeit führt jede Abweichung zum schnellen Untergang.

So wie die Evolution der Natur sich im Laufe von Jahrmillionen und Jahrmilliarden durch das Zusammenspiel von Versuch und Irrtum nach oben geschraubt hat, so sollte auch der Mensch immer wieder Irrtümer begehen können, ohne dabei existenzielle Gefahren befürchten zu müssen. Fehler sollten sogar provoziert werden, um Neues ausprobieren zu können, denn Variation und Selektion sind seit jeher die Voraussetzung für Fortschritt gewesen. Wenn wir jedoch zum Beispiel die Gewinnung von Energie durch Kernspaltung weltweit ausbreiten und in Kauf nehmen oder sogar einplanen, dass diese Technik sehr leicht alle anderen verdrängt, und zudem die Folge dieser Technik, der atomare Müll, über Jahrzehntausende bestehen bleibt, wird das Prinzip der Fehlerfreundlichkeit ignoriert. Die Biologin Christine von Weizsäcker macht auf die Existenz einer „kritischen Innovationsgeschwindigkeit" aufmerksam. Nur wenn unsere Kultur mit ihren Neuerungen jeweils wartet, bis sie Wirkungen zeigen, ehe zur nächsten Stufe vorangeschritten wird, kann sie das Tun des Menschen kontrollieren und bewerten (vgl. Weizsäcker 1998). Der Sozialphilosoph Bernd Guggenberger fordert deshalb ein „Menschenrecht auf Irrtum" (1987, 1994).

Noch etwas ist wichtig, um Fehlerfreundlichkeit zu sichern: Es ist die Erkenntnis der Ökologie der Zeit, dass die großen Systeme, also zum Beispiel der Kohlenstoffkreislauf, deshalb so gefährdet und gefährlich sind, weil sie so lange brauchen, bis ein fehlerhafter Umgang mit ihnen dem Menschen zurückgemeldet wird. Bei kleineren Systemen mit kürzeren Systemzeiten können wir schneller lernen. Außerdem sind die Konsequenzen von Fehlern bei großen und kleinen Systemen sehr unterschiedlich: Große Systeme, wie die globalen Öko-Kreisläufe, sind für den Menschen nur einmal vorhanden, kleine Systeme, wie zum Beispiel Bakterienkulturen, gibt es fast unbegrenzt. Deshalb sollten wir beim Haushalten das Vorsichtsprinzip beachten und vor allem bei einmaligen und seltenen Vorräten und Kräften auf Fehlerfreundlichkeit achten – in dem Bewusstsein, dass wir keine zweite Erde in der Hinterhand haben. Vorsicht also bei schnellen Lösungen, die sich zudem schnell flächendeckend ausbreiten! *Das Große und Schnelle gefährdet die Evolution.*

4 Anregungen für eine zeitökologische Perspektive auf Verkehr

Wer über die Zukunft des Verkehrs redet, darf über das Verhältnis zu Umwelt, Mitwelt und Innenwelt nicht schweigen. Dass Beschleunigung immer etwas Begrenztes ist und sein muss, ergibt sich allein schon aus einer einfachen Erfahrung der Alltagsphysik. Je stärker ein Körper beschleunigt wird, desto mehr Energie ist erforderlich und desto schwieriger wird seine Steuerung. Da weder Be- noch Entschleunigung als Ziele an sich gelten können, müssen wir *nach angemessenen Geschwindigkeiten* suchen. Dabei geht es um die System- und Eigenzeiten von Entwicklungen, Prozessen und Bewegungen, die sich auch in der Geschwindigkeit der Entwicklung von neuem und damit im Maß der Fehlerfreundlichkeit niederschlagen.

Basis aller kultur- und sozialwissenschaftlichen Erörterungen über Zeit, Beschleunigung und Entschleunigung ist der Blick auf jene Naturverhältnisse, in die der Mensch unaufhebbar eingewoben ist. Dies hat Rosa in seiner soziologischen Theorie der Beschleunigung leider nicht berücksichtigt. Ziel des praktischen Umgangs mit Zeit muss es sein, die *objektiv gegebenen Beschleunigungsmöglichkeiten subjektiv so selbstbestimmt* wie möglich zu nutzen. Selbstverständlich ist der Schluss vom Sein zum Sollen nicht ohne weiteres zulässig, aber die normativen Ziele müssen auf der Basis bestmöglicher Kenntnis der gesellschaftspolitischen Rahmenbedingungen inklusive alternativer Optionen bestimmt werden – auch deshalb, weil nicht sein soll, was nicht sein kann.

Einige Konsequenzen aus diesen basalen Sachverhalten in Hinblick auf unser Verhältnis zur *natürlichen Umwelt*, der *kulturellen und sozialen Mitwelt* und uns *selbst* und damit auch in Hinblick auf die Menge und die Art des von uns produzierten und zu verantwortenden Verkehrs können in zehn Gebote zusammengefasst werden. Sie skizzieren einen *Rahmen*, innerhalb dessen Voraussetzungen und Grenzen von Mobilität sowie Ziele und Instrumente von Mobilitätspolitik sinnvoll diskutiert werden können.

(1) Hohe Geschwindigkeiten und schnelle Veränderungen sind keine Werte an sich. Sie müssen vielmehr *angemessen* sein, im Verkehr wie auch im übrigen Leben. Manchmal ist auch Beschleunigung geboten, z. B. beim Notarzt.

(2) Bei der Wahl der Geschwindigkeiten und der Veränderungen sollten wir uns am Maß der *Systemzeiten/Eigenzeiten* der natürlichen Umwelt, der individuellen Innenwelt und der sozialen Mitwelt orientieren, die uns durch die Evolution im Großen und Ganzen vorgegeben sind. Wo Systemzeiten/Eigenzeiten in der Außen- wie Innenwelt des Menschen ignoriert werden, stellen sich über kurz oder lang entsprechende Katastrophen ein wie z. B. der Klimawandel.

(3) Eigenzeiten kennzeichnen die *Dauer* und den *Zyklus* von Austausch- und Verarbeitungsprozessen von Energie/Materie und Information, die zwischen Systemen und ihren Umwelten stattfinden. Dies betrifft grundsätzlich alle drei Ebenen: den Umgang mit der natürlichen Umwelt, der sozialen Mitwelt und der individuellen/personalen Innenwelt des Menschen, wobei z. B. an die

Bewegung des Atmens oder den Wechsel von Lassen und Tun gedacht werden kann.

(4) In Bezug auf die *natürliche Umwelt* sollte der Verkehr zu einem möglichst großen Teil mit regenerativer Energie betrieben werden und seine Infrastruktur möglichst wenig irreversible Eingriffe erfordern, wie dies z. B. beim Fahrrad oder beim Segelschiff der Fall ist. Der Flugverkehr als die umweltschädlichste Form der Raumüberwindung ist auf ein Minimum zu begrenzen.

(5) In Bezug auf die *individuelle Innenwelt* sollte der Verkehr
- zu einem möglichst großen Teil freiwillig sein, z. B. durch eine Stadt der kurzen Wege oder durch Regionalisierung von Wirtschaftskreisläufen,
- sich an den körperlichen und psychischen Konstitutionsbedingungen des Menschen orientieren, z. B. auf die Erschöpfbarkeit und Regenerationsbedürftigkeit der kognitiven Aufmerksamkeit achten,
- möglichst wenig kompensatorische Funktionen für die menschliche Psyche erfüllen müssen, wie dies z. B. Freizeitverkehr, darunter vor allem der Ferntourismus, gegenwärtig noch tut.

(6) Um überflüssigen und ungewollten Verkehr zu vermeiden, müssen die so genannten *Extra-Motive* wie Erkundung, Angstlust, Kommunikation und Selbstdarstellung (vgl. Flade 1999) *zurückgedrängt* werden. Dies erfordert allgemeine Umgebungsbedingungen im Kontext von Arbeit und Freizeit, die die menschlichen Bedürfnisse (Grund-, Sicherheits-, Fremdanerkennungs-, Selbstanerkennungs- und Selbsterfüllungsbedürfnis; vgl. Maslow 1954) möglichst wenig einschränken und dem Menschen ausreichend Selbstwirksamkeitserlebnisse verschaffen.

(7) In Bezug auf die *soziale Mitwelt* sollte der Verkehr möglichst nur dem *Austausch von Leistung und Gegenleistung* zwischen Menschen, Gesellschaften und Kulturen dienen, irreversible One-way-Bewegungen für Menschen und Güter minimieren und in erster Linie für den fairen Handel und die interkulturelle Verständigung da sein.

(8) Um ausgeglichene Austauschverhältnisse zu erreichen, muss die *Konzentration von Reichtum und Macht begrenzt* werden, die mit einer Zunahme an Sicherheitsrisiken und Verteidigungsmaßnahmen einhergehen. Dies erfordert in letzter Konsequenz, die Eigendynamik der beschleunigten Kapitalverwertung zu überwinden zugunsten eines menschlichen Wirtschaftens und Lebens, das auf der Grundlage der natürlichen Umwelt bewusst demokratisch gestaltet wird, um damit die Politik von den ökonomischen Sachzwängen zu befreien.

(9) Zur *praktischen Entschleunigung* des Verkehrs im Sinne seiner Ausrichtung auf angemessene Geschwindigkeiten/Veränderungen sind Aufklärung und Selbstverpflichtungsappelle angesichts der existierenden strukturellen Gewalt der Hochgeschwindigkeits- und Nonstop-Gesellschaft weitgehend ohnmächtig. Die Entschleunigung des Verkehrs erfordert vielmehr einen sozialökonomischen Gesamtumbau unseres Lebens- und Wirtschaftsstils mit dem Ziel, die System-/Eigenzeiten von Natur, Gesellschaft und Individuum zum Maßstab zu erheben. Dazu sind entsprechende verbindliche Gebote/Verbote und Anreize (infrastrukturell, finanziell) unumgänglich. Synergien in Richtung

angemessener Geschwindigkeiten entstehen erst dann, wenn individuelle Verhaltensänderungen und gesellschaftliche Anreizstrukturen sich gegenseitig befruchten.

(10) Es gibt bereits ein *erfolgreiches Vorbild* für die Entschleunigung des Verkehrs: die Entschleunigung von Fließgewässern durch ihre Renaturierung. Die Verringerung der Fließgeschwindigkeit von Flüssen und Bächen durch Erhöhung der Fließwiderstände begrenzt Hochwasserschäden, erschließt Naherholungsgebiete und steigert die Landschaftsästhetik.

5 Fazit

Die Entschleunigung des Verkehrs ist nur im Kontext der Entschleunigung des Lebens insgesamt vorstellbar. Dabei kann es nicht um eine generelle Verlangsamung gehen, sondern um die Respektierung von System-/Eigenzeiten. Diese müssen wahrgenommen bzw. erforscht und auf allen Ebenen, und dazu zählt insbesondere die Politik, in eine entsprechende Zeitpraxis überführt werden. Letztlich geht es darum, alle Politik, also auch die Verkehrspolitik auf das Ziel einer zeitökologisch zu präzisierenden Entschleunigung auszurichten – und zwar schleunigst.

Literatur

Adam, Barbara. 1995. *Time watch. The social analysis of time.* Cambridge (Deutsch: *Das Diktat der Uhr. Zeitformen, Zeitkonflikte, Zeitperspektiven.* Aus dem Englischen von Frank Jakubzik, Frankfurt a. M.).
Adam, Barbara. 2004. Mobilität/Verkehr. In *Zeitpolitisches Glossar. Grundbegriffe – Felder – Instrumente – Strategien*, Hrsg. Martina Heitkötter und Manuel Schneider, 51–52. München.
Adam, Barbara, Karlheinz A, Geißler, und Martin Held, Hrsg. 1998. *Die Nonstop-Gesellschaft und ihr Preis. Vom Zeitmissbrauch zur Zeitkultur.* Stuttgart, Leipzig.
Albert, Bernhard. 2000. Von der Vielfalt der Zeit. Auswertung der Zeitakademie des Tutzinger Projekts „Ökologie der Zeit", Werkstattbericht. Tutzing/München.
Backhaus, Klaus, und Holger Bonus. 1998. Unternehmens-Identität und Stil. In *Die Beschleunigungsfalle oder der Triumph der Schildkröte*, 3. erweiterte Aufl., Hrsg. Klaus Backhaus und Holger Bonus, 27–40. Stuttgart.
Baumann, Zygmunt. 2003. *Flüchtige Moderne.* Frankfurt a. M.
Beck, Klaus. 1994. *Medien und die soziale Konstruktion von Zeit.* Opladen.
Bender, Christiane. 2001. Modernisierung durch Beschleunigung? In *Beschleunigen, Verlangsamen. Herausforderung an zukunftsfähige Gesellschaften*, Hrsg. Norbert Brieskorn und Johannes Wallacher, 39–78. Stuttgart.
Bermann, Marshall. 1988. *All that is solid melts into air: The experience of modernity.* New York.
Bickenbach, Matthias. 2004. Geschwindigkeit ist Hexerei. Be- und Entschleunigung in der Kunst der Gegenwart. In *Fast Forward. Essays zu Zeit und Beschleunigung*, Hrsg. Hartmut Rosa, 133–144. Hamburg.
Binswanger, Hans-Christoph und Paschen von Flotow. 1994. *Geld und Wachstum. Zur Philosophie und Praxis des Geldes.* Stuttgart/Wien.
Borscheid, Peter. 2004. *Das Tempo-Virus. Eine Kulturgeschichte der Beschleunigung.* Frankfurt a. M./New York.

Brieskorn, Norbert. 2004. Begrenzung und Entgrenzung aus sozial- und staatsphilosophischer Perspektive. In *Grenzenloses „Recht auf Freizügigkeit"? Weltweite Mobilität zwischen Freiheit und Zwang*, Mit Beiträgen von Norbert Brieskorn, Walter Lesch, Ludger Pries und Annette Treibel, Hrsg. Johannes Müller, und Matthias Kiefer, 81–106. Stuttgart.

Brieskorn, Norbert, und Johannes Wallacher, Hrsg. 2004. *Beschleunigen, Verlangsamen. Herausforderung an zukunftsfähige Gesellschaften*. Mit Beiträgen von Dietrich Henckel, Christiane Bender, Gerd Haeffner und Karlheinz A. Geißler, Stuttgart.

Brockhaus-Enzyklopädie in 24 Bänden. 1993. 19. völlig neu bearbeitete Aufl. Mannheim.

BUND, und MISEREOR, Hrsg. 1996. *Zukunftsfähiges Deutschland. Ein Beitrag zu einer global nachhaltigen Entwicklung*. Studie des Wuppertal Instituts für Klima, Umwelt, Energie. Basel/Boston/Berlin.

Conrad, Peter. 1999. Modern times and modern places. *How life and art were transformed in a century of revolution, innovation and radical change*. New York.

Dörre, Klaus, Stephan Lessenich, und Hartmut Rosa, Hrsg. 2009. *Soziologie – Kapitalismus – Kritik*. Frankfurt a. M.

Duden „Bedeutungswörterbuch". 1985. 2. völlig neu bearbeitete und erweiterte Aufl. Mannheim/Wien/Zürich.

Duden „Herkunftswörterbuch". 1963. Mannheim/Wien/Zürich.

Eberling, Matthias. 1996. *Beschleunigung und Politik. Zur Wirkung steigender Geschwindigkeiten des ökonomischen, technischen und gesellschaftlichen Wandels auf den demokratischen Staat*. Frankfurt a. M.

Eibl-Eibesfeldt, Irenäus. 1998, *In der Falle des Kurzzeitdenkens*. München/Zürich.

Elias, Norbert. 1988. *Über die Zeit. Arbeiten zur Wissenssoziologie II*. Aus dem Englischen übers. Holger Fliessbach, und Michael Schröter. Frankfurt a. M.

Flade, Antje. 1999. *Mobilität aus ökopsychologischer Perspektive*. Fernuniversität. Hagen.

Geißler, Karlheinz A. 2004. *Alles. Gleichzeitig. Und zwar sofort. Unsere Suche nach dem pausenlosen Glück*. Freiburg/Basel/Wien.

Geißler, Karlheinz A., und Martin Held, Hrsg. 1995. *Grundbegriffe zur Ökologie der Zeit. Vom Finden der rechten Zeitmaße*. Stuttgart.

Giddens, Anthony. 1990. *The consequences of modernity*. Oxford (Deutsch: *Konsequenzen der Moderne*. Übers. Joachim Schulte, Frankfurt a. M. 1996).

Glauber, Hans, Hrsg. 2006. *Langsamer Weniger Besser Schöner. 15 Jahre Toblacher Gespräche*. München.

Gronemeyer, Marianne. 1993. *Das Leben als letzte Gelegenheit. Sicherheitsbedürfnisse und Zeitknappheit*. Darmstadt.

Gronemeyer, Marianne. 2000. *Immer wieder neu oder ewig das Gleiche. Innovationsfieber und Wiederholungswahn*. Darmstadt.

Guggenberger, Bernd. 1987. *Das Menschenrecht auf Irrtum. Anleitung zur Unvollkommenheit*. München.

Guggenberger, Bernd. 1994. Fehlerfreundliche Strukturen. In *Universitas*, Heft 4, 343–355.

Häberle, Peter. 2000. Zeit und Verfassungsstaat – kulturwissenschaftlich betrachtet. *Jura*, Heft 1, 1–10.

Habermas, Jürgen. 1968. Arbeit und Interaktion. Bemerkungen zu Hegels Jenenser Philosophie des Geistes. In *Technik und Wissenschaft als Ideologie*, 9–47. Frankfurt a. M.

Harris, Marvin. 1987. *Cultural anthropology*. New York (Deutsch: *Kulturanthropologie. Ein Lehrbuch*, Frankfurt a. M. 1989).

Harris, Peter, Jamie Lewis, und Adam Barbara. 2004. Time, sustainable transport and the politics of speed. *World Trans Policy Pract* 10(2): 5–11.

Hartmut, Rosa, Hrsg. 2004. *Fast forward. Essays zu Zeit und Beschleunigung*. Hamburg.

Held, Martin, und Karlheinz A. Geißler. 1993. *Ökologie der Zeit. Vom Finden der rechten Zeitmaß*. Stuttgart.

Held, Martin und Karlheinz A. Geißler. 1995. *Von Rhythmen und Eigenzeiten. Perspektiven einer Ökologie der Zeit*. Stuttgart.

Held, Martin, Sabine Hofmeister, Klaus Kümmerer, und Bernhard Schmid. 2000. Auf dem Weg von der Durchflussökonomie zur nachhaltigen Stoffwirtschaft: Ein Vorschlag zur Weiterentwicklung der grundlegenden Regeln. *GAIA*, 4: 257–266.

Henckel, Dietrich. 2001. Die Überholspur als der gerade Weg ins Glück? In *Beschleunigen, Verlangsamen. Herausforderung an zukunftsfähige Gesellschaften*, Hrsg. Norbert Brieskorn, und Johannes Wallacher, mit Beiträgen von Dietrich Henckel, Christiane Bender, Gerd Haeffner, und Karlheinz A. Geißler, 1–25. Stuttgart.

Kafka, Peter. 1994. *Gegen den Untergang. Schöpfungsprinzip und globale Beschleunigungskrise*. München.

Kern, Stephen. 1983. *The culture of time and space 1880-1918*. Cambridge.

Kirchmann, Kay. 2004. Die Zeit der Medien? Zur Funktion der Medien für gesellschaftliche Beschleunigungsprozesse. In *Fast Forward. Essays zu Zeit und Beschleunigung*, Hrsg. Hartmut Rosa, 75–83. Hamburg.

Lesch, Walter. 2004. Zwischen Eigeninteresse und globaler Solidarität: Migrationspolitik aus sozialethischer Perspektive. In *Beschleunigen, Verlangsamen. Herausforderung an zukunftsfähige Gesellschaften*, Hrsg. Norbert Brieskorn und Johannes Wallacher, mit Beiträgen von Dietrich Henckel, Christiane Bender, Gerd Haeffner, und Karlheinz A. Geißler, 123–145.Stuttgart.

Marx, Karl und Friedrich Engels. 1848. Manifest der Kommunistischen Partei. In *Marx-Engels-Werke (MEW)*, Bd. 4, 459–493. Berlin 1980.

Maslow, Abraham. [1954]1981. *Motivation und Persönlichkeit*. Aus dem Amerikanischen von Paul Kruntorad, Reinbek bei Hamburg.

Meyer-Abich, Klaus. 1990. *Aufstand für die Natur. Von der Umwelt zur Mitwelt*. München/Wien.

Neumann, Dieter, Arno Schöppe, und Alfred K. Treml, Hrsg. 1999. *Die Natur der Moral. Evolutionäre Ethik und Erziehung*. Stuttgart.

Pahl, Thilo, und Jacques Léonardi. 2003. Mobilität und Transport. In *Stiftung Entwicklung und Frieden. Globale Trends 2004/2005. Fakten, Analysen, Prognosen*, Hrsg. Ingomar Hauchler, Dirk Messner und Franz Nuscheler, 215–231. Frankfurt a. M.

Posod, Bruno. 1997. *Schulzeit – Zeitschule. Ein Beitrag zu einem anderen Umgang mit Zeit*. Wien.

Radkau, Joachim. 1998. *Das Zeitalter der Nervosität*. München/Wien.

Reheis, Fritz. 1986. *Konkurrenz und Gleichgewicht als Fundamente von Gesellschaft. Interdisziplinäre Untersuchung zu einem sozialwissenschaftlichen Paradigma*. Berlin.

Reheis, Fritz. 1996. *Die Kreativität der Langsamkeit. Neuer Wohlstand durch Entschleunigung*. 2. erweiterte Aufl., Darmstadt 1998. Darmstadt.

Reheis, Fritz. 1999. Zeit lassen. Ein neues Leitbild für die Politik. *Österreichische Zeitschrift für Politikwissenschaft*, 2: 213–226, gekürzt in Aus Politik und Zeitgeschichte, 31: 32–38.

Reheis, Fritz. 2003. *Entschleunigung. Abschied vom Turbokapitalismus*. München.

Reheis, Fritz. 2005. *Nachhaltigkeit, Bildung und Zeit. Zur Bedeutung der Zeit im Kontext der Bildung für eine nachhaltige Entwicklung in der Schule*. Baltmannsweiler.

Reheis, Fritz. 2007. *Bildung contra Turboschule. Ein Plädoyer*. Freiburg.

Reheis, Fritz. 2011. *Wo Marx Recht hat*. Darmstadt.

Rohrmeier, Martin. 2004. …too many beats & too little time… Über Musik in einer beschleunigten Welt. In *Fast Forward. Essays zu Zeit und Beschleunigung*, Hrsg. Hartmut Rosa, 168–179. Hamburg.

Rosa, Hartmut. 2005. *Soziale Beschleunigung. Die Veränderung der Zeitstruktur in der Moderne*. Frankfurt a. M.

Rosa, Hartmut. 2012. *Weltbeziehungen im Zeitalter der Beschleunigung. Umrisse einer neuen Gesellschaftskritik*. Frankfurt a. M.

Sabelis, Ida, Karlheinz A. Geißler, und Klaus Kümmerer, Hrsg. 2006. *Kultur der Zeitvielfalt*. Stuttgart/Leipzig.

Sachs, Wolfgang. 1997. Geschwindigkeit und Ökologie. Eine Skizze. *PROKLA. Zeitschrift für kritische Sozialwissenschaft*, 2: 181–194.

Schindler, Jörg, und Martin Held unter Mitarbeit von Gerd Würdemann. 2009. *Postfossile Mobilität. Wegweiser für die Zeit nach dem Peak Oil*. Waldkirchen.

Schneider, Manuel, und Karlheinz A. Geißler, Hrsg. 1999. *Flimmernde Zeiten. Vom Tempo der Medien*. Stuttgart/Leipzig.

Sennett, Richard. 1998. *The corrosion of character*. New York. (Deutsch: *Der flexible Mensch. Die Kultur des neuen Kapitalismus*. Aus dem Amerikanischen von Martin Richter, Berlin 2000).

Sieferle, Peter. 1982. *Der unterirdische Wald*. München.

Sorokin, Pitirim A., und Robert Merton. 1937. Social time. A methodological and functional analysis. *American Journal of Sociology, Jahrgang* 42: 615–629.

Sturma, Dieter. 1997. *Philosophie der Person. Die Selbstverhältnisse von Subjektivität und Moralität*. Paderborn.

Sturma, Dieter. 1999. Person. In *Enzyklopädie Philosophie*, Hrsg. Hans Jörg Sandkühler, 494–498. Hamburg.

Urry, John. 2000. *Sociology beyond societies. Mobilities for the twenty-first century*. Routledge.

Virilio, Paul. 1980. *Geschwindigkeit und Politik. Ein Essay zur Dromologie*. Berlin.

Weizsäcker, Christine von. 1998. Missachtung der Zeit-Skalen. Abschied vom Prinzip Versuch- und-Irrtum. In *Die Nonstop-Gesellschaft und ihr Preis*, Hrsg. Barbara Adam, Karlheinz A. Geißler, und Martin Held, 171–184. Stuttgart.

Winning, Hans-Henning von. 2004. Autofahren muss ziviler werden. In *Süddeutsche Zeitung*, 31. August.

Zeitler, Ulli. 1997. *Transport ethics. An ethical analysis of the impact of passenger transport on human and non-human nature*. Aarhus.

Zellner, Marion. 2005. Tempolimit auf deutschen Autobahnen. Langsam geht schneller. Verkehrsprofessoren plädieren für generelle Geschwindigkeitsbegrenzung zur Erhöhung der Sicherheit. In *Süddeutsche Zeitung*, 2. April.

Globaler Verkehr I: Entwicklung des globalen Personenverkehrs und verkehrspolitische Implikationen

Tobias Kuhnimhof und Barbara Lenz

Zusammenfassung
Global gesehen entwickelt sich die Personenverkehrsnachfrage aktuell und in der mittelfristigen Zukunft sehr heterogen. Dabei muss zwischen Alltagsverkehr und Fernverkehr sowie zwischen Industrieländern und Schwellenländern unterschieden werden. In den Industrieländern zeichnen sich seit einigen Jahren Sättigungstendenzen im Alltagsverkehr ab, die unter den Begriff „Peak Travel" diskutiert werden. Diese Entwicklung ist besonders dadurch bestimmt, dass die Verkehrsleistung mit dem Pkw kaum noch zunimmt und in einigen Fällen sogar zurückgeht („Peak Car"). Multimodalität und abnehmende Automobilität junger Menschen sind dabei entscheidende Treiber, während Autonutzug und -besitz unter älteren Menschen jedoch weiter zunehmen. Der Fernverkehr, besonders der Flugverkehr, wächst zwar in den Industrieländern weiterhin, jedoch fallen auch hier die jährlichen Zunahmen nicht mehr so deutlich aus wie in der Vergangenheit. In den Schwellenländern zeigt sich ein deutlich anderes Bild: Hier ist die Situation im Alltags- und im Fernverkehr von massivem Wachstum gekennzeichnet. Haupttreiber hierfür ist die wirtschaftliche Entwicklung, die es immer größeren Bevölkerungsschichten in diesen Ländern erlaubt, mobil zu sein. In der Summe ergibt sich global ein deutliches Wachstum des Personenverkehrs in den nächsten Jahrzehnten. Daraus leiten sich für die Verkehrspolitik große Herausforderungen in den Handlungsfeldern Klima, Luftschadstoffe, Lärm und Erreichbarkeit ab.

Schlüsselwörter
Personenverkehr • Alltagsmobilität • Peak Travel • Peak Car • Reiseverkehr • Industrieländer • BRIC-Staaten

---

T. Kuhnimhof (✉) • B. Lenz
Institut für Verkehrsforschung, Deutsches Zentrum für Luft- und Raumfahrt e.V. (DLR), Berlin, Deutschland
E-Mail: tobias.kuhnimhof@dlr.de; barbara.lenz@dlr.de

1 Einleitung

In einer internationalen Perspektive zeigt der Personenverkehr derzeit eine facettenreiche, an verschiedenen Stellen auch gegenläufige Entwicklung. Stark vergröbernd lassen sich mit Sättigung einerseits und Wachstum andererseits die wesentlichen Entwicklungstendenzen beschreiben, die sich speziell für die Industrie- und die Schwellenländer abzeichnen und dort die Veränderung der Alltagsmobilität charakterisieren. Besondere Aufmerksamkeit verdient dabei das Auto, das in allen Industrieländern ein hohes Maß an Verfügbarkeit aufweist und damit trotz rückläufiger Tendenz eine zentrale Rolle für die Mobilität der Menschen spielt. In den Schwellenländern nimmt die Bedeutung des Autos seit Jahren kontinuierlich zu, ohne dass ein Ende dieser Entwicklung heute schon abzusehen wäre.

Die Fernmobilität als Verkehrsbereich jenseits der Alltagsmobilität findet bei der Diskussion um die künftige Entwicklung des Verkehrs oft nur wenig Berücksichtigung. Dabei weisen Fernreisen eine generell deutliche Zunahme auf. Dies gilt für den schienengebundenen Verkehr in Deutschland und Europa, besonders aber für die internationalen Verbindungen im Flugverkehr. Die Prognosen für die weitere Entwicklung des internationalen Flugverkehrs in diesem und dem nächsten Jahrzehnt sagen weltweit ein starkes Wachstum voraus. Es scheint so, dass Alltagsmobilität und Fernreisen nicht gekoppelt sind, sondern vielmehr sich unabhängig voneinander entwickeln.

Erst ganz allmählich ist die Verkehrsforschung dabei, die Entwicklungsverläufe im internationalen Vergleich zu erfassen und in ihrem jeweiligen Hergang zu deuten; dafür ist die Kenntnis der Ursachen für Sättigung oder Wachstum entscheidend. Auch die Verkehrspolitik ist überwiegend von nationalen Interessen und Bedürfnissen geprägt, wenngleich speziell in Europa die Europäische Union seit langem schon entscheidende Rahmenbedingungen für nationale Verkehrspolitiken setzt und damit nationalstaatliche Regulierungs- und Steuerungsmöglichkeiten beeinflusst. Vor diesem Hintergrund ist es Ziel des Beitrags, zunächst die Unterschiedlichkeit der Entwicklung der Alltagsmobilität in den Industrie- und Schwellenländern aufzuzeigen und die im Einzelnen bestehenden Erklärungsansätze zu diskutieren. In einem weiteren Abschnitt wird die Entwicklung im Fernverkehr aufgezeigt und am Beispiel von Deutschland verdeutlicht, welche einzelnen, separaten Vorgänge zu dem vorhandenen Gesamtbild führen. Der räumliche Fokus des Beitrags wird auf den Industrieländern in Europa sowie auf den USA und auf den so genannten BRIC-Staaten – Brasilien, Russland, Indien und China – liegen.

2 Sättigungstendenzen versus wachsende Mobilitätsansprüche

Das weltweite Aufkommen im Personenverkehr setzt sich im Wesentlichen aus den beiden Komponenten Alltagsverkehr und Fernverkehr zusammen. Während sich der Alltagsverkehr überwiegend auf wiederkehrende Zwecke wie Arbeit, Ausbildung, Einkauf und Freizeit bezieht, entsteht der Fernverkehr zum größten Teil durch

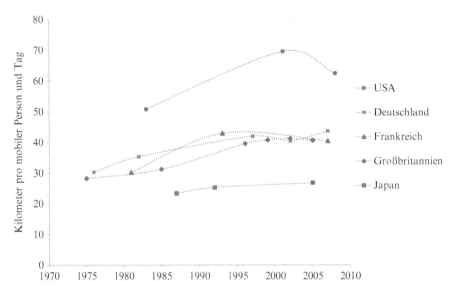

Abb. 1 Langjährige Entwicklung der Verkehrsleistung pro mobiler Person und Tag in ausgewählten Industrieländern (eigene harmonisierte Auswertungen der Nationalen Verkehrsbefragungen der Länder durch die Autoren)

Erholungs- und Urlaubsreisen. Daneben gehören sowohl zum Alltags- als auch zum Fernverkehr beruflich bedingte Wege, die angesichts der zunehmenden Arbeitsteilung in allen Wirtschaftsbereichen im nationalen und internationalen Kontext gleichermaßen wachsen. In Deutschland beispielsweise sind heute knapp zehn Prozent aller Wege im Alltagsverkehr beruflich bedingt (ohne Wege von der Wohnung zur Arbeitsstätte und zurück; vgl. infas 2010), im Fernverkehr sind es rund 16 %. Eine steigende Tendenz lässt sich für die vergangenen Jahre vor allem bei denjenigen Dienst- und Geschäftsreisen belegen, die als Flugreisen durchgeführt werden (Frick und Grimm 2014: 16).

2.1 Sättigungstendenzen versus wachsende Mobilitätsansprüche

In den Industrieländern ist seit einigen Jahren ein Abklingen der Zuwächse bei der Verkehrsleistung, d. h. der zurückgelegten Kilometer, zu beobachten. Das gilt insbesondere für die Verkehrsleistung pro Kopf (Abb. 1). Als mögliche Gründe hierfür werden etwa der abnehmende Grenznutzen von immer weiter entfernt gelegenen Zielen für Alltagsaktivitäten oder relativ stabile Zeitbudgets für Mobilität diskutiert (vgl. Metz 2008: 5). Letzteres bedeutet, dass Menschen im Durchschnitt nur einen bestimmten Teil ihrer Zeit für Mobilität aufwenden, nämlich etwa eine gute Stunde pro Person und Tag (beispielsweise in Deutschland ca. 80 Minuten [infas 2010], in den Niederlanden 72 Minuten [vgl. van Wee et al. 2006: 109 ff.], in der Schweiz 83 Minuten [vgl. Statistik Schweiz 2014]). Dieser Wert ist seit Jahrzehnten und über verschiedene Kulturkreise hinweg relativ stabil (Schafer und Victor 2000: 172). Dies wird so interpretiert, dass die Bereitschaft, im Durchschnitt mehr Zeit in Mobilität zu investieren, gering ist. Ein Wachstum der Verkehrsleistung im Alltag kann dann nur über Geschwindigkeitszuwächse erfolgen. Wenn, wie in den Industrieländern heute, ein hohes Maß an Pkw-Verfügbarkeit erreicht ist, können Geschwindigkeitszuwächse jedoch kaum noch erzielt werden, ohne dass grundsätzlich neue Verkehrsmittel eingeführt werden. Für den Ausblick lässt sich sagen, dass somit kaum noch substantielle Zuwächse in der Alltagsverkehrsleistung zu erwarten sind, wenn solche fundamentalen Barrieren das Verkehrsleistungswachstum limitieren – es sei denn, grundsätzliche Neuerungen, wie etwa autonomes Fahren, revolutionieren das Verkehrssystem oder verändern das Zeitempfinden der Verkehrsteilnehmer.

Dieses industrieländerspezifische Phänomen der Wachstumsdämpfung wird immer wieder mit dem Begriff „Peak Travel" belegt, der sich in der Regel auf die Pro-Kopf-Verkehrsleistung mit allen Verkehrsmitteln bezieht. Dabei fällt die Trendänderung von jahrzehntelangem Wachstum hin zu Stagnation oder gar Rückgang in vielen Ländern vor allem hinsichtlich der Pkw-Verkehrsleistung vergleichsweise deutlich aus, während Verkehrsmittel wie der öffentliche Verkehr oder das Fahrrad sowohl beim Verkehrsaufkommen wie auch bei der Verkehrsleistung in den letzten Jahren an Bedeutung gewinnen.

2.2 Multimodalität als Beitrag zur verminderten Autonutzung

Sättigung oder sogar Rückgang der Pro-Kopf-Verkehrsleistung gehen Hand in Hand mit einer Zunahme an multimodalem Verkehrsverhalten. Mit „Multimodalität" wird ein Verkehrsverhalten bezeichnet, bei dem ein Nutzer im Zeitverlauf, zum Beispiel über eine Woche oder einen Monat hinweg, verschiedene Verkehrsmittel einsetzt (vgl. Beckmann et al. 2006: 138). Für die Pkw-Verkehrsleistung ist dabei entscheidend, wie das multimodale Verhalten der Verkehrsteilnehmer mit Pkw-Verfügbarkeit ausgeprägt ist bzw. welchen Anteil ihrer Mobilität diese Verkehrsteilnehmer mit anderen Verkehrsmitteln als dem Auto abwickeln. In Deutschland steigt die Multimodalität von Pkw-Besitzern seit Jahrzehnten: 1976 erledigten Erwachsene aus Haushalten mit Pkw 65 % ihrer Wege mit dem Auto, 30 Jahre später waren es noch 56 % (vgl. Kuhnimhof 2013). Nobis (2014: 144) weist allerdings darauf hin, dass in persönlichen Verkehrsmittelsets, in denen ein Pkw verfügbar ist, ein vergleichsweise hoher Anteil auf die Pkw-Nutzung entfällt und Multimodalität per se noch keiner grundsätzlichen Abwendung vom Auto gleichkommt.

Auch in anderen Industrieländern steigt die Multimodalität an, besonders in Europa. In Japan ist multimodales Verhalten stärker ausgeprägt als in Europa, wächst jedoch kaum. In den USA hingegen ist Multimodalität (noch) kaum vorhanden (vgl. Kuhnimhof et al. 2012a: 769). Ein wesentlicher Faktor für das Fehlen entsprechender Verhaltensweisen ist die Beschränkung eines gut ausgebauten öffentlichen Verkehrs auf große Städte wie New York, San Francisco oder

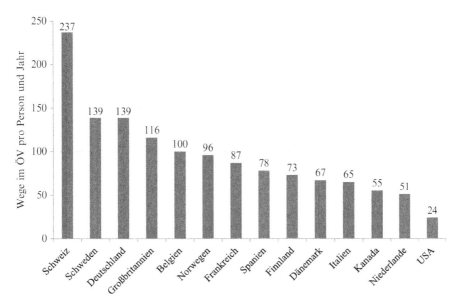

Abb. 2 Wege mit dem öffentlichen Verkehr pro Kopf und Jahr im Zeitraum 2005–2010 (Quelle: Bühler und Pucher 2012: 543; Anmerkung: wegen Unterschieden im Erfassungsdesign ist keine vollständige Vergleichbarkeit zwischen den Ländern gegeben)

Washington. Dort, wo öffentlicher Verkehr schlecht ausgebaut und wenig verknüpft ist, bleiben die Anteile für Multimodalität auch niedrig (Abb. 2).

Zwar ist das Wachstum der Multimodalität ein Phänomen aller Altersklassen, besonders ausgeprägt ist multimodales Verhalten und seine Zunahme aber bei jungen Erwachsenen (siehe nächster Absatz). Verschiedene Gründe lassen erwarten, dass Multimodalität in den Industrieländern in den nächsten Jahren weiter zunimmt: In vielen Industrieländern, etwa Frankreich oder USA, ist in den letzten Jahren der Ausbau der Alternativen zum Auto in urbanen Gebieten deutlich vorangetrieben worden. Es ist zu erwarten, dass dies – ähnlich wie der Ausbau des öffentlichen Verkehrs in Deutschland in den 1970er- und 1980er-Jahren – langfristig entsprechende Folgen für das Verhalten nach sich zieht. Darüber hinaus ist es nicht unwahrscheinlich, dass die jungen Erwachsenen ihre multimodalen Gewohnheiten zumindest zum Teil im späteren Leben beibehalten. Nicht zuletzt ist Multimodalität eine weitgehend konsensfähige Vision für ein effizientes zukünftiges Verkehrssystem und dürfte als verkehrspolitische Strategie weiter vorangetrieben werden.

2.3 Trendbruch bei der Automobilität junger Erwachsener

Nach den 1990er-Jahren zeigten sich in verschiedenen Industrieländern unterschiedliche Facetten zurückgehender Automobilität bei jungen Erwachsenen. In einigen Ländern sank der Führerscheinbesitz, in einigen Ländern der Pkw-Besitz und in vielen Ländern die Pkw-Fahrleistung junger Erwachsener (vgl. ifmo 2011: 8).

Ein länderübergreifender gemeinsamer Nenner dieser Entwicklungen ist, dass die Veränderungen bei jungen Männern – die in den Jahrzehnten zuvor stets höhere Automobilität aufwiesen als die Frauen – deutlicher ausfallen als bei jungen Frauen. Kuhnimhof et al. (2012b: 64) konnten nachweisen, dass in Deutschland ein Großteil dieser Entwicklung auf eine veränderte sozio-ökonomische Situation junger Haushalte zurückzuführen ist (vor allem kleinere Haushalte, mehr Städter, weniger Erwerbstätige, Einkommensrückgänge). Für Großbritannien gilt Ähnliches (vgl. ifmo 2013: 29). Als wichtiger Hintergrundtreiber ist wohl die zunehmende Bildungsexpansion, d. h. der wachsende Anteil an Studierenden in der Gruppe der jungen Erwachsenen, zu vermuten; mit dem Studium verbindet sich üblicherweise ein Leben in der Stadt und damit in einem Umfeld mit gut ausgebautem öffentlichem Verkehr. Dies wird – zumindest in Deutschland – ergänzt durch Veränderungen im Verkehrssystem, wie etwa durch die Einführung des Semestertickets. Solche Maßnahmen, oder auch die Veränderungen der Kostenstrukturen im Verkehr, dürften das multimodale Verhalten fördern, das unter jungen Menschen besonders zugenommen hat.

2.4 Wachsende Mobilität der Senioren

In den Industrieländern erweisen sich die älteren Menschen als die wesentlichen Treiber der Verkehrsnachfrage. Dies zeigt sich nicht nur für Deutschland, wo die rückläufige Nachfrage seitens der jungen Erwachsenen ausschließlich durch das Nachfragewachstum seitens der Altersgruppen 65+ kompensiert wurde (vgl. infas 2010), sondern auch in Ländern wie Großbritannien oder Frankreich oder den USA (vgl. Kuhnimhof et al. 2013a: 335).

Wesentliche Ursache für die zunehmende Mobilität der Seniorinnen und Senioren in Deutschland ist der wachsende Anteil an älteren Frauen mit Führerschein sowie die derzeit im Durchschnitt recht günstige, wenngleich von großer Heterogenität geprägte Einkommenssituation in den Senioren-Haushalten (vgl. BMFSFJ 2005:187). Angesichts der Unsicherheiten im Hinblick auf die weitere Entwicklung ist es schwierig vorherzusagen, ob der (durch das Einkommen getriebene) Mobilitätsbedarf der älteren Menschen auch in Zukunft vergleichbar hoch ausfallen oder sogar noch weiter steigen wird.

2.5 Wandel des Mobilitätsverhaltens und Autonutzung: Peak Car?

Die für die Industrieländer beschriebenen Entwicklungen sind gegenläufig – einerseits kommt es, beispielsweise seitens der jungen Erwachsenen, zu einem Rückgang der Autonutzung, andererseits steuert die Mobilität der Älteren in Richtung vermehrter Autonutzung. Insgesamt zeichnet sich – wie weiter oben bereits beschrieben – ein Rückgang der Pro-Kopf-Verkehrsleistung vor allem hinsichtlich des Pkw ab. Damit stellt sich die Frage, inwieweit „Peak Travel" und „Peak Car" zwei Facetten eines generellen Verhaltenswandels sind.

Speziell die Trendbrüche im Verkehrsverhalten junger Erwachsener werden oft in einem Atemzug mit „Peak Car" diskutiert. Sie sind aber nur einer von verschiedenen Aspekten von „Peak Car" – und vermutlich ein Aspekt, der in Zukunft an Bedeutung verliert: Die Geschwindigkeit verschiedener Hintergrundtreiber, etwa der Bildungsexpansion, dürfte in den nächsten Jahren abnehmen. Tatsächlich ist es in Deutschland so, dass die Motorisierung junger Erwachsener (gemessen an den Pkw-Zulassungszahlen), die um die Jahrtausendwende herum massiv gesunken war, sich seit etwa 2007 wieder stabilisiert hat (vgl. Kraftfahrt-Bundesamt 2013). Es erscheint somit durchaus möglich, dass sich die Automobilität junger Erwachsener mittlerweile auf niedrigerem Niveau eingependelt hat.

Zeitgleich zu dieser Entwicklung vollzieht sich hinsichtlich der Mobilität älterer Menschen ein Prozess, der die Automobilität weiterhin treibt – zumindest in Europa und Japan. In diesen Ländern gibt es nach wie vor eine Generation von Senioren, die ein Leben ohne eigenes Auto verbracht haben. Dies sind besonders hochaltrige Frauen. Diese älteren Menschen werden sukzessive durch eine nachfolgende Generation von Senioren ersetzt, die auf das Auto ausgerichtete Mobilitätsgewohnheiten mit ins Alter nehmen. In der Folge steigt bei älteren Menschen in Europa und Japan nicht nur die Mobilität, sondern insbesondere auch die Automobilität an (vgl. Kuhnimhof et al. 2013b: 60).

Für die USA haben Untersuchungen gezeigt, dass der Prozess der nachholenden Motorisierung unter Senioren bereits abgeschlossen ist, weil die Massenmotorisierung dort früher einsetzte (vgl. Kuhnimhof et al. 2013b: 60). Das ist ein Grund, weshalb „Peak Car", d. h. der Rückgang der Pkw-Verkehrsleistung pro Kopf, in den USA unerwartet deutlicher zu beobachten ist als in Europa. Vor dem Hintergrund dieser Erfahrungen wird davon ausgegangen, dass der Prozess der nachholenden Motorisierung in den nächsten zehn bis zwanzig Jahren auch in Europa und Japan abklingen wird.

Saldieren wir den Ausblick für die genannten, besonders relevanten Einzelentwicklungen grob, so deutet wenig darauf hin, dass die Industrieländer in den nächsten Jahren auf einen deutlichen Wachstumspfad der Pkw-Verkehrsleistung pro Kopf zurückkehren. Mit anderen Worten: Nur dort, wo die Gesamtbevölkerung noch wächst (z. B. auf Länderebene in den USA oder in einigen Metropolregionen Europas), kann in den nächsten Jahren noch mit einer nennenswerten Zunahme des Pkw-Verkehrs gerechnet werden. In vielen anderen Regionen in den Industrienationen wird mit Stagnation oder sogar Rückgang zu rechnen sein.

3 Peak Car und globale Automobilisierung

In den Industrieländern und auch bereits in vielen Schwellenländern werden Mobilität und Verkehr heute vom Auto dominiert. Trends bei Pkw-Besitz und Automobilität sind damit zentraler Bestandteil eines Überblicks über die globale Verkehrsentwicklung.

Nach der Erfindung des Automobils Ende des 19. Jahrhunderts setzte zu Beginn des 20. Jahrhunderts mit dem Ford Model T, welches ab 1908 produziert wurde, die

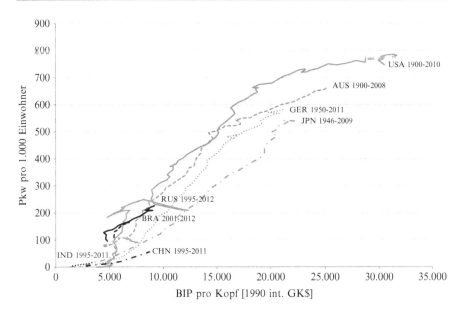

Abb. 3 Historische Entwicklung der Motorisierung in Abhängigkeit des Wirtschaftswachstums für ausgewählte Länder (Quelle: Ecola et al. 2014)

industrielle Massenproduktion des Autos ein. Somit kann in einigen Ländern, besonders in den USA, auf eine etwa hundertjährige Motorisierungsgeschichte zurückgeblickt werden. In anderen Ländern setzte die Motorisierung deutlich später ein. So erfolgte etwa in Deutschland der große Motorisierungsschub erst in den Jahrzehnten nach dem Zweiten Weltkrieg (vgl. Ecola et al. 2014: 29).

Ein Vergleich der historischen Motorisierungsentwicklung unterschiedlicher Gesellschaften weltweit bestätigt zunächst, dass die Entwicklung des Pkw-Besitzes eng an die Wirtschaftsentwicklung gekoppelt war (vgl. Dargay et al. 2007: 144). Abbildung 3 veranschaulicht dies am Beispiel von acht prototypisch ausgewählten Ländern. Allerdings ist die Kopplung von Wirtschaftsentwicklung und Motorisierung nicht linear, sondern weist einen eher s-förmigen Verlauf auf. Es zeigt sich, dass auf einem geringen wirtschaftlichen Entwicklungsstand (BIP pro Kopf bis ca. 5.000 US-Dollar) ein Wachstum der Wirtschaft nur mit einer relativ verhaltenen Zunahme der Motorisierung einhergeht. In dieser Entwicklungsphase befriedigen Konsumenten zunächst fundamentalere Bedürfnisse wie die nach Nahrung und Wohnraum. Bei einem mittleren wirtschaftlichen Entwicklungsstand (BIP pro Kopf ca. 5.000 bis 20.000 US-Dollar) wächst die Motorisierung überproportional im Vergleich zur Wirtschaftskraft eines Landes. Hier rückt nun das Bedürfnis nach individueller motorisierter Mobilität stärker in den Vordergrund. In Ländern mit hohem wirtschaftlichem Entwicklungsstand (BIP pro Kopf ab 20.000 US-Dollar) konnte in den letzten Jahren wieder ein Abklingen der Motorisierungsentwicklung trotz weiter anhaltenden Wirtschaftswachstums beobachtet werden (vgl. Kuhnimhof et al. 2014).

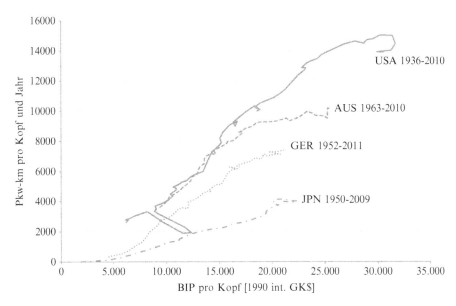

Abb. 4 Historische Entwicklung der Pkw-Verkehrsleistung in Abhängigkeit des Wirtschaftswachstums für ausgewählte Länder (Quelle: Ecola et al. 2014)

Gelten in den nächsten Jahrzehnten ähnliche Zusammenhänge zwischen Wirtschafts- und Motorisierungsentwicklung wie in der Vergangenheit, so deutet vieles darauf hin, dass – global gesehen – der stärkste Motorisierungsschub noch bevorsteht: Derzeit lebt etwas mehr als die Hälfte der Weltbevölkerung in Staaten, deren Wirtschaftskraft in dem Bereich liegt, in welchem der starke Motorisierungsschub noch nicht eingesetzt hat (d. h. BIP pro Kopf unter 5.000 US Dollar). Ein gutes Viertel der Weltbevölkerung lebt in Staaten, die – gemessen an ihrer wirtschaftlichen Entwicklung – derzeit einen starken Motorisierungsschub erleben. Weniger als ein Fünftel der Weltbevölkerung lebt in Staaten, die ein so hohes BIP pro Kropf erreicht haben, dass das Wachstum des Pkw-Besitzes sich verlangsamt (vgl. World Bank 2013).

Auch wenn die wirtschaftliche Entwicklung der entscheidende Treiber für die Motorisierung ist, so ist sie doch nicht der einzige Einflussfaktor. Abbildung 3 zeigt, dass – in historischer Sicht – in den dargestellten Staaten beim selben BIP pro Kopf ein deutlich unterschiedlicher Pkw-Besitz vorherrschte: Als in den USA Mitte der 1980er-Jahre das BIP pro Kopf über 20.000 US-Dollar stieg, lag der Pkw-Besitz bei etwa 680 Pkw pro 1.000 Einwohner. Japan hatte Mitte der 1990er-Jahre den entsprechenden wirtschaftlichen Stand erreicht, dabei jedoch eine Pkw-Besitz-Rate von nur etwa 480 Pkw pro 1.000 Einwohner. Das Niveau der Motorisierung ist also auch von wichtigen anderen Faktoren wie Verkehrsangebot, Siedlungsstruktur oder Regulierung mitbestimmt.

Stärker noch als der Pkw-Besitz divergiert die Pkw-Nutzung zwischen Ländern mit einem ähnlichen wirtschaftlichen Entwicklungsniveau (Abb. 4). Dies wird wieder an den Beispielen USA und Japan besonders deutlich: Als die Amerikaner die 20.000 US-Dollar Schwelle überschritten, fuhren sie fast dreimal so viel Auto wie die Japaner dies beim gleichen BIP pro Kopf taten.

3.1 Zukunftsperspektiven der Automobilität in den Schwellenländern

Nach den oben stehenden Betrachtungen ist deutlich, dass ein Großteil der Länder der Erde erst am Beginn der Automobilisierung steht. Die Motorisierungsperspektive dieser Länder diskutieren wir im Folgenden am Beispiel der BRIC-Staaten, die entweder kurz vor Beginn des Motorisierungsschubes stehen (Indien) oder gerade mitten in der Phase der rasanten Automobilisierung stecken (China, Brasilien, Russland).

Es mag möglich erscheinen, dass sich die Kopplung von Motorisierung und Wirtschaftsentwicklung in Zukunft grundsätzlich anders darstellt als in der Vergangenheit. Argumente, die dafür ins Feld geführt werden könnten, wären z. B. steigende Energiekosten oder die Digitalisierung der Lebenswelten. Während der letzte Punkt in der Tat schwer zu beurteilen ist, ist der Einfluss von Energiekosten als grundsätzliche Barriere für Motorisierung wohl zu relativieren, wie wir im Folgenden am Beispiel der Treibstoffkosten diskutieren (Abb. 5).

Abbildung 5 zeigt die Entwicklung des Preises für einen Liter Benzin in Relation zum durchschnittlichen täglichen Einkommen – aufgetragen über der historischen Kaufkraftentwicklung für acht Länder (jeweils logarithmische Skala): In

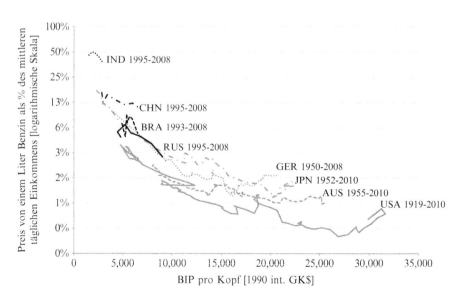

Abb. 5 Preis pro Liter Benzin im Verhältnis zum durchschnittlichen täglichen Einkommen und verglichen mit der wirtschaftlichen Entwicklung (Quelle: Ecola et al. 2014)

Indien kostete 2008 ein Liter Benzin etwa 37 % des durchschnittlichen täglichen Einkommens, in den USA dagegen unter einem Prozent. Die langfristige historische Perspektive zeigt jedoch, dass auch in den Industrieländern die Benzinkosten relativ zu den Einkommen vor Jahrzehnten deutlich höher lagen – in ähnlichen Dimensionen wie in einem Teil der BRIC-Staaten heute. Dies verdeutlicht, dass unter der Annahme mehr oder weniger stabilen Wirtschaftswachstums in den Schwellenländern der dortige Kaufkraftzugewinn in den nächsten Jahrzehnten mit hoher Wahrscheinlichkeit deutlich über den Energiekostensteigerungen liegen wird. Mit anderen Worten: Die relativen Treibstoffkosten in den Schwellenländern werden vermutlich in den nächsten Jahrzehnten deutlich sinken, auch wenn ein Absinken auf das relative Preisniveau in den Industrieländern als nicht wahrscheinlich erscheint. Vor dem zusätzlichen Hintergrund der Effizienzentwicklung und Diversifizierung der Antriebsarten (Elektrifizierung, Ethanol etc.) scheinen steigende Energiepreise somit keine grundsätzliche Barriere für die weitere Motorisierung darzustellen.

Es erscheint damit wahrscheinlich, dass wir auch in den Schwellenländern in Zukunft einen ähnlichen s-förmigen Verlauf der Motorisierungsentwicklung erleben wie in den heute bereits hochmotorisierten Ländern. Die Unterschiede zwischen USA und Japan zeigen jedoch, wie divergierend diese Entwicklung bezüglich der Automobilitätsniveaus verlaufen kann. Das wirft die Frage auf, ob die BRIC-Länder eher einem japanischen oder einem amerikanischen Pfad folgen. In Ecola et al. (2014) wird eine Vorausschätzung wichtiger Einflussfaktoren (z. B. Demographie, Siedlungsstruktur, Infrastruktur, Regulierung) auf die Motorisierungsentwicklung in den BRIC-Ländern vorgenommen und mit historischen Entwicklungen in USA, Deutschland, Australien und Japan verglichen. Die Studie kommt zu dem Schluss, dass alle BRIC-Länder Motorisierungspfaden folgen dürften, die zwischen den Extremen USA und Japan liegen. Auch die Ergebnisse anderer Vorausschätzungen gehen in diese Richtung (vgl. Wang et al. 2011: 3296).

Schlussfolgernd lässt sich sagen, dass auch dann, wenn wir in den nächsten Jahrzehnten global gesehen einen Motorisierungsschub erleben werden, die möglichen Bandbreiten für die zukünftigen Automobilitätsniveaus in den Ländern sehr groß sind. Diese Niveaus werden wesentlich durch die Politik mitgestaltet. Dies ist zum einen die Verkehrspolitik über Stellhebel wie Regulierung, Besteuerung und Infrastrukturgestaltung. Zum anderen ist dies aber auch die Industriepolitik, welche in vielen Schwellenländern der Autoindustrie eine bedeutende Rolle für die wirtschaftliche Entwicklung beimisst und damit in der Tendenz derzeit treibend für Automobilität wirkt.

3.2 „Peak Car" in den Industrieländern?

Im Gegensatz zu dem Wachstum in den Schwellenländern vollzieht sich in den hoch entwickelten Industrieländern eine völlig andere Entwicklung: Das Wachstum der Pkw-Verkehrsleistung ist etwa seit der Jahrtausendwende deutlich abgeflaut, je nach Land und je nach genauer Definition der Kenngröße (z. B. pro Kopf) sind

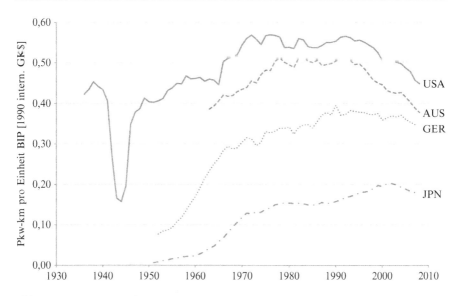

Abb. 6 Langjährige Entwicklung der Pkw-Verkehrsleistung pro Einheit BIP für USA, Deutschland, Australien und Japan (Quellen: BMVBS 2013, Bolt und van Zanden 2013, BITRE 2012, Statistics Bureau 2013, Bureau of Transportation Statistics 2014)

sogar Stagnation oder Rückgang zu konstatieren. Dieses Phänomen wird – wie oben bereits benannt – unter dem Stichwort „Peak Travel" oder auch „Peak Car" diskutiert (vgl. Millard-Ball und Schipper 2011: 357).

Eine Facette der Betrachtung von „Peak Car" ist die sich seit einigen Jahren vollziehende Entkopplung von Wirtschaftswachstum und Pkw-Verkehrsleistung in einigen Industrieländern. Abbildung 6 zeigt die historische Entwicklung der Pkw-Verkehrsleistung pro Einheit BIP für ausgewählte Industrieländer. Über Jahrzehnte hinweg – in den USA bis etwa 1970, in Japan bis etwa 2000 – galt, dass eine Steigerung des BIP mit einer noch stärkeren Steigerung der Pkw-Verkehrsleistung einherging. Seit einigen Jahren nimmt jedoch die Pkw-Verkehrsleistung pro Einheit BIP ab, d. h. die Wirtschaft wächst weiter, aber die Pkw-Verkehrsleistung nimmt nicht im gleichen Maße zu oder geht sogar zurück.

Nach jahrzehntelangem Wachstum der Verkehrsnachfrage in den Industrieländern, insbesondere im Pkw-Verkehr, wurden die ersten Anzeichen von Stagnation oder Sättigung als Paradigmenwechsel angesehen (vgl. Zumkeller et al. 2004: 121). Bis heute hält die Diskussion an, ob es sich bei „Peak Car" um eine nachhaltige Trendänderung oder nur um ein vorübergehendes Phänomen handelt. Gleichzeitig werden mögliche Hintergründe dieser Trendänderung diskutiert. Die oben ausgeführten Entwicklungen werden den weiteren Verlauf von „Peak Car" beeinflussen, insbesondere der weitere Verlauf des demographischen Wandels sowie das Mobilitätsverhalten in den Industrieländern, aber auch in den Schwellenländern. Diese Entwicklungen werden ganz wesentlich darüber entscheiden, ob „Peak Car" ein vorübergehendes Phänomen bleibt oder langfristig wirksam wird.

Für eine bedarfsorientierte Verkehrs- und insbesondere Infrastrukturpolitik ist dies in der Tat ein bedeutender Perspektivwechsel: Während des jahrzehntelang vorherrschenden allgemeinen Pkw-Verkehrsleistungswachstums konnte eine Straßeninvestitionsentscheidung kaum wirklich falsch sein; sie konnte im ungünstigen Fall lediglich weniger wirksam im Vergleich zu anderen Maßnahmen sein, allerdings würde die Nachfrage dem Angebot schon folgen. In den nächsten Jahrzehnten dürfte dies grundsätzlich anders aussehen, da nun durchaus die Möglichkeit besteht, dass Infrastrukturen entstehen, die nicht nachgefragt werden (vgl. Kuhnimhof und Martin Kagerbauer 2011: 220 ff.).

Allerdings ist – zurückkommend auf die abnehmende Kopplung von Wirtschaftsentwicklung und Pkw-Verkehrsleistung – auch die umgekehrte Perspektive zu beobachten: Investitionen in die Verkehrsinfrastruktur sind noch immer ein bevorzugtes Konjunkturprogramm im wirtschaftlichen Krisenfall. Sie erzeugen schnell positive Impulse in der Bauwirtschaft und konnten in der Vergangenheit gleichzeitig als Investition in langfristiges Wachstum gelten. Bei einer Entkopplung von BIP und Verkehr ist der zweite Punkt deutlich in Frage gestellt und solche Konjunkturprogramme laufen Gefahr, nur noch wenig zur langfristigen Entwicklung beizutragen.

4 Globale Entwicklungen im Fernverkehr

Aus der Perspektive der meisten Personen sind Reisen im Fernverkehr seltene Ereignisse. Sie machen nur einen geringen Anteil des Personenverkehrsaufkommens aus. Allerdings erbringen z. B. die Deutschen grob die Hälfte ihrer Personenverkehrsleistung im Zusammenhang mit Reisen über 100 km, nach der klassischen Definition also im Fernverkehr. Zumindest in anderen Industrienationen dürften die Größenverhältnisse ähnlich sein. Bei vielen Problemen und Fragestellungen des Verkehrs ist somit der Fernverkehr ähnlich bedeutend wie der Alltagsverkehr (Abb. 7).

Während sich für den Alltagsverkehr deutliche Kontraste zwischen den aktuellen Entwicklungen für Industrieländer und Schwellenländer zeigen, ist die Situation beim Fernverkehr zunächst scheinbar einheitlicher und nahezu global von Wachstum gekennzeichnet.

Abbildung 7 zeigt Verkehrsleistungsindikatoren für verschiedene Verkehrsträger in Deutschland. Die Verkehrsleistungen von ÖPNV und MIV sind in den letzten zwei Jahrzehnten kaum gewachsen, wobei diese Entwicklungen maßgeblich durch die Trends in der Alltagsmobilität dominiert sind. Im Gegensatz dazu ist der Schienenpersonenfernverkehr um 50 % gewachsen, und die Luftverkehrsleistung hat sich nahezu verdoppelt. Beides sind Indikatoren dafür, dass der Fernverkehr in Deutschland rasant wächst. Dieses Wachstum passt auch zu Prognosen der World Tourist Organisation, die für die nächsten zwanzig Jahre ein deutliches Wachstum des Tourismus in allen Weltregionen vorhersagt (Abb. 8).

Eine genauere Analyse des Urlaubsreiseverhaltens der Deutschen zeigt jedoch, dass der Eindruck vom allgemeinen Wachstum des Fernverkehrs täuscht. Längere Urlaubsreisen (fünf Tage und länger) machen ein Drittel der Gesamtfernverkehrsleistung und mehr als die Hälfte der Flugverkehrsleistung der Deutschen aus.

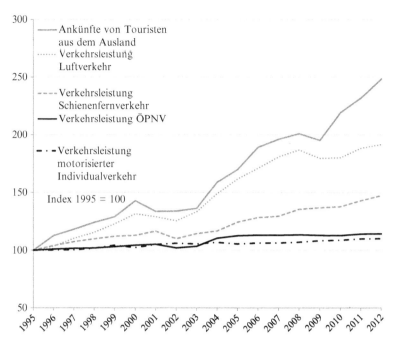

Abb. 7 Entwicklung ausgewählter Verkehrsindikatoren und des Tourismus in Deutschland seit 1995 (Quellen: BMVBS 2013, Destatis 2013)

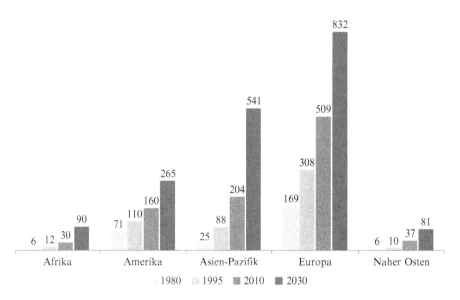

Abb. 8 Entwicklung der Anzahl internationaler Ankünfte [Millionen Ankünfte pro Jahr] nach Herkunftsregion (Quelle: UNWTO 2011: 23)

In diesem Reisesegment der längeren Urlaubsreisen ist seit mehreren Jahren nur noch wenig Dynamik zu konstatieren: Etwa drei Viertel der Deutschen unternehmen mindestens einmal im Jahr eine solche Urlaubsreise – ein Wert, der sich seit fast zwei Jahrzehnten kaum verändert hat (vgl. Frick und Grimm 2014: 17).

Hinzu kommt, dass sich in den letzten zehn Jahren auch die Anzahl langer Urlaubsreisen pro Kopf und Jahr (ca. 0,8) kaum verändert hat, dass die durchschnittliche Reiseentfernung nur leicht gestiegen ist (2002: 1400 km; 2011: 1600 km), und dass seit etwa zehn Jahren keine nennenswerten Verlagerungen zum Verkehrsmittel Flugzeug im Urlaubsverkehr mehr stattfinden. Massives Wachstum für den Flugverkehr in Deutschland ist aus dem verkehrsleistungsstärksten Fernverkehrssegment der Deutschen nicht abzuleiten (vgl. Frick und Grimm 2014: 27).

Abbildung 7 weist aber auch auf eine Erklärung für das deutliche Wachstum im Flugverkehr hin, welches vor dem Hintergrund einer seit einigen Jahren schwächer wachsenden Nachfrage durch die Deutschen zunächst nicht plausibel erscheint: Stärker noch als der Flugverkehr ist in Deutschland die Anzahl der Ankünfte von Touristen aus dem Ausland gestiegen. Diese Besucher, von denen viele mit dem Flugzeug an- und wieder abreisen, und die Transittouristen auf deutschen Flughäfen (d. h. Auslands-Auslands-Umsteiger) tragen in steigendem Maße zum Wachstum des Flugverkehrs in Deutschland bei. Die Wachstumsraten in Abb. 8 zeigen zudem, aus welchen Weltregionen zukünftig besonders mit zunehmendem Tourismus zu rechnen ist: Die Wachstumsraten in Afrika, Asien und dem Nahen Osten fallen besonders hoch aus. Auch das starke Wachstum in Europa dürfte maßgeblich auf den Nachholbedarf in Osteuropa zurückzuführen sein.

Zusammenfassend lässt sich sagen, dass bei genauerem Hinsehen die globalen Entwicklungen im Alltagsverkehr und Fernverkehr nicht fundamental verschieden sind: Auch im Fernverkehr zeigt sich in den Industrieländern eine Abnahme der Wachstumsraten, während das Fernverkehrswachstum in den Schwellenländern in den nächsten Jahren erst richtig an Fahrt aufnehmen dürfte.

Allerdings sind die Implikationen dieser Entwicklungen im Fall von Alltagsverkehr und Fernverkehr grundverschieden: Das Wachstum im Alltagsverkehr der Schwellenländer findet ausschließlich dort statt und muss über die Infrastruktur in diesen Ländern abgewickelt werden. Im Gegensatz dazu wird der wachsende Fernverkehr der Bevölkerungen der Schwellenländer zu Teilen auch über die Infrastruktur der Industrieländer abgewickelt, zumindest der globale Flugverkehr und der Tourismus.

5 Implikationen für die Verkehrspolitik

Die rückläufige oder zumindest nachlassende Entwicklung in den Industrieländern kann das globale Wachstum der Verkehrsnachfrage in keiner Weise kompensieren. Vielmehr wird damit gerechnet, dass es bis zum Jahr 2050 zu einer Verdreifachung oder auch Vervierfachung des globalen Personenverkehrs kommen wird, bedingt vor allem durch die Zunahme der Weltbevölkerung von derzeit gut 7 Mrd. auf 9 Mrd. sowie durch den erwarteten Anstieg der Einkommen, insbesondere in den heutigen Schwellenländern (vgl. ITF 2012). Daraus leiten sich Anforderungen an die Verkehrspolitik ab, die – vor dem Hintergrund des Ziels einer weltweit nachhaltigen Verkehrsentwicklung – sowohl auf nationaler als auch auf supra-nationaler Ebene vier wesentliche Handlungsfelder für den Bereich des Personenverkehrs umfassen; dies sind Klima, Luftschadstoffe, Lärm und Erreichbarkeit („access"). Während Luftschadstoffe und Lärm vor allem regionale oder lokale Probleme auslösen, liegt die globale Herausforderung bei der Bewältigung des Klimawandels, aber auch beim Umgang mit seinen Folgen. Aus diesem Grund wird hier der Schwerpunkt auf die Frage nach politischen Vorgaben und Maßnahmen mit Blick auf die Reduzierung der Einflüsse des Verkehrs auf das Klima gelegt.

Die Auseinandersetzung mit den Folgen von Industrialisierung und Automobilisierung für das Klima ist nunmehr fast 40 Jahre alt: Im Jahr 1979 wurde die erste Weltklimakonferenz in Genf veranstaltet, allerdings noch mit vergleichsweise geringem Widerhall in der öffentlichen Aufmerksamkeit. Etwa 10 Jahre später – im Jahr 1988 – folgte die Konferenz „The Changing Atmosphere: Implications for Global Security" in Toronto, die als das Ereignis gilt, mit dem der Klimawandel Thema für die internationale Politik geworden ist (vgl. Schallaböck et al. 2006: 20). Dazu trug auch die Tatsache bei, dass die Schlussdeklaration der Konferenz dezidierte Empfehlungen an die Politik aussprach. Im Nachgang wurden in den Jahren 1992 und 1997 mit dem „Rahmenübereinkommen der Vereinten Nationen über Klimaänderungen" und dem „Kyoto-Protokoll" zum Rahmenübereinkommen zwei völkerrechtliche Verträge abgeschlossen. Damit verbunden war die Festlegung von CO_2-Reduktionszielen für die Unterzeichner-Staaten, wobei es den Staaten selbst überlassen war und ist, welchen Anteil die unterschiedlichen Verursacher (z. B. Verkehr, Industrie, Energieproduktion) beitragen sollen. In Deutschland gab die Bundesregierung im Jahr 2007 mit der Klimaagenda 2020 das Ziel vor, im Verkehrsbereich bis zum Jahr 2020 30 Mio. Tonnen weniger CO_2 zu emittieren – verglichen mit dem Stand Ende 2006, als der Verkehr in Deutschland einen Ausstoß von knapp 160 Mio. Tonnen CO_2 verursachte (vgl. UNFCC 2014).

Den Vereinbarungen auf internationaler Ebene folgten eine Reihe von regelmäßigen Diskussionen und Verhandlungen, die in „Roadmaps" oder „Agreements" mündeten, deren zu geringe Verbindlichkeit aber immer wieder auf Kritik gestoßen ist (vgl. beispielsweise Deutsche Welle 2007).

Dem ungebrochenen Wachstum auf globaler Ebene entspricht die Tatsache, dass der Verkehrssektor – weltweit gesehen – von einem kontinuierlich steigenden Energieverbrauch geprägt wird. Dabei ist der Verkehr nicht nur massiv von fossilen Brennstoffen abhängig, sondern er ist gleichzeitig einer der Hauptverursacher des anthropogenen Treibhauseffekts: 22 % der globalen Treibhausgasemissionen waren im Jahr 2010 durch den Verkehr bedingt. Damit ist der Verkehr nach der Strom- und Wärmeproduktion, die zu 41 % des globalen CO_2-Ausstoßes beiträgt, der zweitgrößte CO_2-Verursacher, gefolgt von der Industrie mit 20 % (vgl. Kreyenberg et al. 2014: 21). In Deutschland liegt der Beitrag des Verkehrs (Personenverkehr und Güterverkehr) zur Produktion des klimarelevanten Kohlendioxids bei 17 %, seit Kurzem mit leicht fallender Tendenz. So gehört Deutschland auch zu den wenigen Ländern, die im Vergleich zu 1990 eine Reduzierung des aus dem Verkehr stammenden CO_2-Ausstoßes erreicht haben (Abb. 9).

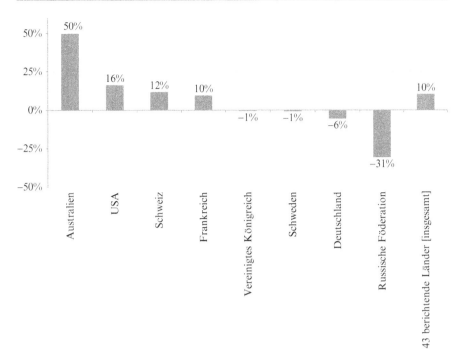

Abb. 9 Veränderung des CO_2-Ausstoßes des Verkehrs (Personenverkehr und Güterverkehr) in ausgewählten Industrie- und Schwellenländern im Jahr 2012 gegenüber 1990 (Quelle: UNFCCC 2014)

Die Ansatzpunkte, die die Politik in Europa in den vergangenen Jahren gewählt hat, um eine Begrenzung der CO_2-Emissionen zu erreichen, beziehen sich einerseits auf das Fahrzeug, andererseits auf die im Verkehr verwendeten Kraftstoffe. Dabei wird allerdings nur bedingt zwischen Maßnahmen unterschieden, die sich entweder auf den Personen- oder aber auf den Güterverkehr beziehen, wenngleich – wie auch Tab. 1 zeigt – unterschiedliche Adressaten für die verschiedenen Maßnahmen vorhanden sind und damit zumindest implizit auch die Unterscheidung nach Personen- oder Güterverkehr vorhanden ist.

Im Pkw-Bereich wird immer wieder eine besondere Wirksamkeit von der Vorgabe von Zielen zur Begrenzung des CO_2-Ausstoßes von Neuwagenflotten bei Pkw und leichten Nutzfahrzeugen erwartet (vgl. den Beitrag von Jöhrens und Hildermeyer in Kap.VI.4 dieses Bandes: ▶ Entwicklungslinien deutscher Verkehrspolitik im 19. Und 20. Jahrhundert). Grundlage hierfür ist die Strategie der Kommission von 1995, die folgendes Bündel an „Maßnahmen" umfasste:

- Selbstverpflichtung der Automobilhersteller zur Senkung der Fahrzeugemissionen
- Bessere Information für die Verbraucher
- Förderung von Fahrzeugen mit niedrigem Kraftstoffverbrauch durch steuerliche Maßnahmen.

Tab. 1 Einfluss verschiedener regulatorischer, gesetzlicher und fiskalpolitischer Instrumente auf Energieverbrauch, Treibhausgas-Emissionen (THG) und Anteil Erneuerbarer Energien im Verkehr (Quelle: Kreyenberg et al. 2014: 30)

	Instrument	Land	Zeitraum	Einfluss auf Energieverbrauch und THG Emissionen im Verkehr		Einfluss auf Anteil erneuerbare Energien im Verkehr
				wirkt auf Endkunde[a]	wirkt auf Anbieter[b]	
Kraftstoff	Energiesteuer[c]	DE	seit 1930	X	O	-
	Ökosteuer[d]	DE	seit 1999	X	O	-
	Beimischung von Biokraftstoffen[e]	DE	seit 2004	X	X	X
	Erneuerbare-Energien-Gesetz[f]	DE	seit 2000	-	O	O
	Emissionshandel[g]	DE	seit 2005	O	X	O
Fahrzeug	Dienstwagen Besteuerung[h]	DE	seit 2006	X	O	-
	Kfz-Steuer[i]	DE	seit 2009	X	O	-
	EU-Flottengrenzwerte[j]	DE	seit 2012	O	X	-
	Umweltprämie[k]	DE	2009 - 2010	X	O	-
	Kaufprämien[l]	FR, NOR	seit 2008	X	O	-
	Maut- und Parkgebühren[m]	DE, GB	seit 2003	X	O	-
	ZEV-Gesetzgebung[n]	USA	seit 1990	O	X	-

[a] Fahrzeugkäufer, Fahrer
[b] OEM, EVU, Mineralölwirtschaft
[c] EnergieStG (2012)
[d] EnergieStG (2012) §2 und StromStG (2012) §3
[e] BImSchG (2013) und BImSchV (2010)
[f] EEG (2000)
[g] TEHG (2011)
[h] EStG (2013) §6
[i] KraftStG (2012)
[j] EU (2009) 443/2009
[k] BAFA (2009)
[l] ACEA (2013)
[m] IEA (2013)
[n] ARB (2008)
X Direkte Wirkung, O Indirekte Wirkung, - Keine Wirkung

Die Selbstverpflichtung der Automobilhersteller wurde ab dem Jahr 2012 für alle Hersteller, die Fahrzeuge in Europa verkaufen, bindend. Der Durchschnittswert pro verkauftem Fahrzeug liegt im Jahr 2015 bei 130 g CO_2/km und verringert sich bis 2020 auf 95 g CO_2/km (vgl. Kreyenberg et al. 2014: 33/34). Hersteller, die die Vorgaben der Verordnung verfehlen, müssen mit Strafzahlungen rechnen; allerdings sind die genaue Ausgestaltung der Verordnung und ihre Umsetzung derzeit noch nicht abgeschlossen (vgl. Peters et al. 2012: 118). Gleichzeitig gibt es eine kritische Diskussion darüber, ob die Wirkung der Verordnung tatsächlich zu der erwarteten Einsparung beim Energieverbrauch und dem Ausstoß von Treibhausgasen führen wird. So gibt es eine zunehmende Divergenz zwischen dem angegebenen Normverbrauch von neu zugelassenen Fahrzeugen, der im momentan vorgeschriebenen Testzyklus (NEFC) ermittelt wird, und dem Verbrauch unter realistischen Fahrbedingungen (vgl. Radke 2011: 35). Als Antwort auf dieses Problem ist jedoch in den nächsten Jahren die Einführung eines neuen Testzyklus (WLTP) zu erwarten, der zu realistischeren Normverbräuchen führen wird (vgl. UNECE 2014).

Besondere Hoffnungen hinsichtlich der Möglichkeit zur Reduzierung von Treibhausgasen ruhen daneben auf der Substitution von Fahrzeugen mit Verbrennungsmotoren durch Elektrofahrzeuge. Dies gilt nicht nur für Europa, sondern auch für Asien und die USA. So wird in den USA die Elektrifizierung von Fahrzeugen von der Politik mit den Zielstellungen (1) Reduzierung der Treibhausgasemissionen im Verkehr, (2) Verringerung der Abhängigkeit von Erdöl, und (3) Verbesserung der lokalen Luftqualität verfolgt. Die Entwicklung einer nachhaltigen Elektrofahrzeugindustrie wird dabei als eine komplexe, langfristige und multi-sektorale Aufgabe mit zahlreichen Akteuren aus Wirtschaft, Wissenschaft und Verwaltung gesehen. Diese Aufgabe wird von der Politik durch Forschungs-, Infrastruktur- und Absatzförderung gesteuert.

In der landesweiten Förderung der Elektromobilität spielt das „United States Department of Energy" (DOE) die zentrale Rolle. Es ist verantwortlich für die Durchführung von Forschung, Forschungsförderung, Kreditvergabe an Unternehmen und für die Unterstützung der Marktentwicklung. Die „Environmental Protection Agency" (EPA) ist der zweitwichtigste Akteur und zuständig für die Durchsetzung des „Clean Air Acts" und anderer Umweltbestimmungen. Die EPA regelt die Emissionsvorschriften von Fahrzeugen, aber auch der Industrie. Das „Department of Commerce" ist als dritter Akteur zu erwähnen und trägt durch die Steuergutschriften zur Unterstützung des PEV Markts bei. Auf bundesstaatlicher Ebene ist das California Air Resources Board (CARB, auch ARB) der wichtigste Impulsgeber. Das CARB ist bekannt dafür, besonders weitreichende Vorschläge zur Luftreinhaltung zu erarbeiten.

Für verbrennermotorisch angetriebene Pkw verschärfte die Obama-Regierung im März 2009 die seit 1985 unveränderten Flottenemissionsgrenzwerte in der Corporate Average Fuel Economy (CAFE) Gesetzgebung. Für Pkw-Hersteller wurde eine deutliche Absenkung der Flottenemissionen auf 139 g CO_2/km im Jahr 2020 beschlossen. Damit bleibt die Zielvorgabe der USA deutlich über der europäischen Zielvorgabe von 95 g CO_2/km im Jahr 2020. Angesichts der immer noch vergleichsweise hohen Pro-Kopf-Fahrleistung in den USA ist damit allenfalls eine ganz allmähliche Reduzierung des CO_2-Ausstoßes durch den Verkehr zu erwarten.

6 Fazit

Die Ausführungen haben gezeigt, dass sich zum Teil scharfe Gegensätze zwischen der Entwicklung der Verkehrsnachfrage in den „alten" Industrieländern einerseits und den „jungen" Schwellenländern andererseits ergeben. Während hier die Nachfrage abflacht und Sättigungstendenzen unübersehbar sind, wächst dort die Nachfrage umso stärker, je mehr die Wirtschaft der Schwellenländer wächst und damit einen Mittelstand entstehen lässt, der seine Mobilitätsbedürfnisse vor allem mit Hilfe des eigenen Pkw decken möchte.

Das Zusammenfallen von weltweit wachsender Personenverkehrsnachfrage, in globaler Perspektive zunehmender Motorisierung, nur allmählich wirkender gesetzlicher Regulierung des CO_2-Ausstoßes der Fahrzeuge und ebenfalls nur allmählich wachsendem internationalen Druck hinsichtlich einer strengeren CO_2-Gesetzgebung lassen nur wenig Raum für die Erwartung, der Personenverkehr werde eine wichtige Rolle im Rahmen der Anstrengungen zur Abschwächung des Klimawandels übernehmen. Dies ist umso unbefriedigender, als der jüngste Bericht des Weltklimarates gezeigt hat, dass sich die Anzeichen für einen Klimawandel weiter verstärken (vgl. IPCC 2013). Damit stellt sich die Frage, inwieweit internationale oder zumindest länderübergreifende Politikansätze nicht ins Leere laufen, wenn sie nicht massiv durch nationale Politiken mit nationalen oder auch regionalen Zielsetzungen flankiert werden.

Literatur

Beckmann, K., B. Chlond, T. Kuhnimhof, S. von der Ruhren, und D. Zumkeller. 2006. Multimodale Verkehrsmittelnutzer im Alltagsverkehr. Zukunftsperspektive für den ÖV? *Internationales Verkehrswesen* 58(4): 138–145.
BITRE – Bureau of Infrastructure, Transport and Regional Economics. 2012. Traffic growth in Australia. Report No. UMTRI-2011-43 No. 127. Canberra.
BMFSFJ – Bundesministerium für Familie, Senioren, Frauen und Jugend. 2005. Fünfter Bericht zur Lage der älteren Generation in der Bundesrepublik Deutschland. Potenziale des Alters in Wirtschaft und Gesellschaft. Der Beitrag älterer Menschen zum Zusammenhalt der Generationen. Bericht der Sachverständigenkommission. Berlin.
BMVBS – Bundesministerium für Verkehr, Bau- und Stadtentwicklung, Hrsg. 2013. *Verkehr in Zahlen 2012/2013*. Berlin: DVV Media.
Bolt, Jutta, und Jan Luiten van Zanden. 2013. The first update of the Maddison project, re-estimating growth before 1820. Project Working Paper No. WP-4. Maddison.
Bühler, Ralph, und John Pucher. 2012. Demand for public transport in Germany and the USA: An analysis of rider characteristics. *Transport Reviews* 32(5): 541–567.
Bureau of Transportation Statistics. 2014. National Transportation Statistics. http://www.rita.dot.gov/bts/sites/rita.dot.gov.bts/files/publications/national_transportation_statistics/index.html. Zugegriffen am 26.03.2014.

Dargay, Joyce, Gateley Dermot, und Sommern Martin. 2007. Vehicle ownership and income growth, worldwide: 13 1960–2030. *Energy Journal* 28(4): 143–170.
Destatis. 2013. Tourismus in Zahlen. https://www.destatis.de/DE/Publikationen/Thematisch/BinnenhandelGastgewerbeTourismus/Tourismus/TourismusinZahlen.html. Zugegriffen am 20.08.2013.
Deutsche Welle. 2007. Weltklimakonferenz verabschiedet Bali-Roadmap. Gesendet am 15. Dezember 2007. http://www.dw.de/weltklimakonferenz-verabschiedet-bali-roadmap/a-3006184. Zugegriffen am 14.09.2014.
Ecola Liisa, Charlene Rohr, Johanna Zmud, Tobias Kuhnimhof, Peter Phleps. 2014. The Future of Driving in Developing Countries. München: Institut für Mobilitätsforschung. http://www.ifmo.de/publikationen.html. Zugegriffen am 17.09.2014.
Frick Roman, Bente Grimm. 2014. Langstreckenmobilität. Aktuelle Trends und Zukunftsperspektiven. München: Institut für Mobilitätsforschung. http://www.ifmo.de/publikationen.html. Zugegriffen am 17.09.2014.
ifmo. 2011. Mobilität junger Menschen im Wandel – multimodaler und weiblicher. München: Institut für Mobilitätsforschung. http://www.ifmo.de/publikationen.html. Zugegriffen am 17.09.2014.
ifmo. 2013. Mobility Y – The Emerging Travel Patterns of Generation Y. München: Institut für Mobilitätsforschung. http://www.ifmo.de/publikationen.html. Zugegriffen am 17.09.2014.
infas DLR. 2010. *Alltagsverkehr in Deutschland. Struktur – Aufkommen – Emissionen –Trends. Abschlussbericht zum Projekt „Mobilität in Deutschland 2008"*. Bonn und Berlin.
IPCC – Intergovernmental Panel on Climate Change. 2013. Climate change 2013. The physical science basis. Working Group I contribution to the fifth assessment report of the intergovernmental panel on climate change. Cambridge.
ITF (International Transport Forum). 2012. ITF transport outlook – Meeting the need of 9 billion people. Washington, DC; http://de.slideshare.net/EMBARQNetwork/itf-transport-outlook-meeting-the-needs-of-9-billion-people. Zugegriffen am 14.09.2014.
Kraftfahrt-Bundesamt. 2013. Statistische Mitteilungen des Kraftfahrt Bundesamtes, Reihe 2: Fahrzeugbestand. http://www.kba.de/cln_031/nn_125264/DE/Statistik/Fahrzeuge/Bestand/bestand__node.html?__nnn=true. Zugegriffen am 20.08.2013.
Kreyenberg Danny, Andreas Lischke, Fabian Bergk, Frank Duennebeil, Christoph Heidt, Wolfram Knörr, Tetyana Raksha, Patrick Schmidt, Werner Weindorf, Karin Naumann, Stefan Majer, und Franziska Müller-Langer. 2014. Erneuerbare Energien im Verkehr. Potenziale und Entwicklungsperspektiven verschiedener erneuerbarer Energieträger und Energieverbrauch der Verkehrsträger. Studie im Rahmen der Wissenschaftlichen Begleitung, Unterstützung und Beratung des BMVBS in den Bereichen Verkehr und Mobilität mit besonderem Fokus auf Kraftstoffen und Antriebstechnologien sowie Energie und Klima. Berlin.
Kuhnimhof, Tobias, Martin Kagerbauer. 2011. Infrastruktur für weniger Menschen - Verkehrsmodelle zwischen Erwartungen und Ergebnisplausibilität. In *Ansprüche einer mobilen Gesellschaft an ein verlässliches Verkehrssystem. DVWG Jahresband 2009/2010*, Hrsg. Deutsche Verkehrswissenschaftliche Gesellschaft, 220–224. Berlin.
Kuhnimhof, Tobias, Jimmy Armoogum, Ralph Buehler, Joyce Dargay, Jon Martin Denstadli, und Toshiyuki Yamamoto. 2012a. Men shape a downward trend in car use among young adults – Evidence from six industrialized countries. *Transport Reviews* 32(6): 761–779.
Kuhnimhof, Tobias, Matthias Wirtz, und Wilko Manz. 2012b. Lower incomes, more students, decrease of car travel by men, more multimodality: Decomposing young Germans' altered car use patterns. *Transportation Research Record: Journal of the Transportation Research Board* 2320: 64–71.
Kuhnimhof Tobias. 2013. Heute hiermit, morgen damit – Multimodalität und ihre Bedeutung für die Planung. Vortrag in der Reihe „Verkehr Aktuell" der Technischen Universität München am 24. Oktober 2013.
Kuhnimhof, Tobias, Dirk Zumkeller, und Bastian Chlond. 2013a. Who made peak car, and how? A breakdown of trends over four decades in four countries? *Transport Reviews* 33(3): 325–342.

Kuhnimhof, Tobias, Dirk Zumkeller, und Bastian Chlond. 2013b. Who are the drivers of peak car use? *Transportation Research Record: Journal of the Transportation Research Board* 2383: 53–61.

Kuhnimhof, Tobias, Charlene Rohr, Liisa Ecola, und Johanna Zmud. 2014. Automobility in Brazil, Russia, India, and China: Quo Vadis? *Transportation Research Record: Journal of the Transportation Research Board*, im Druck.

Metz, David. 2008. *The limits to travel: How far will you go?* New York: Routledge.

Millard-Ball, Adam, und Lee Schipper. 2011. Are we reaching peak travel? Trends in passenger transport in eight industrialized countries. *Transport Reviews* 31(3): 357–378.

Nobis, Claudia. 2014. *Multimodale Vielfalt. Quantitative Analyse multimodalen Verkehrshandelns.* Dissertation, Humboldt-Universität zu Berlin.

Peters, Anja, Claus Doll, Fabian Kley, Michael Möckel, Patrick Plötz, Andreas Sauer, Wolfgang Schade, Axel Thielmann, Martin Wietschel, und Christoph Zanker. 2012. Konzepte der Elektromobilität und deren Bedeutung für Wirtschaft, Gesellschaft und Umwelt. Büro für Technikfolgenabschätzung beim Deutschen Bundestag, Arbeitsbericht Nr. 153.

Radke, Sabine. 2011. *Methodenbericht zu „Verkehr in Zahlen" (ViZ).* Ausgabe 2010/2010. Berlin: Deutsches Institut für Wirtschaftsforschung (DIW).

Schafer, Andreas, und David G. Victor. 2000. The future mobility of the world population. *Transportation Research A* 34: 171–205.

Schallaböck, Karl Otto, Manfred Fischedick, Bernd Brouns, Hans-Jochen Luhmann, Frank Merten, Hermann E. Ott, Andreas Pastowski, und Johannes Venjakob. 2006. Klimawirksame Emissionen des Pkw-Verkehrs und Bewertung von Minderungsstrategien. *Wuppertal Spezial* 34.

Statistics Bureau, Director-General for Policy Planning and Statistical Research and Training Institute of Japan. 2013. *Japan Statistical Yearbook*. http://www.stat.go.jp/english/data/nenkan/index.htm. Zugegriffen am 25.07.2013.

Statistik Schweiz. 2014. *Personenverkehr – Verkehrsverhalten. Tagesdistanz, Unterwegszeit.* http://www.bfs.admin.ch/bfs/portal/de/index/themen/11/04/blank/03/01.html. Zugegriffen am 20.09.2014.

UNECE – United Nations Economic Commission for Europe. 2014. Worldwide harmonized Light vehicles Test Procedure (WLTP). https://www2.unece.org/wiki/pages/viewpage.action?pageId=2523179. Zugegriffen am 22.10.2014.

UNFCCC – United Nations Framework Convention on Climate Change. 2014. Greenhouse gas data. Time Series. http://unfccc.int/ghg_data/ghg_data_unfccc/time_series_annex_i/items/3814.php. Zugegriffen am 14.09.2014.

UNWTO. 2011. Tourism toward 2030/global overview. https://pub.unwto.org/WebRoot/Store/Shops/Infoshop/4E98/07B6/A1D8/382D/5B35/C0A8/0164/3066/111014_TT_2030_global_overview_excerpt.pdf. Zugegriffen am 09.09.2013.

van Wee, Bert, Piet Rietveld, und Henk Meurs. 2006. Is average daily travel time expenditure constant? In search of explanations for an increase in average travel time. *Journal of Transport Geography* 14: 109–122.

Wang, Yunshi, Jacob Teter, und Daniel Sperling. 2011. China's soaring vehicle population: Even greater than forecasted? *Energy Policy* 39: 3296–3306.

World Bank. 2013. World development indicators. http://data.worldbank.org/data-catalog/. Zugegriffen am 16.10.2013.

Zumkeller, Dirk, Bastian Chlond, und Wilko Manz. 2004. Infrastructure development under stagnating demand conditions: A new paradigm? *Transportation Research Record. Journal of the Transportation Research Board* 1864: 121–128.

Globaler Verkehr II: Entwicklung der globalen Güterverkehre und verkehrspolitische Implikationen

Gernot Liedtke und Elisa Weiss

Zusammenfassung

In den vergangenen Jahrzehnten konnte im Bereich der globalen Güterverkehre ein starkes Wachstum verzeichnet werden. Inzwischen beeinflussen die globalen Güterströme signifikant die Verkehrsströme in Deutschland. Zudem haben Änderungen im Außenhandel direkte Auswirkungen auch auf die nationalen Nachschubketten. In Folge der globalen Finanzkrise 2008 gab es drastische Einbrüche und Verwerfungen im internationalen Transportsektor, die inzwischen in eine mehrjährige Stagnation gemündet sind. Daher stellt sich die Frage, ob die starke Wachstumsdynamik, wie sie in der Vergangenheit beobachtet werden konnte, auch weiterhin für die Zukunft zu erwarten ist, oder ob sich mittel- bis langfristig auch Abschwächungen begleitet von strukturellen Veränderungen ergeben könnten. Mit Hilfe einer theoriegeleiteten Diskussion der Treiber des internationalen Güterverkehrs und vereinfachten Zeitreihenanalysen formuliert der vorliegende Beitrag eine mittelfristige Wachstumsprognose. Auf Basis dieser Prognose werden Implikationen und Ziele für eine zukunftsorientiere Verkehrspolitik abgeleitet.

Schlüsselwörter

Verkehrsentwicklung • Globaler Handel • Güterverkehrspolitik

G. Liedtke (✉)
Institut für Verkehrsforschung, Deutsches Zentrum für Luft- und Raumfahrt e.V., Berlin, Deutschland
E-Mail: gernot.liedtke@dlr.de

E. Weiss
Lehrstuhl für Netzwerkökonomie, Karlsruher Institut für Technologie (KIT) Institut für Volkswirtschaftslehre (ECON), Karlsruhe, Deutschland
E-Mail: elisa.weiss@iww.uni-karlsruhe.de

1   Einleitung

Seit nahezu siebzig Jahren gehört der Güterverkehr zu den am stärksten wachsenden Verkehrsbereichen in Deutschland. In den 1950er bis in die 1970er-Jahre wuchs der nationale Güterverkehr um das Vierfache an; schließlich folgte eine langjährige Stagnationsphase. Ab den 1970er-Jahren verstärkte sich der Handel Deutschlands mit den umgebenden Staaten der Europäischen Gemeinschaft spürbar. Seit den 1990er-Jahren kam es zu einem erneuten massiven Wachstum des Güterverkehrs – innerhalb des nun wiedervereinigten Deutschlands und durch sich deutlich ausweitende Handelsbeziehungen mit osteuropäischen Staaten. Ab den späten 1990er-Jahren wurde das Phänomen eines rasant explodierenden Interkontinentalhandels flächendeckend sichtbar, was sich insbesondere im Anstieg des Containerumschlags in den Seehäfen und den verbundenen intermodalen Hinterlandverbindungen manifestierte. Schließlich erfuhr der Güterverkehr auf der nationalen, sowie der globalen Ebene, zwischen 2003 und 2008 erneute einen massiven Wachstumsschub. Mit dem Ausbruch der internationalen Finanzkrise im Jahr 2008 mündete eine bisher außergewöhnliche, jahrzehntelange Wachstumsperiode in einer inzwischen schon mehrjährigen Stagnation.

In der Geschichte gab es immer wieder Perioden, in denen ein sich ausweitender Warenhandel Hand in Hand mit einer positiven Wirtschaftsentwicklung verlief (vgl. Wolf 2013). Bis ins achtzehnte Jahrhundert handelte es sich bei den international gehandelten Gütern meist um wertvolle Luxusgüter und um knappe Güter wie spezielle Rohstoffe. Ab 1870 kann man von einer ersten Form einer „Globalisierung" reden – der Handel erfasste den gesamten Globus und bezog zunehmend alle Arten von Gütern ein. Die erste Globalisierung und ihre Vorstufen waren verbunden mit einer zunehmenden internationalen Arbeitsteilung, bei der sich Europa z. B. auf die Herstellung arbeitsintensiver Industrieprodukte konzentrierte, die im globalen Handel unter anderem gegen landwirtschaftliche Grundprodukte ausgetauscht wurden. Mit Beginn des ersten Weltkrieges setzte eine deutliche De-Globalisierung ein (vgl. ebd.). Ab den späten 1980er-Jahren begann die zweite Globalisierung. Ausgelöst wurde sie durch verschiedene und teilweise interdependente Entwicklungen wie dem Abbau von Zoll- und Handelsbarrieren (z. B. das GATT-Abkommen), einem fortschreitenden Infrastrukturausbau, technologischer Entwicklungen im Transport und Umschlag (insbesondere die Einführung des Containers spielt hier eine zentrale Rolle) sowie verbesserter Kommunikations- und Planungsinstrumente für Firmen. Im Unterschied zur ersten Globalisierung ist die zweite Globalisierung mit einer Fragmentierung von Wertschöpfungsketten verbunden – es entstanden immer kompliziertere mehrgliedrige Wertschöpfungsketten, bei denen Firmen verstärkt hochwertige Vorleistungsprodukte aus dem Ausland beziehen.

Im Zuge der zunehmenden Arbeitsteilung zwischen Ländern und Firmen wuchs der internationale Güterverkehr regelmäßig mit Wachstumsraten, die einem mehrfachen derjenigen der Wirtschaftsleistung entsprachen. So verdoppelte sich in den letzten drei Dekaden der internationale Containerverkehr (über den ein Großteil des globalen Handels mit Zwischen- und Endprodukten abgewickelt wird) ungefähr alle zehn Jahre (vgl. Abb. 1).

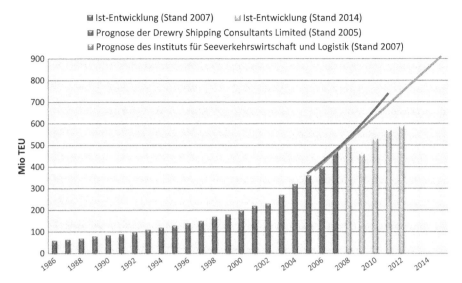

Abb. 1 verschiedene Prognosen zum weltweiten Containerumschlag. Quelle: basierend auf einer Grafik des Instituts für Seeverkehrswirtschaft und Logistik (ISL 2007), sowie Daten der World Bank (The World Bank 2014)

Bis zum Jahr 2008 rechneten die meisten damalig veröffentlichten Prognosen für den internationalen Güterverkehr mit einer vergleichbaren Wachstumsdynamik auch für die Zukunft. Infolge der prognostizierten Entwicklungen wurde in der deutschen als auch Europäischen Verkehrspolitik dem Ausbau internationaler Güterverkehrs-Gateways (wie Häfen und Flughäfen) und ihrer infrastrukturellen Anbindung eine hohe Priorität eingeräumt. Bestimmte Hochgeschwindigkeitsstrecken der Eisenbahn wurden eher aufgrund ihrer Entlastungswirkung für konventionelle Strecken (und der damit verbundenen modalen Verlagerungsmöglichkeit zusätzlicher Güterverkehre) als durch den Nutzen für den Personenverkehr gerechtfertigt. Die Europäischen Transportinfrastrukturnetze (TEN-T), und mehr noch das fortgeschriebene Konzept eines multimodalen Kernnetzes (vgl. Europäische Kommission 2013), sind insbesondere auf die Anforderungen des Güterverkehrs ausgerichtet.

Infolge der Finanzkrise von 2008 kam es zum ersten Mal seit dem Ende des Zweiten Weltkriegs zu einem drastischen Einbruch in der Güterverkehrsleistung, der vor allem die internationalen Verkehrsrelationen betraf. Es waren durchweg Rückgänge im zweistelligen Prozentbereich zu beobachten. Seitdem sind flächendeckend eher Seitwärtsbewegungen zu verzeichnen (siehe die Detaildarstellungen in den kommenden Abschnitten). Vor diesem Hintergrund stellt sich die Frage, ob sich die Wachstumsraten aus der Vergangenheit auch weiterhin in der Zukunft zeigen, oder ob das hohe Wachstum in den letzten Dekaden auf einer Reihe von Sondereffekten beruhte, die sich möglicherweise zukünftig nicht mehr so massiv manifestieren werden. Im ersten Fall befänden wir uns momentan in einer bald zu Ende gehenden Schwächeperiode; im zweiten Fall hätten wir es mit einem Trendbruch zu tun.

Zur Beantwortung dieser Frage gliedert sich der vorliegende Beitrag wie folgt: Zunächst werden die wichtigsten theoretischen Erklärungsmodelle zum internationalen Güteraustausch vorgestellt, inklusive einem vereinfachten Modell zur Fragmentierung von Wertschöpfungsketten. Anschließend werden für alle Verkehrsträger Zeitreihen zum Güterverkehr dargestellt. Der Fokus liegt auf den Strömen von und nach Deutschland. Schließlich wird eine um Sondereffekte korrigierte Trendprognose erstellt, die den zukünftigen Einfluss der globalen Güterverkehre auf die Güterverkehrsleistung und -struktur in Deutschland abschätzt. Darauf aufbauend werden mögliche Implikationen für die (Güter-)Verkehrspolitik aufgezeigt.

2 Erklärungsmodelle zum internationalen Güteraustausch

Es gibt verschiedene Gründe, die dazu führen, dass Unternehmen ihre Vorleistungsprodukte und Haushalte ihre Konsumgüter von einer Bezugsquelle im Ausland beziehen. Bestimmte Entwicklungen können jedoch dazu führen, dass sich gesamte Volkswirtschaften im Zusammenhang mit dem internationalen Handel auf die Produktion bestimmter Güter spezialisieren. Im Folgenden werden dazu einige gängige Theorien präsentiert.

2.1 Makroperspektive – Modelle des internationalen Handels

Wenn man annimmt, dass jeder Abnehmer seine Produkte in dem Land kauft, in welchem sie am kostengünstigsten hergestellt werden können, beschreibt man bereits das einfachste Außenhandelsmodell – die Theorie des absoluten Kostenvorteils (Smith 1776). Das Modell impliziert, dass wenn sich jedes Land auf die Produktion derjenigen Güter konzentriert, bei dem es einen absoluten Kostenvorteil gegenüber anderen Ländern hat, auch ein Vorteil für alle am Handel beteiligten Länder entsteht. Gemäß dem Modell unterstützt der internationale Handel auch eine Spezialisierung verschiedener Länder auf bestimmte Güter. Zudem dürften sich Länder mit einer schlechten Ausstattung an Produktionsfaktoren überhaupt nicht am internationalen Handel beteiligen.

Die letzte Einschränkung wurde mit der Theorie der Komparativen Kostenvorteile von Ricardo (1817) aufgehoben. Gemäß jener Theorie kommt es auch dann zu einem Austausch zweier Waren zwischen zwei Ländern, wenn ein Land für die Herstellung beider Waren jeweils mehr Ressourcen einsetzen muss als das andere Land. Ein gegenseitiger Warenaustausch tritt hierbei ein wenn die Relation der Aufwände zur Herstellung der beiden Waren in beiden Ländern jeweils unterschiedlich ist. Dabei müssen die Vorteile des Handels groß genug sein, um die Zusatzaufwände für den Warentransport aufzuwiegen. Auch dieses erweiterte Modell sagt eine Spezialisierung voraus, bei der sich die einzelnen Länder auf diejenigen Güter spezialisieren, deren Herstellung für sie vergleichsweise günstiger ist, als die der anderen Güter. Auch diese Theorie erklärt die Vorteilhaftigkeit des internationalen Handels. Darüber hinaus ist sie auch dazu geeignet, zu erklären, dass sich in den am Handel beteiligten Ländern unterschiedliche Lebensstandards ergeben.

Anhand der beiden Handelsmodelle können einige erste Hypothesen gestützt werden:

(i) Transportkostensenkungen führen zu einer Unterstützung der internationalen Arbeitsteilung und des Handelsvolumens, denn dadurch nehmen eine zunehmende Anzahl von Ländern und Gütern am internationalen Warenaustausch teil.
(ii) Transportkostensenkungen haben eine ähnliche Wirkung wie der Abbau von Zöllen, verbesserte Rechtssicherheit oder der Abbau von Kommunikationsbarrieren. Sofern Transportkosten keine entscheidungsrelevanten Größen mehr sind (weil sie bereits vergleichsweise klein sind), führen weitere Transportkostensenkungen nicht mehr zu einem signifikanten Anwachsen der Verkehre und der internationalen Arbeitsteilung.
(iii) Bei einer Angleichung der Technologie und Wissensausstattung in verschiedenen Ländern, sollte der internationale Handel teilweise wieder zum Erliegen kommen.

Weitere Modelle zur Erklärung des Außenhandels umfassen die Erklärung der Merkantilisten (Gömmel 1998), das Faktorproportionentheorem oder Heckscher-Ohlin Theorem (Baldwin 2008), den Nicht-Verfügbarkeitsansatz (Kravis 1956) oder die Theorie der technologischen Lücke (Posner 1961).

Wenn Arbeitskräfte und Kapital weltweit mobil sind, kann erwartet werden, dass es in Regionen mit geringer Produktivität zu einem Abfluss von Produktionsfaktoren (Kapital, qualifizierte Arbeitskräfte) in prosperierende Zentralregionen kommt. Entsprechende Modelle sind von der New Economic Geography (NEG) entwickelt worden (Fujita et al. 1999). Gemäß der Vorstellungen der NEG-Modelle können weitere Hypothesen unterstützt werden:

(iv) Eine Verringerung der Transportkosten führt zu einer Herausbildung attraktiver und spezialisierter Regionen. Gleichzeitig kommt es dadurch zu einer Auslaugung anderer Regionen (sog. Backwash Effekt). Die Folge ist eine Konzentration von hochwertigen Güterströmen zwischen Zentralregionen. Von peripheren Regionen werden Rohstoffe bezogen.
(v) Konvergieren Transportkosten gegen Null, so wird ein gesamter Raum zu einer integrierten Wirtschaft mit zahlreichen und dispersen Güteraustauschprozessen.

Heterogene Güter sind Güter, die sich in mindestens einer Produkteigenschaft voneinander unterscheiden, dabei aber den gleichen Zweck erfüllen. Mit der Vorstellung von heterogenen Gütern kann erklärt werden, warum ein gleiches Gut zwischen zwei Ländern in beiden Richtungen ausgetauscht wird (Chamberlin 1933). Eine wichtige Produkteigenschaft ist die Qualität. So könnte der Sektor eines Landes qualitativ hochwertige Produkte zu einem teuren Preis anbieten, die dann von der Oberschicht eines anderen Landes gekauft werden (und umgekehrt). Produkteigenschaften können aber auch Design, technische Merkmale u.v.m. sein. Heterogene Güter sind oftmals hochwertige Güter bzw. Endprodukte. Auch komplexe Zwischenprodukte (wie Komponenten in der Automobilindustrie) sind als heterogene Güter anzusehen. Das Chamberlin'sche Modell erklärt auch dann noch den Handel, wenn Diskrepanzen bei den komparativen Kostenvorteilen aufgrund einer Angleichung von Wirtschafts- und Bildungssystemen abgebaut wurden. Es können damit weitere Hypothesen unterstützt werden:

(vi) Je individualisierter Gesellschaften sind, umso heterogener sind die Präferenzen und umso stärker werden Handelsaustausche.
(vii) Je komplexer Güter in ihrer Struktur und ihren Eigenschaften sind, umso stärkere Handelsaustausche sind zu erwarten.
(viii) Je spezialisierter Unternehmen und Wertschöpfungsketten sind, desto stärkere Handelsaustausche sind zu erwarten.

2.2 Mikroperspektive – Firmen und Wertschöpfungsketten

In der heutigen Welt spannen sich Wertschöpfungsnetzwerke über Ländergrenzen hinweg und umfassen manchmal den gesamten Globus. Verschiedene Internationalisierungstheorien beschäftigen sich mit der Frage, warum Firmen in ausländischen Märkten aktiv werden (z. B. der Produktlebenszyklus Ansatz von Vernon (Vernon 1966), der Diamant-Ansatz von Porter (Porter 1990) oder der Uppsala-Ansatz von Johanson und Vahlne (Johanson und Vahlne 1977)). Allerdings führt nicht jede Produktionsverlagerung oder Expansion ins Ausland automatisch zu neuen Transportströmen. Aus diesem Grund werden im Folgenden nur die für eine Transportzunahme relevanten Entwicklungen auf Seiten der Technologie bzw. der Organisation der Wertschöpfungsketten vorgestellt.

Die meisten Endprodukte sind zusammengesetzt aus Vorleistungskomponenten, die wiederum aus anderen Komponenten bestehen usw. Der Begriff der Wertschöpfungstiefe bezeichnet die von einer Firma zusätzlich eingebrachten Inputs an einem Gut im Verhältnis zu seinem Gesamtwert. Eine große Komponente der Wertschöpfung stellen dabei die Arbeitsaufwände dar. In der Vergangenheit konnte beobachtet werden, dass die Wertschöpfungstiefe immer mehr abgenommen hat. So sank die Wertschöpfungstiefe bei den Automobilherstellern auf unter 20 Prozent (vgl. Abb. 2). Inzwischen scheint dieser Trend zum Outsourcing – zumindest im Automobilbau – auf hohem Niveau zu stagnieren.

Der Prozess des Rückgangs der Wertschöpfungstiefe soll im Folgenden an einem Modell vorgestellt werden: Angenommen, die Herstellung eines Endprodukts (E) bedürfe dreier Produktionsprozesse bei denen jeweils zwei Komponenten eines Roh- (R) bzw. Zwischenproduktes (Z) verbaut werden (vgl. Abb. 3). Abbildung 4 zeigt eine Reduktion der Wertschöpfungstiefe – in diesem Beispiel eine Auslagerung der Herstellung des Zwischenproduktes Z2. Dies führt zunächst zu zusätzlichen Transaktionskosten und zu zusätzlichen Abhängigkeiten von einem

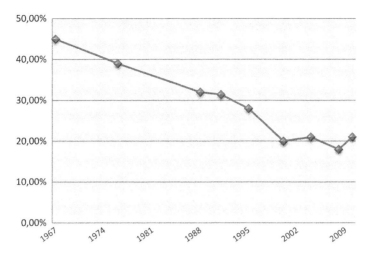

Abb. 2 Entwicklung der Wertschöpfungstiefe in der deutschen Automobilindustrie. Quelle: eigene Darstellung basierend auf Daten des VDA, zu finden in Tatsachen und Zahlen aus den Jahren 1967–2011

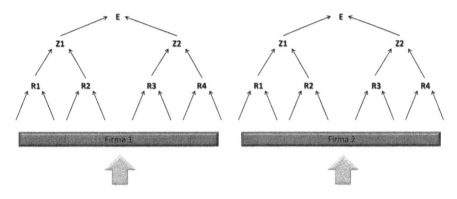

Abb. 3 Produktionsprozess ohne Outsourcing. Quelle: eigene Darstellung

Lieferanten. Außerdem fallen Aufwände für die zusätzlichen Transportprozesse an. Jedoch könnte ein solches Outsourcing Größen- und Spezialisierungsvorteile heben. Damit Outsourcing vorteilhaft bleibt, müsste also mindestens zugleich ein zweiter Endprodukthersteller ebenfalls die Herstellung des Zwischenproduktes auslagern. In Folge des Outsourcings entstehen zwei neue Transportrelationen – und damit verbunden zusätzliche transportierte Tonnen und resultierende Tonnenkilometer (vgl. Abb. 3 und 4).

Der Prozess des Outsourcing und die daraus resultierende Reduktion der Wertschöpfungstiefe wird durch verbesserte Transport- und Kommunikationsmöglichkeiten, sowie steigende Rechtssicherheit unterstützt, da immer mehr Produzenten zusammen an der Auslagerung teilnehmen können.

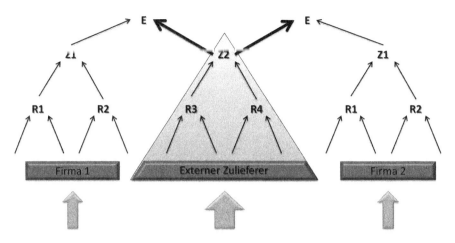

Abb. 4 Produktionsprozess mit Outsourcing. Quelle: eigene Darstellung

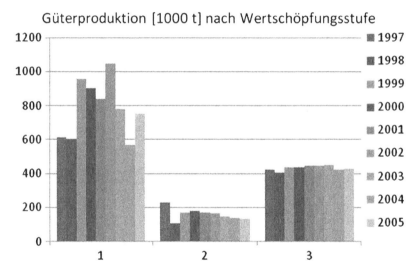

Abb. 5 Entwicklung der Güterproduktion in Deutschland nach Vor- (1), Zwischen- (2) und Endprodukten (3). Quelle: eigene Auswertung einer repräsentativen Stichprobe aus der Produktionsstatistik

Übrigens sinkt die Wertschöpfungstiefe auch dann, wenn die Güter selbst immer komplexer werden, d. h. verschiedene Komponenten enthalten. Dies könnte auch die in Abb. 5 dargestellte Entwicklung erklären. Durch verbesserte Transportmöglichkeiten lohnt es sich zudem, die Produktion bestimmter Güter auf wenige Produktionsstandorte im Raum zu verteilen. In diesem Fall sind zunehmende Transportentfernungen der Preis für eine Realisierung von Größenvorteilen auf Firmenebene.

Als Folge dieser Entwicklungen – Zentralisierung in der Produktion und Fragmentierung von Wertschöpfungsketten – entstehen starke Güterströme tendenziell hochwertiger Güter. Diese Transporte sind aufgrund ihres oft großen Sendungsvolumens und aufgrund hoher Distanzen teilweise sogar affin zum Bahntransport. Gleichzeitig treten aber auch andere Entwicklungen auf: Durch die räumlich verteilte Produktion von spezifischen Zwischenprodukten hochspezialisierter Hersteller entstehen kleinvolumige Sendungen über hohe Distanzen. Durch ihre Verwendung in der Produktionsversorgung besitzen sie zudem hohe Ansprüche an die Logistik. Aktuell sind diese Transporte eher straßenaffin.

Durch die geschilderte Realisierung von Größen-, Verbund-, und Spezialisierungsvorteilen sinken die Produktpreise für den Verbraucher. Mit der gleichen Menge an Produktionsfaktoren kann also die Gesamtwirtschaft mehr Produkte herstellen. Auch sind durch die Transportverbesserungen Firmen höherem Wettbewerbsdruck ausgesetzt und kontinuierlich zu Innovationen gezwungen. All diese Vorteile sind jedoch verbunden mit einer Ausweitung des Güterverkehrs, der in der Folge stärker wächst als die Wirtschaftsleistung.

2.3 Trends gegen ein Anwachsen des Güterverkehrs

Unbeschadet vom Anwachsen des globalen Handels aufgrund der Globalisierung sowie Änderungen in den Produktions- bzw. Wertschöpfungsketten gibt es einen gegenläufigen Trend – die sog. Dematerialisierung. Dieses Konzept wurde in den 1990er-Jahren durch Friedrich Schmidt-Bleek formuliert (Lexikon der Nachhaltigkeit 2014). Damit verbunden ist der Appell, sich nicht nur auf die Reduzierung und das Recycling von Abfällen zu konzentrieren, sondern auch den natürlichen Ressourceneinsatz in der Produktion zu minimieren. Allerdings gibt es heute schon Gründe, die unabhängig von staatlicher Einflussnahme und privatwirtschaftlichem Bemühen die Menge produzierter Güter limitieren bzw. reduzieren. So ist beispielsweise der Konsum von Lebensmitteln natürlich beschränkt. Die BBSR-Wohnungsmarktprognose (2011) zeigt, dass in den nächsten Jahren keine deutlich gesteigerte bundesweite Wohnungsbautätigkeit mehr zu erwarten ist. Weiterhin ist die Leistungsdichte technischer Apparate in den vergangenen Jahren erheblich gestiegen (z. B. Mobiltelefone). Im Automobilbau zeigt sich europaweit (und noch stärker weltweit) ein Trend zum Klein- und Kleinstwagen (vgl. Handelsblatt 2010). In Europa wird dieser Wandel vor allem durch die Vorgaben der EU zur CO_2 Reduzierung für Neuwagen forciert (vgl. Europäische Kommission 2014). Diese Vorgaben sind nur durch Gewichtsreduktion der Neuwagen zu erreichen. In den USA ist seit längeren ein Trend hin zum Kleinwagen erkennbar, getrieben durch Faktoren wie steigende Öl- und Benzinpreise (Bunkley 2008).

Es gibt deutliche Anzeichen, dass die Güterproduktion (gemessen in Tonnen) von entwickelten Volkswirtschaften in eine Stagnation übergeht. So stabilisiert sich die Produktion von Konsum- und Gebrauchsgütern in Deutschland seit einigen Jahren (vgl. Abb. 5). Dies deutet auf eine Stagnation des Outsourcings hin. Allerdings ist ein Rückgang bei der Produktion von Zwischenprodukten festzustellen; diese wurden vermutlich durch Vorleistungsprodukte aus dem Ausland ersetzt.

2.4 Rekapitulation und Hypothesen

Bei drastischen Unterschieden der Ausstattung von Ländern mit Kapital, Bildung und Wissen werden sich bei einem Fall von Transporthindernissen zunächst Güterströme entwickeln bei denen landwirtschaftliche Produkte und „Billigwaren" in die eine Richtung, und hochwertige Endprodukte in die andere Richtung fließen. Nach einem Aufholprozess der sich entwickelnden Länder fließen mit der Zeit tendenziell immer mehr hochwertigere heterogene Güter in beide Richtungen (Übergang vom Handel gemäß Ricardo zu einem Chamberlin'schen Handel).

Der Fall von Handelsbarrieren und Kommunikationshindernissen sowie ein Sinken von Gütertransportkosten führen zu einem überproportionalen Anwachsen der Gütertransportströme im Vergleich zur Wirtschaftsleistung. Die Gründe hierfür sind Spezialisierungen und das Ausnutzen von Größenvorteilen – und das sowohl auf Firmen- als auch auf Länderebene. Die Folgen sind große Ströme von Zwischen- und Endprodukten auf der oberen Stufe von Wertschöpfungsketten und zugleich disperse Ströme von komplexen Zwischen- und Spezialprodukten.

Auf nationaler Ebene wird die Entwicklung vor allem durch den Ausbau der Infrastruktur, Liberalisierungen im Transportsektor und verbesserte Kommunikation angetrieben. Auf globaler Ebene spielen der Abbau von Handelsbarrieren, die Schaffung internationaler Rechtssicherheit und erleichterte Kommunikation eine zusätzliche Rolle. Bei einem Ausbleiben weiterer drastischer Transportkostenverbesserungen und/oder dem weiteren Abbau von Handelsbarrieren sollte sich der Prozess eines überproportionalen Anwachsens der Güterströme mit der Wirtschaftsleistung verlangsamen. Im einfachsten Fall würde der Güterverkehr genauso anwachsen wie die industrielle Produktion. Bei einem Übergang der Wirtschaftsstruktur vom produzierenden Gewerbe hin zum Dienstleistungssektor, könnte der Güterverkehr sogar unterproportional zur Wertschöpfung anwachsen (sog. „relative Entkoppelung").

3 Entwicklung des internationalen Güterverkehrs in Deutschland

Im vorliegenden Abschnitt wird die Entwicklung des internationalen Güterverkehrs von und nach Deutschland, zunächst getrennt für den Flugverkehr, die Seeschifffahrt, die Eisenbahnen und die Straße, dargestellt. Anschließend folgen Tiefenanalysen ausgewählter Entwicklungen.

3.1 Flugverkehr

Die folgende Abb. 6 zeigt die Entwicklung des Luftfrachtumschlags in deutschen Regionen. Es sind nur diejenigen Regionen aufgezeigt, die wichtige Knotenpunkte im deutschen Luftfrachtverkehr darstellen.

Bis Mitte der 1990er-Jahre ist ein deutliches Wachstum der umgeschlagenen Tonnage auf allen deutschen Flughäfen festzustellen. Bis zum Jahr 2003 kam es

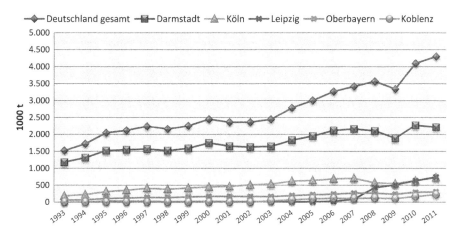

Abb. 6 wichtige Knoten im deutschen Luftfrachtverkehr. Quelle: Grafik aufbauend auf Daten von Verkehr in Zahlen 2012/2013 (DIW Berlin 2013)

dann zu einer mehrjährigen Stagnationsphase. Es folgte anschließend ein massiver Wachstumsschub bis zum Jahr 2008, der mit einem sichtbaren Einbruch in Folge der Finanzkrise endete. Über alle deutschen Flughäfen hinweg ist inzwischen das Vorkrisen-Niveau wieder erreicht. Allerdings ist ein Sondereffekt zu beachten: Im Jahr 2007 wurde in Leipzig das Frachtzentrum von DHL eröffnet. Dies ist der einzige Flughafen mit einem weiterhin deutlich steigenden Luftfrachtumschlag; die anderen Flughäfen scheinen in ihrer Entwicklung zu stagnieren. Darüber, ob Leipzig vorrangig durch die Aufnahme von Verkehr aus anderen Flughäfen gewachsen ist, oder ob massiv neue Transitverkehre angezogen worden sind, kann nun spekuliert werden. Falls die letzte Hypothese zuträfe, wäre das jüngste Wachstum seit 2009 maßgeblich durch einen Sondereffekt bedingt; ansonsten stagniert die Entwicklung. In jedem Fall ist festzustellen, dass das Wachstum der Luftfracht in den einzelnen Flughäfen sehr unterschiedlich ist und dass zukünftig kaum von einem weiteren exponentiellen Wachstum auszugehen ist.

3.2 Seeverkehre

Die Hochsee-Schiffsverkehre wickeln vorranging den Interkontinentalhandel ab. Während umgeschlagene Tonnagen der Massengüter (wie Kohle, Erze, Getreide oder Schrott) stagnieren, dominieren zunehmend Container. Im Hamburger Hafen – dem wesentlichen internationalen Knoten in Deutschland – entwickelte sich der Containerverkehr von 1990–2007 um knapp das fünffache (vgl. Abb. 7). Um das Jahr 2008 traten deutliche Einbrüche von ca. 30 Prozent auf. Anschließend kam es zwar schnell wieder zu Nachholprozessen (die sich u. a. durch ein Auffüllen von Beständen in der Industrie im Handel erklären lassen) – sichtbar am V-förmigen Verlauf der Kurve –, aber inzwischen zeichnet sich wieder ein degressiver Verlauf, bis hin zu einer Stagnation ab.

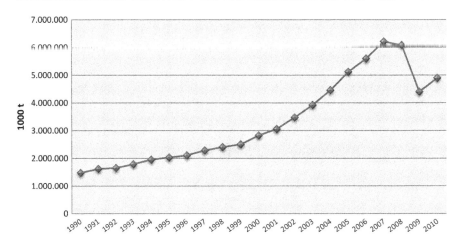

Abb. 7 Entwicklung des Containerumschlags im Hamburger Hafen. Quelle: Grafik basierend auf Daten des Hafen Hamburg Marketing e.V.

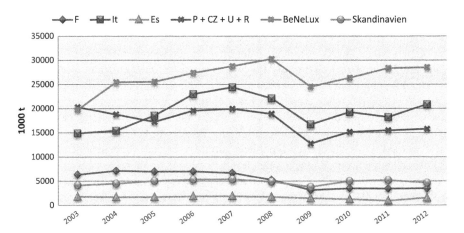

Abb. 8 Entwicklung des Schienengüterverkehrs zwischen Deutschland und angrenzenden Ländern in Tonnen. Quelle: eigene Darstellung basierend auf Eurostat

3.3 Grenzüberschreitender Schienengüterverkehr

In den Transportrelationen mit anderen europäischen Ländern entwickelt sich die Eisenbahn seit Jahren sehr unterschiedlich (vgl. Abb. 8).

Die Eisenbahngüterverkehre mit den BeNeLux-Staaten entwickeln sich sehr positiv. Hierbei dürfte auch der zunehmende Containerverkehr von und zu den Seehäfen eine wichtige Rolle spielen. Der Verkehr mit Italien zeigt sich stabil mit einem leichten Aufwärtstrend. Im Gegensatz dazu fielen die Verkehrsaufkommen mit den Osteuropäischen Staaten leicht ab. Vermutlich liegt dies an einem

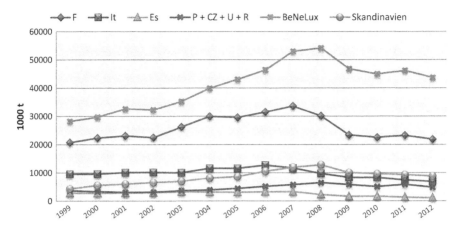

Abb. 9 Entwicklung des Straßengüterverkehrs zwischen Deutschland und angrenzenden Ländern in Tonnen. Quelle: eigene Darstellung basierend auf Eurostat

Rückgang der Massengüter. Der Verkehr mit Skandinavien ist ausgesprochen stabil. Einen Sonderfall stellen die starken relativen Rückgänge der Verkehre mit Frankreich um 50 Prozent dar, die parallel zu Einbrüchen bei den innerfranzösischen Eisenbahnverkehren verlaufen. Als Gründe können ein Rückzug der Bahn aus der Fläche, sowie drastische Qualitätsprobleme in Frankreich genannt werden. Der Verkehr nach Spanien verharrt auf einem sehr niedrigen Niveau – hier kann die Eisenbahn momentan nicht mehr ihre früher führende Rolle beim Transport frischer Lebensmittel wiedergewinnen.

3.4 Grenzüberschreitender Straßengüterverkehr

Die folgende Abb. 9 verdeutlicht das Gütertransportaufkommen zwischen Deutschland und umgebenden europäischen Ländern auf der Straße.

Besonders augenfällig ist die Dominanz und Dynamik des Verkehrsaufkommens von und zu den BeNeLux-Staaten. Nach einer außergewöhnlichen Wachstumsphase ab dem Jahr 2003 verharrt das Aufkommen auf sehr hohem Niveau (die Spitze war im Jahr 2008). Der spezielle Verlauf lässt sich insbesondere durch den Hafen-Hinterland Verkehr mit Containern erklären. Der Straßengüterverkehr von und zu den Skandinavischen Ländern verzeichnete seit den 1990er-Jahren ein sehr hohes Wachstum um das 3-fache. Inzwischen zeichnet sich allerdings eine deutliche Stagnation ab. Abgesehen von einer Stagnationsphase um das Jahr 2000 herum, stiegen die Transportaufkommen mit den romanischen Mitgliedern der EU – Italien, Frankreich und Spanien/Portugal – seit den 1980er-Jahren stetig an. 2003 folgte ein letzter Wachstumsschub, gefolgt von einem Rückgang. Seitdem ist das Niveau von 2000 (oder sogar weit davor) erreicht. Das Transportvolumen von und nach Spanien ist auf ein Drittel, bezogen auf die Vorkrisenzeit, abgefallen.

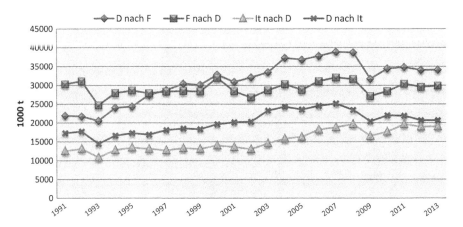

Abb. 10 Im- und Exporte von und nach Frankreich, sowie Italien. Quelle: eigene Darstellung basierend auf Daten des Statistischen Bundesamts

Das Transportaufkommen zwischen Deutschland und den osteuropäischen bzw. südosteuropäischen Ländern stieg im Zuge ihrer EU-Beitritte um das Doppelte. Die Krise wirkte sich hier weit weniger aus. Inzwischen ist eine Stabilisierung auf dem Niveau des Jahres 2005 erreicht.

Die Entwicklung der Verkehre mit den südlich und westlich angrenzenden Staaten gilt es aus zwei Gründen näher zu analysieren: Zum einen sind sie in ihrem Gesamtvolumen sehr bedeutend und zum anderen zeigte sich sowohl eine hohe Wachstumsdynamik kurz vor der Finanzkrise, als auch ein hoher Rückgang nach der Finanzkrise. Daher ist in der folgenden Abb. 10 die Entwicklung des Güterverkehrs mit Frankreich und Italien über alle Verkehrsmodi hinweg, aber getrennt nach Im- und Exporten dargestellt.

Es zeigt sich, dass seit 1990 die Exporte von Deutschland in diese beiden Länder (gemessen in Tonnen) schneller wuchsen als die Importe aus diesen Ländern nach Deutschland; die Importe aus Frankreich blieben sogar stabil. Bei den Ausfuhren von Deutschland nach Frankreich und Italien zeigt sich ein deutlicher Wachstumsschub zwischen 2002 und 2007. Nach der Finanzkrise wird wieder das Niveau von 2000 erreicht.

4 Ausblick in die Zukunft – der Versuch einer bereinigten Trendprognose

Zusammenfassend wurde die Dynamik im internationalen Güterverkehr in den vergangenen fünfzehn Jahren – und dabei vor allem im Straßengüterverkehr – durch folgende Faktoren bedingt: Im Warenaustausch mit den Osteuropäischen Ländern wirkt seit 2003 die EU-Ostintegration. Im Warenaustausch mit den „älteren"

EU Mitgliedsländern spielte in den letzten zwanzig Jahren die kontinuierliche Ausweitung der Exporte aus Deutschland eine entscheidende Rolle. Diese Entwicklung wurde 2008 jäh unterbrochen. Seitdem halten sich die dortigen Haushalte im Konsum deutscher Produkte zurück; ähnliches gilt für industrielle Vorprodukte. Diese Staaten haben die Krise also noch lange nicht überwunden. Der Hafen-Hinterland Verkehr hat im Verkehr mit Belgien und den Niederlanden eine dominante Position eingenommen.

Unter Berücksichtigung dieser Erklärungsmuster und der Entwicklungen in der Vergangenheit sowie mittels Spekulationen über zukünftige Sonderentwicklungen, lassen sich die internationalen Transportströme prognostizieren.

Es erscheint zum derzeitigen Stand als nicht wahrscheinlich, dass die Transportströme mit den umliegenden Süd- und Südwesteuropäischen Staaten eine ähnliche Entwicklung nehmen werden wie vor der Finanzkrise. Hierfür fehlen zum einen weitere europäische Integrationsschritte, zum anderen sind viele Süd- und Südwesteuropäische Staaten weiterhin mit der Bewältigung der Krise, sowie Strukturreformen beschäftigt. Dennoch ist mit einem gebremsten Aufholprozess zu rechnen, sobald wieder finanzieller Spielraum für Importe vorhanden ist. Eine Analyse der Zeitreihen ab 1995 zeigt, dass hier ein Wachstum von 1,2 Prozent pro Jahr denkbar ist.

In der Entwicklung des Verkehrs mit den BeNeLux Staaten spielen zwei Faktoren eine Rolle: erstens, eine Stagnation der bilateralen Verkehre und zweitens ein weiteres Wachstum im Hafen-Hinterland-Verkehr. Die Wachstumsannahmen für den Hinterland-Verkehr folgen unten.

Im Verkehr mit Skandinavien scheint der große Wachstumsschub beendet zu sein. Das Muster ähnelt demjenigen mit Frankreich, nur dass hier der große Einbruch nach 2008 ausgeblieben ist. Obwohl sich die Wirtschaft in Schweden und Norwegen seit 2009, ähnlich wie in Deutschland, ausgesprochen positiv entwickelt hat, blieb ein Anwachsen der Güterströme aus. In Zukunft ist hier also eher mit einer Stagnation zu rechnen.

Im Austausch mit Osteuropa stagniert der Schienengüterverkehr bei der transportierten Tonnage bis hin zu einem leichten Rückgang. Der Straßengüterverkehr hingegen ist stabil um 1,8 Prozent p.a. gewachsen. Dies reflektiert vor allem den Austausch hochwertiger Waren. Eine Fortsetzung dieses Wachstums kann angenommen werden.

Die Warentransporte aus dem amerikanischen und ostasiatischen Raum sind über längere Zeiträume hinweg um 6 Prozent pro Jahr angestiegen. Mit einem weiteren Wachstum kann gerechnet werden. Allerdings kann man aus verschiedenen Gründen davon ausgehen, dass sich dieses Wachstum leicht abschwächen wird: Erstens nimmt das Wirtschaftswachstum in einigen großen Schwellenländern (wie China oder Indien) seit 2010 deutlich ab. Dies hat negative Auswirkungen auf die deutschen Exporte (Konsumprodukte, Autos, Maschinen). Zweitens passen sich die dortigen Löhne an. Dadurch wird ein weiteres Offshoring gebremst. Im Gegenzug steigt jedoch die Qualität und Vielfalt der Produkte. Schließlich sind bei vielen

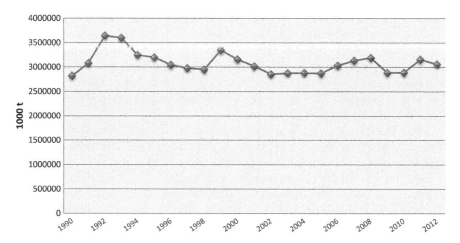

Abb. 11 innerdeutscher Güterverkehr (ohne See- und Luftfrachtverkehr) in tausend Tonnen. Quelle: eigene Darstellung basierend auf Eurostat

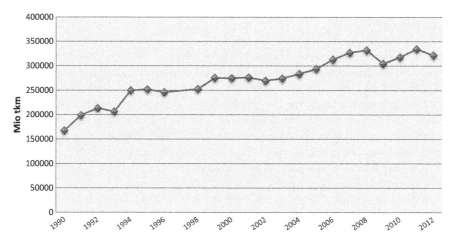

Abb. 12 innerdeutscher Güterverkehr (ohne See- und Luftfrachtverkehr) in Millionen Tonnen-Kilometern. Quelle: eigene Darstellung basierende auf Eurostat

Konsumprodukten Sättigungstendenzen zu erwarten, da diese bereits zu vornehmlich aus Ostasien importiert werden. Unter Berücksichtigung dieser Tendenzen kann in der Zukunft mit 4 Prozent Wachstum p. a. kalkuliert werden.

In einem letzten Schritt soll noch der innerdeutsche Verkehr prognostiziert werden. Hierbei wird zunächst der Rückgang in der Tonnage offensichtlich (vgl. Abb. 11) – dies liegt an einem Rückgang der Massengüter wie insbesondere den Baustoffen, den Steinen und Erden sowie Abfällen. Auffällig ist das Muster bei den Verkehrsleistungen (vgl. Abb. 12). Diese steigt durch ein Anwachsen der mittleren Transportentfernung oder durch ein Wachstum der Tonnage derjenigen

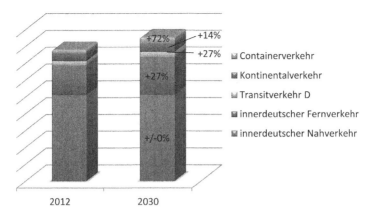

Abb. 13 Gütertransportleistung auf deutschen Autobahnen 2030. Quelle: Darstellung einer eigenen Wachstumsprognose basierend auf Daten von Eurostat

Güter, die über weite Distanzen transportiert werden. Nach der Wiedervereinigung hat sich die Güterverkehrsleistung innerhalb von knapp 10 Jahren fast verdoppelt. Das erneute Wachstum ab 2003 lässt sich durch die, zu jener Zeit aufgetretenen, Steigerungen der Weltwirtschaftsleistung und des globalen Güterverkehrs erklären: Zum einen verbirgt sich hinter dem Wachstum der innerdeutschen Güterverkehrsleistung von 2002 bis 2008, sowie dem darauffolgenden Abfall im Zuge der Finanzkrise, die rasante Entwicklung des Hafen-Hinterland-Verkehrs (vor allem auf der Schiene). Zum anderen versteckt sich dahinter ein Wachstum der Gütertransportbedarfe des gesamten verarbeitenden Gewerbes (vor allem Mineralölerzeugnisse, Eisen und Stahl, chemische Erzeugnisse und sonstige Zwischenprodukte). Der zweite Effekt wird dabei maßgeblich von den steigenden Exporten angetrieben. Eine Detailanalyse, die aus Platzgründen hier nicht dargestellt wird, zeigt, dass beide Effekte eine ähnliche Größenordnung am Verkehrsleistungswachstum hatten.

Die fortschreitende Einbettung des deutschen verarbeitenden Gewerbes in europäische globale Wertschöpfungsnetzwerke erscheint vor diesem Hintergrund der letzte verbleibende Treiber der innerdeutschen Gütertransporte zu sein. In den letzten zwei Jahrzehnten ist er dabei im Schnitt um 1,4 Prozent pro Jahr angestiegen. Auch wenn man von einem abflachenden Trend der internationalen Einbettung der deutschen Industrie in die Weltwirtschaft ausgeht, kann in Zukunft mit einem weiteren Anstieg gerechnet werden. In Anbetracht des Anteils der innerdeutschen Zulieferrelationen an der gesamten innerdeutschen Transportleistung kann dieses mit 0,8 Prozent pro Jahr veranschlagt werden. Dieses Wachstum bezieht sich ausschließlich auf die Warenketten innerhalb Deutschlands; die Hafen-Hinterland Beziehungen werden separat betrachtet (vgl. oben).

Folgende Abbildungen 13 und 14 zeigen die prognostizierte Transportleistung nach Verkehrsbereich im Jahr 2030 unter den Bedingungen eines heutigen Modalsplits,

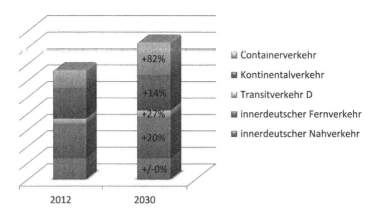

Abb. 14 Gütertransportleistung auf der deutschen Schiene 2030. Quelle: Darstellung einer eigenen Wachstumsprognose basierend auf Daten von Eurostat

sowie einer aktiven Verlagerungspolitik. Eine aktive Verlagerungspolitik bedeutet eine Abkehr von der Konzentration auf den Kombinierten Verkehr und eine Hinwendung auf Segmente, die momentan beim Lkw-Landverkehr zu finden sind – logistisch anspruchsvolle Sendungen im Voll- und Teilladungsbereich.

Wenn sich die Annahmen bewahrheiten, so kann die Bahn leicht ein Wachstum von 30 Prozent-50 Prozent erreichen. Dabei profitiert sie zum einen von einem weiteren Wachstum des Hafen-Hinterland-Verkehrs. Zum anderen besitzt sie ein Aufholpotenzial auf ausgewählten internationalen Relationen. Die europäischen Güterströme sind heutzutage ausreichend groß, um durch geeignete Konsolidierungsstrategien und mittels einer Qualitätsoffensive Teile des Lkw-Verkehrs wieder auf die Bahn zurückverlagern zu können.

Innerhalb Deutschlands ist das große Wachstum abgeschlossen. Wenn der innerdeutsche Güterverkehr weiter ansteigt, so liegt das ausschließlich an Steigerungen des in internationale Wertschöpfungsketten eingebundenen verarbeitenden Gewerbes. Dies sind meistens Fernverkehre mit einem hohen Anspruch an die Dienstleistungsqualität. Ohne politisches Eingreifen erzeugen diese Verkehre weiterhin einen hohen Ausbaudruck auf die Autobahnnetze. Umgekehrt ergeben sich interessante Verlagerungspotenziale auf die Bahn, sofern es gelingt, attraktive multimodale Dienstleistungen zu entwickeln.

5 Verkehrspolitische Implikationen

Insgesamt zeigt sich, dass die Entwicklung des Güterverkehrs stark an Dynamik verloren hat. Erste Anzeichen dafür existierten schon seit der Jahrtausendwende. Diese wurden aber überblendet von einem außergewöhnlichen fünfjährigen Wachstum der Weltwirtschaftsleistung und der globalen Güterströme von 2003 bis zum Jahr 2008. Es ist nicht zu erwarten, dass sich die lange Wachstumsperiode zwischen 1990 und 2008 mit ebenso langen und starken Wachstumsschüben wiederholen wird.

Damit entfällt zunächst ein wichtiges Argument für den weiteren Infrastrukturausbau – die Schaffung neuer Kapazitäten. Andererseits wird dadurch Raum geschaffen, die Bedürfnisse der Wirtschaft nach effizienten Transportsystemen unter Berücksichtigung ökologischer und geostrategischer Interessen zielgerichteter als bisher zu erfüllen. Die möglichen Bereiche, an denen es anzusetzen gälte, werden im Folgenden erläutert.

5.1 Zuverlässigkeit

Der Erhöhung der Zuverlässigkeit von Verkehrssystemen kommt eine überragende Bedeutung zu. Ein zuverlässiger Verkehrsablauf erhöht die Planbarkeit von Touren und Transportnetzen und führt zu einer Verringerung von Sicherheitsbeständen bzw. zu einer Vergrößerung von Distributionsbereichen. Im nationalen wie im internationalen Straßengüterverkehr sind vor allem seltene und nicht prognostizierbare schwere Verkehrszusammenbrüche für den Güterverkehr eine große Herausforderung. Diese Zusammenbrüche können durch eine Vielzahl an Störungen hervorgerufen werden, zum Beispiel durch Streiks, Naturereignisse oder Verkehrsstaus. Aufgrund von Lenkzeitbeschränkungen und beschränkten Rampenöffnungszeiten können diese Störungen zu großen Folgeverspätungen oder der Notwendigkeit hoher Sicherheitsbestände führen. Im Straßengüterverkehr entsteht Unzuverlässigkeit durch einen nicht deterministisch prognostizierbaren Zusammenbruch von Verkehrsströmen in der Folge von Unfällen, Wetterereignissen, Baustellen etc. bei gleichzeitig hohem Verkehrsaufkommen. Für eine Erhöhung der Zuverlässigkeit können mehrere Stellschrauben verändert werden. Zum einen geht es um eine Reduzierung der Stauauslöser und ihrer Dauer (schnelle Räumung havarierter Fahrzeuge, Baustellen nur in der Nacht, etc.). Zum anderen geht es um eine Kappung der Verkehrsspitzen. Letzteres lässt sich nur durch ein differenziertes Road-Pricing erreichen. Beim Eisenbahngüterverkehr entsteht Unzuverlässigkeit vor allem durch eine Verkettung vieler kleiner Störungen in einem dichten Fahrplan. Für eine Verbesserung der Zuverlässigkeit müssen lokale Engstellen beseitigt werden und ausreichend Überholgleise vorhanden sein. Zusätzlich muss eine schnelle Erholung nach einer Störung gewährleistet werden. Es gilt die Unzuverlässigkeit aufgrund der unzureichenden Qualität betrieblicher Prozesse bei den ehemaligen Staatseisenbahnen zu beseitigen. Ein nur intermodaler Wettbewerb könnte dazu führen, dass die Bahnen bestimmte Marktsegmente einfach aufgeben. Eisenbahnen haben nur dann einen Anreiz, in Qualität und Innovationen zu investieren, wenn sie bei der Bedienung anspruchsvoller Kunden zumindest eine wirtschaftliche Auskömmlichkeit erwarten können.

5.2 Leitungsfähige multimodale Transportdienstleistungen für Teilladungen

Für das verarbeitende Gewerbe sind nationale Grenzen innerhalb der Europäischen Union keine Kategorien mehr. Es gibt immer dispersere Güterströme zwischen spezialisierten Betrieben innerhalb der gesamten Europäischen Union. Für diese Nachfrage bietet der heutige Kombinierte Verkehr flächendeckend noch keine überzeugende Alternative – er ist kaum netzbildend, sehr fragmentiert und unterstützt keine Konsolidierung von Teilladungen. Eine Bildung multimodaler und zuverlässiger Transportketten könnte durch sog. Railports unter Nutzung zeitgemäßer Umschlags-, Planungs- und Kommunikationstechnik ermöglicht werden. Als Betreiber solcher Netzwerke sind große Speditionskonzerne aber auch Kooperationen von Mittelständlern sinnvoll. Die Verkehrspolitik kann eine solche Entwicklung unterstützen. Zum einen durch die Flexibilisierung der Kombiverkehrsförderung und zum anderen durch einen Abbau regulatorischer Risiken. Weiterhin gilt es zu erforschen, wie komplexe technische und organisatorische Gebilde, beispielsweise multimodale Transportnetzwerke, mit verschiedenen Beteiligten finanziert, entwickelt und gesteuert werden können.

5.3 Logistik und Güterverkehrsplanung für Verdichtungsräume

Multimodale Umschlagsknoten für nationale wie europaweite Verkehre erfordern neue Planungs- und Abstimmungsprozeduren auf kommunaler und Länderebene. Bisherige positive-Beispiele – wie das Duisport-Modell – entstammten eher der Idee, Leerflächen wieder nutzbar zu machen, gepaart mit unternehmerischem Denken. Zu klären ist allerdings, wie systematisch in hochverdichteten bzw. zersiedelten Räumen zentrale und durch alle Verkehrsträger gut erreichbare Flächen für Logistikzwecke entwickelt werden können. Dabei gilt es, auf Schadstoff- und Lärmemissionen zu achten, sowie Flächennutzungskonflikte und verkehrliche Wirkungen zu berücksichtigen. Der Verkehrspolitik kommt hierbei vor allem zusammen mit Industrie- und Kommunalverbänden eine Moderatorenrolle zu. Eine Tradition und Best-Practice einer „Güterverkehrsplanung" und ihre Einbettung in kommunale und regionale Verwaltungen gilt es erst noch zu entwickeln. Als Ansatzpunkte sollten sich strategisch-verkehrliche Aspekte stärker als bisher in einer großräumigen Flächennutzungsplanung widerspiegeln. Neben einer Moderatorenrolle sollte die Politik hier auch stärkere Durchgriffsrechte bekommen.

5.4 Entwicklung von strategischen Korridoren

Die Entwicklung multimodaler Anlagen (die man auch als „Logistikcluster" oder „Gateways" bezeichnen könnte) geht idealerweise Hand in Hand mit der Herausbildung von Korridoren bzw. Netzwerken wie dem neuen Core-Netzwerk (vgl. Europäische Kommission 2011). Die großen Achsen sind bereits durch die räumliche Verteilung der Bevölkerung und Industrie vorgegeben, wie dies z. B. bei der „Blauen Banane"[1] der Fall ist. Das Straßen- und Schienennetz ist entlang der internationalen Korridore konsistent auszubauen.

5.5 Priorisierung von Infrastrukturinvestitionen

Investitionen in die Schienenwege sollten stärker als bisher an den Bedürfnissen des Güterverkehrs ausgerichtet werden. So schafft eine reine Kapazitätsentlastung konventioneller Schienenstrecken allein keine Vorteile für den Güterverkehr, wenn die Güterverkehrskorridore weiterhin unzuverlässig sind oder Engpässe aufweisen. Stattdessen gilt es, an überlasteten Abschnitten (wie insbesondere den Ballungsräumen) ausreichend Kapazität für einen zuverlässigen Verkehrsfluss bereitzustellen. Bei Investitionen in die Wasserwege müsste überprüft werden, ob es dadurch negative Auswirkungen auf den Eisenbahnverkehr, in Form von Einnahmeausfällen, geben würde. Investitionen in die Binnenwasserwege sollten kritisch überprüft und ggf. auf das Rheingebiet beschränkt werden, da die Kostenvorteile des Binnenschiffs, im Vergleich zur Eisenbahn, bei containerisierten Gütern übersichtlich sind. Zwar liegen die betriebswirtschaftlichen Kosten pro Kilometer beim Binnenschiff deutlich unter den Kosten für die Bahn, aber dies wird zu einem gewissen Teil durch die längeren Transportzeiten aufgezehrt. Im Straßenverkehr würde der Güterverkehr überverhältnismäßig von einer konsequenten Fertigstellung lückenhaft umgesetzter Ausbauvorhaben profitieren.

5.6 Unverzerrter Wettbewerb im Kombinierten Verkehr

Die Fokussierung der Güterverkehrspolitik auf den intermodalen Verkehr bzw. auf Containerverkehre sollte beendet werden. Durch die Förderung von intermodalen Umschlaganlagen hat sich bereits ein so dichtes Netz an intermodalen Terminals herausgebildet, dass man möglicherweise schon von einer Überförderung sprechen kann. Inzwischen dominieren Binnenschiff und Schiene bei Zu- und Abläufen, von

---

[1]Der Name des Modells beruht auf der kurvigen Form die auf der Landkarte zu erkennen ist, sowie der blauen Farbe Europas. Das Konzept der „Blaue Banane" wurde zum ersten Mal 1989 von dem französischen Geographen Roger Brunet vorgestellt. Sie bezeichnet einen zentralen Korridor in Europa zwischen irischer See und dem Mittelmeer, der sich über Metropolen wie London, Brüssel, das Rhein-Ruhr, Rhein-Main und Rhein-Neckar Gebiet, sowie Basel, Zürich und Norditalien mit Turin, Mailand und Genua erstreckt. Brunet ließ dabei bewusst die dynamischen Wirtschaftszentren Ile de France, sowie Lyon und Marseille aus, als Warnung an die französische Regierung den Anschluss an die europäische Integration nicht zu verpassen. Heute wird das Modell verwendet um die räumlichen Folgen der europäischen Integration zu verdeutlichen und Aussagen über den Entwicklungsstand und Entwicklungsmöglichkeiten der EU-Wirtschaftszentren und Kernregionen zu treffen, denn die Blaue Banane grenzt sich durch wirtschaftliche Stärke und eine hohe Bevölkerungsdichte zum Rest von Europa ab. (Ellrich 2014).

und nach den Seehäfen. Aus diesen Gründen erscheint es nicht mehr sinnvoll, den Kombinierten Verkehr weiter durch Investitionszuschüsse für Umschlaganlagen zu fördern. Ähnliches gilt in Bezug auf die offenen und versteckten Beihilfen für die Seehäfen (und in gewissem Ausmaß für die Flughäfen). Hier zeichnen sich aktuell Überkapazitäten ab.

5.7 Konsistente Prognostik und unterstützende Empirie

Die gesamte Prognostik sollte auf einem einheitlichen Erzeugungs- und Verteilungsmodell beruhen. Einzelne Partialprognosen sind nicht hilfreich. In der Zukunft müsste beispielsweise konsistent berücksichtigt werden, dass eine Zunahme des internationalen Warenaustauschs mit einer Abnahme nationaler Transporte begleitet würde – sofern die Organisation von Wertschöpfungsketten unverändert bliebe. Eine konsistente Prognostik erfordert zum einen eine Verbindung von Zeitreihenanalyse und Erzeugungs- und Verteilungsrechnung und zum anderen eine begleitende Empirie in Form eines Firmenpanels.

6 Fazit

Deutschland hat in den letzten drei Dekaden seine führende Position als prosperierendes europäisches Wirtschaftszentrum mit breiter industrieller Basis im hochwertigen verarbeitenden Gewerbe weiter ausbauen können. Es ist zunehmend zu einer Im- und Exportnation und zu einem zentralen Transitland innerhalb Europas geworden. Deutschland stellt folglich eine wichtige Drehscheibe internationaler Handelsströme dar.

Nach mehreren Wachstumsschüben des Güterverkehrs, bedingt durch die EU-Integration, den Fall des Eisernen Vorhangs, die Liberalisierungen im Straßengüterverkehr, die EU-Osterweiterung und schließlich einer weltweit überhitzten Konjunktur zwischen 2003 und 2008, kam es zu einem nachhaltigen Einbruch im Güterverkehr mit einer anschließenden Stagnation. Dies kann als ein erstes Anzeichen für einen Trendbruch gedeutet werden.

Ein Abflachen des Wachstums bedeutet, dass nicht mehr jede Infrastrukturinvestition ihre Nachfrage findet und sich im Nachhinein als wirtschaftlich offenbart. Gleichzeitig wird immer mehr ein Rückstand bei den Erhaltungsinvestitionen offenbar (vgl. Wieland in Kap. IV.3 dieses Bandes: ▶ Verkehrsinfrastruktur: volkswirtschaftliche und ordnungspolitische Aspekte). Als Konsequenzen müssen die Wirtschaftlichkeit von Investitionen und Interdependenzen zu bereits existierenden Infrastrukturen noch stärker als bisher beachtet werden. Insbesondere die Förderung und die versteckten öffentlichen Beihilfen für knotenartige Güterverkehrsinfrastrukturen – Häfen, Flughäfen und intermodale Terminals – sind vielmals besser zu unterbleiben, denn sie schaden existierenden und bisher rentablen Anlagen.

Stattdessen gilt es, die Qualität in der Logistik aus Kundensicht – also der verladenden Wirtschaft – infrastrukturseitig zu verbessern. Dies bedeutet zum einen eine Erhöhung der Zuverlässigkeit durch punktuelle Infrastrukturinvestitionen und

Möglichkeiten des Verkehrsmanagements inkl. Bepreisung. Zum anderen bedeutet dies, dass ein Angebot hochwertiger und gleichzeitig umweltfreundlicher Transportdienstleistungen auf europäischer Ebene geschaffen werden sollte. Dazu sind die technischen Möglichkeiten für intermodalen Umschlag in industriellem Umfang noch lange nicht ausgereizt. Allerdings ist hierzu ein neues Austarieren der Rollen des Staates und der Wirtschaft erforderlich. Hierzu muss die Politik noch eine Tradition der Güterverkehrsplanung entwickeln – also eine bessere Abstimmung zwischen staatlichen und privatwirtschaftlichen Akteuren und zwischen Verkehrs- und Flächennutzungsplanung. Weitere Subventionen in wenig innovative intermodale Konzepte haben vermutlich eine hemmende Wirkung auf die Emergenz hochwertiger multimodaler Transportangebote im Stückgut- und Teilladungsbereich. Der Verkehrspolitik fällt in der Logistik also zunehmend eine Gestalter- und Moderatorenrolle zu.

Literatur

Baldwin, Robert E. 2008. *The development and testing of Heckscher-Ohlin trade models. A review.* 2008, ISBN: 0-262-02656-2. MIT Press.

Bundesinstitut für Bau-, Stadt- und Raumforschung – BBSR. 2011. *Wohnungsmarktprognose 2025. Analysen Bau. Stadt. Raum*, Bd. 4. Bonn.

Bundesministerium für Verkehr, Bau und Stadtentwicklung – BMVBS. 2007. *Abschätzung der Güterverkehrsentwicklung bis 2050*. http://www.bmvi.de/SharedDocs/DE/Artikel/UI/ab schaetzung-der-gueterverkehrsentwicklung-bis-2050.html. Zugegriffen am 25.03.2014.

Bunkley, Nick. 2008. April U.S. sales show shift to smaller cars. http://www.nytimes.com/2008/05/01/business/worldbusiness/01iht-01autoweb.12501504.html. Zugegriffen am 11.06.2014.

Chamberlin, Edward. 1933. *The theory of monopolistic competition*. Amsterdam: Harvard University Press.

Deutsches Institut für Wirtschaftsforschung - DIW. 2013. *Verkehr in Zahlen 2012/2013*, Hrsg. Bundesministerium für Verkehr, Bau und Stadtentwicklung. 2013. Hamburg.

Ellrich, Mirko. 2014. Infoblatt Wirtschaftsräume in Europa - Die Blaue Banane. http://www2.klett.de/sixcms/list.php?page=geo_infothek&article=Infoblatt+Wirtschaftsr%C3%A4ume+in+Europa+-+Die+Blaue+Banane. Zugegriffen am 27.05.2014.

Europäische Kommission. 2011. „Connecting Europe" – gute Verbindungen für Europa: Das neue Kernnetz der Europäischen Union für den Verkehr. http://europa.eu/rapid/press-release_MEMO-11-706_de.htm. Zugegriffen am 03.04.2014.

Europäische Kommission. 2013. Verkehr: Neue EU-Infrastrukturpolitik. http://europa.eu/rapid/press-release_IP-13-948_de.htm. Zugegriffen am 03.04.2014.

Europäische Kommission. 2014. Reducing CO_2 emissions from passenger cars. http://ec.europa.eu/clima/policies/transport/vehicles/cars/index_en.htm. Zugegriffen am 11.06.2014.

Fujita, Masahisa, Paul R. Krugman, und Anthony Venables. 1999. *The spatial economy: cities, regions and international trade*. Cambridge, MA: MIT Press.

Gömmel, Rainer. 1998. *Die Entwicklung der Wirtschaft im Zeitalter des Merkantilismus 1620–1800*. München: Oldenbourg Verlag.

Handelsblatt. 2010. Die neue Strategie der Autozulieferer. http://www.handelsblatt.com/unternehmen/industrie/kleinwagen-trend-die-neue-strategie-der-autozulieferer/3445150.html. Zugegriffen am 25.03.2014.

Institut für Seeverkehrswirtschaft und Logistik - ISL. 2007. Zusammenschau verschiedener Prognosen zum weltweiten Containerumschlag. http://www.lange-vermoegen.de/images/frontend/themen/containermarkt/containerumschlag_prognose_opt.jpg. Zugegriffen am 25.03.2014.

Johanson, Jan, und Jan-Erik Vahlne. 1977. The internationalization process of the firm. A model of knowledge development and increasing foreign market commitments. *Journal of International Business Studies* 1: 23–32.

Kravis, Irving B. 1956. Availabilty and other influences on the commodity composition of trade. *Journal of Political Economy* 2: 143–155.

Lexikon der Nachhaltigkeit. 2014. Dematerialisierung. http://www.nachhaltigkeit.info/artikel/de materialisierung_1121.htm?sid=c04768d48be4a55c45f34e8b0c1935e2. Zugegriffen am 26.05.2014.

Porter, Michael Eugene. 1990. The competitive advantage of nations. http://www.hbs.edu/faculty/product/189. New York: Free Press.

Posner, Michael V. 1961. International trade and technical change. *Oxford Economic Papers* 13 (3): 323–341.

Ricardo, David. 1817. On the principles of political economy and taxation, 1. Aufl. London: John Murray.

Smith, Adam. 1776. *An inquiry into the nature and causes of the wealth of nations*. London: W. Strahan and T. Cadell.

The World Bank. 2014. Container port traffic (TEU: 20 foot equivalent units). http://data.worldbank.org/indicator/IS.SHP.GOOD.TU. Zugegriffen am 23.05.2014.

Vernon, Raymond. 1966. International investment and international trade in the product cycle. *Quarterly Journal of Economics* 2: 190–207.

Wolf, Nikolaus. 2013. Kurze Geschichte der Weltwirtschaft. http://www.bpb.de/apuz/175486/kurze-geschichte-der-weltwirtschaft. Zugegriffen am 21.03.2014.

Nachhaltige Mobilität: Gestaltungsszenarien und Zukunftsbilder

Stephan Rammler

Zusammenfassung

Was ist nachhaltige Mobilität heute, was sollte sie sein und wie wäre das Ziel einer nachhaltigen Mobilität zu verwirklichen? Die drei Fragen stehen im Zentrum dieses Beitrags. Nach einer Begriffs- und Realgeschichte von Nachhaltigkeit und Mobilität werden Konzepte und Handlungsstrategien für die nachhaltige Ausgestaltung der Mobilität im Zusammenhang der aktuellen mobilitätspolitischen Debatten vorgestellt. Abschließend wird die Frage diskutiert, inwiefern die eingetretenen ökologischen und zivilisatorischen Limitierungen der bislang weitgehend „fossilen" Mobilität – der „Mobility Peak" – insbesondere durch den Einsatz des „digitalen Treibstoffs" der modernen Informationskultur in einer dauerhaft zukunftsfähigen Art und Weise überwunden werden können.

Schlüsselwörter

Nachhaltigkeit • Mobilität • Mobility Peak • Handlungsstrategien • Digitalisierung

1 Einleitung

Man kann sich mit guten Gründen die Frage stellen, ob Mobilität und Nachhaltigkeit womöglich prinzipiell unvereinbar sind. Ein kurzer Blick in die Verkehrsgeschichte zeigt bereits für die vormodern-organischen Zeiten massive Eingriffe in natürliche Lebensräume zum Zwecke der Ermöglichung immer besserer und schnellerer Raumüberwindung und Raumbeherrschung. Angefangen bei der

---

S. Rammler (✉)
Institut für Transportation Design (ITD), Hochschule für Bildende Künste Braunschweig, Braunschweig, Deutschland
E-Mail: st.rammler@hbk-bs.de

Domestizierung großer Reit- und Zugtiere und der damit verbundenen Umwandlung von ursprünglichen Naturräumen in Gras- und Weidelandschaften, über den antiken Straßenbau bis hin zu den riesigen Flotten von aus Holz gebauten Schiffen der alten Chinesen, der antiken Seefahrervölker des Mittelmeerraumes und der Kriegs- und Handelsmarinen der frühen Neuzeit, die in der Entwaldung und dauerhaften ökologischen Veränderung von Landflächen und zum Umbau natürlicher Küstenlinien in Hafeninfrastrukturen mündete – immer schon führte der Wunsch nach Erleichterung und Beschleunigung der Raumüberwindung zu „Zurichtungen", je nach Lesart auch zu „Zerstörungen" bei der Umwandlung ursprünglicher Naturräume in mobilisierte Kulturräume. Mit Eintritt in die fossil-organische Epoche spitzt sich dieses prinzipiell problematische Naturverhältnis der Raumüberwindung nur noch weiter zu. Es kommt zu einer neuen, globalen Dimension der Eingriffe in die natürlichen Ökosysteme vor allem durch die Emissionen von im Brennstoff gespeichertem CO_2 und weiteren sogenannten Luftschadstoffen. Doch nicht nur die Antriebe der Verkehrsmittel, auch die für ihren Betrieb notwendigen Infrastrukturen hinterlassen ihre Spuren. Häfen, Straßen, Parkplätze, Schienen, Bahnhöfe, schließlich Flughäfen und Raumbahnhöfe markieren den immer materialintensiveren und deswegen mit immer größeren ökologischen Rucksäcken belasteten Weg in die Technisierung der Mobilität. Die großtechnischen Systeme der verschiedensten Verkehrsinfrastrukturen verbinden sich heute zu einem globalen Metasystem der Mobilität und sind sichtbarster Ausdruck des Umbaus der Welt zur Beschleunigungsarena, die mit ihren Lichtspuren stets und ständig das Gewebe unserer mobilen Zivilisation in den Nachthimmel schreibt.

Wo bleibt dabei die Nachhaltigkeit? Und wie soll angesichts der engen Symbiose von gesellschaftlicher Modernisierung und wachsenden Verkehrsleistungen eine Nachhaltigkeitsperspektive in Zukunft überhaupt möglich sein? Womöglich liegen die Grenzen weiterer Beschleunigung und Mobilisierung letztlich weniger in den Limits der noch verfügbaren fossilen Brennstoffe, wie oft angenommen, als in einem gesellschaftlichen Verträglichkeitslimit, in dessen Nähe die individuellen und sozialen Grenzkosten jedes weiteren Mobilisierungsschubes höher sind als der immer geringer werdende Nutzenzuwachs. Gibt es also eine Art „Peak Mobility", einen Gipfel der Mobilität, wann wäre er erreicht und schließlich: könnte die konsequente Umsetzung des Konzeptes der nachhaltigen Mobilität und ihrer unterschiedlichen Handlungsstrategien das Erreichen dieses Gipfels verzögern, vielleicht sogar dauerhaft verhindern? Träfe diese Annahme zu, so wäre die Rede vom Mobility Peak womöglich – und glücklicherweise, muss man wohl sagen – insgesamt unschlüssig und überflüssig.

Um sich einer Antwort anzunähern, wird zunächst die Begriffs- und Realgeschichte von Nachhaltigkeit und Mobilität bis zum heutigen Zeitpunkt nachgezeichnet (Kap. I.1 ▶ Verkehrspolitik: Ein problemorientierter Überblick). Danach werden die beiden Konzepte im Hinblick auf nötige und hinreichende Zielhorizonte, Bewertungskriterien und Handlungsstrategien miteinander verknüpft (Kap. I.2 ▶ Sozialwissenschaftliche Mobilitäts- und Verkehrsforschung: Ergebnisse und Probleme). Der Beitrag endet mit einer optimistischen Antwort auf die eingangs formulierte Frage nach der prinzipiellen Vereinbarkeit von Raumüberwindung und

Nachhaltigkeit. Vor allem dem wohl in vielerlei Hinsicht grundstürzenden Prozess der Digitalisierung der Mobilität werden dabei große Potentiale zugeschrieben, was in der abschließenden These von der Möglichkeit einer „digitalen Schubumkehr" der modernen Mobilität mündet (Kap. II.1 ▶ Zum kulturellen Bedeutungswandel des Verkehrs in der Menschheitsgeschichte).

2 Begriffs- und Realgeschichte der nachhaltigen Mobilität

Gesellschaftliche und wissenschaftliche Begriffsverwendungen ändern sich mit der gesellschaftlichen Praxis. Insofern sind die im Folgenden nachgezeichneten Real- und Begriffsgeschichten der Konzepte von Nachhaltigkeit und Mobilität nicht voneinander zu trennen. Gleiches gilt für die zunehmende Verschränkung der beiden Begriffe und die Konvergenz und Überlagerung der jeweiligen fachwissenschaftlichen wie öffentlichen Diskussionen. Die realgeschichtlichen Entwicklungen drängten zu einem neuen und erweiterten Begriffsapparat, in dem sich nun auch die Anerkennung der normativen Verantwortlichkeit des Menschen für seine zukünftige Entwicklung in der Epoche des „Anthropozän" (vgl. Steffen et al. 2007) gleichermaßen zum Ausdruck und zum Diskurs bringen konnte.

2.1 Vom Umweltschutz zur Nachhaltigkeit

Die Geschichte der ökologischen Bewegung ist so facettenreich, komplex und oft in sich widersprüchlich, dass es selbst einem Meister seines Fachs wie dem Sozialhistoriker Joachim Radkau nur mit großem Aufwand gelingt, den enormen Stoff zu bewältigen (vgl. Radkau 2011). Für die Zwecke dieses Beitrags ist die angesichts dieser Fülle sehr pointierte Darstellung von zwei real- und begriffsgeschichtlichen Wendepunkten der „Weltgeschichte" der Ökologie von Interesse, die er um die 1970er- und die 1990er-Jahre herum ausmacht.

Das erste Zeitfenster bezeichnet Radkau als die Jahre der „ökologischen Revolution" (ebd. 124 ff.), in der es in einer Art „Kettenreaktion" zur Verknüpfung unterschiedlichster Themenfelder, Aktivitäten und Politikarenen unter dem Begriff des *Umweltschutzes* kommt, wie dem Naturschutz, dem Tier-, Wald- und Wasserschutz, der Luftreinhaltung und dem Arbeits- und Verbraucherschutz (ebd. 172). Markantestes Kennzeichen des neuen ökologischen Denkens ist die Ganzheitlichkeit, Vernetzung und Systemorientierung im Denken wie im Handeln, etwa nach dem Motto des „Ersten Gesetzes der Ökologie: Everything is Connected to Everything Else" des zu dieser Zeit vor allem in den USA intellektuell sehr einflussreichen Barry Commoner (ebd.: 144). Auch die mit Raumfahrt und Mondlandung verbundene neue Perspektive auf die prinzipielle Begrenztheit und systemische Geschlossenheit des blauen Planeten, die von Ehrlichs „The Population Bomb" ausgelöste Debatte um die Dynamik der Bevölkerungsentwicklung, schließlich die Studie „Grenzen des Wachstums" des Club of Rome haben in dieser Zeit ihren Beitrag zur Zuspitzung von Begriff und Bewegung geleistet. Trotz der Ausweitung der globalen Perspektive blieb die neue Umweltbewegung – mit Ausnahme von Japan – ein noch weitgehend westliches Ereignis.

Den zweiten Wendepunkt bezeichnet Radkau zwar nicht mehr als Revolution, aber immerhin als eine „Zeitenwende" um 1990 herum (2011: 488 ff.). Deren Charakteristikum war die Verknüpfung der Umweltproblematik mit der Frage der inner- wie intergenerationalen Gerechtigkeit, mithin dem internationalen entwicklungspolitischen Diskurs. Am Ende dieses erneuten Paradigmenwechsels stand der mit neuem Leben erfüllte Nachhaltigkeitsbegriff als Ausgangspunkt der bis heute nicht abreißenden Diskussion der Chancen einer Integration und Koevolution ökologischer, ökonomischer und sozialer Entwicklungsmöglichkeiten. Bereits im 17. Jahrhundert hatte Hans Carl von Carlowitz die Nachhaltigkeit mit Blick auf einen schonenden und auf eine dauerhafte Nutzung angelegten Umgang mit der damals industriell enorm wichtigen Ressource Holz geprägt (vgl. Bachmann 2011: 11). Mit dem Bericht der Brundtland-Kommission für Umwelt und Entwicklung war der Begriff 1987 plötzlich wieder in der Welt, jetzt in seiner erweiterten Ausprägung als „Sustainable Development", definiert als „development that meets the needs of the present without comprimising the ability of future generations to meet their own needs" (WCED 1987: 64). Die globale „Erfolgsgeschichte" des Begriffs beginnt allerdings erst mit der Klimakonferenz in Rio im Jahr 1992. Obwohl das Konzept der nachhaltigen Entwicklung ungleich mehr Ziele definiert als den Schutz der Erdatmosphäre vor den Folgen des ungebremsten Verbrauchs fossiler Energieträger, ist es seitdem eng mit der Klimadebatte und dem Treibhauseffekt als einer Art Leitindikator des Nachhaltigkeitsdiskurses verknüpft.

2.2 Vom Verkehr zur Mobilität

Eine Schwerpunktsetzung bei den Umweltfolgen des Verkehrs bzw. der umweltorientierten Verkehrspolitik war von Beginn an ein wichtiger „Nerv" (Radkau 2011: 181) der Umweltpolitik. An ihr zeigte sich das trotz der zunehmenden Internationalisierung des Umweltthemas weiter fortbestehende, je unterschiedliche nationale Gepräge politischer Strategien besonders deutlich, die nicht zuletzt von den verschiedenen geographischen Gegebenheiten mit bestimmt werden. Eine Determinante sei die Geographie allerdings nicht (ebd). Vor allem der Einfluss ökonomischer Interessen spielt eine viel größere Rolle. Gerade in Deutschland erwies sich immer wieder der besondere Einfluss der Automobil- und Mineralölindustrie (vgl. Sternkopf und Nowack in Kap. IV.4 dieses Bandes: ▶ Lobbying: Zum Verhältnis von Wirtschaftsinteressen und Verkehrspolitik). Waren die externen Kosten des Verkehrs in der Bundesrepublik bis in die 1960er-Jahre hinein vor allem in ihrer Ausprägung als Unfallfolgen ein zentrales Thema der Verkehrssicherheitspolitik (vgl. Rammler 2001: 19), so begann sich das parallel zur „ökologischen Revolution" und erst recht im Zuge der weiteren rasanten Massenmotorisierung zu ändern. Hans Dollingers Kampfschrift gegen das Automobil, „Die totale Autogesellschaft" von 1972, setzte in dieser Debatte eine erste prominente Marke der öffentlichen Debatte, die auch vom SPIEGEL aufgegriffen wurde.

Zeitgleich beginnt sich im Kontext der klassischen verkehrswissenschaftlichen Disziplinen ein kritisches Interesse an den Ursachen der Probleme und an möglichen Auswegen aus dem damals als weithin alternativlos angesehenen Verkehrswachstum zu entwickeln. Diese Initiative ging von einer jüngeren Generation von Verkehrswissenschaftlern aus,[1] auch von Sozialwissenschaftlern,[2] die in dieser Zeit versuchten, sozialwissenschaftlichen Sachverstand sowohl zu Zwecken der Analyse wie auch der Deskription in die Verkehrsforschung einzubringen und damit den kritischen Erneuerungsprozess zu unterstützen.

Trotz des wachsenden Engagements verschiedener automobilkritischer Gruppen entwickelte sich in Deutschland in den 1970er-Jahren jedoch keine in ihren Ambitionen mit der in Amerika oder Japan vergleichbaren Regulierungspolitik der Automobilität, so dass man bei der Einführung des Katalysators fast ein Jahrzehnt zurücklag. Auch zu einer vergleichsweise konsequenten Luftreinhaltungspolitik wie in Kalifornien und zu Verbrauchsregulierungen wie in den gesamten USA konnte man sich erst spät bzw. erst im europäischen Kontext durchringen, zu einem Tempolimit gar nicht. Insofern hat die deutsche Automobilindustrie bis heute mit einem strukturell zu nennenden Legitimationsproblem zu kämpfen, das Anfang der 1990er-Jahre auf einen ersten Höhepunkt zulief. Die Debatte um die externen Effekte des Verkehrs bestimmte zu dieser Zeit quasi paradigmatisch die gesamte Umweltdebatte, was auch darin zum Ausdruck kam, daß die Grünen/Bündnis 90 in diesem Feld nach eigenem Bekunden ihren zu dieser Zeit größten Sachverstand entwickelten (vgl. Burmeister 1997). Unter dem umweltpolitischen Signum des beginnenden Nachhaltigkeitsdiskurses und geprägt von der interdisziplinären Neuorientierung hin zur Humanökologie (vgl. Glaeser 1989: 25 ff.), vollzog sich in Deutschland damals ein spürbarer qualitativer wie quantitativer Wachstums-, Ausdifferenzierungs- und Etablierungsprozess der sozialwissenschaftlichen Verkehrsforschung, die bis dahin eher den Charakter einer unerstützenden Bezugswissenschaft der klassischen Verkehrswissenschaften gehabt hatte. Hinsichtlich bislang vernachlässigter Zielgruppen und Methoden kam es zu einem klar erkennbaren Entwicklungsschub, der bis heute anhält. Diese Situation verband sich mit der 1992 in Rio auf ihren ersten Höhepunkt zustrebenden Klimadebatte, bei der der Verkehr als eines der wichtigsten verursachenden Bedürfnisfelder eine zentrale Rolle spielt. In diesem Zusammenhang vereinten sich nun erneut, diesmal allerdings dauerhafter, Teile von Verkehrswissenschaften und Sozialwissenschaften zu einem kritischen Bündnis, für das insbesondere das neugegründete *Wuppertal Institut für Klima, Umwelt und Energie* (WI), das *Öko-Institut*, das *Institut für ökologische Wirtschaftsforschung* (IÖW), später das *Institut für Sozial-Ökologische Forschung* (ISOE) und schließlich das *Wissenschaftszentrum Berlin für Sozialforschung* (WZB) die institutionellen Kontexte boten und bis heute bieten.

---

[1] Etwa Kutter (1975), Heinze (1979), Monheim (1979), Wermuth (1978).
[2] Etwa Brög (1976, 1979), Linder et al. (1975), Krämer-Badoni et al. (1971), Spiegel (1976), Sachs (1981, 1984).

Wurde bis in die 1970er-Jahre hinein in den Verkehrswissenschaften überwiegend vom Verkehr gesprochen – „als Bezeichnung für die Gesamtheit aller Vorgänge, die der Raumüberwindung dienen, also nicht nur die Raumüberwindung materieller Dinge" (Linden 1966: 1646) – und blieb der Mobilitätsbegriff weitgehend den Sozialwissenschaften vorbehalten, so kam es vergleichbar zur Umwelt- bzw. Nachhaltigkeitsdebatte auch hier zu einer Neuausrichtung der zentralen Begrifflicheiten, mithin zur Entwicklung von zwei verschiedenen Diskurssträngen, die sich bis zum heutigen Tag erhalten haben.

Der erste Strang, den man auch als einen *strategisch-legitimatorischen* bezeichnen könnte, führte seit Beginn der 1970er-Jahre zu einer begrifflichen Engführung bzw. zunehmenden Gleichsetzung von Verkehr und Mobilität in der öffentlichen wie wissenschaftlichen Diskussion. Im öffentlich-politischen Bereich und Teilen der Verkehrswissenschaften, vor allem aber von den Unternehmen der Mobilitätsbranche wurden Mobilität und Verkehr zunehmend synonym verwendet mit einer wachsenden Tendenz zur vollständigen Übernahme des Mobilitäts- und einer Verdrängung des Verkehrsbegriffs. Mobilität wurde zur tatsächlichen *Bewegung* im Raum, was vormals allein als Verkehr bezeichnet wurde. Die ursprüngliche Bedeutung als Möglichkeitskategorie, als *Potential zur Bewegung*, ging damit verloren. Durch die semantische Hintertür führte dies bei manchen Akteuren dazu, dass Mobilität und Automobilität schlechthin identisch wurden. Über die Gründe dieser Begriffveränderung läßt sich spekulieren. Womöglich kamen darin neben den apologetischen Zwecken von Autoindustrie und weiteren Einflussgruppen (z. B. ADAC), welche Bedarf an einem neuen und unverbrauchten, evolutionsbiologisch positiv besetzten und die Ausweitung von Möglichkeiten insinuierenden Begriff hatten, auch die Interessen der Forschung zum Tragen, sich durch einen modernen Begriffsapparat verbesserte Chancen in einem zunehmend von der Konkurrenz um Drittmitteln geprägten Forschungsbereich zu verschaffen. Auch in der sprachlichen Alltagspraxis läßt sich bis heute kaum eine negative Konnotation von Mobilität nachzeichnen. So ist es beispielsweise nicht üblich von Mobilitätsstau oder von Mobilitätsunfällen zu sprechen. Es scheint, als blieben die negativen Assoziationen dem Begriff des Verkehrs vorbehalten, um mit dem Begriff der Mobilität die lichten Seiten ein und desselben Phänomens um so unbeeindruckter thematisieren zu können.

Doch auch das starke Unbehagen über diese Gleichsetzung lässt sich seit den 70er-Jahren verfolgen. Als einer der Protagonisten eines zweiten, *kritischen Diskursstrangs* monierte Kutter bereits Mitte der 1970er-Jahre (1975: 64) die wachsende Selbstverständlichkeit, den Begriff der Mobilität als motorisiertes Fahrtenaufkommen zu definieren. Darin kam nicht nur eine eklatante analytische und planerische Mißachtung des Fußgänger- und Radverkehrs zum Ausdruck, sondern es ergab sich auch das Problem, dass mit steigender Motorisierung vordergründig auch die Mobilität stieg, obwohl in steigendem Maße Wege substituiert wurden, die zuvor nicht-motorisiert abgewickelt wurden. Kutter schlug demgegenüber vor, Mobilität als Gesamtzahl aller Ortsveränderungen zu definieren. Auch Manfred Wermuth (1978) definierte „individuelle Mobilität" als die individuelle Häufigkeit der Aktivitäten, die außerhalb der eigenen Wohnung stattfinden. Beide Definitionen legen die Betonung auf die verfolgten Aktivitäten, sprich Zwecke der Ortsveränderungen, statt auf die reine Distanzüberwindung. So wurde es nun thematisierbar, wie gut die Orte erreichbar sind, an denen eine gewünschte Aktivität vollzogen werden soll, sei es nun ein Gespräch, ein Einkauf oder Lohnarbeit zum Lebensunterhalt. Kutter ging soweit, Mobilität als „Erreichbarkeit von Einrichtungen" (1975: 66) zu definieren und setze damit vollends auf die Qualität eines gewünschten Aktivitätenzugangs: „Eine totale Mobilität ist dann gekennzeichnet durch das Fehlen jeder Entfernungsempfindlichkeit, welches gleichbedeutend ist mit der Möglichkeit, bei Bedarf uneingeschränkt Einrichtungen zu erreichen" (ebd). Damit war es nun möglich, auch die Struktur- und Raumordnungspolitik, also die Art und Weise der planerischen Anordnung und Verknüpfung von Infrastrukturen, Siedlungen und Wirtschaftsstandorten zu- und untereinander als zentralen Bestandteil einer verkehrspolitischen Strategie zu qualifizieren, die man bald als „Integrierte Verkehrspolitik" bezeichnete (vgl. Schöller-Schwedes 2010). Nun stand nicht mehr allein die technologische Qualität und Effizienz der die Standorte verbindenden Verkehrsträger oder die anteilige Verteilung ihrer Nutzungshäufigkeit im Mittelpunkt. Vielmehr konnte die politische Steuerung der räumlichen Interdependenzverhältnisse als zentraler Schlüssel zur Frage der Verkehrsgenese oder eben der Verkehrsvermeidung betrachtet werden, was zunächst noch in erster Linie hinsichtlich der sozialen Dimensionen thematisiert wurde: „Die Dezentralisation der Wohnstandorte und Arbeitsstätten verschlechtert die Erreichbarkeit von Einrichtungen und hat in der Regel eine Substitution von Fußwegen durch Fahrten mit einem Verkehrsmittel zur Folge" (Kutter 1975: 65). Diese Kritik einer „Erzwungenen Mobilität" (vgl. Linder et al. 1975) kann als historisch erster Kristallisationspunkt der „kritischen Verkehrsforschung" interpretiert werden. Der kritische Impetus speiste sich unter dem Eindruck der sozialdemokratischen Reformbewegung damals aus dem sozialpolitischen Interesse, die Zugänglichkeit zu Einrichtungen für alle Bevölkerungsgruppen als wichtige raumpolitische Determinante von Lebensqualität zu erhalten und zu verbessern. Allerdings schob sich alsbald die Sorge um die Umweltqualität in den Vordergrund. Und spätestens in den nunmehr von der Klimafrage dominierten verkehrsökologischen Debatten der 1990er-Jahre hinsichtlich der Optionen einer am Leitbild der Nachhaltigkeit orientierten Verkehrspolitik wurde die alte Frage der Steuerbarkeit räumlicher Interdependenzverhältnisse als Strategie der klimaentlastenden Verkehrsvermeidung u. a. unter den programmatischen Stichworten der „Stärkung des Nahraums", der „Entschleunigung" und „Erhöhung des Raumwiderstandes" erneut diskutiert (BUND und Misereor 1996: 153 ff.).

2.3 Zwischenfazit: Vom umweltfreundlichen Verkehr zur nachhaltigen Mobilität

Es zeigte sich, wie die beiden Begriffe Nachhaltigkeit und Mobilität jeweils die älteren Begriffe und Konzepte des Natur- bzw. Umweltschutzes und des Verkehrs ab einem bestimmten Zeitpunkt der realgesellschaftlichen Entwicklung eingeschlossen und transzendiert haben. Die Gründe für diese begriffsgeschichtlichen Sprünge sind in der quantitativen Zuspitzung (wachsendes Ausmaß der Umwelteffekte bzw. Mengenwachstum des Verkehrs) und der qualitativen Veränderung (Globalisierung, Komplexitätssteigerung) der bezeichneten Sachverhalte zu suchen. Von den 1970er- bis in die 1990er-Jahre hat sich im wissenschaftlichen wie im öffentlichen Diskurs das Verständnis für den vielschichtigen und vielfältig verflochtenen systemischen Charakter der globalen Umwelt- wie Verkehrsentwicklung durchgesetzt. Genauso wenig wie man ab einem bestimmten Entwicklungspunkt der analytischen Durchdringung die Verkehrsentwicklung weiterhin auf die schlichte Resultante ökonomischer Entwicklung reduzieren, sondern sie nur im erweiterten Zusammenhang der gesamtkulturellen Modernisierungsleistung eines sich stetig erweiternden und in sich ausdifferenzierenden Möglichkeitsraumes sozialer Teilhabe hinreichend verstehen konnte, war es ab einem bestimmten Punkt ökosystemischer Veränderungen und ihren vertieften Verständnismöglichkeiten mithilfe der Systemwissenschaften und der zunehmend rechnergestützten Modellierung von komplexen Abläufen möglich, den Sachverhalt sich weltweit zuspitzender Umweltkrisen weiterhin auf ein mehr oder minder technologisch lösbares „End-of-the-Pipe"-Problem zu reduzieren. Wo also beispielsweise die Automobilnutzung wegen ihrer Ressourcenintensität und ihren Klimaemissionen auf einmal zu einer globalen Angelegenheit wird, reicht der Katalysator eben nicht mehr aus, um die Probleme zu lösen, sondern die Automobilität als massenkulturelles Phänomen steht in Gänze zur Diskussion. Anders gesagt: Wer von Nachhaltigkeit als von einer im Sinne globaler Gerechtigkeit verantwortlichen und in die Zukunft gerichteten Gestaltungsaufgabe spricht, bei der es um die Verteilung knapper Ressourcen, um Anspruchsniveaus und Lebenschancen im globalen und intergenerationalen Wirkungszusammenhang geht, kann auch im Hinblick auf nachhaltige Gestaltungsmöglichkeiten im Feld der Raumüberwindung den unterkomplexen Begriff des Verkehrs nicht mehr benutzen. Er benötigt eine neue Kategorie, welche die dem eigentlichen technischen Transportprozess vor- und nachgelagerten subjektiven Entscheidungen, Lebensstile, Bedürfnisniveaus und planerischen Strategien thematisierbar macht und womöglich in den Vordergrund der Debatte schiebt, eben den Begriff der „Nachhaltigen Mobilität".

3 Nachhaltige Mobilität – Ziele, Konzepte und Handlungsstrategien

Vor diesem Hintergrund lässt sich „Nachhaltige Mobilität" definieren als die ökologisch verträgliche und sozial gerechte Gestaltung und Gewährleistung der Erreichbarkeit von Einrichtungen und Kommunikationszugängen in einer globalen Gesellschaft. Das staatliche ordnungs- und fiskalpolitische Instrumentarium stellt dabei einen breit und differenziert nutzbaren Baukasten von Handlungsansätzen zur Verfügung, der auf den unterschiedlichen politischen Regulierungsebenen von der Kommune bis zur EU in unterschiedlichen Kombinationen zur Beförderung angebotsseitiger Innovationen und nachfrageseitiger Verhaltensänderungen anwendbar ist. Für eine nachhaltige Mobilität müssen Effizienz-, Konsistenz- und

Suffizienzstrategie – die drei Grundkonzepte zur Gestaltung von Nachhaltigkeit – in einem gleichberechtigten und ausgewogenen Verhältnis ineinandergreifen (vgl. Schwedes 2011: 23), wobei mithilfe stetiger Produkt-, Nutzungs- und Systeminnovationen der Verkehrsträger einerseits, mit den Planungsinstrumenten einer integrierten Siedlungs- und Standortpolitik andererseits, die Prozesse der Entstehung von Raumüberwindungsbedarf wie dessen tatsächliche Abwicklung in ökologischer, ökonomischer und sozialer Hinsicht beständig optimiert werden können. Wird nur die Effizienzstrategie eingesetzt, kommt es nach anfänglichen Entlastungen mittel- und langfristig zu Effekten der Überkompensation von ökologisch sinnvollen Einsparungen.

3.1 Das Problem der „Rebound-Effekte" in der Mobilität

Wohl selten war die Ratlosigkeit von Verkehrsexperten selbst für fachfremde Beobachter greifbarer als während des Weltverkehrsforums 2011 in Leipzig. Angesichts der zentralen Botschaft des „World Transport Outlook" des *International Transport Forum* der OECD, das Verkehrsaufkommen werde sich bis zum Jahr 2050 weltweit verdreifachen, war guter Rat teuer. Während in allen anderen Sektoren Effizienzsteigerungen, Verbrauchssenkungen und die Verringerung von Umwelteffekten mehr oder minder erfolgreich umgesetzt werden, wachsen die externen Effekt der globalen Mobilitätsmaschinerie offenkundig immer schneller. Eine einheitliche Antwort auf die Frage, wie unter diesen Umständen die Mobilitätsanforderungen von demnächst neun bis zwölf Milliarden Menschen auf wirklich nachhaltige Weise zu gewährleisten wären, blieben die Experten schuldig. Einig war man sich allein darin, dass bei einer ungesteuerten Entwicklung die Nachfrage nach fossilen Brennstoffen und dementsprechend die Emissionen von Klimagasen, Luftschadstoffen und Feinstäuben, die Lärmemissionen, die Unfallkosten und vor allem der Material- und Raumbedarf der Mobilität sprunghaft ansteigen werden.

Angesichts dieser enormen Dynamik des Verkehrswachstums stellt die Anforderung der Nachhaltigkeit die immer noch dominierende Grundannahme der aktuellen Verkehrspolitik und der verkehrsbezogenen Innovationspolitik in Frage, es ließe sich innerhalb des geltenden Entwicklungspfades ökologischer Modernisierung allein mithilfe effizienzorientierter technischer Innovationen etwas substantiell ändern. Alle Optimierungs- und Lenkungs-, Verflüssigungs- und Verlagerungskonzepte für den Verkehr – so sinnvoll und wichtig sie im Einzelnen auch sein mögen – beheben den Umstand nicht, dass wir auf dem falschen Pfad sind, solange wir uns innerhalb des geltenden Mobilitätsmodells bewegen, da die durch Effizienzsteigerung erreichten Verbesserungen und Einsparungen bei ungebremstem weiteren Nachfragewachstum durch den sogenannten „Rebound-Effekt" sofort wieder überkompensiert werden. Nachhaltige Mobilität wird deswegen zukünftig auch auf der bestmöglichen Vermeidung von Raumüberwindung basieren müssen, was im Kern die Frage nach unseren Lebensstilen und Bedürfnisniveaus und damit letztlich nach unserem Wohlstandskonzept und Freiheitsbegriff betrifft. Welche große Bedeutung die Forderung einer integrierten, also auf alle drei Strategien zurückgreifenden Nachhaltigkeitspolitik in der Mobilität hat, lässt sich gut an der aktuellen Debatte um die Elektromobilität aufzeigen.

3.2 Mehr als das Elektroauto – Wie Effizienz-, Konsistenz- und Suffizienzstrategie für eine nachhaltige Elektromobilität ineinandergreifen müssen

Die die Nachhaltigkeitspolitik dominierende *Effizienzstrategie* verfolgt das Ziel einer Entkopplung von Bedürfnisbefriedigung und Ressourcenaufwand durch technologische und organisatorische Optimierung von Produkten und Prozessabläufen. Beispiele hierfür sind in der Mobilität etwa die Optimierung von Motoren, Gewichtsreduktionen oder die telematische Verkehrsflussoptimierung. Die *Konsistenzstrategie* zielt vor allem auf einen klugen und effektiven Umgang mit Materialressourcen zur Verringerung der ökologischen Rucksäcke von Produkten und Infrastrukturen. Neue Materialtechnologien, Gestaltungsphilosophien und Produktionsweisen können zusammengreifen, um einmal verwendete Rohstoffe im maximalen Ausmaß nach dem Ablauf eines Produktlebenszyklus wieder in einen neuen Produktlebenszyklus zu überführen. Auch kollaborative Nutzungsphilosophien können den Materialaufwand pro Serviceeinheit minimieren. Die *Suffizienzstrategie* zielt schließlich auf die Lebensstile, Konsumwünsche und Verhaltensweisen von Verbrauchern, wie das Verkehrsmittelwahlverhalten oder die Auswahl der Verkehrsziele, zum Beispiel bei Reisen. Entscheidungen für Wohnformen, etwa die Abwägung des relativ verkehrsarmen Wohnens in einem dicht gepackten urbanen Zusammenhang gegenüber dem strukturell verkehrsaufwändigeren Wohnen in einer suburbanen Eigenheimsiedlung fallen ebenfalls unter die Kategorie der Suffizienz.

Bezieht man diese Begrifflichkeiten nun auf die aktuelle Diskussion und innovationspolitische Praxis zur Elektrifizierung der Mobilität, so zeigt sich, dass hier bislang vor allem an der Effizienzstrategie festgehalten wird. Metaphorisch gesprochen geht es nach einer hoffnungsfroh stimmenden und offenen Aufbruchsphase heute im Grunde darum, den neuen technologischen Wein des batterieelektrischen Fahrzeugs (und seiner verschiedenen Variationen) in die alten Schläuche der überkommenen und offenbar nicht anzutastenden Nutzungskultur der privaten Massenmotorisierung zu gießen. Ging es in den konzeptionell breit angelegten Zielvisionen der Aufbruchsphase vor einigen Jahren durchaus noch um die umfassende energie- wie verkehrswirtschaftliche Integration der Elektromobilität als systemischen Gesamtzusammenhang aller Verkehrsträger, so steht heute vor allem das telematisch vernetzte und automatisierte Elektroauto im Privatbesitz im Vordergrund. Bei näherer Betrachtung wird deutlich, dass diese Engführung der neuen Technologie mit der alten Nutzungsform – insbesondere vor dem Hintergrund der Globalisierung des westlichen Motorisierungsmodells – hoch problematisch ist. Elektrofahrzeuge sind aufgrund der für Motor, Energiespeicher, Steuerung und Fahrzeugaufbau benötigten seltenen Metalle und Rohstoffe in der Herstellung enorm ressourcenaufwändig und werden der Konsistenzanforderung der nachhaltigen Mobilität bislang nicht gerecht. Nur durch den flächendeckenden bislang aber eher noch für Nischenmärkte diskutierten Betrieb in den nutzungsoptimierten Anwendungskontexten einer Sharing-Kultur könnte die Materialintensität pro elektromobiler Serviceeinheit konsequent gesenkt werden. Kreislaufwirtschaftliche Produktions- und Rückführungssysteme werden bislang nicht diskutiert. Hinzu kommt, dass das Elektroauto seine Vorteile nur dann voll ausspielen kann, wenn es mit regenerativen Energien betrieben wird. Dieses würde die energiewirtschaftliche Integration über sogenannte SmartGrid-Konzepte erfordern, die ebenfalls deutliche Veränderungen von Anspruch und Verhalten der Nutzer mit sich bringen würde. Weltweit betrachtet ist allerdings eher ein Trend beobachtbar, Elektroautos mit dem jeweils vorherrschenden, meist auf Kohle oder Atomkraft basierenden Energiemix zu betreiben.

Beide Aspekte verweisen nun darauf, dass sich die Fortführung der bisherigen Philosophie der Produktinnovation (die der Effizienzstrategie zugeordnet werden kann) in der Elektromobilität zu einer Sackgasse entwickelt, die den Anforderungen der nachhaltigen Mobilität nicht gerecht wird. Nur durch die Kombination mit die Konsistenzanforderung adressierenden Nutzungsinnovationen und schließlich die Einbindung in die umfassende Systeminnovation eines intermodalen, also verkehrsträgerübergreifenden – und damit massive Verhaltensänderungen implizierenden – Mobilitätskonzeptes (dieses entspricht der Suffizienzstrategie), würde eine nachhaltige Elektromobilität entstehen (exemplarisch dafür: Canzler und Knie 2011).

3.3 Ziele und Gestaltungskriterien nachhaltiger Mobilität

Im Sinne der oben formulierten Definitionen und Vorüberlegungen zur nachhaltigen Mobilität sollten die Mobilitätslösungen für die Zukunft also so schnell wie möglich den Pfad der fossilen Energienutzung verlassen, sie sollten eine geringstmögliche Materialintensität haben und verwendete Materialien in maximal möglichem Ausmaß wiederverwerten, sie sollten Mensch und Natur vor tödlichen Unfällen, dauerhaften körperlichen und seelischen Schäden und irreversiblen Verlusten an ökologischer Vielfalt schützen, und schließlich sollten sie robust sein gegenüber natürlichen Stressfaktoren, menschlichem und technologischem Versagen in komplexen Systemen oder gezielten militärischen wie terroristischen Attacken. Daraus ergibt sich der folgende Zielkatalog.

3.4 Erneuerbare Mobilität

Die einzige Möglichkeit, dauerhaft auf den Einsatz fossiler Treibstoffe in der Mobilität zu verzichten, sind Antriebssysteme auf der Basis regenerativer Energie. Mittel- bis langfristig sind Batterien neben Wasserstoff das beste Speichermedium für regenerative Energie aus solaren und geothermischen Quellen und der Windkraft. Dementsprechend werden zukünftig vor allem elektrische Antriebe für Fahrzeuge in allen Verkehrssystemen zum Einsatz kommen. Zu unterscheiden ist hierbei zwischen batterieelektrischen, brennstoffzellenelektrischen und hybridelektrischen Antriebssystemen. Bislang ist nicht abzusehen, ob eine dieser Technologielinien dominant wird oder ob die Entwicklung aller drei Optionen zeitgleich in ihrem Charakter je entsprechenden regionalen und funktionalen Nischen vorangetrieben wird. Auch ist im Augenblick nicht genau abzusehen, welche Rolle Wasserstoff als Energiespeichermedium in der Mobilität spielen wird. Seine Einsatzchancen in Brennstoffzellen zur Stromproduktion für Elektroantriebe steigen mit der Verbesserung sicherer und zugleich platz- und gewichtsoptimierter Speichermöglichkeiten. Insbesondere im Schwerlastbereich der Mobilität, also bei den Lkw-Transporten, dem Schiffsverkehr, der Landwirtschaft, dem Baugewerbe, der Industrie und der Luftfahrt ist der Ersatz von fossilen Treibstoffen durch regenerativ erzeugte Elektrizität schwierig. Während bei Schiffen mittelfristig brennstoffzellenelektrische Antriebe in Kombination mit neuartigen Drachenzugsystemen eine aussichtsreiche Entwicklungsperspektive bieten, könnte in den anderen Bereichen der Einsatz von regenerativ erzeugten Biokraftstoffen der zweiten und dritten Generation (z. B. auf Algenbasis) eine Lösung sein. Voraussetzung ist allerdings, dass es bei ihrer Produktion nicht zur Konkurrenz mit der Nahrungsmittelerzeugung kommt.

Eine zentrale Bedingung dafür, möglichst viel regenerative Energie in das Mobilitätssystem einzubringen ist der Ausbau der kollektiven Verkehrssysteme – also E-Busse, Straßenbahnen, U- und S-Bahnen im urbanen Bereich und Fernbahn und Nachtzüge im regionalen und überregionalen Verkehr. Insofern hier ein flächendeckender und durchgängiger Betrieb mit Strom möglich ist, kann die Verlagerung von der Straße auf die Schiene und von der Luft auf das Wasser helfen, das Gesamtniveau dieser strukturell konversionsresistenten Verkehre zu reduzieren. Damit würde die Menge des in diesen Bereichen dann noch nötigen Biokraftstoffs ebenso verringert wie der Ressourcenaufwand der im Straßenverkehr eingesetzten E-Fahrzeugflotte. Denn gerade aufgrund der enormen Ressourcenintensität elektrischer Antriebssysteme und ihrer Energiespeicher ist es – wie oben bereits thematisiert – geboten, das Ausmaß individualisierter Transporte im Privat- und Geschäftsverkehr wie auch in der Güterlogistik generell zu reduzieren. Eine technologische Transformation dieses Ausmaßes ist nicht von heute auf morgen zu schaffen. Für die Übergangszeit sind die weitere Effizienzoptimierung bestehender Antriebs- und Fahrzeugsysteme (etwa über die weitere Verbesserung der Motorentechnologie) und der Einsatz von Gas – zum Beispiel im Schwerlastverkehr – Wege, um die Gesamtmenge der eingesetzten fossilen Ressourcen zu reduzieren bzw. deren spezifische Emissionslast zu verringern. Schließlich sind die Reduzierung von Gewicht und Geschwindigkeit Möglichkeiten, den Aufwand der einzusetzenden fossilen Treibstoffe zu verringern. So kann eine Geschwindigkeitsdrosselung im Schiffsverkehr um nur wenige Prozent signifikant Treibstoff und Kosten sparen. Viele Reeder gehen deswegen schon heute diesen Weg und gleichen den Verlust an Ladekapazität durch den Einsatz zusätzlicher Schiffe aus. Insgesamt wäre eine Reduktion des Geschwindigkeitsniveaus über alle Verkehrsträger zur Verbrauchs- und Emissionsverringerung sofort umsetzbar. Ohne den starken Trend zum Upsizing im Automobilmarkt wären auch hier die realisierbaren Einsparungen aufgrund der enormen Fortschritte in der Motorentechnologie theoretisch viel größer, als sie es im Moment tatsächlich sind. Zum einen bringt die Anpassung der Assistenz- und Sicherheitstechnologie und der Aufbauauslegung der Fahrzeuge an hohe Endgeschwindigkeiten einen Teil des Gewichtszuwachses mit sich, zum anderen ist der Gewichtszuwachs, insbesondere im Bereich des SUV-Segments, einem Markt- und Designtrend geschuldet. Eine generelle, politisch forcierte Senkung des Geschwindigkeitsniveaus und damit der Sicherheitsanforderungen könnte hier ggf. dazu beitragen, auch den Trend zum Gewichtsanstieg und den damit immer verbundenen erhöhten Energieverbrauch zu verhindern.

3.5 Dematerialisierte Mobilität

Die Verkehrsnachfrage und mit ihr der Material- und Ressourcenverbrauch der Mobilität sind bereits heute enorm und werden in der Zukunft weiter stark ansteigen. Prinzipiell sind drei Wege denkbar, um diesen Anstieg in den Griff zu bekommen: Erstens die Etablierung kreislaufwirtschaftlicher Produktionsprinzipien, bei denen die Abfallprodukte eines Produktlebenszyklus wieder zum Ausgangspunkt eines neuen Produktlebenszyklus werden. Eine solche Produktion „von der Wiege bis zur Wiege" (vgl. Braungart und McDonough 2009) wäre im Idealfall vollkommen in sich geschlossen und käme ohne oder mit einem sehr reduzierten Maß weiterer Ausbeutung von Primärressourcen aus. Allerdings setzt die Kreislaufwirtschaft die Etablierung eines neuen Produktionsmodells voraus und ist insofern zunächst vor allem noch ein elegantes theoretisches Modell. Zweitens können vermehrt Baustoffe, Farben und Textilien eingesetzt werden, die einer „solaren Chemie" (vgl. Fischer 2012) entstammen, also letztlich auf natürlichen Rohstoffen basieren und damit die Unabhängigkeit von der momentan allgegenwärtigen Petrochemie mit sich bringen. Als Leitbild der Etablierung neuer Designphilosophien und Produktionsmethoden in der Verkehrsgüterindustrie können heute beide Ansätze dienen. Gerade die Automobilwirtschaft wird zukünftig nicht ohne sie auskommen, da im Zuge der Umstellung auf Elektromobilität (ganz gleich ob batterie- oder wasserstoffbasiert) einerseits und den weiteren Trends zur digitalen Vernetzung und Automatisierung des Fahrzeugs andererseits enorm seltene, hochwertige und teure Rohstoffe zum Einsatz kommen, deren Zugang schon jetzt prekär ist. Den dritten Weg zur Dematerialisierung der Mobilität bietet die Strategie der *Nutzungsinnovation*, also der möglichst effizienten Auslastung alles fahrenden Geräts auf allen Strecken und zu allen Zeiten. Die Tatsache, dass heute Pkw im Privatbesitz im Durchschnitt 23 Stunden am Tag nicht genutzt werden, ist ein betriebs- wie volkswirtschaftlich irrationaler Luxus, der in der zukünftigen Mobilitätswelt nicht weiter aufrecht zu erhalten sein wird. Alle Konzepte und Geschäftsmodelle der Mobilitätswirtschaft, die das Nutzen dem Besitzen vorziehen und die anteilige Nutzung eines Fahrzeuges ökonomisieren, sei es als CarSharing, Car-Pooling, Mitfahrzentrale etc., und damit die Auslastung des einzelnen Produktes erhöhen, minimieren zugleich – unter ceteris paribus-Bedingungen – den absoluten Produkt- und Materialaufwand der Mobilität.

Fahrzeuge konsequent auf diese Formen des kollaborativen Konsums und der „Shareeconomy" auszurichten, würde auch bedeuten, neue Gestaltungsphilosophien und Produkteigenschaften zu entwickeln. Das Ziel wäre dann etwa die Entwicklung extrem hochwertiger und auf permanente und langlebige Nutzung durch unterschiedliche Kunden ausgelegte Fahrzeuge statt – im Extremfall – kurzlebiger Niedrigpreis-Produkte für den chinesischen low-budget-Massenmarkt. Solche hochwertigen Fahrzeuge wären dann zu teuer für den durchschnittlichen Privatkunden und würden sich auch für die Automobilwirtschaft betriebswirtschaftlich nur in Kombination mit neuen Wertschöpfungskonzepten für Mobilitätsdienstleistungen rechnen.

3.6 Sichere Mobilität

Mangelnde Verkehrssicherheit ist weltweit vor allem ein Problem des Straßenverkehrs. Hier treffen unterschiedliche Verkehrsarten und die Ansprüche und Verhaltensweisen einer großen Menge von Verkehrsteilnehmern in sehr komplexer Weise aufeinander. Insofern ist die Frage der Verkehrssicherheit in erster Linie eine Frage der Verkehrskultur. Natürlich kann durch *technologische Anstrengungen* (Sicherheitsgurt, Assistenzsysteme, Fahrzeugdesign), durch *planerische Konzepte* (Fahrradstraßen, Shared Space, Spielstraßen, Gestaltung von Kreuzungen), *ordnungsrechtliche Maßnahmen* (Tempo 30-Zone, Tempolimit, Promillegrenzen für Blutalkohol) und *hoheitliche Überwachung* (Geschwindigkeits- und Alkoholkontrollen) bereits ein hohes Maß an Sicherheit erreicht werden, wobei die Reichweite der genannten Maßnahmen noch gar nicht ausgeschöpft ist – ein einheitliches und konsequentes Tempolimit auf der Autobahn könnte in Deutschland zum Beispiel dazu beitragen, sowohl Energie zu sparen als auch die Sicherheit zu erhöhen. Der eigentliche Schlüssel zur Verkehrssicherheit liegt allerdings in der Veränderung von Einstellungen und Verhaltensmustern der Verkehrsteilnehmer. Eine umfassende Mobilitätserziehung, die neben der Vermittlung von regelgerechten Verhaltensmaßstäben vor allem die zentrale Rolle subjektiver Kooperationsbereitschaft betont, kann hier eine wichtige Rolle spielen. Der Blick in die Regionen nachholender Mobilisierung zeigt, dass die Zahl der Verkehrsopfer mit der Geschwindigkeit der Motorisierung steigt. Ein alternatives Verkehrssystem, das auf der Kombination von kollektiven Verkehrsträgern, Fahrradverkehr und temporeduzierter Mikromobilität (elektrobetriebene Klein- und Leichtfahrzeuge) basiert, ist nicht nur den zukünftig zu erwartenden Dichteverhältnissen der entstehenden urbanen Megazentren und ihrer prinzipiell problematischen Luftqualität angemessen, sondern wird auch mit einer massiven Verbesserung der Verkehrssicherheit einhergehen.

3.7 Resiliente Mobilität

Resilienz bezeichnet die Widerstandsfähigkeit und Festigkeit eines Individuums, einer Gesellschaft oder einzelner ihrer Funktionssysteme gegenüber Störungen, Krisen und Katastrophen. Diese Fähigkeit sollte für die Gestaltung zukünftiger

Mobilitätssysteme aus verschiedenen Gründen eine wichtige Rolle spielen. Erstens: Je abhängiger Gesellschaften von einem hohen Niveau an Mobilität und sicher planbaren Transportdienstleistungen sind, desto größer ist das Schadenspotential von Störfällen und Verzögerungen. In einer Zeit, in der der überwiegende Teil der Bevölkerung in der industrialisierten Welt sich mit Nahrungsmitteln und Gütern des täglichen Bedarfs über den Einzelhandel versorgt statt sie selbst zu produzieren, können größere Versorgungskrisen schon in wenigen Tagen entstehen. Zweitens: Je feingliedriger, komplexer und (digital) vernetzter ein Verkehrssystem aufgebaut ist, desto größer ist das Risiko, dass sich externe oder interne Störfälle schnell im gesamten System fortsetzen und sich die Schadenswirkungen akkumulieren. Drittens: Ein Verkehrssystem ist umso verletzbarer, je größer das Ausmaß an digitaler Technologie ist, das zu seiner Betriebsführung eingesetzt wird. In einer Zeit, als Weichen noch mechanisch gestellt wurden und der Straßenverkehr noch ohne Verkehrsleitsysteme auskam, war es deswegen natürlich auch nicht möglich, mithilfe von Software-Manipulationen von entfernter Stelle aus Störungen zu provozieren. Alle drei Problemlagen betreffen schon heute die beständig modernisierten Verkehrssysteme. Verstärkend wirkt hierbei, dass die Vielfalt potentieller externer wie interner Störfaktoren beständig zunimmt. Klimabedingte Starkwetterereignisse, technisches wie menschliches Versagen in den hochkomplexen Abläufen der modernen Systemarchitekturen sowie Manipulationen und Hackerangriffe jeglicher Provenienz werden eintreten. Deswegen ist Resilienz eine Qualitätsanforderung an nachhaltige Verkehrssysteme, um Störfälle mit großem ökonomischem und sozialem Schadenspotential möglichst auszuschließen. Mögliche Lösungen sind robuste Infrastrukturen durch redundante Systemarchitekturen, die Ersatzmöglichkeiten, Vervielfältigung, Verlinkung, Spiegelung und den Erhalt mechanischer Steuerelemente ebenso einschließen wie besondere Systemkontrollen und den Einbau von Zeitpuffern. Die Störfallproblematik wird durch externe, nicht im Aufbau und dem Betrieb der Verkehrssysteme selbst liegende Anforderungen noch verschärft: so zum Beispiel durch eine engmaschige Just-in-time-Logistik, mit der eigentlich privatwirtschaftliche Lagerhaltungskosten in die Infrastrukturen verlagert und damit auf die Gemeinschaft externalisiert werden. Transportintensive Geschäftsmodelle mögen die einzelbetrieblichen Kosten minimieren, erhöhen aber die externen Kosten, die von der Gesellschaft getragen werden. Hier ist grundsätzlich zu fragen, ob solche Strukturen nicht zurückzufahren wären. Dadurch würden die Risiken für einzelne Unternehmen, letztlich aber auch für gesamte, in ihren Wertschöpfungsketten hochvernetzte Branchen wieder geringer. Zugleich würden Umweltkosten minimiert.

4 Perspektiven einer digitalen Schubumkehr

Im engeren Sinne lässt sich Digitalisierung beschreiben als die Verwendung von computergestützten Informations- und Kommunikationstechnologien (IuK) für die Berechnung, Steuerung und Vernetzung von Prozessen, Handlungsabläufen und Produktsystemen. Etwas allgemeiner lässt sich der Prozess der Digitalisierung als die zunehmende Durchdringung aller Wissens- und Lebensbereiche mit digitalen Systemen beschreiben. Industrielle Produktionsprozesse bestehen weiterhin, vor allem aber eine durch die digitalen Medien letztlich noch beflügelte und erweiterte Dienstleistungsökonomie. In den Begriffen der Innovationsökonomik formuliert, kann man den Entwicklungsprozess von der Industriegesellschaft über die Dienstleistungsgesellschaft zur digitalen Gesellschaft beschreiben als die zunehmende Erweiterung der klassischen Produktinnovation über Nutzungsinnovationen hin zur digital unterstützten Systeminnovation. Weitreichende systemische Innovationen werden durch die digitale Überwindung der bislang überwiegend materiellen Beschränktheit und mangelnden Flexibilität großtechnologischer Infrastruktursysteme in unserer Gegenwart erst im umfänglichen Sinne möglich wie zum Beispiel das Zusammenwachsen von Energie-, Kommunikations- und Verkehrssparte im sogenannten „Smart Grid".

Der Bereich der Mobilität und der Mobilitätswirtschaft ist heute in vielfältiger Hinsicht eines der dynamischsten Experimentierfelder digital basierter Produkt-, Nutzungs- und Systeminnovationen im Betrieb wie in der Entwicklung und Erstellung von mobilitätswirtschaftlichen Produkten. Angesichts dieser ausgesprochen rasanten, in völlig neue Anwendungsfelder vordringenden Entwicklung wird hier die These vertreten, dass die Digitalisierung das Potential hat – metaphorisch gesprochen – zum Treibstoff der globalisierten Mobilitätswirtschaft des 21. Jahrhunderts zu werden. Mit anderen Worten: Sowohl sich komplementär als auch substitutiv zum realen Verkehr verhaltende Datenströme haben womöglich die Wirkmacht, die wenig zukunftsfähigen und flexiblen Mobilitätsformate der *fossil-industriellen* Phase – hier insbesondere die im 20. Jahrhundert entwickelte Abhängigkeit des Transportsektors vom Erdöl – in die ökologisch, ökonomisch wie sozial nachhaltigen Systeminnovationen einer dann womöglich *solar-digital* zu nennenden Phase der Mobilitätswirtschaft zu transformieren. An die Stelle der rein mechanischen Schubkraft der fossil-industriellen Phase, die auf der enormen Energiedichte des Erdöls und seiner Derivate beruhte, tritt im digitalen Zeitalter die ubiquitäre Intelligenz der digitalen Technologie. Die durch keine Brennstoffalternative in absehbarer Perspektive ersetzbare hohe Energiedichte der fossilen Treibstoffe wird nun durch eine enorme Informationsdichte in intelligenten, vernetzten und logistisch optimierten Prozessabläufen abgelöst. Aus Nutzerperspektive steht damit die Vision einer „seamless mobility" im Raum. Die digitalen Medien, hier insbesondere die zunehmend weit verbreitete Universalschnittstelle des SmartPhones und seiner diversen Applikationsmöglichkeiten, spielen hier die Rolle technischer Integratoren für systemübergreifende Informationen und integrierte Buchungs- und Abrechnungssysteme. Auch wird mit Entwicklungen wie der Google-Brille oder der Apple I-View-Technologie die nächste Generation von Interfaces schon sichtbar. Durch sie können die für die integrierte Mobilität notwendigen logistischen Prozessschritte womöglich noch besser in die Handlungsabläufe und kognitiven Routinen der Nutzer integriert werden.

Ein auf diese Weise hochvernetztes und in seinen Abläufen beständig optimiertes intermodales Verkehrssystem könnte in Kombination mit dem konsequenten Einsatz regenerativer Energie, unter zusätzlichem Einsatz verkehrssubstituierender digitaler Technologien für die verschiedensten Formen von Teleaktivitäten (Telearbeit, E-Learning, Telemedizin, etc.) und schließlich auf der Grundlage mittel- bis langfristig insgesamt dichter zu packender Siedlungsstrukturen funktionale Äquivalenz zum heutigen Erreichbarkeitsniveau in der Mobilitätswirtschaft mindestens herstellen, wenn nicht sogar noch Potential zu weiteren Entwicklungsschüben bereitstellen.

Allerdings sind neben den großen Chancen der Digitalisierung bereits jetzt schon die enormen Schattenseiten ihrer weiteren Entwicklung erkennbar. Neben der Gefahr einer umfassenden „Machtergreifung" sich selbst reproduzierender Algorithmen, mithin der Entstehung eines digitalen Konsum- wie Herrschaftstotalitarismus, demgegenüber die Erhaltung der Freiheit, der Selbstbestimmung und Autonomie des Bürgers und Konsumenten gegenüber den konvergierenden Macht- und Kontrollinteressen von Staaten, Geheimdiensten und Konzernen zu bewahren ist (*Recht*), sind es vor allem die spezifischen Risiken und Probleme der enormen Ressourcenintensität (*Ressourcen*) digitaler Produkte und Systeme und ihrer mangelnden Resilienz gegenüber komplexitätsbedingten Systemstörungen bzw. gezielten Manipulationsversuchen (z. B. Hackerangriffe und digitale Kriegsführung), die zukünftig gelöst werden müssen (*Resilienz*), um eine im umfassenden Sinne nachhaltige digitale Mobilitätskultur nicht auf Kosten von Freiheitsverlust, Sicherheitsbedrohungen und hohen ökologischen Kosten zu verwirklichen.

5 Fazit

Nach allem was wir über die Wachstumsdynamik und die negativen Begleiterscheinungen des modernen Verkehrs wissen, erscheint die Wende zur Nachhaltigkeit in der Mobilität unumgänglich. Insbesondere in den schnell wachsenden, oft hochverdichteten Weltregionen wird sie unabhängig von allen möglichen normativen Beweggründen zu einer schlichten Funktionsbedingung der sich auf dichtester räumlicher Grundlage modernisierenden Gesellschaften. Sie sollte deswegen als Leitorientierung aller weiteren verkehrspolitischen Diskussionen und Initiativen dienen. Das zur Verfügung stehende politische und technologische Instrumentarium ist vielfältig und differenziert einsetzbar. Insbesondere die dynamische Entwicklung der Digitalen Medien und Technologien ist in dieser Hinsicht vielversprechend, um den sich abzeichnenden „Mobility Peak" der fossil-industriellen Entwicklungsphase mithilfe umfassender systemischer Innovationen in einer digital-solaren Epoche überwinden zu können. Voraussetzung dafür sind zwei Bedingungen. Erstens die Lösung der mit der Digitalisierung bislang noch verbundenen enormen Freiheits,- Sicherheits- und Ressourcenprobleme. Zweitens die gleichberechtigte Verknüpfung der drei Nachhaltigkeitsstrategien der Effizienz, der Konsistenz und der Suffizienz, wobei mithilfe stetiger Produkt-, Nutzungs- und Systeminnovationen der Verkehrsträger einerseits, mit den Planungsinstrumenten einer integrierten Siedlungs- und Standortpolitik andererseits die Prozesse der Entstehung von Raumüberwindungsbedarf wie dessen tatsächliche Abwicklung in ökologischer, ökonomischer und sozialer Hinsicht beständig optimiert werden können.

Trotz dieser prinzipiellen konzeptionellen „Machbarkeit" ist die nachhaltige Schubumkehr der Mobilität allerdings kein marktwirtschaftlicher „Selbstläufer", sondern das Leitbild eines sehr ambitionierten politischen Gestaltungsszenarios, welches in weiten Teilen sowohl den aktuellen mobilitätswirtschaftlichen Interessenkonstellationen als auch den vorfindlichen Ausprägungen privater Lebens- und Konsumstile deutlich widerspricht. Die Frage der Machbarkeit entscheidet sich im politischen Raum der Diskussion auch um die zukünftigen Grenzen von Lebensstilen und Ansprüchen. Ohne den Primat der Politik im Sinne starker Rahmenregulierungen, mutiger Investitionsentscheidungen und schließlich dem Anliegen im Rahmen staatlicher Daseinsvorsorge attraktive Leitbilder nachhaltiger Mobilität anzubieten, wird die Mobilitätswende nicht gelingen.

Literatur

Bachmann, Günther. 2011. Die Modernität der Bestandserhaltung. In *Die unbequemen Wahrheiten der Ökologie. Eine Nachhaltigkeitsperspektive für das 21. Jahrhundert,* Carl-von-Carlowitz-Reihe, Bd. 1, herausgegeben vom Rat für Nachhaltige Entwicklung, Hrsg. Wolfgang Haber, 9–14. München: Oekom Verlag.
Braungart, Michael, und William McDonough, Hrsg. 2009. *Die nächste industrielle Revolution. Die Cradle to Cradle-Community.* Hamburg: Cep Europäische Verlagsanstalt.
Brög, Werner. 1976. *Überlegungen zur Bildung von verkehrswissenschaftlichen Modellen aus der Sicht der empirischen Sozialforschung.* Papier für den ersten Workshop der DVWG „Policy Sensitive Models", vom 6. bis 8.09.1979. München.
BUND und Misereor, Hrsg. 1996. *Zukunftsfähiges Deutschland. Ein Beitrag zu einer global nachhaltigen Entwicklung.* Basel/Boston/Berlin: Birkhäuser.
Burmeister, Ulrich. 1997. Weichen stellen für eine sanfte Mobilität. *schrägstrich* 1–2(97): 6–27.
Canzler, Weert, und Andreas Knie. 2011. *Einfach aufladen. Mit Elektromobilität in eine saubere Zukunft.* München: Oekom.
Dollinger, Hans. 1972. *Die totale Autogesellschaft.* München: Hanser.
Fischer, Hermann. 2012. *Stoffwechsel. Auf dem Weg zu einer solaren Chemie des 21. Jahrhunderts.* München: Verlag Antje Kunstmann.
Glaeser, Bernhard, Hrsg. 1989. *Humanökologie. Grundlagen präventiver Umweltpolitik.* Opladen: VS Verlag für Sozialwissenschaften.
Heinze, G. Wolfgang. 1979. Verkehr schafft Verkehr. Ansätze zu einer Theorie des Verkehrswachstums als Selbstinduktion. *Berichte zur Raumforschung und Raumplanung* 23(4/5): 9–32.
Krämer-Badoni, Thomas, Herbert Grymer, und Marianne Rodenstein. 1971. *Zur sozio-ökonomischen Bedeutung des Automobils.* Frankfurt/Main: Suhrkamp.
Kutter, Eckhard. 1975. Mobilität als Determinante städtischer Lebensqualität. In *Verkehr in Ballungsräumen. Schriftenreihe der DVWG B 24*, Hrsg. Leutzbach, 65–75. Köln, Berlin.
Linden, Werner. 1966. *Dr. Gablers Verkehrs-Lexikon.* Wiesbaden.
Linder, Wolfgang, Ullrich Maurer, und Hubert Resch. 1975. *Erzwungene Mobilität. Alternativen zur Raumordnung, Stadtentwicklung und Verkehrspolitik.* Köln, Frankfurt/Main: Suhrkamp.
Monheim, Heiner. 1979. *Grundzüge einer alternativen Stadtverkehrspolitik.* Reinbek: Rowohlt.
Radkau, Joachim. 2011. *Die Ära der Ökologie. Eine Weltgeschichte.* München: C.H. Beck.
Rammler, Stephan. 2001. *Mobilität in der Moderne. Geschichte und Theorie der Verkehrssoziologie.* Berlin: Sigma.
Sachs, Wolfgang. 1981. *Die Bedeutungshaut des Automobils. Annäherung an die Kultur der Hochenergiegesellschaft.* Schriftenreihe Energie und Gesellschaft, Heft 11. Technische Universität. Berlin.

Sachs, Wolfgang. 1984. *Die Liebe zum Automobil. Ein Rückblick auf die Geschichte unserer Wünsche*. Reinbek: Rowohlt.

Schöller-Schwedes, Oliver. 2010. The failure of integrated transport policy in Germany: a historical perspective. *Journal of Transport Geography* 18(1): 85–96.

Schwedes, Oliver. 2011. *Verkehrspolitik. Eine interdisziplinäre Einführung*. Wiesbaden: VS Verlag.

Spiegel, Erika. 1976. Zur gegenwärtigen Situation der Verkehrssoziologie in der Bundesrepublik. In *Stadt, Region, Land*. Schriftenreihe des Institutes für Stadtbauwesen der Rheinisch-Westfälischen Technischen Hochschule Aachen, 36: 1–22. Aachen.

Steffen, Will, Paul J. Crutzen, und John R. McNeill. 2007. The anthropocene: Are humans now overwhelming the great forces of nature? *Ambio* 36(8): 614–621.

Wermuth, Manfred. 1978. *Struktur und Effekte von Faktoren der individuellen Aktivitätennachfrage als Determinanten des Personenverkehrs*. Bad Honnef.

World Commission on Environment and Development – WCED, Hrsg. 1987. *Our Common Future*. Oxford.

Strategische Zukunftsplanung: Der Beitrag der Zukunftsforschung für eine nutzerorientierte Verkehrsentwicklung

Ingo Kollosche

Zusammenfassung
Der Gegenstand des Artikels ist der Zusammenhang von Politik, Planung und Zukunftsforschung. Basierend auf dem Kontingenztheorem und ausgehend von Paradoxien in Planung und Politik wird die komplementäre Ergänzung dieser Bereiche durch die Zukunftsforschung herausgearbeitet. Im Mittelpunkt steht die Untersuchungsfrage, welches Alleinstellungsmerkmal die Zukunftsforschung in die Lage versetzt, Planungsprozesse und politische Entscheidungsfindung produktiv zu unterstützen? Mit dem Topos der „produktiven Fiktionen" wird diese Frage dahingehend beantwortet, dass die Zukunftsforschung auf der Basis einer relationalen und konstruktivistischen Erkenntnistheorie in der Lage ist, alternative Zukünfte offen zu halten und damit dem Politischen optionale Gründe zur Legitimierung von Entscheidungen bereit zu stellen.

Schlüsselwörter
Zukunftsforschung • Planung • Politik • Kontingenz • Produktive Fiktionen

1 Einleitung

Das methodische Arsenal der strategischen Planung überschneidet sich oftmals mit den Methoden der Zukunftsforschung (vgl. Roney 2010: 78). Neben den Gemeinsamkeiten hinsichtlich des Gegenstandsbereiches und den sich daraus ergebenden Verweisungszusammenhängen sollen die Differenzen der jeweiligen Disziplinen und Theorien dargestellt werden. Auch wenn gelegentlich Zukunftsstudien als langfristige Policy-Analysen verstanden werden (vgl. Inayatullah 2007: 8), gibt es

---

I. Kollosche (✉)
Fakultät Verkehrs- und Maschinensysteme, Technische Universität Berlin, Institut für Land- und Seeverkehr, Berlin, Deutschland
E-Mail: ingo.kollosche@tu-berlin.de

wesentliche Unterschiede in der Vorgehensweise und Anlage der jeweiligen Analysen. Gleiches gilt für den Vergleich von Planung und Zukunftsforschung. Die komparatistische Vorgehensweise dient der Herausarbeitung einer pragmatischen Konzeptionalisierung moderner Zukunftsforschung (*future studies*). Ihr Beitrag im Sinne von Ergänzung, Erweiterung und Erkenntnisgewinn für Planung und Politik soll kenntlich werden.

Davon ausgehend ist theoretisch und methodisch eine Abgrenzung zu Politik und Planung vorzunehmen. Das Potenzial moderner Zukunftsforschung besteht in ihrer Funktion als „produktive Fiktionen". Diese Fiktionen sind Semantiken möglicher Zukünfte und zeichnen sich durch Alternativität, interpretative Vielfalt und Gestaltungskraft aus. Der oftmals unterschätzte Aspekt der Zukunftsforschung als Prozesse strukturierter Kommunikation soll hier herausgestellt werden. Aus ihm erwächst erst ihr Potential, mentale Landkarten von Akteuren zu verändern und somit Möglichkeitshorizonte zu ermöglichen und zu gestalten. Zukunft entsteht nicht hinter dem Rücken der Akteure, sondern wird gerade von ihnen generiert.

Dieses Alleinstellungsmerkmal ist in Bezug zu Politik und Planung zu setzen. Für die hier behandelten Phänomene und theoretischen Figuren werden adäquate und pragmatische Definitionen verwendet. So wird das System Politik vom Politischen abgegrenzt und ein pragmatischer und systemischer Planungsbegriff skizziert. Das Kontingenztheorem in handlungstheoretischer, phänomenologischer und systemtheoretischer Ausprägungen ist die zentrale Achse, um die sich die Argumentationsarchitektur bewegt. Kontingenz fungiert hier als die Zentralkategorie des Nexus Politik, Planung und Zukunftsforschung.

Zum Vorgehen und theoretischen Design des Artikels seien hier noch einige Vorbemerkungen gemacht. Es wird vorwiegend mit dem Topos der Paradoxie gearbeitet. Paradoxien thematisieren Inkompatibles.

Im folgenden Abschnitt wird das Kontingenztheorem expliziert und als Prämisse der Argumentationsführung fixiert. Daran schließen sich erste Überlegungen zum Nexus Politik, Planung und Zukunftsforschung an. In den folgenden Abschnitten wird darauf vertiefend eingegangen. Abschnitt drei widmet sich der Politik als System und geht den Auswirkungen von Kontingenz auf diese Differenz nach. Das vierte Kapitel widmet sich den Zusammenhängen von Planung und Zukunftsforschung am Beispiel der Verkehrsplanung. Die Zukunftsforschung wird im fünften Abschnitt thematisiert. Die Erkenntnistheorie, die Aufgaben und ihr Alleinstellungsmerkmal in Form „produktiver Fiktionalisierungen" werden vorgestellt. Im Fazit werden die Herausforderungen des Zusammenhanges umrissen und eine Forschungsagenda für die Zukunftsforschung vorgestellt.

2 Politik, Planung und Zukunft: Zusammenhänge und Abgrenzungen unter Kontingenzbedingungen

Für den zu explizierenden Nexus von Politik, Planung und Zukunftsforschung ist das Kontingenztheorem von entscheidender Bedeutung. Kontingenz wird im Kontext eines postfundamentalistischen Theoriehorizontes definiert und in der

Bedeutung für das Verständnis moderner Gesellschaften erläutert. Vor diesem theoretischen Hintergrund werden die Gemeinsamkeiten und Unterschiede der hier aufeinander bezogenen Gegenstandsbereiche Politik, Planung und Zukunftsforschung dargestellt.

2.1 Postfundamentalistische Horizonte und Kontexte

Die Kategorie *Kontingenz* hat sich mittlerweile in verschiedenen Disziplinen wie der Soziologie und Politikwissenschaft als analytisches Konzept etabliert. Zudem verweist die Anwendung des Konzeptes auf eine wesentliche Prämisse des zugrundeliegenden Theoriedesigns. Kontingenz in ihrer modernen Konzeptualisierung basiert und konstituiert ein postfundamentalistisches Verständnis der Grundlagen gesellschaftlicher Reproduktion und den Verzicht auf Letztbegründungen (vgl. Marchert 2013: 11). „Unter Postfundamentalismus wollen wir einen Prozess unabschließbarer Infragestellung metaphysischer Figuren der Fundierung und Letztbegründung verstehen – Figuren wie Totalität, Universalität, Substanz, Essenz, Subjekt oder Struktur, aber auch Markt, Gene, Geschlecht, Hautfarbe, kulturelle Identität, Staat, Nation etc." (Marchert 2010: 16).

Die wesentliche Beobachtung und theoretische Grundannahme postfundamentalistischen Denkens besteht in der zunehmenden Delegitimierung und Erosion vermeintlicher Gewissheiten. Gewissheiten in Bezug auf Traditionsbestände, lebensweltliche Zusammenhänge (Werte, Familie), gesellschaftliche Strukturen und Prinzipien (Marktgesetzte, Demokratie) sowie theoretische Grundlagen (Modernisierungstheorie). *Gewiss* ist allein die Ungewissheit, das Verblassen von Sicherheitsankern und somit die Veränderbarkeit sozialer Grundlagen. Sowohl für die Gegenwartsanalytik und die Zukunftsforschung gleichermaßen hat die zunehmende Invalidisierung und Abnahme von Gewissheiten entsprechende Konsequenzen. „Wenn eine Gesellschaft sich nicht mehr einfach durch die Repetition von Gewissheiten in die Zukunft hineininterpretiert, sondern die Zukunft von der Vergangenheit löst und alles in ihr neu machen oder gar neu erfinden will, resultiert daraus die ebenso oft beklagte Zukunftsungewissheit" (Gross 2004: 90).

Womit aber zugleich die paradoxe Situation evident wird, dass soziale Verhältnisse dennoch auf Fundierung angewiesen sind, um nicht in anomischen, chaotischen oder beliebigen Strukturen zu enden. Wenn Letztgewissheiten nicht mehr verfügbar sind, müssen immer wieder aufs Neue Gründe zur Fundierung des Sozialen gefunden werden (vgl. Marchert 2013: 12 f.). Das hat aber Konsequenzen für die wissenschaftliche, künstlerische oder politische Reflexion moderner Gesellschaften. Niklas Luhmann konstatierte, „dass die moderne Gesellschaft das Vertrauen in die Richtigkeit ihrer eigenen Selbstbeschreibungen verloren hat" (Luhmann 1992: 7).

Postfundamentalistische Ansätze weisen die Annahmen zurück, wonach es für das Denken und das Erkennen fundamentale oder universalistische Prinzipien gibt. Für die Analyse und Gestaltung des Politischen und Sozialen bedeutet das gravierende Umstellungen kategorialer und theoretischer Art. Es ist eine Abkehr von

Konzeptualisierungen von Gesellschaft zu konstatieren, die normative Grundannahmen darüber mitführen, wie Gesellschaft auszusehen hat und von diesem „kopernikanischem Standpunkt" aus Abweichungen registriert und identitätsorientiert Lösungen für entsprechende Devianzen sucht.

Das Soziale lässt sich gegenwärtig und zukünftig nur in dynamischen Interdependenzen und Relationen untersuchen. Eine Vervielfältigung und wechselseitige Durchkreuzung unterschiedlicher Konfliktlinien kennzeichnet den sozialen Raum. Insofern sind Kontingenz- und Konflikttheorien adäquate Werkzeuge zur Analyse des Sozialen (vgl. Marchert 2013; S. 32 f.).

Zur Prämisse der o. g. deduktiv operierenden Gesellschaftstheorien gehört ebenso eine je variierende Identitätsbehauptung. Mit Identitätsbehauptung ist eine Vorstellung von Einheit und Übereinstimmung gemeint. Einheitsstiftende Ideen und Prinzipien (Humanität), grundlegende Gegenstandsformen (Natur) oder Theorien (kommunikative Vernunft) liefen stets auf Letztbegründungen hinaus, die sich empirisch, epistemologisch und theoretisch als nicht haltbar erwiesen. Strukturelle Ambivalenz, evolutionäre Emergenz und paradoxe Figurationen ersetzen identitätsstiftende Konzepte durch die Kategorie der Differenz. Die Umstellung von Identität auf Differenz ist ein notwendiger kategorialer Schritt zur angemessenen Reflexion postfundamentalistischer Sozialtheorie: „differentiation comes closer than any other contemporary conception to identifying the actual texture, the imminent dangers, and the real promises of modern life" (Alexander 1990: 11).

Funktional ausdifferenzierte Gesellschaften bedürfen einer differenzierungstheoretischen Perspektive für ihre Selbstbeschreibungen. Das hat auch Auswirkungen auf die Form der Beobachtungen des Sozialen. Ein differenztheoretischer Ansatz ermöglicht es, „die Differenz anderer Beobachterperspektiven als Differenz mitzuführen" (Baecker 2011: 8). Eine formale Qualität, die gerade in der Zukunftsforschung von konstitutiver Bedeutung ist. Die Vielfalt der Beobachtungen, das kollaborative Vorgehen und paradoxe Interventionen sind die Grundlagen einer kreativen und kritischen Zukunftsforschung zu Beginn des 21. Jahrhunderts (vgl. Schatzmann et al. 2013).

2.2 Kontingenz

Die Abwesenheit letzter Gründe ist prinzipiell eine andere Umschreibung dessen, was Kontingenz meint (vgl. Marchert 2010: 9). Letztlich sind die permanent aufs Neue zu findenden Gründe selber kontingent und müssen immer wieder neu produziert werden. Zu ihrem Charakteristikum zählt ihre Konflikthaftigkeit genauso wie ihre begrenzte Gültigkeit.

Über die zeitdiagnostische Potenz des Begriffes Kontingenz hinaus hat dieser sich einerseits zu einem Leitbild moderner Sozialtheorie und andererseits als Gegenstand der Forschung etabliert (vgl. Holzinger 2006: 19 f., 2007: 13 und Toens und Willems 2012: 11 f.). Theoretische Präsenz erlangte der Begriff innerhalb der Systemtheorie von Niklas Luhmann. Seine klassische Definition lautet: „Kontingent ist etwas, was weder notwendig ist noch unmöglich ist; was also so, wie es ist (war, sein wird), sein kanbun, aber auch anders möglich ist. Der Begriff bezeichnet mithin Gegebenes (zu Erfahrendes, Erwartetes, Gedachtes, Phantasiertes) im Hinblick auf mögliches Anderssein; er bezeichnet Gegenstände im Horizont möglicher Abwandlungen. Er setzt die gegebene Welt voraus, bezeichnet also nicht das Mögliche überhaupt, sondern das, was von der Realität aus gesehen anders möglich ist" (Luhmann 1984: 152). Der letzte Satz der Definition ist hervorzuheben. „Von der Realität aus gesehen" schränkt den Möglichkeitsraum des Andersseins ein und schließt Beliebigkeit aus. Eine eingängigere und fassbare Begriffsbestimmung stammt von Michael Makropoulos: „Kontingent ist, was auch anders möglich ist" (Makropoulos 1997: 13).

Handlungstheoretisch ist Kontingenz geradezu eine Notwendigkeit, um Handeln überhaupt zu ermöglichen. Erst unter der Bedingung des Andersseins, der vorhandenen Alternativen sowie Möglichkeiten realisiert sich Handeln. „Zwangsläufige Geschehnisse pflegen wir ebenso wenig Handeln zu nennen wie das schlechterdings prognostizierbare Verhalten" (Bubner 1984: 35). Somit ist Handeln auch immer Entscheiden zwischen Alternativen. Relevant und auch in einem gewissen Sinne politisch (vgl. Abschn. 3.1) werden dabei die Gründe, mit denen Entscheidungen für eine Möglichkeit ausgewählt werden. Dieses Argument verweist bereits auf eine wesentliche Eigenschaft von Kontingenz – der historischen Varianz. Das bedeutet, dass die Kriterien zur Auswahl und Legitimierung von Handlungsalternativen aus einem Set des je spezifischen Möglichkeitshorizontes einer Gesellschaft entnommen werden. So war der Möglichkeitshorizont und die entsprechenden Entscheidungskriterien eines DDR-Bürgers sehr verschieden von denen eines Bürgers der Bunderepublik zu Zeiten des Bestehens der beiden deutschen Staaten.

In der phänomenologischen Perspektive wird Kontingenz als Kontingenzbewusstsein konzeptualisiert. Kontingenzbewusstsein wird hier als eine Problematisierung des Wirklichkeitsverständnis und -verhältnis verstanden. Auch dieses Bewusstsein ist historisch variabel, verschärft sich aber in der Moderne bedeutend. Zygmunt Baumann spricht sogar vom „Zeitalter der Kontingenz" (Baumann 1996: 51). Das *auch-anders-sein-können* bleibt den Akteuren nicht mehr verdeckt, sondern ist ihnen stets präsent. Die Wirklichkeit verliert ihren Selbstverständnischarakter und schlägt um in Kontingenz (vgl. Blumenberg 1981: 46 f.). Aber auch im Selbstverhältnis der Akteure schlägt das Kontingenzbewusstsein durch. Ein anderer sein zu können, die eigene Identität in Frage zu stellen und die Möglichkeiten der Selbstveränderung zu haben, verweist darauf, dass „Kontingenz als Stimulans der Bewusstwerdung der demiurgischen Potenz des Menschen" (ebd.: 47) anzusehen sei.

Die Betonung der Möglichkeitsdimension soll aber nicht die zweite Seite des Wirklichkeitsverhältnisses verdecken: „Kontingenz bedeutet die Beurteilung der Wirklichkeit vom Standpunkt der Notwendigkeit und der Möglichkeit her" (Blumenberg 1981: 47). Das Wirklichkeitsverhältnis moderner Individuen ist insofern problematisch, als dass es nicht *die eine* Realität gibt, sondern mannigfaltige, konstruierte und zeitlich begrenzte Wirklichkeiten. Gleiches gilt für das Denken der Zukunft, was ebenfalls nur im Plural und konstruktivistisch erfolgen kann (vgl. Abschn. 5.2). Daher birgt es auch Bedrohungs- und Unruhepotentiale.

Hans Blumenberg prägte dafür den Begriff des „Sinnlosigkeitsverdacht" (Blumenberg 1987: 57). Neben dem „Sinnlosigkeitsverdacht" steht aber auch „die Idee der Gestaltungsbedürftigkeit der Wirklichkeit und insbesondere der politisch-sozialen Wirklichkeit" (Makropoulos 2004: 377). Diese Idee kann durch eine adäquat gestaltete wissenschaftliche Zukunftsforschung wieder in den Vordergrund gerückt werden.

Nun könnte der Eindruck entstehen, dass es sich bei dem Möglichkeitshorizont um eine unendliche Anzahl möglicher Handlungs- oder Zufallsalternativen handeln könnte. Dem ist keineswegs so. Die phänomenologischen Manifestationen von Kontingenz sind historische variabel und können somit in verschiedenen Weisen ausfallen und sind damit auch beschränkt. Unbestimmtheit meint nicht Beliebigkeit, sondern eine begrenzte Unbestimmtheit (Vgl. Hondrich 1985). Soziale Normierungen, institutionelle Strukturen und kulturelle Muster hegen Unbestimmtheit ein. Somit hat jede Gesellschaft bedingt durch ihre spezifische Geschichte, Kultur und Struktur ihren je eigenen Möglichkeitshorizont. Innerhalb dieses Horizontes generiert sie verschiedene Selbstbeschreibungen, reflektiert ihre Selbstbilder und konstituiert konfligierende Wirklichkeitsverhältnisse. In modernen Zeiten geschieht das in Form von Selbstproblematisierungen infolge von und durch Kontingenz. Hier kommt der Bezug zum Sozialen zum Tragen. Die Auseinandersetzungen und Spannungen im Verhältnis von „Wirklichkeitsbereich und Möglichkeitshorizont" (Makropoulos 1997: 23) werden dort ausgetragen. In der Konsequenz kann Kontingenz sowohl Selbst- und Weltverständnisprozesse erzeugen, aber auch Ursache von Orientierungslosigkeit und Unsicherheit werden, da es keine unhintergehbaren Letztbegründungen mehr gibt. Unter Bedingungen von bedeutungsoffene Strukturen und dem Fehlen eindeutiger Gründe dominiert eine „Logik der Unbestimmtheit" (Holzinger 2007: 12), die handlungsmotivierend sein kann, aber auch stets Quelle der Verunsicherung ist. Der Umgang mit Kontingenz ist also herausfordernd, ambivalent und vor allem permanent.

2.3 Der Nexus: Politik, Planung und Zukunftsforschung

Im Kontext des 21. Jahrhunderts stehen Planungsprozesse und im Speziellen die Verkehrs- oder Mobilitätsplanung vor neuen Herausforderungen. Gleiches gilt für das politische System. In sachlicher Hinsicht geht es dabei um die Gegenstände von Politik und Planung. Zeitlich relevant werden die Planungshorizonte (Großprojekte) und sozial wird die Inklusion der betroffenen Akteure zur Herausforderung. Mittlerweile dominiert in den Planungstheorien der Politikwissenschaft die Selbsteinsicht der Unmöglichkeit rational gesteuerter Policies und Planungen von einem Zentrum aus. Alternative Konzepte auf diese Herausforderung gibt es in der Politikwissenschaft mit dem Konzept der *Governance* und in der Planung den Ansatz der *rollierenden Planung*, welche auf die dynamischen und flexiblen Umweltbedingungen eingehen.

Unterschiedliche Planungsparadigmen lösten sich innerhalb des wissenschaftlichen Diskurses ab oder überlagern sich. Planung im Kontext von Mobilität hat immer mit langfristigen Zeithorizonten zu tun und lässt sich als systemisches Verhandlungsnetzwerk konzeptualisieren. Verkehrsplanung als integrierter Prozess teilt eine erhebliche Schnittmenge mit Annahmen und Vorgehensweisen der Zukunftsforschung. Langfristige Zeithorizonte, die Komplexität des Gegenstandbereichs, die Integration von Akteursperspektiven, Systematik und Interdisziplinarität sowie legitimatorische und partizipative Ansprüche zählen dazu. Insofern stellt sich die Herausforderung, wie die Potenziale der Zukunftsforschung für Gestaltungs- und Planungsfragen genutzt werden können. Hinter dieser Aufgabe steht die generelle Fragestellung nach dem Wechselverhältnis von wissenschaftlicher Zukunftsforschung und Planungsparadigmen speziell in der Verkehrsplanung. Zu den wesentlichen Gemeinsamkeiten zählen, dass Politik, Planung und die Zukunftsforschung per se zukunftsgerichtet sind. Sie sind kontingent, komplex und ungewiss.

Zentrale Unterschiede und Widersprüche betreffen zunächst die Fristigkeiten und Zeithorizonte. In der Politik werden Entscheidungen institutionell temporalisiert (Legislaturperioden) und durch Interessen der Sicherung von Macht beeinflusst. Die wesentliche Differenz zwischen Planung und Politik auf der einen Seite und der Zukunftsforschung auf der anderen liegt in ihrem Umgang mit Zukunft. Politik und Planung sind geradezu per Definition auf geschlossene Zukünfte gerichtet, während die Zukunftsforschung offene Zukünfte produziert. Sie überwindet kurzfristige Orientierungen und eröffnet einen multiplen Langfristperspektivismus. Kontingenztheoretisch bezieht sie sich auf das Unverfügbare und den Bereich des Nichtwissens, was Planung und Politik immanent ausschließen. Dort liegt der Fokus auf verfügbaren Daten, institutionellen Bedingungen, Gesetzen und Regelwerken.

3 Politik, das Politische und die Verwaltung von Kontingenz

Nach der Begriffsbestimmung und Differenzierung von Politik und des Politischen wird im Folgenden auf die Herausforderungen von Politik und Planung zu Beginn des 21. Jahrhunderts sowohl aus der phänomenologischen als auch aus der wissenschaftlichen Perspektive eingegangen. Der Zusammenhang zwischen Politik und Planung wird dabei entfaltet und der Bedarf der Politik an einer wissenschaftlich fundierten Zukunftsforschung kenntlich gemacht.

3.1 Politik als Differenz: Herausforderungen und Grenzen

Politische Theorien fokussierten sich lange Zeit auf die Erklärung und Hinterlegung von Verfahren der Entscheidungsfindung durch Letztbegründungen wie universal geltende Vernunft- und Rechtsprinzipien und deren normative Implikationen. Sie reservierten zudem dem Beobachter von Politik oder des Politischen einen privilegierten Platz als Experten mit besonderer Sicht und Urteilsvermögen. Im Kontext postfundamentalistischer Theoriehorizonte wird hingegen die Selbstkonstituierung von Gesellschaft zum Thema erhoben. „[D]ie Dimension der immer aufs Neue anstehenden Institution von Gesellschaft" (Marchert 2010: 17) kann dabei aber auf keine letzten und externen Gründe zurückgreifen. Das Politische erlangt somit einen hohen Autonomiegrad und entfaltet sich in den Arenen der konflikthaften Auseinandersetzung um die jeweilige Gestalt und Verfassung einer Gesellschaft.

Vermag weder das politische System noch die Gesellschaft von einem Punkt aus überblickt und gesteuert werden, verliert der Beobachter in einem solchen Theoriedesign seine privilegierte Position und wird zu einem gleichwertigen Teilnehmer an den Diskursen über die Gestalt der jeweiligen Gesellschaft. Wiewohl in medialen Diskursen diese Rolle dem ‚Experten' noch zugeschrieben wird.

Hier soll zwischen *Politik* als funktionales System, dem empirisch beobachtbaren Ausüben von Politik in Form des Problemlösens und als Sozialtechnologie unterschieden werden (ebd.: 12 f.) von dem *Politischen*. In der schlichten systemtheoretischen Definition operiert Politik als System im symbolisch generalisierten Medium von Macht mit der Funktion des Bereithaltens „der Kapazität zu kollektiv bindenden Entscheidungen" (Luhmann 2002: 84). Unter dem *Politischen* ist die „gleichursprüngliche Erfahrung von Kontingenz und Konflikt im Moment des Antagonismus, des Aufeinanderprallens gesellschaftlicher Alternativen" (Marchert 2013: 8) zu verstehen. Der Verweisungszusammenhang des konflikt- und kontingenztheoretischen Politischen besteht eben in jener Selbstkonstituierung der Gesellschaft im Sinne permanenter Gründung. Die Geltungsansprüche sozialer Strukturen sind beständig umkämpft und stehen „prinzipiell zur Disposition" (Marchert 2010: 16).

Zu den Paradoxien, die sich aus dieser Differenz ergeben, zählen die widersprüchlichen Behauptungen einerseits der ‚Entpolitisierung' der Gesellschaft (vgl. Mouffe 2011) und andererseits ihre ‚Politisierung' (vgl. Greven 1999). Bezieht man die These der Entpolitisierung auf das politische System, so lassen sich viele Beobachtungen machen, die den Befund der ‚Postdemokratie' (vgl. Crouch 2008) bestätigen, wonach „moderne Demokratien hinter einer Fassade formeller demokratischer Prinzipien zunehmend von privilegierten Eliten kontrolliert werden. Die Umsetzung neoliberaler Politik habe zu einer ‚Kolonisierung' des Staates durch die Interessen von Unternehmen und Verbänden geführt, so dass wichtige politische Entscheidungen heute außerhalb der traditionellen demokratischen Kanäle gefällt werden. Der Legitimitätsverlust demokratischer Institutionen zeige sich in einer zunehmenden „Entpolitisierung" (Mouffe 2011: 3). Verschärft wird diese Diagnose noch durch die Erosion integrativer und universeller Gründungsfundamente im Politischen. Die soziale Basis des politischen Systems unterliegt genau jenen umkämpften Geltungsansprüchen sozialer Strukturen, die permanent zur Disposition stehen. Die disponiblen und fungiblen Strukturen wirken ordnungsschwächend und lassen Politik oftmals als willkürlich erscheinen (vgl. Greven 2009: 25). Wird Entscheidbarkeit voraussetzungslos, d. h. nicht mehr durch prinzipielle Gründe legitimiert, entstehen Situationen und Zustände, die zwischen positiv bewerteter Zukunftsoffenheit und negativ empfundener Krisenhaftigkeit oszillieren.

Die entgegengesetzte These der Politisierung der Gesellschaft besteht hingegen darin, dass durch das Kontingentwerden aller Strukturen und Lebensbereiche alles entscheidbar wird und somit umstritten, konflikthaft und damit politisch. „Die politischen Gesellschaften der Gegenwart sind durch Kontingenz und den Zwang zur Dezision geprägt" (ebd.: 21).

Bleibt man weiter auf der Ebene des politischen Systems, sind schnell weitere Paradoxien und Ursachen dafür auszumachen, dass Politik als System nicht als Akteur auftreten kann und auch nicht als universale Steuerungsinstanz. Womit auch die Bedingungen politischer Planung unterlaufen werden. Komplexität des Regierungshandelns, Polyzentrik der Entscheidungsstrukturen (vgl. Greven 2009) und deren Dilemmata, Dominanz von Verhandlungsnetzwerken mit unterschiedlichen Akteuren, netzwerkartige Entscheidungsstrukturen und Phänomene wie Globalisierung und supranationaler Institutionenbildung (EU) sind nur einige prominente Tatbestände, die diese Entwicklungen vorantreiben.

Zahlreiche weitere Paradoxien sind mittlerweile schon Gegenstand der Politikwissenschaft geworden. So das ‚Demokratieparadox', wonach die Erfolgsbedingungen der Demokratie wie Offenheit gegenüber einer Vielzahl von Interessen und die ständige Neubegründung ihrer Legitimität, zugleich ihre Schwächung bedeuten können (vgl. Eisenstadt 2005). Oder das Souveränitäts-Paradox in dem Regierungen oder Staaten gefangen sind und in der Überzeugung agieren, autonome Entscheidungen und Handlungen auszuüben, das aber unter Bedingungen einer globalisierten Weltgesellschaft tun können, die diesen autonomen Spielraum nicht mehr zulässt (nationale Geldpolitik innerhalb der EU). Die weltgesellschaftliche Ausdifferenzierung auch des politischen System unterläuft nationalstaatliche Souveränitätsanstrengungen.

3.2 Politik und die Verwaltung von Kontingenz

Den Zusammenhang von Politik und Kontingenz fasst Michael Th. Greven in seinem Konzept der „politischen Gesellschaft" bündig zusammen. Für ihn sind „alle vermeintlich stabilen normativen und strukturellen Grundlagen gesellschaftlicher Reproduktion kontingent – kontingent im Sinne von nicht notwendig gegeben oder vorbestimmt, sondern entscheidbar, bereits entschieden oder entscheidungsbedürftig" (Greven 2009: 9). Auf politische Planungsprozesse bezogen impliziert das stets alternative Entscheidungen. Damit unterminiert Kontingenz das klassische Planungsverständnis, wonach eine Entscheidungs- oder Steuerungsinstanz zielorientiert die geeigneten Maßnahmen zur Umsetzung der Zielgrößen auswählt und deren Umsetzung garantiert.

In den Diskussionen um den Zusammenhang von Kontingenz und Politik lassen sich verschiedene Positionen ausmachen. Kontingenz im Sinne des weder Notwendigen noch Unmöglichen verweist auf die notwendige Entscheidbarkeit der konkurrierenden Möglichkeiten. Insofern besteht eine klassische Aufgabe der Politik in der Herstellung kollektiv bindender Entscheidungen aus dem umstrittenen Möglichkeitsspektrum. Es geht also hier um die Seite der Herstellung von Verbindlichkeiten. Die kontingente „Doppelung des Wirklichkeitsverhältnisses" (Makropoulos 2004: 375) hat aber noch eine zweite Seite. Hier handelt es sich um eintretende

Möglichkeiten, die sich zunächst der Verfügung politischer Entscheidungen entziehen. Das können unerwartete Störereignisse sein (Reaktorkatastrophe von Fukushima), das Auftreten neuer Akteure (in Form neuer Parteien – Alternative für Deutschland) oder politischer Protest (Neue soziale Bewegungen), oder aber auch grundlose Ereignisse und Tatbestände, die nicht entscheidbar sind (ethische Issues).

Kontingenz bedeutet für das politische System und noch viel mehr für das Politische, dass „jedes Netzwerk von Überzeugungen und Orientierungen unter den Druck möglicher Gegenvorschläge" gerät (Holzinger 2006: 14). Politisch werden vor allem Handlungen und Entscheidungen unter den Bedingungen der Kontingenz durch die Gründe, die in Anspruch genommen werden für die jeweiligen Selektionsleistungen von Handlungsalternativen. Ihre Streitbarkeit und Konflikthaftigkeit sind die treibenden Kräfte in der sozialen Auseinandersetzung.

Neben der ‚eröffnenden' Dimension von Kontingenz darf aber auch nicht vergessen werden, dass durch politische Entscheidungen und Planungen Kontingenz reduziert wird und dabei immer nur eine Seite eines Plans oder einer Entscheidung sichtbar wird – Alternativen sind ausgeschlossen. Auch hier geht es wieder um die Gründe für Entscheidungen für bestimmte Pläne, die kritisier- und verhandelbar sind. Genau in der Phase der Aushandlung der Gründe kann die Zukunftsforschung zur Anwendung kommen, indem sie alternative Zukünfte zur Diskussion stellt und somit eine Pluralität von Gründen vorhält, die möglichst inklusiv und partizipativ debattiert werden. Insofern kann sie das Verwalten von Kontingenz offener gestalten (vgl. Esposito 2012: 46 f.).

4 Paradoxa der Planung

Nicht allein aus Gründen der Kontingenz wird eine klassische Planung unmöglich gemacht. Planungsprozesse sind durch verschieden Paradoxa gekennzeichnet, die eine rational gestaltete Planung über längerfristige Zeithorizonte unterläuft. Angesichts dieser und weiterer Gründe soll ein pragmatischer Planungsansatz dargestellt und der Zusammenhang zur Zukunftsforschung am Beispiel der Verkehrsplanung aufgezeigt werden.

4.1 Kontingenz der Planung: Wahlmöglichkeiten ohne belastbare Voraussagen

In handlungstheoretischer Perspektive unterläuft Kontingenz eine der wesentlichen Bedingungen des Handelns – die der Intention. Insofern ist Kontingenz dem planerischen oder generell gestalterischen Wollen scheinbar entzogen. Menschen handeln absichtsvoll, zweckgeleitet und sinnhaft auf Etwas bezogen. Aber genau jenes Handeln wird durch kontingente Ereignishorizonte gestört und führt zu veränderten Entwicklungen mit oftmals unintendierten Handlungsfolgen.

Ursache dieser Zusammenhänge ist die Intervention unkalkulierbarer oder nicht bedachter Variablen, die den Akteuren plötzlich die Kontrolle über die

Handlungszusammenhänge entziehen. Dies gilt in den Systemen von Politik, Wirtschaft und Technologie ebenso. Die Grundlagen für planerisches und gestaltendes Denken und damit für Zukunftsdenken sind somit dauerhaft instabil, ungewiss und komplex.

Hier wird von einem abstrahierten Planungsmodell ausgegangen, das aber das Verständnis für ein kontingenzorientiertes und letztlich auch politisch relevantes Planungskonzept produktiv öffnet. Planung soll hier als ein systematisches Vorgehen mit dem Ziel der zukunftsgerichteten Gestaltung von Ordnungskonzepten, Handlungszielen und -folgen auf der Basis des (gegenwärtig) verfügbaren und systematisierten Wissen verstanden werden (Streich 2011: 18). Einerseits steigert Planung potentiell „die Möglichkeiten kollektiven Handelns und erweitert den Bereich der durch kollektive Entscheidung wählbaren Ziele" (Scharpf 1973: 38). Andererseits versucht Planung natürlich auch Kontingenz zu kontrollieren.

Was in der Zukunftsforschung zumindest in Ansätzen einbezogen wird, wird in der Planung ausgeschlossen: das Unverfügbare (vgl. Makropoulos 1997: 16). Planung erzeugt somit nur eingeschränkt Möglichkeitshorizonte und oftmals nur eine konkrete Zukunft. Somit kann Planung auch als ein Mechanismus zur Produktion geschlossener Zukünfte verstanden werden. Im Gegensatz zu den „produktiven Fiktionen" der Zukunftsforschung kann hier konträr von „obligatorisch gewordenen Fiktionen" mit einer „Realität eigenen Rechts" im Sinne Arnold Gehlens gesprochen werden (vgl. Gehlen 2004: 244). Funktional ist das notwendig, aber bei langfristigen Großprojekten (wie z. B. der Energiewende) unangemessen. Insofern kann Planung auch als Einschränkung von Zukunftsoptionen interpretiert werden. An diesem Punkt greift auch wieder die politische Dimension. Letztlich geht es darum: wer, warum und mit welchen Interessen Zukunftsoptionen einschränkt. Es werden also genuine Machtfragen aufgeworfen. Die Diskussionen und Proteste rund um prominente Großprojekte ranken sich um diese Fragen und vor allem um die mittel- und langfristigen Konsequenzen gefällter Entscheidungen.

4.2   Verkehrsplanung und Zukunftsforschung

Der Zusammenhang zwischen Verkehrsplanung und Zukunftsforschung scheint zunächst auf der Hand zu liegen. Beide Unternehmungen haben es mit langfristigen und nachhaltigen Entwicklungen zu tun, die strategische Implikationen in der Gegenwart haben, und das methodische Arsenal der strategischen Planung ist oftmals verwandt mit den Methoden der Zukunftsforschung (vgl. Roney 2010: 78). In der Praxis – auch wenn noch in geringem Ausmaß – finden sich ebenso Verbindungen und Kollaborationen von Zukunftsforschung und organisationaler Planung sowie Strategieprozessen (vgl. Curry und Hodgson 2008). Ausgehend von diesen bereits genannten Zusammenhängen (vgl. Abschn. 2.3), gilt es die Relationen für die Verkehrsplanung zu analysieren und unter dem Gesichtspunkt einer integrierten Verkehrsplanung zu spezifizieren.

Ausgehend von einer klassischen Definition des Gegenstandes der Verkehrsplanung und den damit einhergehenden Aufgaben und Zielstellungen, werden die inhaltlichen Konvergenzen und Zusammenhänge zwischen Verkehrsplanung und Zukunftsforschung evident. Der Gegenstand der Verkehrsplanung ist „das Verkehrsgeschehen im öffentlichen Verkehrsraum eines Landes, einer Region oder einer Kommune" (Schnabel und Lohse 2011: 1). Diese formale Definition wird ergänzt um die entscheidenden Rahmenbedingungen, die eine Komplementarität der Verkehrsplanung mit der Zukunftsforschung bedingt. „Die Notwendigkeit der Verkehrsplanung ergibt sich aus dem stetigen Wandel der gesellschaftlichen, regionalen und globalen Rahmenbedingungen und den damit verbundenen starken Verkehrszunahmen und/oder Verkehrsverlagerungen" (ebd.: 4).

Die Zukunftsforschung zählt Veränderungs- und Wandlungsprozesse zu ihren genuinen Gegenstandbereichen. Im Sinne der Grundlagenforschung ihrer eigenen wissenschaftlichen Basis untersucht die Zukunftsforschung die epistemologischen, sachlichen, sozialen und zeitlichen Grundlagen moderner gesellschaftlicher Entwicklungen in all ihren Systemen (vgl. Bell 2009, Tiberius 2011). Wenn also die Verkehrsplanung die dynamischen und ungewissen Rahmenbedingungen berücksichtigen will, sind gerade methodische Anleihen aus der Zukunftsforschung zu berücksichtigen. Durch die Inklusion differenter und heterogener Systeme sowie multiperspektivischer Akteurskonstellationen in Planungsprozesse oder-theorien erweitert sich das Konzept der Verkehrsplanung zu einem integrierten Ansatz.

Planungen sind stets kontextualisiert. Spezifische Rahmenbedingungen, Wertvorstellungen sowie Interessens- und Zielkonflikte beeinflussen Planungsprozesse. Insofern muss sich gerade die Integrierte Verkehrsplanung neben den infrastrukturellen und technischen Aspekten auch den Planungsakteuren und vor allem den Mobilitätsakteuren zuwenden. Das erhöht natürlich die Komplexität und Dynamik der Planung erheblich.

Zu den klassischen Umfeldern und gleichzeitig Gegenständen der Integrierten Verkehrsplanung gehören Politik, Wirtschaft, Infrastruktur, soziale Aspekte, Technologieentwicklung, ökologische Belange und konkrete Systembedingungen (einer Stadt, Region oder Kommune). Eine methodische Adaption aus der Zukunftsforschung wäre die Szenario-Analyse als ein integratives Tool zur Simulation der Wechselwirkungen dieser Umfelder.

Verkehrsplanung generell und Integrierte Verkehrsplanung im Besonderen haben verschiedene Aufgaben und Ziele. Jeder einzelne der folgenden Aspekte weist einen expliziten Bezug zur Zukunftsforschung auf. In der Verkehrsplanung werden der Prognose-, Gestaltungs-, Bewertungs-, Realisations- und der Koordinationsaspekt formal unterschieden (vgl. dazu und im Folgenden Schnabel und Lohse 2011: 1 ff.): „Die Verkehrsplanung hat die Aufgabe, mit Hilfe spezieller Verfahren, Methoden und Modelle Aussagen über mögliche zukünftige Verkehrsentwicklungen (Varianten, Szenarien) im öffentlichen Verkehrsraum des betrachteten Territoriums zu unterbreiten."

Der Prognoseaspekt liest sich wie eine inhaltliche und methodische Passage aus der Literatur der Zukunftsforschung. Auch dort geht es immer um die Zukunft im Plural. Zukunftsdenken ist immer ein Denken in Alternativen. Zukunftsforschung ist aber keine Prognosetätigkeit, da es sich bei Prognosen immer um punktuelle Einzelaussagen handelt und der systemische Zusammenhang nicht mitreflektiert wird. Die Zukunft kann keiner wissen, es können nur Zukünfte entworfen werden. In der

Zukunftsforschung wird daher von den möglichen, wahrscheinlichen und wünschenswerten Zukünften gesprochen. Das wäre auch eine analytische Erweiterung der Verkehrsplanung. Neben den wahrscheinlichen Verkehrsentwicklungen (um die es in Prognosen überwiegend geht) sollten auch die möglichen oder gar die normativ geladenen wünschbaren Entwicklungen in den Analyseblick genommen werden.

Auch der Gestaltungsaspekt weist Überschneidungen mit der Zukunftsforschung auf. Die konkreten Vorschläge zur Gestaltung des Verkehrssystems zu erarbeiten, liegt in der Verantwortung der Verkehrspolitik und der regionalen und kommunalen Stadt- und Verkehrsplanung. Wie es zu den Vorschlägen kommt, kann beispielsweise durch Verfahren der partizipatorischen Zukunftsforschung unterstützt werden. Angesichts eines wachsenden zivilgesellschaftlichen Legitimierungsdrucks gerade bei verkehrsplanerischen Großprojekten ist es ratsam, über Beteiligungs- und Gestaltungswerkzeuge nachzudenken, die den Betroffenen die Chance geben ihre Bedürfnisse zu artikulieren und gegebenenfalls mitzugestalten.

Gleiches gilt für den Bewertungsaspekt der Verkehrsplanung, der über die Effekte, Kosten und Handlungsfolgen von Planungsmaßnahmen zu befinden hat. Verkehrsplanung und Zukunftsforschung sollten systemisch angelegt sein. Nur so können Wirkungen und Konsequenzen von Planungen transparent und somit evaluierbar gemacht werden. „Futurists' methods for clarification of alternatives [...] and their decision-making heuristics provide opportunities for advancement of goal selection methodology" (Roney 2010: 83).

Verkehrsplanungen müssen mit ihren Zielen, Maßnahmen und Daten koordiniert werden. Das erfordert zum einen systemische Kompetenz als auch Kommunikations- und Steuerungsfähigkeit. Planungen erfolgen nicht mehr zentralistisch und direktiv. Sie sind eingebunden in ein Netzwerk unterschiedlicher Handlungsfelder und Akteurskonstellationen. Die Koordinations-, Steuerungs- und Kommunikationsaspekte der Verkehrsplanung werden mit zunehmender Komplexität und Ungewissheit über zukünftige Entwicklungen an Bedeutung gewinnen. Sowohl die analytisch-explorativen Methoden der Zukunftsforschung (Szenario-Analyse) als auch die partizipatorischen Methoden im Sinne der Zukunftsgestaltung können die Verkehrsplanung dabei unterstützen.

Zukunftsforschung ist neben der inhaltlichen Ausrichtung stets strukturierte Kommunikation. Ob in der Szenario-Analyse oder in partizipativen Verfahren geht es immer um das *wie* des Vorgehens. Den Verfahren liegt immer eine formalkommunikative Struktur zu Grunde, die Lerneffekte und Koordinierungseffekte ermöglicht. Diese diskursiven Prozesse strukturieren die jeweilige Vorgehensweise mit dem gemeinsamen Ziel der Zukunftsgestaltung.

Neben den kommunikativ-koordinativen Hilfestellungen der Zukunftsforschung kann diese außerdem als Input-Geberin fungieren. Sie kann Verkehrsplanungen mit Zukunftsanalysen und Langfristentwicklungen versorgen. Daraus können dann bestimmte Bedarfe an Maßnahmen und Ressourcen abgeleitet werden, wie beispielsweise in der Technologieentwicklung.

Bereits bei der Erläuterung der inhaltlichen Zusammenhänge und Verknüpfungen zwischen Integrierter Verkehrsplanung und der Zukunftsforschung wurde auf die methodischen Komplementaritäten verwiesen. Die bestehen einerseits in der

Langfristorientierung beider Disziplinen, aber auch im interdisziplinären Ansatz. Die Verkehrsplanung ist keineswegs eine exklusive Ingenieurswissenschaft, sondern speist sich aus unterschiedlichen Fachdisziplinen wie der Geografie, Politikwissenschaft, Volkswirtschaftslehre und vielen mehr. Gleiches gilt für die Zukunftsforschung. Sie ist ebenfalls multi- und interdisziplinär aufgestellt.

Wie könnte ein Planungskonzept aussehen, dass diesen Zusammenhängen unter den Aspekten zukunftsgerichteter Offenheit entspricht? Dazu ein skizzenhaft konzipierter Vorschlag. Der schließt eng an den „Grundriss einer Planungstheorie der ‚Dritten Generation'" (Schönwandt 2002, 35 ff.) an. Hierbei wird ein systemtheoretischer Ansatz gewählt, wonach Planung als die vorübergehende Anpassung an vorübergehende Lagen konzipiert wird. Der systemische Planungsansatz zeichnet sich durch seinen integrativen Anspruch, das „System-Umweltparadigma" (ebd.: 36) und eine dynamisch-sensitive Prozessstruktur aus. Planungsgegenstände werden immer ins Verhältnis zu den sie umgebenen Umwelten und den entsprechenden Planungskonsequenzen und Rückkopplungen gesetzt. Dynamische Sensitivität meint die Fähigkeit der Planung, sich auf veränderte Bedingungen und Lagen einzustellen und Adaptivität zu ermöglichen. Auch hier kann die Zukunftsforschung helfen, sich bereits im Vorfeld über mögliche intervenierende Variablen, Störereignisse oder alternative Handlungsverläufe Klarheit zu verschaffen, um im eintretenden Fall vorbereitet und somit handlungsfähig zu sein.

Hervorzuheben ist an dem Planungsmodell noch die Betonung der menschlichen Dimension von Planung und damit eine zwangsläufigen Fehleranfälligkeit auf Grund restriktiver und selektiver Wahrnehmungsschemata und des begrenzten Denkvermögens sowie der Konflikte, trade-offs und Irrationalitäten kollektiven Handelns. Genau an dieser Stelle setzt eine aufgeklärte und selbstreflexive Zukunftsforschung an, indem sie die Rolle des Beobachters (Zukunftsforschers) kritisch thematisiert und problematisiert.

5 Zukunftsforschung als Zukunftskommunikation und produktive Fiktionalisierung

Neben einer kurzen Darstellung dessen, was unter der wissenschaftlichen Befassung mit Zukunftsfragestellungen zu verstehen ist, wird in diesem Abschnitt die Betonung auf das Alleinstellungsmerkmal der Zukunftsforschung gelegt. Die methodisch kontrollierte Hervorbringung alternativer Zukunftsperspektiven setzt sie in die Lage, Angebote zur offenen Zukunftsgestaltung zu generieren. Mit dem Konzept der produktiven Fiktionen soll dies verdeutlicht und zugleich eine zukünftige Forschungsagenda aufgezeigt werden.

5.1 „Das unmögliche Objekt": die Zukunft

Die Paradoxie der Zukunftsforschung und ihr erkenntnistheoretisches Problem liegt im Untersuchungsgegenstand selber. Er ist nicht vorhanden und es wird dennoch der

Anspruch erhoben, methodisch kontrolliertes Wissen über Zukünfte zu generieren. Das worüber zu forschen sei, gibt es einfach noch nicht. „Da Zukunft in der Zukunft liegt, bleibt sie uns prinzipiell verschlossen" (Liessmann 2007: 15). Zukünfte können nicht im klassisch wissenschaftlichen Verständnis beobachtet oder experimentell untersucht werden. Aussagen über zukünftige Ereignisse können keinem Falsifizierungstest unterzogen werden und die klassischen Gütekriterien wissenschaftlicher Methodologie (Reliabilität, Validität) können ebenfalls nur bedingt und in spezifischer Form (vgl. Grunwald 2013) angewendet werden.

Die Besonderheit der Zukunftsforschung liegt nicht allein in ihrem Gegenstand und den sich daraus ergebenden epistemischen und methodologischen Spezifika, sondern auch in der (nicht)privilegierten Position ihrer Beobachtungsperspektive in Form der Teilhabe und Gestaltung des Untersuchungsgegenstandes Zukunft durch den Untersuchungsprozess selber. In dieser Position spiegelt sich die soziologische Perspektive der Zukunftsforschung. Nach einem modernen Selbstverständnis der Soziologie versteht diese sich als „Reflexionstheorie ihrer selbst" (Nassehi 2003: 27) in dem sie Selbstbeschreibungen der Gesellschaft und damit auch deren Wandlungsprozesse und Zukunftsperspektiven anbietet. Insofern ist es eine legitime Übertragung, die Zukunftsforschung als eine Disziplin zu verstehen, die ihre eigenen Grundlagen über die Bedingungen der Möglichkeit des Zukunftsdenkens reflexiv mitführt.

Kontingenz ermöglicht Zukunftsoffenheit und macht sie zugleich uneinsehbar. Zukunft ist nicht prognostizierbar und damit auch nicht exakt planbar (vgl. Kollosche und Minx 2009). Aus phänomenologischer Perspektive ist sie ein Horizont offener Möglichkeiten. Dieser offene Erfahrungshorizont kann nur in Form von Erwartungen dargestellt, interpretiert und gestaltet werden (vgl. Liessmann 2007). Wenn das Gegebene und somit auch das Zukünftige nur im Horizont des möglichen Andersseins erfahren und bewertet werden kann, dann handelt es sich bei den Forschungsgegenständen der Zukunftsforschung um kontingente Ereignisse, Prozesse und Zusammenhänge. Die prinzipielle Verschlossenheit scheint auf den ersten Blick eine autonome Zukunftsgestaltung zu unterlaufen (vgl. Kollosche 2011: 395).

Wie bereits im Grundlagenkapitel zum Thema Kontingenz betont, müssen stets beide Seiten von Kontingenz gesehen werden. Die Zukunftsforschung stärkt natürlich die Eigenschaft der Kontingenz zur Konstitution von Möglichkeitshorizonten und somit zur Sichtbarwerdung von Handlungsalternativen. Diesen Prozess kann man auch als einen Prozess der „Kontingenzbegrenzung durch gezielte Kontingenznutzung" (Makropoulos 1997, S. 32) bezeichnen. Das Alleinstellungsmerkmal einer adäquaten und pragmatischen Zukunftsforschung besteht in der Inkorporierung von Unsicherheit in das methodische Vorgehen (Szenariotechnik). Eine Potenz die einem modernen Planungsverständnis entgegenkommt.

5.2 Zukünfte als Forschungsgegenstände

Die klassische Definition der Zukunftsforschung geht zurück auf Wendell Bell und wurde auch im deutschen Sprachraum adaptiert. Unter *future studies* als akademische

Institution versteht er all die wissenschaftlichen Anstrengungen: „to discover or invent, examine and evaluate, and propose possible, probable and preferable futures" (Bell 2009: 73). Die deutsche Fassung der Definition lautet entsprechend. „Zukunftsforschung ist die wissenschaftliche Befassung mit möglichen, wünschbaren und wahrscheinlichen Zukunftsentwicklungen und Gestaltungsoptionen sowie deren Voraussetzungen in Vergangenheit und Gegenwart" (Kreibich 2006: 3).

Der hier verwendete Plural hinsichtlich der Zukunft ist nicht zufällig gewählt. Unter Bedingungen hoch entwickelter und funktional differenzierter Gesellschaften, ist es erkenntnistheoretisch und realweltlich unmöglich, *die* Zukunft zu beschreiben, was gleichsam eine Vorhersage bedeuten würde. Die plurale Verfassung der Zukunft oder das Denken in alternativen Zukünften ist eine der ersten und zentralen Prämissen und Stärken der Zukunftsforschung. Die Zukunft ist prinzipiell nicht vollständig bestimmbar. Unter Kontingenzbedingungen sind immer verschiedene Zukunftsentwicklungen (Zukünfte) möglich und gestaltbar.

Aussagen über die Zukunft sind stets gegenwartsbezogen und basieren auf gegenwärtigem Wissen und gegenwärtigen „Relevanzeinschätzungen" (Grunwald 2009: 27), die wiederum kontingent und veränderbar sind. „,Zukunft' stellt somit einen Reflexionsbegriff über heutige Vorstellungen von Zukünftigem dar" (ebd.: 33). Die Zukunftsforschung ist demnach eine Forschung „über Zukunft als zukünftige Gegenwart" (ebd. und im Folgenden). Als „Gegenwartsforschung" erforscht sie gegenwärtige Aussagesysteme, Theorien oder Diskurse über alternative Zukünfte. Das sind die empirischen Grundlagen und der „methodisch zugängliche Gegenstandsbereich". Entsprechend ist Zukunftswissen „ein Wissen über die gegenwärtigen Zukunftsvorstellungen in Verbindung mit einem ‚Metawissen' über die entsprechenden Geltungshintergründe, Prämissen, Erkenntnisinteressen etc." (ebd.: 34). Das was noch nicht eingetreten ist, kann „noch nicht Gegenstand der gegenwärtigen Erfahrung sein" (Tiberius 2011: 73). In dieser Konzeptualisierung von Zukunft als offene Zukunft (vgl. Steinmüller et al. 2000) verbleiben Diskurse über die Zukunft kontingent.

Eine didaktisch orientierte und wissenschaftlich weiter entwickelte Definition bestimmt die Zukunftsforschung als „rekursive Kopplung von Subjekt und Objekt mittels Perturbation und Viabilitätsaushandlung" (Tiberius 2011: 157). Dem liegt eine „relativistische Epistemologie" (ebd.: 156) und konstruktivistische Vorgehensweise der Zukunftsforschung zu Grunde. Die hypothetische Konstruktion von Zukünften entsteht aus den Interaktionen (strukturellen Kopplungen) zwischen dem Zukunftsforscher und seinem Gegenstand. Beide sind interdependent verknüpft und beeinflussen sich. Qualifiziert werden diese Beeinflussungen durch die spezifische Form der ‚Perturbation' – als bewusste Störungen, die aktuelle Wahrnehmungen der Gegenwart aufbrechen. Die mentalen Landkarten der Beobachter werden herausgefordert. Als Gütekriterium dient dabei die Angemessenheit (Viabilität) oder Brauchbarkeit der jeweiligen Konstruktionen, die letztlich auch nur einen möglichen (kontingen) Wirklichkeitsausschnitt perspektivisch darstellen.

Zu den Aufgaben und Gegenständen der Zukunftsforschung zählt die Analyse, Beschreibung und Evaluation komplexer dynamischer Systeme und Prozesse entlang ihrer zeitlichen, sachlichen und sozialen Dimensionen. Diese Systeme und

Prozesse sind eingebettet in großräumige oder globale Zusammenhänge und Wirkungen. In diesem Kontext befasst sich die Zukunftsforschung mit den mittel- und langfristigen Folgen von Entscheidungen, Maßnahmen und Handlungen der Vergangenheit, Gegenwart und Zukunft. Dabei werden die Vorstellungen über zukünftige Entwicklungen in ihrem Einfluss auf gegenwärtiges und zukünftiges Verhalten betrachtet. Thematisch handelt es sich um sektorenübergreifende Probleme, Themen und Handlungsstrategien, die in ihrem Prozessverlauf dargestellt und speziell auf ihre Alternativen, Unsicherheiten und Diskontinuitäten hin analysiert werden.

Die Aufgaben der Zukunftsforschung lassen sich in drei Schwerpunkten zusammenfassen (vgl. im Folgenden Grunwald 2009: 32 f.):

(1) „*Zukunftskritik*": Analyse der Gründe für Geltungsansprüche alternativer Zukunftsentwürfe hinsichtlich ihrer erkenntnistheoretischen Grundlagen. Von welchen Voraussetzungen gehen die Annahmen über zukünftige Sachverhalte aus? Sind die erzeugten Zukunftsbilder in sich konsistent und plausibel? Diese Kritik muss an die involvierten Akteure sowohl der Zukunftsentwürfe als auch der Kommunikatoren derselben gebunden sein. Deren Interessen, Motive und mentale Modelle müssen in Relation zu den Zukünften gesetzt werden.

(2) „*Zukunftsbewertung*": In den unterschiedlichen Feldern der Zukunftsforschung existieren stets alternative und daher auch konkurrierende Zukunftsbilder. Besonders in sensiblen Sektoren wie beispielsweise der Genforschung oder Technikfolgenabschätzung ist der Grad an umstrittenen Zukunftsalternativen besonders hoch. Der Zukunftsforschung kommt daher die Aufgabe zu, Bewertungen dieser Alternativen entsprechend ihrer wissenschaftlichen Gütekriterien und fachlichen Kompetenz vorzunehmen.

(3) „*Zukunftsprozessierung*": Das Prozessieren bezieht sich einerseits theoretisch auf den Umgang mit Nichtwissen in der Gegenwart (vgl. Wehling 2006). Hier hat die Zukunftsforschung die Aufgabe epistemologische, methodologische und kommunikative Grundlagenforschung zu leisten. In gestalterischer Hinsicht meint Prozessieren aber auch die aktive Zukunftsgestaltung im Sinne einer wissenschaftlichen Begleitung konkreter Maßnahmen und der Umsetzung von Entscheidungen.

Die wissenschaftliche Befassung mit der Zukunft in reflexiver Art und Weise zu betrachten, betont den kommunikativen Aspekt der Zukunftsforschung. Wie deutlich geworden sein sollte, bestimmt die Artikulationsform oder Semantik, in der über Zukünfte gedacht und gesprochen wird, dieselben mit. Der konstruktivistische Aspekt definiert die Zukunftsforschung als „die Konstruktion des Möglichen aus der Rekonstruktion des Wirklichen" (Hitzler und Pfadenhauer 2005). Aus kommunikationstheoretischer Perspektive ist die Zukunftsforschung durch Prozesse strukturierter Kommunikation gekennzeichnet (vgl. Minx 2009). Strukturierte Kommunikation bedeutet die systematisch-methodische Vorgehensweise auf der Basis wissenschaftlicher Erkenntnisse und Theorien sowie der wissenschaftlichen Methodik. Deren Anspruch und Legitimation muss es auch sein, Aussagen über Zukunftsentwicklungen erklären zu können. Nicht allein die Generierung von

Zukunftsbildern, -narrationen oder -konstellationen ist Aufgabe der Zukunftsforschung, sondern auch die Erklärung der Genese dieser Entwicklungen.

Zusammenfassend lassen sich mit Victor Tiberius folgende Thesen zur Zukunftsgenese formulieren (vgl. im folgenden Tiberius 2012: 33 ff.) Unter Prozessen der Zukunftsgenese sind emergente („quasi-naturwüchsige") und gestaltete Entwicklungen mit geringer Vorbestimmtheit zu verstehen. Dabei sind Gruppen und Gemeinschaften und nicht Individuen und Gesellschaften die wesentlichen Untersuchungsgegenstände und werden als Akteure des Wandels betrachtet. Daher liegt der Fokus auf Konstellationen, Relationen sowie Strukturen und es werden nicht Ereignisse oder Inhalte beschrieben und erklärt. Die Zukunftsgenese ist kontingent und daher verliert auch die Vergangenheit ihre vermeintlich deterministische Kraft. Sie beeinflusst zukünftige Entwicklungen, aber auf Grund der Abnahme ihrer Verbindlichkeit sozialer Strukturen und deren Dynamisierung in Folge der zunehmenden funktionalen Differenzierung der Gesellschaft bestimmt sie sie nicht. Kommunikations- und Abstimmungsprozesse strukturieren die Zukunftsgenese und sind daher als konflikthafte Aushandlungsprozesse zu betrachten, die somit politischen Charakter tragen. Daher sind Prozesse der Zukunftsgenese auch als Lernprozess zu verstehen, in dem die Abweichungen zwischen den Intentionen der Zukunftsgestaltung und der tatsächlichen eintreten zukünftigen Konstellation zum Anlass genommen werden, kritisch die eigenen Positionen und Werkzeuge zu hinterfragen.

5.3 Zukunftskommunikation als produktive Fiktion

„Das Problem ist: Wie erzeuge ich mit sprachlichen Mitteln hinreichende Simultanpräsenz komplexer Sachverhalte und damit hinreichende Kontrolle über die Anschlussbewegung des Redens und Verstehens" (Luhmann 1981: 175). Mit diesem Zitat ist das Hauptproblem der Kommunikation von Zukünften benannt. Bei Zukunftsprojekten handelt es sich bis auf einige Ausnahmen (demografische Modellierungen) weniger um Verfahren der Datenerhebung und -auswertung, als vielmehr um Formen der Konstruktion von Zukunftsbildern, -narrationen oder -modellen.

In systemtheoretische Formulierung handelt es sich dabei um Semantiken, spezielle performative Reflexionsformen, die erzeugen, was sie benennen. Solche Semantiken wirken dann im Sinne von „preadaptive advances" (Luhmann 1997, 5012), den gegenwärtigen Strukturen vorauseilend. Sie besitzen auch die performative Dimensionen konstitutiver Metaphern (vgl. Pahl 2013). Aussagen über Zukünfte sind in der hier zugrunde gelegten Erkenntnistheorie stets Konstruktionen mit performativem Charakter. Es sind spezifische Semantiken, die aus der ‚rekursiven Kopplung' zwischen Subjekt und Objekt der Zukunftsforschung erst entstehen.

In performativer Hinsicht haben Zukunftsentwürfe das Potential „produktiver Fiktionen", welche den „Ermöglichungsnexus" von Zukunftsgestaltung via Politik und Planung stärken (Marchart 2013: 29). Der Begriff der Fiktion wird überwiegend in der Literaturwissenschaft und Medientheorie verwendet. Hier geht es um die Potenz von Fiktionalisierungen zur Konstituierung und Reframing mentaler Räume.

Sie sind nicht-wirkliche sprachliche und ästhetische Konstruktionen. Produktive Fiktionen wirken als kritische Impulse, die zur Offenlegung der „Kontingenzen und die politische Umstrittenheit der Anschlusszusammenhänge" (Fischer-Lescano 2013: 15) beitragen und Kontingenz somit produktiv machen. Sie dienen dem Aufzeigen von Alternativen, der Veränderung mentaler Landkarten und der Zukunftsgestaltung in Form kollaborativen Wirkens. Darin spiegelt sich eine zentrale Aufgabe der Zukunftsforschung: die Kritik sozialer Zusammenhänge und Ordnungsmuster in ihrem „*so-sein*" und „*so-werden*" sowie der geschlossenen oder „offiziellen" (interessengesteuerten) Zukünfte. Um jegliche Verwechslung mit dem Genre Science Fiction zu vermeiden, sei hier betont, dass sich auch die wissenschaftliche Auseinandersetzung mit Zukünften „bildhafter Fiktionen" (Galling-Stiehler 2014: 7) bedient und bewusst (hier methodisch kontrolliert) produziert werden.

5.3.1 Fazit und Ausblick

Die Zukunftsforschung agiert stets im Spannungsfeld von wissenschaftlicher Analyse und kommunikativer Performanz. Analyse und Kommunikation stehen dabei aber oftmals in einem Ungleichgewicht. Öffentlichkeits- und medienwirksame Sprecher dominieren zunehmend die Zukunftsagenda und bedienen sich in ihren Argumentationen zweifelhafter wissenschaftlicher Methodik. Das liegt aber auch an der mangelnden Leistung der wissenschaftlichen Zukunftsforschung. Diese muss sich kritisch hinterfragen, welche Art der Wissenschaft sie verfolgt und sich selber zu Grunde legt? Noch kritischer fällt die Bestandsaufnahme der Methodologie aus. Welche methodischen Fortschritte hat die akademische Zukunftsforschung in den vergangenen Jahren erbracht? Welche methodischen Ansätze muss sie weiter entwickeln? Worin bestehen ihre methodologischen Innovationen, um ihrer Rolle gerecht zu werden?

Neben den theoretischen und epistemologischen Fundierungsdefiziten kann ein Ungleichgewicht zwischen den Erkenntniszielen der Zukunftsforschung konstatiert werden. Gegenwärtig dominieren Zukunftssemantiken, die dem deskriptiven Erkenntnisziel entsprechen. Die unterschiedlichen Beschreibungen möglicher, wahrscheinlicher und wünschbarer Zukunftsalternativen verdecken aber ein zentrales Ziel der Zukunftsforschung: die Analyse, Beschreibung und Evaluation komplexer dynamischer Systeme entlang ihrer zeitlichen, sachlichen und sozialen Dimension zur Generierung von Orientierungs- und Handlungswissen sowie zur Gestaltungsmotivation. Eine nutzerorientierte Mobilitäts-/Verkehrsplanung hat Akteure zum Gegenstand, die eingebunden sind in eine Vielzahl sozialer Systeme. Sie sind rechtliche Subjekte, ausgestattet mit Biografien und sozialstrukturellen Zuschreibungen (Bildung, Beruf, Geschlecht, Alter), die in konkreten Räumen leben und spezifische Bedürfnisse haben. Dem sollte eine integrierte Verkehrsplanung gerecht werden, indem sie diese Dimensionen in den Planungsprozess mit einbezieht. Aber sowohl Planungsprozesse als auch Zukunftsanalysen sparen das oftmals aus. Der Implementierungsaspekt von Planungen und der Gestaltungsaspekt der Zukunftsforschung sind die kritischen Punkte der jeweiligen Ansätze. Zukunftsorientierte strategische Planungen müssen weit mehr als gegenwärtig unternommen, die Adressaten ihrer Unternehmungen einbeziehen.

Klassische Semantiken der Zukunftskommunikation belassen es bei der Darstellung möglicher Zukünfte. Im Mobilitätsbereich erfolgt dass oft in Form von Trendanalysen, Szenarien oder Modellierungen. Das zentrale Problem solcher Analysen und damit auch der Zukunftsforschung ist die Herstellung von Anschlusskommunikationen. Was tun mit Berichten und Szenarien über die ‚Zukunft der Mobilität'? Wie können diese eingebunden werden in Policy- und Planungsprozesse?

Neben diesen kommunikativen und verfahrenstechnischen Herausforderungen und den grundlagentheoretischen Defiziten stehen eine Reihe sachlicher Themen auf der Agenda der Zukunftsforschung. Der Umgang mit und die Konsequenzen der Informations- und Kommunikationstechnologien (IuK) für gegenwärtige und zukünftige soziale Strukturen steht dabei sicherlich an erster Stelle. Damit einhergehend steht die Stärkung der generativen Analytik in der Zukunftsforschung. Daher ist die Beschäftigung beispielsweise mit der Generation Y von zentraler Bedeutung, da sie die Anwender, Träger und Gestalter der IuK-Technologien sind und damit „die" nächste Gesellschaft nachhaltig prägen werden (vgl. Hurrelmann 2014).

Der Ausbau der wissenschaftlichen und methodischen Fundierung der Zukunftsforschung muss weiter vorangetrieben und die erklärenden Potentiale gestärkt werden. Ein Schwerpunkt wird die systemische Explikation der Zukunftsforschung sein, um methodisch das *long term thinking* in kreativer und kritischer Form zu unterstützen. Daher sind Untersuchungen zu Zukunftssemantiken und deren performativen Wirkungen dringend erforderlich und das unter Einbeziehung der besonderen Rolle der Beobachter/Sprecher der/über Zukünfte.

Literatur

Alexander, Jeffrey. 1990. Introduction – differentiation theory: problems and prospects. In *Differentiation theory and social change. Comparative and historical perspectives*, Hrsg. Jeffrey Alexander und Paul Colomy, 1–15, New York.

Baumann, Zygmunt. 1996. Morality in the age of contingency. In *Detraditionalization*, Hrsg. Paul Heelas, Scott Lash und Paul Morris, 49–58. Oxford: Wiley-Blackwell.

Beacker, Dirk. 2011. Vorwort. In *Einführung in die Systemtheorie*, Hrsg. Niklas Luhmann, 6. Aufl. Heidelberg: Carl-Auer.

Bell, Wendell. 2009. Foundations of futures studies – Vol. 1: History, purposes and knowledge. 5. Aufl. New Brunswick: Transaction Publishers.

Blumenberg, Hans. 1981. Lebenswelt und Technisierung unter Aspekten der Phänomenologie. In *Wirklichkeiten in denen wir leben*, Hrsg. Hans Blumenberg, 7–54. Stuttgart: Reclam.

Blumenberg, Hans. 1987. *Die Sorge geht über den Fluß*. Frankfurt am Main: Suhrkamp.

Bubner, Rüdiger. 1984. *Geschichtsprozesse und Handlungsnormen. Untersuchungen zur praktischen Philosophie*. Frankfurt am Main: Suhrkamp.

Crouch, Colin. 2008. Postdemokratie. Frankfurt am Main: Suhrkamp.

Curry, Andrew, und Hodgson Anthony. 2008. Seeing in multiple horizons: Connecting futures to strategy. *Journal of Future Studies* 13(1): 1–20.

Eisenstadt, Shmuel N. 2005. *Paradoxien der Demokratie. Die politische Theorie auf der Suche nach dem Politischen*. Frankfurt am Main: Humanities Online.

Esposito, Elena. 2012. Kontingenzerfahrung und Kontingenzbewusstsein in systemtheoretischer Perspektive. In *Politik und Kontingenz*, Hrsg. Katrin Toens und Ulrich Willems, 39–48. Wiesbaden: Springer VS.

Fischer-Lescano, Andreas. 2013. Systemtheorie als kritische Gesellschaftstheorie. In *Kritische Systemtheorie. Zur Evolution einer normativen Theorie*, Hrsg. Marc Amstutz und Andreas Fischer-Lescano, 13–38. Bielefeld.
Galling-Stiehler, Andreas et al. 2014. Editorial. Als Ob. Produktive Fiktionen. *Ästhetik & Kommunikation* 44 (162/163): 7–9
Gehlen, Arnold. 2004. *Urmensch und Spätkultur*, 6. Aufl. Frankfurt am Main: Vittorio Klostermann.
Greven, Michael Th. 2009. *Die politische Gesellschaft*, 2. Aufl. Wiesbaden: VS Verlag.
Gross, Peter. 2004. Zukunftsungewissheit. Management und Führung in der Multioptionsgesellschaft. In *Egon Zehnder International - Jahrzehnte der Führung - 40 Jahre Egon Zehnder International*, 88–91. Düsseldorf.
Grunwald, Armin. 2009. Wovon ist die Zukunftsforschung eine Wissenschaft? In *Zukunftsforschung und Zukunftsgestaltung. Beiträge aus Wissenschaft und Praxis*, Hrsg. Reinhold Popp und Elmar Schüll, 25–35. Berlin, Heidelberg: Springer.
Grunwald, Armin. 2013. Wissenschaftliche Validität als Qualitätsmerkmal der Zukunftsforschung. *Zeitschrift für Zukunftsforschung*, Jg. 2013, 2:22–33.
Hitzler, Roland, und Michaela Pfadenhauer. 2005. Die Konstruktion des Möglichen aus der Rekonstruktion des Wirklichen – Zur Themenstellung des Bandes. In *Gegenwärtige Zukünfte*, Hrsg. Roland Hitzler und Michaela Pfadenhauer. 9–22. Wiesbaden: VS Verlag.
Holzinger, Markus. Der Raum des Politischen. Politische Theorie im Zeichen der Kontingenz. München.
Hondrich, Karl O. 1985. Begrenzte Unbestimmtheit als soziales Organisationsprinzip. *Neue Hefte für Philosophie* 24/25: 59–78.
Holzinger, Markus. 2007. *Kontingenz in der Gegenwartsgesellschaft. Dimensionen eines Leitbegriffs moderner Sozialtheorie*. Bielefeld: Transcript.
Holzinger, Markus. 2012. *Der Raum des Politischen. Politische Theorie im Zeichen der Kontingenz*. München: Wilhelm Fink.
Hurrelmann, Klaus. 2014. *Die heimlichen Revolutionäre: Wie die Generation Y unsere Welt verändert*. Weinheim: Beltz.
Inayatullah, Sohail. 2007. *Questioning the future. Methods and tools for organizational and societal transformation*, 3. Aufl. Taipei: Tamkang University Press.
Kollosche, Ingo. 2011. Verkehrspolitik und Zukunftsforschung – zur Symbiose von Verkehrsplanung und Szenariotechnik. In *Verkehrspolitik. Eine interdisziplinäre Einführung*, Hrsg. Oliver Schwedes, 391–410. Wiesbaden: VS Verlag.
Kollosche, Ingo, und Eckard Minx. 2009. Kontingenz und zyklische Zukunftsbetrachtung. Klimawandel, Umweltmentalitäten und die Geschichte einer Erregung. In *Zukunftsforschung und Zukunftsgestaltung. Beiträge aus Wissenschaft und Praxis*, Hrsg. Reinhold Popp und Elmar Schüll, 161–173. Berlin, Heidelberg: Springer.
Kreibich, Rolf. 2006. *Zukunftsforschung*. Arbeitsbericht Nr. 23. Institut für Zukunftsstudien und Technologiebewertung. Berlin.
Liessmann, Konrad P. 2007. *ZUKUNFT KOMMT! Über säkulare Heilserwartungen und ihre Enttäuschung*. Wien: Styria.
Luhmann, Niklas. 1981. *Soziologische Aufklärung 3*. Opladen: Westdeutscher Verlag.
Luhmann, Niklas. 1984. *Soziale Systeme. Grundriß einer allgemeinen Theorie*. Frankfurt am Main: Suhrkamp.
Luhmann, Niklas. 1992. *Beobachtungen der Moderne*. Opladen: Westdeutscher Verlag.
Luhmann, Niklas. 1997. *Die Gesellschaft der Gesellschaft*. Frankfurt am Main: Suhrkamp.
Luhmann, Niklas. 2002. *Die Politik der Gesellschaft*, Hrsg. André Kieserling. Frankfurt am Main: Suhrkamp.
Makropoulos, Michael. 1997. *Modernität und Kontingenz*. München: Wilhelm Fink.
Makropoulos, Michael. 2004. Kontingenz. Aspekte einer theoretischen Semantik der Moderne. *Archives Européennes de Sociologie* 45: 369–399.
Marchert, Oliver. 2010. *Die politische Differenz: Zum Denken des Politischen bei Nancy, Lefort, Badiou, Laclau und Agamben*. Berlin: Suhrkamp.

Marchert, Oliver. 2013. *Das unmögliche Objekt. Eine postfundamentalistische Theorie der Gesellschaft*. Berlin: Suhrkamp.
Minx, Eckard. 2009. Zukunft: Was es zu bedenken gilt. http://www.vdw-online.de/pdf/magazin/10-01/Vortrag-Prof Minx Zukunft.pdf. Zugegriffen am 18.09.2014.
Mouffe, Chantal. 2011. „Postdemokratie" und die zunehmende Entpolitisierung. *Aus Politik und Zeitgeschichte* 1–2: 3–12.
Nassehi, Armin. 2003. *Geschlossenheit und Offenheit. Studien zur Theorie der modernen Gesellschaft*. Frankfurt am Main: Suhrkamp.
Pahl, Hanno. 2013. Zur performativen Dimension konstitutiver Metaphern in der ökonomischen Theoriebildung: Zwischen Disziplinarität und Gesellschaft. In *Ökonomie, Diskurs, Regierung*, Hrsg. Jens Maesse, 277–298. Wiesbaden: Springer VS.
Roney, Curtis W. 2010. Intersections of strategic planning and future studies: Methodological complementaries. *Journal of Future Studies* 15(2): 71–100.
Scharpf, Fritz W. 1973. *Planung als politischer Prozess. Aufsätze zur Theorie der planenden Demokratie*. Frankfurt am Main: Suhrkamp.
Schatzmann, Jörg, René Schäfer, und Frederik Eichelbaum. 2013. Foresight 2.0 – Definition, overview & evaluation. *European Journal of Futures Research*, Bd. 1, Artikel 15.
Schnabel, Werner, und Dieter Lohse. 2011. *Grundlagen der Straßenverkehrstechnik und der Verkehrsplanung*, Bd. 2, Verkehrsplanung, 3. Aufl. Berlin: Beuth.
Schönwandt, Walter L. 2002. *Planung in der Krise? Theoretische Orientierungen für Architektur*. Stuttgart: Stadt- und Raumplanung. Stuttgart: Vieweg+Teubner.
Steinmüller, Karlheinz, Rolf Kreibich, und Christoph Zöpel, Hrsg. 2000. *Zukunftsforschung in Europa. Ergebnisse und Perspektiven*. Baden-Baden: Nomos.
Streich, Bernd. 2011. *Stadtplanung in der Wissensgesellschaft*, 2. Aufl. Wiesbaden: VS Verlag.
Tiberius, Victor. 2011. *Hochschuldidaktik der Zukunftsforschung*. Wiesbaden: VS Verlag.
Tiberius, Victor. 2012. Theorien des Wandels – Theorien der Zukunftsgenese? In *Zukunftsgenese. Theorien des zukünftigen Wandels*, Hrsg. Victor Tiberius, 11–54. Wiesbaden: Springer VS.
Toens, Katrin, und Ulrich Willems, Hrsg. 2012. Kontingenz und Politik – Interdisziplinäre und politikwissenschaftliche Perspektiven. In *Politik und Kontingenz*, 11–22. Wiesbaden: Springer VS.
Wehling, Peter. 2006. *Im Schatten des Wissens?: Perspektiven der Soziologie des Nichtwissen*. Konstanz: UVK.